ספר במדבר

BAMIDBAR/NUMBERS

The ArtScroll Series®

Published by

Mesorah Publications, ltd

The Sapirstein Edition

THE TORAH: WITH RASHI'S COMMENTARY TRANSLATED, ANNOTATED, AND ELUCIDATED

by Rabbi Yisrael Isser Zvi Herczeg

in collaboration with

Rabbi Yaakov Petroff

and Rabbi Yoseph Kamenetsky

Contributing Editor: Rabbi Avie Gold

Designed by

Rabbi Sheah Brander

FIRST EDITION
First Impression . . . July 1997
Second Impression . . . January 1998

Published and Distributed by
MESORAH PUBLICATIONS, Ltd.
4401 Second Avenue
Brooklyn, New York 11232

Distributed in Europe by
J. LEHMANN HEBREW BOOKSELLERS
20 Cambridge Terrace
Gateshead, Tyne and Wear
England NE8 1RP

Distributed in Israel by
SIFRIATI / A. GITLER – BOOKS
10 Hashomer Street
Bnei Brak 51361

Distributed in Australia & New Zealand by
GOLDS BOOK & GIFT CO.
36 William Street
Balaclava 3183, Vic., Australia

Distributed in South Africa by
KOLLEL BOOKSHOP
Shop 8A Norwood Hypermarket
Norwood 2196, Johannesburg, South Africa

ARTSCROLL SERIES® / THE SAPIRSTEIN EDITION
RASHI / COMMENTARY ON THE TORAH
VOL. 4 – BAMIDBAR / NUMBERS

ISBN: 0-89906-029-3

Typography by Compuscribe at ArtScroll Studios, Ltd.
Custom bound by **Sefercraft, Inc.,** Brooklyn, N.Y.

The SAPIRSTEIN EDITION OF RASHI is dedicated
to the memory of our parents

Jacob and Jennie Sapirstein ע״ה

ר׳ יעקב בן הרב יצחק ע״ה

נפטר כ״ז סיון תשמ״ז

שיינא חיה שרה בת ר׳ נחמיה ע״ה

נפטרה כ׳ כסלו תש״ל

They came from little Grajeyvo, Poland, a Jewish shtetl that revered Torah, lived in poverty, and whose farmers brought a tenth of their crops to town to be divided among the needy.

Whether in their early years of struggle or on the peak of success, the values of their youth sustained them. Economic conditions might change, but Judaism, integrity, and charity remained the constants of their lives.

Jacob Sapirstein began as a door to door peddler of picture postcards. With his sons, Irving, Morris, ע״ה and Harry, and his daughter Bernice Davis, he became an international leader of his industry.

But he never changed.

Jacob Sapirstein lived for 102 active, fruitful years, 82 of them in the United States. In his century of life, he accomplished much — but his greatest success was his legacy, uncompromised and untarnished, of loyalty to Judaism, commitment to excellence, and concern for others.

Mr. and Mrs. Irving I. Stone

Table of Contents

Preface
Glossary of Transliterated Terms
Cantillation Marks / טעמי המקרא
Blessings of the Torah / ברכות התורה
Pronouncing the Names of God

The Parshiyos / הפרשיות

Bamidbar / במדבר 2
Nasso / נשא 36
Beha'aloscha / בהעלותך 88
Shelach / שלח 148
Korach / קרח 190
Chukas / חקת 226
Balak / בלק 270
Pinchas / פינחס 320
Mattos / מטות 370
Masei / מסעי 404

The Haftaros / ההפטרות 436

☙ Publisher's Preface

For nine centuries, Rashi — Rabbi Shlomo ben Yitzchak of medieval France — has been universally acknowledged as the "Father of Commentators," the quintessential elucidator of the Five Books of Moses. As *Ramban* puts it, "to Rashi belongs the right of the firstborn." More than three hundred works have been published on his commentary to the Torah. In short, almost by definition, the study of *Chumash* has come to mean *Chumash/Rashi.*

The deceptive simplicity of the commentary masks profound thought and encyclopedic knowledge; Rashi's choice of citations from the voluminous literature of the Sages is in itself a commentary for those who understand the reasons he selected one or two opinions out of many. So essential is Rashi's commentary to the study of God's Torah, that it is incumbent upon each generation to strip away the barriers of language and lack of sophistication that prevent its fellow Jews from, in effect, sitting in Rashi's study hall and joining him in plumbing the depths of the Torah. Hence this new edition of *Chumash/Rashi* in the vernacular.

This volume is far more than a translation. In addition to an accurate rendering of Rashi's text in bold-face type, we add whatever words are necessary to clarify the flow of the commentary and explain Rashi's point, and to show how it is indicated in the text of the *Chumash.* The notes provide further clarification and provide further insight into Rashi's ideas, as well as questions and clarifications of other major commentators.

In sum, this treatment presents Rashi with unexcelled clarity and grace. For teachers, for parents, for students, for anyone seeking an improved understanding of the Torah and its foremost expositor, the SAPIRSTEIN EDITION OF RASHI will be a welcome book, and by enabling people to understand Rashi better, this work will prod its readers to delve more deeply into the infinite wealth of the Torah. That intensification of Torah study and knowledge will be the authors' greatest reward.

TEXT, TRANSLATION AND ELUCIDATION

The translation of the *Chumash* in this volume attempts to render the text as Rashi understood it. We attempt to follow the Hebrew as closely as possible and to avoid paraphrase, but, occasionally, English syntax or idiom forces us to deviate somewhat.

We use "HASHEM," or "the Name," as the translation of the Tetragrammaton, the sacred Hebrew Four-letter Name of God." For the Hebrew *Elohim*, which is the more general and less "personal" Name of the Deity, we use the translation "God."

Transliteration presents a problem in all works of this sort. Ashkenazi, pure Sephardi, current Israeli, and generally accepted scholarly usages frequently diverge, and such familiar names as Isaac, Jacob, and Moses conform to none of them. We have adopted a cross between the Sephardi and Ashkenazi transliterations, using Sephardi vowel and Ashkenazi pronunciations. Thus: *Akeidas Yitzchak*, rather than *Akeidat Izhak* or *Akeidas Yitzchok*. True, this blend may require some adjustment on the part of many readers, but it has proven successful. For proper names of Biblical personalities, however, we have followed the commonly accepted English usage such as Abraham, Moses, Methuselah, and so on.

In the present edition, the Hebrew text of Rashi's commentary appears twice. The first time, it is printed in the classical typeface known as *Ksav Rashi*, or Rashi Script. Commas and periods have been inserted by the editors in order to facilitate the reading. Variant readings are enclosed by brackets, and sources are noted in parentheses. In the elucidated English version, the Hebrew text is repeated phrase by phrase, in fully vowelized regular Hebrew type. All abbreviations are spelled out in full, and all numbers are given as Hebrew words rather than letter/numerals. The translation of Rashi's words is given in bold-face type, while the words interpolated to elucidate and clarify are in regular type. Variant readings are either enclosed in braces or appear in the footnotes, along with the sources from which Rashi drew his commentary.

Special emphasis has been placed on elucidating the *"dikduk"* comments in which Rashi analyzes a word or phrase from a grammatical point of view. These comments are often skimmed over in a perfunctory manner by those who are unfamiliar with Rashi's terminology or with Hebrew grammar in general. The footnotes of this edition explain both the grammatical difficulties addressed by Rashi and the principles needed to understand his solutions.

Another often neglected area is the *"lo'ez"* in which Rashi uses an Old French word or phrase to translate the Torah text. A dearth of knowledge of Old French has led many educators to dismiss these comments with, "Well, Rashi is just giving the French translation," as a result of which Rashi's intended nuance is often lost. For this edition, every foreign word used by Rashi has been thoroughly researched. To assist the reader, the Modern French and English equivalents are given, along with other English words derived from the same root. The reader thus gets an understanding of the meaning Rashi wishes to convey with his French translation.

THE SAPIRSTEIN EDITION

It is appropriate, that this major work be dedicated to the memory of a couple that appreciated Torah knowledge and utilized their business success to help plant the seeds of Torah life in the New World.

JACOB AND JENNIE SAPIRSTEIN were both born in Grajevo, Poland, and married in the United States, where they came as young adults to make a new life. That they did, but they never abandoned the values they absorbed from their families: respect for learning, uncompromising honesty, hard work, and dedication to Jewish continuity, despite living in a land that preached the assimilation of the melting pot.

As a new immigrant, Jacob Sapirstein worked in a little postcard store, then peddled postcards, store to store, on foot, on street cars, on horse and buggy, and in an old Ford. By dint of determination, integrity, and an unfailing zeal to anticipate the needs of customers and provide them, he and his children, IRVING I., MORRIS S. ע״ה, HARRY H., and BERNICE M. DAVIS, created the world's largest publicly held manufacturer of greeting cards and related social expression products, a company in which "J.S." remained actively involved to the very end of his long and productive life.

Throughout those years of creative struggle, Jacob and Jennie remained true to the ideals of Jewish eternity, and transmitted them to their children. Those were years when Jewish education was almost non-existent in Middle America, but the Sapirsteins imbued their children with the conviction that outstanding educators matter more than bricks and mortar. They demonstrated their love of Torah education by serving on the boards of the then fledgling Telshe Yeshiva and Hebrew Academy of Cleveland.

They came to America and planted seeds. They persevered when most others fell by the wayside. And thanks to their example, their son Irving I. Stone has become one of the world's master builders of undiluted excellence in Torah education, as exemplified by the STONE EDITION OF THE CHUMASH and now the SAPIRSTEIN EDITION OF RASHI, both of which were dedicated by him and his family, including MORRY AND JUDY WEISS. Mr. Stone's son-in-law and colleague, Morry Weiss is an example of America's strong and committed new generation of Jewish leaders.

We pray that this great undertaking will be a source of merit for the entire Stone-Weiss family, including Mr. Stone's other children HENSHA, NEIL, and MYRNA and their families, and all his grandchildren and great-grandchildren.

The SAPIRSTEIN EDITION OF RASHI is a fitting memorial to an unforgettable couple. Thanks to this work, their names will live for generations to come in the halls and hearts of all who are dedicated to the values the Sapirsteins kept vibrant.

ACKNOWLEDGMENTS

This work combines the contributions of many people and was made possible by the guidance and encouragement of many others. Foremost among them are the Torah giants of the last generation, our teachers and mentors, who put their stamp on the ArtScroll Series, as they did on the new generations of Torah institutions and families in the Western Hemisphere. Their teachings remain, though they are no longer with us. There are no words to describe our gratitude to them all — indeed the gratitude that our and future generations must feel for their enormous contributions to the survival of Torah Judaism after the horrors of the Holocaust and the ravages of assimilation.

In many ways, the father of the ArtScroll Series is our revered mentor, the Telshe Rosh HaYeshivah, RABBI MORDECHAI GIFTER שליט״א. His support and suggestions were indispensable, especially in the formative years.

RABBI DAVID FEINSTEIN שליט״א has been guide and counselor, and a friend at every difficult juncture.

We have enjoyed the friendship, advice, and help of many distinguished Torah authorities, and we are grateful that they have permitted us to benefit from their wisdom. Among them are such luminaries as RABBI ZELIK EPSTEIN, RABBI AVRAHAM PAM, RABBI A. HENACH LEIBOWITZ, RABBI AHARON SHECHTER, RABBI SHMUEL KAMENETSKY, RABBI YAAKOV PERLOW, RABBI DAVID COHEN, RABBI HILLEL DAVID, and RABBI AVRAHAM AUSBAND שליט״א.

RABBI NOCHUM ZEV DESSLER has been a confidant of the Stone family and a partner in their work on behalf of Jewish education for over half a century. We are grateful for his friendship and counsel.

The trustees of the Mesorah Heritage Foundation join the Stone-Weiss families in thanking RABBI DR. NORMAN LAMM for his warm encouragement. He has been unfailingly gracious.

RABBI YISRAEL HERCZEG, the author of this volume, has made the study and analysis of *Rashi* the major focus of a distinguished life of teaching and scholarship. We are proud to bring his outstanding work to the public. RABBI YOSEPH KAMENETSKY, RABBI YAAKOV PETROFF, and RABBI YAAKOV BLINDER, his collaborators, have edited and commented with a quality commensurate with the skill of the author. These outstanding scholars from the Holy City have produced a work that is a credit to them and a service to the Jewish people.

RABBI AVIE GOLD, a mainstay of the ArtScroll Series, has made a fine work even better, with the skill and diligence ArtScroll readers have come to expect from this consummate craftsman and scholar. RABBI MOSHE ROSENBLUM, a distinguished Talmudic and Hebraic scholar, reviewed and corrected the texts of *Onkelos* and Rashi, making this one of the most accurate editions currently available.

We are grateful to A.M. GLANZER, a renowned scholar who has written extensively on Rashi's commentary and methodology (in *Tzefunot* and other journals), who has given us many of his insights, especially regarding Rashi's use of Old French.

SHEAH BRANDER is deservedly famous as the graphics genius of Jewish publishing. That he surely is, but he is more. In addition to being instrumental in designing this work, his brilliance is reflected in the commentary and translation, thanks to his perceptive comments and illuminating suggestions.

ELI KROEN plays an indispensable role in maintaining the graphics excellence of the entire Series.

SHMUEL BLITZ, director of the Foundation's activities in Israel, is a friend and counselor of the first order. He coordinated the production, and his suggestions and comments were most valuable throughout.

The MESORAH HERITAGE FOUNDATION, which makes possible the research and writing of this and other important works of Jewish scholarship, has become a major source of Jewish learning. For this, we are grateful to its trustees and governors, who are listed on page iii of this book.

A major project of the Foundation is the monumental SCHOTTENSTEIN EDITION OF THE TALMUD, which was made possible by the vision and generosity of JEROME SCHOTTENSTEIN ז״ל and his wife GERALDINE, who carries on his resolve, and of SAUL AND SONIA SCHOTTENSTEIN. Jerome Schottenstein's legacy of dedication to Jewish eternity is carried on by JAY AND JEANIE SCHOTTENSTEIN in a host of worthy causes around the world, and by SUSIE AND JON DIAMOND, ANN AND ARI DESHE, and LORI SCHOTTENSTEIN. We treasure their friendship.

We are grateful for the invaluable guidance and encouragement of the many leaders of organizational and rabbinic life. In addition to those mentioned above, some of them are: RABBI MOSHE SHERER, RABBI PINCHAS STOLPER, RABBI RAPHAEL BUTLER, RABBI BORUCH B. BORCHARDT, RABBI MOSHE GLUSTEIN, MR. DAVID H. SCHWARTZ, RABBI BURTON JAFFA, RABBI MICHAEL LEVI, RABBI YISRAEL EIDELMAN, RABBI YAAKOV BENDER, and RABBI ELI DESSLER.

A huge investment of time and resources was required to make this edition a reality. Only thanks to the generous support of many people was it possible to undertake ambitious projects such as this and to make the finished volumes affordable to the average family and institution. We are grateful to the many who enabled us to do so, especially to LAURENCE A. TISCH, JAMES S. TISCH, THOMAS J. TISCH, REUVEN D. DESSLER, LOUIS GLICK, TZVI RYZMAN, ELLIS A. SAFDEYE, JUDAH SEPTIMUS, NATHAN B. SILBERMAN, A. JOSEPH STERN, HIRSCH WOLF, MENDY YARMISH and HOWARD J. ZUCKERMAN.

We are also grateful to JOSEPH A. BERLINER, DR. YISRAEL BLUMENFRUCHT, LESTER KLAUS, RABBI YEHUDAH LEVI, ROBBY NEUMAN, SHLOMO PERL, A. GEORGE SAKS, FRED AND HOWARD SCHULMAN, RABBI ARTHUR SCHICK, SHLOMO SEGEV, DAN AND MOSHE SUKENIK, ZVI TRESS, STEVEN WEISZ, and WILLY WIESNER.

The entire staffs of the Mesorah Heritage Foundation and Mesorah Publications have shown an inspiring spirit of cooperation and dedication to the shared goals of both organizations. In particular we must single out those who worked on the very arduous and often complex work of typing and revising this work: MRS. ESTHER FEIERSTEIN,

MRS. BASSIE GUTMAN, MRS. DEVORAH BICK, MRS. UDI KLEIN, MRS. TOBY GOLDZWEIG, TOBY HEILBRUN, RIFKY BRUCK, and MINDY WEIL; we are grateful to them.

We are grateful to MRS. MINDY STERN, MRS. JUDI DICK and MRS. FAYGIE WEINBAUM, who proofread with diligence and skill. Vital and difficult administrative work was done by our comptroller LEA FREIER. This volume is a credit to all of them and their colleagues in the Foundation and in Mesorah Publications.

Finally, we and our colleagues thank the Almighty for the privilege of helping disseminate His Word to countless Jewish hearts and homes.

Rabbi Meir Zlotowitz / Rabbi Nosson Scherman

Brooklyn, New York
Tammuz, 5757/July, 1997

ספר במדבר
Bamidbar/Numbers

Cantillation Marks / טעמי המקרא

פַּשְׁטָא֙ מֻנַּ֣ח זַרְקָא֮ מֻנַּ֣ח סֶגוֹל֒ מֻנַּ֣ח ׀ מֻנַּ֣ח רְבִ֗יעִ֗י מַהְפַּ֤ךְ
פַּשְׁטָא֙ זָקֵף־קָטֹ֔ן זָקֵף־גָּד֕וֹל מֵרְכָ֥א טִפְּחָ֖א מֻנַּ֣ח
אֶתְנַחְתָּ֑א פָּזֵ֡ר תְּלִישָא־קְטַנָּה֩ תְּלִישָא־גְדוֹלָה֠ קַדְמָ֨א
וְאַזְלָא֜ אַזְלָא־גֵּ֜רֵשׁ גֵּרְשַׁ֞יִם דַּרְגָּ֧א תְּבִ֛יר יְ֚תִיב פְּסִיק ׀
סוֹף־פָּסֽוּק׃ שַׁלְשֶׁ֓לֶת קַרְנֵי־פָרָ֟ה מֵרְכָא־כְפוּלָ֦ה
יֶרַח־בֶּן־יוֹמ֪וֹ׃

BLESSINGS OF THE TORAH / ברכות התורה

The reader shows the *oleh* (person called to the Torah) the place in the Torah. The *oleh* touches the Torah with a corner of his *tallis,* or the belt or mantle of the Torah, and kisses it. He then begins the blessing, bowing at בָּרְכוּ, "Bless," and straightening up at ה', "HASHEM."

Bless HASHEM, the blessed One.

בָּרְכוּ אֶת יהוה הַמְּבֹרָךְ.

Congregation, followed by *oleh,* responds bowing at בָּרוּךְ, "Blessed," and straightening up at ה', "HASHEM."

Blessed is HASHEM, the blessed One, for all eternity.

בָּרוּךְ יהוה הַמְּבֹרָךְ לְעוֹלָם וָעֶד.

Oleh continues:

Blessed are You, HASHEM, our God, King of the universe, Who selected us from all the peoples and gave us His Torah. Blessed are You, HASHEM, Giver of the Torah.

(Cong. – *Amen.*)

בָּרוּךְ אַתָּה יהוה אֱלֹהֵינוּ מֶלֶךְ הָעוֹלָם, אֲשֶׁר בָּחַר בָּנוּ מִכָּל הָעַמִּים, וְנָתַן לָנוּ אֶת תּוֹרָתוֹ. בָּרוּךְ אַתָּה יהוה, נוֹתֵן הַתּוֹרָה.

(קהל – אָמֵן)

After his Torah portion has been read, the *oleh* recites:

Blessed are You, HASHEM, our God, King of the universe, Who gave us the Torah of truth and implanted eternal life within us. Blessed are You, HASHEM, Giver of the Torah.

(Cong. – *Amen.*)

בָּרוּךְ אַתָּה יהוה אֱלֹהֵינוּ מֶלֶךְ הָעוֹלָם, אֲשֶׁר נָתַן לָנוּ תּוֹרַת אֱמֶת, וְחַיֵּי עוֹלָם נָטַע בְּתוֹכֵנוּ. בָּרוּךְ אַתָּה יהוה, נוֹתֵן הַתּוֹרָה.

(קהל – אָמֵן)

Pronouncing the Names of God

The Four-Letter Name of HASHEM [י־ה־ו־ה] indicates that God is timeless and infinite, for the letters of this Name are those of the words הָיָה הֹוֶה וְיִהְיֶה, "He was, He is, and He will be." This name appears in some editions with vowel points [יְ־הֹ־וָ־ה] and in others, such as the present edition, without vowels. In either case, this Name is *never* pronounced as it is spelled.

During prayer, or when a blessing is recited, or when a Torah verse is read, the Four-Letter Name should be pronounced as if it were spelled אֲדֹנָי, *ä dō nai',* the Name that identifies God as the Master of All. At other times, it should be pronounced הַשֵּׁם, "Hashem," literally, "the Name."

In this work, the Four-Letter Name of God is translated "HASHEM," the pronounciation traditionally used for the Name to avoid pronouncing it unnecessarily.

The following table gives the pronunciations of the Name when it appears with a prefix.

בַּי־ה־ו־ה, — *bä dō nai'*
וַי־ה־ו־ה, — *vä dō nai'*
כַּי־ה־ו־ה, — *kä dō nai'*
לַי־ה־ו־ה, — *lä dō nai'*
מֵי־ה־ו־ה, — *mā ä dō nai'*
שֶׁי־ה־ו־ה, — *she ä dō nai'*

Sometimes the Name appears with the vowelization יֱ־הֹ־וִ־ה. This version of the Name is pronounced as if it were spelled אֱלֹהִים, *e lō him',* the Name that refers to God as the One Who is all-powerful. When it appears with a prefix לֵי־הֹ־וִ־ה, it is pronounced *lā lō him'.* We have translated this Name as HASHEM/ELOHIM to indicate that it refers to the aspects inherent in each of those Names.

פרשת במדבר

Parashas Bamidbar

א א וַיְדַבֵּר יְהוָה אֶל־מֹשֶׁה בְּמִדְבַּר סִינַי
בְּאֹהֶל מוֹעֵד בְּאֶחָד לַחֹדֶשׁ הַשֵּׁנִי
בַּשָּׁנָה הַשֵּׁנִית לְצֵאתָם מֵאֶרֶץ
ב מִצְרַיִם לֵאמֹר: שְׂאוּ אֶת־רֹאשׁ
כָּל־עֲדַת בְּנֵי־יִשְׂרָאֵל לְמִשְׁפְּחֹתָם
לְבֵית אֲבֹתָם בְּמִסְפַּר שֵׁמוֹת

1 [1] *HASHEM spoke to Moses in the Wilder-*
ness of Sinai, in the Tent of Meeting,
on the first of the second month, in the sec-
ond year after their exodus from the land of
Egypt, saying, [2] *"Take a census of the en-*
tire assembly of the Children of Israel ac-
cording to their families, according to their
fathers' house, by number of the names,

אונקלוס

א וּמַלִּיל יְיָ עִם מֹשֶׁה בְּמַדְבְּרָא דְסִינַי בְּמַשְׁכַּן זִמְנָא בְּחַד לְיַרְחָא תִנְיָנָא בְּשַׁתָּא תִנְיֵתָא לְמִפַּקְהוֹן מֵאַרְעָא דְמִצְרַיִם לְמֵימָר: ב קַבִּילוּ יָת חֻשְׁבַּן כָּל כְּנִשְׁתָּא דִבְנֵי יִשְׂרָאֵל לְזַרְעֲיָתְהוֹן לְבֵית אֲבָהָתְהוֹן בְּמִנְיַן שְׁמָהָן

רש"י

(א) **וידבר. במדבר סיני באחד לחדש.** מתוך חיבתן לפניו מונה אותם כל שעה. כשיצאו ממצרים מנאן (שמות יב:לז) וכשנפלו בעגל (שמות לב:לה) מנאן לידע [מנין] הנותרים, וכשבא להשרות שכינתו עליהם [ס"א בתוכם] מנאם. באחד בניסן הוקם המשכן ובאחד באייר מנאם: (ב) **למשפחתם.** לידע מנין כל שבט ושבט: **לבית אבתם.** מי שאביו משבט אחד ואמו משבט אחר יקום על שבט אביו (ב"ב קט):

RASHI ELUCIDATED

1.

1. וַיְדַבֵּר . . . בְּמִדְבַּר סִינַי . . . בְּאֶחָד לַחֹדֶשׁ – [HASHEM] SPOKE ... IN THE WILDERNESS OF SINAI ... ON THE FIRST OF [THE SECOND] MONTH. מִתּוֹךְ חִבָּתָן לְפָנָיו – **Because of [Israel's] dearness before Him,** מוֹנֶה אוֹתָם – **He counts them** כָּל שָׁעָה – **at all times.**[1] כְּשֶׁיָּצְאוּ מִמִּצְרַיִם – **When they departed from Egypt,** מְנָאָן – **He counted them.**[2] וּכְשֶׁנָּפְלוּ בָּעֵגֶל – **And when they fell at the** sin of the Golden **Calf,**[3] מְנָאָן – **He counted them** לֵידַע {מִנְיַן} הַנּוֹתָרִים – **to determine** {the **number of**} **those who remained.**[4] וּכְשֶׁבָּא – **And** here, **when He came** לְהַשְׁרוֹת שְׁכִינָתוֹ עֲלֵיהֶם – **to rest His Divine Presence upon them,**[5] מְנָאָם – **He counted them.**[6] בְּאֶחָד בְּנִיסָן – **On the first** day of the month **of Nisan,** הוּקַם הַמִּשְׁכָּן – **the Tabernacle,** site of the Revelation of the Divine Presence, **was erected.** וּבְאֶחָד בְּאִיָּר – **And on the first of Iyyar,** the following month, מְנָאָם – **He counted them.**[7]

2. לְמִשְׁפְּחֹתָם – ACCORDING TO THEIR FAMILIES, לֵידַע[8] מִנְיַן – **to know**[8] **the number** כָּל שֵׁבֶט וָשֵׁבֶט – **of each tribe.**[9]

□ לְבֵית אֲבֹתָם – ACCORDING TO THEIR FATHERS' HOUSE. מִי שֶׁאָבִיו מִשֵּׁבֶט אֶחָד – **One whose father was of one tribe,** וְאִמּוֹ מִשֵּׁבֶט אַחֵר – **and his mother of another tribe,** יָקוּם עַל שֵׁבֶט אָבִיו[10] – **will take his stand**, i.e., will be counted, **with the tribe of his father.**[10]

---

1. God had counted the Children of Israel on the day they departed Egypt, and after the sin of the Golden Calf. Why did He count them so often, three times in one year? It is because of their dearness to Him (*Gur Aryeh*).

2. See *Exodus* 12:37.

3. See *Exodus* 32:35.

4. See *Exodus* 38:26 and Rashi to *Exodus* 30:16.

5. The Reggio di Calabria and Alkabetz editions read בְּתוֹכָם, "among them," in place of עֲלֵיהֶם, "upon them." The basic meaning, however, is unchanged.

6. See Rashi to *Exodus* 1:1 where he gives an alternative explanation for the repeated countings.

7. He did not count them immediately upon the erection of the Tabernacle, because in halachah, a dwelling place is considered permanent only after it has been inhabited for thirty days. It was only after God demonstrated His love for Israel by showing that He had made the Tabernacle His permanent abode, as it were, that He counted them (*Biurei Mahrai; Imrei Shefer*).

8. The text follows *Mizrachi, Yosef Daas* and *Maskil LeDavid*. Most early printed editions, however, read דַּע, "Know," in the imperative.

9. The Torah does not record the population of each family, rather it gives the total for each tribe. Thus the command to count the people by families was not an end in itself, but a means to arrive at the totals of the individual tribes (*Divrei David; Sifsei Chachamim*).

10. *Bava Basra* 109b. Once the verse has written "according to their families," the phrase "according to their fathers' house" seems redundant, for "father's house" means "family" (see Rashi to *Exodus* 12:3, s.v., שֶׂה לְבֵית אָבֹת, and note 8 there). The phrase is written to teach us that an individual's tribal affiliation follows that of his father (*Gur Aryeh*).

every male according to their head count; [3] from twenty years of age and up — everyone who goes out to the army in Israel — you shall count them according to their armies, you and Aaron. [4] And with you shall be one man from each tribe; a man who is a prince of his fathers' house.

[5] "These are the names of the men who shall stand with you: For Reuben, Elizur son of Shedeur; [6] for Simeon, Shelumiel son of Zurishaddai; [7] for Judah, Nahshon son of Amminadab; [8] for Issachar, Nethanel son of Zuar; [9] for Zebulun, Eliab son of Helon; [10] for the children of Joseph — for Ephraim, Elishama son of Ammihud; for Manasseh, Gamaliel son of Pedahzur; [11] for Benjamin, Abidan son of Gideoni; [12] for Dan, Ahiezer son of Ammishaddai; [13] for Asher, Pagiel son of Ochran; [14] for Gad, Eliasaph son of Deuel; [15] for Naphtali, Ahira son of Enan."

ג כָּל־זָכָר לְגֻלְגְּלֹתָם: מִבֶּן עֶשְׂרִים
שָׁנָה וָמַעְלָה כָּל־יֹצֵא צָבָא
בְּיִשְׂרָאֵל תִּפְקְדוּ אֹתָם לְצִבְאֹתָם
ד אַתָּה וְאַהֲרֹן: וְאִתְּכֶם יִהְיוּ אִישׁ אִישׁ
לַמַּטֶּה אִישׁ רֹאשׁ לְבֵית־אֲבֹתָיו
ה הוּא: וְאֵלֶּה שְׁמוֹת הָאֲנָשִׁים אֲשֶׁר
יַעַמְדוּ אִתְּכֶם לִרְאוּבֵן אֱלִיצוּר בֶּן־
ו שְׁדֵיאוּר: לְשִׁמְעוֹן שְׁלֻמִיאֵל בֶּן־
ז צוּרִישַׁדָּי: לִיהוּדָה נַחְשׁוֹן בֶּן־
ח עַמִּינָדָב: לְיִשָּׂשכָר נְתַנְאֵל
ט בֶּן־צוּעָר: לִזְבוּלֻן אֱלִיאָב בֶּן־חֵלֹן:
י לִבְנֵי יוֹסֵף לְאֶפְרַיִם אֱלִישָׁמָע בֶּן־
עַמִּיהוּד לִמְנַשֶּׁה גַּמְלִיאֵל בֶּן־
יא פְּדָהצוּר: לְבִנְיָמִן אֲבִידָן בֶּן־גִּדְעֹנִי:
יב־יג לְדָן אֲחִיעֶזֶר בֶּן־עַמִּישַׁדָּי: לְאָשֵׁר
יד פַּגְעִיאֵל בֶּן־עָכְרָן: לְגָד אֶלְיָסָף בֶּן־
טו דְּעוּאֵל: לְנַפְתָּלִי אֲחִירַע בֶּן־עֵינָן:

אונקלוס

כָּל דְּכוּרָא לְגֻלְגְּלָתְהוֹן: ג מִבַּר עַשְׂרִין שְׁנִין וּלְעֵלָּא כָּל נָפֵק חֵילָא בְּיִשְׂרָאֵל תִּמְנוּן יָתְהוֹן לְחֵילֵיהוֹן אַתְּ וְאַהֲרֹן: ד וְעִמְּכוֹן יְהוֹן גַּבְרָא גַּבְרָא לְשִׁבְטָא גְּבַר רֵישׁ לְבֵית אֲבָהָתוֹהִי הוּא: ה וְאִלֵּין שְׁמָהַת גֻּבְרַיָּא דִּי יְקוּמוּן עִמְּכוֹן לִרְאוּבֵן אֱלִיצוּר בַּר שְׁדֵיאוּר: ו לְשִׁמְעוֹן שְׁלֻמִיאֵל בַּר צוּרִישַׁדָּי: ז לִיהוּדָה נַחְשׁוֹן בַּר עַמִּינָדָב: ח לְיִשָּׂשכָר נְתַנְאֵל בַּר צוּעָר: ט לִזְבוּלֻן אֱלִיאָב בַּר חֵלֹן: י לִבְנֵי יוֹסֵף לְאֶפְרַיִם אֱלִישָׁמָע בַּר עַמִּיהוּד לִמְנַשֶּׁה גַּמְלִיאֵל בַּר פְּדָהצוּר: יא לְבִנְיָמִן אֲבִידָן בַּר גִּדְעֹנִי: יב לְדָן אֲחִיעֶזֶר בַּר עַמִּישַׁדָּי: יג לְאָשֵׁר פַּגְעִיאֵל בַּר עָכְרָן: יד לְגָד אֶלְיָסָף בַּר דְּעוּאֵל: טו לְנַפְתָּלִי אֲחִירַע בַּר עֵינָן:

רש"י

לגלגלתם. על ידי שקלים בקע לגולגולת: (ג) **כל יצא צבא.** מגיד שאין יוצא בצבא פחות מבן עשרים: (ד) **ואתכם יהיו.** כשתפקדו אותם יהיו עמכם נשיא כל שבט ושבט:

RASHI ELUCIDATED

□ **לְגֻלְגְּלֹתָם – ACCORDING TO THEIR HEAD COUNT.** **עַל יְדֵי שְׁקָלִים**[1] **– By means of** counting ***shekalim,***[1] **בֶּקַע לַגֻּלְגֹּלֶת – a half-*shekel***[2] **per head.**[3]

3. כָּל יֹצֵא צָבָא – EVERYONE WHO GOES OUT TO THE ARMY. **מַגִּיד – This tells** us **שֶׁאֵין יוֹצֵא בַּצָּבָא – that none go out to the army** **פָּחוֹת מִבֶּן עֶשְׂרִים – under the age of twenty.**[4]

4. וְאִתְּכֶם יִהְיוּ – AND WITH YOU SHALL BE. **כְּשֶׁתִּפְקְדוּ אוֹתָם – When you will count them,**[5] **יִהְיוּ עִמָּכֶם – there shall be with you** **נְשִׂיא כָּל שֵׁבֶט וָשֵׁבֶט – the prince of each tribe.**[6]

1. After they were counted, these *shekalim* were used for the purchase of communal Altar offerings (*Rashi* to *Exodus* 30:15).

2. See Rashi to *Exodus* 38:26, s.v., בֶּקַע.

3. But not by an actual count of heads, for God has already indicated in *Exodus* 30:12 that a census should be taken indirectly by counting coins rather than people (*Gur Aryeh*).

4. The verse does not mean "only those twenty years of age and up who go out to the army," as opposed to those twenty and older who are unfit for military duty, allowing for the possibility that the draft age is less than twenty, for that would have been expressed by מִבֶּן עֶשְׂרִים שָׁנָה וָמַעְלָה הַיּוֹצֵא לַצָּבָא (see *Mizrachi; Sifsei Chachamim*).

5. The verse does not mean that the princes of the tribes should always be with Moses and Aaron as an advisory body, for the context indicates that the verse speaks specifically of the census (*Gur Aryeh*).

6. Rashi indicates that "a man who is a prince of his fathers' house" refers to a tribal prince.

16 These were the summoned ones of the assembly, the princes of their fathers' tribes, they are the heads of Israel's thousands. 17 Moses and Aaron took these men who had been designated by [their] names.
18 They gathered together the entire assembly on the first of the second month, and they established their genealogy according to their families, according to their fathers' house, by number of the names,

°קְרוּאֵי ק׳ טז אֵ֛לֶּה °קריאֵ֥י הָעֵדָ֖ה נְשִׂיאֵ֣י מַטּ֣וֹת
אֲבוֹתָ֑ם רָאשֵׁ֛י אַלְפֵ֥י יִשְׂרָאֵ֖ל הֵֽם׃
יז וַיִּקַּ֥ח מֹשֶׁ֖ה וְאַהֲרֹ֑ן אֵ֚ת הָאֲנָשִׁ֣ים
יח הָאֵ֔לֶּה אֲשֶׁ֥ר נִקְּב֖וּ בְּשֵׁמֽוֹת׃ וְאֵ֨ת
כָּל־הָעֵדָ֜ה הִקְהִ֗ילוּ בְּאֶחָד֙ לַחֹ֣דֶשׁ
הַשֵּׁנִ֔י וַיִּתְיַלְד֥וּ עַל־מִשְׁפְּחֹתָ֖ם
לְבֵ֣ית אֲבֹתָ֑ם בְּמִסְפַּ֣ר שֵׁמ֗וֹת

אונקלוס

טז אִלֵּין מְעַרְעֵי כְּנִשְׁתָּא רַבְרְבֵי דְּשִׁבְטֵי אֲבָהָתְהוֹן רֵישֵׁי אַלְפַיָּא דְיִשְׂרָאֵל אִנּוּן׃
יז וּנְסֵב מֹשֶׁה וְאַהֲרֹן יָת גֻּבְרַיָּא הָאִלֵּין דִּי אִתְפָּרָשׁוּ בִּשְׁמָהָן׃ יח וְיָת כָּל כְּנִשְׁתָּא
אַכְנָשׁוּ בְּחַד לְיַרְחָא תִנְיָנָא וְאִתְיַחֲסוּ עַל זַרְעֲיַתְהוֹן לְבֵית אֲבָהָתְהוֹן בְּמִנְיַן שְׁמָהָן

רש״י

(טז) **אלה קרואי העדה.** הנקראים לכל דבר חשיבות שבעדה: (יז) **את האנשים האלה.** את שנים עשר נשיאים הללו: **אשר נקבו.** לו כאן בשמות: (יח) **ויתילדו על משפחתם.** הביאו ספרי יחוסיהם ועידי חזקת לידתם כל אחד ואחד להתייחס על השבט:

RASHI ELUCIDATED

16. אֵלֶּה קְרוּאֵי הָעֵדָה – THESE WERE THE SUMMONED ONES OF THE ASSEMBLY, i.e., **הַנִּקְרָאִים – those who are summoned לְכָל דְּבַר חֲשִׁיבוּת – for every matter of importance שֶׁבָּעֵדָה – which is in,** i.e., which affects, **the assembly.**[1]

17. אֶת הָאֲנָשִׁים הָאֵלֶּה – THESE MEN, אֶת שְׁנֵים עָשָׂר נְשִׂיאִים הַלָּלוּ – these twelve princes. . .[2]

□ **אֲשֶׁר נִקְּבוּ – WHO HAD BEEN DESIGNATED לוֹ כָּאן – to [Moses] here בְּשֵׁמוֹת – by [their] names.**[3]

18. וַיִּתְיַלְדוּ עַל מִשְׁפְּחֹתָם – AND THEY ESTABLISHED THEIR GENEALOGY ACCORDING TO THEIR FAMILIES. הֵבִיאוּ סִפְרֵי יְחוּסֵיהֶם – They brought their documents of lineage, וְעֵדֵי חֶזְקַת לֵידָתָם – and witnesses to the status of their birth,[4] **כָּל אֶחָד וְאֶחָד – each and every one of them,**[5] **לְהִתְיַחֵס עַל הַשֵּׁבֶט – so as to trace his ancestry to the** particular **tribe** to which he claimed to belong.

1. "The summoned ones" is not meant to connote meniality; it does not mean that they were always at the beck and call of others (*Mizrachi; Sifsei Chachamim*). Alternatively, "the summoned ones" does not mean that they were summoned only on this occasion, for the census, because "of the assembly" implies that they were regularly summoned for matters concerning the assembly (*Nachalas Yaakov*).

2. The verse could have said "Moses and Aaron took *them*," and it would have been clear that it referred to the princes. Since the verse does not use "them," we might have erroneously concluded that "these men" refers to a group other than the princes: "Moses and Aaron took these [Israelite] men [counted in the following verses], whom *they* [Moses and Aaron] designated by name." Rashi therefore explains that the verse does indeed refer to the princes, not to the Israelite men in general. The longer form was used to honor the princes by calling them "those who had been designated by name" (see *Mizrachi; Da'as Yissachar*).

3. In the *nifal*, the simple passive conjugation, most forms of the verb are prefixed with the letter נ. Thus, in this case the root נקב would have taken the form נִנְקְבוּ. However, in the case of פ״נ verbs (i.e., verbal roots beginning with the letter נ, such as our word נִקְּבוּ, from the root נקב), the נ of the root is dropped and a *dagesh* is inserted into the second root letter (in our case the ק) to stand for the dropped נ. Thus, in the *nifal*, the word נִקְּבוּ means "they were (or, had been) designated."

In the *piel*, the intensive active conjugation, פ״נ verbs are conjugated as regular verbs. To indicate the intensive form, a *dagesh* is inserted into the second root letter. Thus, in the *piel*, נִקְּבוּ could have been understood as "they (i.e., Moses and Aaron) designated." But that cannot be, for in the *piel* נקב means "to bore, drill."

Rashi's words לוֹ כָּאן, "to him here," possibly indicate that נִקְּבוּ is in the passive *nifal*, "had been designated," not in the active *piel* (see *Da'as Yissachar*).

4. The verb וַיִּתְיַלְדוּ is a *hispael* form of the root ילד, "to give birth." Verbs in the *hispael* are generally reflexive, which in this case would mean "they gave birth to themselves," an obvious impossibility. "According to their families" indicates that וַיִּתְיַלְדוּ means "they established their genealogy" (see *Imrei Shefer; Sifsei Chachamim*). Rashi specifies how they did this.

5. With this Rashi indicates that עַל מִשְׁפְּחֹתָם is not to be taken as "*by* their families," with each family unit presenting documentation of its ancestry. It means "according to their families," i.e., each individual presented evidence with regard to his own family.

מִבֶּן עֶשְׂרִים שָׁנָה וָמָעְלָה
יט לְגֻלְגְּלֹתָם: כַּאֲשֶׁר צִוָּה יְהֹוָה
אֶת־מֹשֶׁה וַיִּפְקְדֵם בְּמִדְבַּר
כ סִינָי: שני וַיִּהְיוּ בְנֵי־רְאוּבֵן
בְּכֹר יִשְׂרָאֵל תּוֹלְדֹתָם לְמִשְׁפְּחֹתָם
לְבֵית אֲבֹתָם בְּמִסְפַּר שֵׁמוֹת
לְגֻלְגְּלֹתָם כָּל־זָכָר מִבֶּן עֶשְׂרִים
שָׁנָה וָמַעְלָה כֹּל יֹצֵא צָבָא:
כא פְּקֻדֵיהֶם לְמַטֵּה רְאוּבֵן שִׁשָּׁה
וְאַרְבָּעִים אֶלֶף וַחֲמֵשׁ מֵאוֹת:
כב לִבְנֵי שִׁמְעוֹן תּוֹלְדֹתָם לְמִשְׁפְּחֹתָם
לְבֵית אֲבֹתָם פְּקֻדָיו בְּמִסְפַּר שֵׁמוֹת
לְגֻלְגְּלֹתָם כָּל־זָכָר מִבֶּן עֶשְׂרִים
שָׁנָה וָמַעְלָה כֹּל יֹצֵא צָבָא:
כג פְּקֻדֵיהֶם לְמַטֵּה שִׁמְעוֹן תִּשְׁעָה
וַחֲמִשִּׁים אֶלֶף וּשְׁלֹשׁ מֵאוֹת:
כד לִבְנֵי גָד תּוֹלְדֹתָם לְמִשְׁפְּחֹתָם
לְבֵית אֲבֹתָם בְּמִסְפַּר שֵׁמוֹת מִבֶּן
עֶשְׂרִים שָׁנָה וָמַעְלָה כֹּל יֹצֵא צָבָא:
כה פְּקֻדֵיהֶם לְמַטֵּה גָד חֲמִשָּׁה
וְאַרְבָּעִים אֶלֶף וְשֵׁשׁ מֵאוֹת
וַחֲמִשִּׁים:
כו לִבְנֵי יְהוּדָה תּוֹלְדֹתָם לְמִשְׁפְּחֹתָם
לְבֵית אֲבֹתָם בְּמִסְפַּר שֵׁמֹת מִבֶּן
עֶשְׂרִים שָׁנָה וָמַעְלָה כֹּל יֹצֵא צָבָא:
כז פְּקֻדֵיהֶם לְמַטֵּה יְהוּדָה אַרְבָּעָה
וְשִׁבְעִים אֶלֶף וְשֵׁשׁ מֵאוֹת:
כח לִבְנֵי יִשָּׂשכָר תּוֹלְדֹתָם לְמִשְׁפְּחֹתָם
לְבֵית אֲבֹתָם בְּמִסְפַּר שֵׁמֹת

from twenty years of age and up, according to their head count. 19 *As* HASHEM *had commanded Moses, he counted them in the Wilderness of Sinai.*

20 *These were the sons of Reuben, firstborn of Israel, their offspring according to their families, according to their fathers' house, by number of the names according to their head count, every male from twenty years of age and up, everyone who goes out to the army.* 21 *Their counted ones, for the tribe of Reuben: forty-six thousand, five hundred.*

22 *For the sons of Simeon, their offspring according to their families, according to their fathers' house, its counted ones, by number of the names according to their head count, every male from twenty years of age and up, everyone who goes out to the army.* 23 *Their counted ones, for the tribe of Simeon: fifty-nine thousand, three hundred.*

24 *For the sons of Gad, their offspring according to their families, according to their fathers' house, by number of the names, every male from twenty years of age and up, everyone who goes out to the army.* 25 *Their counted ones, for the tribe of Gad: forty-five thousand, six hundred and fifty.*

26 *For the sons of Judah, their offspring according to their families, according to their fathers' house, by number of the names, every male from twenty years of age and up, everyone who goes out to the army.* 27 *Their counted ones, for the tribe of Judah: seventy-four thousand, six hundred.*

28 *For the sons of Issachar, their offspring according to their families, according to their fathers' house, by number of the names,*

אונקלוס

מִבַּר עַשְׂרִין שְׁנִין וּלְעֵלָּא לְגֻלְגְּלָתְהוֹן: יט כְּמָא דִי פַקֵּיד יְיָ יָת מֹשֶׁה וּמְנָנוּן בְּמַדְבְּרָא דְסִינָי: כ וַהֲווֹ בְנֵי רְאוּבֵן בּוּכְרָא דְיִשְׂרָאֵל תּוּלְדָתְהוֹן לְזַרְעֲיָתְהוֹן לְבֵית אֲבָהָתְהוֹן בְּמִנְיַן שְׁמָהָן לְגֻלְגְּלָתְהוֹן כָּל דְּכוּרָא מִבַּר עַשְׂרִין שְׁנִין וּלְעֵלָּא כֹּל נָפֵק חֵילָא: כא מִנְיָנֵיהוֹן לְשִׁבְטָא דִרְאוּבֵן אַרְבְּעִין וְשִׁתָּא אַלְפִין וַחֲמֵשׁ מְאָה: כב לִבְנֵי שִׁמְעוֹן תּוּלְדָתְהוֹן לְזַרְעֲיָתְהוֹן לְבֵית אֲבָהָתְהוֹן מִנְיָנוֹהִי בְּמִנְיַן שְׁמָהָן לְגֻלְגְּלָתְהוֹן כָּל דְּכוּרָא מִבַּר עַשְׂרִין שְׁנִין וּלְעֵלָּא כֹּל נָפֵק חֵילָא: כג מִנְיָנֵיהוֹן לְשִׁבְטָא דְשִׁמְעוֹן חַמְשִׁין וְתִשְׁעָה אַלְפִין וּתְלָת מְאָה: כד לִבְנֵי גָד תּוּלְדָתְהוֹן לְזַרְעֲיָתְהוֹן לְבֵית אֲבָהָתְהוֹן בְּמִנְיַן שְׁמָהָן מִבַּר עַשְׂרִין שְׁנִין וּלְעֵלָּא כֹּל נָפֵק חֵילָא: כה מִנְיָנֵיהוֹן לְשִׁבְטָא דְגָד אַרְבְּעִין וַחֲמִשָּׁא אַלְפִין וְשִׁית מְאָה וְחַמְשִׁין: כו לִבְנֵי יְהוּדָה תּוּלְדָתְהוֹן לְזַרְעֲיָתְהוֹן לְבֵית אֲבָהָתְהוֹן בְּמִנְיַן שְׁמָהָן מִבַּר עַשְׂרִין שְׁנִין וּלְעֵלָּא כֹּל נָפֵק חֵילָא: כז מִנְיָנֵיהוֹן לְשִׁבְטָא דִיהוּדָה שַׁבְעִין וְאַרְבְּעָא אַלְפִין וְשִׁית מְאָה: כח לִבְנֵי יִשָּׂשכָר תּוּלְדָתְהוֹן לְזַרְעֲיָתְהוֹן לְבֵית אֲבָהָתְהוֹן בְּמִנְיַן שְׁמָהָן

מִבֶּ֨ן עֶשְׂרִ֤ים שָׁנָה֙ וָמַ֔עְלָה כֹּ֖ל יֹצֵ֥א
כט צָבָֽא׃ פְּקֻדֵיהֶ֖ם לְמַטֵּ֣ה יִשָּׂשכָ֑ר
אַרְבָּעָ֧ה וַחֲמִשִּׁ֛ים אֶ֖לֶף וְאַרְבַּ֥ע
מֵאֽוֹת׃
ל לִבְנֵ֣י זְבוּלֻ֔ן תּוֹלְדֹתָ֖ם לְמִשְׁפְּחֹתָ֣ם
לְבֵ֣ית אֲבֹתָ֑ם בְּמִסְפַּ֣ר שֵׁמֹ֗ת מִבֶּ֨ן
עֶשְׂרִ֤ים שָׁנָה֙ וָמַ֔עְלָה כֹּ֖ל יֹצֵ֥א צָבָֽא׃
לא פְּקֻדֵיהֶ֖ם לְמַטֵּ֣ה זְבוּלֻ֑ן שִׁבְעָ֧ה
וַחֲמִשִּׁ֛ים אֶ֖לֶף וְאַרְבַּ֥ע מֵאֽוֹת׃
לב לִבְנֵ֤י יוֹסֵף֙ לִבְנֵ֣י אֶפְרַ֔יִם תּוֹלְדֹתָ֖ם
לְמִשְׁפְּחֹתָ֣ם לְבֵ֣ית אֲבֹתָ֑ם בְּמִסְפַּ֣ר
שֵׁמֹ֗ת מִבֶּ֨ן עֶשְׂרִ֤ים שָׁנָה֙ וָמַ֔עְלָה כֹּ֖ל
לג יֹצֵ֥א צָבָֽא׃ פְּקֻדֵיהֶ֖ם לְמַטֵּ֣ה אֶפְרָ֑יִם
אַרְבָּעִ֥ים אֶ֖לֶף וַחֲמֵ֥שׁ מֵאֽוֹת׃
לד לִבְנֵ֣י מְנַשֶּׁ֔ה תּוֹלְדֹתָ֖ם לְמִשְׁפְּחֹתָ֣ם
לְבֵ֣ית אֲבֹתָ֑ם בְּמִסְפַּ֣ר שֵׁמוֹת֙ מִבֶּ֨ן
עֶשְׂרִ֤ים שָׁנָה֙ וָמַ֔עְלָה כֹּ֖ל יֹצֵ֥א צָבָֽא׃
לה פְּקֻדֵיהֶ֖ם לְמַטֵּ֣ה מְנַשֶּׁ֑ה שְׁנַ֧יִם
וּשְׁלֹשִׁ֛ים אֶ֖לֶף וּמָאתָֽיִם׃
לו לִבְנֵ֣י בִנְיָמִ֔ן תּוֹלְדֹתָ֖ם לְמִשְׁפְּחֹתָ֣ם
לְבֵ֣ית אֲבֹתָ֑ם בְּמִסְפַּ֣ר שֵׁמֹ֗ת מִבֶּ֨ן
עֶשְׂרִ֤ים שָׁנָה֙ וָמַ֔עְלָה כֹּ֖ל יֹצֵ֥א צָבָֽא׃
לז פְּקֻדֵיהֶ֖ם לְמַטֵּ֣ה בִנְיָמִ֑ן חֲמִשָּׁ֧ה
וּשְׁלֹשִׁ֛ים אֶ֖לֶף וְאַרְבַּ֥ע מֵאֽוֹת׃
לח לִבְנֵ֣י דָ֔ן תּוֹלְדֹתָ֖ם לְמִשְׁפְּחֹתָ֣ם
לְבֵ֣ית אֲבֹתָ֑ם בְּמִסְפַּ֣ר שֵׁמֹ֗ת מִבֶּ֨ן
עֶשְׂרִ֤ים שָׁנָה֙ וָמַ֔עְלָה כֹּ֖ל יֹצֵ֥א צָבָֽא׃
לט פְּקֻדֵיהֶ֖ם לְמַטֵּ֣ה דָ֑ן שְׁנַ֧יִם וְשִׁשִּׁ֛ים
אֶ֖לֶף וּשְׁבַ֥ע מֵאֽוֹת׃

every male from twenty years of age and up, everyone who goes out to the army. 29 *Their counted ones, for the tribe of Issachar: fifty-four thousand, four hundred.*

30 *For the sons of Zebulun, their offspring according to their families, according to their fathers' house, by number of the names, every male from twenty years of age and up, everyone who goes out to the army.* 31 *Their counted ones, for the tribe of Zebulun: fifty-seven thousand, four hundred.*

32 *For the sons of Joseph: for the sons of Ephraim, their offspring according to their families, according to their fathers' house, by number of the names, every male from twenty years of age and up, everyone who goes out to the army.* 33 *Their counted ones, for the tribe of Ephraim: forty thousand, five hundred.*

34 *For the sons of Manasseh, their offspring according to their families, according to their fathers' house, by number of the names, every male from twenty years of age and up, everyone who goes out to the army.* 35 *Their counted ones, for the tribe of Manasseh: thirty-two thousand, two hundred.*

36 *For the sons of Benjamin, their offspring according to their families, according to their fathers' house, by number of the names, every male from twenty years of age and up, everyone who goes out to the army.* 37 *Their counted ones, for the tribe of Benjamin: thirty-five thousand, four hundred.*

38 *For the sons of Dan, their offspring according to their families, according to their fathers' house, by number of the names, every male from twenty years of age and up, everyone who goes out to the army.* 39 *Their counted ones, for the tribe of Dan: sixty-two thousand, seven hundred.*

אונקלוס

מִבַּר עַשְׂרִין שְׁנִין וּלְעֵלָּא כֹּל נָפֵק חֵילָא: כט מִנְיָנֵיהוֹן לְשִׁבְטָא דְיִשָּׂשכָר חַמְשִׁין וְאַרְבְּעָה אַלְפִין וְאַרְבַּע מְאָה: ל לִבְנֵי זְבוּלֻן תּוּלְדָתְהוֹן לְזַרְעֲיָתְהוֹן לְבֵית אֲבָהָתְהוֹן בְּמִנְיַן שְׁמָהָן מִבַּר עַשְׂרִין שְׁנִין וּלְעֵלָּא כֹּל נָפֵק חֵילָא: לא מִנְיָנֵיהוֹן לְשִׁבְטָא דִזְבוּלֻן חַמְשִׁין וּשְׁבַע אַלְפִין וְאַרְבַּע מְאָה: לב לִבְנֵי יוֹסֵף לִבְנֵי אֶפְרַיִם תּוּלְדָתְהוֹן לְזַרְעֲיָתְהוֹן לְבֵית אֲבָהָתְהוֹן בְּמִנְיַן שְׁמָהָן מִבַּר עַשְׂרִין שְׁנִין וּלְעֵלָּא כֹּל נָפֵק חֵילָא: לג מִנְיָנֵיהוֹן לְשִׁבְטָא דְאֶפְרַיִם אַרְבְּעִין אַלְפִין וַחֲמֵשׁ מְאָה: לד לִבְנֵי מְנַשֶּׁה תּוּלְדָתְהוֹן לְזַרְעֲיָתְהוֹן לְבֵית אֲבָהָתְהוֹן בְּמִנְיַן שְׁמָהָן מִבַּר עַשְׂרִין שְׁנִין וּלְעֵלָּא כֹּל נָפֵק חֵילָא: לה מִנְיָנֵיהוֹן לְשִׁבְטָא דִמְנַשֶּׁה תְּלָתִין וּתְרֵין אַלְפִין וּמָאתָן: לו לִבְנֵי בִנְיָמִן תּוּלְדָתְהוֹן לְזַרְעֲיָתְהוֹן לְבֵית אֲבָהָתְהוֹן בְּמִנְיַן שְׁמָהָן מִבַּר עַשְׂרִין שְׁנִין וּלְעֵלָּא כֹּל נָפֵק חֵילָא: לז מִנְיָנֵיהוֹן לְשִׁבְטָא דְבִנְיָמִן תְּלָתִין וַחֲמְשָׁא אַלְפִין וְאַרְבַּע מְאָה: לח לִבְנֵי דָן תּוּלְדָתְהוֹן לְזַרְעֲיָתְהוֹן לְבֵית אֲבָהָתְהוֹן בְּמִנְיַן שְׁמָהָן מִבַּר עַשְׂרִין שְׁנִין וּלְעֵלָּא כֹּל נָפֵק חֵילָא: לט מִנְיָנֵיהוֹן לְשִׁבְטָא דְדָן שִׁתִּין וּתְרֵין אַלְפִין וּשְׁבַע מְאָה:

*40 For the sons of Asher, their offspring
according to their families, according to
their fathers' house, by numbers of the
names, every male from twenty years of
age and up, everyone who goes out to the
army. 41 Their counted ones, for the tribe of
Asher: forty-one thousand, five hundred.*
*42 The sons of Naphtali, their offspring
according to their families, according to
their fathers' house, by number of the
names, every male from twenty years of
age and up, everyone who goes out to the
army. 43 Their counted ones, for the tribe of
Naftali: fifty-three thousand, four hundred.*
*44 These are the counted ones that
Moses, Aaron, and the princes of Israel
counted — twelve men, one man for his
father's house, were they — 45 these were
all the counted ones of the Children of Is-
rael, according to their fathers' house,
from twenty years of age and up, every-
one who goes out to the army in Israel:
46 All their counted ones were six hundred
and three thousand, five hundred and fifty.*
*47 The Levites according to their fathers'
tribe were not counted among them.*
*48 HASHEM spoke to Moses, saying,
49 "But you shall not count the tribe of Levi,*

מ לִבְנֵ֣י אָשֵׁ֔ר תּוֹלְדֹתָ֥ם לְמִשְׁפְּחֹתָ֖ם
לְבֵ֣ית אֲבֹתָ֑ם בְּמִסְפַּ֣ר שֵׁמֹ֗ת מִבֶּ֨ן
עֶשְׂרִ֤ים שָׁנָה֙ וָמַ֔עְלָה כֹּ֖ל יֹצֵ֥א צָבָֽא׃
מא פְּקֻדֵיהֶ֖ם לְמַטֵּ֣ה אָשֵׁ֑ר אֶחָ֧ד
וְאַרְבָּעִ֛ים אֶ֖לֶף וַחֲמֵ֥שׁ מֵאֽוֹת׃
מב בְּנֵ֣י נַפְתָּלִ֔י תּוֹלְדֹתָ֖ם לְמִשְׁפְּחֹתָ֑ם
לְבֵ֣ית אֲבֹתָ֔ם בְּמִסְפַּ֣ר שֵׁמֹ֗ת מִבֶּ֨ן
עֶשְׂרִ֤ים שָׁנָה֙ וָמַ֔עְלָה כֹּ֖ל יֹצֵ֥א צָבָֽא׃
מג פְּקֻדֵיהֶ֖ם לְמַטֵּ֣ה נַפְתָּלִ֑י שְׁלֹשָׁ֧ה
וַחֲמִשִּׁ֛ים אֶ֖לֶף וְאַרְבַּ֥ע מֵאֽוֹת׃
מד אֵ֣לֶּה הַפְּקֻדִ֡ים אֲשֶׁר֩ פָּקַ֨ד מֹשֶׁ֤ה
וְאַהֲרֹן֙ וּנְשִׂיאֵ֣י יִשְׂרָאֵ֔ל שְׁנֵ֥ים עָשָׂ֖ר
אִ֑ישׁ אִישׁ־אֶחָ֥ד לְבֵית־אֲבֹתָ֖יו הָיֽוּ׃
מה וַיִּֽהְי֛וּ כָּל־פְּקוּדֵ֥י בְנֵֽי־יִשְׂרָאֵ֖ל לְבֵ֣ית
אֲבֹתָ֑ם מִבֶּ֨ן עֶשְׂרִ֤ים שָׁנָה֙ וָמַ֔עְלָה
מו כָּל־יֹצֵ֥א צָבָ֖א בְּיִשְׂרָאֵֽל׃ וַיִּֽהְיוּ֙ כָּל־
הַפְּקֻדִ֔ים שֵׁשׁ־מֵא֥וֹת אֶ֖לֶף וּשְׁלֹ֣שֶׁת
אֲלָפִ֑ים וַחֲמֵ֥שׁ מֵא֖וֹת וַחֲמִשִּֽׁים׃
מז וְהַלְוִיִּ֖ם לְמַטֵּ֣ה אֲבֹתָ֑ם לֹ֥א הָתְפָּקְד֖וּ
בְּתוֹכָֽם׃
מח שלישי וַיְדַבֵּ֥ר יְהוָ֖ה אֶל־מֹשֶׁ֥ה לֵּאמֹֽר׃
מט אַ֣ךְ אֶת־מַטֵּ֤ה לֵוִי֙ לֹ֣א תִפְקֹ֔ד

אונקלוס

מ לִבְנֵי אָשֵׁר תּוּלְדָתְהוֹן לְזַרְעֲיָתְהוֹן לְבֵית אֲבָהָתְהוֹן בְּמִנְיַן שְׁמָהָן מִבַּר עַשְׂרִין שְׁנִין וּלְעֵלָּא כֹּל נָפֵק חֵילָא: מא מִנְיָנֵיהוֹן לְשִׁבְטָא דְאָשֵׁר אַרְבְּעִין וְחַד אַלְפִין וַחֲמֵשׁ מְאָה: מב בְּנֵי נַפְתָּלִי תּוּלְדָתְהוֹן לְזַרְעֲיָתְהוֹן לְבֵית אֲבָהָתְהוֹן בְּמִנְיַן שְׁמָהָן מִבַּר עַשְׂרִין שְׁנִין וּלְעֵלָּא כֹּל נָפֵק חֵילָא: מג מִנְיָנֵיהוֹן לְשִׁבְטָא דְנַפְתָּלִי חַמְשִׁין וּתְלַת אַלְפִין וְאַרְבַּע מְאָה: מד אִלֵּין מִנְיָנַיָּא דִי מְנָא מֹשֶׁה וְאַהֲרֹן וְרַבְרְבֵי יִשְׂרָאֵל תְּרֵי עֲשַׂר גַּבְרָא גַּבְרָא חַד לְבֵית אֲבָהָתוֹהִי הֲווֹ: מה וַהֲווֹ כָּל מִנְיָנֵי בְּנֵי יִשְׂרָאֵל לְבֵית אֲבָהָתְהוֹן מִבַּר עַשְׂרִין שְׁנִין וּלְעֵלָּא כָּל נָפֵק חֵילָא בְּיִשְׂרָאֵל: מו וַהֲווֹ כָּל מִנְיָנַיָּא שִׁית מְאָה וּתְלָתָא אַלְפִין וַחֲמֵשׁ מְאָה וְחַמְשִׁין: מז וְלֵוָאֵי לְשִׁבְטָא דַאֲבָהַתְהוֹן לָא אִתְמְנִיאוּ בֵּינֵיהוֹן: מח וּמַלִּיל יְיָ עִם מֹשֶׁה לְמֵימָר: מט בְּרַם יָת שִׁבְטָא דְלֵוִי לָא תִמְנֵי

רש"י

(מט) אך את מטה לוי לא תפקד. כדאי הוא לגיון של מלך להיות נמנה לבדו (במ"ר א:יב). דבר אחר, צפה הקב"ה שעתידה לעמוד גזירה על כל הנמנין מבן עשרים שנה ומעלה שימותו במדבר, אמר אל יהיו אלו בכלל, לפי שהם שלי,

RASHI ELUCIDATED

49. אַךְ אֶת מַטֵּה לֵוִי לֹא תִפְקֹד – BUT YOU SHALL NOT COUNT THE TRIBE OF LEVI. כְּדַאי הוּא לִגְיוֹן שֶׁל מֶלֶךְ – The King's legion is worthy **לִהְיוֹת נִמְנֶה לְבַדּוֹ – to be counted by itself.**[1] **דָּבָר אַחֵר – Alternatively, צָפָה הַקָּדוֹשׁ בָּרוּךְ הוּא – the Holy One, Blessed is He, foresaw שֶׁעֲתִידָה לַעֲמוֹד גְּזֵירָה – that a decree was destined to go into effect עַל כָּל הַנִּמְנִין – upon all those who were counted מִבֶּן עֶשְׂרִים שָׁנָה וָמַעְלָה – from the age of twenty and up, שֶׁיָּמוּתוּ בַּמִּדְבָּר – that they would die in the wilderness.**[2] **אָמַר – He said, אַל יִהְיוּ אֵלּוּ בִּכְלָל – "Let not these** Levites **be included, לְפִי שֶׁהֵם שֶׁלִּי – for they**

1. *Bamidbar Rabbah* 1:12. This explains why the Levites were counted separately from the rest of the Israelites.
2. See 14:29 below. The alternative explanation explains not only why the Levites were counted separately from the rest of the Israelites, but also why they were counted at a different age.

וְאֶת־רֹאשָׁם לֹא תִשָּׂא בְּתוֹךְ בְּנֵי
נ יִשְׂרָאֵל: וְאַתָּה הַפְקֵד אֶת־הַלְוִיִּם
עַל־מִשְׁכַּן הָעֵדֻת וְעַל כָּל־כֵּלָיו
וְעַל כָּל־אֲשֶׁר־לוֹ הֵמָּה יִשְׂאוּ אֶת־
הַמִּשְׁכָּן וְאֶת־כָּל־כֵּלָיו וְהֵם
יְשָׁרְתֻהוּ וְסָבִיב לַמִּשְׁכָּן יַחֲנוּ:
נא וּבִנְסֹעַ הַמִּשְׁכָּן יוֹרִידוּ אֹתוֹ הַלְוִיִּם
וּבַחֲנֹת הַמִּשְׁכָּן יָקִימוּ אֹתוֹ הַלְוִיִּם

and you shall not take their census among the Children of Israel. [50] *And you shall appoint the Levites over the Tabernacle of the Testimony, over all of its utensils and over everything that belongs to it. They shall carry the Tabernacle and all its utensils and they shall minister to it; and they shall encamp around the Tabernacle.* [51] *When the Tabernacle journeys, the Levites shall take it down, and when the Tabernacle encamps, the Levites shall erect it,*

אונקלוס

וְיָת חֻשְׁבַּנְהוֹן לָא תְקַבֵּל בְּגוֹ בְּנֵי יִשְׂרָאֵל: נ וְאַתְּ מַנִּי יָת לֵוָאֵי עַל מַשְׁכְּנָא דְסַהֲדוּתָא וְעַל כָּל מָנוֹהִי וְעַל כָּל דִּי לֵהּ אִנּוּן יִטְּלוּן יָת מַשְׁכְּנָא וְיָת כָּל מָנוֹהִי וְאִנּוּן יְשַׁמְּשֻׁנֵּהּ וּסְחוֹר סְחוֹר לְמַשְׁכְּנָא יִשְׁרוֹן: נא וּבְמִטַּל מַשְׁכְּנָא יְפָרְקוּן יָתֵהּ לֵוָאֵי וּבְמִשְׁרֵי מַשְׁכְּנָא יְקִימוּן יָתֵהּ לֵוָאֵי

רש"י

שלא טעו בעגל (שם): (נ) ואתה הפקד את הלוים. כתרגומו מני, לשון מנוי שררה על דבר שהוא ממונה עליו, כמו ויפקד המלך פקידים (אסתר ב:ג): (נא) יורידו אותו. כתרגומו יפרקון, כשבאין ליסע במדבר ממסע למסע היו מפרקין אותו מהקמתו, ונושאין אותו עד מקום אשר ישכון שם הענן, ויחנו שם,

RASHI ELUCIDATED

are Mine, שֶׁלֹּא טָעוּ בָּעֵגֶל **– because they did not err with the** Golden **Calf."**[1]

50. וְאַתָּה הַפְקֵד אֶת הַלְוִיִּם **– AND YOU SHALL APPOINT THE LEVITES.** The word הַפְקֵד is to be understood[2] כְּתַרְגּוּמוֹ **– as** ***Targum*** *Onkelos* **renders it,** "מַנִּי" **– "appoint."**[3] לְשׁוֹן מִנּוּי שְׂרָרָה **– It means appointment to authority** עַל דָּבָר שֶׁהוּא מְמֻנֶּה עָלָיו **– over a matter of which one is in charge,** כְּמוֹ "וְיַפְקֵד הַמֶּלֶךְ פְּקִידִים"[4] **– like, "Let the king appoint overseers."**[4]

51. יוֹרִידוּ אֹתוֹ **– SHALL TAKE IT DOWN.** This is to be understood כְּתַרְגּוּמוֹ **– as** ***Targum*** *Onkelos* **renders it,** "יְפָרְקוּן" **– "shall dismantle."**[5] כְּשֶׁבָּאִין לִסַּע **– When they were about to journey**[6] בַּמִּדְבָּר **– in the wilderness** מִמַּסָּע לְמַסָּע **– from one stopping place to another,** הָיוּ מְפָרְקִין אוֹתוֹ **– they would dismantle it** מֵהֲקָמָתוֹ **– from its erect position,** וְנוֹשְׂאִין אוֹתוֹ **– and carry it** עַד מְקוֹם אֲשֶׁר יִשְׁכּוֹן שָׁם הֶעָנָן **– to the place where the cloud would rest.**[7] וְיַחֲנוּ שָׁם **– They would encamp there,**[8]

1. *Bamidbar Rabbah* 1:12. The decree of death Rashi speaks of was ordained as punishment for the sin of the Spies. The Tribe of Levi was not guilty of that sin either, as Rashi indicates in his comments to *Deuteronomy* 1:23, s.v., שְׁנֵים עָשָׂר אֲנָשִׁים אִישׁ אֶחָד לַשָּׁבֶט. Yet Rashi mentions that they were innocent of the sin of the Golden Calf, for the decree of death at the sin of the Spies was essentially for the Golden Calf. But God did not wish to punish them in such a manner until they became yet more sinful, as Rashi notes in his comments to 14:33, s.v., אַרְבָּעִים שָׁנָה (*Nachalas Yaakov*).

2. In the preceding verses, the verb root פקד was used in the sense of "to count." But the context of our verse indicates that it cannot be meant in that sense here (*Gur Aryeh*).

3. Although *Targum Onkelos* uses the verb root מני in verses 3, 19, 44, 47 and 49 for "count," he spells it there without a *dagesh* in the נ. Here, he has מַנִּי with a *dagesh* in the נ. Thus, the word is in the intensive *pael* (the Aramaic equivalent of the Hebrew *piel*), and means "appoint" (see *Minchas Yehudah; Sifsei Chachamim*).

4. Virtually all the early printed editions adduce this verse from *Esther* 2:3. Some editions, however, follow *Yosef Da'as,* who cites manuscripts that omit the word הַמֶּלֶךְ, "the king," and cite *Genesis* 41:34, וְיַפְקֵד פְּקִידִם, "Let him appoint overseers."

5. It does not mean bringing down from a higher location to a lower location (*Mizrachi; Sifsei Chachamim*).

6. This indicates that בִּנְסֹעַ of "when the Tabernacle journeys" is not precisely parallel to בַּחֲנֹת of "when the Tabernacle encamps." "When the Tabernacle journeys" means "when the Tabernacle is *about* to journey," for the Levites were not engaged in dismantling the Tabernacle while it was actually in transit. But "when the Tabernacle encamps" means while it is actually in a state of encampment (*Mesiach Ilmim; Mishmeres HaKodesh*).

7. Although the verse states explicitly only that the Levites would dismantle the Tabernacle when the Israelites would break camp and erect it when they would encamp again, Rashi points out that the Levites would also carry the Tabernacle in the interim (*Mizrachi*).

8. See note 6 above. Here Rashi notes that unlike בִּנְסֹעַ, בַּחֲנֹת does not mean "when they were *about* to encamp" (*Mesiach Ilmim; Mishmeres HaKodesh*).

נב וְהַזָּר הַקָּרֵב יוּמָת: וְחָנוּ בְּנֵי
יִשְׂרָאֵל אִישׁ עַל־מַחֲנֵהוּ וְאִישׁ
נג עַל־דִּגְלוֹ לְצִבְאֹתָם: וְהַלְוִיִּם
יַחֲנוּ סָבִיב לְמִשְׁכַּן הָעֵדֻת
וְלֹא־יִהְיֶה קֶצֶף עַל־עֲדַת בְּנֵי

and an alien who approaches shall be put to death. 52 The Children of Israel shall encamp, every man at his camp and every man at his division, according to their armies. 53 The Levites shall encamp around the Tabernacle of the Testimony and there shall be no wrath upon the assembly of the Children

אונקלוס

וְחִלוֹנַי דְּיִקְרַב יִתְקְטֵל: נב וְיִשְׁרוּן בְּנֵי יִשְׂרָאֵל גְּבַר עַל מַשְׁרוֹהִי וּגְבַר עַל טִקְסֵהּ לְחֵילֵיהוֹן: נג וְלֵוָאֵי יִשְׁרוּן סְחוֹר סְחוֹר לְמַשְׁכְּנָא דְסַהֲדוּתָא וְלָא יְהֵי רוּגְזָא עַל כְּנִשְׁתָּא דִבְנֵי

רש"י

ומקימין אותו: והזר הקרב. לעבודתם זו: יומת. בידי שמים (סנהדרין פד.): (נב) ואיש על דגלו. כמו שהדגלים סדורים בספר זה, שלשה שבטים לכל דגל: (נג) ולא יהיה קצף. אם תעשו כמצותי לא יהיה קצף, ואם לאו שיכנסו זרים בעבודתם זו יהיה קצף כמו שמצינו במעשה קרח כי יצא הקצף וגו' (להלן יז:יא):

RASHI ELUCIDATED

וּמְקִימִין אוֹתוֹ – and set it up.

□ וְהַזָּר הַקָּרֵב – AND AN ALIEN WHO APPROACHES **לַעֲבוֹדָתָם זוֹ – this service of theirs,** i.e., an alien who does the service of the Levites, dismantling and erecting the Tabernacle,[1]

□ יוּמָת – SHALL BE PUT TO DEATH **בִּידֵי שָׁמַיִם[2] – by the hand of Heaven,** i.e., he will not be put to death by the court of man; God will put him to death.[2]

52. וְאִישׁ עַל דִּגְלוֹ – AND EVERY MAN AT HIS DIVISION. **כְּמוֹ שֶׁהַדְּגָלִים סְדוּרִים – As the divisions[3] are arranged בְּסֵפֶר זֶה – in this book,[4] שְׁלֹשָׁה שְׁבָטִים – three tribes לְכָל דֶּגֶל – for each division.[5]**

53. וְלֹא יִהְיֶה קֶצֶף – AND THERE SHALL BE NO WRATH. **אִם תַּעֲשׂוּ כְּמִצְוָתִי – If you will act according to My commandment, לֹא יִהְיֶה קֶצֶף – there shall be no wrath; וְאִם לָאו – but if not,[6] שֶׁיִּכָּנְסוּ זָרִים** – and **that aliens,** i.e., non-Levites, **shall enter בַּעֲבוֹדָתָם זוֹ – this service of [the Levites], יִהְיֶה קֶצֶף – there shall be wrath,[7] כְּמוֹ שֶׁמָּצִינוּ – as we have found בְּמַעֲשֵׂה קֹרַח – at the incident of Korah, "כִּי יָצָא הַקֶּצֶף וְגוֹמֵר"[8] – "For the wrath has gone out, etc."[8]**

1. The verse does not mean that a non-Levite who approaches the Tabernacle itself shall die, for the context indicates that the verse speaks of the *service* of the Levites (*Gur Aryeh*).

2. *Sanhedrin* 84a. When the Torah expresses "shall be put to death" with the double verb מוֹת יוּמַת, it means strangulation by the order of the court. When the single verb form is used, as in our verse, it means a punishment of death inflicted by God (*Ramban* to *Exodus* 21:29; *Nachalas Yaakov* to *Exodus* 31:14). "Death by the hand of heaven" is used specifically for death inflicted by God before the age of sixty. See *Moed Katan* 28a.

3. Unlike other commentators, who understand דֶּגֶל as "flag," Rashi sees it as "division, disposition of forces, military formation." This is indicated by his comments to 2:2 below, s.v., בְּאֹתֹת. See Rashi to *Isaiah* 5:26, s.v., נֵס לַגּוֹיִם, where he describes a flag in detail, yet never once uses the word דֶּגֶל. See also his comments to *Psalms* 20:6, s.v., נְרַנְּנָה בִּישׁוּעָתֶךָ; *Song of Songs* 2:4, s.v., וְדִגְלוֹ עָלַי אַהֲבָה, and 5:10, s.v., דָּגוּל מֵרְבָבָה.

4. See the following chapter.

The verse does not mean that they were actually at their positions, for the divisions had not yet been arranged at this point (*Mesiach Ilmim*).

5. The verse does not mean that each tribe had its own division (*Devek Tov*).

6. Rashi here interprets according to the principle, מִכְּלָל לָאו אַתָּה שׁוֹמֵעַ הֵן, "From the implication of the negative you infer the positive." This principle and its converse, מִכְּלָל הֵן אַתָּה שׁוֹמֵעַ לָאו, "from the implication of the positive you infer the negative," are often cited by Rashi. See Rashi to *Exodus* 20:12, 28:35, 30:20; *Numbers* 5:19; *Deuteronomy* 11:21 and 17:20.

7. "The Levites shall encamp around the Tabernacle of the Testimony and there shall be no wrath upon the assembly of the Children of Israel" seems to imply that if the Levites encamp elsewhere, the Children of Israel will suffer God's wrath. But why should the non-Levites suffer for the sin of the Levites? Rashi explains that the verse means that if the Levite camp fails to provide a barrier around the Tabernacle, thus allowing non-Levites to perform the service of the Levites in dismantling and erecting the Tabernacle, then there will be wrath against Israel (*Be'er BaSadeh*).

8. Below 17:11. Korah's act led to the outpouring of wrath because he, a Levite, wished to perform the service of a Kohen. This supports Rashi's point that the verse speaks of aliens (in our case, non-Levites) performing the service of the appointed ones (i.e., the Levites), for we see from Korah that a sin of the same

יִשְׂרָאֵל וְשָׁמְרוּ֙ הַלְוִיִּ֔ם אֶת־
נד מִשְׁמֶ֖רֶת מִשְׁכַּ֥ן הָעֵדֽוּת: וַֽיַּעֲשׂ֖וּ בְּנֵ֣י
יִשְׂרָאֵ֑ל כְּ֠כֹל אֲשֶׁ֨ר צִוָּ֧ה יהוה אֶת־
מֹשֶׁ֖ה כֵּ֥ן עָשֽׂוּ:
ב א שלישי וַיְדַבֵּ֣ר יהוה אֶל־מֹשֶׁ֥ה וְאֶל־
ב אַהֲרֹ֖ן לֵאמֹֽר: אִ֣ישׁ עַל־דִּגְל֤וֹ
בְאֹתֹת֙ לְבֵ֣ית אֲבֹתָ֔ם יַחֲנ֖וּ בְּנֵ֣י
יִשְׂרָאֵ֑ל מִנֶּ֕גֶד סָבִ֥יב לְאֹֽהֶל־מוֹעֵ֖ד

of Israel, and the Levites shall safeguard the watch of the Tabernacle of the Testimony."
54 The Children of Israel did everything that HASHEM commanded Moses, so did they do.

2 1 HASHEM spoke to Moses and Aaron, saying, 2 "The Children of Israel shall encamp, each man at his division according to the signs of their fathers' house, at a distance surrounding the Tent of Meeting

אונקלוס

יִשְׂרָאֵל וְיִטְּרוּן לֵוָאֵי יָת מַטְּרַת מַשְׁכְּנָא דְסַהֲדוּתָא: נד וַעֲבָדוּ בְּנֵי יִשְׂרָאֵל כְּכֹל דִּי פַקִּיד יְיָ יָת מֹשֶׁה כֵּן עֲבָדוּ: א וּמַלִּיל יְיָ עִם מֹשֶׁה וְעִם אַהֲרֹן לְמֵימָר: ב גְּבַר עַל טִקְסֵהּ בְּאָתָן לְבֵית אֲבָהַתְהוֹן יִשְׁרוֹן בְּנֵי יִשְׂרָאֵל מִקֳּבֵל סְחוֹר סְחוֹר לְמַשְׁכַּן זִמְנָא

רש"י

(ב) באתת. כל דגל יהיה לו אות, מפה צבועה תלויה בו. צבעו של זה לא כצבעו של זה, צבע כל אחד כגוון אבנו הקבועה בחשן, ומתוך כך יכיר כל אחד את דגלו (במ"ר ב:ז). דבר אחר באותות לבית אבותם, באות שמסר להם יעקב אביהם כשנשאוהו ממצרים, שנאמר ויעשו בניו לו כן כאשר צום (בראשית נ:יב). יהודה ויששכר וזבולון ישאוהו מן המזרח, וראובן ושמעון וגד מן הדרום וכו', כדאיתא בתנחומא בפרשה זו (יב): מנגד. מרחוק מיל, כמו שנאמר ביהושע

RASHI ELUCIDATED

2.

2. בְּאֹתֹת – ACCORDING TO THE SIGNS. כָּל דֶּגֶל – **Every division** יִהְיֶה לוֹ אוֹת – **shall have for itself a sign,** namely, מַפָּה צְבוּעָה – **a colored sheet of cloth** תְּלוּיָה בוֹ – **hanging in it**s midst.[1] צִבְעוֹ שֶׁל זֶה – **The color of** the sign of **this** division לֹא כְּצִבְעוֹ שֶׁל זֶה – **is unlike the color of** the sign of **that** division. צֶבַע כָּל אֶחָד – **The color of each one** כְּגוֹן[2] אַבְנוֹ הַקְּבוּעָה בַּחֹשֶׁן – **is like the color of his stone** that is fixed **upon the *Choshen*** (breastplate of the High Priest).[3] וּמִתּוֹךְ כָּךְ – **As a result of this,** יַכִּיר כָּל אֶחָד אֶת דִּגְלוֹ[4] – **every individual will recognize his division.**[4] דָּבָר אַחֵר – **Alternatively,** "בְּאֹתֹת לְבֵית אֲבֹתָם" – **"According to the signs of their fathers' house"** means, בְּאוֹת שֶׁמָּסַר לָהֶם יַעֲקֹב אֲבִיהֶם – **by the sign which their father, Jacob, passed on to them** כְּשֶׁנְּשָׂאוּהוּ מִמִּצְרַיִם – **when they carried him**, i.e., his remains, **from Egypt,** שֶׁנֶּאֱמַר – **as it says,** "וַיַּעֲשׂוּ בָנָיו לוֹ כֵּן כַּאֲשֶׁר צִוָּם"[5] – **"His sons did for him like that which he had commanded them."**[5] Jacob commanded that יְהוּדָה וְיִשָּׂשכָר וּזְבֻלוּן יִשָּׂאוּהוּ מִן הַמִּזְרָח – **Judah, Issachar, and Zebulun should carry him on the east**ern side of his bier,[6] וּרְאוּבֵן וְשִׁמְעוֹן וְגָד מִן הַדָּרוֹם וְכוּלְּהוּ – **Reuben, Simeon, and Gad** should carry him **on the southern side, etc.,** כִּדְאִיתָא בְּתַנְחוּמָא – **as stated in *Midrash Tanchuma*** בְּפָרָשָׁה זוֹ[7] – **on this Torah portion.**[7]
☐ מִנֶּגֶד – AT A DISTANCE. מֵרָחוֹק מִיל – **At a distance of a *mil*,**[8] כְּמוֹ שֶׁנֶּאֱמַר בִּיהוֹשֻׁעַ – **as it says in** the

sort in which an alien (in that case, a non-Kohen) performs the service appointed to someone else leads to God's wrath (*Be'er BaSadeh*).

1. Rashi makes this comment only with regard to אֹתֹת but not with regard to דִּגְלוֹ because he understands דֶּגֶל as "division, formation," not as "flag"; see Rashi to 1:52 above and note 3 there.

2. The word כְּגוֹן comprises the prefix -כְּ, "like," and the word גון which is the construct form of גַּוָּן שֶׁל, "the color of"; thus, כְּגוֹן means "like the color of." However, כְּגוֹן also has the borrowed meaning "like, similar to" which is a far more common usage than its literal meaning. To prevent confusion, when the word is used to mean "like the color of" it is often vowelized as if it were in the absolute form, כְּגַוָּן. For this reason too, the letter ו is doubled when the word is written without vowel points; and that is how it appears in all non-vowelized editions.

3. See *Exodus* 28:15-30.

4. *Bereishis Rabbah* 2:7. According to this interpretation, "of their fathers' house" means the sign which is related to the name of the father of the tribe, which is engraved on the stone of the *Choshen* (*Mizrachi; Sifsei Chachamim*). Alternatively, לְבֵית אֲבֹתָם does not describe the signs. It should be understood as "*by* their fathers' house," and refers to the fact that an individual is considered a member of his father's tribe, not of his mother's (*Nachalas Yaakov*).

5. *Genesis* 50:12; see also Rashi to v. 13 there.

6. Just as they would later be situated on the eastern side of the Israelite camp.

7. *Tanchuma* 12.

8. Two thousand *amos*. The modern equivalent of a *mil* is variously reckoned at between 960 and 1,152 meters (between six-tenths and seven-tenths of a mile).

Bamidbar Rabbah derives that the distance here is a *mil* from the fact that the verse uses the word מִנֶּגֶד both

3 יַחֲנוּ: וְהַחֹנִים קֵדְמָה מִזְרָחָה
דֶּגֶל מַחֲנֵה יְהוּדָה לְצִבְאֹתָם
וְנָשִׂיא לִבְנֵי יְהוּדָה נַחְשׁוֹן
4 בֶּן־עַמִּינָדָב: וּצְבָאוֹ וּפְקֻדֵיהֶם
אַרְבָּעָה וְשִׁבְעִים אֶלֶף וְשֵׁשׁ מֵאוֹת:

shall they encamp. [3] *Those who encamp to the front, at the east, shall be the division of the camp of Judah according to their armies — and the prince of the children of Judah is Nahshon son of Amminadab —* [4] *its army and their counted ones are seventy-four thousand, six hundred.*

אונקלוס

יִשְׁרוֹן: ג וְדִי שָׁרַן קִדּוּמָא מַדִּינְחָא טֶקֶס מַשְׁרִית יְהוּדָה לְחֵילֵיהוֹן וְרַבָּא לִבְנֵי יְהוּדָה נַחְשׁוֹן בַּר עַמִּינָדָב: ד וְחֵילֵיהּ וּמִנְיָנֵיהוֹן שַׁבְעִין וְאַרְבְּעָא אַלְפִין וְשִׁית מְאָה:

רש"י

אך רחוק יהיה ביניכם וביניו כאלפים אמה (ג:ד) שיוכלו לבא בשבת (תנחומא יד; במ"ר ב:ט). משה ואהרן ובניו והלוים חונים בסמוך לו (תנחומא יד): (ג) קדמה. לפנים הקרויה קדם, ואיזו זו, רוח מזרחית, והמערב קרוי אחור:

RASHI ELUCIDATED

Book of **Joshua,** "אַךְ רָחוֹק יִהְיֶה בֵּינֵיכֶם וּבֵינָיו כְּאַלְפַּיִם אַמָּה"[1] — **"But it should be distant between you [the Israelites] and it [the Ark], about two thousand *amos*,"**[1] שֶׁיּוּכְלוּ לָבֹא בְּשַׁבָּת[2] — **so that [the Israelites] should be able to come on Shabbos.**[2] מֹשֶׁה וְאַהֲרֹן וּבָנָיו וְהַלְוִיִּם חוֹנִים בְּסָמוּךְ לוֹ[3] — **Moses, and Aaron, and [Aaron's] sons, and the Levites would encamp next to [the Tabernacle].**[3]

3. קֵדְמָה — TO THE FRONT, i.e., לְפָנִים הַקְּרוּיִם קֶדֶם — **to the "face,"**[4] **which is called "front."** וְאֵיזוֹ זוֹ — **And which** direction **is this?** רוּחַ מִזְרָחִית — **The eastern side.**[5] וְהַמַּעֲרָב קָרוּי אָחוֹר — **And the west is called "back."**[6]

here and in *Genesis* 21:16. Just as it connotes a *mil* in the verse in *Genesis,* so, too, here. That it connotes a *mil* in *Genesis* is derived from the fact that that verse uses the word הַרְחֵק, which is linguistically similar to רָחוֹק of the verse from *Joshua* which Rashi goes on to quote, and that verse explicitly states two thousand *amos.*

1. *Joshua* 3:4.

2. *Tanchuma* 14; *Bamidbar Rabbah* 2:9. This refers to the law of the *techum.* The *techum* is the area within which one may travel on Shabbos without restriction. It is a four-thousand-*amah* square, the center of which is the location in which one spends Shabbos. One who leaves such an area is allowed to move only within his immediate location — an area four *amos* square. If a person spends Shabbos in an inhabited area, such as a village, town, etc., then his *techum* is measured from the edge of that area (see Rashi to *Exodus* 16:29).

The Israelites would come to the vicinity of the Tabernacle on Shabbos to study Torah from Moses, who encamped near it (*Maskil LeDavid*). Alternatively, they would come to the Tabernacle itself on Shabbos, to pray there (*Imrei Shefer*).

3. *Tanchuma* 14. According to *Maskil LeDavid* and *Imrei Shefer* (see previous note), Rashi mentions this to explain why the Israelites would come near the Tabernacle on Shabbos. According to *Nachalas Yaakov,* Rashi here is dealing with a different issue. The verse says that the Children of Israel should camp "surrounding" (סָבִיב) the Tabernacle. This cannot mean that the Tabernacle was situated in the center of the camp, for if it did, the phrase would be unnecessary; the passage goes on to state explicitly that the other tribes encamped on all four sides of the Tabernacle. Rather, "surrounding" connotes "close by, giving a sense of encirclement." If so, the verse appears to contain an internal contradiction: First it says that the Children of Israel should encamp "at a distance" from the Tabernacle, then it says that they should encamp "surrounding," i.e., close by. Rashi explains that the two descriptions of the camp apply to two different groups. "At a distance" refers to the camp of the Israelites at large. "Surrounding" refers specifically to Moses, Aaron, Aaron's sons, and the Levites, who would camp next to the Tabernacle.

4. Rashi also uses the term "face of the world" or "surface of the world" for "east" in his comments to 34:15 below.

5. Rashi notes that קֵדְמָה and מִזְרָחָה both mean "to the east." Scripture did not use מִזְרָחָה alone, in order to indicate why Judah was designated to be on the east. It was because it is the "front"; the tribe from which kings were to come forth was given the honor of encamping in the lead (*Gur Aryeh*). Had the verse used only קֵדְמָה, we would have understood it only as "east," and not gone on to derive from it the secondary message regarding the esteem of the tribe of Judah.

6. Rashi cites the point that west is called "back" in support of his assertion that "to the front" of our verse means "to the east" (*Gur Aryeh*). Scripture uses "back" for "west" in *Isaiah* 9:11 and *Job* 23:8; see Rashi to those verses. Rashi also notes that Scripture uses "front" and "back" for "east" and "west" in his comments to *Exodus* 27:13 and 34:15 below, and *Bava Basra* 25a, s.v., מערפו.

[5] *Those encamping next to him are: the tribe of Issachar — and the prince of the children of Issachar is Nethanel son of Zuar —* [6] *its army and their counted ones are fifty-four thousand, four hundred;* [7] *the tribe of Zebulun — and the prince of the tribe of Zebulun is Eliab son of Helon —* [8] *its army and their counted ones are fifty-seven thousand, four hundred.* [9] *All the counted ones for the camp of Judah are one hundred and eighty-six thousand, four hundred, according to their armies; they shall be the first to journey.*

[10] *"The division of the camp of Reuben shall be to the south, according to their armies — and the prince of the children of Reuben is Elizur son of Shedeur —* [11] *its army and their counted ones are forty-six thousand, five hundred.* [12] *Those encamping next to him are: the tribe of Simeon — and the prince of the tribe of Simeon is Shelumiel son of Zurishaddai —* [13] *its army and their counted ones are fifty-nine thousand, three hundred;* [14] *and the tribe of Gad — and the prince of the children of Gad is Eliasaph son of Reuel —* [15] *its army and their counted ones are forty-five thousand,*

ה וְהַחֹנִים עָלָיו מַטֵּה יִשָּׂשכָר וְנָשִׂיא
לִבְנֵי יִשָּׂשכָר נְתַנְאֵל בֶּן־צוּעָר׃
ו וּצְבָאוֹ וּפְקֻדָיו אַרְבָּעָה וַחֲמִשִּׁים
ז אֶלֶף וְאַרְבַּע מֵאוֹת׃ מַטֵּה זְבוּלֻן
וְנָשִׂיא לִבְנֵי זְבוּלֻן אֱלִיאָב בֶּן־חֵלֹן׃
ח וּצְבָאוֹ וּפְקֻדָיו שִׁבְעָה וַחֲמִשִּׁים
ט אֶלֶף וְאַרְבַּע מֵאוֹת׃ כָּל־הַפְּקֻדִים
לְמַחֲנֵה יְהוּדָה מְאַת אֶלֶף וּשְׁמֹנִים
אֶלֶף וְשֵׁשֶׁת־אֲלָפִים וְאַרְבַּע־מֵאוֹת
י לְצִבְאֹתָם רִאשֹׁנָה יִסָּעוּ׃ דֶּגֶל
מַחֲנֵה רְאוּבֵן תֵּימָנָה לְצִבְאֹתָם
וְנָשִׂיא לִבְנֵי רְאוּבֵן אֱלִיצוּר בֶּן־
יא שְׁדֵיאוּר׃ וּצְבָאוֹ וּפְקֻדָיו שִׁשָּׁה
וְאַרְבָּעִים אֶלֶף וַחֲמֵשׁ מֵאוֹת׃
יב וְהַחוֹנִם עָלָיו מַטֵּה שִׁמְעוֹן וְנָשִׂיא
לִבְנֵי שִׁמְעוֹן שְׁלֻמִיאֵל בֶּן־צוּרִישַׁדָּי׃
יג וּצְבָאוֹ וּפְקֻדֵיהֶם תִּשְׁעָה וַחֲמִשִּׁים
יד אֶלֶף וּשְׁלֹשׁ מֵאוֹת׃ וּמַטֵּה גָּד וְנָשִׂיא
טו לִבְנֵי גָד אֶלְיָסָף בֶּן־רְעוּאֵל׃ וּצְבָאוֹ
וּפְקֻדֵיהֶם חֲמִשָּׁה וְאַרְבָּעִים אֶלֶף

אונקלוס

ה וְדִי שָׁרַן סָמִיכִין עֲלוֹהִי שִׁבְטָא דְיִשָּׂשכָר וְרַבָּא לִבְנֵי יִשָּׂשכָר נְתַנְאֵל בַּר צוּעָר: ו וְחֵילֵהּ וּמִנְיָנוֹהִי חַמְשִׁין וְאַרְבְּעָא אַלְפִין וְאַרְבַּע מְאָה: ז שִׁבְטָא דִזְבוּלֻן וְרַבָּא לִבְנֵי זְבוּלֻן אֱלִיאָב בַּר חֵלוֹן: ח וְחֵילֵהּ וּמִנְיָנוֹהִי חַמְשִׁין וְשִׁבְעָא אַלְפִין וְאַרְבַּע מְאָה: ט כָּל מִנְיָנַיָּא לְמַשְׁרִית יְהוּדָה מְאָה וּתְמָנַן וְשִׁתָּא אַלְפִין וְאַרְבַּע מְאָה לְחֵילֵיהוֹן בְּקַדְמֵיתָא נָטְלִין: י טְקַס מַשְׁרִית רְאוּבֵן דָּרוֹמָא לְחֵילֵיהוֹן וְרַבָּא לִבְנֵי רְאוּבֵן אֱלִיצוּר בַּר שְׁדֵיאוּר: יא וְחֵילֵהּ וּמִנְיָנוֹהִי אַרְבְּעִין וְשִׁתָּא אַלְפִין וַחֲמֵשׁ מְאָה: יב וְדִי שָׁרַן סָמִיכִין עֲלוֹהִי שִׁבְטָא דְשִׁמְעוֹן וְרַבָּא לִבְנֵי שִׁמְעוֹן שְׁלֻמִיאֵל בַּר צוּרִישַׁדָּי: יג וְחֵילֵהּ וּמִנְיָנֵיהוֹן חַמְשִׁין וּתְשַׁע אַלְפִין וּתְלַת מְאָה: יד וְשִׁבְטָא דְגָד וְרַבָּא לִבְנֵי גָד אֶלְיָסָף בַּר רְעוּאֵל: טו וְחֵילֵהּ וּמִנְיָנֵיהוֹן אַרְבְּעִין וְחַמְשָׁא אַלְפִין

רש"י

(ט) **ראשנה יסעו.** כשרואין הענן מסתלק תוקעין הכהנים בחצוצרות ונוסע מחנה יהודה תחלה, וכשהולכין הולכין כדרך חנייתן, הלוים והעגלות באמצע, דגל יהודה במזרח, ושל ראובן בדרום, ושל אפרים במערב, ושל דן בצפון (תנחומא יב):

RASHI ELUCIDATED

9. רִאשֹׁנָה יִסָּעוּ – THEY SHALL BE THE FIRST TO JOURNEY. כְּשֶׁרוֹאִין הֶעָנָן מִסְתַּלֵּק – When they see the cloud[1] **moving off, תּוֹקְעִין הַכֹּהֲנִים בַּחֲצוֹצְרוֹת – the Kohanim would blow the trumpets,**[2] **וְנוֹסֵעַ מַחֲנֵה יְהוּדָה תְּחִלָּה – and the camp of Judah would** start to **travel first.**[3] **וּכְשֶׁהוֹלְכִין – And when they would go** through the desert, **הוֹלְכִין כְּדֶרֶךְ חֲנִיָּתָן – they would go according to the manner of their encampment; הַלְוִיִּם וְהָעֲגָלוֹת בָּאֶמְצַע – the Levites and the wagons**[4] **in the middle, דֶּגֶל יְהוּדָה בַּמִּזְרָח – the division of Judah on the east, וְשֶׁל רְאוּבֵן בַּדָּרוֹם – and of Reuben on the south, וְשֶׁל אֶפְרַיִם בַּמַּעֲרָב – and of Ephraim on the west, וְשֶׁל דָּן בַּצָּפוֹן – and of Dan on the north.**[5]

1. See *Exodus* 13:21 and Rashi there.

2. See 10:2 below and Rashi there.

3. The verse does not mean that the camp of Judah would decide when to travel, for the Israelites traveled and encamped only by God's command, as stated in 9:18 below (*Mizrachi; Sifsei Chachamim*).

4. See 7:6 below.

5. *Tanchuma* 12.

טז וְשֵׁשׁ מֵאוֹת וַחֲמִשִּׁים: כָּל־הַפְּקֻדִים
לְמַחֲנֵה רְאוּבֵן מְאַת אֶלֶף
וְאֶחָד וַחֲמִשִּׁים אֶלֶף וְאַרְבַּע־
מֵאוֹת וַחֲמִשִּׁים לְצִבְאֹתָם וּשְׁנִיִּם
יז יִסָּעוּ: וְנָסַע אֹהֶל־
מוֹעֵד מַחֲנֵה הַלְוִיִּם בְּתוֹךְ הַמַּחֲנֹת
כַּאֲשֶׁר יַחֲנוּ כֵּן יִסָּעוּ אִישׁ עַל־יָדוֹ
יח לְדִגְלֵיהֶם: דֶּגֶל
מַחֲנֵה אֶפְרַיִם לְצִבְאֹתָם יָמָּה
וְנָשִׂיא לִבְנֵי אֶפְרַיִם אֱלִישָׁמָע
יט בֶּן־עַמִּיהוּד: וּצְבָאוֹ וּפְקֻדֵיהֶם
כ אַרְבָּעִים אֶלֶף וַחֲמֵשׁ מֵאוֹת: וְעָלָיו

six hundred and fifty. [16] *All the counted ones for the camp of Reuben are one hundred and fifty-one thousand, four hundred and fifty, according to their armies, they shall be the second to journey.*

[17] *"The Tent of Meeting, the camp of the Levites, shall journey in the middle of the camps; as they encamp so shall they journey, everyone at his place according to their divisions.*

[18] *"The division of the camp of Ephraim according to their armies shall be to the west — and the prince of the children of Ephraim is Elishama son of Ammihud —* [19] *its army and their counted ones are forty thousand, five hundred.* [20] *And next to him are:*

אונקלוס

וְשִׁית מְאָה וְחַמְשִׁין: טז כָּל מִנְיָנַיָּא לְמַשְׁרִית רְאוּבֵן מְאָה וְחַמְשִׁין וְחַד אַלְפִין וְאַרְבַּע מְאָה וְחַמְשִׁין לְחֵילֵיהוֹן וְתִנְיֵתָא נָטְלִין: יז וְיִטַּל מַשְׁכַּן זִמְנָא מַשְׁרִית לֵוָאֵי בְּגוֹ מַשְׁרְיָתָא כְּמָא דְשָׁרַן כֵּן נָטְלִין גְּבַר עַל אַתְרֵהּ לְטִקְסֵיהוֹן: יח טְקַס מַשְׁרִית אֶפְרַיִם לְחֵילֵיהוֹן מַעַרְבָא וְרַבָּא לִבְנֵי אֶפְרַיִם אֱלִישָׁמָע בַּר עַמִּיהוּד: יט וְחֵילֵהּ וּמִנְיָנֵיהוֹן אַרְבְּעִין אַלְפִין וַחֲמֵשׁ מְאָה: כ וּדְסָמְכִין עֲלוֹהִי

רש"י

(יז) ונסע אהל מועד. לאחר שני דגלים הללו: **כאשר יחנו כן יסעו.** כמו שפירשתי. הליכתן כחנייתן, כל דגל מהלך לרוח הקבועה לו: **על ידו.** על מקומו ואין לשון יד זז ממשמעו, רוח של צדו הוא על ידו סמוכה לו לכל הושטת ידו, אינשו"ן איש"א בלע"ז: **(כ) ועליו.** כתרגומו ודסמיכין עלוהי:

RASHI ELUCIDATED

17. וְנָסַע אֹהֶל מוֹעֵד — THE TENT OF MEETING, [THE CAMP OF THE LEVITES,] SHALL JOURNEY לְאַחַר שְׁנֵי דְּגָלִים הַלָּלוּ — after these two divisions.[1]

□ **כַּאֲשֶׁר יַחֲנוּ כֵּן יִסָּעוּ — AS THEY ENCAMP SO SHALL THEY JOURNEY. כְּמוֹ שֶׁפֵּרַשְׁתִּי — As I have explained,**[2] **הֲלִיכָתָן כַּחֲנִיָּתָן — their traveling is like their encamping.**[3] **כָּל דֶּגֶל מְהַלֵּךְ לָרוּחַ הַקְּבוּעָה לוֹ — Each division travels on the side assigned to it.**

□ **עַל יָדוֹ** — Literally, "at his hand." This means **עַל מְקוֹמוֹ — at his place. וְאֵין לְשׁוֹן יָד זָז מִמַּשְׁמָעוֹ — But** even in this sense, **the meaning of the word יָד does not depart from the way it sounds, "hand,"** because **רוּחַ שֶׁל צִדּוֹ — the direction at one's side הוּא עַל יָדוֹ — is "at his hand,"** that is, **סְמוּכָה לוֹ — next to him לְכָל הוֹשָׁטַת יָדוֹ — with respect to any reaching of his hand.**[4] **אינשו״ן איש״א בְּלַעַ״ז — In Old French, *en son aise.***[5]

20. וְעָלָיו — AND NEXT TO HIM. This is to be understood **כְּתַרְגּוּמוֹ — as *Targum* Onkelos renders it, "וּדְסָמְכִין עֲלוֹהִי" — "And those next to him."**[6]

1. When the verse goes on to say "in the middle of the camps," it does not mean "in between the two camps mentioned above"; it means "in the middle of all four camps" (*Mizrachi; Sifsei Chachamim*).

2. See Rashi to v. 9.

3. The verse might have been read, "When they will encamp in this manner, they will travel." Rashi indicates that this is not its meaning. It tells us that just as they encamped in a quadrilateral formation, so did they travel; they did not travel as a straight line (see *Sefer Zikaron*).

4. "At his hand" means "at his place" because it connotes one's immediate surroundings, the area within reach of his hand (see *Sefer Zikaron*).

5. "Adjacent to him"; both the French word *aise* and its English form "ease" are derived from the Latin *adjacens*, "adjacent, next to," i.e., "within easy reach."

6. It does not mean "over him, in charge of him" (*Devek Tov*).

Although the word עָלָיו has already appeared with the meaning "next to" in this chapter (vv. 5 and 12), its meaning there was clear from the context, as part of the phrase וְהַחֹנִים עָלָיו, "and those encamping next to him" (*Devek Tov; Sifsei Chachamim*).

מַטֵּה מְנַשֶּׁה וְנָשִׂיא֙ לִבְנֵ֣י מְנַשֶּׁ֔ה
כא גַּמְלִיאֵ֖ל בֶּן־פְּדָהצֽוּר׃ וּצְבָא֖וֹ
וּפְקֻדֵיהֶ֑ם שְׁנַ֧יִם וּשְׁלֹשִׁ֛ים אֶ֖לֶף
כב וּמָאתָֽיִם׃ וּמַטֵּ֖ה בִּנְיָמִ֑ן וְנָשִׂיא֙ לִבְנֵ֣י
כג בִנְיָמִ֔ן אֲבִידָ֖ן בֶּן־גִּדְעֹנִֽי׃ וּצְבָא֖וֹ
וּפְקֻדֵיהֶ֑ם חֲמִשָּׁ֧ה וּשְׁלֹשִׁ֛ים אֶ֖לֶף
כד וְאַרְבַּ֥ע מֵאֽוֹת׃ כָּל־הַפְּקֻדִ֞ים
לְמַחֲנֵ֣ה אֶפְרַ֗יִם מְאַ֥ת אֶ֛לֶף וּשְׁמֹנַֽת־
אֲלָפִ֥ים וּמֵאָ֖ה לְצִבְאֹתָ֑ם וּשְׁלִשִׁ֖ים
כה יִסָּֽעוּ׃ דֶּ֣גֶל מַחֲנֵ֥ה דָ֛ן
צָפֹ֖נָה לְצִבְאֹתָ֑ם וְנָשִׂיא֙ לִבְנֵ֣י דָ֔ן
כו אֲחִיעֶ֖זֶר בֶּן־עַמִּישַׁדָּֽי׃ וּצְבָא֖וֹ
וּפְקֻדֵיהֶ֑ם שְׁנַ֧יִם וְשִׁשִּׁ֛ים אֶ֖לֶף וּשְׁבַ֥ע
כז מֵאֽוֹת׃ וְהַחֹנִ֥ים עָלָ֖יו מַטֵּ֣ה אָשֵׁ֑ר
וְנָשִׂיא֙ לִבְנֵ֣י אָשֵׁ֔ר פַּגְעִיאֵ֖ל בֶּן־
כח עָכְרָֽן׃ וּצְבָא֖וֹ וּפְקֻדֵיהֶ֑ם אֶחָ֧ד
כט וְאַרְבָּעִ֛ים אֶ֖לֶף וַחֲמֵ֥שׁ מֵאֽוֹת׃ וּמַטֵּ֖ה
נַפְתָּלִ֑י וְנָשִׂיא֙ לִבְנֵ֣י נַפְתָּלִ֔י אֲחִירַ֖ע
ל בֶּן־עֵינָֽן׃ וּצְבָא֖וֹ וּפְקֻדֵיהֶ֑ם שְׁלֹשָׁ֧ה
לא וַחֲמִשִּׁ֛ים אֶ֖לֶף וְאַרְבַּ֥ע מֵאֽוֹת׃ כָּל־
הַפְּקֻדִים֙ לְמַחֲנֵ֣ה דָ֔ן מְאַ֣ת אֶ֗לֶף
וְשִׁבְעָ֧ה וַחֲמִשִּׁ֛ים אֶ֖לֶף וְשֵׁ֣שׁ מֵא֑וֹת
לָאַחֲרֹנָ֥ה יִסְע֖וּ לְדִגְלֵיהֶֽם׃
לב אֵ֛לֶּה פְּקוּדֵ֥י בְנֵֽי־יִשְׂרָאֵ֖ל לְבֵ֣ית
אֲבֹתָ֑ם כָּל־פְּקוּדֵ֤י הַֽמַּחֲנֹת֙
לְצִבְאֹתָ֔ם שֵׁשׁ־מֵא֥וֹת אֶ֙לֶף֙
וּשְׁלֹ֣שֶׁת אֲלָפִ֔ים וַחֲמֵ֥שׁ מֵא֖וֹת
לג וַחֲמִשִּֽׁים׃ וְהַ֙לְוִיִּ֔ם לֹ֣א הָתְפָּֽקְד֔וּ
בְּת֖וֹךְ בְּנֵ֣י יִשְׂרָאֵ֑ל כַּאֲשֶׁ֛ר צִוָּ֥ה
לד יְהוָ֖ה אֶת־מֹשֶֽׁה׃ וַֽיַּעֲשׂ֖וּ בְּנֵ֣י יִשְׂרָאֵ֑ל

the tribe of Manasseh — and the prince of the children of Manasseh is Gamaliel son of Pedahzur — [21] its army and their counted ones are thirty-two thousand, two hundred; [22] and the tribe of Benjamin — and the prince of the children of Benjamin is Abidan son of Gideoni — [23] its army and their counted ones are thirty-five thousand, four hundred. [24] All the counted ones ones for the camp of Ephraim are one hundred and eight thousand, one hundred, according to their armies; they shall be the third to journey.

[25] "The division of the camp of Dan shall be to the north, according to their armies — and the prince of the children of Dan is Ahiezer son of Ammishaddai — [26] its army and their counted ones are sixty-two thousand, seven hundred. [27] Those encamping next to him are: the tribe of Asher — and the prince of the children of Asher is Pagiel son of Ochran — [28] its army and their counted ones are forty-one thousand, five hundred; [29] and the tribe of Naphtali — and the prince of the children of Naphtali is Ahira son of Enan — [30] its army and their counted ones are fifty-three thousand, four hundred. [31] All the counted ones for the camp of Dan are one hundred and fifty-seven thousand, six hundred; they shall be the last to journey according to their divisions."

[32] These are the countings of the Children of Israel according to their fathers' house; all the countings of the camps according to their armies, six hundred and three thousand, five hundred and fifty.

[33] The Levites were not counted among the Children of Israel, as HASHEM *had commanded Moses. [34] The Children of Israel did*

אונקלוס

שִׁבְטָא דִמְנַשֶּׁה וְרַבָּא לִבְנֵי מְנַשֶּׁה גַּמְלִיאֵל בַּר פְּדָהצוּר: כא וְחֵילֵהּ וּמִנְיָנֵיהוֹן תְּלָתִין וּתְרֵין אַלְפִין וּמָאתָן: כב וְשִׁבְטָא דְבִנְיָמִן וְרַבָּא לִבְנֵי בִנְיָמִן אֲבִידָן בַּר גִּדְעוֹנִי: כג וְחֵילֵהּ וּמִנְיָנֵיהוֹן תְּלָתִין וְחַמְשָׁא אַלְפִין וְאַרְבַּע מְאָה: כד כָּל מִנְיָנַיָּא לְמַשְׁרִית אֶפְרַיִם מְאָה וְתַמְנֵי אַלְפִין וּמְאָה לְחֵילֵיהוֹן וּתְלִיתֵיתָא נָטְלִין: כה טֵקַס מַשְׁרִית דָּן צִפּוּנָא לְחֵילֵיהוֹן וְרַבָּא לִבְנֵי דָן אֲחִיעֶזֶר בַּר עַמִּישַׁדָּי: כו וְחֵילֵהּ וּמִנְיָנֵיהוֹן שִׁתִּין וּתְרֵין אַלְפִין וּשְׁבַע מְאָה: כז וְדִי שָׁרַן סְמִיכִין עֲלוֹהִי שִׁבְטָא דְאָשֵׁר וְרַבָּא לִבְנֵי אָשֵׁר פַּגְעִיאֵל בַּר עָכְרָן: כח וְחֵילֵהּ וּמִנְיָנֵיהוֹן אַרְבְּעִין וְחַד אַלְפִין וַחֲמֵשׁ מְאָה: כט וְשִׁבְטָא דְנַפְתָּלִי וְרַבָּא לִבְנֵי נַפְתָּלִי אֲחִירַע בַּר עֵינָן: ל וְחֵילֵהּ וּמִנְיָנֵיהוֹן חַמְשִׁין וּתְלָתָא אַלְפִין וְאַרְבַּע מְאָה: לא כָּל מִנְיָנַיָּא לְמַשְׁרִית דָּן מְאָה וְחַמְשִׁין וְשִׁבְעָא אַלְפִין וְשִׁית מְאָה בְּבַתְרֵיתָא נָטְלִין לְטִקְסֵיהוֹן: לב אִלֵּין מִנְיָנֵי בְנֵי יִשְׂרָאֵל לְבֵית אֲבָהָתְהוֹן כָּל מִנְיָנֵי מַשְׁרְיָתָא לְחֵילֵיהוֹן שִׁית מְאָה וּתְלָתָא אַלְפִין וַחֲמֵשׁ מְאָה וְחַמְשִׁין: לג וְלֵוָאֵי לָא אִתְמְנִיאוּ בְּגוֹ בְּנֵי יִשְׂרָאֵל כְּמָא דִי פַקִּיד יְיָ יָת מֹשֶׁה: לד וַעֲבָדוּ בְּנֵי יִשְׂרָאֵל

כְּכֹל אֲשֶׁר־צִוָּה יְהוָה אֶת־מֹשֶׁה
כֵּן־חָנוּ לְדִגְלֵיהֶם וְכֵן נָסָעוּ אִישׁ
לְמִשְׁפְּחֹתָיו עַל־בֵּית אֲבֹתָיו׃
ג א רביעי וְאֵלֶּה תּוֹלְדֹת אַהֲרֹן וּמֹשֶׁה
בְּיוֹם דִּבֶּר יְהוָה אֶת־מֹשֶׁה בְּהַר
ב סִינָי׃ וְאֵלֶּה שְׁמוֹת בְּנֵי־אַהֲרֹן
הַבְּכֹר ׀ נָדָב וַאֲבִיהוּא אֶלְעָזָר
ג וְאִיתָמָר׃ אֵלֶּה שְׁמוֹת בְּנֵי אַהֲרֹן
הַכֹּהֲנִים הַמְּשֻׁחִים אֲשֶׁר־מִלֵּא
ד יָדָם לְכַהֵן׃ וַיָּמָת נָדָב וַאֲבִיהוּא
לִפְנֵי יְהוָה בְּהַקְרִבָם אֵשׁ זָרָה לִפְנֵי
יְהוָה בְּמִדְבַּר סִינַי וּבָנִים לֹא־הָיוּ
לָהֶם וַיְכַהֵן אֶלְעָזָר וְאִיתָמָר עַל־
פְּנֵי אַהֲרֹן אֲבִיהֶם׃

everything that HASHEM had commanded Moses: So they encamped according to their divisions and so they journeyed; every man according to his families, by his fathers' house.

3 *[1] These are the offspring of Aaron and Moses on the day HASHEM spoke with Moses at Mount Sinai: [2] These are the names of the sons of Aaron, the firstborn was Nadab, and Abihu, Elazar, and Ithamar. [3] These were the names of the sons of Aaron, the anointed Kohanim, whom he inaugurated to minister. [4] Nadab and Abihu died before HASHEM when they offered an alien fire before HASHEM in the Wilderness of Sinai, and they had no children; but Elazar and Ithamar ministered in the presence of Aaron, their father.*

אונקלוס

כְּכֹל דִי פַקִּיד יְיָ יָת מֹשֶׁה כֵּן שָׁרַן לְטִקְסֵיהוֹן וְכֵן נָטְלִין גְבַר לְזַרְעֲיָתֵהּ עַל בֵּית אֲבָהָתוֹהִי׃ א וְאִלֵּין תּוּלְדַת אַהֲרֹן
וּמֹשֶׁה בְּיוֹמָא דְמַלִּיל יְיָ עִם מֹשֶׁה בְּטוּרָא דְסִינָי׃ ב וְאִלֵּין שְׁמָהַת בְּנֵי אַהֲרֹן בּוּכְרָא נָדָב וַאֲבִיהוּא אֶלְעָזָר וְאִיתָמָר׃
ג אִלֵּין שְׁמָהַת בְּנֵי אַהֲרֹן כָּהֲנַיָּא דְאִתְרַבִּיאוּ דִּי אִתְקְרַב קֻרְבַּנְהוֹן לְשַׁמָּשָׁא׃ ד וּמִית נָדָב וַאֲבִיהוּא קֳדָם יְיָ בְּקָרוֹבֵיהוֹן
אֶשָּׁתָא נוּכְרֵיתָא קֳדָם יְיָ בְּמַדְבְּרָא דְסִינַי וּבְנִין לָא הֲווֹ לְהוֹן וְשַׁמֵּשׁ אֶלְעָזָר וְאִיתָמָר עַל אַפֵּי אַהֲרֹן אֲבוּהוֹן׃

רש"י

(א) **ואלה תולדת אהרן ומשה.** ואינו מזכיר אלא בני אהרן, ונקראו תולדות משה לפי שלמדן תורה, מלמד שכל המלמד את בן חבירו תורה מעלה עליו הכתוב כאילו ילדו (סנהדרין יט:): **ביום דבר ה' את משה.** נעשו אלו התולדות שלו שלמדן מה שלמד מפי הגבורה: (ד) **על פני אהרן אביהם.** בחייו:

RASHI ELUCIDATED

3.

1. וְאֵלֶּה תּוֹלְדֹת אַהֲרֹן וּמֹשֶׁה – THESE ARE THE OFFSPRING OF AARON AND MOSES. וְאֵינוֹ מַזְכִּיר אֶלָּא בְּנֵי אַהֲרֹן – It mentions none but the sons of Aaron, וְנִקְרְאוּ תּוֹלְדוֹת מֹשֶׁה – yet they are called "offspring of Moses," לְפִי שֶׁלִּמְּדָן תּוֹרָה – because he taught them Torah. מְלַמֵּד – It teaches us **שֶׁכָּל הַמְלַמֵּד אֶת בֶּן חֲבֵירוֹ תּוֹרָה – that whoever teaches his friend's son Torah מַעֲלֶה עָלָיו הַכָּתוּב – Scripture views him כְּאִלּוּ יְלָדוֹ – as if he had fathered him.**[1]

□ **בְּיוֹם דִּבֶּר ה' אֶת מֹשֶׁה – ON THE DAY HASHEM SPOKE WITH MOSES נַעֲשׂוּ אֵלּוּ הַתּוֹלָדוֹת שֶׁלּוֹ – these** sons of Aaron **became [Moses'] offspring, שֶׁלִּמְּדָן – because he taught them מַה שֶּׁלָּמַד – what he had learned מִפִּי הַגְּבוּרָה – from the mouth of the Almighty.**[2]

4. עַל פְּנֵי אַהֲרֹן אֲבִיהֶם – IN THE PRESENCE OF AARON, THEIR FATHER. This means **בְּחַיָּיו – during his lifetime.**[3]

1. *Sanhedrin* 19b.

2. The verse does not mean that the sons of Aaron were considered the offspring of Moses and Aaron only on the day God spoke to Moses. What it means is that they *became* the offspring of Moses, in addition to Aaron, on that day, for it was the day on which Moses first taught them Torah (*Sefer Zikaron*).

3. Rashi to *Genesis* 11:28 also interprets עַל פְּנֵי [literally, "in the presence of"] as "during the lifetime of." In this, Rashi follows the opinion of the *Amora* R' Yitzchak in *Bamidbar Rabbah* 2:26, who interprets עַל פְּנֵי as "during his lifetime." According to him, the verse teaches us that there were times when Aaron became *tamei* (impure) and so could not officiate as Kohen Gadol (High Priest); at those times Elazar officiated. If both Aaron and Elazar were *tamei,* then Ithamar served as Kohen Gadol. This is unlike the opinion of the *Amora* R' Chiya bar Abba there, who holds that עַל פְּנֵי אַהֲרֹן אֲבִיהֶם means "after the death of Aaron, their father"; i.e., after Aaron's death, Elazar served as Kohen Gadol, and after Elazar's death, Ithamar served in that capacity (*Nachalas Yaakov*; see also *Ramban*).

ה וַיְדַבֵּר יהוה אֶל־מֹשֶׁה לֵּאמֹר:
ו הַקְרֵב אֶת־מַטֵּה לֵוִי וְהַעֲמַדְתָּ אֹתוֹ
לִפְנֵי אַהֲרֹן הַכֹּהֵן וְשֵׁרְתוּ אֹתוֹ:
ז וְשָׁמְרוּ אֶת־מִשְׁמַרְתּוֹ וְאֶת־מִשְׁמֶרֶת
כָּל־הָעֵדָה לִפְנֵי אֹהֶל מוֹעֵד לַעֲבֹד
ח אֶת־עֲבֹדַת הַמִּשְׁכָּן: וְשָׁמְרוּ אֶת־
כָּל־כְּלֵי אֹהֶל מוֹעֵד וְאֶת־מִשְׁמֶרֶת
בְּנֵי יִשְׂרָאֵל לַעֲבֹד אֶת־עֲבֹדַת

[5] HASHEM spoke to Moses, saying, [6] "Bring near the tribe of Levi and have it stand before Aaron the Kohen, and they shall serve him. [7] And they shall safeguard his charge and the charge of the entire assembly before the Tent of Meeting, to perform the service of the Tabernacle. [8] They shall safeguard all the utensils of the Tent of Meeting and the charge of the Children of Israel, to perform the service of

אונקלוס

ה וּמַלִּיל יְיָ עִם מֹשֶׁה לְמֵימָר: ו קָרֵב יָת שִׁבְטָא דְלֵוִי וּתְקִים יָתֵהּ קֳדָם אַהֲרֹן כַּהֲנָא וִישַׁמְּשׁוּן יָתֵהּ: ז וְיִטְּרוּן יָת מַטַּרְתֵּהּ וְיָת מַטְּרַת כָּל כְּנִשְׁתָּא קֳדָם מַשְׁכַּן זִמְנָא לְמִפְלַח יָת פָּלְחַן מַשְׁכְּנָא: ח וְיִטְּרוּן יָת כָּל מָנֵי מַשְׁכַּן זִמְנָא וְיָת מַטְּרַת בְּנֵי יִשְׂרָאֵל לְמִפְלַח יָת פָּלְחַן

רש"י

(ו) ושרתו אותו. ומהו השירות, ושמרו את משמרתו. לפי ששמירת המקדש עליו שלא יקרב זר, כמו שנאמר אתה ובניך ובית אביך אתך תשאו את עון המקדש (להלן יח:א) והלוים הללו מסייעין אותם, זו היא השירות: **(ז) ושמרו את משמרתו.** כל מנוי שהאדם ממונה עליו ומוטל עליו לעשותו קרוי משמרת בכל המקרא ובלשון משנה, כמו שאמרו בבגתן ותרש והלא אין משמרתי ומשמרתך שוה (מגילה יג:) וכן משמרות כהונה ולויה: **(ח) ואת משמרת בני ישראל.** שכולן היו זקוקין לצרכי המקדש, אלא שהלוים באים תחתיהם בשליחותם, לפיכך לוקחים מהם המעשרות בשכרן,

RASHI ELUCIDATED

6. וְשֵׁרְתוּ אֹתוֹ – AND THEY SHALL SERVE HIM. וּמַהוּ הַשֵּׁרוּת – **And what is this service?** It is stated in the following verse: "וְשָׁמְרוּ אֶת מִשְׁמַרְתּוֹ" – **"And they shall safeguard his charge."** לְפִי שֶׁשְּׁמִירַת הַמִּקְדָּשׁ עָלָיו – **Because guarding the Sanctuary is** a duty which falls **upon [Aaron],** שֶׁלֹּא יִקְרַב זָר – **that an alien shall not approach** it, כְּמוֹ שֶׁנֶּאֱמַר – **as it says,** "אַתָּה וּבָנֶיךָ וּבֵית אָבִיךָ אִתָּךְ – "[HASHEM said to Aaron,] **'You, your sons, and your father's house with you** תִּשְׂאוּ אֶת עֲוֹן הַמִּקְדָּשׁ"[1] – **shall bear the iniquity of the Sanctuary.'** "[1] וְהַלְוִיִּם הַלָּלוּ – **And these Levites** מְסַיְּעִין אוֹתָם – **assist** [the **Kohanim**] in this task. זוֹ הִיא הַשֵּׁרוּת – **This is the service** referred to by the verse.[2]

7. וְשָׁמְרוּ אֶת מִשְׁמַרְתּוֹ – AND THEY SHALL SAFEGUARD HIS CHARGE. כָּל מִנּוּי שֶׁהָאָדָם מְמוּנֶּה עָלָיו – **Any appointment to which a person is appointed** וּמֻטָּל עָלָיו לַעֲשׂוֹתוֹ – **and which it is his duty to carry out** קָרוּי מִשְׁמֶרֶת – **is called** מִשְׁמֶרֶת, **"charge, assignment,"** בְּכָל הַמִּקְרָא – **throughout Scripture** וּבִלְשׁוֹן מִשְׁנָה – **and in the language of the Mishnah,**[3] כְּמוֹ שֶׁאָמְרוּ בְּבִגְתָן וָתֶרֶשׁ – **as they said with regard to Bigthan and Teresh,** "וַהֲלֹא אֵין מִשְׁמַרְתִּי וּמִשְׁמַרְתְּךָ שָׁוָה"[4] – **"But my assignment and your assignment are not the same."**[4] וְכֵן מִשְׁמְרוֹת כְּהֻנָּה וּלְוִיָּה – **Similarly,** the word מִשְׁמְרוֹת **in** the term **"watches of the priesthood and the Levites"** is used in the same sense.[5]

8. וְאֶת מִשְׁמֶרֶת בְּנֵי יִשְׂרָאֵל – AND THE CHARGE OF THE CHILDREN OF ISRAEL. שֶׁכֻּלָּן הָיוּ זְקוּקִין לְצָרְכֵי הַמִּקְדָּשׁ – **For they were all charged** with tending **to the needs of the Sanctuary,** אֶלָּא שֶׁהַלְוִיִּם בָּאִים תַּחְתֵּיהֶם – **but the Levites came in their stead,** בִּשְׁלִיחוּתָם – **through [the Israelites'] agency.**[6] לְפִיכָךְ – **Therefore,** לוֹקְחִים מֵהֶם הַמַּעַשְׂרוֹת – **[the Levites] take from [the Israelites] the tithes** בִּשְׂכָרָן –

1. Below 18:1.

2. Had the verse meant that the Levites should render personal service to Aaron, it would have used וְשֵׁרְתוּהוּ, combining the verb and its pronominal direct object (as in 1:50 above). It uses וְשֵׁרְתוּ אֹתוֹ because אֹתוֹ can also be understood as אִתּוֹ, "*with* him," that is, they shall assist him with a task he must perform (*Maskil LeDavid*). Since we find no service relating to the Kohanim that the Levites were charged with other than safeguarding the Sanctuary, "they shall serve him" must refer to "they shall safeguard his charge" of the following verse (*Mizrachi; Sifsei Chachamim*).

3. That is, Rabbinic Hebrew, the language in which the Mishnah is written (*Sefer Zikaron*).

4. *Megillah* 13b.

5. See *Taanis* 27a. The Kohanim and Levites were divided into twenty-four groups, or "watches," which alternated in performing the Temple service.

6. The preceding verse referred to the Levites safeguarding "the charge of the entire assembly" without drawing comment from Rashi. For there the context

ט הַמִּשְׁכָּן: וְנָתַתָּה אֶת־הַלְוִיִּם
לְאַהֲרֹן וּלְבָנָיו נְתוּנִם נְתוּנִם הֵמָּה
י לוֹ מֵאֵת בְּנֵי יִשְׂרָאֵל: וְאֶת־אַהֲרֹן
וְאֶת־בָּנָיו תִּפְקֹד וְשָׁמְרוּ אֶת־
כְּהֻנָּתָם וְהַזָּר הַקָּרֵב יוּמָת:

the Tabernacle. [9] *You shall give the Levites to Aaron and his sons; given, given are they to him from the Children of Israel.* [10] *You shall appoint Aaron and his sons and they shall safeguard their priesthood; and the alien who approaches will die."*

אונקלוס

מַשְׁכְּנָא: ט וְתִתֵּן יָת לֵוָאֵי לְאַהֲרֹן וְלִבְנוֹהִי מְסִירִין יְהִיבִין אִנּוּן לֵהּ מִן בְּנֵי יִשְׂרָאֵל:
י וְיָת אַהֲרֹן וְיָת בְּנוֹהִי תְּמַנֵּי וְיִטְּרוּן יָת כְּהֻנַּתְהוֹן וְחִלּוֹנַי דְּיִקְרַב יִתְקְטָל:

רש"י

שנאמר כי שכר הוא לכם חלף עבודתכם (להלן יח:לא): (ט) נתונם המה לו. לעזרה: מאת בני ישראל. כמו מתוך בני ישראל, כלומר משאר כל העדה נבדלו לכך בגזרת המקום והוא נתנם לו, שנאמר ואתנה את הלוים נתונים וגו' (להלן ח:יט): (י) ואת אהרן ואת בניו תפקד. לשון פקידות ואינו לשון מנין: ושמרו את כהנתם. קבלת דמים וזריקה והקטרה

RASHI ELUCIDATED

as their payment, שֶׁנֶּאֱמַר **– as it says,** "כִּי שָׂכָר הוּא לָכֶם חֵלֶף עֲבֹדַתְכֶם"[1] **– "For it is a wage for you in exchange for your service."**[1]

9. נְתוּנִם הֵמָּה לוֹ **– GIVEN ARE THEY TO HIM** לְעֶזְרָה **– for assistance.**[2]

☐ מֵאֵת בְּנֵי יִשְׂרָאֵל **– FROM THE CHILDREN OF ISRAEL.** כְּמוֹ מִתּוֹךְ בְּנֵי יִשְׂרָאֵל **–** This has the same meaning **as "from *among* the Children of Israel,"**[3] כְּלוֹמַר **– as if to say,** מִשְּׁאָר כָּל הָעֵדָה **– out of the rest of the assembly,** נִבְדְּלוּ לְכָךְ **– they have been separated for this** בִּגְזֵרַת הַמָּקוֹם **– by decree of the Omnipresent,** וְהוּא נְתָנָם לוֹ **– and *He* gave them to [Aaron],** שֶׁנֶּאֱמַר **– as it says,** "וָאֶתְּנָה אֶת הַלְוִיִּם נְתֻנִים וְגוֹמֵר"[4] **– "Then *I* gave over the Levites to be presented etc."**[4]

10. וְאֶת אַהֲרֹן וְאֶת בָּנָיו תִּפְקֹד **– YOU SHALL APPOINT AARON AND HIS SONS.** לְשׁוֹן פְּקִידוּת **–** The word תִּפְקֹד is **an expression of "appointing,"** וְאֵינוֹ לְשׁוֹן מִנְיָן **– and is not an expression of "counting."**[5]

☐ וְשָׁמְרוּ אֶת כְּהֻנָּתָם **– AND THEY SHALL SAFEGUARD THEIR PRIESTHOOD.** This alludes to קַבָּלַת דָּמִים **– receiving the blood** of animals slaughtered for offerings; וּזְרִיקָה **– and throwing** the blood of offerings at the Altar; וְהַקְטָרָה **– and setting** the specified parts of the offerings **smoking;**

indicates what "the charge of the entire assembly" is. Just as Aaron's charge, which the verse mentions, speaks of the duty to keep aliens out of the Sanctuary, as Rashi comments on verse 6, so, too, does "the charge of the entire assembly," for all members of the assembly must see to it that they do not trespass in the Sanctuary. But our verse speaks of some other "charge of the Children of Israel to perform the service of the Tabernacle." Rashi explains that all of the Temple service performed by the Levites is essentially the service of all of the Children of Israel; the Levites are their representatives (*Be'er BaSadeh*).

1. Below 18:31.

2. For assistance in the Temple service, not for his personal needs (*Gur Aryeh*).

A longer version of this comment appears in both the Alkabetz and Zamora editions of Rashi. There it reads: "לְעֶזְרָה הוּא נְתָנָם לוֹ – He gave [the Levites] to Aaron for assistance, שֶׁנֶּאֱמַר – as it says, "וָאֶתְּנָה אֶת הַלְוִיִּם ..." – 'Then I gave the Levites [to be presented to Aaron and his sons] . . .' (8:19 below)." The vowelization לְעֶזְרָה is in accordance with this version.

Mizrachi apparently vowelized the word לַעֲזָרָה, "for the Courtyard," that is, for the work that is done in the Courtyard of the Tabernacle. *Maskil LeDavid* considers that vowelization unlikely, for Rashi to verse 6 has already spoken of the Levites as "assisting" the Kohanim. Furthermore, *Nachalas Yaakov* notes that עֲזָרָה is used for the Courtyard of the *Beis HaMikdash*; the Courtyard of the Tabernacle is called חָצֵר.

3. See next note. The phrase "from the Children of Israel" is not meant to imply that the Children of Israel are the ones giving the Levites to the Kohanim, for the Levites are not theirs to give (*Mizrachi; Sifsei Chachamim*).

4. Below 8:19. That verse continues "to Aaron and his sons מִתּוֹךְ בְּנֵי יִשְׂרָאֵל, *from among* the Children of Israel . . ." The phrase מִתּוֹךְ בְּנֵי יִשְׂרָאֵל of that verse sheds light on the meaning of the parallel phrase מֵאֵת בְּנֵי יִשְׂרָאֵל of ours (*Mizrachi*).

5. In 1:49 above, *Targum Onkelos* renders the word תִּפְקֹד as תְּמַנֵּי, "you shall count." Here, however, *Targum Onkelos* renders תִּפְקֹד as תְּמַנֵּי, "you shall appoint." See Rashi to 1:50 above and note 3 there (see *Nefesh HaGer*).

The verb פקד in the sense of "counting" does not apply to individuals mentioned specifically, as Aaron and his sons are mentioned here (see *Gur Aryeh*).

יא־יב וַיְדַבֵּר יהוה אֶל־מֹשֶׁה לֵּאמֹר: וַאֲנִי הִנֵּה לָקַחְתִּי אֶת־הַלְוִיִּם מִתּוֹךְ בְּנֵי יִשְׂרָאֵל תַּחַת כָּל־בְּכוֹר פֶּטֶר רֶחֶם

[11] HASHEM spoke to Moses, saying, [12] "And I, behold! I have taken the Levites from among the Children of Israel, in place of every firstborn, the first issue of every womb

אונקלוס

יא וּמַלִּיל יְיָ עִם מֹשֶׁה לְמֵימַר: יב וַאֲנָא הָא קָרֵבִית יָת לֵוָאֵי מִגּוֹ בְּנֵי יִשְׂרָאֵל חֲלַף כָּל בּוּכְרָא פָּתַח וַלְדָּא

רש"י

ועבודות המסורות לכהנים: (יב) ואני הנה לקחתי. ואני מהיכן זכיתי בהן מתוך בני ישראל, שיהיו ישראל שוכרין אותן לשירות שלי, על ידי הבכורות זכיתי בהם ולקחתים תמורתם. לפי שהיתה העבודה בבכורות, וכשחטאו בעגל נפסלו, והלוים שלא עבדו עבודה זרה נבחרו תחתיהם:

RASHI ELUCIDATED

וַעֲבוֹדוֹת הַמְּסוּרוֹת לַכֹּהֲנִים – and other **services given over to the Kohanim.**[1]

12. וַאֲנִי הִנֵּה לָקַחְתִּי – AND I, BEHOLD! I HAVE TAKEN. וַאֲנִי – "And I,"[2] **מֵהֵיכָן זָכִיתִי בָּהֶן – whence did I acquire [the Levites] as Mine**[3] **"מִתּוֹךְ בְּנֵי יִשְׂרָאֵל" – "from among the Children of Israel," שֶׁיִּהְיוּ יִשְׂרָאֵל שׂוֹכְרִין אוֹתָן – that Israel should hire them לְשֵׁרוּת שֶׁלִּי – for My service?**[4] **עַל יְדֵי הַבְּכוֹרוֹת זָכִיתִי בָּהֶם – Through the firstborn did I acquire them** as Mine, **וּלְקַחְתִּים תְּמוּרָתָם – and I took [the Levites] in exchange for [the firstborn].**[5] **לְפִי שֶׁהָיְתָה הָעֲבוֹדָה בַּבְּכוֹרוֹת – For the service had been** performed **by the firstborn,**[6] **וּכְשֶׁחָטְאוּ בָּעֵגֶל – but when they sinned at the** incident of the Golden **Calf, נִפְסְלוּ – they were disqualified. וְהַלְוִיִּם – And the Levites, שֶׁלֹּא עָבְדוּ עֲבוֹדָה זָרָה – who did not participate in idol-worship** at the Golden Calf, **נִבְחֲרוּ תַּחְתֵּיהֶם – were chosen instead of them.**[7]

1. The blood and specified body parts of an animal offering are placed upon the *Mizbe'ach* (Altar). The blood service consists of four procedures:

(a) שְׁחִיטָה, "slaughter" – The animal is slaughtered through *shechitah* the same way that a non-consecrated animal is slaughtered as food; all the rules that apply to the *shechitah* of ordinary animals (for kosher meat) apply to the slaughter of offerings as well.

(b) קַבָּלָה, "receiving" – The blood of the slaughtered offering is caught in a כְּלִי שָׁרֵת, "sacred vessel," as it spurts from the animal's neck.

(c) הוֹלָכָה, "carrying" – The vessel containing the blood is carried to the appropriate part of the Altar.

(d) זְרִיקָה, "throwing" – The blood is applied to the Altar. The procedure for applying and the number of applications vary for different offerings.

After the blood service has been concluded, the specified parts are placed on the Altar pyre where they "go up in smoke."

Rashi does not mention "slaughter" here, because that part of the service may be performed by a non-Kohen, and even by one who is ritually impure. Thus, our verse, which states "and the alien who approaches – will die" cannot be alluding to "slaughter" (*Maskil LeDavid,* based on Mishnah *Zevachim* 3:1 [31b]; see also *Rashi* to *Leviticus* 1:5, s.v., וְשָׁחַט וְהִקְרִיבוּ הַכֹּהֲנִים, and *Zevachim* 31b, s.v., ובטמאים). Rashi also omits "carrying," presumably because that procedure can be dispensed with by slaughtering right next to the *Mizbe'ach* (see Mishnah *Zevachim* 1:5 [13a]).

2. The ו prefix of וַאֲנִי indicates a connection between our verse and the preceding passage (*Sefer Zikaron*). The word הִנֵּה (behold) connotes that the speaker is drawing the attention of those being addressed to a particular phenomenon. Rashi explains that this passage is linked to the preceding passage in that it deals with a question which arises from it. The preceding passage states that the Levites represent the Children of Israel in the Temple service. Why were the Levites chosen for this task? הִנֵּה serves as an introduction to the answer, and points to the phenomenon which is the cause of the Levites' position.

3. Rashi uses זָכִיתִי, "I have acquired as mine," instead of the verse's לָקַחְתִּי, "I have taken," because לָקַחְתִּי is not used here in its standard sense. Rashi indicates in several places that when the verb לקח has human beings as its object, it is not used in a concrete sense, but often means "persuading" (see 8:6 and 27:22 below and Rashi there). Although לָקַחְתִּי here, too, does not denote "taking" in a concrete sense, it also does not mean "persuading." For God did not persuade the Levites to serve in the Temple. Here לָקַחְתִּי means, "acquiring, taking under one's wing."

4. The phrase "from among the Children of Israel" seems superfluous. for it is obvious that the Levites are part of the Jewish people. Rashi explains that "from among the Children of Israel" implies that they represent the Jewish people, for their service is essentially a duty which was meant to fall upon the firstborn of all tribes.

5. See verses 40-51 below.

6. See Rashi to *Exodus* 24:5.

7. Scripture does not state explicitly that the firstborn performed the sacrificial service before the Levites were taken in their stead. The only law stated explicitly regarding firstborn human beings is that of redemption, in *Exodus* 13:13. We might therefore have thought that when our verse says that the Levites stand "in place of every firstborn," it meant that they stand in place of the firstborn with regard to the law of redemption. But this is not so. For redemption applies to that from which sanctity is being transferred, while the Levites never lost their sanctity. Our verse means that the Levites stand in place of the firstborn to assist in the sacrificial service.

among the Children of Israel, and the Levites shall be Mine. 13 For every firstborn is Mine: On the day I struck down every firstborn in the land of Egypt I sanctified for Myself every firstborn in Israel, from man to beast; they shall be Mine — I am HASHEM."

14 HASHEM spoke to Moses in the Wilderness of Sinai, saying, 15 "Count the sons of Levi according to their fathers' house, according to their families, every male from one month of age and up shall you count them." 16 Moses counted them according to the word of HASHEM, as

מִבְּנֵי יִשְׂרָאֵל וְהָיוּ לִי הַלְוִיִּם: כִּי לִי
יג כָּל־בְּכוֹר בְּיוֹם הַכֹּתִי כָל־בְּכוֹר
בְּאֶרֶץ מִצְרַיִם הִקְדַּשְׁתִּי לִי כָל־
בְּכוֹר בְּיִשְׂרָאֵל מֵאָדָם עַד־בְּהֵמָה
לִי יִהְיוּ אֲנִי יהוה:
יד חמישי וַיְדַבֵּר יהוה אֶל־מֹשֶׁה בְּמִדְבַּר
טו סִינַי לֵאמֹר: פְּקֹד אֶת־בְּנֵי לֵוִי
לְבֵית אֲבֹתָם לְמִשְׁפְּחֹתָם כָּל־זָכָר
טז מִבֶּן־חֹדֶשׁ וָמַעְלָה תִּפְקְדֵם: וַיִּפְקֹד
אֹתָם מֹשֶׁה עַל־פִּי יהוה כַּאֲשֶׁר

אונקלוס

מִבְּנֵי יִשְׂרָאֵל וִיהוֹן מְשַׁמְּשִׁין קֳדָמַי לֵוָאֵי: יג אֲרֵי דִילִי כָּל בּוּכְרָא בְּיוֹמָא דְקַטָלִית כָּל בּוּכְרָא בְּאַרְעָא דְמִצְרַיִם אַקְדֵּשִׁית קֳדָמַי כָּל בּוּכְרָא בְּיִשְׂרָאֵל מֵאֱנָשָׁא עַד בְּעִירָא דִילִי יְהוֹן אֲנָא יְיָ: יד וּמַלִּיל יְיָ עִם מֹשֶׁה בְּמַדְבְּרָא דְסִינַי לְמֵימָר: טו מְנֵי יָת בְּנֵי לֵוִי לְבֵית אֲבָהַתְהוֹן לְזַרְעֲיָתְהוֹן כָּל דְּכוּרָא מִבַּר יַרְחָא וּלְעֵלָּא תִּמְנִנּוּן: טז וּמְנָא יָתְהוֹן מֹשֶׁה עַל מֵימְרָא דַייָ כְּמָא

רש"י

(טו) **מבן חדש ומעלה.** משיצא מכלל נפלים (שבת קלה:; במ"ר ג:ח) הוא נמנה ליקרא שומר משמרת הקדש. אמר רבי יהודה ברבי שלום, למוד הוא אותו השבט להיות נמנה מן הבטן, שנאמר אשר ילדה אותה ללוי במצרים (להלן כו:נט) עם כניסתה בפתח מצרים ילדה אותה ונמנית בשבעים נפש, שכשאתה מונה חשבונם לא תמצאם אלא שבעים חסר אחת, והיא השלימה את המנין (תנחומא טז): (טז) **על פי ה'.** אמר משה לפני הקב"ה היאך אני נכנס לתוך אהליהם

RASHI ELUCIDATED

15. מִבֶּן חֹדֶשׁ וָמַעְלָה — FROM ONE MONTH OF AGE AND UP. מִשֶּׁיָּצָא מִכְּלַל נְפָלִים[1] — **Once he leaves the category of *nefalim*,**[1] הוּא נִמְנֶה — **he is counted** לִקָּרֵא „שׁוֹמֵר מִשְׁמֶרֶת הַקֹּדֶשׁ" — **to be called "one who safeguards the charge of that which is holy."**[2] אָמַר רַבִּי יְהוּדָה בְּרַבִּי שַׁלּוּם — The *Amora* **R' Yehudah son of R' Shalum said:** לָמוּד הוּא אוֹתוֹ הַשֵּׁבֶט — **That Tribe,** the Levites, **has a history** לִהְיוֹת נִמְנֶה מִן הַבֶּטֶן — **of being counted from the belly,** i.e., from birth, שֶׁנֶּאֱמַר — **as it says,** „אֲשֶׁר יָלְדָה אוֹתָהּ לְלֵוִי בְּמִצְרָיִם"[4] — "[Jochebed, daughter of Levi,] **whom she**[3] **bore to Levi in Egypt."**[4] עִם כְּנִיסָתָהּ בְּפֶתַח מִצְרַיִם — **Upon her entry into the portal of Egypt,** יָלְדָה אוֹתָהּ — **[Levi's wife] gave birth to [Jochebed],** וְנִמְנֵית בְּשִׁבְעִים נֶפֶשׁ — **yet [Jochebed] is counted among the seventy souls** who came to Egypt with Jacob. שֶׁכְּשֶׁאַתָּה מוֹנֶה חֶשְׁבּוֹנָם — **For when you count up their total,** לֹא תִמְצָאֵם אֶלָּא שִׁבְעִים חָסֵר אַחַת — **you do not find** among **them but seventy minus one,**[5] וְהִיא הִשְׁלִימָה אֶת הַמִּנְיָן[6] — **and she completed the figure** of seventy.[6]

16. עַל פִּי ה' — ACCORDING TO THE WORD OF HASHEM. אָמַר מֹשֶׁה לִפְנֵי הַקָּדוֹשׁ בָּרוּךְ הוּא — **Moses said before the Holy One, Blessed is He,** הֵיאַךְ אֲנִי נִכְנָס לְתוֹךְ אָהֳלֵיהֶם — **"How can I enter into their tents**

1. *Shabbos* 135b; *Bamidbar Rabbah* 3:8. By *nefalim* Rashi refers to certain infants who are not presumed to be viable until they have proven their viability by living for thirty days.

2. Rashi borrows this phrase from verses 28 and 32 below, where it appears in the plural.

Rashi explains why the Levites are counted from a different age than the other tribes. For the other tribes are counted from the age at which they are fit for military duty, but the Levites are counted not as soldiers, but as those who safeguard the charge of that which is holy. That term can apply even to one as young as the age of one month. As verse 28 says, "The number of every male from one month of age and up was eight thousand, six hundred; the guardians of the charge of the sanctity."

The term "one who safeguards the charge of that which is holy" can apply to one who is only a guardian in potential, because it is the sanctity of the Levites that provides the protection; and that sanctity is present even in a one-month-old Levite (*Avnei Ezel* cited in *Ma'ayanah shel Torah* to 1:53).

3. Levi's wife.

4. Below 26:59.

5. See *Genesis* 46:8-27 and Rashi there, v. 15, שְׁלֹשִׁים וְשָׁלֹשׁ; and v. 26, s.v., כָּל הַנֶּפֶשׁ הַבָּאָה לְיַעֲקֹב.

6. *Tanchuma* 16. The Levites, like Jochebed, are counted from the time they are known to be viable. When the Torah was written, during Moses' lifetime, it was clear in retrospect that Jochebed was viable from the moment of her birth. Therefore, the Torah counts her from birth (*Gur Aryeh*).

יז צֻוָּה׃ וַיִּהְיוּ־אֵלֶּה בְנֵי־לֵוִי בִּשְׁמֹתָם
יח גֵּרְשׁוֹן וּקְהָת וּמְרָרִי׃ וְאֵלֶּה שְׁמוֹת
בְּנֵי־גֵרְשׁוֹן לְמִשְׁפְּחֹתָם לִבְנִי
יט וְשִׁמְעִי׃ וּבְנֵי קְהָת לְמִשְׁפְּחֹתָם
כ עַמְרָם וְיִצְהָר חֶבְרוֹן וְעֻזִּיאֵל׃ וּבְנֵי
מְרָרִי לְמִשְׁפְּחֹתָם מַחְלִי וּמוּשִׁי
אֵלֶּה הֵם מִשְׁפְּחֹת הַלֵּוִי לְבֵית
כא אֲבֹתָם׃ לְגֵרְשׁוֹן מִשְׁפַּחַת הַלִּבְנִי
וּמִשְׁפַּחַת הַשִּׁמְעִי אֵלֶּה הֵם
כב מִשְׁפְּחֹת הַגֵּרְשֻׁנִּי׃ פְּקֻדֵיהֶם
בְּמִסְפַּר כָּל־זָכָר מִבֶּן־חֹדֶשׁ
וָמָעְלָה פְּקֻדֵיהֶם שִׁבְעַת אֲלָפִים
כג וַחֲמֵשׁ מֵאוֹת׃ מִשְׁפְּחֹת הַגֵּרְשֻׁנִּי
כד אַחֲרֵי הַמִּשְׁכָּן יַחֲנוּ יָמָּה׃ וּנְשִׂיא
בֵית־אָב לַגֵּרְשֻׁנִּי אֶלְיָסָף בֶּן־לָאֵל׃

he had been commanded.

[17] *These were the sons of Levi, by their names: Gershon, Kohath, and Merari.* [18] *These were the names of the sons of Gershon according to their families: Libni and Shimei.* [19] *The sons of Kohath according to their families: Amram and Izhar, Hebron and Uzziel.* [20] *The sons of Merari according to their families: Mahli and Mushi. These are the families of the Levites, according to their fathers' house.*

[21] *For Gershon — the Libnite family, and the Shimeite family; these are the Gershonite families —* [22] *their counted ones according to the number of every male, from one month of age and up: their counted ones [were] seven thousand, five hundred.* [23] *The Gershonite families, behind the Tabernacle would they encamp, to the west.* [24] *The prince of the father's house of the Gershonite was Eliasaph son of Lael.*

אונקלוס

דְּאִתְפַּקַּד: יז וַהֲווֹ אִלֵּין בְּנֵי לֵוִי בִּשְׁמָהַתְהוֹן גֵּרְשׁוֹן וּקְהָת וּמְרָרִי: יח וְאִלֵּין שְׁמָהַת בְּנֵי גֵרְשׁוֹן לְזַרְעֲיָתְהוֹן לִבְנִי וְשִׁמְעִי: יט וּבְנֵי קְהָת לְזַרְעֲיָתְהוֹן עַמְרָם וְיִצְהָר חֶבְרוֹן וְעֻזִּיאֵל: כ וּבְנֵי מְרָרִי לְזַרְעֲיָתְהוֹן מַחְלִי וּמוּשִׁי אִלֵּין אִנּוּן זַרְעֲיַת לֵוָאֵי לְבֵית אֲבָהַתְהוֹן: כא לְגֵרְשׁוֹן זַרְעִית לִבְנִי וְזַרְעִית שִׁמְעִי אִלֵּין אִנּוּן זַרְעֲיַת גֵּרְשׁוֹן: כב מִנְיָנֵיהוֹן בְּמִנְיַן כָּל דְּכוּרָא מִבַּר יַרְחָא וּלְעֵלָּא מִנְיָנֵיהוֹן שַׁבְעָא אַלְפִין וַחֲמֵשׁ מְאָה: כג זַרְעֲיַת גֵּרְשׁוֹן אֲחוֹרֵי מַשְׁכְּנָא יִשְׁרוֹן מַעַרְבָא: כד וְרַב בֵּית אַבָּא לְבֵית גֵּרְשׁוֹן אֶלְיָסָף בַּר לָאֵל:

רש"י

לדעת מניין יונקיהם, אמר לו הקב"ה עשה אתה שלך ואני אעשה שלי. הלך משה ועמד על פתח האהל, והשכינה מקדמת לפניו ובת קול יוצאה מן האהל ואומרת כך וכך תינוקות יש באהל זה, לכך נאמר על פי ה' (שם): **(כא) לגרשון משפחת הלבני.** כלומר לגרשון היו הפקודים משפחת הלבני ומשפחת השמעי. פקודיהם כך וכך:

RASHI ELUCIDATED

לָדַעַת מִנְיַן יוֹנְקֵיהֶם – to ascertain the number of their nursing infants? It would be a breach of modesty." **אָמַר לוֹ הַקָּדוֹשׁ בָּרוּךְ הוּא – The Holy One, Blessed is He, said to him, עֲשֵׂה אַתָּה שֶׁלְּךָ – "You do that which is yours** to do, **וַאֲנִי אֶעֱשֶׂה שֶׁלִּי – and I will do that which is Mine." הָלַךְ מֹשֶׁה וְעָמַד – Moses would go and stand עַל פֶּתַח הָאֹהֶל – at the entrance of the tent, וְהַשְּׁכִינָה מְקַדֶּמֶת לְפָנָיו – and the Divine Presence would precede him** there, **וּבַת קוֹל יוֹצֵאת מִן הָאֹהֶל – and a Heavenly Voice would come from the tent וְאוֹמֶרֶת – and say, כַּךְ וְכַךְ תִּינוֹקוֹת יֵשׁ בְּאֹהֶל זֶה – "There is such and such number of babies in this tent." לְכָךְ נֶאֱמַר – This is why it says, "עַל פִּי ה'"[1] – "According to the word of HASHEM."**[1]

21. לְגֵרְשׁוֹן מִשְׁפַּחַת הַלִּבְנִי – FOR GERSHON, THE LIBNITE FAMILY. כְּלוֹמַר – That is to say, "לְגֵרְשׁוֹן" הָיוּ הַפְּקוּדִים – "for Gershon," those who were counted were "מִשְׁפַּחַת הַלִּבְנִי וּמִשְׁפַּחַת הַשִּׁמְעִי" – "the Libnite family and the Shimeite family"; "פְּקֻדֵיהֶם" כַּךְ וָכָךְ – "their counted ones" were such and such.[2]

1. *Tanchuma* 16. "According to the word of HASHEM, as he had been commanded" seems redundant. Rashi explains that "according to the word of HASHEM" does not mean "following God's instructions." It means "according to information provided by a Heavenly Voice" (*Be'er Yitzchak*; see also *Or HaChaim* to 3:51 below).

2. The verse does not mean to inform us that Gershon's descendants comprise the family of the Libnites and the family of the Shimeites. That is clear from verse 18 (*Mizrachi; Sifsei Chachamim*). The verse refers to the three groups of the Levites by specific families because the census was taken according to families, as mentioned in 1:2 above.

[25] *The charge of the sons of Gershon in the Tent of Meeting was the Tabernacle-spread and the Tent-spread, its Cover, the Screen of the entrance of the Tent of Meeting;* [26] *the curtains of the Courtyard, the Screen of the entrance of the Courtyard that surrounded the Tabernacle and the Altar, and its ropes — for all its labor.*

כה וּמִשְׁמֶרֶת בְּנֵי־גֵרְשׁוֹן בְּאֹהֶל מוֹעֵד
הַמִּשְׁכָּן וְהָאֹהֶל מִכְסֵהוּ וּמָסַךְ
כו פֶּתַח אֹהֶל מוֹעֵד: וְקַלְעֵי הֶחָצֵר
וְאֶת־מָסַךְ פֶּתַח הֶחָצֵר אֲשֶׁר עַל־
הַמִּשְׁכָּן וְעַל־הַמִּזְבֵּחַ סָבִיב וְאֵת
כז מֵיתָרָיו לְכֹל עֲבֹדָתוֹ: וְלִקְהָת

אונקלוס

כה וּמַטְרַת בְּנֵי גֵרְשׁוֹן בְּמַשְׁכַּן זִמְנָא מַשְׁכְּנָא וּפְרָסָא חוֹפָאֵהּ וּפְרָסָא דִּתְרַע מַשְׁכַּן זִמְנָא: כו וּסְרָדֵי דְּדַרְתָּא וְיָת פְּרָסָא דִּתְרַע דַּרְתָּא דִּי עַל מַשְׁכְּנָא וְעַל מַדְבְּחָא סְחוֹר סְחוֹר וְיָת אַטּוּנוֹהִי לְכֹל פָּלְחָנֵהּ: כז וְלִקְהָת

רש"י

(כה) המשכן. יריעות התחתונות: **והאהל.** יריעות עזים העשויות לגג: **מכסהו.** עורות אילים ותחשים: **ומסך פתח.** הוא הוילון: **(כו) ואת מיתריו.** של המשכן והאהל, ולא של חצר:

RASHI ELUCIDATED

25. הַמִּשְׁכָּן — THE TABERNACLE-SPREAD.[1] This refers to יְרִיעוֹת הַתַּחְתּוֹנוֹת — **the lower panels,** which comprised the lowest layer of the Tabernacle's roof.[2]

□ וְהָאֹהֶל — AND THE TENT-SPREAD.[1] This refers to יְרִיעוֹת עִזִּים — **the panels of goats' hair**[3] הָעֲשׂוּיוֹת לְגַג — **which were made as a roof.**

□ מִכְסֵהוּ — ITS COVER. This refers to עוֹרוֹת אֵילִים וּתְחָשִׁים — the **hides of rams and *techashim***[4] that comprised the uppermost layer of the roof.

□ וּמָסַךְ פֶּתַח — THE SCREEN OF THE ENTRANCE. הוּא הַוִּילוֹן — **It is the curtain.**[5]

26. וְאֶת מֵיתָרָיו — AND ITS ROPES. This refers to the ropes שֶׁל הַמִּשְׁכָּן וְהָאֹהֶל — **of the Tabernacle and the Tent,**[6] וְלֹא שֶׁל חָצֵר — **but not of the Courtyard.**[7]

1. The word מִשְׁכָּן is used in this passage in two ways: (a) The Tabernacle, a portable Sanctuary that served as the *Beis HaMikdash* in the wilderness and during the early years in Eretz Yisrael; (b) the covering over the Tabernacle that served as its basic roof and was woven of four varieties of yarn. To differentiate between the two meanings, we have used "Tabernacle" for the Sanctuary and "Tabernacle-spread" for the covering.

Similarly, the word אֹהֶל is used for both the Tent or Tabernacle itself, and the covering of goats' hair that lay over the Tabernacle-spread. To differentiate, "Tent" and "Tent-spread" are used in the translation.

2. "The Tabernacle" here does not refer to the entire Tabernacle, for then the rest of the verse, which specifies parts of the Tabernacle, would be redundant (*Mizrachi*). The Torah sometimes refers to the lower panels as "the Tabernacle" because they constituted the visible interior surface of its ceiling (Rashi to *Exodus* 35:11, s.v., אֶת הַמִּשְׁכָּן; see also Rashi to *Exodus* 26:1, s.v., וְאֶת הַמִּשְׁכָּן תַּעֲשֶׂה עֶשֶׂר יְרִיעֹת, and note 4 there).

3. See *Exodus* 26:7-10.

4. The hides of rams and *techashim* are referred to as מִכְסֶה, "cover," in *Exodus* 26:14 (*Mizrachi*).

Techashim are a species of animal. For a description, see Rashi to *Exodus* 25:5, s.v., תְּחָשִׁים.

5. See *Exodus* 26:36 and Rashi there. See also Rashi to v. 31 below.

6. The verse refers to the ropes which held down the two layers of panels mentioned in the preceding verse. These panels covered the top of the *Mishkan* and hung down over the sides almost to the ground. The ropes were used to secure the panels to pegs in the ground, so that they not be lifted by the wind. The hides of rams and *techashim* did not have ropes to secure them, for they did not extend over the edge of the roof (*Lifshuto shel Rashi*).

7. There were two sets of ropes which were called "ropes of the Courtyard": those which tied the upper edges of the curtains to the pillars (see Rashi to 4:32 below and to *Exodus* 27:10, s.v., וְאַדְנֵיהֶם), and those which held the lower edges of the curtains to pegs to prevent the curtains from flapping in the wind (see Rashi to 4:32 below and to *Exodus* 27:19, s.v., יְתֵדֹת). When Rashi here says that the sons of Gershon did not carry the ropes of the Courtyard, he means the ropes that tied the upper edges of the curtains to the pillars. For these are the ropes mentioned as being part of the burden of the sons of Merari in verse 37. However, the ropes which held the lower edges of the curtains served the same function as the ropes of the panels, and were part of the burden of the sons of Gershon, as Rashi states explicitly in his comments to 4:32 below (*Gur Aryeh* to 4:32). Nevertheless, Rashi excludes these ropes from the term מֵיתָרָיו, "its ropes," of our verse, for the singular "its" can only refer to a single object, such as the Tabernacle or the Tent. The ropes of the curtains would be called מֵיתְרֵיהֶם, "*their* ropes," as in 4:32 below (*Levush HaOrah* to 2:17 above).

מִשְׁפַּ֨חַת הָֽעַמְרָמִ֜י וּמִשְׁפַּ֣חַת
הַיִּצְהָרִ֗י וּמִשְׁפַּ֙חַת֙ הַֽחֶבְרֹנִ֔י
וּמִשְׁפַּ֖חַת הָֽעָזִּֽיאֵלִ֑י אֵ֥לֶּה הֵ֖ם
כח מִשְׁפְּחֹ֥ת הַקְּהָתִֽי׃ בְּמִסְפַּר֙ כָּל־
זָכָ֔ר מִבֶּן־חֹ֖דֶשׁ וָמָ֑עְלָה שְׁמֹנַ֤ת
אֲלָפִים֙ וְשֵׁ֣שׁ מֵא֔וֹת שֹׁמְרֵ֖י מִשְׁמֶ֥רֶת
כט הַקֹּֽדֶשׁ׃ מִשְׁפְּחֹ֥ת בְּנֵֽי־קְהָ֖ת יַחֲנ֑וּ
ל עַ֛ל יֶ֥רֶךְ הַמִּשְׁכָּ֖ן תֵּימָֽנָה׃ וּנְשִׂ֥יא
בֵית־אָ֖ב לְמִשְׁפְּחֹ֣ת הַקְּהָתִ֑י
לא אֱלִיצָפָ֖ן בֶּן־עֻזִּיאֵֽל׃ וּמִשְׁמַרְתָּ֡ם
הָאָרֹ֣ן וְהַשֻּׁלְחָ֡ן וְהַמְּנֹרָ֣ה
וְהַמִּזְבְּחֹ֔ת וּכְלֵ֣י הַקֹּ֔דֶשׁ אֲשֶׁ֥ר
יְשָֽׁרְת֖וּ בָּהֶ֑ם וְהַמָּסָ֔ךְ וְכֹ֖ל עֲבֹדָתֽוֹ׃

[27] *And for Kohath — the Amramite family, the Izharite family, the Hebronite family, and the Uzzielite family; these were the Kohathite families —* [28] *the number of every male from one month of age and up [was] eight thousand, six hundred; the guardians of the charge of the sanctity.* [29] *The families of the children of Kohath would encamp on the side of the Tabernacle, to the south.* [30] *The prince of the father's household of the Kohathite families was Elizaphan son of Uzziel.* [31] *Their charge was the Ark, the Table, the Menorah, the Altars and the sacred utensils with which they would minister, the Screen and all its accessories.*

אונקלוס

זַרְעִית עַמְרָם וְזַרְעִית יִצְהָר וְזַרְעִית חֶבְרוֹן וְזַרְעִית עֻזִּיאֵל אִלֵּין אִנּוּן זַרְעֲיַת קְהָת: כח בְּמִנְיַן כָּל דְּכוּרָא
מִבַּר יַרְחָא וּלְעֵלָּא תְּמַנְיָא אַלְפִין וְשִׁית מְאָה נָטְרֵי מַטַּרְתָּא דְקוּדְשָׁא: כט זַרְעֲיַת בְּנֵי קְהָת יִשְׁרוֹן עַל
צִדָּא (נ״א שִׁדָּא) דְמַשְׁכְּנָא דָּרוֹמָא: ל וְרַב בֵּית אַבָּא לְזַרְעֲיַת קְהָת אֱלִיצָפָן בַּר עֻזִּיאֵל: לא וּמַטַּרְתְּהוֹן
אֲרוֹנָא וּפָתוֹרָא וּמְנַרְתָּא וּמַדְבְּחַיָּא וּמָנֵי קוּדְשָׁא דִּי יְשַׁמְּשׁוּן בְּהוֹן וּפְרָסָא וְכֹל פָּלְחָנֵהּ:

רש״י

(כט) משפחת בני קהת יחנו וגו׳ תימנה. וסמוכין להם דגל ראובן החונים תימנה, אוי לרשע ואוי לשכנו (נגעים יב:ו; סוכה נו:) לכך לקו מהם דתן ואבירם ומאתים וחמשים איש עם קרח ועדתו, שנמשכו עמהם במחלוקתם (תנחומא יב): **(לא) והמסך.** היא הפרוכת, שאף היא קרויה פרוכת המסך (להלן ד:ה):

RASHI ELUCIDATED

29. מִשְׁפְּחֹת בְּנֵי קְהָת יַחֲנוּ וְגוֹמֵר תֵּימָנָה – **THE FAMILIES OF THE CHILDREN OF KOHATH WOULD ENCAMP . . . TO THE SOUTH,** וּסְמוּכִין לָהֶם דֶּגֶל רְאוּבֵן – **and next to them was the division of** the Tribe of **Reuben,** הַחוֹנִים תֵּימָנָה – **who encamped to the south.**[1] אוֹי לָרָשָׁע – **"Woe to the wicked one** וְאוֹי לִשְׁכֵנוֹ[2] – **and woe to his neighbor."**[2] לְכָךְ לָקוּ מֵהֶם דָּתָן וַאֲבִירָם וּמָאתַיִם וַחֲמִשִּׁים אִישׁ – **This is why Dathan and Abiram of [the tribe of Reuben] and two hundred and fifty** other **men were stricken** עִם קֹרַח וַעֲדָתוֹ – **along with Korah and his assembly,**[3] שֶׁנִּמְשְׁכוּ עִמָּהֶם – **for they were drawn along with them** בְּמַחְלָקְתָּם[4] – **in their dispute.**[4]

31. וְהַמָּסָךְ – **THE SCREEN.** הִיא הַפָּרֹכֶת – **This is the *Paroches* (Partition),**[5] שֶׁאַף הִיא קְרוּיָה – **for it, too, is called** "פָּרֹכֶת הַמָּסָךְ"[6] – literally, **"the Partition of the Screen."**[6]

1. See 2:10 above.

2. *Negaim* 12:6; *Succah* 56b.

3. See Rashi to 16:1 below, s.v., וְדָתָן וַאֲבִירָם.

4. *Tanchuma* 12. Verse 23 uses אַחֲרֵי הַמִּשְׁכָּן יַחֲנוּ יָמָּה, "behind the Tabernacle would they encamp, to the west," to describe the location of the Gershonite families, with the verb יַחֲנוּ, "they would encamp," standing between the two particulars, "behind the Tabernacle" and "to the west." Verse 35 uses similar wording with regard to the Merarite families. This implies that the essential feature of the locations of their camps was their proximity to the Tabernacle. The fact that they were to the west or to the north is secondary. But with the Kohathites, "on the side of the Tabernacle" and "to the south" are not divided by a verb. This implies that there was special significance in the fact that they encamped to the south, namely, their proximity to the camp of Reuben (see *Gur Aryeh; Sifsei Chachamim*).

Furthermore, the verse mentions "the families of the *children* of Kohath," unlike the parallel verses 23 and 35, which speak only of "the Gershonite families" and "the Merarite families," without mentioning "children." This is meant to allude to particular descendants of Kohath, namely, Korah and his family (*Be'er BaSadeh*).

5. See *Exodus* 26:31-33.

6. See, for example, 4:5 below. See also Rashi to v. 25 above.

לב וּנְשִׂיא֙ נְשִׂיאֵ֣י הַלֵּוִ֔י אֶלְעָזָ֖ר בֶּן־
אַהֲרֹ֣ן הַכֹּהֵ֑ן פְּקֻדַּ֕ת שֹׁמְרֵ֖י מִשְׁמֶ֥רֶת
לג הַקֹּֽדֶשׁ׃ לִמְרָרִ֕י מִשְׁפַּ֙חַת֙ הַמַּחְלִ֔י
וּמִשְׁפַּ֖חַת הַמּוּשִׁ֑י אֵ֥לֶּה הֵ֖ם
לד מִשְׁפְּחֹ֥ת מְרָרִֽי׃ וּפְקֻדֵיהֶם֙ בְּמִסְפַּ֣ר
כָּל־זָכָ֔ר מִבֶּן־חֹ֖דֶשׁ וָמָ֑עְלָה
לה שֵׁ֥שֶׁת אֲלָפִ֖ים וּמָאתָֽיִם׃ וּנְשִׂ֤יא
בֵית־אָב֙ לְמִשְׁפְּחֹ֣ת מְרָרִ֔י צוּרִיאֵ֖ל
בֶּן־אֲבִיחָ֑יִל עַ֣ל יֶ֧רֶךְ הַמִּשְׁכָּ֛ן
לו יַחֲנ֖וּ צָפֹֽנָה׃ וּפְקֻדַּ֣ת מִשְׁמֶ֘רֶת֮
בְּנֵ֣י מְרָרִי֒ קַרְשֵׁי֙ הַמִּשְׁכָּ֔ן וּבְרִיחָ֖יו
וְעַמֻּדָ֣יו וַאֲדָנָ֑יו וְכָ֨ל־כֵּלָ֔יו וְכֹ֖ל
לז עֲבֹדָתֽוֹ׃ וְעַמֻּדֵ֤י הֶֽחָצֵר֙ סָבִ֔יב
וְאַדְנֵיהֶ֑ם וִיתֵדֹתָ֖ם וּמֵיתְרֵיהֶֽם׃
לח וְהַחֹנִ֣ים לִפְנֵ֣י הַמִּשְׁכָּ֡ן קֵ֣דְמָה
לִפְנֵ֣י אֹֽהֶל־מוֹעֵד֩ ׀ מִזְרָ֨חָה
מֹשֶׁ֣ה ׀ וְאַהֲרֹ֣ן וּבָנָ֗יו שֹׁמְרִים֙

32 *The prince of the Levite princes was Elazar son of Aaron the Kohen, the assignment of the guardians of the charge of the sanctity.*

33 *For Merari — the Mahlite family and the Mushite family; these were the Merarite families —* 34 *their counted ones according to the number of every male from one month of age and up [was] six thousand, two hundred.* 35 *The prince of the father's house of the Merarite families was Zuriel son of Abihail; on the side of the Tabernacle would they encamp, to the north.* 36 *The assignment of the charge of the sons of Merari was the planks of the Tabernacle, its bars, its pillars, its sockets and all its utensils, and all its accessories.* 37 *The pillars of the Courtyard all around and their sockets, their pegs and their ropes.*

38 *Those who encamped before the Tabernacle to the front, before the Tent of Meeting to the east, were Moses and Aaron and his sons, guardians of*

אונקלוס

לב וַאֲמַרְכְּלָא דִמְמַנָּא עַל רַבְרְבֵי לֵוָאֵי אֶלְעָזָר בַּר אַהֲרֹן כַּהֲנָא דִּתְחוֹת יְדוֹהִי מְמַנָּא נָטְרֵי מַטְּרַת קוּדְשָׁא: לג לִמְרָרִי זַרְעִית מַחְלִי וְזַרְעִית מוּשִׁי אִלֵּין אִנּוּן זַרְעֲיַת מְרָרִי: לד וּמִנְיָנֵיהוֹן בְּמִנְיַן כָּל דְּכוּרָא מִבַּר יַרְחָא וּלְעֵלָּא שִׁתָּא אַלְפִין וּמָאתָן: לה וְרַב בֵּית אַבָּא לְזַרְעֲיַת מְרָרִי צוּרִיאֵל בַּר אֲבִיחָיִל עַל צִדָּא (נ״א שִׁדָּא) דְמַשְׁכְּנָא יִשְׁרוֹן צִפּוּנָא: לו וְדִי מְסִיר לְמִטַּר בְּנֵי מְרָרִי דַּפֵּי מַשְׁכְּנָא וְעַבְרוֹהִי וְעַמּוּדוֹהִי וְסַמְכוֹהִי וְכָל מָנוֹהִי וְכֹל פָּלְחָנֵהּ: לז וְעַמּוּדֵי דְדָרְתָּא סְחוֹר סְחוֹר וְסַמְכֵיהוֹן וְסִכֵּיהוֹן וְאַטּוּנֵיהוֹן: לח וְדִי שָׁרַן קֳדָם מַשְׁכְּנָא קִדּוּמָא קֳדָם מַשְׁכַּן זִמְנָא מַדִּינְחָא מֹשֶׁה וְאַהֲרֹן וּבְנוֹהִי נָטְרִין

רש״י

(לב) ונשיא נשיאי הלוי. ממונה על כולם. ועל מה היא נשיאותו, פקדת שמרי משמרת הקדש, על ידו היא פקודת כולם: **(לח) משה ואהרן ובניו.** וסמוכין להם דגל מחנה יהודה, והחונים עליו יששכר וזבולן, טוב לצדיק טוב לשכנו (סוכה נו:) לפי שהיו שכניו של משה

RASHI ELUCIDATED

32. וּנְשִׂיא נְשִׂיאֵי הַלֵּוִי — THE PRINCE OF THE LEVITE LEADERS, מְמֻנֶּה עַל כֻּלָּם — the one in charge of all of them.[1] **וְעַל מַה הִיא נְשִׂיאוּתוֹ — And over what is his princedom? "פְּקֻדַּת שֹׁמְרֵי מִשְׁמֶרֶת הַקֹּדֶשׁ" — Over "the assignment of the guardians of the charge of the sanctity."**[2] **עַל יָדוֹ הִיא פְּקֻדַּת כֻּלָּם — The assignments of all of them are** made **by him.**

38. מֹשֶׁה וְאַהֲרֹן וּבָנָיו — MOSES AND AARON AND HIS SONS. וּסְמוּכִין לָהֶם — And next to them דֶּגֶל מַחֲנֵה יְהוּדָה וְהַחוֹנִים עָלָיו — was the division of the camp of Judah, and those who encamped with him, יִשָּׂשכָר וּזְבוּלֻן — Issachar and Zebulun. טוֹב לַצַּדִּיק — "There is good for the righteous one, טוֹב לִשְׁכֵנוֹ[3] **—** and **there is good for his neighbor."**[3] **לְפִי שֶׁהָיוּ שְׁכֵנָיו שֶׁל מֹשֶׁה — Because they were**

1. This verse which mentions Elazar's leadership appears after the passage has discussed the tasks of the Gershonites and the Kohathites, and before it discusses that of the Merarites. Still, his leadership is over "all of them," including the leader of the Merarites (see *Maskil LeDavid; Be'er Yitzchak*).

2. The verse appears to be composed of two disjointed parts, a full sentence, "The prince of the Levite leaders was Elazar son of Aaron the Kohen," and the seemingly unrelated "the assignment of the guardians of the charge of the sanctity," which has no coherent syntactic role. Rashi makes the second part a full sentence, too, and explains how it is linked to the first part.

3. *Succah* 56b. See Rashi to verse 29 above.

מִשְׁמֶרֶת הַמִּקְדָּשׁ לְמִשְׁמֶרֶת בְּנֵי
לט יִשְׂרָאֵל וְהַזָּר הַקָּרֵב יוּמָת: כָּל־
פְּקוּדֵי הַלְוִיִּם אֲשֶׁר פָּקַד מֹשֶׁה
*וְאַהֲרֹן עַל־פִּי יהוה לְמִשְׁפְּחֹתָם
כָּל־זָכָר מִבֶּן־חֹדֶשׁ וָמַעְלָה שְׁנַיִם
מ וְעֶשְׂרִים אָלֶף: ששי וַיֹּאמֶר

* נקוד על ואהרן

the charge of the Sanctuary, for the charge of the Children of Israel; an alien who approaches shall die.

39 *All the counted ones of the Levites, which Moses and Aaron counted by the word of* HASHEM *according to their families, every male from one month of age and up, were twenty-two thousand.*

אונקלוס

מַטְּרַת מַקְדְּשָׁא לְמַטְּרַת בְּנֵי יִשְׂרָאֵל וְחִלּוֹנַי דְּיִקְרַב יִתְקְטָל: לט כָּל מִנְיָנֵי לֵוָאֵי דִּי מְנָא מֹשֶׁה וְאַהֲרֹן עַל מֵימְרָא דַּייָ לְזַרְעֲיָתְהוֹן כָּל דְּכוּרָא מִבַּר יַרְחָא וּלְעֵלָּא עַשְׂרִין וּתְרֵין אַלְפִין: מ וַאֲמַר

רש"י

שהיה עוסק בתורה, נעשו גדולים בתורה, שנאמר יהודה מחוקקי (תהלים ס:ט; יומא כו.) ומבני יששכר יודעי בינה וגו' (דברי הימים א יב:לג) מאתים ראשי סנהדראות (בראשית רבה עב:ה; תנחומא ישן יג) ומזבולן מושכים בשבט סופר (שופטים ה:יד; תנחומא יב): **(לט) אשר פקד משה ואהרן.** נקוד על ואהרן לומר שלא היה במנין הלוים (במ"ר ג:יג; בכורות ד.): **שנים ועשרים אלף.** ובפרטן אתה מוצא שלש מאות יתרים. בני גרשון שבעת אלפים וחמש מאות. בני קהת שמונת אלפים ושש מאות. בני מררי ששת אלפים ומאתים. ולמה לא כללן עם השאר ויפדו את הבכורות,

RASHI ELUCIDATED

neighbors of Moses שֶׁהָיָה עוֹסֵק בַּתּוֹרָה – **who was involved in** the study of **Torah,** נַעֲשׂוּ גְּדוֹלִים בַּתּוֹרָה – **they became great in Torah,**[1] שֶׁנֶּאֱמַר – **as it says,** "יְהוּדָה מְחוֹקְקִי"[2] – **"Judah is My lawmaker";**[2] and "וּמִבְּנֵי יִשָּׂשכָר יוֹדְעֵי בִינָה וְגוֹמֵר"[3] – **"And of the sons of Issachar, there were those who have understanding, etc.,"** [their heads were two hundred] . . .[3] מָאתַיִם רָאשֵׁי סַנְהֶדְרָאוֹת[4] – the "two hundred" of that verse refers to **two hundred heads of the Sanhedrin** that came from Issachar;[4] and it says, "וּמִזְּבוּלֻן מֹשְׁכִים בְּשֵׁבֶט סֹפֵר"[5] – **"and from Zebulun, those who write with the pen of a scribe."**[5]

39. אֲשֶׁר פָּקַד מֹשֶׁה וְאַהֲרֹן – **WHICH MOSES AND AARON COUNTED.** נָקוּד עַל "וְאַהֲרֹן" – **There are dots over the word** וְאַהֲרֹן, **"and Aaron,"**[6] לוֹמַר – **to tell** us שֶׁלֹּא הָיָה בְּמִנְיַן הַלְוִיִּם[7] – **that he was not among the number of the Levites.**[7]

☐ שְׁנַיִם וְעֶשְׂרִים אָלֶף – **TWENTY-TWO THOUSAND.** וּבִפְרָטָן – **But** broken down **into their components,** אַתָּה מוֹצֵא שְׁלֹשׁ מֵאוֹת יְתֵרִים – **you find three hundred more,** as follows: בְּנֵי גֵרְשׁוֹן שִׁבְעַת אֲלָפִים וַחֲמֵשׁ מֵאוֹת – **The children of Gershon, seven thousand, five hundred;**[8] בְּנֵי קְהָת שְׁמוֹנַת אֲלָפִים וְשֵׁשׁ מֵאוֹת – **the children of Kohath, eight thousand, six hundred;**[9] בְּנֵי מְרָרִי שֵׁשֶׁת אֲלָפִים וּמָאתַיִם – **the children of Merari, six thousand, two hundred.**[10] Thus, there is a total of twenty-two thousand, three hundred. וְלָמָּה לֹא כְלָלָן – **Why did [Scripture] not include [the other three hundred]** עִם הַשְּׁאָר – **with the rest** of the Levites, וְיִפְדּוּ אֶת הַבְּכוֹרוֹת – **and let them redeem,** i.e., be the redemption of,

1. We would have expected the verse to use קֵדְמָה מִזְרָחָה, "to the front, at the east," as in 2:3. It sets off מִזְרָחָה from קֵדְמָה in order to set it next to מֹשֶׁה וְאַהֲרֹן וּבָנָיו and thus highlight the fact that Moses was the neighbor of the Tribes who encamped on the east, and allude to the benefit they thus gained (*Maskil LeDavid*).

2. *Psalms* 60:9; see *Yoma* 26a.

3. *I Chronicles* 12:33. That verse reads in full: "And of the sons of Issachar there were those who have understanding of the times, to know what Israel should do: Their heads were two hundred, and all of their brothers acted by their word."

4. *Bereishis Rabbah* 72:5; *Tanchuma Yashan* 13. See also Rashi to *Genesis* 49:15, s.v., וַיֵּט שִׁכְמוֹ לִסְבֹּל.

5. *Judges* 5:14; see *Tanchuma* 12.

6. Although vowel points are never written in a Torah scroll used for the communal Torah reading, the masoretic tradition teaches that dots are inscribed above certain letters and words. Rashi goes on to explain their significance. This phenomenon is also discussed by Rashi in *Genesis* 18:9, 19:33, 33:4, 37:12; *Numbers* 9:10; and *Deuteronomy* 29:28.

7. *Bechoros* 4a; *Bamidbar Rabbah* 3:13. Where the dotted letters outnumber the undotted letters, we expound the dotted letters (see Rashi to *Genesis* 18:9). Here all of the letters are dotted, to indicate that in some sense all of the letters are removed from the word, that the word is not fully there. This indicates that Aaron himself was not included in "all those who were counted" of the beginning of the verse (*Sefer Zikaron; Be'er Yitzchak*).

8. Above v. 22.

9. Above v. 28.

10. Above v. 34.

40 *HASHEM said to Moses, "Count every firstborn male of the Children of Israel from one month of age and up, and take a census of their names.* 41 *You shall take the Levites for Me — I am HASHEM — in place of every firstborn of the Children of Israel, and the animals of the Levites in place of every firstborn of the animals of the Children of Israel."* 42 *Moses counted — as HASHEM had commanded him — every firstborn of the Children of Israel.* 43 *Every firstborn male according to the number of their names, from one month of age and up, according to their countings, was twenty-two thousand, two hundred and seventy-three."*

44 *HASHEM spoke to Moses, saying,* 45 *"Take the Levites in place of every firstborn of the Children of Israel, and the animals of the Levites in place of*

יְהֹוָה אֶל־מֹשֶׁה פְּקֹד כָּל־בְּכֹר זָכָר
לִבְנֵי יִשְׂרָאֵל מִבֶּן־חֹדֶשׁ וָמָעְלָה
מא וְשָׂא אֵת מִסְפַּר שְׁמֹתָם: וְלָקַחְתָּ
אֶת־הַלְוִיִּם לִי אֲנִי יְהֹוָה תַּחַת כָּל־
בְּכֹר בִּבְנֵי יִשְׂרָאֵל וְאֵת בֶּהֱמַת
הַלְוִיִּם תַּחַת כָּל־בְּכוֹר בְּבֶהֱמַת בְּנֵי
מב יִשְׂרָאֵל: וַיִּפְקֹד מֹשֶׁה כַּאֲשֶׁר צִוָּה
יְהֹוָה אֹתוֹ אֶת־כָּל־בְּכוֹר בִּבְנֵי
מג יִשְׂרָאֵל: וַיְהִי כָל־בְּכוֹר זָכָר
בְּמִסְפַּר שֵׁמֹת מִבֶּן־חֹדֶשׁ וָמַעְלָה
לִפְקֻדֵיהֶם שְׁנַיִם וְעֶשְׂרִים אֶלֶף
שְׁלֹשָׁה וְשִׁבְעִים וּמָאתָיִם:
מד־מה וַיְדַבֵּר יְהֹוָה אֶל־מֹשֶׁה לֵּאמֹר: קַח
אֶת־הַלְוִיִּם תַּחַת כָּל־בְּכוֹר בִּבְנֵי
יִשְׂרָאֵל וְאֶת־בֶּהֱמַת הַלְוִיִּם תַּחַת

אונקלוס

יְיָ לְמֹשֶׁה מְנִי כָּל בּוּכְרַיָּא דִכְרַיָּא לִבְנֵי יִשְׂרָאֵל מִבַּר יַרְחָא וּלְעֵלָּא וְקַבֵּל יָת מִנְיַן שְׁמָהָתְהוֹן: מא וּתְקָרֵב יָת לֵוָאֵי קֳדָמַי אֲנָא יְיָ חֲלַף כָּל בּוּכְרָא בִּבְנֵי יִשְׂרָאֵל וְיָת בְּעִירָא דְלֵוָאֵי חֲלַף כָּל בּוּכְרָא בִּבְעִירָא דִבְנֵי יִשְׂרָאֵל: מב וּמְנָא מֹשֶׁה כְּמָא דִי פַּקִּיד יְיָ יָתֵהּ יָת כָּל בּוּכְרָא בִּבְנֵי יִשְׂרָאֵל: מג וַהֲווֹ כָל בּוּכְרַיָּא דִכְרַיָּא בְּמִנְיַן שְׁמָהָן מִבַּר יַרְחָא וּלְעֵלָּא לְמִנְיָנֵיהוֹן עַשְׂרִין וּתְרֵין אַלְפִין מָאתָן וְשַׁבְעִין וּתְלָתָא: מד וּמַלִּיל יְיָ עִם מֹשֶׁה לְמֵימָר: מה קָרֵב יָת לֵוָאֵי חֲלַף כָּל בּוּכְרָא בִּבְנֵי יִשְׂרָאֵל וְיָת בְּעִירָא דְלֵוָאֵי חֲלַף

רש"י

ולא יהיו זקוקים השלשה ושבעים ומאתים בכורות העודפים על המנין לפדיון. אמרו רבותינו במס' בכורות (ה.) אותן שלש מאות לויים בכורות היו, ודיים שיפקיעו עצמם מן הפדיון: **(מ) פקד כל בכר זכר וגו' מבן חדש ומעלה.** משיצא מכלל ספק נפלים (שבת קלה:): **(מה) ואת בהמת הלוים וגו'.** לא פדו בהמת הלוים את בכורי בהמה טהורה של ישראל אלא את פטרי חמוריהם,

RASHI ELUCIDATED

the firstborn, וְלֹא יִהְיוּ זְקוּקִים הַשְּׁלֹשָׁה וְשִׁבְעִים וּמָאתַיִם בְּכוֹרוֹת הָעוֹדְפִים עַל הַמִּנְיָן לְפִדְיוֹן – **and** then **the two hundred and seventy-three firstborn who were in excess over the number** of Levites **would not have required redemption** through money?[1] אָמְרוּ רַבּוֹתֵינוּ בְּמַסֶּכֶת בְּכוֹרוֹת[2] – **Our Rabbis have said in Tractate *Bechoros*:**[2] אוֹתָן שְׁלֹשׁ מֵאוֹת לְוִיִּם – **Those three hundred Levites** not included in the total בְּכוֹרוֹת הָיוּ – **were** themselves **firstborn,** וְדַיָּם – **and it was enough for them** שֶׁיַּפְקִיעוּ עַצְמָם – **that they should exempt themselves** מִן הַפִּדְיוֹן – **from the redemption.**[3]

40. פְּקֹד כָּל בְּכֹר זָכָר וְגוֹמֵר מִבֶּן חֹדֶשׁ וָמָעְלָה – COUNT EVERY FIRSTBORN MALE, ETC., FROM ONE MONTH OF AGE AND UP. מִשֶּׁיָּצָא מִכְּלָל סְפֵק נְפָלִים[4] – **Once he has left the category of those who might be *nefalim*.**[4]

45. וְאֶת בֶּהֱמַת הַלְוִיִּם וְגוֹמֵר – AND THE ANIMALS OF THE LEVITES, ETC. לֹא פָּדוּ בֶּהֱמַת הַלְוִיִּם אֶת בְּכוֹרֵי בְּהֵמָה טְהוֹרָה שֶׁל יִשְׂרָאֵל – **The animals of the Levites did not redeem the firstborn of the pure,** i.e., kosher, species of **animals belonging to an Israelite,** i.e., a non-Levite, אֶלָּא אֶת פִּטְרֵי חֲמוֹרֵיהֶם – **but**

1. See v. 46 below.

2. *Bechoros* 5a; see also *Bamidbar Rabbah* 3:14.

3. The twenty-two thousand Levites mentioned by our verse were those who redeemed twenty-two thousand of the firstborn. The other three hundred Levites were themselves firstborn. Their Levitic status served as redemption for their own sanctity as firstborn. They could thus not serve as redemption for others.

4. *Shabbos* 135b. See note 1 on page 19 above.

בְּהֶמְתָּם וְהָיוּ־לִי הַלְוִיִּם אֲנִי יהוה:	their animals, and the Levites shall be Mine, I am HASHEM. [46] And as for those redeemed
מו וְאֵת פְּדוּיֵי הַשְּׁלֹשָׁה וְהַשִּׁבְעִים	of [the firstborn], the two hundred and sev-
וְהַמָּאתָיִם הָעֹדְפִים עַל־הַלְוִיִּם	enty-three of the firstborn of the Children of
מז מִבְּכוֹר בְּנֵי יִשְׂרָאֵל: וְלָקַחְתָּ חֲמֵשֶׁת	Israel who are in excess over the Levites, [47] you shall take five shekels each according
חֲמֵשֶׁת שְׁקָלִים לַגֻּלְגֹּלֶת בְּשֶׁקֶל	to the head count, in the sacred shekel shall
הַקֹּדֶשׁ תִּקָּח עֶשְׂרִים גֵּרָה הַשָּׁקֶל:	you take; the shekel is twenty geirah. [48] You
מח וְנָתַתָּה הַכֶּסֶף לְאַהֲרֹן וּלְבָנָיו	shall give the money to Aaron and his sons,

אונקלוס

בְּעִירְהוֹן וִיהוֹן מְשַׁמְּשִׁין קֳדָמַי לֵוָאֵי אֲנָא יְיָ: מו וְיָת פּוּרְקַן מָאתַן וְשַׁבְעִין וּתְלָתָא
דְּיַתִּירִין עַל לֵוָאֵי מִבּוּכְרַיָּא דִּבְנֵי יִשְׂרָאֵל: מז וְתִסַּב חֲמֵשׁ חֲמֵשׁ סִלְעִין לְגֻלְגַּלְתָּא
בְּסִלְעֵי קוּדְשָׁא תִּסַּב עַשְׂרִין מָעִין סִלְעָא: מח וְתִתֵּן כַּסְפָּא לְאַהֲרֹן וְלִבְנוֹהִי

רש"י

ושה אחד של בן לוי פטר כמה פטרי חמורים של ישראל. תדע, שהרי מנה העודפים באדם ולא מנה העודפים בבהמה (בכורות ד:): (מו) ואת פדויי השלשה וגו'. ואת הבכורות הצריכין להפדות בהם, אלו השלשה ושבעים ומאתים העודפים בהם יתרים על הלוים, מהם תקח חמשת שקלים לגלגלת (פסוק מז). כך היתה מכירתו של יוסף עשרים כסף שהיה בכורה של רחל (ב"ר פד:יח; במ"ר ד:י):

RASHI ELUCIDATED

only those which emerged first from the wombs of **their donkeys.** וְשֶׂה אֶחָד שֶׁל בֶּן לֵוִי – **And one sheep of a Levite** פָּטַר כַּמָּה פִּטְרֵי חֲמוֹרִים שֶׁל יִשְׂרָאֵל – **could exempt many of those first to emerge from a donkey, which belong to Israel,** i.e., non-Levites. תֵּדַע – **You can know** with certainty that this is so, שֶׁהֲרֵי מָנָה הָעוֹדְפִים בָּאָדָם – **for, see now, [Scripture] counted those** non-Levites **in excess** of the Levites **among people,** וְלֹא מָנָה הָעוֹדְפִים בַּבְּהֵמָה[1] – **but it did not count those in excess among the animals.**[1]

46. וְאֵת פְּדוּיֵי הַשְּׁלֹשָׁה וְגוֹמֵר – **AND AS FOR THOSE REDEEMED OF [THE FIRSTBORN], THE [TWO HUNDRED AND SEVENTY-]THREE, ETC.** וְאֶת הַבְּכוֹרוֹת הַצְּרִיכִין לְהִפָּדוֹת – **And the firstborn who need to be redeemed** בָּהֶם – **among them.**[2] אֵלּוּ הַשְּׁלֹשָׁה וְשִׁבְעִים וּמָאתַיִם – **These are the two hundred and seventy-three** הָעוֹדְפִים בָּהֶם – **who are the excess among them,**[3] יְתֵרִים עַל הַלְוִיִּם – **over and above the** number of the **Levites;** מֵהֶם תִּקַּח – **from them you shall take**[4] "חֲמֵשֶׁת שְׁקָלִים לַגֻּלְגֹּלֶת"[5] – **"five *shekalim* per head."**[5] כָּךְ הָיְתָה מְכִירָתוֹ שֶׁל יוֹסֵף – **Such was the price for the sale of Joseph,** עֶשְׂרִים כֶּסֶף – **twenty** pieces of **silver,** שֶׁהָיָה בְּכוֹרָהּ שֶׁל רָחֵל[6] – **and he was the firstborn of Rachel.**[6]

1. *Bechoros* 4b.

2. פְּדוּיֵי הַשְּׁלֹשָׁה וְהַשִּׁבְעִים וְהַמָּאתַיִם cannot be taken in its literal meaning, "those redeemed *by* the two hundred and seventy-three." Nor, according to Rashi, does it refer to the redemption money of the two hundred and seventy-three, as *Targum Onkelos* interprets the word פְּדוּיֵי here and in verse 48. Rather, פְּדוּיֵי in the construct form relates to the implicit "firstborn." The verse means, "And as for those [to be] redeemed of [the firstborn,] the two hundred and seventy-three." Although they have not yet been redeemed, they are called "those redeemed," because that will be their eventual status (see *Sefer Zikaron*). *Targum Onkelos* renders פְּדוּיֵי in this way when it appears in verse 49.

3. הָעֹדְפִים עַל הַלְוִיִּם does not mean "more than the Levites," for עֹדֵף is not used for comparison between different groups. עֹדֵף denotes the excess part of a particular quantity. By adding בָּהֶם after our verse's הָעֹדְפִים, as the Torah does in verse 48, Rashi indicates that הָעֹדְפִים in our verse is an idea unto itself, not directly linked to עַל הַלְוִיִּם which follows, "the excess [among them]." Rashi goes on to add יְתֵרִים to the verse's עַל הַלְוִיִּם to indicate that עַל הַלְוִיִּם by itself, without הָעֹדְפִים, means "over [i.e., more than] the Levites."

4. Our verse is not a complete sentence; it has no predicate. The following verse begins וְלָקַחְתָּ. Were we to understand the ו prefix of that word as "and," it would set that verse off from our verse. Rashi uses תִּקַּח, "you shall take," in place of וְלָקַחְתָּ to indicate that the ו should not be taken as "and." It functions only as a ו-conversive, transforming the verb from the past to the future (Rashi discusses the ו used in this manner at length in his comments to *Exodus* 15:2, s.v., עָזִּי וְזִמְרָת יָהּ). וְלָקַחְתָּ means "you shall take," and is the predicate of the sentence which comprises verses 46 and 47 (*Sefer Zikaron; Mesiach Ilmim*).

5. Verse 47.

6. *Bereishis Rabbah* 84:18; *Bamidbar Rabbah* 4:10. See *Genesis* 37:28. Joseph was sold for twenty *dinars*. There are four *dinars* to a *shekel*. Hence, Joseph was sold for five *shekalim* (*Mesiach Ilmim*).

of those redeemed in excess among them."
49 Moses took the money of the redemption from those who were in excess over those redeemed by the Levites; 50 from the firstborn of the Children of Israel he took the money: one thousand, three hundred and sixty-five in the sacred shekels. 51 Moses gave the money of those redeemed to Aaron and his sons according to the word of HASHEM, as HASHEM had commanded Moses.

4 *1 HASHEM spoke to Moses and Aaron, saying: 2 "Take a census of the sons of*

מט פְּדוּיֵ֕י הָעֹ֣דְפִ֔ים בָּהֶ֖ם: וַיִּקַּ֣ח מֹשֶׁ֔ה
אֵ֖ת כֶּ֣סֶף הַפִּדְי֑וֹם מֵאֵת֙ הָעֹ֣דְפִ֔ים
נ עַ֖ל פְּדוּיֵ֥י הַלְוִיִּֽם: מֵאֵ֗ת בְּכ֛וֹר בְּנֵ֥י
יִשְׂרָאֵ֖ל לָקַ֣ח אֶת־הַכָּ֑סֶף חֲמִשָּׁ֨ה
וְשִׁשִּׁ֜ים וּשְׁלֹ֧שׁ מֵא֛וֹת וָאֶ֖לֶף בְּשֶׁ֥קֶל
נא הַקֹּֽדֶשׁ: וַיִּתֵּ֨ן מֹשֶׁ֜ה אֶת־כֶּ֧סֶף
הַפְּדֻיִ֛ם לְאַהֲרֹ֥ן וּלְבָנָ֖יו עַל־פִּ֣י יְהֹוָ֑ה
כַּאֲשֶׁ֛ר צִוָּ֥ה יְהֹוָ֖ה אֶת־מֹשֶֽׁה:
ד א שביעי וַיְדַבֵּ֣ר יְהֹוָ֔ה אֶל־מֹשֶׁ֥ה וְאֶל־
ב אַהֲרֹ֖ן לֵאמֹֽר: נָשֹׂ֗א אֶת־רֹאשׁ֙ בְּנֵ֣י

אונקלוס

פֻּרְקַן דְּיַתִּירִין בְּהוֹן: מט וּנְסֵיב מֹשֶׁה יָת כְּסַף פּוּרְקָנָא מִן דְּיַתִּירִין עַל פְּרִיקֵי לֵוָאֵי: נ מִן בּוּכְרַיָּא דִבְנֵי יִשְׂרָאֵל נְסֵיב יָת כַּסְפָּא אֲלַף וּתְלַת מְאָה וְשִׁתִּין וְחָמֵשׁ סִלְעִין בְּסִלְעֵי קוּדְשָׁא: נא וִיהַב מֹשֶׁה יָת כְּסַף פְּרִיקַיָּא לְאַהֲרֹן וְלִבְנוֹהִי עַל מֵימְרָא דַייָ כְּמָא דִי פַקִּיד יְיָ יָת מֹשֶׁה: א וּמַלִּיל יְיָ עִם מֹשֶׁה וְעִם אַהֲרֹן לְמֵימָר: ב קַבִּילוּ יָת חֻשְׁבַּן בְּנֵי

רש"י

(מט) העדפים על פדויי הלוים. על אותן שפדו הלוים בגופן: **(נ) חמשה וששים ושלש מאות ואלף.** כך סכום החשבון. חמשת שקלים לגלגלת למאתים בכורות, אלף שקל. לשבעים בכורות, שלש מאות וחמשים שקל. לשלשה בכורות, חמשה עשר שקל. אמר, כיצד אעשה, בכור שאומר לו תן חמשת שקלים יאמר לי אני מפדויי הלוים. מה עשה, הביא שנים ועשרים אלף פתקין וכתב עליהם בן לוי, ומאתים ושבעים ושלשה פתקין כתב עליהן חמשה שקלים, בללן ונתנן בקלפי, אמר להם בואו וטלו פתקיכם לפי הגורל (סנהדרין יז.): **(ב) נשא את ראש וגו'.** מנה מהם את הראויין לעבודת משא, והם מבן שלשים

RASHI ELUCIDATED

49. הָעֹדְפִים עַל פְּדוּיֵי הַלְוִיִּם – WHO WERE IN EXCESS OVER THOSE REDEEMED BY THE LEVITES, that is, in excess עַל אוֹתָן שֶׁפָּדוּ הַלְוִיִּם **– over those whom the Levites redeemed** בְּגוּפָן **– through their bodies.**[1]

50. חֲמִשָּׁה וְשִׁשִּׁים וּשְׁלֹשׁ מֵאוֹת וָאֶלֶף – ONE THOUSAND, THREE HUNDRED AND SIXTY-FIVE. כָּךְ סְכוּם הַחֶשְׁבּוֹן **– This is the total of the calculation of** ,,חֲמֵשֶׁת שְׁקָלִים לַגֻּלְגֹּלֶת"[2] **"five *shekalim* per head":**[2] לְמָאתַיִם בְּכוֹרוֹת אֶלֶף שֶׁקֶל **– for two hundred firstborn, a thousand *shekalim*;** לְשִׁבְעִים בְּכוֹרוֹת שְׁלֹשׁ מֵאוֹת וַחֲמִשִּׁים שֶׁקֶל **– for seventy firstborn, three hundred and fifty *shekalim;*** לִשְׁלֹשָׁה בְּכוֹרוֹת חֲמִשָּׁה עָשָׂר שֶׁקֶל **– for three firstborn, fifteen *shekalim*.**[3]

אָמַר **– [Moses] said:** כֵּיצַד אֶעֱשֶׂה **– "What should I do?** בְּכוֹר שֶׁאוֹמַר לוֹ **– A firstborn to whom I will say,** תֵּן חֲמֵשֶׁת שְׁקָלִים **– 'Give five *shekalim*,'** יֹאמַר לִי **– will say to me,** אֲנִי מִפְּדוּיֵי הַלְוִיִּם **– 'I am among those redeemed by the Levites,** so I do not have to give you five *shekalim*.' " מֶה עָשָׂה **– What did [Moses] do?** הֵבִיא שְׁנַיִם וְעֶשְׂרִים אֶלֶף פִּתָּקִין **– He brought twenty-two thousand tickets,** וְכָתַב עֲלֵיהֶן ,,בֶּן לֵוִי" **– and wrote upon them, "Levite,"** וּמָאתַיִם וְשִׁבְעִים וּשְׁלֹשָׁה פִּתָּקִין **– and** he brought another **two hundred and seventy-three tickets,** כָּתַב עֲלֵיהֶן ,,חֲמִשָּׁה שְׁקָלִים" **–** and **wrote on them, "five *shekalim*."** בְּלָלָן **– He mixed them up** וּנְתָנָן בְּקַלְפִּי **– and put them in a box.** אָמַר לָהֶם **– He said to [the firstborn],** בּוֹאוּ וּטְלוּ פִתְקֵיכֶם **– "Come and draw your tickets** לְפִי הַגּוֹרָל[4] **– according to the lottery."**[4]

4.

2. נָשֹׂא אֶת רֹאשׁ וְגוֹמֵר – TAKE A CENSUS (literally, "raise the head") **ETC.** מְנֵה מֵהֶם **– Count[5] from among them** אֶת הָרְאוּיִין לַעֲבוֹדַת מַשָּׂא **– those who are fit for the work of carrying;** וְהֵם מִבֶּן שְׁלֹשִׁים

1. The verse means neither "those among the Levites who were redeemed" (*Mizrachi*) nor "those whom the Levites redeemed [with money]" (*Mesiach Ilmim*).

2. Verse 47.

3. Thus yielding a total of 1,365 *shekalim*.

4. *Sanhedrin* 17a; see also *Tanchuma Yashan* 25 and *Tanchuma* 21.

5. Scripture uses נְשִׂיאַת רֹאשׁ, "raising of the head," for prideful demeanor in *Judges* 8:28, *Zechariah* 2:4, *Psalms* 83:3, and *Job* 10:15. Since the previous chapters have used words from the root פקד for "counting," we might have thought that "raising the head of the sons

קְהָ֔ת מִתּ֖וֹךְ בְּנֵ֣י לֵוִ֑י לְמִשְׁפְּחֹתָ֖ם
ג לְבֵ֥ית אֲבֹתָֽם׃ מִבֶּ֨ן שְׁלֹשִׁ֤ים שָׁנָה֙
וָמַ֔עְלָה וְעַ֖ד בֶּן־חֲמִשִּׁ֣ים שָׁנָ֑ה כָּל־
בָּא֙ לַצָּבָ֔א לַעֲשׂ֥וֹת מְלָאכָ֖ה בְּאֹ֥הֶל
ד מוֹעֵֽד׃ זֹ֛את עֲבֹדַ֥ת בְּנֵי־קְהָ֖ת
ה בְּאֹ֣הֶל מוֹעֵ֑ד קֹ֖דֶשׁ הַקֳּדָשִֽׁים׃ וּבָ֨א
אַהֲרֹ֤ן וּבָנָיו֙ בִּנְסֹ֣עַ הַֽמַּחֲנֶ֔ה וְהוֹרִ֕דוּ
אֵ֖ת פָּרֹ֣כֶת הַמָּסָ֑ךְ וְכִ֨סּוּ־בָ֔הּ אֵ֖ת

Kohath from among the sons of Levi, according to their families, according to their fathers' house; [3] *from thirty years of age and up, until fifty years of age, everyone who comes to the legion to perform work in the Tent of Meeting.*

[4] *"This is the work of the sons of Kohath in the Tent of Meeting: the most holy.* [5] *Aaron and his sons shall come, when the camp journeys, and they shall take down the Partition of the Screen and cover the*

אונקלוס

קְהָת מִגּוֹ בְּנֵי לֵוִי לְזַרְעֲיָתְהוֹן לְבֵית אֲבָהַתְהוֹן: ג מִבַּר תְּלָתִין שְׁנִין וּלְעֵלָּא וְעַד בַּר חַמְשִׁין שְׁנִין כָּל דְּאָתֵי לְחֵילָא לְמֶעְבַּד עִבִידְתָּא בְּמַשְׁכַּן זִמְנָא: ד דֵּין פָּלְחַן בְּנֵי קְהָת בְּמַשְׁכַּן זִמְנָא קֹדֶשׁ קוּדְשַׁיָּא: ה וְיֵיעוֹל אַהֲרֹן וּבְנוֹהִי בְּמִטַּל מַשְׁרִיתָא וִיפָרְקוּן יָת פָּרֻכְתָּא דִּפְרָסָא וִיכַסּוּן בַּהּ יָת

רש"י

ועד בן חמשים שנה, והפחות משלשים לא נתמלא כחו. מכאן אמרו בן שלשים לכח (אבות ה:כא) והיותר על בן חמשים כחו מכחיש מעתה: (ד) **קדש הקדשים**. המקודש שבכולן, הארון והשלחן והמנורה והמזבחות והפרוכת וכלי שרת: (ה) **ובא אהרן ובניו וגו'**. יכניסו כל כלי וכלי לנרתיקו המפורש לו בפרשה זו, ולא יצטרכו הלוים בני קהת אלא לשאת: **בנסע המחנה**. כשהענן מסתלק הם יודעין שיסעו:

RASHI ELUCIDATED

– and they are those **from the age of thirty** **וְעַד בֶּן חֲמִשִּׁים שָׁנָה – until fifty years of age.**[1] **וְהַפָּחוֹת מִשְּׁלֹשִׁים – But one who is less than thirty, לֹא נִתְמַלֵּא כֹּחוֹ – his strength has not become fully** developed. **מִכָּאן אָמְרוּ – From here,** i.e., based on this source, **they said,** "בֶּן שְׁלֹשִׁים לְכֹחַ"[2] **– "A thirty-year-old for strength."**[2] **וְהַיּוֹתֵר עַל בֶּן חֲמִשִּׁים – And one who is more than the age of fifty, כֹּחוֹ מַכְחִישׁ מֵעַתָּה – his strength diminishes from then on.**

4. קֹדֶשׁ הַקֳּדָשִׁים – THE MOST HOLY (literally, "holy of the holies"). This term refers to the items that the Kohathites were charged with carrying, namely, **הַמְקֻדָּשׁ שֶׁבְּכֻלָּן – that which is most holy of them all: הָאָרוֹן – the Ark, וְהַשֻּׁלְחָן – and the Table, וְהַמְּנוֹרָה – and the Menorah, וְהַמִּזְבְּחוֹת – and the Altars, וְהַפָּרֹכֶת – and the Partition, וּכְלֵי שָׁרֵת – and the implements of** sacrificial **service.**[3]

5. וּבָא אַהֲרֹן וּבָנָיו וְגוֹמֵר – AARON AND HIS SONS SHALL COME. יַכְנִיסוּ כָּל כְּלִי וּכְלִי – They shall put each implement לְנַרְתִּיקוֹ הַמְּפוֹרָשׁ לוֹ – into the container stated explicitly for it בְּפָרָשָׁה זוֹ – in this passage,[4] **וְלֹא יִצְטָרְכוּ הַלְוִיִּם בְּנֵי קְהָת – and the Levites, the sons of Kohath, will need** to do **nothing אֶלָּא לָשֵׂאת – but to carry.**[5]

□ **בִּנְסֹעַ הַמַּחֲנֶה – WHEN THE CAMP JOURNEYS. כְּשֶׁהֶעָנָן מִסְתַּלֵּק – When the cloud moves away, הֵם יוֹדְעִין – they would know שֶׁיִּסָּעוּ – that they should journey.**[6]

of Kohath" meant honoring them, as *Or HaChaim* understands it.

1. This explains why God commanded Moses and Aaron to count the Levites a second time (*Gur Aryeh*), and why specifically from the ages of thirty to fifty (*Mizrachi; Sifsei Chachamim*).

2. *Avos* 5:21; see also *Bamidbar Rabbah* 6:7.

3. These items are all enumerated in the next ten verses.

The term "Holy of the Holies" is usually applied to the innermost area of the Sanctuary, its holiest part. But that cannot be its meaning here, for the passage refers to the dismantled Tabernacle (*Gur Aryeh*). Furthermore, the verse does not mean "the contents of the Holy of the Holies," for, besides the Ark that did stand in the Holy of Holies, the sons of Kohath also carried the Table, the Menorah and the Altars, none of which were situated in the Holy of Holies (*Maskil LeDavid*).

4. Verses 5-14.

5. The preceding verse says, "This is the work of the sons of Kohath," yet our verse speaks of the tasks of Aaron and his sons. Rashi explains that these tasks of the Kohanim are preparations for the work of the sons of Kohath (*Sefer Zikaron*).

6. The verse does not mean that Aaron and his sons would wrap the Tabernacle and its implements after the Israelites had already begun to travel; it means that they would perform their task when the camp was *about to* travel (*Sefer Zikaron*).

ו אֲרֹ֥ן הָעֵדֻֽת׃ וְנָתְנ֣וּ עָלָ֗יו כְּסוּי֙ ע֣וֹר
תַּ֔חַשׁ וּפָרְשׂ֧וּ בֶֽגֶד־כְּלִ֛יל תְּכֵ֖לֶת
ז מִלְמָ֑עְלָה וְשָׂמ֖וּ בַּדָּֽיו׃ וְעַ֣ל ׀ שֻׁלְחַ֣ן
הַפָּנִ֗ים יִפְרְשׂוּ֮ בֶּ֣גֶד תְּכֵ֒לֶת֒ וְנָתְנ֣וּ
עָלָ֗יו אֶת־הַקְּעָרֹ֤ת וְאֶת־הַכַּפֹּת֙
וְאֶת־הַמְּנַקִּיֹּ֔ת וְאֵ֖ת קְשׂ֣וֹת הַנָּ֑סֶךְ
ח וְלֶ֥חֶם הַתָּמִ֖יד עָלָ֥יו יִהְיֶֽה׃ וּפָרְשׂ֣וּ
עֲלֵיהֶ֗ם בֶּ֚גֶד תּוֹלַ֣עַת שָׁנִ֔י וְכִסּ֣וּ אֹת֔וֹ
בְּמִכְסֵ֖ה ע֣וֹר תָּ֑חַשׁ וְשָׂמ֖וּ אֶת־בַּדָּֽיו׃
ט וְלָקְח֣וּ ׀ בֶּ֣גֶד תְּכֵ֗לֶת וְכִסּ֞וּ אֶת־
מְנֹרַ֤ת הַמָּאוֹר֙ וְאֶת־נֵ֣רֹתֶ֔יהָ וְאֶת־
מַלְקָחֶ֖יהָ וְאֶת־מַחְתֹּתֶ֑יהָ וְאֵת֙ כָּל־
כְּלֵ֣י שַׁמְנָ֔הּ אֲשֶׁ֥ר יְשָׁרְתוּ־לָ֖הּ בָּהֶֽם׃
י וְנָתְנ֣וּ אֹתָהּ֙ וְאֶת־כָּל־כֵּלֶ֔יהָ אֶל־

Ark of the Testimony with it. [6] *They shall place upon it a tachash-hide covering, and spread a cloth entirely of turquoise wool over it, and set its staves.* [7] *Upon the Table of the show-bread they shall spread a cloth of turquoise wool and place upon it the dishes, the spoons, the supports, and the covering tubes; and the constant bread shall remain on it.* [8] *They shall spread over them a cloth of scarlet wool and cover it with a cover of tachash hide, and set its staves.* [9] *They shall take a cloth of turquoise wool and cover the Menorah of illumination, and its lamps, and its tongs, and its scoops, and all the vessels of its oil, with which they minister to it.* [10] *They shall place it and all its utensils into a*

אונקלוס

אֲרוֹנָא דְסַהֲדוּתָא: ו וְיִתְּנוּן עֲלוֹהִי חוּפָאָה דִמְשַׁךְ סַסְגּוֹנָא וְיִפְרְסוּן לְבוּשׁ גְּמִיר תִּכְלָא מִלְעֵלָּא וִישַׁוּוּן אֲרִיחוֹהִי: ז וְעַל פָּתוֹרָא דִלְחֵם אַפַּיָּא יִפְרְסוּן לְבוּשׁ תִּכְלָא וְיִתְּנוּן עֲלוֹהִי יָת מַגִּיסַיָּא וְיָת בָּזִיכַיָּא וְיָת מְכִילָתָא וְיָת קַסְוָת נִסּוּכָא וּלְחֵם תְּדִירָא עֲלוֹהִי יְהֵי: ח וְיִפְרְסוּן עֲלֵיהוֹן לְבוּשׁ צְבַע זְהוֹרִי וִיכַסּוּן יָתֵהּ בְּחוּפָאָה דִמְשַׁךְ סַסְגּוֹנָא וִישַׁוּוּן יָת אֲרִיחוֹהִי: ט וְיִסְּבוּן לְבוּשׁ תִּכְלָא וִיכַסּוּן יָת מְנַרְתָּא דְאַנְהוֹרֵי וְיָת בּוֹצִינָהָא וְיָת צִבְתָהָא וְיָת מַחְתְּיָתָהָא וְיָת כָּל מָנֵי מִשְׁחָא דִי יְשַׁמְּשׁוּן לַהּ בְּהוֹן: י וְיִתְּנוּן יָתַהּ וְיָת כָּל מָנָהָא

רש"י

(ז) **קערות וכפות וקשות ומנקיות.** כבר פירשתי במלאכת המשכן (שמות כה:כט): **הנסך.** הכסוי, לשון מסך. כדכתיב אשר יוסך בהן (שם): (ט) **מלקחיה.** כמין צבת שמושך בה את הפתילה לכל צד שירצה: **מחתתיה.** כמין כף קטנה ושוליה פשוטין ולא סגלגלים ואין לה מחיצה לפניה אלא מצדיה וחותה בה את דשן הנרות כשמטיבן: **נרותיה.** לוצי"ש בלע"ז שנותנים בהן השמן והפתילות:

RASHI ELUCIDATED

7. קְעָרוֹת וְכַפּוֹת וּקְשׂוֹת וּמְנַקִּיּוֹת — THE DISHES, THE SPOONS, THE TUBES, AND THE SUPPORTS, כְּבָר פֵּרַשְׁתִּי — I have already explained what these are **בִּמְלֶאכֶת הַמִּשְׁכָּן — in** the passage which deals with **the work** of the construction **of the Tabernacle.**[1]

□ **הַנָּסֶךְ** — This means **הַכִּסּוּי — the covering. לָשׁוֹן ,,מָסָךְ'' — It is related to the word מָסָךְ, "screen,"** which appeared in verse 5. **{כִּדְכְתִיב}**[2] **,,אֲשֶׁר יֻסַּךְ בָּהֵן''**[1] — {It is appropriate to refer to the supports as "covering supports," **as it is written** about them,} **"with which it shall be covered."**[1]

9. מַלְקָחֶיהָ — ITS TONGS (literally, "its takers" or "its taking implements"). **כְּמִין צְבָת — A type of tongs שֶׁמּוֹשֵׁךְ בָּהּ אֶת הַפְּתִילָה — with which he pulls the wick לְכָל צַד שֶׁיִּרְצֶה — to any side he wishes.**[3]

□ **מַחְתֹּתֶיהָ — ITS SCOOPS.** The scoop was **כְּמִין כַּף קְטַנָּה — in the shape of a spoon; וְשׁוּלֶיהָ פְּשׁוּטִין — its bottom flat וְלֹא סְגַלְגַּלִּים — and not rounded; וְאֵין לָהּ מְחִיצָה לְפָנֶיהָ — it has no wall at its front, אֶלָּא מִצְּדֶיהָ — only at its sides. וְחוֹתֶה בָּהּ אֶת דֶּשֶׁן הַנֵּרוֹת — He scoops up the ashes of the lamps כְּשֶׁמֵּטִיבָן — when he prepares them** to be lit.

□ **נֵרֹתֶיהָ — ITS LAMPS. לוצי״ש בְּלַעַ״ז — In Old French,** ***luces,***[4] **שֶׁנּוֹתְנִים בָּהֶן הַשֶּׁמֶן — into which they put the oil וְהַפְּתִילוֹת — and the wicks.**

1. See *Exodus* 25:29. Rashi's heading lists the four items in the order they appear, and in which he describes them, in that verse. According to the Alkabetz edition of Rashi, this heading reads: קְעָרוֹת וְכַפּוֹת וּמְנַקִּיּוֹת וּקְשׂוֹת הַנָּסֶךְ, following the order of our verse.

2. The word in braces does not appear in most of the early printed editions.

3. These tongs are called "takers" or "taking implements" for with them the Kohen "takes" the wicks where he wishes them to be.

4. This means "lamps." The English word "lucernal" means "relating to a lamp." In England the legume "alfalfa" is known as "lucerne" because its shiny seeds look like little lamps.

מִכְסֵה עוֹר תָּחַשׁ וְנָתְנוּ עַל־הַמּוֹט׃
יא וְעַל ׀ מִזְבַּח הַזָּהָב יִפְרְשׂוּ בֶּגֶד
תְּכֵלֶת וְכִסּוּ אֹתוֹ בְּמִכְסֵה עוֹר
יב תָּחַשׁ וְשָׂמוּ אֶת־בַּדָּיו׃ וְלָקְחוּ
אֶת־כָּל־כְּלֵי הַשָּׁרֵת אֲשֶׁר יְשָׁרְתוּ־
בָם בַּקֹּדֶשׁ וְנָתְנוּ אֶל־בֶּגֶד תְּכֵלֶת
וְכִסּוּ אוֹתָם בְּמִכְסֵה עוֹר תָּחַשׁ
יג וְנָתְנוּ עַל־הַמּוֹט׃ וְדִשְּׁנוּ אֶת־
הַמִּזְבֵּחַ וּפָרְשׂוּ עָלָיו בֶּגֶד אַרְגָּמָן׃

cover of tachash-hide, and place it on
the pole. 11 *Upon the Golden Altar*
they shall spread a cloth of turquoise
wool, and cover it with a covering of
tachash-hide, and set its staves. 12 *They*
shall take all the utensils of service with
which they serve in the Sanctuary and
place them on a cloth of turquoise wool,
and cover them with a covering of
tachash-hide, and place them on the pole.
13 *They shall clear the ash from the Altar*
and spread a cloth of purple wool over it,

אונקלוס

לְחוּפָאָה דִמְשַׁךְ סַסְגּוֹנָא וְיִתְּנוּן עַל אֲרִיחָא: יא וְעַל מַדְבְּחָא דְדַהֲבָא יִפְרְסוּן לְבוּשׁ תִּכְלָא וִיכַסּוּן יָתֵהּ בְּחוּפָאָה דִמְשַׁךְ סַסְגּוֹנָא וִישַׁוּוֹן יָת אֲרִיחוֹהִי: יב וְיִסְּבוּן יָת כָּל מָנֵי שִׁמּוּשָׁא דִי יְשַׁמְּשׁוּן בְּהוֹן בְּקוּדְשָׁא וְיִתְּנוּן לִלְבוּשׁ תִּכְלָא וִיכַסּוּן יָתְהוֹן בְּחוּפָאָה דִמְשַׁךְ סַסְגּוֹנָא וְיִתְּנוּן עַל אֲרִיחָא: יג וְיִסְּפוּן יָת קִטְמָא דְמַדְבְּחָא וְיִפְרְסוּן עֲלוֹהִי לְבוּשׁ אַרְגְּוָן:

רש"י

(י) אל מכסה עור תחש. כמין מרצוף: **(יב) את כל כלי השרת אשר ישרתו בם בקדש.** בתוך המשכן שהוא קדש, והן כלי הקטרת שמשרתין בהם במזבח פנימי: **(יג) ודשנו את המזבח.** מזבח הנחשת: **ודשנו.** יטלו את הדשן מעליו: **ופרשו עליו בגד ארגמן.** ואש שירדה מן השמים רבוצה תחת הבגד כארי (יומא כא:) בשעת המסעות, ואינה שורפתו, שהיו כופין עליה פסכתר של נחשת (ת"כ צו פרק ב:י; במ"ר ד:יז):

RASHI ELUCIDATED

10. אֶל מִכְסֵה עוֹר תָּחַשׁ – INTO A COVER OF *TACHASH*-HIDE. כְּמִין מַרְצוּף – This was **a type of packing bag.**[1]

12. אֶת כָּל כְּלֵי הַשָּׁרֵת אֲשֶׁר יְשָׁרְתוּ בָם בַּקֹּדֶשׁ – ALL THE UTENSILS OF SERVICE WITH WHICH THEY SERVE IN THE SANCTUARY (literally, "the holy"), i.e., the utensils used בְּתוֹךְ הַמִּשְׁכָּן – **inside the Tabernacle,** שֶׁהוּא קֹדֶשׁ – **which is holy;**[2] וְהֵן כְּלֵי הַקְּטֹרֶת – **these are the implements of the incense** offering, שֶׁמְּשָׁרְתִין בָּהֶם – **with which [the Kohanim] serve** בַּמִּזְבֵּחַ הַפְּנִימִי – **at the Inner Altar.**[3]

13. וְדִשְּׁנוּ אֶת הַמִּזְבֵּחַ – THEY SHALL CLEAR THE ASH FROM THE ALTAR, that is, מִזְבַּח הַנְּחֹשֶׁת – **the Copper Altar.**[4]

□ וְדִשְּׁנוּ – THEY SHALL CLEAR THE ASH. This means יִטְּלוּ אֶת הַדֶּשֶׁן מֵעָלָיו – **they shall take away the ash from upon it.**[5]

□ וּפָרְשׂוּ עָלָיו בֶּגֶד אַרְגָּמָן – AND SPREAD A CLOTH OF PURPLE WOOL OVER IT. וְאֵשׁ שֶׁיָּרְדָה מִן הַשָּׁמַיִם – **And the fire that had descended from the Heavens**[6] רְבוּצָה תַּחַת הַבֶּגֶד – **would crouch beneath the cloth** כַּאֲרִי[7] – **like a lion**[7] בִּשְׁעַת הַמַּסָּעוֹת – **at the time of the journeys,** וְאֵינָהּ שׂוֹרַפְתּוֹ – **and it ould not burn [the cloth],** שֶׁהָיוּ כּוֹפִין עָלֶיהָ פְּסַכְתֵּר שֶׁל נְחֹשֶׁת[8] – **because they would turn a large copper pot**[8]

1. In his commentary to *Shabbos* 80b, *Rashi* describes מַרְצוּפִין as "bast cargo sacks."

The word אֶל, "into" is used here, but not with regard to the *tachash*-hide coverings of the other vessels; "into" implies that this *tachash*-hide cover had an interior. It thus cannot be a sheetlike covering, such as those mentioned in verses 6 and 8 (*Gur Aryeh; Levush HaOrah*).

2. In Hebrew, the preposition "in" appears as the prefix ב vowelized with a *sheva*, בְּ, and the first letter of the word to which it is affixed does not take a *dagesh*. Thus, בְּקֹדֶשׁ means "in (a state of) holiness." If the noun to which the ב is affixed refers to a particular, previously mentioned subject, the noun requires a ה׳ הַיְדִיעָה, "definite article prefix ה," e.g., הַקֹּדֶשׁ. However, this ה is elided when preceded by the ב prefix. To indicate that elision, the ב is vowelized as the ה would have been, and the letter following it takes a *dagesh*. Thus, our word בַּקֹּדֶשׁ must be referring to a previously mentioned קֹדֶשׁ, namely the Sanctuary about which the verses have been speaking (*Gur Aryeh*).

3. The Golden Altar mentioned in the preceding verse, which was inside the Sanctuary.

4. Verse 11 has already spoken of the covering of the Golden Altar. Our verse thus must speak of the Copper Altar, which was located outside the Sanctuary (*Mizrachi*).

5. Rashi to *Exodus* 27:3 explains that the verb root דשן has two opposite meanings: "to clear of ashes" and "to cover with ashes" (see *Rashi* there for other examples of such words). The context here indicates that it means "to clear of ashes."

6. Rashi discusses this fire in his commentary to *Leviticus* 1:7, s.v., וְנָתְנוּ אֵשׁ.

7. See *Yoma* 21b.

8. The translation of פְּסַכְתֵּר is based on Rashi to *Eruvin*

14 they shall place upon it all the utensils with which they minister upon it: the fire-pans, the forks, the shovels, and the basins — all the utensils of the Altar — and spread over it a covering of tachash hide, and set its staves.

15 "Aaron and his sons shall finish covering the holy and all the utensils of the holy

יד וְנָתְנ֣וּ עָלָ֡יו אֶת־כָּל־כֵּלָ֞יו אֲשֶׁ֣ר
יְשָׁרְת֣וּ עָלָיו֩ בָּהֶ֨ם אֶת־הַמַּחְתֹּ֜ת
אֶת־הַמִּזְלָגֹ֗ת וְאֶת־הַיָּעִים֙ וְאֶת־
הַמִּזְרָקֹ֔ת כֹּ֖ל כְּלֵ֣י הַמִּזְבֵּ֑חַ וּפָרְשׂ֨וּ
עָלָ֜יו כְּס֨וּי ע֥וֹר תַּ֛חַשׁ וְשָׂמ֥וּ
טו בַדָּֽיו׃ וְכִלָּ֣ה אַהֲרֹן־וּ֠בָנָיו לְכַסֹּ֨ת
אֶת־הַקֹּ֜דֶשׁ וְאֶת־כָּל־כְּלֵ֣י הַקֹּדֶשׁ֮

אונקלוס

יד וְיִתְּנוּן עֲלוֹהִי יָת כָּל מָנוֹהִי דִּי יְשַׁמְּשׁוּן עֲלוֹהִי בְּהוֹן יָת מַחְתְּיָתָא וְיָת צִנּוֹרְיָתָא וְיָת מַגְרוֹפְיָתָא וְיָת מִזְרְקַיָּא כֹּל מָנֵי מַדְבְּחָא וְיִפְרְסוּן עֲלוֹהִי חוּפָאָה דִּמְשַׁךְ סַסְגוֹנָא וִישַׁוּוֹן אֲרִיחוֹהִי: טו וִישֵׁיצֵי אַהֲרֹן וּבְנוֹהִי לְכַסָּאָה יָת קוּדְשָׁא וְיָת כָּל מָנֵי קוּדְשָׁא

רש"י

(יד) מחתת. שבהן חותים גחלים לתרומת הדשן, עשויה כמין מחבת שאין לה אלא שלש מחיצות ומלפניה שואבת את הגחלים: מזלגת. צנורות של נחשת שבהן מכין באברים שעל המזבח להפכן כדי שיתעכלו יפה ומהר: יעים. הם מגרפות, ובלע"ז ודי"ל והן של נחשת ובהן מכבדין את הדשן מעל המזבח: (טו) לכסות את הקודש. הארון והמזבח[ות]: ואת כל כלי הקודש. המנורה וכלי שרת:

RASHI ELUCIDATED

over it.[1]

14. מַחְתֹּת – FIRE-PANS (literally, "diggers"). They are called מַחְתֹּת **שֶׁבָּהֶן חוֹתִים גֶּחָלִים – for with them they would dig out coals לִתְרוּמַת הַדֶּשֶׁן – for the raising of the ashes.**[2] **עֲשׂוּיָה**[3] **כְּמִין מַחֲבַת – [The fire-pan] is made in the shape of a pan שֶׁאֵין לָהּ אֶלָּא שָׁלֹשׁ מְחִיצוֹת – which has only three walls, וּמִלְּפָנֶיהָ – and at its front, שׁוֹאֶבֶת אֶת הַגֶּחָלִים – it draws in the coals.**

□ **מִזְלָגוֹת – FORKS.** These are **צִנּוֹרוֹת שֶׁל נְחֹשֶׁת – copper hooks שֶׁבָּהֶן מַכִּין בָּאֵבָרִים – with which they would strike the limbs שֶׁעַל הַמִּזְבֵּחַ – that were on the Altar** fire **לְהָפְכָן – in order to turn them over כְּדֵי שֶׁיִּתְעַכְּלוּ – so that they should be consumed** by the fire **יָפֶה וּמַהֵר – thoroughly and quickly.**

□ **יָעִים – SHOVELS. הֵם מַגְרֵפוֹת – They are scrapers, וּבְלַעַ״ז ודי״ל – in Old French, *vadil*.**[4] **וְהֵן שֶׁל נְחֹשֶׁת – They were** made **of copper, וּבָהֶן מְכַבְּדִין אֶת הַדֶּשֶׁן – and with them they would sweep the ashes מֵעַל הַמִּזְבֵּחַ – from on** top **of the Altar.**

15. לְכַסֹּת אֶת הַקֹּדֶשׁ – COVERING THE HOLY, that is, **הָאָרוֹן וְהַמִּזְבֵּחַ – the Ark and the** Copper **Altar.**[5]

□ **וְאֶת כָּל כְּלֵי הַקֹּדֶשׁ – AND ALL THE UTENSILS OF THE HOLY,** that is, **הַמְּנוֹרָה – the Menorah וּכְלֵי שָׁרֵת – and the utensils of** the sacrificial **service.**[6]

104b, s.v., כופין עליו, and *Tamid* 33a, s.v., כבר נתבאר. *Targum Onkelos* uses this word for the Hebrew סִיר, which Rashi describes as "a kettle" in *Exodus* 27:3 and 38:3.

1. *Toras Kohanim, Tzav,* 2:10; *Bamidbar Rabbah* 4:17.

2. See *Leviticus* 6:3 and Rashi there.

3. The text follows virtually all early printed editions. Most contemporary texts read שֶׁעֲשׂוּיָה, "*for* it is made."

4. Elsewhere, Rashi describes these shovels as "in the shape of the lid of a metal pot, thin, with a handle" (*Exodus* 27:3, s.v., וְיָעָיו) and "like a spoon" (*Arachin* 10b, s.v., מגריפה). Rashi also uses *vadil* for a multipurpose iron implement used "to shovel ashes from an oven and to separate figs that have been pressed together" (*Chagigah* 20a, s.v., ומגריפה בתוכה; *Bava Metzia* 30a, s.v., מגריפות).

5. The Ark is included in "the holy" rather than in "utensils of the holy" because of its extreme holiness, and because it contained the Torah, which is the source of all holiness (*Maskil LeDavid*).

Our text וְהַמִּזְבֵּחַ, "and the Altar," follows the Soncino and Venice editions. Accordingly, the phrase הַקֹּדֶשׁ, "the holy," includes only the Copper Altar because that Altar is not included in the following phrase, "utensils of the holy"; since it is attached to the ground (see Rashi to *Exodus* 20:21, s.v., מִזְבַּח אֲדָמָה), it is not in the category of כְּלִי, "utensil." The Golden Altar, however, is included in "the utensils of the holy" because it was not attached to the ground. However, other early printed editions read וְהַמִּזְבְּחוֹת, "and the Altars," in the plural, in place of the singular וְהַמִּזְבֵּחַ. According to that version, Rashi sees the principle that the Copper Altar and the Golden Altar are compared by Scripture (see *Chagigah* 27a) as encompassing the idea that the Golden Altar, like the Copper Altar, does not have the status of a כְּלִי, although it is not attached to the ground (see *Yosef Hallel*).

6. Such as the Table and its accessories. Rashi mentions the Menorah by name because it is the first of the holy

בִּנְסֹעַ הַמַּחֲנֶה וְאַחֲרֵי־כֵן יָבֹאוּ
בְנֵי־קְהָת לָשֵׂאת וְלֹא־יִגְּעוּ אֶל־
הַקֹּדֶשׁ וָמֵתוּ אֵלֶּה מַשָּׂא בְנֵי־
טז קְהָת בְּאֹהֶל מוֹעֵד: וּפְקֻדַּת אֶלְעָזָר ׀
בֶּן־אַהֲרֹן הַכֹּהֵן שֶׁמֶן הַמָּאוֹר
וּקְטֹרֶת הַסַּמִּים וּמִנְחַת הַתָּמִיד
וְשֶׁמֶן הַמִּשְׁחָה פְּקֻדַּת כָּל־הַמִּשְׁכָּן

when the camp journeys, and after that amthe sons of Kohath shall come to carry, so that they not touch the Sanctuary and die. These are the burden of the sons of Kohath in the Tent of Meeting.

16 "The charge of Elazar son of Aaron the Kohen is the oil of illumination, the incense spices, the meal-offering of the continual offering, and the anointment oil — the charge of the entire Tabernacle

אונקלוס

בְּמִטַּל מַשְׁרִיתָא וּבָתַר כֵּן יֵעֲלוּן בְּנֵי קְהָת לְמִטַּל וְלָא יִקְרְבוּן לְקוּדְשָׁא וְלָא יְמוּתוּן
אִלֵּין מַטּוּל בְּנֵי קְהָת בְּמַשְׁכַּן זִמְנָא: טז וְדִי מְסִיר לְאֶלְעָזָר בַּר אַהֲרֹן כַּהֲנָא מִשְׁחָא
דְאַנְהָרוּתָא וּקְטוֹרֶת בּוּסְמַיָּא וּמִנְחָתָא תְדִירָא וּמִשְׁחָא דִרְבוּתָא מַטְּרַת כָּל מַשְׁכְּנָא

רש"י

ומתו. שאם יגעו חייבין מיתה בידי שמים: **(טז) ופקדת אלעזר.** שהוא ממונה עליהם לשאת אותם, שמן וקטורת ושמן המשחה ומנחת התמיד. עליו מוטל לצוות ולזרז ולהקריב בעת חנייתן: **פקדת כל המשכן.** ועוד היה ממונה על משא בני קהת

RASHI ELUCIDATED

□ **וָמֵתוּ – AND DIE.** **שֶׁאִם יִגְּעוּ – For if they would touch**[1] **חַיָּבִין מִיתָה בִּידֵי שָׁמַיִם – they would be liable to** the **death** penalty **at the hands of Heaven,** not by the earthly court.[2]

16. וּפְקֻדַּת אֶלְעָזָר – THE CHARGE OF ELAZAR. **שֶׁהוּא מְמֻנֶּה עֲלֵיהֶם – For he is appointed over them,** **לָשֵׂאת אוֹתָם – to carry them:** **שֶׁמֶן – the oil** of illumination, **וּקְטֹרֶת – and the incense,** **וְשֶׁמֶן הַמִּשְׁחָה – and the anointment oil,**[3] **וּמִנְחַת הַתָּמִיד – and the continual meal-offering.**[4] **עָלָיו מֻטָּל – It is put** as a duty **upon him** **לְצַוּוֹת – to issue orders,** **וּלְזָרֵז – and to rouse** those over whom he is appointed to carry out their tasks, **וּלְהַקְרִיב – and to offer** that which must be offered **בְּעֵת חֲנִיָּתָן – at the time of their encampment.**[5]

□ **פְּקֻדַּת כָּל הַמִּשְׁכָּן – THE CHARGE OF THE ENTIRE TABERNACLE.** **וְעוֹד – And in addition,**[6] **הָיָה מְמֻנֶּה עַל מַשָּׂא בְּנֵי קְהָת – he was appointed over that which was to be carried by the sons of Kohath,**

implements one encounters upon leaving the Holy of Holies (*Maskil LeDavid*). Whether this includes the Golden Altar is dependent upon the differing texts discussed in the preceding note.

1. See note 6 to 1:53 above.

2. וְלֹא יִגְּעוּ אֶל הַקֹּדֶשׁ וָמֵתוּ could be read as two events in sequence – "they will not touch the Sanctuary, and [then, after not touching,] they will die." Rashi explains that the intent of the verse is, "they will not touch the Sanctuary *lest* they die" (*Mizrachi; Sifsei Chachamim*).

3. The oil used for anointing the Tabernacle, its furnishings and implements, and the Kohanim; see *Exodus* 30:25-30.

4. The "continual meal-offering" is the meal-offering brought daily by the Kohen Gadol; see *Leviticus* 6:13 ff., and Rashi to *Shabbos* 92a, s.v., שכן משא בני קהת.

5. The translation follows *Nachalas Yaakov,* who says that Rashi is of the opinion that Elazar carried all four of the items listed in the verse. Rashi's concluding sentence, "It is put [as a duty] upon him . . ." explains why Elazar carried these particular items. It is because he was in charge of the sacrificial service, and he had to see to it that the other Kohanim carried out the service with these items efficiently. *Nachalas Yaakov* notes that this explanation of Rashi does not account for his listing the continual meal-offering last, when the verse lists it second to last. Nor does it appear to account for the anointment oil, which was not used in the sacrificial service.

Gur Aryeh sees the words וּמִנְחַת הַתָּמִיד in Rashi as the beginning of a new sentence. According to him, Rashi says, "For he is appointed over them to carry them: the oil [of illumination], and the incense, and the anointment oil. And [as for] the continual meal-offering, it is put [as a duty] upon him to issue orders . . ." *Gur Aryeh* sees Rashi as excluding the continual meal-offering from among the items which Elazar carried because it is not termed "a meal-offering of the continual offering" until it has been put inside the sacred vessels used to prepare it, and this takes place only after encampment, prior to the sacrifice of the continual offering. (*Mizrachi*'s interpretation of Rashi is similar, though not identical, to that of *Gur Aryeh*.)

While *Gur Aryeh*'s interpretation accounts for why Rashi changes the order of the verse by placing מִנְחַת הַתָּמִיד after the other items, *Nachalas Yaakov* notes that it puts Rashi in disagreement with *Yerushalmi, Shabbos* 10:3 (cited by Rashi in *Shabbos* 92a), which states explicitly that Elazar carried the meal-offering.

6. "The charge of the entire Tabernacle and everything in it" does not describe the items mentioned earlier in the verse, for they do not constitute the entire Tabernacle

וְכָל־אֲשֶׁר־בּוֹ בְּקֹדֶשׁ וּבְכֵלָיו:
יז מפטיר וַיְדַבֵּר יהוה אֶל־מֹשֶׁה וְאֶל
יח אַהֲרֹן לֵאמֹר: אַל־תַּכְרִיתוּ אֶת־
שֵׁבֶט מִשְׁפְּחֹת הַקְּהָתִי מִתּוֹךְ
יט הַלְוִיִּם: וְזֹאת | עֲשׂוּ לָהֶם וְחָיוּ וְלֹא
יָמֻתוּ בְּגִשְׁתָּם אֶת־קֹדֶשׁ הַקֳּדָשִׁים
אַהֲרֹן וּבָנָיו יָבֹאוּ וְשָׂמוּ אוֹתָם אִישׁ
אִישׁ עַל־עֲבֹדָתוֹ וְאֶל־מַשָּׂאוֹ:
כ וְלֹא־יָבֹאוּ לִרְאוֹת כְּבַלַּע אֶת־
הַקֹּדֶשׁ וָמֵתוּ: פפפ

and everything in it — of the Sanctuary and its utensils."

17 HASHEM spoke to Moses and to Aaron, saying: 18 "Do not cut off the tribe of the Kohathite families from among the Levites. 19 Thus shall you do for them so that they shall live and not die: when they approach the Holy of Holies, Aaron and his sons shall come and assign them, every man to his work and to his burden. 20 But they shall not come and look as the holy is inserted, lest they die."

THE HAFTARAH FOR BAMIDBAR APPEARS ON PAGE 437.

When Erev Rosh Chodesh Sivan coincides with Bamidbar, the regular Haftarah is replaced with the Haftarah for Shabbas Erev Rosh Chodesh, page 451.

אונקלוס

וְכָל דִּי בֵהּ בְּקוּדְשָׁא וּבְמָנוֹהִי: יז וּמַלִּיל יְיָ עִם מֹשֶׁה וְעִם אַהֲרֹן לְמֵימָר: יח לָא תְשֵׁיצוּן יָת שִׁבְטָא זַרְעֲיַת קְהָת מִגּוֹ לֵוָאֵי: יט וְדָא עֲבִידוּ לְהוֹן וְיִקַּיְּמוּן (נ״א וְיֵיחוֹן) וְלָא יְמוּתוּן בְּמִקְרַבְהוֹן לְקֹדֶשׁ קוּדְשַׁיָּא אַהֲרֹן וּבְנוֹהִי יֵעֲלוּן וִימַנּוּן יָתְהוֹן גְּבַר גְּבַר עַל פָּלְחָנֵהּ וּלְמַטּוּלֵהּ: כ וְלָא יֵעֲלוּן לְמֶחֱזֵי כַּד מְכַסָּן יָת מָנֵי קוּדְשָׁא וְלָא יְמוּתוּן:

רש״י

לצוות איש איש על עבודתו ועל משאו, והוא המשכן וכל אשר בו, כל הסדורים למעלה בפרשה זו. אבל משא בני גרשון ומררי שאינן מקדש הקדשים על פי איתמר היה, כמו שכתוב בפרשת נשא (להלן ד:כח,לג): **(יח) אל תכריתו.** אל תגרמו להם שימותו: **(כ) ולא יבאו לראות כבלע את הקדש.** לתוך נרתיק שלו, כמו שמפורש למעלה בפרשה זו ופרשו עליו בגד פלוני וכסו אותו במכסה פלוני, ובלוע שלו הוא כסויו:

RASHI ELUCIDATED

לְצַוּוֹת אִישׁ אִישׁ – to give orders to each man עַל עֲבוֹדָתוֹ – regarding his work, וְעַל מַשָּׂאוֹ – and regarding that which he had to carry. וְהוּא „הַמִּשְׁכָּן וְכָל אֲשֶׁר בּוֹ" – And this is what is meant by **"the** [entire] **Tabernacle and everything in it,"** that is, **כָּל הַסְּדוּרִים לְמַעְלָה – all those set forth above בְּפָרָשָׁה זוֹ – in this passage. אֲבָל מַשָּׂא בְּנֵי גֵרְשׁוֹן וּמְרָרִי – But that which was to be carried by the sons of Gershon and Merari, שֶׁאֵינָן מִקֹּדֶשׁ הַקֳּדָשִׁים – which are not of the highest degree of holiness, עַל פִּי אִיתָמָר הָיָה – were** carried out **by the word of Ithamar, כְּמוֹ שֶׁכָּתוּב בְּפָרָשַׁת נָשֹׂא – as it is written in *Parashas Naso.*[1]**

18. אַל תַּכְרִיתוּ – DO NOT CUT OFF. This means, **אַל תִּגְרְמוּ לָהֶם שֶׁיָּמוּתוּ – do not cause them to die.[2]**

20. וְלֹא יָבֹאוּ לִרְאוֹת כְּבַלַּע אֶת הַקֹּדֶשׁ – BUT THEY SHALL NOT COME AND LOOK AS THE HOLY IS INSERTED לְתוֹךְ נַרְתִּיק שֶׁלּוֹ – into its[3] container, כְּמוֹ שֶׁמְּפוֹרָשׁ לְמַעְלָה – as explained above בְּפָרָשָׁה זוֹ – in this passage, וּפָרְשׂוּ עָלָיו בֶּגֶד פְּלוֹנִי – "And they shall spread such-and-such a cloth over it, וְכִסּוּ אוֹתוֹ בְּמִכְסֶה פְּלוֹנִי – and cover it with such-and-such a cover." וּבִלּוּעַ שֶׁלּוֹ הוּא כִּסּוּיוֹ – Its "insertion" is its being covered.

---

and everything in it. It is a different category, "in addition" to that which the verse has already mentioned (*Gur Aryeh*).

1. Below 4:28,33. "The entire Tabernacle and everything in it" could have been understood to include parts of the Tabernacle or Courtyard. But this cannot be so, for Scripture states explicitly that these were carried by the sons of Gershon and Merari, under the direction of Ithamar (*Mizrachi; Sifsei Chachamim*).

2. It is not a command that Moses and Aaron not kill them directly. There would be no need for such a command (*Mesiach Ilmim*). Rashi uses שֶׁיָּמוּתוּ, literally, "that they die," rather than a variation of the language of the verse, שֶׁיִּכָּרְתוּ, "that they be cut off," to make it clear that "cutting off" here means dying. It might have been taken to mean that they will be cut off from the Tribe of Levi, and become a separate group.

3. Although Rashi uses the singular "its container," it is clear from his later words that he understands the word הַקֹּדֶשׁ as referring to each of the sacred vessels of the Tabernacle. In this Rashi follows *Targum Onkelos* who renders הַקֹּדֶשׁ as מָנֵי קוּדְשָׁא, the same words he used for כְּלֵי הַקֹּדֶשׁ, "utensils of the holy" in verse 15 above.

THE SAPIRSTEIN EDITION

The ArtScroll Series®

Rabbi Nosson Scherman / Rabbi Meir Zlotowitz
General Editors

MW00378866

A PROJECT OF THE

Mesorah Heritage Foundation

פרשת נשא

Parashas Nasso

כא וַיְדַבֵּר יהוה אֶל־מֹשֶׁה לֵּאמֹר:
כב נָשֹׂא אֶת־רֹאשׁ בְּנֵי גֵרְשׁוֹן גַּם־הֵם
כג לְבֵית אֲבֹתָם לְמִשְׁפְּחֹתָם: מִבֶּן
שְׁלֹשִׁים שָׁנָה וָמַעְלָה עַד בֶּן־
חֲמִשִּׁים שָׁנָה תִּפְקֹד אוֹתָם כָּל־
הַבָּא לִצְבֹא צָבָא לַעֲבֹד עֲבֹדָה
כד בְּאֹהֶל מוֹעֵד: זֹאת עֲבֹדַת מִשְׁפְּחֹת
כה הַגֵּרְשֻׁנִּי לַעֲבֹד וּלְמַשָּׂא: וְנָשְׂאוּ
אֶת־יְרִיעֹת הַמִּשְׁכָּן וְאֶת־אֹהֶל
מוֹעֵד מִכְסֵהוּ וּמִכְסֵה הַתַּחַשׁ

[21] *HASHEM spoke to Moses, saying,*
[22] "Take a census of the sons of Ger-
shon, them as well, according to their
fathers' house, according to their families.
[23] From thirty years of age and up, until
fifty years of age shall you count
them, everyone who comes to join the
legion to perform work in the Tent of
Meeting. [24] This is the work of the Ger-
shonite families: to work and to carry.
[25] They shall carry the panels of the Taber-
nacle-spread and the Tent-of-Meeting-
spread, its Cover and the tachash cover

אונקלוס

כא וּמַלִּיל יְיָ עִם מֹשֶׁה לְמֵימָר: כב קַבֵּל יָת חֻשְׁבַּן בְּנֵי גֵרְשׁוֹן אַף אִנּוּן לְבֵית אֲבָהָתְהוֹן לְזַרְעֲיָתְהוֹן: כג מִבַּר תְּלָתִין שְׁנִין וּלְעֵלָּא עַד בַּר חַמְשִׁין שְׁנִין תִּמְנֵי יָתְהוֹן כָּל דְּאָתֵי לְחַיָּלָא חֵילָא לְמִפְלַח פָּלְחָנָא בְּמַשְׁכַּן זִמְנָא: כד דֵּין פָּלְחַן זַרְעֲיַת גֵּרְשׁוֹן לְמִפְלַח וּלְמִטּוּל: כה וְיִטְלוּן יָת יְרִיעַת מַשְׁכְּנָא וְיָת מַשְׁכַּן זִמְנָא חוֹפָאֵהּ וְחוֹפָאָה דְסַסְגּוֹנָא

רש"י

(כב) נשא את ראש בני גרשון גם הם. כמו שצויתיך על בני קהת לראות כמה יש שהגיעו לכלל עבודה: **(כה) את יריעת המשכן.** עשר התחתונות: **ואת אהל מועד.** יריעות עזים העשויות לאהל עליו: **מכסהו.** עורות אילים מאדמים:

RASHI ELUCIDATED

22. נָשֹׂא אֶת רֹאשׁ בְּנֵי גֵרְשׁוֹן גַּם הֵם – TAKE A CENSUS OF THE SONS OF GERSHON, THEM AS WELL. **כְּמוֹ שֶׁצִּוִּיתִיךָ – As I commanded you עַל בְּנֵי קְהָת – regarding the sons of Kohath,**[1] **לִרְאוֹת כַּמָּה יֵשׁ – to see how many there are שֶׁהִגִּיעוּ לִכְלַל עֲבוֹדָה – who have reached the category of** those old enough for the Temple **service.**[2]

25. אֶת יְרִיעֹת הַמִּשְׁכָּן – THE PANELS OF THE TABERNACLE-SPREAD,[3] that is, **עֶשֶׂר הַתַּחְתּוֹנוֹת – the ten lower ones.**[4]

□ **וְאֶת אֹהֶל מוֹעֵד** – AND THE TENT-OF-MEETING-SPREAD,[3] that is, **יְרִיעוֹת עִזִּים – the panels of goats' hair הָעֲשׂוּיוֹת לְאֹהֶל עָלָיו – which are made as a tent for [the Tabernacle].**[5]

□ **מִכְסֵהוּ** – ITS COVER, that is, **"עוֹרוֹת אֵילִים מְאָדָּמִים"**[6] – the **"ram skins that are dyed red."**[6]

1. See v. 2 above.

2. "Them, as well," does not mean "in addition to the sons of Kohath." That would imply that the sons of Kohath had already been counted at the time God commanded Moses to count the sons of Gershon. But we see from verse 34 that Moses and Aaron did not count the sons of Kohath until after God had commanded them to count all of the families of the Levites. "Them, as well," is meant to imply that the census of the sons of Gershon should be conducted in the same manner as the census of the sons of Kohath (*Mesiach Ilmim; Mizrachi; Sefer Zikaron*).

3. See note 1 on page 21 above.

4. See 3:25 above and Rashi there. The spreads of goats' hair are also called יְרִיעוֹת, e.g., *Exodus* 26:7. But יְרִיעֹת הַמִּשְׁכָּן here does not include them, for they are the אֹהֶל מוֹעֵד of our verse (see *Mizrachi; Sifsei Chachamim; Leket Bahir*).

5. See 3:25 above and Rashi there. That verse uses אֹהֶל מוֹעֵד, "Tent of Meeting," for the Tabernacle in its entirety, and אֹהֶל, "Tent," alone for the panels of goats' hair. Our verse uses "Tent of Meeting" for the panels of goats' hair specifically. Rashi explains why the term is appropriate. It is because the panels of goats' hair served as a roof for the underlayer which was visible from the interior of the Tent.

6. *Exodus* 25:5. In his comments to 3:25 above, Rashi said that "its Cover" of that verse includes both the ram skins and the *tachash* skins. But our verse mentions the *tachash* cover separately. Thus, "its Cover" refers to the ram skins alone.

The earlier verse includes both sets of skins under the term "its Cover," for it speaks of the area of the responsibilities of the sons of Gershon in terms of the Tabernacle as it stood in place. In that state, the ram skins and *tachash* skins both functioned jointly as a cover for the Tabernacle, with the *tachash* skins covering the ram skins completely. But our verse gives specific instructions about how the parts of the Tabernacle are to be carried, and the ram skins and *tachash* skins are carried separately (*Gur Aryeh*). Rashi's comment here is in accordance with the view of the *Tanna* R' Nechemiah. The *Tanna* R' Yehudah has a different opinion regarding the coverings. See Rashi to *Exodus* 26:14.

אֲשֶׁר־עָלָיו מִלְמָעְלָה וְאֶת־מָסַךְ
כו פֶּתַח אֹהֶל מוֹעֵד׃ וְאֵת קַלְעֵי
הֶחָצֵר וְאֶת־מָסַךְ ׀ פֶּתַח ׀ שַׁעַר
הֶחָצֵר אֲשֶׁר עַל־הַמִּשְׁכָּן וְעַל־
הַמִּזְבֵּחַ סָבִיב וְאֵת מֵיתְרֵיהֶם
וְאֶת־כָּל־כְּלֵי עֲבֹדָתָם וְאֵת כָּל־
כז אֲשֶׁר יֵעָשֶׂה לָהֶם וְעָבָדוּ׃ עַל־פִּי

that is over it from above. And the Screen of the entrance of the Tent of Meeting,
26 the curtains of the Courtyard and the Screen of the entrance of the gate of the Tabernacle that were over the Courtyard and the Altar surrounding [them], their ropes and all the utensils of their service, and everything that shall be done to them, and they shall serve.
27 According to

אונקלוס

דִּי עֲלוֹהִי מִלְעֵלָּא וְיָת פְּרָסָא דִתְרַע מַשְׁכַּן זִמְנָא׃ כו וְיָת סְרָדֵי דְדַרְתָּא וְיָת פְּרָסָא דְמַעֲלָנָא דִּתְרַע דַּרְתָּא דִּי עַל מַשְׁכְּנָא וְעַל מַדְבְּחָא סְחוֹר סְחוֹר וְיָת אַטּוּנֵיהוֹן וְיָת כָּל מָנֵי פָּלְחַנְהוֹן וְיָת כָּל דְּיִתְמְסַר לְהוֹן וְיִפְלְחוּן׃ כז עַל מֵימַר

רש"י

מסך פתח. וילון המזרחי: **(כו) אשר על המשכן.** כלומר הקלעים והמסך של חצר הסוככים ומגינים על המשכן ועל מזבח הנחשת סביב: **ואת כל אשר יעשה להם.** כתרגומו וית כל דיתמסר להון, לבני גרשון:

RASHI ELUCIDATED

□ **מָסַךְ פֶּתַח** – SCREEN OF THE ENTRANCE, that is, **וִילוֹן הַמִּזְרָחִי** – **the eastern curtain.**[1]

26. אֲשֶׁר עַל הַמִּשְׁכָּן – THAT WERE OVER THE TABERNACLE. **כְּלוֹמַר** – **That is to say,** **הַקְּלָעִים וְהַמָּסָךְ שֶׁל חָצֵר** – **the curtains and the Screen of the Courtyard**[2] **הַסּוֹכְכִים** – **which screen** **וּמְגִינִים** – **and provide protection** **עַל הַמִּשְׁכָּן** – **over the Tabernacle** **וְעַל מִזְבַּח הַנְּחֹשֶׁת** – **and over the Copper Altar**[3] **סָבִיב** – **surrounding** them.[4]

□ **וְאֵת כָּל אֲשֶׁר יֵעָשֶׂה לָהֶם** – AND EVERYTHING THAT SHALL BE DONE TO THEM. **כְּתַרְגּוּמוֹ** – This is to be understood **as *Targum* Onkelos renders it:** **וְיָת כָּל דְּיִתְמְסַר לְהוֹן** – **"And everything that shall be handed over to them,"** that is, **לִבְנֵי גֵרְשׁוֹן** – **to the sons of Gershon.**[5]

1. In his comments to 3:25 above, Rashi does not identify the screen of the entrance as "the *eastern* curtain." For, as noted above, there he speaks of the Tabernacle in its erected state. It is then clear on which side of the Tabernacle the entrance curtain is located. But here he speaks of the components of the Tabernacle. He is therefore more specific, and adds where the curtain stands when it is in place.

2. The phrase אֲשֶׁר עַל הַמִּשְׁכָּן does not contain a verb to indicate whether it is singular or plural. Thus it can mean either "which [is] over the Tabernacle," a reference to the gate, or "which [are] over the Tabernacle," a reference to the curtains and Screen. Rashi teaches that it means the latter (*Sefer Zikaron*). See also note 4 below.

3. Verse 3:26 described the curtains and the Screen in terms similar to those used by our verse. But there Rashi does not comment on אֲשֶׁר עַל הַמִּשְׁכָּן. For that verse speaks of the Tabernacle when it is in place (see note 6 on p. 36 and note 1 above). Thus, אֲשֶׁר עַל הַמִּשְׁכָּן is understood there as "which are near, next to, the Tabernacle." But our verse speaks of the dismantled Tabernacle. In this state, the curtains and the Screen are not necessarily "near" the Tabernacle. Rashi thus prefers to understand עַל in its more common sense, as "on/over," and explains אֲשֶׁר עַל הַמִּשְׁכָּן as "which are meant to provide protection over the Tabernacle."

Rashi does not include the Golden Altar among the items which the curtains and Screen protect, for the Golden Altar stood within the walls of the Tabernacle. Thus, it was the walls of the Tabernacle which protected it, rather than the curtains of the Courtyard (*Mizrachi*).

4. Rashi quotes the verse's "surrounding" in support of his point that "that were over the Courtyard . . ." describes the curtains and the Screen, and not the Screen alone, for the Screen does not surround the Tabernacle and the Altar by itself (*Sefer Zikaron*).

5. וְאֵת כָּל אֲשֶׁר יֵעָשֶׂה לָהֶם could have been understood as "all that will be made for them," that is, for the Tabernacle and the Altar. The verse would then imply that the sons of Gershon would carry any "utensils of service" which would be made in the future. But if this were the meaning of the phrase, it would be unnecessary. For the verse's "and all the utensils of their service" already implies not only those which already exist, but also those which will be made in the future. Therefore, וְאֵת כָּל אֲשֶׁר יֵעָשֶׂה לָהֶם is understood as a reference to the Gershonites, as *Targum Onkelos* interprets it (*Maskil LeDavid*). According to *Targum Onkelos,* "and everything that shall be done to them" means "and everything that the sons of Gershon shall be assigned" (*Ramban*). If יֵעָשֶׂה were meant to be understood "will be made," *Targum Onkelos* would have rendered it דְּיִתְעֲבֵד, as in 6:4 below.

אַהֲרֹן וּבָנָיו תִּהְיֶה כָּל־עֲבֹדַת בְּנֵי
הַגֵּרְשֻׁנִּי לְכָל־מַשָּׂאָם וּלְכֹל עֲבֹדָתָם
וּפְקַדְתֶּם עֲלֵהֶם בְּמִשְׁמֶרֶת אֵת כָּל־
כח מַשָּׂאָם: זֹאת עֲבֹדַת מִשְׁפְּחֹת בְּנֵי
הַגֵּרְשֻׁנִּי בְּאֹהֶל מוֹעֵד וּמִשְׁמַרְתָּם בְּיַד
כט אִיתָמָר בֶּן־אַהֲרֹן הַכֹּהֵן: בְּנֵי
מְרָרִי לְמִשְׁפְּחֹתָם לְבֵית־אֲבֹתָם
ל תִּפְקֹד אֹתָם: מִבֶּן שְׁלֹשִׁים שָׁנָה
וָמַעְלָה וְעַד בֶּן־חֲמִשִּׁים שָׁנָה
תִּפְקְדֵם כָּל־הַבָּא לַצָּבָא לַעֲבֹד אֶת־
לא עֲבֹדַת אֹהֶל מוֹעֵד: וְזֹאת מִשְׁמֶרֶת
מַשָּׂאָם לְכָל־עֲבֹדָתָם בְּאֹהֶל מוֹעֵד
קַרְשֵׁי הַמִּשְׁכָּן וּבְרִיחָיו וְעַמּוּדָיו
לב וַאֲדָנָיו: וְעַמּוּדֵי הֶחָצֵר סָבִיב
וְאַדְנֵיהֶם וִיתֵדֹתָם וּמֵיתְרֵיהֶם לְכָל־

the word of Aaron and his sons shall be all the work of the sons of the Gershonite [families], their entire burden and their entire work; you shall charge them with their entire burden for safekeeping. [28] *This is the work of the sons of the Gershonite [families] in the Tent of Meeting; and their charge shall be under the authority of Ithamar, the son of Aaron the Kohen.*

[29] *"The sons of Merari — according to their families, according to their fathers' house shall you count them.* [30] *From thirty years of age and up, until fifty years of age shall you count them, everyone who comes to the legion to perform the work of the Tent of Meeting.* [31] *This is the charge of their burden for all of their work in the Tent of Meeting: the planks of the Tabernacle, its bars, its pillars, and its sockets;* [32] *the pillars of the Courtyard all around and their sockets and their pegs and their ropes for*

אונקלוס

אַהֲרֹן וּבְנוֹהִי יְהֵי כָּל פָּלְחַן בְּנֵי גֵרְשׁוֹן לְכָל מַטוּלְהוֹן וּלְכֹל פָּלְחַנְהוֹן וּתְמַנּוּן עֲלֵיהוֹן בְּמַטְּרָא יָת כָּל מַטוּלְהוֹן: כח דֵּין פּוּלְחַן זַרְעִיַּת בְּנֵי גֵרְשׁוֹן בְּמַשְׁכַּן זִמְנָא וּמַטַּרְתְּהוֹן בִּידָא דְאִיתָמָר בַּר אַהֲרֹן כַּהֲנָא: כט בְּנֵי מְרָרִי לְזַרְעֲיָתְהוֹן לְבֵית אֲבָהַתְהוֹן תִּמְנֵי יָתְהוֹן: ל מִבַּר תְּלָתִין שְׁנִין וּלְעֵלָּא וְעַד בַּר חַמְשִׁין שְׁנִין תִּמְנִנּוּן כָּל דְּאָתֵי לְחֵילָא לְמִפְלַח יָת פָּלְחַן מַשְׁכַּן זִמְנָא: לא וְדָא מַטְּרַת מַטוּלְהוֹן לְכָל פָּלְחַנְהוֹן בְּמַשְׁכַּן זִמְנָא דַּפֵּי מַשְׁכְּנָא וְעַבְרוֹהִי וְעַמּוּדוֹהִי וְסַמְכוֹהִי: לב וְעַמּוּדֵי דְדַרְתָּא סְחוֹר סְחוֹר וְסַמְכֵיהוֹן וְסִכֵּיהוֹן וְאַטּוּנֵיהוֹן לְכָל

רש"י

(כז) על פי אהרן ובניו. ואיזה מהבנים ממונה עליהם ביד איתמר בן אהרן הכהן (פסוק כח): **(לב) ויתדתם ומיתריהם.** של עמודים, שהרי יתדות ומיתרי הקלעים במשא בני גרשון היו, ויתדות ומיתרים היו ליריעות ולקלעים מלמטה שלא תגביהם הרוח. ויתדות ומיתרים היו לעמודים סביב לתלות בהם הקלעים בשפתם העליונה בכלונסות וקונדסין, כמו ששנויה במלאכת המשכן (פרק ה):

RASHI ELUCIDATED

27. עַל פִּי אַהֲרֹן וּבָנָיו – ACCORDING TO THE WORD OF AARON AND HIS SONS. וְאֵיזֶה מֵהַבָּנִים מְמֻנֶּה עֲלֵיהֶם – And which of the sons is in charge of them? They are "בְּיַד אִיתָמָר בֶּן אַהֲרֹן הַכֹּהֵן"[1] **– "under the authority of Ithamar; the son of Aaron the Kohen."**[1]

32. וִיתֵדֹתָם וּמֵיתְרֵיהֶם – AND THEIR PEGS AND THEIR ROPES. שֶׁל עַמּוּדִים – That is, **of the** Courtyard **pillars, שֶׁהֲרֵי יְתֵדוֹת וּמֵיתְרֵי הַקְּלָעִים – for, see now, the pegs and the ropes of the** Courtyard **curtains בְּמַשָּׂא בְּנֵי גֵרְשׁוֹן הָיוּ –** were included **in the load of the sons of Gershon.**[2] **וִיתֵדוֹת וּמֵיתָרִים הָיוּ לַיְרִיעוֹת וְלַקְּלָעִים – There were pegs and ropes for the panels** of the Tabernacle **and for the curtains** of the Courtyard **מִלְּמַטָּה –** which held them down **at** their **bottom שֶׁלֹּא תַגְבִּיהֵם הָרוּחַ – so that the wind should not raise them. וִיתֵדוֹת וּמֵיתָרִים הָיוּ לְעַמּוּדִים – And there were pegs and ropes for the pillars** of the Courtyard **סָבִיב – all around** the perimeter of the Courtyard, **לִתְלוֹת בָּהֶם הַקְּלָעִים – to hang the curtains from them בִּשְׂפָתָם הָעֶלְיוֹנָה – by their upper edge בִּכְלוֹנְסוֹת וְקוּנְדָּסִין – with poles and rods,**[3] **כְּמוֹ שֶׁשְּׁנוּיָה בִּמְלֶאכֶת הַמִּשְׁכָּן**[4] **– as it has been taught in the** ***baraisa*** **of** ***Meleches HaMishkan.***[4]

1. Verse 28. Our verse does not mean that Aaron and all of his sons were actively in charge of the sons of Gershon, for verse 28 states that they were specifically under the authority of Ithamar. Our verse teaches that Ithamar acted as the representative of Aaron and his sons (*Maskil LeDavid*).

2. See Rashi to 3:26 above and note 8 there.

3. The manner in which the curtains were hung is described by Rashi in detail in his comments to *Exodus* 27:10.

4. *Meleches HaMishkan*, Ch. 5. *Meleches HaMishkan* ("Labor of the Tabernacle") is a collection of *baraisos* which deal with the construction of the Tabernacle.

all of their utensils and for all of their work. You shall appoint them by name to the utensils they are to carry on their watch. [33] *This is the work of the families of the sons of Merari according to all their work in the Tent of Meeting, under the authority of Ithamar, son of Aaron the Kohen."*

[34] *Moses and Aaron and the leaders of the assembly counted the sons of the Kohathite [families], according to their families, according to their fathers' house.* [35] *From thirty years of age and up, until fifty years of age, everyone who comes to the legion for the work in the Tent of Meeting.* [36] *Their counted ones according to their families were two thousand, seven hundred and fifty.* [37] *These are the counted ones of the Kohathite families, all who work in the Tent of Meeting, whom Moses and Aaron counted, at the word of* HASHEM, *under the authority of Moses.*

[38] *The counted ones of the sons of Gershon according to their families, and according to their fathers' house;* [39] *from thirty years of age and up, until fifty years of age, everyone who comes to the legion for the work in the Tent of Meeting.* [40] *Their counted ones according to their families, according to their fathers' house were two thousand, six hundred and thirty.* [41] *These are the counted ones of the families of the sons of Gershon, all who work in the Tent of Meeting, whom Moses and Aaron counted, at the word of* HASHEM.

[42] *The counted ones of the families of the sons of Merari, according to their families, according to their fathers' house;* [43] *from thirty years of age and up, until fifty years of age, everyone who comes to the legion, for the work in the Tent of Meeting.* [44] *Their counted ones according to their families were three thousand, two hundred.*

כְּלֵיהֶם וּלְכֹל עֲבֹדָתָם וּבְשֵׁמֹת
תִּפְקְדוּ אֶת־כְּלֵי מִשְׁמֶרֶת מַשָּׂאָם:
לג זֹאת עֲבֹדַת מִשְׁפְּחֹת בְּנֵי מְרָרִי לְכָל־
עֲבֹדָתָם בְּאֹהֶל מוֹעֵד בְּיַד אִיתָמָר
לד בֶּן־אַהֲרֹן הַכֹּהֵן: וַיִּפְקֹד מֹשֶׁה וְאַהֲרֹן
וּנְשִׂיאֵי הָעֵדָה אֶת־בְּנֵי הַקְּהָתִי
לה לְמִשְׁפְּחֹתָם וּלְבֵית אֲבֹתָם: מִבֶּן
שְׁלֹשִׁים שָׁנָה וָמַעְלָה וְעַד בֶּן־
חֲמִשִּׁים שָׁנָה כָּל־הַבָּא לַצָּבָא
לו לַעֲבֹדָה בְּאֹהֶל מוֹעֵד: וַיִּהְיוּ פְקֻדֵיהֶם
לְמִשְׁפְּחֹתָם אַלְפַּיִם שְׁבַע מֵאוֹת
לז וַחֲמִשִּׁים: אֵלֶּה פְקוּדֵי מִשְׁפְּחֹת
הַקְּהָתִי כָּל־הָעֹבֵד בְּאֹהֶל מוֹעֵד אֲשֶׁר
פָּקַד מֹשֶׁה וְאַהֲרֹן עַל־פִּי יהוה בְּיַד־
לח מֹשֶׁה: שני וּפְקוּדֵי בְּנֵי גֵּרְשׁוֹן
לט לְמִשְׁפְּחוֹתָם וּלְבֵית אֲבֹתָם: מִבֶּן
שְׁלֹשִׁים שָׁנָה וָמַעְלָה וְעַד בֶּן־
חֲמִשִּׁים שָׁנָה כָּל־הַבָּא לַצָּבָא
מ לַעֲבֹדָה בְּאֹהֶל מוֹעֵד: וַיִּהְיוּ פְּקֻדֵיהֶם
לְמִשְׁפְּחֹתָם לְבֵית אֲבֹתָם אַלְפַּיִם
מא וְשֵׁשׁ מֵאוֹת וּשְׁלֹשִׁים: אֵלֶּה פְקוּדֵי
מִשְׁפְּחֹת בְּנֵי גֵרְשׁוֹן כָּל־הָעֹבֵד
בְּאֹהֶל מוֹעֵד אֲשֶׁר פָּקַד מֹשֶׁה וְאַהֲרֹן
מב עַל־פִּי יהוה: וּפְקוּדֵי מִשְׁפְּחֹת בְּנֵי
מג מְרָרִי לְמִשְׁפְּחֹתָם לְבֵית אֲבֹתָם: מִבֶּן
שְׁלֹשִׁים שָׁנָה וָמַעְלָה וְעַד בֶּן־
חֲמִשִּׁים שָׁנָה כָּל־הַבָּא לַצָּבָא
מד לַעֲבֹדָה בְּאֹהֶל מוֹעֵד: וַיִּהְיוּ פְקֻדֵיהֶם
לְמִשְׁפְּחֹתָם שְׁלֹשֶׁת אֲלָפִים וּמָאתָיִם:

אונקלוס

מָנֵיהוֹן וּלְכֹל פָּלְחַנְהוֹן וּבִשְׁמָהָן תִּמְנוֹן (נ״א תְּמַנּוֹן) יָת מָנֵי מַטְּרַת מַטּוּלְהוֹן: לג דֵּין פָּלְחַן זַרְעֲיַת בְּנֵי מְרָרִי לְכָל פָּלְחַנְהוֹן בְּמַשְׁכַּן זִמְנָא בִּידָא דְאִיתָמָר בַּר אַהֲרֹן כַּהֲנָא: לד וּמְנָא מֹשֶׁה וְאַהֲרֹן וְרַבְרְבֵי כְנִשְׁתָּא יָת בְּנֵי קְהָת לְזַרְעֲיַתְהוֹן וּלְבֵית אֲבָהַתְהוֹן: לה מִבַּר תְּלָתִין שְׁנִין וּלְעֵלָּא וְעַד בַּר חַמְשִׁין שְׁנִין כָּל דְּאָתֵי לְחֵילָא לְפָלְחָנָא בְּמַשְׁכַּן זִמְנָא: לו וַהֲווֹ מִנְיָנֵיהוֹן לְזַרְעֲיַתְהוֹן תְּרֵין אַלְפִין שְׁבַע מְאָה וְחַמְשִׁין: לז אִלֵּין מִנְיָנֵי זַרְעֲיַת קְהָת כָּל דְּפָלַח בְּמַשְׁכַּן זִמְנָא דִּי מְנָא מֹשֶׁה וְאַהֲרֹן עַל מֵימְרָא דַייָ בִּידָא דְמֹשֶׁה: לח וּמִנְיָנֵי בְּנֵי גֵרְשׁוֹן לְזַרְעֲיַתְהוֹן וּלְבֵית אֲבָהַתְהוֹן: לט מִבַּר תְּלָתִין שְׁנִין וּלְעֵלָּא וְעַד בַּר חַמְשִׁין שְׁנִין כָּל דְּאָתֵי לְחֵילָא לְפָלְחָנָא בְּמַשְׁכַּן זִמְנָא: מ וַהֲווֹ מִנְיָנֵיהוֹן לְזַרְעֲיַתְהוֹן לְבֵית אֲבָהַתְהוֹן תְּרֵין אַלְפִין וְשִׁית מְאָה וּתְלָתִין: מא אִלֵּין מִנְיָנֵי זַרְעֲיַת בְּנֵי גֵרְשׁוֹן כָּל דְּפָלַח בְּמַשְׁכַּן זִמְנָא דִּי מְנָא מֹשֶׁה וְאַהֲרֹן עַל מֵימְרָא דַייָ: מב וּמִנְיָנֵי זַרְעֲיַת בְּנֵי מְרָרִי לְזַרְעֲיַתְהוֹן לְבֵית אֲבָהַתְהוֹן: מג מִבַּר תְּלָתִין שְׁנִין וּלְעֵלָּא וְעַד בַּר חַמְשִׁין שְׁנִין כָּל דְּאָתֵי לְחֵילָא לְפָלְחָנָא בְּמַשְׁכַּן זִמְנָא: מד וַהֲווֹ מִנְיָנֵיהוֹן לְזַרְעֲיַתְהוֹן תְּלָתָא אַלְפִין וּמָאתָן:

[45] These were the counted ones of the families of the sons of Merari, whom Moses and Aaron counted, at the word of HASHEM, through Moses.

[46] All the counted ones whom Moses and Aaron and the leaders of Israel counted of the Levites, according to their families and according to their fathers' house; [47] from thirty years of age and up, until fifty years of age, everyone who comes to perform service of a service and the work of carrying in the Tent of Meeting. [48] Their counted ones were eight thousand, five hundred and eighty. [49] He counted them at the word of HASHEM, through Moses, every man over his work and over his burden; and those counted were as HASHEM had commanded Moses.

5 [1] HASHEM spoke to Moses, saying, [2] "Command the Children of Israel that they shall send away from the

מה אֵלֶּה פְקוּדֵי מִשְׁפְּחֹת בְּנֵי מְרָרִי
אֲשֶׁר פָּקַד מֹשֶׁה וְאַהֲרֹן עַל־פִּי
מו יְהוָה בְּיַד־מֹשֶׁה׃ כָּל־הַפְּקֻדִים
אֲשֶׁר פָּקַד מֹשֶׁה וְאַהֲרֹן וּנְשִׂיאֵי
יִשְׂרָאֵל אֶת־הַלְוִיִּם לְמִשְׁפְּחֹתָם
מז וּלְבֵית אֲבֹתָם׃ מִבֶּן שְׁלֹשִׁים שָׁנָה
וָמַעְלָה וְעַד בֶּן־חֲמִשִּׁים שָׁנָה כָּל־
הַבָּא לַעֲבֹד עֲבֹדַת עֲבֹדָה וַעֲבֹדַת
מח מַשָּׂא בְּאֹהֶל מוֹעֵד׃ וַיִּהְיוּ פְּקֻדֵיהֶם
שְׁמֹנַת אֲלָפִים וַחֲמֵשׁ מֵאוֹת
מט וּשְׁמֹנִים׃ עַל־פִּי יְהוָה פָּקַד אוֹתָם
בְּיַד־מֹשֶׁה אִישׁ אִישׁ עַל־עֲבֹדָתוֹ
וְעַל־מַשָּׂאוֹ וּפְקֻדָיו אֲשֶׁר־צִוָּה
יְהוָה אֶת־מֹשֶׁה׃
ה א שלישי וַיְדַבֵּר יְהוָה אֶל־מֹשֶׁה לֵּאמֹר׃
ב צַו אֶת־בְּנֵי יִשְׂרָאֵל וִישַׁלְּחוּ מִן־

אונקלוס

מה אִלֵּין מִנְיָנֵי זַרְעֲיַת בְּנֵי מְרָרִי דִּי מְנָא מֹשֶׁה וְאַהֲרֹן עַל מֵימְרָא דַּייָ בִּידָא דְמֹשֶׁה: מו כָּל מִנְיָנַיָּא דִּי מְנָא מֹשֶׁה וְאַהֲרֹן וְרַבְרְבֵי יִשְׂרָאֵל יָת לֵוָאֵי לְזַרְעֲיָתְהוֹן וּלְבֵית אֲבָהָתְהוֹן: מז מִבַּר תְּלָתִין שְׁנִין וּלְעֵלָּא וְעַד בַּר חַמְשִׁין שְׁנִין כָּל דְּאָתֵי לְמִפְלַח פָּלְחַן פָּלְחָנָא וּפָלְחַן מַטּוּל בְּמַשְׁכַּן זִמְנָא: מח וַהֲווֹ מִנְיָנֵיהוֹן תְּמָנְיָא אַלְפִין וַחֲמֵשׁ מְאָה וּתְמָנָן: מט עַל מֵימְרָא דַּייָ מְנָא יָתְהוֹן בִּידָא דְמֹשֶׁה גְּבַר גְּבַר עַל פָּלְחָנֵהּ וְעַל מַטּוּלֵהּ וּמִנְיָנוֹהִי דִּי פַקִּיד יְיָ יָת מֹשֶׁה: א וּמַלִּיל יְיָ עִם מֹשֶׁה לְמֵימָר: ב פַּקֵּד יָת בְּנֵי יִשְׂרָאֵל וִישַׁלְּחוּן מִן

רש"י

(מז) עבדת עבדה. הוא השיר במצלתים וכנורות שהיא עבודה לעבודה אחרת (ערכין יא.): **ועבדת משא.** כמשמעו: **(מט) ופקדיו אשר צוה ה' את משה.** ואותן הפקודים היו במצוה מבן שלשים שנה ועד בן חמשים: **(ב) צו את בני ישראל וגו'.** פרשה זו נאמרה ביום שהוקם המשכן,

RASHI ELUCIDATED

47. עֲבֹדַת עֲבֹדָה – **SERVICE OF A SERVICE.** הוּא הַשִּׁיר – **This is the song,** which is performed בִּמְצִלְתַּיִם – **with cymbals** וְכִנּוֹרוֹת – **and harps,** שֶׁהִיא עֲבוֹדָה – **for it is a service** which is done לַעֲבוֹדָה אַחֶרֶת – **for another service.**[1]

☐ וַעֲבֹדַת מַשָּׂא – **AND THE WORK OF CARRYING.** כְּמַשְׁמָעוֹ – This is to be understood **as it sounds.**[2]

49. וּפְקֻדָיו אֲשֶׁר צִוָּה ה' אֶת מֹשֶׁה – **AND THOSE COUNTED WERE AS HASHEM HAD COMMANDED MOSES.** וְאוֹתָן הַפְּקוּדִים – **And those who were counted** הָיוּ בַּמִּצְוָה – **were** only those included **in the commandment,** מִבֶּן שְׁלֹשִׁים שָׁנָה – **from the age of thirty years** וְעַד בֶּן חֲמִשִּׁים – **until the age of fifty.**[3]

5.

2. צַו אֶת בְּנֵי יִשְׂרָאֵל וְגוֹמֵר – **COMMAND THE CHILDREN OF ISRAEL, ETC.** פָּרָשָׁה זוֹ נֶאֶמְרָה – **This passage was said** to Moses בְּיוֹם שֶׁהוּקַם הַמִּשְׁכָּן – **on the day the Tabernacle was erected.**[4]

1. *Arachin* 11a. It is the service of the Levites which accompanies the sacrificial service of the Kohanim (*Mizrachi; Sifsei Chachamim*).

2. Although עֲבֹדַת עֲבֹדָה is understood as "a service which accompanies another service," עֲבֹדַת מַשָּׂא does not mean "service which accompanies carrying," but rather "service which *is* carrying" (*Sifsei Chachamim*).

3. Not one person who was too old or too young for the service was included in the count by mistake (*Gur Aryeh*).

4. The erecting of the Tabernacle described in *Exodus* ch. 40 took place on the first day of Nissan (*Exodus* 40:17). And, although the preceding chapters of *Bamidbar* are dated on the first of Iyyar (see 1:1 above), one

הַמַּחֲנֶה כָּל־צָרוּעַ וְכָל־זָב וְכֹל
ג טָמֵא לָנָפֶשׁ: מִזָּכָר עַד־נְקֵבָה
תְּשַׁלֵּחוּ אֶל־מִחוּץ לַמַּחֲנֶה
תְּשַׁלְּחוּם וְלֹא יְטַמְּאוּ אֶת־
מַחֲנֵיהֶם אֲשֶׁר אֲנִי שֹׁכֵן בְּתוֹכָם:

camp everyone with tzaraas, everyone who has had a zav-emission, and everyone impure by a corpse. [3] Male and female alike shall you send away, to the outside of the camp shall you send them, so that they should not make their camps impure, within which I dwell."

אונקלוס

מַשְׁרִיתָא כָּל דִּסְגִיר וְכָל דְּדָאֵב וְכֹל דִּמְסָאַב לִטְמֵי נַפְשָׁא דֶאֱנָשָׁא: ג מִדְּכַר עַד נוּקְבָא תְּשַׁלְּחוּן לְמִבְּרָא לְמַשְׁרִיתָא תְּשַׁלְּחֻנּוּן וְלָא יְסַאֲבוּן יָת מַשְׁרְיָתְהוֹן דִּי שְׁכִינְתִּי שָׁרְיָא בֵּינֵיהוֹן:

רש"י

ושמנה פרשיות נאמרו בו ביום כדאי' במסכת גיטין בפרק הנזקין (ס.): **וישלחו מן המחנה.** שלש מחנות היו שם בשעת חנייתן. תוך הקלעים היא מחנה שכינה. חניית הלוים סביב כמו שמפורש בפרשת במדבר סיני (לעיל א:נג) היא מחנה לויה. ומשם ועד סוף מחנה הדגלים לכל ארבע הרוחות היא מחנה ישראל. הצרוע נשתלח חוץ לכולן. הזב מותר במחנה ישראל ומשולח מן השתים, וטמא לנפש מותר אף בשל לויה ואינו משולח אלא משל שכינה. וכל זה דרשו רבותינו מן המקראות במסכת פסחים (סז.): **טמא לנפש.** דמסאב לטמי נפשא דאנשא. אומר אני שהוא לשון עצמות אדם

RASHI ELUCIDATED

וּשְׁמֹנָה פָּרָשִׁיּוֹת נֶאֶמְרוּ בּוֹ בַּיּוֹם – **Eight passages** of the Torah **were said on that day,**[1] כִּדְאִיתָא בְּמַסֶּכֶת גִּיטִּין – **as stated in Tractate** ***Gittin,*** בְּפֶרֶק הַנִּזָּקִין[2] – **in Chapter** ***HaNizakin*** .[2]

□ וַיְשַׁלְּחוּ מִן הַמַּחֲנֶה – THAT THEY SHALL SEND AWAY FROM THE CAMP. שָׁלֹשׁ מַחֲנוֹת הָיוּ שָׁם – **There were three camps there** בִּשְׁעַת חֲנִיָּתָן – **at the time of their encamping:** תּוֹךְ הַקְּלָעִים – **within the curtains** of the Courtyard of the Tabernacle, הִיא מַחֲנֵה שְׁכִינָה – **that is the camp of the Divine Presence;** חֲנִיַּת הַלְוִיִּם סָבִיב – **the encampment of the Levites around** the Tabernacle, כְּמוֹ שֶׁמְּפוֹרָשׁ בְּפָרָשַׁת בְּמִדְבַּר סִינַי[3] – **as stated in** ***Parashas Bemidbar Sinai,***[3] הִיא מַחֲנֵה לְוִיָּה – **that is the Levite camp;** וּמִשָּׁם – **from there** וְעַד סוֹף מַחֲנֵה הַדְּגָלִים – **to the end of the camp of the divisions,** i.e., the space occupied by the tribal divisions, לְכָל אַרְבַּע הָרוּחוֹת – **in all four directions,** הִיא מַחֲנֵה יִשְׂרָאֵל – **that is the Israelite camp.** הַצָּרוּעַ – **One who has** ***tzaraas***[4] נִשְׁתַּלֵּחַ חוּץ לְכֻלָּן – **is sent out of all of [the camps].**[5] הַזָּב – **One who has had a** ***zav*****-emission**[6] מוּתָּר בְּמַחֲנֵה יִשְׂרָאֵל – **is permitted** to be **in the Israelite camp,** וּמְשֻׁלָּח מִן הַשְּׁתַּיִם – **but is sent out of the** other **two,** the camp of the Divine Presence, and the Levite camp. וְטָמֵא לָנֶפֶשׁ – **And one impure by a corpse** מוּתָּר אַף בְּשֶׁל לְוִיָּה – **is permitted** to be **also in that of the Levites,** וְאֵינוֹ מְשֻׁלָּח אֶלָּא מִשֶּׁל שְׁכִינָה – **and is sent away only from that of the Divine Presence.** וְכָל זֶה דָּרְשׁוּ רַבּוֹתֵינוּ – **Our Rabbis expounded all of this** מִן הַמִּקְרָאוֹת בְּמַסֶּכֶת פְּסָחִים[7] – **from the** various Scriptural **verses** cited **in Tractate** ***Pesachim.***[7]

□ טָמֵא לָנֶפֶשׁ – IMPURE BY A CORPSE. דִּמְסָאַב לִטְמֵי נַפְשָׁא דֶאֱנָשָׁא – *Targum Onkelos* renders this, **"one impure by the bones of a human soul."** אוֹמֵר אֲנִי – **I say** שֶׁהוּא לְשׁוֹן עַצְמוֹת אָדָם – **that [*Targum***

month later, the commandment to restrict the movement of the impure that appears in our passage must have been given on the first of Nissan. For it is inconceivable that there would have been a period of time during which the impure would have been allowed to enter the grounds of the Sanctuary (*Mizrachi; Gur Aryeh; Sifsei Chachamim*).

1. Rashi mentions this to support his point that this passage was stated on the day the Tabernacle was erected, even though the Torah puts it elsewhere. For the *Gemara* says that there were seven other passages stated on that day, none of which appear near the account of the erecting of the Tabernacle (*Gur Aryeh*).

2. *Gittin* 60a. *HaNizakin* is the title of the fifth chapter of Tractate *Gittin*.

3. See 1:53 above.

4. A skin affliction that renders the sufferer ritually impure. See *Leviticus* Chapters 13 and 14.

5. See Rashi to *Leviticus* 13:46 and 14:3.

6. See *Leviticus* Ch. 15.

7. *Pesachim* 67a. In brief: "So that they should not make their camps impure" of our passage (v. 3), which uses the plural "camps," implies that each of the categories of those who are impure mentioned in our verse has its own "camp." Now, since *Exodus* 13:19 states "Moses (whose residence was in the Levite camp) took the bones of Joseph with him," we see that a corpse itself, let alone a person who became impure through contact with a corpse, may be in the Levite camp. When our verse says that one who became impure through contact with a corpse must be sent away from the camp, it must therefore refer only to the camp of the Divine Presence. One impure because of *tzaraas* is dealt with most severely of all, as Scripture says of him "he shall

ד וַיַּֽעֲשׂוּ־כֵן֙ בְּנֵ֣י יִשְׂרָאֵ֔ל וַיְשַׁלְּח֣וּ אוֹתָ֔ם אֶל־מִח֖וּץ לַֽמַּחֲנֶ֑ה כַּאֲשֶׁ֨ר דִּבֶּ֤ר יהוה֙ אֶל־מֹשֶׁ֔ה כֵּ֥ן עָשׂ֖וּ בְּנֵ֥י יִשְׂרָאֵֽל׃
ה־ו וַיְדַבֵּ֥ר יהוה֖ אֶל־מֹשֶׁ֥ה לֵּאמֹֽר׃ דַּבֵּר֮ אֶל־בְּנֵ֣י יִשְׂרָאֵל֒ אִ֣ישׁ אֽוֹ־אִשָּׁ֗ה כִּ֤י יַֽעֲשׂוּ֙ מִכָּל־חַטֹּ֣את הָֽאָדָ֔ם לִמְעֹ֥ל מַ֖עַל בַּֽיהוה וְאָֽשְׁמָ֖ה הַנֶּ֥פֶשׁ הַהִֽוא׃

[4] *The Children of Israel did so: They sent them to the outside of the camp, as* HASHEM *had spoken to Moses — so did the Children of Israel do.*

[5] HASHEM *spoke to Moses, saying,* [6] *"Speak to the Children of Israel: A man or woman who commits any of man's sins, by committing a trespass against* HASHEM, *and that person shall become guilty —*

אונקלוס

ד וַעֲבָדוּ כֵן בְּנֵי יִשְׂרָאֵל וְשַׁלַּחוּ יָתְהוֹן לְמִבְּרָא לְמַשְׁרִיתָא כְּמָא דִי מַלִּיל יְיָ עִם מֹשֶׁה כֵּן עֲבָדוּ בְּנֵי יִשְׂרָאֵל: ה וּמַלִּיל יְיָ עִם מֹשֶׁה לְמֵימָר: ו מַלֵּל עִם בְּנֵי יִשְׂרָאֵל גְּבַר אוֹ אִתְּתָא אֲרֵי יַעְבְּדוּן מִכָּל חוֹבֵי אֱנָשָׁא לְשַׁקָּרָא שְׁקַר קֳדָם יְיָ וְיֵחוֹב אֱנָשָׁא הַהוּא:

רש״י

בלשון ארמי. והרבה יש בב״ר (עח:א, ועוד) אדריאנוס שחיק טמיא. שחיק עצמות: (ו) למעל מעל בה׳. הרי חזר וכתב כאן פרשת גוזל ונשבע על שקר, היא האמורה בפרשת ויקרא ומעלה מעל בה׳ וכחש בעמיתו וגו׳ (ה:כא) ונשנית כאן בשביל שני דברים שנתחדשו בה. האחד שכתב והתודו, לומר שאינו חייב חומש ואשם על פי עדים עד שיודה בדבר. והשני על גזל הגר

RASHI ELUCIDATED

Onkelos' טָמֵי means "human bones,"[1] בִּלְשׁוֹן אֲרַמִּי – **in the Aramaic language.**[2] וְהַרְבֵּה יֵשׁ – **There are many** examples of this Aramaic word. For example, בִּבְרֵאשִׁית רַבָּה – **in** ***Bereishis Rabbah*****:**[3] ,,אַדְרִיָּאנוּס שְׁחִיק טַמְיָא" – which means, שְׁחִיק עֲצָמוֹת – "[Hadrian,] **may his bones be ground up.**"[4]

6. לִמְעֹל מַעַל בַּה׳ – BY COMMITTING A TRESPASS AGAINST HASHEM. הֲרֵי חָזַר – **See, now, that [Scripture] has repeated** וְכָתַב כָּאן – **and written here** פָּרָשַׁת גּוֹזֵל וְנִשְׁבָּע עַל שֶׁקֶר – **the passage about one who robs and swears falsely** with regard to his robbery. הִיא הָאֲמוּרָה בְּפָרָשַׁת וַיִּקְרָא – **This is** the subject **which is spoken of in** ***Parashas Vayikra***: ,,וּמָעֲלָה מַעַל בַּה׳" – "[If a person will sin] **and commit a trespass against** HASHEM ,,וְכִחֵשׁ בַּעֲמִיתוֹ וְגוֹמֵר"[5] – **and be deceitful toward his friend, etc."** וְנִשְׁנֵית כָּאן – **It is reiterated here** בִּשְׁבִיל שְׁנֵי דְבָרִים – **because of two points** שֶׁנִּתְחַדְּשׁוּ בָהּ – **which have been introduced about it** here. הָאֶחָד – **The first** is שֶׁכָּתוּב ,,וְהִתְוַדּוּ" – **that "and they shall confess" is written** here[6] לוֹמַר – **to say** שֶׁאֵינוֹ חַיָּב חוֹמֶשׁ וְאָשָׁם – **that one is not required to pay a fifth**[7] over and above the principal **and** to bring **a guilt-offering** עַל פִּי עֵדִים – **by the word of witnesses,** i.e., where he swears in contradiction of witnesses who testify that he robbed, עַד שֶׁיּוֹדֶה בַּדָּבָר – **until he confesses about the matter.** וְהַשֵּׁנִי – **And the second is** in v. 8 עַל גֶּזֶל הַגֵּר – **regarding**

stay in isolation" (*Leviticus* 13:46). This implies that he is sent out of all camps, even the Israelite camp. By process of elimination, the one who has had a *zav*-emission is sent away from two of the three camps, the camp of the Divine Presence and the Levite camp, but not from the Israelite camp.

1. Although *Targum Onkelos* uses the word טָמֵי for "bones" here, whenever the Hebrew word עֶצֶם, "bone," appears in the Torah, *Targum Onkelos* renders גַּרְמָא, as in 9:12 and 19:16 below.

2. *Targum Onkelos'* Aramaic word טָמֵי is not to be mistaken for the Hebrew word טָמֵא, "impure." *Targum* adds "bones" to the words of the verse, because טָמֵא לָנֶפֶשׁ means literally, "impure by the soul," but it is the body, not the soul, which is the source of impurity. *Targum* uses bones to represent the entire corpse because the bone is the only specific part of the corpse mentioned by the Torah in the passage dealing with the laws of impurity due to contact with the dead (see *Numbers* 19:16; see *Sefer Zikaron*).

3. *Bereishis Rabbah* 78:1. When Hadrian is mentioned elsewhere (e.g., *Bereishis Rabbah* 10:3), his name is followed by the Hebrew phrase שְׁחִיק עֲצָמוֹת which Rashi uses here to translate the Aramaic phrase שְׁחִיק טַמְיָא.

4. See also Rashi to *Berachos* 59a, s.v. אובא טמיא; and *Peirush Rav Hai Gaon* to *Oholos* 17:3.

5. *Leviticus* 5:21.

6. Verse 7.

7. When the Torah or the Talmud speaks of raising or enlarging a number by a particular percentage, the percentage is given with reference to the final amount, not the original. Thus, when the Torah states, "he shall make restitution in its principal amount and add its fifth to it," the fine is reckoned in the following manner: The principal is divided into four parts (e.g., one hundred dollars is considered as four twenty-five dollar parts); then one more part is added (making, in our example, one hundred and twenty-five dollars). The addition is then one fifth of the final amount. [In Modern English terminology, this would be called "an increase of one fourth" of the original amount.]

[7] and they shall confess their sin that they committed; he shall make restitution for his guilt in its principal amount and add its fifth to it, and give it to the one to whom he is guilty. [8] And if the man has no redeemer to whom to return the debt, the returned debt

ז וְהִתְוַדּ֗וּ אֶֽת־חַטָּאתָם֮ אֲשֶׁ֣ר עָשׂוּ֒ וְהֵשִׁ֤יב אֶת־אֲשָׁמוֹ֙ בְּרֹאשׁ֔וֹ וַחֲמִישִׁת֖וֹ יֹסֵ֣ף עָלָ֑יו וְנָתַ֕ן לַאֲשֶׁ֖ר
ח אָשַׁ֥ם לֽוֹ: וְאִם־אֵ֨ין לָאִ֜ישׁ גֹּאֵ֗ל לְהָשִׁ֤יב הָאָשָׁם֙ אֵלָ֔יו הָאָשָׁ֥ם הַמּוּשָׁ֛ב

אונקלוס

ז וִיוַדּוּן יָת חוֹבֵיהוֹן דִּי עֲבַדוּ וְיָתֵב יָת חוֹבְתֵהּ בְּרֵישֵׁהּ וְחֻמְשֵׁהּ יוֹסֵף עֲלוֹהִי וְיִתֵּן לִדְחָב לֵהּ: ח וְאִם לֵית לִגְבַר פָּרִיק לַאֲתָבָא חוֹבְתָא לֵהּ חוֹבְתָא דְּמִתֵב

רש"י

שהוא נתון לכהנים (ספרי ב; במ"ר ח:ה): (ז) **את אשמו בראשו.** הוא הקרן שנשבע עליו: **לאשר אשם לו.** למי שנתחייב לו (ספרי ג; במ"ר שם): (ח) **ואם אין לאיש גאל.** שמת התובע שהשביעו ואין לו יורשים: **להשיב האשם אליו.** כשנמלך זה להתודות על עונו. ואמרו רבותינו וכי יש לך אדם בישראל שאין לו גואלים, או בן או בת או אח או שאר בשר הקרוב ממשפחת אביו למעלה עד יעקב, אלא זה הגר שמת ואין לו יורשים (ספרי ד; ב"ק קט.): **האשם המושב.** זה הקרן והחומש (ספרי שם; ב"ק קי.):

RASHI ELUCIDATED

theft from a convert, שֶׁהוּא נָתוּן לַכֹּהֲנִים[1] – **that it is given to the Kohanim.**[1]

7. אֶת אֲשָׁמוֹ בְּרֹאשׁוֹ – HIS GUILT IN ITS PRINCIPAL [literally, "his guilt by its head"]. הוּא הַקֶּרֶן – **This** head **is the principal** שֶׁנִּשְׁבַּע עָלָיו – **regarding which he swore.**[2]

□ לַאֲשֶׁר אָשַׁם לוֹ – TO THE ONE TO WHOM HE IS GUILTY, that is, לְמִי שֶׁנִּתְחַיֵּב לוֹ[3] – **to the one to whom he is indebted.**[3]

8. וְאִם אֵין לָאִישׁ גֹּאֵל – AND IF THE MAN HAS NO REDEEMER, שֶׁמֵּת הַתּוֹבֵעַ שֶׁהִשְׁבִּיעוֹ – **for the plaintiff who made him take an oath died,** וְאֵין לוֹ יוֹרְשִׁים – **and he has no heirs.**[4]

□ לְהָשִׁיב הָאָשָׁם אֵלָיו – TO WHOM TO RETURN THE DEBT כְּשֶׁנִּמְלַךְ זֶה – **when this** guilty **one has a change of heart,** לְהִתְוַדּוֹת עַל עֲוֹנוֹ – **to confess his sin.**[5] וְאָמְרוּ רַבּוֹתֵינוּ – **And our Rabbis have said:** וְכִי יֵשׁ לְךָ אָדָם בְּיִשְׂרָאֵל – **Do you have,** i.e., is there, **a person in Israel** שֶׁאֵין לוֹ גוֹאֲלִים – **who has no redeemers?** אוֹ בֵן – **Either a son** אוֹ בַת – **or a daughter** אוֹ שְׁאֵר בָּשָׂר הַקָּרוֹב מִמִּשְׁפַּחַת אָבִיו – **or some related kin from his father's family**[6] לְמַעְלָה עַד יַעֲקֹב – tracing the relationship **upward until** our forefather **Jacob?** אֶלָּא זֶה הַגֵּר שֶׁמֵּת – **But this** refers to **a convert who died,** וְאֵין לוֹ יוֹרְשִׁים[6] – **and has no heirs,** for he had not fathered children as a Jew.[7]

□ הָאָשָׁם הַמּוּשָׁב – THE RETURNED DEBT. זֶה הַקֶּרֶן וְהַחוֹמֶשׁ[8] – **This is the principal and the fifth.**[8]

1. *Sifrei* 2; *Bamidbar Rabbah* 8:5. Where one has sworn falsely against a monetary claim and subsequently confesses, he pays the principal plus a fifth to the one against whom he has sinned. If the one against whom he has sinned has died, he pays to his heirs. A male convert who has not fathered children after his conversion, or a female convert who has not married or given birth to children after her conversion, has no heirs. If one has sinned against them and they die, the guilty party pays the principal plus a fifth to the Kohanim.

2. The principal is called "the head" because it is the source of any profit which stems from it; see Rashi to *Leviticus* 5:24, s.v., בְּרֹאשׁוֹ and note 1 there.

3. *Sifrei* 3; *Bamidbar Rabbah* 8:5. We might have thought that אָשָׁם referred to sin, and that he must pay to the fund of the *Beis HaMikdash,* for "the one to whom he is guilty" could have been taken as a reference to God. But it is clear from the next verse that the payment is made to a person (*Gur Aryeh*).

4. The verse does not speak of a situation in which neither the plaintiff nor his relatives wishes to accept payment from the one who swore falsely, for then, the guilty party does not give the payment to the Kohanim; he is exempt from payment entirely (see *Maskil LeDavid*).

Relatives are called "redeemers," for they are commanded to redeem him if he is sold as a slave to a non-Jew, and they redeem his patrimonial field if he sells it or consecrates it, and is unable to redeem it himself.

5. Since the verse speaks of a situation in which the plaintiff has died, the wish of the guilty one to return the debt is not a response to a claim, but rather the result of a change of heart (*Devek Tov; Sifsei Chachamim*).

6. See Rashi to 27:11 below.

7. *Sifrei* 4; *Bava Kama* 109a.

8. *Sifrei* 4; *Bava Kama* 110a. "The *returned* debt" as opposed to "the debt" implies the principal plus the fifth.

The beginning of our verse uses only "the debt" with reference to the principal plus the fifth, for it is adjacent to the preceding verse, which mentions the fifth explicitly; it is understood that "the debt" there refers to both the principal and the fifth (*Mizrachi; Sifsei Chachamim*).

לַיהוָה לַכֹּהֵן מִלְּבַד אֵיל הַכִּפֻּרִים
ט אֲשֶׁר יְכַפֶּר־בּוֹ עָלָיו: וְכָל־תְּרוּמָה
לְכָל־קָדְשֵׁי בְנֵי־יִשְׂרָאֵל אֲשֶׁר־
י יַקְרִיבוּ לַכֹּהֵן לוֹ יִהְיֶה: וְאִישׁ אֶת־
קֳדָשָׁיו לוֹ יִהְיוּ אִישׁ אֲשֶׁר־יִתֵּן

is for HASHEM, *for the Kohen, aside from the ram of atonement with which he shall provide him atonement.* [9] *And all that is raised up of all of the holies that the Children of Israel bring to the Kohen, it shall be his.* [10] *A man's holies shall be his, and what a man gives*

אונקלוס

קֳדָם יְיָ לְכַהֲנָא בַּר מִדְּכַר כִּפּוּרַיָּא דִּי יְכַפַּר בֵּהּ עֲלוֹהִי: ט וְכָל אַפְרָשׁוּתָא לְכָל קוּדְשַׁיָּא דִבְנֵי יִשְׂרָאֵל דִּי יְקָרְבוּן לְכַהֲנָא דִּלֵהּ יְהֵי: י וּגְבַר יָת מַעֲשַׂר קוּדְשׁוֹהִי דִּלֵהּ יְהוֹן גְּבַר דְּיִתֵּן

רש"י

לה' לכהן. קנאו השם ונתנו לכהן שבאותו משמר (ספרי שם; ב"ק קט:): **מלבד איל הכפורים.** האמור בויקרא (ה:כה) שהוא צריך להביא: **(ט) וכל תרומה וגו'.** אמר רבי ישמעאל וכי תרומה מקריבין לכהן והלא הוא המחזר אחריה לבית הגרנות, ומה ת"ל אשר יקריבו לכהן, אלו הבכורים שנאמר בהם תביא בית ה' אלהיך (שמות כג:יט) ואיני יודע מה יעשה בהם, ת"ל לכהן לו יהיה, בא הכתוב ולמד על הבכורים שיהיו נתנין לכהן (ספרי ה): **(י) ואיש את קדשיו לו יהיו.** לפי שנאמרו מתנות כהונה ולויה, יכול יבואו ויטלום בזרוע, ת"ל ואיש את קדשיו לו יהיו, מגיד שטובת הנאתן לבעלים (שם ו).

RASHI ELUCIDATED

□ לַה' לַכֹּהֵן – FOR HASHEM, FOR THE KOHEN. קְנָאוֹ הַשֵּׁם – **HASHEM took possession of it** וּנְתָנוֹ לַכֹּהֵן – **and gave it to the Kohen**[1] שֶׁבְּאוֹתוֹ מִשְׁמָר[2] – **of that watch.**[2]

□ מִלְּבַד אֵיל הַכִּפּוּרִים – ASIDE FROM THE RAM OF ATONEMENT הָאָמוּר בְּוַיִּקְרָא[3] – **which is spoken of in** ***Parashas Vayikra***,[3] שֶׁהוּא צָרִיךְ לְהָבִיא – **which he must bring.**

9. וְכָל תְּרוּמָה וְגוֹמֵר – AND ALL THAT IS RAISED UP, ETC. אָמַר רַבִּי יִשְׁמָעֵאל – The *Tanna* **R' Ishmael said:** וְכִי תְּרוּמָה מַקְרִיבִין לַכֹּהֵן – **Do [people] bring** ***terumah***[4] **to the Kohen?** וַהֲלֹא הוּא הַמְחַזֵּר אַחֲרֶיהָ לְבֵית הַגְּרָנוֹת – **Is it not [the Kohen] who makes the rounds for it at the granaries?** וּמַה תַּלְמוּד לוֹמַר ,,אֲשֶׁר יַקְרִיבוּ לַכֹּהֵן'' – **Why, then, does the Torah say, "that** [the Children of Israel] **bring to the Kohen?"** אֵלּוּ הַבִּכּוּרִים – **These are the first fruits,**[5] שֶׁנֶּאֱמַר בָּהֶם – **of which it is said,** ,,תָּבִיא בֵּית ה' אֱלֹהֶיךָ''[6] – **"You shall bring to the House of** HASHEM**, your God."**[6] וְאֵינִי יוֹדֵעַ – **But** on the basis of that verse alone, **I do not know** מַה יֵּעָשֶׂה בָּהֶם – **what is to be done with them** once they are brought "to the House of HASHEM." תַּלְמוּד לוֹמַר – To provide this information, **the Torah says,** ,,לַכֹּהֵן לוֹ יִהְיֶה'' – **"To the Kohen, it shall be his."** בָּא הַכָּתוּב וְלִמֵּד – With this, **the verse has come and taught** עַל הַבִּכּוּרִים – **about first fruits,** שֶׁיִּהְיוּ נִתָּנִין לַכֹּהֵן[7] – **that they are to be given to the Kohen.**[7]

10. וְאִישׁ אֶת קֳדָשָׁיו לוֹ יִהְיוּ – A MAN'S HOLIES SHALL BE HIS. לְפִי שֶׁנֶּאֶמְרוּ מַתְּנוֹת כְּהֻנָּה וּלְוִיָּה – **Since gifts to the Kohanim and the Levites have been stated,** יָכוֹל – **one might be able** to think that יָבוֹאוּ וְיִטְּלוּם בִּזְרוֹעַ – **they may come and take them forcibly.** תַּלְמוּד לוֹמַר – To teach us otherwise, **the Torah says,** ,,וְאִישׁ אֶת קֳדָשָׁיו לוֹ יִהְיוּ'' – **"A man's holies shall be his."** מַגִּיד – **This tells us** שֶׁטּוֹבַת הֲנָאָתָן לַבְּעָלִים[8] – **that the goodwill of their pleasure belongs to their owner.**[8]

1. "For HASHEM, for the Kohen" appears to be a contradiction in terms. It does not mean that it should go jointly to God and to the Kohen by using the money to purchase an offering of which certain portions would be burned on the Altar and other portions would be eaten by the Kohanim; that would be expressed by לַה' וְלַכֹּהֵן, "for HASHEM *and* for the Kohen." The verse means that it goes to God, and God gives it to the Kohen (*Mizrachi; Sifsei Chachamim*).

2. *Sifrei* 4; *Bava Kama* 109b. The Kohanim are divided into twenty-four "watches," i.e., family groupings. Each watch officiated in the *Beis HaMikdash* for two one-week periods during the year. They all served together during festivals.

3. *Leviticus* 5:25.

4. The term *terumah,* "that which is raised up," is generally applied to the portion of the yearly crop which is given to the Kohen; see 15:20 below.

5. "*Terumah*" is used by our verse with reference to the first fruits, which are also "raised up," i.e., set apart from the rest of the crop. See also *Deuteronomy* 12:6 and Rashi there, s.v., תְּרוּמַת יֶדְכֶם.

6. *Exodus* 23:19.

7. *Sifrei* 5.

8. *Sifrei* 6. The goodwill to be gained by bestowing these gifts and the pleasure they give is the property of the owner; that is, deciding which Kohen or Levite will receive them is the owner's prerogative.

לַכֹּהֵ֖ן ל֥וֹ יִהְיֶֽה׃
יא רביעי וַיְדַבֵּ֥ר יְהוָ֖ה אֶל־מֹשֶׁ֥ה לֵּאמֹֽר׃
יב דַּבֵּר֙ אֶל־בְּנֵ֣י יִשְׂרָאֵ֔ל וְאָמַרְתָּ֖
אֲלֵהֶ֑ם אִ֥ישׁ אִישׁ֙ כִּֽי־תִשְׂטֶ֣ה אִשְׁתּ֔וֹ

to the Kohen, it shall be his."

11 HASHEM spoke to Moses, saying,

12 "Speak to the Children of Israel and say to them: Any man, if his wife will go astray

אונקלוס

לְכַהֲנָא דִּלֵהּ יְהֵי: יא וּמַלִּיל יְיָ עִם מֹשֶׁה לְמֵימָר: יב מַלֵּל עִם בְּנֵי יִשְׂרָאֵל וְתֵימַר לְהוֹן גְּבַר גְּבַר אֲרֵי תִסְטֵי אִתְּתֵהּ

רש"י

ועוד מדרשים הרבה דרשו בו בספרי (שם). ומדרש אגדה, ואיש את קדשיו לו יהיו, מי שמעכב מעשרותיו ואינו נותנן, לו יהיו המעשרות. סוף שאין שדהו עושה אלא אחד מעשרה שהיתה למודה לעשות: **איש אשר יתן לכהן.** מתנות הראויות לו: **לו יהיה.** ממון הרבה (ברכות סג.): **(יב) איש איש כי תשטה אשתו.** מה כתוב למעלה מן הענין, ואיש את קדשיו לו יהיו. אם אתה מעכב מתנות הכהן חייך שתצטרך לבא אצלו להביא לו את הסוטה (שם): **איש איש.** ללמדך שמועלת בשנים באיש מלחמה שלמעלה ואישה מלמטה (תנחומא ה): **כי תשטה אשתו.** שנו רבותינו אין המנאפין

RASHI ELUCIDATED

וְעוֹד מִדְרָשִׁים הַרְבֵּה דָּרְשׁוּ בוֹ – **And [the Sages] expounded many other interpretations on [this verse]** בְּסִפְרֵי – **in *Sifrei.***[1] וּמִדְרַשׁ אַגָּדָה ,,וְאִישׁ אֶת קֳדָשָׁיו לוֹ יִהְיוּ'' – **And an aggadic Midrash** interprets **"A man's holies shall be his"** as follows: מִי שֶׁמְּעַכֵּב מַעַשְׂרוֹתָיו – **One who withholds his tithes** וְאֵינוֹ נוֹתְנָן – **and does not give them,** לוֹ יִהְיוּ הַמַּעַשְׂרוֹת – **the tithes "shall be his"**; that is, סוֹף – **the end** will be שֶׁאֵין שָׂדֵהוּ עוֹשָׂה אֶלָּא אֶחָד מֵעֲשָׂרָה – **that his field shall produce nothing but one tenth** שֶׁהָיְתָה לְמוּדָה לַעֲשׂוֹת – **of what it used to produce.**[2] According to this aggadic approach, the end of the verse is understood as follows:

□ אִישׁ אֲשֶׁר יִתֵּן לַכֹּהֵן – A MAN WHO SHALL GIVE TO THE KOHEN מַתָּנוֹת הָרְאוּיוֹת לוֹ – **the gifts which befit him,**

□ לוֹ יִהְיֶה – HE SHALL HAVE מָמוֹן הַרְבֵּה[3] – **much wealth.**[3]

12. אִישׁ אִישׁ כִּי תִשְׂטֶה אִשְׁתּוֹ – ANY MAN, IF HIS WIFE WILL GO ASTRAY. מַה כָּתוּב לְמַעְלָה מִן הָעִנְיָן – **What has been written above this topic,** in the preceding passage? ,,וְאִישׁ אֶת קֳדָשָׁיו לוֹ יִהְיוּ'' – **"A man's holies shall be his."**[4] The connection between the two verses is the following: אִם אַתָּה מְעַכֵּב מַתְּנוֹת הַכֹּהֵן – **If you withhold the gifts of the Kohen,** חַיֶּיךָ – I swear **by your life** שֶׁתִּצְטָרֵךְ לָבֹא אֶצְלוֹ – **that you will need to come to him** לְהָבִיא לוֹ אֶת הַסּוֹטָה[5] – **to bring him the *sotah.***[5]

□ אִישׁ אִישׁ – ANY MAN. The word אִישׁ is repeated[6] לְלַמֶּדְךָ – **to teach you** שֶׁמּוֹעֶלֶת בִּשְׁנַיִם – **that she trespasses against two:** בָּ,,אִישׁ מִלְחָמָה'' שֶׁל מַעְלָה – **against the "Man of War"**[7] **above,** וְאִישָׁהּ מִלְּמַטָּה[8] – **and** against **her husband below.**[8]

□ כִּי תִשְׂטֶה אִשְׁתּוֹ – IF HIS WIFE WILL GO ASTRAY. שָׁנוּ רַבּוֹתֵינוּ – **Our Rabbis have taught:** אֵין הַמְנָאֲפִין

1. *Sifrei* is the halachic Midrash on *Numbers* and *Deuteronomy.*

2. The aggadic Midrash accounts for the verse's use of אֶת before קֳדָשָׁיו. The word אֶת generally indicates that the word which follows it is the direct object of the verb which precedes it. But our verse has no verb preceding אֶת. According to the Midrash, implicit in the verse is the verb הַמְעַכֵּב, "who withholds" (*Be'er BaSadeh*).

3. *Berachos* 63a.

4. Verse 11. The subject of this passage is a wife suspected of adultery. We would thus have expected the wording of the verse to focus on the wife, and to have read כִּי תִשְׂטֶה אֵשֶׁת אִישׁ, "If a man's wife shall go astray." The wording as it stands focuses on the man in order to point to a connection between אִישׁ of our verse and אִישׁ of the preceding passage (*Gur Aryeh; Sifsei Chachamim*).

5. *Berachos* 63a. The literal meaning of *sotah* is "she who strays"; it is the term used for a woman suspected of adultery who is the subject of our passage.

6. Scripture often uses the expression אִישׁ אִישׁ, literally, "a man, a man," to include a person whom the context of the verse does not mention explicitly. For example, the Talmud (*Sanhedrin* 56a) derives from this expression (in *Leviticus* 24:15) that a non-Jew is included in the prohibition against cursing the Name of God spoken of in that verse. Rashi generally does not explain whom אִישׁ אִישׁ means to include. Nevertheless, he does so here, because the exclusive nature of the relationship between a wife and her husband would seem to preclude the possibility of including any other man (*Maskil LeDavid*).

7. Rashi borrows the wording of *Exodus* 15:3 to show that the word אִישׁ, "man," can be used with reference to God (*Imrei Shefer*).

8. *Tanchuma* 5.

יג וּמָעֲלָה בוֹ מָעַל: וְשָׁכַב אִישׁ אֹתָהּ

and commit a trespass against him; 13 and a man will have lain with her

אונקלוס

וּתְשַׁקַּר בֵּהּ שְׁקָר: יג וְיִשְׁכַּב גְּבַר יָתַהּ

רש"י

נואפין עד שתכנס בהן רוח שטות דכתיב כי תשטה, וכתוב בו נואף אשה חסר לב (משלי ו:לב; תנחומא שם). ופשוטו של מקרא, כי תשטה, תט מדרכי צניעות ותחשד בעיניו, כמו שטה מעליו ועבור (משלי ד:טו). אל ישט אל דרכיה לבך (שם ז:כה): ומעלה בו מעל. ומהו המעל, ושכב איש אותה (ספרי ז): (יג) ושכב איש. פרט לקטן ומי שאינו איש (שם; סוטה כד.): אתה. שכיבתה פוסלת אותה ואין שכיבת אחותה פוסלת אותה (ספרי שם; יבמות צה.) [כמעשה בשתי אחיות שהיו דומות זו לזו (תנחומא ו)]:

RASHI ELUCIDATED

נוֹאֲפִין – **Adulterers do not commit adultery** עַד שֶׁתִּכָּנֵס בָּהֶן רוּחַ שְׁטוּת – **until a spirit of foolishness enters them,** דִּכְתִיב – **as it is written,** "כִּי תִשְׂטֶה" – **"if she will act foolishly."**[1] וְכָתוּב בּוֹ – **And about *him*,**[2] **it is written,** "נוֹאֵף אִשָּׁה חֲסַר לֵב"[3] – **"He who commits adultery with a woman lacks heart** (i.e., sense)."[3] וּפְשׁוּטוֹ שֶׁל מִקְרָא – **And the simple meaning of the verse is** that "כִּי תִשְׂטֶה" – means, תֵּט מִדַּרְכֵי צְנִיעוּת – **she will veer away from the ways of modesty,** וְתֵחָשֵׁד בְּעֵינָיו – **and become suspect in [her husband's] eyes.**[4] כְּמוֹ "שְׂטֵה מֵעָלָיו וַעֲבוֹר"[5] – It is **like** שְׂטֵה in, **"Turn away from it, and pass by,"**[5] "אַל יֵשְׂטְ אֶל דְּרָכֶיהָ לִבֶּךָ"[6] – and like יֵשְׂטְ in, **"Do not let your heart stray toward her ways."**[6]

□ וּמָעֲלָה בוֹ מָעַל – AND COMMIT A TRESPASS AGAINST HIM. וּמַהוּ הַמַּעַל – **And what is this trespass?**[7] "וְשָׁכַב אִישׁ אֹתָהּ"[8] – **"And a man will have lain with her."**[8]

13. וְשָׁכַב אִישׁ – AND A MAN WILL HAVE LAIN. פְּרָט לְקָטָן – **To the exclusion of** adultery with **a minor,** וּמִי שֶׁאֵינוֹ אִישׁ[9] – **or one who is not a man,**[9] i.e., an animal.[10]

□ אֹתָהּ – HER. שְׁכִיבָתָהּ – **Her lying** with another פּוֹסֶלֶת אוֹתָהּ – **renders her unfit** to her husband, וְאֵין שְׁכִיבַת אֲחוֹתָהּ פּוֹסֶלֶת אוֹתָהּ[11] – **but her sister's lying** with the woman's husband **does not render her unfit.**[11] {כְּמַעֲשֶׂה בִּשְׁתֵּי אֲחָיוֹת – **Like the incident of two sisters** שֶׁהָיוּ דוֹמוֹת זוֹ לְזוֹ[12] – **who resembled each other.**}[12]

---

1. "Shall go astray" would normally be expressed by תִּטֶּה (from the verb root נטה), as in אִם תִּטֶּה אַשֻּׁרִי, "If my footsteps shall go astray" (*Job* 31:7). The verse uses תִשְׂטֶה because it is spelled with the same letters as תִשְׁטֶה, "will act foolishly," and lends itself to be interpreted accordingly (*Maharsha* to *Sotah* 3a).

2. Our verse indicates only that a woman who commits adultery is possessed by a spirit of foolishness. Rashi now cites a verse which shows that this is also true of a man who commits adultery.

3. *Proverbs* 6:32; see *Tanchuma* 5.

4. Only if she is suspect, but if her husband is certain that she committed adultery, the laws of this passage do not apply. Then he must divorce her, even if there are no witnesses to testify against her in court (see *Sefer Zikaron*).

5. *Proverbs* 4:15.

6. *Proverbs* 7:25. The two verses that Rashi adduces from *Proverbs* are the only places in Scripture where the root שטה appears other than in our passage.

7. That is, what is the trespass she is suspected of, for it is not known that she has actually committed adultery (see *Levush HaOrah*).

8. *Sifrei* 7. "And commit a trespass" and "and a man will have lain with her" (v. 13) are not two distinct conditions for the laws which follow. "And a man will have lain with her" is the trespass which the woman committed (*Mizrachi; Sifsei Chachamim*).

"A man will have lain with her" here is a statement of the husband's suspicion which may or may not coincide with the truth. See note 4 to verse 14 below.

9. *Sotah* 24a; *Sifrei* 7.

10. The *Gemara* (*Sotah* 26b) uses a different verse to derive that the laws of our passage do not apply to a married woman suspected of having relations with an animal. On this basis, *Yosef Hallel* suggests that the correct text of Rashi might be a quotation of the *Sifrei* to our verse: פְּרָט לְקָטָן שֶׁאֵינוֹ אִישׁ, "To the exclusion of a minor, for he is not a man," i.e., he has not yet reached manhood. Many early printed editions omit this entire comment and the next.

11. *Sifrei* 7; *Yevamos* 95a. A wife becomes forbidden to her husband only if *she* commits adultery. But if the husband has relations with relatives of his wife who are forbidden to him, such as her sister, he and his wife may continue having relations.

When Scripture uses שכב in the context of adulterous relations, "with" is expressed by עם. The Torah uses the form of the direct object here, אֹתָהּ, instead, to put the focus on the object and thereby imply exclusion — "with her," and with no one else (see *Malbim*).

12. *Tanchuma* 6 relates: There was an incident involving two sisters who resembled each other. One of them was married [and lived] in one town, and the other was married [and lived] in another town. The husband of

שִׁכְבַת־זֶ֔רַע וְנֶעְלַם֙ מֵעֵינֵ֣י אִישָׁ֔הּ וְנִסְתְּרָ֖ה וְהִ֣יא נִטְמָ֑אָה וְעֵד֙ אֵ֣ין בָּ֔הּ וְהִ֖וא לֹ֥א נִתְפָּֽשָׂה׃

carnally, but it was hidden from the eyes of her husband, and she became secluded and she was defiled — but there was no witness against her — and she had not been seized;

אונקלוס

שְׁכְבַת זַרְעָא וִיהֵי מְכַסָּא מֵעֵינֵי בַעְלַהּ וּמִטַּמְּרָא וְהִיא מְסָאֲבָא וְסָהִיד לֵית בַּהּ וְהִיא לָא אִתְּחֲדָת:

רש"י

ונעלם מעיני אישה. פרט לסומא, הא אם היה רואה ומעמעם אין המים בודקין אותה (ספרי שם; סוטה כז.): **ונסתרה.** שיעור שתראה לטומאת ביאה (שם; סוטה ד.): **ועד אין בה.** הא אם יש בה אפילו עד אחד שאמר נטמאת לא היתה שותה (סוטה לא): **ועד אין בה.** בטומאה אבל יש עדים לסתירה (סוטה לא:; ראה ספרי שם): **נתפשה.** נאנסה (שם) כמו ותפשה ושכב עמה (דברים כב:כח):

RASHI ELUCIDATED

□ וְנֶעְלַם מֵעֵינֵי אִישָׁהּ – BUT IT WAS HIDDEN FROM THE EYES OF HER HUSBAND. פְּרַט לְסוּמָא – **To the exclusion of a blind man.**[1] הָא אִם הָיָה רוֹאֶה – **But if he had seen** his wife actually committing adultery, וּמְעַמְעֵם – **and was suppressing** this knowledge, in the hope that his wife would die from drinking the waters, אֵין הַמַּיִם בּוֹדְקִין אוֹתָהּ[2] – **the waters do not** have the power to **test her.**[2]

□ וְנִסְתְּרָה – AND SHE BECAME SECLUDED שִׁיעוּר שֶׁתֵּרָאֶה לְטוּמְאַת בִּיאָה[3] – for **an amount** of time **fit,** i.e., sufficient, **for the impurity of** adulterous **relations.**[3]

□ וְעֵד אֵין בָּהּ – BUT THERE WAS NO WITNESS AGAINST HER. הָא אִם יֵשׁ בָּהּ – **But if there is against her** אֲפִילוּ עֵד אֶחָד – **even a single witness** שֶׁאָמַר נִטְמֵאת – **who says that she was defiled,** לֹא הָיְתָה שׁוֹתָה[4] – **she would not drink** the bitter waters.[4]

□ וְעֵד אֵין בָּהּ – BUT THERE WAS NO WITNESS AGAINST HER בְּטוּמְאָה – **with regard to defilement,** אֲבָל יֵשׁ עֵדִים – **but there are witnesses** לַסְּתִירָה[5] – **to the seclusion.**[5]

□ נִתְפָּשָׂה – SEIZED. This means נֶאֱנְסָה[6] – **forced,**[6] כְּמוֹ "וּתְפָשָׂהּ וְשָׁכַב עִמָּהּ"[7] – **like** וּתְפָשָׂהּ in, **"and seizes her and lies with her."**[7]

one of them wanted to warn her [against secluding herself with another man] and to have her drink the bitter waters in Jerusalem. She went to the town where her married sister lived. Her sister said to her, "Why did you come here?" She answered, "My husband wants to have me drink the bitter waters." [The sister] said, "I will go and drink instead of you." She answered, "Go!" Her sister put on her clothes and went instead of her. She drank the bitter waters, was found innocent, and went back to her sister's house. [Her sister] went out to greet her joyfully. She hugged her, and kissed her on the mouth. When they kissed, [the sister who was suspected by her husband] smelled the bitter waters, and died immediately, in fulfillment of that which it says, "Man is not in control of the wind, to be able to confine the wind, and he has no authority on the day of death. There is no substitution in war, nor does evil escape him to whom it belongs" (*Ecclesiastes* 8:8).

Many commentators are of the opinion that the reference to this Midrash was inserted into the text of Rashi by error at some later date, for it is unrelated to the beginning of Rashi's comment. *Yosef Hallel* notes that the reference to the Midrash does not appear in most of the early printed editions of Rashi.

1. The verse could have said "but it was hidden from her husband." The apparently superfluous "from the eyes of" teaches us that the laws of this passage apply only where the husband has the power of vision (*Gur Aryeh*).

2. *Sifrei* 7; *Sotah* 27a. This is derived from "but it was hidden." In this situation, the woman's guilt was not hidden from the husband. Rashi appears to present the two laws derived from the words upon which he comments in the wrong order. For the law regarding a husband who suppresses his knowledge is derived from "but it was hidden," while the law of a blind husband is derived from "from the eyes of," which follows it in the verse. *Yosef Hallel* notes that many early editions omit the reference to a blind husband.

3. *Sifrei* 7; *Sotah* 4a. The phrase "and she was defiled" is not a statement of fact, for if she had been defiled, the laws of our passage would not apply (see note 4 on p. 46 above). The verse is worded this way to indicate that she was secluded long enough to have been defiled (*Sefer Zikaron*).

4. See *Sotah* 31a-b.

5. *Sifrei* 7. Had the verse meant that there were no witnesses to anything at all, it would have said only "but there was no witness." The apparently superfluous "against her" implies that there was no witness that she committed adultery, but there was a witness to her seclusion (*Mizrachi; Gur Aryeh*).

6. *Sifrei* 7.

7. *Deuteronomy* 22:28. Rashi teaches that our verse does not mean "and she was not caught [in the act of adultery]," as *Ibn Ezra* seems to understand it.

יד וְעָבַ֨ר עָלָ֧יו רֽוּחַ־קִנְאָ֛ה וְקִנֵּ֥א אֶת־
אִשְׁתּ֖וֹ וְהִ֣וא נִטְמָ֑אָה אֽוֹ־עָבַ֨ר עָלָ֤יו
רֽוּחַ־קִנְאָה֙ וְקִנֵּ֣א אֶת־אִשְׁתּ֔וֹ וְהִ֖יא
טו לֹ֥א נִטְמָֽאָה׃ וְהֵבִ֨יא הָאִ֥ישׁ אֶת־
אִשְׁתּוֹ֮ אֶל־הַכֹּהֵן֒ וְהֵבִ֤יא אֶת־
קָרְבָּנָהּ֙ עָלֶ֔יהָ עֲשִׂירִ֥ת הָאֵיפָ֖ה
קֶ֣מַח שְׂעֹרִ֑ים לֹֽא־יִצֹ֨ק עָלָ֜יו שֶׁ֗מֶן

[14] and a spirit of jealousy had passed over him and he had warned his wife, and she had become defiled, or a spirit of jealousy had passed over him and he had warned his wife and she had not become defiled. [15] The man shall bring his wife to the Kohen and he shall bring her offering for her, a tenth-ephah of unsifted barley flour; he shall not pour oil over it

אונקלוס

יד וְיֶעְבַּר עֲלוֹהִי רוּחַ קִנְאָה וִיקַנֵּי יָת אִתְּתֵהּ וְהִיא מְסָאֲבָא אוֹ עֲבַר עֲלוֹהִי רוּחַ קִנְאָה וִיקַנֵּי יָת אִתְּתֵהּ וְהִיא לָא מְסָאֲבָא: טו וְיַיְתֵי גַבְרָא יָת אִתְּתֵהּ לְוָת כַּהֲנָא וְיַיְתֵי יָת קֻרְבָּנַהּ עֲלַהּ חַד מִן עַסְרָא בִּתְלַת סְאִין קִמְחָא דְשַׂעֲרִין לָא יְרִיק עֲלוֹהִי מִשְׁחָא

רש"י

(יד) ועבר עליו. קודם לסתירה: רוח קנאה וקנא. פירשו רבותינו לשון התראה (סוטה ג.) שמתרה בה אל תסתרי עם איש פלוני (סוטה ה:): והיא נטמאה או עבר עליו וגו'. כלומר הוא התרה בה ועברה על התראתו ואין ידוע אם נטמאה אם לאו: (טו) קמח. שלא יהא מסלת (ספרי ח): שערים. ולא חטים (סוטה יד.) היא עשתה מעשה בהמה וקרבנה מאכל בהמה (ספרי שם; סוטה טו:): לא יצק עליו שמן. שלא יהא קרבנה מהודר (סוטה טו.) שהשמן קרוי אור והיא עשתה בחשך (תנחומא ג):

RASHI ELUCIDATED

14. וְעָבַר עָלָיו – AND [A SPIRIT OF JEALOUSY] HAD PASSED OVER HIM. קוֹדֶם לִסְתִירָה – **Before the seclusion.**[1]

□ רוּחַ קִנְאָה וְקִנֵּא – **A SPIRIT OF JEALOUSY [HAD PASSED OVER HIM] AND HE HAD WARNED.** פֵּרְשׁוּ רַבּוֹתֵינוּ – **Our Rabbis explained** that לְשׁוֹן הַתְרָאָה[2] – the word וְקִנֵּא **is an expression of "warning";**[2] it means שֶׁמַּתְרֶה בָּהּ – **that he warns her,** אַל תִּסָּתְרִי עִם אִישׁ פְּלוֹנִי[3] – **"Do not seclude yourself with so-and-so."**[3]

□ וְהִוא נִטְמָאָה אוֹ עָבַר עָלָיו וְגוֹמֵר – **AND SHE HAD BECOME DEFILED, OR [A SPIRIT OF JEALOUSY] HAD PASSED OVER HIM, ETC.** כְּלוֹמַר – **That is to say,** הוּא הִתְרָה בָּהּ – **he warned her,** וְעָבְרָה עַל הַתְרָאָתוֹ – **and she violated his warning,** וְאֵין יָדוּעַ – **and it is not known** אִם נִטְמְאָה אִם לָאו – **if she had become defiled or not.**[4]

15. קֶמַח – UNSIFTED [BARLEY] FLOUR. This tells us שֶׁלֹּא יְהֵא מִסֹּלֶת[5] – **that it should not be from sifted flour.**[5]

□ שְׂעֹרִים – **BARLEY.** וְלֹא חִטִּים[6] – **But not wheat,**[6] which is what other meal-offerings are made of, because הִיא עָשְׂתָה מַעֲשֵׂה בְהֵמָה – **she committed an act of an animal** by secluding herself with a man other than her husband, וְקָרְבָּנָהּ מַאֲכַל בְּהֵמָה[7] – **so her offering is of food for an animal.**[7]

□ לֹא יִצֹק עָלֶיהָ שֶׁמֶן – **HE SHALL NOT POUR OIL OVER IT,** שֶׁלֹּא יְהֵא קָרְבָּנָהּ מְהֻדָּר[8] – **so that her offering should not be elegant,**[8] שֶׁהַשֶּׁמֶן קָרוּי „אוֹר" – **for oil is called "light,"**[9] וְהִיא עָשְׂתָה בַּחֹשֶׁךְ[10] – **but she acted in the dark.**[10]

---

1. But if he first becomes jealous after the seclusion, the laws of this passage do not apply.

2. *Sotah* 3a.

3. *Sotah* 5b. The verb root קנא usually means "to be jealous," as in *Genesis* 30:1 and 37:11; or "to take vengeance," as in 25:13 below. But it cannot mean that in the case of וְקִנֵּא of our verse, for it would lead to the untenable situation in which the laws of the passage would apply whenever a husband becomes jealous of his wife (*Mesiach Ilmim*).

4. The verse could be understood as referring to two different situations, one where the husband warns his wife and it is known that she then became defiled, and one where the husband warns his wife and it is known that she subsequently did not become defiled. But this is not so, for the preceding verse has said that the laws of this passage apply only when it is not known if the woman committed adultery. Our verse thus speaks of a single case, where the husband warns the wife, and it is then unknown which of two possibilities is the truth: that she has become defiled, or that she has not (see Rashi to *Sotah* 28a, s.v., מגיד לך הכתוב; *Mizrachi; Sifsei Chachamim*).

5. *Sifrei* 8.

6. *Sotah* 14a.

7. *Sifrei* 8; *Sotah* 15b. The main use of barley is for feed for animals. The fact that the flour is unsifted also indicates the animalistic nature of her act, for unsifted flour is not used for human consumption (see *Rashi* to *Genesis* 18:6).

8. *Sotah* 15a.

9. This is supported by the fact that יִצְהָר, which comes from the root צהר, "light, brightness," is a synonym for שֶׁמֶן (*Tanchuma* 3; *Bereishis Rabbah* 9:13).

10. *Tanchuma* 3.

וְלֹא־יִתֵּ֤ן עָלָיו֙ לְבֹנָ֔ה כִּֽי־מִנְחַ֤ת
קְנָאֹת֙ ה֔וּא מִנְחַ֥ת זִכָּר֖וֹן מַזְכֶּ֥רֶת
טז עָוֺֽן׃ וְהִקְרִ֥יב אֹתָ֖הּ הַכֹּהֵ֑ן וְהֶֽעֱמִדָ֖הּ
יז לִפְנֵ֥י יהוָֽה׃ וְלָקַ֧ח הַכֹּהֵ֛ן מַ֥יִם
קְדֹשִׁ֖ים בִּכְלִי־חָ֑רֶשׂ וּמִן־הֶֽעָפָ֗ר
אֲשֶׁ֤ר יִֽהְיֶה֙ בְּקַרְקַ֣ע הַמִּשְׁכָּ֔ן
יִקַּ֥ח הַכֹּהֵ֖ן וְנָתַ֥ן אֶל־הַמָּֽיִם׃

and shall not put frankincense upon it, for it is a meal-offering of jealousies, a meal-offering of remembrance, a reminder of iniquity.

16 *"The Kohen shall bring her near and have her stand before* HASHEM. 17 *The Kohen shall take sacred water in an earthenware vessel, and the Kohen shall take from the earth that is on the floor of the Tabernacle and put it in the water.*

אונקלוס

וְלָא יִתֵּן עֲלוֹהִי לְבֻנְתָּא אֲרֵי מִנְחַת קִנְאָתָא הוּא מִנְחַת דּוּכְרָנָא מַדְכְּרַת חוֹבָא: טז וִיקָרֵב יָתַהּ כַּהֲנָא וִיקִימִנַּהּ קֳדָם יְיָ: יז וְיִסַּב כַּהֲנָא מֵי כִיּוֹר בְּמַן דַּחֲסַף וּמִן עַפְרָא דִּי יְהֵי בִּיסוֹדֵי מַשְׁכְּנָא יִסַּב כַּהֲנָא וְיִתֵּן לְמַיָּא:

רש"י

ולא יתן עליו לבנה. שהאמהות נקראות לבונה, שנאמר ואל גבעת הלבונה (שיר השירים ד:ו) והיא פירשה מדרכיהן (תנחומא שם): **כי מנחת קנאת הוא.** הקמח הזה. קמח לשון זכר: **מנחת קנאות.** מעוררת עליה שתי קנאות קנאת המקום וקנאת הבעל (ספרי שם; תוספתא סוטה ב:ז): **(יז) מים קדשים.** שקדשו בכיור (ספרי י). לפי שנעשה הכיור מנחשת מראות הצובאות וזו פירשה מדרכיהן, שהיו נבעלות לבעליהן במצרים תחת התפוח וזו קלקלה לאחר, תבדק בו (במ"ר ט:יד): **בבלי חרש.** היא השקתה את הנואף יין משובח בכוסות משובחים לפיכך תשתה מים המרים

RASHI ELUCIDATED

□ וְלֹא יִתֵּן עָלָיו לְבֹנָה — AND SHALL NOT PUT FRANKINCENSE UPON IT. שֶׁהָאִמָּהוֹת נִקְרָאוֹת לְבוֹנָה — **For the Matriarchs are called "frankincense,"** שֶׁנֶּאֱמַר — **as it says,** "אֶל גִּבְעַת הַלְּבוֹנָה"[1] — **"to the hill of frankincense,"**[1] וְהִיא פֵּרְשָׁה מִדַּרְכֵיהֶן[2] — **and she parted from their** modest **ways.**[2]

□ כִּי מִנְחַת קְנָאֹת הוּא — FOR IT IS A MEAL-OFFERING OF JEALOUSIES, הַקֶּמַח הַזֶּה — **this unsifted flour.** קֶמַח לְשׁוֹן זָכָר — **The word** קֶמַח is masculine.[3]

□ מִנְחַת קְנָאֹת — A MEAL-OFFERING OF JEALOUSIES. מְעוֹרֶרֶת עָלֶיהָ — **It arouses against her** שְׁתֵּי קְנָאוֹת — **two jealousies:** קִנְאַת הַמָּקוֹם — **the jealousy of the Omnipresent,** וְקִנְאַת הַבַּעַל[4] — **and the jealousy of the husband.**[4]

17. מַיִם קְדֹשִׁים — SACRED WATER שֶׁקִּדְּשׁוּ בַּכִּיּוֹר[5] — **which had been consecrated in the** ***Kiyyor.***[5] לְפִי שֶׁנַּעֲשָׂה הַכִּיּוֹר — She drinks water taken from the *Kiyyor* **because the** ***Kiyyor*** **was made** מִנְּחֹשֶׁת מַרְאוֹת הַצּוֹבְאוֹת — **from the copper of "the mirrors of the women who congregated,"**[6] וְזוֹ פֵּרְשָׁה מִדַּרְכֵיהֶן — **and this one,** the *sotah,* **parted from their ways.** שֶׁהָיוּ נִבְעָלוֹת לְבַעֲלֵיהֶן בְּמִצְרַיִם — **For ["the women who congregated"] would have relations with their husbands in Egypt** "תַּחַת הַתַּפּוּחַ"[7] — **"under the apple tree,"**[7] וְזוֹ קִלְקְלָה לְאַחֵר — **but this one behaved scandalously with another.** תִּבָּדֵק בּוֹ[8] — Therefore, **let her be tested by [the** ***Kiyyor*** **].**[8]

□ בִּכְלִי חָרֶשׂ — IN AN EARTHENWARE VESSEL. הִיא הִשְׁקְתָה אֶת הַנּוֹאֵף יַיִן מְשֻׁבָּח — **She gave the adulterer fine wine to drink** בְּכוֹסוֹת מְשֻׁבָּחִים — **in fine glasses;** לְפִיכָךְ — **therefore,** תִּשְׁתֶּה מַיִם הַמָּרִים

1. *Song of Songs* 4:6. "Mountains" in Scripture are often interpreted by the Sages as referring to the Patriarchs, while "hills" refer to the Matriarchs. See, for example, *Rosh Hashanah* 11a, and *Targum Yonasan* to *Deuteronomy* 33:15.

2. *Tanchuma* 3.

3. The neuter gender does not exist in Hebrew; every noun is either masculine or feminine and is referred to by a corresponding pronoun. The noun מִנְחָה, "meal-offering," is feminine, so the expected pronoun is the feminine הִיא. Rashi explains that the masculine הוּא refers to the masculine noun קֶמַח, "unsifted flour," that appears earlier in the verse (*Devek Tov*).

4. *Sifrei* 8; *Tosefta Sotah* 2:4. This explains why the verse uses the plural "jealousies" (*Be'er Yitzchak*). See also Rashi to v. 12 above, s.v., אִישׁ אִישׁ.

5. *Sifrei* 10. The *Kiyyor* is the vessel that held the water with which the Kohanim would wash their hands and feet before performing the Temple service; see *Exodus* 30:17-21. Any water that enters the *Kiyyor* becomes holy; see Rashi to *Exodus* 30:29, s.v., וְקִדַּשְׁתָּ אֹתָם.

6. See *Exodus* 38:8 and Rashi there.

7. *Song of Songs* 8:5; see Rashi to *Exodus* 38:8.

8. *Bamidbar Rabbah* 9:14.

יח וְהֶעֱמִיד הַכֹּהֵן אֶת־הָאִשָּׁה לִפְנֵי יהוה וּפָרַע אֶת־רֹאשׁ הָאִשָּׁה וְנָתַן עַל־כַּפֶּיהָ אֵת מִנְחַת הַזִּכָּרוֹן

18 *The Kohen shall have the woman stand before* HASHEM *and uncover the woman's head, and upon her hands he shall put the meal-offering of remembrance —*

אונקלוס

יח ויקים כַּהֲנָא יָת אִתְּתָא קֳדָם יְיָ וְיִפְרַע יָת רֵישָׁא דְאִתְּתָא וְיִתֵּן עַל יְדַהָא יָת מִנְחַת דּוּכְרָנָא

רש"י

במקידה בזויה של חרס (סוטה ט.): (יח) והעמיד הכהן וגו'. והלא כבר נאמר והעמידה לפני ה' (לעיל פסוק טז) אלא מסיעין היו אותה ממקום למקום כדי ליגעה ותטרף דעתה ותודה (סוטה ח.): ופרע. סותר את קליעת שערה (שם) כדי לבזותה, מכאן לבנות ישראל שגלוי הראש גנאי להן (ספרי יא; כתובות עב.): לפני ה'. בשער נקנור (ספרי ט) הוא שער העזרה המזרחי (סוטה ז.) דרך כל הנכנסים: ונתן על כפיה. ליגעה אולי תטרף דעתה ותודה (ספרי יא; סוטה יד.) ולא ימחה שם המיוחד על המים (שם ז.):

RASHI ELUCIDATED

– she should drink the bitter waters בְּמִקְדָּה בְזוּיָה **– with a lowly cup** שֶׁל חֶרֶס[1] **– of earthenware.**[1]

18. וְהֶעֱמִיד הַכֹּהֵן וְגוֹמֵר **– THEN THE KOHEN SHALL HAVE [THE WOMAN] STAND ETC.** וַהֲלֹא כְּבָר נֶאֱמַר **– But has it not already been said,** "וְהֶעֱמִידָהּ לִפְנֵי ה'"[2] **– "and have her stand before** HASHEM**"?**[2] אֶלָּא **– But** this is repeated to teach us מְסִיעִין הָיוּ אוֹתָהּ – that **they would make her move about** מִמָּקוֹם לְמָקוֹם **– from place to place** כְּדֵי לְיַגְּעָהּ **– in order to tire her out,** וְתִטָּרֵף דַּעְתָּהּ **– and** she would thus **become disconcerted,** וְתוֹדֶה[3] **– and confess.**[3]

☐ וּפָרַע **– AND UNCOVER.** This means סוֹתֵר אֶת קְלִיעַת שְׂעָרָהּ[4] **– he would undo the braiding of her hair**[4] כְּדֵי לְבַזּוֹתָהּ **– in order to degrade her.** מִכָּאן **– From here** we see לִבְנוֹת יִשְׂרָאֵל **– regarding daughters of Israel** שֶׁגִּלּוּי הָרֹאשׁ **– that laying bare the head** גְּנַאי לָהֶן[5] **– is shameful for them.**[5]

☐ לִפְנֵי ה' **– BEFORE HASHEM.** בְּשַׁעַר נִקָּנוֹר[6] **– At the Gate of Nikanor,**[6] הוּא שַׁעַר הָעֲזָרָה הַמִּזְרָחִי[7] **– which is the eastern gate of the Courtyard of the *Beis HaMikdash*,**[7] דֶּרֶךְ כָּל הַנִּכְנָסִים **– the way by which everybody enters.**[8]

☐ וְנָתַן עַל כַּפֶּיהָ **– AND UPON HER HANDS HE SHALL PUT.** He did this לְיַגְּעָהּ **– to tire her out,** אוּלַי תִּטָּרֵף דַּעְתָּהּ – so that **she might become disconcerted** וְתוֹדֶה[9] **– and confess,**[9] וְלֹא יִמָּחֶה שֵׁם הַמְיוּחָד **– and** thus **the Special Name** of God **would not be erased**[10] עַל הַמָּיִם[11] **– over the waters.**[11]

1. *Sotah* 9a.

2. Above v. 16.

3. *Sotah* 8a. It was desirable to have a guilty woman confess to her sin so that she would not die from drinking the bitter waters, and so that the Holy Name would not have to be erased into them. See also note 10 below.

4. *Sotah* 8a. The *Gemara* derives from the word הָאִשָּׁה of our verse that the Kohen exposes the entire upper portion of the woman's body. The *Gemara* goes on to say that implicit in this is the fact that the Kohen exposes the woman's head. Why then does the verse state explicitly "the woman's head"? To teach us that he exposes it fully, even to the extent of undoing any braiding (see *Sotah* 8a and Rashi there, s.v., סותר את שערה).

5. *Sifrei* 11; *Kesubos* 72a. If merely unbraiding the hair after it has been uncovered is considered degrading, all the more so is baring the head in the first place (see *Moshav Zekeinim*).

6. *Sifrei* 9.

7. *Sotah* 7a.

8. Thus, this gate is probably the most public place on the grounds of the *Beis HaMikdash* and this location will serve to multiply her disgrace. This explains why Rashi chose to explain the phrase "and uncover" before the phrase "before HASHEM," even though they appear in the verse in reverse order. For it is only after we know that the point of "and uncover" is to disgrace the woman, that we assume that "before HASHEM" refers to the most public place on the grounds of the *Beis HaMikdash,* the Gate of Nikanor (*Levush HaOrah*).

9. *Sifrei* 11; *Sotah* 14a.

10. See v. 23 below.

11. *Sotah* 7a. Rashi above has mentioned that the Kohen has the woman under suspicion move from place to place in order to wear her down and extract a confession from her. But there he did not mention the consideration of avoiding the erasure of the Holy Name. For there, the primary consideration was preventing the woman from drinking the bitter waters in order to spare her life. But if the woman is so stubborn that even after undergoing that tiring procedure, and undergoing the disgrace of public exposure, she still does not confess, then the primary consideration in wearing her down yet further becomes the avoidance of erasure of the Name (*Be'er BaSadeh*).

מִנְחַ֤ת קְנָאֹת֙ ה֔וּא וּבְיַ֤ד הַכֹּהֵן֙ יִהְי֔וּ
יט מֵ֥י הַמָּרִ֖ים הַֽמְאָרְרִֽים׃ וְהִשְׁבִּ֨יעַ
אֹתָ֜הּ הַכֹּהֵ֗ן וְאָמַ֤ר אֶל־הָֽאִשָּׁה֙
אִם־לֹ֨א שָׁכַ֥ב אִישׁ֙ אֹתָ֔ךְ וְאִם־לֹ֥א
שָׂטִ֛ית טֻמְאָ֖ה תַּ֣חַת אִישֵׁ֑ךְ הִנָּקִ֕י
מִמֵּ֛י הַמָּרִ֥ים הַֽמְאָרְרִ֖ים הָאֵֽלֶּה׃

it is a meal-offering of jealousies, and in the hand of the Kohen shall be the bitter, afflictive waters.

19 "The Kohen shall adjure her and say to the woman, 'If a man has not lain with you, and you have not strayed in defilement with someone other than your husband, then you shall be innocent from [punishment by] these bitter, afflictive waters.

אונקלוס

מִנְחַת קִנְאָתָא הִיא וּבִידָא דְכַהֲנָא יְהוֹן מַיָּא מְרִירַיָּא מְלַטְטַיָּא: יט וְיוֹמֵי יָתַהּ כַּהֲנָא וְיֵימַר לְאִתְּתָא אִם לָא שְׁכִיב גְּבַר יָתִיךְ וְאִם לָא סְטֵית לְאִסְתְּאָבָא בַּר מִבַּעֲלִיךְ הֲוַיְ זַכָּאָה מִמַּיָּא מְרִירַיָּא מְלַטְטַיָּא הָאִלֵּין:

רש"י

המרים. על שם סופן שהם מרים לה (ספרי שם): **המאררים.** המחסרים אותה מן העולם, לשון סלון ממאיר (יחזקאל כח:כד) ולא יתכן לפרש מים ארורים שהרי קדושים הן. ולא ארורים כתב הכתוב אלא מאררים את אחרים. ואף אונקלוס לא תרגם ליטיא אלא מלטטיא, שמראות קללה בגופה של זו: **(יט) והשביע אותה וגו׳.** ומה היא השבועה אם לא שכב הנקי הא אם שכב חנקי [ס"א לא תנקי] שמכלל לאו אתה שומע הן (סוטה יז.), אלא שמצוה לפתוח בדיני נפשות תחלה

RASHI ELUCIDATED

☐ הַמָּרִים – THE BITTER. They are called "bitter" עַל שֵׁם סוֹפָן – because of their end, שֶׁהֵם מָרִים לָהּ[1] – for they are bitter to her.[1]

☐ הַמְאָרְרִים – AFFLICTIVE. הַמְחַסְּרִים אוֹתָהּ מִן הָעוֹלָם – The waters **which take her away from the world.** לְשׁוֹן "סִלּוֹן מַמְאִיר"[2] – הַמְאָרְרִים **is related to** מַמְאִיר in, **"a piercing thorn."**[2] וְלֹא יִתָּכֵן לְפָרֵשׁ מַיִם אֲרוּרִים – **It is not possible to explain** it as **"cursed waters,"** שֶׁהֲרֵי קְדוֹשִׁים הֵן – **for they are sacred,**[3] וְלֹא אֲרוּרִים כָּתַב הַכָּתוּב – **nor did the verse write the word** אֲרוּרִים, "cursed," אֶלָּא מְאָרְרִים אֶת אֲחֵרִים – **but rather, they cause affliction to others.**[4] וְאַף אוּנְקְלוּס לֹא תִרְגֵּם לִיטַיָּא – **Even *Onkelos* did not render** it לִיטַיָּא, **"cursed,"** אֶלָּא מְלַטְטַיָּא – **but rather,** מְלַטְטַיָּא, which means שֶׁמַּרְאוֹת קְלָלָה – **that they indicate a curse** בְּגוּפָהּ שֶׁל זוֹ – **in the body of this [woman].**[5]

19. וְהִשְׁבִּיעַ אֹתָהּ וְגוֹמֵר – [THE KOHEN] SHALL ADJURE HER, ETC. וּמַה הִיא הַשְּׁבוּעָה – **And what is the oath?**[6] "אִם לֹא שָׁכַב . . . הִנָּקִי" – **"If** [a man] **has not lain** [with you] . . . **be innocent."**[7] הָא אִם שָׁכַב – **But if [a man] has lain** with you, חִנָּקִי[8] – **you shall choke,**[8] שֶׁמִּכְּלַל לָאו אַתָּה שׁוֹמֵעַ הֵן[9] – **because from the implication of the negative you infer the positive.**[9] אֶלָּא שֶׁמִּצְוָה – **But it is an obligation** לִפְתּוֹחַ בְּדִינֵי נְפָשׁוֹת תְּחִלָּה – **to first open** discussion **in capital cases**

1. *Sifrei* 11. This is unlike another opinion which holds that it means that the Kohen would put bitter tasting herbs into the water (see *Mizrachi; Amar N'kai; Sifsei Chachamim*).

2. *Ezekiel* 28:24.

3. See v. 17.

4. הַמְאָרְרִים is in the intensive *piel* which can be used to denote the causative. Had the Torah meant "cursed waters," it would have used the adjective אֲרוּרִים.

5. Unlike Rashi who understands הַמְאָרְרִים as "afflictive," *Targum Onkelos* sees הַמְאָרְרִים of our verse as related to "cursing." Yet even he agrees that it cannot mean "cursed" (*Sefer Zikaron*; see also Rashi to *Leviticus* 13:51).

6. Our verse does not appear to be an oath, but rather a preliminary statement that if the woman is innocent, no harm will befall her. The oath does not appear to begin until verse 21. Rashi explains how our verse is, in fact, an oath.

7. We might have understood the verse as saying, "The Kohen shall adjure her, and, *in addition to adjuring her,* he shall say . . ." But if this were the meaning of the verse, we would not know what the content of the oath is. Therefore, "and say . . ., 'If a man has not lain . . .' " is understood as the wording of the oath with which "the Kohen shall adjure her" (*Mizrachi; Sifsei Chachamim*).

8. The text follows almost all the early printed editions, which read חִנָּקִי, a reading that is in accord with Rashi's commentary to *Kiddushin* 62a, s.v., הנקי כתיב, and *Sotah* 17a, s.v., א״ר תנחום הנקי כתיב.

Some texts follow the Zamora edition which reads לֹא תִנָּקִי, "you shall not be innocent" (see *Tzeidah LaDerech*), a reading that avoids the difficulty noted by *Gur Aryeh* (see following note).

9. *Sotah* 17a. The unstated implication of "if a man has not lain with you . . . then you shall be innocent" can be seen two ways. Either it implies that if a man *has* lain with you, then you shall not be innocent, but neither shall you necessarily suffer punishment, or it can be taken to imply, if a man *has* lain with you, then you shall be punished. The spelling of הִנָּקִי points to the

20 *But if you have strayed with someone other than your husband, and if you have become defiled, and a man other than your husband has lain with you . . .!'*
21 *"The Kohen shall adjure the woman with the oath of the curse, and the Kohen shall say to the woman, 'May* Hashem *set you as a curse and as an oath among*

כ וְאַתְּ כִּי שָׂטִית תַּחַת אִישֵׁךְ וְכִי
נִטְמֵאת וַיִּתֵּן אִישׁ בָּךְ אֶת־
כא שְׁכָבְתּוֹ מִבַּלְעֲדֵי אִישֵׁךְ: וְהִשְׁבִּיעַ
הַכֹּהֵן אֶת־הָאִשָּׁה בִּשְׁבֻעַת הָאָלָה
וְאָמַר הַכֹּהֵן לָאִשָּׁה יִתֵּן יהוה
אוֹתָךְ לְאָלָה וְלִשְׁבֻעָה בְּתוֹךְ

אונקלוס

כ וְאַתְּ אֲרֵי סְטֵית בַּר מִבַּעֲלִיךְ וַאֲרֵי אִסְתָּאַבְתְּ וִיהַב גְּבַר בִּיךְ יָת שְׁכָבְתֵּהּ בַּר מִבַּעֲלִיךְ: כא וְיוֹמֵי כַּהֲנָא יָת אִתְּתָא בְּמוֹמָתָא דִלְוָטָא וְיֵימַר כַּהֲנָא לְאִתְּתָא יִתֵּן יְיָ יָתִיךְ לִלְוַט וּלְמוֹמֵי בְּגוֹ

רש"י

לזכות (ספרי יב; סנהדרין לב:-לג.): **(כ) ואת כי שטית.** כי משמש בלשון אם (תענית ט.): **(כא) בשבעת האלה.** שבועה של קללה: **יתן ה' אותך לאלה וגו'.** שיהיו הכל מקללין בך, יבואך כדרך שבא לפלונית (ספרי יח): **ולשבעה.** שיהיו הכל נשבעין בך, אם לא, יארע לי כדרך שאירע לפלונית, וכן הוא אומר והנחתם שמכם לשבועה לבחירי (ישעיה סה:טו) שהצדיקים נשבעים

RASHI ELUCIDATED

לִזְכוּת[1] – **with** matters tending toward **innocence.**[1]

20. וְאַתְּ כִּי שָׂטִית – BUT IF YOU HAVE STRAYED. ,,כִּי" מְשַׁמֵּשׁ בִּלְשׁוֹן ,,אִם"[2] – **The word כִּי serves** here **in the sense of "if."**[2]

21. בִּשְׁבֻעַת הָאָלָה – This means שְׁבוּעָה שֶׁל קְלָלָה – [with] **the oath of the curse.**[3]

□ יִתֵּן ה' אוֹתָךְ לְאָלָה וְגוֹמֵר – MAY HASHEM RENDER YOU AS A CURSE, ETC. שֶׁיִּהְיוּ הַכֹּל מְקַלְּלִין בִּיךְ – **That everyone should curse by you,** saying, יְבוֹאֵךְ כְּדֶרֶךְ שֶׁבָּא לִפְלוֹנִית[4] – **"May that befall you which befell so-and-so."**[4]

□ וְלִשְׁבֻעָה – AND AS AN OATH. שֶׁיִּהְיוּ הַכֹּל נִשְׁבָּעִין בִּיךְ – **That everyone should swear by you,** saying, אִם[5] לֹא – **"If**[5] **it is not** as I say, יֶאֱרַע לִי כְּדֶרֶךְ שֶׁאֵירַע לִפְלוֹנִית – **may that happen to me which happened to so-and-so."** וְכֵן הוּא אוֹמֵר – **And similarly, it says,** ,,וְהִנַּחְתֶּם שִׁמְכֶם לִשְׁבוּעָה לִבְחִירַי"[6] – **"And you shall leave your name as an oath to My chosen ones."**[6] שֶׁהַצַּדִּיקִים נִשְׁבָּעִין – **For the righteous**

latter. For the full spelling of the word is הִינָּקִי, with a י between the ה and the נ. The י is omitted from the word here so that the guttural ח can be seen as being substituted for the guttural ה, resulting in חִנָּקִי, "you shall choke." The words טְמָאָה תַּחַת אִישֵׁךְ חִנָּקִי are taken as a distinct phrase meaning, "[If there has been] defilement while you have been married to your husband, you shall choke" (*Mizrachi* based on Rashi to *Kiddushin* 62a, s.v., הנקי כתיב, and *Sotah* 17a, s.v., א״ר תנחום הנקי כתיב; *Gur Aryeh* notes the difficulty of this interpretation, for we never find a י in this form of the *nifal*).

According to the alternative reading לֹא תִנָּקִי (see previous note), the implication of "If a man has not lain with you . . . then you shall be proven innocent" is that she will not be punished in any way; "but if you have strayed . . . " then implies that she will be found guilty and will suffer the punishments described below.

1. *Sifrei* 12; *Sanhedrin* 32b-33a. The essential part of the oath is the woman's acceptance of her punishment if she is in fact guilty. Yet the explicit portion of the oath speaks only of the possibility of her innocence. This follows the rule that the courtroom deliberations regarding a particular capital case should always begin with the stress on the possibility of innocence (*Mizrachi*).

2. *Taanis* 9a. A word from the root שטה, "to stray," was used above in verse 12 (see Rashi there), for "straying from modest ways," for the woman who is the subject of our passage has parted from modest ways by secluding herself with a man other than her husband. If שָׂטִית of our verse referred to this "straying," כִּי here would mean "because"; the Kohen could state with certainty, "*because* you have strayed." But "straying" here refers to the "straying with defilement" of the preceding verse, that is, the actual committing of adultery. Since it is not known at this point whether the woman has committed adultery, the Kohen must be saying, "*if* you have strayed" (*Mizrachi*).

3. In other contexts, אָלָה means "an oath" (see Rashi to *Leviticus* 5:1). But that definition does not fit the context of our verse, for then שְׁבֻעַת would be superflous. Here אָלָה is used as "curse" only, not as an oath with a curse.

4. *Sifrei* 18.

5. Although some editions, following the Soncino (1487) edition, omit the word אִם, "if," that omission was almost certainly a typographical error. See *Yosef Hallel.*

6. *Isaiah* 65:15; see Rashi there.

עַמֵּךְ בְּתֵת יהוָה אֶת־יְרֵכֵךְ נֹפֶלֶת וְאֶת־בִּטְנֵךְ צָבָה: כב וּבָאוּ הַמַּיִם הַמְאָרְרִים הָאֵלֶּה בְּמֵעַיִךְ לַצְבּוֹת בֶּטֶן וְלַנְפִּל יָרֵךְ וְאָמְרָה הָאִשָּׁה

your people, when HASHEM *makes your thigh fallen and your stomach distended.* [22] *These afflictive waters shall enter your innards to cause a stomach to distend and a thigh to fall!' And the woman shall respond,*

אונקלוס

עַמִּיךְ בְּדִיתֵּן יְיָ יָת יַרְכִּיךְ מַסְיָא וְיָת מְעַיְכִי נְפִיחִין: כב וְיֵעֲלוּן מַיָּא מְלַטְטַיָּא הָאִלֵּין בִּמְעַיְכִי לְאַפָּחָא מְעִין וּלְאַמְסָאָה יַרְכָּא וְתֵימַר אִתְּתָא

רש"י

בפורענותן של רשעים. וכן לענין הברכה, ונברכו בך (בראשית יב:ג) בך יברך ישראל לאמר (שם מח:כ; ספרי שם): את ירכך. בקללה הקדים ירך לבטן לפי שבה [ס"א שהיא] התחילה בעבירה תחלה (סוטה ח:): צבה. כתרגומו נפוחה: (כב) לצבות בטן. כמו להצבות בטן זהו שמוש פתח שהלמ"ד נקודה בו. וכן לנחותם הדרך (שמות יג:כא) לראותכם בדרך אשר תלכו בה (דברים א:לג) וכן לנפיל ירך להנפיל ירך, שהמים מצבים את הבטן ומפילים את הירך: לצבות בטן ולנפל ירך. בטנו וירכו של בועל או אינו אלא של נבעלת, כשהוא אומר את ירכך נופלת ואת בטנך צבה הרי של נבעלת אמור (ספרי טו; סוטה כח.):

RASHI ELUCIDATED

swear בְּפֻרְעֲנוּתָן שֶׁל רְשָׁעִים – **by the punishments of the wicked.** וְכֵן לְעִנְיַן הַבְּרָכָה – **And so it is regarding the matter of blessing,** as it says, "וְנִבְרְכוּ בְךָ",[1] – **"And** [all the families of the earth] **shall be blessed through you,"**[1] "בְּךָ יְבָרֵךְ יִשְׂרָאֵל לֵאמֹר",[2,3] – **"By you shall Israel bless, saying."**[2,3]

□ אֶת יְרֵכֵךְ – **YOUR THIGH.** בַּקְּלָלָה – **In the curse**[4] הִקְדִּים יָרֵךְ לְבֶטֶן – **[Scripture] put** mention of **the thigh ahead of the stomach** לְפִי שֶׁהִיא הִתְחִילָה בָּעֲבֵירָה[5] – **because it began the sin.**[5]

□ צָבָה – **DISTENDED.** This is to be understood כְּתַרְגּוּמוֹ – **as *Targum* Onkelos renders it,** it means נְפוּחָה – **"swollen."**

22. לַצְבּוֹת בֶּטֶן – **TO CAUSE A STOMACH TO DISTEND.** כְּמוֹ לְהַצְבּוֹת בֶּטֶן – This is **the same as** לְהַצְבּוֹת בֶּטֶן, with the letter ה following the prefix ל, "to." זֶהוּ שִׁמּוּשׁ פַּתַּח שֶׁהַלָּמֶ"ד נְקוּדָה בוֹ – **This is the function of the *patach* with which the** ל is vowelized, i.e., it stands in place of the elided ה. וְכֵן "לַנְחֹתָם הַדֶּרֶךְ"[6] – **Similarly, "to have them led along the way,"**[6] and "לַרְאֹתְכֶם בַּדֶּרֶךְ אֲשֶׁר תֵּלְכוּ בָהּ"[7] – **"to guide you along the route in which you go."**[7] וְכֵן "לַנְפִּל יָרֵךְ" לְהַנְפִּיל יָרֵךְ – **Similarly,** לַנְפִּל יָרֵךְ is the equivalent of לְהַנְפִּיל יָרֵךְ, **"to cause thigh to collapse,"** שֶׁהַמַּיִם מַצְבִּים אֶת הַבֶּטֶן – **for the waters cause the stomach to distend** וּמַפִּילִים אֶת הַיָּרֵךְ – **and cause the thigh to collapse.**[8]

□ לַצְבּוֹת בֶּטֶן וְלַנְפִּל יָרֵךְ – **TO CAUSE A STOMACH TO DISTEND AND A THIGH TO FALL.** בִּטְנוֹ וִירֵכוֹ שֶׁל בּוֹעֵל – This refers to **the stomach and thigh of the man who had relations** with her, i.e., the adulterer. אוֹ אֵינוֹ אֶלָּא שֶׁל נִבְעֶלֶת – **Or** perhaps **it is** (refers to) **none but she who had relations,** i.e., the adulteress? כְּשֶׁהוּא אוֹמֵר – **When it says,** "אֶת יְרֵכֵךְ נֹפֶלֶת וְאֶת בִּטְנֵךְ צָבָה", – **"your thigh fallen and your stomach distended,"**[9] הֲרֵי שֶׁל נִבְעֶלֶת אָמוּר[10] – **see now,** that the stomach and thigh **of she who had relations has** already **been spoken of.** Our verse, therefore, speaks of the stomach and thigh of another, namely, the adulterer.[10]

1. *Genesis* 12:3; see Rashi there.

2. *Genesis* 48:20; see Rashi there.

3. *Sifrei* 18.

4. As opposed to the actual implementation of the curse, in which the stomach was affected before the thigh, as we see from verses 22 and 27.

5. *Sotah* 8b. The text follows the early printed editions, and follows Rashi's commentary to the Mishnah in *Sotah,* where he says that the thigh is mentioned in the curse before the stomach, because it derives pleasure from the act of adultery before the stomach. Many contemporary editions read: לְפִי שֶׁבָּהּ הִתְחִילָה בָּעֲבֵירָה תְּחִלָּה, "because it is with [the thigh] that she first began the sin." See *Yosef Hallel.*

6. *Exodus* 13:21; see Rashi there.

7. *Deuteronomy* 1:33; see Rashi there. In both examples, infinitives in the causative *hifil* vowelize the ל with a *patach,* in place of the elided ה of the *hifil* form. Rashi also notes this form in his comments to *II Kings* 9:15, *Isaiah* 23:11, *Amos* 8:4, and *Psalms* 26:7.

8. Rashi shows how לַנְפִּל can be a causative verb; this allows for it to be viewed as being in the causative *hifil* rather than in the simple *kal.*

9. Verse 21.

10. *Sifrei* 15; *Sotah* 28a.

כג אָמֵ֥ן ׀ אָמֵֽן׃ וְ֠כָתַ֠ב אֶת־הָֽאָלֹ֥ת
הָאֵ֛לֶּה הַכֹּהֵ֖ן בַּסֵּ֑פֶר וּמָחָ֖ה אֶל־
כד מֵ֥י הַמָּרִֽים׃ וְהִשְׁקָה֙ אֶת־הָ֣אִשָּׁ֔ה

'Amen, amen.'
[23] "The Kohen shall inscribe these curses on a scroll and erase it into the bitter waters.
[24] And he shall cause the woman to drink

אונקלוס

אָמֵן אָמֵן: כג וְיִכְתּוֹב יָת לְוָטַיָּא הָאִלֵּין כַּהֲנָא בְּסִפְרָא וְיִמְחוֹק לְמַיָּא מְרִירַיָּא: כד וְיַשְׁקֵי יָת אִתְּתָא

רש"י

אמן אמן. קבלת שבועה (שבועות לו.). אמן על האלה אמן על השבועה, אמן אם מאיש זה אמן אם מאיש אחר, אמן שלא שטיתי ארוסה ונשואה שומרת יבם וכנוסה (סוטה יח.): (כד) והשקה את האשה. אין זה סדר המעשה שהרי בתחלה מקריב מנחתה, אלא הכתוב מבשרך שכשישקנה יבואו בה למרים. לפי שנא' בטן וירך מניין לשאר כל הגוף, ת"ל ובאו בה, בכולה. אם כן מה ת"ל בטן וירך לפי שהן התחילו בעבירה תחלה לפיכך התחיל מהם הפורענות (ספרי יז):

RASHI ELUCIDATED

□ אָמֵן אָמֵן – AMEN, AMEN. קַבָּלַת שְׁבוּעָה[1] – This constitutes **acceptance of an oath.**[1] The repetition implies, אָמֵן עַל הָאָלָה – **"Amen" to the curse,** אָמֵן עַל הַשְּׁבוּעָה – **"amen" to the oath;**[2] אָמֵן אִם מֵאִישׁ זֶה – **"amen" if** she committed adultery **with this man,** about whom her husband had warned her, אָמֵן אִם מֵאִישׁ אַחֵר – **"amen" if with another man;** אָמֵן שֶׁלֹּא שָׂטִיתִי אֲרוּסָה וּנְשׂוּאָה שׁוֹמֶרֶת יָבָם וּכְנוּסָה[6] – **"amen" that I did not stray as an *arusah*, a *nesuah*,**[3] **one who anticipates *yibbum*,**[4] **or one who has been taken in.**[5,6]

24. וְהִשְׁקָה אֶת הָאִשָּׁה – **AND HE SHALL CAUSE THE WOMAN TO DRINK.** אֵין זֶה סֵדֶר הַמַּעֲשֶׂה – **This is not the** prescribed **sequence of the procedure,** שֶׁהֲרֵי בַּתְּחִלָּה מַקְרִיב מִנְחָתָהּ – **for, see now, first he offers her meal-offering.**[7] אֶלָּא הַכָּתוּב מְבַשֶּׂרְךָ – **But the verse informs you** שֶׁכְּשֶׁיַּשְׁקֶנָּה – **that when [the Kohen] will cause her to drink** the waters, יָבוֹאוּ בָהּ לְמָרִים – **they will enter her to** cause her **bitterness.**[8]

לְפִי שֶׁנֶּאֱמַר – **Since it has said** only that the waters affect בֶּטֶן וְיָרֵךְ – the **stomach and thigh,**[9] מִנַּיִן – **from where do we know** לִשְׁאָר כָּל הַגּוּף – **about the rest of the body?** תַּלְמוּד לוֹמַר – To teach us that the waters affect the entire body, **the Torah says,** "וּבָאוּ בָהּ" – **"and [they] shall come into her,"** which implies, בְּכֻלָּהּ – **into all of her.**[10] אִם כֵּן – **If so,** מַה תַּלְמוּד לוֹמַר – **why does the Torah say** בֶּטֶן וְיָרֵךְ – **stomach and thigh** specifically? לְפִי שֶׁהֵן הִתְחִילוּ בַּעֲבֵירָה תְּחִלָּה – **Because they initiated the sin,** לְפִיכָךְ – **therefore,** הִתְחִיל מֵהֶם הַפּוּרְעָנוּת[11] – **[the verse] began** to speak of **the punishment from them.**[11]

1. *Shevuos* 36a; cf. Rashi to *Genesis* 42:20, s.v., וְיֵאָמְנוּ דִבְרֵיכֶם.

2. " 'Amen' to the curse" implies acceptance of punishment if the oath is taken falsely. " 'Amen' to the oath" implies that the woman swears that she did not commit adultery (Rashi to *Sotah* 18b, s.v., אמן שלא נטמאתי).

3. An *arusah* is a woman who has received *kiddushin* (also called *erusin*), the first stage of marriage, which is usually transacted by giving the bride a ring, or some other object of value. At this stage, she is a married woman insofar as being forbidden to other men, but she remains in her father's house, and does not yet live with her husband. A *nesuah* is a woman who has undergone the second stage of marriage, *nisuin*, at which time she moves into her husband's domain and is considered married in all respects. In contemporary practice, *nisuin* follows immediately after *kiddushin*.

4. If a man dies childless, by Torah law one of his brothers should take his widow as his wife. This process is called *yibbum* (levirate marriage). Should he refuse, he and the widow must follow the procedure called *chalitzah* which is comparable in certain ways to divorce; see *Deuteronomy* 25:5-10. "One who anticipates *yibbum*" is a woman whose husband has died childless, and whose brother-in-law has not yet performed either *yibbum* or *chalitzah*.

5. "One who has been taken in" is a woman who has been taken in by her brother-in-law to be his wife, through fulfillment of *yibbum*.

6. *Sotah* 18a.

7. As stated in verse 24.

8. The verse is not giving a command, as if to say, "At this stage, after the Kohen has erased the scroll into the water, he shall give her to drink." Rather, it informs us that *when* he gives her to drink, if she is guilty, it will result in bitterness for her (*Be'er Yitzchak*).

9. See vv. 21-22.

10. This explains what it is that our verse tells us about the bitterness she is to suffer, which has not already been told to us by verses 21-22 (*Be'er Yitzchak*).

11. *Sifrei* 17. By specifying the stomach and the thigh, the Torah indicates that they are the first parts of the body to be affected by the waters.

the bitter, afflictive waters, and the afflictive waters shall come into her as bitter.
[25] "The Kohen shall take the meal-offering of jealousies from the hand of the woman; and he shall wave the meal-offering before HASHEM*, and he shall offer it on the Altar. [26] The Kohen shall scoop up from the meal-offering its memorial portion and cause it to go up in smoke on the Altar; after which he shall cause the woman to drink the water. [27] He shall cause her to drink the water, and it shall be*

אֶת־מֵ֥י הַמָּרִ֖ים הַמְאָרְרִ֑ים וּבָ֥אוּ
בָ֛הּ הַמַּ֥יִם הַמְאָרְרִ֖ים לְמָרִֽים׃
כה וְלָקַ֣ח הַכֹּהֵ֗ן מִיַּ֤ד הָֽאִשָּׁה֙ אֵ֖ת
מִנְחַ֣ת הַקְּנָאֹ֑ת וְהֵנִ֤יף אֶת־הַמִּנְחָה֙
לִפְנֵ֣י יהוה וְהִקְרִ֥יב אֹתָ֖הּ אֶל־
כו הַמִּזְבֵּֽחַ׃ וְקָמַ֨ץ הַכֹּהֵ֤ן מִן־הַמִּנְחָה֙
אֶת־אַזְכָּ֣רָתָ֔הּ וְהִקְטִ֖יר הַמִּזְבֵּ֑חָה
וְאַחַ֛ר יַשְׁקֶ֥ה אֶת־הָאִשָּׁ֖ה אֶת־
כז הַמָּֽיִם׃ וְהִשְׁקָ֣הּ אֶת־הַמַּ֗יִם וְהָֽיְתָ֣ה

אונקלוס

יָת מַיָּא מְרִירַיָּא מְלַטְטַיָּא וְיֵעֲלוּן בַּהּ מַיָּא מְלַטְטַיָּא לִמְרִירוּ (נ״א לִלְוָט): כה וְיִסַּב כַּהֲנָא מִידָא דְאִתְּתָא יָת מִנְחַת קִנְאָתָא וִירִים יָת מִנְחָתָא קֳדָם יְיָ וִיקָרֵב יָתַהּ לְמַדְבְּחָא: כו וְיִקְמוֹץ כַּהֲנָא מִן מִנְחָתָא יָת אַדְכָּרְתַהּ וְיַסֵּק לְמַדְבְּחָא וּבָתַר כֵּן יַשְׁקֵי יָת אִתְּתָא יָת מַיָּא: כז וְיַשְׁקִנַּהּ יָת מַיָּא וּתְהֵי

רש״י

למרים. להיות לה רעים ומרים: **(כה) והניף.** מוליך ומביא מעלה ומוריד (שם) ואף היא מניפה עמו, שידה למעלה מידו של כהן (סוטה יט.): **והקריב אותה.** זו היא הגשתה בקרן דרומית מערבית של מזבח קודם קמיצה כשאר מנחות (ספרי שם; סוטה שם): **(כו) אזכרתה.** הוא הקומץ (ספרי שם) שעל ידי הקטרתו המנחה באה לזכרון לגבוה (ת״כ ויקרא נדבה פרשתא ט:יב): **(כז) והשקה את המים.** לרבות

RASHI ELUCIDATED

□ לְמָרִים — AS BITTER, that is, לִהְיוֹת לָהּ — **to be for her** רָעִים וּמָרִים — **bad and bitter.**[1]

25. וְהֵנִיף — AND HE SHALL WAVE. מוֹלִיךְ וּמֵבִיא — **He moves it forward and brings it back,** מַעֲלֶה וּמוֹרִיד[2] — **raises it up and brings it down.**[2] וְאַף הִיא מְנִיפָה עִמּוֹ — **She, too, waves along with him,** שֶׁיָּדָהּ לְמַעְלָה מִיָּדוֹ שֶׁל כֹּהֵן[3] — **for her hand is** placed **above the hand of the** ***Kohen.***[3]

□ וְהִקְרִיב אוֹתָהּ — AND HE SHALL OFFER IT. זוֹ הִיא הַגָּשָׁתָהּ — **This is** (refers to) **bringing [the offering] close** בְּקֶרֶן דְּרוֹמִית מַעֲרָבִית שֶׁל מִזְבֵּחַ — **at the southwestern corner of the Altar** קוֹדֶם קְמִיצָה — **before the scooping procedure,** כִּשְׁאָר מְנָחוֹת[4] — **like other meal-offerings.**[4]

26. אַזְכָּרָתָהּ — ITS MEMORIAL PORTION. הוּא הַקּוֹמֶץ — **This is the threefingersful.**[5] שֶׁעַל יְדֵי הַקְטָרָתוֹ — It is called the "memorial portion" because **through burning it,** הַמִּנְחָה בָּאָה לְזִכָּרוֹן — **the meal-offering comes as a remembrance** לַגָּבוֹהַּ[6] — **to** the One Who is **on High.**[6]

27. וְהִשְׁקָהּ אֶת הַמַּיִם — HE SHALL CAUSE HER TO DRINK THE WATER. לְרַבּוֹת — This is repeated **to include**

1. The ל prefix can connote transformation, e.g., *Exodus* 4:4, וַיְהִי לְמַטֶּה בְּכַפּוֹ, "and it became a staff in his palm." There the ל means "into" — "it turned into a staff." The ל of לְמָרִים of our verse might also have been understood in this way — "and the afflictive waters shall come into her, and become bitter." But when the Torah uses the ל prefix in this matter, it is linked to a verb of being, as in the verse from *Exodus* cited above. Since the Torah uses וּבָאוּ, "they will come," rather than וְהָיוּ, "they will be," with reference to the waters, it indicates that the ל is used here to denote the waters' function (*Be'er Yitzchak*). See also Rashi to *Genesis* 2:22, s.v., לְאִשָּׁה, and Rashi to 9:15 below, s.v., הַמִּשְׁכָּן לְאֹהֶל הָעֵדֻת, where he explains the ל prefix similarly.

2. *Sifrei* 17.

3. *Sotah* 19a. That the woman is included in the waving is derived by the Talmud through a *gezeirah shavah* (an exegetical method which applies the laws of one verse to another by virtue of their similar wording).

This point explains why the verse uses "from *the hand of* the woman" instead of "from the woman" (*Maskil LeDavid;* see Rashi to *Leviticus* 7:30, s.v., יָדָיו תְּבִיאֶנָּה, and *Deuteronomy* 26:4).

4. *Sifrei* 17; *Sotah* 19a. The Kohen touches the southwestern corner of the Altar with the meal-offering; see *Leviticus* 2:8 and Rashi there.

"He shall offer it" does not mean that he should burn the offering on the Altar, for that is mentioned in the next verse, "and cause it to go up in smoke" (*Devek Tov*).

5. *Sifrei* 17. The Kohen cups the three middle fingers of his right hand over his palm and scoops up as much of the flour-and-oil mixture as his hand will hold. The act of scooping is known as *kemitzah* and the amount scooped is called a *kometz.* (See Rashi to *Leviticus* 2:2, s.v., וְקָמַץ מִשָּׁם, "he shall scoop from there.")

6. *Toras Kohanim, Vayikra, Nedavah, parshasa* 9:12.

אִם־נִטְמְאָה וַתִּמְעֹל מַעַל בְּאִישָׁהּ
וּבָאוּ בָהּ הַמַּיִם הַמְאָרְרִים לְמָרִים
וְצָבְתָה בִטְנָהּ וְנָפְלָה יְרֵכָהּ
וְהָיְתָה הָאִשָּׁה לְאָלָה בְּקֶרֶב
כח עַמָּהּ: וְאִם־לֹא נִטְמְאָה הָאִשָּׁה
וּטְהֹרָה הִוא וְנִקְּתָה וְנִזְרְעָה זָרַע:

that if she had become defiled and had committed a trespass against her husband, the afflictive waters shall come into her as bitter, and her stomach shall be distended and her thigh shall collapse, and the woman shall become a curse amid her people. [28] *But if the woman had not become defiled, and she is pure, then she shall be proven innocent and she shall bear seed.*

אונקלוס

אִם אִסְתָּאֲבַת וְשִׁקְרַת שְׁקַר בְּבַעְלַהּ וְיֵעֲלוּן בַּהּ מַיָּא מְלַטְטַיָּא לִמְרִירוּ וְיִפְחוּן מְעָהָא וְתִתְמְסֵי יַרְכַּהּ
וּתְהֵי אִתְּתָא לִלְוָט בְּגוֹ עַמַּהּ: כח וְאִם לָא אִסְתָּאֲבַת אִתְּתָא וְדַכְיָאָה הִיא וְתִפּוֹק זַכָּאָה וְתַעְדֵּי עִדּוּי:

רש"י

שאם אמרה איני שותה לאחר שנמחקה המגלה מערערין אותה ומשקין אותה בעל כרחה, אלא אם כן אמרה טמאה אני (סוטה יט:-כ.): וצבתה בטנה וגו'. אע"פ שבקללה הזכיר ירך תחלה המים אינן בודקין אלא כדרך כניסתן בה (שם ט:): והיתה האשה לאלה. כמו שפירשתי שיהיו הכל אלין בה: בקרב עמה. הפרש יש בין אדם המתנוול במקום שניכר לאדם המתנוול במקום שאינו ניכר (ספרי יד): (כח) ואם לא נטמאה האשה. בסתירה זו: וטהרה הוא. ממקום אחר: ונקתה. ממים המאררים, ולא עוד אלא ונזרעה זרע, אם היתה יולדת בצער תלד בריוח,

RASHI ELUCIDATED

שֶׁאִם אָמְרָה – a situation **where she says,** אֵינִי שׁוֹתָה – **"I am not drinking,"** לְאַחַר שֶׁנִּמְחֲקָה הַמְּגִלָּה – **after the scroll had been erased.** מְעַרְעֲרִין אוֹתָהּ – Then, **they pour it into her forcibly,**[1] וּמַשְׁקִין אוֹתָהּ בְּעַל כָּרְחָהּ – **and make her drink against her will,** אֶלָּא אִם כֵּן אָמְרָה – **unless she says,** טְמֵאָה אָנִי – **"I am defiled."**[2]

□ וְצָבְתָה בִטְנָהּ וְגוֹמֵר – AND HER STOMACH SHALL BE DISTENDED, ETC. אַף עַל פִּי שֶׁבַּקְּלָלָה – **Although in the curse** הִזְכִּיר יָרֵךְ תְּחִלָּה – **it mentioned the thigh first,**[3] הַמַּיִם אֵינָן בּוֹדְקִין אֶלָּא כְּדֶרֶךְ כְּנִיסָתָן בָּהּ – **the waters test** her **only in the manner of their entry into her,** and they first entered her stomach.[4]

□ וְהָיְתָה הָאִשָּׁה לְאָלָה – AND THE WOMAN SHALL BECOME A CURSE. כְּמוֹ שֶׁפֵּרַשְׁתִּי – **As I have explained,**[5] שֶׁיִּהְיוּ הַכֹּל אָלִין בָּהּ – **that everyone shall curse by her.**

□ בְּקֶרֶב עַמָּהּ – AMID HER PEOPLE. הֶפְרֵשׁ יֵשׁ – **There is a difference** בֵּין אָדָם הַמִּתְנַוֵּל – **between a person who becomes debased** בְּמָקוֹם שֶׁנִּכָּר – **in a place where he is known,** לְאָדָם הַמִּתְנַוֵּל – **and a person who becomes debased** בְּמָקוֹם שֶׁאֵינוֹ נִכָּר – **in a place where he is not known.**[6]

28. וְאִם לֹא נִטְמְאָה הָאִשָּׁה – BUT IF THE WOMAN HAD NOT BECOME DEFILED בִּסְתִירָה זוֹ – **through this seclusion,**

□ וּטְהֹרָה הוּא – AND SHE IS PURE מִמָּקוֹם אַחֵר – **from elsewhere,**[7]

□ וְנִקָּתָה – THEN SHE SHALL BE PROVEN INNOCENT מִמַּיִם הַמְאָרְרִים – **from the afflictive waters,** וְלֹא עוֹד אֶלָּא, "וְנִזְרְעָה זָרַע" – **and furthermore,**[8] **"she shall bear seed"**; that is, אִם הָיְתָה יוֹלֶדֶת בְּצַעַר – **if she would give birth painfully** until now, תֵּלֵד בְּרֶוַח – **she will give birth with ease** from now on.

1. On the word מְעַרְעֲרִין, see Rashi to *Job* 39:30, s.v., יְעַלְעוּ, and Rashi to *Sotah* 18b, s.v., מערערין אותה.

2. *Sotah* 19b-20a.

3. See v. 21 above.

4. *Sotah* 9b.

5. See Rashi to v. 21 above, s.v., יִתֵּן ה' אוֹתָךְ לְאָלָה.

6. *Sifrei* 14. Verse 21 above used בְּתוֹךְ עַמֵּךְ, "*among* your people." This connotes that the woman will be set as an example for oaths and curses by many people. Our verse, however, uses בְּקֶרֶב עַמָּהּ, "*amid* her people." This indicates that our verse stresses the depth of her humiliation, that it will take place even among those closest to her (see *Gur Aryeh*).

7. "If the woman had not become defiled, and she is pure" seems redundant. Rashi explains that "had not become defiled" refers to the seclusion against which her husband had warned her, while "and she is pure" refers to any other act of adultery she may have committed while married to her present husband. The waters test her even if she committed adultery with another man, whom her husband did not suspect (*Be'er Yitzchak*).

8. With "and furthermore," Rashi indicates that the verse does not mean to imply a cause and effect relationship between וְנִקְּתָה and וְנִזְרְעָה זָרַע – "she shall be cleansed [of that which has been preventing her pregnancy], and she shall bear seed" (*Mizrachi; Sifsei Chachamim*).

[29] *"This is the law of the jealousies, when a woman shall go astray with someone other than her husband and become defiled;* [30] *if he is a man over whom passes a spirit of jealousy and he warns his wife, and he causes his wife to stand before* HASHEM, *then the Kohen shall carry out for her this entire law.* [31] *The man will be innocent of iniquity, but that woman shall bear her iniquity."*

6 [1] *HASHEM spoke to Moses, saying,* [2] *"Speak to the Children of Israel and say to them: A man or a woman who shall set [himself] apart by taking a nazirite vow*

כט זֹאת תּוֹרַת הַקְּנָאֹת אֲשֶׁר תִּשְׂטֶה
ל אִשָּׁה תַּחַת אִישָׁהּ וְנִטְמָאָה: אוֹ
אִישׁ אֲשֶׁר תַּעֲבֹר עָלָיו רוּחַ קִנְאָה
וְקִנֵּא אֶת־אִשְׁתּוֹ וְהֶעֱמִיד אֶת־
הָאִשָּׁה לִפְנֵי יהוה וְעָשָׂה לָהּ הַכֹּהֵן
לא אֵת כָּל־הַתּוֹרָה הַזֹּאת: וְנִקָּה הָאִישׁ
מֵעָוֹן וְהָאִשָּׁה הַהִוא תִּשָּׂא אֶת־
עֲוֹנָהּ:
ו א־ב וַיְדַבֵּר יהוה אֶל־מֹשֶׁה לֵּאמֹר: דַּבֵּר
אֶל־בְּנֵי יִשְׂרָאֵל וְאָמַרְתָּ אֲלֵהֶם
אִישׁ אוֹ־אִשָּׁה כִּי יַפְלִא לִנְדֹּר

אונקלוס

כט דָּא אוֹרַיְתָא דִּקְנְאָתָא דִּי תִסְטֵי אִתְּתָא בַּר מִבַּעְלַהּ וְתִסְתָּאָב: ל אוֹ גְּבַר דִּי תֵעְבַּר עֲלוֹהִי רוּחַ קִנְאָה וִיקַנֵּי יָת אִתְּתֵהּ וִיקֵם יָת אִתְּתָא קֳדָם יְיָ וְיַעְבֵּד לַהּ כַּהֲנָא יָת כָּל אוֹרַיְתָא הָדָא: לא וִיהֵי זַכָּאָה גַּבְרָא מֵחוֹבָא וְאִתְּתָא הַהִיא תְּקַבֵּל יָת חוֹבַהּ: א וּמַלִּיל יְיָ עִם מֹשֶׁה לְמֵימָר: ב מַלֵּל עִם בְּנֵי יִשְׂרָאֵל וְתֵימַר לְהוֹן גְּבַר אוֹ אִתְּתָא אֲרֵי יְפָרֵשׁ לְמִדַּר

רש"י

אם היתה יולדת שחורים יולדת לבנים (ספרי יט; סוטה כו.): **(ל) או איש.** כמו או נודע (שמות כא:לו) כלומר אם איש קנאי הוא לכך והעמיד את האשה: **(לא) ונקה האיש מעון.** אם בדקוה המים אל ידאג לומר חבתי במיתתה, נקי הוא מן העונש (ספרי כא). דבר אחר משישקנה תהא אצלו בהיתר ונקה מעון שהסוטה אסורה לבעלה (קידושין כז:): **(ב) כי יפלא.** יפריש.

RASHI ELUCIDATED

אִם הָיְתָה יוֹלֶדֶת שְׁחוֹרִים – If she would give birth to swarthy [children] until now, **יוֹלֶדֶת לְבָנִים**[1] **– she will give birth to fair ones** from now on.[1]

30. אוֹ אִישׁ – IF [literally, "or"] **HE IS A MAN.** The word **אוֹ** is used here in the same sense **כְּמוֹ ,,אוֹ נוֹדַע''**[2] **– as** it is used in, **"*If* it was known."**[2] **כְּלוֹמַר – That is to say,** our verse means, **אִם אִישׁ קַנָּאִי הוּא – if he is a man of jealous nature, לְכָךְ –** and **therefore, ,,וְהֶעֱמִיד אֶת הָאִשָּׁה'' – "and he causes his wife to stand."**

31. וְנִקָּה הָאִישׁ מֵעָוֹן – THE MAN WILL BE INNOCENT OF INIQUITY. אִם בְּדָקוּהָ הַמַּיִם – If the waters tested her and found her guilty, **אַל יִדְאַג – let him not worry לוֹמַר – and say, חַבְתִּי בְּמִיתָתָהּ – "I am at guilt for her death." נָקִי הוּא מִן הָעוֹנֶשׁ**[3] **– He is undeserving of any punishment.**[3]

דָּבָר אַחֵר – Alternatively, מִשֶּׁיַּשְׁקֶנָּה – once he has had her drink and she was found innocent, **תְּהֵא אֶצְלוֹ בְּהֶתֵּר – she may stay with him with** full **permission, וְנִקָּה מֵעָוֹן – and he is innocent of sin** when he subsequently has relations with her, **שֶׁהַסּוֹטָה – for a *sotah***[4] **אֲסוּרָה לְבַעְלָהּ**[6] **– is forbidden to her husband.**[5,6]

6.

2. כִּי יַפְלִא – WHO SHALL SET [HIMSELF] APART. יַפְלִא means **יַפְרִישׁ – he shall separate [himself].**[7]

1. *Sifrei* 19; *Sotah* 26a.

2. *Exodus* 21:36. The common meaning of the word, "or," does not fit the context of our verse, for it does not present an alternative to what was stated in the preceding verse (*Mesiach Ilmim; Be'er Yitzchak*).

3. *Sifrei* 21.

4. See note 5 to v. 12 above.

5. Rashi explains why the verse has to state that "the man will be innocent of iniquity," when the passage has not attributed any wrongdoing to him.

6. *Kiddushin* 27b.

7. Our text, like most contemporary editions, follows the version found in the Rome, Soncino and Zamora editions (see also *Yosef Daas*); accordingly, כִּי יַפְלִא of the verse has been rendered "who shall set [himself] aside." In the Reggio di Calabria and Alkabetz editions, however, the text reads יְפָרֵשׁ, "he shall express." According to that version, Rashi's comment here is compatible with his comment on the identical word in *Leviticus* 27:2. In this, Rashi follows *Targum Onkelos* who also renders יְפָרֵשׁ both in our verse and in *Leviticus*.

ג נֶדֶר נָזִיר לְהַזִּיר לַיהוָה׃ מִיַּיִן וְשֵׁכָר
יַזִּיר חֹמֶץ יַיִן וְחֹמֶץ שֵׁכָר לֹא
יִשְׁתֶּה וְכָל־מִשְׁרַת עֲנָבִים לֹא
יִשְׁתֶּה וַעֲנָבִים לַחִים וִיבֵשִׁים לֹא
ד יֹאכֵל׃ כֹּל יְמֵי נִזְרוֹ מִכֹּל אֲשֶׁר
יֵעָשֶׂה מִגֶּפֶן הַיַּיִן מֵחַרְצַנִּים וְעַד־

to set [himself] apart to HASHEM; [3] *from wine and hard drink shall he abstain, and he shall not drink vinegar of wine or vinegar of hard drink; anything in which grapes have been steeped he shall not drink, and fresh and dried grapes he shall not eat.* [4] *All the days of his status as a nazir, anything made from wine grapes, from pips to*

אונקלוס

נְדַר נְזִירוּ לְמִיזַּר קֳדָם יְיָ׃ ג מֵחֲמַר חֲדַת וְעַתִּיק יַזַּר (נ״א יֵאסַר) חַל דַּחֲמַר חֲדַת וְחַל דַּחֲמַר עַתִּיק לָא יִשְׁתֵּי וְכָל מַתְרוּת עִנְּבִין לָא יִשְׁתֵּי וְעִנְּבִין רַטִּיבִין וִיבֵשִׁין לָא יֵיכוּל׃ ד כֹּל יוֹמֵי נִזְרֵהּ מִכֹּל דְּיִתְעֲבֵד מִגֻּפְנָא דְחַמְרָא מִפּוּרְצְנִין וְעַד

רש״י

למה נסמכה פרשת נזיר לפרשת סוטה לומר לך שכל הרואה סוטה בקלקולה יזיר עצמו מן היין (סוטה ב.) שהוא מביא לידי ניאוף (במ״ר י:ב־ד): **נדר נזיר.** אין נזירה בכל מקום אלא פרישה, אף כאן שפירש מן היין (ספרי כג): **להזיר לה׳.** להבדיל עצמו מן היין לשם שמים (שם כב): (ג) **מיין ושכר.** כתרגומו מחמר חדת ועתיק, שהיין משכר כשהוא ישן: **וכל משרת.** לשון לביעה במים או בכל משקה, ובלשון משנה יש הרבה. אין שורין דיו וסממנים (שבת יז:). נזיר ששרה פתו ביין (נזיר לז.): (ד) **מחרצנים.** הם הגרעינין:

RASHI ELUCIDATED

לָמָּה נִסְמְכָה פָּרָשַׁת נָזִיר לְפָרָשַׁת סוֹטָה – Why was the passage of the *nazir* put adjacent to the passage of the *sotah*?[1] **לוֹמַר לְךָ – To tell you שֶׁכָּל הָרוֹאֶה סוֹטָה – that anyone who sees a *sotah* בְּקִלְקוּלָהּ – in her state of disgrace,** after she has been bared by the Kohen, **יַזִּיר עַצְמוֹ מִן הַיַּיִן**[2] **– should take upon himself to abstain from wine** by becoming a *nazir*,[2] **שֶׁהוּא מֵבִיא לִידֵי נִיאוּף**[3] **– for [wine] leads to adultery.**[3]

□ **נֶדֶר נָזִיר** – A NAZIRITE VOW. **אֵין נְזִירָה בְּכָל מָקוֹם אֶלָּא פְּרִישָׁה – In all places, words from the root נזר** denote nothing but "separation." **אַף כָּאן – Here, too,** he is called a *nazir* **שֶׁפֵּרַשׁ מִן הַיַּיִן**[4] **– because he separated himself from wine.**[4]

□ **לְהַזִּיר לַה׳** – TO SET [HIMSELF] APART TO HASHEM. **לְהַבְדִּיל עַצְמוֹ – To separate himself מִן הַיַּיִן – from wine לְשֵׁם שָׁמַיִם**[5] **– for the sake of Heaven.**[5]

3. מִיַּיִן וְשֵׁכָר – FROM WINE AND HARD DRINK. **כְּתַרְגּוּמוֹ** – This is to be understood **as *Targum* Onkelos renders it, "מֵחֲמַר חֲדַת וְעַתִּיק" – "from wine new and aged."** **שֶׁהַיַּיִן מְשַׁכֵּר** – Aged wine is called "hard drink" **because wine is intoxicating כְּשֶׁהוּא יָשָׁן – when it is old.**[6]

□ **וְכָל מִשְׁרַת** – ANYTHING IN WHICH [GRAPES] HAVE BEEN STEEPED. **לְשׁוֹן צְבִיעָה בַּמַּיִם** – The word **מִשְׁרַת means "soaking in water" אוֹ בְּכָל מַשְׁקֶה – or into any** other **liquid. וּבִלְשׁוֹן מִשְׁנָה יֵשׁ הַרְבֵּה – In the language of the Mishnah there are many** related words, for example, **שׁוֹרִין** in, **"אֵין שׁוֹרִין דְּיוֹ וְסַמְמָנִים"**[7] **– "We do not let** the raw material of **ink and dyes steep,"**[7] and **שָׁרָה** in, **"נָזִיר שֶׁשָּׁרָה פִּתּוֹ בְּיַיִן"**[8] **– "a *nazir* who soaked his bread in wine."**[8]

4. מֵחַרְצַנִּים – FROM PIPS. **הֵם גַּרְעִינִין – They are seeds.**

1. Since one becomes a *nazir* by taking a vow, we would have expected the passage of the *nazir* to appear with the laws of other vows, in Chapter 30 below (*Minchas Yehudah; Sifsei Chachamim*). Alternatively, the passage of the *nazir* deals with one who has raised himself to a higher level of sanctity, while the passage of the *sotah* deals with one who has put herself under suspicion of defilement. Why does the Torah make this seemingly incongruous juxtaposition? (*Gur Aryeh*).

2. *Sotah* 2a.

3. *Bamidbar Rabbah* 10:2-4.

4. *Sifrei* 23.

5. *Sifrei* 22. Rashi supplies the implicit object of the verb "to set apart." Once the object is "himself," "to HASHEM" is taken as "*for the sake of* HASHEM." Had the object of "to set apart" been something else, "to HASHEM" would have been taken as "*to belong to* HASHEM," as in *Psalms* 115:16, for example.

6. This same phrase appears in *Leviticus* 10:9, where both *Onkelos* and Rashi interpret שֵׁכָר as any intoxicant, not necessarily wine. See note 2 there for a discussion of the different contexts.

7. *Shabbos* 17b.

8. *Nazir* 37a.

skin, he shall not eat. [5] *All the days of his nazirite vow, a razor shall not pass over his head; until the completion of the days that he will be a nazir for the sake of* HASHEM, *holy shall it be, the growth of hair on his head shall grow.* [6] *All the days of his being a nazir for the sake of* HASHEM *he shall not come near a dead person.* [7] *To his father or to his mother, to his brother or to his sister — he shall not make himself impure by them upon their death, for the crown of his God is upon his head.* [8] *All the days of his status as a nazir he is holy to* HASHEM.

ה זָג לֹא יֹאכֵל: כָּל־יְמֵי נֶדֶר נִזְרוֹ
תַּעַר לֹא־יַעֲבֹר עַל־רֹאשׁוֹ עַד־
מְלֹאת הַיָּמִם אֲשֶׁר־יַזִּיר לַיהוה
קָדֹשׁ יִהְיֶה גַּדֵּל פֶּרַע שְׂעַר רֹאשׁוֹ:
ו כָּל־יְמֵי הַזִּירוֹ לַיהוָה עַל־נֶפֶשׁ
ז מֵת לֹא יָבֹא: לְאָבִיו וּלְאִמּוֹ
לְאָחִיו וּלְאַחֹתוֹ לֹא־יִטַּמָּא לָהֶם
בְּמֹתָם כִּי נֵזֶר אֱלֹהָיו עַל־רֹאשׁוֹ:
ח כֹּל יְמֵי נִזְרוֹ קָדֹשׁ הוּא לַיהוָה:

אונקלוס

עִצּוּרִין לָא יֵיכוּל: ה כָּל יוֹמֵי נְדַר נִזְרֵהּ מַסְפַּר לָא יֶעְבַּר עַל רֵישֵׁהּ עַד מִשְׁלַם יוֹמַיָּא דְּיִנְזַר קֳדָם יְיָ קַדִּישׁ יְהֵי מְרַבֵּי פֵּרוּעַ שְׂעַר רֵישֵׁהּ: ו כָּל יוֹמִין דְּיִנְזַר (נ״א דִּנְזִיר) קֳדָם יְיָ עַל נַפְשָׁא דְמִיתָא לָא יֵיעוֹל: ז לַאֲבוּהִי וּלְאִמֵּהּ לַאֲחוּהִי וּלְאַחָתֵהּ לָא יִסְתָּאַב לְהוֹן בְּמוֹתְהוֹן אֲרֵי כְּלִילָא דֶּאֱלָהֵהּ עַל רֵישֵׁהּ: ח כֹּל יוֹמֵי נִזְרֵהּ קַדִּישׁ (נ״א קוּדְשָׁא) הוּא קֳדָם יְיָ:

רש״י

זג. הם הקליפות שמבחוץ, שהחרצנים בתוכן כענבל בזוג (ספרי כד; נזיר לד:): **(ה) קדש יהיה.** השער שלו, לגדל הפרע של שער ראשו (ספרי כה): **פרע.** נקוד פתח קטן (סגול) לפי שהוא דבוק לשער ראשו, פרע של שער. ופירושו של פרע גידול של שער, וכן את ראשו לא יפרע (ויקרא כא:י) ואין קרוי פרע פחות משלשים יום (ספרי שם): **(ח) כל ימי נזרו קדש הוא.** זו קדושת הגוף (שם כז) מלהטמא למתים:

RASHI ELUCIDATED

□ זָג — SKIN. **הֵם הַקְּלִיפּוֹת שֶׁמִּבַּחוּץ — They are the peels on the exterior.** שֶׁהַחַרְצַנִּים בְּתוֹכָן — They are called **זָג because the pips are inside them,** כְּעִנְבָּל בַּזּוּג[1] **— like a clapper in a bell.**[1]

5. קָדֹשׁ יִהְיֶה — HOLY SHALL IT BE. That is, הַשֵּׂעָר שֶׁלּוֹ — **his hair** shall be holy,[2] לְגַדֵּל הַפֶּרַע — **by growing the growth**[3] שֶׁל שְׂעַר רֹאשׁוֹ[5] — **of**[4] **the hair of his head.**[5]

□ פֶּרַע — GROWTH. **נָקוּד פַּתָּח קָטָן — It is vowelized with a** ***patach katan*** (Rashi's term for *segol*) לְפִי שֶׁהוּא דָבוּק לִשְׂעַר רֹאשׁוֹ **— because it is in construct form with "hair of his head":**[6] פֶּרַע שֶׁל שֵׂעָר — **"growth of hair,"** i.e., "growth" as applied to hair. וּפֵירוּשׁוֹ שֶׁל פֶּרַע — **The meaning of the word** פֶּרַע is גִּדּוּל שֶׁל שֵׂעָר — **"growth of hair."**[7] וְכֵן "אֶת רֹאשׁוֹ לֹא יִפְרָע"[8] — **Similarly,** יִפְרָע in, **"He shall not allow the hair on his head to grow long."**[8] וְאֵין קָרוּי פֶּרַע פָּחוֹת מִשְּׁלֹשִׁים יוֹם[9] — A growth of **less than thirty days is not termed** פֶּרַע.[9]

8. כֹּל יְמֵי נִזְרוֹ קָדֹשׁ הוּא — ALL THE DAYS OF HIS STATUS AS A *NAZIR* HE IS HOLY. זוֹ קְדוּשַּׁת הַגּוּף[10] — **This is** (refers to) **sanctity of the body,**[10] מִלְּהִטַּמֵּא לְמֵתִים — which is manifest through abstinence **from becoming impure through** contact with **the dead.**

1. *Sifrei* 24; *Nazir* 34b. This explains why the Torah refers to the skin as זָג, a word that is similar to זוג, "the outer part of a bell" (see Rashi to *Exodus* 28:33, s.v., וּפַעֲמֹנֵי זָהָב).

2. קָדֹשׁ יִהְיֶה does not mean "*he,* i.e., the *nazir,* shall be holy," for this is stated in verse 8 (*Mesiach Ilmim*). The context here indicates that it refers to the hair of the *nazir* (*Mizrachi; Mesiach Ilmim*).

3. Rashi supplies the implicit preposition "by," which links "holy shall it be" to the rest of the verse (*Mizrachi*).

4. By adding שֶׁל, "of," (and the definite article הַ to פֶּרַע of the verse) Rashi indicates that פֶּרַע of our verse is a noun in construct with שְׂעַר, not an adverb modifying גַּדֵּל, akin to פָּרוּעַ of *Leviticus* 13:45 (*Mizrachi*).

5. *Sifrei* 25.

6. Although the vowelization of the word as an absolute (non-construct) is also פֶּרַע, had it not been in construct form here, it would have been vowelized פָּרַע. For the *segol* becomes a *kamatz* when the cantillation mark indicates a pause. This is true even of the short pause indicated by the *tipcha* with which פֶּרַע of our verse is marked, as we see from 9:2 below, where a *tipcha* changes הַפֶּסַח to הַפָּסַח (*Havanas HaMikra*).

7. Its meaning is not related to וּפָרַע, "he shall uncover," in 5:18.

8. *Leviticus* 21:10; see Rashi there.

9. *Sifrei* 25.

10. *Sifrei* 27. As opposed to the holiness of the hair which is referred to in verse 5 (*Mizrachi*).

ט וְכִי־יָמ֨וּת מֵ֤ת עָלָיו֙ בְּפֶ֣תַע פִּתְאֹ֔ם
וְטִמֵּ֖א רֹ֣אשׁ נִזְר֑וֹ וְגִלַּ֤ח רֹאשׁוֹ֙ בְּי֣וֹם
טָהֳרָת֔וֹ בַּיּ֥וֹם הַשְּׁבִיעִ֖י יְגַלְּחֶֽנּוּ׃
י וּבַיּ֣וֹם הַשְּׁמִינִ֗י יָבִא֙ שְׁתֵּ֣י תֹרִ֔ים

9 *"If a person should die near him unexpectedly, all of a sudden, and make his nazirite head impure, he shall shave his head on the day he becomes purified; on the seventh day shall he shave it.* 10 *On the eighth day he shall bring two turtledoves*

אונקלוס

ט וַאֲרֵי יְמוּת מִתָא עֲלוֹהִי בִּתְכֵף שְׁלוּ וִיסָאֵב רֵישׁ נִזְרֵהּ וִיגַלַּח רֵישֵׁהּ בְּיוֹמָא דִדְכוּתֵהּ בְּיוֹמָא שְׁבִיעָאָה יְגַלְּחִנֵּהּ: י וּבְיוֹמָא תְמִינָאָה יַיְתֵי תַּרְתֵּין שַׁפְנִינִין

רש"י

(ט) **פתע.** זה אונס (ספרי כח): **פתאם.** זה שוגג (שם). ויש אומרים פתע פתאום דבר אחד הוא מקרה של פתאום: **וכי ימות מת עליו.** באהל שהוא בו: **ביום טהרתו.** ביום הזייתו. או אינו אלא בשמיני שהוא טהור לגמרי, ת"ל ביום השביעי. אי שביעי יכול אפילו לא הזה, ת"ל ביום טהרתו (שם): (י) **וביום השמיני יביא שתי תורים.** להוציא את השביעי. או אינו אלא להוציא את התשיעי,

RASHI ELUCIDATED

9. בְּפֶתַע – UNEXPECTEDLY. זֶה אוֹנֶס[1] **– This is** (means) **an accident.**[1]

□ **פִּתְאֹם – ALL OF A SUDDEN. זֶה שׁוֹגֵג**[2] **– This is** (means) **unintentionally.**[2] **וְיֵשׁ אוֹמְרִים – And there are those who say** that **פֶּתַע פִּתְאֹם דָּבָר אֶחָד הוּא – the words פֶּתַע פִּתְאֹם are a single unit** which means **מִקְרֶה שֶׁל פִּתְאוֹם – a sudden incident.**[3]

□ **וְכִי יָמוּת מֵת עָלָיו – IF A PERSON SHOULD DIE NEAR HIM,**[4] that is, **בָּאֹהֶל שֶׁהוּא בוֹ – in the tent in which [the *nazir*] is.**[5]

□ **בְּיוֹם טָהֳרָתוֹ – ON THE DAY HE BECOMES PURIFIED.** That is, **בְּיוֹם הַזָּיָתוֹ – on the day on which he is sprinkled** with water containing ashes of the red cow.[6] **אוֹ אֵינוֹ אֶלָּא בַשְּׁמִינִי – Or** perhaps the verse means **nothing but on the eighth** day, **שֶׁהוּא טָהוֹר לְגַמְרֵי – that he is completely pure?**[7] **תַּלְמוּד לוֹמַר –** To teach us otherwise, **the Torah says, "בַּיּוֹם הַשְּׁבִיעִי", – "on the seventh day." אִי שְׁבִיעִי – If** all the Torah had told us was **"the seventh** day," **יָכוֹל – one might have been able** to think that the *nazir* who became impure through contact with the dead must shave his head on the seventh day **אֲפִילוּ לֹא הִזָּה – even if he has not been sprinkled. תַּלְמוּד לוֹמַר –** To teach us otherwise, **the Torah says, "בְּיוֹם טָהֳרָתוֹ"**[8]**, – "on the day he becomes purified."**[8]

10. וּבַיּוֹם הַשְּׁמִינִי יָבִא שְׁתֵּי תֹרִים – ON THE EIGHTH DAY HE SHALL BRING TWO TURTLEDOVES. לְהוֹצִיא אֶת הַשְּׁבִיעִי – The verse states "on the eighth day" **to exclude the seventh** day, on which he may not yet bring this offering. **אוֹ אֵינוֹ אֶלָּא לְהוֹצִיא אֶת הַתְּשִׁיעִי – Or** perhaps **it is** meant **only to exclude the ninth** day?[9]

1. *Sifrei* 28; see also Rashi to 35:22 below. By "accident" Rashi means a situation in which the *nazir* had no control over his defilement, and therefore bears no responsibility for it.

2. *Sifrei* 28. That is, a situation where the *nazir* did not intend to become impure, but became impure through negligence.

3. According to Rashi's first interpretation, בְּפֶתַע פִּתְאֹם means "accidentally and unintentionally." It does not refer to the phrase "if a person shall die near him" that precedes it, for the death of that person did not occur as the result of an accidental or unintentional act on the part of the *nazir*. Rather, "accidentally and unintentionally" describes the way in which the *nazir* became impure. According to Rashi's second interpretation, בְּפֶתַע פִּתְאֹם means "unexpectedly, all of a sudden" and refers to the preceding phrase "if a person shall die near him unexpectedly, all of a sudden" (*Maskil LeDavid*).

4. Rashi comments on וְכִי יָמוּת מֵת עָלָיו which appears at the beginning of the verse, after he explains בְּפֶתַע פִּתְאֹם, which appears later, in order to show that the two phrases are connected according to his second interpretation of בְּפֶתַע פִּתְאֹם (see previous note; *Maskil LeDavid*).

5. עָלָיו is not used in the sense of "upon him," but rather, as "near him" (*Sifsei Chachamim*; Rashi points out similar usages of forms of עַל in his comments to *Genesis* 14:6 and 18:2, *Exodus* 20:21, above 2:20, *Nehemiah* 3:2, and other places). Proximity to a corpse renders a *nazir* impure only if they are under the same roofed area.

6. See 19:14-20 below.

7. It is only after sunset of the seventh day that the *nazir* becomes completely pure in that he may partake of sacred offerings (*Be'er BaSadeh*).

8. *Sifrei* 28.

9. That is, perhaps it is meant to exclude any day other than the eighth day, the ninth day as well as the seventh day (see *Be'er BaSadeh*).

or two young doves to the Kohen, to the entrance of the Tent of Meeting. [11] The Kohen shall make one as a sin-offering and one as an olah-offering, and he shall provide him atonement for having sinned regarding the soul; and he shall sanctify his head on that day. [12] He shall dedicate to HASHEM the days of his status as a nazir, and he shall bring a sheep in its first year for a guilt-offering; and the first days shall fall aside, for his status as a nazir had been made impure.

אוֹ שְׁנֵי בְּנֵי יוֹנָה אֶל־הַכֹּהֵן אֶל־
יא פֶּתַח אֹהֶל מוֹעֵד: וְעָשָׂה הַכֹּהֵן
אֶחָד לְחַטָּאת וְאֶחָד לְעֹלָה וְכִפֶּר
עָלָיו מֵאֲשֶׁר חָטָא עַל־הַנָּפֶשׁ
וְקִדַּשׁ אֶת־רֹאשׁוֹ בַּיּוֹם הַהוּא:
יב וְהִזִּיר לַיהוה אֶת־יְמֵי נִזְרוֹ וְהֵבִיא
כֶּבֶשׂ בֶּן־שְׁנָתוֹ לְאָשָׁם וְהַיָּמִים
הָרִאשֹׁנִים יִפְּלוּ כִּי טָמֵא נִזְרוֹ:

אונקלוס

אוֹ תְרֵין בְּנֵי יוֹנָה לְוָת כַּהֲנָא לִתְרַע מַשְׁכַּן זִמְנָא: יא וְיַעְבֵּד כַּהֲנָא חַד לְחַטָּאתָא וְחַד לַעֲלָתָא וִיכַפַּר עֲלוֹהִי מִדְּחָב עַל נַפְשָׁא (נ״א מִתָא) וִיקַדֵּשׁ יָת רֵישֵׁהּ בְּיוֹמָא הַהוּא: יב וְיַזֵּר קֳדָם יְיָ יָת יוֹמֵי נִזְרֵהּ וְיַיְתֵי אִמַּר בַּר שַׁתֵּהּ לַאֲשָׁמָא וְיוֹמַיָּא קַדְמָאֵי יִבָּטְלוּן אֲרֵי אִסְתְּאַב (נ״א מְסָאַב) נִזְרֵהּ:

רש״י

קבע זמן לקרבין וקבע זמן למקריבין, מה קרבין הכשיר שמיני ומשמיני והלאה, אף מקריבין שמיני ומשמיני והלאה (שם כט): (יא) **מאשר חטא על הנפש.** שלא נזהר מטומאת המת. רבי אלעזר הקפר אומר שציער עצמו מן היין (שם ל; נזיר יט.): **וקדש את ראשו.** לחזור ולהתחיל מנין נזירותו (ספרי שם): (יב) **והזיר לה׳ את ימי נזרו.** יחזור וימנה נזירותו כבתחלה: **והימים הראשונים יפלו.** לא יעלו מן המנין (שם לא):

RASHI ELUCIDATED

That cannot be, for קָבַע זְמַן לַקְּרֵבִין – **[the Torah] fixed a time for those** animals **which are offered,**[1] וְקָבַע זְמַן לַמַּקְרִיבִין – **and it fixed a time for those who bring offerings,** such as the *nazir* who must bring offerings due to impurity. מַה קְּרֵבִין – **Just as** regarding **those which are offered** הִכְשִׁיר שְׁמִינִי – **[Scripture] deemed eligible** for offerings on **the eighth** day, וּמִשְּׁמִינִי וָהָלְאָה – **and from the eighth** day **on,**[2] אַף מַקְרִיבִין – **so, too,** regarding **those who bring offerings;** they may bring the offerings שְׁמִינִי – on **the eighth** day, וּמִשְּׁמִינִי וָהָלְאָה[3] – **and from the eighth** day **on.**[3]

11. מֵאֲשֶׁר חָטָא עַל הַנָּפֶשׁ – FOR HAVING SINNED REGARDING THE SOUL. The "sin regarding the soul" is שֶׁלֹּא נִזְהַר – **that he was not careful** מִטּוּמְאַת הַמֵּת – to keep away **from impurity of the dead.**[4] רַבִּי אֶלְעָזָר הַקַּפָּר אוֹמֵר – The *Tanna* **R' Elazar HaKappar says,** he sinned regarding the soul שֶׁצִּעֵר עַצְמוֹ – **in that he pained himself** מִן הַיַּיִן[5] – by abstaining **from wine.**[5]

□ וְקִדַּשׁ אֶת רֹאשׁוֹ – AND HE SHALL SANCTIFY HIS HEAD. לַחֲזוֹר וּלְהַתְחִיל – He is **to go back and start** מִנְיַן נְזִירוּתוֹ – **the counting of his *nezirus*** again.[6]

12. וְהִזִּיר לַה׳ אֶת יְמֵי נִזְרוֹ – HE SHALL DEDICATE TO HASHEM THE DAYS OF HIS STATUS AS A NAZIR. יַחֲזוֹר וְיִמְנֶה נְזִירוּתוֹ – **He shall go back and count his *nezirus*** בַּתְּחִלָּה – **from the beginning,** i.e., he starts counting again from the first day.[7]

□ וְהַיָּמִים הָרִאשׁוֹנִים יִפְּלוּ – AND THE FIRST DAYS SHALL FALL ASIDE. That is, לֹא יַעֲלוּ מִן הַמִּנְיָן[8] – **they shall not count toward the total** of days pledged.[8]

---

1. Animals are fit to be brought as offerings once they are eight days old; see *Leviticus* 22:27.

2. *Leviticus* 22:27 reads: ". . . and from the eighth day on . . ."

3. *Sifrei* 29.

4. Following *Targum Onkelos,* Rashi sees "having sinned regarding the soul" as the equivalent of "having sinned regarding the dead" (*Imrei Shefer*). Rashi makes a similar comment in *Leviticus* 22:4, s.v., בְּכָל טְמֵא נֶפֶשׁ.

5. *Sifrei* 30; *Nazir* 19a. Although all *nazirim* must abstain from wine, only those who become impure through contact with the dead are considered to have sinned by doing so. For the days they abstained before becoming impure do not count toward the fulfillment of their term of *nezirus.* Thus, the abstention during that time was in vain (*Mesiach Ilmim; Levush HaOrah*).

6. The verse does not refer to some procedure which is actually done to the *nazir's* head. It means that he again starts the period of *nezirus,* which is characterized by treating his hair as holy, in that it may not be cut.

7. The verse does not mean that he must take a new oath of *nezirus.*

8. *Sifrei* 31. "He shall sanctify his head" of the preceding verse means that he resumes being a *nazir.* But that

יג וְזֹ֥את תּוֹרַ֖ת הַנָּזִ֑יר בְּי֗וֹם מְלֹאת֙ יְמֵ֣י
נִזְר֔וֹ יָבִ֣יא אֹת֔וֹ אֶל־פֶּ֖תַח אֹ֥הֶל
יד מוֹעֵֽד׃ וְהִקְרִ֣יב אֶת־קָרְבָּנ֣וֹ לַֽיהוָ֡ה
כֶּ֣בֶשׂ בֶּן־שְׁנָת֩וֹ תָמִ֨ים אֶחָ֜ד לְעֹלָ֗ה
וְכַבְשָׂ֨ה אַחַ֧ת בַּת־שְׁנָתָ֛הּ תְּמִימָ֖ה
לְחַטָּ֑את וְאַֽיִל־אֶחָ֥ד תָּמִ֖ים
טו לִשְׁלָמִֽים׃ וְסַ֣ל מַצּ֗וֹת סֹ֤לֶת חַלֹּת֙
בְּלוּלֹ֣ת בַּשֶּׁ֔מֶן וּרְקִיקֵ֥י מַצּ֖וֹת
מְשֻׁחִ֣ים בַּשָּׁ֑מֶן וּמִנְחָתָ֖ם וְנִסְכֵּיהֶֽם׃

13 "This is the law of the nazir: on the day his status as a nazir is completed, he shall bring himself to the entrance of the Tent of Meeting. 14 He shall bring his offering to HASHEM: one unblemished sheep in its first year as an olah-offering, one unblemished ewe in its first year as a sin-offering, and one unblemished ram as a peace-offering; 15 a basket of unleavened loaves: loaves of fine flour mixed with oil, and unleavened wafers smeared with oil; and their meal-offerings and their libations.

אונקלוס

יג וְדָא אוֹרָיְתָא דִנְזִירָא בְּיוֹם מִשְׁלַם יוֹמֵי נִזְרֵהּ יַיְתֵי יָתֵהּ לִתְרַע מַשְׁכַּן זִמְנָא: יד וִיקָרֵב יָת קֻרְבָּנֵהּ קֳדָם יְיָ אִמַּר בַּר שַׁתֵּהּ שְׁלִים חַד לַעֲלָתָא וְאִמַּרְתָּא חֲדָא בַּת שַׁתַּהּ שְׁלֶמְתָּא לְחַטָּאתָא וּדְכַר חַד שְׁלִים לְנִכְסַת קוּדְשַׁיָּא: טו וְסַל פַּטִּיר סֻלְתָּא גְּרִיצָן דְּפִילָן בִּמְשַׁח וְאִסְפּוֹגִין פַּטִּירִין דִּמְשִׁיחִין בִּמְשַׁח וּמִנְחַתְהוֹן וְנִסְכֵּיהוֹן:

רש"י

(יג) יביא אתו. יביא את עצמו וזה אחד משלשה אתים שהיה ר' ישמעאל דורש כן. כיוצא בו והשיאו אותם עון אשמה (ויקרא כב:טז) את עצמם. כיוצא בו ויקבור אותו בגי (דברים לד:ו) הוא קבר את עצמו (ספרי לב): (טו) ומנחתם ונסכיהם. של עולה ושלמים, לפי שהיו בכלל ויצאו לידון בדבר חדש שיטענו לחם,

RASHI ELUCIDATED

13. יָבִיא אֹתוֹ – HE SHALL BRING HIMSELF [literally, "it"]. This means **יָבִיא אֶת עַצְמוֹ – he shall bring himself. וְזֶה אֶחָד מִשְּׁלֹשָׁה אֶתִּים – This is one of the three instances of** forms of **the word** אֵת **שֶׁהָיָה רַבִּי יִשְׁמָעֵאל דּוֹרֵשׁ כֵּן – which** the Tanna **R' Ishmael would interpret in this way. כַּיּוֹצֵא בוֹ – Likewise,** we find, **וְהִשִּׂיאוּ אוֹתָם עֲוֹן אַשְׁמָה[1] – "And they will cause them to bear the sin of guilt,"**[1] where the object אוֹתָם, "them," a form of אֵת, according to R' Ishmael means **אֶת עַצְמָם – themselves. כַּיּוֹצֵא בוֹ – Likewise,** we find, **"וַיִּקְבֹּר אוֹתוֹ בַגַּי"[2] – "And he buried him in the valley,"**[2] where the phrase וַיִּקְבֹּר אוֹתוֹ, "he buried him," according to R' Ishmael means, **הוּא קָבַר אֶת עַצְמוֹ[3] – he buried himself.**[3]

15. וּמִנְחָתָם וְנִסְכֵּיהֶם – AND THEIR MEAL-OFFERINGS AND THEIR LIBATIONS. This refers to the meal-offerings and libations **שֶׁל עוֹלָה וּשְׁלָמִים – of the** ***nazir's olah*****-offering and peace-offering.**[4] **לְפִי שֶׁהָיוּ בִּכְלָל – Because these** offerings **had been in the general category** of *olah*-offerings and peace-offerings,[5] **וְיָצְאוּ – and left** that general category **לָדוֹן בְּדָבָר חָדָשׁ – by being ordained with something new,** i.e., by applying a special law to them,[6] **שֶׁיִּטְעֲנוּ לֶחֶם – in that they require loaves** to

verse allows the possibility that he resumes counting days at the number of the day upon which he became impure. "And the first days shall fall aside" implies that he must recount all of the days that he originally pledged.

1. *Leviticus* 22:16; see Rashi there.

2. *Deuteronomy* 34:6; see Rashi there.

3. *Sifrei* 32.

4. But not of the sin-offering mentioned in verse 14, for sin-offerings are not accompanied by meal-offerings and libations (*Mizrachi; Sifsei Chachamim*).

Alternatively, Rashi means to exclude the possibility that "their meal-offerings and their libations" means the meal-offerings and libations of the loaves mentioned at the beginning of the verse. This is clearly the meaning of the version of the text found in the Reggio di Calabria and Zamora editions, and the Yemenite manuscript: שֶׁל בְּהֵמוֹת עוֹלָה וּשְׁלָמִים, "of the animals – the *olah*-offering and the peace-offering" (*Yosef Hallel*).

5. If the meal-offering and libation mentioned here do not apply to the sin-offering, the verse seems superfluous, for all *olah*-offerings and peace-offerings require meal-offerings and libations; there seems to be no need to mention them here specifically. Rashi goes on to explain why they are mentioned.

6. In the introduction to the halachic Midrash *Toras Kohanim* (*Sifra*), the *Tanna* R' Yishmael presents thirteen principles by which the Torah verses are expounded. The eleventh rule states: "Any matter that had been included [by the Torah] in a general category, but was then singled out to be treated under a new law [that contradicts the law for the general category], cannot be returned to [having the law of] its general category [apply to it] unless Scripture explicitly returns it to its general category." Rashi explains how this principle applies to our verse.

טז וְהִקְרִ֥יב הַכֹּהֵ֖ן לִפְנֵ֣י יְהֹוָ֑ה וְעָשָׂ֥ה
יז אֶת־חַטָּאת֖וֹ וְאֶת־עֹלָתֽוֹ׃ וְאֶת־
הָאַ֜יִל יַעֲשֶׂ֨ה זֶ֤בַח שְׁלָמִים֙ לַֽיהֹוָ֔ה
עַ֖ל סַ֣ל הַמַּצּ֑וֹת וְעָשָׂה֙ הַכֹּהֵ֔ן אֶת־
יח מִנְחָת֖וֹ וְאֶת־נִסְכּֽוֹ׃ וְגִלַּ֣ח הַנָּזִ֗יר
פֶּ֛תַח אֹ֥הֶל מוֹעֵ֖ד אֶת־רֹ֣אשׁ נִזְר֑וֹ

[16] *The Kohen shall bring [them] near before* HASHEM *and perform the service of his sin-offering and his olah-offering.* [17] *He shall make the ram a sacrifice of a peace-offering for* HASHEM *with the basket of unleavened loaves, and the Kohen shall perform its meal-offering and its libation.* [18] *The nazir shall shave his nazirite head at the entrance of the Tent of Meeting;*

אונקלוס

טז וִיקָרֵב כַּהֲנָא קֳדָם יְיָ וְיַעְבֵּד יָת חַטָּאתֵהּ וְיָת עֲלָתֵהּ: יז וְיָת דִּכְרָא יַעְבֵּד נִכְסַת קוּדְשַׁיָּא קֳדָם יְיָ עַל סַלָּא דְּפַטִּירַיָּא
וְיַעְבֵּד כַּהֲנָא יָת מִנְחָתֵהּ וְיָת נִסְכֵּהּ: יח וִיגַלַּח נְזִירָא בִּתְרַע מַשְׁכַּן זִמְנָא יָת רֵישׁ נִזְרֵהּ וְיִסַּב יָת שְׂעַר רֵישׁ נִזְרֵהּ וְיִתֵּן

רש"י

החזירן לכללן שיטענו נסכים כדין [כל] עולה ושלמים (שם לד): **חלת בלולת. ורקיקי מצות.** עשר מכל מין (מנחות עז.,עח.): **(יז) זבח שלמים לה' על סל המצות.** ישחט את השלמים על מנת לקדש את הלחם (שם מו:): **את מנחתו ואת נסכו.** של איל (ספרי שם): **(יח) וגלח הנזיר פתח אהל מועד.** יכול יגלח בעזרה, הרי זה דרך בזיון, אלא וגלח הנזיר לאחר שחיטת השלמים שכתוב בהן ושחטו פתח אהל מועד (ויקרא ג:ב; ספרי לה; נזיר מה.):

RASHI ELUCIDATED

be offered with them,[1] הֶחֱזִירָן לִכְלָלָן – **[the Torah] returned them to their general category** שֶׁיִּטְעֲנוּ נְסָכִים – in **that they require libations** to be offered with them, כְּדִין {כָּל} עוֹלָה וּשְׁלָמִים[2] – **in accordance with the** general **law of {any}** ***olah*-offering or peace-offering.**[2]

□ חַלֹּת בְּלוּלֹת וּרְקִיקֵי מַצּוֹת – LOAVES [OF FINE FLOUR] MIXED [WITH OIL], AND UNLEAVENED WAFERS. עֶשֶׂר מִכָּל מִין[3] – **Ten of each variety.**[3]

17. זֶבַח שְׁלָמִים לַה' עַל סַל הַמַּצּוֹת – A SACRIFICE OF A PEACE-OFFERING FOR HASHEM WITH THE BASKET OF UNLEAVENED LOAVES. יִשְׁחַט אֶת הַשְּׁלָמִים – **He shall slaughter**[4] **the peace-offering** עַל מְנָת – **with intention** לְקַדֵּשׁ אֶת הַלֶּחֶם[6] – **to sanctify the bread.**[5,6]

□ אֶת מִנְחָתוֹ וְאֶת נִסְכּוֹ – ITS MEAL-OFFERING AND ITS LIBATION, i.e., שֶׁל אַיִל[7] – **of the** peace-offering **ram.**[7]

18. וְגִלַּח הַנָּזִיר פֶּתַח אֹהֶל מוֹעֵד – THE *NAZIR* SHALL SHAVE [HIS NAZIRITE HEAD] AT THE ENTRANCE OF THE TENT OF MEETING. יָכוֹל – **One might be able** to think that the verse means, יְגַלַּח בָּעֲזָרָה – **he shall shave in the Courtyard** of the Tent of Meeting. הֲרֵי זֶה דֶּרֶךְ בִּזָּיוֹן – But, **see now, this would be a shameful way** to do it. אֶלָּא – **Rather,** the verse means, "וְגִלַּח הַנָּזִיר" – **"The *nazir* shall shave"** לְאַחַר שְׁחִיטַת הַשְּׁלָמִים – **after the slaughter of the peace-offering,** שֶׁכָּתוּב בָּהֶן – **of which it is written,** "וּשְׁחָטוֹ פֶּתַח אֹהֶל מוֹעֵד"[8] – **"And he shall slaughter it at the entrance to the Tent of Meeting."**[8]

1. Since these particular *olah*-offerings and peace-offerings are treated exceptionally, in that they are accompanied by special loaves and wafers, we may assume that they would also be treated exceptionally with regard to the standard requirements of *olah*-offerings and meal-offerings (*Mizrachi*).

2. *Sifrei* 34.

3. *Menachos* 77a, 78a. The verse states that loaves and wafers must be brought but does not specify how many. Rashi supplies the number. The number ten is derived by a comparison to the loaves and wafers that accompany a thanksgiving-offering, of which ten are brought of each variety (see Rashi to *Leviticus* 7:12, s.v., וְהִקְרִיב עַל זֶבַח הַתּוֹדָה; *Mizrachi; Sifsei Chachamim*).

4. The word זֶבַח denotes "slaughter." Its use by our verse indicates that the bread of the offering is not sanctified until the slaughter of the peace-offering (*Be'er BaSadeh*).

5. Our verse teaches us that of the three animal offerings brought by a *nazir,* it is the peace-offering upon which the sanctity of the bread depends. The bread is not sanctified until the slaughter of the peace-offering.

6. *Menachos* 46b. For the practical ramifications of the timing of the sanctification of the bread, see Rashi to *Leviticus* 7:13.

7. *Sifrei* 34. אֶת חַטָּאתוֹ וְאֶת עֹלָתוֹ of the preceding verse meant "*his* sin-offering and *his olah*-offering." But אֶת מִנְחָתוֹ וְאֶת נִסְכּוֹ does not mean "*his* meal-offering and *his* libation," i.e., the *nazir's,* for the *nezirus* is not the direct cause of the meal-offering and libation. They are brought as part of the standard requirements of the peace-offering (*Gur Aryeh*).

8. *Leviticus* 3:2; see *Sifrei* 35; *Nazir* 45a. "At the entrance of the Tent of Meeting" does not tell us where the *nazir* shaves his head, but rather, when: after the slaughter of the peace-offering, etc.

וְלָקַ֗ח אֶת־שְׂעַר֙ רֹ֣אשׁ נִזְר֔וֹ וְנָתַן֙
עַל־הָאֵ֔שׁ אֲשֶׁר־תַּ֖חַת זֶ֥בַח
יט הַשְּׁלָמִֽים׃ וְלָקַ֨ח הַכֹּהֵ֜ן אֶת־הַזְּרֹ֣עַ
בְּשֵׁלָה֮ מִן־הָאַיִל֒ וְחַלַּ֨ת מַצָּ֤ה אַחַת֙
מִן־הַסַּ֔ל וּרְקִ֥יק מַצָּ֖ה אֶחָ֑ד וְנָתַן֙
עַל־כַּפֵּ֣י הַנָּזִ֔יר אַחַ֖ר הִֽתְגַּלְּח֥וֹ
כ אֶת־נִזְרֽוֹ׃ וְהֵנִיף֩ אוֹתָ֨ם הַכֹּהֵ֥ן ׀
תְּנוּפָה֮ לִפְנֵ֣י יהוה֒ קֹ֤דֶשׁ הוּא֙ לַכֹּהֵ֔ן
עַ֚ל חֲזֵ֣ה הַתְּנוּפָ֔ה וְעַ֖ל שׁ֣וֹק
הַתְּרוּמָ֑ה וְאַחַ֛ר יִשְׁתֶּ֥ה הַנָּזִ֖יר יָֽיִן׃

he shall take the hair of his nazirite head and put it on the fire that is under the sacrifice of the peace-offering. [19] *The Kohen shall take the foreleg, cooked, of the ram, and one unleavened loaf from the basket and one unleavened wafer, and place them on the hands of the nazir after he has shaved his nazirite [hair].* [20] *The Kohen shall wave them as a wave-service before HASHEM; it shall be holy for the Kohen, aside from the breast of the waving and the thigh of the raising — afterward the nazir may drink wine.*

אונקלוס

עַל אֶשָּׁתָא דִּי תְּחוֹת דּוּדָא דְּנִכְסַת קוּדְשַׁיָּא: יט וְיִסַּב כַּהֲנָא יָת אִדְרָעָא בְּשִׁלָא מִן דִּכְרָא וּגְרִצְתָּא פַּטִּירְתָּא חֲדָא מִן סַלָּא וְאֶסְפּוֹג פַּטִּיר חָד וְיִתֵּן עַל יְדֵי נְזִירָא בָּתַר דְּגַלַּח (נ״א דִּיגַלַּח) יָת נִזְרֵהּ: כ וִירִים יָתְהוֹן כַּהֲנָא אֲרָמָא קֳדָם יְיָ קוּדְשָׁא הוּא לְכַהֲנָא עַל חַדְיָא דַּאֲרָמוּתָא וְעַל שׁוֹקָא דְּאַפְרָשׁוּתָא וּבָתַר כֵּן יִשְׁתֵּי נְזִירָא חַמְרָא:

רש״י

אשר תחת זבח השלמים. תחת הדוד שהוא מבשלן בו, לפי ששלמי נזיר היו מתבשלין בעזרה, שצריך ליטול הכהן הזרוע אחר שנתבשלה ולהניף לפני ה׳ (נזיר מה:): (יט) **הזרע בשלה.** לאחר שנתבשלה (ספרי לו; חולין צח:): (כ) **קדש הוא לכהן.** החלה והרקיק והזרוע תרומה הן לכהן: **על חזה התנופה.** מלבד חזה ושוק הראויים לו מכל שלמים,

RASHI ELUCIDATED

☐ אֲשֶׁר תַּחַת זֶבַח הַשְּׁלָמִים – **THAT IS UNDER THE SACRIFICE OF THE PEACE-OFFERING.** תַּחַת הַדּוּד – **Under the kettle** שֶׁהוּא מְבַשְּׁלָן בּוֹ – **in which he cooks it.**[1] לְפִי שֶׁשַּׁלְמֵי נָזִיר – The hair is burned in this fire **because the peace-offerings of a *nazir*** הָיוּ מִתְבַּשְּׁלִין בָּעֲזָרָה – **would be cooked in the Courtyard,** שֶׁצָּרִיךְ לִטּוֹל הַכֹּהֵן הַזְּרוֹעַ – **for the Kohen must take the foreleg,** which is part of his portion of the offering, אַחַר שֶׁנִּתְבַּשְּׁלָה – **after it has been cooked,** וּלְהָנִיף ,,לִפְנֵי ה׳״[2] – **and wave it "before HASHEM."**[2]

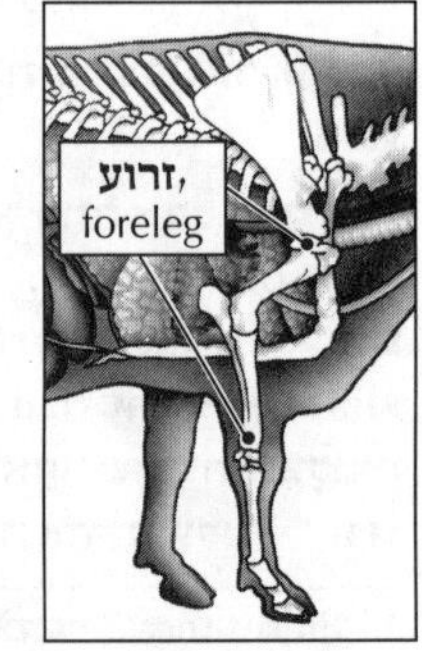

19. הַזְּרֹעַ בְּשֵׁלָה – **THE FORELEG, COOKED,** that is, לְאַחַר שֶׁנִּתְבַּשְּׁלָה – **after it has been cooked.**[3]

20. קֹדֶשׁ הוּא לַכֹּהֵן – **IT SHALL BE HOLY FOR THE KOHEN.** הַחַלָּה וְהָרָקִיק וְהַזְּרוֹעַ – **The loaf and the wafer and the foreleg**[4] תְּרוּמָה הֵן לַכֹּהֵן – **are that which is set aside**[5] **for the Kohen.**

☐ עַל חֲזֵה הַתְּנוּפָה וְגוֹמֵר – **ASIDE FROM THE BREAST OF THE WAVING, ETC.** This means מִלְּבַד חָזֶה וָשׁוֹק – **besides**[6] **the breast and leg** הָרְאוּיִים לוֹ –

1. "Under the sacrifice of the peace-offering" does not mean directly under the flesh of the sacrifice, for peace-offerings are cooked in a kettle (*Sifsei Chachamim*).

2. *Nazir* 45a. The flesh of peace-offerings may generally be cooked and eaten anywhere within the walls of Jerusalem. The fire over which they are cooked would thus not seem to have any particular significance or sanctity. Rashi explains why the Torah requires that the hair of the *nazir* be burned in that particular fire. It is because the peace-offering of a *nazir* differs from other peace-offerings. It must be cooked on the Temple grounds because the Kohen must wave the foreleg after it is cooked, and the waving must be performed "before HASHEM" (v. 20), on the grounds of the Temple (see *Sefer Zikaron; Mizrachi; Gur Aryeh*).

3. *Sifrei* 36; *Chullin* 98b. Had the verse meant to say "the cooked foreleg," it would have said הַזְּרֹעַ הַבְּשֵׁלָה, with the definite article ה preceding בְּשֵׁלָה. But the verse does not mean "the cooked foreleg." That would imply that it wishes to distinguish this foreleg from some other foreleg, yet no other foreleg has been mentioned. Rather, it means "the foreleg, cooked," i.e., after it has been cooked (see *Be'er Yitzchak*).

4. The singular "it" does not refer to any one particular item among those that have been waved. It refers to all of them collectively (*Mizrachi; Sifsei Chachamim*).

5. "Holy" here does not connote prohibition as it does in *Exodus* 30:32; the verse does not mean that the items which were waved are forbidden to the Kohen. It means that they are set apart as the portion of the Kohen (*Mizrachi; Sifsei Chachamim*).

6. The more common meaning of עַל, "on," does not fit

כא זֹ֣את תּוֹרַ֣ת הַנָּזִיר֮ אֲשֶׁ֣ר יִדֹּר֒ קָרְבָּנ֤וֹ
לַֽיהוָה֙ עַל־נִזְר֔וֹ מִלְּבַ֖ד אֲשֶׁר־
תַּשִּׂ֣יג יָד֑וֹ כְּפִ֤י נִדְרוֹ֙ אֲשֶׁ֣ר יִדֹּ֔ר כֵּ֣ן
יַעֲשֶׂ֔ה עַ֖ל תּוֹרַ֥ת נִזְרֽוֹ׃
כב וַיְדַבֵּ֥ר יְהוָ֖ה אֶל־מֹשֶׁ֥ה לֵּאמֹֽר׃

[21] *"This is the law of the nazir who shall pledge his offering to* HASHEM *for his status as a nazir — aside from what he can afford, according to his vow that he shall pledge, so shall he do in addition to the law of his status as a nazir."*

[22] *HASHEM spoke to Moses, saying,*

אונקלוס

כא דָּא אוֹרַיְתָא דִנְזִירָא דִּי יִדַּר קֻרְבָּנֵהּ קֳדָם יְיָ עַל נִזְרֵהּ בַּר מִדְּתַדְבֵּק יְדֵהּ כְּפוּם נִדְרֵהּ דִּי יִדַּר כֵּן יַעְבֵּד עַל אוֹרַיְתָא דִנְזְרֵהּ: כב וּמַלִּיל יְיָ עִם מֹשֶׁה לְמֵימָר:

רש"י

מוסף על שלמי נזיר הזרוע הזה. לפי שהיו שלמי נזיר בכלל ויצאו לידון בדבר החדש להפרשת זרוע, הוצרך להחזירן לכללן לידון אף בחזה ושוק (ספרי לז): **(כא) מלבד אשר תשיג ידו.** שאם אמר הריני נזיר על מנת לגלח על מאה עולות ועל מאה שלמים. כפי [נדרו] אשר ידר כן יעשה מוסף על תורת נזרו. על תורת הנזיר מוסף ולא יחסר, שאם אמר הריני נזיר חמש נזירות על מנת לגלח על שלש בהמות הללו אין אני קורא בו כאשר ידור כן יעשה (ספרי לח):

RASHI ELUCIDATED

which are fit to be his מִכָּל שְׁלָמִים – **from any peace-offering,** מוּסָף עַל שַׁלְמֵי נָזִיר – there is **added on to** the Kohen's portion of **the** ***nazir's*** **peace-offering** הַזְּרוֹעַ הַזֶּה – **this foreleg.** לְפִי שֶׁהָיוּ שַׁלְמֵי נָזִיר בִּכְלַל – **Since the** ***nazir's*** **peace-offerings had been in the general category** of peace-offerings וְיָצְאוּ – **and left** that category לָדוּן בַּדָּבָר הֶחָדָשׁ – **by being ordained with something new,** i.e., by applying a special law to them,[1] לְהַפְרָשַׁת זְרוֹעַ – **with respect to setting apart the foreleg** as the Kohen's portion, הוּצְרַךְ לְהַחֲזִירָן לִכְלָלָן – **[the Torah] had to return them to their general category** לָדוּן אַף בְּחָזֶה וָשׁוֹק[2] – **to have the law of** the Kohen receiving **the breast and leg apply** to them, **too.**[2]

21. מִלְּבַד אֲשֶׁר תַּשִּׂיג יָדוֹ – **ASIDE FROM WHAT HE CAN AFFORD.** שֶׁאִם אָמַר – **That if he said,** הֲרֵינִי נָזִיר – **"Behold, I am a** ***nazir,*** i.e., I take upon myself to be a *nazir,* עַל מְנָת לְגַלֵּחַ עַל מֵאָה עוֹלוֹת – **on condition to shave upon one hundred** ***olah*****-offerings,** i.e., on condition that I must bring one hundred *olah*-offerings at the end of my *nezirus,* rather than the minimum one offering, וְעַל מֵאָה שְׁלָמִים – **and upon one hundred peace-offerings,** כְּפִי {נִדְרוֹ} אֲשֶׁר יִדֹּר כֵּן יַעֲשֶׂה – **according to {his vow} that he shall pledge, so shall he do** מוּסָף עַל תּוֹרַת נִזְרוֹ – **in addition**[3] **"to the** basic **law of his status as a** ***nazir,"***[4] עַל תּוֹרַת הַנָּזִיר – that is, over and **above the** basic **law of the** ***nazir*** מוּסָף – **there may be added,** וְלֹא יֶחְסַר – **but not reduced.** This means שֶׁאִם אָמַר – **that if he said,** הֲרֵינִי נָזִיר – **"Behold, I am a** ***nazir,*** i.e., I take upon myself to be a *nazir,* חָמֵשׁ נְזִירוֹת – for **five terms of** ***nezirus*** עַל מְנָת לְגַלֵּחַ עַל שָׁלֹשׁ בְּהֵמוֹת הַלָּלוּ – **on condition to shave upon these three animals,** i.e., on condition that I bring only these three animals at the conclusion of all five terms,"[5] אֵין אֲנִי קוֹרֵא בוֹ – **I do not read of him,** i.e., I do not apply to him the verse, כַּאֲשֶׁר יִדּוֹר כֵּן יַעֲשֶׂה[7] – **"As he shall pledge, so shall he do."**[6,7]

---

the context of our verse. For other instances where Rashi sees עַל as meaning "besides, in addition to," see *Exodus* 35:22, *Leviticus* 3:4, and the notes to those verses. See also note 3 below.

1. See note 6 to v. 15 above.

2. *Sifrei* 37. This explains why the Torah mentioned that the breast and thigh of the peace-offering of a *nazir* go to the Kohen, even though it has already stated that this is the law of all peace-offerings (*Mizrachi; Sifsei Chachamim*).

3. עַל is used here for "in addition"; see note 6 on p. 64 above.

4. The various editions and manuscripts do not agree on whether to divide this comment into two; and those that do divide it do not agree on where to do so (see *Yosef Hallel*).

5. That is, one set of three offerings: an *olah*-offering, a peace-offering, and a sin-offering.

6. If one says, "I take upon myself to be a *nazir* five times on condition that I bring less than five sets of sacrifices," he must be a *nazir* five times, and bring five sets of sacrifices.

7. *Sifrei* 38. Rashi's last four words paraphrase part of our verse. The Yemenite manuscript and the Zamora edition quote the verse directly, כְּפִי נִדְרוֹ אֲשֶׁר יִדֹּר כֵּן יַעֲשֶׂה.

כג דַּבֵּ֤ר אֶֽל־אַהֲרֹן֙ וְאֶל־בָּנָ֣יו לֵאמֹ֔ר
כֹּ֥ה תְבָרְכ֖וּ אֶת־בְּנֵ֣י יִשְׂרָאֵ֑ל
כד אָמ֖וֹר לָהֶֽם׃ יְבָרֶכְךָ֥ יהוה
כה וְיִשְׁמְרֶֽךָ׃ יָאֵ֨ר יהוה ׀ פָּנָ֛יו אֵלֶ֖יךָ

23 “Speak to Aaron and to his sons, saying: So shall you bless the Children of
Israel, say to them: 24 ‘May HASHEM
bless you and guard you. 25 May HASHEM
illuminate His countenance toward you

אונקלוס

כג מַלֵּל עִם אַהֲרֹן וְעִם בְּנוֹהִי לְמֵימַר כְּדֵין תְּבָרְכוּן יָת בְּנֵי יִשְׂרָאֵל כַּד תֵּימְרוּן לְהוֹן: כד יְבָרְכִנָּךְ יְיָ וְיִטְּרִנָּךְ: כה יַנְהַר יְיָ שְׁכִינְתֵּהּ לְוָתָךְ

רש"י

(כג) אמור להם. כמו זכור, שמור, בלע"ז דישנ"ט: **אמור להם.** שיהיו כולם שומעים (שם לט): **אמור.** מלא, לא תברכם בחפזון ובבהלות אלא בכוונה ובלב שלם (תנחומא י): **(כד) יברכך.** שיתברכו נכסיך (ספרי מ): **וישמרך.** שלא יבואו עליך שודדים ליטול ממונך, שהנותן מתנה לעבדו אינו יכול לשמרו מכל אדם, וכיון שבאים לסטים עליו ונוטלין אותה ממנו מה הנאה יש לו במתנה זו, אבל הקב"ה הוא הנותן הוא השומר (תנחומא שם; במדב"ר יא:ו). והרבה מדרשים דרשו בו בספרי (שם): **(כה) יאר ה' פניו אליך.** יראה לך פנים שוחקות פנים צהובות (במדב"ר יא:ו):

RASHI ELUCIDATED

23. אָמוֹר לָהֶם – SAY TO THEM. The word **אָמוֹר** is of the same form **כְּמוֹ ,,זָכוֹר״**[1] – **as, “Remember,”**[1] and **,,שָׁמוֹר״**[2] – **“Safeguard.”**[2] **בְּלַעַ״ז דישנ״ט** – **In Old French, *disant*.**[3]

☐ **אָמוֹר לָהֶם** – SAY TO THEM in such a manner **שֶׁיִּהְיוּ כֻלָּם שׁוֹמְעִים**[4] – **that all of them will hear.**[4]

☐ **אָמוֹר** – SAY. **מָלֵא** – The word is spelled **in full,**[5] to imply, **לֹא תְבָרְכֵם** – **do not bless them בְּחִפָּזוֹן וּבְבֶהָלוּת** – **in haste and distraction, אֶלָּא בְּכַוָּנָה** – **but rather, with concentration וּבְלֵב שָׁלֵם**[6] – **and with a whole heart.**[6]

24. יְבָרֶכְךָ – MAY [HASHEM] BLESS YOU **שֶׁיִּתְבָּרְכוּ נְכָסֶיךָ**[7] – **that your possessions should be blessed.**[7]

☐ **וְיִשְׁמְרֶךָ** – AND GUARD YOU **שֶׁלֹּא יָבוֹאוּ עָלֶיךָ שׁוֹדְדִים** – **that bandits should not come against you לִטּוֹל מָמוֹנְךָ** – **to take your property. שֶׁהַנּוֹתֵן מַתָּנָה לְעַבְדּוֹ** – **For one who gives a gift to his servant אֵינוֹ יָכוֹל לְשָׁמְרוֹ** – **is unable to guard it מִכָּל אָדָם** – **against all people** who may wish to take it, **וְכֵיוָן שֶׁבָּאִים לִסְטִים עָלָיו** – **and once robbers come against [the servant] וְנוֹטְלִין אוֹתָהּ מִמֶּנּוּ** – **and take [the gift] from him, מַה הֲנָאָה יֵשׁ לוֹ בְּמַתָּנָה זוֹ** – **what benefit does he have from this gift? אֲבָל הַקָּדוֹשׁ בָּרוּךְ הוּא** – **But the Holy One, Blessed is He, הוּא הַנּוֹתֵן הוּא הַשּׁוֹמֵר**[8] – **is both the giver and the guard.**[8] **וְהַרְבֵּה מִדְרָשִׁים דָּרְשׁוּ בוֹ בְּסִפְרֵי**[9] – **There are many interpretations expounded on [this verse] in *Sifrei*.**[9]

25. יָאֵר ה׳ פָּנָיו אֵלֶיךָ – MAY HASHEM ILLUMINATE HIS COUNTENANCE TOWARD YOU. **יַרְאֶה לְךָ** – **May He show you פָּנִים שׂוֹחֲקוֹת** – **a smiling countenance, פָּנִים צְהֻבּוֹת**[10] – **a radiant countenance.**[10]

1. *Exodus* 20:8.

2. *Deuteronomy* 5:12.

3. The *-ant* suffix of the Old French word cited by Rashi indicates the progressive, which indicates continuous action. Thus the precise translation would be “be saying.” By the same token, זָכוֹר and שָׁמוֹר would more precisely be rendered “be remembering” and “be safeguarding” (A.M. Glanzer in *Tzefunos* vol. 3, p. 78; vol. 5, p. 77; vol. 15, p. 76).

4. *Sifrei* 39. Our verse says, “So shall you bless the Children of Israel,” and the following verses go on to give the blessings, which are stated in the second person. It is thus obvious that Aaron and his sons are to address the blessings to the Children of Israel. Why, then, does the verse say “say to them”? It is to teach us that the blessings must be recited in a manner which is “to them,” that they should be able to hear the blessings (see *Maskil LeDavid*).

5. It could have been spelled אָמֹר, similar to שָׁמֹר, “watch” (*Deuteronomy* 27:1), and שָׁמֹעַ, “listen” (*Deuteronomy* 1:16).

6. *Tanchuma* 10. The full spelling implies that the blessings should be said with full concentration.

7. *Sifrei* 40.

8. *Tanchuma* 10; *Bamidbar Rabbah* 11:6.

9. *Sifrei* 40.

10. *Bamidbar Rabbah* 11:6.

כו וִיחֻנֶּךָּ: יִשָּׂא יְהוָה ׀ פָּנָיו
כז אֵלֶיךָ וְיָשֵׂם לְךָ שָׁלוֹם: וְשָׂמוּ
אֶת־שְׁמִי עַל־בְּנֵי יִשְׂרָאֵל וַאֲנִי
ז א אֲבָרְכֵם: חמישי וַיְהִי בְּיוֹם כַּלּוֹת
מֹשֶׁה לְהָקִים אֶת־הַמִּשְׁכָּן וַיִּמְשַׁח

and endow you with grace. [26] *May HASHEM lift His countenance to you and establish peace for you.'* [27] *They shall place My Name upon the Children of Israel, and I shall bless them."*

7 [1] *It was on the day that Moses finished erecting the Tabernacle that he anointed*

אונקלוס

וירחם יָתָךְ: כו יִסַּב יְיָ אַפֵּהּ לְוָתָךְ וִישַׁוֵּי לָךְ שְׁלָם: כז וִישַׁוּוֹן יָת בִּרְכַּת שְׁמִי עַל בְּנֵי יִשְׂרָאֵל וַאֲנָא אֲבָרְכִנּוּן: א וַהֲוָה בְּיוֹמָא דְשֵׁיצִי מֹשֶׁה לַאֲקָמָא יָת מַשְׁכְּנָא וְרַבִּי

רש"י

ויחנך. יתן לך חן (ספרי מא; תנחומא שם): **(כו) ישא ה' פניו אליך.** יכבוש כעסו (ספרי מב; במדב"ר יא:ז): **(כז) ושמו את שמי.** יברכום בשם המפורש (ספרי מג): **ואני אברכם.** לישראל ואסכים עם הכהנים. דבר אחר, ואני אברכם לכהנים (שם): **(א) ויהי ביום כלות משה.** כלת [ס"א כלות] כתיב, יום הקמת המשכן היו ישראל ככלה הנכנסת לחופה (תנחומא כו):

RASHI ELUCIDATED

□ וִיחֻנֶּךָּ – This means יִתֵּן לְךָ חֵן[1] – **may He give you grace.**[1]

26. יִשָּׂא ה׳ פָּנָיו אֵלֶיךָ – MAY HASHEM LIFT HIS COUNTENANCE TO YOU. יִכְבּוֹשׁ כַּעְסוֹ[2] – **May He suppress His anger.**[2]

27. וְשָׂמוּ אֶת שְׁמִי – THEY SHALL PLACE MY NAME. This implies יְבָרְכוּם – that **[the Kohanim] shall bless [the Children of Israel]** בְּשֵׁם הַמְּפוֹרָשׁ – **with the Explicit Name.**[3]

□ וַאֲנִי אֲבָרְכֵם – AND I SHALL BLESS THEM. This means that the blessing will be לְיִשְׂרָאֵל – **to Israel.** וְאַסְכִּים עִם הַכֹּהֲנִים – The verse means, **"and I shall agree with the Kohanim,** i.e., I shall fulfill their blessings." דָּבָר אַחֵר – **Alternatively,** "וַאֲנִי אֲבָרְכֵם" – **"and I shall bless them"** means that the blessing will be לַכֹּהֲנִים[4] – **to the Kohanim.**[4]

7.

1. וַיְהִי בְּיוֹם כַּלּוֹת מֹשֶׁה – IT WAS ON THE DAY THAT MOSES FINISHED. "כַּלַּת" כְּתִיב – The word pronounced **כַּלּוֹת is written**[5] as if it were to be read **כַּלַּת**, "the bride of," which implies that יוֹם הֲקָמַת הַמִּשְׁכָּן – on **the day of the erecting of the Tabernacle,** הָיוּ יִשְׂרָאֵל כְּכַלָּה – **Israel was like a bride** הַנִּכְנֶסֶת לַחוּפָּה[6] – **who enters** beneath **the marriage canopy.**[6]

1. *Sifrei* 41; *Tanchuma* 10. Rashi does not understand this word as *Targum Onkelos* does, "may He be gracious toward you." Rather, according to Rashi, it means "may He endow you with the quality of grace" (*Nachalas Yaakov*).

2. *Sifrei* 42; *Bamidbar Rabbah* 11:7. When one frowns at another, he often tilts his head slightly downward, away from the one being frowned upon. "Lifting countenance" implies suppressing the desire to frown (*Sefer Zikaron*).

3. *Sifrei* 39, 43. This refers to the Tetragrammaton. In the *Beis HaMikdash,* the Kohanim would pronounce it as it is spelled. Outside the *Beis HaMikdash* they would use the standard pronunciation (*Sotah* 38a and Rashi there).

4. *Sifrei* 39, 43.

5. Our text follows virtually all manuscript and early printed editions of Rashi. If so, Rashi's Torah scroll spelled the word כלת without the letter ו; our scrolls, however, all have the spelling כלות. Rashi explains why the Torah uses the shortened spelling of the word. *Rashba,* cited by the *Beis Yosef* in *Tur, Yoreh Deah* 275, also refers to a Torah scroll which has the shortened spelling. See *Gilyon HaShas* to *Shabbos* 55b for other instances where Rashi's version of the text of Scripture differs from ours.

Some say that Rashi's text of the Torah also read כַּלּוֹת. But he explains why the word is not written כַּלֹּה as it appears in *Genesis* 18:33. It is because the form כַּלּוֹת suggests the word כַּלַּת, "bride of" (*Gur Aryeh; Yosef Da'as*).

A lengthy discussion — which includes the views of the *Zohar, Rama MiPano* and others — appears in *Minchas Shai.*

Some editions read כַּלּוֹת כְּתִיב, "the word כַּלּוֹת is written." According to this version, Rashi's Torah text agrees with ours. But Rashi sees כַּלּוֹת as apparently superfluous, for the Torah could have written בְּיוֹם הָקִים מֹשֶׁה אֶת הַמִּשְׁכָּן, "on the day Moses erected the Tabernacle" (*Meira Dachya*).

6. *Tanchuma* 26. The Tabernacle was like a marriage canopy, under which Israel joined God (*Gur Aryeh*).

אֹתוֹ֮ וַיְקַדֵּ֣שׁ אֹתוֹ֒ וְאֶת־כָּל־כֵּלָ֔יו וְאֶת־
הַמִּזְבֵּ֖חַ וְאֶת־כָּל־כֵּלָ֑יו וַיִּמְשָׁחֵ֖ם וַיְקַדֵּ֥שׁ
ב אֹתָֽם׃ וַיַּקְרִ֙יבוּ֙ נְשִׂיאֵ֣י יִשְׂרָאֵ֔ל רָאשֵׁ֖י

it and sanctified it and all its utensils, and the Altar and all its utensils, and he anointed them and sanctified them.
2 *The princes of Israel, the heads of*

אונקלוס

יָתֵהּ וְקַדִּישׁ יָתֵהּ וְיָת כָּל מָנוֹהִי וְיָת מַדְבְּחָא וְיָת כָּל מָנוֹהִי וְרַבִּנּוּן וְקַדִּישׁ יָתְהוֹן: ב וְקָרִיבוּ (נ״א וְקָרִיבוּ) רַבְרְבֵי יִשְׂרָאֵל רֵישֵׁי

רש״י

כלות משה. בצלאל ואהליאב וכל חכם לב עשו את המשכן, ותלאו הכתוב במשה, לפי שמסר נפשו עליו לראות תבנית כל דבר ודבר כמו שהראהו בהר להורות לעושי המלאכה, ולא טעה בתבנית אחת. וכן מצינו בדוד, לפי שמסר נפשו על בנין בהמ״ק, שנאמר זכור ה׳ לדוד את כל ענותו אשר נשבע לה׳ וגו׳ (תהלים קלב:א־ב) לפיכך נקרא על שמו (תנחומא יג) שנאמר ראה ביתך דוד (מלכים א יב:טז): **ביום כלות משה להקים.** ולא נאמר ביום הקים, מלמד שכל שבעת ימי המלואים היה משה מעמידו ומפרקו, ובאותו היום העמידו ולא פרקו, לכך נאמר ביום כלות משה להקים, אותו היום כלו הקמותיו, וראש חודש ניסן היה. בשני נשרפה הפרה, בשלישי הזו הזיה ראשונה

RASHI ELUCIDATED

□ כְּלוֹת מֹשֶׁה – THAT MOSES FINISHED. בְּצַלְאֵל וְאָהֳלִיאָב וְכָל חֲכַם לֵב – **Bezalel and Oholiab and all those wise of heart** עָשׂוּ אֶת הַמִּשְׁכָּן – **made the Tabernacle.**[1] וּתְלָאוֹ הַכָּתוּב בְּמֹשֶׁה – **But Scripture hangs it upon,** i.e., attributes it to, **Moses,** לְפִי שֶׁמָּסַר נַפְשׁוֹ עָלָיו – **because he devoted himself to it,** לִרְאוֹת תַּבְנִית כָּל דָּבָר וְדָבָר – **to see to the pattern of each and every item,** כְּמוֹ שֶׁהֶרְאָהוּ בָּהָר – that they should be **as [God] had shown him upon the mountain,**[2] לְהוֹרוֹת לְעוֹשֵׂי הַמְּלָאכָה – **to instruct those who did the work,** וְלֹא טָעָה בְּתַבְנִית אַחַת – **and he did not err in a single pattern.** וְכֵן מָצִינוּ בְדָוִד – **And so we find regarding David,** לְפִי שֶׁמָּסַר נַפְשׁוֹ – **since he devoted himself** עַל בִּנְיַן בֵּית הַמִּקְדָּשׁ – **to the construction of the** ***Beis HaMikdash,*** שֶׁנֶּאֱמַר – **as it says,** ,,זְכוֹר ה׳ לְדָוִד – **"Remember, Hashem, on behalf of David** אֵת כָּל עֻנּוֹתוֹ – **all of his suffering** אֲשֶׁר נִשְׁבַּע לַה׳ וְגוֹמֵר״[3] – **[over] that which he had sworn to Hashem, etc.,"**[3] לְפִיכָךְ – **this is why** נִקְרָא עַל שְׁמוֹ[4] – **it is called by his name,** i.e., it is attributed to him, although his son, Solomon, actually built it,[4] שֶׁנֶּאֱמַר – **as it says,** ,,רְאֵה בֵיתְךָ דָּוִד״[5] – **"See your House, David."**[5]

□ בְּיוֹם כַּלּוֹת מֹשֶׁה לְהָקִים – ON THE DAY THAT MOSES FINISHED ERECTING. וְלֹא נֶאֱמַר – **But it does not say** בְּיוֹם הָקִים – **"on the day he erected."**[6] מְלַמֵּד – **This teaches** us שֶׁכָּל שִׁבְעַת יְמֵי הַמִּלּוּאִים – **that the entire seven days of the inauguration** of the Tabernacle, הָיָה מֹשֶׁה מַעֲמִידוֹ – **Moses would set up [the Tabernacle],** וּמְפָרְקוֹ – **and dismantle it** at the conclusion of the day's service. וּבְאוֹתוֹ הַיּוֹם – **But on that day,** הֶעֱמִידוֹ – **he set it up** וְלֹא פֵּרְקוֹ – **and did not dismantle it.** לְכָךְ נֶאֱמַר – **This is why it says** ,,בְּיוֹם כַּלּוֹת מֹשֶׁה לְהָקִים״ – **"on the day that Moses finished erecting,"** to imply אוֹתוֹ הַיּוֹם – that **on that day,** כָּלוּ הֲקָמוֹתָיו – **[the Tabernacle's]** repeated **erectings were finished.** וְרֹאשׁ חֹדֶשׁ[7] נִיסָן הָיָה – **It was the first of the month of Nissan.**[8] בַּשֵּׁנִי נִשְׂרְפָה הַפָּרָה – **On the second, the** red **cow was burned.**[9] בַּשְּׁלִישִׁי הִזּוּ הַזָּיָה רִאשׁוֹנָה – **On the third, they sprinkled the first sprinkling.**[10]

---

1. See *Exodus* 36:1.

2. See *Exodus* 25:9,40.

3. *Psalms* 132:1-2. Verses 3-5 of that psalm contain the words of David's oath: "If I enter the tent of my home; if I go upon the bed that is spread for me; if I allow sleep to my eyes, slumber to my eyelids; before I find a place for Hashem, Tabernacles for the Strong One of Jacob."

4. *Tanchuma* 13.

5. *I Kings* 12:16.

6. Had the erecting of the Tabernacle taken a number of days, the verse's use of "the day Moses finished erecting the Tabernacle," would have served to distinguish that day from the other days. But it was erected miraculously during the course of a single day (see *Exodus* 40:2, 40:17 and Rashi to *Exodus* 39:33). The verse should thus have said בְּיוֹם הָקִים מֹשֶׁה, "the day that Moses erected" (*Maskil LeDavid*).

7. Although the common translation of ראש חֹדֶשׁ is "New Moon," it should be noted that the dictionary's definition of "new moon" is different from the halachic concept. The English term "new moon" refers to the period when the moon is invisible, but ראש חֹדֶשׁ refers to the re-appearance of the moon in its crescent shape after its invisible period.

8. See *Exodus* 40:2; see also Rashi to 5:2 above and our notes there.

9. This was the first step in the procedure of purifying the Levites of impurity they had because of contact with a corpse; see Rashi to 8:7 below, s.v., הַזֵּה עֲלֵיהֶם מֵי חַטָּאת.

10. One who becomes purified of impurity through contact with a corpse must be sprinkled twice. The first sprinkling is done on the third day (or later) after he became impure, and the second sprinkling on the seventh (i.e., four days after the first sprinkling). The

their fathers' household, brought offerings; they were the princes of the tribes, they were those who stand over the counted. [3] They brought their offering before HASHEM*: six covered wagons and twelve oxen — a wagon for each two princes and an ox for each — and they brought them before the Tabernacle. [4]* HASHEM *said*

בֵּית אֲבֹתָם הֵם נְשִׂיאֵי הַמַּטֹּת הֵם
ג הָעֹמְדִים עַל־הַפְּקֻדִים: וַיָּבִיאוּ
אֶת־קָרְבָּנָם לִפְנֵי יהוה שֵׁשׁ־עֶגְלֹת
צָב וּשְׁנֵי עָשָׂר בָּקָר עֲגָלָה עַל־שְׁנֵי
הַנְּשִׂאִים וְשׁוֹר לְאֶחָד וַיַּקְרִיבוּ
ד אוֹתָם לִפְנֵי הַמִּשְׁכָּן: וַיֹּאמֶר יהוה

אונקלוס

בֵּית אֲבָהַתְהוֹן אִנּוּן רַבְרְבֵי שִׁבְטַיָּא אִנּוּן דְּקָיְמִין עַל מִנְיָנַיָּא: ג וְאַיְתִיוּ יָת קֻרְבַּנְהוֹן קֳדָם יְיָ שִׁית עֶגְלָן כַּד מְחַפְיָן וּתְרֵי עֲשַׂר תּוֹרִין עֶגְלְתָא עַל תְּרֵין רַבְרְבַיָּא וְתוֹר לְחַד וְקָרִיבוּ יָתְהוֹן לָקֳדָם מַשְׁכְּנָא: ד וַאֲמַר יְיָ

רש"י

ובשביעי גלחו (ספרי מד): (ב) **הם נשיאי המטת.** שהיו שוטרים עליהם במצרים והיו מוכים עליהם, שנאמר ויכו שוטרי בני ישראל וגו' (שמות ה:יד; ספרי מה): **הם העמדים על הפקדים.** שעמדו עם משה ואהרן כשמנו את ישראל, שנאמר ואתכם יהיו וגו' (לעיל א:ד): (ג) **שש עגלת צב.** אין צב אלא מחופים, וכן בצבים ובפרדים (ישעיהו סו:כ) עגלות מכוסות קרויות צבים (ספרי שם): **ויקריבו אותם לפני המשכן.** שלא קבל משה מידם עד שנאמר לו מפי המקום (ספרי שם; במדב"ר יב:יח). אמר רבי נתן

RASHI ELUCIDATED

וּבַשְּׁבִיעִי גִּלְּחוּ[1] – And on the seventh, they shaved.[1]

2. הֵם נְשִׂיאֵי הַמַּטֹּת – THEY WERE THE PRINCES OF THE TRIBES **שֶׁהָיוּ שׁוֹטְרִים עֲלֵיהֶם בְּמִצְרַיִם – who were guards over [the tribes] in Egypt, וְהָיוּ מוּכִּים עֲלֵיהֶם – and were beaten on account of [the tribes], שֶׁנֶּאֱמַר – as it says, "וַיֻּכּוּ שֹׁטְרֵי בְּנֵי יִשְׂרָאֵל וְגוֹמֵר"[2] – "And the guards of the Children of Israel were beaten."[2]**

□ **הֵם הָעֹמְדִים עַל הַפְּקֻדִים** – THEY WERE THOSE WHO STAND OVER THE COUNTED. This means **שֶׁעָמְדוּ עִם מֹשֶׁה וְאַהֲרֹן – who stood with Moses and Aaron כְּשֶׁמָּנוּ אֶת יִשְׂרָאֵל – when they counted Israel, שֶׁנֶּאֱמַר – as it says, "וְאִתְּכֶם יִהְיוּ וְגוֹמֵר"[3] – "And with you shall be etc."[3]**

3. שֵׁשׁ עֶגְלֹת צָב – SIX COVERED WAGONS. **אֵין צָב אֶלָּא מְחוּפִּים – צָב means nothing but "covered." וְכֵן "בַּצַּבִּים וּבַפְּרָדִים"[4] – Similarly, צַבִּים** in, **"with covered wagons, and with mules."[4] עֲגָלוֹת מְכוּסּוֹת קְרוּיוֹת צַבִּים[5] – Covered wagons are called צַבִּים.[5]**

□ **וַיַּקְרִיבוּ אוֹתָם לִפְנֵי הַמִּשְׁכָּן** – AND THEY BROUGHT THEM BEFORE THE TABERNACLE. **שֶׁלֹּא קִבֵּל מֹשֶׁה מִיָּדָם – For Moses did not accept** their donation **from their hands עַד שֶׁנֶּאֱמַר לוֹ – until it had been said to him** to do so **מִפִּי הַמָּקוֹם – from the mouth of the Omnipresent.[6] אָמַר רַבִּי נָתָן** – The *Tanna* R'

laws of impurity through contact with the dead, and of the red cow whose ashes were mixed into the water used for sprinkling, were given on the first of the month of Nissan (*Gittin* 60a). Mishael and Elzaphan were Levites who became impure on the first of Nissan through tending to the burial of their cousins, Nadab and Abihu (see *Leviticus* 10:4). The third of Nissan was thus the first possible day for them, and others like them, to be sprinkled.

1. *Sifrei* 44. Verse 8:7 below states that the Levites had to be shaved as part of their inauguration, but does not say when the shaving was to take place. Rashi here tells us that it took place on the seventh of Nissan. For Rashi to 8:7 explains that the shaving was in emulation of the purification procedure of a *metzora.* It thus stands to reason that it took place at the end of another purification rite, that of those who were impure due to contact with a corpse.

Although the princes donated the wagons on the first of Nissan (see v. 8), the Levites did not take them until the seventh, at the conclusion of their inauguration (see *Mizrachi*).

2. *Exodus* 5:14; see *Sifrei* 45. "The princes of the tribes" seems superfluous, for it is clear from the other descriptions given by the verse that it refers to the princes of the tribes. It implies that they were men who had been princes at some earlier time (see *Gur Aryeh; Maskil Le-David*).

3. Above 1:4. That verse reads in full: "And with you shall be one man from each tribe; a man who is a prince of his father's house." Although that verse is stated in the context of a counting that took place on the first of Iyyar, a month after the events of our passage, Rashi nonetheless cites it to show that Moses would be accompanied by the princes of the tribes when he counted the people. This was also true of the counts taken before the events of our passage (*Be'er BaSadeh*).

4. *Isaiah* 66:20.

5. See *Sifrei* 45.

6. *Sifrei* 45; *Bamidbar Rabbah* 12:18. The verse has already said "they brought their offering before HASHEM," which implies that they brought it to the Tabernacle. The

ה אֶל־מֹשֶׁה לֵּאמֹר: קַח מֵאִתָּם וְהָיוּ
לַעֲבֹד אֶת־עֲבֹדַת אֹהֶל מוֹעֵד
וְנָתַתָּה אוֹתָם אֶל־הַלְוִיִּם אִישׁ כְּפִי
ו עֲבֹדָתוֹ: וַיִּקַּח מֹשֶׁה אֶת־הָעֲגָלֹת
וְאֶת־הַבָּקָר וַיִּתֵּן אוֹתָם אֶל־
ז הַלְוִיִּם: אֵת | שְׁתֵּי הָעֲגָלוֹת וְאֵת
אַרְבַּעַת הַבָּקָר נָתַן לִבְנֵי גֵרְשׁוֹן
ח כְּפִי עֲבֹדָתָם: וְאֵת | אַרְבַּע הָעֲגָלֹת
וְאֵת שְׁמֹנַת הַבָּקָר נָתַן לִבְנֵי מְרָרִי
כְּפִי עֲבֹדָתָם בְּיַד אִיתָמָר בֶּן־אַהֲרֹן
ט הַכֹּהֵן: וְלִבְנֵי קְהָת לֹא נָתָן כִּי־
עֲבֹדַת הַקֹּדֶשׁ עֲלֵהֶם בַּכָּתֵף יִשָּׂאוּ:

to Moses, saying, [5] "Take from them, and they shall be to perform the work of the Tent of Meeting; you shall give them to the Levites, each man according to his work."

[6] So Moses took the wagons and the oxen and gave them to the Levites. [7] Two of the wagons and four of the oxen he gave to the sons of Gershon, in accordance with their work. [8] And four of the wagons and eight of the oxen he gave to the sons of Merari, in accordance with their work, under the authority of Ithamar, son of Aaron the Kohen. [9] And to the sons of Kohath he did not give, because the service of the holy is upon them; they carry on the shoulder.

אונקלוס

לְמֹשֶׁה לְמֵימָר: ה קַבֵּל מִנְּהוֹן וִיהוֹן לְמִפְלַח יָת פָּלְחַן מַשְׁכַּן זִמְנָא וְתִתֵּן יָתְהוֹן לְלֵוָאֵי גְּבַר כְּמִסַּת פָּלְחָנֵהּ: ו וּנְסִיב מֹשֶׁה יָת עֶגְלָתָא וְיָת תּוֹרֵי וִיהַב יָתְהוֹן לְלֵוָאֵי: ז יָת תַּרְתֵּין עֶגְלָתָא וְיָת אַרְבַּעַת תּוֹרֵי יְהַב לִבְנֵי גֵרְשׁוֹן כְּמִסַּת פָּלְחַנְהוֹן: ח וְיָת אַרְבַּע עֶגְלָן וְיָת תְּמַנְיָא תוֹרֵי יְהַב לִבְנֵי מְרָרִי כְּמִסַּת פָּלְחַנְהוֹן בִּידָא דְאִיתָמָר בַּר אַהֲרֹן כַּהֲנָא: ט וְלִבְנֵי קְהָת לָא יְהַב אֲרֵי פָּלְחַן קוּדְשָׁא עֲלֵיהוֹן בְּכַתְפָּא נָטְלִין:

רש"י

מה ראו הנשיאים להתנדב כאן בתחלה ובמלאכת המשכן לא התנדבו תחלה. אלא כך אמרו הנשיאים, יתנדבו צבור מה שיתנדבו ומה שמחסרין אנו משלימין. כיון שראו שהשלימו צבור את הכל, שנא' והמלאכה היתה דים (שמות לו:ז) אמרו מעתה מה לנו לעשות הביאו את אבני השוהם ואת אבני המלואים לאפוד ולחשן. לכך התנדבו כאן תחלה (ספרי שם): **(ז) כפי עבדתם.** שהיה משא בני גרשון קל משל מררי, שהיו נושאים הקרשים והעמודים והאדנים (במדב"ר יב:יט): **(ט) כי עבדת הקדש עלהם.** משא דבר הקדושה

RASHI ELUCIDATED

Nassan said: מָה רָאוּ הַנְּשִׂיאִים לְהִתְנַדֵּב כָּאן בַּתְּחִלָּה – **What** is it that **the princes saw that made them be the first to contribute here,** וּבִמְלֶאכֶת הַמִּשְׁכָּן לֹא הִתְנַדְּבוּ תְּחִלָּה – **while they did not contribute first at the construction of the Tabernacle**?[1] אֶלָּא כָּךְ אָמְרוּ הַנְּשִׂיאִים – **But** at the time of the construction of the Tabernacle, **the princes had said the following:** יִתְנַדְּבוּ צִבּוּר מַה שֶּׁיִּתְנַדְּבוּ – **"Let the public contribute whatever they will contribute,** וּמַה שֶּׁמְּחַסְּרִין – **and what they leave wanting,** אָנוּ מַשְׁלִימִין – **we will complete."** כֵּיוָן שֶׁרָאוּ – **Once they saw** שֶׁהִשְׁלִימוּ צִבּוּר אֶת הַכֹּל – **that the public completed everything** that was needed, שֶׁנֶּאֱמַר – **as it says,** "וְהַמְּלָאכָה הָיְתָה דַיָּם"[2] – **"And the work was sufficient for them,"**[2] אָמְרוּ – **they said,** מֵעַתָּה מַה לָּנוּ לַעֲשׂוֹת – **"Now what is there** left **for us to do?"** "הֵבִיאוּ אֶת אַבְנֵי הַשֹּׁהַם וְאֵת אַבְנֵי הַמִּלֻּאִים לָאֵפוֹד וְלַחֹשֶׁן" – **"They brought the *shoham* stones and the filling stones for the *Eiphod* and for the *Choshen*."**[3] לְכָךְ הִתְנַדְּבוּ כָּאן תְּחִלָּה[4] – **Therefore they contributed here first.**[4]

7. כְּפִי עֲבֹדָתָם – IN ACCORDANCE WITH THEIR WORK. שֶׁהָיָה מַשָּׂא בְּנֵי גֵרְשׁוֹן – **For the burden of the sons of Gershon** קַל מִשֶּׁל מְרָרִי – **was lighter than that of** the sons of **Merari,** שֶׁהָיוּ נוֹשְׂאִים – **who would carry** הַקְּרָשִׁים – **the beams** וְהָעַמּוּדִים – **and the pillars** וְהָאֲדָנִים[5] – **and the sockets.**[5]

9. כִּי עֲבֹדַת הַקֹּדֶשׁ עֲלֵהֶם – BECAUSE THE SERVICE OF THE HOLY IS UPON THEM. מַשָּׂא דְּבַר הַקְּדֻשָּׁה – **The**

apparently superfluous "and they brought them before the Tabernacle" implies that there was special need for consultation at the Tabernacle regarding the offering (*Be'er BaSadeh*).

1. *Exodus* 35:21-29 lists the contributors to the construction of the Tabernacle, and their contributions. The princes are mentioned there last.

2. *Exodus* 36:7.

3. *Exodus* 35:27. The *Eiphod* was an apronlike garment worn by the Kohen Gadol. The *Choshen* was his breastplate. They are described in *Exodus* 28:6-30, as are the *shoham* and filling stones.

4. *Sifrei* 45; see also Rashi to *Exodus* 35:27.

5. *Bamidbar Rabbah* 12:19. This is why Gershon received only two wagons, while Merari received four; see 4:31-32.

י וַיַּקְרִ֣יבוּ הַנְּשִׂאִ֗ים אֵ֚ת חֲנֻכַּ֣ת
הַמִּזְבֵּ֔חַ בְּי֖וֹם הִמָּשַׁ֣ח אֹת֑וֹ וַיַּקְרִ֧יבוּ
הַנְּשִׂיאִ֛ם אֶת־קָרְבָּנָ֖ם לִפְנֵ֥י הַמִּזְבֵּֽחַ׃
יא וַיֹּ֖אמֶר יְהוָ֣ה אֶל־מֹשֶׁ֑ה נָשִׂ֨יא אֶחָ֜ד
לַיּ֗וֹם נָשִׂ֤יא אֶחָד֙ לַיּ֔וֹם יַקְרִ֙יבוּ֙ אֶת־
יב קָרְבָּנָ֔ם לַחֲנֻכַּ֖ת הַמִּזְבֵּֽחַ׃ וַיְהִ֗י

[10] *And the princes brought [offerings for] the inauguration the Altar on the day it was anointed, and the princes brought their offering before the Altar.*

[11] *HASHEM said to Moses, "One prince each day, one prince each day, shall they bring their offering for the inauguration of the Altar."*

אונקלוס

י וְקָרִיבוּ רַבְרְבַיָּא יָת חֲנֻכַּת מַדְבְּחָא בְּיוֹמָא דְרַבִּיוּ יָתֵהּ וְקָרִיבוּ רַבְרְבַיָּא יָת קֻרְבַּנְהוֹן (לָ)קֳדָם מַדְבְּחָא:
יא וַאֲמַר יְיָ לְמשֶׁה רַבָּא חַד לְיוֹמָא רַבָּא חַד לְיוֹמָא יְקָרְבוּן יָת קֻרְבַּנְהוֹן לַחֲנֻכַּת מַדְבְּחָא: יב וַהֲוָה

רש"י

הארון והשלחן וגו׳ (לעיל ג:לא) לפיכך בכתף ישאו: (י) **ויקריבו הנשאים את חנכת המזבח.** לאחר שהתנדבו העגלות והבקר לשאת המשכן, נשאם לבם להתנדב קרבנות המזבח לחנכו (ספרי מז): **ויקריבו הנשיאם את קרבנם לפני המזבח.** כי לא קבל משה מידם עד שנאמר לו מפי הגבורה (שם): (יא) **יקריבו את קרבנם לחנכת המזבח.** ועדיין לא היה יודע משה היאך יקריבו אם כסדר תולדותם אם כסדר המסעות, עד שנא׳ לו מפי הקב"ה יקריבו למסעות איש יומו (שם):

RASHI ELUCIDATED

burden of the holy items, "הָאָרֹן וְהַשֻּׁלְחָן וְגוֹמֵר"[1] – **"the Ark, and the Table, etc."**[1] לְפִיכָךְ – **Therefore,** "בַּכָּתֵף יִשָּׂאוּ" – **"they carry on the shoulder."**[2]

10. וַיַּקְרִיבוּ הַנְּשִׂאִים אֵת חֲנֻכַּת הַמִּזְבֵּחַ – AND THE PRINCES BROUGHT [OFFERINGS FOR] THE INAUGURATION OF THE ALTAR. לְאַחַר שֶׁהִתְנַדְּבוּ הָעֲגָלוֹת וְהַבָּקָר – **After they contributed the wagons and the cattle** לָשֵׂאת הַמִּשְׁכָּן – **to carry the Tabernacle,** נְשָׂאָם לִבָּם – **their hearts moved them** לְהִתְנַדֵּב קָרְבְּנוֹת הַמִּזְבֵּחַ – **to contribute offerings of** (upon) **the Altar** לְחַנְּכוֹ[3] – **to inaugurate it.**[3]

□ וַיַּקְרִיבוּ הַנְּשִׂיאִם אֶת קָרְבָּנָם לִפְנֵי הַמִּזְבֵּחַ – AND THE PRINCES BROUGHT THEIR OFFERING BEFORE THE ALTAR. כִּי לֹא קִבֵּל מֹשֶׁה מִיָּדָם – **For Moses did not accept** it **from their hand** עַד שֶׁנֶּאֱמַר לוֹ – **until it had been said to him** to do so מִפִּי הַגְּבוּרָה[4] – **from the mouth of the Almighty.**[4]

11. יַקְרִיבוּ אֶתקָרְבָּנָם לַחֲנֻכַּת הַמִּזְבֵּחַ – SHALL THEY BRING THEIR OFFERING FOR THE INAUGURATION OF THE ALTAR. וַעֲדַיִין לֹא הָיָה יוֹדֵעַ מֹשֶׁה – **But Moses still did not know** הֵיאַךְ יַקְרִיבוּ – **how,** i.e., in what order, **[the tribal princes] should bring** the offerings, אִם כְּסֵדֶר תּוֹלְדוֹתָם – **whether according to the order of their births,**[5] אִם כְּסֵדֶר הַמַּסָּעוֹת – **or according to the order of their travels,**[6] עַד שֶׁנֶּאֱמַר לוֹ מִפִּי הַקָּדוֹשׁ בָּרוּךְ הוּא – **until it was told to him from the mouth of the Holy One, Blessed is He,** יַקְרִיבוּ לַמַּסָּעוֹת – that **they should bring offerings according to the** order of their **travels,** אִישׁ יוֹמוֹ[7] – **each man,** i.e., tribal prince, upon **his** designated **day.**[7]

---

1. Above 3:31.

2. The verse does not mean that the fact that they carry on their shoulders is what makes their service "the service of the holy."

3. *Sifrei* 47. וַיַּקְרִיבוּ הַנְּשִׂאִים אֵת חֲנֻכַּת הַמִּזְבֵּחַ means, literally, "and the princes offered the inauguration of the Altar." Rashi notes that "the inauguration of the Altar" refers to the offerings brought upon the Altar, as indicated by the language of the following verse.

The offerings of inauguration of the Altar must be something other than the wagons and cattle to pull them, for the wagons and cattle have no specific connection to the Altar (*Be'er Mayim Chaim*).

4. *Sifrei* 47. The verse could have said only "the princes brought their offering," and it would have been clear that the offering was brought to the Altar. The seemingly superfluous "before the Altar" implies that there was need for consultation before the offering was sacrificed. Alternatively, the verse could have said "the princes brought their offering *on* (עַל) the Altar." The phrase "before the Altar" implies that there was need for consultation before the offering was sacrificed.

5. That is, the order in which the sons of Jacob, the progenitors of each tribe, were born.

6. That is, the order in which their tribes traveled through the wilderness, as recorded in Chapter 2 above.

7. *Sifrei* 47. God's statement to Moses in this verse includes more than just permission to accept the princes' inaugural offering. "One prince each day" indicates that Moses did not know if the princes should bring their offerings on separate days or all together. "One *prince* each day" rather than "one each day" indicates that the order is in accordance with the order of travel (see *Nachalas Yaakov*).

הַמַּקְרִ֤יב בַּיּ֥וֹם הָֽרִאשׁ֖וֹן אֶת־קָרְבָּנ֑וֹ
נַחְשׁ֥וֹן בֶּן־עַמִּֽינָדָ֖ב לְמַטֵּ֥ה יְהוּדָֽה׃
יג וְקָרְבָּנ֞וֹ קַֽעֲרַת־כֶּ֣סֶף אַחַ֗ת שְׁלֹשִׁ֣ים
וּמֵאָה֮ מִשְׁקָלָהּ֒ מִזְרָ֤ק אֶחָד֙ כֶּ֔סֶף
שִׁבְעִ֥ים שֶׁ֖קֶל בְּשֶׁ֣קֶל הַקֹּ֑דֶשׁ
שְׁנֵיהֶ֣ם ׀ מְלֵאִ֗ים סֹ֛לֶת בְּלוּלָ֥ה בַשֶּׁ֖מֶן
יד לְמִנְחָֽה׃ כַּ֥ף אַחַ֛ת עֲשָׂרָ֥ה זָהָ֖ב

[12] *The one who brought his offering on the first day was Nahshon son of Amminadab, of the tribe of Judah.* [13] *And his offering was: one silver bowl, its weight a hundred and thirty [shekel], and one basin of silver, [its weight] seventy shekel in the sacred shekel, both of them filled with fine flour mixed with oil for a meal-offering;* [14] *one ladle of gold, [its weight] ten [shekel]*

אונקלוס

דִּמְקָרֵב בְּיוֹמָא קַדְמָאָה יָת קֻרְבָּנֵהּ נַחְשׁוֹן בַּר עַמִּינָדָב לְשִׁבְטָא דִיהוּדָה: יג וְקֻרְבָּנֵהּ מְגִסְתָּא דִכְסַף חֲדָא מְאָה וּתְלָתִין סִלְעִין הֲוָה מַתְקְלַהּ מִזְרְקָא חַד דִּכְסַף מַתְקְלֵהּ שַׁבְעִין סִלְעִין בְּסִלְעֵי קוּדְשָׁא תַּרְוֵיהוֹן מְלַן סֻלְתָּא דְּפִילָא בִמְשַׁח לְמִנְחָתָא: יד בָּזִיכָא חֲדָא מַתְקַל עֲשַׂר סִלְעִין הִיא דִדְהַב

רש"י

(יב) ביום הראשון. אותו היום נטל עשר עטרות. ראשון למעשה בראשית, ראשון לנשיאים וכו', כדאי' בסדר עולם (פרק ז): **למטה יהודה.** יחסו הכתוב על שבטו, ולא שגבה משבטו והקריב. או אינו אומר למטה יהודה אלא שגבה משבטו והביא, ת"ל זה קרבן נחשון, משלו הביא (ספרי מח): **(יג) שניהם מלאים סלת.** למנחת נדבה (שם מט): **(יד) עשרה זהב.** כתרגומו,

RASHI ELUCIDATED

12. בַּיּוֹם הָרִאשׁוֹן – ON THE FIRST DAY. אוֹתוֹ הַיּוֹם – **That day** נָטַל עֶשֶׂר עֲטָרוֹת – **took ten crowns.** It was רִאשׁוֹן לְמַעֲשֵׂה בְרֵאשִׁית – the **first** day **of the work of Creation;** רִאשׁוֹן לַנְּשִׂיאִים וְכוּלְהוּ – it was the **first** day **of** the offerings of **the princes, etc.,** כִּדְאִיתָא בְּסֵדֶר עוֹלָם[1] – **as stated in *Seder Olam*.**[1]

□ לְמַטֵּה יְהוּדָה – **OF THE TRIBE OF JUDAH.** יִחֲסוֹ הַכָּתוּב – **The verse stated his ancestry** עַל שִׁבְטוֹ – **in terms of his tribe.** וְלֹא שֶׁגָּבָה מִשִּׁבְטוֹ – **But** it does **not** mean **that he took up a collection from his tribe** וְהִקְרִיב – **and brought** an offering on its behalf.[2] אוֹ אֵינוֹ אוֹמֵר „לְמַטֵּה יְהוּדָה" אֶלָּא שֶׁגָּבָה מִשִּׁבְטוֹ – **Or** perhaps **it says "of the tribe of Judah" only** to imply **that he took up a collection from his tribe** וְהֵבִיא – **and brought** an offering from it. תַּלְמוּד לוֹמַר – To teach us otherwise, **the Torah says,** „זֶה קָרְבַּן נַחְשׁוֹן"[3] – **"This is the offering of Nahshon";**[3] מִשֶּׁלּוֹ הֵבִיא[4] – **he brought from that which was his.**[4]

13. שְׁנֵיהֶם מְלֵאִים סֹלֶת – BOTH OF THEM FILLED WITH FINE FLOUR לְמִנְחַת נְדָבָה[5] – **for a voluntary meal-offering.**[5]

14. עֲשָׂרָה זָהָב – Literally, **TEN GOLD.** This is to be understood כְּתַרְגּוּמוֹ – **as *Targum* *Onkelos* renders it;**[6]

1. *Seder Olam* 7. "On the first day" is unnecessary for the first of the inaugural offerings was brought on the same day as the events mentioned thus far in the passage, "the day that Moses finished erecting the Tabernacle" of verse 1. It is stated to teach us that it was an especially prominent day (*Maskil LeDavid*).

The ten crowns taken by the first of Nissan are that it is: (i) the first day of Creation, for the first of Nissan was a Sunday, as was the first day of Creation; (ii) the first day of the offerings brought by the princes of the tribes in honor of the inauguration of the Altar; (iii) the first day of the assumption of the *kehunah* (priesthood) by Aaron and his sons; (iv) the first day of the regular Altar service; (v) the first day that fire descended from Heaven onto the Altar (see *Leviticus* 9:24); (vi) the first day of the restriction that offerings be eaten on the grounds of the Tabernacle only; (vii) the first day of the prohibition against bringing offerings on altars located outside the grounds of the Tabernacle; (viii) the first day of the first month of the year; (ix) the first day that the Divine Presence rested among Israel in the Tabernacle; (x) the first day that the Kohanim delivered the priestly blessing.

2. The ל prefix of לְמַטֵּה יְהוּדָה means "of"; it does not mean "for, on behalf of" (*Mizrachi; Sifsei Chachamim*).

3. Below v. 17.

4. *Sifrei* 48.

5. *Sifrei* 49. The verse does not refer to the meal-offerings which accompany animal sacrifices (see 15:4-12 below), for it does not mention the wine-offerings which also accompany them. Furthermore, the animal sacrifices of the princes have not yet been mentioned. It stands to reason that their accompanying offerings would not be mentioned before them (*Gur Aryeh*).

6. "One ladle of the weight of ten *selaim*; it is of gold, filled with incense spices." *Onkelos' sela* is identical with the verse's *shekel*.

filled with incense; 15 *one young bull, one*
ram, one sheep in its first year for an
olah-offering; 16 *one he-goat for a sin-*
offering; 17 *and for the sacrifice of a*
peace-offering, two cattle, five rams, five
he-goats, five sheep in their first year —
this is the offering of Nahshon son of
Amminadab.
18 *On the second day, Nethanel son of*
Zuar, prince of Issachar, offered. 19 *He*
brought his offering: one silver bowl, its
weight a hundred and thirty [shekels],

טו מְלֵאָה קְטֹרֶת: פַּר אֶחָד בֶּן־בָּקָר
אַיִל אֶחָד כֶּבֶשׂ־אֶחָד בֶּן־שְׁנָתוֹ
טז לְעֹלָה: שְׂעִיר־עִזִּים אֶחָד לְחַטָּאת:
יז וּלְזֶבַח הַשְּׁלָמִים בָּקָר שְׁנַיִם אֵילִם
חֲמִשָּׁה עַתּוּדִים חֲמִשָּׁה כְּבָשִׂים
בְּנֵי־שָׁנָה חֲמִשָּׁה זֶה קָרְבַּן נַחְשׁוֹן
בֶּן־עַמִּינָדָב:
יח בַּיּוֹם הַשֵּׁנִי הִקְרִיב נְתַנְאֵל בֶּן־צוּעָר
יט נְשִׂיא יִשָּׂשכָר: הִקְרִב אֶת־קָרְבָּנוֹ
קַעֲרַת־כֶּסֶף אַחַת שְׁלֹשִׁים וּמֵאָה

אונקלוס

מַלְיָא קְטוֹרֶת בּוּסְמַיָּא: טו תּוֹר חַד בַּר תּוֹרֵי דְּכַר חַד אִמַּר חַד בַּר שַׁתֵּהּ לַעֲלָתָא: טז צְפִיר בַּר עִזִּין חַד לְחַטָּאתָא:
יז וּלְנִכְסַת קוּדְשַׁיָּא תּוֹרִין תְּרֵין דִּכְרֵי חַמְשָׁא גְּדָיֵי חַמְשָׁא אִמְּרִין בְּנֵי שָׁנָה חַמְשָׁא דֵּין קֻרְבָּנָא דְנַחְשׁוֹן בַּר עַמִּינָדָב:
יח בְּיוֹמָא תִּנְיָנָא קָרֵיב נְתַנְאֵל בַּר צוּעָר רַבָּה דְיִשָּׂשכָר: יט קָרֵיב יָת קֻרְבָּנֵהּ מְגִסְתָּא דִכְסַף חֲדָא מְאָה וּתְלָתִין סִלְעִין

רש"י

משקל עשר שקלי הקדש היה בה (שם): **מלאה קטרת.** לא מצינו קטרת ליחיד ולא על מזבח החיצון אלא זו בלבד, והוראת שעה היתה (מנחות נ:): **(טו) פר אחד.** מיוחד שבעדרו (ספרי נ): **(טז) שעיר עזים אחד לחטאת.** לכפר על קבר התהום (שם נא) טומאת ספק: **(יח־יט) הקריב נתנאל בן צוער . . . הקרב את קרבנו.** מה ת"ל הקריב בשבטו של יששכר מה שלא נאמר בכל השבטים, לפי שבא ראובן וערער ואמר די שקדמני יהודה אחי אקריב אני אחריו. אמר לו משה,

RASHI ELUCIDATED

מִשְׁקַל עֶשֶׂר שִׁקְלֵי הַקֹּדֶשׁ הָיָה בָּהּ[1] – **it had the weight of ten holy *shekalim*.**[1]

□ מְלֵאָה קְטֹרֶת – FILLED WITH INCENSE. לֹא מָצִינוּ קְטֹרֶת לְיָחִיד – **We do not find incense** offered **by an individual** וְלֹא עַל מִזְבֵּחַ הַחִיצוֹן – **nor** incense offered **upon the outer Altar** אֶלָּא זוֹ בִּלְבָד – **but for this one alone.** וְהוֹרָאַת שָׁעָה הָיְתָה[2] – **It was a "ruling of the hour."**[2]

15. פַּר אֶחָד – ONE [YOUNG] BULL. מְיוּחָד שֶׁבְּעֶדְרוֹ[3] – **Outstanding among its herd.**[3]

16. שְׂעִיר עִזִּים אֶחָד לְחַטָּאת – ONE HE-GOAT FOR A SIN-OFFERING. לְכַפֵּר עַל קֶבֶר הַתְּהוֹם – **To atone for "a grave of the deep,"** which is טוּמְאַת סָפֵק[4] – **undetermined impurity.**[4]

18-19. הִקְרִיב נְתַנְאֵל בֶּן צוּעָר . . . הִקְרִב אֶת קָרְבָּנוֹ – NETHANEL SON OF ZUAR OFFERED . . . HE BROUGHT HIS OFFERING. מַה תַּלְמוּד לוֹמַר „הִקְרִיב" – **Why did the Torah say "offered"** בְּשִׁבְטוֹ שֶׁל יִשָּׂשכָר – **with reference to the tribe of Issachar,** מַה שֶּׁלֹּא נֶאֱמַר בְּכָל הַשְּׁבָטִים – **which was not said with reference to any of the** other **tribes?** לְפִי שֶׁבָּא רְאוּבֵן – **Because** the tribe of **Reuben came** וְעִרְעֵר וְאָמַר – **and objected, and said,** דַּי שֶׁקְּדָמַנִי יְהוּדָה אָחִי – **"It is enough that my brother Judah went ahead of me.** אַקְרִיב אֲנִי אַחֲרָיו – **I shall offer** immediately **after him."** אָמַר לוֹ מֹשֶׁה – **Moses said**

1. *Sifrei* 49. עֲשָׂרָה does not modify זָהָב which follows it, but rather כַּף which precedes it. The verse means "one ladle of gold that weighed the same as ten *selaim* of silver"; it does not mean "one ladle that weighed the same as ten *selaim* of gold" (*Be'er Yitzchak*).

The "holy *shekel*" was of silver; see *Exodus* 30:13 and Rashi there.

2. *Menachos* 50b. That is, an exceptional law that applied only to that particular situation.

3. *Sifrei* 50. The verse could have said only פַּר בֶּן בָּקָר, "a young bull," and it would have been clear that it meant only one. The apparently superfluous אֶחָד teaches us that it was unique (*Malbim*).

Alternatively, Scripture expresses "one young bull" with פַּר בֶּן בָּקָר אֶחָד in 15:24, 29:2, and 29:7 below, and in *Leviticus* 23:18. The change here from the standard word order indicates that אֶחָד is to be expounded (*Gur Aryeh; Maskil LeDavid* [see *Maskil LeDavid* to *Exodus* 29:1, where he maintains that wording similar to that of our verse also draws comment from Rashi]).

4. *Sifrei* 51. The sin-offering was brought to atone for princes who may have unknowingly become impure by coming into contact with a grave which had not been marked, or through any other undetermined situation, and subsequently entered the Temple grounds, or ate of sacrifices (*Peirush Sifrei DeBei Rav*).

"Grave of the deep" is a term used for any undetermined impurity of the sort which comes about through

רש"י

מפי הגבורה נאמר לי שיקריבו כסדר מסען לדגליהם, לכך אמר הקרב את קרבנו והוא חסר יו"ד, שהוא משמע הקרב, לשון צווי, שמפי הגבורה נצטוה הקרב. ומהו הקריב הקרב שני פעמים, שבשביל שני דברים זכה להקריב שני לשבטים, אחת שהיו יודעים בתורה, שנאמר ומבני יששכר יודעי בינה לעתים (דברי הימים א יב:לג) ואחת שהם נתנו עצה לנשיאים להתנדב קרבנות הללו, וביסודו של רבי משה הדרשן מצאתי, אמר רבי פנחס בן יאיר, נתנאל בן צוער השיאן עצה זו (ספרי נב): **קערת כסף.** מנין אותיותיו בגימטריא תתק"ל, כנגד שנותיו של אדם הראשון: **שלשים ומאה משקלה.** על שם שכשהעמיד תולדות לקיום העולם בן מאה ושלשים שנה היה שנאמר ויחי אדם שלשים ומאת שנה ויולד בדמותו וגו' (בראשית ה:ג):

RASHI ELUCIDATED

to him, מִפִּי הַגְּבוּרָה – **“From the mouth of the Almighty** נֶאֱמַר לִי – **it was said to me** שֶׁיַּקְרִיבוּ – **that [the princes] should offer** כְּסֵדֶר מַסָּעָן – **according to the order of their travels,**[1] לְדִגְלֵיהֶם – **by their divisions.”** לְכָךְ אָמַר – **This is why it says,** „הִקְרִב אֶת קָרְבָּנוֹ" – **“he brought his offering”** וְהוּא חָסֵר יוּ"ד – **and [the word] is missing the letter** **י**,[2] שֶׁהוּא מְשַׁמֵּשׁ „הַקְרֵב" – **because it functions** also **as** if it were vowelized הַקְרֵב, **“Offer!,”**[3] לְשׁוֹן צִוּוּי – **expressing the imperative,** שֶׁמִּפִּי הַגְּבוּרָה נִצְטַוָּה „הַקְרֵב" – **for [Moses] was commanded from the mouth of the Almighty: “Offer!”** וּמַהוּ „הִקְרִיב" „הִקְרִב" שְׁנֵי פְּעָמִים – **What is** meant by **“he offered . . . he offered”** being stated **twice?** שֶׁבִּשְׁבִיל שְׁנֵי דְבָרִים זָכָה לְהַקְרִיב שֵׁנִי לַשְּׁבָטִים – **For he became worthy of offering second among the tribes because of two things.** אַחַת – **One** reason is שֶׁהָיוּ יוֹדְעִים בַּתּוֹרָה – **that they were knowledgeable in Torah,** שֶׁנֶּאֱמַר – **as it says,** „וּמִבְּנֵי יִשָּׂשכָר – **“Of the sons of Issachar** יוֹדְעֵי בִינָה לָעִתִּים"[4] – **there were those who have understanding of the times.”**[4] וְאַחַת – **And one** reason is, שֶׁהֵם נָתְנוּ עֵצָה לַנְּשִׂיאִים – **that they gave the princes the idea** לְהִתְנַדֵּב קָרְבָּנוֹת הַלָּלוּ – **to volunteer these offerings.**

וּבִיסוֹדוֹ שֶׁל רַבִּי מֹשֶׁה הַדַּרְשָׁן מָצָאתִי – **And in the treatise of R' Moshe HaDarshan**[5] **I have found:** אָמַר רַ' פִּנְחָס בֶּן יָאִיר – The *Tanna* **R' Pinchas ben Yair says,** נְתַנְאֵל בֶּן צוּעָר הִשִּׁיאָן עֵצָה זוֹ – **Nethanel ben Zuar gave [the princes] this idea,** to bring these offerings:[6]

□ קַעֲרַת כֶּסֶף – SILVER BOWL. מִנְיַן אוֹתִיּוֹתָיו בְּגִימַטְרִיָּא – **The sum of its letters in *gematria***[7] תְּשַׁע מֵאוֹת וּשְׁלֹשִׁים – **is nine hundred and thirty.** כְּנֶגֶד שְׁנוֹתָיו שֶׁל אָדָם הָרִאשׁוֹן – **corresponding to the** number of **years** of the life **of Adam, the first** man.[8]

□ שְׁלֹשִׁים וּמֵאָה מִשְׁקָלָהּ – ITS WEIGHT A HUNDRED AND THIRTY [*SHEKELS*], עַל שֵׁם שֶׁכְּשֶׁהֶעֱמִיד תּוֹלָדוֹת – **because when [Adam] established offspring** לְקִיּוּם הָעוֹלָם – **for the perpetuation of the world,** בֶּן מֵאָה וּשְׁלֹשִׁים שָׁנָה הָיָה – **he was one hundred and thirty years old,** שֶׁנֶּאֱמַר – **as it says,** „וַיְחִי אָדָם שְׁלֹשִׁים וּמְאַת שָׁנָה – **“When Adam had lived one hundred and thirty years,** וַיּוֹלֶד בִּדְמוּתוֹ וְגוֹמֵר"[9] – **he begot in his likeness, etc.”**[9]

---

contact with a corpse or grave. Such impurity is like "the deep" in that it is not revealed to man (see Rashi to *Succah* 21a, s.v., מפני קבר התהום).

1. See Rashi to v. 11 above.

2. The standard spelling is הִקְרִיב, as in v. 18 and in 9:13 below.

3. As in 3:6 above and 18:2 below.

4. *I Chronicles* 12:33.

5. R' Moshe HaDarshan held the position of *Rosh Yeshivah* in eleventh-century Narbonne, Provence, in southern France. Among his students was R' Nathan of Rome, the author of *Sefer HeAruch*.

6. Although the offerings of Nethanel ben Zuar and Nahshon ben Aminadav are identical, Rashi cites the interpretation of R' Moshe HaDarshan with reference to that of Nethanel ben Zuar. For Rashi has stated that it was Nethanel ben Zuar who advised that the princes bring these offerings. He must therefore have seen great significance in them. R' Moshe HaDarshan's interpretation, which continues through Rashi's comment to verse 23, shows the significance of the offerings. Each component of the offerings represents an essential component of the world: Adam, Noah, the seventy nations, the Torah, and the Ten Commandments. By bringing this offering at the inauguration of the Tabernacle, the princes demonstrated that the Tabernacle is itself a microcosm (*Gur Aryeh;* the concept of Tabernacle as microcosm is dealt with by *Gur Aryeh, Malbim,* and other commentators in the passages which speak of the construction of the Tabernacle, in *Exodus*).

7. גִּימַטְרִיָּא, *gematria,* refers to the numerical equivalent of Hebrew letters. Every letter corresponds to a number. The sum of the values of a word's letters form the *gematria* of that word. (See chart on the next page for letter values.)

8. See *Genesis* 5:5.

9. *Genesis* 5:3. That verse speaks of the birth of Seth, from whom Noah was descended.

מִשְׁקָלָהּ מִזְרָק אֶחָד כֶּסֶף שִׁבְעִים
שֶׁקֶל בְּשֶׁקֶל הַקֹּדֶשׁ שְׁנֵיהֶם ׀ מְלֵאִים
כ סֹלֶת בְּלוּלָה בַשֶּׁמֶן לְמִנְחָה: כַּף
אַחַת עֲשָׂרָה זָהָב מְלֵאָה קְטֹרֶת:

and one basin of silver, [its weight] seventy shekels in the sacred shekel, both of them filled with fine flour mixed with oil for a meal-offering;
20 one ladle of gold, [its weight] ten [shekel] filled with incense;

אונקלוס

הֲוָה מַתְקְלַהּ מִזְרְקָא חַד דִּכְסַף מַתְקְלֵהּ שַׁבְעִין סִלְעִין בְּסִלְעֵי קוּדְשָׁא תַּרְוֵיהוֹן מְלַן סֻלְתָּא דְּפִילָא בִמְשַׁח לְמִנְחָתָא: כ בָּזִיכָא חֲדָא מַתְקַל עֲשַׂר סִלְעִין הִיא דִדְהַב מַלְיָא קְטֹרֶת בּוּסְמַיָּא:

רש"י

מזרק אחד כסף. בגימ' תק"כ, על שם נח שהעמיד תולדות בן ת"ק שנה, ועל שם עשרים שנה שנגזרה גזרת המבול קודם תולדותיו, כמו שפירשתי אצל והיו ימיו מאה ועשרים שנה (בראשית ו:ג). לפיכך נאמר מזרק אחד כסף ולא נאמר מזרק כסף אחד כמו שנאמר בקערה, לומר שאף אותיות של אחד מצטרפות למנין (במ"ר יד:יב): **שבעים שקל.** כנגד שבעים אומות שיצאו מבניו (שם): (כ) **כף אחת.** כנגד התורה שנתנה מידו של הקב"ה: **עשרה זהב.** כנגד עשרת הדברות (שם יג:טז): **מלאה קטרת.** גימטריא של קטרת תרי"ג מצות, ובלבד שתחליף קו"ף בדל"ת על ידי א"ת ב"ש ג"ר ד"ק (שם):

RASHI ELUCIDATED

□ מִזְרָק אֶחָד כֶּסֶף – **ONE BASIN OF SILVER.** בְּגִימַטְרִיָּא חֲמֵשׁ מֵאוֹת וְעֶשְׂרִים – **In *gematria* five hundred and twenty,** עַל שֵׁם נֹחַ – **because of Noah,** שֶׁהֶעֱמִיד תּוֹלָדוֹת – **who established offspring** בֶּן חֲמֵשׁ מֵאוֹת שָׁנָה – when he was **five hundred years old,**[1] וְעַל שֵׁם עֶשְׂרִים שָׁנָה – **and because of the twenty years** שֶׁנִּגְזְרָה גְזֵרַת הַמַּבּוּל – **that the Flood had been decreed** קוֹדֶם תּוֹלְדוֹתָיו – **before** the birth of **his offspring,** כְּמוֹ שֶׁפֵּירַשְׁתִּי – **as I have explained** אֵצֶל – **on** the verse, "וְהָיוּ יָמָיו מֵאָה וְעֶשְׂרִים שָׁנָה" – **"His days shall be a hundred and twenty years."**[2] לְפִיכָךְ נֶאֱמַר – **This is why it says** "מִזְרָק אֶחָד כֶּסֶף" – **"one basin of silver,"** with אֶחָד, "one," preceding כֶּסֶף, "silver," וְלֹא נֶאֱמַר – **and it does not say,** "מִזְרָק כֶּסֶף אֶחָד" – **"one silver basin"** with כֶּסֶף preceding אֶחָד, כְּמוֹ שֶׁנֶּאֱמַר בַּקְּעָרָה – **in the manner it is stated of the bowl,** "קַעֲרַת כֶּסֶף אַחַת," "one silver bowl," with כֶּסֶף preceding אַחַת, לוֹמַר – **to say** אַף אוֹתִיּוֹת שֶׁל "אֶחָד" מִצְטָרְפוֹת לַמִּנְיָן[3] – **that the letters of the word אֶחָד are also added to the total** of the *gematria.*[3]

□ שִׁבְעִים שֶׁקֶל – **SEVENTY *SHEKELS*,** כְּנֶגֶד שִׁבְעִים אֻמּוֹת – **corresponding to the seventy nations** שֶׁיָּצְאוּ מִבָּנָיו[4] – **which emerged from [Noah's] descendants.**[4]

20. כַּף אַחַת – **ONE LADLE,** כְּנֶגֶד הַתּוֹרָה – **corresponding to the Torah,** שֶׁנִּתְּנָה – **which was given** מִיָּדוֹ שֶׁל הַקָּדוֹשׁ בָּרוּךְ הוּא – **from the hand of the Holy One, Blessed is He.**[5]

□ עֲשָׂרָה זָהָב – **OF GOLD, [ITS WEIGHT] TEN [*SHEKEL*],** כְּנֶגֶד עֲשֶׂרֶת הַדִּבְּרוֹת[6] – **corresponding to the Ten Commandments.**[6]

□ מְלֵאָה קְטֹרֶת – **FILLED WITH INCENSE,** כְּנֶגֶד תַּרְיַ"ג מִצְוֹת – **corresponding to the six hundred and thirteen commandments,** גִּימַטְרִיָּא שֶׁל קְטֹרֶת תַּרְיַ"ג – for **the *gematria* of** קְטֹרֶת **is 613,** וּבִלְבַד שֶׁתַּחֲלִיף קוּ"ף בְּדַלֶ"ת – **as long as you substitute a ד for the ק** עַל יְדֵי אַ"תְ בַּ"שׁ גַּ"ר דַּ"ק[7] – **through** the letter-exchange system known as אַ"תְ בַּ"שׁ גַּ"ר דַּ"ק.[7]

1. See *Genesis* 5:32.

2. *Genesis* 6:3. See Rashi's comment there, s.v., וְהָיוּ יָמָיו וְגוֹמֵר.

3. *Bamidbar Rabbah* 14:12. Had the verse said מִזְרַק כֶּסֶף אֶחָד, we would not have included the *gematria* of אֶחָד in the sum, just as we do not include אַחַת of קַעֲרַת כֶּסֶף אַחַת.

4. See *Bamidbar Rabbah* 14:12. The seventy nations are the descendants of Noah's seventy offspring enumerated in *Genesis* Ch. 10.

5. See *Deuteronomy* 33:2. The shape of the ladle, like a cupped palm, suggests the hand of God. The word כַּף means both "ladle, spoon" (as in 4:7 above) and "palm of the hand" (as in 6:19 above).

6. See *Bamidbar Rabbah* 13:16.

7. See *Bamidbar Rabbah* 13:16. In the אַ"תְ בַּ"שׁ system, the first letter of the alphabet, א, is exchanged with the last letter, ת; the second letter, ב, is exchanged with the second to last letter, ש; and so forth. Thus, ק, the fourth letter from the end, can be interchanged with ד, the fourth letter from the beginning. With this ד"ק substitution, the numerical value of ק becomes four, and the *gematria* of קְטֹרֶת (4 + 9 + 200 + 400) equals 613.

ת	ש	ר	ק	צ	פ	ע	ס	נ	מ	ל	כ	י	ט	ח	ז	ו	ה	ד	ג	ב	א
א	ב	ג	ד	ה	ו	ז	ח	ט	י	כ	ל	מ	נ	ס	ע	פ	צ	ק	ר	ש	ת

ת	ש	ר	ק	צ	פ	ע	ס	נ	מ	ל	כ	י	ט	ח	ז	ו	ה	ד	ג	ב	א
400	300	200	100	90	80	70	60	50	40	30	20	10	9	8	7	6	5	4	3	2	1

כא פַּר אֶחָד בֶּן־בָּקָר אַיִל אֶחָד כֶּבֶשׂ־
כב אֶחָד בֶּן־שְׁנָתוֹ לְעֹלָה: שְׂעִיר־עִזִּים
כג אֶחָד לְחַטָּאת: וּלְזֶבַח הַשְּׁלָמִים
בָּקָר שְׁנַיִם אֵילִם חֲמִשָּׁה עַתֻּדִים
חֲמִשָּׁה כְּבָשִׂים בְּנֵי־שָׁנָה חֲמִשָּׁה זֶה
קָרְבַּן נְתַנְאֵל בֶּן־צוּעָר:
כד בַּיּוֹם הַשְּׁלִישִׁי נָשִׂיא לִבְנֵי זְבוּלֻן
כה אֱלִיאָב בֶּן־חֵלֹן: קָרְבָּנוֹ קַעֲרַת־כֶּסֶף

[21] *one young bull, one ram, one sheep in its first year for an olah-offering;* [22] *one he-goat for a sin-offering;* [23] *and for the sacrifice of a peace-offering, two cattle, five rams, five he-goats, five sheep in their first year — this is the offering of Nethanel son of Zuar.*

[24] *On the third day, the prince of the children of Zebulun, Eliab son of Helon.* [25] *His offering was: one silver bowl,*

אונקלוס

כא תּוֹר חַד בַּר תּוֹרֵי דְּכַר חַד אִמַּר חַד בַּר שַׁתֵּהּ לַעֲלָתָא: כב צְפִיר בַּר עִזִּין חַד לְחַטָּאתָא:
כג וּלְנִכְסַת קוּדְשַׁיָּא תּוֹרִין תְּרֵין דִּכְרִין חַמְשָׁא גַּדְיֵי חַמְשָׁא אִמְּרִין בְּנֵי שְׁנָה חַמְשָׁא דֵּין קֻרְבַּן
נְתַנְאֵל בַּר צוּעָר: כד בְּיוֹמָא תְּלִיתָאָה רַבָּא לִבְנֵי זְבוּלֻן אֱלִיאָב בַּר חֵלֹן: כה קֻרְבָּנֵהּ מְגִסְתָּא דִכְסַף

רש"י

(כא) פר אחד. כנגד אברהם שנאמר בו ויקח בן בקר (בראשית יח:ז; במ"ר שם יד): **איל אחד.** כנגד יצחק ויקח את האיל וגו' (בראשית כב:יג; במ"ר שם): **כבש אחד.** כנגד יעקב והכשבים הפריד יעקב (בראשית ל:מ; במ"ר שם): **(כב) שעיר עזים.** לכפר על מכירת יוסף שנאמר בה וישחטו שעיר עזים (בראשית לז:לא; במ"ר שם): **(כג) ולזבח השלמים בקר שנים.** כנגד משה ואהרן שנתנו שלום בין ישראל לאביהם שבשמים (במ"ר שם כ): **אילם עתדים כבשים.** שלשה מינים, כנגד כהנים ולוים וישראלים וכנגד תורה נביאים וכתובים. שלש חמשיות, כנגד חמשה חומשין וחמשת הדברות הכתובין על לוח אחד וחמשה הכתובין על השני. עד כאן מיסודו של רבי משה הדרשן: **(כד) ביום השלישי נשיא וגו'.** ביום השלישי היה הנשיא המקריב לבני זבולן, וכן כלם.

RASHI ELUCIDATED

21. פַּר אֶחָד – ONE [YOUNG] BULL, כְּנֶגֶד אַבְרָהָם – **corresponding to Abraham,** שֶׁנֶּאֱמַר בּוֹ – **of whom it was said,** "וַיִּקַּח בֶּן בָּקָר"[1] – **"And he took a calf";**[1]

□ אַיִל אֶחָד – ONE RAM, כְּנֶגֶד יִצְחָק – **corresponding to Isaac,** of whom it was said, "וַיִּקַּח אֶת הָאַיִל וְגוֹמֵר"[2] – **"And he** [Abraham] **took the ram etc.";**[2]

□ כֶּבֶשׂ אֶחָד – ONE SHEEP, כְּנֶגֶד יַעֲקֹב – **corresponding to Jacob,** of whom it was said, "וְהַכְּשָׂבִים הִפְרִיד יַעֲקֹב"[3] – **"Jacob segregated the lambs."**[3]

22. שְׂעִיר עִזִּים – HE-GOAT, לְכַפֵּר עַל מְכִירַת יוֹסֵף – **to atone for the selling of Joseph,** שֶׁנֶּאֱמַר בָּהּ – **of which it was said,** "וַיִּשְׁחֲטוּ שְׂעִיר עִזִּים"[4] – **"And they slaughtered a he-goat."**[4]

23. וּלְזֶבַח הַשְּׁלָמִים בָּקָר שְׁנַיִם – AND FOR THE SACRIFICE OF A PEACE-OFFERING: TWO CATTLE, כְּנֶגֶד מֹשֶׁה וְאַהֲרֹן – **corresponding to Moses and Aaron,** שֶׁנָּתְנוּ שָׁלוֹם בֵּין יִשְׂרָאֵל – **who made peace between Israel** לַאֲבִיהֶם שֶׁבַּשָּׁמַיִם[5] – **and their Father in Heaven.**[5]

□ אֵילִם עַתֻּדִים כְּבָשִׂים – RAMS, HE-GOATS, SHEEP. שְׁלֹשָׁה מִינִים – There are **three varieties,** כְּנֶגֶד כֹּהֲנִים וּלְוִיִּם וְיִשְׂרְאֵלִים – **corresponding to Kohanim, Levites, and Israelites;** וּכְנֶגֶד תּוֹרָה נְבִיאִים וּכְתוּבִים – **and corresponding to Torah, Prophets, and Writings.** שָׁלֹשׁ חֲמִשִּׁיּוֹת – There are **three sets of five:** כְּנֶגֶד חֲמִשָּׁה חוּמָשִׁין – **corresponding to the five Books of the Torah,** וַחֲמֵשֶׁת הַדִּבְּרוֹת – **and the five Commandments** הַכְּתוּבִין עַל לוּחַ אֶחָד – **that were written on one Tablet,** וַחֲמִשָּׁה הַכְּתוּבִין עַל הַשֵּׁנִי – **and the five that were written on the second** Tablet.[6] עַד כָּאן – The comments **up to this point** מִיסוֹדוֹ שֶׁל רַבִּי מֹשֶׁה הַדַּרְשָׁן – are **from the treatise of R' Moshe HaDarshan.**

24. בַּיּוֹם הַשְּׁלִישִׁי נָשִׂיא וְגוֹמֵר – ON THE THIRD DAY, THE PRINCE [OF THE CHILDREN OF ZEBULUN]. This means, בַּיּוֹם הַשְּׁלִישִׁי – **on the third day,** הָיָה הַנָּשִׂיא הַמַּקְרִיב לִבְנֵי זְבוּלֻן – **the prince who was offering was of the children of Zebulun.**[7] וְכֵן כֻּלָּם – **And all of [the similar verses about the other**

1. *Genesis* 18:7; see *Bamidbar Rabbah* 13:14.
2. *Genesis* 22:13. That verse continues: "and offered it up as an offering instead of his son [Isaac]." See *Bamidbar Rabbah* 13:14.
3. *Genesis* 30:40; see *Bamidbar Rabbah* 13:14.
4. *Genesis* 37:31; see *Bamidbar Rabbah* 13:14.
5. See *Bamidbar Rabbah* 13:20.
6. See *Bamidbar Rabbah* 14:10.
7. בַּיּוֹם הַשְּׁלִישִׁי נָשִׂיא לִבְנֵי זְבוּלֻן can be taken as meaning "on the third day there was a prince of the children of Zebulun." But this would be meaningless in the context of our passage. Rashi therefore interpolates words which

אַחַ֗ת שְׁלֹשִׁ֣ים וּמֵאָה֮ מִשְׁקָלָהּ֒
מִזְרָ֤ק אֶחָד֙ כֶּ֔סֶף שִׁבְעִ֥ים שֶׁ֖קֶל
בְּשֶׁ֣קֶל הַקֹּ֑דֶשׁ שְׁנֵיהֶ֣ם ׀ מְלֵאִ֗ים
כו סֹ֛לֶת בְּלוּלָ֥ה בַשֶּׁ֖מֶן לְמִנְחָֽה׃ כַּ֥ף
אַחַ֛ת עֲשָׂרָ֥ה זָהָ֖ב מְלֵאָ֥ה קְטֹֽרֶת׃
כז פַּ֣ר אֶחָ֞ד בֶּן־בָּקָ֗ר אַ֧יִל אֶחָ֛ד כֶּֽבֶשׂ־
כח אֶחָ֥ד בֶּן־שְׁנָת֖וֹ לְעֹלָֽה׃ שְׂעִיר־עִזִּ֥ים
כט אֶחָ֖ד לְחַטָּֽאת׃ וּלְזֶ֣בַח הַשְּׁלָמִים֮
בָּקָ֣ר שְׁנַ֒יִם֒ אֵילִ֤ם חֲמִשָּׁה֙ עַתֻּדִ֣ים
חֲמִשָּׁ֔ה כְּבָשִׂ֥ים בְּנֵי־שָׁנָ֖ה חֲמִשָּׁ֑ה
זֶ֛ה קָרְבַּ֥ן אֱלִיאָ֖ב בֶּן־חֵלֹֽן׃
ל בַּיּוֹם֙ הָֽרְבִיעִ֔י נָשִׂ֖יא לִבְנֵ֣י
רְאוּבֵ֑ן אֱלִיצ֖וּר בֶּן־שְׁדֵיאֽוּר׃

its weight a hundred and thirty [shekel], and one basin of silver, [its weight] seventy shekel in the sacred shekel, both of them filled with fine flour mixed with oil for a meal-offering; 26 *one ladle of gold, [its weight] ten [shekel] filled with incense;* 27 *one young bull, one ram, one sheep in its first year for an olah-offering;* 28 *one he-goat for a sin-offering;* 29 *and for the sacrifice of a peace-offering, two cattle, five rams, five he-goats, five sheep in their first year — this is the offering of Eliab son of Helon.*

30 *On the fourth day, the prince of the children of Reuben, Elizur son of Shedeur.*

אונקלוס

חֲדָא מְאָה וּתְלָתִין סִלְעִין הֲוָה מַתְקְלַהּ מִזְרְקָא חַד דִּכְסַף מַתְקְלֵהּ שַׁבְעִין סִלְעִין בְּסִלְעֵי קוּדְשָׁא תַּרְוֵיהוֹן מְלַן סֻלְתָּא דְּפִילָא בִמְשַׁח לְמִנְחָתָא: כו בָּזִיכָא חֲדָא מַתְקַל עֲשַׂר סִלְעִין הִיא דִּדְהַב מַלְיָא קְטֹרֶת בּוּסְמַיָּא: כז תּוֹר חַד בַּר תּוֹרֵי דְּכַר חַד אִמַּר חַד בַּר שַׁתֵּהּ לַעֲלָתָא: כח צְפִיר בַּר עִזִּין חַד לְחַטָּאתָא: כט וּלְנִכְסַת קוּדְשַׁיָּא תּוֹרִין תְּרֵין דִּכְרֵי חַמְשָׁא גְּדָיֵי חַמְשָׁא אִמְּרִין בְּנֵי שְׁנָה חַמְשָׁא דֵּין קֻרְבַּן אֱלִיאָב בַּר חֵלֹן: ל בְּיוֹמָא רְבִיעָאָה רַבָּא לִבְנֵי רְאוּבֵן אֱלִיצוּר בַּר שְׁדֵיאוּר:

רש"י

אבל בנתנאל שנאמר בו הקריב נתנאל (לעיל פסוק יח) נופל אחריו הלשון לומר נשיא יששכר, לפי שכבר הזכיר שמו והקרבתו, ובשאר שלא נאמר בהן הקריב נופל עליהן לשון זה נשיא לבני פלוני, אותו היום היה הנשיא המקריב לשבט פלוני:

RASHI ELUCIDATED

princes] are to be understood the same way. אֲבָל בִּנְתַנְאֵל – **But regarding Nethanel,** שֶׁנֶּאֱמַר בּוֹ – **of whom it was said,** "הִקְרִיב נְתַנְאֵל"[1] – **"Nethanel [son of Zuar] offered,"**[1] נוֹפֵל אַחֲרָיו הַלָּשׁוֹן לוֹמַר נְשִׂיא יִשָּׂשכָר – **wording which says "prince of Issachar,"** without the ל prefix, **applies,** לְפִי שֶׁכְּבָר הִזְכִּיר שְׁמוֹ – **for it has already mentioned his name** וְהַקְרָבָתוֹ – **and his act of offering.** וּבִשְׁאָר – **But regarding the other** princes, שֶׁלֹּא נֶאֱמַר בָּהֶן הִקְרִיב – **of whom the word** הִקְרִיב, "he offered," **was not stated,** נוֹפֵל עֲלֵיהֶן לָשׁוֹן זֶה – **this wording applies:** נָשִׂיא לִבְנֵי פְּלוֹנִי – **"prince of the children of so-and-so,"** which implies, אוֹתוֹ הַיּוֹם – on **that day,** הָיָה הַנָּשִׂיא הַמַּקְרִיב – **the prince who was offering was** לְשֵׁבֶט פְּלוֹנִי – **of the tribe of so-and-so.**[2]

are implicit in the verse — "on the third day [the] prince [who was offering was] of the children of Zebulun."

1. Above v. 18.

2. Our verse and those which introduce the offerings of the other princes refer to them as "prince of *the children of* so-and-so." Furthermore, they are identified by their tribes before their names are mentioned. The exception to this pattern is Nethanel son of Zuar, mentioned in verse 18. He is called "prince of Issachar," not "prince of the children of Issachar." Furthermore, his title is given after his name rather than before it. According to Rashi, these differences are attributable to the fact that verse 18 states the predicate הִקְרִיב, "he offered," explicitly. The stress in that verse is on the predicate; the verse wishes to inform us what act was performed. נְשִׂיא יִשָּׂשכָר, "prince of Issachar," thus serves only as a description of the subject of the verse, Nethanel son of Zuar, and therefore follows the subject. Rashi understands our verse, however, as "on the third day, the prince [who sacrificed] was of the children of Zebulun." The predicate "was" is not stated explicitly; this is generally the case in Hebrew with verbs of being. The thrust of the verse thus is not to tell us what the prince did. We know what he did from the preceding verses; he brought an offering. Rather, the verse's main point is to tell us which tribe's prince offered on which day. Unlike the verse regarding Nethanel son of Zuar, the focus in these verses is on the name of the tribe. The tribe's name therefore appears before that of its prince. For the same reason, the word לִבְנֵי, "for the children (tribe) of" is added, for the emphasis of the verse is on the mention of the specific tribe (*Be'er Yitzchak*).

לא קָרְבָּנוֹ קַעֲרַת־כֶּסֶף אַחַת שְׁלֹשִׁים
וּמֵאָה מִשְׁקָלָהּ מִזְרָק אֶחָד כֶּסֶף
שִׁבְעִים שֶׁקֶל בְּשֶׁקֶל הַקֹּדֶשׁ שְׁנֵיהֶם ׀
מְלֵאִים סֹלֶת בְּלוּלָה בַשֶּׁמֶן לְמִנְחָה:
לב כַּף אַחַת עֲשָׂרָה זָהָב מְלֵאָה קְטֹרֶת:
לג פַּר אֶחָד בֶּן־בָּקָר אַיִל אֶחָד כֶּבֶשׂ־
לד אֶחָד בֶּן־שְׁנָתוֹ לְעֹלָה: שְׂעִיר־עִזִּים
לה אֶחָד לְחַטָּאת: וּלְזֶבַח הַשְּׁלָמִים
בָּקָר שְׁנַיִם אֵילִם חֲמִשָּׁה עַתֻּדִים
חֲמִשָּׁה כְּבָשִׂים בְּנֵי־שָׁנָה חֲמִשָּׁה זֶה
קָרְבַּן אֱלִיצוּר בֶּן־שְׁדֵיאוּר:
לו בַּיּוֹם הַחֲמִישִׁי נָשִׂיא לִבְנֵי שִׁמְעוֹן
לז שְׁלֻמִיאֵל בֶּן־צוּרִישַׁדָּי: קָרְבָּנוֹ
קַעֲרַת־כֶּסֶף אַחַת שְׁלֹשִׁים וּמֵאָה
מִשְׁקָלָהּ מִזְרָק אֶחָד כֶּסֶף שִׁבְעִים
שֶׁקֶל בְּשֶׁקֶל הַקֹּדֶשׁ שְׁנֵיהֶם ׀ מְלֵאִים
לח סֹלֶת בְּלוּלָה בַשֶּׁמֶן לְמִנְחָה: כַּף
לט אַחַת עֲשָׂרָה זָהָב מְלֵאָה קְטֹרֶת: פַּר
אֶחָד בֶּן־בָּקָר אַיִל אֶחָד כֶּבֶשׂ־אֶחָד
מ בֶּן־שְׁנָתוֹ לְעֹלָה: שְׂעִיר־עִזִּים אֶחָד
מא לְחַטָּאת: וּלְזֶבַח הַשְּׁלָמִים בָּקָר
שְׁנַיִם אֵילִם חֲמִשָּׁה עַתֻּדִים חֲמִשָּׁה
כְּבָשִׂים בְּנֵי־שָׁנָה חֲמִשָּׁה זֶה קָרְבַּן
שְׁלֻמִיאֵל בֶּן־צוּרִישַׁדָּי:
מב ששי בַּיּוֹם הַשִּׁשִּׁי נָשִׂיא לִבְנֵי גָד
מג אֶלְיָסָף בֶּן־דְּעוּאֵל: קָרְבָּנוֹ קַעֲרַת־
כֶּסֶף אַחַת שְׁלֹשִׁים וּמֵאָה מִשְׁקָלָהּ
מִזְרָק אֶחָד כֶּסֶף שִׁבְעִים שֶׁקֶל
בְּשֶׁקֶל הַקֹּדֶשׁ שְׁנֵיהֶם ׀ מְלֵאִים סֹלֶת

*31 His offering was: one silver bowl, its
weight a hundred and thirty [shekel], and
one basin of silver, [its weight] seventy
shekel in the sacred shekel, both of them
filled with fine flour mixed with oil for a
meal-offering; 32 one ladle of gold, [its
weight] ten [shekel] filled with incense;
33 one young bull, one ram, one sheep in
its first year for an olah-offering; 34 one
he-goat for a sin-offering; 35 and for the
sacrifice of a peace-offering, two cattle,
five rams, five he-goats, five sheep in their
first year — this is the offering of Elizur
son of Shedeur.*

*36 On the fifth day, the prince of the
children of Simeon, Shelumiel son of
Zurishaddai. 37 His offering was: one silver
bowl, its weight a hundred and thirty
[shekel], and one basin of silver, [its
weight] seventy shekel in the sacred
shekel, both of them filled with fine flour
mixed with oil for a meal-offering; 38 one
ladle of gold, [its weight] ten [shekel] filled
with incense; 39 one young bull, one ram,
one sheep in its first year for an olah-
offering; 40 one he-goat for a sin-offering;
41 and for the sacrifice of a peace-offering,
two cattle, five rams, five he-goats, five
sheep in their first year — this is the
offering of Shelumiel son of Zurishaddai.*

*42 On the sixth day, the prince of
the children of Gad, Eliasaph son of
Deuel. 43 His offering was: one silver
bowl, its weight a hundred and thirty
[shekel], and one basin of silver, [its
weight] seventy shekel in the sacred
shekel, both of them filled with fine flour*

אונקלוס

לא קֻרְבָּנֵהּ מְגִסְתָּא דִכְסַף חֲדָא מְאָה וּתְלָתִין סִלְעִין הֲוָה מַתְקְלַהּ מִזְרְקָא חַד דִּכְסַף מַתְקְלֵהּ שַׁבְעִין סִלְעִין בְּסִלְעֵי קוּדְשָׁא תַּרְוֵיהוֹן מְלַן סֻלְתָּא דְּפִילָא בִמְשַׁח לְמִנְחָתָא: לב בָּזִיכָא חֲדָא מַתְקַל עֲשַׂר סִלְעִין הִיא דִדְהַב מַלְיָא קְטֹרֶת בּוּסְמַיָּא: לג תּוֹר חַד בַּר תּוֹרֵי דְּכַר חַד אִמַּר חַד בַּר שַׁתֵּהּ לַעֲלָתָא: לד צְפִיר בַּר עִזִּין חַד לְחַטָּאתָא: לה וּלְנִכְסַת קוּדְשַׁיָּא תּוֹרִין תְּרֵין דִּכְרֵי חַמְשָׁא גְּדָיֵי חַמְשָׁא אִמְּרִין בְּנֵי שְׁנָה חַמְשָׁא דֵּין קֻרְבַּן אֱלִיצוּר בַּר שְׁדֵיאוּר: לו בְּיוֹמָא חֲמִישָׁאָה רַבָּא לִבְנֵי שִׁמְעוֹן שְׁלֻמִיאֵל בַּר צוּרִישַׁדָּי: לז קֻרְבָּנֵהּ מְגִסְתָּא דִכְסַף חֲדָא מְאָה וּתְלָתִין סִלְעִין הֲוָה מַתְקְלַהּ מִזְרְקָא חַד דִּכְסַף מַתְקְלֵהּ שַׁבְעִין סִלְעִין בְּסִלְעֵי קוּדְשָׁא תַּרְוֵיהוֹן מְלַן סֻלְתָּא דְּפִילָא בִמְשַׁח לְמִנְחָתָא: לח בָּזִיכָא חֲדָא מַתְקַל עֲשַׂר סִלְעִין הִיא דִדְהַב מַלְיָא קְטֹרֶת בּוּסְמַיָּא: לט תּוֹר חַד בַּר תּוֹרֵי דְּכַר חַד אִמַּר חַד בַּר שַׁתֵּהּ לַעֲלָתָא: מ צְפִיר בַּר עִזִּין חַד לְחַטָּאתָא: מא וּלְנִכְסַת קוּדְשַׁיָּא תּוֹרִין תְּרֵין דִּכְרֵי חַמְשָׁא גְּדָיֵי חַמְשָׁא אִמְּרִין בְּנֵי שְׁנָה חַמְשָׁא דֵּין קֻרְבַּן שְׁלֻמִיאֵל בַּר צוּרִישַׁדָּי: מב בְּיוֹמָא שְׁתִיתָאָה רַבָּא לִבְנֵי גָד אֶלְיָסָף בַּר דְּעוּאֵל: מג קֻרְבָּנֵהּ מְגִסְתָּא דִכְסַף חֲדָא מְאָה וּתְלָתִין סִלְעִין הֲוָה מַתְקְלַהּ מִזְרְקָא חַד דִּכְסַף מַתְקְלֵהּ שַׁבְעִין סִלְעִין בְּסִלְעֵי קוּדְשָׁא תַּרְוֵיהוֹן מְלַן סֻלְתָּא

מד בְּלוּלָה בַשֶּׁמֶן לְמִנְחָה: כַּף אַחַת
מה עֲשָׂרָה זָהָב מְלֵאָה קְטֹרֶת: פַּר אֶחָד
בֶּן־בָּקָר אַיִל אֶחָד כֶּבֶשׂ־אֶחָד בֶּן־
מו שְׁנָתוֹ לְעֹלָה: שְׂעִיר־עִזִּים אֶחָד
מז לְחַטָּאת: וּלְזֶבַח הַשְּׁלָמִים בָּקָר
שְׁנַיִם אֵילִם חֲמִשָּׁה עַתֻּדִים חֲמִשָּׁה
כְּבָשִׂים בְּנֵי־שָׁנָה חֲמִשָּׁה זֶה קָרְבַּן
אֱלְיָסָף בֶּן־דְּעוּאֵל:
מח בַּיּוֹם הַשְּׁבִיעִי נָשִׂיא לִבְנֵי אֶפְרָיִם
מט אֱלִישָׁמָע בֶּן־עַמִּיהוּד: קָרְבָּנוֹ
קַעֲרַת־כֶּסֶף אַחַת שְׁלֹשִׁים וּמֵאָה
מִשְׁקָלָהּ מִזְרָק אֶחָד כֶּסֶף שִׁבְעִים
שֶׁקֶל בְּשֶׁקֶל הַקֹּדֶשׁ שְׁנֵיהֶם ׀ מְלֵאִים
נ סֹלֶת בְּלוּלָה בַשֶּׁמֶן לְמִנְחָה: כַּף
נא אַחַת עֲשָׂרָה זָהָב מְלֵאָה קְטֹרֶת: פַּר
אֶחָד בֶּן־בָּקָר אַיִל אֶחָד כֶּבֶשׂ־אֶחָד
נב בֶּן־שְׁנָתוֹ לְעֹלָה: שְׂעִיר־עִזִּים אֶחָד
נג לְחַטָּאת: וּלְזֶבַח הַשְּׁלָמִים בָּקָר
שְׁנַיִם אֵילִם חֲמִשָּׁה עַתֻּדִים חֲמִשָּׁה
כְּבָשִׂים בְּנֵי־שָׁנָה חֲמִשָּׁה זֶה קָרְבַּן
אֱלִישָׁמָע בֶּן־עַמִּיהוּד:
נד בַּיּוֹם הַשְּׁמִינִי נָשִׂיא לִבְנֵי מְנַשֶּׁה
נה גַּמְלִיאֵל בֶּן־פְּדָהצוּר: קָרְבָּנוֹ קַעֲרַת־
כֶּסֶף אַחַת שְׁלֹשִׁים וּמֵאָה מִשְׁקָלָהּ
מִזְרָק אֶחָד כֶּסֶף שִׁבְעִים שֶׁקֶל בְּשֶׁקֶל
הַקֹּדֶשׁ שְׁנֵיהֶם ׀ מְלֵאִים סֹלֶת בְּלוּלָה
נו בַשֶּׁמֶן לְמִנְחָה: כַּף אַחַת עֲשָׂרָה
נז זָהָב מְלֵאָה קְטֹרֶת: פַּר אֶחָד בֶּן־
בָּקָר אַיִל אֶחָד כֶּבֶשׂ־אֶחָד בֶּן־שְׁנָתוֹ

mixed with oil for a meal-offering; 44 one ladle of gold, [its weight] ten [shekel] filled with incense; 45 one young bull, one ram, one sheep in its first year for an olah-offering; 46 one he-goat for a sin-offering; 47 and for the sacrifice of a peace-offering, two cattle, five rams, five he-goats, five sheep in their first year — this is the offering of Eliasaph son of Deuel.

48 On the seventh day, the prince of the children of Ephraim, Elishama son of Ammihud. 49 His offering was: one silver bowl, its weight a hundred and thirty [shekel], and one basin of silver, [its weight] seventy shekel in the sacred shekel, both of them filled with fine flour mixed with oil for a meal-offering; 50 one ladle of gold, [its weight] ten [shekel] filled with incense; 51 one young bull, one ram, one sheep in its first year for an olah-offering; 52 one he-goat for a sin-offering; 53 and for the sacrifice of a peace-offering, two cattle, five rams, five he-goats, five sheep in their first year — this is the offering of Elishama son of Ammihud.

54 On the eighth day, the prince of the children of Manasseh, Gamaliel son of Pedahzur. 55 His offering was: one silver bowl, its weight a hundred and thirty [shekel], and one basin of silver, [its weight] seventy shekel in the sacred shekel, both of them filled with fine flour mixed with oil for a meal-offering; 56 one ladle of gold, [its weight] ten [shekel] filled with incense; 57 one young bull, one ram, one sheep in its first year

אונקלוס

דְּפִילָא בִמְשַׁח לְמִנְחָתָא: מד בָּזִיכָא חֲדָא מַתְקַל עֲשַׂר סִלְעִין הִיא דִדְהַב מַלְיָא קְטֹרֶת בּוּסְמַיָּא: מה תּוֹר חַד בַּר תּוֹרֵי דְּכַר חַד אִמַּר חַד בַּר שַׁתֵּהּ לַעֲלָתָא: מו צְפִיר בַּר עִזִּין חַד לְחַטָּאתָא: מז וּלְנִכְסַת קוּדְשַׁיָּא תּוֹרִין תְּרֵין דִּכְרֵי חַמְשָׁא גְּדָיֵי חַמְשָׁא אִמְּרִין בְּנֵי שְׁנָה חַמְשָׁא דֵּין קֻרְבַּן אֶלְיָסָף בַּר דְּעוּאֵל: מח בְּיוֹמָא שְׁבִיעָאָה רַבָּא לִבְנֵי אֶפְרָיִם אֱלִישָׁמָע בַּר עַמִּיהוּד: מט קֻרְבָּנֵהּ מְגִסְתָּא דִכְסַף חֲדָא מְאָה וּתְלָתִין סִלְעִין הֲוָה מַתְקְלַהּ מִזְרְקָא חַד דִּכְסַף מַתְקְלֵהּ שַׁבְעִין סִלְעִין בְּסִלְעֵי קוּדְשָׁא תַּרְוֵיהוֹן מְלַן סֻלְתָּא דְּפִילָא בִמְשַׁח לְמִנְחָתָא: נ בָּזִיכָא חֲדָא מַתְקַל עֲשַׂר סִלְעִין הִיא דִדְהַב מַלְיָא קְטֹרֶת בּוּסְמַיָּא: נא תּוֹר חַד בַּר תּוֹרֵי דְּכַר חַד אִמַּר חַד בַּר שַׁתֵּהּ לַעֲלָתָא: נב צְפִיר בַּר עִזִּין חַד לְחַטָּאתָא: נג וּלְנִכְסַת קוּדְשַׁיָּא תּוֹרִין תְּרֵין דִּכְרֵי חַמְשָׁא גְּדָיֵי חַמְשָׁא אִמְּרִין בְּנֵי שְׁנָה חַמְשָׁא דֵּין קֻרְבַּן אֱלִישָׁמָע בַּר עַמִּיהוּד: נד בְּיוֹמָא תְּמִינָאָה רַבָּא לִבְנֵי מְנַשֶּׁה גַּמְלִיאֵל בַּר פְּדָהצוּר: נה קֻרְבָּנֵהּ מְגִסְתָּא דִכְסַף חֲדָא מְאָה וּתְלָתִין סִלְעִין הֲוָה מַתְקְלַהּ מִזְרְקָא חַד דִּכְסַף מַתְקְלֵהּ שַׁבְעִין סִלְעִין בְּסִלְעֵי קוּדְשָׁא תַּרְוֵיהוֹן מְלַן סֻלְתָּא דְּפִילָא בִמְשַׁח לְמִנְחָתָא: נו בָּזִיכָא חֲדָא מַתְקַל עֲשַׂר סִלְעִין הִיא דִדְהַב מַלְיָא קְטֹרֶת בּוּסְמַיָּא: נז תּוֹר חַד בַּר תּוֹרֵי דְּכַר חַד אִמַּר חַד בַּר שַׁתֵּהּ

נח לְעֹלָה: שְׂעִיר־עִזִּים אֶחָד לְחַטָּאת:
נט וּלְזֶבַח הַשְּׁלָמִים בָּקָר שְׁנַיִם אֵילִם
חֲמִשָּׁה עַתֻּדִים חֲמִשָּׁה כְּבָשִׂים בְּנֵי־
שָׁנָה חֲמִשָּׁה זֶה קָרְבַּן גַּמְלִיאֵל בֶּן־
פְּדָהצוּר:
ס בַּיּוֹם הַתְּשִׁיעִי נָשִׂיא לִבְנֵי בִנְיָמִן
סא אֲבִידָן בֶּן־גִּדְעֹנִי: קָרְבָּנוֹ קַעֲרַת־
כֶּסֶף אַחַת שְׁלֹשִׁים וּמֵאָה מִשְׁקָלָהּ
מִזְרָק אֶחָד כֶּסֶף שִׁבְעִים שֶׁקֶל
בְּשֶׁקֶל הַקֹּדֶשׁ שְׁנֵיהֶם | מְלֵאִים סֹלֶת
סב בְּלוּלָה בַשֶּׁמֶן לְמִנְחָה: כַּף אַחַת
סג עֲשָׂרָה זָהָב מְלֵאָה קְטֹרֶת: פַּר אֶחָד
בֶּן־בָּקָר אַיִל אֶחָד כֶּבֶשׂ־אֶחָד בֶּן־
סד שְׁנָתוֹ לְעֹלָה: שְׂעִיר־עִזִּים אֶחָד
סה לְחַטָּאת: וּלְזֶבַח הַשְּׁלָמִים בָּקָר
שְׁנַיִם אֵילִם חֲמִשָּׁה עַתֻּדִים חֲמִשָּׁה
כְּבָשִׂים בְּנֵי־שָׁנָה חֲמִשָּׁה זֶה קָרְבַּן
אֲבִידָן בֶּן־גִּדְעֹנִי:
סו בַּיּוֹם הָעֲשִׂירִי נָשִׂיא לִבְנֵי דָן
סז אֲחִיעֶזֶר בֶּן־עַמִּישַׁדָּי: קָרְבָּנוֹ
קַעֲרַת־כֶּסֶף אַחַת שְׁלֹשִׁים וּמֵאָה
מִשְׁקָלָהּ מִזְרָק אֶחָד כֶּסֶף שִׁבְעִים
שֶׁקֶל בְּשֶׁקֶל הַקֹּדֶשׁ שְׁנֵיהֶם | מְלֵאִים
סח סֹלֶת בְּלוּלָה בַשֶּׁמֶן לְמִנְחָה: כַּף
סט אַחַת עֲשָׂרָה זָהָב מְלֵאָה קְטֹרֶת: פַּר
אֶחָד בֶּן־בָּקָר אַיִל אֶחָד כֶּבֶשׂ־אֶחָד
ע בֶּן־שְׁנָתוֹ לְעֹלָה: שְׂעִיר־עִזִּים אֶחָד
עא לְחַטָּאת: וּלְזֶבַח הַשְּׁלָמִים בָּקָר
שְׁנַיִם אֵילִם חֲמִשָּׁה עַתֻּדִים חֲמִשָּׁה

for an olah-offering; 58 *one he-goat for a sin-offering;* 59 *and for the sacrifice of a peace-offering, two cattle, five rams, five he-goats, five sheep in their first year — this is the offering of Gamaliel son of Pedahzur.*

60 *On the ninth day, the prince of the children of Benjamin, Abidan son of Gideoni.* 61 *His offering was: one silver bowl, its weight a hundred and thirty [shekel], and one basin of silver, [its weight] seventy shekel in the sacred shekel, both of them filled with fine flour mixed with oil for a meal-offering;* 62 *one ladle of gold, [its weight] ten [shekel] filled with incense;* 63 *one young bull, one ram, one sheep in its first year for an olah-offering;* 64 *one he-goat for a sin-offering;* 65 *and for the sacrifice of a peace-offering, two cattle, five rams, five he-goats, five sheep in their first year — this is the offering of Abidan son of Gideoni.*

66 *On the tenth day, the prince of the children of Dan, Ahiezer son of Ammishaddai.* 67 *His offering was: one silver bowl, its weight a hundred and thirty [shekel], and one basin of silver, [its weight] seventy shekel in the sacred shekel, both of them filled with fine flour mixed with oil for a meal-offering;* 68 *one ladle of gold, [its weight] ten [shekel] filled with incense;* 69 *one young bull, one ram, one sheep in its first year for an olah-offering;* 70 *one he-goat for a sin-offering;* 71 *and for the sacrifice of a peace-offering, two cattle, five rams, five he-goats,*

אונקלוס

לַעֲלָתָא: נח צְפִיר בַּר עִזִּין חַד לְחַטָּאתָא: נט וּלְנִכְסַת קוּדְשַׁיָּא תּוֹרִין תְּרֵין דִּכְרֵי חַמְשָׁא גַּדְיֵי חַמְשָׁא אִמְּרִין
בְּנֵי שְׁנָה חַמְשָׁא דֵּין קֻרְבַּן גַּמְלִיאֵל בַּר פְּדָהצוּר: ס בְּיוֹמָא תְּשִׁיעָאָה רַבָּא לִבְנֵי בִנְיָמִן אֲבִידָן בַּר גִּדְעֹנִי:
סא קֻרְבָּנֵהּ מְגִסְתָּא דִכְסַף חֲדָא מְאָה וּתְלָתִין סִלְעִין הֲוָה מַתְקְלַהּ מִזְרְקָא חַד דִּכְסַף מַתְקְלֵהּ שַׁבְעִין סִלְעִין בְּסִלְעֵי
קוּדְשָׁא תַּרְוֵיהוֹן מְלַן סֻלְתָּא דְּפִילָא בִמְשַׁח לְמִנְחָתָא: סב בָּזִיכָא חֲדָא מַתְקַל עֲשַׂר סִלְעִין הִיא דִּדְהַב מַלְיָא
קְטֹרֶת בּוּסְמַיָּא: סג תּוֹר חַד בַּר תּוֹרֵי דְּכַר חַד אִמַּר חַד בַּר שַׁתֵּהּ לַעֲלָתָא: סד צְפִיר בַּר עִזִּין חַד לְחַטָּאתָא:
סה וּלְנִכְסַת קוּדְשַׁיָּא תּוֹרִין תְּרֵין דִּכְרֵי חַמְשָׁא גַּדְיֵי חַמְשָׁא אִמְּרִין בְּנֵי שְׁנָה חַמְשָׁא דֵּין קֻרְבַּן אֲבִידָן בַּר גִּדְעוֹנִי:
סו בְּיוֹמָא עֲשִׂירָאָה רַבָּא לִבְנֵי דָן אֲחִיעֶזֶר בַּר עַמִּישַׁדָּי: סז קֻרְבָּנֵהּ מְגִסְתָּא דִכְסַף חֲדָא מְאָה וּתְלָתִין סִלְעִין הֲוָה
מַתְקְלַהּ מִזְרְקָא חַד דִּכְסַף מַתְקְלֵהּ שַׁבְעִין סִלְעִין בְּסִלְעֵי קוּדְשָׁא תַּרְוֵיהוֹן מְלַן סֻלְתָּא דְּפִילָא בִמְשַׁח לְמִנְחָתָא:
סח בָּזִיכָא חֲדָא מַתְקַל עֲשַׂר סִלְעִין הִיא דִּדְהַב מַלְיָא קְטֹרֶת בּוּסְמַיָּא: סט תּוֹר חַד בַּר תּוֹרֵי דְּכַר חַד אִמַּר חַד
בַּר שַׁתֵּהּ לַעֲלָתָא: ע צְפִיר בַּר עִזִּין חַד לְחַטָּאתָא: עא וּלְנִכְסַת קוּדְשַׁיָּא תּוֹרִין תְּרֵין דִּכְרֵי חַמְשָׁא גַּדְיֵי חַמְשָׁא

כְּבָשִׂים בְּנֵי־שָׁנָה חֲמִשָּׁה זֶה קָרְבַּן
אֲחִיעֶזֶר בֶּן־עַמִּישַׁדָּי׃
עב שביעי בְּיוֹם עַשְׁתֵּי עָשָׂר יוֹם נָשִׂיא
לִבְנֵי אָשֵׁר פַּגְעִיאֵל בֶּן־עָכְרָן׃
עג קָרְבָּנוֹ קַעֲרַת־כֶּסֶף אַחַת שְׁלֹשִׁים
וּמֵאָה מִשְׁקָלָהּ מִזְרָק אֶחָד כֶּסֶף
שִׁבְעִים שֶׁקֶל בְּשֶׁקֶל הַקֹּדֶשׁ
שְׁנֵיהֶם ׀ מְלֵאִים סֹלֶת בְּלוּלָה בַשֶּׁמֶן
עד לְמִנְחָה׃ כַּף אַחַת עֲשָׂרָה זָהָב
עה מְלֵאָה קְטֹרֶת׃ פַּר אֶחָד בֶּן־בָּקָר
אַיִל אֶחָד כֶּבֶשׂ־אֶחָד בֶּן־שְׁנָתוֹ
עו לְעֹלָה׃ שְׂעִיר־עִזִּים אֶחָד לְחַטָּאת׃
עז וּלְזֶבַח הַשְּׁלָמִים בָּקָר שְׁנַיִם אֵילִם
חֲמִשָּׁה עַתֻּדִים חֲמִשָּׁה כְּבָשִׂים בְּנֵי־
שָׁנָה חֲמִשָּׁה זֶה קָרְבַּן פַּגְעִיאֵל בֶּן־
עָכְרָן׃
עח בְּיוֹם שְׁנֵים עָשָׂר יוֹם נָשִׂיא לִבְנֵי
עט נַפְתָּלִי אֲחִירַע בֶּן־עֵינָן׃ קָרְבָּנוֹ
קַעֲרַת־כֶּסֶף אַחַת שְׁלֹשִׁים וּמֵאָה
מִשְׁקָלָהּ מִזְרָק אֶחָד כֶּסֶף שִׁבְעִים
שֶׁקֶל בְּשֶׁקֶל הַקֹּדֶשׁ שְׁנֵיהֶם ׀ מְלֵאִים
פ סֹלֶת בְּלוּלָה בַשֶּׁמֶן לְמִנְחָה׃ כַּף
פא אַחַת עֲשָׂרָה זָהָב מְלֵאָה קְטֹרֶת׃ פַּר
אֶחָד בֶּן־בָּקָר אַיִל אֶחָד כֶּבֶשׂ־אֶחָד
פב בֶּן־שְׁנָתוֹ לְעֹלָה׃ שְׂעִיר־עִזִּים אֶחָד
פג לְחַטָּאת׃ וּלְזֶבַח הַשְּׁלָמִים בָּקָר
שְׁנַיִם אֵילִם חֲמִשָּׁה עַתֻּדִים חֲמִשָּׁה
כְּבָשִׂים בְּנֵי־שָׁנָה חֲמִשָּׁה זֶה קָרְבַּן
אֲחִירַע בֶּן־עֵינָן׃

five sheep in their first year — this is the offering of Ahiezer son of Ammishaddai.

[72] On the eleventh day, the prince of the children of Asher, Pagiel son of Ochran. [73] His offering was: one silver bowl, its weight a hundred and thirty [shekel], and one basin of silver, [its weight] seventy shekel in the sacred shekel, both of them filled with fine flour mixed with oil for a meal-offering; [74] one ladle of gold, [its weight] ten [shekel] filled with incense; [75] one young bull, one ram, one sheep in its first year for an olah-offering; [76] one he-goat for a sin-offering; [77] and for the sacrifice of a peace-offering, two cattle, five rams, five he-goats, five sheep in their first year — this is the offering of Pagiel son of Ochran.

[78] On the twelfth day, the prince of the children of Naphtali, Ahira son of Enan. [79] His offering was: one silver bowl, its weight a hundred and thirty [shekel], and one basin of silver, [its weight] seventy shekel in the sacred shekel, both of them filled with fine flour mixed with oil for a meal-offering; [80] one ladle of gold, [its weight] ten [shekel] filled with incense; [81] one young bull, one ram, one sheep in its first year for an olah-offering; [82] one he-goat for a sin-offering; [83] and for the sacrifice of a peace-offering, two cattle, five rams, five he-goats, five sheep in their first year — this is the offering of Ahira son of Enan.

אונקלוס

אִמְּרִין בְּנֵי שְׁנָה חַמְשָׁא דֵּין קֻרְבַּן אֲחִיעֶזֶר בַּר עַמִּישַׁדָּי: עב בְּיוֹמָא חַד עֲשַׂר יוֹמָא רַבָּא לִבְנֵי אָשֵׁר פַּגְעִיאֵל בַּר עָכְרָן: עג קֻרְבָּנֵהּ מְגִסְתָּא דִכְסַף חֲדָא מְאָה וּתְלָתִין סִלְעִין הֲוָה מַתְקְלַהּ מִזְרְקָא חַד דִּכְסַף מַתְקְלֵהּ שַׁבְעִין סִלְעִין בְּסִלְעֵי קוּדְשָׁא תַּרְוֵיהוֹן מְלַן סֻלְתָּא דְּפִילָא בִמְשַׁח לְמִנְחָתָא: עד בָּזִיכָא חֲדָא מַתְקַל עֲשַׂר סִלְעִין הִיא דִדְהַב מַלְיָא קְטֹרֶת בּוּסְמַיָּא: עה תּוֹר חַד בַּר תּוֹרֵי דְּכַר חַד אִמַּר חַד בַּר שַׁתֵּהּ לַעֲלָתָא: עו צְפִיר בַּר עִזִּין חַד לְחַטָּאתָא: עז וּלְנִכְסַת קוּדְשַׁיָּא תּוֹרִין תְּרֵין דִּכְרֵי חַמְשָׁא גְּדָיֵי חַמְשָׁא אִמְּרִין בְּנֵי שְׁנָה חַמְשָׁא דֵּין קֻרְבַּן פַּגְעִיאֵל בַּר עָכְרָן: עח בְּיוֹמָא תְּרֵי עֲשַׂר יוֹמָא רַבָּא לִבְנֵי נַפְתָּלִי אֲחִירַע בַּר עֵינָן: עט קֻרְבָּנֵהּ מְגִסְתָּא דִכְסַף חֲדָא מְאָה וּתְלָתִין סִלְעִין הֲוָה מַתְקְלַהּ מִזְרְקָא חַד דִּכְסַף מַתְקְלֵהּ שַׁבְעִין סִלְעִין בְּסִלְעֵי קוּדְשָׁא תַּרְוֵיהוֹן מְלַן סֻלְתָּא דְּפִילָא בִמְשַׁח לְמִנְחָתָא: פ בָּזִיכָא חֲדָא מַתְקַל עֲשַׂר סִלְעִין הִיא דִדְהַב מַלְיָא קְטֹרֶת בּוּסְמַיָּא: פא תּוֹר חַד בַּר תּוֹרֵי דְּכַר חַד אִמַּר חַד בַּר שַׁתֵּהּ לַעֲלָתָא: פב צְפִיר בַּר עִזִּין חַד לְחַטָּאתָא: פג וּלְנִכְסַת קוּדְשַׁיָּא תּוֹרִין תְּרֵין דִּכְרֵי חַמְשָׁא גְּדָיֵי חַמְשָׁא אִמְּרִין בְּנֵי שְׁנָה חַמְשָׁא דֵּין קֻרְבַּן אֲחִירַע בַּר עֵינָן:

פד זֹאת ׀ חֲנֻכַּת הַמִּזְבֵּחַ בְּיוֹם הִמָּשַׁח אֹתוֹ מֵאֵת נְשִׂיאֵי יִשְׂרָאֵל קַעֲרֹת כֶּסֶף שְׁתֵּים עֶשְׂרֵה מִזְרְקֵי־כֶסֶף שְׁנֵים עָשָׂר כַּפּוֹת זָהָב שְׁתֵּים עֶשְׂרֵה:
פה שְׁלֹשִׁים וּמֵאָה הַקְּעָרָה הָאַחַת כֶּסֶף

[84] *This was the inauguration of the Altar, on the day it was anointed, from the princes of Israel: twelve silver bowls, twelve silver basins, twelve gold ladles;* [85] *each bowl was one hundred and thirty silver [shekels] and*

אונקלוס

פד דָּא חֲנֻכַּת מַדְבְּחָא בְּיוֹמָא דְרַבִּיו יָתֵהּ מִן רַבְרְבֵי יִשְׂרָאֵל מְגִיסֵי כַסְפָּא תַּרְתֵּי עַשְׂרֵי מִזְרְקֵי כַסְפָּא תְּרֵין עֲשַׂר בָּזִיכֵי דְדַהֲבָא תַּרְתָּא עַשְׂרֵי: פה מְאָה וּתְלָתִין סִלְעִין הֲוָה מַתְקְלָא דְמְגִיסְתָּא חֲדָא דְכַסְפָּא

רש"י

(פד) **ביום המשח אותו.** בו ביום שנמשח הקריב, ומה אני מקיים אחרי המשח (להלן פסוק פח) שנמשח תחלה ואחר כך הקריב. או אחרי המשח לאחר זמן, ולא בא ללמד ביום המשח אלא לומר שנמשח ביום. כשהוא אומר ביום משחו אותם (ויקרא ז:לו) למדנו שנמשח ביום, ומה ת"ל ביום המשח אותו, ביום שנמשח הקריב (ספרי נג): **קערת כסף שתים עשרה.** הם הם שהתנדבו ולא אירע בהם פסול (שם): (פה) **שלשים ומאה הקערה האחת וגו'.** מה ת"ל, לפי שנאמר שלשים ומאה משקלה ולא פירש באיזו שקל, לכך חזר ושנאה כאן וכלל בכולן כל כסף הכלים בשקל הקדש (שם נד):

RASHI ELUCIDATED

84. בְּיוֹם הִמָּשַׁח אֹתוֹ – **ON THE DAY IT WAS ANOINTED.** בּוֹ בְּיוֹם שֶׁנִּמְשַׁח – **On the very day that it was anointed** הִקְרִיב – **[a prince] brought an offering.** וּמָה אֲנִי מְקַיֵּם – **How, then, do I maintain** that ,,אַחֲרֵי הִמָּשַׁח"[1] – "*after* **it was anointed**"[1] is to be understood?[2] That means שֶׁנִּמְשַׁח תְּחִלָּה – **that first it was anointed,** וְאַחַר כָּךְ – **and afterwards** הִקְרִיב – **[a prince] brought an offering.**[3] אוֹ – **Or** perhaps you will argue and say that ,,אַחֲרֵי הִמָּשַׁח" – **"after it was anointed"** means לְאַחַר זְמַן – **after a time,** i.e., at a later date, וְלֹא בָא לְלַמֵּד ,,בְּיוֹם הִמָּשַׁח" – **and** בְּיוֹם הִמָּשַׁח **does not come to teach** that they offered on the same day, אֶלָּא לוֹמַר – **but rather to say** שֶׁנִּמְשַׁח בַּיּוֹם – **that it was anointed by day** and not at night?[4] כְּשֶׁהוּא אוֹמֵר – This is not so, for **when it says,** ,,בְּיוֹם מָשְׁחוֹ אוֹתָם"[5] – **"on the day He anointed them,"**[5] לִמְּדָנוּ שֶׁנִּמְשַׁח בַּיּוֹם – **it has taught us that it was anointed by day.**[6] וּמַה תַּלְמוּד לוֹמַר – **Why, then, does the Torah say,** ,,בְּיוֹם הִמָּשַׁח אוֹתוֹ" – **"on the day it was anointed"?** To teach us that בְּיוֹם שֶׁנִּמְשַׁח – **on the day it was anointed,** הִקְרִיב[7] – **[a prince] brought an offering.**[7]

☐ קַעֲרֹת כֶּסֶף שְׁתֵּים עֶשְׂרֵה – **TWELVE SILVER BOWLS.** הֵם הֵם שֶׁהִתְנַדְּבוּ – **They were the same ones that [the princes] contributed;** וְלֹא אֵירַע בָּהֶם פְּסוּל[8] – **no defect developed in them.**[8]

85. שְׁלֹשִׁים וּמֵאָה הַקְּעָרָה הָאַחַת וְגוֹמֵר – **EACH BOWL WAS ONE HUNDRED AND THIRTY, ETC.** מַה תַּלְמוּד לוֹמַר – **Why does the Torah state this?**[9] לְפִי שֶׁנֶּאֱמַר – **Because it says,**[10] ,,שְׁלֹשִׁים וּמֵאָה מִשְׁקָלָהּ" – **"Its weight was one hundred and thirty [*shekels*],"** וְלֹא פֵרֵשׁ – **but it does not specify** בְּאֵיזוֹ שֶׁקֶל – **of which** type of ***shekel*** the one hundred and thirty were. לְכָךְ – **This is why** חָזַר וּשְׁנָאָהּ כָּאן – **it comes back and repeats it here,** וְכָלַל בְּכֻלָּן – **and included in** speaking of **all [the silver vessels of the princes' contribution]** the words: ,,כֹּל כֶּסֶף הַכֵּלִים . . . בְּשֶׁקֶל הַקֹּדֶשׁ"[11] – **"All the silver of the vessels was . . . in the sacred *shekel.*"**[11]

1. Below v. 88.

2. Our verse says that that inauguration took place on the day of the anointing, while verse 88 seems to imply that it took place on some later day.

3. "After it was anointed" means at a later time on the day of the anointing.

4. בְּיוֹם הִמָּשַׁח אֹתוֹ would be understood, "by day it was anointed."

5. *Leviticus* 7:36.

6. The verse in *Leviticus* speaks specifically of the anointment of Aaron and his sons, but the rule that all holy anointings are done by day is derived from it.

7. *Sifrei* 53.

8. *Sifrei* 53. It is clear from the preceding verses that each of the twelve princes brought one silver bowl. The statement that there was a total of twelve seems unnecessary. It teaches us that no defect developed in any of them which would have made them unfit for use in the Temple service (*Mizrachi; Sifsei Chachamim*).

Rashi makes this point explicitly with reference to the bowls because they are the first of the items listed here, but it holds true for the others, as well (*Nachalas Yaakov*).

9. It was stated explicitly in the verses regarding the offerings of each individual prince that the bowls that they brought weighed one hundred and thirty *shekalim*.

10. In the earlier verses.

11. *Sifrei* 54. The passage has thus far stated only that the

וְשִׁבְעִים הַמִּזְרָק הָאֶחָד כֹּל כֶּסֶף
הַכֵּלִים אַלְפַּיִם וְאַרְבַּע־מֵאוֹת בְּשֶׁקֶל
פו הַקֹּדֶשׁ: כַּפּוֹת זָהָב שְׁתֵּים־עֶשְׂרֵה
מְלֵאֹת קְטֹרֶת עֲשָׂרָה עֲשָׂרָה הַכַּף
בְּשֶׁקֶל הַקֹּדֶשׁ כָּל־זְהַב הַכַּפּוֹת
פז עֶשְׂרִים וּמֵאָה: מפטיר כָּל־הַבָּקָר לָעֹלָה
שְׁנֵים עָשָׂר פָּרִים אֵילִם שְׁנֵים־עָשָׂר
כְּבָשִׂים בְּנֵי־שָׁנָה שְׁנֵים עָשָׂר וּמִנְחָתָם
וּשְׂעִירֵי עִזִּים שְׁנֵים עָשָׂר לְחַטָּאת:
פח וְכֹל בְּקַר | זֶבַח הַשְּׁלָמִים עֶשְׂרִים
וְאַרְבָּעָה פָּרִים אֵילִם שִׁשִּׁים עַתֻּדִים
שִׁשִּׁים כְּבָשִׂים בְּנֵי־שָׁנָה שִׁשִּׁים זֹאת
חֲנֻכַּת הַמִּזְבֵּחַ אַחֲרֵי הִמָּשַׁח אֹתוֹ:

each basin was seventy; all the silver of the vessels was two thousand, four hundred in the sacred shekel. [86] Twelve gold ladles filled with incense, each ladle was ten of the sacred shekel; all the gold of the ladles was one hundred and twenty [shekels]. [87] All the livestock for the olah-offering: twelve bulls, twelve rams, twelve sheep in their first year, and their meal-offerings; and twelve he-goats for a sin-offering. [88] All the livestock for the sacrifice of a peace-offering: twenty-four bulls, sixty rams, sixty he-goats, sixty sheep in their first year — this was the inauguration of the Altar after it was anointed.

אונקלוס

וְשַׁבְעִין דְּמַזְרְקָא חָד כֹּל כְּסַף מָנַיָּא תְּרֵין אַלְפִין וְאַרְבַּע מְאָה בְּסִלְעֵי קוּדְשָׁא: פו בָּזִיכֵי דְדַהֲבָא תַּרְתֵּי עַשְׂרֵי מַלְיָן קְטֹרֶת בּוּסְמַיָּא מַתְקַל עֲשַׂר סִלְעִין הֲוָה מַתְקְלָא דְבָזִיכָא בְּסִלְעֵי קוּדְשָׁא כָּל דְּהַב בָּזִיכַיָּא מְאָה וְעַשְׂרִין: פז כָּל תּוֹרֵי לַעֲלָתָא תְּרֵי עֲשַׂר תּוֹרִין דִּכְרִין תְּרֵי עֲשַׂר אִמְּרִין בְּנֵי שְׁנָה תְּרֵי עֲשַׂר וּמִנְחָתְהוֹן וּצְפִירֵי בַּר עִזִּין תְּרֵי עֲשַׂר לְחַטָּאתָא: פח וְכֹל תּוֹרֵי לְנִכְסַת קוּדְשַׁיָּא עַשְׂרִין וְאַרְבְּעָא תּוֹרִין דִּכְרִין שִׁתִּין גַּדְיַן שִׁתִּין אִמְּרִין בְּנֵי שְׁנָה שִׁתִּין דָּא חֲנֻכַּת מַדְבְּחָא בָּתַר דְּרַבִּיוּ יָתֵהּ:

רש"י

כל כסף הכלים וגו'. למדך שהיו כלי בית המקדש מכוונים במשקלן, שוקלן אחד אחד ושוקלן כולן כאחד לא ריבה ולא מיעט (ספרי): **(פו) כפות זהב שתים עשרה.** למה נאמר, לפי שנאמר כף אחת עשרה זהב, היא של זהב ומשקלה עשרה שקלים של כסף. או אינו אלא כף אחת של כסף ומשקלה עשרה שקלי זהב, ושקלי זהב אין משקלם שוה לשל כסף, ת"ל כפות זהב, של זהב היו (שם נה):

RASHI ELUCIDATED

□ כֹּל כֶּסֶף הַכֵּלִים וְגוֹמֵר – ALL THE SILVER OF THE VESSELS, ETC. לִמֶּדְךָ – **This has taught you** שֶׁהָיוּ כְּלֵי בֵּית הַמִּקְדָּשׁ מְכֻוָּנִים בְּמִשְׁקָלָן – **that the implements of the *Beis HaMikdash* were precise in their weight.** שׁוֹקְלָן אֶחָד אֶחָד – Whether **one would weigh them one by one** וְשׁוֹקְלָן כֻּלָּן כְּאֶחָד – **or weigh them all together,** לֹא רִבָּה – **he would neither increase,** i.e., find them more than the prescribed weight וְלֹא מִעֵט[1] – **nor diminish,** i.e, find them less than the prescribed weight.[1]

86. כַּפּוֹת זָהָב שְׁתֵּים עֶשְׂרֵה – TWELVE GOLD LADLES. לָמָּה נֶאֱמַר – **Why is this stated?** לְפִי שֶׁנֶּאֱמַר – **Since it says,** "כַּף אַחַת עֲשָׂרָה זָהָב"[2] – literally, **"one ladle ten gold,"**[2] it means, הִיא שֶׁל זָהָב – **[the ladle] is of gold,** וּמִשְׁקָלָהּ עֲשָׂרָה שְׁקָלִים שֶׁל כֶּסֶף – **and its weight is ten *shekels* of silver.** אוֹ אֵינוֹ אֶלָּא כַּף אַחַת שֶׁל כֶּסֶף – **Or** perhaps **it means only one ladle of silver,** וּמִשְׁקָלָהּ עֲשָׂרָה שִׁקְלֵי זָהָב – **and its weight is ten *shekels* of gold,** וְשִׁקְלֵי זָהָב אֵין מִשְׁקָלָם שָׁוֶה – **and the weight of *shekels* of gold is not equal** לְשֶׁל כֶּסֶף – **to** those **of silver?** To teach us that this is not so תַּלְמוּד לוֹמַר – **the Torah says,** "כַּפּוֹת זָהָב" – **"gold ladles";** שֶׁל זָהָב הָיוּ[3] – **they were** made **of gold.**[3]

---

shekel by which the weight of the silver basins is measured is the sacred *shekel* (see, for example, v. 13). It has not stated what weight the bowls are measured by. Our verse repeats that the silver bowls weighed one hundred and thirty *shekalim* in order to include that figure in the general statement at the end of verse 85, that the weights of all of the silver vessels are given in the sacred *shekel* (*Mizrachi*).

1. *Sifrei* 54. The total of two thousand, four hundred *shekalim* given by our verse seems obvious. The Torah gives both the individual and collective weights to emphasize the great precision with which the artisans of the *Mishkan* worked. Not only was the total of two thousand, four hundred arrived at precisely, but each of the components which comprised that total had exactly the desired weight (see *Gur Aryeh*). This demonstrated that all of the tribes were equal in God's eyes, despite the fact that their princes brought their offerings in a sequential order (*Divrei David*).

2. Above v. 14; see Rashi there, s.v., עֲשָׂרָה זָהָב.

3. *Sifrei* 55.

פט וּבְבֹא מֹשֶׁה אֶל־אֹהֶל מוֹעֵד לְדַבֵּר
אִתּוֹ וַיִּשְׁמַע אֶת־הַקּוֹל מִדַּבֵּר אֵלָיו
מֵעַל הַכַּפֹּרֶת אֲשֶׁר עַל־אֲרֹן
הָעֵדֻת מִבֵּין שְׁנֵי הַכְּרֻבִים וַיְדַבֵּר
אֵלָיו: פפפ

89 *When Moses arrived at the Tent of Meeting to speak with Him, he heard the voice communicating with him from atop the Cover that was upon the Ark of the Testimony, from between the two Cherubim, and He spoke to him.*

THE HAFTARAH FOR NASSO APPEARS ON PAGE 438.

אונקלוס

פט וְכַד עָלֵיל מֹשֶׁה לְמַשְׁכַּן זִמְנָא לְמַלָּלָא עִמֵּהּ וּשְׁמַע יָת קָלָא דְמִתְמַלַּל עִמֵּהּ מֵעִלָּוֵי כַּפֻּרְתָּא דִּי עַל אֲרוֹנָא דְסַהֲדוּתָא מִבֵּין תְּרֵין כְּרוּבַיָּא וּמִתְמַלֵּל עִמֵּהּ:

רש"י

(פט) ובבא משה. שני כתובים המכחישים זה את זה בא שלישי והכריע ביניהם. כתוב אחד אומר וידבר ה' אליו מאהל מועד (ויקרא א:א), והוא חוץ לפרכת, וכתוב אחד אומר ודברתי אתך מעל הכפרת (שמות כה:כב), בא זה והכריע ביניהם. משה בא אל אהל מועד, ושם שומע את הקול הבא מעל הכפרת מבין שני הכרובים, הקול יוצא מן השמים לבין שני הכרובים ומשם יצא לאהל מועד (שם נח): **וישמע את הקול.** יכול קול נמוך, ת"ל את הקול, הוא הקול שנדבר עמו בסיני (שם) וכשמגיע לפתח היה נפסק ולא היה יוצא חוץ לאהל (ת"כ נדבה פרק ב:י): **מדבר.** כמו מתדבר, כבודו של מעלה לומר כן,

RASHI ELUCIDATED

89. וּבְבֹא מֹשֶׁה – WHEN MOSES ARRIVED. Here we apply the principle, **שְׁנֵי כְתוּבִים** – when there are **two verses הַמַּכְחִישִׁים זֶה אֶת זֶה – which contradict each other, בָּא שְׁלִישִׁי – a third** verse **has come, וְהִכְרִיעַ בֵּינֵיהֶם – and resolved** the apparent contradiction **between them.**[1] **כָּתוּב אֶחָד אוֹמֵר – One verse says, "וַיְדַבֵּר ה׳ אֵלָיו מֵאֹהֶל מוֹעֵד"**[2] **– "And HASHEM spoke to him** [Moses] **from the Tent of Meeting,"**[2] **וְהוּא חוּץ לַפָּרֹכֶת – and that is** the area **outside the Partition,**[3] **וְכָתוּב אֶחָד אוֹמֵר – while another verse says, "וְדִבַּרְתִּי אִתְּךָ מֵעַל הַכַּפֹּרֶת"**[4] **– "And I shall speak to you from atop the lid."**[4] **בָּא זֶה – This** verse **has come וְהִכְרִיעַ בֵּינֵיהֶם – and resolved** the apparent contradiction **between them** as follows: **מֹשֶׁה בָּא – Moses would come אֶל אֹהֶל מוֹעֵד – to the Tent of Meeting, וְשָׁם שׁוֹמֵעַ אֶת הַקּוֹל – and there he would hear the voice הַבָּא מֵעַל הַכַּפֹּרֶת – which would come "from atop the lid,"**[5] **"מִבֵּין שְׁנֵי הַכְּרוּבִים" – "from between the two Cherubim."**[6] **הַקּוֹל יוֹצֵא מִן הַשָּׁמַיִם – The voice would emerge from the heavens לְבֵין שְׁנֵי הַכְּרוּבִים – to** the space **between the two Cherubim, וּמִשָּׁם יָצָא – and from there it would go out לְאֹהֶל מוֹעֵד**[7] **– to** the rest of **the Tent of Meeting.**[7]

□ **וַיִּשְׁמַע אֶת הַקּוֹל – HE HEARD THE VOICE. יָכוֹל קוֹל נָמוּךְ – One might be able** to think that **it was a quiet voice. תַּלְמוּד לוֹמַר** – To teach us otherwise, **the Torah says, "אֶת הַקּוֹל" – "*the* voice,"** which implies that **הוּא הַקּוֹל – it is the** same **voice שֶׁנִּדְבַּר עִמּוֹ – which communicated with him בְּסִינַי**[8] **– at Sinai.**[8] **וּכְשֶׁמַּגִּיעַ לַפֶּתַח – When it would reach the entrance** of the Tent of Meeting, **הָיָה נִפְסָק – it would stop, וְלֹא הָיָה יוֹצֵא חוּץ לָאֹהֶל**[9] **– and it would not go outside the Tent.**[9]

□ **מִדַּבֵּר – COMMUNICATING. כְּמוֹ** – This has **the same** meaning **as, מִתְדַּבֵּר** – literally, **speaking with Himself.**[10] **כְּבוֹדוֹ שֶׁל מַעְלָה – It is the honor of** the One Who is **Above לוֹמַר כֵּן** – for Scripture **to**

1. This is the last of the thirteen principles by which the Torah is expounded, listed in "the *baraisa* of R' Yishmael" at the beginning of *Toras Kohanim*. Rashi cites this principle in his comments to *Exodus* 20:19, 25:22, 40:35, and *II Kings* 24:16.

2. *Leviticus* 1:1.

3. The Partition separated the Holy of Holies from the rest of the Tabernacle. Had the verse meant that the voice emerged from the Holy of Holies, it would have said so specifically, and not used "Tent of Meeting."

4. *Exodus* 25:22. The lid of the Ark was within the Holy of Holies.

5. "From the Tent of Meeting" of the verse in *Leviticus* refers to the place at which Moses heard the voice of God, not the place from which it emerged.

6. *Exodus* 25:22.

7. *Sifrei* 58.

8. *Sifrei* 58.

9. *Toras Kohanim, Nedavah,* 2:10; see Rashi to *Leviticus* 1:1, s.v., מֵאֹהֶל מוֹעֵד.

10. See Rashi to *Exodus* 33:9. מִדַּבֵּר is in the reflexive *hispael* conjugation and is a contraction of מִתְדַּבֵּר. The ת of *hispael* is often omitted for a word whose first root letter is either ד (as here) or ט (as the word מִטַּהֵר in *Leviticus* 14:4, which is like מִתְטַהֵר). The first root letter then takes a *dagesh* to indicate the missing ת (*Be'er Yitzchak; Be'er Rechovos*). The *dagesh* in the ד of מִדַּבֵּר serves a different function; it follows the rule

רש"י

מדבר בינו לבין עצמו ומשה שומע מאליו: **וידבר אליו.** למעט את אהרן מן הדברות (שם):

RASHI ELUCIDATED

speak in this way, which implies מְדַבֵּר בֵּינוֹ לְבֵין עַצְמוֹ – **He communicates to Himself,** וּמֹשֶׁה שׁוֹמֵעַ מֵאֵלָיו – **and Moses would hear on his own,** i.e., without being addressed directly.[1]

□ וַיְדַבֵּר אֵלָיו – AND HE SPOKE TO HIM. This is stated לְמַעֵט אֶת אַהֲרֹן – **to exclude Aaron** מִן הַדִּבְּרוֹת – **from the communications.**[2]

that the letters בג״ד כפ״ת take a *dagesh* at the beginning of a syllable.

1. Although Scripture says וַיְדַבֵּר ה׳ אֶל מֹשֶׁה, "HASHEM *spoke* to Moses," in several places, in our verse, where the subject of the verb is "the voice of HASHEM," such language would have disrespectful, anthropomorphic, intimations.

2. *Sifrei* 58. "And He spoke to him" seems superfluous. It is stated to teach us that God spoke only to "him," to Moses (see *Be'er Yitzchak*). Even if Aaron was present when God addressed Moses, only Moses would hear (*Panim Yafos*; see also Rashi to *Leviticus* 1:1, s.v., אֵלָיו).

פרשת בהעלותך
Parashas Beha'aloscha

ח א־ב וַיְדַבֵּר יהוה אֶל־מֹשֶׁה לֵּאמֹר: דַּבֵּר
אֶל־אַהֲרֹן וְאָמַרְתָּ אֵלָיו בְּהַעֲלֹתְךָ
אֶת־הַנֵּרֹת אֶל־מוּל פְּנֵי הַמְּנוֹרָה

8 [1] *HASHEM spoke to Moses, saying,*
[2] *"Speak to Aaron and say to him: When you kindle the lamps, toward the face of the Menorah shall*

אונקלוס

א וּמַלִּיל יְיָ עִם מֹשֶׁה לְמֵימָר: ב מַלֵּל עִם אַהֲרֹן וְתֵימַר לֵהּ בְּאַדְלָקוּתָךְ יָת בּוֹצִינַיָּא לָקֳבֵל אַפֵּי מְנָרְתָא

רש"י

(ב) [**בהעלתך.** למה נסמכה פרשת המנורה לפרשת הנשיאים. לפי שכשראה אהרן חנוכת הנשיאים חלשה דעתו, שלא היה עמהם בחנוכה לא הוא ולא שבטו. אמר לו הקב"ה, חייך, שלך גדולה משלהם שאתה מדליק ומיטיב את הנרות (תנחומא ה):] **בהעלתך.** על שם שהלהב עולה כתוב בהדלקתן לשון עלייה, שצריך להדליק עד שתהא השלהבת עולה מאליה (שבת כא.) ועוד דרשו רבותינו מכאן שמעלה היתה לפני המנורה שעליה הכהן עומד ומיטיב (ספרי ס; מנחות כט.): **אל מול פני המנורה.** אל מול נר האמצעי שאינו בקנים אלא בגוף של מנורה (ספרי נט; מנחות צח:):

RASHI ELUCIDATED

8.

2. {בְּהַעֲלֹתְךָ – WHEN YOU KINDLE. לָמָּה נִסְמְכָה פָּרָשַׁת הַמְּנוֹרָה לְפָרָשַׁת הַנְּשִׂיאִים – **Why was the passage** dealing with the kindling **of the Menorah put next to the passage** dealing with the contribution and offerings **of the princes?**[1] לְפִי שֶׁכְּשֶׁרָאָה אַהֲרֹן – **Because when Aaron saw** חֲנוּכַּת הַנְּשִׂיאִים – **the inauguration of the princes,** i.e., the contributions and offerings made by the princes at the inauguration of the Tabernacle, חָלְשָׁה דַעְתּוֹ – **he felt badly about it,**[2] שֶׁלֹּא הָיָה עִמָּהֶם בַּחֲנוּכָּה לֹא הוּא וְלֹא שִׁבְטוֹ – **for neither he nor his tribe was with them in the inauguration.** אָמַר לוֹ הַקָּדוֹשׁ בָּרוּךְ הוּא – **The Holy One, Blessed is He, said to him,** חַיֶּיךָ – "I swear **by your life!** שֶׁלְּךָ גְּדוֹלָה מִשֶּׁלָּהֶם – **Your [role] is greater than theirs,** שֶׁאַתָּה מַדְלִיק – **for you kindle** וּמֵטִיב – **and prepare** אֶת הַנֵּרוֹת[3] – **the lamps."**[3]}

☐ בְּהַעֲלֹתְךָ – WHEN YOU KINDLE [literally, "raise"]. עַל שֵׁם שֶׁהַלַּהַב עוֹלֶה – **Because the flame rises,** כָּתוּב בְּהַדְלָקָתָן – **[Scripture] writes of their kindling** לְשׁוֹן עֲלִיָּה – **an expression of "rising,"** שֶׁצָּרִיךְ לְהַדְלִיק – **for one must kindle,** i.e., hold a fire to the wick, עַד שֶׁתְּהֵא הַשַּׁלְהֶבֶת עוֹלָה מֵאֵלֶיהָ[4] – **until the flame rises by itself.**[4] וְעוֹד דָּרְשׁוּ רַבּוֹתֵינוּ – **In addition, our Rabbis expounded** "when you will raise" as follows: מִכָּאן – **From here** we see שֶׁמַּעֲלָה הָיְתָה לִפְנֵי הַמְּנוֹרָה – **that there was a stair in front of the Menorah**[5] שֶׁעָלֶיהָ הַכֹּהֵן עוֹמֵד – **upon which the Kohen would stand** וּמֵטִיב – **and prepare** the lamps.[6]

☐ אֶל מוּל פְּנֵי הַמְּנוֹרָה – TOWARD THE FACE OF THE MENORAH. This means אֶל מוּל נֵר הָאֶמְצָעִי – **toward the middle lamp,** which is called "the Menorah" שֶׁאֵינוֹ בַּקָּנִים – **because it is not on the branches,** אֶלָּא – **but rather,** בְּגוּף שֶׁל מְנוֹרָה[7] – **on the body of the Menorah,** i.e., on its central shaft.[7]

1. The Menorah service took place for the first time on the first of Nissan, the same day that the first of the inaugural offerings of the princes was brought. The preparation of the lamps of the Menorah takes place before any of the daily offerings are brought. It thus occurred earlier than the first of the inaugural offerings. We therefore would have expected the Torah to speak of the kindling of the Menorah before those offerings, as part of the earlier passage addressed to Aaron, that of the blessing of the Kohanim (6:22-27). The Torah speaks of it at this point in order to highlight its juxtaposition with the offerings of the princes (*Be'er BaSadeh*).

2. Literally, "his mind became weak."

3. *Tanchuma* 5. The offerings of the princes are analogous to a festive banquet which precedes the inauguration of a king's palace. But the lighting of the Menorah is analogous to bathing the palace in light, which is the height of the edifice's glory (*Be'er Yitzchak*).

Although this comment does not appear in the early printed editions of Rashi, it is cited in its entirety by *Ramban*.

4. *Shabbos* 21a.

5. "When you kindle" is more directly expressed by בְּהַדְלִיקְךָ. The fact that one must kindle until the flame rises on its own is in itself not sufficient justification for the verse to use "when you raise" here, for the Torah has already taught us elsewhere that the Kohen must kindle the flame until it rises on its own (see Rashi to *Exodus* 27:20, s.v., לְהַעֲלֹת נֵר תָּמִיד). Thus, Rashi here first says that it is not inappropriate to use "when you raise" synonymously with "when you kindle," because the flame must rise by itself. Once this has been established, he goes on to explain why the Torah prefers to use the less direct word, namely, because it teaches us that there was a step in front of the Menorah (*Mishmeres HaKodesh*).

6. *Tamid* 3:9; *Sifrei* 60; *Menachos* 29a. Although our passage speaks of kindling the Menorah, Rashi speaks of preparing the lamps, for that is the wording of his talmudic and midrashic sources that describe the stair.

7. *Sifrei* 59; *Menachos* 98b. The central shaft of the Menorah is its "face" (see Rashi to *Exodus* 25:37, s.v., וְהֵאִיר אֶל עֵבֶר פָּנֶיהָ). The other lamps turn toward the

the seven lamps cast light."
[3] *Aaron did so; toward the face of the Menorah he kindled its lamps, as HASHEM had commanded Moses.* [4] *And this is the workmanship of the Menorah, beaten out*

יָאִירוּ שִׁבְעַת הַנֵּרוֹת: ג וַיַּעַשׂ כֵּן
אַהֲרֹן אֶל־מוּל פְּנֵי הַמְּנוֹרָה הֶעֱלָה
נֵרֹתֶיהָ כַּאֲשֶׁר צִוָּה יהוה אֶת־
ד מֹשֶׁה: וְזֶה מַעֲשֵׂה הַמְּנֹרָה מִקְשָׁה

אונקלוס

יְהוֹן מְנַהֲרִין שִׁבְעָא בוֹצִינַיָּא: ג וַעֲבַד כֵּן אַהֲרֹן לָקֳבֵל אַפֵּי מְנַרְתָּא אַדְלֵק בּוֹצִינָהָא כְּמָא דִי פַקִּיד יְיָ יָת מֹשֶׁה: ד וְדֵין עוֹבַד מְנַרְתָּא נְגִידָא

רש"י

יאירו שבעת הנרות. ששה שעל ששת הקנים, שלשה המזרחיים פונים למול האמצעי הפתילות שבהן, וכן שלשה המערביים ראשי הפתילות למול האמצעי (ספרי שם) ולמה, כדי שלא יאמרו לאורה הוא צריך (תנחומא שם): (ג) **ויעש כן אהרן.** להגיד שבחו של אהרן שלא שינה (ספרי ס): (ד) **וזה מעשה המנרה.** שהראהו הקב"ה באצבע לפי שנתקשה בה, לכך נאמר וזה (שם סא; מנחות כט.): **מקשה.** בטדי"ן בלע"ז, לשון דא לדא נקשן (דניאל ה:ו) עשת של ככר זהב היתה, ומקיש בקורנס וחותך בכשיל לפשט איבריה כתקונן,

RASHI ELUCIDATED

□ יָאִירוּ שִׁבְעַת הַנֵּרוֹת – SHALL THE SEVEN LAMPS CAST LIGHT. שִׁשָּׁה – Of the **six** lamps שֶׁעַל שֵׁשֶׁת הַקָּנִים – **that are on the six branches,** שְׁלֹשָׁה הַמִּזְרָחִיִּים – **the three of them on the east,** פּוֹנִים לְמוּל הָאֶמְצָעִי הַפְּתִילוֹת שֶׁבָּהֶן – **the wicks in them turn toward the middle [lamp],** וְכֵן – **and similarly,** שְׁלֹשָׁה הַמַּעֲרָבִיִּים – **the three of them on the west,** רָאשֵׁי הַפְּתִילוֹת – **the ends of their wicks** לְמוּל הָאֶמְצָעִי[1] – turn **toward the middle [lamp].**[1] וְלָמָּה – **Why?** כְּדֵי שֶׁלֹּא יֹאמְרוּ – **So that [people] should not say,** לְאוֹרָה הוּא צָרִיךְ[2] – **"He needs its light."**[2]

3. וַיַּעַשׂ כֵּן אַהֲרֹן – AARON DID SO. This is stated לְהַגִּיד שִׁבְחוֹ שֶׁל אַהֲרֹן – **to tell the praise of Aaron,** שֶׁלֹּא שִׁנָּה[3] – in **that he did not deviate.**[3]

4. וְזֶה מַעֲשֵׂה הַמְּנֹרָה – AND THIS IS THE WORKMANSHIP OF THE MENORAH. שֶׁהֶרְאָהוּ הַקָּדוֹשׁ בָּרוּךְ הוּא – **For the Holy One, Blessed is He, showed [Moses]** בְּאֶצְבַּע – **with** His **finger** how the Menorah was to be made, לְפִי שֶׁנִּתְקַשָּׁה בָהּ – **for Moses had difficulty with it.** לְכָךְ נֶאֱמַר "וְזֶה"[4] – **This is why it says, "And this."**[4]

□ מִקְשָׁה – BEATEN OUT. בטדי"ץ בְּלַעַ"ז – **In Old French, *batediç*.**[5] לָשׁוֹן "דָּא לְדָא נָקְשָׁן"[6] – **It is relat-ed to** the word נָקְשָׁן in, **"knocking against each other."**[6] עֶשֶׁת שֶׁל כִּכַּר זָהָב הָיְתָה – **It was a solid block of a *kikar* of gold,** וּמַקִּישׁ בְּקוּרְנָס – **and [the artisan] would pound** it **with a hammer** וְחוֹתֵךְ בְּכַשִּׁיל – **and cut** it **with a chisel,** לְפַשֵּׁט אֵיבָרֶיהָ – **to extend its segments** out of the solid block כְּתִקּוּנָן

middle lamp, at the top of the central shaft.

1. *Sifrei* 59. Thus all seven lamps cast light toward the same point, "toward the face of the Menorah."

2. *Tanchuma* 5. The wicks of a candelabrum are usually arranged to point in different directions in order to spread their light over a wider area. Here all of the wicks were focused on the same spot to make it clear that the Menorah was lit in fulfillment of God's commandment, and not to provide illumination (*Gur Aryeh*).

3. *Sifrei* 60. It would seem to be obvious that Aaron carried out God's command. Scripture nonetheless states it, to teach us that he carried it out personally, and did not assign the task to one of the other Kohanim, even though it included the menial aspect of preparing the wicks, involving soot and oil (*Maharik*).

Alternatively, the Kohen Gadol has the option of performing any of the procedures of the Temple service he chooses. Indeed, Aaron would regularly light the Menorah all his life. But on this first day of kindling the Menorah, we would have expected him to delegate the task to another, for it was the day that his sons Nadab and Abihu died. (See Rashi to *Gittin* 60b, s.v., ופרשת נרות, and *Shulchan Aruch, Orach Chaim* 580:2.) But Aaron did not deviate from what was to become his daily practice, to show his acceptance of the Divine decree (*Derashos Chasam Sofer*, p. 787).

Alternatively, the verse teaches us that Aaron did not deviate from his initial fervor in carrying out the commandment. It never became a matter of routine with him (*Sefas Emes*).

4. *Sifrei* 61; *Menachos* 29a. Had the word וְזֶה, "and this," referred merely to the description of the way the Menorah was to be made, the Torah would have used וְזֶה דְּבַר מַעֲשֵׂה הַמְּנֹרָה, "and this is the matter of the workmanship of the Menorah." The omission of the word דְּבַר, "matter," implies that the antecedent of וְזֶה is not the description, but the workmanship itself, as if God were "pointing a finger" at something (see *Be'er Yitzchak*).

5. In Modern French, *battu*, "beaten." The English words "bat," "batter," and "beat" are all related to this word.

6. *Daniel* 5:6.

זָהָ֗ב עַד־יְרֵכָ֛הּ עַד־פִּרְחָ֖הּ מִקְשָׁ֣ה הִ֑וא כַּמַּרְאֶ֗ה אֲשֶׁ֨ר הֶרְאָ֤ה יהוה אֶת־מֹשֶׁ֔ה כֵּ֥ן עָשָׂ֖ה אֶת־הַמְּנֹרָֽה׃

gold, to its base, to its flower, it is beaten out; according to the image that HASHEM showed Moses, so did he make the Menorah.

אונקלוס

דְּהַב עַד שִׁידַהּ עַד שׁוֹשַׁנַּהּ נְגִידָא הִיא כְּחֶזְוָא דִּי אַחֲזִי יְיָ יָת מֹשֶׁה כֵּן עֲבַד יָת מְנַרְתָּא:

רש"י

ולא נעשית איברים איברים על ידי חבור (ספרי סס; מנחות כח.): **עד ירכה עד פרחה.** ירכה היא השידה שעל הרגלים, חלול, כדרך מנורות כסף שלפני השרים: **עד ירכה עד פרחה.** כלומר גופה של מנורה כולה וכל התלוי בה: **עד ירכה.** שהוא אבר גדול: **עד פרחה.** שהוא מעשה דק שבה הכל מקשה (ספרי סס). ודרך עד לשמש בלשון זה, כמו מגדיש ועד קמה ועד כרם זית (שופטים טו:ה): **במראה אשר הראה וגו'.** כתבנית אשר הראהו בהר כמו שנאמר וראה ועשה בתבניתם וגו' (שמות כה:מ; ספרי סס): **בן עשה את המנרה.** מי שעשאה. ומדרש אגדה על ידי הקב"ה

RASHI ELUCIDATED

– **in their proper form.** וְלֹא נַעֲשֵׂית אֵיבָרִים אֵיבָרִים – **[The Menorah] was not made of separate pieces** עַל יְדֵי חִבּוּר[1] – **through joining them** with one another.[1]

□ עַד יְרֵכָהּ עַד פִּרְחָהּ – TO ITS BASE [literally "thigh"], TO ITS FLOWER. ,,יְרֵכָהּ" הִיא הַשִּׁדָּה – **"Its thigh" is the box**-like part שֶׁעַל הָרַגְלַיִם – **which was above the legs** of the Menorah,[2] חָלוּל – which was **hollow,** כְּדֶרֶךְ מְנוֹרוֹת כֶּסֶף – **according to the fashion of silver candelabra** שֶׁלִּפְנֵי הַשָּׂרִים – **which** stand **before the noblemen.**

□ עַד יְרֵכָהּ עַד פִּרְחָהּ – TO ITS BASE, TO ITS FLOWER, כְּלוֹמַר – **that is to say,** גּוּפָהּ שֶׁל מְנוֹרָה – **the body of the Menorah,** כֻּלָּהּ – **in its entirety,** וְכָל הַתָּלוּי בָּהּ – **and all that is suspended upon it,** i.e., the branches and ornamentation,[3]

□ עַד יְרֵכָהּ – TO ITS BASE, שֶׁהוּא אֵבֶר גָּדוֹל – **which is a large segment,**

□ עַד פִּרְחָהּ – TO ITS FLOWER, שֶׁהוּא מַעֲשֶׂה דַק שֶׁבָּהּ – **which is its most delicate handiwork,**[4] הַכֹּל מִקְשָׁה[5] – **all of it was beaten out** of a single block.[5] וְדֶרֶךְ עַד לְשַׁמֵּשׁ בְּלָשׁוֹן זֶה – **It is the way of the word** עַד **to be used in this sense,** כְּמוֹ – **as** in, ,,מִגָּדִישׁ וְעַד קָמָה וְעַד כֶּרֶם זָיִת"[6] – **"from grain pile, to standing crop, to olive orchard."**[6]

□ כַּמַּרְאֶה אֲשֶׁר הֶרְאָה וְגוֹמֵר – ACCORDING TO THE IMAGE THAT [HASHEM] SHOWED, ETC. This means, כְּתַבְנִית – **according to the form**[7] אֲשֶׁר הֶרְאָהוּ – **which He showed him** בָּהָר – **on the mountain,** כְּמוֹ שֶׁנֶּאֱמַר – **as it says,** ,,וּרְאֵה וַעֲשֵׂה בְּתַבְנִיתָם וְגוֹמֵר"[8] – **"See and construct, according to their form, etc."**[8]

□ כֵּן עָשָׂה אֶת הַמְּנֹרָה – SO DID HE MAKE THE MENORAH. The pronoun "he" refers to מִי שֶׁעֲשָׂאָהּ – **whoever it was who made it.**[9] וּמִדְרַשׁ אַגָּדָה – **And an aggadic Midrash** explains עַל יְדֵי הַקָּדוֹשׁ בָּרוּךְ הוּא

1. *Sifrei* 61; *Menachos* 28a. See also Rashi to *Exodus* 25:31, s.v., מִקְשָׁה תֵּיעָשֶׂה הַמְּנוֹרָה.

2. The three legs of the Menorah extended from this base (Rashi to *Exodus* 25:31, s.v., יְרֵכָהּ).

3. עַד יְרֵכָהּ עַד פִּרְחָהּ could be understood as "until its base, until its flower," which would have implied that the Menorah must be beaten out of a solid block of gold only until the base and flowers, but the base and flowers could be made of other pieces and attached afterward. It is clear from *Exodus* 25:31, however, that the entire Menorah must be beaten out of a single block. עַד, therefore, is not used here for "until," but rather, in a different sense, as Rashi goes on to explain (*Gur Aryeh*).

4. עַד יְרֵכָהּ עַד פִּרְחָהּ means "including even its base, including even its flower." The verse says that "the body of the Menorah, in its entirety," without exception, from its central shaft "including even its base," and "all that is suspended upon it," that is, all of its ornamentation "including even the most delicate feature, its flower," was beaten out of a single block (*Be'er Mayim Chaim; Nachalas Yaakov*).

5. *Sifrei* 61.

6. *Judges* 15:5. There, too, עַד does not mean "until, up to," nor does the multiple use of עַד indicate "from one extremity in terms of location to the opposite extremity."

7. מַרְאֶה can mean "prophetic vision." But the context of our verse indicates that it is used here in the sense of "image," for the verse speaks of the form of the Menorah (*Gur Aryeh*).

8. *Exodus* 25:40; see *Sifrei* 61.

9. It does not refer to Moses, for it was Bezalel who made the implements of the Tabernacle (*Mizrachi; Sifsei Chachamim*; see also *Targum Yonasan*). For other instances in which Rashi deals with ambiguous

ה־ו וַיְדַבֵּר יְהוָה אֶל־מֹשֶׁה לֵּאמֹר: קַח
אֶת־הַלְוִיִּם מִתּוֹךְ בְּנֵי יִשְׂרָאֵל
ז וְטִהַרְתָּ אֹתָם: וְכֹה־תַעֲשֶׂה לָהֶם
לְטַהֲרָם הַזֵּה עֲלֵיהֶם מֵי חַטָּאת
וְהֶעֱבִירוּ תַעַר עַל־כָּל־בְּשָׂרָם
ח וְכִבְּסוּ בִגְדֵיהֶם וְהִטֶּהָרוּ: וְלָקְחוּ

[5] *HASHEM spoke to Moses, saying, [6] "Take the Levites from among the Children of Israel and purify them. [7] So shall you do to them to purify them: Sprinkle upon them water of purification, and let them pass a razor over their entire flesh, and let them immerse their garments, and they shall become pure. [8] They shall take*

אונקלוס

ה וּמַלִּיל יְיָ עִם מֹשֶׁה לְמֵימָר: ו קָרֵב יָת לֵוָאֵי מִגּוֹ בְּנֵי יִשְׂרָאֵל וּתְדַכֵּי יָתְהוֹן: ז וּכְדֵין תַּעְבֵּד לְהוֹן לְדַכּוֹאֵיהוֹן אַדֵּי עֲלֵיהוֹן מַיָּא דְחַטָּאתָא וְיַעְבְּרוּן מַסְפַּר עַל כָּל בִּשְׂרְהוֹן וִיחַוְּרוּן לְבוּשֵׁיהוֹן וְיִדְכּוֹן (נ״א וְיִדַּכּוֹן): ח וְיִסְּבוּן

רש״י

נעשית מאליה (תנחומא ג): (ו) **קח את הלוים.** קחם בדברים (ת"כ מלואים ב) אשריכם שתזכו להיות שמשים למקום: (ז) **הזה עליהם מי חטאת.** של אפר הפרה מפני טמאי מתים שבהם: **והעבירו תער.** מצאתי בדברי רבי משה הדרשן, לפי שנתנו כפרה על הבכורות שעבדו עבודה זרה, והיא קרויה זבחי מתים (תהלים קו:כח) והמצורע קרוי מת (להלן יב:יב) הזקיקם תגלחת כמצורעים:

RASHI ELUCIDATED

— that **by means of the Holy One, Blessed is He,** נַעֲשִׂית מֵאֵלֶיהָ[1] — **[the Menorah] was made by itself.**[1]

6. קַח אֶת הַלְוִיִּם — TAKE THE LEVITES. קָחֵם בִּדְבָרִים[2] — **Take them with words,**[2] by saying, אַשְׁרֵיכֶם — **"You are fortunate** שֶׁתִּזְכּוּ לִהְיוֹת שַׁמָּשִׁים — **in that you will be privileged to be attendants** לַמָּקוֹם — **of the Omnipresent."**

7. הַזֵּה עֲלֵיהֶם מֵי חַטָּאת — SPRINKLE UPON THEM WATER OF PURIFICATION, שֶׁל אֵפֶר הַפָּרָה — **of the ashes of the** red **cow.**[3] They had to undergo this sprinkling מִפְּנֵי טְמֵאֵי מֵתִים שֶׁבָּהֶם — **because of those among them who were impure** due to contact **with the dead.**

□ וְהֶעֱבִירוּ תַעַר — AND LET THEM PASS A RAZOR. מָצָאתִי בְּדִבְרֵי רַבִּי מֹשֶׁה הַדַּרְשָׁן — **I found in the words of R' Moshe HaDarshan,**[4] לְפִי שֶׁנִּתְּנוּ — **since [the Levites] were assigned** to minister in the Tabernacle כַּפָּרָה עַל הַבְּכוֹרוֹת — **as atonement for the firstborn,** who had originally been assigned to the Tabernacle,[5] שֶׁעָבְדוּ עֲבוֹדָה זָרָה — **because they committed idolatry** with the Golden Calf,[6] וְהִיא קְרוּיָה ,,זִבְחֵי מֵתִים"[7] — **and [idol-worship] is called "sacrifices of the dead,"**[7] וְהַמְּצוֹרָע קָרוּי ,,מֵת"[9] — **and a** ***metzora***[8] **is also called "dead,"**[9] הִזְקִיקָם תִּגְלַחַת — **He required [the Levites]** to undergo **a shaving procedure** כִּמְצוֹרָעִים — **like** ***metzoraim.***[10]

pronouns see, *Genesis* 1:1, 9:6, 41:13, 41:49, 48:1, 48:2, *Exodus* 21:22, 32:32, and below 14:24, 22:3, 24:14, and 33:54.

1. *Tanchuma* 3. Moses was perplexed as to how to make the Menorah (see Rashi above, s.v., וְזֶה מַעֲשֵׂה הַמְּנֹרָה). God told him to take the block of gold from which the Menorah was to be made and cast it into the fire. The block then took the form of the Menorah by itself.

According to the Midrash, there is nothing ambiguous about "he" of "so did he make the Menorah." It refers back to "HASHEM" of the earlier clause, "according to the image that HASHEM showed Moses" (*Be'er Mayim Chaim*). According to this second interpretation, the translation should read "so did He make the Menorah."

2. *Toras Kohanim, Miluim* 2. The term לְקִיחָה normally denotes taking in a concrete physical way. If applied to people in this sense, it would imply taking them and moving them bodily. When the Torah uses the term לְקִיחָה with reference to people, it does not intend this meaning, but rather, taking by means of persuasion, as *Targum Onkelos* indicates (*Gur Aryeh*). Rashi explains the word similarly in his comments to *Genesis* 2:15, *Exodus* 14:6, 16:3, *Leviticus* 8:2, *Numbers* 16:1, 20:25, 27:18, 27:22, *Deuteronomy* 1:15. See also Rashi to *Genesis* 43:15 and *Joshua* 3:12, where he explains that "taking" as applied to people is not to be understood in the physical sense, but does not specifically mention persuasion.

3. See below ch. 19.

4. See note 5 to 7:18-19 above.

5. See note 11 to verse 9 below.

6. See *Exodus* ch. 32.

7. *Psalms* 106:28.

8. A *metzora* (pl. *metzoraim*) is one who suffers *tzaraas*, a disease which causes ritual impurity; see *Leviticus* chs. 13-14.

9. See 12:12 below, Rashi s.v., כַּמֵּת.

10. See *Leviticus* 14:8.

פַּר בֶּן־בָּקָר וּמִנְחָתוֹ סֹלֶת בְּלוּלָה
בַשָּׁמֶן וּפַר־שֵׁנִי בֶן־בָּקָר תִּקַּח
ט לְחַטָּאת: וְהִקְרַבְתָּ אֶת־הַלְוִיִּם
לִפְנֵי אֹהֶל מוֹעֵד וְהִקְהַלְתָּ אֶת־
י כָּל־עֲדַת בְּנֵי יִשְׂרָאֵל: וְהִקְרַבְתָּ
אֶת־הַלְוִיִּם לִפְנֵי יהוה וְסָמְכוּ בְנֵי־
יִשְׂרָאֵל אֶת־יְדֵיהֶם עַל־הַלְוִיִּם:

a young bull and its meal-offering, fine flour mixed with oil, and a second young bull shall you take as a sin-offering. 9 *You shall bring the Levites before the Tent of Meeting, and you shall gather together the entire assembly of the Children of Israel.* 10 *You shall bring the Levites before* HASHEM, *and the Children of Israel shall lean their hands upon the Levites.*

אונקלוס

תּוֹר בַּר תּוֹרֵי וּמִנְחָתֵהּ סֻלְתָּא דְּפִילָא בִמְשַׁח וְתוֹר תִּנְיַן בַּר תּוֹרֵי תִּסַּב לְחַטָּאתָא: ט וּתְקָרֵב יָת לֵוָאֵי קֳדָם מַשְׁכַּן זִמְנָא וְתִכְנוֹשׁ יָת כָּל כְּנִשְׁתָּא דִּבְנֵי יִשְׂרָאֵל: י וּתְקָרֵב יָת לֵוָאֵי קֳדָם יְיָ וְיִסְמְכוּן בְּנֵי יִשְׂרָאֵל יָת יְדֵיהוֹן עַל לֵוָאֵי:

רש"י

(ח) ולקחו פר בן בקר. והוא עולה כמו שכתוב ועשה וגו' ואת האחד עולה (להלן פסוק יב) והוא קרבן צבור בעבודה זרה (להלן טו:כד): **ופר שני.** מה ת"ל שני, לומר לך מה עולה לא נאכלת אף חטאת לא נאכלת (הוריות ה:). ובזו יש סמך לדבריו בת"כ (חובה פרק ג:ד) ואומר אני שהוראת שעה היתה, ששעיר היה להם להביא לחטאת עבודה זרה עם פר העולה (להלן שם): **(ט) והקהלת את כל עדת.** לפי שהלוים נתונים קרבן כפרה תחתיהם יבואו ויעמדו על קרבנם

RASHI ELUCIDATED

8. וְלָקְחוּ פַּר בֶּן בָּקָר **– THEY SHALL TAKE A YOUNG BULL.** וְהוּא עוֹלָה **– It is an *olah*-offering,**[1] כְּמוֹ שֶׁכָּתוּב **– as it is written,** "וְעָשָׂה וְגוֹמֵר וְאֶת הָאֶחָד עֹלָה" **– "You shall make** [one a sin-offering] **and one an *olah*-offering."**[2] וְהוּא קָרְבַּן צִבּוּר בַּעֲבוֹדָה זָרָה[3] **– It is the offering** brought on behalf **of the** entire **community** to atone **for committing idolatry.**[3]

□ וּפַר שֵׁנִי **– AND A SECOND [YOUNG] BULL.** מַה תַּלְמוּד לוֹמַר "שֵׁנִי" **– Why does the Torah say "second"?** לוֹמַר לְךָ **– To tell you** מָה עוֹלָה לֹא נֶאֱכֶלֶת **–** that **just as the *olah*-offering is not eaten,** for its meat is entirely burned on the Altar, אַף חַטָּאת לֹא נֶאֱכֶלֶת **– so, too, the sin-offering is not eaten.**[4] וּבְזוֹ יֵשׁ סֶמֶךְ לִדְבָרָיו **– And in this,**[5] **there is support for the words [of R' Moshe HaDarshan]**[6] בְּתוֹרַת כֹּהֲנִים **– in *Toras Kohanim*.**[7] וְאוֹמֵר אֲנִי **– And I say,** שֶׁהוֹרָאַת שָׁעָה הָיְתָה **– that it was a ruling of the hour,**[8] שֶׁשָּׂעִיר הָיָה לָהֶם לְהָבִיא **– for it is a he-goat they should have brought**[9] לְחַטַּאת עֲבוֹדָה זָרָה **– as a sin-offering for idolatry** עִם פַּר הָעוֹלָה **– along with the bull of the *olah*-offering.**[10]

9. וְהִקְהַלְתָּ אֶת כָּל עֲדַת **– AND YOU SHALL GATHER TOGETHER THE ENTIRE ASSEMBLY OF.** לְפִי שֶׁהַלְוִיִּם **– Because the Levites** נְתוּנִים **– have been given** קָרְבַּן כַּפָּרָה **– as an offering of atonement** תַּחְתֵּיהֶם **– in place of [the entire assembly],** יָבוֹאוּ וְיַעַמְדוּ עַל קָרְבָּנָם **– let [the assembly] come and stand over their offering,** וְיִסְמְכוּ אֶת יְדֵיהֶם עֲלֵיהֶם[11] **– and lean their hands upon them.**[11]

1. An *olah*-offering is an animal offering of which all the meat is burned upon the Altar. See *Leviticus* ch. 1.

2. Below v. 12.

3. See 15:22-26 below. The only case in which the Torah requires a bull to be brought as an *olah*-offering without other animals accompanying it as *olah*-offerings is the *olah* brought by the community when they unintentionally commit idolatry (*Mizrachi; Sifsei Chachamim*).

4. *Horayos* 5b. The meat of sin-offerings is normally eaten by the Kohanim; see *Leviticus* 6:19. The apparently superfluous "second" indicates a comparison between the first bull and the second. Just as the meat of the first bull is entirely burned, as is the case with *olah*-offerings in general, so, too, the meat of the second bull, the sin-offering, is burned, and not eaten.

5. That is, with this interpretation which leads us to conclude that the sin-offering was not eaten.

6. R' Moshe HaDarshan, as mentioned by Rashi in his previous comment, maintains that the initiation procedure of the Levites includes aspects of atonement for the sin of the Golden Calf. The fact that the sin-offering brought here is not eaten supports this. For although most sin-offerings are eaten by the Kohanim, this is not so with regard to sin-offerings brought for communal idolatry. This indicates that here, too, the sin-offering is brought to atone for idolatry (*Gur Aryeh*).

7. *Toras Kohanim, Chova,* II, 3:4. This interpretation is also cited in *Horayos* 5b.

8. That is, an exceptional law that applied only to that particular situation.

9. See 15:24 below.

10. In support of R' Moshe HaDarshan, Rashi explains how a bull rather than a he-goat could be brought as a sin-offering if it was for the sin of the Golden Calf; it is because it was a "ruling of the hour" (*Nachalas Yaakov*).

11. The Levites were chosen to assist in the Temple service instead of the firstborn (see Rashi to 3:12 above). But in addition to this, their bodies were viewed as

יא וְהֵנִיף אַהֲרֹן אֶת־הַלְוִיִּם תְּנוּפָה
לִפְנֵי יהוה מֵאֵת בְּנֵי יִשְׂרָאֵל וְהָיוּ
יב לַעֲבֹד אֶת־עֲבֹדַת יהוה: וְהַלְוִיִּם

[11] *Aaron shall wave the Levites as a wave-service before* HASHEM *from the Children of Israel, and they shall be to perform the service of* HASHEM. [12] *The Levites*

אונקלוס

יא וִירִים אַהֲרֹן יָת לֵוָאֵי אֲרָמָא קֳדָם יְיָ מִן בְּנֵי יִשְׂרָאֵל וִיהוֹן לְמִפְלַח יָת פָּלְחָנָא דַיְיָ: יב וְלֵוָאֵי

רש"י

ויסמכו את ידיהם עליהם (מדרש אגדה): (יא) **והניף אהרן את הלוים תנופה.** כדרך שאשם מצורע טעון תנופה חי (ויקרא יד:יב; מדרש אגדה). שלש תנופות נאמרו בפרשה זו. הראשונה לבני קהת, לכך נאמר בם והיו לעבוד את עבודת ה', לפי שעבודת קדש הקדשים עליהם הארון והשלחן וגו'. השניה לבני גרשון, לכך נאמר בם תנופה לה' (פסוק יג) שאף עליהם היתה עבודת הקודש יריעות וקרסים הנראים בבית קדש הקדשים, והשלישית לבני מררי (פסוק טו):

RASHI ELUCIDATED

11. וְהֵנִיף אַהֲרֹן אֶת הַלְוִיִּם תְּנוּפָה — **AARON SHALL WAVE THE LEVITES AS A WAVE-SERVICE.** The Levites required waving כְּדֶרֶךְ שֶׁאָשָׁם מְצוֹרָע — **in the same way that the guilt-offering of a *metzora*** טָעוּן תְּנוּפָה — **requires waving,** חַי — while it is yet **alive.**[1]

שָׁלֹשׁ תְּנוּפוֹת — **Three wavings** נֶאֱמְרוּ — **have been stated** בְּפָרָשָׁה זוֹ — **in this passage.**[2] הָרִאשׁוֹנָה לִבְנֵי קְהָת — **The first was for the sons of Kohath,** לְכָךְ נֶאֱמַר בָּם — **this is why it is said of them** in our verse, which has the first mention of the wave-service, "וְהָיוּ לַעֲבֹד אֶת עֲבֹדַת ה'" — **"And they shall be to perform the service of HASHEM,"** לְפִי שֶׁעֲבוֹדַת קֹדֶשׁ הַקֳּדָשִׁים עֲלֵיהֶם — **for the work of** carrying **the Holy of Holies is upon them,** namely, הָאָרוֹן וְהַשֻּׁלְחָן וְגוֹמֵר — **the Ark, and the Table, etc.;**[3] הַשְּׁנִיָּה לִבְנֵי גֵרְשׁוֹן — **the second is for the sons of Gershon,** לְכָךְ נֶאֱמַר בָּם — **this is why it is said of them,** at the second mention of the wave-service, "תְּנוּפָה לַה'"[4] — **"a wave-service for HASHEM,"**[4] שֶׁאַף עֲלֵיהֶם — **for upon them, too,** הָיְתָה עֲבוֹדַת הַקּוֹדֶשׁ — **was** placed **the work of** carrying **the Holy,** namely, יְרִיעוֹת וּקְרָסִים — **the panels** of the Tabernacle,[5] **and the hooks,**[6] הַנִּרְאִים בְּבֵית קֹדֶשׁ הַקֳּדָשִׁים — **which were visible inside the Holy of Holies;**[7] וְהַשְּׁלִישִׁית לִבְנֵי מְרָרִי — **and the**

offerings on behalf of the entire nation of Israel. Thus, the entire nation, and not only the firstborn, served in the role of the owner of an offering, who stands next to his sacrifice and leans his hands upon it (see *Leviticus* 1:4; *Divrei David*).

1. See *Leviticus* 14:12 and Rashi there. Rashi has compared aspects of the initiation procedure of the Levites to those of the purification procedure of a *metzora* in his comments to verse 7 above.

2. That is, the word תְּנוּפָה, "wave-service," is mentioned three times: in our verse, in verse 13, and in verse 15.

3. See 4:1-15 above. The phrase "the service of HASHEM" implies the holiest of the services performed by any of the Levites.

4. Below v. 13. The phrase "before HASHEM" implies a lesser holiness than that implied by the phrase "the service of HASHEM."

5. See *Exodus* 26:1-14; see also 4:24-25 above.

6. See *Exodus* 26:6. Rashi's comment here — that the קְרָסִים, "hooks," were visible inside the Holy of Holies — is in accordance with the view of the Talmud (*Shabbos* 98b) that he cites at the end of his comment to *Exodus* 26:5 and in his comment to v. 32 there. However, according to the view of the *Baraisa of Forty-nine Middos* that Rashi cites there, the hooks were not visible from inside the Holy of Holies.

Be'er BaSadeh notes that the hooks were permanently attached to the panels and are thus included in the word "panels." If so, he asks, why does Rashi mention both "panels and hooks"? He answers that many manuscripts and early printed editions contained the reading יְרִיעוֹת וּקְרָשִׁים, "panels and planks," an obvious error, for the planks were carried by the children of Merari not the children of Gershon. Later scribes and printers caught the error and emended יְרִיעוֹת וּקְרָשִׁים to יְרִיעוֹת וּקְרָסִים. However, the correction should have read יְרִיעוֹת הַקְּרָשִׁים, "the panels of (i.e. which were supported by) the planks."

Be'er Basadeh's reading is in accord with the views of both the Talmud and the *Baraisa* mentioned above.

7. See *Exodus* 26:33. The fact that the sons of Gershon carried objects which were visible inside the Holy of Holies is what makes "for HASHEM" appropriate to the description of their wave-service.

If visibility inside the Holy of Holies is the criterion for being called עֲבוֹדַת הַקּוֹדֶשׁ, "the work of the Holy," and such service deserves to have God's Name appended to it, then Merari's assignment would also seem to be eligible for this honor, for the planks carried by the children of Merari formed the walls of the Holy of Holies and a visible surface area three times greater than that of the Gershonite's panels. *Biurei Maharai* proposes that the panels that were visible within the Holy of Holies had a greater sanctity than the other panels. Consequently, just as the children of Kohath bore the sacred vessels on their shoulders, so did the children of Gershon carry those particular panels on their shoulders. However, due to the weight of the planks, the children of Merari were unable to carry

יִסְמְכ֣וּ אֶת־יְדֵיהֶ֔ם עַ֖ל רֹ֣אשׁ הַפָּרִ֑ים
וַ֠עֲשֵׂה אֶת־הָאֶחָ֨ד חַטָּ֜את וְאֶת־
הָאֶחָ֤ד עֹלָה֙ לַֽיהוָ֔ה לְכַפֵּ֖ר עַל־
יג הַלְוִיִּֽם׃ וְהַֽעֲמַדְתָּ֙ אֶת־הַלְוִיִּ֔ם לִפְנֵ֥י
אַהֲרֹ֖ן וְלִפְנֵ֣י בָנָ֑יו וְהֵנַפְתָּ֥ אֹתָ֛ם
יד תְּנוּפָ֖ה לַֽיהוָֽה׃ וְהִבְדַּלְתָּ֙ אֶת־הַלְוִיִּ֔ם
מִתּ֖וֹךְ בְּנֵ֣י יִשְׂרָאֵ֑ל וְהָ֥יוּ לִ֖י הַלְוִיִּֽם׃
טו שני וְאַֽחֲרֵי־כֵן֙ יָבֹ֣אוּ הַלְוִיִּ֔ם לַֽעֲבֹ֖ד
אֶת־אֹ֣הֶל מוֹעֵ֑ד וְטִֽהַרְתָּ֙ אֹתָ֔ם
טז וְהֵנַפְתָּ֥ אֹתָ֖ם תְּנוּפָֽה׃ כִּי֩ נְתֻנִ֨ים
נְתֻנִ֥ים הֵ֙מָּה֙ לִ֔י מִתּ֖וֹךְ בְּנֵ֣י יִשְׂרָאֵ֑ל
תַּ֩חַת֩ פִּטְרַ֨ת כָּל־רֶ֜חֶם בְּכ֥וֹר כֹּל֙
יז מִבְּנֵ֣י יִשְׂרָאֵ֔ל לָקַ֥חְתִּי אֹתָ֖ם לִֽי׃ כִּ֣י
לִ֤י כָל־בְּכוֹר֙ בִּבְנֵ֣י יִשְׂרָאֵ֔ל בָּֽאָדָ֖ם
וּבַבְּהֵמָ֑ה בְּי֗וֹם הַכֹּתִ֤י כָל־בְּכוֹר֙

shall lean their hands upon the head of the bulls; you shall make the one a sin-offering and the one an olah-offering to HASHEM*, to provide atonement for the Levites.* 13 *You shall stand the Levites before Aaron and before his sons, and wave them as a wave-service for* HASHEM*.* 14 *You shall separate the Levites from among the Children of Israel, and the Levites shall be Mine.*

15 *"Thereafter the Levites shall come to serve the Tent of Meeting; you shall purify them and you shall wave them as a wave-service.* 16 *For given, given are they to Me from among the Children of Israel; in place of the first issue of every womb, the firstborn of everyone of the Children of Israel, have I taken them to Myself.* 17 *For every firstborn of the Children of Israel was Mine, of man and livestock; on the day I struck every firstborn*

אונקלוס

יִסְמְכוּן יָת יְדֵיהוֹן עַל רֵישׁ תּוֹרַיָּא וְעִבֵד יָת חַד חַטָּאתָא וְיָת חַד עֲלָתָא קֳדָם יְיָ לְכַפָּרָא עַל לֵוָאֵי: יג וּתְקִים יָת לֵוָאֵי קֳדָם אַהֲרֹן וּקֳדָם בְּנוֹהִי וּתְרִים יָתְהוֹן אֲרָמָא קֳדָם יְיָ: יד וְתַפְרֵשׁ יָת לֵוָאֵי מִגּוֹ בְּנֵי יִשְׂרָאֵל וִיהוֹן מְשַׁמְּשִׁין קֳדָמַי לֵוָאֵי: טו וּבָתַר כֵּן יֵעֲלוּן לֵוָאֵי לְמִפְלַח יָת מַשְׁכַּן זִמְנָא וּתְדַכֵּי יָתְהוֹן וּתְרִים יָתְהוֹן אֲרָמָא: טז אֲרֵי אַפְרָשָׁא מַפְרְשִׁין אִנּוּן קֳדָמַי מִגּוֹ בְּנֵי יִשְׂרָאֵל חֲלַף פְּתַח כָּל וַלְדָּא בּוּכְרָא כֹּלָּא מִבְּנֵי יִשְׂרָאֵל קָרֵבִית יָתְהוֹן קֳדָמָי (נ״א לְפָלְחָנִי): יז אֲרֵי דִילִי כָּל בּוּכְרָא בִּבְנֵי יִשְׂרָאֵל בֶּאֱנָשָׁא וּבִבְעִירָא בְּיוֹמָא דִקְטָלִית כָּל בּוּכְרָא

רש״י

(טז) נתנים נתנים. נתונים למשא נתונים לשיר (מדרש אגדה): פטרת. פתיחת: (יז) כי לי כל בכור. שלי היו הבכורות בקו הדין, שהגנתי עליהם בין בכורי מצרים ולקחתי אותם לי עד שטעו בעגל, ועכשיו, ואקח את הלוים (פסוק יח):

RASHI ELUCIDATED

third mention of the wave-service[1] **was for the sons of Merari.**

16. **נְתֻנִים נְתֻנִים** – GIVEN, GIVEN. **נְתוּנִים לְמַשָּׂא** – The repetition implies that they are **given for carrying,** **נְתוּנִים לְשִׁיר**[2] – and **given for song.**[2]

□ **פִּטְרַת** – THE FIRST ISSUE. This means **פְּתִיחַת** – **that which opens.**[3]

17. **כִּי לִי כָל בְּכוֹר** – FOR EVERY FIRSTBORN [OF THE CHILDREN OF ISRAEL] WAS MINE. **שֶׁלִּי הָיוּ הַבְּכוֹרוֹת** – **The firstborn were Mine**[4] **בְּקַו הַדִּין** – **by the standards of justice,**[5] **שֶׁהֲגַנְתִּי עֲלֵיהֶם** – **for I shielded them** **בֵּין בְּכוֹרֵי מִצְרַיִם** – **among the firstborn of Egypt,** **וְלָקַחְתִּי אוֹתָם לִי** – **and I took them unto Me** **עַד שֶׁטָּעוּ בָעֵגֶל** – **until they erred at the** sin of the Golden **Calf.** **וְעַכְשָׁיו** – **But now,** "**וָאֶקַּח אֶת הַלְוִיִּם וְגוֹמֵר**"[6] – **"I took the Levites, etc."**[6]

them on their shoulders. Therefore, their burden was not called "the work of the Holy" and God's Name was not used in the phrase that alludes to their burden.

1. In v. 15 below.

2. See *Midrash Aggadah.* See Rashi to 4:47.

3. See Rashi to *Exodus* 13:2, s.v., פֶּטֶר כָּל רֶחֶם.

4. Verbs of being in the present are generally not stated explicitly in the Hebrew language. The phrase כִּי לִי כָל בְּכוֹר, which has no explicit verb in it, would therefore be understood "for every firstborn . . . *is* Mine." But this would imply that the firstborn still play a special role in the Temple service. Therefore, Rashi explains that the implicit verb of being here is in the past tense. The verse means "for every firstborn . . . *was* Mine" (*Mizrachi; Sifsei Chachamim*).

5. Literally, "by the line of the law."

6. Verse 18. By saying "but now," Rashi indicates that "I took the Levites" does not refer to the same time that "I sanctified them [the firstborn] for Myself" of the preceding verse. Rather, it refers to the immediate past (*Mizrachi; Sifsei Chachamim*).

בְּאֶרֶץ מִצְרַיִם הִקְדַּשְׁתִּי אֹתָם לִי:
יח וָאֶקַּח אֶת־הַלְוִיִּם תַּחַת כָּל־בְּכוֹר
יט בִּבְנֵי יִשְׂרָאֵל: וָאֶתְּנָה אֶת־הַלְוִיִּם
נְתֻנִים ׀ לְאַהֲרֹן וּלְבָנָיו מִתּוֹךְ בְּנֵי
יִשְׂרָאֵל לַעֲבֹד אֶת־עֲבֹדַת בְּנֵי־
יִשְׂרָאֵל בְּאֹהֶל מוֹעֵד וּלְכַפֵּר עַל־
בְּנֵי יִשְׂרָאֵל וְלֹא יִהְיֶה בִּבְנֵי
יִשְׂרָאֵל נֶגֶף בְּגֶשֶׁת בְּנֵי־יִשְׂרָאֵל
כ אֶל־הַקֹּדֶשׁ: וַיַּעַשׂ מֹשֶׁה וְאַהֲרֹן
וְכָל־עֲדַת בְּנֵי־יִשְׂרָאֵל לַלְוִיִּם
כְּכֹל אֲשֶׁר־צִוָּה יהוה אֶת־מֹשֶׁה
לַלְוִיִּם כֵּן־עָשׂוּ לָהֶם בְּנֵי יִשְׂרָאֵל:
כא וַיִּתְחַטְּאוּ הַלְוִיִּם וַיְכַבְּסוּ בִּגְדֵיהֶם
וַיָּנֶף אַהֲרֹן אֹתָם תְּנוּפָה לִפְנֵי יהוה

in the land of Egypt I sanctified them for Myself. [18] *I took the Levites in place of every firstborn among the Children of Israel.* [19] *Then I gave the Levites to be presented to Aaron and his sons from among the Children of Israel to perform the service of the Children of Israel in the Tent of Meeting and to provide atonement for the Children of Israel, and there shall not be a plague among the Children of Israel when the Children of Israel approach the Sanctuary."*

[20] *Moses, Aaron, and the entire assembly of the Children of Israel did to the Levites according to everything that HASHEM had commanded Moses about the Levites, so did the Children of Israel do to them.* [21] *The Levites purified themselves and immersed their garments; and Aaron waved them as a wave-service before HASHEM,*

אונקלוס

בְּאַרְעָא דְמִצְרַיִם אַקְדֵּשִׁית יָתְהוֹן קֳדָמַי: יח וְקָרֵבִית יָת לֵוָאֵי חֲלַף כָּל בּוּכְרָא בִּבְנֵי יִשְׂרָאֵל: יט וִיהָבִית יָת לֵוָאֵי מְסִירִין לְאַהֲרֹן וְלִבְנוֹהִי מִגּוֹ בְּנֵי יִשְׂרָאֵל לְמִפְלַח יָת פָּלְחַן בְּנֵי יִשְׂרָאֵל בְּמַשְׁכַּן זִמְנָא וּלְכַפָּרָא עַל בְּנֵי יִשְׂרָאֵל וְלָא יְהֵי בִּבְנֵי יִשְׂרָאֵל מוֹתָא בְּמִקְרַב בְּנֵי יִשְׂרָאֵל לְקוּדְשָׁא: כ וַעֲבַד מֹשֶׁה וְאַהֲרֹן וְכָל כְּנִשְׁתָּא דִבְנֵי יִשְׂרָאֵל לְלֵוָאֵי כְּכֹל דִּי פַקִּיד יְיָ יָת מֹשֶׁה לְלֵוָאֵי כֵּן עֲבַדוּ לְהוֹן בְּנֵי יִשְׂרָאֵל: כא וְאִדַּכִּיוּ לֵוָאֵי וְחַוַּרוּ לְבוּשֵׁיהוֹן וַאֲרֵים אַהֲרֹן יָתְהוֹן אֲרָמָא קֳדָם יְיָ

רש"י

(יט) ואתנה וגו'. חמשה פעמים נאמר בני ישראל במקרא זה, להודיע חבתן שנכפלו אזכרותיהן במקרא אחד כמנין חמשה חומשי תורה, וכך ראיתי בב"ר (ויק"ר ב:ד): **ולא יהיה בבני ישראל נגף.** שלא יצטרכו לגשת אל הקדש, שאם יגשו יהיה נגף: **(כ) ויעש משה ואהרן וכל עדת וגו'.** משה העמידן ואהרן הניפם וישראל סמכו את ידיהם:

RASHI ELUCIDATED

19. וָאֶתְּנָה וְגוֹמֵר — THEN I GAVE, ETC. חֲמִשָּׁה פְּעָמִים נֶאֱמַר בְּנֵי יִשְׂרָאֵל בְּמִקְרָא זֶה — "Children of Israel" is stated five times in this verse, לְהוֹדִיעַ חִבָּתָן — to make known their dearness to God, **שֶׁנִּכְפְּלוּ אַזְכָּרוֹתֵיהֶן — for mention of them** by name **is stated repeatedly בְּמִקְרָא אֶחָד — in a single verse כְּמִנְיַן חֲמִשָּׁה חֻמְשֵׁי תוֹרָה — according to the number of the five *Chumashim* of the Torah.**[1] **וְכָךְ רָאִיתִי בִּבְרֵאשִׁית רַבָּה**[2] **— Thus have I seen** our verse interpreted **in *Bereishis Rabbah.***[2]

□ **וְלֹא יִהְיֶה בִּבְנֵי יִשְׂרָאֵל נֶגֶף — AND THERE SHALL NOT BE A PLAGUE AMONG THE CHILDREN OF ISRAEL. שֶׁלֹּא יִצְטָרְכוּ לָגֶשֶׁת אֶל הַקֹּדֶשׁ — So that they should not need to approach the Sanctuary, שֶׁאִם יִגְּשׁוּ — for if they will approach, יִהְיֶה נֶגֶף — there will be a plague.**[3]

20. וַיַּעַשׂ מֹשֶׁה וְאַהֲרֹן וְכָל עֲדַת וְגוֹמֵר — MOSES, AARON, AND THE ENTIRE ASSEMBLY OF [THE CHILDREN OF ISRAEL] DID, ETC. מֹשֶׁה הֶעֱמִידָן — Moses positioned them, וְאַהֲרֹן הֱנִיפָם — and Aaron waved them, וְיִשְׂרָאֵל סָמְכוּ אֶת יְדֵיהֶם — and Israel leaned their hands upon them.[4]

1. The verse could have used pronouns with reference to the Children of Israel. It mentions them by name five times to indicate that the selection of the Levites does not imply a rejection of the rest of the people, for they are still precious to God (see *Be'er Mayim Chaim*).

2. This interpretation is not found in extant editions of *Bereishis Rabbah,* but is found in *Vayikra Rabbah* 2:4. A similar comment regarding the five appearances of the word אוֹר, "light," (in *Genesis* 1:3-5) is found in *Bereishis Rabbah* 3:5.

3. See note 6 on page 9. The verse does not mean that now that the Levites have been chosen, there will be no plague among the Children of Israel even if they do approach the Sanctuary (*Minchas Yehudah; Sifsei Chachamim*).

4. Although the single verb וַיַּעַשׂ, "did," is applied by the verse to Moses, Aaron, and the entire assembly of Israel, it does not mean that they all performed the same actions (*Mizrachi; Sifsei Chachamim*).

וַיְכַפֵּר עֲלֵיהֶם אַהֲרֹן לְטַהֲרָם:
כב וְאַחֲרֵי־כֵן בָּאוּ הַלְוִיִּם לַעֲבֹד אֶת־
עֲבֹדָתָם בְּאֹהֶל מוֹעֵד לִפְנֵי אַהֲרֹן
וְלִפְנֵי בָנָיו כַּאֲשֶׁר צִוָּה יהוה
אֶת־מֹשֶׁה עַל־הַלְוִיִּם כֵּן עָשׂוּ
כג לָהֶם: וַיְדַבֵּר יהוה אֶל־מֹשֶׁה
כד לֵּאמֹר: זֹאת אֲשֶׁר לַלְוִיִּם מִבֶּן
חָמֵשׁ וְעֶשְׂרִים שָׁנָה וָמַעְלָה יָבוֹא
לִצְבֹא צָבָא בַּעֲבֹדַת אֹהֶל מוֹעֵד:
כה וּמִבֶּן חֲמִשִּׁים שָׁנָה יָשׁוּב מִצְּבָא

and Aaron provided atonement for them to purify them. [22] *Afterwards the Levites came to perform their service in the Tent of Meeting, before Aaron and before his sons, as* HASHEM *commanded Moses concerning the Levites; so they did for them.*

[23] HASHEM *spoke to Moses, saying,* [24] *"This shall apply to the Levites: From twenty-five years of age and up, he shall join the legion in the service of the Tent of Meeting;* [25] *from fifty years of age, he shall return from the legion of*

אונקלוס

וְכַפַּר עֲלֵיהוֹן אַהֲרֹן לְדַכּוֹאֵיהוֹן: כב וּבָתַר כֵּן עַלּוּ לֵוָאֵי לְמִפְלַח יָת פָּלְחַנְהוֹן בְּמַשְׁכַּן זִמְנָא קֳדָם אַהֲרֹן וּקֳדָם בְּנוֹהִי כְּמָא דִי פַקִּיד יְיָ יָת מֹשֶׁה עַל לֵוָאֵי כֵּן עֲבָדוּ לְהוֹן: כג וּמַלִּיל יְיָ עִם מֹשֶׁה לְמֵימָר: כד דָּא דִי לְלֵוָאֵי מִבַּר חֲמֵשׁ וְעַשְׂרִין שְׁנִין וּלְעֵלָּא יֵיתֵי לְחַיָּלָא חֵילָא בְּפָלְחַן מַשְׁכַּן זִמְנָא: כה וּמִבַּר חַמְשִׁין שְׁנִין יְתוּב מֵחֵיל

רש"י

(כב) כאשר צוה ה׳ וגו׳ כן עשו. להגיד שבח העושין והנעשה בהם, שאחד מהם לא עכב: **(כד) זאת אשר ללוים.** שנים פוסלין בהם ואין המומין פוסלין בהם (ספרי סב; חולין כד.): **מבן חמש ועשרים.** ובמקום אחר אומר מבן שלשים שנה (לעיל ד:ג). הא כיצד, מבן עשרים וחמש בא ללמוד הלכות עבודה ולומד חמש שנים, ובן שלשים עובד. מכאן לתלמיד שלא ראה סימן יפה במשנתו בחמש שנים ששוב אינו רואה (חולין כד.):

RASHI ELUCIDATED

22. כַּאֲשֶׁר צִוָּה ה׳ וְגוֹמֵר כֵּן עָשׂוּ – AS HASHEM COMMANDED ETC.; SO THEY DID. This is stated **לְהַגִּיד שֶׁבַח – to tell the praise הָעוֹשִׂין – of those who acted,** i.e., Moses, Aaron, and the assembly of Israel, **וְהַנַּעֲשֶׂה בָּהֶם – and those who were acted upon,** i.e., the Levites, **שֶׁאֶחָד מֵהֶם לֹא עִכֵּב – that not one of them resisted.**[1]

24. זֹאת אֲשֶׁר לַלְוִיִּם – THIS SHALL APPLY TO THE LEVITES. שָׁנִים פּוֹסְלִין בָּהֶם – Failure to meet the requirement of **years,** i.e., age, **disqualifies them,** **וְאֵין הַמּוּמִין פּוֹסְלִין בָּהֶם**[2] **– but** physical **blemishes do not disqualify them.**[2]

□ **מִבֶּן חָמֵשׁ וְעֶשְׂרִים – FROM TWENTY-FIVE [YEARS] OF AGE. וּבְמָקוֹם אַחֵר הוּא אוֹמֵר – But elsewhere it says,** „**מִבֶּן שְׁלשִׁים שָׁנָה**"[3] – **"from thirty years of age."**[3] **הָא כֵּיצַד – How can this be** reconciled? **מִבֶּן עֶשְׂרִים וְחָמֵשׁ – From the age of twenty-five בָּא לִלְמוֹד הִלְכוֹת עֲבוֹדָה – [a Levite] comes to study the laws of the** Temple **service וְלוֹמֵד חָמֵשׁ שָׁנִים – and studies** for **five years; וּבֶן שְׁלשִׁים עוֹבֵד – and at the age of thirty he serves. מִכָּאן – From here** we see **לְתַלְמִיד – regarding a student שֶׁלֹּא רָאָה סִימָן יָפֶה בְּמִשְׁנָתוֹ – who has not seen a good sign,** i.e., success, **in his study**[4] **בְּחָמֵשׁ שָׁנִים – for five years, שֶׁשּׁוּב אֵינוֹ רוֹאֶה**[5] **– that he will no longer see** a good sign in his study.[5]

---

1. It has already been stated in verse 20 that Moses, Aaron, the entire assembly of Israel, and the Levites carried out God's command. It is repeated here to teach us that not one of them resisted. The non-Levites did not resist, despite the fact that they were not chosen for the honor of the Temple service, and the Levites did not resist, despite the fact that negligence in their task of caring for the Temple and its implements was fraught with danger (*Gur Aryeh*). Furthermore, the Levites did not resist being shaven bald (*Maskil LeDavid*).

2. *Sifrei* 62; *Chullin* 24a. "*This* shall apply to the Levites" implies, this age requirement which follows applies to them, as opposed to the laws of physical defects which apply only to the Kohanim (*Be'er Yitzchak*).

3. Above 4:3.

4. That is, he does not remember that which he studies (Rashi to *Chullin* 24a, s.v. שלא ראה סימן יפה).

5. *Chullin* 24a. If the Torah gave the Levites a five-year period of study, it stands to reason that this is the maximum amount of time required for a successful term of study (*Be'er Yitzchak*).

כו הָעֲבֹדָ֖ה וְלֹ֥א יַעֲבֹ֖ד עֽוֹד׃ וְשֵׁרֵ֨ת אֶת־אֶחָ֜יו בְּאֹ֤הֶל מוֹעֵד֙ לִשְׁמֹ֣ר מִשְׁמֶ֔רֶת וַעֲבֹדָ֖ה לֹ֣א יַעֲבֹ֑ד כָּ֛כָה תַּעֲשֶׂ֥ה לַלְוִיִּ֖ם בְּמִשְׁמְרֹתָֽם׃

ט א שלישי וַיְדַבֵּ֣ר יהוה אֶל־מֹשֶׁ֣ה בְמִדְבַּר־סִ֠ינַי בַּשָּׁנָ֨ה הַשֵּׁנִ֜ית לְצֵאתָ֨ם מֵאֶ֧רֶץ מִצְרַ֛יִם בַּחֹ֥דֶשׁ הָרִאשׁ֖וֹן לֵאמֹֽר׃

work and no longer work. [26] *He shall serve with his brothers in the Tent of Meeting to keep the safeguard, but work shall he not perform. So shall you do to the Levites concerning their charge."*

9 [1] *HASHEM spoke to Moses, in the Wilderness of Sinai, in the second year from their exodus from the land of Egypt, in the first month, saying:*

אונקלוס

פָּלְחָנָא וְלָא יִפְלַח עוֹד: כו וִישַׁמֵּשׁ עִם אֲחוֹהִי בְּמַשְׁכַּן זִמְנָא לְמִטַּר מַטְּרָא וּפָלְחָנָא לָא יִפְלַח כְּדֵין תַּעְבֵּד לְלֵוָאֵי בְּמַטְּרַתְהוֹן: א וּמַלִּיל יְיָ עִם מֹשֶׁה בְמַדְבְּרָא דְסִינַי בְּשַׁתָּא תִנְיֵתָא לְמִפְּקְהוֹן מֵאַרְעָא דְמִצְרַיִם בְּיַרְחָא קַדְמָאָה לְמֵימָר:

רש"י

(כה) ולא יעבד עוד. עבודת משא בכתף, אבל חוזר הוא לנעילת שערים ולשיר ולטעון עגלות. וזהו ושרת את אחיו (פסוק כו) עם אחוהי, כתרגומו: (כו) לשמור משמרת. לחנות סביב לאהל ולהקים ולהוריד בשעת המסעות:

(א) בחדש הראשון. פרשה שבראש הספר לא נאמרה עד אייר, למדת שאין סדר מוקדם ומאוחר בתורה (ספרי סד; פסחים ו:) ולמה לא פתח בזו, מפני שהוא גנותן של ישראל, שכל ארבעים שנה שהיו ישראל במדבר לא הקריבו אלא פסח זה

RASHI ELUCIDATED

25. וְלֹא יַעֲבֹד עוֹד – **AND NO LONGER WORK** עֲבוֹדַת מַשָּׂא בַּכָּתֵף – **the work of carrying with his shoulder,** אֲבָל חוֹזֵר הוּא – **but he does return** לִנְעִילַת שְׁעָרִים – **for locking** the **gates** of the Temple, וְלָשִׁיר – **and to sing** וְלִטְעוֹן עֲגָלוֹת – **and to load the wagons.** "וְזֶהוּ "וְשֵׁרֵת אֶת אֶחָיו – **This is what is meant by** וְשֵׁרֵת אֶת אֶחָיו in the following verse. It means, עִם אֲחוֹהִי – "[He shall serve] ***with*** **his brothers,"** כְּתַרְגּוּמוֹ – **as** ***Targum*** *Onkelos* **renders it.**[1]

26. לִשְׁמֹר מִשְׁמֶרֶת – **TO KEEP THE SAFEGUARD.** This means לַחֲנוֹת סָבִיב לָאֹהֶל – **to camp around the Tent** of Meeting, וּלְהָקִים – **and to set** it **up** וּלְהוֹרִיד – **and dismantle** it בִּשְׁעַת הַמַּסָּעוֹת – **at the time of the journeys.**[2]

9.

1. בַּחֹדֶשׁ הָרִאשׁוֹן – **IN THE FIRST MONTH.** פָּרָשָׁה שֶׁבְּרֹאשׁ הַסֵּפֶר – **The passage at the beginning of this book** לֹא נֶאֶמְרָה – **was not said** עַד אִיָּר – **until Iyyar,** the second month.[3] לָמַדְתָּ – **You have learned** from this שֶׁאֵין סֵדֶר מוּקְדָּם וּמְאוּחָר בַּתּוֹרָה[4] – **that there is no sequence of earlier and later in the Torah,** i.e., that the events in the Torah are not presented in chronological sequence.[4] וְלָמָּה לֹא פָּתַח בְּזוֹ – **And why did [the book] not begin with this** passage?[5] מִפְּנֵי שֶׁהוּא גְּנוּתָן שֶׁל יִשְׂרָאֵל – **Because [this passage] is** to **the discredit of Israel,** שֶׁכָּל אַרְבָּעִים שָׁנָה שֶׁהָיוּ יִשְׂרָאֵל בַּמִּדְבָּר – **in that the entire forty years that Israel were in the wilderness,** לֹא הִקְרִיבוּ אֶלָּא פֶּסַח זֶה

1. The word אֶת usually introduces a direct object. Were it understood here in that sense, the verse would be saying, "He shall serve his brothers." But it would not be appropriate for the older Levites to serve the younger Levites. Thus, אֶת is understood in the sense of "with." The verse says that even when the Levites are too old for the physically taxing task of carrying the Tabernacle and its implements, they may still perform other tasks (*Leket Bahir*). Rashi also interprets אֶת as עִם, "with," in his comments to *Genesis* 4:1, s.v., אֶת ה׳, and 6:13, s.v., אֶת הָאָרֶץ.

2. "He shall serve with his brothers" and "to keep the safeguard" are two different matters. "To keep the safeguard" refers to "the watch of the Tabernacle" mentioned in 1:53 above, while "he shall serve with his brothers" refers to those tasks mentioned by Rashi in his preceding comment (*Be'er BaSadeh*).

3. See 1:1 above.

4. *Sifrei* 64; *Pesachim* 6b. Rashi has already stated this principle six times: his commentary to *Genesis* 6:3 and 35:9; *Exodus* 4:20, 19:11 and 31:18; and *Leviticus* 8:2. Yet, only here does Rashi preface this principle with the term לָמַדְתָּ, "You have learned." This implies that our verse is the source from which this principle is derived. In each of the other instances, the pertinent chronology was not stated; Rashi adduced this principle there to explain the time frame. But here and in 1:1 above, the verses state explicitly that the events took place in "the second month" (1:1) and "the first month" (here). Thus, our verse, which speaks of an event that happened before the event of 1:1, teaches us "that the events in the Torah are not presented in chronological sequence" (*Beiurim LePeirush Rashi Al HaTorah*).

5. Although the Torah does not always follow chronological sequence, it does not deviate from chronological

ב וְיַעֲשׂוּ בְנֵי־יִשְׂרָאֵל אֶת־הַפָּסַח
ג בְּמוֹעֲדוֹ: בְּאַרְבָּעָה עָשָׂר־יוֹם בַּחֹדֶשׁ
הַזֶּה בֵּין הָעַרְבַּיִם תַּעֲשׂוּ אֹתוֹ בְּמֹעֲדוֹ
כְּכָל־חֻקֹּתָיו וּכְכָל־מִשְׁפָּטָיו תַּעֲשׂוּ
ד אֹתוֹ: וַיְדַבֵּר מֹשֶׁה אֶל־בְּנֵי יִשְׂרָאֵל

2 *"The Children of Israel shall make the pesach-offering in its appointed time.* 3 *On the fourteenth day of this month in the afternoon shall you make it, in its appointed time; according to all its decrees and according to all its laws shall you make it."*
4 *Moses spoke to the Children of Israel*

אונקלוס

ב וְיַעְבְּדוּן בְּנֵי יִשְׂרָאֵל יָת פִּסְחָא בְּזִמְנֵהּ: ג בְּאַרְבְּעַת עַשְׂרָא יוֹמָא בְּיַרְחָא הָדֵין בֵּין שִׁמְשַׁיָּא תַּעְבְּדוּן יָתֵהּ בְּזִמְנֵהּ כְּכָל גְּזֵרָתֵהּ וּכְכָל דְּחָזֵי לֵהּ תַּעְבְּדוּן יָתֵהּ: ד וּמַלִּיל מֹשֶׁה עִם בְּנֵי יִשְׂרָאֵל

רש"י

בלבד (ספרי סז): (ב) במועדו. אף בשבת, במועדו אף בטומאה (ספרי סה; פסחים עז.): (ג) ככל חקתיו. אלו מצות שבגופו, שה תמים זכר בן שנה: וככל משפטיו. אלו מצות שעל גופו ממקום אחר כגון שבעת ימים למצה ולביעור חמץ (ספרי שם) [ס"א (עי' רמב"ן) מצות שבגופו, שה תמים זכר בן שנה. שעל גופו, צלי אש ראשו על כרעיו ועל קרבו. שחוץ לגופו, מצה וביעור חמץ (פסחים צה.)]: (ד) וידבר משה וגו'. מה ת"ל, והלא כבר

RASHI ELUCIDATED

בִּלְבָד[1] – they sacrificed no *pesach*-offering but this one alone.[1]

2. בְּמוֹעֲדוֹ – IN ITS APPOINTED TIME, אַף בְּשַׁבָּת – even on Shabbos;[2] {,,בְּמֹעֲדוֹ'' – **"in its appointed time,"**}[3] **אַף בְּטוּמְאָה[4] – even in** a state of **impurity.**[4]

3. בְּכָל חֻקֹּתָיו – ACCORDING TO ALL ITS DECREES, אֵלּוּ מִצְוֹת שֶׁבְּגוּפוֹ – these are commandments that apply to [the offering's] body, e.g., that it must be ,,שֶׂה תָמִים זָכָר בֶּן שָׁנָה''[5] – **"a perfect lamb/kid, a male, within its first year";**[5]

□ **וּבְכָל מִשְׁפָּטָיו – AND ACCORDING TO ALL ITS LAWS, אֵלּוּ מִצְוֹת שֶׁעַל גּוּפוֹ – these are commandments that are on its body,** i.e., that have to do with the offering itself, **מִמָּקוֹם אַחֵר** – indirectly, **from another place, כְּגוֹן – such as שִׁבְעַת יָמִים לְמַצָּה – a seven-day period for** eating **matzah וּלְבִיעוּר חָמֵץ[6] – and for the elimination of leaven.**[6]

4. וַיְדַבֵּר מֹשֶׁה וְגוֹמֵר – MOSES SPOKE, ETC. מַה תַּלְמוּד לוֹמַר – Why does the Torah say this? וַהֲלֹא כְּבָר

sequence unless there is a reason to do so. What is the reason that the earlier event is presented after the later event in this case? (*Mishmeres HaKodesh*).

1. *Sifrei* 67. With the exception of this *pesach*-offering, the Israelites were not obligated to bring the *pesach*-offering until they came to the Land of Israel (see Rashi to *Exodus* 12:25). Still, the fact that they did not bring another for forty years is to their discredit, for if they had not sinned at the incident of the Spies, they would have entered the Land of Israel immediately, and brought the *pesach*-offering immediately (*Tosafos* to *Kiddushin* 37a, s.v., הואיל ונאמרה ביאה בתורה סתם).

2. The following verse states explicitly that the offering is to be brought on the fourteenth of the month; "in its appointed time" thus appears superfluous. It is written to teach us that the offering is brought "in its appointed time" even if the fourteenth falls on Shabbos. Normally, slaughtering of personal offerings is forbidden on Shabbos (*Mesiach Ilmim*).

3. This word does not appear in any of the early printed editions.

4. *Sifrei* 65; *Pesachim* 77a. That is, when the majority of the nation of Israel is impure due to contact with the dead, or when the Kohanim are impure, or when the implements used in the sacrificial process are impure. In all of the above situations, the *pesach*-offering is brought "in its appointed time," on the fourteenth of Nissan.

The word בְּמוֹעֲדוֹ appears twice, once in verse 2 and again in verse 3. One is written to teach "even on Shabbos," the second to teach "even in a state of impurity" (*Mizrachi; Sifsei Chachamim*).

5. *Exodus* 12:5. The term חֹק, "decree," connotes a commandment whose rationale is not known. The commandments of the *pesach*-offering which pertain to the animal's body, such as the fact that it must be a male lamb or kid, fall under this category. The term מִשְׁפָּט, "law," connotes a commandment whose rationale is known. Rashi goes on to place the other commandments of the *pesach*-offering in this category. For the commandments which relate to matzah and leaven commemorate the speed of the Israelites' departure from Egypt, and the commandment to eat the bitter herbs commemorates the bitterness of the Egyptian exile (*Maskil LeDavid*).

6. *Sifrei* 65. The text follows virtually all extant editions of Rashi. However, *Ramban* (who lived a little over a century after Rashi; about two centuries before the printing press) already noted that the popular reading was a copyist's error; and *Mizrachi* confirms *Rambam's* opinion.

According to *Ramban*, חֻקֹּתָיו refers to מִצְוֹת שֶׁבְּגוּפוֹ, as our text of Rashi has it. This category includes those commandments which give the specifications of the body of the offering itself. מִשְׁפָּטָיו includes מִצְוֹת שֶׁעַל גּוּפוֹ, commandments which have to do with what is *done* to the

ה לַעֲשֹׂת הַפָּסַח: וַיַּעֲשׂוּ אֶת־הַפֶּסַח
בָּרִאשׁוֹן בְּאַרְבָּעָה עָשָׂר יוֹם לַחֹדֶשׁ
בֵּין הָעַרְבַּיִם בְּמִדְבַּר סִינָי כְּכֹל אֲשֶׁר
צִוָּה יהוה אֶת־מֹשֶׁה כֵּן עָשׂוּ בְּנֵי
ו יִשְׂרָאֵל: וַיְהִי אֲנָשִׁים אֲשֶׁר הָיוּ
טְמֵאִים לְנֶפֶשׁ אָדָם וְלֹא־יָכְלוּ
לַעֲשֹׂת־הַפֶּסַח בַּיּוֹם הַהוּא וַיִּקְרְבוּ
לִפְנֵי מֹשֶׁה וְלִפְנֵי אַהֲרֹן בַּיּוֹם הַהוּא:
ז וַיֹּאמְרוּ הָאֲנָשִׁים הָהֵמָּה אֵלָיו אֲנַחְנוּ
טְמֵאִים לְנֶפֶשׁ אָדָם לָמָּה נִגָּרַע

to make the pesach-offering. 5 They made the pesach-offering in the first [month], on the fourteenth day of the month, in the afternoon, in the Wilderness of Sinai; according to everything that HASHEM had commanded Moses, so the Children of Israel did.

6 There were men who had been made impure by a human corpse and could not make the pesach-offering on that day; so they approached before Moses and before Aaron on that day. 7 Those men said to him, "We are impure through a human corpse; why should we be left out

אונקלוס

לְמֶעְבַּד פִּסְחָא: ה וַעֲבָדוּ יָת פִּסְחָא בְּנִיסָן בְּאַרְבְּעַת עַשְׂרָא יוֹמָא לְיַרְחָא בֵּין שִׁמְשַׁיָּא בְּמַדְבְּרָא דְסִינָי כְּכֹל דִּי פַקִּיד יְיָ יָת מֹשֶׁה כֵּן עֲבָדוּ בְּנֵי יִשְׂרָאֵל: ו וַהֲווֹן גֻּבְרַיָּא דִּי הֲווֹ מְסָאֲבִין לִטְמֵי נַפְשָׁא דֶאֱנָשָׁא וְלָא יְכִילוּ לְמֶעְבַּד פִּסְחָא בְּיוֹמָא הַהוּא וּקְרִיבוּ קֳדָם מֹשֶׁה וּקֳדָם אַהֲרֹן בְּיוֹמָא הַהוּא: ז וַאֲמָרוּ גֻּבְרַיָּא הָאִנּוּן לֵהּ אֲנַחְנָא מְסָאֲבִין לִטְמֵי נַפְשָׁא דֶאֱנָשָׁא לְמָא נִתְמְנַע

רש"י

נאמר וידבר משה את מועדי ה' (ויקרא כג:לד). אלא כששמע פרשת מועדים מסיני אמרה להם, וחזר והזהירם בשעת מעשה (ספרי סו): **(ו) לפני משה ולפני אהרן.** כששניהם יושבין בבית המדרש באו ושאלום. ולא יתכן לומר זה אחר זה, שאם משה לא היה יודע, אהרן מנין לו (שם סח): **(ז) למה נגרע.** אמר להם אין קדשים קרבים בטומאה. אמרו לו יזרק הדם עלינו בכהנים טהורים ויאכל הבשר לטהורים אמר להם

RASHI ELUCIDATED

נֶאֱמַר – Has it not already been said, [1]"וַיְדַבֵּר מֹשֶׁה אֶת מוֹעֲדֵי ה' – **"And Moses declared the appointed festivals** [of HASHEM to the Children of Israel]"?[1] אֶלָּא כְּשֶׁשָּׁמַע פָּרָשַׁת מוֹעֲדִים מִסִּינַי – **But when [Moses] heard the passage of the appointed festivals at Sinai** אֲמָרָהּ לָהֶם – **he said it to [the Children of Israel],**[2] וְחָזַר וְהִזְהִירָם – **and he enjoined them** regarding the festivals **again** בִּשְׁעַת מַעֲשֶׂה[3] – **at the time of the action,**[3] i.e., at the time that the commandments regarding the festivals were to be performed, as in our passage.[4]

6. לִפְנֵי מֹשֶׁה וְלִפְנֵי אַהֲרֹן – **IN THE PRESENCE OF MOSES AND IN THE PRESENCE OF AARON.** כְּשֶׁשְּׁנֵיהֶם יוֹשְׁבִין בְּבֵית הַמִּדְרָשׁ – **When both of them were sitting in the house of study,** בָּאוּ וּשְׁאָלוּם – **they came and asked them.** וְלֹא יִתָּכֵן לוֹמַר – **It is not possible to say** זֶה אַחַר זֶה – that they asked Moses and Aaron **one after the other,** שֶׁאִם מֹשֶׁה לֹא הָיָה יוֹדֵעַ – **for if Moses did not know,** אַהֲרֹן מִנַּיִן לוֹ[5] – **from where would Aaron know?**[5]

7. לָמָּה נִגָּרַע – **WHY SHOULD WE BE LEFT OUT?** אָמַר לָהֶם – **[Moses] said to them,** אֵין קֳדָשִׁים קְרֵבִים בְּטוּמְאָה – **"Sacrifices may not be offered** by one who is **in a state of impurity."** אָמְרוּ לוֹ – **They said to him,** יִזָּרֵק הַדָּם עָלֵינוּ – **"Let the blood** of the offering **be thrown** upon the Altar **for us** בְּכֹהֲנִים טְהוֹרִים – **by Kohanim who are pure,** i.e., not in a state of ritual impurity, וְיֵאָכֵל הַבָּשָׂר לִטְהוֹרִים[6,7] – **and let the meat** of our offerings **be eaten by those who are pure."**[7] אָמַר לָהֶם – **[Moses] said to**

---

body of the offering, such as "roasted by fire." Rashi then points out that there is a third category of *pesach*-related commandments, which are not mentioned in our verse, and which have no direct bearing on the body of the offering, מִצְוֹת שֶׁחוּץ לְגוּפוֹ, and that it is to this category that the commandments to eat matzah and eliminate leaven belong.

1. *Leviticus* 23:44.

2. This refers to *Leviticus* 23:5.

3. *Sifrei* 66.

4. Cf. Rashi to *Exodus* 19:24, s.v., לֶךְ רֵד.

5. *Sifrei* 68.

6. Many editions read וְיֵאָכֵל הַבָּשָׂר לִטְמֵאִים, "and let the meat be eaten by those who are impure." Nevertheless, virtually all the commentators on Rashi agree that the correct reading is לִטְהוֹרִים, "by those who are pure," and that is the reading that appears in *Sifrei*, Rashi's source.

7. The people who were speaking were in the seventh and last day of their process of purification on the fourteenth day of Nissan, the day the *pesach*-offering is offered. They argued that, although they were impure at the time of the blood-throwing service, the *pesach*-offering should

לְבִלְתִּ֞י הַקְרִ֨יב אֶת־קָרְבַּ֣ן יהוה
ח בְּמֹ֣עֲד֔וֹ בְּת֖וֹךְ בְּנֵ֥י יִשְׂרָאֵֽל: וַיֹּ֥אמֶר
אֲלֵהֶ֖ם מֹשֶׁ֑ה עִמְד֣וּ וְאֶשְׁמְעָ֔ה מַה־
יְצַוֶּ֥ה יהוָ֖ה לָכֶֽם:
ט־י וַיְדַבֵּ֥ר יהוָ֖ה אֶל־מֹשֶׁ֥ה לֵּאמֹֽר: דַּבֵּ֛ר
אֶל־בְּנֵ֥י יִשְׂרָאֵ֖ל לֵאמֹ֑ר אִ֣ישׁ אִ֣ישׁ כִּֽי־
יִהְיֶ֣ה טָמֵ֣א ׀ לָנֶ֡פֶשׁ א֣וֹ בְדֶ֩רֶךְ֩ רְחֹקָ֨ה

by not offering HASHEM's offering in its appointed time among the Children of Israel?"

[8] *Moses said to them, "Stand and I will hear what HASHEM will command you."*

[9] *HASHEM spoke to Moses, saying,* [10] *"Speak to the Children of Israel, saying: If any man will become impure through a corpse or [will be] on a distant road,*

אונקלוס

בְּדִיל דְּלָא לְקָרָבָא יָת קֻרְבָּנָא דַייָ בְּזִמְנֵהּ בְּגוֹ בְּנֵי יִשְׂרָאֵל: ח וַאֲמַר לְהוֹן מֹשֶׁה אוֹרִיכוּ עַד דְּאִשְׁמַע מָה דְּאִתְפַּקַּד מִן קֳדָם יְיָ עַל דִּי לְכוֹן: ט וּמַלִּיל יְיָ עִם מֹשֶׁה לְמֵימָר: י מַלֵּל עִם בְּנֵי יִשְׂרָאֵל לְמֵימָר גְּבַר גְּבַר אֲרֵי יְהֵי מְסָאַב לִטְמֵי נַפְשָׁא דֶּאֱנָשָׁא אוֹ בְּאָרְחָא רְחִיקָא

רש"י

עמדו ואשמעה, כתלמיד המובטח לשמוע מפי רבו. אשרי ילוד אשה שכך מובטח, שכל זמן שהיה רוצה היה מדבר עם השכינה. וראויה היתה פרשה זו להאמר על ידי משה כשאר כל התורה כולה, אלא שזכו אלו שתאמר על ידיהן, שמגלגלין זכות על ידי זכאי (שם): **(י) או בדרך רחקה.** נקוד עליו, לומר לא שרחוקה ודאי אלא שהיה חוץ לאסקופת העזרה כל זמן שחיטה (שם סט; פסחים צג:).

RASHI ELUCIDATED

them, "עִמְדוּ וְאֶשְׁמְעָה" – **"Stand** where you are, **and I will hear** God's response to your request."[1] כְּתַלְמִיד – Moses was **like a student** הַמּוּבְטָח לִשְׁמוֹעַ – **who is assured of hearing** a response מִפִּי רַבּוֹ – **from the mouth of his teacher.**[2] אַשְׁרֵי יְלוּד אִשָּׁה – **Fortunate is one born to a woman,** i.e., a human being, שֶׁכָּךְ מוּבְטָח – **who is assured in this manner,** שֶׁכָּל זְמַן – **for any time** שֶׁהָיָה רוֹצֶה – **that he would wish,** הָיָה מְדַבֵּר עִם הַשְּׁכִינָה – **he would speak with the Divine Presence.** וּרְאוּיָה הָיְתָה פָּרָשָׁה זוֹ לְהֵאָמֵר – **This passage was fit to be said** עַל יְדֵי מֹשֶׁה – **by means of Moses** alone, כִּשְׁאָר כָּל הַתּוֹרָה כֻּלָּהּ – **like the rest of the entire Torah,**[3] אֶלָּא שֶׁזָּכוּ אֵלּוּ – **but these** impure people **were privileged** שֶׁתֵּאָמֵר עַל יְדֵיהֶן – **that it should be said by their means,** i.e., that they should be the vehicle by which Moses would transmit the laws of the passage, שֶׁמְּגַלְגְּלִין זְכוּת – **for we bring about that which is worthy** עַל יְדֵי זַכַּאי[4] – **by means of one who is worthy.**[4]

10. אוֹ בְדֶרֶךְ רְחֹקָה – **OR [WILL BE] ON A DISTANT ROAD.** נָקוּד עָלָיו – **There is a dot on [the** ה **of** רְחֹקָה**]**,[5] לוֹמַר – **to say,** לֹא שֶׁרְחוֹקָה וַדַּאי – **not that [the road] is actually distant,** אֶלָּא שֶׁהָיָה חוּץ לְאִסְקוּפַּת הָעֲזָרָה – **but that he was outside the threshold of the Courtyard** of the *Beis HaMikdash* כָּל זְמַן שְׁחִיטָה[6] – **for the entire period of the slaughtering.**[6]

nevertheless be brought on their behalf, for they would be pure by the night of the fifteenth, when the offering is eaten (*Mesiach Ilmim; Mizrachi; Sifsei Chachamim*). This explains why they asked "why should we be left out," which implies that they thought that they should be allowed to bring the offering, rather than "should we be left out or not," which would have implied that they were in doubt (*Mesiach Ilmim*).

1. Verse 8. Moses had already been told on the first of Nissan that those who are impure may not bring offerings (see Rashi to *Gittin* 60a, s.v., ופרשת שילוח טמאים). It would appear that he would not have needed to consult God on this point. But those who were impure were raising a different question, the answer to which Moses had not yet been told: Can an offering be brought on behalf of one who is presently impure, but will become pure by the time the offering must be eaten? (*Mesiach Ilmim; Mizrachi; Sifsei Chachamim*).

2. The verse says "*stand* and I will hear" rather than just "I will hear" to teach us that Moses had complete confidence that he would be answered by God (*Maskil LeDavid*).

Alternatively, it would have been inconsiderate of Moses to tell those with whom he was speaking to stand in their place indefinitely had he not been certain that he would return to them in a short time (*Devek Tov*).

3. Rashi explains why God did not teach the laws of this passage to Moses until a third party asked them.

4. *Sifrei* 68. There are three opinions in *Sifrei* as to who the impure of our verse were. According to one opinion, they were impure because they carried the coffin of Joseph, which was to be reinterred in *Eretz Yisrael* (see *Genesis* 50:25 and *Exodus* 13:19). According to another opinion, they were Mishael and Elzafan, who had dealt with the burial of Nadab and Abihu (see *Leviticus* 10:4). A third opinion holds that they were people who had dealt with the burial of the corpse of someone who had no relatives to bury him. According to all of the opinions, they were "those who are worthy."

5. See note 6 to 3:39 above.

6. *Sifrei* 69; *Pesachim* 93b. A word that has a dot on it is viewed as being absent from the text (see Rashi to

לָכֶם אוֹ לְדֹרֹתֵיכֶם וְעָשָׂה פֶסַח
יא לַיהוָה: בַּחֹדֶשׁ הַשֵּׁנִי בְּאַרְבָּעָה
עָשָׂר יוֹם בֵּין הָעַרְבַּיִם יַעֲשׂוּ אֹתוֹ
יב עַל־מַצּוֹת וּמְרֹרִים יֹאכְלֻהוּ: לֹא־
יַשְׁאִירוּ מִמֶּנּוּ עַד־בֹּקֶר וְעֶצֶם לֹא
יִשְׁבְּרוּ־בוֹ כְּכָל־חֻקַּת הַפֶּסַח יַעֲשׂוּ
יג אֹתוֹ: וְהָאִישׁ אֲשֶׁר־הוּא טָהוֹר
וּבְדֶרֶךְ לֹא־הָיָה וְחָדַל לַעֲשׂוֹת
הַפֶּסַח וְנִכְרְתָה הַנֶּפֶשׁ הַהִוא
מֵעַמֶּיהָ כִּי ׀ קָרְבַּן יהוה לֹא הִקְרִיב
בְּמֹעֲדוֹ חֶטְאוֹ יִשָּׂא הָאִישׁ הַהוּא:
יד וְכִי־יָגוּר אִתְּכֶם גֵּר וְעָשָׂה פֶסַח

whether you or your generations, he shall make the pesach-offering for HASHEM, [11] *in the second month, on the fourteenth day, in the afternoon, shall they make it; with matzos and bitter herbs shall they eat it.* [12] *They shall not leave over from it until morning and they shall not break a bone of it; like all the decrees of the pesach-offering shall they make it.* [13] *But a man who is pure and was not on the road and had refrained from making the pesach-offering, that soul shall be cut off from its people, for he had not offered HASHEM's offering in its appointed time; that man will bear his sin.* [14] *When a convert shall dwell with you and he shall make a pesach-offering*

אונקלוס

לְכוֹן אוֹ לְדָרֵיכוֹן וְיַעְבֵּד פִּסְחָא קֳדָם יְיָ: יא בְּיַרְחָא תִנְיָנָא בְּאַרְבְּעַת עַשְׂרָא יוֹמָא בֵּין שִׁמְשַׁיָּא יַעְבְּדוּן יָתֵהּ עַל פַּטִּיר וּמְרָרִין יֵיכְלֻנֵּהּ: יב לָא יַשְׁאֲרוּן מִנֵּהּ עַד צַפְרָא וְגַרְמָא לָא יִתְבְּרוּן בֵּהּ כְּכָל גְּזֵרַת פִּסְחָא יַעְבְּדוּן יָתֵהּ: יג וְגַבְרָא דְהוּא דְכֵי וּבְאֹרַח לָא הֲוָה וְיִתְמְנַע לְמֶעְבַּד פִּסְחָא וְיִשְׁתֵּיצֵי אֲנָשָׁא הַהוּא מֵעַמֵּהּ אֲרֵי קֻרְבָּנָא דַייָ לָא קָרִיב בִּזְמְנֵהּ חוֹבֵהּ יְקַבֵּל גַּבְרָא הַהוּא: יד וַאֲרֵי יִתְגַּיַּר עִמְּכוֹן גִּיּוֹרָא וְיַעְבֵּד פִּסְחָא

רש"י

פסח שני מצה וחמץ עמו בבית ואין שם יום טוב ואין איסור חמץ אלא עמו באכילתו (פסחים צה.־צה:): (יד) **וכי יגור אתכם גר ועשה פסח.** יכול כל המתגייר יעשה פסח מיד, ת"ל חקה אחת וגו'.

RASHI ELUCIDATED

פֶּסַח שֵׁנִי — Regarding **the second *pesach*- offering,** **מַצָּה וְחָמֵץ עִמּוֹ בַּבַּיִת** — one bringing it may have both **matzah and leaven with it in the house;**[1] **וְאֵין שָׁם יוֹם טוֹב** — **and no festival is there;**[2] **וְאֵין אִסּוּר חָמֵץ** — **and there is no prohibition against leaven** **אֶלָּא עִמּוֹ בַּאֲכִילָתוֹ**[3] — **other than with [the *pesach* -offering] while it is being eaten.**[3]

14. וְכִי יָגוּר אִתְּכֶם גֵּר וְעָשָׂה פֶסַח — WHEN A CONVERT SHALL DWELL WITH YOU AND HE SHALL MAKE A PESACH-OFFERING. **יָכוֹל** — **One might be able** to think that **כָּל הַמִּתְגַּיֵּר** — **whoever converts** **יַעֲשֶׂה פֶסַח מִיָּד** — **should make a *pesach* -offering immediately.**[4] **תַּלְמוּד לוֹמַר** — To teach us otherwise, **the Torah says,** **"חֻקָּה אַחַת וְגוֹמֵר"** — **"One decree etc.** [for the convert and for the native of the Land]."

Pesachim 93b, s.v., (נקוד על ה'). Here, the dot indicates that in some sense the "distant road" is not really distant. It is only "distant" in the sense that the one who stands there is in an area where he may not slaughter the *pesach* -offering (see *Gur Aryeh*).

1. That is, one may have *chametz* in his possession even while slaughtering and eating the second *pesach* -offering. This is unlike the first *pesach* -offering regarding which the possession of *chametz* is forbidden from late morning of the fourteenth of Nissan until the conclusion of the Pesach festival.

2. That is, the fifteenth of Iyyar, the date on which the second *pesach* -offering is eaten, is not a festival day; consequently, the *Hallel,* which is recited on the night of the fifteenth of Nissan when the first *pesach* -offering is eaten, is not recited on the night of the fifteenth of Iyyar (see Rashi to *Pesachim* 95b s.v., כליל התקדש חג; s.v., לילה המקודש לחג; and s.v., שאין מקודש לחג).

3. *Pesachim* 95a-b. The translation follows the understanding of the *P'nei Yehoshua* (*Kiddushin* 38a) and *Minchas Chinuch* (no. 381). According to *Amboha deSifri* and *Avi Ezri* (*Hilchos Korban Pesach* 10:15), Rashi should be read, "But it is with him while it is being eaten," i.e., leaven may be with him while the *pesach* -offering is being eaten. Rashi to *Sukkah* 47b, s.v., ופנית בבוקר, however, appears to support the interpretation of the *P'nei Yehoshua* and *Minchas Chinuch* (see Rabbi C.Y. Kaplan in *Moriah*, Nissan, 5755, and *Pardes Yosef HeChadash*).

4. We might have thought that וְעָשָׂה is an imperative. The verse would be saying, "When a convert shall dwell with you, *then* he shall make a *pesach* -offering to HASHEM," implying that he makes the offering immediately upon his conversion (see *Be'er Yitzchak*).

Rashi (*Exodus* 12:6, s.v., וְהָיָה לָכֶם לְמִשְׁמֶרֶת), states that God gave Israel the commandments to deal with the blood of the *pesach* -offering and the blood of circumcision before they left Egypt. This poses a difficulty, for the commandment of circumcision had already been in

לַיהוָה כְּחֻקַּת הַפֶּסַח וּכְמִשְׁפָּטוֹ כֵּן
יַעֲשֶׂה חֻקָּה אַחַת יִהְיֶה לָכֶם וְלַגֵּר
טו וּלְאֶזְרַח הָאָרֶץ: רביעי וּבְיוֹם
הָקִים אֶת־הַמִּשְׁכָּן כִּסָּה הֶעָנָן אֶת־
הַמִּשְׁכָּן לְאֹהֶל הָעֵדֻת וּבָעֶרֶב יִהְיֶה
עַל־הַמִּשְׁכָּן כְּמַרְאֵה־אֵשׁ עַד־בֹּקֶר:

to HASHEM, according to the decree of the pesach-offering and its law, so shall he do; one decree shall be for you, for the convert and for the native of the Land."

15 *On the day the Tabernacle was set up, the cloud covered the Tabernacle that was a tent for the Testimony, and in the evening there would be upon the Tabernacle like a fiery appearance until morning.*

אונקלוס

קֳדָם יְיָ כִּגְזֵרַת פִּסְחָא וּכְדִחְזֵי לֵהּ כֵּן יַעְבֵּד קְיָמָא חַד יְהֵי לְכוֹן וּלְגִיּוֹרָא וּלְיַצִּיבָא דְאַרְעָא: טו וּבְיוֹמָא דְּאִתָּקַם יָת מַשְׁכְּנָא חֲפָא עֲנָנָא יָת מַשְׁכְּנָא לְמַשְׁכְּנָא דְסַהֲדוּתָא וּבְרַמְשָׁא הֲוָה עַל מַשְׁכְּנָא כְּחֵיזוּ אֶשָּׁתָא עַד צַפְרָא:

רש"י

אלא כך משמעו, וכי יגור אתכם גר ובא עת לעשות פסח עם חביריו, כחקה וכמשפט יעשה (ספרי עא; פסחים צג.): (טו) המשכן לאהל העדת. המשכן העשוי להיות אהל ללוחות העדות: יהיה על המשכן. כמו הוה על המשכן וכן לשון כל הפרשה:

RASHI ELUCIDATED

אֶלָּא כָּךְ מַשְׁמָעוֹ – **But this is [the verse's] meaning:** וְכִי יָגוּר אִתְּכֶם גֵּר – **When a convert shall dwell with you,** וּבָא עֵת – **and the time will come** לַעֲשׂוֹת פֶּסַח עִם חֲבֵרָיו – **to make the *pesach*-offering with his fellow [Jews],**[1] כַּחֻקָּה וְכַמִּשְׁפָּט יַעֲשֶׂה[2] – **according to the decree and the law shall he do.**[2]

15. הַמִּשְׁכָּן לְאֹהֶל הָעֵדֻת – **THE TABERNACLE THAT WAS A TENT FOR THE TESTIMONY,** that is, הַמִּשְׁכָּן – **the Tabernacle** הֶעָשׂוּי לִהְיוֹת אֹהֶל – **which was made to be**[3] **a tent** לְלוּחוֹת הָעֵדוּת – **for the Tablets of Testimony.**[4]

□ יִהְיֶה עַל הַמִּשְׁכָּן – **THERE WOULD BE UPON THE TABERNACLE.** כְּמוֹ הֹוֶה עַל הַמִּשְׁכָּן – This is to be understood **as "there *would* be upon the Tabernacle."**[5] וְכֵן לְשׁוֹן כָּל הַפָּרָשָׁה – **And thus is the**

effect since the time of Abraham. But the commandment given to Israel in Egypt was different from that given to Abraham. The commandment given to Abraham applied to all of his sons who were born after Isaac, including his sons from Keturah (see Rashi to *Sanhedrin* 59a, s.v., לרבות בני קטורה). But the commandment God gave to Israel in Egypt to perform circumcision was unique to Israel. The *gemara* in *Kereisos* 9a indicates that it was part of a process of conversion, by which the Israelite nation attained full legal status as Jews.

Rashi (*Kereisos* 9a, s.v., בדמיך) indicates that the *pesach*-offering brought in Egypt was also part of the conversion process. This can be understood in light of the Mechilta's (11) comment on the verse "draw forth and take for yourselves one of the flock for your families, and slaughter the *pesach*-offering" (*Exodus* 12:21). The Mechilta there states, "R' Yosi HaGelili says [the verse means], 'Draw away from idolatry, and attach yourselves to the commandments.' " This indicates that in Egypt, the *pesach*-offering was an expression of acceptance of the commandments, which is an essential element of the conversion process.

This is further indicated by another statement of the Mechilta (11): " 'Moses called to all the elders of Israel' (*Exodus* 12:21); this teaches us that he ordained them as a court." It is not obvious why Moses would have to give the elders the status of a court before Israel was to bring the *pesach*-offering. But in light of the above this becomes clear, for the conversion process must take place in the presence of a court.

This explains why we may have thought that all converts must bring a *pesach*-offering upon conversion. We may have thought that the Torah formalized this particular method of acceptance of commandments. Rashi teaches us that this is not so. Our verse does not deal with the conversion process (R' Michel Shurkin in the name of R' Yosef Ber Soloveitchik).

1. Rashi reiterates that the *pesach*-offering of which the verse speaks is not one unique to converts; it is the one brought by all Jews.

2. *Sifrei* 71; *Pesachim* 93a. Rashi points out that "and he shall make a *pesach*-offering to HASHEM" is part of the subordinate clause beginning "when a convert shall dwell with you"; the main clause is "according to the decree . . . so shall he do." Had the verse spoken of a *pesach*-offering peculiar to converts, "according to the decree . . ." would have been the beginning of a new sentence. The verse would have said: "When a convert shall dwell with you, he shall make a *pesach*-offering to HASHEM. According to the decree of the *pesach*-offering and its law, so shall he do"; that is, the *pesach*-offering of conversion should follow the same procedure as the regular *pesach*-offering.

3. The ל prefix of לְאֹהֶל is understood as "to be"; it is the לָמֶד תַּכְלִיתִית, the ל prefix which serves to indicate a thing's function (*Mizrachi;* see note 1 to 5:24 above).

4. The verse is not to be read "the cloud covered the Tabernacle to be a tent for the Testimony." The cloud did not serve as a tent for the Testimony (*Mizrachi*).

5. יִהְיֶה here is not the simple future, "there *will* be." It indicates continuous action, "there *would* be."

16 *So it would always be: The cloud would*
cover it, and an appearance of fire at night.
17 *And in accordance with the lifting of the*
cloud from atop the Tent, afterwards the
Children of Israel would journey, and in the
place where the cloud would rest, there the
Children of Israel would encamp. 18 *Ac-*
cording to the word of HASHEM *would the*
Children of Israel journey, and according to
the word of HASHEM *would they encamp; all*

טז כֵּ֚ן יִהְיֶ֣ה תָמִ֔יד הֶעָנָ֖ן יְכַסֶּ֑נּוּ
יז וּמַרְאֵה־אֵ֖שׁ לָֽיְלָה׃ וּלְפִ֞י הֵעָלֹ֤ת
הֶֽעָנָן֙ מֵעַ֣ל הָאֹ֔הֶל וְאַ֣חֲרֵי כֵ֔ן
יִסְע֖וּ בְּנֵ֣י יִשְׂרָאֵ֑ל וּבִמְק֗וֹם אֲשֶׁ֤ר
יִשְׁכָּן־שָׁם֙ הֶֽעָנָ֔ן שָׁ֥ם יַחֲנ֖וּ בְּנֵ֥י
יח יִשְׂרָאֵֽל׃ עַל־פִּ֣י יְהוָ֗ה יִסְעוּ֙ בְּנֵ֣י
יִשְׂרָאֵ֔ל וְעַל־פִּ֥י יְהוָ֖ה יַחֲנ֑וּ כָּל־

אונקלוס

טז כֵּן הֲוָה תְדִירָא עֲנָנָא חָפֵי לֵהּ וְחֵזוּ אֶשָּׁתָא בְּלֵילְיָא: יז וּלְפוּם אִסְתַּלָּקוּת עֲנָנָא מֵעִלָּוֵי מַשְׁכְּנָא וּבָתַר כֵּן נָטְלִין בְּנֵי יִשְׂרָאֵל וּבְאַתְרָא דְּשָׁרֵי תַמָּן עֲנָנָא תַּמָּן שָׁרָן בְּנֵי יִשְׂרָאֵל: יח עַל מֵימְרָא דַייָ נָטְלִין בְּנֵי יִשְׂרָאֵל וְעַל מֵימְרָא דַייָ שָׁרָן כָּל

רש"י

(יז) העלות הענן. כתרגומו אסתלקות, וכן ונעלה הענן (להלן פסוק כא) ולא יתכן לכתוב ולפי עלות הענן, ועלה הענן, שאין זה לשון סלוק אלא צמוח ועלייה, כמו הנה עב קטנה ככף איש עולה מים (מלכים א יח:מד): **(יח) על פי ה' יסעו.** שנינו במלאכת המשכן, כיון שהיו ישראל נוסעים היה עמוד הענן מתקפל ונמשך על גבי בני יהודה כמין קורה, תקעו והריעו ותקעו (מלאכת המשכן פי"ג). ולא היה מהלך עד שמשה אומר קומה ה', ונסע דגל מחנה יהודה. זו בספרי (פד): **ועל פי ה' יחנו.** כיון שהיו ישראל חונים עמוד הענן מתמר ועולה ונמשך על גבי בני יהודה כמין סוכה (מלאכת המשכן פי"ד) ולא היה נפרש

RASHI ELUCIDATED

language of the entire passage.[1]

17. **הֵעָלֹת הֶעָנָן** – THE LIFTING OF THE CLOUD. This is to be understood **כְּתַרְגּוּמוֹ** – **as *Targum* Onkelos renders it,** "**אִסְתַּלָּקוּת**", – **"departure."**[2] **וְכֵן** ,,**וְנַעֲלָה הֶעָנָן**"[3] – **And similarly, וְנַעֲלָה** in, **"and the cloud would be lifted."**[3] **וְלֹא יִתָּכֵן לִכְתּוֹב** – **It would be untenable** for the Torah **to have written** in this verse, **וּלְפִי עֲלוֹת הֶעָנָן** – **"and according to the lifting of the cloud,"** using **עֲלוֹת** rather than **הֵעָלוֹת**, **וְעָלָה הֶעָנָן** – **and** in verse 21, **"and the cloud would be lifted,"** using **וְעָלָה** rather than **וְנַעֲלָה**, **שֶׁאֵין זֶה לְשׁוֹן סִלּוּק** – **for [those words] do not denote departure,** **אֶלָּא** – **but rather,** **צִמּוּחַ וַעֲלִיָּה** – **growth and ascent,**[4] **כְּמוֹ** – **like עוֹלָה** in, ,,**הִנֵּה עָב קְטַנָּה כְּכַף אִישׁ** – **"Behold there is a small cloud,** – **like a man's palm,** **עֹלָה מִיָּם**"[5] – **rising from the sea."**[5]

18. **עַל פִּי ה' יִסְעוּ** – ACCORDING TO THE WORD OF HASHEM WOULD [THE CHILDREN OF ISRAEL] JOURNEY. **שָׁנִינוּ בִּמְלֶאכֶת הַמִּשְׁכָּן** – **We have learned in *Meleches HaMishkan*:**[6] **כֵּיוָן שֶׁהָיוּ יִשְׂרָאֵל נוֹסְעִים** – **Once Israel would** be about to **journey,** **הָיָה עַמּוּד הֶעָנָן מִתְקַפֵּל** – **the Cloud would fold up,** **וְנִמְשָׁךְ** – **and be extended** **עַל גַּבֵּי בְּנֵי יְהוּדָה** – **over the children of Judah** **כְּמִין קוֹרָה** – **in the shape of a beam.** **תָּקְעוּ** – **They would blow a long blast** on the trumpets,[7] **וְהֵרִיעוּ** – **and blow short blasts,** **וְתָקְעוּ** – **and blow a long blast.**[8] **וְלֹא הָיָה מְהַלֵּךְ** – **And [the Cloud] would not advance** **עַד שֶׁמֹּשֶׁה אוֹמֵר** – **until Moses would say,** ,,**קוּמָה ה'** " – **"Arise, HASHEM!"**[9] **וְנָסַע דֶּגֶל מַחֲנֵה יְהוּדָה** – **Then the division of the camp of Judah would** begin to **journey.**[10] **זוּ בְּסִפְרֵי** – **This** comment is found **in *Sifrei*.**[11]

☐ **וְעַל פִּי ה' יַחֲנוּ** – AND ACCORDING TO THE WORD OF HASHEM WOULD THEY ENCAMP. **כֵּיוָן שֶׁהָיוּ יִשְׂרָאֵל חוֹנִים** – **Once Israel would** be about to **encamp,** **עַמּוּד הֶעָנָן מִתַּמֵּר וְעוֹלֶה** – **the pillar of cloud would rise straight up,** **וְנִמְשָׁךְ** – **and it would be extended** **עַל גַּבֵּי בְּנֵי יְהוּדָה** – **over the children of Judah** **כְּמִין סוּכָּה** – **in the shape of a shelter.**[12] **וְלֹא הָיָה נִפְרָשׂ**[13] – **It would not spread out**[13]

1. In the entire passage, verbs in the future tense indicate continuous action.

2. The root עלה in the *nifal* denotes "departure" when used with reference to clouds, as in 16:24 below (see Rashi and *Targum Onkelos* there; *Havanas HaMikra*).

3. Below v. 21.

4. When used with reference to clouds, עלה in the *kal* rather than the *nifal* indicates the formation of a cloud rather than its dissipation (*Havanas HaMikra*).

5. *I Kings* 18:44.

6. *Meleches HaMishkan*, ch. 13. See note 4 to 4:32 above.

7. See 10:1-10 below.

8. The quotation from *Meleches HaMishkan* ends at this point. What follows is from *Sifrei*.

9. Below 10:35.

10. This explains how they journeyed "through Moses."

11. *Sifrei* 84.

12. *Baraisa Meleches HaMishkan* 14.

13. That is, it would not reconfigure itself into the shape

the days that the cloud would rest upon the Tabernacle they would encamp. [19] *When the cloud lingered upon the Tabernacle many days, the Children of Israel would maintain the charge of* HASHEM *and would not journey.* [20] *Sometimes the cloud would be upon the Tabernacle for a few days; according to the word of* HASHEM *would they encamp and according to the word of* HASHEM *would they journey.* [21] *And sometimes the cloud would remain from evening until morning, and the cloud would be lifted in the morning and they would journey; or for a day and a night, and the cloud would be lifted and they would journey.* [22] *Or for two days, or a month, or days, when the cloud would linger over the Tabernacle, resting upon it, the Children of Israel would encamp and would not journey, but when it was lifted they would journey.* [23] *According to the word of* HASHEM *would they encamp, and according to the word of* HASHEM *would they journey; the charge of* HASHEM *would they safeguard, according to the word of* HASHEM *through Moses.*

יְמֵי אֲשֶׁר יִשְׁכֹּן הֶעָנָן עַל־הַמִּשְׁכָּן
יט יַחֲנוּ: וּבְהַאֲרִיךְ הֶעָנָן עַל־הַמִּשְׁכָּן
יָמִים רַבִּים וְשָׁמְרוּ בְנֵי־יִשְׂרָאֵל
אֶת־מִשְׁמֶרֶת יהוה וְלֹא יִסָּעוּ:
כ וְיֵשׁ אֲשֶׁר יִהְיֶה הֶעָנָן יָמִים מִסְפָּר
עַל־הַמִּשְׁכָּן עַל־פִּי יהוה יַחֲנוּ
כא וְעַל־פִּי יהוה יִסָּעוּ: וְיֵשׁ אֲשֶׁר
יִהְיֶה הֶעָנָן מֵעֶרֶב עַד־בֹּקֶר וְנַעֲלָה
הֶעָנָן בַּבֹּקֶר וְנָסָעוּ אוֹ יוֹמָם
כב וָלַיְלָה וְנַעֲלָה הֶעָנָן וְנָסָעוּ: אוֹ־
יֹמַיִם אוֹ־חֹדֶשׁ אוֹ־יָמִים בְּהַאֲרִיךְ
הֶעָנָן עַל־הַמִּשְׁכָּן לִשְׁכֹּן עָלָיו
יַחֲנוּ בְנֵי־יִשְׂרָאֵל וְלֹא יִסָּעוּ
כג וּבְהֵעָלֹתוֹ יִסָּעוּ: עַל־פִּי יהוה יַחֲנוּ
וְעַל־פִּי יהוה יִסָּעוּ אֶת־מִשְׁמֶרֶת
יהוה שָׁמָרוּ עַל־פִּי יהוה בְּיַד־
מֹשֶׁה:

10 [1] HASHEM *spoke to Moses, saying,*

י א וַיְדַבֵּר יהוה אֶל־מֹשֶׁה לֵּאמֹר:

אונקלוס

יוֹמֵי דִּי שָׁרֵי עֲנָנָא עַל מַשְׁכְּנָא שָׁרַן: יט וּבְאוֹרָכוּת עֲנָנָא עַל מַשְׁכְּנָא יוֹמִין סַגִּיאִין וְיִטְרוּן בְּנֵי יִשְׂרָאֵל יָת מַטְּרַת מֵימְרָא דַייָ וְלָא נָטְלִין: כ וְאִית דִּי הֲוָה עֲנָנָא יוֹמֵי דְמִנְיָן עַל מַשְׁכְּנָא עַל מֵימְרָא דַייָ שָׁרַן וְעַל מֵימְרָא דַייָ נָטְלִין: כא וְאִית דִּי הֲוָה עֲנָנָא מֵרַמְשָׁא עַד צַפְרָא וּמִסְתַּלַּק עֲנָנָא בְּצַפְרָא וְנָטְלִין אוֹ יֵמָם וְלֵילֵי וּמִסְתַּלַּק עֲנָנָא וְנָטְלִין: כב אוֹ תְרֵין יוֹמִין אוֹ יַרְחָא אוֹ עִדָּן בְּעִדָּן בְּאוֹרָכוּת עֲנָנָא עַל מַשְׁכְּנָא לְמִשְׁרֵי עֲלוֹהִי שָׁרַן בְּנֵי יִשְׂרָאֵל וְלָא נָטְלִין וּבְאִסְתַּלָּקוּתֵהּ נָטְלִין: כג עַל מֵימְרָא דַייָ שָׁרַן וְעַל מֵימְרָא דַייָ נָטְלִין יָת מַטְּרַת מֵימְרָא דַייָ נָטְרִין עַל מֵימְרָא דַייָ בִּידָא דְמֹשֶׁה: א וּמַלִּיל יְיָ עִם מֹשֶׁה לְמֵימָר:

רש״י

עד שמשה אומר שובה ה׳ רבבות אלפי ישראל (ספרי שם). הוי אומר על פי ה׳ וביד משה (להלן פסוק כג; ספרי שם): (כ) ויש. כלומר ופעמים: ימים מספר. ימים מועטים: (כב) או ימים. שנה, כמו ימים תהיה גאולתו (ויקרא כה:כט):

RASHI ELUCIDATED

עַד שֶׁמֹּשֶׁה אוֹמֵר – **until Moses would say,** ,,שׁוּבָה ה׳ – **"Reside tranquilly, HASHEM,** רִבְבוֹת אַלְפֵי יִשְׂרָאֵל״[1] – **[among the] myriad thousands of Israel."**[1] הֱוֵי אוֹמֵר – **You can thus say** – ,,עַל פִּי ה׳ that the journeying and encamping was **"according to the word of HASHEM** וּבְיַד מֹשֶׁה״[2] – **through Moses,"** as described in verse 23 below.[2]

20. וְיֵשׁ – Literally, "and there is." כְּלוֹמַר – **That is to say,** וּפְעָמִים – **"sometimes."**

□ יָמִים מִסְפָּר – Literally, "days of number." This means יָמִים מוּעָטִים – **a few days.**

22. אוֹ יָמִים – OR DAYS. This means שָׁנָה – **a year,** כְּמוֹ – **as** in, ,,יָמִים תִּהְיֶה גְּאֻלָּתוֹ״[3] – **"Its period of redemption shall be days."**[3]

---

of a shelter. The reading נִפְרָשׁ follows *Sifrei*. Some editions read וְלֹא הָיָה נִפְרָשׂ, "it would not depart" (see *Be'er Yitzchak*).

1. Below 10:36.
2. *Sifrei* 84.
3. *Leviticus* 25:29; see Rashi there.

ב עֲשֵׂה לְךָ שְׁתֵּי חֲצוֹצְרֹת כֶּסֶף מִקְשָׁה תַּעֲשֶׂה אֹתָם וְהָיוּ לְךָ לְמִקְרָא הָעֵדָה וּלְמַסַּע אֶת־הַמַּחֲנוֹת:

2 "Make for yourself two silver trumpets — make them beaten out, and they shall be yours for the summoning of the assembly and to cause the camps to journey.

אונקלוס

ב עִבֵד לָךְ תַּרְתֵּין חֲצֹצְרָן דִּכְסַף נְגִיד תַּעְבֵּד יָתְהוֹן וִיהוֹן לָךְ לְעָרְעָא כְנִשְׁתָּא וּלְאַטָּלָא יָת מַשְׁרִיתָא:

רש"י

(ב) [עשה לך. שיהיו תוקעין לפניך כמלך, כמו שנאמר ויהי בישורון מלך (דברים לג:ה; תנחומא ט): עשה לך. משלך (ספרי עב; תנחומא י; יומא ג:): עשה לך. אתה עושה ומשתמש בהם ולא אחר (תנחומא שם)]: למקרא העדה. כשתרצה לדבר עם הסנהדרין ושאר העם ותקראם לאסוף אליך, תקראם על ידי חצוצרות (ספרי עב): ולמסע את המחנות. בשעת סלוק מסעות תתקעו בהם לסימן (שם). נמצאת אתה אומר על פי שלשה היו נוסעים, על פי הקב"ה ועל פי משה ועל פי חצוצרות (שם; מלאכת המשכן פי"ג): מקשה. מהעשת תעשה בהקשת הקורנס (ספרי שם):

RASHI ELUCIDATED

10.

2. {עֲשֵׂה לְךָ – MAKE FOR YOURSELF,[1] that is, **שֶׁיִּהְיוּ תוֹקְעִין לְפָנֶיךָ – that they should blast** on the trumpets **before you כְּמֶלֶךְ – as** they do before **a king, כְּמוֹ שֶׁנֶּאֱמַר – as it says, "וַיְהִי בִישֻׁרוּן מֶלֶךְ"[2] – "He became a king over Jeshurun."**[2]}

□ {עֲשֵׂה לְךָ – MAKE FOR YOURSELF,[1] that is, **מִשֶּׁלְּךָ – From that which is yours,** not from public funds.}[3]

□ {עֲשֵׂה לְךָ – MAKE FOR YOURSELF,[1] that is, **אַתָּה עוֹשֶׂה וּמִשְׁתַּמֵּשׁ בָּהֶם – You may make** trumpets **and use them, וְלֹא אַחֵר – but not someone else.**}[4]

□ לְמִקְרָא הָעֵדָה – FOR THE SUMMONING OF THE ASSEMBLY. **כְּשֶׁתִּרְצֶה לְדַבֵּר עִם הַסַּנְהֶדְרִין – When you will wish to speak with the Sanhedrin**[5] **וּשְׁאָר הָעָם – and the rest of the people, וְתִקְרָאֵם לֶאֱסוֹף אֵלֶיךָ – and you will summon them to gather to you, תִּקְרָאֵם – you shall summon them עַל יְדֵי חֲצוֹצְרוֹת**[6] **– by means of the trumpets.**[6]

□ וּלְמַסַּע אֶת הַמַּחֲנוֹת – AND TO CAUSE THE CAMPS TO JOURNEY. **בִּשְׁעַת סִלּוּק מַסָּעוֹת – At the time of departure for journeys, תִּתְקְעוּ בָהֶם – you shall blast on them לְסִימָן**[7] **– as a signal.**[7] **נִמְצֵאתָ אַתָּה אוֹמֵר – It is** thus **found** that **you say, עַל פִּי שְׁלֹשָׁה – by the word of three הָיוּ נוֹסְעִים – they would** embark on a **journey: עַל פִּי הַקָּדוֹשׁ בָּרוּךְ הוּא – by the word of the Holy One, Blessed is He,**[8] **וְעַל פִּי מֹשֶׁה – by the word of Moses,**[9] **וְעַל פִּי חֲצוֹצְרוֹת**[10] **– and "by the word" of the trumpets.**[10]

□ מִקְשָׁה – BEATEN OUT. **מֵהָעֶשֶׁת תַּעֲשֶׂה – You shall make** them **from a solid block** of silver **בְּהַקָּשַׁת הַקּוּרְנָס – by beating with a hammer.**[11]

1. Rashi's first three comments to this verse (each s.v., עֲשֵׂה לְךָ) do not appear in any of the early printed editions of Rashi. Moreover, none of the early commentators on Rashi mention them. Nevertheless, *Yosef Daas* (1609) attests to finding them in a parchment manuscript copy of Rashi's commentary. These comments discuss the implications of the apparently superfluous "for yourself" (*Be'er Yitzchak*).

2. *Deuteronomy* 33:5, see Rashi there; *Tanchuma* 9. Rashi here follows *Shemos Rabbah* 2:6, in viewing the verse from *Deuteronomy* as referring to Moses, and attributing to him the status of a king. In his comments to that verse, however, Rashi follows *Rosh Hashanah* 32b and *Bamidbar Rabbah* 15:18 in saying that the "King" of the verse is God.

3. *Sifrei* 72; *Tanchuma* 10; *Yoma* 3b.

4. *Tanchuma* 10. Not only may another person not use Moses' trumpets, he may not even make others like them for the purpose of gathering the assembly (*Be'er Yitzchak*). See also Rashi to *Deuteronomy* 31:28 for more on Moses' exclusive relationship to the trumpets.

5. That is, to the princes, for the trumpets served to summon them, as stated in verse 4 below (*Nachalas Yaakov; Imrei Shefer*).

6. *Sifrei* 72. "For summoning the assembly" is a function of the trumpets entirely unrelated to "and to cause the camps to journey"; the verse does not mean "for summoning the assembly, and *then,* to cause the camps to journey," as if the journey had to be preceded by assembly (*Mesiach Ilmim*).

7. *Sifrei* 72.

8. That is, when God indicated through the movement of the Cloud that they should embark on a journey; see Rashi to 9:18 above, s.v., עַל פִּי ה׳ יִסְעוּ.

9. That is, when Moses would announce, "Arise, HASHEM!"; see Rashi to 9:18 above, s.v., עַל פִּי ה׳ יִסְעוּ.

10. *Sifrei* 72, *Beraisa Meleches HaMishkan*, ch. 13.

11. *Sifrei* 72.

ג וְתָקְעוּ בָּהֵן וְנוֹעֲדוּ אֵלֶיךָ כָּל־
ד הָעֵדָה אֶל־פֶּתַח אֹהֶל מוֹעֵד: וְאִם־
בְּאַחַת יִתְקָעוּ וְנוֹעֲדוּ אֵלֶיךָ
הַנְּשִׂיאִים רָאשֵׁי אַלְפֵי יִשְׂרָאֵל:
ה וּתְקַעְתֶּם תְּרוּעָה וְנָסְעוּ הַמַּחֲנוֹת
ו הַחֹנִים קֵדְמָה: וּתְקַעְתֶּם תְּרוּעָה
שֵׁנִית וְנָסְעוּ הַמַּחֲנוֹת הַחֹנִים
תֵּימָנָה תְּרוּעָה יִתְקְעוּ לְמַסְעֵיהֶם:
ז וּבְהַקְהִיל אֶת־הַקָּהָל תִּתְקְעוּ

[3] *When they sound a long blast with them, the entire assembly shall assemble to you, to the entrance of the Tent of Meeting.* [4] *If they sound a long blast with one, the princes shall assemble to you, the heads of Israel's thousands.* [5] *When you sound short blasts, the camps resting to the east shall journey.* [6] *When you sound short blasts a second time, the camps resting to the south shall journey; short blasts shall they sound for their journeys.* [7] *When you gather together the congregation, you shall sound a long blast,*

אונקלוס

ג וְיִתְקְעוּן בְּהֵן וְיִזְדַּמְּנוּן לְוָתָךְ כָּל כְּנִשְׁתָּא לִתְרַע מַשְׁכַּן זִמְנָא: ד וְאִם בַּחֲדָא יִתְקְעוּן וְיִזְדַּמְּנוּן לְוָתָךְ רַבְרְבַיָּא רֵישֵׁי אַלְפַיָּא דְיִשְׂרָאֵל: ה וְתִתְקְעוּן יַבֶּבְתָּא וְיִטְלוּן מַשְׁרְיָתָא דְּשָׁרַן קִדּוּמָא: ו וְתִתְקְעוּן יַבֶּבְתָּא תִּנְיָנוּת וְיִטְלוּן מַשְׁרְיָתָא דְּשָׁרַן דָּרוֹמָא יַבָּבָא יִתְקְעוּן לְמַטְלָנֵיהוֹן: ז וּבְמִכְנַשׁ יָת קְהָלָא תִּתְקְעוּן

רש"י

(ג) **ותקעו בהן.** בשתיהן והוא סימן למקרא העדה, שנאמר ונועדו אליך כל העדה אל פתח אהל מועד: (ד) **ואם באחת יתקעו.** הוא סימן למקרא הנשיאים, שנאמר ונועדו אליך הנשיאים, ואף הן יעידתן אל פתח אהל מועד, ומגזרה שוה הוא בא בספרי (עג): (ה) **ותקעתם תרועה.** סימן מסע המחנות תקיעה תרועה ותקיעה, כך הוא נדרש בספרי מן המקראות היתרים (שם): (ז) **ובהקהיל את הקהל וגו'.** לפי שהוא אומר והיו לך למקרא העדה ולמסע את המחנות (לעיל פסוק ב)

RASHI ELUCIDATED

3. וְתָקְעוּ בָּהֵן – WHEN THEY SOUND A LONG BLAST WITH THEM, that is, בִּשְׁתֵּיהֶן – **with both of them.** וְהוּא סִימָן – **It is a signal** לְמִקְרָא הָעֵדָה – **for the summoning of the assembly,** שֶׁנֶּאֱמַר – **as it says,** ,,וְנוֹעֲדוּ אֵלֶיךָ כָּל הָעֵדָה – **"The entire assembly shall assemble to you,** אֶל פֶּתַח אֹהֶל מוֹעֵד'' – **to the entrance of the Tent of Meeting."**

4. וְאִם בְּאַחַת יִתְקָעוּ – IF THEY SOUND A LONG BLAST WITH ONE, הוּא סִימָן – **it is a signal** לְמִקְרָא הַנְּשִׂיאִים – **for the summoning of the princes,** שֶׁנֶּאֱמַר – **as it says,** ,,וְנוֹעֲדוּ אֵלֶיךָ הַנְּשִׂיאִים'' – **"The princes shall assemble to you."** וְאַף הֵן יְעִידָתָן – **Their assembly, too,** אֶל פֶּתַח אֹהֶל מוֹעֵד – **is at the entrance of the Tent of Meeting,** as stated explicitly about the "entire assembly" in the preceding verse. וּמִגְּזֵרָה שָׁוָה הוּא בָא – **This is derived from a *gezeirah shavah*[1]** בְּסִפְרֵי[2] – **in *Sifrei*.[2]**

5. וּתְקַעְתֶּם תְּרוּעָה – WHEN YOU SOUND SHORT BLASTS. סִימָן מַסַּע הַמַּחֲנוֹת – **The signal for the traveling of the camps** תְּקִיעָה תְּרוּעָה וּתְקִיעָה – **is a long blast, short blasts, and a long blast.** כָּךְ הוּא נִדְרָשׁ בְּסִפְרֵי – **Thus has it been expounded in *Sifrei*** מִן הַמִּקְרָאוֹת הַיְתֵרִים – **from the superfluous verses.[3]**

7. וּבְהַקְהִיל אֶת הַקָּהָל וְגוֹמֵר – WHEN YOU GATHER TOGETHER THE CONGREGATION, ETC. לְפִי שֶׁהוּא אוֹמֵר – **Since it says,** ,,וְהָיוּ לְךָ לְמִקְרָא הָעֵדָה – **"And they shall be yours for the summoning of the assembly** וּלְמַסַּע אֶת הַמַּחֲנוֹת''[4] – **and to cause the camps to journey,"[4]** we conclude from this

1. *Gezeirah shavah* is a method of deriving information in which something that is stated explicitly with regard to one context is applied to another context, as well, by virtue of similar words or phrases appearing in the two contexts. This only applies when such association of two contexts is a matter of received tradition. It is not a procedure which is rooted in logical criteria that can be used at one's own initiative. Here, the *gezeirah shavah* is based on the appearance of the word וְתָקְעוּ in verse 3, and the related word יִתְקָעוּ in our verse.

2. *Sifrei* 73.

3. *Sifrei* 73. Verse 7 says, "When you gather together the congregation, you shall sound a long blast, but not short blasts." This implies that in the situation of our verse, when the camps journeyed, there was a long blast along with the short blasts. Verse 6 concludes with the seemingly superfluous phrase "short blasts shall they sound for their journeys," using the verb יִתְקְעוּ, literally, "they shall blow a long blast," for "shall they sound." This implies that not only were the short blasts which signaled a journey preceded by a long blast, but they were also followed by one.

4. Above v. 2.

ח וְלֹ֣א תָרִ֑יעוּ׃ וּבְנֵ֤י אַהֲרֹן֙ הַכֹּ֣הֲנִ֔ים
יִתְקְע֖וּ בַּחֲצֹצְר֑וֹת וְהָי֥וּ לָכֶ֛ם לְחֻקַּ֥ת
ט עוֹלָ֖ם לְדֹרֹֽתֵיכֶֽם׃ וְכִֽי־תָבֹ֨אוּ מִלְחָמָ֜ה
בְּאַרְצְכֶ֗ם עַל־הַצַּר֙ הַצֹּרֵ֣ר אֶתְכֶ֔ם
וַהֲרֵעֹתֶ֖ם בַּחֲצֹצְרֹ֑ת וְנִזְכַּרְתֶּ֗ם לִפְנֵי֙
יהוה אֱלֹהֵיכֶ֔ם וְנוֹשַׁעְתֶּ֖ם מֵאֹיְבֵיכֶֽם׃
י וּבְי֨וֹם שִׂמְחַתְכֶ֥ם וּֽבְמוֹעֲדֵיכֶם֮
וּבְרָאשֵׁ֣י חָדְשֵׁכֶם֒ וּתְקַעְתֶּ֣ם
בַּחֲצֹצְרֹ֗ת עַ֚ל עֹלֹ֣תֵיכֶ֔ם וְעַ֖ל זִבְחֵ֣י

but not short blasts. [8] *The sons of Aaron, the Kohanim, shall sound the trumpets, and it shall be for you an eternal decree for your generations.*

[9] *"When you go to wage war in your land against an enemy who oppresses you, you shall sound short blasts of the trumpets, and you shall be recalled before* HASHEM, *your God, and you shall be saved from your foes.*

[10] *"On a day of your gladness, and on your festivals, and on your new moons, you shall sound the trumpets over your olah-offerings and over the sacrifices of*

אונקלוס

וְלָא תְיַבְּבוּן: ח וּבְנֵי אַהֲרֹן כָּהֲנַיָּא יִתְקְעוּן בַּחֲצֹצְרָתָא וִיהוֹן לְכוֹן לִקְיָם עָלַם לְדָרֵיכוֹן: ט וַאֲרֵי תֵעֲלוּן לְאַגָּחָא קְרָבָא בְּאַרְעֲכוֹן עַל מְעִיקֵי דִּמְעִיקִין לְכוֹן וּתְיַבְּבוּן בַּחֲצֹצְרָתָא וְיֵעוֹל דּוּכְרָנֵיכוֹן לְטָבָא קֳדָם יְיָ אֱלָהֲכוֹן וְתִתְפָּרְקוּן מִסַּנְאֵיכוֹן: י וּבְיוֹם חֶדְוַתְכוֹן וּבְמוֹעֲדֵיכוֹן (נ״א וּבִזְמַנֵּיכוֹן) וּבְרֵישֵׁי יַרְחֵיכוֹן וְתִתְקְעוּן בַּחֲצֹצְרָתָא עַל עֲלָוָתְכוֹן וְעַל נִכְסַת

רש"י

מה מקרא העדה תוקע בשני כהנים ובשתיהן, שנא' ותקעו בהן וגו' (לעיל פסוק ג) אף מסע המחנות בשתיהם. יכול, מה מסע המחנות תוקע ומריע ותוקע אף מקרא העדה תוקע ומריע ותוקע, ומעתה אין חילוק בין מקרא העדה למסע המחנות, ת"ל ובהקהיל את הקהל וגו', לומר שאין תרועה למקרא העדה (ספרי עד) והוא הדין לנשיאים. הרי סימן לשלשתם, מקרא העדה בשתים, ושל נשיאים באחת, זו וזו אין בהם תרועה, ומסע המחנות בשתים ע"י תרועה ותקיעה: (ח) **ובני אהרן הכהנים יתקעו.** במקראות ובמסעות הללו: (י) **על עלתיכם.** בקרבן צבור הכתוב מדבר (שם עז):

RASHI ELUCIDATED

juxtaposition that **מַה מִּקְרָא הָעֵדָה – just as** in **summoning the assembly** **תּוֹקֵעַ בִּשְׁנֵי כֹהֲנִים – he sounds blasts by two Kohanim** **וּבִשְׁתֵּיהֶן – and with both of [the trumpets],** **שֶׁנֶּאֱמַר – as it says,** **"וְתָקְעוּ בָּהֵן וְגוֹמֵר"**[1] **– "When they sound a long blast with them, etc.,"**[1] **אַף מַסַּע הַמַּחֲנוֹת – so, too, causing the camps to journey** **בִּשְׁתֵּיהֶם** – was done **with both of them.** **יָכוֹל – One might be able** to think, **מַה מַּסַּע הַמַּחֲנוֹת – just as** in **causing the camps to journey,** **תּוֹקֵעַ וּמֵרִיעַ וְתוֹקֵעַ – he sounds a long blast,** then **sounds short blasts, and** then **sounds a long blast,** **אַף מִקְרָא הָעֵדָה – so, too,** in **summoning the assembly,** **תּוֹקֵעַ וּמֵרִיעַ וְתוֹקֵעַ – he sounds a long blast,** then **sounds short blasts, and** then **sounds a long blast,** **וּמֵעַתָּה – and now** if this would be so, **אֵין חִלּוּק – there would be no difference** **בֵּין מִקְרָא הָעֵדָה – between summoning the assembly** **לְמַסַּע הַמַּחֲנוֹת – and causing the camps to journey.** **תַּלְמוּד לוֹמַר** – To teach us otherwise, **the Torah says,** **"וּבְהַקְהִיל אֶת הַקָּהָל וְגוֹמֵר" – "When you gather together the congregation, etc.,** [but not short blasts]," **לוֹמַר – to say** **שֶׁאֵין תְּרוּעָה – that there are no short blasts** **לְמִקְרָא הָעֵדָה**[2] **– for summoning the assembly.**[2] **וְהוּא הַדִּין – And the same law holds true** **לַנְּשִׂיאִים – for** summoning **the princes.** **הֲרֵי סִימָן לִשְׁלָשְׁתָּם – See, now, that there is a** distinct **signal for** each of **the three of them:** **מִקְרָא הָעֵדָה בִּשְׁתַּיִם – Summoning the assembly** is done **with two** trumpets, **וְשֶׁל נְשִׂיאִים – and** summoning **of the princes** **בְּאַחַת – with one.** **וְזוֹ וָזוֹ אֵין בָּהֶם תְּרוּעָה – And neither of these** signals **have short blasts in them.** **וּמַסַּע הַמַּחֲנוֹת – And** the signal for **causing the camps to journey** **בִּשְׁתַּיִם –** is **with two** trumpets **עַל יְדֵי תְּרוּעָה וּתְקִיעָה – by means of** both **short blasts and a long blast.**

8. וּבְנֵי אַהֲרֹן הַכֹּהֲנִים יִתְקְעוּ – THE SONS OF AARON, THE KOHANIM, SHALL SOUND **בְּמִקְרָאוֹת וּבְמַסָּעוֹת הַלָּלוּ – at these summonings** of the assembly **and journeys.**[3]

10. עַל עֹלֹתֵיכֶם – OVER YOUR *OLAH*-OFFERINGS. **בְּקָרְבַּן צִבּוּר הַכָּתוּב מְדַבֵּר**[4] **– The verse speaks of communal offerings.**[4]

1. Above v. 3; see Rashi there.

2. *Sifrei* 74.

3. The verse is not introducing a new category of sounding trumpets; it refers to the soundings mentioned above (see *Gur Aryeh*). This is unlike *Sefer HaChinuch,* 384, who is of the opinion that our verse introduces a commandment to the Kohanim to sound the shofar every day.

4. *Sifrei* 77. The verse juxtaposes *olah*-offerings with

שַׁלְמֵיכֶם וְהָיוּ לָכֶם לְזִכָּרוֹן לִפְנֵי
אֱלֹהֵיכֶם אֲנִי יהוה אֱלֹהֵיכֶם:
יא חמישי וַיְהִי בַּשָּׁנָה הַשֵּׁנִית בַּחֹדֶשׁ
הַשֵּׁנִי בְּעֶשְׂרִים בַּחֹדֶשׁ נַעֲלָה הֶעָנָן
יב מֵעַל מִשְׁכַּן הָעֵדֻת: וַיִּסְעוּ בְנֵי־
יִשְׂרָאֵל לְמַסְעֵיהֶם מִמִּדְבַּר סִינָי

your peace-offerings; and they shall be for a remembrance for you before your God; I am HASHEM, your God."

[11] It was in the second year, in the second month, on the twentieth of the month, the cloud was lifted from upon the Tabernacle of the Testimony. [12] The Children of Israel journeyed according to their journeys from the Wilderness of Sinai,

אונקלוס

קוּדְשֵׁיכוֹן וִיהוֹן לְכוֹן לְדוּכְרָנָא קֳדָם אֱלָהֲכוֹן אֲנָא יְיָ אֱלָהֲכוֹן: יא וַהֲוָה בְּשַׁתָּא תִנְיֵתָא בְּיַרְחָא תִנְיָנָא בְּעַשְׂרִין לְיַרְחָא אִסְתַּלַּק עֲנָנָא מֵעִלָּוֵי מַשְׁכְּנָא דְסַהֲדוּתָא: יב וּנְטַלוּ בְנֵי יִשְׂרָאֵל לְמַטְלָנֵיהוֹן מִמַּדְבְּרָא דְסִינַי

רש"י

אני ה' אלהיכם. מכאן למדנו מלכיות עם זכרונות ושופרות, שנאמר ותקעתם, הרי שופרות. לזכרון, הרי זכרונות. אני ה' אלהיכם, זו מלכיות וכו' (שם): (יא) [בשנה השנית] בחדש השני. נמצאת אתה אומר שנים עשר חדש חסר עשרה ימים עשו בחורב, שהרי בראש חדש סיון חנו שם (שמות יט:א) ולא נסעו עד עשרים באייר לשנה הבאה (סדר עולם פ"ח): (יב) למסעיהם. כמשפט המפורש למסע דגליהם מי ראשון

RASHI ELUCIDATED

☐ אֲנִי ה׳ אֱלֹהֵיכֶם – **I AM HASHEM, YOUR GOD.** מִכָּאן לָמַדְנוּ – **From here we have learned** מַלְכִיּוֹת – **"Sovereignties"** עִם זִכְרוֹנוֹת וְשׁוֹפָרוֹת – **along with "Remembrances" and "Shofars,"**[1] שֶׁנֶּאֱמַר – **as it says,** "וּתְקַעְתֶּם" – **"You shall sound"** – הֲרֵי שׁוֹפָרוֹת – **there you have "Shofars";** "לְזִכָּרוֹן" – **"For a remembrance"** – הֲרֵי זִכְרוֹנוֹת – **there you have "Remembrances";** "אֲנִי ה׳ אֱלֹהֵיכֶם" – **"I am HASHEM, your God"** – זוֹ מַלְכִיּוֹת[2,3] – **this is** a reference to **"Sovereignties."**[3]

11. בַּחֹדֶשׁ הַשֵּׁנִי {בַּשָּׁנָה הַשֵּׁנִית} – {**IN THE SECOND YEAR,**} **IN THE SECOND MONTH.** נִמְצֵאתָ אַתָּה אוֹמֵר – **It is** thus **found** that **you say,** שְׁנֵים עָשָׂר חֹדֶשׁ חָסֵר עֲשָׂרָה יָמִים עָשׂוּ בְּחוֹרֵב – that **they spent twelve months less ten days at Horeb,**[4] שֶׁהֲרֵי – **for, see now,** בְּרֹאשׁ חֹדֶשׁ סִיוָן – **on the first of the month of Sivan,** the third month, חָנוּ שָׁם[5] – **they encamped there,**[5] וְלֹא נָסְעוּ – **and they did not travel** עַד עֶשְׂרִים בְּאִיָּר – **until the twentieth of Iyyar,** the second month, לַשָּׁנָה הַבָּאָה[6] – **of the following year.**[6]

12. לְמַסְעֵיהֶם – **ACCORDING TO THEIR JOURNEYS.** כְּמִשְׁפָּט הַמְּפוֹרָשׁ – **According to the law which is stated explicitly** לְמַסַּע דִּגְלֵיהֶם – **for the traveling of their divisions,** מִי רִאשׁוֹן – **who is first,**

peace-offerings. *Olah*-offerings are קָדְשֵׁי קָדָשִׁים, of the highest degree of sanctity. The juxtaposition indicates that the peace-offerings the verse speaks of are also of the highest degree of sanctity. This holds true only of communal peace-offerings. This, in turn, indicates that the *olah*-offerings of which the verse speaks are also communal offerings.

1. The three middle blessings of the *amidah* of every Rosh Hashanah, and of Yom Kippur of the *Yovel* year.

2. The word וכו׳ (וְכָלְהוּ), "etc.") that appears in virtually all contemporary editions appears in only one of the early printed editions – Soncino, 1487. There, this entire comment contains only six words: אֲנִי ה׳ אֱלֹהֵיכֶם זוֹ מַלְכוּת וכו׳, "I am HASHEM, your God, this is [a reference to] Sovereignty, etc." Thus, the word "etc." refers to the first part of the comment that appears in all the other editions.

3. *Sifrei* 77. See *Rosh Hashanah* 32a. The *Gemara* there concludes that our verse serves as a paradigm, and teaches us that wherever Scripture alludes to "Shofars" and "Remembrances," it refers to "Sovereignties," as well.

In a passage dealing with Rosh Hashanah, *Leviticus* 23:24 (see Rashi there) mentions "a remembrance of shofar blasts." This is seen as an allusion to the verses of "Remembrances" – which speak of God's remembrance of His covenant – and to the verses of "Shofars" – which refer to shofar blowing – which are part of the Rosh Hashanah liturgy. Although our verse does not speak explicitly of Rosh Hashanah, "you shall sound" and "Remembrances" are seen as allusions to it. The additional "I am HASHEM, your God" is understood to refer to "Sovereignties," verses that proclaim God's sovereignty over the universe (*Gur Aryeh*).

4. According to the Midrash (*Tanchuma, Bamidbar* 7), Scripture records six names for Mount Sinai: (a) הַר [הָ]אֱלֹהִים, "Mountain of God" (*Exodus* 3:1 and 18:5); (b) הַר בָּשָׁן, "Mount Bashan" (*Psalms* 68:16); (c) הַר גַּבְנֻנִּים, "Mount Gavnunim" (*Psalms* 68:16); (d) הָהָר חָמַד, "the Desired Mountain" (*Psalms* 68:17); (e) הַר חוֹרֵב, "Mount Horeb" (*Exodus* 33:6; *I Kings* 19:8); and (f) הַר סִינַי, "Mount Sinai" (*Exodus* 19:18).

5. See *Exodus* 19:1 and Rashi there, s.v., בַּיּוֹם הַזֶּה.

6. *Seder Olam* 8.

and the cloud rested in the Wilderness of Paran.

[13] They journeyed for the first time at the bidding of HASHEM *through Moses. [14] The division of the camp of the children of Judah journeyed first according to their legions, and over its legion was Nahshon son of Amminadab; [15] over the legion of the tribe of the children of Issachar was Nethanel son of Zuar; [16] and over the legion of the tribe of Zebulun was Eliab son of Helon.*

[17] The Tabernacle was taken down,

וַיִּשְׁכֹּן הֶעָנָן בְּמִדְבַּר פָּארָן: וַיִּסְעוּ
יג בָּרִאשֹׁנָה עַל־פִּי יהוה בְּיַד־מֹשֶׁה:
יד וַיִּסַּע דֶּגֶל מַחֲנֵה בְנֵי־יְהוּדָה
בָּרִאשֹׁנָה לְצִבְאֹתָם וְעַל־צְבָאוֹ
טו נַחְשׁוֹן בֶּן־עַמִּינָדָב: וְעַל־צְבָא
מַטֵּה בְּנֵי יִשָּׂשכָר נְתַנְאֵל בֶּן־
טז צוּעָר: וְעַל־צְבָא מַטֵּה בְּנֵי זְבוּלֻן
יז אֱלִיאָב בֶּן־חֵלֹן: וְהוּרַד הַמִּשְׁכָּן

אונקלוס

וּשְׁרָא עֲנָנָא בְּמַדְבְּרָא דְפָארָן: יג וּנְטַלוּ בְּקַדְמֵיתָא עַל מֵימְרָא דַייָ בִּידָא דְמֹשֶׁה: יד וּנְטַל טְקַס מַשְׁרִית בְּנֵי יְהוּדָה בְּקַדְמֵיתָא לְחֵילֵיהוֹן וְעַל חֵילֵהּ נַחְשׁוֹן בַּר עַמִּינָדָב: טו וְעַל חֵילָא דְשִׁבְטָא דִבְנֵי יִשָּׂשכָר נְתַנְאֵל בַּר צוּעָר: טז וְעַל חֵילָא דְשִׁבְטָא דִבְנֵי זְבוּלֻן אֱלִיאָב בַּר חֵלוֹן: יז וּמִתְפָּרַק מַשְׁכְּנָא

רש"י

ומי אחרון: **במדבר פארן.** קברות התאוה במדבר פארן היה, ושם חנו ממסע זה: **(יז) והורד המשכן.** כיון שנוסע דגל יהודה נכנסו אהרן ובניו ופרקו את הפרכת וכסו בה את הארון, שנאמר ובא אהרן ובניו בנסוע המחנה וגו' (לעיל ד:ה) ובני גרשון ובני מררי פורקין המשכן וטוענין אותו בעגלות [ונוסעין,] והארון וכלי הקדש של משא בני קהת עומדים מכוסין ונתונין על המוטות עד שנסע דגל מחנה ראובן, ואחר כך ונסעו הקהתים (פסוק כא):

RASHI ELUCIDATED

וּמִי אַחֲרוֹן – and who is last.[1]

□ **בְּמִדְבַּר פָּארָן – IN THE WILDERNESS OF PARAN.** **קִבְרוֹת הַתַּאֲוָה בְּמִדְבַּר פָּארָן הָיָה – Kibroth-hattaavah**[2] **was in the Wilderness of Paran, וְשָׁם חָנוּ מִמַּסָּע זֶה – and that is where they encamped after this journey.**[3]

17. וְהוּרַד הַמִּשְׁכָּן – THE TABERNACLE WAS TAKEN DOWN. **כֵּיוָן שֶׁנּוֹסֵעַ דֶּגֶל יְהוּדָה – Once the division of Judah would travel,**[4] **נִכְנְסוּ אַהֲרֹן וּבָנָיו – Aaron and his sons would come in** to the Tabernacle, **וּפֵרְקוּ אֶת הַפָּרֹכֶת – and take down the Partition-curtain, וְכִסּוּ בָהּ אֶת הָאָרוֹן – and cover the Ark with it, שֶׁנֶּאֱמַר – as it says, "וּבָא אַהֲרֹן וּבָנָיו בִּנְסֹעַ הַמַּחֲנֶה וְגוֹמֵר"**[5] **– "When the camp journeys, Aaron and his sons shall come etc."**[5] **וּבְנֵי גֵרְשׁוֹן – The sons of Gershon וּבְנֵי מְרָרִי – and the sons of Merari פּוֹרְקִין הַמִּשְׁכָּן – would dismantle the Tabernacle, וְטוֹעֲנִין אוֹתוֹ בָּעֲגָלוֹת – and load [its parts] onto wagons** {**וְנוֹסְעִין – and move on**}.[6] **וְהָאָרוֹן – The Ark וּכְלֵי הַקֹּדֶשׁ – and holy implements, שֶׁל מַשָּׂא בְנֵי קְהָת** – which were **of the burden of the sons of Kohath, עוֹמְדִים מְכוּסִּין – would stand covered וּנְתוּנִין עַל הַמּוֹטוֹת – and placed on the poles**[7] **עַד שֶׁנָּסַע דֶּגֶל מַחֲנֵה רְאוּבֵן – until the division of the camp of Reuben would travel, וְאַחַר כָּךְ – and afterwards, "וְנָסְעוּ הַקְּהָתִים"**[8] **– "then journeyed the Kohathites."**[8]

1. The verse does not mean "the Children of Israel journeyed on their journeys," for in that case, "on their journeys" would be superfluous.

The arrangements of the tribes by their divisions is discussed in Chapter 2 above. The arrangement of the families of Levites is discussed in Chapter 4.

2. See 11:35 below.

3. Scripture does not say that the Israelites journeyed from the Wilderness of Paran. The next location they are said to have journeyed from is Kibroth-hattaavah. Thus, Kibroth-hattaavah must have been in the Wilderness of Paran (*Gur Aryeh*). Furthermore, our verse says that the Children of Israel traveled from the Wilderness of Sinai to the Wilderness of Paran, while 33:16 below says that they traveled from the Wilderness of Sinai to Kibroth-hattaavah. Kibroth-hattaavah must therefore be in the Wilderness of Paran (*Mesiach Ilmim*).

4. That is, once the Cloud of Glory would depart, indicating that the tribes in the division of Judah should commence traveling (*Mizrachi; Gur Aryeh*; see Rashi to 4:5).

5. Above 4:5. That verse reads in full: "When the camp journeys, Aaron and his sons shall come and take down the Partition-curtain and cover the Ark of the Testimony with it."

6. The sons of Gershon and the sons of Merari would commence traveling with the division of Judah (*Gur Aryeh*; see also Rashi to v. 21).

The word in braces does not appear in some of the early printed editions.

7. See 4:10,12 above.

8. Below v. 21.

וְנָסְעוּ בְנֵי־גֵרְשׁוֹן וּבְנֵי מְרָרִי
יח נֹשְׂאֵי הַמִּשְׁכָּן: וְנָסַע דֶּגֶל
מַחֲנֵה רְאוּבֵן לְצִבְאֹתָם וְעַל־
יט צְבָאוֹ אֱלִיצוּר בֶּן־שְׁדֵיאוּר: וְעַל־
צְבָא מַטֵּה בְּנֵי שִׁמְעוֹן שְׁלֻמִיאֵל
כ בֶּן־צוּרִישַׁדָּי: וְעַל־צְבָא מַטֵּה
בְנֵי־גָד אֶלְיָסָף בֶּן־דְּעוּאֵל:
כא וְנָסְעוּ הַקְּהָתִים נֹשְׂאֵי הַמִּקְדָּשׁ
וְהֵקִימוּ אֶת־הַמִּשְׁכָּן עַד־בֹּאָם:

then journeyed the sons of Gershon and the sons of Merari, the bearers of the Tabernacle.

18 *Then journeyed the division of the camp of Reuben according to their legions; and over its legion was Elizur son of Shedeur;*
19 *over the legion of the tribe of the children of Simeon was Shelumiel son of Zurishad-*
dai; 20 *and over the legion of the tribe of the children of Gad was Eliasaph son of Deuel.*

21 *Then journeyed the Kohathites, bearers of the holiness; and they would erect the Tabernacle before their arrival.*

אונקלוס

וְנָטְלִין בְּנֵי גֵרְשׁוֹן וּבְנֵי מְרָרִי נָטְלֵי מַשְׁכְּנָא: יח וּנְטַל טֵקַס מַשְׁרִית רְאוּבֵן לְחֵילֵיהוֹן וְעַל חֵילֵהּ אֱלִיצוּר בַּר שְׁדֵיאוּר: יט וְעַל חֵילָא דְשִׁבְטָא דִבְנֵי שִׁמְעוֹן שְׁלֻמִיאֵל בַּר צוּרִישַׁדָּי: כ וְעַל חֵילָא דְשִׁבְטָא דִבְנֵי גָד אֶלְיָסָף בַּר דְעוּאֵל: כא וְנָטְלִין בְּנֵי קְהָת נָטְלֵי מַקְדְּשָׁא וּמְקִימִין יָת מַשְׁכְּנָא עַד מֵיתֵיהוֹן:

רש"י

(כא) נשאי המקדש. נושאי דברים המקודשים: **והקימו את המשכן.** בני גרשון ובני מררי, שהיו קודמים להם מסע שני דגלים, היו מקימין את המשכן. כשהיה הענן שוכן, וסימן החנייה נראה בדגל מחנה יהודה והם חונים, ועדיין בני קהת באים מאחריהם עם שני דגלים האחרונים, היו בני גרשון ובני מררי מקימין את המשכן, וכשבאים בני קהת מוצאים אותו על מכונו, ומכניסין בו הארון והשלחן והמנורה והמזבחות. וזהו משמעות המקרא, והקימו מקימי המשכן אותו עד טרם בואם של בני קהת:

RASHI ELUCIDATED

21. נֹשְׂאֵי הַמִּקְדָּשׁ – BEARERS OF THE HOLINESS. This means, **נוֹשְׂאֵי דְבָרִים הַמְקֻדָּשִׁים – bearers of the consecrated things.**[1]

□ **וְהֵקִימוּ אֶת הַמִּשְׁכָּן – AND THEY WOULD ERECT THE TABERNACLE. בְּנֵי גֵרְשׁוֹן וּבְנֵי מְרָרִי – The sons of Gershon and the sons of Merari, שֶׁהָיוּ קוֹדְמִים לָהֶם – who would precede [the sons of Kohath] מַסַּע שְׁנֵי דְגָלִים – by a journey of two divisions,**[2] **הָיוּ מְקִימִין אֶת הַמִּשְׁכָּן – would erect the Tabernacle. כְּשֶׁהָיָה הֶעָנָן שׁוֹכֵן – When the Cloud** of Glory **would come to rest, וְסִימַן הַחֲנָיָה נִרְאָה – and the sign for encampment would appear בְּדֶגֶל מַחֲנֵה יְהוּדָה – at the division of the camp of Judah,**[3] **וְהֵם חוֹנִים – and they would encamp, וַעֲדַיִין בְּנֵי קְהָת בָּאִים מֵאַחֲרֵיהֶם – while the sons of Kohath would still be coming behind them עִם שְׁנֵי דְגָלִים הָאַחֲרוֹנִים – with the two last divisions, הָיוּ בְּנֵי גֵרְשׁוֹן וּבְנֵי מְרָרִי מְקִימִין אֶת הַמִּשְׁכָּן – the sons of Gershon and the sons of Merari would erect the Tabernacle, וּכְשֶׁבָּאִים בְּנֵי קְהָת – and when the sons of Kohath would arrive, מוֹצְאִים אוֹתוֹ עַל מְכוֹנוֹ – they would find it fully established וּמַכְנִיסִין בּוֹ הָאָרוֹן וְהַשֻּׁלְחָן וְהַמְּנוֹרָה וְהַמִּזְבְּחוֹת – and would bring the Ark, the Table, the Menorah, and the Altars into it. וְזֶהוּ מַשְׁמָעוּת הַמִּקְרָא – This is what the verse means: ,,וְהֵקִימוּ'' מְקִימֵי הַמִּשְׁכָּן אוֹתוֹ – "And" those who erect the Tabernacle**[4] **"would erect" it ,,עַד'' טֶרֶם ,,בּוֹאָם'' – "before the arrival" שֶׁל בְּנֵי קְהָת – of the sons of Kohath.**

1. The parts of the structure of the Sanctuary itself were carried by the sons of Gershon and the sons of Merari. מִקְדָּשׁ, which is generally used for "Sanctuary," is used here for the consecrated objects inside the Tabernacle.

2. The tribes in the division of Judah would be the first to travel (see v. 14). The tribes in the division of Reuben would be the next (see v. 18). Rashi (to v. 17) has said that the sons of Gershon and Merari would begin dismantling the Tabernacle once the Cloud of Glory indicated that the division of Judah should commence traveling (see note 4 to v. 17 above). The Kohathites would not begin to travel until the division of Reuben had begun to do so, as indicated by our verse, and as stated explicitly by Rashi (v. 17). It would thus seem that the sons of Gershon and Merari preceded the sons of Kohath by a journey of only one division, not two, as Rashi here says. What Rashi means, however, is that since the sons of Gershon and Merari traveled *among* the division of Judah, they were two divisions ahead of Kohath, the divisions of Judah and of Reuben (*Be'er BaSadeh*).

3. See Rashi to 9:18 above, s.v., וְעַל פִּי ה' יַחֲנוּ.

4. "And they would erect the Tabernacle" appears to refer to the Kohathites who are mentioned at the beginning of the verse. But the erection of the Tabernacle was not the task of the Kohathites. "And they would erect the Tabernacle" refers to those who would normally erect the Tabernacle, the sons of Gershon and the sons of Merari (*Mizrachi; Sifsei Chachamim*; cf. Rashi to *Genesis* 41:13

[22] *Then journeyed the division of the camp of Ephraim according to their legions, and over its legion was Elishama son of Ammihud;* [23] *over the legion of the tribe of the children of Manasseh was Gamaliel son of Pedahzur;* [24] *and over the legion of the tribe of the children of Benjamin was Abidan son of Gideoni.*

[25] *Then journeyed the division of the camp of the children of Dan, the gatherer for all the camps, according to their legions, and over its legion was Ahiezer son of Ammishaddai;* [26] *over the legion of the tribe of the children of Asher was Pagiel son of Ochran;* [27] *and over the legion of the tribe of the children of Naphtali was Ahira son of Enan.* [28] *These are the journeys of the Children of Israel*

כב וְנָסַ֞ע דֶּ֣גֶל מַחֲנֵ֧ה בְנֵֽי־אֶפְרַ֛יִם
לְצִבְאֹתָ֑ם וְעַ֨ל־צְבָא֔וֹ אֱלִֽישָׁמָ֖ע
כג בֶּן־עַמִּיהֽוּד׃ וְעַ֨ל־צְבָ֔א מַטֵּ֖ה
בְּנֵ֣י מְנַשֶּׁ֑ה גַּמְלִיאֵ֖ל בֶּן־פְּדָהצֽוּר׃
כד וְעַ֨ל־צְבָ֔א מַטֵּ֖ה בְּנֵ֣י בִנְיָמִ֑ן אֲבִידָ֖ן
כה בֶּן־גִּדְעוֹנִֽי׃ וְנָסַ֗ע דֶּ֚גֶל מַחֲנֵ֣ה
בְנֵי־דָ֔ן מְאַסֵּ֥ף לְכָל־הַמַּחֲנֹ֖ת
לְצִבְאֹתָ֑ם וְעַ֨ל־צְבָא֔וֹ אֲחִיעֶ֖זֶר בֶּן־
כו עַמִּישַׁדָּֽי׃ וְעַ֨ל־צְבָ֔א מַטֵּ֖ה בְּנֵ֣י
כז אָשֵׁ֑ר פַּגְעִיאֵ֖ל בֶּן־עָכְרָֽן׃ וְעַ֨ל־
צְבָ֔א מַטֵּ֖ה בְּנֵ֣י נַפְתָּלִ֑י אֲחִירַ֖ע
כח בֶּן־עֵינָֽן׃ אֵ֛לֶּה מַסְעֵ֥י בְנֵֽי־יִשְׂרָאֵ֖ל

אונקלוס

כב וּנְטַל טֵקַס מַשְׁרִית בְּנֵי אֶפְרַיִם לְחֵילֵיהוֹן וְעַל חֵילֵהּ אֱלִישָׁמָע בַּר עַמִּיהוּד: כג וְעַל חֵילָא דְּשִׁבְטָא דִּבְנֵי מְנַשֶּׁה גַּמְלִיאֵל בַּר פְּדָהצוּר: כד וְעַל חֵילָא דְּשִׁבְטָא דִּבְנֵי בִנְיָמִן אֲבִידָן בַּר גִּדְעוֹנִי: כה וּנְטַל טֵקַס מַשְׁרִית בְּנֵי דָן מַכְנִישׁ לְכָל מַשְׁרְיָתָא לְחֵילֵיהוֹן וְעַל חֵילֵהּ אֲחִיעֶזֶר בַּר עַמִּישַׁדָּי: כו וְעַל חֵילָא דְּשִׁבְטָא דִּבְנֵי אָשֵׁר פַּגְעִיאֵל בַּר עָכְרָן: כז וְעַל חֵילָא דְּשִׁבְטָא דִּבְנֵי נַפְתָּלִי אֲחִירַע בַּר עֵינָן: כח אִלֵּין מַטְּלָנֵי בְּנֵי יִשְׂרָאֵל

רש"י

(כה) מאסף לכל המחנות. תלמוד ירושלמי (עירובין ה:א), לפי שהיה שבטו של דן מרובה באוכלוסין היה נוסע באחרונה וכל מי שהיה מאבד דבר היה מחזירו לו. אית מאן דאמר כתיבה היו מהלכין ומפיק לה מן כאשר יחנו כן יסעו. ואית דאמרי כקורה היו מהלכין ומפיק לה מן מאסף לכל המחנות: **(כח) אלה מסעי.** זה סדר מסעיהם:

RASHI ELUCIDATED

25. מְאַסֵּף לְכָל הַמַּחֲנוֹת **— THE GATHERER FOR ALL THE CAMPS.** תַּלְמוּד יְרוּשַׁלְמִי[1] **— The Jerusalem Talmud**[1] states the following: לְפִי שֶׁהָיָה שִׁבְטוֹ שֶׁל דָּן מְרוּבֶּה בְּאוּכְלוּסִין **— Because the tribe of Dan was numerous in population,** הָיָה נוֹסֵעַ בָּאַחֲרוֹנָה **— it would travel at the rear,**[2] וְכָל מִי שֶׁהָיָה מְאַבֵּד דָּבָר **— and whoever would lose something,** הָיָה מַחֲזִירוֹ לוֹ **— [the tribe of Dan] would return it to him.**[3] אִית מָאן דְּאָמַר **— There is one** opinion **which says** כְּתֵיבָה הָיוּ מְהַלְּכִין — that **they would travel like a box,** i.e., in a quadrilateral configuration, וּמַפִּיק לַהּ **— and he derives it** מִן „כַּאֲשֶׁר יַחֲנוּ כֵּן יִסָּעוּ"[4] **— from "as they encamp, so shall they journey."**[4] וְאִית דְּאָמְרֵי **— And there are those who say,** כְּקוֹרָה הָיוּ מְהַלְּכִין — that **they would travel like a beam,** i.e., in a straight line, וּמַפִּיק לַהּ **— and [this opinion] derives it** מִן „מְאַסֵּף לְכָל הַמַּחֲנוֹת" **— from "the gatherer for all the camps."**[5]

28. אֵלֶּה מַסְעֵי **— THESE ARE THE JOURNEYS.** This means, זֶה סֵדֶר מַסְעֵיהֶם **— this is the arrangement for their journeys.**[6]

for a similar interpretation of an ambiguous pronoun).

1. *Eruvin* 5:1.

2. Although the tribe of Judah was more numerous than the tribe of Dan, it did not travel at the rear, for it was the tribe of royalty (*Gur Aryeh; Sifsei Chachamim*).

3. This is why Dan was called "the gatherer for all the camps" — he would collect their lost articles.

4. Above. 2:17. The encampment was in a quadrilateral configuration. According to this opinion, it was the numerousness of the tribe of Dan which allowed them to be "gatherer for all the camps." For the division of Dan was situated on the north side of the camp. It was only because of their large population that there was an overflow which encompassed the other sides of the camp, and enabled them to gather the lost articles of the other tribes (*Minchas Yehudah; Sifsei Chachamim*).

5. According to this opinion, Dan traveled at the rear of the line of tribes. He could gather the lost articles of all of them, irrespective of his population (*Minchas Yehudah; Sifsei Chachamim*).

6. "These are the journeys" could be taken to imply that Scripture has given or will give an enumeration of the various journeys that the Children of Israel went on. This is in fact the way אֵלֶּה מַסְעֵי is used in 33:1 below. But that meaning does not fit our context, for no enumeration of journeys appears here. Therefore, it means "this is the arrangement for their journeys" (*Mizrachi; Sifsei Chachamim*).

כט לְצִבְאֹתָם וַיִּסָּעוּ׃ וַיֹּאמֶר
מֹשֶׁה לְחֹבָב בֶּן־רְעוּאֵל הַמִּדְיָנִי
חֹתֵן מֹשֶׁה נֹסְעִים ׀ אֲנַחְנוּ אֶל־
הַמָּקוֹם אֲשֶׁר אָמַר יהוה אֹתוֹ
אֶתֵּן לָכֶם לְכָה אִתָּנוּ וְהֵטַבְנוּ לָךְ
כִּי־יהוה דִּבֶּר־טוֹב עַל־יִשְׂרָאֵל׃

according to their legions, and they journeyed.

29 *Moses said to Hobab son of Reuel, the Midianite, the father-in-law of Moses, "We are journeying to the place of which* HASHEM *has said, 'I shall give it to you.' Go with us and we shall treat you well, for* HASHEM *has spoken of good for Israel."*

אונקלוס

לְחֵילֵיהוֹן וּנְטָלוּ׃ כט וַאֲמַר מֹשֶׁה לְחוֹבָב בַּר רְעוּאֵל מִדְיָנָאָה חֲמוּהִי דְמֹשֶׁה נָטְלִין אֲנַחְנָא לְאַתְרָא דִּי אֲמַר יְיָ יָתֵהּ אֶתֵּן לְכוֹן אִיתָא עִמָּנָא וְנוֹטִיב לָךְ אֲרֵי יְיָ מַלִּיל לְאַיְתָאָה טָבָא עַל יִשְׂרָאֵל׃

רש"י

ויסעו. ביום ההוא נסעו: **(כט) חבב.** הוא יתרו, שנאמר מבני חובב חותן משה (שופטים ד:יא) ומה ת"ל ותבאנה אל רעואל אביהן (שמות ב:יח) מלמד שתינוקות קורין לאבי אביהן אבא. ושמות הרבה היו לו. יתרו, על שם שיתר פרשה אחת בתורה. חובב, על שחיבב את התורה וכו' (ספרי עח): **נסעים אנחנו אל המקום.** מיד עד שלשה ימים אנו נכנסין לארץ, שבמסע זה הראשון נסעו על מנת להכנס לארץ ישראל אלא שחטאו במתאוננים. ומפני מה שתף משה עצמו עמהם, שעדיין לא נגזרה גזרה עליו,

RASHI ELUCIDATED

□ וַיִּסָּעוּ – AND THEY JOURNEYED. בַּיּוֹם הַהוּא – **On that day,** נָסְעוּ – **they journeyed.**[1]

29. חֹבָב – HOBAB. הוּא יִתְרוֹ – **He is Jethro,** שֶׁנֶּאֱמַר – **as it says,** "מִבְּנֵי חֹבָב חוֹתֵן מֹשֶׁה"[2] – **"from the sons of Hobab, Moses' father-in-law."**[2] וּמַה תַּלְמוּד לוֹמַר – **Why, then, does it say,** "וַתָּבֹאנָה אֶל רְעוּאֵל אֲבִיהֶן"[3] – **"They came to Reuel their father"?**[3] מְלַמֵּד – **It teaches** us שֶׁתִּינוֹקוֹת קוֹרִין לַאֲבִי אֲבִיהֶן אַבָּא – **that young children call their father's father "father."** וְשֵׁמוֹת הַרְבֵּה הָיוּ לוֹ – **He had many names:** יִתְרוֹ עַל שֵׁם שֶׁיִּתֵּר פָּרָשָׁה אַחַת בַּתּוֹרָה – **Jethro, because he caused one more passage of the Torah** to be written;[4] חוֹבָב עַל שֵׁם שֶׁחִבֵּב אֶת הַתּוֹרָה וְכוּלְהוּ[5] – **Hobab,** which means "lover," **because he loved the Torah, etc.**[5]

□ נֹסְעִים אֲנַחְנוּ אֶל הַמָּקוֹם – WE ARE JOURNEYING TO THE PLACE. מִיָּד – **Very soon,** עַד שְׁלֹשָׁה יָמִים – **within three days,** אָנוּ נִכְנָסִין לָאָרֶץ – **we are entering the Land.**[6] שֶׁבְּמַסָּע זֶה הָרִאשׁוֹן – **For at this first journey,**[7] נָסְעוּ – **they journeyed** עַל מְנַת לְהִכָּנֵס לְאֶרֶץ יִשְׂרָאֵל – **with intent to enter the Land of Israel,** אֶלָּא – **but** they did not enter immediately שֶׁחָטְאוּ – **for they sinned** בְּמִתְאוֹנְנִים – **at** the incident of **"those who seek pretexts."**[8] וּמִפְּנֵי מָה שִׁתֵּף מֹשֶׁה עַצְמוֹ עִמָּהֶם – **Why did Moses include himself among them?**[9] שֶׁעֲדַיִין לֹא נִגְזְרָה גְּזֵרָה עָלָיו – **Because the decree** that he would not enter **had**

1. Scripture does not mean that the Children of Israel journeyed at this point in the narrative, for the following verse speaks of an incident which took place before the beginning of the journey, which does not commence until verse 33. Rather, the verse means that they journeyed at a later time on that day (*Maskil LeDavid*).

2. *Judges* 4:11.

3. *Exodus* 2:18. Our verse says that Hobab – that is, Jethro, father-in-law of Moses – was the son of Reuel, yet the verse in *Exodus* calls Reuel the *father* of the girls from among whom Moses took his wife.

4. This refers to *Exodus* 18:21-23, the passage that describes Jethro's advice regarding how Moses should choose associates to assist him in adjudicating disputes. יִתְרוֹ, "Jethro," is from the root יתר, "more, extra." See Rashi to *Exodus* 18:1 for more on the names of Jethro, and see note 3 there regarding the discrepancies between Rashi's comments here and there.

5. *Sifrei* 78.

6. Moses could have said, "Go with us to the place of which HASHEM has said, 'I shall give it to you.' " "We are journeying to the place . . . go with us . . ." implies that Moses was under the impression that the end of the journey was imminent (*Be'er BaSadeh*).

7. That is, the first journey since the encampment at Mount Sinai (see *Sefer Zikaron*).

8. See 11:1-3 below. When Rashi refers to the sin of "those who seek pretexts," he includes the sin of the unjustified request for meat, which immediately follows it (*Be'er BaSadeh* to v. 35). Their journey was delayed by thirty days as a result of that sin (see 11:20). It was during this period that the Israelites decided to send the spies to the Land of Canaan, which ultimately resulted in the decree upon that generation that they perish in the Wilderness (*Nachalas Yaakov*).

9. That is, why did Moses say "*we* are journeying," although he was not destined to enter the Land of Israel?

ל וַיֹּאמֶר אֵלָיו לֹא אֵלֵךְ כִּי אִם־אֶל־
לא אַרְצִי וְאֶל־מוֹלַדְתִּי אֵלֵךְ: וַיֹּאמֶר
אַל־נָא תַּעֲזֹב אֹתָנוּ כִּי ׀ עַל־
כֵּן יָדַעְתָּ חֲנֹתֵנוּ בַּמִּדְבָּר וְהָיִיתָ

[30] *He said to him, "I shall not go; but, rather to my land and to my family shall I go."* [31] *He said, "Please do not forsake us, inasmuch as you know our encampments in the wilderness, and you have been*

אונקלוס

ל וַאֲמַר לֵהּ לָא אֵיזֵל אֱלָהֵן לְאַרְעִי וּלְיַלָּדוּתִי אֵיזֵל: לא וַאֲמַר לָא כְעַן תִּשְׁבּוֹק יָתָנָא אֲרֵי עַל כֵּן יְדַעְתְּ כַּד הֲוֵינָא שָׁרַן בְּמַדְבְּרָא וּגְבוּרָן דְּאִתְעֲבִידָן לָנָא

רש"י

כסבור שהוא נכנס (שם): (ל) **אל ארצי ואל מולדתי.** אם בשביל נכסי אם בשביל משפחתי (שם עט): (לא) **אל נא תעזב.** אין נא אלא לשון בקשה, שלא יאמרו לא נתגייר יתרו מחבה, סבור היה שיש לגרים חלק בארץ, עכשיו שראה שאין להם חלק הניחם והלך לו (שם פ): **כי על כן ידעת חנתנו במדבר.** כי נאה לך לעשות זאת על אשר ידעת חנותנו במדבר וראית נסים וגבורות שנעשו לנו (שם): **כי על כן ידעת.** כמו על אשר ידעת,

RASHI ELUCIDATED

not yet been decreed upon him, וּכְסָבוּר שֶׁהוּא נִכְנָס[1] **– and he was under the impression that he would enter.**[1]

30. אֶל אַרְצִי וְאֶל מוֹלַדְתִּי **– TO MY LAND AND TO MY FAMILY.** אִם בִּשְׁבִיל נְכָסַי **– Be it on account of**[2] **my property,** אִם בִּשְׁבִיל מִשְׁפַּחְתִּי[4] **– or be it on account of my family.**[3,4]

31. אַל נָא תַּעֲזֹב **– PLEASE DO NOT FORSAKE.** אֵין "נָא" אֶלָּא לְשׁוֹן בַּקָּשָׁה **– The word** נָא in this context **expresses nothing but request.**[5] שֶׁלֹּא יֹאמְרוּ – Moses requested that Jethro stay **so that [people] should not say** לֹא נִתְגַּיֵּר יִתְרוֹ מֵחִבָּה **– that Jethro did not convert out of love** of God, סָבוּר הָיָה – but rather, **he was under the impression** שֶׁיֵּשׁ לְגֵרִים חֵלֶק בָּאָרֶץ **– that converts have a portion in the Land** of Israel. עַכְשָׁיו שֶׁרָאָה **– Now that he saw** שֶׁאֵין לָהֶם חֵלֶק **– that they do not have a portion,** הִנִּיחָם **– he left [the Children of Israel]** וְהָלַךְ לוֹ[6] **– and went on his way.**[6]

□ כִּי עַל כֵּן יָדַעְתָּ חֲנֹתֵנוּ בַּמִּדְבָּר **– INASMUCH AS** [literally, "for it is because"] **YOU KNOW OUR ENCAMPMENTS IN THE WILDERNESS.** "כִּי" נָאֶה לְךָ **– "For" it is appropriate for you** לַעֲשׂוֹת זֹאת **– to do this** "עַל" אֲשֶׁר "יָדַעְתָּ חֲנוֹתֵנוּ בַּמִּדְבָּר" **– "inasmuch as you know our encampments in the wilderness"** וְרָאִיתָ נִסִּים **– and you have seen miracles** וּגְבוּרוֹת **– and mighty acts** שֶׁנַּעֲשׂוּ לָנוּ **– which have been performed for us.**[7]

□ כִּי עַל כֵּן יָדַעְתָּ – [Literally, "For it is because."] This has the same meaning כְּמוֹ עַל אֲשֶׁר יָדַעְתָּ **– as**

---

1. *Sifrei* 78. God had already intimated to Moses that he would not enter the Land of Israel (see Rashi to *Exodus* 6:1, s.v., עַתָּה תִרְאֶה, and to *Exodus* 17:14, s.v., וְשִׂים בְּאָזְנֵי יְהוֹשֻׁעַ). Moreover, Moses himself had prophesied to that effect (see Rashi to *Exodus* 4:13, s.v., בְּיַד תִּשְׁלָח, and to *Exodus* 15:17, s.v., תְּבִאֵמוֹ). But at this point, the decree had not yet been ordained through an oath, and could have been rescinded through prayer. Moses was still hopeful that he could enter the Land of Israel by praying that God nullify His decree (*Nachalas Yaakov*; see also Rashi to 20:12 below, s.v., לָכֵן לֹא תָבִיאוּ, and note 3 there). Alternatively, at this point Moses was not yet aware of God's implied messages, nor of the prophetic intimations of his own statements (*Maskil LeDavid*).

2. According to *Be'er BaSadeh,* Rashi here sees the word אֶל as the equivalent of בִּשְׁבִיל, "on account of." Rashi interprets the word similarly in his comments to *I Samuel* 20:34, *Ezekiel* 23:42, and *Nehemiah* 5:1.

3. By using מִשְׁפַּחְתִּי instead of the verse's מוֹלַדְתִּי, Rashi indicates that מוֹלַדְתִּי means "my family." This is unlike *Ibn Ezra* who understands it as "my birthplace."

4. *Sifrei* 79. The verse does not mean that Jethro wished to take up residence again in the land of Midian, for *Judges* 1:16 indicates that he rejoined the Israelites. Rather, by "to my land," Jethro meant "to liquidate my estate." Jethro wished to return to Midian temporarily so that he could bring his family and possessions back with him (*Gur Aryeh*). Furthermore, had Jethro been merely referring to his destination, he would have said אֶל אַרְצִי וּמוֹלַדְתִּי, "to my land and family." However, the verse uses the word אֶל twice, once with אַרְצִי and again with מוֹלַדְתִּי, which indicates that they are two distinct considerations (*Nachalas Yaakov*).

5. *Berachos* 9a; *Sotah* 10b. Rashi makes this same comment in his commentary to *Genesis* 19:18, 22:2, 38:25, 40:14; *Exodus* 11:2; *Numbers* 12:1,6; *Deuteronomy* 3:25.

6. *Sifrei* 80.

7. *Sifrei* 80. Rashi's final clause is a Hebrew translation of *Targum Onkelos'* Aramaic paraphrase of "you have been as eyes for us." It explains how Jethro's "knowing the encampments in the wilderness" is an argument against his departure.

לב לָ֖נוּ לְעֵינָֽיִם׃ וְהָיָ֖ה כִּֽי־תֵלֵ֣ךְ עִמָּ֑נוּ
וְהָיָ֣ה ׀ הַטּ֣וֹב הַה֗וּא אֲשֶׁ֨ר יֵיטִ֧יב
לג יְהוָ֛ה עִמָּ֖נוּ וְהֵטַ֥בְנוּ לָֽךְ׃ וַיִּסְע֞וּ
מֵהַ֣ר יְהוָ֔ה דֶּ֖רֶךְ שְׁלֹ֣שֶׁת יָמִ֑ים וַאֲר֨וֹן

as eyes for us. 32 And it shall be that if you come with us, then with that goodness with which HASHEM will benefit us, we will do good to you."
33 They journeyed from the Mountain of HASHEM a three-day distance, and the Ark

אונקלוס

חֲזֵיתָא בְעֵינָיךְ׃ לב וִיהֵי אֲרֵי תֵזֵל עִמָּנָא וִיהֵי טָבָא הַהוּא דִּי יוֹטִיב יְיָ עִמָּנָא וְנוֹטֵיב
לָךְ׃ לג וּנְטַלוּ מִטּוּרָא דְּאִתְגְּלֵי עֲלוֹהִי יְקָרָא דַייָ מַהֲלַךְ תְּלָתָא יוֹמִין וַאֲרוֹן

רש"י

כמו כי על כן לא נתתיה לשלה בני (בראשית לח:כו). כי על כן עברתם (שם יח:ה). כי על כן באו (שם יט:ח) כי על כן ראיתי פניך (שם לג:י): **והיית לנו לעינים**. לשון עבר, כתרגומו. דבר אחר לשון עתיד, כל דבר ודבר שיתעלם מעינינו תהיה מאיר עינינו. דבר אחר שתהא חביב עלינו כגלגל עינינו, שנאמר ואהבתם את הגר (דברים י:יט; ספרי שם): **(לב) והיה הטוב ההוא וגו'**. מה טובה היטיבו לו, אמרו, כשהיו ישראל מחלקין את הארץ היה דושנה של יריחו ת"ק אמה על ת"ק אמה והניחוהו מלחלוק. אמרו, מי שיבנה בית המקדש בחלקו הוא יטלנו, ובין כך ובין כך נתנוהו לבני יתרו ליונדב בן רכב, שנאמר ובני קיני חותן משה עלו מעיר התמרים וגו' (שופטים א:טז; ספרי פא): **(לג) דרך שלשת ימים**. מהלך שלשת ימים הלכו

RASHI ELUCIDATED

"inasmuch as you know." כְּמוֹ "כִּי עַל כֵּן לֹא נְתַתִּיהָ לְשֵׁלָה בְנִי"[1] – It is used in the same way as כִּי עַל כֵּן is used in, **"inasmuch as I did not give her to Shelah, my son";**[1] "כִּי עַל כֵּן עֲבַרְתֶּם"[2] – **"inasmuch as you have passed";**[2] "כִּי עַל כֵּן בָּאוּ"[3] – **"inasmuch as they have come";**[3] "כִּי עַל כֵּן רָאִיתִי פָנֶיךָ"[4] – **"inasmuch as I have seen your face."**[4]

□ וְהָיִיתָ לָּנוּ לְעֵינָיִם – AND YOU HAVE BEEN AS EYES FOR US. לְשׁוֹן עָבָר – This is in **the past tense,** כְּתַרְגּוּמוֹ – **as *Targum* Onkelos renders it.**[5] דָּבָר אַחֵר – **Alternatively,** לְשׁוֹן עָתִיד – it is in **the future tense.**[6] Moses said, כָּל דָּבָר וְדָבָר – in **each and every matter** שֶׁיִּתְעַלֵּם מֵעֵינֵינוּ – **that will be hidden from our eyes,** תִּהְיֶה מֵאִיר עֵינֵינוּ – **you will enlighten our eyes.** דָּבָר אַחֵר – **Alternatively,** שֶׁתְּהֵא חָבִיב עָלֵינוּ – **that you will be as dear to us** כְּגַלְגַּל עֵינֵינוּ – **as our** own **eyeball,**[7] שֶׁנֶּאֱמַר – **as it says,** "וַאֲהַבְתֶּם אֶת הַגֵּר"[8] – **"You shall love convert."**[8]

32. וְהָיָה הַטּוֹב הַהוּא וְגוֹמֵר – THEN WITH THAT GOODNESS, ETC. מַה טּוֹבָה הֵיטִיבוּ לוֹ – **With what goodness did they benefit him?** אָמְרוּ – **[The Sages] said,** כְּשֶׁהָיוּ יִשְׂרָאֵל מְחַלְּקִין אֶת הָאָרֶץ – **when Israel was apportioning the Land,** הָיָה דוּשְׁנָהּ שֶׁל יְרִיחוֹ – **there was the rich pasture ground of Jericho,** חֲמֵשׁ מֵאוֹת אַמָּה עַל חֲמֵשׁ מֵאוֹת אַמָּה – **five hundred *amos* by five hundred *amos*,** וְהִנִּיחוּהוּ מִלַּחֲלוֹק – **and they set it aside from being apportioned.** אָמְרוּ – **They said,** מִי שֶׁיִּבָּנֶה בֵּית הַמִּקְדָּשׁ בְּחֶלְקוֹ – **whoever will have the *Beis HaMikdash* built in his portion,** הוּא יִטְּלֶנּוּ – **he shall take it.**[9] וּבֵין כָּךְ וּבֵין כָּךְ – **In the meantime,** before the *Beis HaMikdash* was built, נְתָנוּהוּ לִבְנֵי יִתְרוֹ – **they gave it to the sons of Jethro,** לְיוֹנָדָב בֶּן רֵכָב – **to Jonadab son of Rechab,**[10] שֶׁנֶּאֱמַר – **as it says,** "וּבְנֵי קֵינִי חֹתֵן מֹשֶׁה עָלוּ מֵעִיר הַתְּמָרִים וְגוֹמֵר"[11] – **"And the sons of Keni, father-in-law of Moses, went up from the City of the Date-palms, etc."**[11]

33. דֶּרֶךְ שְׁלֹשֶׁת יָמִים – A THREE-DAY DISTANCE. מַהֲלַךְ שְׁלֹשֶׁת יָמִים הָלְכוּ – **They went a journey of**

1. *Genesis* 38:26; see Rashi there.
2. *Genesis* 18:5; see Rashi there.
3. *Genesis* 19:8; see Rashi there.
4. *Genesis* 33:10; see Rashi there.
5. *Targum Onkelos* renders, "The mighty acts that were performed for us, you have seen with your eyes."
6. The word הָיִיתָ means "you were," but the וְ prefix of וְהָיִיתָ functions as the *vav*-conversive which changes a past tense verb form into the future tense (*Be'er Rechovos*).
7. A person gives greater protection to his eyes than to any other part of his body. He does not allow another object to so much as touch his eyeball (see *Eimek HaNetziv*).
8. *Deuteronomy* 10:19; see *Sifrei* 80.
9. The grounds of the *Beis HaMikdash* also measured five-hundred *amos* square; see *Middos* 2:1.
10. Jonadab son of Rechab lived long after the Land of Israel was apportioned (see *II Kings* 10:15). Rashi means that the pasture ground of Jericho was given to the "house of Rechab," a family of descendants of Jethro (see *I Chronicles* 2:55) from which Jonadab descended. Rashi notes this because we find Scripture marking the locations of other families descended from Jethro as being either in the Galilee (see *Judges* 4:11), or in the southern part of the Land (see *I Samuel* 15:16; *Eimek HaNetziv*).
11. *Judges* 1:16; see *Sifrei* 81. "The City of the Date-palms" is Jericho; see *Deuteronomy* 34:3.

בְּרִית־יהוה נֹסֵעַ לִפְנֵיהֶם דֶּרֶךְ שְׁלֹשֶׁת יָמִים לָתוּר לָהֶם מְנוּחָה:
לד וַעֲנַן יהוה עֲלֵיהֶם יוֹמָם בְּנָסְעָם
לה מִן־הַמַּחֲנֶה: ז ששי וַיְהִי

of the covenant of HASHEM journeyed before them a three-day distance to search out for them a resting place. 34 The cloud of HASHEM was over them by day when they journeyed from the camp.

אונקלוס

קְיָמָא דַייָ נְטַל (נ״א נָטֵל) קֳדָמֵיהוֹן מַהֲלַךְ תְּלָתָא יוֹמִין לְאַתְקָנָאָה לְהוֹן אֲתַר בֵּית מֵישְׁרֵי: לד וַעֲנַן יְקָרָא דַייָ (מַטֵּל) עֲלֵיהוֹן בִּימָמָא בְּמִטַּלְהוֹן מִן מַשְׁרִיתָא: לה וַהֲוָה

רש״י

ביום אחד, שהיה הקב״ה חפץ להכניסם לארץ מיד (ספרי פב): וארון ברית ה׳ נסע לפניהם דרך שלשת ימים. זה הארון היוצא עמהם למלחמה ובו שברי לוחות מונחים, ומקדים לפניהם דרך שלשת ימים לתקן להם מקום חנייה (שם): (לד) וענן ה׳ עליהם יומם. שבעה ענני כתובים במסעיהם. ארבעה מארבע רוחות, ואחד למעלה, ואחד למטה, ואחד לפניהם, מנמיך את הגבוה ומגביה את הנמוך והורג נחשים ועקרבים (שם פג): מן המחנה. ממקום חנייתן:

RASHI ELUCIDATED

three days בְּיוֹם אֶחָד – **in a single day,** שֶׁהָיָה הַקָּדוֹשׁ בָּרוּךְ הוּא חָפֵץ – **for the Holy One, Blessed is He, wanted** לְהַכְנִיסָם לָאָרֶץ – **to bring them into the Land** מִיָּד[1] – **immediately.**[1]

□ וַאֲרוֹן בְּרִית ה׳ נֹסֵעַ לִפְנֵיהֶם דֶּרֶךְ שְׁלֹשֶׁת יָמִים – AND THE ARK OF THE COVENANT OF HASHEM JOURNEYED BEFORE THEM A THREE-DAY DISTANCE. זֶה הָאָרוֹן – **This is the Ark** הַיּוֹצֵא עִמָּהֶם – **which would go out with them** לַמִּלְחָמָה – **to battle.**[2] וּבוֹ שִׁבְרֵי לוּחוֹת מֻנָּחִים – **The broken pieces of the Tablets were placed in it.**[3] וּמַקְדִּים לִפְנֵיהֶם דֶּרֶךְ שְׁלֹשֶׁת יָמִים – **It would go ahead of them by a three-day distance**[4] לְתַקֵּן לָהֶם – **to prepare for them**[5] מְקוֹם חֲנִיָּה[6] – **a place to encamp.**[6]

34. וַעֲנַן ה׳ עֲלֵיהֶם יוֹמָם – THE CLOUD OF HASHEM WAS OVER THEM BY DAY. שִׁבְעָה עֲנָנִים כְּתוּבִים בְּמַסְעֵיהֶם – **Seven clouds are written in their journeys**, i.e., clouds are mentioned seven times in the accounts of the journeys of the Israelites.[7] אַרְבָּעָה מֵאַרְבַּע רוּחוֹת – There were **four on** the **four sides** of the camp, וְאֶחָד לְמַעְלָה – **one above,** וְאֶחָד לְמַטָּה – **and one below,** וְאֶחָד לִפְנֵיהֶם – **and one ahead of them** מַנְמִיךְ אֶת הַגָּבוֹהַּ – **which would lower that which was high,** וּמַגְבִּיהַּ אֶת הַנָּמוּךְ – **and raise that which was low** in order to make a level road for the Israelites, וְהוֹרֵג נְחָשִׁים וְעַקְרַבִּים[8] – **and kill snakes and scorpions.**[8]

□ מִן הַמַּחֲנֶה – FROM THE CAMP, that is, מִמְּקוֹם חֲנִיָּתָן – **from the place of their encampment.**[9]

1. *Sifrei* 82. Had they actually journeyed for three days, the verse would have said that "they journeyed for three days" without using the word דֶּרֶךְ, "a distance of." As it stands, the verse implies that they journeyed a distance of three days, but not for a period of three days (*Gur Aryeh*).

2. This ark is mentioned in *Deuteronomy* 10:1, and discussed by Rashi there. The Ark of our verse is not the Ark that rested inside the Holy of Holies, for that Ark traveled amidst the camp, not ahead of it, as indicated by Rashi to verse 21 above, s.v., נֹשְׂאֵי הַמִּקְדָּשׁ (*Gur Aryeh*).

3. Rashi to *Deuteronomy* 10:1 says that the unbroken Tablets were kept in this Ark. *Mizrachi* explains that the unbroken Tablets were kept there only temporarily. Once the Tabernacle was erected the unbroken Tablets were moved to the Ark in the Tabernacle, and the broken Tablets remained in the other Ark.

4. The three-day distance mentioned here is not the same three-day distance which the verse has said that the camp journeyed, for then it would be unnecessary. Rather, the verse means that the Ark journeyed a three-day distance ahead of the camp (see *Shaarei Aharon*).

5. Rashi, following *Targum Onkelos,* interprets לָתוּר of our verse as "to prepare" rather than "to spy out," as in 13:17 below, for the Ark did not "spy out" a resting place for the Israelites; the Israelites rested wherever God indicated that they should rest, by means of the Cloud of Glory (see *Nefesh HaGer*).

6. *Sifrei* 82.

7. *Sifrei* lists the clouds mentioned as the one in our verse, 14:14 below (two times), 9:19 above, and *Exodus* 40:36-38 (three times). Although the clouds which accompanied the camp are mentioned elsewhere, *Sifrei* refers only to those verses whose point is to state that the Israelites were accompanied by a cloud, not those verses which mention the cloud incidentally (*Gur Aryeh*). Alternatively, *Sifrei* refers only to those verses which refer to a "cloud of HASHEM" or "Your cloud," where "Your" refers to God (*Maskil LeDavid*).

The fact that there were several clouds explains why the clouds are described in some places as being "over them," as in our verse, and in others as being "before them," as in 14:14 (*Devek Tov*).

8. *Sifrei* 83.

9. מַחֲנֶה, "camp," is often used for the legion which composes the camp, not the location in which the legion

בִּנְסֹ֥עַ הָאָרֹ֖ן וַיֹּ֣אמֶר מֹשֶׁ֑ה
קוּמָ֣ה ׀ יהוה וְיָפֻ֙צוּ֙ אֹֽיְבֶ֔יךָ וְיָנֻ֥סוּ
לו מְשַׂנְאֶ֖יךָ מִפָּנֶֽיךָ׃ וּבְנֻחֹ֖ה יֹאמַ֑ר

[35] When the Ark would journey, Moses said, "Arise, HASHEM, and let Your enemies be scattered, and let those who hate You flee from before You." [36] And when it rested, he would say,

אונקלוס

בְּמִטַּל אֲרוֹנָא וַאֲמַר מֹשֶׁה אִתְגְּלֵי יְיָ וְיִתְבַּדְּרוּן סָנְאָיךְ וְיֵעְרְקוּן בַּעֲלֵי דְבָבָךְ מִן קֳדָמָךְ: לו וּבְמִשְׁרוֹהִי אֲמַר (נ״א יֵמַר)

רש״י

(לה) ויהי בנסע הארן. עשה לו סימניות מלפניו ומלאחריו לומר שאין זה מקומו, ולמה נכתב כאן, כדי להפסיק בין פורענות לפורענות וכו׳ כדאיתא בכל כתבי הקדש (שבת קטו:-קטז.): קומה ה׳. לפי שהיה מקדים לפניהם מהלך שלשת ימים היה משה אומר עמוד והמתן לנו ואל תתרחק יותר. במדרש תנחומא בויקהל (ז): ויפצו איביך. המכונסין (ספרי פד): וינסו משנאיך. אלו הרודפים (שם): משנאיך. אלו שונאי ישראל, שכל השונא את ישראל שונא את מי שאמר והיה העולם, שנאמר ומשנאיך נשאו ראש

RASHI ELUCIDATED

35. וַיְהִי בִּנְסֹעַ הָאָרֹן – WHEN THE ARK WOULD JOURNEY. עָשָׂה לוֹ סִימָנִיּוֹת – **[The Torah] made signs for [this passage],** מִלְּפָנָיו וּמִלְּאַחֲרָיו – **in front of it and after it,**[1] לוֹמַר – **to say** שֶׁאֵין זֶה מְקוֹמוֹ – **that this is not its place.**[2] וְלָמָּה נִכְתַּב כָּאן – **But why was it written here?** כְּדֵי לְהַפְסִיק בֵּין פּוּרְעָנוּת לְפוּרְעָנוּת וְכוּלְּהוּ – **In order to make an interruption between one** passage which deals with **trouble and another, etc.,**[3] כִּדְאִיתָא בְּכָל כִּתְבֵי הַקֹּדֶשׁ[4] – **as stated in** the chapter, ***Kol Kisvei HaKodesh.***[4]

□ קוּמָה ה׳ – ARISE, HASHEM. לְפִי שֶׁהָיָה מַקְדִּים לִפְנֵיהֶם – **Because [the Ark] would go ahead of them** מַהֲלַךְ שְׁלֹשֶׁת יָמִים – **by three days' journey,** הָיָה מֹשֶׁה אוֹמֵר – **Moses would say,** עֲמוֹד – **"Halt,** וְהַמְתֵּן לָנוּ – **and wait for us,**[5] וְאַל תִּתְרַחֵק יוֹתֵר – **and do not distance Yourself yet further."** בְּמִדְרַשׁ תַּנְחוּמָא בְּוַיַּקְהֵל[6] – This comment is found **in *Midrash Tanchuma* in** *Parashas* ***Vayakhel***.[6]

□ וְיָפֻצוּ אֹיְבֶיךָ – AND LET YOUR ENEMIES BE SCATTERED. This refers to הַמְּכֻנָּסִין[7] – **those who are gathered together.**[7]

□ וְיָנֻסוּ מְשַׂנְאֶיךָ – AND LET THOSE WHO HATE YOU FLEE. אֵלּוּ הָרוֹדְפִים[7] – **These are those who pursue.**[7]

□ מְשַׂנְאֶיךָ – THOSE WHO HATE YOU. אֵלּוּ שׂוֹנְאֵי יִשְׂרָאֵל – **These are those who hate Israel,** שֶׁכָּל הַשּׂוֹנֵא אֶת יִשְׂרָאֵל – **for whoever hates Israel** שׂוֹנֵא אֶת מִי שֶׁאָמַר וְהָיָה הָעוֹלָם – **hates the One Who spoke and brought the world into being,** שֶׁנֶּאֱמַר – **as it says,** "וּמְשַׂנְאֶיךָ נָשְׂאוּ רֹאשׁ"[8] – **"And those who hate**

---

is found. Here, it must mean "the *place* of their encampment," for only in this sense can the verse say that "they journeyed *from* the camp" (*Be'er Yitzchak*).

Rashi to *Genesis* 32:9, s.v., הַמַּחֲנֶה הָאַחַת וְהִכָּהוּ, writes that the word מַחֲנֶה, "camp," is treated as both a masculine and a feminine noun. Thus, the feminine adjective הָאַחַת, "the one" (masc., הָאֶחָד), but the masculine pronominal suffix וְהִכָּהוּ, "and he strikes *him*" (fem., וְהִכָּהּ, "and he strikes *her*"). *Emes LeYaakov* there notes that when מַחֲנֶה refers to the location of the legion, the word is considered feminine. But when it refers to the legion itself, the word is considered masculine.

1. According to the masoretic tradition, an inverted נ is placed before and after this passage (vv. 34-35) in the Torah scroll.

2. It should have appeared in Chapter 2 above, which speaks of the layout of the Israelite camp (*Shabbos* 116a, and Rashi there, s.v., שאין זה מקומה).

3. "They journeyed from the Mountain of HASHEM" in verse 33 is seen as an allusion to an act which put a distance between God and the Israelites. Rashi (*Shabbos* 116a, s.v., מאחרי ה׳) sees it as the first stirrings of the unjustified plea for meat, mentioned in 11:4. The second "trouble" was the sin of "those who seek pretexts," mentioned in 11:1.

4. *Shabbos* 115b-116a. *Kol Kisvei HaKodesh* is the name of the sixteenth chapter of tractate *Shabbos*.

5. In 9:18 above, Rashi cites the *Sifrei* which says that Moses would say, "Arise, HASHEM," each time the Israelites were about to depart on a journey, as a signal for the journey to commence. But here he explains the verse according to the *Tanchuma,* which sees קוּמָה here as "halt," for Moses would have no need to tell God to arise, as if He would not get started unless asked to. Moses asked God to stop when he saw that the journey was becoming too taxing for the people (see *Nachalas Yaakov*).

The verb קום is used for "stopping" in *I Samuel* 4:15 and *I Kings* 14:4.

6. *Tanchuma, Vayakhel* 7.

7. *Sifrei* 84. Moses prays that one group be scattered and that another flee. Rashi explains that the prayer to scatter applies to those who have gathered to attack but have not yet done so (*Be'er BaSadeh; Malbim*), while the prayer to flee applies to those who are already in pursuit of Israel (*Be'er Mayim Chaim*).

8. *Psalms* 83:3.

שׁוּבָה יהוה רִבְבוֹת אַלְפֵי
יִשְׂרָאֵל: ז
יא א וַיְהִי הָעָם כְּמִתְאֹנְנִים רַע בְּאָזְנֵי

"Reside tranquilly, HASHEM, [among the] myriads [and] thousands of Israel."

11 [1]*The people were like those who seek pretexts of evil in the ears of*

אונקלוס

תּוּב יְיָ שְׁרֵי בִיקָרָךְ בְּגוֹ רִבְוַת (נ״א רִבְוָן) אַלְפַיָּא דְיִשְׂרָאֵל: א וַהֲוָה עַמָּא כַּד מִסְתַּקְפִין בִּישׁ קֳדָם

רש"י

(תהלים פג:ג) ומי הם, על עמך יערימו סוד (שם ד; ספרי שם): **(לו) שובה ה׳.** מנחם תרגמו לשון מרגוע, וכן בשובה ונחת תושעון (ישעיה ל:טו): **רבבות אלפי ישראל.** מגיד שאין השכינה שורה בישראל פחותים משני אלפים ושתי רבבות (ספרי שם; יבמות סד.): **(א) ויהי העם כמתאננים.** אין העם אלא רשעים, וכן הוא אומר מה אעשה לעם הזה (שמות יז:ד) ואומר, העם הזה הרע (ירמיה יג:י) וכשהם כשרים קרואים עמי, שנאמר שלח עמי (שמות ח:טז) עמי מה עשיתי לך (מיכה ו:ג; ספרי פה): **כמתאננים.** אין מתאוננים אלא לשון עלילה, מבקשים עלילה האיך לפרוש מאחרי המקום, וכן הוא אומר בשמשון כי תואנה הוא מבקש (שופטים יד:ד; ספרי שם):

RASHI ELUCIDATED

You have raised their head."[1] **וּמִי הֵם — Who are they?** „עַל עַמְּךָ יַעֲרִימוּ סוֹד"[2,3] — **"Against Your nation they conspire secretly."**[2,3]

36. שׁוּבָה ה׳ — RESIDE TRANQUILLY, HASHEM. מְנַחֵם תִּרְגְּמוֹ לְשׁוֹן מַרְגּוֹעַ — **Menachem**[4] **rendered [the word שׁוּבָה] as expressing tranquility,**[5] וְכֵן „בְּשׁוּבָה וָנַחַת תִּוָּשֵׁעוּן"[6] — **and similarly,** בְּשׁוּבָה in, **"In tranquility and calm you shall be saved."**[6]

□ **רִבְבוֹת אַלְפֵי יִשְׂרָאֵל — [AMONG THE] MYRIADS [AND] THOUSANDS OF ISRAEL.** מַגִּיד — **This tells** us שֶׁאֵין הַשְּׁכִינָה שׁוֹרָה בְּיִשְׂרָאֵל — **that the Divine Presence does not rest among Israel** פְּחוּתִים מִשְּׁנֵי אֲלָפִים וּשְׁתֵּי רְבָבוֹת[7] — when they are **less than two thousands and two myriads.**[7]

11.

1. וַיְהִי הָעָם כְּמִתְאֹנְנִים — THE PEOPLE WERE LIKE THOSE WHO SEEK PRETEXTS. אֵין הָעָם אֶלָּא רְשָׁעִים — **"The people" are none but the wicked.**[8] וְכֵן הוּא אוֹמֵר — **Similarly, it says,** „מָה אֶעֱשֶׂה לָעָם הַזֶּה"[9] — **"What shall I do for this people?"**[9] וְאוֹמֵר — **And it says** in the same vein, „הָעָם הַזֶּה הָרָע"[10] — **"this evil people."**[10] וּכְשֶׁהֵם כְּשֵׁרִים — **But when they are decent,** קְרוּאִים עַמִּי — **they are called "*My* people,"** שֶׁנֶּאֱמַר — **as it says,** „שַׁלַּח עַמִּי"[11] — **"Send out My people,"**[11] and, „עַמִּי מֶה עָשִׂיתִי לְךָ"[12,13] — **"My people! What I have done for you!"**[12,13]

□ **כְּמִתְאֹנְנִים — LIKE THOSE WHO SEEK PRETEXTS.** אֵין מִתְאוֹנְנִים אֶלָּא לְשׁוֹן עֲלִילָה — **The word** מִתְאוֹנְנִים **expresses nothing but "pretext."** It means מְבַקְּשִׁים עֲלִילָה — **they seek a pretext** הָאֵיךְ לִפְרוֹשׁ מֵאַחֲרֵי הַמָּקוֹם — regarding **how to move away from following the Omnipresent.** וְכֵן הוּא אוֹמֵר בְּשִׁמְשׁוֹן — **And similarly, it says of Samson,** „כִּי תֹאֲנָה הוּא מְבַקֵּשׁ"[14,15] — **"for he was seeking a pretext."**[14,15]

1. *Psalms* 83:3.

2. *Psalms* 83:4.

3. *Sifrei* 84. The word אֹיְבֶךָ, "your enemies," means "those toward whom you bear enmity" (see, for example, *II Samuel* 18:29). Had the verse said שֹׂנְאֶיךָ, it would also have meant "those whom you hate." But מְשַׂנְאֶיךָ in the *piel* means literally "those who spread hatred of you." Since it would be disrespectful of Moses to speak of God as an object of hatred, the word is understood as referring to hatred of Israel (*Maskil LeDavid*).

4. Menachem ben Saruk (Spain, c. 920-980) compiled *Machberes,* a dictionary of the Hebrew language often referred to by Rashi.

5. The more usual meaning of the word is "return," but that would not fit the context of our verse.

6. *Isaiah* 30:15.

7. *Sifrei* 84; *Yevamos* 64a. "Myriads" — that is "ten thousands" — includes "thousands." If the verse mentions "myriads" of Israel, it would seem unnecessary to mention "thousands." It does so to teach us that God rests among Israel only when the minimum plural of myriads, i.e., 20,000, plus the minimum plural of thousands, i.e., 2,000, are present (*Mizrachi; Sifsei Chachamim*).

8. Rashi states the general rule, but there are exceptional instances where Scripture uses הָעָם for Israel when they are acting properly and עַמִּי when they are not. The reasons for these exceptions differ from case to case (*Maskil LeDavid*). Where Scripture uses הָעָם, "the people," in a seemingly superfluous way, as it does in our verse, it connotes the wicked (see *Imrei Shefer*).

9. *Exodus* 17:4. The verse is stated with reference to the Israelites' unjust complaint about lack of water.

10. *Jeremiah* 13:10.

11. *Exodus* 8:16, 10:3.

12. *Micah* 6:3.

13. *Sifrei* 85.

14. *Judges* 14:4.

15. *Sifrei* 85.

יהוה וַיִּשְׁמַע יהוה וַיִּחַר אַפּוֹ וַתִּבְעַר־
בָּם אֵשׁ יהוה וַתֹּאכַל בִּקְצֵה הַמַּחֲנֶה:
ב וַיִּצְעַק הָעָם אֶל־מֹשֶׁה וַיִּתְפַּלֵּל
מֹשֶׁה אֶל־יהוה וַתִּשְׁקַע הָאֵשׁ:

HASHEM, and HASHEM heard and His wrath flared, and a fire of HASHEM burned against them, and it consumed at the edge of the camp. 2 The people cried out to Moses; Moses prayed to HASHEM, and the fire sank.

אונקלוס

יְיָ וּשְׁמִיעַ קֳדָם יְיָ וּתְקֵף רוּגְזֵהּ וּדְלֵקַת בְּהוֹן אֶשָּׁתָא מִן קֳדָם יְיָ וְשֵׁיצִיאַת בִּסְיָפֵי מַשְׁרִיתָא: ב וּצְוַח עַמָּא עַל מֹשֶׁה וְצַלִּי מֹשֶׁה קֳדָם יְיָ וְאִשְׁתַּקַעַת אֶשָּׁתָא:

רש"י

רע באזני ה'. תואנה שהיא רעה באזני ה', שמתכוונים שתבא באזניו ויקניט (ספרי שם). אמרו, אוי לנו, כמה לבטנו בדרך הזה, שלשה ימים שלא נחנו מענוי הדרך (שם פד): ויחר אפו. אני הייתי מתכוין לטובתכם שתכנסו לארץ מיד (שם): בקצה המחנה. במוקצין שבהם לשפלות, אלו ערב רב. רבי שמעון בן מנסיא אומר, בקצינים שבהם ובגדולים (שם פה): (ב) ויצעק העם אל משה. משל למלך בשר ודם שכעס על בנו והלך הבן אצל אוהבו של אביו ואמר לו צא ובקש עלי מאבא (שם פו): ותשקע האש. שקעה במקומה בארץ, שאילו חזרה לאחת הרוחות היתה מקפלת והולכת כל

RASHI ELUCIDATED

☐ רַע בְּאָזְנֵי ה׳ – **EVIL IN THE EARS OF HASHEM.** תּוֹאֲנָה שֶׁהִיא רָעָה – **A pretext which is evil** ,,בְּאָזְנֵי ה׳״ – **"in the ears of HASHEM,"**[1] שֶׁמִּתְכַּוְּנִים – **in that they intended** שֶׁתָּבֹא בְאָזְנָיו – **that it should come to His ears** וְיַקְנִיט[2] – **and He should become angry.**[2] אָמְרוּ – **They said,** אוֹי לָנוּ – **"Woe is to us!** כַּמָּה לָבַטְנוּ בַּדֶּרֶךְ הַזֶּה – **How much we have struggled on this journey!** שְׁלֹשָׁה יָמִים – **It has been three days**[3] שֶׁלֹּא נַחְנוּ – **that we have not had respite** מֵעִנּוּי הַדֶּרֶךְ[4] – **from the suffering of the way."**[4]

☐ וַיִּחַר אַפּוֹ – **AND HIS WRATH FLARED.** אֲנִי הָיִיתִי מִתְכַּוֵּן לְטוֹבַתְכֶם – **I had intended** it **for your benefit,** שֶׁתִּכָּנְסוּ לָאָרֶץ מִיָּד[5] – **so that you would enter the Land** of Israel **immediately.**[5]

☐ בִּקְצֵה הַמַּחֲנֶה – **AT THE EDGE OF THE CAMP,** that is, בַּמּוּקְצִין שֶׁבָּהֶם – **at those shunted aside among them** לְשִׁפְלוּת – **because of** their **lowliness;** אֵלּוּ עֵרֶב רַב – **these are the "great mixture."**[6] רַבִּי שִׁמְעוֹן בֶּן מְנַסְיָא אוֹמֵר – The *Tanna* **R' Shimon ben Menasia says,** the verse means, בַּקְּצִינִים שֶׁבָּהֶם – **at the officials among them,** וּבַגְּדוֹלִים[7] – **and at those who were great.**[7]

2. וַיִּצְעַק הָעָם אֶל מֹשֶׁה – **THE PEOPLE CRIED OUT TO MOSES.** מָשָׁל לְמֶלֶךְ בָּשָׂר וָדָם – **This can be compared to a king of flesh and blood** שֶׁכָּעַס עַל בְּנוֹ – **who was angry at his son.** וְהָלַךְ הַבֵּן – **The son went** אֵצֶל אוֹהֲבוֹ שֶׁל אָבִיו – **to his father's close friend** וְאָמַר לוֹ – **and said to him,** צֵא וּבַקֵּשׁ עָלַי מֵאַבָּא[8] – **"Go and plead with father on my behalf."**[8]

☐ וַתִּשְׁקַע הָאֵשׁ – **AND THE FIRE SANK.** שָׁקְעָה בִּמְקוֹמָהּ בָּאָרֶץ – **It sank, on its spot, into the earth.** שֶׁאִלּוּ חָזְרָה – **For if it had gone back** לְאַחַת הָרוּחוֹת – **to one of the directions,** הָיְתָה מְקַפֶּלֶת וְהוֹלֶכֶת כָּל

1. The verse might have been read, "The people were like those who seek pretexts; [it was] evil in the ears of HASHEM." Then, "[it was] evil in the ears of HASHEM" would be describing the effect of the pretexts on God. But the verse cannot yet be describing God's reaction to the pretexts, for only afterward does it say "and HASHEM heard." Therefore, רַע, "evil," should not be connected to בְּאָזְנֵי ה׳, "in the ears of HASHEM." Rather, it modifies כְּמִתְאֹנְנִים, "like those who seek pretexts." They were seeking evil pretexts, which were directed at the ears of God (*Mishmeres HaKodesh*).

2. *Sifrei* 85.

3. See 10:33 above.

4. *Sifrei* 84.

5. *Sifrei* 84. It would appear that the Israelites had a just complaint. Rashi explains that God had good cause for anger, for the Israelites should have realized that traveling quickly was to their benefit (*Devek Tov*).

6. See *Exodus* 12:38, and Rashi there; see also Rashi to v. 4 below, s.v., וְהָאסַפְסֻף.

7. *Sifrei* 85. Rashi does not take "the edge of the camp" literally, for there is no reason for God to punish the edge of the camp any more than its center. According to the first explanation, the "great mixture" deserved to be punished first, because they were the most sinful element in the camp. According to R' Shimon ben Menasia, the officials deserved to be punished first because they could have squelched the people's rebellious spirit (*Be'er Yitzchak*).

According to both interpretations, קָצֵה is seen as related to מוּקְצֶה, "set aside." According to the first interpretation, the verse refers to those set apart because of their lowliness. According to R' Shimon ben Menasia, it refers to the officials. The word קָצִין, "official," denotes those set above the masses because of their greatness (*Be'er BaSadeh*).

8. *Sifrei* 86. This explains why they cried out to Moses although it was God Who was punishing them (*Mizrachi; Sifsei Chachamim*).

Although there are many instances in Scripture

ג וַיִּקְרָא שֵׁם־הַמָּקוֹם הַהוּא תַּבְעֵרָה
ד כִּי־בָעֲרָה בָם אֵשׁ יהוה: וְהָאסַפְסֻף
אֲשֶׁר בְּקִרְבּוֹ הִתְאַוּוּ תַּאֲוָה וַיָּשֻׁבוּ
וַיִּבְכּוּ גַּם בְּנֵי יִשְׂרָאֵל וַיֹּאמְרוּ מִי
ה יַאֲכִלֵנוּ בָּשָׂר: זָכַרְנוּ אֶת־הַדָּגָה
אֲשֶׁר־נֹאכַל בְּמִצְרַיִם חִנָּם אֵת

3 He named that place Taberah, for the fire of HASHEM had burned against them.
4 The rabble that was among them cultivated a craving, and the Children of Israel also turned, and they wept, and said, "Who will feed us meat?
5 We remember the fish that we would eat in Egypt free of charge; the

אונקלוס

ג וּקְרָא שְׁמָא דְאַתְרָא הַהוּא דְלֶקְתָּא אֲרֵי דְלֵקַת בְּהוֹן אֶשָּׁתָא מִן קֳדָם יְיָ: ד וַעֲרַבְרְבִין דִּי בֵינֵיהוֹן שְׁאִילוּ שְׁאֶלְתָּא וְתָבוּ וּבְכוֹ אַף בְּנֵי יִשְׂרָאֵל וַאֲמָרוּ מַאן יוֹכְלִנָּנָא בִּסְרָא: ה דְּכִירַן אֲנַחְנָא יָת נוּנַיָּא דַּהֲוֵינָא אָכְלִין בְּמִצְרַיִם מַגָּן יָת

רש"י

אותו הרוח (שם): (ד) **והאספסף.** אלו ערב רב שנאספו עליהם בצאתם ממצרים (שם): **וישבו גם בני ישראל.** ויבכו עמהם: **מי יאכלנו בשר.** וכי לא היה להם בשר והלא כבר נאמר וגם ערב רב עלה אתם וצאן ובקר וגו' (שמות יב:לח). ואם תאמר אכלום והלא בכניסתם לארץ נאמר ומקנה רב היה לבני ראובן וגו' (להלן לב:א) אלא שמבקשים עלילה (ספרי שם): (ה) **אשר נאכל במצרים חנם.** אם תאמר שמצריים נותנים להם דגים חנם, והלא כבר נאמר ותבן לא ינתן לכם (שמות ה:יח) אם תבן לא היו נותנים להם חנם דגים היו נותנים להם חנם, ומהו אומר חנם,

RASHI ELUCIDATED

אוֹתוֹ הָרוּחַ[1] – **it would have gradually destroyed that entire direction.**[1]

4. וְהָאסַפְסֻף – THE RABBLE. אֵלּוּ עֵרֶב רַב – **These are the "great mixture"**[2] שֶׁנֶּאֶסְפוּ עֲלֵיהֶם[3] – **who gathered**[3] **on to [the Israelites]** בְּצֵאתָם מִמִּצְרָיִם – **upon their departure from Egypt.**

□ וַיָּשֻׁבוּ . . . גַּם בְּנֵי יִשְׂרָאֵל – AND THE CHILDREN OF ISRAEL ALSO TURNED, "וַיִּבְכּוּ" עִמָּהֶם – **and they wept with them.**[4]

□ מִי יַאֲכִלֵנוּ בָּשָׂר – WHO WILL FEED US MEAT? וְכִי לֹא הָיָה לָהֶם בָּשָׂר – **But did they not have meat?** וַהֲלֹא כְּבָר נֶאֱמַר – **Hasn't it already said,** "וְגַם עֵרֶב רַב עָלָה אִתָּם – **"Also a great mixture went up with them,** וְצֹאן וּבָקָר וְגוֹמֵר" – **and flock and cattle, etc."?**[5] וְאִם תֹּאמַר אֲכָלוּם – **And if you will say that they had** already **eaten them** by this point וַהֲלֹא בִּכְנִיסָתָם לָאָרֶץ נֶאֱמַר – this cannot be, for **has it not said upon their entry to the Land** of Israel, "וּמִקְנֶה רַב הָיָה לִבְנֵי רְאוּבֵן וְגוֹמֵר"[6] – **"The children of Reuben** [and the children of Gad] **had abundant livestock, etc."?**[6] אֶלָּא שֶׁמְּבַקְּשִׁים עֲלִילָה[7] – **But** they complained of lack of meat because **they were looking for a pretext.**[7]

5. אֲשֶׁר נֹאכַל בְּמִצְרַיִם חִנָּם – THAT WE WOULD EAT IN EGYPT FREE OF CHARGE. אִם תֹּאמַר – **If you would say** that this means שֶׁמִּצְרִיִּים נוֹתְנִים לָהֶם דָּגִים – **that the Egyptians would give them fish** חִנָּם – **free of charge,** וַהֲלֹא כְּבָר נֶאֱמַר – this cannot be so, for **has it not already said,** "וְתֶבֶן לֹא יִנָּתֵן לָכֶם"[8] – **"Straw will not be given to you";**[8] אִם תֶּבֶן לֹא הָיוּ נוֹתְנִים לָהֶם חִנָּם – **if [the Egyptians] would not give [the Israelites] straw free of charge,** דָּגִים הָיוּ נוֹתְנִים לָהֶם חִנָּם – **would they give them fish free of charge?** וּמַהוּ אוֹמֵר "חִנָּם" – **What, then, does [Scripture]** mean to **say by "free of charge"?**

where the Israelites cried out directly to God, e.g., *Exodus* 14:10, here, they recognized that it would be inappropriate. For they had sinned by speaking with intent to antagonize God with what they said, as Rashi has stated in his comments to verse 1 (*Be'er BaSadeh*).

1. *Sifrei* 86. Had the fire gone back up to heaven from where it came, the sinners might have thought that the threat of punishment had passed, and they would have reverted to their evil ways (*Peirush Sifrei Devei Rav*).

2. See note 6 to p. 118 above.

3. *Sifrei* 86. They are called הָאסַפְסֻף from the root אסף, "to gather." Rashi here cites the view of the *Tanna Kamma* in *Sifrei*. According to the view of the *Tanna* R' Shimon ben Menasia cited above (see note 7 to p. 118 above), הָאסַפְסֻף is a reference to the elders about whom it is written אֶסְפָה לִּי שִׁבְעִים אִישׁ (v. 16 below).

4. וַיָּשֻׁבוּ וַיִּבְכּוּ גַּם בְּנֵי יִשְׂרָאֵל could have been rendered, "And the Children of Israel also cried again." But this would have been problematic for two reasons. First of all, it implies that they had cried before, but Scripture has made no mention of this. Secondly, "also cried" implies that the rabble, too, cried, but Scripture has made no mention of this either. Rashi therefore rearranges the wording of the verse to make it clear that גַּם, "also," refers to וַיָּשֻׁבוּ but not to וַיִּבְכּוּ. The verse means, "And the Children of Israel also turned, and they wept with the grumbling rabble" (see *Mesiach Ilmim*).

5. *Exodus* 12:38.

6. Below 32:1.

7. *Sifrei* 86.

8. *Exodus* 5:18.

cucumbers, and the melons, the leeks, the onions, and the garlic. 6 But now, our life is parched, there is nothing; we have nothing before our eyes but the manna!"
7 Now the manna was like coriander seed and its color was like the color of

הַקִּשֻּׁאִים וְאֵת הָאֲבַטִּחִים וְאֶת־
הֶחָצִיר וְאֶת־הַבְּצָלִים וְאֶת־
ו הַשּׁוּמִים: וְעַתָּה נַפְשֵׁנוּ יְבֵשָׁה
אֵין כֹּל בִּלְתִּי אֶל־הַמָּן עֵינֵינוּ:
ז וְהַמָּן כִּזְרַע־גַּד הוּא וְעֵינוֹ כְּעֵין

אונקלוס

בּוֹצִינַיָּא וְיָת אֲבַטִּיחַיָּא וּכְרָתֵי וּבוּצְלֵי וְתוּמֵי: ו וּכְעַן נַפְשָׁנָא תְאִיבָא לֵית כָּל מִדָּעַם אֱלָהֵן לְמַנָּא עֵינָנָא: ז וּמַנָּא כְּבַר זְרַע גַּדָּא הוּא וְחֶזְוֵהּ כְּחֵזוּ

רש"י

חנם מן המצות (ספרי פז): **את הקשאים.** אמר רבי שמעון מפני מה המן משתנה לכל דבר חוץ מאלו מפני שהן קשים למניקות (שם) אומרים לאשה אל תאכלי שום ובצל מפני התינוק (שם פט) משל למלך וכו' כדאיתא בספרי (פז): **הקשאים.** הם קוקומברי"ש בלע"ז: **אבטחים.** בודיק"ש: **החציר.** כרישין, פוריל"ש, ותרגומו ית בוציניא וכו': (ו) **אל המן עינינו.** מן בשחר, מן בערב (שם): (ז) **והמן כזרע גד.** מי שאמר זה לא אמר זה. ישראל אומרים בלתי אל המן עינינו, והקב"ה הכתיב בתורה והמן כזרע גד וגו',

RASHI ELUCIDATED

חִנָּם מִן הַמִּצְוֹת[1] – **Free from** any obligation to perform **the commandments** of the Torah.[1]

□ אֶת הַקִּשֻּׁאִים – THE CUCUMBERS. אָמַר רַבִּי שִׁמְעוֹן – The *Tanna* **R' Shimon said:** מִפְּנֵי מַה הַמָּן מִשְׁתַּנֶּה לְכָל דָּבָר – **Why would the manna change into anything** חוּץ מֵאֵלּוּ – **except for these?**[2] מִפְּנֵי שֶׁהֵן קָשִׁים לַמֵּינִיקוֹת[3] – **Because they are harmful for nursing mothers.**[3] אוֹמְרִים לְאִשָּׁה – **They say to a woman,** אַל תֹּאכְלִי שׁוּם וּבָצָל[4] – **"Do not eat garlic or onion** מִפְּנֵי הַתִּינוֹק – **because of the infant."**[4] מָשָׁל לְמֶלֶךְ וְכוּלְּהוּ – **This can be compared to a** [human] **king, etc.,** כִּדְאִיתָא בְּסִפְרֵי[5] – **as stated in** ***Sifrei.***[5]

□ הַקִּשֻּׁאִים – THE CUCUMBERS. הֵם קוֹקוֹמבְּרִי"שׁ בְּלַעַ"ז – **They are** ***cocombres***[6] **in Old French.**

□ הָאֲבַטִּחִים – THE WATERMELONS. בּוֹדִיקְ"שׁ – In Old French, ***bodekes.***[7]

□ הֶחָצִיר – This means כְּרֵישִׁין – ***leeks,*** פּוֹרִיל"שׁ – in Old French, ***porels.***[8] וְתַרְגּוּמוֹ יָת בּוֹצִינַיָּא [וְיָת אֲבַטִּיחַיָּא וּכְרָתֵי] וְכוּלְּהוּ – Targum *Onkelos* **renders [the verse], "the cucumbers, [the watermelons, the leeks,] etc."**[9]

6. אֶל הַמָּן עֵינֵינוּ – [WE HAVE NOTHING] BEFORE OUR EYES BUT THE MANNA. מָן בַּשַּׁחַר – **Manna at dawn;** מָן בָּעֶרֶב[10] – **manna in the evening.**[10]

7. וְהַמָּן כִּזְרַע גַּד – NOW THE MANNA WAS LIKE CORIANDER SEED. מִי שֶׁאָמַר זֶה – **He who said this** לֹא אָמַר זֶה – **did not say that;** that is, יִשְׂרָאֵל אוֹמְרִים – **Israel said,** "בִּלְתִּי אֶל הַמָּן עֵינֵינוּ" – **"We have nothing before our eyes but the manna,"** וְהַקָּדוֹשׁ בָּרוּךְ הוּא הִכְתִּיב בַּתּוֹרָה – **and the Holy One, Blessed is He, had it written in the Torah,** "וְהַמָּן כִּזְרַע גַּד וְגוֹמֵר" – **"Now the manna was like**

1. *Sifrei* 87.

2. Rashi explains why the Israelites spoke of these specific foods, although they are not necessarily the tastiest (*Eimek HaNetziv*).

3. *Sifrei* 87. Since these foods are harmful to nursing mothers, the manna could not be made to taste like them.

4. *Sifrei* 89.

5. *Sifrei* 87. This can be compared to a human king who puts a tutor in charge of his son, gives him orders, and tells him, "I do not want him to eat harmful food or drink harmful drink." The son fumed against his father, and said, "It is not because he loves me; he only wants to deny them to me."

6. In Modern French, *concombres,* "cucumbers."

7. In Modern French, *pastèques,* "watermelons." The etymology of this French word is noteworthy. Rashi's *bodeke* — which became *pateca, pateque,* and finally *pastèque* — is a corruption of the Arabic *al-bâṭṭikha* which is almost identical to our word אֲבַטִּיחַ.

8. In Modern French, *poireaux,* "leeks."

9. Rashi cites *Targum Onkelos* to support his interpretation of הֶחָצִיר as כְּרֵישִׁין. *Onkelos'* כְּרָתֵי is the equivalent of the Hebrew כְּרֵישִׁין, for in Aramaic, ת often takes the place of the Hebrew ש. Another example of this ש־ת interchange is found in the word שׁוּמִים (at the end of our verse), which *Targum* renders תוּמֵי.

10. *Sifrei* 89. Even though the manna would take on the taste of whatever food one desired to eat, it nevertheless all looked the same. They complained of the monotony of their diet, for their eyes saw the same food in the morning and in the evening (see *Eimek HaNetziv*).

ח הַבְּדֹלַח: שָׁטוּ הָעָם וְלָקְטוּ וְטָחֲנוּ
בָרֵחַיִם אוֹ דָכוּ בַּמְּדֹכָה וּבִשְּׁלוּ
בַּפָּרוּר וְעָשׂוּ אֹתוֹ עֻגוֹת וְהָיָה טַעְמוֹ
ט כְּטַעַם לְשַׁד הַשָּׁמֶן: וּבְרֶדֶת הַטַּל

the bedolach. [8] *The people would stroll and gather it, and grind it in a mill or pound it in a mortar and cook it in a pot or make it into cakes, and it tasted like the taste of dough kneaded with oil.* [9] *When the dew descended*

אונקלוס

בְּדֹלְחָא: ח שַׁיְטִין עַמָּא וְלָקְטִין דְּצָבֵי טָחִין בְּרֵיחַיָּא אוֹ דְּצָבֵי דָאִיךְ בִּמְדֻכְתָּא וּמְבַשְּׁלִין לֵהּ בְּקִדְרָא וְעָבְדִין יָתֵהּ גְּרִיצָן וַהֲוָה טַעְמֵהּ כִּטְעַם דְּלִישׁ בְּמִשְׁחָא: ט וְכַד נָחֵת טַלָּא

רש"י

כלומר ראו באי עולם על מה מתלוננים בני, והמן כך וכך הוא חשוב (שם פח): **כזרע גד.** עגול כגידא (יומא עה.) זרע קוליינדר"ר: **בדלח.** שם אבן טובה, קריסט"ל: **(ח) שטו.** אין שייט אלא לשון טיול, אישבניי"ר. בלא עמל (ספרי פט): **וטחנו ברחים וגו'.** לא ירד ברחים ולא בקדירה ולא במדוכה, אלא משתנה היה טעמו לנטחנין ולנדוכין ולמבושלין (שם): **בפרור.** קדרה (שם): **לשד השמן.** לחלוח של שמן, כך פירשו דונש, ודומה לו נהפך לשדי בחרבוני קיץ (תהלים לב:ד) והלמ"ד יסוד,

RASHI ELUCIDATED

coriander seed, etc." כְּלוֹמַר **– As if to say,** רְאוּ בָּאֵי עוֹלָם **– "See, you who come into the world,** עַל מָה מִתְלוֹנְנִים בָּנַי **– what My children complain about.** וְהַמָּן כַּךְ וָכַךְ הוּא חָשׁוּב[1] **– Yet the manna is so valued!"**[1]

□ כִּזְרַע גַּד – LIKE CORIANDER SEED. עָגוֹל כְּגִידָא – It is **round like a *gida*,**[2] which is זֶרַע קוליינדר״ר – **a *coliandre* seed.**[3]

□ בְּדֹלַח – BEDOLACH. שֵׁם אֶבֶן טוֹבָה – It is **the name of a fine stone,** קריסט״ל – ***cristal*** in Old French.[4]

8. שָׁטוּ – WOULD STROLL. אֵין שַׁיִט אֶלָּא לְשׁוֹן טִיּוּל – **The form** שַׁיִט, the gerund of שׁוּט, the root of **שָׁטוּ, means nothing but "strolling,"** אישבניי״ר – ***esbanier*** in Old French,[5] בְּלֹא עָמָל[6] **– without exertion.**[6]

□ וְטָחֲנוּ בָרֵחַיִם וְגוֹמֵר – AND GRIND IT IN A MILL, ETC. לֹא יָרַד בְּרֵחַיִם – **[The manna] did not go down,** i.e., was not put, **into a mill,** וְלֹא בִּקְדֵירָה – **nor into a kettle,** וְלֹא בִמְדוֹכָה – **nor into a mortar.** אֶלָּא – **Rather,** מִשְׁתַּנֶּה הָיָה טַעְמוֹ – **its flavor would change** לְנִטְחָנִין – **into that of things that are ground,** וְלִנְדוֹכִין – **and that of things that are pounded,** וְלִמְבֻשָּׁלִין[7] – **and that of things that are cooked.**[7]

□ בַּפָּרוּר – IN A POT. The word **פָּרוּר** means קְדֵרָה[8] – **a kettle.**[8]

□ לְשַׁד הַשָּׁמֶן – DOUGH KNEADED WITH OIL, literally, לְחְלוּחַ שֶׁל שֶׁמֶן – **moistness of oil.** כָּךְ פֵּרְשׁוֹ דוֹנַשׁ **– This is how Donash**[9] **explained it.** וְדוֹמֶה לוֹ ,,נֶהְפַּךְ לְשַׁדִּי בְּחַרְבוֹנֵי קָיִץ״[10] – **Similar to it is** לְשַׁדִּי in, **"My freshness was transformed in the heat waves of summer,"**[10] וְהַלָּמֶ״ד יְסוֹד – **and** in which

1. *Sifrei* 88. Our verse is not a continuation of the statement of the Israelites in verses 5 and 6, for the Israelites complained about the manna, while our verse speaks in praise of it (*Be'er Yitzchak*).

2. *Yoma* 75a.

3. The text follows the majority of editions; some early printed editions of Rashi read אליינדר״א. In Modern French this herb is called *coriandre*; in English, "coriander." It has globular, yellowish-brown seeds.

4. In English, "crystal."

5. This old French word means "to seek diversion," literally, "to float about, to flutter about," thus, "to amble unhurriedly."

6. *Sifrei* 89.

7. *Sifrei* 89. After the verse has used "they would stroll" to show how easy it was to gather the manna, it seems incongruous for it to go into detail about the various types of labor that were necessary for its preparation. "And grind it in a mill ..." is therefore understood to mean "it had the same flavor as if it were ground in a mill" (see *Devek Tov*).

8. *Sifrei* 89.

9. Donash ben Labrat (also called Adonim HaLevi) lived in tenth-century Fez, Morocco. He composed many *piyyutim,* the best known of which is *D'ror Yikra.* Donash wrote a treatise which listed two hundred instances in which his understanding of word roots and definitions disagrees with those given in the *Machberes* of his colleague, Menachem ben Saruk (see note 4 on p. 117), which set the stage for a debate that has never been settled. Two hundred years after the disciples of Menachem and Donash wrote treatises defending their respective teacher's works and attacking those of the other, Rabbeinu Tam wrote *Sefer Hachraos* in which he "decides" the issues and vindicates Menachem. However, R' Yosef Kimchi, father of the *Radak,* responded with *Sefer HaGalui* in defense of Donash. Rashi frequently quotes both Menachem and Donash in deciphering a difficult word or passage.

10. *Psalms* 32:4.

עַל־הַמַּחֲנֶה לָיְלָה יֵרֵד הַמָּן
10 עָלָיו: וַיִּשְׁמַע מֹשֶׁה אֶת־הָעָם
בֹּכֶה לְמִשְׁפְּחֹתָיו אִישׁ לְפֶתַח

upon the camp at night, the manna would descend upon it.

10 Moses heard the people weeping by their families, each one at the entrance

אונקלוס

עַל מַשְׁרִיתָא לֵילְיָא נָחֵת מַנָּא עֲלוֹהִי: י וּשְׁמַע מֹשֶׁה יָת עַמָּא בָּכַן לְזַרְעֲיָתְהוֹן גְּבַר בִּתְרַע

רש"י

נהפך לחלוחי בחרבוני קיץ. ורבותינו פרשוהו לשון שדים (ספרי שם) אך אין ענין שדים אצל שמן. ואי אפשר לומר לשד השמן לשון וישמן ישורון, שאם כן היה המ"ם נקוד קמץ קטן (ציר"ה) וטעמו למטה תחת המ"ם. עכשיו שהמ"ם נקוד פתח קטן (סגול) והטעם תחת השי"ן, לשון שמן הוא, והשי"ן הנקודה בקמץ גדול ואינה נקודה בפת"ח קטן מפני שהוא סוף פסוק. דבר אחר לשד לשון נוטריקון, ליש שמן דבש, כעיסה הנלושה בשמן וקטופה בדבש. ותרגום של אונקלוס דמתרגם דליש במשחא נוטה לפתרונו של דונש, שהעיסה הנלושה בשמן לחלוחית שמן יש בה: (י) **בכה למשפחותיו.** משפחות משפחות נאספים ובוכים לפרסם תרעומתן בגלוי (שם צ; יומא עה). ורבותינו אמרו, למשפחותיו, על עסקי

RASHI ELUCIDATED

the ל is an essential element of the word,[1] as it is in לְשַׁד of our verse. נֶהְפַּךְ לְחְלוּחִי בְּחַרְבוֹנֵי קַיִץ – The verse in *Psalms* means, **"My moisture was transformed in the heat waves of summer."** וְרַבּוֹתֵינוּ פֵּרְשׁוּהוּ – **Our Rabbis explained [the word** לְשַׁד**]** לְשׁוֹן שָׁדַיִם[2] – **as meaning "breasts."**[2] אַךְ – **But** אֵין עִנְיַן שָׁדַיִם אֵצֶל שֶׁמֶן – **the matter of "breasts" has nothing to do with "oil."** וְאִי אֶפְשָׁר לוֹמַר "לְשַׁד הַשָּׁמֶן" לְשׁוֹן "וַיִּשְׁמַן יְשׁוּרוּן"[3] – **And it is impossible to say that** the word הַשָּׁמֶן of the phrase לְשַׁד הַשָּׁמֶן **is related to** the word וַיִּשְׁמַן **in "and Jeshurun became fat,"**[3] and thus הַשָּׁמֶן is an adjective meaning "fat" rather than a noun meaning "oil," שֶׁאִם כֵּן – **for if** this were **so,** הָיָה הַמֵּ"ם נָקוּד קָמֶץ קָטָן – **the מ would have been vowelized** מֵ **with a *kamatz katan*** (the term Rashi uses for *tzeirei*) וְטַעְמוֹ לְמַטָּה – **and its accent would have been below**, i.e., on the last syllable, תַּחַת הַמֵּ"ם – **beneath the מ**, i.e., הַשָּׁמֵן instead of הַשָּׁמֶן. עַכְשָׁו שֶׁהַמֵּ"ם נָקוּד פַּתַּח קָטָן – **Now that the מ is vowelized** מֶ **with a *patach katan*** (the term Rashi uses for *segol*), וְהַטַּעַם תַּחַת הַשִּׁי"ן – **and the accent is** on the penultimate syllable, **beneath the ש**, i.e., הַשָּׁמֶן and not הַשָּׁמֵן, לְשׁוֹן שֶׁמֶן הוּא – **it means "oil,"** and not "fat." וְהַשִּׁי"ן הַנְּקוּדָה בְּקָמֶץ גָּדוֹל – **The ש that is vowelized** שָׁ **with a *kamatz gadol*** וְאֵינָהּ נְקוּדָה בְּפַתַּח קָטָן – **and is not vowelized** שֶׁ with a ***patach katan*** (*segol*) as the ש of שֶׁמֶן generally is, מִפְּנֵי שֶׁהוּא סוֹף פָּסוּק – is vowelized in this manner **because it is at the end of a verse.**[4]

דָּבָר אַחֵר – **Alternatively,** לְשַׁד לְשׁוֹן נוֹטְרִיקוֹן לִישׁ שֶׁמֶן דְּבַשׁ – the word לְשַׁד **is an abbreviation of the words** לִישׁ**, "kneading,"** שֶׁמֶן**, "oil,"** and דְּבַשׁ**, "honey."** כְּעִסָּה הַנְּלוּשָׁה בְשֶׁמֶן – The verse means to say that it was **like dough which is kneaded with oil** וּקְטוּפָה בִדְבַשׁ – **and smeared with honey.** וְתַרְגּוּם שֶׁל אוּנְקְלוֹס – **Onkelos' translation,** דְּמְתַרְגֵּם "דְּלִישׁ בְּמִשְׁחָא" – **which renders** לְשַׁד הַשָּׁמֶן as **"which is kneaded in oil,"** נוֹטֶה לְפִתְרוֹנוֹ שֶׁל דּוּנַשׁ – **tends toward the interpretation of Donash,** שֶׁהָעִסָּה הַנְּלוּשָׁה בְשֶׁמֶן – **because dough which is kneaded with oil** לַחְלוּחִית שֶׁמֶן יֵשׁ בָּהּ – **has in it the moisture of oil.**

10. בֹּכֶה לְמִשְׁפְּחֹתָיו – **WEEPING BY THEIR FAMILIES.** מִשְׁפָּחוֹת מִשְׁפָּחוֹת נֶאֱסָפִים – **All the individual families would gather together** וּבוֹכִים – **and weep,** לְפַרְסֵם תַּרְעוֹמְתָּן – **to publicize their complaint** בְּגָלוּי – **in the open.**[5] וְרַבּוֹתֵינוּ אָמְרוּ – **And our Rabbis said,** "לְמִשְׁפְּחוֹתָיו" עַל עִסְקֵי

1. It is not a prefix meaning "to," "for," or "of."

2. *Sifrei* 89. "Just as a nipple is of one variety and changes to many varieties [that is, the infant tastes many flavors from it], so would the manna change into whatever Israel wished."

According to this explanation, the ל of לְשַׁד is a prefix meaning "to," and the literal meaning of לְשַׁד is "the taste [which is] *to* a breast" (see *Be'er Yitzchak*).

3. *Deuteronomy* 32:15. The Rabbis of the Midrash see הַשָּׁמֶן of our verse as the equivalent of the adjective הַשָּׁמֵן, "fat." According to them, לְשַׁד הַשָּׁמֶן means "to the fat breast." Rashi shows that this cannot be seen as the simple meaning of the verse (*Be'er Yitzchak*).

4. At a major pause, such as is indicated by the *sof passuk* cantillation note of הַשָּׁמֶן in our verse, a short vowel such as *segol*, in an accented syllable, is generally lengthened to a long vowel, such as *kamatz*; thus the שֶׁ of the word שֶׁמֶן becomes שָׁ. Another example of this phenomenon is found in the next verse. The word for "night" is usually vowelized לַיְלָה, with the accented first ל taking a short *patach*. However, due to the major pause indicated by the *esnachta* cantillation, the vowel changes to a long *kamatz,* thus, לָיְלָה.

5. *Sifrei* 90; *Yoma* 75.

אָהֳלוֹ וַיִּחַר־אַף יהוה מְאֹד וּבְעֵינֵי
יא מֹשֶׁה רָע: וַיֹּאמֶר מֹשֶׁה אֶל־יהוה
לָמָה הֲרֵעֹתָ לְעַבְדֶּךָ וְלָמָּה לֹא־
*מָצָתִי חֵן בְּעֵינֶיךָ לָשׂוּם אֶת־מַשָּׂא *חסר א׳
יב כָּל־הָעָם הַזֶּה עָלָי: הֶאָנֹכִי הָרִיתִי
אֵת כָּל־הָעָם הַזֶּה אִם־אָנֹכִי
יְלִדְתִּיהוּ כִּי־תֹאמַר אֵלַי שָׂאֵהוּ
בְחֵיקֶךָ כַּאֲשֶׁר יִשָּׂא הָאֹמֵן אֶת־הַיֹּנֵק
עַל הָאֲדָמָה אֲשֶׁר נִשְׁבַּעְתָּ לַאֲבֹתָיו:
יג מֵאַיִן לִי בָּשָׂר לָתֵת לְכָל־הָעָם
הַזֶּה כִּי־יִבְכּוּ עָלַי לֵאמֹר תְּנָה־לָּנוּ
יד בָשָׂר וְנֹאכֵלָה: לֹא־אוּכַל אָנֹכִי
לְבַדִּי לָשֵׂאת אֶת־כָּל־הָעָם הַזֶּה כִּי
טו כָבֵד מִמֶּנִּי: וְאִם־כָּכָה | אַתְּ־עֹשֶׂה לִּי

of his tent, and the wrath of HASHEM flared greatly; and in the eyes of Moses it was bad.

[11] Moses said to HASHEM, "Why have You done evil to Your servant; why have I not found favor in Your eyes, that You place the burden of this entire people upon me? [12] Did I conceive this entire people or did I give birth to it, that You say to me, 'Carry them in your bosom, as a nurse carries a suckling, to the Land that You swore to its forefathers? [13] Where shall I get meat to give to this entire people when they weep to me, saying, 'Give us meat that we may eat'? [14] I alone cannot carry this entire nation, for it is too heavy for me! [15] And if this is how You deal with me,

אונקלוס

מַשְׁכְּנֵהּ וּתְקֵף רָגְזָא דַייָ לַחֲדָא וּבְעֵינֵי מֹשֶׁה בִּישׁ: יא וַאֲמַר מֹשֶׁה קֳדָם יְיָ לְמָא אַבְאֶשְׁתָּא לְעַבְדָּךְ וּלְמָא לָא אַשְׁכָּחִית רַחֲמִין קֳדָמָךְ לְשַׁוָּאָה יָת מַטּוֹל כָּל עַמָּא הָדֵין עֲלָי: יב הַאַב אֲנָא לְכָל עַמָּא הָדֵין אִם בְּנַי אִנּוּן אֲרֵי תֵימַר לִי סוֹבַרְהִי בְתָקְפָּךְ כְּמָא דִמְסוֹבַר תֻּרְבְּיָנָא יָת יַנְקָא עַל אַרְעָא דִי קַיֶּמְתָּא לַאֲבָהָתוֹהִי: יג מְנַן לִי בִסְרָא לְמִיתַּן לְכָל עַמָּא הָדֵין אֲרֵי בָכַן עֲלַי לְמֵימַר הַב לָנָא בִסְרָא וְנֵיכוּל: יד לֵית אֲנָא יָכִיל בִּלְחוֹדִי לְסוֹבָרָא יָת כָּל עַמָּא הָדֵין אֲרֵי יַקִּיר מִנִּי: טו וְאִם כְּדֵין אַתְּ עָבֵד לִי

רש״י

משפחות, על עריות הנאסרות להם (שם): **(יב) כי תאמר אלי.** שאתה אומר אלי שאהו בחיקך, והיכן אמר לו כן, לך נחה את העם (שמות לב:לד) ואומר ויצום אל בני ישראל (שם ו:יג) על מנת שיהיו סוקלין אתכם ומחרפין אתכם (ספרי צא): **על האדמה אשר נשבעת לאבותיו.** אתה אומר לי לשאתם בחיקי: **(טו) ואם ככה את עשה לי.** תשש כחו של משה

RASHI ELUCIDATED

מִשְׁפָּחוֹת – the word לְמִשְׁפְּחוֹתָיו means **over matters of families,** עַל עֲרָיוֹת הַנֶּאֱסָרוֹת לָהֶם – **over** ***arayos***[1] **which had been forbidden to them.**[2]

12. כִּי תֹאמַר אֵלַי – Literally, "When You shall say to me." This means שֶׁאַתָּה אוֹמֵר אֵלַי – **"that You say**[3] **to me,** "שָׂאֵהוּ בְחֵיקֶךָ" – **'Carry them in your bosom.' "**[3] וְהֵיכָן אָמַר לוֹ כֵּן – **And where did He says this to him?** "לֵךְ נְחֵה אֶת הָעָם"[4] – **"Go, lead the people."**[4] וְאוֹמֵר – **And it says** in the same vein, "וַיְצַוֵּם אֶל בְּנֵי יִשְׂרָאֵל"[5] – **"And He commanded them,** Moses and Aaron, **regarding the Children of Israel,**[5] 'Lead them עַל מְנַת שֶׁיִּהְיוּ סוֹקְלִין אֶתְכֶם – **with the understanding that they** may even **stone you** וּמְחָרְפִין אֶתְכֶם[6] – **and insult you.' "**[6]

□ עַל הָאֲדָמָה אֲשֶׁר נִשְׁבַּעְתָּ לַאֲבֹתָיו – **TO THE LAND THAT YOU SWORE TO ITS FOREFATHERS** אַתָּה אוֹמֵר לִי – **You say to me** לְשָׂאתָם בְּחֵיקִי – **to carry them in my bosom.**[7]

15. וְאִם כָּכָה אַתְּ עֹשֶׂה לִי – **IF THIS IS HOW YOU DEAL WITH ME.** תָּשַׁשׁ כֹּחוֹ שֶׁל מֹשֶׁה – **Moses' strength was**

1. In general, forbidden relations; here, incestuous ones.

2. *Sifrei* 90; *Yoma* 75.

3. תֹאמַר is future in form. The verse might thus have been understood, "When You shall say to me." But Moses did not know with certainty that God would say to him, "Carry them in your bosom." Rashi therefore notes that כִּי is used here in the sense of "that," and תֹאמַר is an instance of the future being used to express the present (*Mizrachi;* Rashi discusses this verb form in his comments to *Genesis* 24:45, s.v., טֶרֶם אֲכַלֶּה).

4. *Exodus* 32:34.

5. *Exodus* 6:13; see Rashi there.

6. *Sifrei* 91.

7. "To the Land..." is not linked with "as a nurse carries a suckling"; it is linked with "carry them in your bosom" (*Mizrachi; Sifsei Chachamim*).

הָרְגֵנִי נָא֙ הָרֹ֔ג אִם־מָצָ֥אתִי חֵ֖ן בְּעֵינֶ֑יךָ וְאַל־אֶרְאֶ֖ה בְּרָעָתִֽי׃
טז וַיֹּ֨אמֶר יְהוָ֜ה אֶל־מֹשֶׁ֗ה אֶסְפָה־לִּ֞י שִׁבְעִ֣ים אִישׁ֮ מִזִּקְנֵ֣י יִשְׂרָאֵל֒

then kill me now, if I have found favor in Your eyes, and let me not see my evil!"

[16] *HASHEM said to Moses, "Gather for Me seventy men from the elders of Israel,*

אונקלוס

קְטֻלְנִי כְעַן מִקְטוֹל אִם אַשְׁכַּחִית רַחֲמִין קֳדָמָךְ וְלָא אֶחֱזֵי בְּבִישְׁתִי:
טז וַאֲמַר יְיָ לְמֹשֶׁה כְּנוֹשׁ קֳדָמַי שַׁבְעִין גַּבְרָא מִסָּבֵי יִשְׂרָאֵל

רש"י

כנקבה כשהראהו הקב"ה הפורענות שהוא עתיד להביא עליהם על זאת. אמר לפניו אם כן הרגני תחלה (שם): ואל אראה ברעתי. ברעתם [ס"א ברעתך] היה לו לכתוב, אלא שכינה הכתוב, וזה אחד מתקוני סופרים בתורה לכינוי ולתקון לשון: (טז) אספה לי. הרי תשובה לתלונתך שאמרת לא אוכל אנכי לבדי (לעיל פסוק יד; ספרי צב). והזקנים הראשונים היכן היו, והלא אף במצרים ישבו עמהם שנאמר לך ואספת את זקני ישראל (שמות ג:טז) אלא באש תבערה מתו. וראוים היו מסיני לכך, דכתיב ויחזו

RASHI ELUCIDATED

weakened כְּנְקֵבָה **– like** that of **a female**[1] כְּשֶׁהֶרְאָהוּ הַקָּדוֹשׁ בָּרוּךְ הוּא הַפּוּרְעָנוּת **– when the Holy One, Blessed is He, showed him the punishments** שֶׁהוּא עָתִיד לְהָבִיא עֲלֵיהֶם **– that He is destined to bring upon them** עַל זֹאת **– over this,**[2] אָמַר לְפָנָיו **– [Moses] said before Him,** אִם כֵּן **– "If so,** that You will punish them in this manner, הָרְגֵנִי תְּחִלָּה[3] **– kill me first."**

☐ וְאַל אֶרְאֶה בְּרָעָתִי **– AND LET ME NOT SEE MY EVIL.** בְּרָעָתָם הָיָה לוֹ לִכְתּוֹב **– It should have written *their* evil,**[4] אֶלָּא שֶׁכִּנָּה הַכָּתוּב **– but the verse used a euphemism.**[5] וְזֶה אֶחָד מִתִּקּוּנֵי סוֹפְרִים בַּתּוֹרָה **– This is one of the scribal emendations in the Torah,**[6] לְכִנּוּי **– for euphemistic purposes** וּלְתִקּוּן לָשׁוֹן **– and for enhancement of the language.**

16. אֶסְפָה לִּי **– GATHER FOR ME.** הֲרֵי תְּשׁוּבָה **– Here you have a response** לִתְלוּנָתְךָ **– to your complaint,**[7] שֶׁאָמַרְתָּ **– for you said,** "לֹא אוּכַל אָנֹכִי לְבַדִּי"[8] **– "I alone cannot** [carry this entire nation]."[8] וְהַזְּקֵנִים הָרִאשׁוֹנִים הֵיכָן הָיוּ **– And where were the original elders?** וַהֲלֹא אַף בְּמִצְרַיִם **– Is it not true that in Egypt, too,** יָשְׁבוּ עִמָּהֶם **– they had sat with [Moses and Aaron],** שֶׁנֶּאֱמַר **– as it says,** "לֵךְ וְאָסַפְתָּ אֶת זִקְנֵי יִשְׂרָאֵל"[9] **– "Go and gather the elders of Israel"?**[9] Why was it necessary to select elders now? אֶלָּא בְּאֵשׁ תַּבְעֵרָה מֵתוּ **– But they died in the fire of Taberah.**[10] וּרְאוּיִים הָיוּ מִסִּינַי לְכָךְ **– They were fit for this** punishment **from Sinai,** דִּכְתִיב **– as it is written,** "וַיֶּחֱזוּ

1. Moses uses the feminine form of "you" here, אַתְּ, although he is addressing God. This is because God is perceived in a manner which reflects the nature of the one perceiving Him. Moses addressed God in the feminine because he perceived Him as feminine, so to speak, in a weaker manifestation than he normally did. This reflects a weakening in Moses, "his strength was weakened like [that of] a female" (see *Divrei David;* and *Nefesh HaChaim* 1:17).

2. Moses would not have said "then kill me now" merely because of the burden of a troublesome nation (*Mizrachi; Sifsei Chachamim*).

3. *Sifrei* 91.

4. Because it was the punishments destined to befall Israel over which Moses was praying (*Nachalas Yaakov*). Other texts read בְּרָעָתְךָ הָיָה לוֹ לִכְתּוֹב – "It should have written '*Your* evil,' " that is, the harsh punishment You wish to inflict upon Israel (*Divrei David; Be'er Rechovos*; see Rashi to *Job* 32:3, s.v., וַיַּרְשִׁיעוּ אֶת אִיּוֹב, and to *Megillah* 25a, s.v., המכנה בעריות).)

5. Moses did not wish to refer directly to any evil which would befall Israel (*Nachalas Yaakov*); cf. Rashi to *Genesis* 49:7, s.v., אָרוּר אַפָּם כִּי עָז. According to the alternative text (preceding note), it would have been disrespectful of Moses to directly attribute evil to God.

6. This does not mean that later scribes emended the Torah. Rather, it means that the Torah is written in the respectful and euphemistic language of the kind that scribes, i.e., writers, use (*Minchas Yehudah; Sifsei Chachamim*).

7. This passage is apparently unrelated to that which precedes it. Rashi supplies the connection (*Mizrachi; Sifsei Chachamim*). Furthermore, לִי seems superfluous. According to Rashi it should be understood as "for Me" rather than "to Me"; it implies that God had some personal need, in a manner of speaking, for the elders to be gathered. It was to respond to Moses' complaint (*Gur Aryeh*).

8. Above v. 14; see *Sifrei* 92.

9. *Exodus* 3:16.

10. Rashi here follows the opinion of the *Tanna* R' Shimon son of Menasia cited in his comments (to v. 2 above; see note 7 on p. 118 and note 3 on p. 119) that it was the officials of the nation who died at Taberah. The other opinion mentioned there, that it was members of the "great mixture" who died at Taberah, presumably follows the *Tanchuma* which says that the elders died at the time of the sin of the Golden Calf (*Be'er BaSadeh*).

whom you know to be the elders of the people and its officers; take them to the Tent of Meeting and have them stand there with you. [17] And I will descend

אֲשֶׁר יָדַעְתָּ כִּי־הֵם זִקְנֵי הָעָם
וְשֹׁטְרָיו וְלָקַחְתָּ אֹתָם אֶל־אֹהֶל
יז מוֹעֵד וְהִתְיַצְּבוּ שָׁם עִמָּךְ: וְיָרַדְתִּי

אונקלוס

דִּי יְדַעַתְּ אֲרֵי אִנּוּן סָבֵי עַמָּא וְסַרְכוֹהִי וּתְדַבַּר יָתְהוֹן לְמַשְׁכַּן זִמְנָא וְיִתְעַתְּדוּן תַּמָּן עִמָּךְ: יז וְאִתְגְּלֵי

רש"י

את האלהים (שם כד:יא) שנהגו קלות ראש כנושך פתו ומדבר בפני המלך, וזהו ויאכלו וישתו (שם) ולא רצה הקב"ה ליתן אבלות במתן תורה ופרע להם כאן (תנחומא טז): **אשר ידעת כי הם וגו'.** אותן שאתה מכיר שנתמנו עליהם שוטרים במצרים בעבודת פרך, והיו מרחמים עליהם ומוכים על ידם, שנאמר ויכו שוטרי בני ישראל (שמות ה:יד) עתה יתמנו בגדולתן כדרך שנצטערו בצרתן (ספרי שם): **ולקחת אתם.** קחם בדברים, אשריכם שנתמניתם פרנסים על בניו של מקום (שם): **והתיצבו שם עמך.** כדי שיראו ישראל וינהגו בהם גדולה וכבוד ויאמרו חביבין אלו שנכנסו עם משה לשמוע דבור מפי הקב"ה (שם): **(יז) וירדתי.** זו אחת מעשר ירידות הכתובות בתורה (שם לג):

RASHI ELUCIDATED

"אֶת הָאֱלֹהִים"[1] — **"They viewed God** [yet they ate and drank]."[1] **שֶׁנָּהֲגוּ קַלּוּת רֹאשׁ** — which implies **that they acted with levity, כְּנוֹשֵׁךְ פִּתּוֹ — like one who takes a bite of his bread וּמְדַבֵּר בִּפְנֵי הַמֶּלֶךְ — while speaking in the presence of the King. וְזֶהוּ — This is** what it mean there by, **"וַיֹּאכְלוּ וַיִּשְׁתּוּ"[1] — "yet they ate and drank."[1] וְלֹא רָצָה הַקָּדוֹשׁ בָּרוּךְ הוּא לִתֵּן אֲבֵלוּת — But** they did not die at Sinai, because **the Holy One, Blessed is He, did not wish to generate mourning בְּמַתַּן תּוֹרָה — at the giving of the Torah,**[2] **וּפָרַע לָהֶם כָּאן[3] — so He paid them back here.**[3]

□ **אֲשֶׁר יָדַעְתָּ כִּי הֵם וְגוֹמֵר — WHOM YOU KNOW TO BE, ETC. אוֹתָן שֶׁאַתָּה מַכִּיר — Those of whom you are aware שֶׁנִּתְמַנּוּ עֲלֵיהֶם שׁוֹטְרִים — that they had been appointed as guards over [the Israelites] בְּמִצְרַיִם — in Egypt, בַּעֲבוֹדַת פֶּרֶךְ — at** the **"crushing labor."**[4] **וְהָיוּ מְרַחֲמִים עֲלֵיהֶם — They would take pity on them וּמֻכִּים עַל יָדָם — and be beaten** by the Egyptians **because of them, שֶׁנֶּאֱמַר — as it says, "וַיֻּכּוּ שׁוֹטְרֵי בְּנֵי יִשְׂרָאֵל"[5] — "The guards of the Children of Israel were beaten."[5] עַתָּה — Now, יִתְמַנּוּ בִּגְדוּלָּתָן — let them be reappointed** to positions of authority **in [Israel's] state of greatness כְּדֶרֶךְ שֶׁנִּצְטַעֲרוּ — just as they suffered בְּצָרָתָן[6] — in [Israel's]** time of **distress.**[6]

□ **וְלָקַחְתָּ אֹתָם — TAKE THEM. קָחֵם בִּדְבָרִים — Take them with words.**[7] Say to them, **אַשְׁרֵיכֶם — "You are fortunate שֶׁנִּתְמַנֵּיתֶם פַּרְנָסִים — for you have been appointed leaders עַל בָּנָיו שֶׁל מָקוֹם[6] — over the children of the Omnipresent."**[6]

□ **וְהִתְיַצְּבוּ שָׁם עִמָּךְ — AND HAVE THEM STAND THERE WITH YOU. כְּדֵי שֶׁיִּרְאוּ יִשְׂרָאֵל — So that Israel should see, וְיִנְהֲגוּ בָהֶם גְּדוּלָּה וְכָבוֹד — and treat them with eminence and respect, וְיֹאמְרוּ — and say, חֲבִיבִין אֵלּוּ — "These** elders **are precious, שֶׁנִּכְנְסוּ עִם מֹשֶׁה — for they entered** the Tabernacle **with Moses לִשְׁמוֹעַ דִּבּוּר — to hear speech מִפִּי הַקָּדוֹשׁ בָּרוּךְ הוּא[6] — from the mouth of the Holy One, Blessed is He."**[6]

17. וְיָרַדְתִּי — AND I WILL DESCEND. זוֹ אַחַת מֵעֶשֶׂר יְרִידוֹת — This is one of ten descents הַכְּתוּבוֹת בַּתּוֹרָה[8] — which are written of God **in the Torah.**[8]

1. *Exodus* 24:11.

2. The incident referred to in the verse from *Exodus* took place shortly before the Torah was given; see Rashi to vv. 1 and 4 there.

3. *Tanchuma* 16.

4. See *Exodus* 1:14. "Gather for Me. . .elders. . .whom you know to be elders of the people and its officers" seems to imply that Moses was to gather those who had already been appointed elders and officers. But if this is so, it is not clear why they are reappointed here. Rashi explains that the verse means that Moses was to gather those who had been elders and officers at some earlier time, during the crushing labor in Egypt (*Be'er Yitzchak*).

5. *Exodus* 5:14.

6. *Sifrei* 92. See also Rashi to 7:2 above, s.v., הֵם נְשִׂיאֵי הַמַּטֹּת.

7. See Rashi to 8:6 above and note 2 there.

8. *Sifrei* 93; *Pirkei d'R' Eliezer* ch. 14; *Avos d'R' Nassan* ch. 34; *Yalkut Shimoni, Genesis* 27. There are ten places where the Divine Presence is described as descending. They are: *Genesis* 3:8, 11:5, 18:21, 46:4, *Exodus* 3:8, 19:20, 33:22, our verse, *Numbers* 12:5, and *Zechariah* 14:4. Although not all of the above use the verb ירד, "to descend," explicitly, the Midrashim link those that do not with other verses that do.

"I will descend" of our verse appears superfluous. Rashi notes that it indicates a rare instance of the descent of the Divine Presence, which was manifest here to honor the elders (see *Gur Aryeh*).

וְדִבַּרְתִּי עִמְּךָ שָׁם וְאָצַלְתִּי מִן־
הָרוּחַ אֲשֶׁר עָלֶיךָ וְשַׂמְתִּי עֲלֵיהֶם
וְנָשְׂאוּ אִתְּךָ בְּמַשָּׂא הָעָם וְלֹא־
יח תִשָּׂא אַתָּה לְבַדֶּךָ׃ וְאֶל־הָעָם
תֹּאמַר הִתְקַדְּשׁוּ לְמָחָר וַאֲכַלְתֶּם

and I will speak with you there, and I will increase some of the spirit that is upon you and I will place [it] upon them, and they shall bear the burden of the people with you, and you shall not bear alone.

18 "To the people you shall say, 'Prepare yourselves for tomorrow and you shall eat

אונקלוס

וְאֱמַלֵּל עִמָּךְ תַּמָּן וַאֲרַבֵּי מִן רוּחָא דִּי עֲלָךְ וְאֱשַׁוֵּי עֲלֵיהוֹן וִיסוֹבְרוּן עִמָּךְ בְּמַטּוּל
עַמָּא וְלָא תְסוֹבַר אַתְּ בִּלְחוֹדָךְ׃ יח וּלְעַמָּא תֵּימַר אִזְדַּמְּנוּ לִמְחַר וְתֵיכְלוּן

רש"י

ודברתי עמך. ולא עמהם (שם): **ואצלתי.** כתרגומו ואַרבי, כמו ואל אצילי בני ישראל (שמות שם): **ושמתי עליהם.** למה משה דומה באותה שעה לנר שמונח על גבי מנורה והכל מדליקין הימנו ואין אורו חסר כלום (ספרי שם): **ונשאו אתך.** התנה עמהם על מנת שיקבלו עליהם טורח בני שהם טרחנים וסרבנים (שם לג): **ולא תשא אתה לבדך.** הרי תשובה למה שאמרת לא אוכל אנכי לבדי (שם לג): **(יח) התקדשו.** הזמינו עצמכם לפורענות,

RASHI ELUCIDATED

□ וְדִבַּרְתִּי עִמְּךָ – **AND I WILL SPEAK WITH YOU,** וְלֹא עִמָּהֶם[1] – **but not with them.**[1]

□ וְאָצַלְתִּי – This is to be understood כְּתַרְגּוּמוֹ – **as *Targum* *Onkelos* renders it,** "וַאֲרַבֵּי" – **"and I will increase."** It is **like** אֲצִילֵי in, כְּמוֹ "וְאֶל אֲצִילֵי בְּנֵי יִשְׂרָאֵל"[2] – **"And to the nobles of the Children of Israel."**[2]

□ וְשַׂמְתִּי עֲלֵיהֶם – **AND I WILL PLACE [IT] UPON THEM.** לְמָה מֹשֶׁה דוֹמֶה בְּאוֹתָהּ שָׁעָה – **What was Moses similar to at that time?** לְנֵר שֶׁמּוּנָּח עַל גַּבֵּי מְנוֹרָה – **To a lamp placed upon a candelabrum** וְהַכֹּל מַדְלִיקִין הֵימֶנּוּ – **from which everybody lights** other lamps, וְאֵין אוֹרוֹ חָסֵר כְּלוּם[3] – **but whose** own **light is not diminished at all.**[3]

□ וְנָשְׂאוּ אִתְּךָ – **AND THEY SHALL BEAR [THE BURDEN OF THE PEOPLE] WITH YOU.** הַתְנֵה עִמָּהֶם – **Stipulate with them** that they assume this position עַל מְנָת – **with the understanding** שֶׁיְּקַבְּלוּ עֲלֵיהֶם – **that they accept upon themselves** טוֹרַח בָּנַי – **the trouble of** caring for **My children,** שֶׁהֵם טַרְחָנִים – **for they are troublesome ones** וְסַרְבָנִים[4] – **and uncooperative ones.**[4]

□ וְלֹא תִשָּׂא אַתָּה לְבַדֶּךָ – **AND YOU SHALL NOT BEAR ALONE.** הֲרֵי תְּשׁוּבָה – **Here you have a response** לְמַה שֶּׁאָמַרְתָּ – **to that which you said,** "לֹא אוּכַל אָנֹכִי לְבַדִּי"[5,6] – **"I alone cannot** [carry this entire nation]."[5,6]

18. הִתְקַדְּשׁוּ – **PREPARE YOURSELVES.** הַזְמִינוּ עַצְמְכֶם לְפוּרְעָנוּת – **Prepare yourselves for punishment.**[7]

1. *Sifrei* 93.

2. *Exodus* 24:11, see Rashi there, s.v., לֹא שָׁלַח יָדוֹ. "Nobles" and "increase" are related in that both connote that which is greater than another. However, in his commentary to *Genesis* 27:36, s.v., אָצַלְתָּ, and *Ecclesiastes* 2:10, s.v., לֹא אָצַלְתִּי, Rashi adduces וַיָּאצֶל מִן הָרוּחַ (v. 25 below), and explains the root אצל as meaning "to set aside, to separate." Perhaps Rashi understands the root אצל as meaning "to set apart by increasing or ennobling."

3. *Sifrei* 93. The verse's use of "and I will place upon them" rather than "I will give to them" (וְנָתַתִּי לָהֶם; cf. v. 25 below) implies that nothing was taken from Moses.

4. *Sifrei* 92; see also Rashi to v. 12 above, s.v., כִּי תֹאמַר אֵלַי. With "gather for Me" of verse 16, God has already implied to Moses that the elders would share the burden of leading the nation, as Rashi has noted there. "And they shall bear the burden of the people with you," then, is not a restatement of the elders' task. Rather, it is a continuation of God's announcement to Moses of what would take place at the Tent of Meeting; after He would place some of Moses' spirit upon the elders, the elders would assume the burden of the people, by accepting Moses' explicit condition (see *Mesiach Ilmim*).

5. Above v. 14.

6. *Sifrei* 93. Once it says that the elders "shall bear the burden of the people with you," it is obvious that Moses shall not bear it alone. This is stated nonetheless as a direct response by God to Moses' plea (*Mesiach Ilmim*).

7. The verse seems to say that the Israelites should prepare themselves for eating meat. But eating meat is not something for which a person must prepare himself. Rather, the verse means, "prepare yourselves for punishment, brace yourselves" (*Devek Tov*). Rashi goes on to cite another example of the root קדש used in this way.

Furthermore, Rashi wishes to make clear that the word הִתְקַדְּשׁוּ does not mean "sanctify yourselves." Indeed, in *I Samuel* 16:5 where הִתְקַדְּשׁוּ could possibly be understood in that way, *Radak* cites Rashi to our verse to show that it is not so.

בָּשָׂר כִּי בְּכִיתֶם בְּאָזְנֵי יהוה לֵאמֹר
מִי יַאֲכִלֵנוּ בָּשָׂר כִּי־טוֹב לָנוּ
בְּמִצְרָיִם וְנָתַן יהוה לָכֶם בָּשָׂר
יט וַאֲכַלְתֶּם: לֹא יוֹם אֶחָד תֹּאכְלוּן
וְלֹא יוֹמָיִם וְלֹא | חֲמִשָּׁה יָמִים וְלֹא
כ עֲשָׂרָה יָמִים וְלֹא עֶשְׂרִים יוֹם: עַד |
חֹדֶשׁ יָמִים עַד אֲשֶׁר־יֵצֵא מֵאַפְּכֶם
וְהָיָה לָכֶם לְזָרָא יַעַן כִּי־מְאַסְתֶּם

meat, for you have wept in the ears of Hashem, saying: Who will feed us meat? for it was better for us in Egypt! So Hashem will give you meat and you will eat. [19] *Not for one day shall you eat, nor two days, nor five days, nor ten days, nor twenty days.* [20] *Until a month of days, until it will come out of your nose, and will become nauseating to you, because you have rejected*

אונקלוס

בִּסְרָא אֲרֵי בְּכִיתוּן קֳדָם יְיָ לְמֵימַר מָן יוֹכְלִנַּנָא בִּסְרָא אֲרֵי טַב לָנָא בְּמִצְרָיִם וְיִתֵּן יְיָ לְכוֹן בִּסְרָא וְתֵיכְלוּן: יט לָא יוֹמָא חַד תֵּיכְלוּן וְלָא תְרֵין יוֹמִין וְלָא חַמְשָׁא יוֹמִין וְלָא עַשְׂרָא יוֹמִין וְלָא עַשְׂרִין יוֹמִין: כ עַד יְרַח יוֹמִין עַד דִּי תְקוּצוּן בֵּהּ וִיהֵי לְכוֹן לְתַקְלָא חֲלַף דְּקַצְתּוּן

רש"י

וכן הוא אומר והקדישם ליום הריגה (ירמיה יב:ג; שם לד): (כ) **עד חדש ימים.** זו בכשרים שמתמצין על מטותיהן ואחר כך נשמתן יוצאה. וברשעים הוא אומר הבשר עודנו בין שניהם. כך היא שנויה בספרי (שם). אבל במכילתא (ויסע פ"ד:) שנויה חילוף, הרשעים אוכלין ומצטערין שלשים יום והכשרים הבשר עודנו בין שניהם: **עד אשר יצא מאפכם.** כתרגומו די תקוצון ביה, יהא דומה לכם כאילו אכלתם ממנו יותר מדאי עד שיוצא ונגעל לחוץ דרך האף: **והיה לכם לזרא.** שתהיו מרחקין אותו יותר ממה שקרבתם (ספרי שם). ובדברי ר' משה הדרשן ראיתי שיש לשון שקורין לחרב זרא:

RASHI ELUCIDATED

וְכֵן הוּא אוֹמֵר – And so it says, "וְהִקְדִּשֵׁם לְיוֹם הֲרֵגָה"[1,2] **– "And prepare them for a day of killing."**[1,2]

20. עַד חֹדֶשׁ יָמִים – UNTIL A MONTH OF DAYS. זוֹ בַּכְּשֵׁרִים – This is said **of the** relatively **decent ones**[3] who were to die in the plague,[4] **שֶׁמִּתְמַצִּין – who are drained** of their strength **עַל מִטּוֹתֵיהֶן – on their beds, וְאַחַר כָּךְ – and** only **afterwards, נִשְׁמָתָן יוֹצְאָה – their soul departs. וּבָרְשָׁעִים הוּא אוֹמֵר – But of the wicked** who died **it says,** "הַבָּשָׂר עוֹדֶנּוּ בֵּין שִׁנֵּיהֶם"[5] **– "The meat was still between their teeth"**[5] when they died. **כַּךְ הִיא שְׁנוּיָה בְּסִפְרֵי**[6] **– Thus is it taught in *Sifrei*.**[6]

אֲבָל בִּמְכִילְתָּא[7] **שְׁנוּיָה חִלּוּף – But in *Mechilta*[7] the opposite is taught: הָרְשָׁעִים אוֹכְלִין – The wicked** who were to die would **eat וּמִצְטַעֲרִין שְׁלֹשִׁים יוֹם – and suffer for thirty days, וְהַכְּשֵׁרִים – but the** relatively **decent** would die when "הַבָּשָׂר עוֹדֶנּוּ בֵּין שִׁנֵּיהֶם" **– "the meat was still between their teeth."**

□ **עַד אֲשֶׁר יֵצֵא מֵאַפְּכֶם – UNTIL IT WILL COME OUT OF YOUR NOSE.** This is not to be taken literally, but rather, **כְּתַרְגּוּמוֹ – as *Targum Onkelos* renders it,** "דִּי תְקוּצוּן בֵּהּ" **– "that you will be disgusted by it." יְהֵא דוֹמֶה לָכֶם – It will seem to you כְּאִלּוּ אֲכַלְתֶּם מִמֶּנּוּ יוֹתֵר מִדַּאי – as if you ate too much of it, עַד שֶׁיּוֹצֵא – until it comes out, וְנִגְעָל לַחוּץ – and is expelled out** of the body **דֶּרֶךְ הָאַף – by way of the nose.**

□ **וְהָיָה לָכֶם לְזָרָא – AND WILL BECOME NAUSEATING TO YOU. שֶׁתִּהְיוּ מְרַחֲקִין אוֹתוֹ – That you will keep it away from you יוֹתֵר מִמַּה שֶּׁקֵּרַבְתֶּם**[8] **– even more than you** originally **brought it near you.**[8] **וּבְדִבְרֵי רַבִּי מֹשֶׁה הַדַּרְשָׁן – And in the words,** i.e., writings, **of R' Moshe HaDarshan**[9] **רָאִיתִי – I have seen שֶׁיֵּשׁ לָשׁוֹן – that there is a language שֶׁקּוֹרִין לַחֶרֶב "זָרָא" – in which they call a sword זָרָא.**

1. *Jeremiah* 12:3.

2. *Sifrei* 94.

3. See also Rashi to *Exodus* 15:5, s.v., כְּמוֹ אָבֶן, where he distinguishes between the different levels of wickedness among the Egyptians and refers to the least wicked as כְּשֵׁרִים, "decent ones."

4. See vv. 33-34 below.

5. Below v. 33.

6. *Sifrei* 94.

7. *Vayisa* 14; see also *Yoma* 75b.

8. *Sifrei* 94. Rashi sees זָרָא as being from the root זור, "to be removed," as he interprets the word זָרוּ in his comments to *Psalms* 78:30 (*Be'er BaSadeh*).

9. See note 5 on page 74 above.

אֶת־יהוה֙ אֲשֶׁ֣ר בְּקִרְבְּכֶ֔ם וַתִּבְכּ֤וּ
לְפָנָיו֙ לֵאמֹ֔ר לָ֥מָּה זֶּ֖ה יָצָ֥אנוּ
כא מִמִּצְרָֽיִם: וַיֹּ֘אמֶר֮ מֹשֶׁה֒ שֵׁשׁ־מֵא֥וֹת
אֶ֙לֶף֙ רַגְלִ֔י הָעָ֕ם אֲשֶׁ֥ר אָנֹכִ֖י בְּקִרְבּ֑וֹ
וְאַתָּ֣ה אָמַ֗רְתָּ בָּשָׂר֙ אֶתֵּ֣ן לָהֶ֔ם וְאָכְל֖וּ
כב חֹ֥דֶשׁ יָמִֽים: הֲצֹ֧אן וּבָקָ֛ר יִשָּׁחֵ֥ט לָהֶ֖ם
וּמָצָ֣א לָהֶ֑ם אִ֣ם אֶת־כָּל־דְּגֵ֥י הַיָּ֛ם
יֵאָסֵ֥ף לָהֶ֖ם וּמָצָ֥א לָהֶֽם:

HASHEM Who is in your midst, and you have wept before Him, saying: Why did we leave Egypt?' "

21 Moses said, "Six hundred thousand foot soldiers are the people in whose midst I am, yet You say I shall give them meat, and they shall eat for a month of days! 22 Can flock and cattle be slaughtered for them and suffice for them? Or if all the fish of the sea will be gathered for them, would it suffice for them?"

אונקלוס

יָת מֵימְרָא (נ״א בְּמֵימְרָא) דַייָ דִּשְׁכִנְתֵּהּ שַׁרְיַת בֵּינֵיכוֹן וּבְכִיתוּן קֳדָמוֹהִי לְמֵימַר לְמָא דְנַן נְפַקְנָא מִמִּצְרָיִם: כא וַאֲמַר מֹשֶׁה שִׁית מְאָה אַלְפִין גַּבְרָא רִגְלָאָה עַמָּא דִי אֲנָא בֵּינֵיהוֹן וְאַתְּ אֲמַרְתְּ בִּסְרָא אֶתֵּן לְהוֹן וְיֵיכְלוּן יְרַח יוֹמִין: כב הֲעָן וְתוֹרִין יִתְנַכְסוּן לְהוֹן הַיִסְפְּקוּן לְהוֹן אִם יָת כָּל נוּנֵי יַמָּא יִתְכַּנְשׁוּן לְהוֹן הַיִסְפְּקוּן לְהוֹן:

רש״י

את ה' אשר בקרבכם. אם לא שנטעתי שכינתי ביניכם לא גבה לבבכם ליכנס לכל הדברים הללו (שם): **(כא) שש מאות אלף רגלי.** לא חש למנות את הפרט שלשת אלפים היתרים (לעיל א:מו). ורבי משה הדרשן פירש שלא בכו אלא אותן שיצאו ממצרים: **(כב) הצאן ובקר ישחט.** זה אחד מארבעה דברים שהיה ר' עקיבא דורש ואין רבי שמעון דורש כמותו. רבי עקיבא אומר, שש מאות אלף רגלי, ואתה אמרת בשר אתן להם ואכלו חדש ימים הצאן ובקר וגו', הכל כמשמעו, מי יספיק להם, כענין שנאמר ומצא כדי גאולתו (ויקרא כה:כו) ואיזו קשה,

RASHI ELUCIDATED

□ אֶת ה׳ אֲשֶׁר בְּקִרְבְּכֶם – **HASHEM WHO IS IN YOUR MIDST.** אִם לֹא שֶׁנָּטַעְתִּי שְׁכִינָתִי בֵּינֵיכֶם – **Had I not planted My *Shechinah*** (immanent presence) **among you,** לֹא גָבַהּ לְבַבְכֶם – **your heart would not have been so high,** i.e., you would not have been so prideful, לִכָּנֵס לְכָל הַדְּבָרִים הַלָּלוּ[1] – **as to enter all of these matters.**[1]

21. שֵׁשׁ מֵאוֹת אֶלֶף רַגְלִי – **SIX HUNDRED THOUSAND FOOT SOLDIERS.** לֹא חָשׁ לִמְנוֹת אֶת הַפְּרָט – **He did not care to count the detail** שְׁלֹשֶׁת אֲלָפִים הַיְתֵרִים – of the **three thousand extra.**[2] וְרַבִּי מֹשֶׁה הַדַּרְשָׁן פֵּרֵשׁ – **And R' Moshe HaDarshan**[3] **explained** that Moses did not mention the three thousand extra שֶׁלֹּא בָכוּ אֶלָּא אוֹתָן שֶׁיָּצְאוּ מִמִּצְרַיִם – **because none cried but those who went out of Egypt.**[4]

22. הַצֹּאן וּבָקָר יִשָּׁחֵט וְגוֹמֵר – **CAN FLOCK AND CATTLE BE SLAUGHTERED, ETC.** זֶה אֶחָד מֵאַרְבָּעָה דְבָרִים – **This is one of four things** שֶׁהָיָה רַבִּי עֲקִיבָא דוֹרֵשׁ – **which the *Tanna* R' Akiva would expound,** וְאֵין רַבִּי שִׁמְעוֹן דוֹרֵשׁ כְּמוֹתוֹ – **But the *Tanna* R' Shimon does not expound like him.** רַבִּי עֲקִיבָא אוֹמֵר – **R' Akiva says** that the passage is to be understood in the following manner: "שֵׁשׁ מֵאוֹת אֶלֶף רַגְלִי ... – **"Six hundred thousand foot soldiers ...** וְאַתָּה אָמַרְתָּ בָּשָׂר אֶתֵּן לָהֶם – **yet You say I shall give them meat** וְאָכְלוּ חֹדֶשׁ יָמִים – **and they shall eat for a month of days.** הַצֹּאן וּבָקָר וְגוֹמֵר" – **Can flock and cattle, etc,"** הַכֹּל כְּמַשְׁמָעוֹ – **everything as it sounds,** i.e., in its literal meaning: מִי יַסְפִּיק לָהֶם – **"Who will provide for them?"**[5] כְּעִנְיָן שֶׁנֶּאֱמַר – **as in the matter which is said,** "וּמָצָא כְּדֵי גְאֻלָּתוֹ" – literally, **"He finds enough for his redemption."**[6] וְאֵיזוֹ קָשָׁה – **Now, which is more**

1. *Sifrei* 94. The apparently superfluous "Who is in your midst" implies that it was the fact that God was manifest in their midst which caused them to sin (*Mizrachi*).

The phrase "all of these matters" alludes to their demands for meat and other luxuries (*Eimek HaNetziv*).

2. Verse 1:46 above states that there were six hundred and three thousand, five hundred and fifty men of military age. According to the simple meaning of the verse, Moses mentioned only six hundred thousand because he was using round figures.

3. See note 5 on page 74 above.

4. *Exodus* 12:37 mentions only six hundred thousand adult men who departed Egypt. It was only they who cried here nostalgically for restoration of the conditions that existed in Egypt (see v. 5 above), not the other 3,550 who reached maturity in the wilderness (see *Nachalas Yaakov; Sifsei Chachamim*).

5. "Can flock and cattle be slaughtered for them and suffice [literally, "would it be found"] for them?" Rashi paraphrases the expression "would it be found" to show that it means "would it suffice."

6. *Leviticus* 25:26. In both that verse and ours, "finding" is not used in the sense of locating that which has been lost.

כג וַיֹּאמֶר יהוה אֶל־מֹשֶׁה הֲיַד יהוה תִּקְצָר עַתָּה תִרְאֶה הֲיִקְרְךָ דְבָרִי

[23] *HASHEM said to Moses, "Is the hand of HASHEM too short? Now you will see if what I said will happen to you*

אונקלוס

כג וַאֲמַר יְיָ לְמֹשֶׁה הֲמֵימְרָא דַייָ מִתְעַכַּב כְּעַן תֶּחֱזֵי הַיְעַרְעִנָּךְ פִּתְגָמִי

רש"י

זו או שמעו נא המורים (להלן כ:י) אלא לפי שלא אמר ברבים חסך לו הכתוב ולא נפרע ממנו, וזו של מריבה היתה בגלוי לפיכך לא חסך לו הכתוב. ר' שמעון אומר, חס ושלום לא עלתה על דעתו של אותו צדיק כך, מי שכתוב בו בכל ביתי נאמן הוא (להלן יב:ז) יאמר אין המקום מספיק לנו. אלא כך אמר, שש מאות אלף רגלי וגו' ואתה אמרת בשר אתן לחדש ימים ואחר כך תהרוג אומה גדולה כזו, הצאן ובקר ישחט להם כדי שיהרגו ותהי אכילה זו מספקתן עד עולם, וכי שבחך הוא זה, אומרים לו לחמור טול כור שעורים ונחתוך ראשך. השיבו הקב"ה ואם לא אתן יאמרו שקצרה ידי, הטוב בעיניך שיד ה' תקצר בעיניהם, יאבדו הם ומאה כיוצא בהם ואל תהי ידי קצרה לפניהם אפילו שעה אחת: **(כג) עתה תראה היקרך דברי.** רבן גמליאל בנו של רבי יהודה הנשיא אומר

RASHI ELUCIDATED

severe a sin, זו – **this one,** או ,,שִׁמְעוּ נָא הַמּוֹרִים" – **or, "Listen now, rebels"?**[1] אֶלָּא לְפִי שֶׁלֹּא אָמַר – **But since [Moses] did not say** his sinful remark בְּרַבִּים – **in public,** חָסַךְ לוֹ הַכָּתוּב – **Scripture spared him,** וְלֹא נִפְרַע מִמֶּנּוּ – **and no payment was taken from him,** i.e., it does not say that he was punished. וְזוֹ שֶׁל מְרִיבָה – **But this** sin **of** "the waters of **strife"**[2] הָיְתָה בְגָלוּי – **was** committed **in the open.** לְפִיכָךְ – **Therefore,** לֹא חָסַךְ לוֹ הַכָּתוּב – **Scripture did not spare him.**

רַבִּי שִׁמְעוֹן אוֹמֵר – **R' Shimon says:** חַס וְשָׁלוֹם – **Heaven forbid!**[3] לֹא עָלְתָה עַל דַּעְתּוֹ שֶׁל אוֹתוֹ צַדִּיק כָּךְ – **Such a thing did not enter the mind of that righteous one,** Moses. מִי שֶׁכָּתוּב בּוֹ – **Him of whom it is written,** ,,בְּכָל בֵּיתִי נֶאֱמָן הוּא"[4] – **"In My entire house he is trusted,"**[4] יֹאמַר אֵין הַמָּקוֹם מַסְפִּיק לָנוּ – **would say that the Omnipresent cannot provide enough for us?** אֶלָּא – **Rather,** כָּךְ אָמַר – **[Moses] said as follows:** ,,שֵׁשׁ מֵאוֹת אֶלֶף רַגְלִי וְגוֹמֵר – " **'Six hundred thousand foot soldiers, etc.'** וְאַתָּה אָמַרְתָּ בָּשָׂר אֶתֵּן . . . – **and You say I shall give** [them] **meat...** לְחֹדֶשׁ יָמִים" – **for a month of days,'** וְאַחַר כָּךְ תַּהֲרוֹג – **and afterwards would You kill** אוּמָה גְדוֹלָה כָּזוֹ – **a nation as great as this?** ,,הַצֹּאן וּבָקָר יִשָּׁחֵט לָהֶם" – **'Would you slaughter flock and cattle for them'** כְּדֵי שֶׁיֵּהָרְגוּ – **so that they should be killed** וּתְהִי אֲכִילָה זוֹ מַסְפַּקְתָּן עַד עוֹלָם – **and this eating would suffice them unto eternity?**[5] וְכִי שִׁבְחֲךָ הוּא זֶה – **Would this be praiseworthy of You?** אוֹמְרִים לוֹ לַחֲמוֹר – **Do they tell a donkey,** טוֹל כּוֹר שְׂעוֹרִים – **'Take a** ***kor***[6] **of barley,** וְנַחְתּוֹךְ רֹאשְׁךָ – **and we will cut off your head'?"** הֱשִׁיבוֹ הַקָּדוֹשׁ בָּרוּךְ הוּא – **The Holy One, Blessed is He, responded to [Moses],** וְאִם לֹא אֶתֵּן – **"But if I do not give** them what they ask for, יֹאמְרוּ – **they will say** שֶׁקָּצְרָה יָדִי – **that My hand is short,** i.e., that I am unable. הֲטוֹב בְּעֵינֶיךָ – **Would it be proper in your eyes** שֶׁיַּד ה' תִּקְצַר בְּעֵינֵיהֶם – **that 'the hand of HASHEM should be too short' in their eyes?** יֹאבְדוּ הֵם וּמֵאָה כַּיּוֹצֵא בָהֶם – **Let them and a hundred like them perish,** וְאַל תְּהִי יָדִי קְצָרָה לִפְנֵיהֶם – **but may My hand not be short before them** אֲפִילוּ שָׁעָה אֶחָת[7] – **for even one moment.**[7]

23. עַתָּה תִרְאֶה הֲיִקְרְךָ דְבָרִי – NOW YOU WILL SEE IF WHAT I SAID WILL HAPPEN TO YOU. רַבָּן גַּמְלִיאֵל בְּנוֹ שֶׁל רַבִּי יְהוּדָה הַנָּשִׂיא אוֹמֵר – The *Tanna* **Rabban Gamliel the son of R' Yehudah the Prince says:**

1. Below 20:10. Moses sinned there by striking a rock to bring forth water from it, when God had commanded him to speak to it. See Rashi to verse 11 there.

Rashi raises this issue here to deal with a problem with R' Akiva's understanding of the verse. According to R' Shimon's understanding, which Rashi goes on to present, it is clear why Moses was not punished for what he said here, for it does not seem disrespectful toward God. The fact that no punishment is mentioned would thus seem to support R' Shimon, and raise a difficulty for R' Akiva. Rashi explains why according to R' Akiva, too, it is appropriate for the verse not to mention Moses' punishment (*Mishmeres HaKodesh*).

2. See 20:13.

3. Literally, "pity and peace."

4. Below 12:7.

5. "Would it suffice for them" seems to bear out R' Akiva's understanding of the verse. Rashi explains how it fits with R' Shimon's interpretation.

6. A dry measure, thirty *se'ah*. Opinions regarding the modern equivalence range between eight and fifteen bushels.

7. See *Sifrei* 95. "Is the hand of HASHEM too short" is an appropriate response to Moses according to R' Akiva, for according to his interpretation, Moses did indeed claim that God's "hand was too short." Rashi explains how this is an appropriate response even according to R' Shimon.

רש"י

אי אפשר לעמוד על התפל, מאחר שאינן מבקשים אלא עלילה לא תספיק להם, סופן לדון אחריך, אם אתה נותן להם בשר בהמה גסה יאמרו דקה בקשנו, ואם אתה נותן להם דקה יאמרו גסה בקשנו, חיה ועוף בקשנו, דגים וחגבים בקשנו. אמר לו אם כן יאמרו שקצרה ידי (תוספתא סוטה ו:ד). אמר לפניו הריני הולך ומפייסן. אמר לו עתה תראה היקרך דברי, שלא ישמעו לך. הלך משה לפייסן אמר להם היד ה' תקצר, הן הכה צור ויזובו מים וגו' הגם לחם יוכל תת (תהלים עח:כ). אמרו פשרה היא זו, אין בו כח למלאות שאלתנו (ספרי לה). וזהו שנאמר ויצא משה וידבר אל העם (פסוק כד) כיון שלא שמעו לו, ויאסף שבעים איש וגו' (שם):

RASHI ELUCIDATED

מֵאַחַר אִי אֶפְשָׁר לַעֲמוֹד עַל הַתָּפֵל – Moses said, **It is impossible to satisfy the unreasonable.**[1] שֶׁאֵינָן מְבַקְשִׁים אֶלָּא עֲלִילָה – **Since they seek nothing but a false claim,** i.e., an excuse to complain, לֹא תַסְפִּיק לָהֶם – **You will not satisfy them.** סוֹפָן לָדוּן אַחֲרֶיךָ – **Their end will be to criticize You** no matter what You do. אִם אַתָּה נוֹתֵן לָהֶם בְּשַׂר בְּהֵמָה גַסָּה – **If You give them the meat of large animals,**[2] יֹאמְרוּ דַקָּה בִקַּשְׁנוּ – **They will say, "We asked for small** animals." וְאִם אַתָּה נוֹתֵן לָהֶם דַקָּה – **And if You will give them** the meat of **small** animals, יֹאמְרוּ גַסָּה בִקַּשְׁנוּ – **they will say, "We asked for large** animals; חַיָּה וָעוֹף בִּקַּשְׁנוּ – **we asked for game and poultry;** דָּגִים וַחֲגָבִים בִּקַּשְׁנוּ – **we asked for fish and grasshoppers."**[3,4] אָמַר לוֹ – **[God] said to [Moses],** אִם כֵּן – **If so,** יֹאמְרוּ – **they will say** שֶׁקָּצְרָה יָדִי – **that My hand is too short.**[5] אָמַר לְפָנָיו – **[Moses] said before Him,** הֲרֵינִי הוֹלֵךְ – **"Behold, I will go** וּמְפַיְּסָן – **and conciliate them."** אָמַר לוֹ – **[God] said to him,** עַתָּה תִרְאֶה – **"Now you will see** הֲיִקְרְךָ דְבָרִי – **if what I said will happen to you,** שֶׁלֹּא יִשְׁמְעוּ לָךְ – **for they will not listen to you."**[6] הָלַךְ מֹשֶׁה לְפַיְּסָן – **Moses went to conciliate them.** אָמַר לָהֶם – **He said to them,** "הַיַד ה' תִּקְצָר" – **" 'Is the hand of HASHEM too short?'** "הֵן הִכָּה צוּר וַיָּזוּבוּ מַיִם וְגוֹמֵר – **'Behold, He struck a rock and waters flowed, etc.**[7] הֲגַם לֶחֶם יוּכַל תֵּת"[8] – **He can even give bread,** [and prepare meat for His people].' "[8] אָמְרוּ – **They said,** פְּשָׁרָה הִיא זוֹ – **"Is this a solution?**[9] אֵין בּוֹ כֹּחַ – **He does not have the power** לְמַלְּאוֹת שְׁאֵלָתֵנוּ[10] – **to fulfill our request."**[10] וְזֶהוּ שֶׁנֶּאֱמַר – **This is** the meaning of **that which it says** in the following verse, "וַיֵּצֵא מֹשֶׁה וַיְדַבֵּר אֶל הָעָם" – **"Moses left and spoke** [the words of HASHEM] **to the people,"** כֵּיוָן שֶׁלֹּא שָׁמְעוּ לוֹ[10] – **since they did not listen to him.**[10] "וַיֶּאֱסֹף שִׁבְעִים אִישׁ וְגוֹמֵר" – **"He gathered seventy men, etc."**

1. Translation based on *Sefer Zikaron.*

2. בְּהֵמָה גַסָּה, "large animal," is the term used for larger species of four-footed domestic animals such as the bovine family. בְּהֵמָה דַקָּה, "small animal," refers to smaller species such as goats and sheep.

3. See *Leviticus* 11:21-22 and Rashi there.

4. Rabban Gamliel, like R' Shimon, does not see Moses as questioning God's ability to provide meat for the people. Like R' Shimon, he sees Moses as asking God not to provide the meat. But whereas according to R' Shimon, Moses' rationale is that giving them meat would give the unseemly appearance of fattening an animal before its slaughter, according to Rabban Gamliel, the rationale is that providing meat is pointless, in that it will not satisfy the complainers (*Be'er Yitzchak*).

Although Rabban Gamliel deals with the meaning of verse 22, as do R' Akiva and R' Shimon, Rashi cites his opinion in his comments to verse 23, for unlike R' Akiva and R' Shimon, Rabban Gamliel goes on to address "now you will see if what I said will happen to you" of this verse (see *Be'er Yitzchak*).

5. *Tosefta Sotah* 6:4.

6. "Now you will see if what I said will happen to you" sits well with the interpretation of R' Akiva, because in his opinion Moses questioned God's ability to provide the people with meat; God tells him that now he will see for himself the extent of His ability. But it does not seem to fit the interpretations of R' Shimon and Rabban Gamliel, for according to them, Moses never doubted that what God said would happen. According to them, it is not linked to "is the hand of HASHEM too short" which immediately precedes it. Rather, it is God's response to a statement of Moses which is not mentioned in Scripture, "I will go and pacify them." Although Rabban Gamliel is the source of this interpretation of the verse, it holds true for R' Shimon, as well (*Be'er Yitzchak*). Unlike the simple understanding of the verse apparently held by R' Akiva, Rabban Gamliel's interpretation accounts for why the verse uses "will happen to *you*" instead of "will happen."

7. See *Exodus* 17:6.

8. *Psalms* 78:20. The verse is quoting those who complained to Moses. Its literal meaning is, "Behold, He struck a rock and waters flowed and streams ran, [but] can He also give bread and prepare meat for His people?" Rashi borrows the wording of that verse to express what must have been Moses' conciliatory message to the people (see *Eimek HaNetziv*).

9. Translation of this phrase is based on Commentary of Rabbeinu Hillel to *Sifrei.*

10. *Sifrei* 95.

or not!"

[24] *Moses left and spoke the words of* HASHEM *to the people; and he gathered seventy men from among the elders of the people and had them stand around the Tent.*

[25] HASHEM *descended in a cloud and spoke to him, and He set aside some of the spirit that was upon him and gave it to the seventy men, the elders; when the spirit rested upon them, they prophesied, but did not continue to do so.*

[26] *Two men remained behind in the camp, the name of one was Eldad and the name of the second was Medad, and the spirit rested upon them; they were of those who had been written, but they had not*

כד אִם־לֹא: וַיֵּצֵא מֹשֶׁה וַיְדַבֵּר אֶל־
הָעָם אֵת דִּבְרֵי יהוה וַיֶּאֱסֹף
שִׁבְעִים אִישׁ מִזִּקְנֵי הָעָם וַיַּעֲמֵד
כה אֹתָם סְבִיבֹת הָאֹהֶל: וַיֵּרֶד יהוה ׀
בֶּעָנָן וַיְדַבֵּר אֵלָיו וַיָּאצֶל מִן־הָרוּחַ
אֲשֶׁר עָלָיו וַיִּתֵּן עַל־שִׁבְעִים אִישׁ
הַזְּקֵנִים וַיְהִי כְּנוֹחַ עֲלֵיהֶם הָרוּחַ
כו וַיִּתְנַבְּאוּ וְלֹא יָסָפוּ: וַיִּשָּׁאֲרוּ שְׁנֵי־
אֲנָשִׁים ׀ בַּמַּחֲנֶה שֵׁם הָאֶחָד ׀
אֶלְדָּד וְשֵׁם הַשֵּׁנִי מֵידָד וַתָּנַח
עֲלֵהֶם הָרוּחַ וְהֵמָּה בַּכְּתֻבִים וְלֹא

אונקלוס

אִם לָא: כד וּנְפַק מֹשֶׁה וּמַלִּיל לְעַמָּא יָת פִּתְגָּמַיָּא דַייָ וּכְנַשׁ שַׁבְעִין גַּבְרָא מִסָּבֵי עַמָּא וַאֲקִים יָתְהוֹן סְחוֹר סְחוֹר (נ״א סוֹחֲרָנוּת) לְמַשְׁכְּנָא: כה וְאִתְגְּלִי יְיָ בַּעֲנָנָא וּמַלִּיל עִמֵּהּ וְרַבִּי מִן רוּחָא דִּי עֲלוֹהִי וִיהַב עַל שַׁבְעִין גַּבְרָא סָבַיָּא וַהֲוָה כַּד שְׁרַת עֲלֵיהוֹן רוּחַ נְבוּאָה וּמִתְנַבְּאָן וְלָא פָסְקִין: כו וְאִשְׁתְּאָרוּ תְּרֵין גֻּבְרִין בְּמַשְׁרִיתָא שׁוּם חַד אֶלְדָּד וְשׁוּם תִּנְיָנָא מֵידָד וּשְׁרַת עֲלֵיהוֹן רוּחָא דִנְבוּאָה וְאִנּוּן בִּכְתִיבַיָּא וְלָא

רש"י

(כה) **ולא יספו.** לא נתנבאו אלא אותו היום לבדו. כך מפורש בספרי (שם). ואונקלוס תרגם ולא פסקין, שלא פסקה נבואה מהם: (כו) **וישארו שני אנשים.** מאותן שנבחרו אמרו אין אנו כדאין לגדולה זו (שם; סנהדרין יז.): **והמה בכתבים.** במבוררים שבהם לסנהדרין. ונכתבו כולם נקובים בשמות ועל ידי גורל, לפי שהחשבון עולה לשנים עשר שבטים ששה ששה לכל שבט ושבט, חוץ משני שבטים שאין מגיע אליהם אלא חמשה חמשה. אמר משה אין שבט שומע לי לפחות משבטו זקן אחד. מה עשה, נטל שבעים ושנים פתקין וכתב על שבעים זקן ועל שנים חלק, וברר מכל שבט ושבט

RASHI ELUCIDATED

25. וְלֹא יָסָפוּ – BUT DID NOT CONTINUE TO DO SO. לֹא נִתְנַבְּאוּ – They did not prophesy, אֶלָּא אוֹתוֹ הַיּוֹם לְבַדּוֹ – except on that day alone. כָּךְ מְפוֹרָשׁ בְּסִפְרֵי[1] – Thus is it explained in *Sifrei*.[1] **וְאוּנְקְלוֹס תִּרְגֵּם – But *Onkelos* translated וְלֹא יָסָפוּ** as, **"וְלָא פָסְקִין" – "and did not cease,"** which means, **שֶׁלֹּא פָסְקָה נְבוּאָה מֵהֶם – prophecy did not cease from them.**[2]

26. וַיִּשָּׁאֲרוּ שְׁנֵי אֲנָשִׁים – TWO MEN REMAINED BEHIND מֵאוֹתָן שֶׁנִּבְחֲרוּ – from among those who were chosen. אָמְרוּ – They stayed behind because **they said, אֵין אָנוּ כְּדָאִין לִגְדוּלָּה זוֹ[3] – "We are not worthy of this greatness."**[3]

□ **וְהֵמָּה בַּכְּתֻבִים – THEY WERE OF THOSE WHO HAD BEEN WRITTEN,** that is, **בִּמְבוֹרָרִים שֶׁבָּהֶם לַסַּנְהֶדְרִין – of those selected among them for the Sanhedrin** (High Court). **וְנִכְתְּבוּ כֻּלָּם – They were all written down, נְקוּבִים בְּשֵׁמוֹת – designated by names, וְעַל יְדֵי גוֹרָל – and** chosen **by a lottery. לְפִי שֶׁהַחֶשְׁבּוֹן עוֹלֶה לִשְׁנֵים עָשָׂר שְׁבָטִים – For the total for twelve tribes would come to שִׁשָּׁה שִׁשָּׁה לְכָל שֵׁבֶט וָשֵׁבֶט – six** elders **per tribe, חוּץ מִשְּׁנֵי שְׁבָטִים – except for two tribes שֶׁאֵין מַגִּיעַ אֲלֵיהֶם אֶלָּא חֲמִשָּׁה חֲמִשָּׁה – who would get only five each.**[4] **אָמַר מֹשֶׁה – Moses said, אֵין שֵׁבֶט שׁוֹמֵעַ לִי – "No tribe would heed me לְפַחוֹת מִשִּׁבְטוֹ זָקֵן אֶחָד – to deduct one elder from its tribal** share." **מֶה עָשָׂה – What did he do? נָטַל שִׁבְעִים וּשְׁנַיִם פִּתְקִין – He took seventy-two tickets וְכָתַב עַל שִׁבְעִים – and wrote on seventy** of them, **זָקֵן – "elder," וְעַל שְׁנַיִם חָלָק – and two,** he left **blank.**[5] **וּבֵרֵר מִכָּל שֵׁבֶט וָשֵׁבֶט**

1. *Sifrei* 95.

2. *Targum Onkelos* does not mean that they actively prophesied incessantly. He means that they continued to experience prophecy for the rest of their lives.

Rashi also deals with the meanings of יסף in his comments to *Genesis* 38:26 and *Deuteronomy* 5:19. See also Rashi to *Job* 40:32 and *Esther* 9:28.

3. *Sifrei* 95; *Sanhedrin* 17a.

4. God told Moses (v. 24) to gather only seventy elders.

5. Literally, "and on two, blank." *Yosef Da'as* cites an alternative version of the text which reads וּשְׁנַיִם הִנִּיחַ חָלָק, "and two he left blank."

יָצְאוּ הָאֹהֱלָה וַיִּתְנַבְּאוּ בַּמַּחֲנֶה:
כז וַיָּרָץ הַנַּעַר וַיַּגֵּד לְמֹשֶׁה וַיֹּאמַר
אֶלְדָּד וּמֵידָד מִתְנַבְּאִים בַּמַּחֲנֶה:
כח וַיַּעַן יְהוֹשֻׁעַ בִּן־נוּן מְשָׁרֵת
מֹשֶׁה מִבְּחֻרָיו וַיֹּאמַר אֲדֹנִי
כט מֹשֶׁה כְּלָאֵם: וַיֹּאמֶר לוֹ מֹשֶׁה
הַמְקַנֵּא אַתָּה לִי וּמִי יִתֵּן כָּל־

gone out to the Tent, and they prophesied in the camp. 27 The youth ran and told Moses, and he said, "Eldad and Medad are prophesying in the camp."

28 Joshua son of Nun, the servant of Moses since his youth, spoke up and said, "My lord Moses, make an end of them!"

29 Moses said to him, "Are you being zealous for my sake? Would that the entire

אונקלוס

נְפַקוּ לְמַשְׁכְּנָא וְאִתְנַבִּיאוּ בְּמַשְׁרִיתָא: כז וּרְהַט עוּלֵימָא וְחַוִּי לְמֹשֶׁה וַאֲמַר אֶלְדָּד וּמֵידָד מִתְנַבְּאָן בְּמַשְׁרִיתָא: כח וַאֲתֵיב יְהוֹשֻׁעַ בַּר נוּן מְשֻׁמְּשָׁנֵהּ דְּמֹשֶׁה מֵעוּלֵימוּתֵהּ וַאֲמַר רִבּוֹנִי מֹשֶׁה אֱסָרְנוּן: כט וַאֲמַר לֵהּ מֹשֶׁה הֲקַנְאָתִי אַתְּ מְקַנֵּי לִי רְעֵינָא פּוּן דִּיהוֹן כָּל

רש"י

ששה, והיו שבעים ושנים. אמר להם טלו פתקיכם מתוך קלפי. מי שעלה בידו זקן נתקדש, ומי שעלה בידו חלק אמר לו המקום לא חפץ בך (ספרי שם; סנהדרין שם): (כז) וירץ הנער. יש אומרים גרשום בן משה היה (תנחומא יב): (כח) כלאם. הטל עליהם צרכי צבור והם כלים מאליהם (סנהדרין שם). דבר אחר תנם אל בית הכלא (ספרי צו) לפי שהיו מתנבאים משה מת ויהושע מכניס את ישראל לארץ (סנהדרין שם; ספרי צה־צו): (כט) המקנא אתה לי. הקנאי אתה לי,

RASHI ELUCIDATED

שִׁשָּׁה – **He selected from each tribe six** elders, וְהָיוּ שִׁבְעִים וּשְׁנַיִם – **and there were** a total of **seventy-two.** אָמַר לָהֶם – **He said to them,** טְלוּ פִּתְקֵיכֶם מִתּוֹךְ קַלְפִּי – **"Take your tickets out of the box."** מִי שֶׁעָלָה בְּיָדוֹ זָקֵן – **One in whose hand there came up** a ticket which said **"elder"** נִתְקַדֵּשׁ – **was sanctified** with Moses' spirit.[1] וּמִי שֶׁעָלָה בְּיָדוֹ חֵלֶק – **And one in whose hand a blank came up,** אָמַר לוֹ – **[Moses] said to him,** הַמָּקוֹם לֹא חָפֵץ בְּךָ[2] – **"The Omnipresent does not want you** to be a member of the Sanhedrin."[2]

27. וַיָּרָץ הַנַּעַר – THE YOUTH RAN. יֵשׁ אוֹמְרִים – **There are those who say** גֵּרְשׁם בֶּן מֹשֶׁה הָיָה[3] – that **it was Gershom, the son of Moses.**[3]

28. כְּלָאֵם – MAKE AN END OF THEM. הָטֵל עֲלֵיהֶם – **Put upon them** צָרְכֵי צִבּוּר – the responsibility to tend to **the needs of the community,** וְהֵם כָּלִים מֵאֲלֵיהֶם[4] – **and they will be obliterated by themselves.**[4] דָּבָר אַחֵר – **Alternatively,** תְּנֵם אֶל בֵּית הַכֶּלֶא – the word כְּלָאֵם means **put them into prison.**[5] לְפִי שֶׁהָיוּ מִתְנַבְּאִים – Joshua wanted them punished **because they were prophesying** that מֹשֶׁה מֵת – **Moses would die,** וִיהוֹשֻׁעַ מַכְנִיס אֶת יִשְׂרָאֵל לָאָרֶץ[6] – **and Joshua would bring Israel into the Land** of Israel.[6]

29. הַמְקַנֵּא אַתָּה לִי – ARE YOU BEING ZEALOUS FOR MY SAKE? This means literally, הַקַנַּאי אַתָּה לִי – **are**

1. The elucidation is based on *Yad Ramah* to *Sanhedrin* 17a.

2. *Sifrei* 95; *Sanhedrin* 17a. Out of their humility (see Rashi's preceding comment), Eldad and Medad did not go to the lottery, for they assumed that their tickets would be the blanks. In fact, after the seventy other elders took theirs, there were two tickets marked "elder" left over (see Rashi to *Sanhedrin* 17a, s.v., מי שעלה בידו חלק כו').

3. *Tanchuma* 12. Gershom's birth is mentioned in *Exodus* 2:22.

"*The* youth" rather than "*a* youth" implies the particular youth whom we would assume would inform Moses, his eldest son (*Gur Aryeh; Sifsei Chachamim*). Furthermore, this explains why the verse says that the youth "ran" rather than that he "went"; he was upset by what appeared to be an affront to his father.

4. *Sanhedrin* 17a. "Make an end of them" sounds as if Joshua was asking Moses to have Eldad and Medad killed. But they committed no sin which would render them subject to the death penalty. Rashi therefore explains that "make an end of them" means, put them in a position which will wear them away (see *Panim Yafos*).

Alternatively, although the fact that Moses would not lead the people into the Land of Israel was revealed to Eldad and Medad in prophetic visions, they had not been commanded to publicize this information. Had they been commanded to do so, they would have had no alternative but to speak out. But because they spoke out on their own, their proclamation was tantamount to treason against Moses. Thus, according to Rashi's first interpretation, Joshua maintained that they were culpable to the death penalty, and so he said, "Make an end of them" (*Maskil LeDavid*).

5. According to the first interpretation, כְּלָאֵם is from the root כלה, "to obliterate." According to the alternative interpretation, it is from the root כלא, "to incarcerate."

6. *Sifrei* 95-96; *Sanhedrin* 17a.

עַם יהוה נְבִיאִים כִּי־יִתֵּן יהוָה
ל אֶת־רוּחוֹ עֲלֵיהֶם: שביעי וַיֵּאָסֵף
מֹשֶׁה אֶל־הַמַּחֲנֶה הוּא וְזִקְנֵי
לא יִשְׂרָאֵל: וְרוּחַ נָסַע ׀ מֵאֵת

people of Hashem could be prophets, if Hashem would but place His spirit upon them!"

30 Moses was brought in to the camp, he and the elders of Israel. 31 A wind went forth

אונקלוס

עַמָּא דַיְיָ נְבִיאִין אֲרֵי יִתֵּן יְיָ יָת רוּחַ נְבוּאָתֵהּ עֲלֵיהוֹן: ל וְאִתְכְּנֵשׁ מֹשֶׁה לְמַשְׁרִיתָא הוּא וְסָבֵי יִשְׂרָאֵל: לא וְרוּחָא נְטַל מִן קֳדָם

רש"י

הקנאתי אתה מקנא: לי. כמו בשבילי. כל לשון קנאה אדם הנותן לב על הדבר או לנקום או לעזור, אנפרינמנ"ט בלע"ז, אוחז בעובי המשא: (ל) ויאסף משה. מפתח אהל מועד: אל המחנה. נכנסו איש לאהלו: ויאסף. לשון כניסה אל הבית כמו ואספתו אל תוך ביתך (דברים כב:ב) ואב לכלם, יצבור ולא ידע מי אוספם (תהלים לט:ז) מלמד שלא הביא עליהם פורענות עד שנכנסו הצדיקים איש לאהלו (ספרי צו):

RASHI ELUCIDATED

you a zealous one for me; that is, הֲקִנְאָתִי אַתָּה מְקַנֵּא – **are you being zealous concerning that over which I should be outraged?**[1]

□ לִי – **FOR MY SAKE** [literally, "to me"]. The word לִי is used here כְּמוֹ בִּשְׁבִילִי – in **the same** sense **as, "on my account."**[2] כָּל לְשׁוֹן קִנְאָה – **Any form of the word** קִנְאָה can denote אָדָם הַנּוֹתֵן לֵב עַל הַדָּבָר – **a person who sets his heart upon a matter** אוֹ לִנְקוֹם – **either to avenge** it, אוֹ לַעֲזוֹר – **or to be of assistance** regarding it. אנפרינמנ"ט בְּלַעַ"ז – **In Old French,** ***enprenment.***[3] אוֹחֵז בְּעֳבִי הַמַּשָּׂא – **He holds the brunt of the burden.**[4]

30. וַיֵּאָסֵף מֹשֶׁה – **MOSES WAS BROUGHT IN.** מִפֶּתַח אֹהֶל מוֹעֵד – **from the entrance of the Tent of Meeting . . .**

□ אֶל הַמַּחֲנֶה – **INTO THE CAMP.** The phrase וַיֵּאָסֵף . . . אֶל הַמַּחֲנֶה implies that נִכְנְסוּ אִישׁ לְאָהֳלוֹ – **each man entered his tent.**[5]

□ וַיֵּאָסֵף – **[MOSES] WAS BROUGHT.** לְשׁוֹן כְּנִיסָה אֶל הַבַּיִת – **This means bringing into the house,** כְּמוֹ – **like** וַאֲסַפְתּוֹ in, "וַאֲסַפְתּוֹ אֶל תּוֹךְ בֵּיתֶךָ"[6] – **"Then gather it inside your house."**[6] וְאָב לְכֻלָּם – **The archetype of them all,** i.e., the example of אסף that most clearly illustrates that it can mean "bring in," – is אוֹסְפָם in, "יִצְבֹּר וְלֹא יֵדַע מִי אוֹסְפָם"[7] **"He gathers [crops], but does not know who brings them in."**[7] מְלַמֵּד – By informing us that each of the elders entered his tent, **[the verse] teaches** us שֶׁלֹּא הֵבִיא עֲלֵיהֶם פּוּרְעָנוּת – **that [God] did not bring punishment upon them** עַד שֶׁנִּכְנְסוּ הַצַּדִּיקִים אִישׁ לְאָהֳלוֹ[8] – **until each of the righteous ones entered his tent.**[8]

---

1. The root קנא can mean "to be jealous" or "to be zealous." Our verse does not mean "Are you jealous of me?" It is obvious that Joshua was not jealous of Moses (*Be'er Mayim Chaim; Devek Tov*).

2. Rashi points out that לִי is not meant to indicate that Moses is the object of the zeal or jealousy expressed by הַמְקַנֵּא, as it would have had the verse been understood "Are you jealous of me?"

Rashi interprets לִי similarly in his comments to *Isaiah* 47:20 and *Psalms* 40:16.

3. "A zealous outburst that leads to grasping control of a situation."

4. The Old French word *enprenment,* from the verb *prendre,* "to take," implies enthusiastically, fervently taking hold of something — an object, a circumstance, an affair — and gaining control over it. Thus, Rashi's metaphoric, "He holds the brunt of the burden." Sometimes this "taking hold" is manifested in an angry display of vengeance or retribution (see Rashi to 25:11 below and to *Deuteronomy* 29:19); on other occasions, as vigorous succor in times of distress (see Rashi to *II Samuel* 21:2 and *Joel* 2:18). Thus, the translation of קִנְאָה in Modern French and English would be *zèle,* "zeal" (A.M. Glanzer, *Tzefunot,* vol. 5, pp. 88-89; vol. 15, pp. 77-78).

5. The most common use of the root אסף refers to gathering that which is scattered. Rashi points out that here it is used in its other sense, "to bring in," as he goes on to elaborate in his next comment. Rashi also notes this usage in his comments to *Genesis* 49:29, 49:33, *Exodus* 9:19, 23:10, and 34:22 (see *Sefer Zikaron*).

6. *Deuteronomy* 22:2.

7. *Psalms* 39:7. It is clear from the context there that אסף is not being used in the same sense as צבר, which means gathering that which is scattered (*Sefer Zikaron*).

8. *Sifrei* 96.

יהוה וַיָּ֣גָז שַׂלְוִים֮ מִן־הַיָּם֒ וַיִּטֹּ֣שׁ עַל־
הַֽמַּחֲנֶ֗ה כְּדֶ֨רֶךְ י֥וֹם כֹּה֙ וּכְדֶ֤רֶךְ יוֹם֙ כֹּ֔ה
סְבִיב֖וֹת הַֽמַּחֲנֶ֑ה וּכְאַמָּתַ֖יִם עַל־פְּנֵ֥י
לב הָאָֽרֶץ׃ וַיָּ֣קָם הָעָ֡ם כָּל־הַיּוֹם֩ הַה֨וּא
וְכָל־הַלַּ֜יְלָה וְכֹ֣ל ׀ י֣וֹם הַֽמָּחֳרָ֗ת
וַיַּֽאַסְפוּ֙ אֶת־הַשְּׂלָ֔ו הַמַּמְעִ֕יט אָסַ֖ף
עֲשָׂרָ֣ה חֳמָרִ֑ים וַיִּשְׁטְח֤וּ לָהֶם֙ שָׁט֔וֹחַ

from HASHEM and made pheasant fly from the sea and it spread over the camp, a day's journey this way and a day's journey that way, all around the camp, and about two cubits above the face of the earth. [32] *The people rose up all that day and all the night and all the next day and gathered up the pheasant — the one who took least gathered in ten chomers — and they spread them out*

אונקלוס

יְיָ וְאַפְרַח שְׂלָיו מִן יַמָּא וּרְמָא עַל מַשְׁרִיתָא כְּמַהֲלַךְ יוֹמָא לְכָא וּכְמַהֲלַךְ יוֹמָא לְכָא סְחוֹר סְחוֹר לְמַשְׁרִיתָא וּכְרוּם תַּרְתֵּין אַמִּין עַל אַפֵּי אַרְעָא: לב וְקָם עַמָּא כָּל יוֹמָא הַהוּא וְכָל לֵילְיָא וְכָל יוֹמָא דְבַתְרוֹהִי וּכְנַשׁוּ יָת שְׂלָיו דַּאֲזְעַר כְּנַשׁ עַשְׂרָא דְגוֹרִין וּשְׁטָחוּ לְהוֹן מַשְׁטִיחִין

רש"י

(לא) ויגז. ויפריח, וכן כי גז חיש (תהלים צ:י) וכן נגוזו ועבר (נחום א:יב): ויטש. ויפשוט, כמו והנה נטושים על פני כל הארץ (שמואל א ל:טז). ונטשתיך המדברה (יחזקאל כט:ה): ובאמתים. פורחות בגובה עד שהן כנגד לבו של אדם, כדי שלא יהא טורח באסיפתן לא להגביה ולא לשחות (ספרי צז): (לב) הממעיט. מי שאסף פחות מכולם, העצלים והחגרים, אסף עשרה חמרים (שם צח): וישטחו. עשו אותן משטיחין משטיחין (שם):

RASHI ELUCIDATED

31. וַיָּגָז[1] – This means וַיַּפְרִיחַ – **and he made fly.**[2] וְכֵן "כִּי גָז חִישׁ"[3] – **Similarly,** גָּז in, **"for it flies by fleetingly."**[3] וְכֵן "נָגוֹזוּ וְעָבָר"[4] – **And similarly,** נָגוֹזוּ in, **"They will fly by, and pass on."**[4]

□ וַיִּטֹּשׁ – This means וַיִּפְשׁוֹט – **and it spread** them. כְּמוֹ "וְהִנֵּה נְטֻשִׁים עַל פְּנֵי כָל הָאָרֶץ"[5] – **It is like** נְטֻשִׁים in, **"And behold, they were spread over the entire area,"**[5] "וּנְטַשְׁתִּיךָ הַמִּדְבָּרָה"[6] – and וּנְטַשְׁתִּיךָ in, **"And I shall disperse you in the wilderness."**[6]

□ וּכְאַמָּתַיִם – AND ABOUT TWO CUBITS. פּוֹרְחוֹת בְּגוֹבַהּ – **They would fly at a height** עַד שֶׁהֵן כְּנֶגֶד לִבּוֹ שֶׁל אָדָם – **to the point where they were opposite a person's heart**[7] כְּדֵי שֶׁלֹּא יְהֵא טוֹרַח – **so that there should be no trouble** בַּאֲסִיפָתָן – **in gathering them,** לֹא לְהַגְבִּיהַּ – **neither by reaching high,** i.e., by having to reach high, וְלֹא לִשְׁחוֹת[8] – **nor by bending over.**[8]

32. הַמַּמְעִיט – THE ONE WHO TOOK LEAST [literally, "the one who reduced"]. This means מִי שֶׁאָסַף פָּחוֹת מִכֻּלָּם – **he who gathered the least of all,** הָעֲצֵלִים – **the lazy ones** וְהַחִגְּרִים – **and the lame ones,**[9] אָסַף עֲשָׂרָה חֳמָרִים[10] – **gathered ten *chomers*.**[10]

□ וַיִּשְׁטְחוּ – AND THEY SPREAD [THEM] OUT. עָשׂוּ אוֹתָן מַשְׁטִיחִין מַשְׁטִיחִין[11] – **They made them into many layers.**[11]

1. The translation of שְׂלָו as "pheasant" is based on *Yoma* 75b, where פִּיסְיוֹנֵי is listed as one of four species of שְׂלָו, and on *Targum Yonasan* (to *Exodus* 16:13) who renders שְׂלָו as פִּיסְיוֹנִין (see also Rashi to *Kiddushin* 31a). The word פִּיסְיוֹנִין is clearly cognate with *phasianus,* the Latin word for "pheasant." [Most English translations render שְׂלָו as "quail," a species related to the pheasant.]

2. *Targum Onkelos.* Elsewhere this word means "he cut off" (see *Job* 1:20) — from the root גזז — and that is how *Ibn Ezra* explains it here also: A flock of pheasants as numerous as the sands had gathered at the seashore; God then "cut off" from the flock a large bevy of these birds for the use of the Israelites. Rashi disagrees; he derives וַיָּגָז here from the root גוז, "to cause to fly," and cites examples of that usage.

3. *Psalms* 90:10.

4. *Nahum* 1:12.

5. *I Samuel* 30:16.

6. *Ezekiel* 29:5.

7. It does not mean that the pheasants were piled two cubits high, for then the weight of the pile would have killed those on the bottom, rendering them unfit for eating (*Mizrachi; Sifsei Chachamim*).

8. *Sifrei* 97.

9. "The one who reduced" connotes reducing a pre-existing quantity. But that does not fit the context of our verse, for the gathering of the quail took place immediately upon their arrival. "The one who reduced" here implies, "the one who reduced the pace of his movement," the lazy and the lame (see *Sefer Zikaron*).

10. *Sifrei* 98. The *chomer* is identical with the *kor;* see note 6 to v. 22 (p. 129) above.

11. *Sifrei* 98. The double verb form — וַיִּשְׁטְחוּ . . . שָׁטוֹחַ — which includes the present participle שָׁטוֹחַ denotes repeated action, spreading many layers (*Gur Aryeh*).

all around the camp. [33] *The meat was still between their teeth, not yet gone, when the wrath of* HASHEM *flared against the people, and* HASHEM *struck a very mighty blow against the people.* [34] *He named that place Kibroth-hattaavah, because there they buried the people who had been craving.*

[35] *From Kibroth-hattaavah the people journeyed to Hazeroth, and they remained in Hazeroth.*

12 [1] *Miriam and Aaron spoke about Moses regarding the Cushite woman he had*

לג סְבִיבֹ֥ת הַֽמַּחֲנֶֽה׃ הַבָּשָׂ֗ר עוֹדֶ֙נּוּ֙
בֵּ֣ין שִׁנֵּיהֶ֔ם טֶ֖רֶם יִכָּרֵ֑ת וְאַ֤ף יהוה֙
חָרָ֣ה בָעָ֔ם וַיַּ֤ךְ יהוה֙ בָּעָ֔ם מַכָּ֖ה
לד רַבָּ֥ה מְאֹֽד׃ וַיִּקְרָ֛א אֶֽת־שֵׁם־
הַמָּק֥וֹם הַה֖וּא קִבְר֣וֹת הַֽתַּאֲוָ֑ה כִּי־
שָׁם֙ קָֽבְר֔וּ אֶת־הָעָ֖ם הַמִּתְאַוִּֽים׃
לה מִקִּבְר֧וֹת הַֽתַּאֲוָ֛ה נָסְע֥וּ הָעָ֖ם
חֲצֵר֑וֹת וַיִּהְי֖וּ בַּֽחֲצֵרֽוֹת׃
יב א וַתְּדַבֵּ֨ר מִרְיָ֤ם וְאַהֲרֹן֙ בְּמֹשֶׁ֔ה
עַל־אֹד֛וֹת הָאִשָּׁ֥ה הַכֻּשִׁ֖ית אֲשֶׁ֣ר

אונקלוס

סְחוֹר סְחוֹר לְמַשְׁרִיתָא: לג בִּסְרָא עַד כְּעַן (נ״א דְּהוּא) בֵּין שִׁנֵּיהוֹן עַד לָא פְסַק וְרֻגְזָא דַייָ תְּקִיף בְּעַמָּא וּקְטַל יְיָ בְּעַמָּא קְטוֹל סַגִּי לַחֲדָא: לד וּקְרָא יָת שְׁמָא דְּאַתְרָא הַהוּא קִבְרֵי דְמִשְׁאֲלֵי אֲרֵי תַמָּן קְבַרוּ יָת עַמָּא דְּשָׁאִילוּ: לה מִקִּבְרֵי דְמִשְׁאֲלֵי נְטַלוּ עַמָּא לַחֲצֵרוֹת וַהֲווֹ בַּחֲצֵרוֹת: א וּמַלֵּלַת מִרְיָם וְאַהֲרֹן בְּמֹשֶׁה עַל עֵסַק אִתְּתָא שַׁפִּרְתָּא דִּי

רש״י

(לג) טרם יכרת. כתרגומו, עד לא פסק. דבר אחר, אינו מספיק לפוסקו בשניו עד שנשמתו יוצאה (שם): **(א) ותדבר.** אין דבור בכל מקום אלא לשון קשה וכן הוא אומר דבר האיש אדוני הארץ אתנו קשות (בראשית מב:ל). ואין אמירה בכל מקום אלא לשון תחנונים, וכן הוא אומר ויאמר אל נא אחי תרעו (שם יט:ז) ויאמר שמעו נא דברי (להלן פסוק ו). כל נא לשון בקשה (ספרי צט; תנחומא צו יג): **ותדבר מרים ואהרן.** היא פתחה בדבור תחלה לפיכך הקדימה הכתוב. ומנין היתה

RASHI ELUCIDATED

33. **טֶרֶם יִכָּרֵת** – NOT YET GONE. This is to be understood **כְּתַרְגּוּמוֹ** – **as *Targum Onkelos* renders it,** **„עַד לָא פְסַק"** – **not yet stopped.**[1] **דָּבָר אַחֵר** – **Alternatively,** the term **טֶרֶם יִכָּרֵת** means **אֵינוֹ מַסְפִּיק לְפוֹסְקוֹ בְשִׁנָּיו** – **he does not have time to sever it with his teeth** **עַד שֶׁנִּשְׁמָתוֹ יוֹצְאָה**[2] – **until his soul departs.**[2]

12.

1. **וַתְּדַבֵּר** – SPOKE. **אֵין דִּבּוּר בְּכָל מָקוֹם אֶלָּא לָשׁוֹן קָשָׁה** – **Forms of the word דִּבּוּר in all places** in Scripture **are** (mean) **nothing but harsh language.** **וְכֵן הוּא אוֹמֵר** – **And thus it says,** **„דִּבֶּר הָאִישׁ אֲדֹנֵי הָאָרֶץ אִתָּנוּ קָשׁוֹת"**[3] – **"The man, the lord of the land, spoke harshly to us."**[3] **וְאֵין אֲמִירָה בְּכָל מָקוֹם אֶלָּא לָשׁוֹן תַּחֲנוּנִים** – **And forms of the word אֲמִירָה in all places** in Scripture **are** (mean) **nothing but supplicative language.** **וְכֵן הוּא אוֹמֵר** – **And thus it says,** **„וַיֹּאמַר אַל נָא אַחַי תָּרֵעוּ"**[4] – **"And he said, 'My brothers, please, do not act wickedly,'"**[4] and, **„וַיֹּאמֶר שִׁמְעוּ נָא דְבָרָי"**[5] – **"He said, 'Please hear my words.'"**[5] **כָּל „נָא" לְשׁוֹן בַּקָּשָׁה**[6] – **Every word נָא**, a supplicative expression, in these examples **denotes request.**[6]

☐ **וַתְּדַבֵּר מִרְיָם וְאַהֲרֹן** – **MIRIAM, AS WELL AS AARON, SPOKE.** **הִיא פָּתְחָה בְדִבּוּר תְּחִלָּה** – **She initiated the speaking.**[7] **לְפִיכָךְ הִקְדִּימָהּ הַכָּתוּב** – **This is why Scripture puts her first,** ahead of Aaron.[8] **וּמִנַּיִן הָיְתָה**

1. According to *Targum Onkelos*, טֶרֶם יִכָּרֵת means that the meat had not yet disappeared from their mouths (*Be'er Yitzchak*).

2. *Sifrei* 98. According to the alternative explanations, טֶרֶם יִכָּרֵת means "it had not yet been severed, bitten off" (*Be'er Yitzchak*).

3. *Genesis* 42:30.

4. *Genesis* 19:7.

5. Below v. 6. The passage tells us that Miriam and Aaron spoke about Moses, and thereby angered God. It does not appear to tell us why their speaking about Moses angered Him. Rashi explains that וַתְּדַבֵּר indicates that they spoke harshly (*Maskil LeDavid*).

6. *Sifrei* 99; *Tanchuma, Tzav* 13; see also note 5 to 10:31 above.

7. Literally, she first opened in speaking.

8. Although Miriam was a prophetess (*Exodus* 15:20) and Aaron's older sister, Aaron was the more eminent of the two, so we would have expected Scripture to mention him first, as it does in verses 4 and 5 below. Moreover, when speaking of a group comprising both men and women, the Torah usually uses a plural masculine verb; yet here the singular feminine verb וַתְּדַבֵּר, "and she spoke," is used. By including that word in his

לָקָח כִּי־אִשָּׁה כֻשִׁית לָקָח׃

married, for he had married a Cushite woman.

אונקלוס

נְסִיב אֲרֵי אִתְּתָא שַׁפִּרְתָּא דִנְסִיב רָחִיק׃

רש"י

יודעת מרים שפירש משה מן האשה, רבי נתן אומר, מרים היתה בצד צפורה בשעה שנאמר למשה אלדד ומידד מתנבאים במחנה, כיון ששמעה צפורה אמרה אוי לנשותיהן של אלו אם הם נזקקים לנבואה, שיהיו פורשין מנשותיהן כדרך שפירש בעלי ממני, ומשם ידעה מרים והגידה לאהרן. ומה מרים שלא נתכוונה לגנותו, כך נענשה, ק"ו למספר בגנותו של חבירו (שם ושם): **האשה הכשית.** מגיד שהכל מודים ביפיה כשם שהכל מודים בשחרותו של כושי (שם ושם): **כושית.** בגימטריא יפת מראה (תנחומא שם): **על אדות האשה.** על אודות גירושיה (שם): **כי אשה כשית לקח.** מה ת"ל,

RASHI ELUCIDATED

יוֹדַעַת מִרְיָם – **And from where did Miriam know** שֶׁפֵּרַשׁ מֹשֶׁה מִן הָאִשָּׁה – **that Moses separated himself from the woman,** i.e., his wife?[1] רַבִּי נָתָן אוֹמֵר – The *Tanna* **R' Nassan says:** מִרְיָם הָיְתָה בְּצַד צִפּוֹרָה – **Miriam was at Zipporah's side** בְּשָׁעָה שֶׁנֶּאֱמַר לְמֹשֶׁה – **at the time when it was said to Moses,** "אֶלְדָּד וּמֵידָד מִתְנַבְּאִים בַּמַּחֲנֶה"[2] – **"Eldad and Medad are prophesying in the camp."**[2] כֵּיוָן שֶׁשָּׁמְעָה צִפּוֹרָה – **When Zipporah heard** this, אָמְרָה – **she said,** אוֹי לִנְשׁוֹתֵיהֶן שֶׁל אֵלּוּ – **"Woe to the wives of these,** Eldad and Medad, אִם הֵם נִזְקָקִים לִנְבוּאָה – **if they will be charged with prophecy,** שֶׁיִּהְיוּ פּוֹרְשִׁין מִנְּשׁוֹתֵיהֶן – **for they will separate from their wives** כְּדֶרֶךְ שֶׁפֵּרַשׁ בַּעֲלִי מִמֶּנִּי – **in the manner that my husband,** Moses, **separated from me."** וּמִשָּׁם יָדְעָה מִרְיָם – **From there Miriam knew** that Moses had separated from his wife, וְהִגִּידָה לְאַהֲרֹן – **and she told Aaron.** וּמָה מִרְיָם – **Now if Miriam,** שֶׁלֹּא נִתְכַּוְּנָה לִגְנוּתוֹ – **who did not intend** to speak of **his disparagement,**[3] כָּךְ נֶעֶנְשָׁה – **was thus punished,** קַל וָחוֹמֶר – **how much more so** לִמְסַפֵּר בִּגְנוּתוֹ שֶׁל חֲבֵרוֹ[4] – **one who speaks of the disparagement of his fellow.**[4]

□ הָאִשָּׁה הַכֻּשִׁית – **THE CUSHITE WOMAN.** מַגִּיד – **This tells** us שֶׁהַכֹּל מוֹדִים בְּיָפְיָהּ – **that everybody admitted to her beauty,** כְּשֵׁם שֶׁהַכֹּל מוֹדִים – **just as all admit** בְּשַׁחֲרוּתוֹ שֶׁל כּוּשִׁי[5] – **to the darkness of a Cushite.**[5]

□ כּוּשִׁית – **CUSHITE.** בְּגִימַטְרִיָּא "יְפַת מַרְאֶה" – This is equal **in numerical value**[6] to the phrase יְפַת מַרְאֶה, **"beautiful in appearance."**[7]

□ עַל אֹדוֹת הָאִשָּׁה – **REGARDING THE [CUSHITE] WOMAN,** עַל אוֹדוֹת גֵּרוּשֶׁיהָ[8] – **regarding her being sent away.**[8]

□ כִּי אִשָּׁה כֻשִׁית לָקָח – **FOR HE HAD MARRIED A CUSHITE WOMAN.** מַה תַּלְמוּד לוֹמַר – **Why does the Torah**

---

heading, Rashi indicates that he is also explaining this anomaly (see *Be'er BaSadeh*).

1. This was the subject of the harsh speech of Miriam and Aaron, as Rashi goes on to elaborate.

Rashi explains why Miriam raised this issue with Aaron at this particular point (*Nachalas Yaakov*).

2. Above 11:26.

3. Miriam had good intentions toward Moses. She spoke to Aaron for she thought that Aaron would speak to Moses about correcting what she viewed as improper conduct on Moses' part. Still, she was taken to task for speaking of Moses as if he were a prophet like all other prophets (*Eimek HaNetziv*; see also *Rambam, Hilchos Tumas Tzaraas*, 16:10).

4. *Sifrei* 99; *Tanchuma, Tzav* 13.

5. *Sifrei* 99; *Tanchuma, Tzav* 13. "Cushite" cannot be taken in its simple sense, for Zipporah was originally a Midianite (see *Exodus* 2:16; *Mizrachi; Sifsei Chachamim*).

6. The Torah will often spell the same word in two or more ways. Thus, אדות of our verse and *Genesis* 21:25 is spelled אודת in *Genesis* 21:11, and Rashi (next comment) spells it אודות. When the vowel letter is omitted, the spelling is said to be חָסֵר, "defective"; when it is included, the spelling is מָלֵא, "full." Nevertheless, for purposes of reckoning *gematriaos* (see next note), either the defective or the full spelling may be used. The normative spelling of the noun כוש (see *Genesis* 2:13) and its derivatives, e.g., כושי (*Jeremiah* 13:23) and כושים (*Zephaniah* 2:12), is full, i.e., it contains the vowel letter ו. Thus, although the Torah spells כֻּשִׁית defectively, without the ו vowel, Rashi uses the spelling כושית for his *gematria*. See note 7 to 15:38 below.

ת	ש	ר	ק	צ	פ	ע	ס	נ	מ	ל	כ	י	ט	ח	ז	ו	ה	ד	ג	ב	א
400	300	200	100	90	80	70	60	50	40	30	20	10	9	8	7	6	5	4	3	2	1

7. *Tanchuma, Tzav* 13. This supports Rashi's assertion that "Cushite" here alludes to Zipporah's beauty.

8. *Tanchuma, Tzav* 13. The verse says that Miriam and Aaron spoke "about Moses" and "regarding the Cushite woman." Rashi explains that they did not speak about two topics, rather, what they spoke of was the relationship between Moses and his wife.

The root גרש means "to send off" and is also used to

[2] They said, "Was it only with Moses that HASHEM spoke? Did He not speak with us, as well?" And HASHEM heard. [3] Now the man Moses was exceedingly humble, more than any person on the face of the earth!

ב וַיֹּאמְרוּ הֲרַק אַךְ־בְּמֹשֶׁה דִּבֶּר יהוה
הֲלֹא גַּם־בָּנוּ דִבֵּר וַיִּשְׁמַע יהוה:
ג וְהָאִישׁ מֹשֶׁה עָנָו מְאֹד מִכֹּל הָאָדָם
ד אֲשֶׁר עַל־פְּנֵי הָאֲדָמָה: וַיֹּאמֶר

אונקלוס

ב וַאֲמָרוּ הַלְחוֹד בְּרַם בְּמֹשֶׁה מַלִּיל יְיָ הֲלָא אַף עִמָּנָא מַלִּיל וּשְׁמִיעַ קֳדָם
יְיָ: ג וְגַבְרָא מֹשֶׁה עִנְוְתָן לַחֲדָא מִכֹּל אֱנָשָׁא דִּי עַל אַפֵּי אַרְעָא: ד וַאֲמַר

רש"י

אלא יש לך אשה נאה ביפיה ואינה נאה במעשיה, במעשיה ולא ביפיה, אבל זאת נאה בכל (ספרי לט; תנחומא שם): האשה הכשית. על שם נויה נקראת כושית, כאדם הקורא את בנו נאה כושי כדי שלא תשלוט בו עין רעה (תנחומא שם): כי אשה כשית לקח. ועתה גרשה (שם): (ב) הרק אך במשה. עמו לבדו דבר ה' (שם): הלא גם בנו דבר. ולא פירשנו מדרך ארץ (ספרי ק; תנחומא שם): (ג) ענו. שפל וסבלן (תנחומא שם):

RASHI ELUCIDATED

say this?[1] אֶלָּא יֵשׁ לְךָ – **But, you can have,** אִשָּׁה נָאָה בְּיָפְיָהּ – **a woman who is pleasing in her beauty,** וְאֵין נָאָה בְּמַעֲשֶׂיהָ – **but not pleasing in her actions,** בְּמַעֲשֶׂיהָ – or a woman who is pleasing **in her actions,** וְלֹא בְיָפְיָהּ – **but not in her beauty.** אֲבָל זֹאת – **But this one** נָאָה בַכֹּל[2] – **was pleasing in all** respects.[2]

□ הָאִשָּׁה הַכֻּשִׁית – THE CUSHITE WOMAN. עַל שֵׁם נוֹיָהּ – **Because of her beauty,** נִקְרֵאת כּוּשִׁית – **she is called "Cushite,"** כְּאָדָם הַקּוֹרֵא אֶת בְּנוֹ נָאֶה – **like a person who calls his beautiful son** כּוּשִׁי – **"Cushite"** כְּדֵי שֶׁלֹּא תִשְׁלוֹט בּוֹ עַיִן רָעָה[3] – **so that the evil eye should not affect him.**[3]

□ כִּי אִשָּׁה כֻשִׁית לָקָח – FOR HE HAD MARRIED A CUSHITE WOMAN, וְעַתָּה גֵּרְשָׁהּ[4] – **and now he sent her away.**[4]

2. הֲרַק אַךְ בְּמֹשֶׁה – WAS IT ONLY (literally, "was it only just") WITH MOSES, עִמּוֹ לְבַדּוֹ – **with him** when he was **by himself** דִּבֶּר ה' – **that HASHEM spoke?**[5] "הֲלֹא גַּם בָּנוּ דִבֵּר" – **"Did he not speak with us, as well?"** וְלֹא פֵרַשְׁנוּ מִדֶּרֶךְ אֶרֶץ – **Yet we did not part from the way of the world,** i.e., from a normal marital relationship.[6]

3. עָנָו – This means שָׁפָל וְסַבְלָן – **humble and long suffering.**[7]

---

mean "to divorce," as in גְּרוּשָׁה, "a divorced woman" (30:10 below). Thus, גֵּרוּשֶׁיהָ can be understood as "her divorce." The translation follows *Mizrachi,* who says that Moses did not divorce Zipporah.

1. The verse has already stated that Moses married a Cushite woman. Furthermore, the verse seems to give "for he had married a Cushite woman" as the reason why Miriam and Aaron spoke about Moses, but it is not clear why this would be cause for them to do so (*Mizrachi; Sifsei Chachamim*).

2. *Sifrei* 99; *Tanchuma, Tzav* 13. Rashi has earlier stated that "Cushite" alludes to Zipporah's beauty. Its repetition indicates that she was beautiful in two respects, both in appearance and in conduct (*Mizrachi*). This is also what spurred Miriam and Aaron to speak about Moses; they criticized the fact that he separated from Zipporah despite her excellence in all respects (*Maskil LeDavid*).

3. *Tanchuma, Tzav* 13. Rashi's earlier comment, that Zipporah is called a Cushite because all admitted to her beauty just as there is unanimous agreement about the darkness of a Cushite, is the verse's exegetical interpretation. Here he give its simple meaning. She was called "Cushite" in a euphemistic sense; she was the opposite of a Cushite. According to both interpretations, however, "Cushite" refers to Zipporah's beauty (*Mizrachi; Sifsei Chachamim*).

4. *Tanchuma, Tzav* 13. Taking a Cushite woman is in and of itself not criticism. The verse means to imply "for he *had been married* to a Cushite woman, but no longer was with her" (*Be'er BaSadeh*).

גֵּרְשָׁהּ can be understood as "he divorced her." The translation follows *Mizrachi,* who says that Moses did not divorce Zipporah. See note 8 on page 136 above.

5. *Tanchuma, Tzav* 13. The phrase "was it only with Moses" could have been expressed as הֲרַק בְּמֹשֶׁה, without the seemingly redundant אַךְ, "just." But had the verse omitted the word אַךְ, the implication of Miriam's statement would have been, "Was it only to Moses [as opposed to ourselves] that HASHEM spoke?" But with the added אַךְ, the implication becomes, "Was it only to Moses [as opposed to anybody else] that HASHEM spoke?" (see *Nachalas Yaakov; Sifsei Chachamim*).

6. *Sifrei* 100; *Tanchuma, Tzav* 13.

7. *Sifrei* 100; *Tanchuma, Tzav* 13. The word עָנָו can also mean "weak" or "downtrodden" (see Rashi to *Amos* 2:7).

וַיֹּאמֶר יְהֹוָה פִּתְאֹם אֶל־מֹשֶׁה וְאֶל־אַהֲרֹן
וְאֶל־מִרְיָם צְאוּ שְׁלָשְׁתְּכֶם אֶל־
ה אֹהֶל מוֹעֵד וַיֵּצְאוּ שְׁלָשְׁתָּם: וַיֵּרֶד
יְהֹוָה בְּעַמּוּד עָנָן וַיַּעֲמֹד פֶּתַח הָאֹהֶל
וַיִּקְרָא אַהֲרֹן וּמִרְיָם וַיֵּצְאוּ שְׁנֵיהֶם:

[4] *HASHEM said suddenly to Moses, to Aaron, and to Miriam, "You three, go out to the Tent of Meeting." And the three of them went out.* [5] *HASHEM descended in a pillar of cloud and stood at the entrance to the Tent, and He called, "Aaron and Miriam"; and the two of them went out.*

אונקלוס

וַאֲמַר יְיָ בִּתְכֵּף לְמֹשֶׁה וּלְאַהֲרֹן וּלְמִרְיָם פּוּקוּ תְלָתֵיכוֹן לְמַשְׁכַּן זִמְנָא וּנְפָקוּ תְּלָתֵיהוֹן: ה וְאִתְגְּלִי יְיָ בְּעַמּוּדָא דַעֲנָנָא וְקָם בִּתְרַע מַשְׁכְּנָא וּקְרָא אַהֲרֹן וּמִרְיָם וּנְפָקוּ תַּרְוֵיהוֹן:

רש"י

(ד) **פתאם.** נגלה עליהם פתאום והם טמאים בדרך ארץ והיו צועקים מים מים להודיעם שיפה עשה משה שפירש מן האשה מאחר שנגלית עליו שכינה תדיר ואין עת קבועה לדבור (שם): **צאו שלשתכם.** מגיד ששלשתן נקראו בדבור אחד, מה שאי אפשר לפה לומר ולאזן לשמוע (ספרי קב): (ה) **בעמוד ענן.** יצא יחידי שלא כמדת בשר ודם. מלך בשר ודם כשיוצא למלחמה יוצא באוכלוסין, וכשיוצא לשלום יוצא במועטים. ומדת הקב"ה, יוצא למלחמה יחידי, שנאמר ה' איש מלחמה (שמות טו:ג) ויוצא לשלום באוכלוסין, שנאמר רכב אלהים רבותים אלפי שנאן (תהלים סח:יח; ספרי שם): **ויקרא אהרן ומרים.** שיהיו נמשכין ויוצאין מן החצר לקראת הדבור (ספרי שם): **ויצאו שניהם.** ומפני מה משכן

RASHI ELUCIDATED

4. פִּתְאֹם – SUDDENLY. נִגְלָה עֲלֵיהֶם פִּתְאוֹם – He appeared to them suddenly, וְהֵם טְמֵאִים בְּדֶרֶךְ אֶרֶץ – when they, i.e., Aaron and Miriam, **were impure through the way of the world,** i.e., marital relations,[1] **וְהָיוּ צוֹעֲקִים – and they were crying, מַיִם מַיִם – "Water! Water!"** with which to purify themselves. **לְהוֹדִיעָם** – God put them in this situation **to make known to them שֶׁיָּפֶה עָשָׂה מֹשֶׁה – that Moses acted properly שֶׁפֵּרַשׁ מִן הָאִשָּׁה – in that he separated from the woman,** his wife, **מֵאַחַר שֶׁנִּגְלֵית עָלָיו שְׁכִינָה תָּדִיר – because the *Shechinah*** (immanent presence of God) **would be revealed to him constantly, וְאֵין עֵת קְבוּעָה לְדִבּוּר[2] – and there was no fixed time for** God's **speech** to him.[2]

□ **צְאוּ שְׁלָשְׁתְּכֶם – YOU THREE, GO OUT. מַגִּיד – This tells** us **שֶׁשְּׁלָשְׁתָּן נִקְרְאוּ – that the three of them were summoned** by name[3] **בְּדִבּוּר אֶחָד – in a single utterance,[4] מַה שֶּׁאִי אֶפְשַׁר לַפֶּה לוֹמַר – something which is impossible for the** human **mouth to say, וְלָאֹזֶן לִשְׁמוֹעַ[5] – or the ear to hear** as distinct words.[5]

5. בְּעַמּוּד עָנָן – IN A PILLAR OF CLOUD. יָצָא יְחִידִי – He went out by himself,[6] שֶׁלֹּא כְּמִדַּת בָּשָׂר וָדָם – unlike the manner of flesh and blood. מֶלֶךְ בָּשָׂר וָדָם – A king of flesh and blood, כְּשֶׁיּוֹצֵא לְמִלְחָמָה – when he goes out to battle, יוֹצֵא בְּאוּכְלוּסִין – he goes out with throngs, וּכְשֶׁיּוֹצֵא לְשָׁלוֹם – and when he goes out for peace, יוֹצֵא בִּמוּעָטִים – he goes out with few. וּמִדַּת הַקָּדוֹשׁ בָּרוּךְ הוּא – But the manner of the Holy One, Blessed is He, is that **יוֹצֵא לְמִלְחָמָה – He goes out to battle יְחִידִי – by Himself, שֶׁנֶּאֱמַר – as it says, "ה' אִישׁ מִלְחָמָה"[7] – "HASHEM is the Man of war,"[7] וְיוֹצֵא לְשָׁלוֹם – and He goes out for peace בְּאוּכְלוּסִין – with throngs, שֶׁנֶּאֱמַר – as it says, "רֶכֶב אֱלֹהִים רִבֹּתַיִם אַלְפֵי שִׁנְאָן"[8,9] – "The chariot of God is the myriads of thousands of astute angels."[8,9]**

□ **וַיִּקְרָא אַהֲרֹן וּמִרְיָם – AND HE CALLED, "AARON AND MIRIAM."** He called them by name **שֶׁיִּהְיוּ נִמְשָׁכִין וְיוֹצְאִין מִן הֶחָצֵר – so that they should be drawn away from the Courtyard** of the Tabernacle, **לִקְרַאת הַדִּבּוּר[10] – toward** the source of **the speech.[10]**

□ **וַיֵּצְאוּ שְׁנֵיהֶם – AND THE TWO OF THEM WENT OUT. וּמִפְּנֵי מַה מְּשָׁכָן – And why did He draw them away**

1. See *Leviticus* 15:16,18.

2. *Tanchuma, Tzav* 13.

3. See Rashi to *Leviticus* 1:1, s.v., וַיִּקְרָא אֶל מֹשֶׁה and our notes there.

4. This is implied by the apparently superfluous "you three" (*Mizrachi*).

5. *Sifrei* 102. Rashi also speaks of this phenomenon in his commentary to *Exodus* 20:8 and *Deuteronomy* 5:12.

6. This is implied by "in a *pillar of* cloud" rather than "in a cloud"; the pillar emphasizes His appearance alone (*Maskil LeDavid*).

7. *Exodus* 15:3. The verse implies that there is no other man of war with Him.

8. *Psalms* 68:18.

9. *Sifrei* 102. The verse speaks of God's appearance on Mount Sinai when he gave the Torah; see Rashi there.

10. *Sifrei* 102.

ו וַיֹּאמֶר שִׁמְעוּ־נָא דְבָרָי אִם־יִהְיֶה
נְבִיאֲכֶם יהוה בַּמַּרְאָה אֵלָיו
ז אֶתְוַדָּע בַּחֲלוֹם אֲדַבֶּר־בּוֹ: לֹא־
כֵן עַבְדִּי מֹשֶׁה בְּכָל־בֵּיתִי נֶאֱמָן
ח הוּא: פֶּה אֶל־פֶּה אֲדַבֶּר־בּוֹ

6 He said, "Please hear My words. If there shall be prophets among you, in a vision shall I make Myself, HASHEM, known to him; in a dream shall I speak with him. 7 Not so is My servant Moses; in My entire house he is trusted. 8 Mouth to mouth do I speak to him,

אונקלוס

ו וַאֲמַר שְׁמָעוּ כְעַן פִּתְגָמָי אִם יְהוֹן לְכוֹן נְבִיאִין אֲנָא יְיָ בְּחֶזְוָן אֲנָא מִתְגְּלֵי לְהוֹן בְּחֶלְמַיָּא אֲנָא מְמַלֵּל עִמְּהוֹן: ז לָא כֵן עַבְדִּי מֹשֶׁה בְּכָל בֵּיתִי מְהֵימַן הוּא: ח מְמַלַּל עִם מְמַלַּל מַלֵּלְנָא עִמֵּה

רש"י

והפרידן ממשה, לפי שאומרים מקצת שבחו של אדם בפניו וכולו שלא בפניו. וכן מצינו בנח, שלא בפניו נאמר איש צדיק תמים (בראשית ו:ט) ובפניו נאמר כי אותך ראיתי צדיק לפני (שם ז:א). דבר אחר, שלא ישמע בנזיפתו של אהרן (ספרי שם): **(ו) שמעו נא דברי.** אין נא אלא לשון בקשה (שם קג): **אם יהיה נביאכם.** אם יהיו לכם נביאים (תרגום אונקלוס): **ה' במראה אליו אתודע.** שכינת שמי אין נגלית עליו באספקלריא המאירה אלא בחלום וחזיון (ספרי קג; ויק"ר א:יד): **(ח) פה אל פה.** אמרתי לו לפרוש מן האשה והיכן אמרתי לו, בסיני.

RASHI ELUCIDATED

וְהִפְרִישָׁן – **and separate them** מִמֹּשֶׁה – **from Moses?** לְפִי שֶׁאוֹמְרִים – **Because** ethical conduct requires that **[people] say** מִקְצַת שִׁבְחוֹ שֶׁל אָדָם – only **part of a person's praise** בְּפָנָיו – **in his presence,** וְכֻלּוֹ – **and** if they wish to say **all of it,** they should do so שֶׁלֹּא בְּפָנָיו – **when not in his presence.**[1] וְכֵן מָצִינוּ בְּנֹחַ – **And so we find with Noah.** שֶׁלֹּא בְּפָנָיו נֶאֱמַר – **When not in his presence, it says** about him, "אִישׁ צַדִּיק תָּמִים"[2] – **"a righteous man, perfect."**[2] וּבְפָנָיו נֶאֱמַר – **But in his presence, it says,** "כִּי אֹתְךָ רָאִיתִי צַדִּיק לְפָנַי"[3] – **"For you I have seen to be righteous before Me."**[3] דָּבָר אַחֵר – **Alternatively,** God drew Aaron and Miriam away from Moses שֶׁלֹּא יִשְׁמַע – **so that [Moses] should not hear** בִּנְזִיפָתוֹ שֶׁל אַהֲרֹן[4] – **Aaron's reprimand.**[4]

6. שִׁמְעוּ נָא דְבָרָי – PLEASE HEAR MY WORDS. אֵין נָא אֶלָּא לְשׁוֹן בַּקָּשָׁה[5] – **The word** נָא here **expresses nothing but request.**[5]

□ אִם יִהְיֶה נְבִיאֲכֶם – Literally, "IF THERE WILL BE YOUR PROPHET." This means אִם יִהְיוּ לָכֶם נְבִיאִים – **if you will have prophets,**[6]

□ ה' בַּמַּרְאָה אֵלָיו אֶתְוַדָּע – IN A VISION SHALL I MAKE MYSELF, HASHEM, KNOWN TO HIM. שְׁכִינַת שְׁמִי – **The *Shechinah*** (immanent Revelation) **of My Name**[7] אֵין נִגְלֵית עָלָיו – **is not revealed to him** בְּאַסְפַּקְלַרְיָא הַמְּאִירָה – **through an illuminating vision** as It is to Moses, אֶלָּא – **but rather,** בַּחֲלוֹם וְחִזָּיוֹן[8] – **through a dream and apparition.**[8]

8. פֶּה אֶל פֶּה – MOUTH TO MOUTH. אָמַרְתִּי לוֹ – **I told him** לִפְרוֹשׁ מִן הָאִשָּׁה – **to separate from the woman,** i.e., his wife.[9] וְהֵיכָן אָמַרְתִּי לוֹ – **And where did I tell him?** בְּסִינַי – **at Sinai,** where I said,

1. Since God was going to relate all that was praiseworthy about Moses to Aaron and Miriam, he drew them away from Moses, so that Moses should not be present.

2. *Genesis* 6:9.

3. *Genesis* 7:1; see Rashi there.

4. *Sifrei* 102.

5. *Sifrei* 103; see also note 5 to 10:31 above. Although God was angry at Aaron and Miriam, He nonetheless spoke to them with polite language. This should serve as a lesson for man (*Minchas Yehudah; Sifsei Chachamim*).

6. Rashi, following *Targum Onkelos,* indicates that we do not read the verse אִם יִהְיֶה נְבִיאֲכֶם ה', "if your prophet of HASHEM," as *Ibn Ezra* does. Rather, נְבִיאֲכֶם marks the end of a clause; ה' marks the beginning of the following clause (see *Minchas Yehudah; Sifsei Chachamim*).

This is a rare instance in which a suffix which normally indicates a possessive adjective (כֶם-, "your") functions as a predicate (*Be'er Mayim Chaim*).

7. By using the expression שְׁכִינַת שְׁמִי אֵין נִגְלֵית עָלָיו, "the *Shechinah* of My Name is not revealed to him," rather than אֵינֶנִּי נִגְלֶה עָלָיו, "*I* am not revealed to him," Rashi explains why the verse says "I shall make Myself, *HASHEM,* known to him" rather than just "I shall make Myself known to him." It is because God is not speaking of His true essence, but rather to that dimension of His Being which is manifest to the prophet.

8. *Sifrei* 103; *Vayikra Rabbah* 1:14. Rashi notes that בַּמַּרְאָה here is not used in the same sense as מַרְאָה in v. 8, which is used to describe the prophecy of Moses (see *Be'er Yitzchak*).

9. Even when applied to Moses, "mouth to mouth" cannot be taken as anything approaching its literal

וּמַרְאֶה֙ וְלֹ֣א בְחִידֹ֔ת וּתְמֻנַ֥ת
יהוָ֖ה יַבִּ֑יט וּמַדּ֙וּעַ֙ לֹ֣א
יְרֵאתֶ֔ם לְדַבֵּ֖ר בְּעַבְדִּ֥י בְמֹשֶֽׁה׃
ט וַיִּֽחַר־אַ֧ף יהוָ֛ה בָּ֖ם וַיֵּלַֽךְ׃

in a vision and not in riddles, and at the image of HASHEM does he gaze. Why did you not fear to speak about My servant, about Moses?"
9 The wrath of HASHEM flared up against them, and He left.

אונקלוס

בְּחֵזוּ וְלָא בְחִדְוָן וּדְמוּת יְקָרָא דַייָ מִסְתַּכַּל וּמָא דֵין לָא דְחֶלְתּוּן לְמַלָּלָא בְּעַבְדִּי בְּמֹשֶׁה: ט וּתְקֵיף רוּגְזָא דַייָ בְּהוֹן וְאִסְתַּלַּק:

רש"י

לך אמור להם שובו לכם לאהליכם ואתה פה עמוד עמדי (דברים ה:כז-כח; ספרי שם; תנחומא שם): **ומראה ולא בחידת.** ומראה זה מראה דבור, שאני מפרש לו דבורי במראית פנים שבו ואיני סותמו לו בחידות, כענין שנאמר ליחזקאל חוד חידה וגו' (יחזקאל יז:ב). יכול מראה שכינה, ת"ל לא תוכל לראות את פני (שמות לג:כ; ספרי שם; תנחומא שם): **ותמנת ה' יביט.** זה מראה אחורים כענין שנאמר וראית את אחורי (שמות לג:כג; ספרי שם; תנחומא שם): **בעבדי במשה.** אינו אומר בעבדי משה אלא בעבדי במשה, בעבדי אע"פ שאינו משה, במשה אפילו אינו עבדי כדאי הייתם לירא מפניו, וכל שכן שהוא עבדי, ועבד מלך מלך, היה לכם לומר אין המלך אוהבו חנם. ואם תאמרו איני מכיר במעשיו, זו קשה מן הראשונה (ספרי שם; תנחומא שם): (ט) **ויחר אף ה' בם וילך.** מאחר שהודיעם סרחונם גזר עליהם נדוי.

RASHI ELUCIDATED

לֵךְ אֱמֹר לָהֶם,, – **"Go say to them,** שׁוּבוּ לָכֶם לְאָהֳלֵיכֶם – **'Return to your tents.'** וְאַתָּה פֹּה עֲמֹד עִמָּדִי"[1,2] – **But as for you, stand here with Me."**[1,2]

□ וּמַרְאֶה וְלֹא בְחִידֹת – IN A VISION, AND NOT IN RIDDLES. וּמַרְאֶה זֶה מַרְאֵה דִבּוּר – **This "vision" is vision,** i.e., clarity, **of speech,**[3] שֶׁאֲנִי מְפָרֵשׁ לוֹ דִּבּוּרִי – **that I explain My statement to him** בְּמַרְאִית פָּנִים שֶׁבּוֹ – **with its frontal view,** i.e., with perfect clarity. וְאֵינִי סוֹתְמוֹ לוֹ – **I do not make it vague for him** בְּחִידוֹת – **with riddles,** כְּעִנְיָן שֶׁנֶּאֱמַר לִיחֶזְקֵאל – **in the manner that was said to Ezekiel,** ,,חוּד חִידָה וְגוֹמֵר"[4] – **"Compose a riddle, etc."**[4] יָכוֹל מַרְאֵה שְׁכִינָה – **One might be able** to think that Moses was shown **the vision of the *Shechinah*** (immanent presence of God). תַּלְמוּד לוֹמַר – To teach us otherwise, **the Torah says,** ,,לֹא תוּכַל לִרְאֹת אֶת פָּנָי"[5,6] – **"You shall not be able to see My face."**[5,6]

□ וּתְמֻנַת ה' יַבִּיט – AND AT THE IMAGE OF HASHEM DOES HE GAZE. זֶה מַרְאֵה אֲחוֹרַיִם – **This is a view of the back,** כְּעִנְיָן שֶׁנֶּאֱמַר – **like the matter which is said,** ,,וְרָאִיתָ אֶת אֲחֹרָי"[7,8] – **"And you will see My back."**[7,8]

□ בְּעַבְדִּי בְמֹשֶׁה – ABOUT MY SERVANT, ABOUT MOSES. אֵינוֹ אוֹמֵר בְּעַבְדִּי מֹשֶׁה – **It does not say "about My servant, Moses,"** אֶלָּא בְּעַבְדִּי בְמֹשֶׁה – **but "about My servant, about Moses."** This implies: Had you wanted to speak בְּעַבְדִּי – **"about My servant"** אַף עַל פִּי שֶׁאֵינוֹ מֹשֶׁה – **even if he were not** as righteous as **Moses,** בְּמֹשֶׁה – or **"about** one as righteous as **Moses"** אֲפִילוּ אֵינוֹ עַבְדִּי – **even if he were not "My servant,"** כְּדַאי הֱיִיתֶם לִירָא מִפָּנָיו – **it would have been appropriate for you to fear him,** and to have refrained. וְכָל שֶׁכֵּן – **All the more so** שֶׁהוּא עַבְדִּי – now **that he is My servant,** וְעֶבֶד מֶלֶךְ מֶלֶךְ – **and the servant of a king is a king,** הָיָה לָכֶם לוֹמַר – **you should have said,** אֵין הַמֶּלֶךְ אוֹהֲבוֹ חִנָּם – **"It is not without good cause that the King loves him."** וְאִם תֹּאמְרוּ – **And if you were to say** that אֵינִי מַכִּיר בְּמַעֲשָׂיו – **I do not recognize** the quality of **[Moses'] deeds,** and that, in fact, he is not worthy of My love, זוֹ קָשָׁה מִן הָרִאשׁוֹנָה[9] – **this is more grave** a sin **than the first one.**[9]

9. וַיִּחַר אַף ה' בָּם וַיֵּלַךְ – THE WRATH OF HASHEM FLARED UP AGAINST THEM, AND HE LEFT. מֵאַחַר שֶׁהוֹדִיעָם סָרְחוֹנָם – **Once He informed them of their foulness,** גָּזַר עֲלֵיהֶם נִדּוּי – **He decreed banishment upon**

---

sense. Rashi sees this expression as a reference to that part of God's statement which is the direct rebuttal of Aaron's and Miriam's criticism of Moses (*Be'er Yitzchak*).

1. *Deuteronomy* 5:27-28. "Tents" of that verse connotes "wives"; see Rashi to *Shabbos* 87a, s.v., לאהליכם, and *Chullin* 141a, s.v., אהלו זו אשתו.

2. *Sifrei* 103, *Tanchuma, Tzav* 13.

3. This is in contrast to the vision of other prophets, mentioned in verse 6 (see Rashi there and note 8), which is a dream or apparition.

4. *Ezekiel* 17:2.

5. *Exodus* 33:20.

6. *Sifrei* 103; *Tanchuma, Tzav* 13.

7. *Exodus* 33:23.

8. *Sifrei* 103; *Tanchuma, Tzav* 13.

9. *Sifrei* 103, *Tanchuma, Tzav* 13. That is, speaking ill of God is more severe a sin than criticizing Moses.

י וְהֶעָנָן סָר מֵעַל הָאֹהֶל וְהִנֵּה מִרְיָם
מְצֹרַעַת כַּשָּׁלֶג וַיִּפֶן אַהֲרֹן אֶל־מִרְיָם
יא וְהִנֵּה מְצֹרָעַת: וַיֹּאמֶר אַהֲרֹן אֶל־
מֹשֶׁה בִּי אֲדֹנִי אַל־נָא תָשֵׁת עָלֵינוּ
חַטָּאת אֲשֶׁר נוֹאַלְנוּ וַאֲשֶׁר חָטָאנוּ:
יב אַל־נָא תְהִי כַּמֵּת אֲשֶׁר בְּצֵאתוֹ
מֵרֶחֶם אִמּוֹ וַיֵּאָכֵל חֲצִי בְשָׂרוֹ:

[10] *The cloud had departed from atop the Tent, and behold! Miriam was afflicted with tzaraas like snow! Aaron turned to Miriam and behold! she was afflicted with tzaraas.* [11] *Aaron said to Moses, "I beg you, my lord, do not cast a sin upon us, for we have been foolish and we have sinned.* [12] *Let her not be like a corpse, because of its emerging from its mother's womb has half its flesh consumed!"*

אונקלוס

י וַעֲנָנָא אִסְתַּלַּק מֵעִלָּוֵי מַשְׁכְּנָא וְהָא מִרְיָם חַוְּרָא כְּתַלְגָּא וְאִתְפְּנִי אַהֲרֹן לְוָת מִרְיָם וְהָא סְגִירַת:
יא וַאֲמַר אַהֲרֹן לְמֹשֶׁה בְּבָעוּ רִבּוֹנִי לָא כְעַן תְּשַׁוִּי עֲלָנָא חוֹבָא דְּאִטְפַּשְׁנָא וְדִי סְרַחְנָא: יב לָא
כְעַן תִּתְרַחֵק דָּא מִבֵּינָנָא אֲרֵי אֲחָתָנָא הִיא צַלִּי כְעַן עַל בִּסְרָא מִיתָא הָדֵין דִּי בָהּ וְיִתַּסֵי:

רש"י

ק"ו לבשר ודם שלא יכעוס על חבירו עד שיודיעו סרחונו (ספרי קד; תנחומא שם): (י) **והענן סר.** ואחר כך והנה מרים מצרעת כשלג. משל למלך שאמר לפדגוג רדה את בני, אבל לא תרדנו עד שאלך מאצלך, שרחמי עליו (ספרי קה; תנחומא שם): (יא) **נואלנו.** כתרגומו, לשון אויל: (יב) **אל נא תהי.** אחותנו זו: **כמת.** שהמצורע חשוב כמת, מה מת מטמא בביאה אף מצורע מטמא בביאה (שם ושם): **אשר בצאתו מרחם אמו.** אמו היה לו לומר,

RASHI ELUCIDATED

them.[1] **קַל וָחֹמֶר לְבָשָׂר וָדָם – All the more so for flesh and blood שֶׁלֹּא יִכְעוֹס עַל חֲבֵרוֹ – that he should not display anger toward his fellow man עַד שֶׁיּוֹדִיעֶנּוּ סִרְחוֹנוֹ – until he informs him of his foulness.**[2]

10. וְהֶעָנָן סָר – THE CLOUD HAD DEPARTED, **וְאַחַר כָּךְ – and afterward, ,,וְהִנֵּה מִרְיָם מְצֹרַעַת כַּשָּׁלֶג" – "And behold! Miriam was afflicted with *tzaraas* like snow." מָשָׁל לְמֶלֶךְ – This can be compared to a king שֶׁאָמַר לְפֶדָגוֹג – who said to a teacher, רְדֵה אֶת בְּנִי – "Punish my son harshly, אֲבָל לֹא תִרְדֵּנוּ – but do not punish him harshly עַד שֶׁאֵלֵךְ מֵאֶצְלְךָ – until I leave you, שֶׁרַחֲמַי עָלָיו**[3] **– for I have pity on him."**[3]

11. נוֹאַלְנוּ – This is to be understood **כְּתַרְגּוּמוֹ – as *Targum* Onkelos renders it,** "for we have been foolish." **לְשׁוֹן אֱוִיל – Its meaning is related to the word אֱוִיל, "fool."**[4]

12. אַל נָא תְהִי – LET HER NOT BE. The antecedent of "her" is **אֲחוֹתֵנוּ זוֹ – this sister of ours.**[5]

□ **כַּמֵּת** – LIKE A CORPSE. **שֶׁהַמְּצוֹרָע חָשׁוּב כְּמֵת – For one stricken with *tzaraas* is considered as a corpse: מַה מֵּת מְטַמֵּא בְּבִיאָה – Just as a corpse transmits impurity through entry,**[6] **אַף מְצוֹרָע – so, too, one stricken with *tzaraas* מְטַמֵּא בְּבִיאָה – transmits impurity through entry.**[7]

□ **אֲשֶׁר בְּצֵאתוֹ מֵרֶחֶם אִמּוֹ** – BECAUSE OF ITS EMERGING FROM ITS MOTHER'S WOMB. **אִמֵּנוּ הָיָה לוֹ לוֹמַר – It should have said "*our* mother's womb,"** for Miriam's mother was also the mother of Moses

1. This explains why the verse makes a point of stating "and He left." Scripture does not normally make this statement at the conclusion of a prophecy. It does so here to imply that God decreed banishment upon them (*Toldos Adam*).

2. *Sifrei* 104; *Tanchuma, Tzav* 13. This is why God did not display His anger until after He informed Aaron and Miriam of their wrongdoing (*Be'er BaSadeh*).

3. *Sifrei* 105; *Tanchuma, Tzav* 13. This explains why Scripture mentions the departure of the cloud (*Peirush Sifrei DeVei Rav*).

4. אֱוִיל (e.g., *Jeremiah* 4:22, *Hosea* 9:7) is from the root אול, while נוֹאַלְנוּ is from the root יאל, but the meanings of the two words are related (*Mizrachi*).

5. Aaron says, "let her not be," using the pronoun "her," without having mentioned of whom he is speaking. By "*this* sister of ours," Rashi indicates that Aaron was addressing Moses in Miriam's presence, and it was thus understood that he was referring to her (*Gur Aryeh*). Furthermore, Rashi indicates that תְהִי is not being used in the second person here, as it is used in *Proverbs* 22:26 and 23:20; according to Rashi, Aaron is not addressing Miriam and saying, "Please, do not be like a corpse," as *Rashbam* understands the verse (*Mizrachi*).

6. That is, just as a corpse transmits impurity to objects found under the same roof; see 19:15 below.

7. *Sifrei* 105; *Tanchuma, Tzav* 13. *Negaim* 13:11 states that if one suffering from *tzaraas* enters a house, all of the vessels in it become impure. This is derived in *Toras Kohanim* from *Leviticus* 13:46, "His dwelling shall be outside the camp" (*Sefer Zikaron; Maskil LeDavid*).

רש"י

אלא שכינה הכתוב. וכן חצי בשרנו היה לו לומר, אלא שכינה הכתוב. מאחר שיצאה מרחם אמנו היא לנו כאילו נאכל חצי בשרנו כענין שנאמר כי אחינו בשרנו הוא (בראשית לז:כז) ולפי משמעו אף הוא נראה כן, אין ראוי לאח להניח את אחותו להיות כמת (ספרי שם; תנחומא שם): **אשר בצאתו.** מאחר שיצא זה מרחם אמו של זה שיש כח בידו לעזור ואינו עוזרו, הרי נאכל חצי בשרו שאחיו בשרו הוא. דבר אחר, אל נא תהי כמת. אם אינך רופאה בתפלה מי מסגירה ומי מטהרה. אני אי אפשר לראותה, שאני קרוב ואין קרוב רואה את הנגעים, וכהן אחר אין בעולם.

RASHI ELUCIDATED

and Aaron, אֶלָּא שֶׁכִּנָּה הַכָּתוּב – **but the verse spoke euphemistically.**[1] וְכֵן – **And similarly,** חֲצִי בְּשָׂרֵנוּ הָיָה לוֹ לוֹמַר – **it should have said "half of *our* flesh,"** אֶלָּא שֶׁכִּנָּה הַכָּתוּב – **but the verse spoke euphemistically**[1] as follows: מֵאַחַר שֶׁיָּצְאָה – **Because**[2] **she emerged** מֵרֶחֶם אִמֵּנוּ – **from our mother's womb,** הִיא לָנוּ – **she is to us** כְּאִלּוּ נֶאֱכַל חֲצִי בְשָׂרֵנוּ – **as if half of our own flesh has been consumed,** כָּעִנְיָן שֶׁנֶּאֱמַר – **in the manner that it says,** "כִּי אָחִינוּ בְשָׂרֵנוּ הוּא"[3] – **"For he is our brother, our own flesh."**[3] וּלְפִי מַשְׁמָעוֹ – **And according to the way [the verse] sounds,** i.e., its simple meaning,[4] אַף הוּא נִרְאֶה כֵן – **it also appears to be so.**[5] The verse means the following: אֵין רָאוּי – **It is improper** לְאָח לְהַנִּיחַ אֶת אֲחוֹתוֹ – **for a brother to allow his sister** לִהְיוֹת כְּמֵת[6] – **to be like a corpse.**[6]

□ אֲשֶׁר בְּצֵאתוֹ – WHICH, BECAUSE OF ITS EMERGING. מֵאַחַר שֶׁיָּצָא זֶה – **Since this one,** i.e., this sibling, **emerged** מֵרֶחֶם אִמּוֹ – **from the womb of the mother** שֶׁל זֶה – **of this one,** i.e., this other sibling, שֶׁיֵּשׁ כֹּחַ בְּיָדוֹ – **who has the capability** לַעֲזוֹר – **to help,** וְאֵינוֹ עוֹזְרוֹ – **but he does not help,** הֲרֵי נֶאֱכַל חֲצִי בְשָׂרוֹ – **see now, "half of the flesh of [the one who could have helped]" has been eaten,** שֶׁאָחִיו בְּשָׂרוֹ הוּא – **for his brother** who suffers **is his flesh.**[7] דָּבָר אַחֵר – **Alternatively,** "אַל נָא תְהִי כַּמֵּת" – **"Let her not be like a corpse"** implies אִם אֵינְךָ רוֹפְאָהּ בִּתְפִלָּה – **if you will not cure her through prayer,** מִי מַסְגִּירָהּ – **who will quarantine her?**[8] וּמִי מְטַהֲרָהּ – **And who will purify her?**[9] אֲנִי אִי אֶפְשָׁר לִרְאוֹתָהּ – **It is impossible for me to examine her** in my role as a Kohen, שֶׁאֲנִי קָרוֹב – **for I am a relative,** וְאֵין קָרוֹב רוֹאֶה אֶת הַנְּגָעִים – **and a relative may not examine afflictions** of *tzaraas,* וְכֹהֵן אַחֵר אֵין בָּעוֹלָם – **and there is no other Kohen in the world.**[10]

---

1. That is, when Aaron said "*its* mother's womb," and "*its* flesh," he meant "*our* mother's womb," and "*our* flesh," but he did not think it proper to state explicitly that a member of Moses' family was suffering the punitive disease of *tzaraas* (*Be'er Yitzchak*).

2. אֲשֶׁר בְּצֵאתוֹ could have been taken as "which upon its emerging. . . ." The verse would then have said that it has "half its flesh consumed" at the moment of birth. But Miriam's *tzaraas* had nothing to do with her birth. It would have been pointless for Aaron to include this point in his analogy. Rather, אֲשֶׁר בְּ- is taken as "because." Aaron is giving Moses a reason why he should pray for Miriam to be cured — "Let her not be like a corpse, *because* she emerged from the womb of *our* mother, and she is as if half of our own flesh has been consumed" (see *Gur Aryeh; Daas Yissachar*).

3. *Genesis* 37:27; see *Sifrei* 105; *Tanchuma, Tzav*, 13.

4. That is, even if we do not say that כְּמֵת refers to *tzaraas* (*Mizrachi; Sifsei Chachamim*).

5. That is, the verse also appears to refer to a sibling relationship.

6. *Sifrei* 105; *Tanchuma, Tzav* 13. According to the simple meaning of the verse, "like a corpse" is not a reference to *tzaraas*. "Let her not be like a corpse" means "do not treat her as if she were a corpse; do not ignore her."

7. According to the first explanation Aaron was speaking euphemistically when he said "*its* flesh," for he spoke specifically of Miriam's *tzaraas*, and did not wish to mention directly its implications toward Moses. According to the verse's simple meaning, there is no need to say that Aaron spoke euphemistically, for he referred to the nature of sibling relationships in general (*Mizrachi; Gur Aryeh*).

8. A Kohen must quarantine one who suffers *tzaraas* as part of the process of purification; see *Leviticus* ch. 13.

9. The entire purification process is carried out by a Kohen, see *Leviticus* ch. 14.

According to this interpretation, "let her not be like a corpse" means let her not be in a hopeless state, like one who is already dead (*Mizrachi*).

10. Elazar and Ithamar, Aaron's sons, were the only other Kohanim at the time, for Phinehas had not yet become a Kohen (see 25:13 below). They, too, could not examine Miriam's *tzaraas*, for a nephew is also disqualified by virtue of being a relative (*Sefer Zikaron; Gur Aryeh*).

Technically, Miriam could not be considered to be a *metzora* and to have contracted the accompanying impurity. For just as purification from *tzaraas* can only be attained through the pronouncement of a Kohen, so can the impurity attach itself only through the pronouncement of a Kohen. And just as a relative cannot remove the impurity, so can a relative not pronounce the *metzora* impure. Thus, from a halachic standpoint, Miriam was not a *metzora* and could not become a *metzora*. Nevertheless, since she did contract the physical symptoms of *tzaraas,* people would treat her as if she were a *metzora* and would avoid having anything to

יג וַיִּצְעַק מֹשֶׁה אֶל־יהוה לֵאמֹר אֵל נָא רְפָא נָא לָהּ:

13 *Moses cried out to HASHEM, saying, "Please, God, heal her now."*

אונקלוס

יג וְצַלִּי מֹשֶׁה קֳדָם יְיָ לְמֵימַר אֱלָהָא בְּבָעוּ אַסִּי כְעַן יָתַהּ:

רש"י

וזהו אשר בצאתו מרחם אמו (שם ושם): (יג) אל נא רפא נא לה. בא הכתוב ללמדך דרך ארץ, שהשואל דבר מחברו צריך לומר שנים או שלשה דברי תחנונים ואחר כך יבקש שאלותיו (שם ושם): לאמר. מה ת"ל, אמר לו השיבני אם אתה מרפא אותה אם לאו, עד שהשיבו ואביה ירק ירק וגו' (שם ושם). רבי אלעזר בן עזריה אומר, בארבעה מקומות בקש משה מלפני הקב"ה להשיבו אם יעשה שאלותיו אם לאו. כיוצא בו וידבר משה לפני ה' לאמר וגו' (שמות ו:יב), מה ת"ל לאמר, השיבני אם גואלם אתה אם לאו, עד שהשיבו עתה תראה וגו' (שם א). כיוצא בו וידבר משה אל ה' לאמר יפקד ה' אלהי הרוחות לכל בשר (להלן כז:טו-טז) השיבו קח לך (שם יח). כיוצא בו ואתחנן אל ה' בעת ההיא לאמר (דברים ג:כג) השיבו

RASHI ELUCIDATED

וְזֶהוּ ,,אֲשֶׁר בְּצֵאתוֹ מֵרֶחֶם אִמּוֹ"[1] – **This is** the meaning of **"because of its emerging from its mother's womb."**[1]

13. אֵל נָא רְפָא נָא לָהּ – **PLEASE, GOD, HEAL HER NOW.** בָּא הַכָּתוּב לְלַמֶּדְךָ דֶּרֶךְ אֶרֶץ – **The verse comes to teach you proper conduct,** שֶׁהַשּׁוֹאֵל דָּבָר מֵחֲבֵרוֹ – **that one who asks for something from his fellow man** צָרִיךְ לוֹמַר – **must say** שְׁנַיִם אוֹ שְׁלֹשָׁה דִבְרֵי תַחֲנוּנִים – **two or three words of supplication,** וְאַחַר כָּךְ יְבַקֵּשׁ שְׁאֵלוֹתָיו[2] – **and afterwards, present his requests.**[2]

□ לֵאמֹר – SAYING. מַה תַּלְמוּד לוֹמַר – **Why does the Torah say this?**[3] אָמַר לוֹ – It implies that **[Moses] said to [God],** הֲשִׁיבֵנִי אִם אַתָּה מְרַפֵּא אוֹתָהּ אִם לָאו – **"Answer me** regarding **whether You will cure her or not,"** עַד שֶׁהֱשִׁיבוֹ – **until [God] answered him,** וְאָבִיהָ יָרֹק יָרַק וְגוֹמֵר[4] – **"Were her father to spit, etc."**[4]

רַבִּי אֶלְעָזָר בֶּן עֲזַרְיָה אוֹמֵר – The *Tanna* **R' Elazar ben Azaryah says:** בְּאַרְבָּעָה מְקוֹמוֹת – **In four places** בִּקֵּשׁ מֹשֶׁה מִלִּפְנֵי הַקָּדוֹשׁ בָּרוּךְ הוּא לַהֲשִׁיבוֹ – **Moses asked the Holy One, Blessed is He, to answer him** אִם יַעֲשֶׂה שְׁאֵלוֹתָיו אִם לָאו – regarding **whether He would carry out his requests or not.** Our verse is one. כַּיּוֹצֵא בוֹ – A second instance **similar to it** is, ,,וַיְדַבֵּר מֹשֶׁה לִפְנֵי ה' לֵאמֹר וְגוֹמֵר"[5] – **"Moses spoke before HASHEM, saying ..."**[5] מַה תַּלְמוּד לוֹמַר ,,לֵאמֹר" – **Why does the Torah** there **say "saying"?** It implies that Moses said to God, הֲשִׁיבֵנִי אִם גּוֹאֲלָם אַתָּה אִם לָאו – **"Answer me** regarding **whether You are going to redeem them or not,"** עַד שֶׁהֱשִׁיבוֹ – **until [God] answered him,** ,,עַתָּה תִרְאֶה וְגוֹמֵר"[6] – **"Now you will see, etc."**[6] כַּיּוֹצֵא בוֹ – A third instance **similar to this is,** ,,וַיְדַבֵּר מֹשֶׁה אֶל ה' לֵאמֹר – **"Moses spoke to Hashem** *saying,* יִפְקֹד ה' אֱלֹהֵי הָרוּחֹת לְכָל בָּשָׂר"[7] – **'May HASHEM, God of the spirits of all flesh, appoint** a man over the assembly.' "[7] הֱשִׁיבוֹ – **[God] answered him,** ,,קַח לְךָ"[8] – **"Take to yourself** Joshua son of Nun."[8] כַּיּוֹצֵא בוֹ – A fourth instance **similar to this is,** ,,וָאֶתְחַנַּן אֶל ה' בָּעֵת הַהִוא לֵאמֹר"[9] – **"I implored HASHEM at that time** *saying ...*"[9] הֱשִׁיבוֹ – **[God] answered**

do with her until she would be pronounced cleansed of her impurity. But that pronouncement would never come (*Moshav Zekeinim*).

1. *Sifrei* 105; *Tanchuma, Tzav* 13. That is, Miriam is "like a corpse," having no hope, because she emerged from the same womb as Aaron, and being his relative, would never be able to undergo purification (*Mizrachi; Gur Aryeh*).

2. *Sifrei* 105; *Tanchuma, Tzav* 13. Before Moses made the request, רְפָא נָא לָהּ, "Heal her now," he said the two words אֵל נָא, "Please God."

3. The word לֵאמֹר, usually translated "saying," can also mean "to say." Thus, the familiar verse וַיְדַבֵּר ה' אֶל מֹשֶׁה לֵּאמֹר can mean that Moses was "to say" God's message to the nation. Here, however, Moses was obviously not asking God to repeat his message to anyone else.

4. *Sifrei* 105; *Tanchuma, Tzav* 13. Here לֵאמֹר implies that Moses was asking God "to say" something to him, i.e., to respond to his request.

5. *Exodus* 6:12. That verse continues: "Behold, the Children of Israel have not listened to me, so how will Pharaoh listen to me? And I have blocked lips!"

6. *Exodus* 6:1. That verse reads in full: "HASHEM said to Moses, 'Now you will see what I shall do to Pharaoh, for through a strong hand will he send them out, and through a strong hand will he drive them from his land.' "

Although no answer appears in the Torah following Moses' question, that is because the Torah does not always record events in their chronological order. In our case, God's response to Moses has already appeared in the Torah in this earlier verse (*Eimek HaNetziv*).

7. Below 27:15-16; see Rashi there, s.v., לֵאמֹר.

8. Below 27:18.

9. *Deuteronomy* 3:23; see Rashi there, s.v., לֵאמֹר. That passage (v. 25) continues: "Let me now cross and see the good Land that is on the other side of the Jordan."

14 *Hashem said to Moses, "And were her father to spit in her face, would she not be humiliated for seven days? Let her be quarantined outside the camp for seven days,*	יד מפטיר וַיֹּאמֶר יהוה אֶל־מֹשֶׁה וְאָבִיהָ יָרֹק יָרַק בְּפָנֶיהָ הֲלֹא תִכָּלֵם שִׁבְעַת יָמִים תִּסָּגֵר שִׁבְעַת יָמִים

אונקלוס

יד וַאֲמַר יְיָ לְמֹשֶׁה וְאִלּוּ אֲבוּהַהּ מִנְזַף נְזִיף בַּהּ הֲלָא תִתְכְּלֵם שַׁבְעָא יוֹמִין תִּסְתְּגַר שַׁבְעָא יוֹמִין

רש"י

רב לך (שם כו; ספרי שם): **רפא נא לה.** מפני מה לא האריך משה בתפלה, שלא יהיו ישראל אומרים אחותו עומדת בצרה והוא עומד ומרבה בתפלה (ספרי שם; תנחומא צו יג). [דבר אחר, שלא יאמרו ישראל בשביל אחותו הוא מאריך בתפלה אבל בשבילנו אינו מאריך בתפלה]: **(יד) ואביה ירק ירק בפניה.** ואם אביה הראה לה פנים זועפות הלא תכלם שבעת ימים, ק"ו לשכינה י"ד יום, אלא דיו לבא מן הדין להיות כנדון,

RASHI ELUCIDATED

him, [1,2]"רַב לָךְ" – **"It is too much for you."**[1,2]

□ רְפָא נָא לָהּ – HEAL HER NOW. מִפְּנֵי מָה לֹא הֶאֱרִיךְ מֹשֶׁה בִּתְפִלָּה – **Why did Moses not pray at length?**[3] שֶׁלֹּא יִהְיוּ יִשְׂרָאֵל אוֹמְרִים – **So that Israel should not say,** אֲחוֹתוֹ עוֹמֶדֶת בְּצָרָה – **"His sister is in a state of distress,** וְהוּא עוֹמֵד וּמַרְבֶּה בִּתְפִלָּה – **and he stands and prays a great deal."**[4] {דָּבָר אַחֵר – **Alternatively,** Moses did not pray at length for Miriam שֶׁלֹּא יֹאמְרוּ יִשְׂרָאֵל – **so that Israel should not say,** בִּשְׁבִיל אֲחוֹתוֹ – **"For his sister,** הוּא מַאֲרִיךְ בִּתְפִלָּה – **he prays at length,** אֲבָל בִּשְׁבִילֵנוּ – **but for us,** אֵינוֹ מַאֲרִיךְ בִּתְפִלָּה – **he does not pray at length."**}[5]

14. וְאָבִיהָ יָרֹק יָרַק בְּפָנֶיהָ – AND WERE HER FATHER TO SPIT IN HER FACE. וְאִם אָבִיהָ הֶרְאָה לָהּ פָּנִים זוֹעֲפוֹת – **And if**[6] **her father would show a wrathful countenance**[7] **toward her,** "הֲלֹא תִכָּלֵם שִׁבְעַת יָמִים" – **"would she not be humiliated for seven days?"** קַל וָחֹמֶר – **All the more so**[8] לַשְּׁכִינָה – **for** being shown a wrathful countenance by **the** ***Shechinah*** אַרְבָּעָה עָשָׂר יוֹם – that she should be humiliated for **fourteen days.**[9] אֶלָּא – **But,** דַּיּוֹ לַבָּא מִן הַדִּין – **it is enough for that which is derived from a** ***kal vachomer*** לִהְיוֹת כַּנִּדּוֹן – **to be like that from which it is derived.**[10]

---

1. *Deuteronomy* 3:26.

2. *Sifrei* 105.

3. That is, why did he not include any praise of God in his prayer? (*Be'er BaSadeh*). It would seem that Moses should have prayed at length, lest people suspect he was praying halfheartedly, because he held a grudge against Miriam (*Be'er Mayim Chaim*). Alternatively, the common practice is to close a prayer on behalf of a sick individual with the words, בְּתוֹךְ שְׁאָר חוֹלֵי יִשְׂרָאֵל, "among the other sick people of Israel" (see *Mishnah Berurah* 116:3). Why did Moses not lengthen his prayer to include others besides his sister?

4. *Sifrei* 105; *Tanchuma, Tzav* 13. People might be under the impression that God would answer Moses immediately at the conclusion of his prayer. Thus, by lengthening his prayer, he would be delaying Miriam's cure (*Eimek HaNetziv*).

5. The comment enclosed in braces does not appear in any of the early printed editions. However, *Yosef Daas* attests to having seen it in a manuscript of Rashi's commentary.

6. Taken literally, the verse says, "And her father spat in her face." But Miriam's father did not spit in her face. Thus, the verse means "and *if* her father *were to* spit in her face" (*Mizrachi; Sifsei Chachamim*).

7. God compares His reaction to Miriam's behavior to that of a father. But God did not "spit in Miriam's face"; the comparison seems inaccurate. Rashi explains that "spit in her face" is an expression for a wrathful countenance. God *did* express wrath toward Miriam (*Sefer Zikaron; Mesiach Ilmim*).

8. A *kal vachomer* [literally, "light and heavy" or "easy and hard"] is an *a fortiori* line of reasoning which states that if a condition exists in a given situation where there is relatively little reason for it to apply, all the more so does it exist in a situation where there is more reason for it to apply.

9. *Tosafos* to *Bava Kamma* 25a says that the number fourteen is arrived at on the basis of the *gemara* in *Niddah* 31a, which states that a person inherits five qualities from his father, five from his mother, and ten are given to him by God, without any contribution from his parents. Thus, in a sense, a person owes twice as much to God as he does to a parent.

According to *Be'er Mayim Chaim*, Rashi did not mean specifically fourteen days. He meant only that the humiliation suffered by one who is the object of God's wrath should last much longer than that of the object of a father's wrath.

10. In a *kal vachomer*, the conditions which apply to an unknown situation are derived from those of a given situation. In our case, it is a given that one who suffers a father's display of wrath is humiliated for seven days. It stands to reason that one who is the object of God's wrath should be humiliated far longer. But since the object of God's wrath is the unknown situation being derived from the object of a father's wrath, it is enough

מִחוּץ לַמַּחֲנֶה וְאַחַר תֵּאָסֵף:
טו וַתִּסָּגֵר מִרְיָם מִחוּץ לַמַּחֲנֶה
שִׁבְעַת יָמִים וְהָעָם לֹא נָסַע עַד
טז הֵאָסֵף מִרְיָם: וְאַחַר נָסְעוּ הָעָם
מֵחֲצֵרוֹת וַיַּחֲנוּ בְּמִדְבַּר פָּארָן: פפפ

and then she may be brought in." [15] *So Miriam was closed away outside the camp for seven days, and the people did not journey until Miriam was brought in.* [16] *And afterwards the people journeyed from Hazeroth, and they encamped in the Wilderness of Paran.*

THE HAFTARAH FOR BEHA'ALOSCHA APPEARS ON PAGE 439.

אונקלוס

מִבָּרָא לְמַשְׁרִיתָא וּבָתַר כֵּן תִּתְכְּנֵשׁ: טו וְאִסְתְּגָרַת מִרְיָם מִבָּרָא לְמַשְׁרִיתָא שִׁבְעָא יוֹמִין וְעַמָּא לָא נְטַל עַד דְּאִתְכְּנֶשַׁת מִרְיָם: טז וּבָתַר כֵּן נְטָלוּ עַמָּא מֵחֲצֵרוֹת וּשְׁרוֹ בְּמַדְבְּרָא דְפָארָן:

רש"י

לפיכך אף בנזיפתי תסגר שבעת ימים (ספרי קו; ב"ק כה.): ואחר תאסף. אומר אני, כל האסיפות האמורות במצורעים על שם שהוא משולח מחוץ למחנה, וכשהוא נרפא נאסף אל המחנה, כתובה בו אסיפה לשון הכנסה: (טו) והעם לא נסע. זה הכבוד חלק לה המקום בשביל שעה אחת שנתעכבה למשה כשהושלך ליאור, שנאמר ותתצב אחותו מרחוק וגו' (שמות ב:ד; ספרי שם; סוטה ט:):

RASHI ELUCIDATED

לְפִיכָךְ – Therefore, אַף בִּנְזִיפָתִי **– with [God's] reprimand, too,** "תִּסָּגֵר שִׁבְעַת יָמִים"[1] **– "Let her be quarantined for seven days."**[1]

☐ וְאַחַר תֵּאָסֵף **– AND THEN SHE MAY BE BROUGHT IN.** אוֹמֵר אֲנִי **– I say,** כָּל הָאֲסִיפוֹת הָאֲמוּרוֹת בִּמְצוֹרָעִים **– all forms of the word** אֲסִיפָה**, "bringing in," that are stated about those who suffer *tzaraas***[2] עַל שֵׁם שֶׁהוּא מְשֻׁלָּח מִחוּץ לַמַּחֲנֶה – are written **because [the one suffering *tzaraas*] is sent out of the camp,**[3] וּכְשֶׁהוּא נִרְפָּא **– and when he is cured,** נֶאֱסָף אֶל הַמַּחֲנֶה **– he is brought in to the camp.** כְּתוּבָה בּוֹ אֲסִיפָה – This is why **a form of the word** אֲסִיפָה is written about him; לְשׁוֹן הַכְנָסָה **– it means "bringing in."**[4]

15. וְהָעָם לֹא נָסַע **– AND THE PEOPLE DID NOT JOURNEY.** זֶה הַכָּבוֹד חָלַק לָהּ הַמָּקוֹם **– The Omnipresent accorded her this honor** בִּשְׁבִיל שָׁעָה אַחַת **– because of one hour** שֶׁנִּתְעַכְּבָה לְמֹשֶׁה **– that she lingered for Moses** כְּשֶׁהֻשְׁלַךְ לַיְאוֹר **– when he was cast into the river,** שֶׁנֶּאֱמַר **– as it says,** "וַתֵּתַצַּב אֲחֹתוֹ מֵרָחֹק וְגוֹמֵר"[5,6] **– "And his sister stationed herself at a distance, etc."**[5,6]

that the same conditions apply to it as those that apply to the given situation from which it is derived. If the object of a father's wrath suffers humiliation for seven days, the object of God's wrath, too, suffers humiliation for seven days.

1. *Sifrei* 106; *Bava Kama* 25a.

2. The phrase is used in *II Kings* 5:3, 6, 7, 11.

3. See *Leviticus* 13:46.

4. In other contexts, the root אסף means gathering that which is scattered. That meaning does not fit our verse. See also Rashi to 11:30 above.

5. *Exodus* 2:4. That verse continues, "to know what would be done with him."

6. *Sifrei* 106; *Sotah* 9b. "And the people did not journey until Miriam was brought in" seems superfluous, for the following verse says "and afterwards (after Miriam's return) the people journeyed." It is written to teach us that they did not journey out of honor to Miriam (*Maskil LeDavid*). This is also indicated by the fact that the verse is written in negative terms rather than positive; "the people did not journey until" rather than "the people journeyed when." The phrase "the people did not journey until" indicates that they were not given permission to travel so that Miriam would not be left behind.

פרשת שלח

Parashas Shelach

13 [1] HASHEM spoke to Moses, saying, [2] "Send forth for yourself men, and let them spy out the Land of Canaan that I give to the Children of Israel; one man each from his fathers' tribe shall you send, every one a leader among them." [3] Moses sent them forth from the Wilderness of Paran by the word of HASHEM;

יג א וַיְדַבֵּר יְהוָה אֶל־מֹשֶׁה לֵּאמֹר:
ב שְׁלַח־לְךָ אֲנָשִׁים וְיָתֻרוּ אֶת־אֶרֶץ
כְּנַעַן אֲשֶׁר־אֲנִי נֹתֵן לִבְנֵי יִשְׂרָאֵל
אִישׁ אֶחָד אִישׁ אֶחָד לְמַטֵּה אֲבֹתָיו
ג תִּשְׁלָחוּ כֹּל נָשִׂיא בָהֶם: וַיִּשְׁלַח אֹתָם
מֹשֶׁה מִמִּדְבַּר פָּארָן עַל־פִּי יְהוָה

אונקלוס

א וּמַלִּיל יְיָ עִם מֹשֶׁה לְמֵימַר: ב שְׁלַח לָךְ גֻּבְרִין וִיאַלְּלוּן יָת אַרְעָא דִכְנַעַן דִּי אֲנָא יָהֵב לִבְנֵי יִשְׂרָאֵל גַּבְרָא חַד גַּבְרָא חַד לְשִׁבְטָא דַאֲבָהָתוֹהִי תִּשְׁלְחוּן כֹּל רַבָּא דִבְהוֹן: ג וּשְׁלַח יָתְהוֹן מֹשֶׁה מִמַּדְבְּרָא דְפָארָן עַל מֵימְרָא דַייָ

רש"י

(ב) שלח לך אנשים. למה נסמכה פרשת מרגלים לפרשת מרים לפי שלקתה על עסקי דבה שדברה באחיה ורשעים הללו ראו ולא לקחו מוסר (תנחומא ה): שלח לך. לדעתך, אני איני מצוה לך, אם תרצה שלח. לפי שבאו ישראל ואמרו נשלחה אנשים לפנינו (דברים א:כב) כמה שנאמר ותקרבון אלי כלכם וגו' (שם) ומשה נמלך בשכינה, אמר, אני אמרתי להם שהיא טובה, שנאמר אעלה אתכם מעני מצרים וגו' (שמות ג:יז) חייהם שאני נותן להם מקום לטעות בדברי המרגלים למען לא יירשוה (תנחומא שם; סוטה לד:): (ג) על פי ה'. ברשותו, שלא עכב על ידו:

RASHI ELUCIDATED

13.

2. שְׁלַח לְךָ אֲנָשִׁים – SEND FORTH FOR YOURSELF MEN. לָמָּה נִסְמְכָה פָּרָשַׁת מְרַגְּלִים לְפָרָשַׁת מִרְיָם – Why was the passage of the spies placed next to the passage of Miriam?[1] **לְפִי שֶׁלָּקְתָה עַל עִסְקֵי דִבָּה – For she was stricken over matters of speech שֶׁדִּבְּרָה בְּאָחִיהָ – which she spoke against her brother, וּרְשָׁעִים הַלָּלוּ – and these wicked ones,** the spies, **רָאוּ וְלֹא לָקְחוּ מוּסָר**[2] **– saw** what happened to her, **yet did not take a lesson** from her.[2]

□ **שְׁלַח לְךָ – SEND FORTH FOR YOURSELF.** The term לְךָ, "for yourself," means **לְדַעְתְּךָ – by your discretion. אֲנִי אֵינִי מְצַוֶּה לְךָ – I do not command you** to do so; **אִם תִּרְצֶה שְׁלַח – if you wish, send forth.**[3] **לְפִי שֶׁבָּאוּ יִשְׂרָאֵל וְאָמְרוּ – Since Israel came and said, "נִשְׁלְחָה אֲנָשִׁים לְפָנֵינוּ" – "Let us send men ahead of us," כְּמָה שֶׁנֶּאֱמַר – as it says, "וַתִּקְרְבוּן אֵלַי כֻּלְּכֶם וְגוֹמֵר"**[4] **– "All of you approached me** [and said, 'Let us send men ahead of us'] **etc.,"**[4] **וּמֹשֶׁה נִמְלַךְ בַּשְּׁכִינָה – and Moses consulted the *Shechinah*** (immanent presence of God), **אָמַר – [God] said, אֲנִי אָמַרְתִּי לָהֶם שֶׁהִיא טוֹבָה – "I told them that [the Land] is good, שֶׁנֶּאֱמַר – as it says, "אַעֲלֶה אֶתְכֶם מֵעֳנִי מִצְרַיִם וְגוֹמֵר" – 'I shall bring you up from the affliction of Egypt, etc.'**[5] **חַיֵּיהֶם** – I swear by **their lives שֶׁאֲנִי נוֹתֵן לָהֶם – that I give them מָקוֹם לִטְעוֹת – room to err בְּדִבְרֵי הַמְרַגְּלִים – through the words of the spies לְמַעַן לֹא יִירָשׁוּהָ**[6] **– so that they shall not take possession of it."**[6]

3. עַל פִּי ה' – BY THE WORD OF HASHEM. This means **בִּרְשׁוּתוֹ – with His permission, שֶׁלֹּא עִכֵּב עַל יָדוֹ – that He did not prevent [Moses]** from sending the spies.[7]

1. The incident of Miriam took place in Hazeroth (see 11:35 and 12:16 above). Rashi is of the opinion that the incident of Korah's dispute with Moses, which is the subject of Chapter 16 below, also took place in Hazeroth (see Rashi to *Deuteronomy* 1:1, s.v., וַחֲצֵרֹת). The sin of the spies took place after the dispute of Korah, for they were sent from the Wilderness of Paran (see v. 3), where the Children of Israel encamped after Hazeroth (see 12:16). Rashi asks why the Torah made a point of juxtaposing the passage of the spies and the passage of Miriam, when the passage of the spies took place chronologically after the dispute of Korah (*Mizrachi; Sefer Zikaron*; see also *Tzeidah LaDerech*).

2. *Tanchuma* 5.

3. "For yourself" implies that God was not ordering Moses to send forth the spies, but rather, was leaving the decision to him (*Devek Tov*).

4. *Deuteronomy* 1:22. That verse continues: ". . . and let them spy out the Land and bring word back to us . . ."

5. *Exodus* 3:17. That verse ends: ". . . to a land flowing with milk and honey."

6. *Tanchuma* 5; *Sotah* 34b. This explains why God agreed to sending the spies although He did not order the Israelites to do so. It was in response to Moses' query. God wished to give the Israelites the option of sending the spies, and sinning through them, because they showed a lack of faith by suggesting that they send them (*Devek Tov*).

7. It does not mean "by the command of HASHEM," for God did not order them to send the spies, as Rashi has commented above (*Gur Aryeh; Sifsei Chachamim*).

כֻּלָּם אֲנָשִׁים רָאשֵׁי בְנֵי־יִשְׂרָאֵל
ד הֵמָּה: וְאֵלֶּה שְׁמוֹתָם לְמַטֵּה רְאוּבֵן
ה שַׁמּוּעַ בֶּן־זַכּוּר: לְמַטֵּה שִׁמְעוֹן
ו שָׁפָט בֶּן־חוֹרִי: לְמַטֵּה יְהוּדָה כָּלֵב
ז בֶּן־יְפֻנֶּה: לְמַטֵּה יִשָּׂשכָר יִגְאָל בֶּן־
ח יוֹסֵף: לְמַטֵּה אֶפְרָיִם הוֹשֵׁעַ בִּן־
ט נוּן: לְמַטֵּה בִנְיָמִן פַּלְטִי בֶּן־רָפוּא:
י לְמַטֵּה זְבוּלֻן גַּדִּיאֵל בֶּן־סוֹדִי:
יא לְמַטֵּה יוֹסֵף לְמַטֵּה מְנַשֶּׁה גַּדִּי בֶּן־
יב סוּסִי: לְמַטֵּה דָן עַמִּיאֵל בֶּן־גְּמַלִּי:
יג לְמַטֵּה אָשֵׁר סְתוּר בֶּן־מִיכָאֵל:
יד-טו לְמַטֵּה נַפְתָּלִי נַחְבִּי בֶּן־וָפְסִי: לְמַטֵּה
טז גָד גְּאוּאֵל בֶּן־מָכִי: אֵלֶּה שְׁמוֹת
הָאֲנָשִׁים אֲשֶׁר־שָׁלַח מֹשֶׁה לָתוּר
אֶת־הָאָרֶץ וַיִּקְרָא מֹשֶׁה לְהוֹשֵׁעַ
יז בִּן־נוּן יְהוֹשֻׁעַ: וַיִּשְׁלַח אֹתָם מֹשֶׁה
לָתוּר אֶת־אֶרֶץ כְּנָעַן וַיֹּאמֶר אֲלֵהֶם
עֲלוּ זֶה בַּנֶּגֶב וַעֲלִיתֶם אֶת־הָהָר:

they were all [distinguished] men; heads of the Children of Israel were they.

4 These are their names: For the tribe of Reuben, Shammua son of Zaccur; 5 for the tribe of Simeon, Shaphat son of Hori; 6 for the tribe of Judah, Caleb son of Jephunneh; 7 for the tribe of Issachar, Yigal son of Joseph; 8 for the tribe of Ephraim, Hoshea son of Nun; 9 for the tribe of Benjamin, Palti son of Raphu; 10 for the tribe of Zebulun, Gaddiel son of Sodi; 11 for the tribe of Joseph for the tribe of Manasseh, Gaddi son of Susi; 12 for the tribe of Dan, Ammiel son of Gemalli; 13 for the tribe of Asher, Sethur son of Michael; 14 for the tribe of Naphtali, Nahbi son of Vophsi; 15 for the tribe of Gad, Geuel son of Machi.

16 These are the names of the men whom Moses sent to spy out the Land. And Moses called Hoshea son of Nun "Joshua."

17 Moses sent them to spy out the Land of Canaan, and he said to them, "Ascend here in the south and ascend the mountain.

אונקלוס

כָּלְהוֹן גֻּבְרִין רֵישֵׁי בְּנֵי יִשְׂרָאֵל אִנּוּן: ד וְאִלֵּין שְׁמָהַתְהוֹן לְשִׁבְטָא דִרְאוּבֵן שַׁמּוּעַ בַּר זַכּוּר: ה לְשִׁבְטָא דְשִׁמְעוֹן שָׁפָט בַּר חוֹרִי: ו לְשִׁבְטָא דִיהוּדָה כָּלֵב בַּר יְפֻנֶּה: ז לְשִׁבְטָא דְיִשָּׂשכָר יִגְאָל בַּר יוֹסֵף: ח לְשִׁבְטָא דְאֶפְרַיִם הוֹשֵׁעַ בַּר נוּן: ט לְשִׁבְטָא דְבִנְיָמִן פַּלְטִי בַּר רָפוּא: י לְשִׁבְטָא דִזְבוּלֻן גַּדִּיאֵל בַּר סוֹדִי: יא לְשִׁבְטָא דְיוֹסֵף לְשִׁבְטָא דִמְנַשֶּׁה גַּדִּי בַּר סוּסִי: יב לְשִׁבְטָא דְדָן עַמִּיאֵל בַּר גְּמַלִּי: יג לְשִׁבְטָא דְאָשֵׁר סְתוּר בַּר מִיכָאֵל: יד לְשִׁבְטָא דְנַפְתָּלִי נַחְבִּי בַּר וָפְסִי: טו לְשִׁבְטָא דְגָד גְּאוּאֵל בַּר מָכִי: טז אִלֵּין שְׁמָהַת גֻּבְרַיָּא דִּי שְׁלַח מֹשֶׁה לְאַלָּלָא יָת אַרְעָא וּקְרָא מֹשֶׁה לְהוֹשֵׁעַ בַּר נוּן יְהוֹשֻׁעַ: יז וּשְׁלַח יָתְהוֹן מֹשֶׁה לְאַלָּלָא יָת אַרְעָא דִכְנָעַן וַאֲמַר לְהוֹן סָקוּ דָא בִּדְרוֹמָא וְתִסְּקוּן לְטוּרָא:

רש"י

כולם אנשים. כל אנשים שבמקרא לשון חשיבות, ואותה שעה כשרים היו (תנחומא ד): **(טז) ויקרא משה להושע וגו'.** נתפלל עליו יה יושיעך מעצת מרגלים (תנחומא ו; סוטה לד:): [**(יז) עלו זה בנגב.** הוא היה הפסולת של ארץ

RASHI ELUCIDATED

□ כֻּלָּם אֲנָשִׁים – **THEY WERE ALL [DISTINGUISHED] MEN.** כָּל "אֲנָשִׁים" שֶׁבַּמִּקְרָא – **Every instance of the word** אֲנָשִׁים **in Scripture** לְשׁוֹן חֲשִׁיבוּת – **is an expression of importance.**[1] וְאוֹתָהּ שָׁעָה כְּשֵׁרִים הָיוּ[2] – Although the spies would later sin, **at that time,** i.e., when they were sent, **they were honorable.**[2]

16. וַיִּקְרָא מֹשֶׁה לְהוֹשֵׁעַ וְגוֹמֵר – **MOSES CALLED HOSHEA, ETC.** הִתְפַּלֵּל עָלָיו – **He prayed for him:** יָהּ יוֹשִׁיעֲךָ – **May God save you** מֵעֲצַת מְרַגְּלִים[3] – **from the plot of the spies.**[3]

{**17.** עֲלוּ זֶה בַּנֶּגֶב – **ASCEND HERE IN THE SOUTH.** הוּא הָיָה הַפְּסוֹלֶת – **It was the inferior part** שֶׁל אֶרֶץ

1. Rashi means that whenever the word אֲנָשִׁים seems superfluous (such as in our verse where it is obvious that they were men), אֲנָשִׁים is short for אֲנָשִׁים חֲשׁוּבִים, "men of distinction" (see *Devek Tov*).

We find instances of אֲנָשִׁים used with regard to the wicked, e.g., *Exodus* 2:13. When Rashi says "every instance," he means every instance where the context does not indicate otherwise (see *Sefer Zikaron*). *Yosef Hallel* notes that in almost every one of the early printed editions (with the exception of Soncino, 1487), the words כָּל אֲנָשִׁים שֶׁבַּמִּקְרָא are absent.

2. *Tanchuma* 4. This explains why the verse uses a term which connotes importance with reference to the spies, although we are to hear of them as sinners (*Devek Tov*).

3. *Tanchuma* 6; *Sotah* 34b. Rashi explains why Moses changed Hoshea's name to Joshua at this particular point. It is because Moses saw that he had to pray for him before he embarked upon his dangerous mission (*Be'er Yitzchak*).

יח וּרְאִיתֶם אֶת־הָאָרֶץ מַה־הִוא וְאֶת־
הָעָם הַיֹּשֵׁב עָלֶיהָ הֶחָזָק הוּא הֲרָפֶה
יט הַמְעַט הוּא אִם־רָב: וּמָה הָאָרֶץ
אֲשֶׁר־הוּא יֹשֵׁב בָּהּ הֲטוֹבָה הִוא אִם־
רָעָה וּמָה הֶעָרִים אֲשֶׁר־הוּא יוֹשֵׁב
כ בָּהֵנָּה הַבְּמַחֲנִים אִם בְּמִבְצָרִים: וּמָה

[18] *See the land — what is it? and the people that dwells in it — is it strong or weak? is it few or numerous?* [19] *And how is the land in which it dwells — is it good or is it bad? And how are the cities in which it dwells — is it in open cities or in fortified cities?* [20] *And how is*

אונקלוס

יח וְתֶחֱזוּן יָת אַרְעָא מָא הִיא וְיָת עַמָּא דְּיָתֵב עֲלַהּ הֲתַקִּיף הוּא אִם חַלָּשׁ הַזְּעֵר הוּא אִם סַגִּי: יט וּמָא אַרְעָא דִּי הוּא יָתֵב בַּהּ הֲטָבָא הִיא אִם בִּישָׁא וּמָא קִרְוַיָּא דִּי הוּא יָתֵב בְּהֵן הַבִּפְצִחִין אִם בִּכְרַכִּין: כ וּמָא

רש"י

ישראל, שכן דרך התגרים מראים את הפסולת תחלה ואח"כ מראים את השבח (תנחומא שם): (יח) את הארץ מה היא. יש ארץ מגדלת גבורים ויש ארץ מגדלת חלשים, יש מגדלת אוכלוסין ויש ממעטת אוכלוסין (שם): החזק הוא הרפה. סימן מסר להם, אם בפרזים יושבין חזקים הם, שסומכין על גבורתם, ואם בערים בצורות הם יושבין חלשים הם (שם): (יט) הבמחנים. תרגומו הבפצחין, כרכין פצוחין ופתוחין

RASHI ELUCIDATED

יִשְׂרָאֵל – **of the Land of Israel.** שֶׁכֵּן דֶּרֶךְ הַתַּגָּרִים – **For such is the practice of merchants:** מַרְאִים אֶת הַפְּסוֹלֶת תְּחִלָּה – **They show the inferior goods first,** וְאַחַר כָּךְ – **and afterwards** מַרְאִים אֶת הַשֶּׁבַח – **they show that of high quality.**[1]}[2]

18. {אֶת הָאָרֶץ מַה הִוא – THE LAND – WHAT IS IT? יֵשׁ אֶרֶץ מְגַדֶּלֶת גִּבּוֹרִים – **There can be a land which produces mighty people,** וְיֵשׁ אֶרֶץ – **and there can be a land** מְגַדֶּלֶת חַלָּשִׁים – **which produces weak people;** יֵשׁ מְגַדֶּלֶת אוּכְלוּסִין – **there can be** a land **which increases population,** וְיֵשׁ מְמַעֶטֶת אוּכְלוּסִין – **and there can be** a land **which decreases population.**[3]}[2]

□ הֶחָזָק הוּא הֲרָפֶה – IS IT STRONG OR WEAK? סִימָן מָסַר לָהֶם – **[Moses] gave [the spies] a sign** by which they could determine if the inhabitants of Canaan were strong or weak. אִם בִּפְרָזִים יוֹשְׁבִין – **If they live in unwalled cities,** חֲזָקִים הֵם – **they are strong,** שֶׁסּוֹמְכִין עַל גְּבוּרָתָם – **for they rely upon their strength.** וְאִם בֶּעָרִים בְּצוּרוֹת הֵם יוֹשְׁבִין – **But if they dwell in fortified cities,** חַלָּשִׁים הֵם[4] – **they are weak.**[4]

19. {הַבְּמַחֲנִים – IS IT IN OPEN CITIES? (Literally, "Is it in camps?") תַּרְגּוּמוֹ "הַבִּפְצְחִין" – ***Targum Onkelos* renders it,** הַבִּפְצְחִין, which means, כְּרַכִּין פְּצוּחִין וּפְתוּחִין – **cities which are unenclosed**

1. *Tanchuma* 6. This explains why Moses instructed them to enter the Land of Canaan specifically from the south (*Gur Aryeh*).

2. This comment appears in virtually all contemporary editions. It is taken from the Soncino 1487 edition, but is absent in all other early printed editions.

3. *Tanchuma* 6. Rashi sees the questions which follow "See the land – what is it?" as elaborations of that vague question. Rashi's "there can be a land which produces mighty people . . ." is how he sees the verse's "and the people that dwells in it" as relating back to the land. Rashi's "there can be [a land] which increases population" is how he sees the verse's "is it strong or is it weak" as relating back to the land (*Mizrachi*).

Accordingly, the ו prefix of וְאֶת הָעָם, is not the וָי"ו הַחִבּוּר, the ו which is used in its most common sense as a conjunction between two distinct entities; rather, it is the וָי"ו הַבֵּאוּר, the ו which introduces elaboration of that which precedes it. For another example of a ו used in the sense of *explaining* that which precedes it rather than of *adding* to that which precedes it, see *Exodus* 25:19 and Rashi there (*Imrei Shefer; Da'as Yissachar*).

4. *Tanchuma* 6. Rashi explains what type of sign would indicate if a nation were militarily strong or not (*Mizrachi; Sifsei Chachamim*).

Mizrachi asks: If fortified cities are a sign of the inherent weakness of the residents, why were the people saddened by the spies' report, "The cities are very fortified and large"? They should have accepted that news joyously.

Gur Aryeh explains that Moses meant, "If they live in unwalled cities, they are strong; nevertheless, we will be able to conquer them, for their cities are unfortified. And if they dwell in fortified cities, they are weak and we will be able to conquer them despite their fortifications. But if they live in both walled and unwalled cities, then they must be strong (or else none of them would live in unwalled cities) and even those in the walled cities must be strong because it is reasonable to assume that all the residents are of the same mold." Now had the spies returned with the report. "*All* the cities are very fortified and large," their report would have been cause for celebration. But they omitted the word "all" and thus implied, "The cities that are fortified are

הָאָרֶץ הַשְּׁמֵנָה הִוא אִם־רָזָה
הֲיֵשׁ־בָּהּ עֵץ אִם־אַיִן וְהִתְחַזַּקְתֶּם
וּלְקַחְתֶּם מִפְּרִי הָאָרֶץ וְהַיָּמִים
כא יְמֵי בִּכּוּרֵי עֲנָבִים: שני וַיַּעֲלוּ וַיָּתֻרוּ
אֶת־הָאָרֶץ מִמִּדְבַּר־צִן עַד־רְחֹב
כב לְבֹא חֲמָת: וַיַּעֲלוּ בַנֶּגֶב וַיָּבֹא עַד־

the land — is it fertile or is it lean? are there trees in it or not? You shall strengthen yourselves and take from the fruit of the land." The days were the days of the ripenings of grapes.

21 They ascended and spied out the land, from the Wilderness of Zin to the expanse at the approach to Hamath. 22 They ascended in the south and he arrived at

אונקלוס

אַרְעָא הַעֲתִירָא הִיא אִם מִסְכֵּנָא הַאִית בַּהּ אִילָנִין אִם לָא וְתִתַּקְּפוּן וְתִסְּבוּן מֵאִבָּא דְאַרְעָא וְיוֹמַיָּא יוֹמֵי בִּכּוּרֵי
עִנְּבִין: כא וּסְלִיקוּ וְאַלִּילוּ יָת אַרְעָא מִמַּדְבְּרָא דְצִין עַד רְחוֹב לְמֵיטֵי חֲמָת: כב וּסְלִיקוּ בְדָרוֹמָא וַאֲתָא עַד

רש"י

מאין חומה:] **הטובה היא.** במעיינות ותהומות טובים ובריאים: (כ) **היש בה עץ.** אם יש בהם אדם כשר שיגין עליהם בזכותו (ב"ב טו.): **בכורי ענבים.** ימים שהענבים מתבשלין בבכור: (כא) **ממדבר צין עד רחב לבא חמת.** הלכו בגבוליה באורך וברוחב כמין גא"ם. הלכו רוח גבול דרומי ממקצוע מזרח

RASHI ELUCIDATED

and open, מֵאֵין חוֹמָה – **without a wall.**[1]}[2]

☐ הַטּוֹבָה הִוא – IS IT GOOD, בְּמַעְיָנוֹת – **with springs** וּתְהוֹמוֹת – **and deep wells** טוֹבִים וּבְרִיאִים – **which are good and healthy?**[3]

20. הֲיֵשׁ בָּהּ עֵץ – ARE THERE TREES IN IT? אִם יֵשׁ בָּהֶם – See **if there is among them** אָדָם כָּשֵׁר – **a decent man** שֶׁיָּגֵן עֲלֵיהֶם – **who can protect them** בִּזְכוּתוֹ[4] – **through his merit.**[4]

☐ בִּכּוּרֵי עֲנָבִים – THE RIPENINGS OF GRAPES. This means יָמִים שֶׁהָעֲנָבִים מִתְבַּשְּׁלִין בְּבִכּוּר – **days in which the grapes mature in their first ripening.**[5]

21. מִמִּדְבַּר צִן עַד רְחֹב לְבֹא חֲמָת – FROM THE WILDERNESS OF ZIN TO THE EXPANSE AT THE APPROACH TO HAMATH. הָלְכוּ בִּגְבוּלֶיהָ – **They went along its borders** בְּאוֹרֶךְ וּבְרוֹחַב – **by length and by width** כְּמִין ,,גָּאם" – **in the shape of** the Greek letter ***gamma*** Γ.[6] הָלְכוּ רוּחַ גְּבוּל דְּרוֹמִי – **They walked along the side of** the land which forms **the southern boundary,** מִמִּקְצוֹעַ מִזְרָח – **from the eastern corner**

very fortified, but not all the cities are fortified." It was this that saddened the people, for they reasoned, "Although the unwalled cities will not pose a problem for us, the very fortified cities will, for the people in those cities are also strong, and we will be unable to conquer them."

1. Rashi explains הַבְּמַחֲנִים before הַטּוֹבָה הִוא although it appears later in the verse, because it is connected with the comment which precedes it. Rashi there said that the sign which Moses gave the spies by which they could determine if the population of the land was strong was whether they lived in open or enclosed cities. Rashi points out that it is in these words that Moses gave the spies this sign (*Maskil LeDavid*).

2. This comment appears in virtually all contemporary editions. It is taken from the Soncino 1487 edition, but is absent in all other early printed editions.

3. "Is it good" does not mean is it agriculturally rich, for that is referred to explicitly in the following verse, "is it fertile" (*Mesiach Ilmim*). "Goodness" of land is associated with springs and deep wells in *Deuteronomy* 8:7.

4. *Bava Basra* 15a. Moses already instructed the spies to determine whether the land was fertile. Why, then, would it matter if there were presently trees in it or not? If the land was fertile, they could plant trees in it if they would so choose, even if it were presently used for other crops. Rashi explains that "tree" is used figuratively here for "man" (*Mizrachi; Maskil LeDavid*). This also explains why the verse expresses "trees" with the collective noun עֵץ rather than the plural noun עֵצִים; it is because עֵץ can also be seen as the singular "tree," i.e., a single decent man (*Zichron Moshe; Maskil LeDavid*).

5. In *Exodus* 23:19 and 34:26 we find בִּכּוּרֵי אַדְמָתְךָ, "the first fruits of your land." That means "the first fruits *produced by* your land." But בִּכּוּרֵי עֲנָבִים cannot have a parallel meaning; it cannot mean "the first fruits *produced by* your grapes," for עֲנָבִים means the fruit of the vine, not the vine itself. Therefore, בִּכּוּרֵי עֲנָבִים means "the first ripenings of your grapes."

6. The Wilderness of Zin is at the southeast corner of the Land of Israel, while the approach to Hamath is at the northwest. Rashi describes the route by which the spies made their journey. They did not travel in a direct diagonal line between the two points, nor did they travel from the southernmost point of the Land of Israel's eastern border to its northernmost point, and there turn toward the west. Rather, they traveled across its southern border and then turned north and traversed its western border, along the sea. This was in the form of a horizontal line which formed a right angle with a vertical line, similar to the shape of a *gamma*.

חֶבְר֔וֹן וְשָׁ֤ם אֲחִימַן֙ שֵׁשַׁ֣י וְתַלְמַ֔י
יְלִידֵ֖י הָֽעֲנָ֑ק וְחֶבְר֗וֹן שֶׁ֤בַע שָׁנִים֙
כג נִבְנְתָ֔ה לִפְנֵ֖י צֹ֥עַן מִצְרָֽיִם: וַיָּבֹ֜אוּ

Hebron, where there were Ahiman, Sheshai, and Talmai, the offspring of the giant. Hebron had been built seven years before Zoan of Egypt. [23] *They arrived*

אונקלוס

חֶבְרוֹן וְתַמָּן אֲחִימַן שֵׁשַׁי וְתַלְמַי בְּנֵי גִבָּרַיָּא וְחֶבְרוֹן שְׁבַע שְׁנִין אִתְבְּנִיאַת קֳדָם טָנֵס דְּמִצְרָיִם: כג וַאֲתוֹ

רש"י

עד מקלוע מערב, כמו שלוה משה עלו זה בנגב (לעיל פסוק יז) דרך גבול [שפת דרומית של ארץ ישראל לכו, והוא ממדבר צין שהוא במקצוע] דרומית מזרחית עד הים, שהים הוא גבול מערבי, ומשם חזרו והלכו כל גבול מערבי על שפת הים עד לבא חמת שהוא אצל הר ההר במקצוע מערבית צפונית, כמו שמפורש בגבולות הארץ בפרשת אלה מסעי (להלן לד:ז): (כב) **ויבא עד חברון.** כלב לבדו הלך שם ונשתטח על קברי אבות שלא יהא ניסת לחבריו להיות בעצתם, וכן הוא אומר ולו אתן את הארץ אשר דרך בה (דברים א:לו) וכתיב ויתנו לכלב את חברון (שופטים א:כ; סוטה לד:): **שבע שנים נבנתה.** אפשר שבנה חם את חברון לכנען בנו הקטן קודם שיבנה את צוען למצרים בנו הגדול, אלא שהיתה מבונה בכל טוב על אחד משבעה בצוען. ובא להודיעך שבחה של ארץ ישראל, שאין לך טרשין בארץ ישראל יותר מחברון, לפיכך הקצוה לקברות מתים,

RASHI ELUCIDATED

עַד מִקְצוֹעַ מַעֲרָב – to the western corner, כְּמוֹ שֶׁצִּוָּה מֹשֶׁה – as Moses had commanded: ,,עֲלוּ זֶה בַּנֶּגֶב"[1] **– "Ascend here in the south,"**[1] which implies: **דֶּרֶךְ גְּבוּל – "By way of the border {שְׂפַת דְּרוֹמִית שֶׁל אֶרֶץ יִשְׂרָאֵל לְכוּ – at the southern rim of the Land of Israel you shall go, וְהוּא מִמִּדְבַּר צִין – and that is** from **the Wilderness of Zin, שֶׁהוּא בְּמִקְצוֹעַ – which is in the corner},**[2] **דְּרוֹמִית מִזְרָחִית –** from the **southeast,** extending **עַד הַיָּם – until the sea, שֶׁהַיָּם הוּא גְּבוּל מַעֲרָבִי – for the sea is the western boundary** of the Land of Israel. **וּמִשָּׁם חָזְרוּ – From there they turned וְהָלְכוּ כָּל גְּבוּל מַעֲרָבִי – and traversed the entire western boundary עַל שְׂפַת הַיָּם – along the seashore עַד לְבֹא חֲמָת – up to the approach to Hamath, שֶׁהוּא אֵצֶל הֹר הָהָר – which is next to Mount Hor בְּמִקְצוֹעַ מַעֲרָבִית צְפוֹנִית – at the northwestern corner, כְּמוֹ שֶׁמְּפוֹרָשׁ בִּגְבוּלוֹת הָאָרֶץ – as explained in** the passage which deals with **the borders of the land, בְּפָרָשַׁת ,,אֵלֶּה מַסְעֵי"**[3] **– in *Parashas Eileh Masei.***[3]

22. וַיָּבֹא עַד חֶבְרוֹן – AND HE ARRIVED AT HEBRON. כָּלֵב לְבַדּוֹ הָלַךְ שָׁם – Caleb alone went there, וְנִשְׁתַּטַּח – and prostrated himself in prayer **עַל קִבְרֵי אָבוֹת – over the graves of the Patriarchs שֶׁלֹּא יְהֵא נִסָּת לַחֲבֵרָיו – so that he should not be persuaded by his companions לִהְיוֹת בַּעֲצָתָם – to be** party **to their plan.**[4] **וְכֵן הוּא אוֹמֵר – And so it says, ,,וְלוֹ אֶתֵּן אֶת הָאָרֶץ אֲשֶׁר דָּרַךְ בָּהּ"**[5] **– "And to him shall I give the land upon which he trod,"**[5] **וּכְתִיב – and it is written, ,,וַיִּתְּנוּ לְכָלֵב אֶת חֶבְרוֹן"**[6,7] **– "And they gave Hebron to Caleb."**[6,7]

□ **שֶׁבַע שָׁנִים נִבְנְתָה – HAD BEEN BUILT SEVEN YEARS. אֶפְשָׁר שֶׁבָּנָה חָם אֶת חֶבְרוֹן – Is it possible that Ham would have built Hebron לִכְנַעַן בְּנוֹ הַקָּטָן – for Canaan, his younger son, קוֹדֶם שֶׁיִּבְנֶה אֶת צוֹעַן – before he would build Zoan לְמִצְרַיִם בְּנוֹ הַגָּדוֹל – for Mizraim,** the progenitor of Egypt, **his older son?**[8] **אֶלָּא – Rather,** the verse means, **שֶׁהָיְתָה מְבֻנָּה בְּכָל טוּב – that Hebron was fertile,**[9] **with all that was good עַל אֶחָד מִשִּׁבְעָה בְּצוֹעַן – sevenfold,**[10] **in comparison to Zoan. וּבָא לְהוֹדִיעֲךָ – [The verse] comes to inform you שִׁבְחָהּ שֶׁל אֶרֶץ יִשְׂרָאֵל –** of **the excellence of the Land of Israel, שֶׁאֵין לְךָ טְרָשִׁין בְּאֶרֶץ יִשְׂרָאֵל יוֹתֵר מֵחֶבְרוֹן – for there is no more rocky terrain in the Land of Israel than Hebron. לְפִיכָךְ – This is why הִקְצוּהָ – they set it aside לְקִבְרוֹת מֵתִים – for tombs of the**

1. Verse 17.

2. The words in braces are found in the Reggio di Calabria edition.

3. Below 34:7-8.

4. This explains why the verse switches to the singular וַיָּבֹא, "and he arrived," after having used the plural וַיַּעֲלוּ, "and they ascended" (*Mizrachi; Gur Aryeh*).

5. *Deuteronomy* 1:36; see Rashi there.

6. *Judges* 1:20. That verse shows us that Hebron was "the land upon which he trod."

7. *Sotah* 34b.

8. Mizraim was Ham's second son, while Canaan was his fourth and youngest; see *Genesis* 10:6.

9. The root בנה can connote fertility, as in *Genesis* 16:2; see Rashi to *Sotah* 34b, s.v., מבונה.

10. The root שנה means to repeat. שָׁנִים usually means years, for years represent a repeated astronomical cycle. But here it is understood as repetitions in the sense of multiplication: "Hebron was as fertile as Zoan seven times over" (see *Mizrachi; Gur Aryeh*). Rashi's interpretation also explains the problem of why the verse would mention the irrelevant point that Hebron was built seven years before Zoan.

עַד־נַ֣חַל אֶשְׁכֹּ֔ל וַיִּכְרְת֨וּ מִשָּׁ֤ם זְמוֹרָה֙ וְאֶשְׁכּ֤וֹל עֲנָבִים֙ אֶחָ֔ד וַיִּשָּׂאֻ֥הוּ בַמּ֖וֹט בִּשְׁנָ֑יִם וּמִן־הָרִמֹּנִ֖ים וּמִן־הַתְּאֵנִֽים׃

at the Valley of Eshcol and cut from there a vine with one cluster of grapes, and they carried it on a pole, by two, and of the pomegranates and of the figs.

אונקלוס

עַד נַחֲלָא דְאַתְכָּלָא וּקְצוֹ מִתַּמָּן עוֹבַרְתָּא וְאַתְכַּל עִנְּבִין חַד וּנְטָלוּהִי בַּאֲרִיחָא בִּתְרֵין וּמִן רִמּוֹנַיָּא וּמִן תְּאֵנַיָּא:

רש"י

ואין לך מעולה בכל הארצות כמצרים, שנאמר כגן ה' כארץ מצרים (בראשית יג:י) וצוען היא המעולה שבארץ מצרים, ששם מושב המלכים, שנאמר כי היו בצוען שריו (ישעיה ל:ד) והיתה חברון טובה ממנה שבעה חלקים (סוטה שם): (כג) **זמורה.** שוכת גפן, ואשכול של ענבים תלוי בה: **וישאהו במוט בשנים.** ממשמע שנא' וישאהו במוט איני יודע שהוא בשנים, מה ת"ל בשנים, בשני מוטות. הא כיצד, שמונה נטלו אשכול, אחד נטל תאנה ואחד רמון. יהושע וכלב לא נטלו כלום, לפי שכל עצמם להוציא דבה נתכוונו, כשם שפריה משונה כך עמה משונה. ואם חפץ אתה לידע כמה משאוי אחד מהם צא ולמד מאבנים שהקימו בגלגל, הרימו להם איש אבן אחת

RASHI ELUCIDATED

dead.[1] וְאֵין לְךָ מְעֻלָּה בְּכָל הָאֲרָצוֹת כְּמִצְרַיִם – **And you have no superior to Egypt among all of the lands** other than the Land of Israel, שֶׁנֶּאֱמַר – **as it says,** "כְּגַן ה' כְּאֶרֶץ מִצְרַיִם"[2] – **"like the garden of HASHEM, like the Land of Egypt."**[2] וְצוֹעַן הִיא הַמְעֻלָּה שֶׁבְּאֶרֶץ מִצְרַיִם – **And Zoan is the best** land **in the Land of Egypt,** שֶׁשָּׁם מוֹשַׁב הַמְּלָכִים – **for the residence of the kings is there,** שֶׁנֶּאֱמַר – **as it says,** "כִּי הָיוּ בְצֹעַן שָׂרָיו"[3] – **"for his ministers were in Zoan."**[3] וְהָיְתָה חֶבְרוֹן טוֹבָה מִמֶּנָּה – **Yet Hebron was better than it** שִׁבְעָה חֲלָקִים[4] – **by seven parts,** i.e., sevenfold.[4]

23. זְמוֹרָה – A VINE. שׁוֹכַת גֶּפֶן – **A branch of a grapevine,** וְאֶשְׁכּוֹל שֶׁל עֲנָבִים תָּלוּי בָּהּ – **with a cluster of grapes hanging from it.**[5]

□ וַיִּשָּׂאֻהוּ בַמּוֹט בִּשְׁנָיִם – AND THEY CARRIED IT ON A POLE, BY TWO. מִמַּשְׁמַע שֶׁנֶּאֱמַר – **From the implication of that which has been said,** "וַיִּשָּׂאֻהוּ בַמּוֹט" – **"And they carried it on a pole,"** אֵינִי יוֹדֵעַ – **am I not aware** שֶׁהוּא בִשְׁנַיִם – **that it is** carried **by two** people?[6] מַה תַּלְמוּד לוֹמַר "בִּשְׁנָיִם" – **Why does the Torah say "by two"?** בִּשְׁנֵי מוֹטוֹת – It means that it was carried **by two poles,** not by two people. הָא כֵּיצַד – **How was this** done? שְׁמֹנָה נָטְלוּ אֶשְׁכּוֹל – **Eight** of the spies **took a cluster;**[7] אֶחָד נָטַל תְּאֵנָה – **one took a fig;** וְאֶחָד רִמּוֹן – **and one a pomegranate.** יְהוֹשֻׁעַ וְכָלֵב לֹא נָטְלוּ כְלוּם – **Joshua and Caleb did not take anything,** לְפִי שֶׁכָּל עַצְמָם – **for with [the spies'] entire being,** i.e., they had no goal in bringing the fruit other than that לְהוֹצִיא דִבָּה נִתְכַּוְּנוּ – **they intended to spread slander** against the Land of Israel, by saying, כְּשֵׁם שֶׁפִּרְיָהּ מְשֻׁנֶּה – **"Just as its fruit is unusual** in its size, כָּךְ עַמָּהּ מְשֻׁנֶּה – **so are its people unusual."** וְאִם חָפֵץ אַתָּה לֵידַע – **And if you wish to know** כַּמָּה מַשְּׂאוֹי אֶחָד מֵהֶם – **how much the burden of one of them was,** i.e., how much one of them was able to carry, צֵא וּלְמַד – you can **go and derive** this מֵאֲבָנִים שֶׁהֵקִימוּ בַגִּלְגָּל – **from the stones which they set up in Gilgal.** הֵרִימוּ לָהֶם – **They lifted for themselves,** אִישׁ – **each individual,** אֶבֶן אַחַת –

1. See *Genesis* 23:4 and Rashi there, s.v., אֲחֻזַּת קֶבֶר.

2. *Genesis* 13:10; see Rashi and note 1 there. That verse compares Egypt to the Garden of Eden. Moreover, it employs comparison to Egypt as a superlative.

3. *Isaiah* 30:4. The verse relates that the officials of the king of Israel were sent on a mission to Zoan, to see the king of Egypt who lived there.

4. *Sotah* 34b.

5. The branch and the cluster of grapes are not two separate items, for there would be no point in their bringing a branch without fruit (*Kitzur Mizrachi; Sifsei Chachamim*).

6. The inference is not from the plural verb וַיִּשָּׂאוּהוּ, for that could be understood as meaning that all the members of the group carried it, one at a time on alternating days. The fact that it was carried on a pole also does not necessarily imply that it was carried by two people, for one person might also have carried the cluster on a pole over his shoulder, at some distance from his body, so that he should not become wet from the juice that oozed from it. It is the fact that Scripture bothers to mention the seemingly irrelevant fact that it was carried by a pole at all that indicates that it was carried by two people; the verse tells us that it was an object that could only be carried by pole (*Maasei Hashem*).

Furthermore, the term מוט itself might denote a pole meant to be carried by two people (see Rashi to *Beitzah* 25a, s.v., לא יביאנה במוט ובמוטה; see also *Sefer Zikaron*).

7. *Sotah* 34a. Two poles can be carried by four people. But it stands to reason that eight of the spies carried the poles. Caleb and Joshua did not participate in their plan. It would be sufficient for the pomegranate and fig to be carried by one person each, since these fruits weigh much less than a cluster of grapes. Thus, eight spies were left to carry the cluster of grapes by poles. It is reasonable to assume that all of them participated in their evil design (*Biurei Maharai*).

[24] They named that place the Valley of Eshcol because of the cluster that the Children of Israel cut from there.

[25] They returned from spying out the Land at the end of forty days. [26] They went and came to Moses and to Aaron and to the entire assembly of the Children of Israel, to the Wilderness of Paran

כד לַמָּקוֹם הַהוּא קָרָא נַחַל אֶשְׁכּוֹל עַל
אֹדוֹת הָאֶשְׁכּוֹל אֲשֶׁר־כָּרְתוּ מִשָּׁם
כה בְּנֵי יִשְׂרָאֵל: וַיָּשֻׁבוּ מִתּוּר הָאָרֶץ
כו מִקֵּץ אַרְבָּעִים יוֹם: וַיֵּלְכוּ וַיָּבֹאוּ
אֶל־מֹשֶׁה וְאֶל־אַהֲרֹן וְאֶל־כָּל־
עֲדַת בְּנֵי־יִשְׂרָאֵל אֶל־מִדְבַּר פָּארָן

אונקלוס

כד לְאַתְרָא הַהוּא קְרָא נַחְלָא דְאַתְכָּלָא עַל עֵסַק אַתְכָּלָא דִּי קְצוֹ מִתַּמָּן בְּנֵי יִשְׂרָאֵל: כה וְתָבוּ מִלְּאַלָּלָא יָת אַרְעָא מִסּוֹף אַרְבְּעִין יוֹמִין: כו וַאֲזַלוּ וַאֲתוֹ לְוָת מֹשֶׁה וּלְוָת אַהֲרֹן וּלְוָת כָּל כְּנִשְׁתָּא דִבְנֵי יִשְׂרָאֵל לְמַדְבְּרָא דְפָארָן

רש"י

[מן הירדן] על שכמו והקימוה בגלגל, ושקלום רבותינו משקל כל אחת ארבעים סאה, וגמירי, טונא דמדלי איניש על כתפיה אינו אלא שליש משאוי ממשאוי שמסייעין אותו להרים (שם לד.): (כה) וישבו מתור הארץ מקץ ארבעים יום. והלא ארבע מאות פרסה על ארבע מאות פרסה היא ומהלך אדם בינוני עשר פרסאות ליום, הרי מהלך ארבעים יום מן המזרח למערב, והם הלכו ארכה ורחבה. אלא שגלוי לפני הקב"ה שיגזור עליהם יום לשנה קצר לפניהם את הדרך (תנחומא ח): (כו) וילכו ויבאו. מהו וילכו, להקיש הליכתן לביאתן מה ביאתן בעצה רעה אף הליכתן בעצה רעה (סוטה לה.):

RASHI ELUCIDATED

one stone {מִן הַיַּרְדֵּן – **from the Jordan**} עַל שִׁכְמוֹ – **onto his shoulder,** וֶהֱקִימוּהָ בַּגִּלְגָּל – **and set it up at Gilgal.**[1] וּשְׁקָלוּם רַבּוֹתֵינוּ – **Our Rabbis weighed [these stones].** מִשְׁקַל כָּל אַחַת – **The weight of each one** אַרְבָּעִים סְאָה – **was forty** ***se'ah.***[2] וּגְמִירֵי – **And we learned** טוּנָא דְּמַדְלֵי אִינַשׁ עַל כַּתְפֵיהּ – that **the load that a person can raise onto his own shoulder** אֵינוֹ אֶלָּא שְׁלִישׁ מַשָּׂאוּי – **is nothing but a third of the load** מִמַּשָּׂאוּי – **of the** entire **load** that can be raised שֶׁמְּסַיְּעִין אוֹתוֹ לְהָרִים[3] – **when they assist him to raise.**[3]

25. וַיָּשֻׁבוּ מִתּוּר הָאָרֶץ מִקֵּץ אַרְבָּעִים יוֹם – **THEY RETURNED FROM SPYING OUT THE LAND AT THE END OF FORTY DAYS.** וַהֲלֹא אַרְבַּע מֵאוֹת פַּרְסָה עַל אַרְבַּע מֵאוֹת פַּרְסָה הִיא – **But is it not** true **that [the Land of Israel] is four hundred parasangs by four hundred parasangs,**[4] וּמַהֲלַךְ אָדָם בֵּינוֹנִי – **and the distance an average person walks** עֶשֶׂר פַּרְסָאוֹת לְיוֹם – **is ten parasangs a day?** הֲרֵי מַהֲלַךְ אַרְבָּעִים יוֹם – **There you have a forty days' walk** מִן הַמִּזְרָח לַמַּעֲרָב – **from the east to the west** alone, וְהֵם הָלְכוּ אָרְכָּהּ וְרָחְבָּהּ – **yet they walked** both **its length and its width.** How could they have walked such a long distance in such a short time? אֶלָּא שֶׁגָּלוּי לִפְנֵי הַקָּדוֹשׁ בָּרוּךְ הוּא – **But it was revealed before,** i.e., known to, **the Holy One, Blessed is He,** שֶׁיִּגְזוֹר עֲלֵיהֶם – **that He would decree** exile **upon them** יוֹם לְשָׁנָה – **of a year** in the wilderness **for** each **day** that the spies were on their mission. קִצֵּר לִפְנֵיהֶם אֶת הַדֶּרֶךְ[5] – Therefore, **He shortened the road before them** miraculously.[5]

26. וַיֵּלְכוּ וַיָּבֹאוּ – **THEY WENT AND CAME.** מַהוּ וַיֵּלְכוּ – **What is** the reason that **"they went"** is stated?[6] לְהַקִּישׁ הֲלִיכָתָן לְבִיאָתָן – **To compare their going with their coming;** מַה בִּיאָתָן בְּעֵצָה רָעָה – **just as their coming was with an evil scheme,** אַף – **so, too,** הֲלִיכָתָן בְּעֵצָה רָעָה[7] – **their going was with an evil scheme,** i.e., they had bad intentions from the start of their mission.[7]

1. See *Joshua* 4:3-5.

2. *Sotah* 34a. The Gemara gives the weight of the stones at Gilgal in terms of the *se'ah:* But the *se'ah* is usually mentioned as a measure of volume (opinions regarding the modern-day equivalent of the *se'ah* range between 2.25 and 4 gallons), and so without knowing the contents of the *se'ah* its weight cannot be determined. See *Maggid Mishneh, Hil. Eruvin* 1:12; and *Ma'adanei Yom Tov* 80 to *Rosh, Berachos* 3:30.

3. *Sotah* 34a.

4. A parasang is somewhere between two and three miles.

5. *Tanchuma* 8.

6. It cannot mean that they returned to the Israelite camp, for that has already been stated explicitly in the preceding verse (*Nachalas Yaakov; Sifsei Chachamim* based on Rashi to *Sotah* 35a, s.v., וילכו ויבאו).

Alternatively, the verse could have stated only "they came" (*Be'er Yitzchak*).

7. *Sotah* 35a. Although Rashi to verse 3 has said that "at that time, they were honorable," he refers there to the time when the spies were selected. By the time they set off on their mission, they had evil intentions (*Mesiach Ilmim; Maharsha* to *Sotah* 35a).

at Kadesh, and brought word back to them and the entire assembly, and they showed them the fruit of the land.

[27] *They reported to him and said, "We arrived at the land to which you sent us, and indeed it flows with milk and honey, and this is its fruit.* [28] *But — the people that dwells in the land is powerful, the cities are very fortified and large, and we also saw there the offspring of the giant.* [29] *Amalek dwells in the land of the south; the Hittite, the Jebusite, and the Emorite dwell on the mountain; and the Canaanite dwells by the sea and next to the Jordan."*

קָדֵ֑שָׁה וַיָּשִׁ֨יבוּ אֹתָ֤ם דָּבָר֙ וְאֶת־
כָּל־הָ֣עֵדָ֔ה וַיַּרְא֖וּם אֶת־פְּרִ֥י
כז הָאָֽרֶץ׃ וַיְסַפְּרוּ־לוֹ֙ וַיֹּ֣אמְר֔וּ בָּ֕אנוּ
אֶל־הָאָ֖רֶץ אֲשֶׁ֣ר שְׁלַחְתָּ֑נוּ וְ֠גַם
זָבַ֨ת חָלָ֥ב וּדְבַ֛שׁ הִ֖וא וְזֶה־פִּרְיָֽהּ׃
כח אֶ֚פֶס כִּֽי־עַ֣ז הָעָ֔ם הַיֹּשֵׁ֖ב בָּאָ֑רֶץ
וְהֶעָרִ֗ים בְּצֻר֤וֹת גְּדֹלֹת֙ מְאֹ֔ד
כט וְגַם־יְלִדֵ֥י הָעֲנָ֖ק רָאִ֥ינוּ שָֽׁם׃ עֲמָלֵ֥ק
יוֹשֵׁ֖ב בְּאֶ֣רֶץ הַנֶּ֑גֶב וְ֠הַֽחִתִּי וְהַיְבוּסִ֨י
וְהָאֱמֹרִ֜י יוֹשֵׁ֣ב בָּהָ֗ר וְהַֽכְּנַעֲנִ֗י
יוֹשֵׁ֣ב עַל־הַיָּ֔ם וְעַ֖ל יַ֥ד הַיַּרְדֵּֽן׃

אונקלוס

לִרְקָם וַאֲתִיבוּ יָתְהוֹן פִּתְגָּמָא וְיָת כָּל כְּנִשְׁתָּא וְאַחֲזִיאֻנּוּן יָת אִבָּא דְאַרְעָא: כז וְאִשְׁתָּעִיאוּ לֵהּ וַאֲמָרוּ אֲתֵינָא לְאַרְעָא דִּי שְׁלַחְתָּנָא וְאַף עָבְדָא חֲלַב וּדְבַשׁ הִיא וְדֵין אִבַּהּ: כח לְחוֹד אֲרֵי תַקִּיף עַמָּא דְּיָתֵב בְּאַרְעָא וְקִרְוַיָּא כְּרִיכָן רַבְרְבָן לַחֲדָא וְאַף בְּנֵי גִבָּרַיָּא חֲזֵינָא תַמָּן: כט עֲמַלְקָאָה יָתֵב בַּאֲרַע דָּרוֹמָא וְחִתָּאָה וִיבוּסָאָה וֶאֱמוֹרָאָה יָתֵב בְּטוּרָא וּכְנַעֲנָאָה יָתֵב עַל יַמָּא וְעַל כֵּיף יַרְדְּנָא:

רש"י

וישיבו אתם דבר. את משה ואת אהרן: **(כז) זבת חלב ודבש.** כל דבר שקר שאין אומרים בו קצת אמת בתחלתו אין מתקיים בסופו (שם): **(כח) בצרות.** לשון חוזק ותרגומו כריכן, לשון בירניות עגולות, ובלשון ארמי כריך עגול: **(כט) עמלק יושב וגו'.** לפי שנכוו בעמלק כבר הזכירוהו מרגלים כדי ליראם (תנחומא ט): **ועל יד הירדן.** יד כמשמעו, אצל הירדן, ולא תוכלו לעבור:

RASHI ELUCIDATED

□ וַיָּשִׁיבוּ אֹתָם דָּבָר – **AND BROUGHT WORD BACK TO THEM,** אֶת מֹשֶׁה וְאֶת אַהֲרֹן – **to Moses and Aaron.**[1]

27. זָבַת חָלָב וּדְבַשׁ – **[IT] FLOWS WITH MILK AND HONEY.** כָּל דְּבַר שֶׁקֶר – **Any false matter** שֶׁאֵין אוֹמְרִים בּוֹ – **in which they do not say** קְצָת אֱמֶת – **a bit of truth** בִּתְחִלָּתוֹ – **at its beginning,** אֵין מִתְקַיֵּם בְּסוֹפוֹ[2] – **does not hold up at its end.**[2]

28. בְּצֻרוֹת – **FORTIFIED.** לְשׁוֹן חוֹזֶק – **This denotes strength.**[3] וְתַרְגּוּמוֹ "כְּרִיכָן" – **Targum** ***Onkelos*** **renders it** כְּרִיכָן, לְשׁוֹן בִּירָנִיּוֹת עֲגֻלּוֹת – **which means circular fortified structures.** וּבִלְשׁוֹן אֲרַמִּי – **In the Aramaic language** "כְּרִיךְ" עָגוֹל – **the word** כְּרִיךְ, the singular of כְּרִיכָן, **means "round."**[4]

29. עֲמָלֵק יוֹשֵׁב וְגוֹמֵר – **AMALEK DWELLS, ETC.** לְפִי שֶׁנִּכְווּ בַעֲמָלֵק כְּבָר – **Since they had already been scorched by Amalek,**[5] הִזְכִּירוּהוּ מְרַגְּלִים – **the spies mentioned him** כְּדֵי לְיָרְאָם[6] – **in order to frighten [the Israelites].**[6]

□ וְעַל יַד הַיַּרְדֵּן – **NEXT TO** [literally, "and at the hand of"] **THE JORDAN.** "יַד" כְּמַשְׁמָעוֹ – **"Hand"** is to be taken **as it sounds.** The verse means, אֵצֶל הַיַּרְדֵּן – **"next to the Jordan."**[7] וְלֹא תוּכְלוּ לַעֲבוֹר –

1. The verse begins "they went and came to Moses and to Aaron and to the entire assembly of the Children of Israel," but "them" here does not include "the entire assembly of the Children of Israel," for the verse goes on to mention "the entire assembly" explicitly (*Mizrachi; Sifsei Chachamim*).

2. *Sotah* 35a; see also *Tanchuma* 9. This explains why the spies made this laudatory remark about the Land of Israel although they intended to speak ill of it (*Mizrachi; Sifsei Chachamim*).

3. When words from the root בצר have appeared earlier in Scripture, they have meant either "withholding," as in *Genesis* 11:5, or "picking crops," as in *Leviticus* 25:5, 11. Neither of those meanings fit our verse.

4. Although the word מִבְצָרִים, which is from the same root as בְּצֻרוֹת, appeared above in verse 19, Rashi did not comment upon it. For there, *Targum Onkelos* rendered מִבְצָרִים with the familiar כְּרַכִּין, which is often used in Rabbinic literature. Here, however, *Targum Onkelos* uses כְּרִיכָן. Rashi tells us that בְּצֻרוֹת denotes strength to suggest the meaning of that Aramaic word.

5. See *Exodus* 17:8-13.

6. *Tanchuma* 9. Unlike the other nations mentioned by the spies, Amalek was not among the nations whose land the Israelites intended to conquer. Nevertheless, the spies mentioned Amalek in order to frighten the people (*Gur Aryeh; Maskil LeDavid*).

7. "At the hand of" means "next to" because the hand

ל וַיַּ֧הַס כָּלֵ֛ב אֶת־הָעָ֖ם אֶל־
מֹשֶׁ֑ה וַיֹּ֗אמֶר עָלֹ֤ה נַעֲלֶה֙
וְיָרַ֣שְׁנוּ אֹתָ֔הּ כִּֽי־יָכ֥וֹל נוּכַ֖ל לָֽהּ׃

[30] *Caleb hushed the people toward Moses and said, "We shall surely ascend and conquer it, for we can surely do it!"*

אונקלוס

ל וְאַצֵּית כָּלֵב יָת עַמָּא לְמֹשֶׁה וַאֲמַר מִסַּק נִסַּק וְנֵירַת יָתַהּ אֲרֵי מִכּוֹל נִכּוֹל לַהּ׃

רש"י

(ל) ויהס כלב. השתיק את כלם (תנחומא י): אל משה. לשמוע מה שידבר במשה. צוח ואמר, וכי זו בלבד עשה לנו בן עמרם. השומע היה סבור שבא לספר בגנותו, ומתוך שהיה בלבם על משה בשביל דברי המרגלים שתקו כלם לשמוע גנותו. אמר, והלא קרע לנו את הים והוריד לנו את המן והגיז לנו את השליו (סוטה לה): עלה נעלה. אפילו בשמים, והוא אומר עשו סולמות ועלו שם, נצליח בכל דבריו (שם): ויהס. לשון שתיקה. וכן הס כל בשר (זכריה ב:יז) הס כי לא להזכיר (עמוס ו:י).

RASHI ELUCIDATED

And because of these hostile nations, **you will not be able to cross** the Jordan.

30. וַיַּהַס כָּלֵב – CALEB HUSHED. הִשְׁתִּיק אֶת כֻּלָּם[1] – He silenced all of them.[1]

□ **אֶל מֹשֶׁה – TOWARD MOSES. לִשְׁמוֹעַ מַה שֶּׁיְּדַבֵּר בְּמֹשֶׁה – To listen to what he would say against Moses.**[2] **צָוַח וְאָמַר – He cried out and said, וְכִי זוֹ בִּלְבָד עָשָׂה לָנוּ בֶּן עַמְרָם – "Is it this alone that the son of Amram has done to us?" הַשּׁוֹמֵעַ הָיָה סָבוּר – The one who heard** this **was under the impression שֶׁבָּא לְסַפֵּר בִּגְנוּתוֹ – that [Caleb] was about to speak in disparagement of [Moses],**[3] **וּמִתּוֹךְ שֶׁהָיָה בְלִבָּם עַל מֹשֶׁה – and since they had hard feelings toward Moses**[4] **בִּשְׁבִיל דִּבְרֵי הַמְרַגְּלִים – because of the words of the spies, שֶׁתְקוּ כֻּלָּם – they all became silent לִשְׁמוֹעַ גְּנוּתוֹ – to hear [Moses'] disparagement. אָמַר – [Caleb]** then **said, וַהֲלֹא קָרַע לָנוּ אֶת הַיָּם – "But did he not part the sea for us, וְהוֹרִיד לָנוּ אֶת הַמָּן – and bring down the manna for us, וְהֵגִיז לָנוּ אֶת הַשְּׂלָיו[5] – and make the pheasant fly to us?"**[5]

□ **עָלֹה נַעֲלֶה – WE SHALL SURELY ASCEND. אֲפִילוּ בַּשָּׁמַיִם – Even** if our destination would be **in the heavens,**[6] **וְהוּא אוֹמֵר – and he were to say, עֲשׂוּ סֻלָּמוֹת – make ladders וַעֲלוּ שָׁם – and go up there,**[7] **נַצְלִיחַ בְּכָל דְּבָרָיו[8] – we would succeed in all of his words,** i.e., in all that he says.[8]

□ **וַיַּהַס – [CALEB] HUSHED. לְשׁוֹן שְׁתִיקָה – This expresses silence. וְכֵן ,,הַס כָּל בָּשָׂר"[9] – Similarly, הַס** in, **"Hush, all flesh,"**[9] **,,הַס כִּי לֹא לְהַזְכִּיר"[10] –** and הַס in, **"Hush, for it should not be mentioned."**[10]

is at the side of the body; see Rashi to 2:17 above, s.v., עַל יָדוֹ, and to *Deuteronomy* 23:13, s.v., וְיָד תִּהְיֶה לְךָ.

1. *Tanchuma* 10. The verse means that Caleb silenced the people at large, not the spies. Had the verse meant that he silenced the spies, it would have said, "Caleb hushed them," not "Caleb hushed the people."

2. It does not mean that he silenced them so that they should listen to Moses, for it was Caleb, rather than Moses, who spoke after he silenced them (*Sefer Zikaron*).

3. Referring to someone as "son of so-and-so" without mentioning his own name can be considered disrespectful; e.g., *I Samuel* 20:27 (*Nachalas Yaakov*).

4. Literally, "since they had in their heart against Moses."

5. *Sotah* 35a.

6. This is implied by the double verb form which includes the infinitive (*Kitzur Mizrachi; Sifsei Chachamim*).

7. The spies understood that the time was not yet right for the Israelites to enter the Land of Canaan. The forty years of exile in the wilderness decreed upon them bears witness to this. But Scripture says, "Everything has its season, and there is a time for everything under the heaven" (*Ecclesiastes* 3:1). It is only "under the heaven," that is, within the realm of natural cause and effect, that man can calculate if the time is right for something, or not. But Moses ascended to heaven itself to receive the Torah. Under his leadership, the intensity of Divine Providence over the nation of Israel was such that they could not be said to be "under the heaven." This is what Caleb meant by "were he to say make ladders and go up there." Even though we do not possess the natural ability to enter the Land of Canaan presently, if Moses instructs us to do so, we will "make ladders" and ascend "even to the heavens"; that is, we will ascend to a plane beyond the natural, where cause and effect as we perceive it does not apply (*Sfas Emes*).

Alternatively, by "even to the heavens," Caleb meant even if the walls of the Canaanite cities are as high as the heavens, echoing the language of the spies as they are quoted in *Deuteronomy* 1:28, "cities great and fortified to the heavens" (*Be'er BaSadeh*). This interpretation is stated explicitly in the version of the text found in the Rome edition: אֲפִילוּ אִם הָיוּ הֶעָרִים בְּצוּרוֹת עַד לַשָּׁמַיִם, "Even if the cities were fortified to the heavens" (*Yosef Hallel*).

8. *Sotah* 35a.

9. *Zechariah* 2:17.

10. *Amos* 6:10.

לא וְהָאֲנָשִׁים אֲשֶׁר־עָלוּ עִמּוֹ אָמְרוּ
לֹא נוּכַל לַעֲלוֹת אֶל־הָעָם כִּי־חָזָק
לב הוּא מִמֶּנּוּ: וַיֹּצִיאוּ דִּבַּת הָאָרֶץ
אֲשֶׁר תָּרוּ אֹתָהּ אֶל־בְּנֵי יִשְׂרָאֵל
לֵאמֹר הָאָרֶץ אֲשֶׁר עָבַרְנוּ בָהּ
לָתוּר אֹתָהּ אֶרֶץ אֹכֶלֶת יוֹשְׁבֶיהָ
הִוא וְכָל־הָעָם אֲשֶׁר־רָאִינוּ
לג בְתוֹכָהּ אַנְשֵׁי מִדּוֹת: וְשָׁם רָאִינוּ

[31] But the men who had ascended with him said, "We cannot ascend to that people for it is stronger than us!" [32] They brought forth to the Children of Israel an evil report on the land that they had spied out, saying, "The land through which we have passed, to spy it out, is a land that devours its inhabitants! All the people that we saw in it were men of measures! [33] There we saw

אונקלוס

לא וְגֻבְרַיָּא דִּי סְלִיקוּ עִמֵּהּ אֲמָרוּ לָא נִכּוּל לְמִיסַק לְוָת עַמָּא אֲרֵי תַקִּיף הוּא מִנָּנָא: לב וְאַפִּיקוּ שׁוּם בִּישׁ עַל אַרְעָא דִּי אַלִּילוּ יָתַהּ לְוָת בְּנֵי יִשְׂרָאֵל לְמֵימַר אַרְעָא דִּי עֲבַרְנָא בַהּ לְאַלָּלָא יָתַהּ אַרְעָא מְקַטְּלַת יָתְבָהָא הִיא וְכָל עַמָּא דִּי חֲזֵינָא בְגַוַּהּ אֱנָשִׁין דְּמִשְׁחָן: לג וְתַמָּן חֲזֵינָא

רש"י

כן דרך בני אדם, הרוצה לשתק אגודת אנשים אומר ש"ט: (לא) **חזק הוא ממנו.** כביכול כלפי מעלה אמרו (סוטה שם): (לב) **אכלת יושביה.** בכל מקום שעברנו מצאנום קוברי מתים. והקב"ה עשה לטובה כדי לטרדם באבלם ולא יתנו לב לאלו (שם): **אנשי מדות.** גדולים וגבוהים וצריך לתת להם מדה, כגון גלית גבהו שש אמות וזרת (שמואל א יז:ד) וכן איש מדון (שמואל ב כא:כ) איש מדה (דברי הימים א יא:כג):

RASHI ELUCIDATED

אֲגוּדַת אֲנָשִׁים — one who wishes to silence הָרוֹצֶה לְשַׁתֵּק — Such is human behavior; כֵּן דֶּרֶךְ בְּנֵי אָדָם — a group of people, אוֹמֵר שׁי״ט — says, "Ssstt."[1]

31. חָזָק הוּא מִמֶּנּוּ — IT IS STRONGER THAN US. **כִּבְיָכוֹל — As if it were possible, כְּלַפֵּי מַעְלָה אָמְרוּ**[2] **— they said** this **with respect to** Him Who is **Above.**[2]

32. אֹכֶלֶת יוֹשְׁבֶיהָ — THAT DEVOURS ITS INHABITANTS. **בְּכָל מָקוֹם — In every place שֶׁעָבַרְנוּ — where we passed, מְצָאנוּם קוֹבְרֵי מֵתִים — we found them burying the dead.**[3] **וְהַקָּדוֹשׁ בָּרוּךְ הוּא — And the Holy One, Blessed is He, עָשָׂה לְטוֹבָה — did** this **for** the spies' **good כְּדֵי לְטָרְדָם בְּאֶבְלָם — in order to distract [the Canaanites] with their mourning, וְלֹא יִתְּנוּ לֵב לָאֵלּוּ**[4] **— and** thus **they would not notice these** spies.[4]

□ **אַנְשֵׁי מִדּוֹת** — MEN OF MEASURES. This means that they were **גְּדוֹלִים וּגְבוֹהִים — large and tall, וְצָרִיךְ לָתֵת לָהֶם מִדָּה — and it is necessary to assign them a measure,** i.e., to speak of them in terms of their measurements, **כְּגוֹן גָּלְיָת — such as Goliath,** of whom Scripture says, **,,גָּבְהוֹ שֵׁשׁ אַמּוֹת וָזָרֶת"**[5] **— "His height was six *amos* and a *zeres.*"**[5] **וְכֵן** — The phrase **אַנְשֵׁי מִדּוֹת is like** the phrases **,,אִישׁ מָדוֹן"**[6] **,,אִישׁ מִדָּה"**[7] — which both mean **"a man of measure."**[6,7]

---

1. Hissing sounds or words which stress such sounds are used to call for silence. Thus the verse uses וַיַּהַס, "and he hushed," rather than וַיַּשְׁתֵּק, "and he silenced"; הַס, like "hush," ends with a sibilant (see *Gur Aryeh*).

2. *Sotah* 35a. Rashi interprets the verse as "for it is stronger than *Him.*" Had the verse meant that the Canaanites were stronger than Israel, it need have said only "for it is strong," and it would have been understood that the implication is "for it is stronger than us." The apparently superfluous מִמֶּנּוּ is therefore interpreted as "than Him" (*Be'er Mayim Chaim; Da'as Yissachar*).

3. It does not mean that the physical features of the land are unhealthy, e.g., its water is foul, for they already called it "a land flowing with milk and honey." Rather, it means that they saw burials (*Maskil LeDavid*).

4. *Sotah* 35a.

5. *I Samuel* 17:4. The Scriptural *zeres* is the distance from the tip of the thumb to the tip of the little finger of a spread hand. The Talmud (*Kesubos* 5b) calls the little finger *zeres,* as if to say, "This is [the measure of] the *zeres.*" The length of the *zeres* is a matter of dispute. According to the *Tosefta* (*Keilim, B.M.* 6:4), it is half an *amah.* According to the *Yerushalmi* (see *Shenos Eliyahu* to *Orlah* 3:2) it is a third of an *amah. Vilna Gaon* explains that the *Yerushalmi* measures the straight line between the tips of the thumb and little finger, while the *Tosefta* measures the curved line that touches each of the five fingertips. Rashi (*Menachos* 97b) follows the opinion of the *Tosefta.*

Opinions regarding the modern equivalent of an *amah* range between 19 and 23 inches.

6. *II Samuel* 21:20.

7. *I Chronicles* 11:23. The height of the Egyptian "man of measure" in that verse is חָמֵשׁ בָּאַמָּה, "five *amos.*"

אֶת־הַנְּפִילִ֛ים בְּנֵ֥י עֲנָ֖ק מִן־הַנְּפִלִ֑ים
וַנְּהִ֤י בְעֵינֵ֙ינוּ֙ כַּֽחֲגָבִ֔ים וְכֵ֥ן הָיִ֖ינוּ
יד א בְּעֵינֵיהֶֽם: וַתִּשָּׂא֙ כָּל־הָ֣עֵדָ֔ה וַֽיִּתְּנ֖וּ
אֶת־קוֹלָ֑ם וַיִּבְכּ֥וּ הָעָ֖ם בַּלַּ֥יְלָה
ב הַהֽוּא: וַיִּלֹּ֙נוּ֙ עַל־מֹשֶׁ֣ה וְעַֽל־אַהֲרֹ֔ן
כֹּ֖ל בְּנֵ֣י יִשְׂרָאֵ֑ל וַ֨יֹּאמְר֜וּ אֲלֵהֶ֣ם כָּל־
הָעֵדָ֗ה לוּ־מַ֙תְנוּ֙ בְּאֶ֣רֶץ מִצְרַ֔יִם א֛וֹ

the Nephilim, the sons of a giant from among the Nephilim; we were like grasshoppers in our eyes, and so we were in their eyes!"

14 [1] *The entire assembly raised up and issued its voice; the people wept that night.* [2] *All the Children of Israel murmured against Moses and Aaron, and the entire assembly said to them, "Would that we had died in the land of Egypt, or*

אונקלוס

יָת גִּבָּרַיָּא בְּנֵי עֲנָק מִן גִּבָּרַיָּא וַהֲוֵינָא בְעֵינֵי נַפְשָׁנָא כְּקַמְצִין וְכֵן הֲוֵינָא בְּעֵינֵיהוֹן: א וַאֲרֵימַת כָּל כְּנִשְׁתָּא וִיהָבוּ יָת קָלְהוֹן וּבְכוֹ עַמָּא בְּלֵילְיָא הַהוּא: ב וְאִתְרַעֲמוּ עַל מֹשֶׁה וְעַל אַהֲרֹן כֹּל בְּנֵי יִשְׂרָאֵל וַאֲמַרוּ לְהוֹן כָּל כְּנִשְׁתָּא לְוֵי דְמִיתְנָא בְּאַרְעָא דְמִצְרַיִם אוֹ

רש"י

(לג) **הנפילים.** ענקים. מבני שמחזאי ועזאל שנפלו מן השמים בימי דור אנוש (יומא סז:; ילקוט שמעוני מד): **וכן היינו בעיניהם.** שמענו אומרים זה לזה נמלים יש בכרמים כאנשים (סוטה לה.): **ענק.** שמעניקים חמה בקומתן (שם לד:): (א) **כל העדה.** סנהדראות (תנחומא יב): (ב) **לו מתנו.** הלואי ומתנו:

RASHI ELUCIDATED

33. הַנְּפִלִים – THE NEPHILIM. These were עֲנָקִים – **giants,** מִבְּנֵי שַׁמְחֲזָאי וַעֲזָאֵל – **from among the sons of Shamchazai and Azael,**[1] שֶׁנָּפְלוּ מִן הַשָּׁמַיִם – **who fell**[2] **from the heavens,** בִּימֵי דוֹר אֱנוֹשׁ – **in the days of the Generation of Enosh.**[3]

□ וְכֵן הָיִינוּ בְּעֵינֵיהֶם – **AND SO WE WERE IN THEIR EYES.** שָׁמַעְנוּ אוֹמְרִים זֶה לָזֶה – **We heard them saying to each other,** נְמָלִים[4] יֵשׁ בַּכְּרָמִים – **"There are ants**[4] **in the vineyards** כַּאֲנָשִׁים[5] – which look **like men."**[5]

□ עֲנָק – **A GIANT.** שֶׁמַּעֲנִיקִים חַמָּה – They are called this **because they wore the sun like a necklace** בְּקוֹמָתָן[6] – **with their height.**[6]

14.

1. כָּל הָעֵדָה – THE ENTIRE ASSEMBLY, this refers to סַנְהֶדְרָאוֹת – **the justices.**[7]

2. לוּ מַתְנוּ – This means הַלְוַאי וָמַתְנוּ – **would that**[8] **we would have died.**

1. Angels who descended to earth (see next note).

2. נְפִלִים is from the root נפל, "to fall"; cf. Rashi to *Genesis* 6:4, s.v., הַנְּפִלִים.

3. *Yoma* 67b; *Yalkut Shimoni* 44. Rashi explains the apparent redundancy of "the Nephilim . . . from among the Nephilim." The first time the word is used it means "giants." The second time, it means "those who fell" (*Mizrachi; Sifsei Chachamim*).

4. The text follows virtually all the early editions. However, *Mizrachi* and *Yosef Daas* read חֲגָבִים, "grasshoppers."

5. *Sotah* 35a. This explains how the spies could have known how they appeared to the Nephilim (*Mizrachi; Sifsei Chachamim*).

6. *Sotah* 34b. That is, it is as if they put their heads through the opening in the heavens through which the sun comes out to shine over the earth (Rashi to *Sotah* 34b, s.v., שהיו מעניקים את החמה בקומתן). The idea of the sun coming through an opening in the heavens can be understood in kabbalistic terms (see *Sefer HaBris*, vol. 1, *Kesav Yosher*, sec. 4, ch. 10).

Since Rashi just explained the first "Nephilim" of the verse as meaning "giants," the phrase בְּנֵי עֲנָק, "sons of a giant," seems redundant. Rashi explains that it connotes "necklace"; it tells us of the height of the Nephilim.

7. *Tanchuma* 12. "The entire assembly" refers to a group other than "the people" mentioned later in the verse (*Be'er BaSadeh; Be'er Yitzchak*). Rashi interprets עֵדָה, "assembly," similarly in his comments to *Leviticus* 4:17, *Numbers* 10:2, and 27:21. This interpretation of Rashi follows all available texts, which assume that Rashi is commenting on the words כָּל הָעֵדָה of verse 1. (It should be noted that the manuscript and early printed editions did not number chapters and verses. That convention began in editions of Scripture printed in mid-sixteenth-century Venice. These numbers were not inserted into Rashi's commentary until even later.) However, the *Tanchuma*, Rashi's apparent source, makes this comment on the phrase וַיֹּאמְרוּ אֲלֵהֶם כָּל הָעֵדָה that appears in verse 2. In that verse, כָּל הָעֵדָה is understood as referring to the justices, for if it meant the nation in general, it would be superfluous; the verse could then have said, "They said to them," and it would be clear that the antecedent of "they" is "the Children of Israel" mentioned explicitly earlier in the verse.

8. The word לוּ has many meanings (see Rashi to *Genesis* 50:15, s.v., לוּ יִשְׂטְמֵנוּ). In this context, it means "would that" (see *Mizrachi; Sifsei Chachamim*).

ג בַּמִּדְבָּר הַזֶּה לוּ־מָתְנוּ: וְלָמָה יְהוָה
מֵבִיא אֹתָנוּ אֶל־הָאָרֶץ הַזֹּאת לִנְפֹּל
בַּחֶרֶב נָשֵׁינוּ וְטַפֵּנוּ יִהְיוּ לָבַז הֲלוֹא
ד טוֹב לָנוּ שׁוּב מִצְרָיְמָה: וַיֹּאמְרוּ אִישׁ
אֶל־אָחִיו נִתְּנָה רֹאשׁ וְנָשׁוּבָה
ה מִצְרָיְמָה: וַיִּפֹּל מֹשֶׁה וְאַהֲרֹן עַל־
פְּנֵיהֶם לִפְנֵי כָּל־קְהַל עֲדַת בְּנֵי
ו יִשְׂרָאֵל: וִיהוֹשֻׁעַ בִּן־נוּן וְכָלֵב בֶּן־
יְפֻנֶּה מִן־הַתָּרִים אֶת־הָאָרֶץ קָרְעוּ
ז בִּגְדֵיהֶם: וַיֹּאמְרוּ אֶל־כָּל־עֲדַת בְּנֵי־
יִשְׂרָאֵל לֵאמֹר הָאָרֶץ אֲשֶׁר עָבַרְנוּ
בָהּ לָתוּר אֹתָהּ טוֹבָה הָאָרֶץ מְאֹד
ח מְאֹד: שלישי אִם־חָפֵץ בָּנוּ יְהוָה וְהֵבִיא
אֹתָנוּ אֶל־הָאָרֶץ הַזֹּאת וּנְתָנָהּ לָנוּ
אֶרֶץ אֲשֶׁר־הִוא זָבַת חָלָב וּדְבָשׁ:
ט אַךְ בַּיהוָה אַל־תִּמְרֹדוּ וְאַתֶּם אַל־
תִּירְאוּ אֶת־עַם הָאָרֶץ כִּי לַחְמֵנוּ הֵם

would that we had died in this wilderness!
3 Why is HASHEM bringing us to this land to fall by the sword? Our wives and young children will be taken captive! Is it not better for us to return to Egypt?"

4 So they said to one another, "Let us appoint a leader and let us return to Egypt!"

5 Moses and Aaron fell on their faces before the entire congregation of the assembly of the Children of Israel.

6 Joshua son of Nun and Caleb son of Jephunneh, of those who spied out the land, tore their garments. 7 They spoke to the entire assembly of the Children of Israel, saying, "The land that we passed through, to spy it out — the Land is very, very good! 8 If HASHEM desires us, He will bring us to this land and give it to us, a land that flows with milk and honey. 9 But do not rebel against HASHEM! And you will not fear the people of the land, for they are our bread.

אונקלוס

בְּמַדְבְּרָא הָדֵין לְוֵי דְמִיתְנָא: ג וּלְמָא יְיָ מָעֵל יָתָנָא לְאַרְעָא הָדָא לְמִנְפַּל בְּחַרְבָּא נְשָׁנָא וְטַפְלָנָא יְהוֹן לְבִזָּא הֲלָא טַב לָנָא לְמִתּוּב לְמִצְרָיִם: ג וַאֲמַרוּ גְּבַר לַאֲחוּהִי נְמַנֵּי רֵישָׁא וּנְתוּב לְמִצְרָיִם: ה וּנְפַל מֹשֶׁה וְאַהֲרֹן עַל אַפֵּיהוֹן קֳדָם כָּל קְהַל כְּנִשְׁתָּא דִּבְנֵי יִשְׂרָאֵל: ו וִיהוֹשֻׁעַ בַּר נוּן וְכָלֵב בַּר יְפֻנֶּה מִן מְאַלְּלֵי יָת אַרְעָא בְּזָעוּ לְבוּשֵׁיהוֹן: ז וַאֲמָרוּ לְכָל כְּנִשְׁתָּא דִבְנֵי יִשְׂרָאֵל לְמֵימַר אַרְעָא דִּי עֲבַרְנָא בַהּ לְאַלָּלָא יָתַהּ טָבָא אַרְעָא לַחֲדָא לַחֲדָא: ח אִם רַעֲוָא בְנָא קֳדָם יְיָ וְיָעֵל יָתָנָא לְאַרְעָא הָדָא וְיִתְּנַהּ לָנָא אַרְעָא דִּי הִיא עָבְדָא חֲלַב וּדְבָשׁ: ט בְּרַם בְּמֵימְרָא דַייָ לָא תִמְרְדוּן וְאַתּוּן לָא תִדְחֲלוּן מִן עַמָּא דְאַרְעָא אֲרֵי בִידָנָא מְסִירִין אִנּוּן

רש"י

(ד) נתנה ראש. כתרגומו נמני רישא, נשים עלינו מלך. ורבותינו פירשו לשון עבודה זרה (אותיות דר' עקיבא; מכילתא טו:כב): **(ט) אל תמרדו.** ושוב ואתם אל תיראו: **כי לחמנו הם.** נאכלם כלחם:

RASHI ELUCIDATED

4. נִתְּנָה רֹאשׁ – Literally, "Let us place a head." This is to be understood **כְּתַרְגּוּמוֹ – as *Targum* Onkelos renders it, "נְמַנֵּי רֵישָׁא" – "Let us appoint a leader,"** that is to say, **נָשִׂים עָלֵינוּ מֶלֶךְ – let us set a king over us.**[1] **וְרַבּוֹתֵינוּ פֵּרְשׁוּ – Our Rabbis explained** [רֹאשׁ] **לְשׁוֹן עֲבוֹדָה זָרָה**[2] **– as meaning an idol.**[2]

9. אַל תִּמְרֹדוּ – DO NOT REBEL, **וְשׁוּב – and then, "וְאַתֶּם אַל תִּירְאוּ וְגוֹמֵר" – "You will not fear, etc."**[3]

☐ **כִּי לַחְמֵנוּ הֵם** – FOR THEY ARE OUR BREAD. **נֹאכְלֵם כַּלֶּחֶם – We will eat them like bread.**[4]

1. The root נתן, which usually means "giving," is used here in the sense of "appointing" (*Imrei Shefer*; see Rashi to *Genesis* 41:41 where he makes a similar point).

2. *Osiyos d'R' Akiva; Mechilta* to *Shemos* 15:22. According to the Rabbis, had the people intended to appoint a king, they would have said so clearly, נִתְּנָה מֶלֶךְ. By רֹאשׁ, "head, beginning," they meant a substitute for the Primal Cause, the beginning of all existence (*Gur Aryeh*).

3. וְאַתֶּם אַל תִּירְאוּ is not a second command: "Do not rebel . . . and do not fear," for that would have been expressed by וְאַל תִּירְאוּ, without the redundant pronoun אַתֶּם. The additional וְאַתֶּם indicates that וְאַתֶּם אַל תִּירְאוּ is the result of אַל תִּמְרֹדוּ: "Do not rebel . . . and *then,* you will not fear" (*Mishmeres HaKodesh; Maskil LeDavid*).

This also explains why Joshua and Caleb told the people, "Do not rebel against HASHEM," although they were trying to calm the people rather than to chastise them. For trusting God, rather than rebelling against Him, would alleviate their fear (*Mishmeres HaKodesh*).

4. This explains the comparison between "the people of the Land" and bread, and why Joshua and Caleb thought this comparison would reassure the people.

סָר צִלָּם מֵעֲלֵיהֶם וַיהוָה אִתָּנוּ
י אַל־תִּירָאֻם: וַיֹּאמְרוּ כָּל־הָעֵדָה
לִרְגּוֹם אֹתָם בָּאֲבָנִים וּכְבוֹד יהוה
נִרְאָה בְּאֹהֶל מוֹעֵד אֶל־כָּל־בְּנֵי
יִשְׂרָאֵל:
יא וַיֹּאמֶר יהוה אֶל־מֹשֶׁה עַד־אָנָה
יְנַאֲצֻנִי הָעָם הַזֶּה וְעַד־אָנָה לֹא־
יַאֲמִינוּ בִי בְּכֹל הָאֹתוֹת אֲשֶׁר עָשִׂיתִי

Their protection has departed from them; HASHEM is with us. Do not fear them!"

[10] But the entire assembly said to pelt them with stones — and the glory of HASHEM appeared in the Tent of Meeting to all the Children of Israel.

[11] HASHEM said to Moses, "To what point will this people anger Me, and how long will they not have faith in Me, despite all the signs that I have performed

אונקלוס

עֲדָא תָקְפְּהוֹן מִנְּהוֹן וּמֵימְרָא דַייָ בְּסַעְדָּנָא לָא תִדְחֲלוּן מִנְּהוֹן: י וַאֲמַרוּ כָּל כְּנִשְׁתָּא לְמִרְגַּם יָתְהוֹן בְּאַבְנַיָּא וִיקָרָא דַייָ אִתְגְּלִי בְּמַשְׁכַּן זִמְנָא לְכָל בְּנֵי יִשְׂרָאֵל: יא וַאֲמַר יְיָ לְמֹשֶׁה עַד אֵימָתַי יְהוֹן מַרְגְּזִין קֳדָמַי עַמָּא הָדֵין וְעַד אֵימָתַי לָא יְהֵימְנוּן בְּמֵימְרִי בְּכֹל אָתַיָּא דִי עֲבָדִית

רש"י

סר צלם. מגינם וחזקם, כשרים שבהם מתו, איוב שהיה מגין עליהם (ב"ב טו.). דבר אחר, צלו של המקום סר מעליהם: (י) **לרגום אותם.** את יהושע וכלב: **וכבוד** ה'. הענן ירד שם: (יא) **עד אנה.** עד היכן: **ינאצני.** ירגיזוני: **בכל האותות.** בשביל כל הנסים שעשיתי להם היה להם להאמין שהיכולת בידי לקיים הבטחתי:

RASHI ELUCIDATED

□ **סָר צִלָּם – THEIR PROTECTION** [literally, "their shade"] **HAS DEPARTED. מְגִינָם – Their shield וְחָזְקָם – and their strength; כְּשֵׁרִים שֶׁבָּהֶם מֵתוּ – the decent ones among them have died, אִיּוֹב – Job, שֶׁהָיָה מֵגֵן עֲלֵיהֶם[1] – who used to protect them** through his merit.[1]

דָּבָר אַחֵר – Alternatively, צִלּוֹ שֶׁל הַמָּקוֹם – the shade of the Omnipresent סָר מֵעֲלֵיהֶם – has departed from them.[2]

10. לִרְגּוֹם אֹתָם – TO PELT THEM. אֶת יְהוֹשֻׁעַ וְכָלֵב – "Them" refers to **Joshua and Caleb.**[3]

□ **וּכְבוֹד ה' – AND THE GLORY OF HASHEM. הֶעָנָן יָרַד שָׁם – The Cloud** of Glory **descended there.**[4]

11. עַד אָנָה – TO WHAT POINT. עַד הֵיכָן – To what extent . . .[5]

□ **יְנַאֲצֻנִי – WILL [THIS PEOPLE] ANGER ME?** The word **יְנַאֲצֻנִי**, as used here, means **יַרְגִּיזוּנִי – "will [they] anger Me."**[6]

□ **בְּכָל הָאֹתוֹת – DESPITE ALL THE SIGNS. בִּשְׁבִיל כָּל הַנִּסִּים – Because of all of the miracles**[7] **שֶׁעָשִׂיתִי לָהֶם – that I did for them, הָיָה לָהֶם לְהַאֲמִין – they should have believed שֶׁהַיְּכוֹלֶת בְּיָדִי – that in My hand is the wherewithal לְקַיֵּם הַבְטָחָתִי – to fulfill My promise.**[8]

1. *Bava Basra* 15a. The decent men among the Canaanites are represented by a tree in 13:20 above (see Rashi there, s.v., הֲיֵשׁ בָּהּ עֵץ). Thus, our verse uses צֵל, "shade," to represent the protective quality of the "tree."

2. According to this interpretation, צִלָּם does not mean "their shield," but rather "the shade that was over them." Furthermore, according to this interpretation, צִלָּם is not the shade of the "tree" (see previous note).

3. The verse does not mean that Joshua and Caleb succeeded in winning over the people to the point that they wanted to stone *the spies* (*Mesiach Ilmim; Mishmeres HaKodesh*).

Alternatively, Rashi points out that the word "them" does not refer to Moses and Aaron. Had the people wished to stone Moses and Aaron, they would have said so in their initial complaint, before Joshua and Caleb began speaking (*Gur Aryeh*).

The Zamora edition of Rashi has an addition to this comment: וּמִדְרָשׁ אַגָּדָה – An aggadic Midrash (*Tanchuma* 12) states: "לִרְגּוֹם אֹתָם" מֹשֶׁה וְאַהֲרֹן – The phrase "to stone them" refers to Moses and Aaron. "וּכְבוֹד ה' נִרְאָה" מְלַמֵּד – The phrase "and the glory of HASHEM appeared" teaches שֶׁהָיוּ זוֹרְקִים אֲבָנִים – that they threw stones, וְהֶעָנָן מְקַבְּלָן – and the cloud caught them.

4. This explains how "the Glory of HASHEM" was perceptible to the people (*Gur Aryeh; Be'er BaSadeh*).

5. When the word אָנָה stands by itself, it can express a question pertaining to distance, "Where to?" or "How far?" In conjunction with עַד, as in our verse, it can pertain to more abstract areas, e.g., "to what point [of endurance]?" (see *Be'er Yitzchak*).

6. In other contexts נאץ means "to blaspheme," e.g., *Psalms* 10:3 (see Rashi there).

7. אֹתוֹת, "signs," is used here in the sense of "miracles." It is not used in the sense of signs that a promise will be kept, as in *Exodus* 3:12 (see Rashi there).

8. The verse does not mean, "To what point will they not have faith in Me [and] *in* all the signs. . .," for there is no faith in the signs independent of faith in God

יב בְּקִרְבּוֹ: אַכֶּנּוּ בַדֶּבֶר וְאוֹרִשֶׁנּוּ
וְאֶעֱשֶׂה אֹתְךָ לְגוֹי־גָּדוֹל וְעָצוּם
יג מִמֶּנּוּ: וַיֹּאמֶר מֹשֶׁה אֶל־
יהוה וְשָׁמְעוּ מִצְרַיִם כִּי־הֶעֱלִיתָ
בְכֹחֲךָ אֶת־הָעָם הַזֶּה מִקִּרְבּוֹ:

in its midst? 12 I will smite them with the plague and annihilate them, and I shall make you a greater and more powerful nation than they."

13 Moses said to HASHEM, "Then Egypt will hear — he from whose midst You brought up this nation with Your power,

אונקלוס

בֵּינֵיהוֹן: יב אֶמְחִנּוּן בְּמוֹתָא וַאֲשֵׁיצֵנּוּן וְאֶעְבֵּד יָתָךְ לְעַם רַב וְתַקִּיף מִנְּהוֹן: יג וַאֲמַר מֹשֶׁה קֳדָם יְיָ וְיִשְׁמְעוּן מִצְרָאֵי אֲרֵי אַסֶּקְתָּא בְחֵילָךְ יָת עַמָּא הָדֵין מִבֵּינֵיהוֹן:

רש"י

(יב) ואורשנו. [כתרגומו,] לשון תרוכין. ואם תאמר מה אעשה לשבועת אבות, ואעשה אותך לגוי גדול, שאתה מזרעם (תנחומא יג): (יג) ושמעו מצרים. ושמעו את אשר תהרגם: כי העלית. כי משמש בלשון אשר, והם ראו אשר העלית בכחך הגדול אותם מקרבם, וכשישמעו שאתה הורגם לא יאמרו שחטאו לך, אלא יאמרו שכנגדם יכולת להלחם אבל כנגד יושבי הארץ לא יכולת להלחם. וזו היא ואמרו אל יושב הארץ הזאת (פסוק יד) כמו

RASHI ELUCIDATED

12. **וְאוֹרִשֶׁנּוּ – AND [I WILL] ANNIHILATE THEM.** {כְּתַרְגוּמוֹ – This is to be understood **as *Targum* Onkelos renders it.**}[1] **לְשׁוֹן תֵּרוּכִין – It expresses "driving away."**[2] **וְאִם תֹּאמַר – And if you will say, מָה אֶעֱשֶׂה – what will I do לִשְׁבוּעַת אָבוֹת – about the oath of** (sworn to) **the fathers,** to make of their descendants a great nation?[3] I answer you: **"וְאֶעֱשֶׂה אֹתְךָ לְגוֹי גָּדוֹל"[4] – "I shall make you a greater . . . nation,"**[4] **שֶׁאַתָּה מִזַּרְעָם[5] – for you are of their offspring.**[5]

13. **וְשָׁמְעוּ מִצְרַיִם – THEN EGYPT WILL HEAR.** **וְשָׁמְעוּ אֵת אֲשֶׁר תַּהַרְגֵם – They will hear that you killed [the Israelites].**[6]

□ **כִּי הֶעֱלִיתָ – [FROM WHOSE MIDST] YOU BROUGHT UP.** **"כִּי" מְשַׁמֵּשׁ בִּלְשׁוֹן אֲשֶׁר – The word כִּי here functions in the sense of אֲשֶׁר,** "that."[7] The verse means: **וְהֵם רָאוּ – [The Egyptians] have seen אֲשֶׁר הֶעֱלִיתָ בְּכֹחֲךָ הַגָּדוֹל אוֹתָם – that You brought [the Israelites] up with Your great strength מִקִּרְבָּם – from their midst. וּכְשֶׁיִּשְׁמְעוּ – And when they will hear שֶׁאַתָּה הוֹרְגָם – that You will have killed them, לֹא יֹאמְרוּ – [the Egyptians] will not say שֶׁחָטְאוּ לְךָ – that [the Israelites] sinned against You, אֶלָּא יֹאמְרוּ – but rather, they will say שֶׁכְּנֶגְדָּם – that against them,** i.e., the Egyptians, **יָכֹלְתָּ לְהִלָּחֵם – You were able to do battle, אֲבָל כְּנֶגֶד יוֹשְׁבֵי הָאָרֶץ – but against the inhabitants of the Land** of Canaan **לֹא יָכֹלְתָּ לְהִלָּחֵם – You were unable to do battle. וְזוֹ הִיא – And this is** the meaning of[8] **"וְאָמְרוּ אֶל יוֹשֵׁב הָאָרֶץ הַזֹּאת"[9] – "And they will say about the inhabitants of this land,"**[9] **כְּמוֹ – with**

Himself; the ב prefix of בְּכָל does not parallel the ב of בִּי (*Sefer Zikaron*). Rashi explains the ב prefix in a similar manner in his comments to *Genesis* 1:1 (s.v., בְּרֵאשִׁית בָּרָא), 6:3 (s.v., לֹא יָדוֹן), and 39:23; *Exodus* 10:12; and *Deuteronomy* 1:1 (s.v., בַּמִּדְבָּר, and s.v., בָּעֲרָבָה).

1. This word is not found in any of the early printed texts of Rashi. The Aramaic word Rashi goes on to use to define וְאוֹרִשֶׁנּוּ is not the same as the one *Targum Onkelos* uses.

2. "Driving away" is used here in the sense of "annihilation, driving away from the world" (see Rashi to 22:11 below, s.v., וַאֲגָרְשֶׁנּוּ; *Nefesh HaGer*).

The word וְאוֹרִשֶׁנּוּ does not mean "I will inherit them, I will take possession of them." That would be expressed by אִירָשֶׁנּוּ in the *kal*; וְאוֹרִשֶׁנּוּ is in the *hifil* (*Gur Aryeh*; Rashi to v. 24 below, s.v., יוֹרִשֶׁנָּה makes a similar point).

3. See *Genesis* 12:2, 22:17, 26-3-4, 35:11 and Rashi to *Exodus* 32:13, s.v., אֲשֶׁר.

4. The text follows all the early printed editions. Most contemporary editions begin a new comment with this phrase.

5. *Tanchuma* 13. God is here telling Moses what punishment He has in mind for the Children of Israel. His plans for Moses do not seem relevant. Rashi explains that God mentions that He will make Moses into a great nation in anticipation of an objection Moses might raise to the destruction of Israel (*Mizrachi; Sifsei Chachamim*).

6. In his next comment, Rashi says that כִּי הֶעֱלִיתָ בְכֹחֲךָ is not the direct object of "then Egypt will hear"; it is not what the Egyptians will hear. This being so, Rashi supplies the implicit direct object (*Mizrachi; Sifsei Chachamim*).

7. That is, כִּי introduces a clause that describes Egypt, not a clause that serves as the direct object of the preceding verb. For the verse cannot mean, "Then Egypt will hear that You brought up this nation with Your power from its midst." This is not something Egypt "will hear"; it is something they experienced (*Mesiach Ilmim*).

8. The text follows all the early printed editions. Most contemporary editions begin a new comment with this phrase.

9. Below v. 14.

יד וְאָמְר֗וּ אֶל־יוֹשֵׁב֮ הָאָ֣רֶץ הַזֹּאת֒
שָֽׁמְעוּ֙ כִּֽי־אַתָּ֣ה יהוה בְּקֶ֖רֶב הָעָ֣ם
הַזֶּ֑ה אֲשֶׁר־עַ֨יִן בְּעַ֜יִן נִרְאָ֣ה ׀
אַתָּ֣ה יהוה וַעֲנָֽנְךָ֙ עֹמֵ֣ד עֲלֵהֶ֔ם
וּבְעַמֻּ֣ד עָנָ֗ן אַתָּ֨ה הֹלֵ֤ךְ לִפְנֵיהֶם֙
יוֹמָ֔ם וּבְעַמּ֥וּד אֵ֖שׁ לָֽיְלָה׃ טו וְהֵמַתָּ֛ה
אֶת־הָעָ֥ם הַזֶּ֖ה כְּאִ֣ישׁ אֶחָ֑ד

[14] and they will say about the inhabitants of this land, having heard that You, HASHEM, are in the midst of this people — that You, HASHEM, appeared eye to eye and Your cloud stands over them, and that in a pillar of cloud You go before them by day and in a pillar of fire at night — [15] and if You were to put this people to death like a single man,

אונקלוס

יד וְיֵימְרוּן לְיָתֵב אַרְעָא הָדָא דִּשְׁמַעוּ אֲרֵי אַתְּ יְיָ דִּשְׁכִנְתָּךְ שָׁרְיָת בְּגוֹ עַמָּא הָדֵין דִּי בְעֵינֵיהוֹן חֲזַן שְׁכִינַת יְקָרָא דַיְיָ וַעֲנָנָךְ קָאֵם (נ״א מַטֵּל) עֲלָוֵהוֹן וּבְעַמּוּדָא דַעֲנָנָא אַתְּ מְדַבַּר קֳדָמֵיהוֹן בִּימָמָא וּבְעַמּוּדָא דְאֶשָּׁתָא בְּלֵילְיָא: טו וְתִקְטוֹל (נ״א וּתְקַטֵּל) יָת עַמָּא הָדֵין כִּגְבַר חַד

רש״י

על יושב הארץ הזאת. ומה יאמרו עליהם, מה שאמור בסוף הענין מבלתי יכולת ה׳ (פסוק טז) בשביל ששמעו כי אתה ה׳ שוכן בקרבם ועין בעין אתה נראה להם והכל בדרך חבה, ולא הכירו בך שנתקה אהבתך מהם עד הנה: (טו) והמתה את העם הזה כאיש אחד. פתאום, ומתוך כך ואמרו הגוים אשר

RASHI ELUCIDATED

עַל יוֹשֵׁב הָאָרֶץ הַזֹּאת – "about the inhabitants of this land."[1] the phrase אֶל יוֹשֵׁב הָאָרֶץ הַזֹּאת meaning **the same as** וּמָה יֹאמְרוּ עֲלֵיהֶם – **And what would they say about them?** מַה שֶּׁאָמוּר בְּסוֹף הָעִנְיָן – **That which is stated at the end of the topic,** "מִבִּלְתִּי יְכֹלֶת ה׳",[2] – **"Because HASHEM lacked the ability . . ."**[2] בִּשְׁבִיל שֶׁ"שָׁמְעוּ כִּי אַתָּה ה׳" – **Because "they have heard that You, HASHEM,"** שׁוֹכֵן בְּקִרְבָּם – **dwell in their midst,**[3] וְעַיִן בְּעַיִן אַתָּה נִרְאֶה לָהֶם – **and You appear to them eye to eye.**[4] וְהַכֹּל בְּדֶרֶךְ חִבָּה – **It is all in a loving manner.**[5] וְלֹא הִכִּירוּ בְךָ – **And [the Egyptians] have not become aware regarding You** שֶׁנִּתְּקָה אַהֲבָתְךָ מֵהֶם – **that Your love has been removed from [the Israelites],** עַד הֵנָּה – **as yet.**[6]

15. וְהֵמַתָּה אֶת הָעָם הַזֶּה כְּאִישׁ אֶחָד – **AND IF YOU WERE TO PUT THIS PEOPLE TO DEATH LIKE A SINGLE MAN,** פִּתְאוֹם – **suddenly.**[7] וּמִתּוֹךְ כָּךְ – **And as a result of this,**[8] "וְאָמְרוּ הַגּוֹיִם אֲשֶׁר

1. Moses argues that the Egyptians would attribute God's annihilation of the Israelites to His lack of ability to defeat the Canaanites. Whether the Egyptians would say this among themselves or tell it to the inhabitants of the Land of Canaan seems irrelevant. Rashi thus sees אֶל here not in its more common sense of "to," but rather as the equivalent of עַל, "about" (*Gur Aryeh*). Rashi also interprets אֶל as עַל in his comments to *Genesis* 37:35, s.v., אֵרֵד אֶל בְּנִי.

2. Below v. 16.

3. The verse says, "That You, HASHEM, are in the midst of this people." That could be seen as meaning that God is sending a plague in their midst. But Rashi explains that it means that He dwells in their midst; it is an expression of endearment, as Rashi goes on to say.

4. The verse says, "That You, HASHEM, appeared eye to eye," without saying to whom He appeared eye to eye. Rashi explains that the verse means that He appeared eye to eye to the Israelites; this is another expression of endearment.

5. That is, the verse speaks of things which the Egyptians have heard which indicate that God treats the Israelites in a loving manner.

6. Rashi explains why Moses tells God that the Egyptians have heard of the loving manner in which He has treated Israel. It is because they are still under the impression that God loves Israel, and are not aware that this is no longer so. Thus, they will not attribute God's destruction of Israel to Israel's worthiness of punishment, but rather to God's inability to defeat the Canaanite nations (*Mizrachi*).

7. "Like a single man" seems to imply that God could put the Israelites to death easily. But the ease with which God would put them to death has no bearing on Moses' argument that the Egyptians would say that God killed them because He was unable to bring them into Canaan. Rashi therefore explains that "like a single man" means that God would kill them suddenly. The Israelites' death in such an unnatural manner would lead the Egyptians to believe that God put them to death out of desperation, because He was unable to bring them into Canaan. It would also avoid the possibility of the Israelites spreading word that they are dying in the wilderness because of their sin (see *Gur Aryeh*).

Instead of including the phrase כְּאִישׁ אֶחָד, "like a single man," as part of the title of this comment, some early editions place it after the word פִּתְאוֹם as part of the comment. The meaning is unchanged.

8. With "as a result of this," Rashi indicates that כְּאִישׁ אֶחָד, "like a single man," marks the end of Scripture's enumeration, begun in verse 14, of that which the Egyp-

וְאָמְרוּ הַגּוֹיִם אֲשֶׁר־שָׁמְעוּ אֶת־
טז שִׁמְעֲךָ לֵאמֹר: מִבִּלְתִּי יְכֹלֶת
יהוה לְהָבִיא אֶת־הָעָם הַזֶּה
אֶל־הָאָרֶץ אֲשֶׁר־נִשְׁבַּע לָהֶם
יז וַיִּשְׁחָטֵם בַּמִּדְבָּר: וְעַתָּה יִגְדַּל־
נָא כֹּחַ אֲדֹנָי כַּאֲשֶׁר דִּבַּרְתָּ לֵאמֹר:

Then the nations that heard of Your fame
would say, 16 'Because HASHEM lacked the
ability to bring this people to the land that
He had sworn to give them, He slaughtered them in the wilderness.' 17 And now
— may now the strength of the Lord be
magnified as You have spoken, saying,

אונקלוס

וְיֵימְרוּן עַמְמַיָּא דִי שְׁמָעוּ יָת שְׁמַע גְּבֻרְתָּךְ לְמֵימַר: טז מִדְּלֵית יוּכְלָא קֳדָם יְיָ לְאָעָלָא יָת עַמָּא הָדֵין לְאַרְעָא דִי קַיֵּם לְהוֹן וְקַטְלִנּוּן (נ״א וְקַטְּלִינוּן) בְּמַדְבְּרָא: יז וּכְעַן סַגִּי כְעַן חֵילָא מִן קֳדָם יְיָ כְּמָא דִי מַלֶּלְתָּא לְמֵימָר:

רש"י

שמעו את שמעך מבלתי יכלת וגו', לפי שיושבי הארץ חזקים וגבורים, ואינו דומה פרעה לשלשים ואחד מלכים, וזאת יאמרו על יושב הארץ הזאת (תנחומא יג): **מבלתי יכלת.** מתוך שלא היה יכולת בידו להביאם, שחטם: **יכלת.** שם דבר הוא: (יז־יח) **כאשר דברת לאמר.** ומהו הדבור, ה' ארך אפים, לצדיקים ולרשעים. כשעלה משה למרום מצאו להקב"ה שהיה יושב וכותב ה' ארך אפים, אמר לו, לצדיקים, אמר לו הקב"ה אף לרשעים. אמר לו, רשעים יאבדו. אמר לו הקב"ה, חייך

RASHI ELUCIDATED

שָׁמְעוּ[1] אֶת שִׁמְעֲךָ מִבִּלְתִּי יְכֹלֶת וְגוֹמֵר"[2] — **"Then the nations that heard of Your fame would say,[1] 'Because [HASHEM] lacked the ability . . .' "[2]** לְפִי שֶׁיּוֹשְׁבֵי הָאָרֶץ — **Because the inhabitants of the land** חֲזָקִים וְגִבּוֹרִים — **are strong and mighty,** וְאֵינוֹ דוֹמֶה פַּרְעֹה — **and Pharaoh cannot be compared** לִשְׁלֹשִׁים וְאֶחָד מְלָכִים — to the **thirty-one kings** of Canaan[3] in terms of strength.[4] וְזֹאת יֹאמְרוּ — **This is what [the Egyptians] would say** עַל „יוֹשֵׁב הָאָרֶץ הַזֹּאת"[4a,5] — **about "the inhabitants of this land."[4a,5]**

16. מִבִּלְתִּי יְכֹלֶת — BECAUSE [HASHEM] LACKED THE ABILITY. מִתּוֹךְ שֶׁלֹּא הָיָה יְכוֹלֶת בְּיָדוֹ — **Because He did not possess the ability[6]** לַהֲבִיאָם — **to bring them** to the land, שְׁחָטָם — **He slaughtered them.[7]**

□ יְכֹלֶת — ABILITY. שֵׁם דָּבָר הוּא — **It is a noun.[8]**

17. כַּאֲשֶׁר דִּבַּרְתָּ לֵאמֹר — AS YOU HAVE SPOKEN, SAYING. וּמַהוּ הַדִּבּוּר — **And what is the "speaking"** to which Moses refers? It is as follows: „ה' אֶרֶךְ אַפַּיִם" — **"HASHEM, Slow to Anger,"[9]** לַצַּדִּיקִים וְלָרְשָׁעִים — **for** both **the righteous and the wicked.** כְּשֶׁעָלָה מֹשֶׁה לַמָּרוֹם — **When Moses ascended to the Heights,** i.e., when he ascended to Heaven from Mount Sinai to receive the Torah, מְצָאוֹ לְהַקָּדוֹשׁ בָּרוּךְ הוּא שֶׁהָיָה יוֹשֵׁב וְכוֹתֵב — **he found the Holy One, Blessed is He, sitting and writing,** „ה' אֶרֶךְ אַפַּיִם" — **"HASHEM, slow to anger."** אָמַר לוֹ — **[Moses] said to Him,** לַצַּדִּיקִים — **"For the righteous."** אָמַר לוֹ הַקָּדוֹשׁ בָּרוּךְ הוּא — **The Holy One, Blessed is He, said to him,** אַף לָרְשָׁעִים — **"For the wicked, as well."** אָמַר לוֹ — **[Moses] said to Him,** רְשָׁעִים יֹאבֵדוּ — **"Let the wicked perish."** אָמַר לוֹ הַקָּדוֹשׁ בָּרוּךְ הוּא — **The Holy One, Blessed is He, said to him,** חַיֶּיךָ — "I swear **by your life**

tians will have heard, and that וְאָמְרוּ הַגּוֹיִם, "then the nations . . . would say," resumes the chain of events which would ensue, were God to wipe out the Israelites. וְאָמְרוּ here is thus a repetition of the וְאָמְרוּ at the beginning of verse 14 (see *Da'as Yissachar*).

1. Although most contemporary editions begin a new comment with this phrase, all the early printed editions have one extended comment here.

2. Below v. 16.

3. See *Joshua* ch. 12.

4. This explains how the Egyptians could think that God was unable to bring the Israelites into Canaan, despite having seen His might when He brought the Israelites out of Egypt (*Mesiach Ilmim*).

4a. Above v. 14.

5. *Tanchuma* 13. Rashi links our verse to verse 14 above and reiterates the point he made there.

6. Rashi notes that בִּלְתִּי is used here in its sense of "not," as it is used in *I Samuel* 20:26, for example. It is not used in the sense of "except for, other than," as in *Exodus* 22:19, for example. With the word מִתּוֹךְ, Rashi indicates that the מ prefix of מִבִּלְתִּי is used in the sense of "as a result of, because of" (*Imrei Shefer*). Furthermore, Rashi points out that מִבִּלְתִּי יְכֹלֶת ה' does not mean "because HASHEM is unable." יְכֹלֶת is not a participle (verbal adjective), for if it were it would be feminine, and its subject, HASHEM, is masculine. Rather, it is a noun, as Rashi states in his next comment (see *Mizrachi; Sifsei Chachamim*).

7. By using שְׁחָטָם instead of the verse's וַיִּשְׁחָטֵם, Rashi indicates that the ו of וַיִּשְׁחָטֵם is not used as a conjunction ("and"), but serves only as a *vav*-conversive. Rashi states this about our verse explicitly in his comments to *Exodus* 15:2 (see *Imrei Shefer*).

8. See note 6 above.

9. Below v. 17.

יח יהוה אֶרֶךְ אַפַּיִם וְרַב־חֶסֶד
נֹשֵׂא עָוֺן וָפָשַׁע וְנַקֵּה לֹא יְנַקֶּה
פֹּקֵד עֲוֺן אָבוֹת עַל־בָּנִים
יט עַל־שִׁלֵּשִׁים וְעַל־רִבֵּעִים: סְלַח־
נָא לַעֲוֺן הָעָם הַזֶּה כְּגֹדֶל חַסְדֶּךָ
וְכַאֲשֶׁר נָשָׂאתָה לָעָם הַזֶּה
כ מִמִּצְרַיִם וְעַד־הֵנָּה: וַיֹּאמֶר
כא יהוה סָלַחְתִּי כִּדְבָרֶךָ: וְאוּלָם

[18] *'HASHEM, Slow to Anger, Abundant in Kindness, Forgiver of Iniquity and Willful Sin, and Who Absolves — but does not absolve, recalling the iniquity of parents upon children to the third and fourth generations' —* [19] *forgive now the iniquity of this people according to the greatness of Your kindness and as You have forgiven this people from Egypt until now."*

[20] *And HASHEM said, "I have forgiven in accordance with your words.* [21] *But*

אונקלוס

יח יְיָ מַרְחֵק רְגַז וּמַסְגֵּי לְמֶעְבַּד טַבְוָן שָׁבֵק לַעֲוָיָן וְלִמְרוֹד סָלַח לִדְתַיְבִין לְאוֹרַיְתֵהּ וּדְלָא תַיְבִין לָא מְזַכֵּי מַסְעַר חוֹבֵי אֲבָהָן עַל בְּנִין מָרְדִין עַל דָּר תְּלִיתַי וְעַל דָּר רְבִיעָי: יט שְׁבוֹק כְּעַן לְחוֹבֵי עַמָּא הָדֵין כִּסְגִיאוּת טַבְוָתָךְ וּכְמָא דִי שְׁבַקְתָּא לְעַמָּא הָדֵין מִמִּצְרַיִם וְעַד כְּעָן: כ וַאֲמַר יְיָ שְׁבָקִית כְּפִתְגָּמָךְ: כא וּבְרַם

רש"י

שתצטרך לדבר. כשחטאו ישראל בעגל ובמרגלים התפלל משה לפניו בארך אפים, אמר לו הקב"ה, והלא אמרת לי לצדיקים. אמר לו, והלא אמרת לי אף לרשעים, יגדל נא כח ה', לעשות דבורך (סנהדרין קיא.-קיא:): **ונקה.** לשבים (יומא פו.): **לא ינקה.** לשאינן שבים (שם): (כ) **כדברך.** בשביל מה שאמרת, פן יאמרו מבלתי יכולת ה': (כא) **ואולם.** כמו אבל זאת אעשה להם:

RASHI ELUCIDATED

שֶׁתִּצְטָרֵךְ לַדָּבָר – that you will need the matter, i.e., that you will have need for My trait of being slow to anger even for the wicked." **כְּשֶׁחָטְאוּ יִשְׂרָאֵל – When Israel sinned בָּעֵגֶל – at the** incident of the Golden **Calf וּבַמְרַגְּלִים – and at** the incident of **the spies, הִתְפַּלֵּל מֹשֶׁה לְפָנָיו – Moses prayed before Him בְּאֶרֶךְ אַפַּיִם – with "Slow to Anger." אָמַר לוֹ הַקָּדוֹשׁ בָּרוּךְ הוּא – The Holy One, Blessed is He, said to him, וַהֲלֹא אָמַרְתָּ לִי – "But did you not say to Me** that this quality should be reserved **לַצַּדִּיקִים – 'For the righteous'?" אָמַר לוֹ – [Moses] said to Him, וַהֲלֹא אָמַרְתָּ לִי – "But did You not say to me** that it will be **אַף לָרְשָׁעִים – 'For the wicked, as well'? "יִגְדַּל נָא כֹּחַ אֲדֹנָי", – 'Now may the strength of the Lord be magnified' לַעֲשׂוֹת דִּבּוּרְךָ – by fulfilling that which You said."**[1]

☐ **וְנַקֵּה – WHO ABSOLVES לַשָּׁבִים[2] – those who repent,**[2]

☐ **לֹא יְנַקֶּה – BUT DOES NOT ABSOLVE לְשֶׁאֵינָן שָׁבִים[2] – those who do not repent.**[2]

20. כִּדְבָרֶךָ – IN ACCORDANCE WITH YOUR WORDS. בִּשְׁבִיל מַה שֶׁאָמַרְתָּ – Because of that which you said, פֶּן יֹאמְרוּ – lest they say, "מִבִּלְתִּי יְכֹלֶת ה'", – "Because HASHEM lacked the ability."[3]

21. וְאוּלָם – BUT. This has the same implication **כְּמוֹ "אֲבָל זֹאת אֶעֱשֶׂה לָהֶם" – as "but I will do this to them."**[4]

1. *Sanhedrin* 111a-b. God's strength is infinite. It cannot be magnified. With "may the strength of the Lord be magnified," Moses meant, "May the quality of being slow to anger be extended even to the sinful" (see *Be'er Mayim Chaim*).

2. *Yoma* 86a. The phrase וְנַקֵּה לֹא יְנַקֶּה also apears in the Thirteen Attributes of Mercy (*Exodus* 34:7). There Rashi explains it in two ways. The first, which Rashi there calls פְּשׁוּטוֹ, "its simple meaning," is that God overlooks sin, but does not overlook it completely. Rather, He exacts punishment from the sinner little by little. The second, which Rashi refers to as דְּרָשׁ, "exegetical interpretation," is the same as the one he gives here. There, God is teaching Moses the order of the Thirteen Attributes, and this particular attribute can be understood in two ways. But in our verse, Moses is praying for God to absolve the nation for the sin of the spies. Certainly, Moses did not pray that God should exact punishment; he prayed for complete forgiveness. Thus, what was an "exegetical interpretation" in *Exodus,* is Moses' prime intention here, and so Rashi gives only that interpretation.

3. "In accordance with your words" does not refer to Moses' prayer on Israel's behalf which immediately precedes God's response, for if this were so, the phrase would be superfluous; had God said only, "I have forgiven," it would be understood that He is responding to the prayer that was just spoken. Rather, "in accordance with your words" means, "in accordance with your earlier argument" (*Mizrachi; Sifsei Chachamim*).

4. וְאוּלָם, "but," introduces something which limits or contradicts that which has been previously stated. וְאוּלָם חַי אָנִי could have been understood as "but I am alive." However, if this were the meaning of the verse, "but" would be incongruous, for the fact that God is alive in no way limits or contradicts that which has been stated

as I live — and the glory of HASHEM shall fill the entire world — [22] *that all the men who have seen My glory and My signs that I performed in Egypt and in the Wilderness, and have tested Me these ten times and have not heeded My voice,*

חַי־אָ֑נִי וְיִמָּלֵ֥א כְבוֹד־יְהוָ֖ה אֶת־
כב כָּל־הָאָֽרֶץ׃ כִּ֣י כָל־הָאֲנָשִׁ֗ים הָרֹאִ֤ים
אֶת־כְּבֹדִי֙ וְאֶת־אֹ֣תֹתַ֔י אֲשֶׁר־עָשִׂ֥יתִי
בְמִצְרַ֖יִם וּבַמִּדְבָּ֑ר וַיְנַסּ֣וּ אֹתִ֗י זֶ֚ה
עֶ֣שֶׂר פְּעָמִ֔ים וְלֹ֥א שָׁמְע֖וּ בְּקוֹלִֽי׃

אונקלוס

קַיָּם אֲנָא וּמַלְיָא (נ״א וּמַלִּי) יְקָרָא דַייָ יָת כָּל אַרְעָא: כב אֲרֵי כָל גֻּבְרַיָּא דַּחֲזוֹ יָת יְקָרִי וְיָת אַתְוָתַי דִּי עֲבָדִית בְּמִצְרַיִם וּבְמַדְבְּרָא וְנַסִּיאוּ קֳדָמַי דְּנַן עֲשַׂר זִמְנִין וְלָא קַבִּילוּ בְּמֵימְרִי:

רש״י

חי אני. לשון שבועה כשם שאני חי וכבודי ימלא את כל הארץ כך אקיים להם, כי כל האנשים הרואים וגו׳ (פסוק כב) אם יראו את הארץ (פסוק כג). [הרי זה מקרא מסורס, חי אני כי כל האנשים וגו׳ אם יראו את הארץ, וכבודי ימלא את כל הארץ, שלא יתחלל שמי במגפה הזאת לאמר מבלתי יכולת ה׳ להביאם, שלא אמיתם פתאום כאיש אחד אלא באיחור ארבעים שנה מעט מעט]: **(כב) וינסו.** כמשמעו: **זה עשר פעמים.** שנים בים ושנים במן ושנים בשליו וכו׳, כדאיתא במסכת ערכין (טו.-טו:):

RASHI ELUCIDATED

□ **חַי אָנִי – AS I LIVE.** **לְשׁוֹן שְׁבוּעָה – This expresses an oath;**[1] **כְּשֵׁם שֶׁאֲנִי חַי – just as I live** **וּכְבוֹדִי יִמָּלֵא אֶת כָּל הָאָרֶץ – and My glory shall fill the entire world,**[2] **כַּךְ אֲקַיֵּם לָהֶם – so shall I fulfill for them** **,,כִּי כָל הָאֲנָשִׁים הָרֹאִים וְגוֹמֵר – "that all the men who have seen, etc.,** **אִם יִרְאוּ אֶת הָאָרֶץ"**[3] **– if they will see the Land."**[3]

{**הֲרֵי זֶה מִקְרָא מְסֹרָס – See now, that this is an inverted verse,** i.e, the statements do not appear in their proper sequence. The order of ideas in these verses is as follows: **,,חַי אֲנִי כִּי כָל הָאֲנָשִׁים וְגוֹמֵר" – "[But] as I live, that all the men, etc.,"**[4] **,,אִם יִרְאוּ אֶת הָאָרֶץ" – "if they will see the Land,"** **וּכְבוֹדִי יִמָּלֵא אֶת כָּל הָאָרֶץ – "and" My "glory. . .shall fill the entire world,"** **שֶׁלֹּא יִתְחַלֵּל שְׁמִי בַּמַּגֵּפָה הַזֹּאת – in that My Name will not be desecrated through this plague,** **לֵאמֹר –** by non-Jews **saying,** **,,מִבִּלְתִּי יְכֹלֶת ה׳ לַהֲבִיאָם"**[5] **– "because HASHEM lacked the ability,"**[5] **שֶׁלֹּא אֲמִיתֵם פִּתְאוֹם – for I will not put them to death suddenly** **כְּאִישׁ אֶחָד – "like a single man,"** **אֶלָּא בְּאִיחוּר אַרְבָּעִים שָׁנָה – but with a delay of forty years,** **מְעַט מְעַט – little by little.**}[6,7]

22. וַיְנַסּוּ – AND HAVE TESTED. This is to be understood **כְּמַשְׁמָעוֹ – as it sounds.**[8]

□ **זֶה עֶשֶׂר פְּעָמִים – THESE TEN TIMES.** **שְׁנַיִם בַּיָּם – Two at the sea,** **וּשְׁנַיִם בַּמָּן – and two with the manna,** **וּשְׁנַיִם בַּשְּׂלָיו וְכוּלְּהוּ – and two with the pheasants, etc.,** **כִּדְאִיתָא בְּמַסֶּכֶת עֲרָכִין – as stated**

previously, that He has forgiven the Israelites. Rather, חַי אָנִי is an oath, as Rashi goes on to say in his next comment. "But" introduces not חַי אָנִי, but an implicit clause, "I will do this to them." The implicit clause runs against the thrust of God's forgiveness of Israel, mentioned in the preceding verse. "But" is thus appropriate.

1. It is not a declarative statement: "I am alive." That would be meaningless in context (*Mizrachi; Gur Aryeh*).

2. Rashi indicates that "the glory of HASHEM shall fill the entire world" is part of the wording which introduces the oath, rather than part of what is undertaken in the oath.

3. Below vv. 22-23.

4. Rashi restructures verses 21-23, moving the clause "and the glory of HASHEM shall fill the entire world" of verse 21, and placing it after verse 23..

5. Above v. 16. God is responding to Moses' charge that wiping out the Israelites will be attributed by non-Jews to weakness on God's part.

6. In this view, "and the glory of HASHEM will fill the entire world" is part of what God undertakes to do. Previously, Rashi considered it as part of the introduction of the oath (see note 2 above). *Levush HaOrah* and *Nachalas Yaakov* therefore conclude that this comment should be preceded by the words דָּבָר אַחֵר, "alternatively." A. Berliner, on the basis of manuscripts, attributes this comment to R' Yosef (bar Shimon) Kara. R' Yosef, a younger contemporary of Rashi, often repeated to Rashi comments he had heard from his uncle and mentor R' Menachem bar Chelbo. Rashi often praised the comments of both R' Menachem and R' Yosef and occasionally incorporated them into his own commentary, and cited the source. Other of R' Yosef's comments entered Rashi's work without Rashi's knowledge. R' Yosef sometimes wrote his own signed comments as marginal glosses to Rashi's notes. Centuries later his manuscript became the basis for some of the early printed editions of Rashi and some of those glosses found their way with or without R' Yosef's name, into those editions as if they were Rashi's comments.

7. This comment is absent in some of the early printed editions.

8. This is unlike *Chizkuni,* who sees וַיְנַסּוּ as cognate with the word נְסִיסִין, "aggrieved" (see *Targum Onkelos* to *Genesis* 40:6), and as meaning "they have angered Me" (see *Gur Aryeh* [*HaShalem*]).

כג אִם־יִרְאוּ֙ אֶת־הָאָ֔רֶץ אֲשֶׁ֥ר
נִשְׁבַּ֖עְתִּי לַאֲבֹתָ֑ם וְכָל־מְנַאֲצַ֖י לֹ֥א
כד יִרְאֽוּהָ׃ וְעַבְדִּ֣י כָלֵ֗ב עֵ֚קֶב הָֽיְתָ֞ה
ר֤וּחַ אַחֶ֙רֶת֙ עִמּ֔וֹ וַיְמַלֵּ֖א אַחֲרָ֑י

[23] *if they will see the land that I have sworn to give their forefathers! — and all who anger Me shall not see it.* [24] *But My servant Caleb, because a different spirit was with him and he followed after Me*

אונקלוס

כג אִם יֶחֱזוֹן יָת אַרְעָא דִּי קַיֵּמִית לַאֲבָהַתְהוֹן וְכָל דְּאַרְגִּיזוּ קֳדָמַי לָא יֶחֱזֻנַּהּ:
כד וְעַבְדִּי כָּלֵב חֲלַף דַּהֲוָה רוּחַ אוֹחֲרִי עִמֵּהּ וְאַשְׁלֵם בָּתַר דַּחַלְתִּי

רש״י

(כג) אם יראו. לא יראו: [**לא יראוה.** לא יראו את הארץ:] **(כד) רוח אחרת.** שתי רוחות, אחת בפה ואחת בלב. למרגלים אמר אני עמכם בעצה, ובלבו היה לומר האמת, ועל ידי כן היה בו כח להשתיקם כמו שנאמר ויהס כלב (לעיל יג:ל) שהיו סבורים שיאמר כמותם. זהו שנאמר בספר יהושע, ואשב אותו דבר כאשר עם לבבי (יהושע יד:ז) ולא כאשר עם פי: **וימלא אחרי.** וימלא את לבו אחרי. וזה מקרא קצר: **אשר בא שמה.** חברון תנתן לו:

RASHI ELUCIDATED

in Tractate *Arachin*.[1]

23. אִם יִרְאוּ – IF THEY WILL SEE. That is, **לֹא יִרְאוּ – they shall not see.**[2]

{□ **לֹא יִרְאוּהָ – [THEY] SHALL NOT SEE IT.** **לֹא יִרְאוּ אֶת הָאָרֶץ – They shall not see the land.**[3]}

24. רוּחַ אַחֶרֶת – A DIFFERENT SPIRIT. **שְׁתֵּי רוּחוֹת** – He had **two spirits,** **אַחַת בַּפֶּה – one in** his **mouth,** **וְאַחַת בַּלֵּב – and one in** his **heart.**[4] **לַמְרַגְּלִים אָמַר – To the spies he said,** **אֲנִי עִמָּכֶם בָּעֵצָה – "I am with you in the scheme,"** **וּבְלִבּוֹ הָיָה – but he had in his heart,** i.e., he intended, **לוֹמַר הָאֱמֶת – to tell the truth,** **וְעַל יְדֵי כֵן – and thereby,** through this subterfuge, **הָיָה בּוֹ כֹּחַ – [Caleb] had the power** **לְהַשְׁתִּיקָם – to silence [the people],** **כְּמוֹ שֶׁנֶּאֱמַר – as it says,** **"וַיַּהַס כָּלֵב"**[5] **– "Caleb hushed** [the people],"[5] **שֶׁהָיוּ סְבוּרִים – for they were under the impression** **שֶׁיֹּאמַר כְּמוֹתָם – that he would speak as [the spies]** did. **זֶהוּ שֶׁנֶּאֱמַר – This is** the meaning of **that which it says** **בְּסֵפֶר יְהוֹשֻׁעַ – in the Book of *Joshua*,** **"וָאָשֵׁב אֹתוֹ דָּבָר כַּאֲשֶׁר עִם לְבָבִי"**[6] **– "And I brought back word to him as was with my heart,"**[6] **וְלֹא כַּאֲשֶׁר עִם פִּי – but not as was with my mouth.**

□ **וַיְמַלֵּא אַחֲרָי – AND HE FOLLOWED** [literally, "and he filled"] **AFTER ME.** This means, **וַיְמַלֵּא אֶת לִבּוֹ אַחֲרָי – and he filled his heart after Me,** i.e., to follow Me. **וְזֶה מִקְרָא קָצָר – This is an abbreviated verse.**[7]

□ **אֲשֶׁר בָּא שָׁמָּה – TO WHICH HE CAME.** **חֶבְרוֹן תִּנָּתֶן לוֹ – Hebron shall be given to him.**[8]

1. *Arachin* 15a-b. The first test at the sea took place when the Israelites showed a lack of trust in God by complaining "is it because there are not – there are not graves in Egypt – that you took us to die in the wilderness?" (*Exodus* 14:11). The second test at the sea is alluded to in the verse "they rebelled about the sea, at the Sea of Reeds" (*Psalms* 106:7). After the Israelites crossed the sea, they demonstrated a lack of faith by saying, "Just as we are emerging from the sea on this side, the Egyptians are emerging on the other, and they will pursue us again." The first test of the manna occurred when they were commanded not to leave any of the manna over until the morning, yet some of them did (see *Exodus* 16:19-20). The other occurred when some of the Israelites went out to gather manna on Shabbos, although they had been commanded not to (see *Exodus* 16:27). The two sins involving the pheasants were the two times that the Israelites asked for meat in an ungrateful manner (see *Exodus* 16:3 and 11:4 above). The other four tests are the two times that they tested God by complaining of lack of water (see *Exodus* 15:23 and 17:2); the sin of the Golden Calf (see *Exodus* ch. 32); and the sin of the spies in our passage.

2. "If they will see . . ." is not a clause which limits the oath, as if to say, "The oath is effective only *if they will see* . . ." Rather, it is that which is undertaken through the oath; it expresses "they shall not see" (*Levush HaOrah*).

3. Rashi appears to be stating the obvious. *Yosef Hallel* notes that most early editions do not have a comment on the words לֹא יִרְאוּהָ as our text does. However, in some of these editions, the words אֶת הָאָרֶץ appear as the conclusion of Rashi's comment on the words אִם יִרְאוּ.

4. The verse's use of עֵקֶב הָיְתָה רוּחַ אַחֶרֶת עִמּוֹ, "because a different spirit was *with him*," rather than עֵקֶב הָיְתָה לוֹ רוּחַ אַחֶרֶת, "because he had a different spirit," implies that in some sense he had an "additional" spirit that was "with" the other spirit (*Otzros Yosef*).

5. Above 13:30; see Rashi there.

6. *Joshua* 14:7; see Rashi there.

7. It is abbreviated in that it does not say what Caleb filled.

8. "I shall bring him to the land to which he came" could be understood to mean that, unlike his contemporaries,

וַהֲבִיאֹתִיו אֶל־הָאָרֶץ אֲשֶׁר־בָּא
כה שָׁמָּה וְזַרְעוֹ יוֹרִשֶׁנָּה: וְהָעֲמָלֵקִי
וְהַכְּנַעֲנִי יוֹשֵׁב בָּעֵמֶק מָחָר פְּנוּ וּסְעוּ
לָכֶם הַמִּדְבָּר דֶּרֶךְ יַם־סוּף:
כו רביעי וַיְדַבֵּר יהוה אֶל־מֹשֶׁה וְאֶל־
כז אַהֲרֹן לֵאמֹר: עַד־מָתַי לָעֵדָה הָרָעָה
הַזֹּאת אֲשֶׁר הֵמָּה מַלִּינִים עָלָי

wholeheartedly, I shall bring him to the land to which he came, and his offspring will drive out [its inhabitants]. [25] *The Amalekite and the Canaanite dwell in the valley — tomorrow, turn and journey toward the wilderness in the direction of the Sea of Reeds."*

[26] *HASHEM spoke to Moses and Aaron, saying,* [27] *"How long for this evil assembly that provokes to complain against Me!?*

אונקלוס

וְאָעֵלִנֵּהּ לְאַרְעָא דִּי עַל לְתַמָּן וּבְנוֹהִי יְתָרְכִנָּהּ: כה וַעֲמַלְקָאָה וּכְנַעֲנָאָה יָתֵב בְּמֵישְׁרָא מְחַר אִתְפְּנוּ וְטוּלוּ לְכוֹן לְמַדְבְּרָא אוֹרַח יַמָּא דְסוּף: כו וּמַלִּיל יְיָ עִם מֹשֶׁה וְעִם אַהֲרֹן לְמֵימָר: כז עַד אֵימָתַי לִכְנִשְׁתָּא בִישְׁתָּא הָדָא דִּי אִנּוּן מִתְרַעֲמִין עֲלָי

רש"י

יורשנה. כתרגומו יתרכנה, יורישו את הענקים ואת העם אשר בה, ואין לתרגמו יירתינה אלא במקום יירשנה: **(כה) והעמלקי וגו'.** אם תלכו שם יהרגו אתכם מאחר שאיני עמכם, **מחר פנו** לאחוריכם **וסעו לכם** וגו': **(כז) לעדה הרעה וגו'.** אלו המרגלים, מכאן לעדה שהיא עשרה (מגילה כג:): **אשר המה מלינים.** את ישראל עלי:

RASHI ELUCIDATED

□ **יוֹרִשֶׁנָּה** – WILL DRIVE OUT [ITS INHABITANTS]. This is to be understood **כְּתַרְגּוּמוֹ** – **as *Targum Onkelos* renders it,** **,,יְתָרְכִנַּהּ"** – **"will drive it out,"** i.e., **יוֹרִישׁוּ אֶת הָעֲנָקִים** – **they shall drive out the giants**[1] **וְאֶת הָעָם אֲשֶׁר בָּהּ** – **and the people who are in it.** **וְאֵין לְתַרְגְּמוֹ ,,יֵירְתִנַּהּ"** – **One does not use the Aramaic** יֵירְתִנַּהּ in translation **אֶלָּא בִּמְקוֹם ,,יִירָשֶׁנָּה"** – **other than in place of יִירָשֶׁנָּה,** "shall possess it."[2]

25. וְהָעֲמָלֵקִי וְגוֹמֵר – THE AMALEKITE, ETC. **אִם תֵּלְכוּ שָׁם** – **If you will go there,** **יַהַרְגוּ אֶתְכֶם** – **they will kill you,** **מֵאַחַר שֶׁאֵינִי עִמָּכֶם** – **since I am not with you.**[3]

□ **מָחָר פְּנוּ** – TOMORROW, TURN **לַאֲחוֹרֵיכֶם** – **to your rear,**[4] **,,וּסְעוּ לָכֶם וְגוֹמֵר"** – **"and journey, etc."**

27. לָעֵדָה הָרָעָה וְגוֹמֵר – FOR [THIS] EVIL ASSEMBLY, ETC. **אֵלּוּ הַמְרַגְּלִים** – **These are the spies.**[5] **מִכָּאן לָעֵדָה שֶׁהִיא עֲשָׂרָה**[6] – **From here** we see **that** the word עֵדָה, **"assembly," denotes** a group of **ten.**[6]

□ **אֲשֶׁר הֵמָּה מַלִּינִים** – THAT PROVOKES TO COMPLAIN, that is, **אֶת יִשְׂרָאֵל עָלָי** – that provokes **Israel** to complain **against Me.**[7]

---

he would enter the Land of Israel. But if this is what the verse means, "to which he came" would be superfluous; after God has sworn in the preceding verse that those who had sinned would not see the land, it is clear that it is the same land to which Caleb would be brought. Rather, "to which he came" indicates that the verse speaks of Hebron, the particular part of the land to which Caleb, but not the other spies, came (see Rashi to 13:22 above). "His offspring shall empty it [of inhabitants]" indicates that it shall be given to him (see *Gur Aryeh; Nachalas Yaakov*).

1. See 13:28 above and *Joshua* 14:12.

2. The root ירש means "to drive out" when it is in the causative *hifil,* and "to take (or give) possession" when it is in the simple *kal.* The form יוֹרִשֶׁנָּה in our verse is in the *hifil,* while the form יִירָשֶׁנָּה is in the *kal* (*Be'er Rechovos*).

3. This explains why God mentions the location of these nations at this point (see *Mizrachi; Sifsei Chachamim*).

4. Now that Rashi has explained that the Amalekites and Canaanites are an impending menace, "turn" is seen as "turn to your rear," to avoid them (*Be'er Yitzchak*).

5. It does not refer to the entire nation, for the verse goes on to describe the "assembly" as having provoked the complaints of the Children of Israel (*Mizrachi; Sifsei Chachamim*).

6. *Megillah* 23b. Although larger groups are also called עֵדָה (e.g., v. 1 above, see Rashi there), Rashi (to *Megillah* 23b, s.v., עדה) explains that ten is the smallest number that can be called an עֵדָה. In our verse, the "assembly" refers to the spies. Although there were twelve spies, Joshua and Caleb separated from the others and are not included in the עֵדָה הָרָעָה, "evil assembly."

7. Rashi notes that מַלִּינִים is a causative verb. It means that they provoke others to complain, not that they themselves complain (*Mizrachi; Sifsei Chachamim;* see also Rashi to *Exodus* 16:7, s.v., כִּי תַלִּינוּ עָלֵינוּ, and 16:8, s.v., אֲשֶׁר אַתֶּם מַלִּינִים עָלָיו).

אֶת־תְּלֻנּוֹת בְּנֵי יִשְׂרָאֵל אֲשֶׁר הֵמָּה
כח מַלִּינִים עָלַי שָׁמָעְתִּי: אֱמֹר אֲלֵהֶם
חַי־אָנִי נְאֻם־יהוה אִם־לֹא כַּאֲשֶׁר
דִּבַּרְתֶּם בְּאָזְנָי כֵּן אֶעֱשֶׂה לָכֶם:
כט בַּמִּדְבָּר הַזֶּה יִפְּלוּ פִגְרֵיכֶם וְכָל־
פְּקֻדֵיכֶם לְכָל־מִסְפַּרְכֶם מִבֶּן עֶשְׂרִים
שָׁנָה וָמָעְלָה אֲשֶׁר הֲלִינֹתֶם עָלָי:

I have heard the complaints of the Children of Israel whom they provoke to complain against Me. [28] *Say to them: As I live — the word of* HASHEM *— if I shall not do to you as you have spoken in My ears.* [29] *In this wilderness shall your carcasses drop; all your counted ones in any of your numberings, from twenty years of age and above, whom you provoked against Me;*

אונקלוס

יָת תְּרְעֻמַת בְּנֵי יִשְׂרָאֵל דִּי אִנּוּן מִתְרַעֲמִין עֲלַי שְׁמִיעַ קֳדָמָי: כח אֱמַר לְהוֹן קַיָּם (נ״א קַיָּם) אֲנָא אֲמַר יְיָ אִם לָא כְּמָא דִּי מַלֶּלְתּוּן קֳדָמַי כֵּן אֶעְבֵּד לְכוֹן: כט בְּמַדְבְּרָא הָדֵין יִפְּלוּן פִּגְרֵיכוֹן וְכָל מִנְיָנֵיכוֹן לְכָל חֻשְׁבַּנְכוֹן מִבַּר עַשְׂרִין שְׁנִין וּלְעֵלָּא דִּי אִתְרַעַמְתּוּן עֲלָי:

רש״י

את תלונות בני ישראל, אשר המה המרגלים מלינים אותם עלי, שמעתי: **(כח) חי אני.** לשון שבועה, אם לא כן אעשה, כביכול איני חי: **כאשר דברתם.** שבקשתם ממני או במדבר הזה לו מתנו (לעיל פסוק ב): **(כט) וכל פקדיכם לכל מספרכם.** כל הנמנה לכל מספר שאתם נמנין בו, כגון לצאת [ולבא] לצבא ולתת שקלים, כל המנויים לכל אותן מספרות ימותו, ואלו הן מבן עשרים שנה וגו', להוציא שבטו של לוי שאין פקודיהן מבן עשרים (ב״ב קכא:):

RASHI ELUCIDATED

□ אֶת תְּלֻנּוֹת בְּנֵי יִשְׂרָאֵל – **THE COMPLAINTS OF THE CHILDREN OF ISRAEL** אֲשֶׁר הֵמָּה – **"which they,"** הַמְרַגְּלִים – **the spies,** מַלִּינִים אוֹתָם עָלַי – **"provoke" them "to complain against Me,** שָׁמָעְתִּי – **I have heard."**[1]

28. חַי אָנִי – **AS I LIVE.** לְשׁוֹן שְׁבוּעָה – **This expresses an oath,**[2] as follows: אִם לֹא כֵּן אֶעֱשֶׂה – God said, **"If I shall not do so,** כִּבְיָכוֹל – **as if it were possible,** אֵינִי חַי – **I am not alive."**

□ כַּאֲשֶׁר דִּבַּרְתֶּם – **AS YOU HAVE SPOKEN.** שֶׁבִּקַּשְׁתֶּם מִמֶּנִּי – **For you asked of Me,** ,,אוֹ בַּמִּדְבָּר הַזֶּה לוּ מָתְנוּ"[3] – **"Or if only we had died in this wilderness."**[3]

29. וְכָל פְּקֻדֵיכֶם לְכָל מִסְפַּרְכֶם – **ALL YOUR COUNTED ONES IN ANY OF YOUR NUMBERINGS.** כָּל הַנִּמְנֶה – **Whoever is counted** לְכָל מִסְפָּר – **for any tally** שֶׁאַתֶּם נִמְנִים בּוֹ – **in which you are counted,**[4] כְּגוֹן – **for instance,** לָצֵאת {וְלָבֹא} לַצָּבָא – **to go out {and to come}**[5] **to the army,** וְלָתֵת שְׁקָלִים – **and to give** ***shekalim.***[6] כָּל הַמְּנוּיִים – **All who are counted** לְכָל אוֹתָן מִסְפָּרוֹת – **for all those censuses** יָמוּתוּ – **shall die.** וְאֵלּוּ הֵן – **And they are the following:**[7] ,,מִבֶּן עֶשְׂרִים שָׁנָה וְגוֹמֵר" – **"From twenty years of age etc."** לְהוֹצִיא שִׁבְטוֹ שֶׁל לֵוִי – **to the exclusion of the Tribe of Levi,** שֶׁאֵין פְּקוּדֵיהֶן מִבֶּן עֶשְׂרִים[8] – **of whom those who are counted are not at the age of twenty.**[8]

1. Here, too, מַלִּינִים is causative. The verse means "whom [the spies] provoke to complain against Me," not "which [the Israelites] complain against Me."

2. See Rashi to v. 21 above and note 1 there.

3. Above v. 2.

4. וְכָל פְּקֻדֵיכֶם לְכָל מִסְפַּרְכֶם might have been taken as "all your counted ones, by all your number." But that would have been redundant; "all your counted ones" and "all of your number" would both refer to the people who are counted. Rashi thus explains that מִסְפַּרְכֶם does not mean "your number," but rather "your tally"; it does not refer to people, but rather to occasions when people are counted (*Mesiach Ilmim*).

5. The word וְלָבֹא, "and to come," does not appear in any of the early printed editions of Rashi nor in the Yemenite manuscript. Presumably, the word was erroneously inserted into the text of Rashi by printers who thought that Rashi was quoting *Deuteronomy* 31:2.

6. See *Exodus* 30:11-16.

7. With וְאֵלּוּ הֵן, Rashi indicates that מִבֶּן עֶשְׂרִים שָׁנָה וָמָעְלָה, "From twenty years of age and above," describes וְכָל פְּקֻדֵיכֶם לְכָל מִסְפַּרְכֶם, "all of your counted ones in any of your numberings." It might have been seen as modifying יִפְּלוּ פִגְרֵיכֶם, "Your carcasses shall drop . . . from the age of twenty and above." The verse would then have said that all those who are presently counted, no matter from what age they are counted, would die in the wilderness after the age of twenty. This would include Levites above the age of twenty, since Levites are counted, too, even though they are counted from the age of one month; see 3:15 above.

8. *Bava Basra* 121b.

ל אִם־אַתֶּם תָּבֹאוּ אֶל־הָאָרֶץ אֲשֶׁר
נָשָׂאתִי אֶת־יָדִי לְשַׁכֵּן אֶתְכֶם בָּהּ
כִּי אִם־כָּלֵב בֶּן־יְפֻנֶּה וִיהוֹשֻׁעַ בִּן־
לא נוּן: וְטַפְּכֶם אֲשֶׁר אֲמַרְתֶּם לָבַז יִהְיֶה
וְהֵבֵיאתִי אֹתָם וְיָדְעוּ אֶת־הָאָרֶץ
לב אֲשֶׁר מְאַסְתֶּם בָּהּ: וּפִגְרֵיכֶם
לג אַתֶּם יִפְּלוּ בַּמִּדְבָּר הַזֶּה: וּבְנֵיכֶם
יִהְיוּ רֹעִים בַּמִּדְבָּר אַרְבָּעִים שָׁנָה

30 *if you shall come to the land about which I have raised My hand in an oath to settle you there, except for Caleb son of Jephunneh and Joshua son of Nun.* 31 *And your young children of whom you said they will be taken captive, I shall bring them; they shall know the land that you have despised.* 32 *But your carcasses shall drop in this wilderness.* 33 *Your children will roam in the wilderness for forty years*

אונקלוס

ל אִם אַתּוּן תֵּעֲלוּן לְאַרְעָא דִּי קַיֵּמִית בְּמֵימְרִי לְאַשְׁרָאָה יָתְכוֹן בַּהּ אֱלָהֵן כָּלֵב בַּר יְפֻנֶּה וִיהוֹשֻׁעַ בַּר נוּן: לא וְטַפְלְכוֹן דִּי אֲמַרְתּוּן לְבִזָּא יְהֵי וְאָעֵל יָתְהוֹן וְיִדְעוּן יָת אַרְעָא דִּי קַצְתּוּן בַּהּ: לב וּפִגְרֵיכוֹן דִּי לְכוֹן יִפְּלוּן בְּמַדְבְּרָא הָדֵין: לג וּבְנֵיכוֹן יְהוֹן מְאַחֲרִין בְּמַדְבְּרָא אַרְבְּעִין שְׁנִין

רש"י

(לב) ופגריכם אתם. כתרגומו די לכון, לפי שדבר על הבנים להכניסם לארץ ובקש לומר ואתם תמותו, נופל לשון זה כאן לומר אתם: **(לג) ארבעים שנה.** לא מת אחד מהם פחות מבן ששים (תנחומא יג) לכך נגזר ארבעים כדי שיהיו אותם של בני עשרים מגיעין לכלל ששים. ושנה ראשונה היתה בכלל ואף על פי שקדמה לשלוח המרגלים, לפי שמשעשו את העגל עלתה גזרה זו במחשבה

RASHI ELUCIDATED

32. **וּפִגְרֵיכֶם אַתֶּם – BUT YOUR CARCASSES.** The word **אַתֶּם** here is to be understood **כְּתַרְגּוּמוֹ – as** ***Targum*** *Onkelos* **renders it,** **"דִּי לְכוֹן" – "yours."**[1] **לְפִי שֶׁדִּבֵּר – Since [the preceding verse] has spoken** **עַל הַבָּנִים – about the children,** **לְהַכְנִיסָם לָאָרֶץ –** that God intended **to bring them into the land,** **וּבִקֵּשׁ לוֹמַר – and [our verse] wished to say,** **"וְאַתֶּם תָּמוּתוּ" – "But you shall die,"** **נוֹפֵל לָשׁוֹן זֶה כָּאן – this wording applies here,** **לוֹמַר "אַתֶּם" – saying the word אַתֶּם.**[2]

33. **אַרְבָּעִים שָׁנָה – FORTY YEARS.** **לֹא מֵת אֶחָד מֵהֶם – Not one of [those doomed to die in the wilderness] died** **פָּחוֹת מִבֶּן שִׁשִּׁים – less than sixty** years **of age.**[3] **לְכָךְ נִגְזַר אַרְבָּעִים – This is why forty** years **was decreed,** **כְּדֵי שֶׁיִּהְיוּ אוֹתָם שֶׁל בְּנֵי עֶשְׂרִים – so that those who were twenty years of age** at the time of the decree **מַגִּיעִין לִכְלַל שִׁשִּׁים – should reach the category of sixty.**[4] **וְשָׁנָה רִאשׁוֹנָה הָיְתָה בִּכְלָל – The first year** in the wilderness **was included** among the forty, **וְאַף עַל פִּי שֶׁקָּדְמָה לִשְׁלוּחַ הַמְּרַגְּלִים – even though it preceded the sending of the spies,** **לְפִי שֶׁמִּשֶּׁעָשׂוּ אֶת הָעֵגֶל – because from the time that they made the** Golden **Calf** **עָלְתָה גְּזֵרָה זוּ בְּמַחֲשָׁבָה – this decree came**

1. אַתֶּם usually means "you." But that leads to a redundancy in our verse. It reads, literally, "Your carcasses, you, shall drop . . ." Furthermore, the second person pronoun אַתֶּם does not agree with the third person verb יִפְּלוּ. Rashi therefore explains that here אַתֶּם means "your." He goes on to explain why "your" is repeated by the verse, having already been expressed by the ־כֶם suffix of וּפִגְרֵיכֶם (see *Sefer Zikaron; Divrei David*).

2. By using the additional אַתֶּם to express "your" where the ־כֶם suffix alone would have been sufficient, the verse highlights a contrast between "you" — those being addressed — and their children, who were the subject of the preceding verse.

3. *Tanchuma* 13.

4. God did not want them to die before they reached sixty, for although they sinned, they were not guilty of a sin which is punished by מִיתָה בִּידֵי שָׁמַיִם, "a death penalty inflicted by Heaven," which, unlike a death sentence meted out by an earthly court, is carried out before the sinner reaches the age of sixty (see *Mizrachi; Sefer Zikaron*).

Rashi uses "should reach the category of sixty," because the decree was carried out even against those who were fifty-nine. God considered them sixty through counting a part of a year as an entire year, as Rashi mentions further on in this comment.

According to verse 34, God decreed that they spend a year in exile for every one of the forty days that the spies were on their mission. Yet Rashi seems to contradict this here by stating that the forty-year decree of exile in the wilderness was so that those who were twenty at the time of the sin not die before reaching sixty. But Rashi's purpose here is not to explain the reason for the forty-year decree. Rather, his purpose here is to clarify his comment to 13:25 above. There Rashi stated that God shortened the spies' journey because He knew that the Israelites would be punished for each day of it. Here Rashi explains why God did not shorten their journey to even less than forty days (*Gur Aryeh; Imrei Shefer*).

וְנָשְׂאוּ אֶת־זְנוּתֵיכֶם עַד־תֹּם
לד פִּגְרֵיכֶם בַּמִּדְבָּר: בְּמִסְפַּר הַיָּמִים
אֲשֶׁר־תַּרְתֶּם אֶת־הָאָרֶץ אַרְבָּעִים
יוֹם יוֹם לַשָּׁנָה יוֹם לַשָּׁנָה תִּשְׂאוּ
אֶת־עֲוֺנֹתֵיכֶם אַרְבָּעִים שָׁנָה
לה וִידַעְתֶּם אֶת־תְּנוּאָתִי: אֲנִי יהוה

and bear your guilt, until your carcasses shall cease to be, in the wilderness. [34] *Like the number of the days that you spied out the land, forty days, a day for a year, a day for a year, shall you bear your iniquities — forty years — and you shall know what parting from Me [is].* [35] *I HASHEM*

אונקלוס

וִיקַבְּלוּן יָת חוֹבֵיכוֹן עַד דִּיסוּפוּן פִּגְרֵיכוֹן בְּמַדְבְּרָא: לד בְּמִנְיַן יוֹמַיָּא דִּי אַלֶּלְתּוּן יָת אַרְעָא אַרְבְּעִין יוֹמִין יוֹמָא לְשַׁתָּא יוֹמָא לְשַׁתָּא תְּקַבְּלוּן יָת חוֹבֵיכוֹן אַרְבְּעִין שְׁנִין וְתִדְּעוּן יָת דְּאִתְרַעַמְתּוּן עָלָי: לה אֲנָא יְיָ

רש"י

אלא שהמתין להם עד שתתמלא סאתם. וזהו שנאמר וביום פקדי, במרגלים, ופקדתי עליהם חטאתם (שמות לב:לד). ואף כאן נאמר תשאו את עונותיכם שתי עונות, של עגל ושל תלונה. וחשב להם במנין חייהם מקצת שנה ככולה, וכשנכנסו לשנת ששים מתו אותם של בני עשרים: **ונשאו את זנותיכם.** כתרגומו, ויקבלון ית חוביכון: **(לד) את תנואתי.** שהניאותם את לבבכם מאחרי. תנואה לשון הסרה, כמו כי הניא אביה אותה (להלן ל:ו):

RASHI ELUCIDATED

up in God's **Thought,** i.e., He considered this decree, אֶלָּא שֶׁהִמְתִּין לָהֶם – **but He waited for them** before carrying it out עַד שֶׁתִּתְמַלֵּא סְאָתָם – **until their measure would be filled.**[1] וְזֶהוּ שֶׁנֶּאֱמַר – **This is** the implication of **that which is said,** "וּבְיוֹם פָּקְדִי"[2] – **"On the day that I make an accounting,"**[2] בַּמְרַגְּלִים – **at** the incident of **the spies,** "וּפָקַדְתִּי עֲלֵיהֶם חַטָּאתָם"[2] – **"I shall bring their sin to account against them."**[2] וְאַף כָּאן נֶאֱמַר – **Here, too, it says** in the following verse, "תִּשְׂאוּ אֶת עֲוֹנוֹתֵיכֶם" – **"You shall bear your iniquities,"** using the plural, which implies, שְׁתֵּי עֲוֹנוֹת – **two iniquities,** שֶׁל עֵגֶל – **that of the** Golden **Calf,** וְשֶׁל תְּלוּנָה – **and that of the complaint** provoked by the spies.

וְחִשֵּׁב לָהֶם בְּמִנְיַן חַיֵּיהֶם – **[God] reckoned in the calculation of their lifetimes** מִקְצָת שָׁנָה – **part of a year** כְּכֻלָּהּ – **as all of it,** וּכְשֶׁנִּכְנְסוּ לִשְׁנַת שִׁשִּׁים – **so when they entered the sixtieth year** of their lives,[3] מֵתוּ אוֹתָם שֶׁל בְּנֵי עֶשְׂרִים – **those who were twenty** years **of age** at the time of the decree **died.**[4]

□ וְנָשְׂאוּ אֶת זְנוּתֵיכֶם – This is to be understood כְּתַרְגּוּמוֹ – **as** *Targum Onkelos* **renders it,** "וִיקַבְּלוּן יָת חוֹבֵיכוֹן" – **"and they shall bear your guilt."**[5]

34. אֶת תְּנוּאָתִי – **PARTING FROM ME.** שֶׁהֲנִיאוֹתֶם אֶת לְבַבְכֶם – **For you removed your hearts**[6] מֵאַחֲרַי – **from following Me.**[7] "תְּנוּאָה" לְשׁוֹן הֲסָרָה – **The word** תְּנוּאָה **denotes "removal,"** כְּמוֹ "כִּי הֵנִיא אָבִיהָ אֹתָהּ"[8] – **like** הֵנִיא in, literally, **"for her father removed her."**[8]

1. That is, God waits to exact punishment for a large accumulation of sins rather than dispensing punishment little by little.

2. *Exodus* 32:34, see Rashi there, s.v., וּבְיוֹם פָּקְדִי. That verse was spoken regarding the sin of the Golden Calf. Rashi there explains that the phrase וּבְיוֹם פָּקְדִי refers to some future sin. Here Rashi names that future sin as the incident of the spies.

3. The first day of one's sixtieth year is commonly referred to in English as one's fifty-ninth birthday. The last day of one's sixtieth year is the day before one's sixtieth birthday.

4. The sin of the spies took place in the second year after the Exodus from Egypt. Those who were twenty at the time of the sin thus would seem not to have reached the age of sixty by the time of their deaths, for there were less than thirty-nine years left before the Israelites left the wilderness for the Land of Israel. Rashi explains that by counting part of a year as a full year, they, too, were considered in their sixtieth year in the last year in the wilderness (*Be'er Yitzchak*).

5. *Targum Onkelos* indicates that וְנָשְׂאוּ is used in the sense of "they shall bear" rather than "they shall forgive" (cf. נשא in v. 18 above), and that זנות, "straying," is used for sin in general, rather than for sexual immorality in particular (as it is used, for example, in *Jeremiah* 13:27), for the sin under discussion has nothing to do with sexual immorality.

6. With לְבַבְכֶם Rashi indicates that the verse does not refer to physical movement; cf. 32:7, וְלָמָּה תְנִיאוּן אֶת לֵב בְּנֵי יִשְׂרָאֵל.

7. תְּנוּאָתִי, literally, "My parting/removal," in the context of our verse does not mean that God is the one Who parted. It means that He is the one from Whom they parted (*Gur Aryeh*).

8. Below 30:6; see Rashi and note 5 and 22a there.

דִּבַּרְתִּי֮ אִם־לֹ֣א ׀ זֹ֣את אֶֽעֱשֶׂ֗ה
לְכָל־הָעֵדָ֤ה הָֽרָעָה֙ הַזֹּ֔את
הַנּוֹעָדִ֖ים עָלָ֑י בַּמִּדְבָּ֥ר הַזֶּ֛ה יִתַּ֖מּוּ
לו וְשָׁ֥ם יָמֻֽתוּ׃ וְהָ֣אֲנָשִׁ֔ים אֲשֶׁר־שָׁלַ֥ח
מֹשֶׁ֖ה לָת֣וּר אֶת־הָאָ֑רֶץ וַיָּשֻׁ֗בוּ
°וילונו עָלָיו֙ אֶת־כָּל־הָ֣עֵדָ֔ה °וַיַּלִּ֫ינוּ ק׳
לז לְהוֹצִ֥יא דִבָּ֖ה עַל־הָאָֽרֶץ׃ וַיָּמֻ֙תוּ֙
הָֽאֲנָשִׁ֔ים מוֹצִאֵ֥י דִבַּת־הָאָ֖רֶץ רָעָ֑ה

have spoken — if I shall not do this to this entire evil assembly that gathers against Me! In this wilderness shall they cease to be, and there shall they die!"

36 But as for the men whom Moses sent to spy out the land, and when they returned, they provoked the entire assembly to complain against him by bringing forth a report against the land — 37 the men who brought forth the evil report about the land died

אונקלוס

גְּזָרִית בְּמֵימְרִי אִם לָא דָא אֶעְבֵּד לְכָל כְּנִשְׁתָּא בִישְׁתָּא הָדָא דְאִזְדַּמְּנוּן עֲלָי בְּמַדְבְּרָא הָדֵין יְסוּפוּן וְתַמָּן יְמוּתוּן: לו וְגֻבְרַיָּא דִּי שְׁלַח מֹשֶׁה לְאַלָּלָא יָת אַרְעָא וְתָבוּ וְאַרְעִימוּ עֲלוֹהִי יָת כָּל כְּנִשְׁתָּא לְאַפָּקָא שׁוּם בִּישׁ עַל אַרְעָא: לז וּמִיתוּ גֻּבְרַיָּא דְּאַפִּיקוּ שׁוּם בִּישׁ עַל אַרְעָא

רש"י

(לו-לז) וישבו וילינו עליו. וכששבו מתור הארץ הרעימו עליו את כל העדה בהוצאת דבה, אותם אנשים וימותו. כל הוצאת דבה לשון חינוך דברים, שמלקיחים לשונם לאדם לדבר בו, כמו דובב שפתי ישנים (שיר השירים ז:י). וישנה לטובה וישנה לרעה, לכך נאמר כאן **מוצאי דבת הארץ רעה**, שיש דבה שהיא טובה:

RASHI ELUCIDATED

36-37. וַיָּשֻׁבוּ וַיַּלִּינוּ עָלָיו – AND WHEN THEY RETURNED, THEY PROVOKED [THE ENTIRE ASSEMBLY] TO COMPLAIN AGAINST HIM. **וּכְשֶׁשָּׁבוּ מִתּוּר הָאָרֶץ** – **And when they returned from spying out the land,** **הִרְעִימוּ עָלָיו אֶת כָּל הָעֵדָה** – **they instigated**[1] **the entire assembly against him**[2] **בְּהוֹצָאַת דִּבָּה** – **by bringing forth an** evil **report,**[3] **אוֹתָם אֲנָשִׁים** – **those men** **,,וַיָּמֻתוּ״** – **"died."**[4] **כָּל הוֹצָאַת דִּבָּה** – **Every** use of the expression **"bringing forth a report"** **לְשׁוֹן חִנּוּךְ דְּבָרִים** – **connotes training in speech,** **שֶׁמַּלְקִיחִים לְשׁוֹנָם לְאָדָם** – **for they teach their tongue**[5] to be directed **at a person,** **לְדַבֵּר בּוֹ** – **by speaking of him.** **כְּמוֹ ,,דּוֹבֵב שִׂפְתֵי יְשֵׁנִים״**[6] – The word **דִּבָּה** is **like דּוֹבֵב** in, **"He makes the lips of those who slumber speak."**[6] **וְיֶשְׁנָהּ לְטוֹבָה וְיֶשְׁנָהּ לְרָעָה** – **There can be [דִּבָּה] for good, and there can be [דִּבָּה] for bad.**[7] **לְכָךְ נֶאֱמַר כָּאן ,,מוֹצִאֵי דִבַּת הָאָרֶץ רָעָה״** – **This is why "who brought forth the *evil* report about the land" is stated here,** **שֶׁיֵּשׁ דִּבָּה שֶׁהִיא טוֹבָה** – **for there is דִּבָּה which is favorable.**

1. By using הִרְעִימוּ, "they instigated," Rashi indicates that וַיַּלִּינוּ is a causative verb, as he did with מַלִּינִים in his comments to verse 27 above (*Imrei Shefer*).

Rashi's הִרְעִימוּ has no ו prefix, unlike the verse's וַיַּלִּינוּ, which it parallels. This is to indicate that וַיָּשֻׁבוּ and וַיַּלִּינוּ are not two events in sequence, "they returned, and [then] they provoked"; rather, "when they returned, they provoked."

2. The verse is not to be read, "The men whom Moses sent to spy out the land returned and provoked . . ." That would imply that there was a second provocation by the men, after God had decreed that those over twenty should die in the wilderness. Rather, the verse refers back to the original provocation (*Mesiach Ilmim*).

3. By substituting בְּהוֹצָאַת דִּבָּה, "by bringing forth a report," for לְהוֹצִיא דִבָּה, literally, "to bring forth a report," of the verse, Rashi tells us that the "report" is what the spies said in order to provoke the assembly. It is not what the assembly said when provoked by the report of the spies.

4. Rashi separates the verb וַיָּמֻתוּ from its subject אוֹתָם אֲנָשִׁים. This is an unusual construction because a subject is not usually separated by a ו prefix from a predicate which follows it. "Those men died" would normally be expressed by either אוֹתָם אֲנָשִׁים מֵתוּ or וַיָּמוּתוּ אוֹתָם הָאֲנָשִׁים. However, Rashi uses אוֹתָם אֲנָשִׁים וַיָּמֻתוּ to indicate that, despite the ו prefix, וַיָּמֻתוּ does not begin a clause; rather it is directly linked to וְהָאֲנָשִׁים of the preceding verse; הָאֲנָשִׁים which follows it here is a repetition of that word. Thus, וַיָּשֻׁבוּ and וַיַּלִּינוּ of the preceding verse, and וַיָּמֻתוּ of ours are not a sequence of three events. וַיָּשֻׁבוּ and וַיַּלִּינוּ are subordinate verbs which refer to וְהָאֲנָשִׁים, as Rashi has explained in his comments to verse 36, while וַיָּמֻתוּ is a main verb, the predicate of וְהָאֲנָשִׁים (*Sefer Zikaron*). Rashi to *Exodus* 15:2 states explicitly that the ו prefix of וַיָּמֻתוּ of our verse serves only as a *vav*-conversive, making a past out of the future יָמֻתוּ. It does not mean "and"; that would separate it from its subject.

5. Rashi here paraphrases the language of *Jeremiah* 23:31; see Rashi there.

6. *Song of Songs* 7:10.

7. For Rashi, the word דִּבָּה denotes speech in general, not necessarily derogatory speech. The *Ramban* disagrees and says it refers to derogatory speech only (*Be'er Mayim Chaim*).

in the plague before HASHEM. [38] But Joshua son of Nun and Caleb son of Jephunneh lived from among those men who were going to spy out the land.

[39] Moses spoke these words to all of the Children of Israel, and the people mourned exceedingly.

[40] They awoke early in the morning and ascended toward the mountaintop

לח בַּמַּגֵּפָה לִפְנֵי יְהוָה: וִיהוֹשֻׁעַ בִּן־
נוּן וְכָלֵב בֶּן־יְפֻנֶּה חָיוּ מִן־הָאֲנָשִׁים
הָהֵם הַהֹלְכִים לָתוּר אֶת־הָאָרֶץ:
לט וַיְדַבֵּר מֹשֶׁה אֶת־הַדְּבָרִים
הָאֵלֶּה אֶל־כָּל־בְּנֵי יִשְׂרָאֵל
מ וַיִּתְאַבְּלוּ הָעָם מְאֹד: וַיַּשְׁכִּמוּ
בַבֹּקֶר וַיַּעֲלוּ אֶל־רֹאשׁ־הָהָר

אונקלוס

בְּמוֹתָנָא קֳדָם יְיָ: לח וִיהוֹשֻׁעַ בַּר נוּן וְכָלֵב בַּר יְפֻנֶּה אִתְקַיָּמוּ (נ״א קַיִּמוּ) מִן גֻּבְרַיָּא הָאִנּוּן דַּאֲזָלוּ לְאַלָּלָא יָת אַרְעָא: לט וּמַלִּיל מֹשֶׁה יָת פִּתְגָּמַיָּא הָאִלֵּין לְכָל בְּנֵי יִשְׂרָאֵל וְאִתְאַבָּלוּ עַמָּא לַחֲדָא: מ וְאַקְדִּימוּ בְּצַפְרָא וּסְלִיקוּ לְרֵישׁ טוּרָא

רש״י

דבה. פרלדי״ן בלע״ז: **במגפה לפני ה׳.** באותה מיתה ההגונה להם, מדה כנגד מדה. הם חטאו בלשון, ונשתרבב לשונם עד טבורם ותולעים יוצאים מלשונם ובאין לתוך טבורם. לכך נאמר במגפה (בפתח הבי״ת) ולא נאמר במגפה, וזהו לפני ה׳, באותה הראויה להם על פי מדותיו של הקב״ה שהוא מודד מדה כנגד מדה (סוטה לה.): **(לח) ויהושע וכלב חיו וגו׳.** מה ת״ל חיו מן האנשים ההם, אלא מלמד שנטלו חלקם של מרגלים בארץ וקמו תחתיהם לחיים (ב״ב קיח:): **(מ) אל ראש ההר.** הוא הדרך העולה לארץ ישראל:

RASHI ELUCIDATED

□ **דִּבָּה – REPORT. פרלדי״ץ בְּלַעַ״ז – In Old French, *parlediz*.**[1]

□ **בַּמַּגֵּפָה לִפְנֵי ה׳ – IN THE PLAGUE BEFORE HASHEM. בְּאוֹתָהּ מִיתָה – With that death הַהֲגוּנָה לָהֶם – which was appropriate for them, מִדָּה כְּנֶגֶד מִדָּה – measure for measure. הֵם חָטְאוּ בַּלָּשׁוֹן – They sinned with the tongue, וְנִשְׁתַּרְבֵּב לְשׁוֹנָם עַד טַבּוּרָם – so their tongues stretched to their navels, וְתוֹלָעִים יוֹצְאִים מִלְּשׁוֹנָם – and worms came out of their tongues וּבָאִין לְתוֹךְ טַבּוּרָם – and entered their navels. לְכָךְ נֶאֱמַר – This is why it says ,,בַּמַּגֵּפָה״ – "in *the* plague,"** with a *patach* under the ב, **וְלֹא נֶאֱמַר – and it does not say ,,בְּמַגֵּפָה״ – "in *a* plague,"** with a *sheva* under the ב.[2] **וְזֶהוּ ,,לִפְנֵי ה׳״ – And this is** the implication of **"before HASHEM,"** that is,[3] **בְּאוֹתָהּ הָרְאוּיָה לָהֶם – with that which was appropriate for them עַל פִּי מִדּוֹתָיו שֶׁל הַקָּדוֹשׁ בָּרוּךְ הוּא – according to the attributes of the Holy One, Blessed is He, שֶׁהוּא מוֹדֵד – for He measures out** recompense **מִדָּה כְּנֶגֶד מִדָּה**[4] **– measure for measure.**[4]

38. וִיהוֹשֻׁעַ . . . וְכָלֵב . . . חָיוּ וְגוֹמֵר – BUT JOSHUA . . . AND CALEB . . . LIVED, ETC. מַה תַּלְמוּד לוֹמַר ,,חָיוּ מִן הָאֲנָשִׁים הָהֵם״ – Why does the Torah say, "lived from among those men"?[5] **אֶלָּא מְלַמֵּד – But it teaches** us **שֶׁנָּטְלוּ – that [Joshua and Caleb] took חֶלְקָם שֶׁל מְרַגְּלִים – the portions of the spies בָּאָרֶץ – in the Land** of Israel **וְקָמוּ תַּחְתֵּיהֶם לְחַיִּים**[6] **– and stood in place of them for life.**[6]

40. אֶל רֹאשׁ הָהָר – TOWARD THE MOUNTAINTOP. הוּא הַדֶּרֶךְ הָעוֹלָה – It is the route which ascends לְאֶרֶץ יִשְׂרָאֵל – to the Land of Israel.

1. Rashi cites an Old French word which is a general term that refers to all types of speech. Thus, Rashi differs with *Ramban* and others who understand דִּבָּה as "*malicious* speech" (A.M. Glanzer in *Tzefunos*, 5, p. 79; see also R' D.Z. Hillman in *Tzefunos*, 17, p. 97).

2. The prefixes ־ב, "in"; ־כ, "as"; and ־ל, "to," are usually vowelized with a *sheva* [e.g., בְּעִיר, "in a city"; כְּמֶלֶךְ, "like a king"; לְמִדְבָּר, "to a wilderness"]. When one of those prefixes is used in conjunction with the definite article prefix ־ה, the ־ה is dropped and the other prefix takes the vowel that the ה would have had [e.g., בְּעִיר = בְּהָעִיר, "in the city"; כַּמֶּלֶךְ = כְּהַמֶּלֶךְ, "like the king"; לַמִּדְבָּר = לְהַמִּדְבָּר, "to the wilderness"]. Thus, בְּמַגֵּפָה means "in *a* plague," but בַּמַּגֵּפָה is the equivalent of בְּהַמַּגֵּפָה and means "in *the* plague."

3. The phrase לִפְנֵי ה׳, "before HASHEM," does not mean in the Sanctuary, as it does in *Leviticus* 10:2 (*Be'er Mayim Chaim*).

4. *Sotah* 35a. Their navels were involved for they spoke against the Land of Israel, which is considered the "navel" (center) of the world (see *Ezekiel* 38:12). They were punished with worms, for just as the worm attacks and destroys plants with its mouth, so, too, the spies attacked with their mouths (*Be'er BaSadeh* based on *Mechilta, Beshalach* 2).

5. Death was decreed only upon those who spoke derogatorily about the land. It seems obvious that Joshua and Caleb lived (*Maskil LeDavid*).

6. *Bava Basra* 118b. The Land of Israel is called "the land of Life" (see *Ezekiel* 26:20). Our verse is interpreted, "Joshua and Caleb derived life from those men," in that they took their portions in the Land of Life (*Maharsha*).

לֵאמֹר הִנֶּנּוּ וְעָלִינוּ אֶל־הַמָּקוֹם
אֲשֶׁר־אָמַר יהוה כִּי חָטָאנוּ:
מא וַיֹּאמֶר מֹשֶׁה לָמָּה זֶּה אַתֶּם
עֹבְרִים אֶת־פִּי יהוה וְהִוא לֹא
מב תִצְלָח: אַל־תַּעֲלוּ כִּי אֵין יהוה
בְּקִרְבְּכֶם וְלֹא תִּנָּגְפוּ לִפְנֵי
מג אֹיְבֵיכֶם: כִּי הָעֲמָלֵקִי וְהַכְּנַעֲנִי שָׁם
לִפְנֵיכֶם וּנְפַלְתֶּם בֶּחָרֶב כִּי־עַל־כֵּן
שַׁבְתֶּם מֵאַחֲרֵי יהוה וְלֹא־יִהְיֶה
מד יהוה עִמָּכֶם: וַיַּעְפִּלוּ לַעֲלוֹת אֶל

saying, "We are ready, and we shall ascend to the place of which HASHEM has spoken, for we have sinned!"

41 Moses said, "Why is it that you transgress the word of HASHEM? It will not succeed. 42 Do not ascend, for HASHEM is not in your midst! And do not be smitten before your enemies. 43 For the Amalekite and the Canaanite are there before you, and you will fall by the sword, inasmuch as you have turned away from HASHEM, and HASHEM will not be with you."

44 But they were intransigent to ascend to

אונקלוס

לְמֵימַר הָא אֲנַחְנָא סָלְקִין לְאַתְרָא דִּי אֲמַר יְיָ אֲרֵי חָבְנָא: מא וַאֲמַר מֹשֶׁה לְמָא דְנַן אַתּוּן עָבְרִין עַל גְּזֵרַת מֵימְרָא דַייָ
וְהִיא לָא תַצְלָח: מב לָא תִסְּקוּן אֲרֵי לֵית שְׁכִנְתָּא דַייָ בֵּינֵיכוֹן וְלָא תִתַּבְּרוּן קֳדָם בַּעֲלֵי דְבָבֵיכוֹן: מג אֲרֵי עֲמַלְקָאָה וּכְנַעֲנָאָה
תַּמָּן קֳדָמֵיכוֹן וְתִפְּלוּן בְּחַרְבָּא אֲרֵי עַל כֵּן תַּבְתּוּן מִבָּתַר פֻּלְחָנָא דַייָ וְלָא יְהֵי מֵימְרָא דַייָ בְּסַעְדְּכוֹן: מד וְאַרְשַׁעוּ לְמִסַּק

רש"י

הננו ועלינו אל המקום. לארץ ישראל: **אשר אמר ה'.** לתתה לנו, שם נעלה: **כי חטאנו.** על אשר אמרנו הלא טוב לנו שוב מצרימה (לעיל פסוק ג): **(מא) והיא לא תצלח.** זו שאתם עושים לא תצלח: **(מג) כי על כן שבתם.** כמו על אשר שבתם, כלומר כי זאת תבא לכם על אשר שבתם וגו': **(מד) ויעפלו.** לשון חוזק. וכן הנה עפלה (חבקוק ב:ד). אינגרי"ש בלע"ז

RASHI ELUCIDATED

□ **הִנֶּנּוּ וְעָלִינוּ אֶל הַמָּקוֹם – WE ARE READY, AND WE SHALL ASCEND TO THE PLACE,** that is, we shall ascend **לְאֶרֶץ יִשְׂרָאֵל – to the Land of Israel,**[1]

□ **אֲשֶׁר אָמַר ה' – OF WHICH HASHEM HAS SPOKEN** [literally, "which HASHEM has said"] **לְתִתָּהּ לָנוּ – to give it to us,**[2] **שָׁם נַעֲלֶה – there,** to the Land of Israel, **we shall ascend.**

□ **כִּי חָטָאנוּ – FOR WE HAVE SINNED עַל אֲשֶׁר אָמַרְנוּ – because of our having said, „הֲלוֹא טוֹב לָנוּ שׁוּב מִצְרָיְמָה"**[3] **– "Is it not better for us to return to Egypt?"**[3]

41. וְהִוא לֹא תִצְלָח – IT WILL NOT SUCCEED. זוֹ שֶׁאַתֶּם עוֹשִׂים – This thing **that you are doing לֹא תִצְלָח – will not succeed.**[4]

43. כִּי עַל כֵּן שַׁבְתֶּם – INASMUCH AS [literally, "for it is because"] **YOU HAVE TURNED AWAY.** This has the same meaning **כְּמוֹ עַל אֲשֶׁר שַׁבְתֶּם – as "inasmuch as you have turned away."**[5] **כְּלוֹמַר – As if to say, „כִּי" זֹאת תָּבֹא לָכֶם – "that" this shall come to you, עַל אֲשֶׁר שַׁבְתֶּם וְגוֹמֵר – "because you have turned away, etc."**

44. וַיַּעְפִּלוּ – BUT THEY WERE INTRANSIGENT. לְשׁוֹן חוֹזֶק – This denotes strength. וְכֵן – Similarly, עֻפְּלָה in, **„הִנֵּה עֻפְּלָה"**[6] **– "Behold, it is voracious."**[6] **אינגרי"ש בְּלַעַ"ז – In Old French, *engres***

1. The verse could have been read, "[They] ascended to the mountaintop saying, 'We are ready, and *we have ascended* to the place . . .' " This would have implied that the mountaintop was their ultimate destination. Rashi first explains that the mountaintop was not their ultimate destination; it was on the route to the Land of Israel. By the same token, "the place of which HASHEM has spoken" is not the mountaintop; it is the Land of Israel.

2. They did not say, "We shall ascend to the place of which HASHEM has said that we should go there," for they did not claim to be fulfilling God's command by going to the Land of Israel after He had decreed that they would die in the wilderness (*Be'er BaSadeh*).

3. Above v. 3. Our verse seems to give "for we have sinned" as a reason for the Israelites ascending to the Land of Israel. But that would make ascent to the land appear to be a punishment rather than a reward. Rashi explains that "for we have sinned" is an expression of regret for a particular sin, in which the Israelites expressed a lack of desire to go to the Land of Israel (*Be'er Yitzchak*).

4. The antecedent of "it" is not "the word of HASHEM" which immediately precedes it; Moses did not say "the word of HASHEM will not succeed" (*Mesiach Ilmim*).

5. In other contexts, עַל כֵּן means "therefore." Rashi elaborates on the phrase כִּי עַל כֵּן in his comments to 10:31 above and *Genesis* 18:5.

6. *Habakkuk* 2:4.

רֹ֣אשׁ הָהָ֑ר וַאֲר֤וֹן בְּרִית־יהוה֙ וּמֹשֶׁ֔ה לֹא־מָ֖שׁוּ מִקֶּ֥רֶב הַֽמַּחֲנֶֽה:
מה וַיֵּ֤רֶד הָֽעֲמָלֵקִי֙ וְהַֽכְּנַעֲנִ֔י הַיֹּשֵׁ֖ב בָּהָ֣ר הַה֑וּא וַיַּכּ֥וּם וַֽיַּכְּת֖וּם עַד־הַֽחָרְמָֽה:
טו א־ב וַיְדַבֵּ֥ר יהו֖ה אֶל־מֹשֶׁ֥ה לֵּאמֹֽר: דַּבֵּר֙ אֶל־בְּנֵ֣י יִשְׂרָאֵ֔ל וְאָמַרְתָּ֖ אֲלֵהֶ֑ם כִּ֣י תָבֹ֗אוּ אֶל־אֶ֙רֶץ֙ מֽוֹשְׁבֹ֣תֵיכֶ֔ם אֲשֶׁ֥ר

the mountaintop, while the Ark of HASHEM's covenant and Moses did not move from the midst of the camp. 45 The Amalekite and the Canaanite who dwelled on that mountain descended; they struck them and pounded them until the annihilation.

15 1 HASHEM spoke to Moses, saying, 2 "Speak to the Children of Israel and say to them: When you will come to the land of your dwelling places that

אונקלוס

לְרֵישׁ טוּרָא וַאֲרוֹן קְיָמָא דַייָ וּמֹשֶׁה לָא עֲדוֹ מִגּוֹ מַשְׁרִיתָא: מה וּנְחַת עֲמַלְקָאָה וּכְנַעֲנָאָה דְּיָתֵב בְּטוּרָא הַהוּא וּמְחוֹנוּן וּטְרַדְנוּן עַד חָרְמָה: א וּמַלִּיל יְיָ עִם מֹשֶׁה לְמֵימָר: ב מַלֵּל עִם בְּנֵי יִשְׂרָאֵל וְתֵימַר לְהוֹן אֲרֵי תֵעֲלוּן לַאֲרַע מוֹתְבָנֵיכוֹן דִּי

רש"י

לשון עזות, וכן עופל בת ציון (מיכה ד:ח). עופל ובחן (ישעיה לב:יד). ומדרש תנחומא מפרשו לשון אופל, הלכו חשכים, שלא ברשות (תנחומא ישן יט): (מה) ויכתום. כמו ואכות אותו טחון (דברים ט:כא) מכה אחר מכה: עד החרמה. שם המקום נקרא על שם המאורע: [(ב) כי תבאו. בישר להם שיכנסו לארץ:]

RASHI ELUCIDATED

לְשׁוֹן עַזּוּת – an expression of intransigence.[1] **וְכֵן ,,עֹפֶל בַּת צִיּוֹן"**[2] **– Similarly, עפל in, "The daughter of Zion is a tower of strength,"**[2] **,,עֹפֶל וָבַחַן"**[3] **– and in, "a tower and a stronghold."**[3] **וּמִדְרַשׁ תַּנְחוּמָא מְפָרְשׁוֹ – *Midrash Tanchuma* explains [וַיַּעְפִּלוּ] לְשׁוֹן אוֹפֶל – as related to "darkness."**[4] **הָלְכוּ חֲשֵׁכִים – They went in darkness, שֶׁלֹּא בִרְשׁוּת**[5] **– without permission,** i.e., without the light of Divine guidance.[5]

45. וַיַּכְּתוּם – AND POUNDED THEM. כְּמוֹ ,,וָאֶכֹּת אֹתוֹ טָחוֹן"[6] **– It is like, "And I pounded it, grinding";**[6] **מַכָּה אַחַר מַכָּה – blow after blow.**

□ **עַד הַחָרְמָה – UNTIL THE ANNIHILATION. שֵׁם הַמָּקוֹם נִקְרָא עַל שֵׁם הַמְּאֹרָע – The name of the place was given from the event** which took place there.[7]

15.

{**2. כִּי תָבֹאוּ – WHEN YOU WILL COME. בִּשֵּׂר לָהֶם – He brought them tidings שֶׁיִּכָּנְסוּ לָאָרֶץ – that**

1. Like עפל, which can connote voracity, intransigence, and ferocity, the Old French *engres* is a word with many shades of meaning, all of them intimating harshness (A.M. Glanzer in *Tzefunos* 5, p. 80).

2. *Micah* 4:8.

3. *Isaiah* 32:14.

4. The twenty-two letters of the *aleph-beis* are classified according to the speech organs used in their pronunciation. Thus, the letters אהח"ע have their origin in the throat and are called אוֹתִיּוֹת הַגָּרוֹן, "letters of the throat" or "gutturals"; גיכ"ק are אוֹתִיּוֹת הַחֵךְ, "letters of the palate" or "palatals"; דטלנ"ת are אוֹתִיּוֹת הַלָּשׁוֹן, "letters of the tongue (with its tip at the teeth)" or "dentals"; זסצר"ש are אוֹתִיּוֹת הַשִּׁנַּיִם, "letters of the teeth" or "sibiliants"; and בומ"פ are אוֹתִיּוֹת הַשְּׂפָתַיִם, "letters of the lips" or "labials" (*Sefer Yetzirah* 2:3).

In his commentary to *Leviticus* 19:16, Rashi states: "All the letters that have their source from the same place [i.e., they are formed by the same organs of speech] are interchangeable with one another." Thus, the letters א and ע are sometimes interchanged, as in the roots אפל and עפל. For examples of other such interchanges, see *Rashi* to *Leviticus* 19:16 with notes 1-4 [p. 237].

5. *Tanchuma Yashan* 19.

6. *Deuteronomy* 9:21.

7. חרם connotes death and destruction; see Rashi to *Leviticus* 27:29.

As a rule proper names are not preceded by the definite article ה. Indeed, the name חָרְמָה itself appears without it in *Deuteronomy* 1:44. הַחָרְמָה of our verse is therefore understood as the event after which the place was named, "the annihilation" of those who insisted on going to the Land of Israel prematurely (*Gur Aryeh*).

ג אֲנִי נֹתֵן לָכֶם: וַעֲשִׂיתֶם אִשֶּׁה
לַיהוה עֹלָה אוֹ־זֶבַח לְפַלֵּא־
נֶדֶר אוֹ בִנְדָבָה אוֹ בְּמֹעֲדֵיכֶם
לַעֲשׂוֹת רֵיחַ נִיחֹחַ לַיהוה מִן־
ד הַבָּקָר אוֹ מִן־הַצֹּאן: וְהִקְרִיב
הַמַּקְרִיב קָרְבָּנוֹ לַיהוה מִנְחָה

I give you, [3] and you perform a fire-offering service to HASHEM — an olah-offering or a [peace-offering] sacrifice by articulating a vow or a free-will offering, or on your festivals, to produce a pleasing fragrance to HASHEM, from the cattle or from the flock — [4] the one who brings his offering to HASHEM shall bring a meal-offering

אונקלוס

אֲנָא יָהֵב לְכוֹן: ג וְתַעְבְּדוּן קֻרְבָּנָא קֳדָם יְיָ עֲלָתָא אוֹ נִכְסַת קוּדְשַׁיָּא לְאַפְרָשָׁא נִדְרָא אוֹ בִנְדַבְתָּא אוֹ בְּמוֹעֲדֵיכוֹן (נ״א בִּזְמַנֵּיכוֹן) לְמֶעְבַּד לְאִתְקַבָּלָא בְרַעֲוָא קֳדָם יְיָ מִן תּוֹרֵי אוֹ מִן עָנָא: ד וִיקָרֵב דִּמְקָרֵב קֻרְבָּנֵהּ קֳדָם יְיָ מִנְחָתָא

רש״י

(ג) **ועשיתם אשה.** אין זה ציווי, אלא כשתבאו שם ותעלה על לבבכם לעשות אשה לה' לריח ניחח. נחת רוח לפני (ספרי קז) לפלא [ס"א לפרש] נדר או בנדבה או שתעשו האשה בשביל חובת מועדיכם שחייבתי אתכם לעשות במועד (שם): (ד) **והקריב המקריב.** תקריבו נסכים ומנחה לכל בהמה. המנחה כליל והשמן נבלל בתוכה (שם) והיין לספלים

RASHI ELUCIDATED

they would enter the land.[1]}[2]

3. וַעֲשִׂיתֶם אִשֶּׁה – AND YOU PERFORM A FIRE-OFFERING SERVICE. אֵין זֶה צִוּוּי – **This is not a commandment.**[3] אֶלָּא – **Rather,** the verse means, כְּשֶׁתָּבֹאוּ שָׁם – **when you will come there,** וְתַעֲלֶה עַל לְבַבְכֶם – **and it will enter your heart** "לַעֲשׂוֹת ,,אִשֶּׁה לַה' – **"to perform a fire-offering service to HASHEM,"** "לְ,,רֵיחַ נִיחֹחַ – **as "a pleasing fragrance,"** i.e., נַחַת רוּחַ לְפָנַי – a source of **contentment before Me,**[4] "לְפַלֵּא[5] נֶדֶר אוֹ בִנְדָבָה,, – **"by articulating a vow or a free-will offering,"** אוֹ שֶׁתַּעֲשׂוּ הָאִשֶּׁה – **or if you will perform a fire-offering service** בִּשְׁבִיל חוֹבַת מוֹעֲדֵיכֶם – **because of the obligation for "your festivals"** שֶׁחִיַּבְתִּי אֶתְכֶם לַעֲשׂוֹת – **which I obligated you to perform** בַּמּוֹעֵד[6] – **on the festival.**[6]

4. וְהִקְרִיב הַמַּקְרִיב – THE ONE WHO BRINGS [HIS OFFERING TO HASHEM] SHALL BRING. תַּקְרִיבוּ נְסָכִים וּמִנְחָה לְכָל בְּהֵמָה – **You shall offer**[7] **libations and a meal-offering for each animal.**[8] הַמִּנְחָה כָּלִיל – **The meal-offering is burnt entirely,**[9] וְהַשֶּׁמֶן נִבְלָל בְּתוֹכָהּ[10] – **with the oil mixed into it;**[10] וְהַיַּיִן לַסְּפָלִים –

1. We would have expected this passage which deals with drink-offerings and meal-offerings to have appeared in the context of other passages which deal with offerings. It appears here, after the episode of the spies, because it begins "when you will come to the land." It thus served to reassure the Children of Israel that despite all that had passed, they would ultimately enter the land (see *Be'er BaSadeh*). Alternatively, the laws of this passage applied not only in the Land of Israel, but in the wilderness, as well. It opens with "when you will come to the land" not to limit its application to the time when the Israelites would enter the Land of Israel, but to reassure them that they would ultimately enter (*Be'er Yitzchak*).

2. The comment enclosed in braces does not appear in any of the early printed editions. *Yosef Daas,* however, reports seeing it in a manuscript of Rashi's commentary.

3. The verse is not read, "You shall perform a fire-offering"; it does not say that there is an obligation to perform a fire-offering upon coming to the land. For the verse includes offerings brought in fulfillment of voluntary vows (*Minchas Yehudah; Sifsei Chachamim*).

4. *Sifrei* 107. It is not the smell itself which is pleasing to God, but the fact that His will was done (*Mizrachi; Sifsei Chachamim*; see also Rashi to *Exodus* 29:18).

5. Many early editions read לְפָרֵשׁ, either in place of לְפַלֵּא or in explanation of it. In any case the meaning is unchanged.

6. *Sifrei* 107. לְפַלֵּא, "by articulating," does not apply to בְּמֹעֲדֵיכֶם, "on your festivals," for the festival offerings are not brought in fulfillment of a vow and are not voluntary; they are an obligation (*Mizrachi; Sifsei Chachamim*).

7. Although the passage deals with voluntary offerings, the libations and meal-offerings are not voluntary; voluntary offerings may not be brought without them. Thus, the verse is not merely telling us the quantities of the libations and meal-offerings should one choose to bring them. It is telling us that they are an integral part of the voluntary offering; thus, once one has volunteered an offering, the libation and meal-offering are obligatory (see *Mizrachi; Sifsei Chachamim*).

8. "The one who brings . . . shall bring" could be construed to mean that there is an obligation of a single libation and meal-offering upon one who brings animal offerings irrespective of the number of animal offerings he brings. Rashi explains that each animal offering entails a separate obligation to bring a libation and meal-offering.

9. This is unlike a meal-offering brought independent of any animal offering; part of such a meal-offering is eaten by the Kohanim (see *Leviticus* 2:3,10).

10. *Sifrei* 107.

סֹ֣לֶת עִשָּׂר֔וֹן בָּל֕וּל בִּרְבִעִ֥ית הַהִ֖ין
ה שָֽׁמֶן׃ וְיַ֤יִן לַנֶּ֙סֶךְ֙ רְבִיעִ֣ית הַהִ֔ין
תַּעֲשֶׂ֥ה עַל־הָעֹלָ֖ה א֣וֹ לַזָּ֑בַח
ו לַכֶּ֖בֶשׂ הָאֶחָֽד׃ א֤וֹ לָאַ֙יִל֙ תַּעֲשֶׂ֣ה
מִנְחָ֔ה סֹ֖לֶת שְׁנֵ֣י עֶשְׂרֹנִ֑ים בְּלוּלָ֥ה
ז בַשֶּׁ֖מֶן שְׁלִשִׁ֥ית הַהִֽין׃ וְיַ֥יִן לַנֶּ֖סֶךְ
שְׁלִשִׁ֣ית הַהִ֑ין תַּקְרִ֥יב רֵֽיחַ־נִיחֹ֖חַ
ח לַיהוָֽה׃ חמישי וְכִֽי־תַעֲשֶׂ֥ה בֶן־בָּקָ֖ר
עֹלָ֣ה אוֹ־זָ֑בַח לְפַלֵּא־נֶ֥דֶר אֽוֹ־
ט שְׁלָמִ֖ים לַיהוָֽה׃ וְהִקְרִ֤יב עַל־בֶּן־
הַבָּקָר֙ מִנְחָ֔ה סֹ֖לֶת שְׁלֹשָׁ֣ה
עֶשְׂרֹנִ֑ים בָּל֥וּל בַּשֶּׁ֖מֶן חֲצִ֥י הַהִֽין׃

of a tenth [of an ephah] fine flour, mixed with a quarter-hin of oil; [5] and a quarter-hin of wine for a libation shall you prepare for the olah-offering or the [peace-offering] sacrifice for each sheep. [6] If it is a ram — you shall prepare a meal-offering, two-tenths [of an ephah] fine flour mixed with a third-hin of oil; [7] and a third-hin of wine for a libation shall you bring as a satisfying aroma to HASHEM. [8] When you prepare a young bull as an olah-offering or a [peace-offering] sacrifice, because of an articulated vow, or a peace-offering to HASHEM, [9] one shall bring with the young bull a meal-offering: three tenths [of an ephah] fine flour mixed with a half-hin of oil.

אונקלוס

סֻלְתָּא עַשְׂרוֹנָא דְּפִילָא בְּרַבְעוּת הִינָא מִשְׁחָא: ה וְחַמְרָא לְנִסְכָּא רַבְעוּת הִינָא תַּעְבֵּד עַל עֲלָתָא אוֹ לְנִכְסַת קוּדְשַׁיָּא לְאִמְּרָא חָד: ו אוֹ לְדִכְרָא תַּעְבֵּד מִנְחָתָא סֻלְתָּא תְּרֵין עַשְׂרוֹנִין דְּפִילָא בִּמְשַׁח תַּלְתּוּת הִינָא: ז וְחַמְרָא לְנִסְכָּא תַּלְתּוּת הִינָא תְּקָרֵב לְאִתְקַבָּלָא בְרַעֲוָא קֳדָם יְיָ: ח וַאֲרֵי תַעְבֵּד בַּר תּוֹרֵי עֲלָתָא אוֹ נִכְסַת קוּדְשַׁיָּא לְפָרָשָׁא נִדְרָא אוֹ נִכְסַת קוּדְשַׁיָּא קֳדָם יְיָ: ט וִיקָרֵב עַל בַּר תּוֹרֵי מִנְחָתָא סֻלְתָּא תְּלָתָא עַשְׂרוֹנִין דְּפִילָא בִּמְשַׁח פַּלְגוּת הִינָא:

רש"י

כמו ששנינו במס' סוכה (מח:): **(ה) לכבש האחד.** על כל האמור למעלה הוא מוסב, על המנחה ועל השמן ועל היין: **(ו) או לאיל.** ואם איל הוא. ורבותינו דרשו או לרבות את הפלגס לנסכי איל (חולין כג.):

RASHI ELUCIDATED

and the wine goes **into the "bowls,"**[1] כְּמוֹ שֶׁשָּׁנִינוּ בְּמַסֶּכֶת סוּכָּה[2] – **as we have learned in Tractate *Succah*.**[2]

5. לַכֶּבֶשׂ הָאֶחָד – FOR EACH SHEEP. עַל כָּל הָאָמוּר לְמַעְלָה הוּא מוּסָב – **It refers back to all that was stated above,** עַל הַמִּנְחָה – **to the meal-offering,** וְעַל הַשֶּׁמֶן – **and to the oil,** וְעַל הַיַּיִן – **and to the wine.**[3]

6. אוֹ לָאַיִל – This means, וְאִם אַיִל הוּא – **if it is a ram.**[4] וְרַבּוֹתֵינוּ דָּרְשׁוּ ,,אוֹ" – **Our Rabbis expounded the word** אוֹ לְרַבּוֹת אֶת הַפַּלְגָּס – **to include a *palgas***[5] לְנִסְכֵּי אַיִל – **in the libations of a ram.**[6]

1. The "bowls" were pipes situated at the southwest corner of the Altar. The officiating Kohen would pour the wine of the libations into one of them. The pipes would empty onto the upper surface of the Altar (see Rashi to *Exodus* 29:40, s.v., וְנֶסֶךְ).

2. *Succah* 48b; see Rashi there, s.v., כמין שני חוטמין דקים.

3. "For each sheep" might have been read as referring only to the libation mentioned in this verse, but the quantities specified for the meal-offering might have been seen as applying to all animal offerings. Rashi notes that "for each sheep" qualifies the meal-offerings, too, because other quantities of meal and oil are specified for rams and bulls in the verses below (*Gur Aryeh*).

4. The word או usually means "or." But it cannot mean that here, for "or" implies that the two things it connects are equal with respect to the topic at hand. Here, however, the quantities of the libations and meal-offerings for the ram and the sheep differ. Therefore, או here means "if" (*Mizrachi; Sifsei Chachamim*). Rashi also explains או in this manner in his commentary to *Leviticus* 4:23, 26:41, and in 5:30 above.

5. A form of the Greek *pallax,* "adolescent." See next note.

6. *Chullin* 23a. The term אַיִל, usually translated "ram," refers to a male sheep which is at least thirteen months old. כֶּבֶשׂ, here translated "sheep," refers specifically to a sheep within its first year, as Rashi goes on to say in his comments to verse 11. A פַּלְגָּס is a male sheep in its thirteenth month (see *Parah* 1:3).

Where the Torah states that a כֶּבֶשׂ must be brought as an offering, it must be an animal within its first year. Where it states that an אַיִל must be brought, it must be an animal past its thirteenth month. Our verse expresses "if" with או rather than the more common אם to include a פַּלְגָּס in the law of an אַיִל with regard to libations and meal-offerings (*Be'er Yitzchak*). או is seen by the Talmud in many places as a word that extends the meaning of the word or phrase to which it is connected to include something which is not stated explicitly in the text of Scripture, e.g., *Bava Kamma* 77b.

The differences in the quantities of the libations and meal-offerings of animals of different ages applies only to

י וְיַיִן תַּקְרִיב לַנֶּסֶךְ חֲצִי הַהִין אִשֵּׁה
יא רֵיחַ־נִיחֹחַ לַיהוָה׃ כָּכָה יֵעָשֶׂה
לַשּׁוֹר הָאֶחָד אוֹ לָאַיִל הָאֶחָד
אוֹ־לַשֶּׂה בַכְּבָשִׂים אוֹ בָעִזִּים׃
יב כַּמִּסְפָּר אֲשֶׁר תַּעֲשׂוּ כָּכָה תַּעֲשׂוּ
יג לָאֶחָד כְּמִסְפָּרָם׃ כָּל־הָאֶזְרָח
יַעֲשֶׂה־כָּכָה אֶת־אֵלֶּה לְהַקְרִיב
יד אִשֵּׁה רֵיחַ־נִיחֹחַ לַיהוָה׃ וְכִי־
יָגוּר אִתְּכֶם גֵּר אוֹ אֲשֶׁר־בְּתוֹכְכֶם
לְדֹרֹתֵיכֶם וְעָשָׂה אִשֵּׁה רֵיחַ־
נִיחֹחַ לַיהוָה כַּאֲשֶׁר תַּעֲשׂוּ כֵּן
טו יַעֲשֶׂה׃ הַקָּהָל חֻקָּה אַחַת לָכֶם

10 *You shall bring a half-hin of wine for a libation, a fire-offering, a pleasing fragrance to HASHEM.*

11 *"So shall be done for each bull or for each ram, or for a lamb/kid among the sheep or goats.* 12 *According to the number that you make, so shall you make for each one, according to their number.* 13 *Every native shall do so with them, to bring a fire-offering, a satisfying aroma to HASHEM.*

14 *"When a convert sojourns with you or one who is among you throughout your generations and he shall prepare a fire-offering, a satisfying aroma to HASHEM — as you do, so shall he do.* 15 *For the congregation — the same decree shall be for you*

אונקלוס

י וְחַמְרָא תְּקָרֵב לְנִסְכָּא פַּלְגוּת הִינָא קֻרְבַּן דְּמִתְקַבַּל בְּרַעֲוָא קֳדָם יְיָ׃ יא כְּדֵין יִתְעֲבֵד לְתוֹרָא חַד אוֹ לְדִכְרָא חָד אוֹ לְאִמַּר בְּאִמְּרַיָּא אוֹ בְעִזַּיָּא׃ יב כְּמִנְיָן דִּי תַעְבְּדוּן כְּדֵין תַּעְבְּדוּן לְחַד כְּמִנְיָנְהוֹן׃ יג כָּל יַצִּיבָא יַעְבֵּד כְּדֵין יָת אִלֵּין לְקָרָבָא קֻרְבַּן דְּמִתְקַבַּל בְּרַעֲוָא קֳדָם יְיָ׃ יד וַאֲרֵי יִתְגַּיַּר עִמְּכוֹן גִּיּוֹרָא אוֹ דִי בֵינֵיכוֹן לְדָרֵיכוֹן וְיַעְבֵּד קֻרְבַּן דְּמִתְקַבַּל בְּרַעֲוָא קֳדָם יְיָ כְּמָא דִי תַעְבְּדוּן כֵּן יַעְבֵּד׃ טו קְהָלָא קְיָמָא חַד לְכוֹן

רש"י

(י) אשה ריח. אינו מוסב אלא על המנחה והשמן אבל היין אינו אשה שאינו ניתן על האש (ספרי שם): **(יא) או לשה.** בין שהוא בכבשים בין שהוא בעזים. כבש ושה קרויים בתוך שנתם. איל בן שלשה עשר חדש ויום אחד: **(יב) כמספר אשר תעשו.** כמספר הבהמות אשר תקריבו לקרבן ככה תעשו נסכים לכל אחד מהם כמספרם של בהמות מספרם של נסכים:

RASHI ELUCIDATED

10. אִשֵּׁה רֵיחַ — A FIRE-OFFERING, A [PLEASING] FRAGRANCE. אֵינוֹ מוּסָב אֶלָּא עַל הַמִּנְחָה וְהַשֶּׁמֶן — **It refers to nothing but the meal-offering and the oil,** אֲבָל הַיַּיִן אֵינוֹ אִשֶּׁה — **but the wine is not a fire-offering,** שֶׁאֵינוֹ נִתָּן עַל הָאֵשׁ[1] — **for it is not put on the fire** of the Altar.[1]

11. אוֹ לַשֶּׂה — OR FOR A LAMB / KID.[2] בֵּין שֶׁהוּא בִּכְבָשִׂים — **Whether it is of the sheep** בֵּין שֶׁהוּא בָעִזִּים — **or whether it is of the goats.** כֶּבֶשׂ וָשֶׂה קְרוּיִים בְּתוֹךְ שְׁנָתָם — **They are called** כֶּבֶשׂ **and** שֶׂה **within their** first **year** of life.[3] אַיִל בֶּן שְׁלֹשָׁה עָשָׂר חֹדֶשׁ וְיוֹם אֶחָד — **An** אַיִל is a male sheep **thirteen years and one day old.**[4]

12. כַּמִּסְפָּר אֲשֶׁר תַּעֲשׂוּ — ACCORDING TO THE NUMBER THAT YOU MAKE. „כְּמִסְפַּר" הַבְּהֵמוֹת אֲשֶׁר תַּקְרִיבוּ לְקָרְבָּן — **"According to the number" of animals which you will bring as an offering,** „כָּכָה תַּעֲשׂוּ" נְסָכִים — **"so shall you make" libations** לְכָל אֶחָד מֵהֶם — **for each one of them.** „כְּמִסְפָּרָם" שֶׁל בְּהֵמוֹת — **"According to their number,"** i.e., the number **of animals** מִסְפָּרָם שֶׁל נְסָכִים — shall **their number of libations** be.[5]

adult male sheep. The libations and meal-offerings of all other sheep and goats, whether male or female, are the same as for a כֶּבֶשׂ, irrespective of age. Similarly, the libations and meal-offerings of all oxen (see vv. 8-10 below) regardless of age or gender, are the same. See *Rambam, Hilchos Maasei HaKorbanos* 2:4.

1. *Sifrei* 107.

2. The word שֶׂה applies to goats, as well as to sheep; see Rashi to *Exodus* 12:5, s.v., מִן הַכְּבָשִׂים וּמִן הָעִזִּים. Since there is no precise English equivalent, the term "lamb/kid" is used.

3. Rashi notes that כֶּבֶשׂ and שֶׂה can be used interchangeably, for Scripture refers to a lamb/kid as כֶּבֶשׂ in verse 5, and as שֶׂה in our verse (*Gur Aryeh*).

4. See note 6 on previous page.

5. The verse might have been read, "According to the number [of libations] that you make, so shall you make for each one . . ." The verse would then have been saying that one who brings an offering of sheep or goats may bring multiple libations and meal-offerings with each animal, as long as each libation and meal-offering was of the quantities specified in the preceding verses. But this is not so, for *Sifrei* 107 derives from "so shall you make" that only one libation and meal-offering may be brought with each animal (*Gur Aryeh*).

וְלַגֵּר הַגָּר חֻקַּת עוֹלָם לְדֹרֹתֵיכֶם
טו כָּכֶם כַּגֵּר יִהְיֶה לִפְנֵי יהוה: תּוֹרָה
אַחַת וּמִשְׁפָּט אֶחָד יִהְיֶה לָכֶם
וְלַגֵּר הַגָּר אִתְּכֶם:
יז ששי וַיְדַבֵּר יהוה אֶל־מֹשֶׁה לֵּאמֹר:
יח דַּבֵּר אֶל־בְּנֵי יִשְׂרָאֵל וְאָמַרְתָּ
אֲלֵהֶם בְּבֹאֲכֶם אֶל־הָאָרֶץ אֲשֶׁר
יט אֲנִי מֵבִיא אֶתְכֶם שָׁמָּה: וְהָיָה

and for the convert who sojourns, an eternal decree for your generations; like you like the convert shall it be before HASHEM. [16] *One teaching and one judgment shall be for you and for the convert who sojourns among you."*

[17] HASHEM *spoke to Moses, saying,* [18] *"Speak to the Children of Israel and say to them: Upon your coming to the land to which I bring you,* [19] *it shall be that*

אונקלוס

וּלְגִיּוֹרָא דְיִתְגַּיַּר קְיָם עָלַם לְדָרֵיכוֹן כְּוָתְכוֹן כְּגִיּוֹרָא יְהֵי קֳדָם יְיָ: טז אוֹרַיְתָא חֲדָא וְדִינָא חַד יְהֵי לְכוֹן וּלְגִיּוֹרָא דְיִתְגַּיַּר עִמְּכוֹן: יז וּמַלִּיל יְיָ עִם מֹשֶׁה לְמֵימַר: יח מַלֵּל עִם בְּנֵי יִשְׂרָאֵל וְתֵימַר לְהוֹן בְּמֵעַלְכוֹן לְאַרְעָא דִּי אֲנָא מָעֵל יָתְכוֹן לְתַמָּן: יט וִיהֵי

רש"י

(טו) ככם כגר. כמותכם כן גר, וכן דרך לשון עברית, כגן ה' כארץ מצרים (בראשית יג:י) כן ארץ מצרים. כמוני כמוך כעמי כעמך (מלכים א כב:ד): **(יח) בבאכם אל הארץ.** משונה ביאה זו מכל ביאות שבתורה שבכולן נאמר כי תבא כי תבאו, לפיכך כולן למדות זו מזו, וכיון שפרט לך הכתוב באחת מהן שאינה אלא לאחר ירושה וישיבה אף כלן כן. אבל זו נאמר בה בבואכם, משנכנסו בה ואכלו מלחמה נתחייבו בחלה (ספרי קי):

RASHI ELUCIDATED

15. כָּכֶם כַּגֵּר – LIKE YOU LIKE THE CONVERT. This means, כְּמוֹתְכֶם כֵּן גֵּר **– like you, so shall the convert be.** וְכֵן דֶּרֶךְ לָשׁוֹן עִבְרִית **– Such is the manner of the Hebrew language.** For example, ,,כְּגַן ה׳ כְּאֶרֶץ מִצְרַיִם״[1] **– "like the garden of** HASHEM**, like the land of Egypt"**[1] means, כֵּן אֶרֶץ מִצְרַיִם – "[Like the garden of HASHEM,] **so was the land of Egypt."** And similarly, ,,כָּמוֹנִי כָּמוֹךְ כְּעַמִּי כְּעַמֶּךָ״[2] **– "Like me like you, like my people like your people,"**[2] means, "I am like you, my people are like your people."

18. בְּבֹאֲכֶם אֶל הָאָרֶץ – UPON YOUR COMING. מְשֻׁנָּה בִיאָה זוֹ – The wording of **this "coming" is different** מִכָּל בִּיאוֹת שֶׁבַּתּוֹרָה **– from** that of **all "comings" that are** mentioned **in the Torah** with respect to "coming" to the Land of Israel, שֶׁבְּכֻלָּן נֶאֱמַר ,,כִּי תָבֹא״[3] ,,כִּי תָבֹאוּ״[4] **– for in all of them "when you** (singular) **will come"**[3] **or "when you** (plural) **will come"**[4] **is stated.** לְפִיכָךְ **– Therefore,** כֻּלָּן לְמֵדוֹת זוֹ מִזּוֹ **– all of them are learned from one another.**[5] וְכֵיוָן שֶׁפֵּרַט לְךָ הַכָּתוּב בְּאַחַת מֵהֶן **– And since Scripture stated specifically regarding one of them** שֶׁאֵינָהּ אֶלָּא לְאַחַר יְרֻשָּׁה וִישִׁיבָה **– that it** applies **only after taking possession and settling** the land,[6] אַף כֻּלָּן כֵּן **– all of them,** even those of which taking possession and settling are not stated, **are so.** אֲבָל זוֹ **– But this** commandment, נֶאֱמַר בָּהּ ,,בְּבֹאֲכֶם״ **– "Upon your coming" is said of it,** which implies, מִשֶּׁנִּכְנְסוּ בָהּ **– as soon as they entered [the Land of Israel]** וְאָכְלוּ מִלַּחְמָהּ **– and ate of its bread,** נִתְחַיְּבוּ בְחַלָּה[7] **– they were under** the **obligation of** fulfilling the commandment of ***challah***, the subject of our passage, even before their possession and settlement of the land.[7]

1. *Genesis* 13:10.

2. *I Kings* 22:4.

3. For example, *Deuteronomy* 26:1.

4. For example, *Leviticus* 14:34. Of all the places in the Torah which refer to laws which apply after the Israelites will come to the Land of Israel, it is only this one which does not include the word כִּי, "when," and which refers to their arrival using a gerund rather than a finite verb.

5. That is, since the laws that apply after arrival in the Land of Israel are stated with similar wording, details that are stated explicitly with reference to one can be applied to the others.

6. *Deuteronomy* 17:14, which introduces the passage which deals with the laws that apply to kings, begins, ... כִּי תָבֹא, "When you come to the land that HASHEM, your God, gives you, and take possession of it, and settle in it." Following the rule explained in the preceding note, the stipulation "take possession of it and settle in it" that appears in that verse, is extended to every other instance of כִּי תָבֹא or כִּי תָבֹאוּ. And since possession and settlement of the land was not completed until fourteen years after the Israelites crossed the Jordan, the laws stated in those passages did not apply during those fourteen years (Rashi to *Kiddushin* 37a, s.v. ללמדך, and 37b, s.v., ופרט לך).

7. *Sifrei* 110.

when you will eat of the bread of the land, you shall set aside a portion for HASHEM.
20 The beginning of your kneadings you shall set aside a loaf as a portion, like the threshing-floor portion, so shall you set it aside.
21 From the beginning of

בַּאֲכָלְכֶם מִלֶּחֶם הָאָרֶץ תָּרִימוּ
כ תְרוּמָה לַיהוָה׃ רֵאשִׁית עֲרִסֹתֵכֶם
חַלָּה תָּרִימוּ תְרוּמָה כִּתְרוּמַת
כא גֹּרֶן כֵּן תָּרִימוּ אֹתָהּ׃ מֵרֵאשִׁית

אונקלוס

בְּמֵיכַלְכוֹן מִלַּחְמָא דְאַרְעָא תַּפְרְשׁוּן אַפְרָשׁוּתָא קֳדָם יְיָ׃ כ רֵישׁ אַצְוָתְכוֹן חַלְּתָא
תַּפְרְשׁוּן אַפְרָשׁוּתָא כְּמָא דִי מַפְרְשִׁין מִן אִדְּרָא כֵּן תַּפְרְשׁוּן יָתַהּ׃ כא מֵרֵישׁ

רש"י

(כ) ראשית ערסתכם. כשתלושו כדי עיסתכם שאתם רגילין ללוש במדבר, וכמה היא, וימודו בעומר (שמות טז:יח) עומר לגלגלת (שם טז) [ושיעורו מ"ג ביצים וחומש ביצה] (עירובין פג:) תרימו מראשיתה, כלומר קודם שתאכלו ממנה, ראשית חלקה חלה אחת ממנה תרימו תרומה לשם ה': **חלה.** טורטי"ל בלע"ז: **כתרומת גרן.** שלא נאמר בה שיעור, ולא כתרומת מעשר שנאמר בה שיעור. אבל חכמים נתנו שיעור לבעל הבית אחד מעשרים וארבעה, ולנחתום אחד מארבעים ושמונה (ספרי קי; חלה ב:ז):

RASHI ELUCIDATED

20. רֵאשִׁית עֲרִסֹתֵכֶם – THE BEGINNING OF YOUR KNEADINGS. כְּשֶׁתָּלוּשׁוּ כְּדֵי עִסַּתְכֶם – **When you will knead enough for your dough** שֶׁאַתֶּם רְגִילִין לָלוּשׁ – **that you usually knead** בַּמִּדְבָּר – **in the wilderness.**[1] וְכַמָּה הִיא – **And how much is it?** "וַיָּמֹדּוּ בָעֹמֶר"[2] – **"They measured by the *omer*";**[2] "עֹמֶר לַגֻּלְגֹּלֶת"[3,4] – **"an *omer* per person."**[3,4] {וְשִׁעוּרוֹ – **Its amount is** אַרְבָּעִים וְשָׁלֹשׁ בֵּיצִים – the volume of **forty-three eggs** וְחֹמֶשׁ בֵּיצָה – **and a fifth of an egg.**}[5] תָּרִימוּ מֵרֵאשִׁיתָהּ – **You shall set aside from its first,** כְּלוֹמַר – **that is to say,** קוֹדֶם שֶׁתֹּאכְלוּ מִמֶּנָּה – **before you shall eat from it,**[6] רֵאשִׁית חֶלְקָהּ – **the first of its portion,** חַלָּה אַחַת מִמֶּנָּה – **one "*challah*" of it,**[7] "תָּרִימוּ תְרוּמָה" – **"you shall set aside as a portion"** לְשֵׁם ה' – **for the sake of HASHEM.**[8]

□ חַלָּה – LOAF. טוֹרטיי"ל בְּלַעַ"ז – **In Old French, *tortel.***[9]

□ כִּתְרוּמַת גֹּרֶן – LIKE A THRESHING-FLOOR PORTION שֶׁלֹּא נֶאֱמַר בָּהּ שִׁיעוּר – **of which no** minimum **amount is stated,**[10] וְלֹא כִּתְרוּמַת מַעֲשֵׂר – **and not like the *terumah* portion of the tithe** שֶׁנֶּאֱמַר בָּהּ שִׁיעוּר – **of which a** minimum **amount is stated.**[11] אֲבָל חֲכָמִים נָתְנוּ שִׁיעוּר – **However, the Sages set a** minimum **amount:** לְבַעַל הַבַּיִת – **for a householder** who puts aside *challah,* אֶחָד מֵעֶשְׂרִים וְאַרְבָּעָה – **one** part **out of twenty-four;** וּלְנַחְתּוֹם – **and for a baker,** אֶחָד מֵאַרְבָּעִים וּשְׁמֹנָה – **one** part **out of forty-eight.**[12]

1. "Your kneadings" rather than "a kneading" implies the amount which is usually kneaded (*Sefer Zikaron*).

2. *Exodus* 16:18. An *omer* is a dry measure. Opinions regarding the modern-day equivalent range from 2⅔ to 4⅔ quarts. See Rashi to *Exodus* 16:36 and note 1 there.

3. *Exodus* 16:16.

4. *Eruvin* 83b.

5. The passage in braces does not appear in any of the early printed editions.

6. "The beginning of your kneadings" does not mean a beginning point in the dough, for dough has no beginning or end. Neither does it mean the first dough that is kneaded, as Rashi demonstrates in his comments to the following verse. Rather, our verse is a continuation of "when you will eat" of the preceding verse – "When you will eat . . . the first portion of that which you knead that you deal with, before you may eat, you shall give it as a portion to HASHEM" (see *Sefer Zikaron; Mishmeres HaKodesh; Be'er Yitzchak*).

7. The word מִמֶּנָּה is found in the Reggio di Calabria edition and the Yemenite manuscript. Had "the beginning of your kneadings" meant the first dough that is kneaded upon coming to the Land of Israel, חַלָּה of the verse would have been understood as a loaf baked of an entire batter. Now that "the beginning of your kneadings" is understood to refer to kneading in general, חַלָּה is not taken to mean the entire batter. It is "[part] of it."

8. "You shall set aside a portion for HASHEM" of the preceding verse does not mean that the portion is burned on the Altar, for it is given to the Kohanim (see *Ezekiel* 44:30; *Be'er BaSadeh*).

9. The Old French word *tortel* is a diminutive form of *torte* and means "a small round loaf of bread." Perhaps Rashi uses the diminutive form to emphasize that only a small portion of the batch is set aside as *challah,* not the entire batch (see note 7 above).

10. The "threshing-floor portion" is the *terumah* portion that a farmer gives from his yearly crop to the Kohanim. The Torah specifies no minimum amount for it; see Rashi to *Deuteronomy* 18:4.

11. Verse 18:26 below states explicitly that the Levites give a tenth of their tithe to the Kohanim as the "*terumah* portion of the tithe."

12. *Sifrei* 110; *Challah* 2:7.

עֲרִסֹתֵיכֶ֗ם תִּתְּנ֥וּ לַֽיהוָ֖ה תְּרוּמָ֑ה
כב לְדֹרֹתֵיכֶֽם׃ וְכִ֣י תִשְׁגּ֔וּ וְלֹ֣א
תַעֲשׂ֔וּ אֵ֥ת כָּל־הַמִּצְוֺ֖ת הָאֵ֑לֶּה אֲשֶׁר־

your kneadings you shall give a portion to HASHEM, for your generations.
[22] *"If you err and do not perform all of these commandments, which*

אונקלוס

אַצְוָתְכוֹן תִּתְּנוּן קֳדָם יְיָ אַפְרָשׁוּתָא לְדָרֵיכוֹן: כב וַאֲרֵי תִשְׁתְּלוּן וְלָא תַעְבְּדוּן יָת כָּל פִּקּוֹדַיָּא הָאִלֵּין דִּי

רש"י

(כא) מראשית ערסתיכם. למה נאמר, לפי שנאמר ראשית עריסותיכם שומע אני ראשונה שבעיסות, ת"ל מראשית, מקצתה ולא כולה (ספרי שם): **תתנו לה' תרומה.** לפי שלא שמענו שיעור לחלה נאמר תתנו שיהא בה כדי נתינה (שם): **(כב) וכי תשגו ולא תעשו וגו'.** עבודה זרה היתה בכלל כל המצות שהצבור מביאין עליה פר, והרי הכתוב מוציאה כאן מכללן לידון בפר לעולה ושעיר לחטאת

RASHI ELUCIDATED

21. מֵרֵאשִׁית עֲרִסֹתֵיכֶם – FROM THE BEGINNING OF YOUR KNEADINGS. לָמָּה נֶאֱמַר – Why is this stated?[1] **לְפִי שֶׁנֶּאֱמַר ,,רֵאשִׁית עֲרִסֹתֵכֶם" – Since "the beginning of your kneadings" has been stated** in the previous verse, **שׁוֹמֵעַ אֲנִי** – I might **hear** that it means **רִאשׁוֹנָה שֶׁבָּעִסּוֹת – the first of the doughs.**[2] **תַּלְמוּד לוֹמַר** – To teach us otherwise, **the Torah says, ,,מֵרֵאשִׁית" – *"from* the beginning,"** which implies, **מִקְצָתָהּ – part of it,**[3] **וְלֹא כֻּלָּהּ**[4] **– but not all of it.**[4]

□ **תִּתְּנוּ לַה' תְּרוּמָה – YOU SHALL GIVE A PORTION TO HASHEM. לְפִי שֶׁלֹּא שָׁמַעְנוּ – Since we have not** yet **heard שִׁיעוּר לְחַלָּה** – a minimum **amount for *challah*, נֶאֱמַר ,,תִּתְּנוּ" – it says, "you shall give,"** to imply **שֶׁיְּהֵא בָהּ כְּדֵי נְתִינָה**[5] **– that there should be in it enough for giving**, i.e., enough for a gift of some significance.[5]

22. וְכִי תִשְׁגּוּ וְלֹא תַעֲשׂוּ וְגוֹמֵר – IF YOU ERR AND DO NOT PERFORM, ETC. עֲבוֹדָה זָרָה הָיְתָה בִּכְלַל כָּל הַמִּצְוֹת – Idolatry[6] **was included in all the commandments שֶׁהַצִּבּוּר מְבִיאִין עָלֶיהָ פַּר – for which the public brings a bull.**[7] **וַהֲרֵי הַכָּתוּב מוֹצִיאָהּ כָּאן מִכְּלָלָן – But see now, Scripture here takes it out of the category of [the other commandments] לָדוּן בְּפַר לְעוֹלָה – to rule that it requires a bull for an *olah*-offering וְשָׂעִיר לְחַטָּאת**[8] **– and a he-goat for a sin-offering.**[8]

1. It appears to be no more than a repetition of the phrase in the previous verse (*Devek Tov*).

2. That is, the entire first dough they would make after they entered the Land of Israel (*Commentary of Rabbeinu Hillel* to *Sifrei*).

3. In Hebrew, the word "from" (whether written in full, מִן, or as a prefix, -מִ or -מֵ) indicates that only part of the category under discussion is meant. Here, the verse speaks of parts of dough which is kneaded in general, not the entire first kneading. The partitive מ prefix here functions as what grammarians term the מֵם קְצָתִית, the מ which indicates the part of a whole (*Commentary of Rabbeinu Hillel* to *Sifrei; Dikdukei Ramchal*).

4. *Sifrei* 110.

5. *Sifrei* 110. That is, one part out of twenty-four for a common householder, and one part out of forty-eight for a baker, as Rashi has said in his comments to verse 18. Since bakers generally knead larger amounts of dough than others, a smaller fraction of their dough constitutes a gift of significance (*Yerushalmi Challah* 2:3).

The verse could have used תָּרִימוּ, "you shall set aside," as in verse 20. It uses תִּתְּנוּ, "you shall give," instead, to teach us that one must set aside "enough for giving," a significant amount (*Be'er BaSadeh*).

Mizrachi and others are of the opinion that this is not a genuine source for such a law, but rather an *asmachta,* an allusion from a verse of the Torah to a law of rabbinic origin. For Rashi has said in his comments to verse 18 that no minimum amount for *challah* is stated by the Torah, and that the figures of one twenty-fourth and one forty-eighth were set by the Sages. *Gur Aryeh* is of the opinion that "enough for giving" is a genuine source for the law, but that the Torah is setting it as the recommended amount. Verse 18, according to Rashi, means to say that the minimum is the slightest amount, but not that this is the recommended way to fulfill the commandment. The Sages then set "enough for giving" as not only being recommended, but as the minimum. *Be'er BaSadeh* holds that "enough for giving" according to Rashi, is the Torah's minimum for *challah.* When Rashi said above that no minimum has been stated for *challah,* he meant that no clear figure was stated for *challah,* as had been for the portion of the tenth given by the Levites to the Kohanim, but rather, the Torah set the minimum in terms of "enough for giving," which the Sages fixed at one twenty-fourth and one forty-eighth. *Noda BiYehudah* (*Tinyana, Yoreh De'ah* 201) is of the opinion that there is no minimum set by the Torah for the amount of *challah* which must be separated from the dough to render it permissible to be eaten. But in addition to the separation of the *challah,* there is an obligation to give that *challah* to the Kohen. For this, the Torah sets a minimum of a gift of some significance.

6. Our passage speaks of the sin of idolatry, as Rashi points out in his next comment.

7. See *Leviticus* 4:13-21.

8. *Sifrei* 111.

HASHEM has spoken to Moses, [23] everything that HASHEM has commanded you through Moses, from the day that HASHEM commanded and onward,

כג דִּבֶּר יהוה אֶל־מֹשֶׁה: אֵת כָּל־אֲשֶׁר צִוָּה יהוה אֲלֵיכֶם בְּיַד־מֹשֶׁה מִן־הַיּוֹם אֲשֶׁר צִוָּה יהוה וָהָלְאָה

אונקלוס

מַלִּיל יְיָ עִם מֹשֶׁה: כג יָת כָּל דִּי פַקִּיד יְיָ יָתְכוֹן בִּידָא דְמֹשֶׁה מִן יוֹמָא דִּי פַקִּיד יְיָ וּלְהָלָּא לְדָרֵיכוֹן:

רש"י

(שם קיח): **וכי תשגו וגו'.** בעבודה זרה הכתוב מדבר. או אינו אלא באחת מכל המצות, ת"ל את כל המצות האלה, מצוה אחת שהיא ככל המצות. מה העובר על כל המצות פורק עול ומפר ברית ומגלה פנים, אף מצוה זו פורק בה עול ומפר ברית ומגלה פנים, ואיזו, זו עבודה זרה (שם): **אשר דבר ה' אל משה.** אנכי ולא יהיה לך מפי הגבורה שמענום (הוריות ח.). אחת דבר אלהים שתים זו שמעתי (תהלים סב:יב): **(כג) את כל אשר צוה וגו'.** מגיד שכל המודה בעבודה זרה ככופר בכל התורה כולה ובכל מה שנתנבאו הנביאים, שנאמר מן היום אשר צוה ה' והלאה (ספרי שם):

RASHI ELUCIDATED

□ וְכִי תִשְׁגּוּ וְגוֹמֵר – IF YOU ERR, ETC. בַּעֲבוֹדָה זָרָה הַכָּתוּב מְדַבֵּר – **The verse speaks of idolatry.** אוֹ אֵינוֹ אֶלָּא בְּאַחַת מִכָּל הַמִּצְוֹת – **Or perhaps it is** speaking **only of one of all the** other **commandments?** תַּלְמוּד לוֹמַר – To teach us otherwise, **the Torah says,** ,,אֵת כָּל הַמִּצְוֹת הָאֵלֶּה" – **"all of these commandments,"** implying, מִצְוָה אַחַת – **one commandment** שֶׁהִיא כְּכָל הַמִּצְוֹת – **which is like all of the commandments** combined.[1] מָה הָעוֹבֵר עַל כָּל הַמִּצְוֹת – **Just as one who** intentionally **transgresses all of the commandments** together פּוֹרֵק עוֹל – **casts off the yoke** of Heaven, וּמֵפֵר בְּרִית – **and nullifies the Covenant,** וּמְגַלֶּה פָּנִים – **and acts brazenly,**[2] אַף מִצְוָה זוֹ – **so, too,** if one intentionally transgresses **this commandment** of which our verse speaks,[3] פּוֹרֵק בָּהּ עוֹל – **he casts off through it the yoke,** וּמֵפֵר בְּרִית – **and nullifies the Covenant,** וּמְגַלֶּה פָּנִים – **and acts brazenly.** וְאֵיזוֹ – **And which** commandment is this? זוֹ עֲבוֹדָה זָרָה[4] – **This is idolatry.**[4]

□ אֲשֶׁר דִּבֶּר ה' אֶל מֹשֶׁה – WHICH HASHEM HAS SPOKEN TO MOSES. ,,אָנֹכִי"[5] – **"I** [am HASHEM your God],"[5] וְ,,לֹא יִהְיֶה לְךָ"[6] – **and "There shall not be unto you** [the gods of others],"[6] מִפִּי הַגְּבוּרָה שְׁמַעְנוּם[7] – **we heard from the mouth of the Almighty,**[7] כִּדְכְתִיב – **as it is written,** ,,אַחַת דִּבֶּר אֱלֹהִים – **"HASHEM spoke one;**[8] שְׁתַּיִם זוּ שָׁמָעְתִּי"[9] – **two is what I heard."**[9]

23. אֵת כָּל אֲשֶׁר צִוָּה וְגוֹמֵר – EVERYTHING THAT [HASHEM] HAS COMMANDED, ETC. מַגִּיד – **This tells** us שֶׁכָּל הַמּוֹדֶה בַּעֲבוֹדָה זָרָה – **that anyone who believes in idolatry** כְּכוֹפֵר בְּכָל הַתּוֹרָה כֻּלָּהּ – **is like one who denies the Torah in its entirety,** וּבְכָל מַה שֶּׁנִּתְנַבְּאוּ הַנְּבִיאִים – **and** denies **all that the prophets prophesied,** שֶׁנֶּאֱמַר – **as it says,** ,,מִן הַיּוֹם אֲשֶׁר צִוָּה ה' וָהָלְאָה" – **"From the day *that* HASHEM *commanded* and onward."**[10]

1. The verse cannot be taken as speaking of one who violates every one of the commandments, for verse 24 says "*it* was done by error," speaking of a single commandment (*Mizrachi; Sifsei Chachamim*).

2. Literally, "and exposes the face." Since the idolater has cast off the yoke of Heaven, he sins openly, without shame (*Be'er Mayim Chaim*).

3. Rashi refers to idolatry as "a *commandment*" by which one casts off the yoke of Heaven and nullifies the Covenant. But the particular situation referred to by the verse is not one in which this happens, for the verse speaks of one who sins by error (*Malkah shel Torah*).

4. *Sifrei* 111.

5. *Exodus* 20:2; see next note.

6. *Exodus* 20:3. "I am HASHEM your God . . ." and "There shall not be unto you . . ." are the two of the Ten Commandments which deal with idolatry.

7. *Horayos* 8a, see Rashi there, s.v., כתיב את כל אשר, and s.v., איזו היא מצוה. All of Israel heard the Almighty addressing Moses when He uttered these two commandments. This is what our verse refers to by "which HASHEM has spoken to Moses" (*Mizrachi; Sifsei Chachamim*).

8. That is, God spoke all of the Ten Commandments simultaneously, in a single utterance; see Rashi to *Exodus* 20:1, s.v., אֵת כָּל הַדְּבָרִים הָאֵלֶּה.

9. *Psalms* 62:12. Of the Ten Commandments God spoke simultaneously (see previous note), the Israelites subsequently heard the first two, when He repeated them individually to Moses (see *Maskil LeDavid*). Rashi adduces the verse from *Psalms* to show that the word דִּבֶּר of our verse is appropriate when speaking of idolatry (see *Devek Tov*).

10. *Sifrei* 111.

כד לְדֹרֹתֵיכֶם: וְהָיָה אִם מֵעֵינֵי הָעֵדָה
נֶעֶשְׂתָה לִשְׁגָגָה וְעָשׂוּ כָל־הָעֵדָה
פַּר בֶּן־בָּקָר אֶחָד לְעֹלָה לְרֵיחַ
נִיחֹחַ לַיהוה וּמִנְחָתוֹ וְנִסְכּוֹ
כַּמִּשְׁפָּט וּשְׂעִיר־עִזִּים אֶחָד לְחַטָּת:
כה וְכִפֶּר הַכֹּהֵן עַל־כָּל־עֲדַת בְּנֵי
יִשְׂרָאֵל וְנִסְלַח לָהֶם כִּי־שְׁגָגָה הִוא
וְהֵם הֵבִיאוּ אֶת־קָרְבָּנָם אִשֶּׁה לַיהוה

throughout your generations. 24 *And it will be, if from the eyes of the assembly it was done by error, the entire assembly shall prepare one young bull as an olah-offering for a satisfying aroma to* HASHEM, *and its meal-offering and its libation according to the rule, and one he-goat as a sin-offering.* 25 *The Kohen shall atone for the entire assembly of the Children of Israel and it shall be forgiven them, for it was unintentional, and they have brought their offering, a fire-offering to* HASHEM,

אונקלוס

כד וִיהֵי אִם מֵעֵינֵי כְנִשְׁתָּא אִתְעֲבִידַת לְשָׁלוּ וְיַעְבְּדוּן כָּל כְּנִשְׁתָּא תּוֹר בַּר תּוֹרֵי חַד לַעֲלָתָא לְאִתְקַבָּלָא בְרַעֲוָא קֳדָם יְיָ וּמִנְחָתֵהּ וְנִסְכֵּהּ כִּדְחָזֵי וּצְפִיר בַּר עִזֵּי חַד לְחַטָּאתָא: כה וִיכַפַּר כַּהֲנָא עַל כָּל כְּנִשְׁתָּא דִבְנֵי יִשְׂרָאֵל וְיִשְׁתְּבֵק לְהוֹן אֲרֵי שָׁלוּתָא הִיא וְאִנּוּן אַיְתִיאוּ יָת קֻרְבַּנְהוֹן קֻרְבָּנָא קֳדָם יְיָ

רש"י

(כד) אם מעיני העדה נעשתה לשגגה. אם מעיני העדה נעשתה עבירה זו על ידי שוגג, כגון ששגגו והורו על אחת מן העבודות שהיא מותרת לעבוד עבודה זרה בכך (הוריות ג:,ז:): **לחטת.** חסר א', שאינו כשאר חטאות, שכל חטאות שבתורה הבאות עם עולה החטאת קודמת לעולה, שנא' ואת השני יעשה עולה (ויקרא ה:י) וזו עולה קודמת לחטאת (הוריות יג.): **(כה) הביאו את קרבנם אשה לה'.** זה האמור בפרשה, הוא פר העולה

RASHI ELUCIDATED

24. אִם מֵעֵינֵי הָעֵדָה נֶעֶשְׂתָה לִשְׁגָגָה – IF FROM THE EYES OF THE ASSEMBLY IT WAS DONE BY ERROR. אִם מֵעֵינֵי הָעֵדָה – **If from the eyes of the assembly,** i.e., if as a result of the way the Sanhedrin viewed the situation, נֶעֶשְׂתָה עֲבֵירָה זוֹ – **this transgression was done**[1] עַל יְדֵי שׁוֹגֵג – **through negligence,** כְּגוֹן שֶׁשָּׁגְגוּ וְהוֹרוּ – **for example, that they erred and gave a ruling**[2] עַל אַחַת מִן הָעֲבוֹדוֹת – **about one of the forms of worship** שֶׁהִיא מֻתֶּרֶת לַעֲבוֹד עֲבוֹדָה זָרָה – **that it is permitted to worship idolatry** בְּכָךְ[3] – **in such a manner.**[3]

□ לְחַטָּת – **AS A SIN-OFFERING.** חָסֵר אָלֶ"ף – It is spelled here **without the letter** א,[4] שֶׁאֵינוֹ כִּשְׁאָר חַטָּאוֹת – **for it is not like other sin-offerings,** שֶׁכָּל חַטָּאוֹת שֶׁבַּתּוֹרָה – **because** in the cases of **all** other **sin-offerings in the Torah** הַבָּאוֹת עִם עוֹלָה – **which come,** i.e., which are brought, **along with an *olah*-offering,** הַחַטָּאת קוֹדֶמֶת לָעוֹלָה – **the sin-offering precedes the *olah*-offering** in the order in which they are sacrificed, שֶׁנֶּאֱמַר – **as it says,** "וְאֶת הַשֵּׁנִי יַעֲשֶׂה עֹלָה"[5] – **"And he shall make the second one an *olah*-offering,"**[5] וְזוֹ – **but in this** case, עוֹלָה קוֹדֶמֶת לַחַטָּאת[6] – **the *olah*-offering precedes the sin-offering.**[6]

25. הֵבִיאוּ אֶת קָרְבָּנָם אִשֶּׁה לַה' – [THEY] HAVE BROUGHT THEIR OFFERING, A FIRE-OFFERING TO HASHEM. זֶה הָאָמוּר בַּפָּרָשָׁה – The offering referred to here is **this one mentioned in this passage.** הוּא פַּר הָעוֹלָה

1. Rashi identifies "it" of "it was done" by supplying the feminine noun עֲבֵירָה to match the feminine verb נֶעֶשְׂתָה (*Mizrachi*).

2. Had the verse used בִּשְׁגָגָה, "unintentionally," it would have implied that the lack of intention was on the part of the one committing the sinful act. But לִשְׁגָגָה implies that the lack of intention lies elsewhere, namely, in those who sanctioned the act (*Gur Aryeh*).

3. *Horayos* 3b, 7b. The offering in our passage applies if the Sanhedrin errs and rules that a forbidden means of worship does not constitute idolatry. But if the Sanhedrin goes so far as to rule that idolatry itself is permissible, the laws of our passage do not apply (*Mizrachi*). In that situation, whoever sins on the basis of the Sanhedrin's ruling brings the sin-offering of an individual.

4. The usual spelling is לְחַטָּאת, as in verse 27 below.

5. *Leviticus* 5:10. Verse 8 there states, ". . . and he shall offer first the one that is for a sin-offering . . ."

6. *Horayos* 13a. The sin-offering usually comes first because it placates God. Only after He is placated does the sinner present Him the gift of the *olah*-offering (see Rashi to *Leviticus* 5:8). But the sin-offering of our verse is brought on behalf of the public. God's anger at the public at large is not as great as at an individual. Therefore, the public can present a gift even before placating Him. This is why חַטָּאת, "sin-offering," is spelled חַטָּת with the letter א missing here. It indicates

וְחַטָּאתָ֛ם לִפְנֵ֥י יְהוָ֖ה עַל־שִׁגְגָתָֽם:
כו וְנִסְלַ֗ח לְכָל־עֲדַת֙ בְּנֵ֣י יִשְׂרָאֵ֔ל
וְלַגֵּ֖ר הַגָּ֣ר בְּתוֹכָ֑ם כִּ֥י לְכָל־הָעָ֖ם
כז בִּשְׁגָגָֽה: שביעי וְאִם־נֶ֥פֶשׁ
אַחַ֖ת תֶּחֱטָ֣א בִשְׁגָגָ֑ה וְהִקְרִ֛יבָה
כח עֵ֥ז בַּת־שְׁנָתָ֖הּ לְחַטָּֽאת: וְכִפֶּ֣ר
ה' רפה הַכֹּהֵ֗ן עַל־הַנֶּ֛פֶשׁ הַשֹּׁגֶ֖גֶת בְּחֶטְאָ֣ה
בִשְׁגָגָ֑ה לִפְנֵ֣י יְהוָ֔ה לְכַפֵּ֥ר עָלָ֖יו
כט וְנִסְלַ֥ח לֽוֹ: הָֽאֶזְרָח֙ בִּבְנֵ֣י יִשְׂרָאֵ֔ל
וְלַגֵּ֖ר הַגָּ֣ר בְּתוֹכָ֑ם תּוֹרָ֤ה אַחַת֙
יִהְיֶ֣ה לָכֶ֔ם לָעֹשֶׂ֖ה בִּשְׁגָגָֽה:
ל וְהַנֶּ֜פֶשׁ אֲשֶׁר־תַּעֲשֶׂ֣ה ׀ בְּיָ֣ד רָמָ֗ה

and their sin-offering before Hashem *for their unintentional sin.* [26] *And it shall be forgiven to the entire assembly of Israel and to the convert who sojourns among them, for it happened to the entire people unintentionally.*

[27] *"If one person sins unintentionally, he shall offer a she-goat within her first year as a sin-offering.* [28] *The Kohen shall atone for the erring person when he sins unintentionally before* Hashem, *to atone for him; and it shall be forgiven him.* [29] *The native among the Children of Israel and the convert who sojourns among them — there shall be a single teaching for them, for one who does unintentionally.*

[30] *"A person who shall act high-handedly,*

אונקלוס

וְחוּבַתְהוֹן קֳדָם יְיָ עַל שָׁלוּתְהוֹן: כו וְיִשְׁתְּבֵק לְכָל כְּנִשְׁתָּא דִבְנֵי יִשְׂרָאֵל וּלְגִיוֹרָא דְיִתְגַּיַּר בֵּינֵיהוֹן אֲרֵי לְכָל עַמָּא בְּשָׁלוּתָא: כז וְאִם אֱנָשׁ חַד יֵחוֹב בְּשָׁלוּ וִיקָרֵב עִזָּא בַּת שַׁתַּהּ לְחַטָּאתָא: כח וִיכַפַּר כַּהֲנָא עַל אֱנָשׁ דְאִשְׁתְּלִי בְּמֶחֱבֵהּ בְּשָׁלוּ קֳדָם יְיָ לְכַפָּרָא עֲלוֹהִי וְיִשְׁתְּבֵק לֵהּ: כט יַצִּיבָא בִּבְנֵי יִשְׂרָאֵל וּלְגִיוֹרָא דְיִתְגַּיַּר בֵּינֵיהוֹן אוֹרַיְתָא חֲדָא יְהֵי לְכוֹן לְדְיַעְבֵּד בְּשָׁלוּ: ל וֶאֱנָשׁ דִּי יַעְבֵּד בְּרֵישׁ גְּלֵי

רש"י

[שנאמר אשה לה'] (ספרי שם): **וחטאתם.** זה השעיר (שם): (כז) **תחטא בשגגה.** בעבודה זרה (שם קיב): **עז בת שנתה.** שאר עבירות יחיד מביא כשבה או שעירה, ובזו קבע לה שעירה (שם): (ל) **ביד רמה.** במזיד:

RASHI ELUCIDATED

– It is the bull of the *olah*-offering,[1] {שֶׁנֶּאֱמַר **– for it says,** "אִשֶּׁה לַה'" **– "A fire-offering to Hashem."**}[2]

□ וְחַטָּאתָם **– AND THEIR SIN-OFFERING.** זֶה הַשָּׂעִיר[3] **– This is the he-goat** mentioned in the preceding verse.[3]

27. תֶּחֱטָא בִשְׁגָגָה **– SINS UNINTENTIONALLY** בַּעֲבוֹדָה זָרָה[4] **– through idolatry.**[4]

□ עֵז בַּת שְׁנָתָהּ **– A SHE-GOAT WITHIN HER FIRST YEAR.** שְׁאָר עֲבֵרוֹת – For **other sins** יָחִיד מֵבִיא כִּשְׂבָּה **– an individual brings a female sheep** אוֹ שְׂעִירָה **– or a she-goat,** וּבְזוֹ **– but in** the case of **this** sin, קָבַע לָהּ **– [the Torah] fixed for it** שְׂעִירָה[5] **– a she-goat** as the only possibility.[5]

30. בְּיָד רָמָה **– HIGH-HANDEDLY** [literally, "with raised hand"], that is בְּמֵזִיד **– intentionally.**[6]

that even if the sin-offering is "missing," i.e., has not yet been offered, the *olah*-offering may nevertheless be offered (*Be'er Mayim Chaim*).

1. *Sifrei* 111. The preceding verses have already stated which offering must be brought in a situation of unintentional idolatry by the public. The clause, "they have brought their offering, a fire-offering to Hashem," and the phrase, "and their sin-offering . . .," might therefore be taken as referring to offerings other than those mentioned here, that individuals might have been obligated to bring. But if this were so, the verse would have used "they shall bring" rather than "they have brought" (*Gur Aryeh*). Our seemingly redundant verse is used in *Zevachim* 41a to teach that the parts of the the sin-offering for idolatry which are burned on the Altar are the same as those of the פַּר הֶעְלֵם דָּבָר, "bull of the obscurement of a matter," brought by the public (see *Leviticus* 4:13-21).

2. The words in braces appear in most early editions. However, they do not appear in the Reggio di Calabria edition nor in *Mizrachi's* version of the comment. Moreover, they are not included in *Sifrei,* Rashi's apparent source.

3. *Sifrei* 111. Not other sin-offerings that individuals may have been obligated to bring; see note 1 above (*Gur Aryeh*).

4. *Sifrei* 112. Sin-offerings in general may be brought either from female goats or sheep (see *Leviticus* 4:28,32). Our verse, which allows no option other than a she-goat, must be speaking of a specific, exceptional, instance. The context indicates that it speaks of idolatry (see *Gur Aryeh*).

5. *Sifrei* 112. Had "sins unintentionally" referred to sin in general, we would have said that the she-goat of our verse is one of two options available, for *Leviticus* 4:32 has said that one may also bring a female sheep as a sin-offering.

6. Elsewhere this expression means, "with openly displayed might" (*Exodus* 14:8, see Rashi there; *Numbers* 33:3 and *Deuteronomy* 32:27).

מִן־הָאֶזְרָח֙ וּמִן־הַגֵּ֔ר אֶת־יהוָ֖ה ה֣וּא
מְגַדֵּ֑ף וְנִכְרְתָ֛ה הַנֶּ֥פֶשׁ הַהִ֖וא מִקֶּ֥רֶב
לא עַמָּֽהּ׃ כִּ֤י דְבַר־יהוה֙ בָּזָ֔ה וְאֶת־
מִצְוָת֖וֹ הֵפַ֑ר הִכָּרֵ֧ת ׀ תִּכָּרֵ֛ת הַנֶּ֥פֶשׁ
ה׳ רפה הַהִ֖וא עֲוֺנָ֥ה בָֽהּ׃
לב וַיִּהְי֥וּ בְנֵֽי־יִשְׂרָאֵ֖ל בַּמִּדְבָּ֑ר וַֽיִּמְצְא֗וּ
אִ֛ישׁ מְקֹשֵׁ֥שׁ עֵצִ֖ים בְּי֥וֹם הַשַּׁבָּֽת׃
לג וַיַּקְרִ֣יבוּ אֹת֔וֹ הַמֹּצְאִ֥ים אֹת֖וֹ מְקֹשֵׁ֣שׁ

whether native or convert, he blasphemes HASHEM; *that person shall be cut off from among his people,* [31] *for he scorned the word of* HASHEM *and broke His commandment; that soul will surely be cut off, its sin is within it."*

[32] *The Children of Israel were in the wilderness and they found a man gathering wood on the Sabbath day.* [33] *Those who found him gathering*

אונקלוס

מִן יַצִּיבַיָּא וּמִן גִּיּוֹרַיָּא קֳדָם יְיָ הוּא מַרְגִּז וְיִשְׁתֵּצֵי אֱנָשָׁא הַהוּא מִגּוֹ עַמֵּהּ׃ לא אֲרֵי (עַל) פִּתְגָּמָא דַיְיָ בְּסַר וְיָת פִּקּוֹדוֹהִי אַשְׁנֵי אִשְׁתֵּצָאָה יִשְׁתֵּצֵי אֱנָשָׁא הַהוּא חוֹבֵהּ בֵּהּ׃ לב וַהֲווֹ בְנֵי יִשְׂרָאֵל בְּמַדְבְּרָא וְאַשְׁכָּחוּ גַּבְרָא כַּד מְגַבֵּב אָעִין בְּיוֹמָא דְשַׁבְּתָא׃ לג וְקָרִיבוּ יָתֵהּ דְּאַשְׁכַּחוּ יָתֵהּ כַּד מְגַבֵּב

רש״י

מגדף. מחרף, כמו והיתה חרפה וגדופה (יחזקאל ה:טו) אשר גדפו נערי מלך אשור (ישעיה לז:ו) ועוד דרשו רבותינו מכאן למברך את השם שהוא בכרת (כריתות ז:): **(לא) דבר ה׳.** אזהרת עבודה זרה מפי הגבורה והשאר מפי משה (ספרי שם): **עונה בה.** בזמן שעונה בה שלא עשה תשובה (שם; סנהדרין צ:): **(לב) ויהיו בני ישראל במדבר וימצאו.** בגנותן של ישראל דבר הכתוב שלא שמרו אלא שבת ראשונה ובשניה בא זה וחללה (ספרי קיג): **(לג) המצאים אתו מקשש.** שהתרו בו

RASHI ELUCIDATED

□ מְגַדֵּף – **BLASPHEMES.** This means מְחָרֵף – **he vilifies.** "כְּמוֹ ,,וְהָיְתָה חֶרְפָּה וּגְדוּפָה"[1] – **It is like** גְדוּפָה in, **"It shall be a vilification and an expression of contempt,"**[1] ,,אֲשֶׁר גִּדְּפוּ נַעֲרֵי מֶלֶךְ אַשּׁוּר"[2] – and גִּדְּפוּ in, **"by which the lads of the king of Assyria blasphemed."**[2] וְעוֹד דָּרְשׁוּ רַבּוֹתֵינוּ – **And our Rabbis also expounded,** מִכָּאן – **from here** we see, לִמְבָרֵךְ אֶת הַשֵּׁם – **regarding one who "blesses"**[3] **the Name** of God שֶׁהוּא בְּכָרֵת[4] – **that he is** punished **with** ***kareis.***[4]

31. דְּבַר ה׳ – **THE WORD OF HASHEM.** אַזְהָרַת עֲבוֹדָה זָרָה – **The prohibition against idolatry** was delivered מִפִּי הַגְּבוּרָה – directly **from the mouth of the Almighty,** וְהַשְּׁאָר – **and the rest** מִפִּי מֹשֶׁה[5] – **from the mouth of Moses.**[5]

□ עֲוֹנָה בָהּ – **ITS SIN IS WITHIN IT.** That is, בִּזְמַן שֶׁעֲוֹנָהּ בָּהּ – **at a time when its sin is within it,** שֶׁלֹּא עָשָׂה תְשׁוּבָה[6] – **in that he did not do repentance.**[6]

32. וַיִּהְיוּ בְנֵי יִשְׂרָאֵל בַּמִּדְבָּר וַיִּמְצְאוּ – **THE CHILDREN OF ISRAEL WERE IN THE WILDERNESS AND THEY FOUND.** בִּגְנוּתָן שֶׁל יִשְׂרָאֵל דִּבֵּר הַכָּתוּב – **The verse speaks in disparagement of Israel,** by implying שֶׁלֹּא שָׁמְרוּ אֶלָּא שַׁבָּת רִאשׁוֹנָה – **that they kept only the first Sabbath,** וּבַשְּׁנִיָּה – **and on the second one,** בָּא זֶה וְחִלְּלָהּ[7] – **this one came and desecrated it.**[7]

33. הַמֹּצְאִים אֹתוֹ מְקֹשֵׁשׁ – **THOSE WHO FOUND HIM GATHERING.** שֶׁהִתְרוּ בוֹ – **For they warned him,**

1. *Ezekiel* 5:15.

2. *Isaiah* 37:6.

3. This is a euphemism for cursing.

4. *Kereisos* 7b. The punishment of *kareis,* literally, "excision," involves the premature death of the sinner and his offspring (see Rashi to *Genesis* 15:2 and *Leviticus* 17:9).

"He blasphemes HASHEM" adds nothing in the context of this passage, which speaks of idolatry. The Rabbis of the Talmud interpreted it as referring to one who curses the Name of God. The verse teaches us that one who curses intentionally, but without being warned or being seen by witnesses, is punished by *kareis.* Where he is forewarned and there are witnesses, the punishment is death by stoning; see *Leviticus* 24:16 (*Gur Aryeh*).

5. *Sifrei* 112; see notes 8-9 on p. 181 above. This explains why the Torah calls violation of this particular commandment "scorning the word of HASHEM" (*Leket Bahir*).

6. *Sifrei* 112; *Sanhedrin* 90b.

7. *Sifrei* 113. "The Children of Israel were in the wilderness" seems obvious. It is stated to teach us that the incident which follows occurred soon after they came to the wilderness (*Mizrachi; Sifsei Chachamim*). It did not take place on their first Sabbath there, for of that Sabbath it says, "The people rested on the seventh day" (*Exodus* 16:30; see *Amar N'kai*).

עֵצִים אֶל־מֹשֶׁה וְאֶל־אַהֲרֹן וְאֶל כָּל־
לד הָעֵדָה: וַיַּנִּיחוּ אֹתוֹ בַּמִּשְׁמָר כִּי לֹא
לה פֹרַשׁ מַה־יֵּעָשֶׂה לוֹ: וַיֹּאמֶר יהוה
אֶל־מֹשֶׁה מוֹת יוּמַת הָאִישׁ רָגוֹם אֹתוֹ
בָאֲבָנִים כָּל־הָעֵדָה מִחוּץ לַמַּחֲנֶה:

wood brought him to Moses and Aaron, and to the entire assembly. [34] *They placed him in custody, for what should be done to him had not been clarified.*

[35] *HASHEM said to Moses: "The man shall be put to death; the entire assembly shall pelt him with stones outside of the camp."*

אונקלוס

אָעִין לְוָת מֹשֶׁה וּלְוָת אַהֲרֹן וּלְוָת כָּל כְּנִשְׁתָּא: לד וַאֲסַרוּ יָתֵהּ בְּבֵית מַטְּרָא אֲרֵי לָא אִתְפְּרֵשׁ לְהוֹן מָא דְיַעְבְּדוּן (נ״א יִתְעֲבֵד) לֵהּ: לה וַאֲמַר יְיָ לְמֹשֶׁה אִתְקְטָלָא יִתְקְטֵל גַּבְרָא רְגוֹמוּ יָתֵהּ בְּאַבְנַיָּא כָּל כְּנִשְׁתָּא מִבָּרָא לְמַשְׁרִיתָא:

רש״י

ולא הניח מלקושש אף משמצאוהו והתרו בו (שם; סנהדרין מא.): (לד) **כי לא פרש מה יעשה לו.** לא היו יודעים באיזו מיתה ימות אבל יודעים היו שמחלל שבת במיתה (ספרי קיד; סנהדרין עח.): (לה) **רגום.** [עשה] פייסנ״ט בלע״ז, וכן הלוך אלנ״ט, וכן זכור (שמות כ:ח) ושמור (דברים ה:יב): (לו) **ויציאו אתו.** מכאן שבית הסקילה חוץ ורחוק מבית דין (ספרי שם; ספרי זוטא טו;

RASHI ELUCIDATED

וְלֹא הִנִּיחַ מִלְּקוֹשֵׁשׁ – and he did not desist from gathering אַף מִשֶּׁמְּצָאוּהוּ – even after they had found him וְהִתְרוּ בוֹ[1] – and warned him.[1]

34. כִּי לֹא פֹרַשׁ מַה יֵּעָשֶׂה לוֹ – FOR WHAT SHOULD BE DONE TO HIM HAD NOT BEEN CLARIFIED. לֹא הָיוּ יוֹדְעִים – They did not know בְּאֵיזוֹ מִיתָה – by what death יָמוּת – he should die. אֲבָל יוֹדְעִים הָיוּ – But they were aware שֶׁמְּחַלֵּל שַׁבָּת – that one who desecrates Shabbos בְּמִיתָה[2] – is subject to the death penalty.[2]

35. רָגוֹם – SHALL PELT [literally, "pelting"]. {**עָשֹׂה** – This verb is of the same form as **"doing,"**[3]}[4] **פיישנ״ט בְּלַעַ״ז – *faisant* in Old French.**[5] **וְכֵן – Similarly, הָלוֹךְ אלנ״ט – "going"**[6] is expressed in Old French by ***alant.***[5] **וְכֵן – And similarly זָכוֹר**[7] – literally, **"remembering"**[7] **וְשָׁמוֹר**[8] **– and,** literally, **"guarding."**[8]

36. וַיֹּצִיאוּ אֹתוֹ – [THE ENTIRE ASSEMBLY] REMOVED HIM. מִכָּאן – From here we see **שֶׁבֵּית הַסְּקִילָה – that the place of stoning חוּץ – was outside of וְרָחוֹק מִבֵּית דִּין[9] – and distant from the court.**[9]

1. *Sifrei* 113; *Sanhedrin* 41a. The verse could have said "they brought him," and it would have been clear that it referred to those who "found a man gathering wood" of the preceding verse. The lengthier "those who found him gathering wood brought him" is used because it implies that he continued gathering wood even after they found him, that is, after they had warned him (*Sefer Zikaron; Mizrachi*).

Alternatively, the verse could have said הַמֹּצְאִים אֹתוֹ שֶׁקּוֹשֵׁשׁ עֵצִים, "those who found that he had gathered wood." By saying, "those who found him gathering wood," the verse implies that he continued gathering even after they had found him. Scripture uses this wording to intimate that he continued gathering even after he had been warned (Rashi to *Sanhedrin* 41a, s.v., המוצאים אותו מקושש; see also *Targum Onkelos* who paraphrases, "Those who found him while he was gathering wood").

2. *Sifrei* 114; *Sanhedrin* 78b. This incident took place on the second Sabbath that the Israelites spent in the wilderness, as Rashi has said in his comments to verse 32. Although the Torah had not yet been given at this point, God had commanded the Israelites to keep the Sabbath (see Rashi to *Exodus* 15:25). The fact that they put the man who gathered wood in custody indicates that they had been informed that desecration of the Sabbath is punished by execution. But they had not been informed of the manner of execution (*Gur Aryeh; Be'er BaSadeh*).

3. רָגוֹם is not an imperative in form. The imperative is רְגוֹם. The verse uses the present participle, which denotes ongoing action. Here, this form indicates that the assembly should keep pelting the one who is being stoned, until he dies (see *Mizrachi* and *Gur Aryeh*).

4. Although this word does not appear in all early printed editions, it is the Hebrew word which is the equivalent of Rashi's first French word.

5. The French verb form used by Rashi here denotes ongoing action (A.M. Glanzer in *Tzefunos* vol. 3, p. 78; vol. 5, p. 80; and vol. 15, pp. 76,78). See Rashi to 6:23 and note 3 there.

6. This word appears many times in Scripture, the first being *Genesis* 8:3. It is clear from context there and in many other places that it is not an imperative. This supports Rashi's point that רָגוֹם, whose vowelization is identical, is not an imperative.

7. *Exodus* 20:8 etc.; see Rashi and *Mizrachi* there.

8. For example, *Deuteronomy* 5:12. After using הָלוֹךְ to show that this verb form is not imperative in form, Rashi concludes that זָכוֹר and שָׁמוֹר, which in many contexts are clearly imperative in intent, are also not imperative in form.

9. *Sifrei* 114; *Sifrei Zuta* 15; *Sanhedrin* 42b.

לו וַיֹּצִ֨יאוּ אֹת֜וֹ כׇּל־הָעֵדָ֗ה אֶל־מִחוּץ֙
לַֽמַּחֲנֶ֔ה וַיִּרְגְּמ֥וּ אֹת֛וֹ בָּאֲבָנִ֖ים וַיָּמֹ֑ת
כַּאֲשֶׁ֛ר צִוָּ֥ה יהוה אֶת־מֹשֶֽׁה׃
לז מפטיר וַיֹּ֥אמֶר יהוה אֶל־מֹשֶׁ֥ה לֵּאמֹֽר׃
לח דַּבֵּ֞ר אֶל־בְּנֵ֤י יִשְׂרָאֵל֙ וְאָמַרְתָּ֣ אֲלֵהֶ֔ם
וְעָשׂ֨וּ לָהֶ֥ם צִיצִ֛ת עַל־כַּנְפֵ֥י בִגְדֵיהֶ֖ם
לְדֹרֹתָ֑ם וְנָ֥תְנ֛וּ עַל־צִיצִ֥ת הַכָּנָ֖ף
לט פְּתִ֥יל תְּכֵֽלֶת׃ וְהָיָ֣ה לָכֶם֮ לְצִיצִת֒
וּרְאִיתֶ֣ם אֹת֗וֹ וּזְכַרְתֶּם֙ אֶת־כׇּל־
מִצְוֺ֣ת יהוה וַעֲשִׂיתֶ֖ם אֹתָ֑ם וְלֹֽא־
תָת֜וּרוּ אַחֲרֵ֤י לְבַבְכֶם֙ וְאַחֲרֵ֣י עֵֽינֵיכֶ֔ם

[36] *The entire assembly removed him to the outside of the camp; they pelted him with stones and he died, as* HASHEM *had commanded Moses.*

[37] HASHEM *said to Moses, saying:* [38] *"Speak to the Children of Israel and say to them that they shall make themselves tzitzis on the corners of their garments, throughout their generations. And they shall place upon the tzitzis of each corner a thread of turquoise wool.* [39] *It shall constitute tzitzis for you, and you shall see it and you shall remember all the commandments of* HASHEM *and perform them; and you shall not spy after your heart and after your eyes*

אונקלוס

לו וְאַפִּיקוּ יָתֵיהּ כָּל כְּנִשְׁתָּא לְמִבָּרָא לְמַשְׁרִיתָא וּרְגָמוּ יָתֵהּ בְּאַבְנַיָּא וּמִית כְּמָא דִּי פַקִּיד יְיָ יָת מֹשֶׁה: לז וַאֲמַר יְיָ לְמֹשֶׁה לְמֵימָר: לח מַלֵּל עִם בְּנֵי יִשְׂרָאֵל וְתֵימַר לְהוֹן וְיַעְבְּדוּן לְהוֹן כְּרוּסְפְּדִין עַל כַּנְפֵי כְסוּתְהוֹן לְדָרֵיהוֹן וְיִתְּנוּן עַל כְּרוּסְפְּדָא דְכַנְפָא חוּטָא דִתְכֶלְתָּא: לט וִיהוֹן לְכוֹן לִכְרוּסְפְּדִין וְתֶחֱזוֹן יָתֵיהּ וְתִדְכְּרוּן יָת כָּל פִּקּוֹדַיָּא דַייָ וְתַעְבְּדוּן יָתְהוֹן וְלָא תִטְעוֹן בָּתַר הִרְהוּר לִבְּכוֹן וּבָתַר חֵיזוּ עֵינֵיכוֹן

רש"י

סנהדרין מב.): (לח) **ועשו להם ציצת.** על שם הפתילים התלוים בה כמו ויקחני בציצית ראשי (יחזקאל ח:ג; מנחות מב.). דבר אחר ציצית על שם וראיתם אותו כמו מציץ מן החרכים (שיר השירים ב:ט; ספרי קטו): **תכלת.** צבע ירוק של חלזון (מנחות מב:): (לט) **וזכרתם את כל מצות ה'.** שמנין גימטריא של ציצית שש מאות, ושמונה חוטין וחמשה קשרים הרי תרי"ג (במ"ר יח:כא): **ולא תתורו אחרי לבבכם.** כמו מתור הארץ (לעיל יג:כה) הלב והעינים הם מרגלים לגוף מסרסרים לו את העבירות,

RASHI ELUCIDATED

38. וְעָשׂוּ לָהֶם צִיצִת – THAT THEY SHALL MAKE THEMSELVES *TZITZIS.* **עַל שֵׁם הַפְּתִילִים הַתְּלוּיִם בָּהּ** – It is called **צִיצִת**, literally, "fringe," **because of the strings which hang from it.** כְּמוֹ „וַיִּקָּחֵנִי בְּצִיצִת רֹאשִׁי"[1,2] – It is **like** the same word in, **"And he took me by a lock [of hair] of my head."**[1,2] **דָּבָר אַחֵר** – **Alternatively,** **צִיצִת** – it is called *tzitzis* **עַל שֵׁם „וּרְאִיתֶם אוֹתוֹ"** – **because of** the verse which applies to it, **"And you shall see it."**[3] **כְּמוֹ „מֵצִיץ מִן הַחֲרַכִּים"**[4,5] – The word **צִיצִת** is **similar to** מֵצִיץ in, **"peering through the lattices."**[4,5]

□ **תְּכֵלֶת** – TURQUOISE WOOL. **צֶבַע יָרוֹק שֶׁל חִלָּזוֹן**[6] – **The greenish dye of the** ***chilazon*****.**[6]

□ **וּזְכַרְתֶּם אֶת כׇּל מִצְוֹת ה'** – AND YOU SHALL REMEMBER ALL THE COMMANDMENTS OF HASHEM. **שֶׁמִּנְיַן גִּימַטְרִיָּא שֶׁל „צִיצִית"** – **For the numerical value of the word** **צִיצִית** **שֵׁשׁ מֵאוֹת** – **is six hundred.**[7] **שְׁמֹנָה חוּטִין** – Add the **eight strings** of the *tzitzis* **חֲמִשָּׁה קְשָׁרִים** – **and** its **five knots,** **הֲרֵי תַּרְיַ"ג** – **and you have six hundred and thirteen,** the number of the Torah's commandments.[8]

39. וְלֹא תָתוּרוּ אַחֲרֵי לְבַבְכֶם – AND YOU SHALL NOT SPY AFTER YOUR HEART. **כְּמוֹ „מִתּוּר הָאָרֶץ"**[9] – The word **תָתוּרוּ** **is like** in meaning to מִתּוּר in, **"from spying out the land."**[9] **הַלֵּב וְהָעֵינַיִם הֵם מְרַגְּלִים לַגּוּף** – **The heart and the eyes are "spies" for the body,** **מְסַרְסְרִים לוֹ אֶת הָעֲבֵרוֹת** – **procuring sins for**

1. *Ezekiel* 8:3. Anything that protrudes or hangs from the body is termed צִיץ (Rashi to *Jeremiah* 48:9, s.v., תְּנוּ צִיץ לְמוֹאָב).

2. *Menachos* 42b.

3. Below v. 39.

4. *Song of Songs* 2:9.

5. *Sifrei* 115.

6. *Menachos* 42b. According to the Talmud, the *chilazon* is a marine creature, the color of the sea, whose blood is used to make the *techeiles* dye (*Menachos* 44a).

Although *techeiles* is often translated "blue wool," it is rendered "turquoise wool" here in accordance with Rashi's description.

7. Although the verse spells צִיצִת without the second י, Rashi uses the full spelling צִיצִית for his *gematria* (see *Mizrachi;* see *Zohar Pinchas* 227a; see also Rashi to 12:1 above, s.v., הַכֻּשִׁית, and note 6 [p. 136] there).

8. Regarding the number 613, see *Makkos* 23b. Rashi explains how seeing the *tzitzis* reminds one of all of the commandments (*Tanchuma* cited in *Tur, Orach Chaim* 24).

9. Above 3:25.

מ אֲשֶׁר־אַתֶּם זֹנִים אַחֲרֵיהֶם: לְמַעַן
תִּזְכְּרוּ וַעֲשִׂיתֶם אֶת־כָּל־מִצְוֹתָי
מא וִהְיִיתֶם קְדֹשִׁים לֵאלֹהֵיכֶם: אֲנִי
יהוה אֱלֹהֵיכֶם אֲשֶׁר הוֹצֵאתִי
אֶתְכֶם מֵאֶרֶץ מִצְרַיִם לִהְיוֹת לָכֶם
לֵאלֹהִים אֲנִי יהוה אֱלֹהֵיכֶם: פפפ

after which you stray. [40] *So that you may remember and perform all My commandments and be holy to your God.* [41] *I am* HASHEM, *your God, Who has taken you out of the land of Egypt to be a God unto you; I am* HASHEM *your God."*

THE HAFTARAH FOR SHELACH APPEARS ON PAGE 440.

אונקלוס

דִּי אַתּוּן טָעַן בַּתְרֵיהוֹן: מ בְּדִיל דְּתִדְכְּרוּן וְתַעְבְּדוּן יָת כָּל פִּקּוֹדָי וּתְהוֹן קַדִּישִׁין קֳדָם אֱלָהֲכוֹן:
מא אֲנָא יְיָ אֱלָהֲכוֹן דִּי אַפֵּקִית יָתְכוֹן מֵאַרְעָא דְמִצְרַיִם לְמֶהֱוֵי לְכוֹן לֶאֱלָהּ אֲנָא יְיָ אֱלָהֲכוֹן:

רש"י

העין רואה והלב חומד והגוף עושה את העבירות (תנחומא טו): **(מא) אני ה׳.** נאמן לשלם שכר: **אלהיכם.** נאמן להפרע: **אשר הוצאתי אתכם.** על מנת כן פדיתי אתכם שתקבלו עליכם גזרותי (ספרי קטו): **אני ה׳ אלהיכם.** עוד למה נאמר, שלא יאמרו ישראל מפני מה אמר המקום, לא שנעשה ונטול שכר, אנו לא עושים ולא נוטלים שכר, על כרחכם אני מלככם. וכן הוא אומר אם לא ביד חזקה וגו׳ אמלוך עליכם (יחזקאל כ:לג; ספרי שם). דבר אחר, למה נאמר יציאת מצרים, אני הוא שהבחנתי במצרים בין טפה של בכור לשאינה של בכור, אני הוא עתיד להבחין ולהפרע מן התולה קלא אילן בבגדו ואומר תכלת היא (ב"מ סא:). ומיסודו של רבי משה הדרשן העתקתי, למה נסמכה פרשת מקושש לפרשת עבודה זרה, לומר שהמחלל את השבת

RASHI ELUCIDATED

it. הָעַיִן רוֹאָה **– The eye sees,** הַלֵּב חוֹמֵד **– the heart desires,** וְהַגּוּף עוֹשֶׂה אֶת הָעֲבֵרָה[1] **– and the body commits the sin.**[1]

41. אֲנִי ה׳ **– I AM HASHEM,** נֶאֱמָן לְשַׁלֵּם שָׂכָר **– faithful to pay reward.**[2]

□ אֱלֹהֵיכֶם **– YOUR GOD,** נֶאֱמָן לְהִפָּרַע **– faithful to exact payment.**[2]

□ אֲשֶׁר הוֹצֵאתִי אֶתְכֶם **– WHO HAS TAKEN YOU OUT.** עַל מְנָת כֵּן פָּדִיתִי אֶתְכֶם **– On this condition did I redeem you,** שֶׁתְּקַבְּלוּ עֲלֵיכֶם **– that you accept upon yourselves** גְּזֵרוֹתַי[3] **– My decrees.**[3]

□ אֲנִי ה׳ אֱלֹהֵיכֶם **– I AM HASHEM, YOUR GOD.** עוֹד לָמָּה נֶאֱמַר **– Why is this stated again?** שֶׁלֹּא יֹאמְרוּ יִשְׂרָאֵל **– So that Israel should not say,** מִפְּנֵי מָה אָמַר הַמָּקוֹם **– "Why did the Omnipresent say** that we should perform the commandments? לֹא שֶׁנַּעֲשֶׂה וְנִטּוֹל שָׂכָר **– Was it not so that we should perform** them, **and take reward** for them? אָנוּ לֹא עוֹשִׂים **– We will not perform** them, וְלֹא נוֹטְלִים שָׂכָר **– and we will not take reward."** God responds, "I am HASHEM, your God," which implies, עַל כָּרְחֲכֶם אֲנִי מַלְכְּכֶם **– "I am your King irrespective of your consent."** וְכֵן הוּא אוֹמֵר **– And so it says,** "אִם לֹא בְּיָד חֲזָקָה וְגוֹמֵר אֶמְלוֹךְ עֲלֵיכֶם"[4] **– "If I shall not rule over you, etc., with a strong hand."**[4]

דָּבָר אַחֵר **– Alternatively,** לָמָּה נֶאֱמַר יְצִיאַת מִצְרַיִם **– why is the Exodus from Egypt mentioned** here? To say, אֲנִי הוּא שֶׁהִבְחַנְתִּי בְּמִצְרַיִם **– I am the one Who discerned in Egypt,** during the last of the Ten Plagues, בֵּין טִפָּה שֶׁל בְּכוֹר **– between the drop** which caused the conception **of a firstborn** לְשֶׁאֵינָהּ שֶׁל בְּכוֹר **– and that which was not of a firstborn.** By the same token, אֲנִי הוּא עָתִיד לְהַבְחִין **– I am the one who will in the future discern** וּלְהִפָּרַע **– and exact payment** מִן הַתּוֹלֶה קָלָא אִילָן בְּבִגְדוֹ **– from one who puts a turquoise dye extracted from a tree on his garment** וְאוֹמֵר תְּכֵלֶת הִיא[5] **– and says it is *techeiles*.**[5]

וּמִיסוֹדוֹ שֶׁל רַבִּי מֹשֶׁה הַדַּרְשָׁן הֶעְתַּקְתִּי **– From the treatise of R' Moshe HaDarshan**[6] **I have copied:** לָמָּה נִסְמְכָה פָּרָשַׁת מְקוֹשֵׁשׁ לְפָרָשַׁת עֲבוֹדָה זָרָה **– Why was the passage about the gatherer** of wood **juxtaposed with the passage about idolatry?** לוֹמַר **– To say** שֶׁהַמְחַלֵּל אֶת הַשַּׁבָּת **– that one who desecrates the**

1. *Tanchuma* 15.

2. The Name ה׳, "HASHEM," connotes God's Attribute of Mercy, while the Name אֱלֹהִים, here translated "God," connotes His Attribute of strict Judgment (see Rashi to *Genesis* 1:1, s.v., בָּרָא אֱלֹהִים). Rashi explains why both Names are used here.

3. *Sifrei* 115. Rashi explains why God identifies Himself here through the Exodus. It is a continuation of God's identification of Himself through His Attribute of strict Judgment. He demands that we obey His decrees because it is with this understanding that He redeemed us from Egypt (*Be'er Yitzchak*).

4. *Ezekiel* 20:33; see *Sifrei* 115.

5. *Bava Metzia* 61b; see also *Sifrei* 115.

6. Rashi's commentary from here to the end of *Parashas Shelach* is taken from R' Moshe HaDarshan's

רש"י

כעובד עבודה זרה, שאף היא שקולה ככל המצות. וכן הוא אומר בעזרא ועל הר סיני ירדת ודבר עמהם משמים ותתן להם משפטים ישרים ותורות וכו' ואת שבת קדשך הודעת להם ומצוות וחקים ותורה צוית להם ביד משה עבדך (נחמיה ט:יג-יד). ואף פרשת ציצית לכך נסמכה לאלו, לפי שאף היא שקולה כנגד כל המצות שנאמר ועשיתם את כל מצותי (פסוק מ): [(לח)] על כנפי בגדיהם. כנגד ואשא אתכם על כנפי נשרים (שמות יט:ד). על ארבע כנפות. ולא בעלת שלש ולא בעלת חמש (ספרי קטו; זבחים יח:) כנגד ארבע לשונות של גאולה שנאמרו במצרים והוצאתי והצלתי וגאלתי ולקחתי (שמות ו:ו-ז): פתיל תכלת. על שם שכול בכורות, תרגום של שכול תכלא. ומכתם היתה בלילה וכן צבע התכלת דומה לרקיע המשחיר לעת ערב. ושמונה חוטים שבה כנגד שמונה ימים ששהו ישראל משיצאו ממצרים עד שאמרו שירה על הים:

RASHI ELUCIDATED

Shabbos, as did the gatherer of wood, **כְּעוֹבֵד עֲבוֹדָה זָרָה – is like one who worships idols, שֶׁאַף הִיא – for [Shabbos], too,**[1] **שְׁקוּלָה כְּכָל הַמִּצְוֹת – weighs as much as all the commandments**, i.e., is as important as all of the other commandments combined. **וְכֵן הוּא אוֹמֵר בְּעֶזְרָא – And so does it say in** the Book of ***Ezra,***[2] **,,וְעַל הַר סִינַי יָרַדְתָּ – "And You descended upon Mount Sinai וְדַבֵּר עִמָּהֶם מִשָּׁמַיִם – and spoke with them from Heaven, וַתִּתֵּן לָהֶם מִשְׁפָּטִים יְשָׁרִים וְתוֹרוֹת וְכוּלְּהוּ – and You gave them upright laws, and** [true] **doctrines, etc., וְאֶת שַׁבַּת קָדְשְׁךָ הוֹדַעְתָּ לָהֶם – and You made known to them the Shabbos of Your Holiness, וּמִצְווֹת וְחֻקִּים וְתוֹרָה צִוִּיתָ לָהֶם – and You ordained commandments, statutes, and the Torah for them בְּיַד מֹשֶׁה עַבְדֶּךָ"**[3] **– through Your servant, Moses."**[3] **וְאַף פָּרָשַׁת צִיצִית – The passage about *tzitzis*, too, לְכָךְ נִסְמְכָה לְאֵלּוּ – is juxtaposed with these** commandments **for this reason. לְפִי שֶׁאַף הִיא – Because it, too, שְׁקוּלָה כְּנֶגֶד כָּל הַמִּצְוֹת – weighs as much as all the** other **commandments, שֶׁנֶּאֱמַר – as it says, ,,וַעֲשִׂיתֶם אֶת כָּל מִצְוֹתָי"**[4] **– "And [you shall] perform all My commandments."**

{38.} עַל כַּנְפֵי בִגְדֵיהֶם – ON THE CORNERS OF THEIR GARMENTS. כְּנֶגֶד ,,וָאֶשָּׂא אֶתְכֶם עַל כַּנְפֵי נְשָׁרִים"[5] **– Corresponding to "and that I carried you on the wings of eagles."**[5] **,,עַל אַרְבַּע כַּנְפוֹת"**[6] – The Torah says of *tzitzis* that they be **"on four corners,"**[6] **וְלֹא בַּעֲלַת שָׁלֹשׁ – but not on [a garment] which has three** corners, **וְלֹא בַּעֲלַת חָמֵשׁ – nor on one with five** corners,[7] **כְּנֶגֶד אַרְבַּע לְשׁוֹנוֹת שֶׁל גְּאֻלָּה – corresponding to the four expressions of redemption שֶׁנֶּאֶמְרוּ בְּמִצְרַיִם – which were said of** the Exodus from **Egypt: ,,וְהוֹצֵאתִי"**[8] **– "And I shall take out";**[8] **,,וְהִצַּלְתִּי"**[8] **– "and I shall rescue";**[8] **,,וְגָאַלְתִּי"**[8] **– "and I shall redeem";**[8] and, **,,וְלָקַחְתִּי"**[9] **– "and I shall take."**[9]

□ **פְּתִיל תְּכֵלֶת – A THREAD OF TURQUOISE WOOL. עַל שֵׁם שִׁכּוּל בְּכוֹרוֹת – Because of the bereavement** of the Egyptians by the death **of the firstborn. תַּרְגּוּם שֶׁל שִׁכּוּל ,,תִּכְלָא" – The Aramaic for "bereavement" is תִּכְלָא.**[10] **וּמַכָּתָם הָיְתָה בַּלַּיְלָה – Also, the plague [of the firstborn] took place at night, וְכֵן צֶבַע הַתְּכֵלֶת – and similarly, the color of *techeiles* דּוֹמֶה – resembles לָרָקִיעַ הַמַּשְׁחִיר – a sky which becomes dark לְעֵת עֶרֶב – at evening. וּשְׁמוֹנָה חוּטִין שֶׁבָּהּ – And the eight strings in [the *tzitzis*] כְּנֶגֶד שְׁמוֹנָה יָמִים – correspond to the eight days שֶׁשָּׁהוּ יִשְׂרָאֵל – that Israel waited מִשֶּׁיָּצְאוּ מִמִּצְרַיִם – from when they left Egypt עַד שֶׁאָמְרוּ שִׁירָה – until they said song עַל הַיָּם – at the sea.**[11]

treatise. See note 5 on page 74.

1. Like idolatry; see Rashi to *Exodus* 23:13, s.v., לֹא תַזְכִּירוּ.

2. The text follows the Reggio di Calabria edition which quotes the Scriptural passage directly. Most contemporary editions follow the majority of early printed editions that cite an abridged paraphrase of the passage.

3. *Nehemiah* 9:13-14 (Rashi refers to *Nehemiah* as *Ezra* because they are both considered parts of the same book of the Bible). The verse mentions Shabbos specifically, and all the other commandments in general terms. This indicates that Shabbos is as important as all the other commandments.

4. Verse 40 above.

5. *Exodus* 19:4. The word כָּנָף means both "corner [of a garment]" and "wing."

6. *Deuteronomy* 22:12.

7. *Sifrei* 115; *Zevachim* 18b. There is an obligation to put *tzitzis* on a five-cornered garment (see *Shulchan Aruch, Orach Chaim* 10:1). Rashi means that the five-cornered garment must have *tzitzis* only by virtue of its having at least four corners, for the *tzitzis* must be put on only four of its five corners (*Gur Aryeh; Nachalas Yaakov*).

8. *Exodus* 6:6.

9. *Exodus* 6:7.

10. תְּכֵלֶת is seen as related to תִּכְלָא.

11. Rashi to *Exodus* 14:5 says that the Israelites sang the Song at the Sea on the seventh day after the Exodus from Egypt. When he says here that they waited eight days after they left Egypt, he means eight days from when they were given permission to leave Egypt, on the fourteenth of Nisan, one day before the actual Exodus (*Rabbeinu Bachye*).

פרשת קרח
Parashas Korach

16 [1] Korah son of Izhar son of Kohath son of Levi separated himself, with Dathan and Abiram, sons of Eliab, and On

טז א וַיִּקַּח קֹרַח בֶּן־יִצְהָר בֶּן־קְהָת בֶּן־
לֵוִי וְדָתָן וַאֲבִירָם בְּנֵי אֱלִיאָב וְאוֹן

אונקלוס

א וְאִתְפְּלַג קֹרַח בַּר יִצְהָר בַּר קְהָת בַּר לֵוִי וְדָתָן וַאֲבִירָם בְּנֵי אֱלִיאָב וְאוֹן

רש"י

(א) ויקח קרח. פרשה זו יפה נדרשת במדרש רבי תנחומא: ויקח קרח. לקח את עצמו לצד אחד להיות נחלק מתוך העדה לעורר על הכהונה, וזהו שתרגם אונקלוס ואתפלג, נחלק משאר העדה להחזיק במחלוקת, וכן מה יקחך לבך (איוב טו:יב), לוקח אותך להפליגך משאר בני אדם (תנחומא ב). [דבר אחר, ויקח קרח משך ראשי סנהדראות שבהם בדברים, כמו שנאמר קח את אהרן (ויקרא ח:ב) קחו עמכם דברים (הושע יד:ג; תנחומא א)]: בן יצהר בן קהת בן לוי. ולא הזכיר בן יעקב, שבקש רחמים על עצמו שלא יזכר שמו על מחלוקתם, שנאמר בקהלם אל תחד כבודי (בראשית מט:ו) והיכן נזכר שמו על קרח, בהתיחסם על הדוכן בדברי הימים, שנאמר בן אביסף בן קרח בן יצהר בן קהת בן לוי בן ישראל (דברי הימים א ו:כב-כג; תנחומא ד; בראשית רבה צח:ה):

RASHI ELUCIDATED

16.

1. וַיִּקַּח קֹרַח – KORAH ... SEPARATED HIMSELF. פָּרָשָׁה זוֹ **– This passage** יָפָה נִדְרֶשֶׁת **– is expounded well**[1] בְּמִדְרַשׁ רַבִּי תַּנְחוּמָא **– in the Midrash of R' Tanchuma.**

□ **וַיִּקַּח קֹרַח – KORAH ... SEPARATED HIMSELF** [literally, "took"]. This means לָקַח אֶת עַצְמוֹ לְצַד אֶחָד **– he took himself off to one side**[2] לִהְיוֹת נֶחֱלָק מִתּוֹךְ הָעֵדָה **– to be separate from the assembly** of Israel לְעוֹרֵר עַל הַכְּהֻנָּה **– by raising objections regarding the priesthood.** וְזֶהוּ שֶׁתִּרְגֵּם אוּנְקְלוֹס **– This is why Onkelos rendered** "and he took" as "וְאִתְפְּלַג" **– "and he separated himself,"**[3] as if to say, נֶחֱלַק מִשְּׁאָר הָעֵדָה **– he separated himself from the rest of the assembly** לְהַחֲזִיק בְּמַחֲלוֹקֶת **– by sustaining a dispute.** וְכֵן "מַה יִּקָּחֲךָ לִבֶּךָ"[4] **– Similarly,** יִקָּחֲךָ in, **"Why does your heart take you?"**[4] means, לוֹקֵחַ אוֹתְךָ לְהַפְלִיגְךָ מִשְּׁאָר בְּנֵי אָדָם[5] – "Why does your heart **take you, to separate you from other people?"**[5] {דָּבָר אַחֵר **– Alternatively,** "וַיִּקַּח קֹרַח" **– "Korah took"** means, מָשַׁךְ רָאשֵׁי סַנְהֶדְרָאוֹת שֶׁבָּהֶם בִּדְבָרִים **– he drew heads of courts who were among them** to himself **with words,** i.e., he persuaded them to support him. כְּמוֹ שֶׁנֶּאֱמַר **– As it says,** "קַח אֶת אַהֲרֹן"[6] **– "Take Aaron,"**[6] and, "קְחוּ עִמָּכֶם דְּבָרִים"[7,8] **– "Take with you words."**[7, 8]}[9]

□ **בֶּן יִצְהָר בֶּן קְהָת בֶּן לֵוִי – SON OF IZHAR SON OF KOHATH SON OF LEVI.** וְלֹא הִזְכִּיר בֶּן יַעֲקֹב **– But it does not mention** one more generation of Korah's lineage by writing **"son of Jacob,"** שֶׁבִּקֵּשׁ רַחֲמִים עַל שְׁמוֹ **– for [Jacob] sought mercy,** i.e., prayed, **over his name,** שֶׁלֹּא יִזָּכֵר שְׁמוֹ **– that his name not be mentioned** עַל מַחְלָקְתָּם **– with regard to their dispute,** שֶׁנֶּאֱמַר **– as it says,** "בִּקְהָלָם אַל תֵּחַד כְּבֹדִי"[10] **– "With their congregation do not join, my honor."**[10] וְהֵיכָן נִזְכַּר שְׁמוֹ עַל קֹרַח **– And where** *is* **[Jacob's] name mentioned with reference to Korah?** בְּהִתְיַחֲסָם עַל הַדּוּכָן **– When the lineage of [Korah's descendants] is given regarding "the platform,"**[11] בְּדִבְרֵי הַיָּמִים **– in** ***Chronicles*****,** שֶׁנֶּאֱמַר **– as it says,** "בֶּן אֶבְיָסָף **– "Son of Ebiasaph,** בֶּן קֹרַח **– son of Korah,** בֶּן יִצְהָר **– son of Izhar,** בֶּן קְהָת **– son of Kohath,** בֶּן לֵוִי **– son of Levi,** בֶּן יִשְׂרָאֵל"[12,13] **– son of Israel."**[12,13]

1. That is, it is expounded thoroughly, with many of its details taken into account.

2. לקח, "to take," is a transitive verb, yet our verse does not provide an object for וַיִּקַּח. Rashi says that the implicit object is "himself" (*Sefer Zikaron*).

3. The *Targum* does not mean "he argued." That would be expressed by וּפְלִיג (*Sefer Zikaron*).

4. *Job* 15:12.

5. *Tanchuma* 2.

6. *Leviticus* 8:2. There, too, "taking" is used in the sense of verbal persuasion; see Rashi there.

7. *Hosea* 14:3.

8. *Tanchuma* 1.

9. This passage does not appear in any of the early printed editions of Rashi. On the basis of manuscripts and early editions, it is evident that it has been interpolated into Rashi from the glosses of R' Yosef Kara (see *Yosef Hallel*). See note 6 on page 165.

10. *Genesis* 49:6; see Rashi there.

11. That is, regarding the Temple service of the Levites, which included singing as accompaniment to the sacrificial service, while standing on a platform or stage.

12. *I Chronicles* 6:22-23.

13. *Tanchuma* 4; *Bereishis Rabbah* 98:5. Scripture does not always trace an individual's ancestry back as far as Jacob/Israel. The citation of the verse from *Chronicles* shows that Scripture does so with regard to the descendants of Korah. We would therefore have expected Scripture to do so here, as well. This supports the point

רש"י

ודתן ואבירם. בשביל שהיה שבט ראובן שרוי בחנייתם תימנה שכן לקהת ובניו החונים תימנה נשתתפו עם קרח במחלוקתו, אוי לרשע ואוי לשכנו (תנחומא שם). ומה ראה קרח לחלוק עם משה, נתקנא על נשיאותו של אליצפן בן עוזיאל שמינהו משה נשיא על בני קהת על פי הדבור. אמר קרח, אחי אבא ארבעה היו, שנאמר ובני קהת וגו' (שמות ו:יח) עמרם הבכור נטלו שני בניו גדולה, אחד מלך ואחד כהן גדול. מי ראוי ליטול את השניה, לא אני, שאני בן יצהר שהוא שני לעמרם, והוא מנה נשיא את בן אחיו הקטן מכולם. הריני חולק עליו ומבטל את דבריו (תנחומא א). מה עשה עמד וכנס מאתים וחמשים ראשי סנהדראות, רובן משבט ראובן שכניו, והם אליצור בן שדיאור וחביריו וכיוצא בו, שנאמר נשיאי עדה קריאי מועד (פסוק ב) ולהלן הוא אומר אלה קרואי העדה (לעיל א:טז) והלבישן טליתות שכולן תכלת, באו ועמדו לפני משה. אמרו לו, טלית שכולה של תכלת חייבת בציצית או פטורה, אמר להם חייבת. התחילו לשחק עליו, אפשר

RASHI ELUCIDATED

□ וְדָתָן וַאֲבִירָם — WITH DATHAN AND ABIRAM. בִּשְׁבִיל שֶׁהָיָה שֵׁבֶט רְאוּבֵן שָׁרוּי בַּחֲנִיָּתָם תֵּימָנָה — **Because the Tribe of Reuben would rest on the south when they encamped,**[1] שָׁכֵן לִקְהָת וּבָנָיו — **a neighbor to Kohath and his sons** הַחוֹנִים תֵּימָנָה — **who** also **encamped on the south,**[2] נִשְׁתַּתְּפוּ עִם קֹרַח — **they joined with Korah** בְּמַחֲלָקְתּוֹ — **in his dispute.** אוֹי לָרָשָׁע — **Woe to the wicked one,** וְאוֹי לִשְׁכֵנוֹ[3] — **and woe to his neighbor.**[3]

וּמָה רָאָה קֹרַח — **What was it that Korah saw** לַחֲלוֹק עִם מֹשֶׁה — that led him **to dispute with Moses?** נִתְקַנֵּא עַל נְשִׂיאוּתוֹ שֶׁל אֱלִיצָפָן בֶּן עֻזִּיאֵל — **He was jealous of the princely position of Elizaphan son of Uzziel,** שֶׁמִּנָּהוּ מֹשֶׁה נָשִׂיא — **for Moses had appointed him prince** עַל בְּנֵי קְהָת — **over the sons of Kohath**[4] עַל פִּי הַדִּבּוּר — **by the word** of God. אָמַר קֹרַח — **Korah said:** אֲחֵי אַבָּא אַרְבָּעָה הָיוּ — **Father's brothers,** including Father, **were four,** שֶׁנֶּאֱמַר — **as it says,** "וּבְנֵי קְהָת וְגוֹמֵר"[5] — **"The sons of Kohath:** [Amram, Izhar, Hebron, and Uzziel]."[5] עַמְרָם הַבְּכוֹר — **Amram, the firstborn,** נָטְלוּ שְׁנֵי בָנָיו גְּדֻלָּה — **his two sons assumed greatness:** אֶחָד מֶלֶךְ — **One,** Moses, **is king,**[6] וְאֶחָד כֹּהֵן גָּדוֹל — **and one,** Aaron, **is Kohen Gadol** (High Priest). מִי רָאוּי לִטּוֹל אֶת הַשְּׁנִיָּה — **Who is fit to take the second,** i.e., to fill the next position of greatness, that of the Kohathite prince? לֹא אֲנִי — **Is it not I,** שֶׁאֲנִי בֶּן יִצְהָר — **for I am son of Izhar** שֶׁהוּא שֵׁנִי לְעַמְרָם — **who is second to Amram?** וְהוּא מִנָּה נָשִׂיא — **Yet he,** Moses, **appointed as prince** אֶת בֶּן אָחִיו הַקָּטָן מִכֻּלָּם — **the son of his brother who is the youngest of all.** הֲרֵינִי חוֹלֵק עָלָיו — **Behold, I will dispute with him** וּמְבַטֵּל אֶת דְּבָרָיו[7] — **and nullify his words.**[7]

מֶה עָשָׂה — **What did [Korah] do?** עָמַד וְכָנַס — **He rose up and gathered together** מָאתַיִם וַחֲמִשִּׁים רָאשֵׁי סַנְהֶדְרָאוֹת — **two hundred and fifty heads of courts,** רֻבָּן מִשֵּׁבֶט רְאוּבֵן שְׁכֵנָיו — **most of them from the Tribe of Reuben, his neighbors,** וְהֵם אֱלִיצוּר בֶּן שְׁדֵיאוּר וַחֲבֵרָיו — **and they were Elizur son of Shedeur**[8] **and his colleagues,**[9] וְכַיּוֹצֵא בוֹ — **and the like,** שֶׁנֶּאֱמַר — **as it says,** "נְשִׂיאֵי עֵדָה קְרִאֵי מוֹעֵד"[10] — **"princes of the assembly, those summoned for meeting,"**[10] וּלְהַלָּן הוּא אוֹמֵר — **and above it says,** "אֵלֶּה קְרוּאֵי הָעֵדָה"[11] — **"these are the ones summoned of the assembly."**[11] וְהִלְבִּישָׁן טַלִּיתוֹת — **[Korah] clothed them in cloaks** שֶׁכֻּלָּן תְּכֵלֶת — **which were** made **entirely of *techeiles.***[12] בָּאוּ וְעָמְדוּ לִפְנֵי מֹשֶׁה — **They came and stood before Moses.** אָמְרוּ לוֹ — **They said to him,** טַלִּית שֶׁכֻּלָּהּ שֶׁל תְּכֵלֶת — **"A cloak which is entirely of *techeiles,*** חַיֶּבֶת בְּצִיצִית — **is it obligated in *tzitzis*,** i.e., is one required to put *tzitzis* on it,[12] אוֹ פְּטוּרָה — **or exempt?"** אָמַר לָהֶם — **He said to them,** חַיֶּבֶת — **"It is obligated."** הִתְחִילוּ לִשְׂחֹק עָלָיו — **They began to laugh at him,** and said, אֶפְשָׁר — **"Is this**

---

that when Scripture does not mention Jacob/Israel here, it is because he prayed that his name not be associated with a dispute (*Mizrachi*).

1. See 2:10 above.

2. See 3:29 above and Rashi there.

3. *Negaim* 12:6; *Tanchuma* 4; *Succah* 56b. Dathan and Abiram had no personal interest in Korah's dispute. They had no claim to the priesthood, for they were neither Levites nor firstborn (see 26:9 below). It was only because they were neighbors of a wicked person that they were influenced to join the dispute (*Mizrachi; Sifsei Chachamim*).

4. See above 3:30.

5. *Exodus* 6:18.

6. See Rashi to 10:2 above, s.v., עֲשֵׂה לְךָ.

7. *Tanchuma* 1.

8. See 1:5 above.

9. This refers either to the princes of the other twelve tribes (*Rabbeinu Bachye; Mizrachi*), or to other notables of the tribe of Reuben (*Meleches HaKodesh*).

10. Below v. 2.

11. Above 1:16. That verse also refers to princes, the princes of the tribes, including Elizur the son of Shedeur. Since our passage also speaks of "those summoned," it stands to reason that it also speaks of the prince.

12. See 15:38 above and Rashi there.

ב בֶּן־פֶּלֶת בְּנֵי רְאוּבֵן: וַיָּקֻמוּ לִפְנֵי
מֹשֶׁה וַאֲנָשִׁים מִבְּנֵי־יִשְׂרָאֵל
חֲמִשִּׁים וּמָאתָיִם נְשִׂיאֵי עֵדָה קְרִאֵי
ג מוֹעֵד אַנְשֵׁי־שֵׁם: וַיִּקָּהֲלוּ עַל־מֹשֶׁה
וְעַל־אַהֲרֹן וַיֹּאמְרוּ אֲלֵהֶם רַב־
לָכֶם כִּי כָל־הָעֵדָה כֻּלָּם קְדֹשִׁים
וּבְתוֹכָם יהוה וּמַדּוּעַ תִּתְנַשְּׂאוּ

son of Peleth, sons of Reuben. [2] They arose before Moses with men of the Children of Israel, two hundred and fifty [of them], princes of the assembly, those summoned for meeting, men of renown. [3] They gathered together against Moses and against Aaron and said to them, "It is much for you! For the entire assembly — all of them — are holy and HASHEM is among them, so why do you exalt yourselves

אונקלוס

בַּר פֶּלֶת בְּנֵי רְאוּבֵן: ב וְקָמוּ לְאַפֵּי מֹשֶׁה וְגֻבְרַיָּא מִבְּנֵי יִשְׂרָאֵל מָאתָן וְחַמְשִׁין רַבְרְבֵי כְנִשְׁתָּא מְעַרְעֵי זְמַן אֱנָשִׁין דִּשְׁמָא: ג וְאִתְכְּנָשׁוּ עַל מֹשֶׁה וְעַל אַהֲרֹן וַאֲמָרוּ לְהוֹן סַגִּי לְכוֹן אֲרֵי כָל כְּנִשְׁתָּא כֻּלְּהוֹן קַדִּישִׁין וּבֵינֵיהוֹן שַׁרְיָא שְׁכִנְתָּא דַיְיָ וּמָא דֵין אַתּוּן מִתְרַבְרְבִין

רש"י

טלית של מין אחר חוט אחד של תכלת פוטרה, זו שכולה תכלת לא תפטור את עצמה (תנחומא ג): **בני ראובן.** דתן ואבירם ואון בן פלת: (ג) **רב לכם.** הרבה יותר מדאי לקחתם לעצמכם גדולה: **כלם קדושים.** כלם שמעו דברים בסיני מפי הגבורה (שם ד): **ומדוע תתנשאו.** אם לקחת אתה מלכות לא היה לך לברר לאחיך כהונה. לא אתם לבדכם שמעתם בסיני אנכי ה' אלהיך (שמות כ:ב), כל העדה שמעו (תנחומא שם):

RASHI ELUCIDATED

possible? טַלִּית שֶׁל מִין אַחֵר – A cloak of a different type of cloth, **חוּט אֶחָד שֶׁל תְּכֵלֶת פּוֹטְרָהּ – one thread of *techeiles* exempts it. זוֹ – This one, שֶׁכֻּלָּהּ תְּכֵלֶת – which is entirely of *techeiles*, לֹא תִפְטוֹר אֶת עַצְמָהּ – should it not exempt itself?"**[1]

□ **בְּנֵי רְאוּבֵן – SONS OF REUBEN. דָּתָן וַאֲבִירָם – Dathan and Abiram, וְאוֹן בֶּן פֶּלֶת – and On son of Peleth.**[2]

3. רַב לָכֶם – IT IS MUCH FOR YOU. הַרְבֵּה יוֹתֵר מִדַּאי לְקַחְתֶּם לְעַצְמְכֶם גְּדֻלָּה – You have taken far too much prominence for yourselves.[3]

□ **כֻּלָּם קְדֹשִׁים – ALL OF THEM ARE HOLY. כֻּלָּם שָׁמְעוּ דְּבָרִים – All of them heard words בְּסִינַי – at Sinai מִפִּי הַגְּבוּרָה[4] – from the mouth of the Almighty.**[4]

□ **וּמַדּוּעַ תִּתְנַשְּׂאוּ – SO WHY DO YOU EXALT YOURSELVES. אִם לָקַחְתָּ אַתָּה מַלְכוּת – If you are the one who took royalty, לֹא הָיָה לְךָ לְבָרֵר לְאָחִיךָ כְּהֻנָּה – you should not have chosen priesthood for your brother. לֹא אַתֶּם לְבַדְּכֶם – Not only** the two of **you שְׁמַעְתֶּם בְּסִינַי – heard at Sinai, "אָנֹכִי ה' אֱלֹהֶיךָ"[5] – "I am HASHEM, your God";**[5] **כָּל הָעֵדָה שָׁמְעוּ[6] – the entire assembly heard** it.[6]

1. *Tanchuma* 2. Through this argument against Moses' ruling regarding the cloak which is entirely of *techeiles*, Korah attempted to convince the people that the laws taught them by Moses were illogical, and thus, the product of his imagination. His appointing Aaron to the priesthood, then, was also without Divine sanction.

2. "Sons of Reuben" does not refer to Eliab and Peleth, and mean that Reuben was actually their father. He was not (see *Genesis* 46:9; *Exodus* 6:14; and *Numbers* 26:5-9). Rather, "sons of Reuben" means *descendants* of Reuben and refers to Dathan, Abiram, and On, as well as their fathers Eliab and Peleth (*Gur Aryeh*).

3. Rashi teaches that here רַב does not mean "enough," as it does in other places (e.g. *Deuteronomy* 1:3). It means "too much" (*Sefer Zikaron*). Furthermore, רַב לָכֶם is not an acknowledgment by Korah and his followers that Moses and Aaron have positions of much honor. Here, "much" implies *too* much, and implicit in the phrase רַב לָכֶם is not only that Moses and Aaron *have* positions of greatness, but that they *took* those positions for themselves (see *Mizrachi; Mesiach Ilmim*).

4. *Tanchuma* 4. Korah uses "all of them are holy" as an argument for Moses and Aaron not to "exalt themselves over the congregation." But how does this support his point? Perhaps Moses and Aaron are holier than the rest of the congregation and therefore deserve positions of leadership. Rashi explains that what Korah meant by "all of them are holy" is that all of them experienced direct communication from God. Therefore, they have no need for intermediaries such as Moses and Aaron (see *Gur Aryeh; Sifsei Chachamim*).

5. *Exodus* 20:2. This is the first verse of the Ten Commandments.

6. *Tanchuma* 4. The ensuing dispute concerns only Aaron's priesthood, yet Korah here accuses Moses, too, of exalting himself. Rashi explains that Korah accused Moses of unfairly appropriating all the glory for his own

ד עַל־קְהַל יְהוָה׃ וַיִּשְׁמַע מֹשֶׁה וַיִּפֹּל
ה עַל־פָּנָיו׃ וַיְדַבֵּר אֶל־קֹרַח וְאֶל־כָּל־
עֲדָתוֹ לֵאמֹר בֹּקֶר וְיֹדַע יְהוָה אֶת־
אֲשֶׁר־לוֹ וְאֶת־הַקָּדוֹשׁ וְהִקְרִיב

over the congregation of HASHEM?"
4 *Moses heard and fell on his face.*
5 *He spoke to Korah and to his entire assembly, saying, "In the morning, HASHEM will make known who is His own and who is holy, and He will bring close*

אונקלוס

עַל קְהָלָא דַיְיָ׃ ד וּשְׁמַע מֹשֶׁה וּנְפַל עַל אַפּוֹהִי׃ ה וּמַלִּיל עִם קֹרַח וְעִם כָּל כְּנִשְׁתֵּהּ לְמֵימַר בְּצַפְרָא וִיהוֹדַע יְיָ יָת דְּכָשַׁר לֵהּ וְיָת דְּקַדִּישׁ וִיקָרֵב

רש"י

(ד) **ויפל על פניו.** מפני המחלוקת, שכבר זה בידם סרחון רביעי. חטאו בעגל, ויחל משה (שמות לב:יא). במתאוננים, ויתפלל משה (לעיל יא:ב). במרגלים, ויאמר משה אל ה' ושמעו מצרים (לעיל יד:יג). במחלוקתו של קרח נתרשלו ידיו. משל לבן מלך שסרח על אביו, ופייס עליו אוהבו פעם ושתים ושלש. כשסרח רביעית נתרשלו ידי האוהב ההוא, אמר עד מתי אטריח על המלך, שמא לא יקבל עוד ממני (תנחומא שם): (ה) **בקר וידע וגו'.** עתה עת שכרות הוא לנו ולא נכון להראות לפניו והוא היה מתכוין לדחותם שמא יחזרו בהם (שם ה): **בקר וידע ה' את אשר לו.** לעבודת לויה:

RASHI ELUCIDATED

4. וַיִּפֹּל עַל פָּנָיו – AND FELL ON HIS FACE. מִפְּנֵי הַמַּחֲלוֹקֶת – Because of the dispute,[1] **שֶׁכְּבָר זֶה בְּיָדָם סִרְחוֹן רְבִיעִי – for this was already the fourth foulness [the Israelites] had** committed. **חָטְאוּ בָעֵגֶל – They sinned at the** incident of the Golden **Calf;** and in its aftermath, **"וַיְחַל מֹשֶׁה"**[2] **– "Moses pleaded."**[2] **בַּמִּתְאוֹנְנִים –** They sinned **at** the incident of **"those who were like people who find pretexts";** and in its aftermath, **"וַיִּתְפַּלֵּל מֹשֶׁה"**[3] **– "Moses prayed."**[3] **בַּמְרַגְּלִים –** They sinned **at** the incident of **the spies;** and in its aftermath, **"וַיֹּאמֶר מֹשֶׁה אֶל ה' וְשָׁמְעוּ מִצְרַיִם"**[4] **– "Moses said to HASHEM, 'Then Egypt will hear . . .' "**[4] **בְּמַחֲלָקְתּוֹ שֶׁל קֹרַח – At the dispute of Korah, נִתְרַשְּׁלוּ יָדָיו – [Moses'] hands became weakened,** i.e., he no longer had the strength to plead on behalf of Israel. **מָשָׁל לְבֶן מֶלֶךְ – This can be compared to the son of a king שֶׁסָּרַח עַל אָבִיו – who acted disgracefully toward his father, וּפִיֵּס עָלָיו אוֹהֲבוֹ – and whose friend placated** the father **on his behalf, פַּעַם וּשְׁתַּיִם וְשָׁלֹשׁ – one time, and a second, and a third. כְּשֶׁסָּרַח רְבִיעִית – When [the son] acted improperly a fourth time, נִתְרַשְּׁלוּ יְדֵי הָאוֹהֵב הַהוּא – that friend's hands became weakened. אָמַר – He said, עַד מָתַי אַטְרִיחַ עַל הַמֶּלֶךְ – "How long can I bother the king? שֶׁמָּא לֹא יְקַבֵּל עוֹד מִמֶּנִּי**[5] **– Perhaps he will no longer accept** placation **from me?"**[5]

5. בֹּקֶר וְיֹדַע וְגוֹמֵר – IN THE MORNING, [HASHEM] WILL MAKE KNOWN, ETC. עַתָּה עֵת שִׁכְרוּת הוּא לָנוּ – Now it is a time of intoxication for us,[6] **וְלֹא נָכוֹן לְהֵרָאוֹת לְפָנָיו – and it is improper to appear before Him. וְהוּא הָיָה מִתְכַּוֵּן לְדָחוֹתָם – [Moses] intended to delay them שֶׁמָּא יַחְזְרוּ בָּהֶם –** so that **perhaps [Korah and his colleagues] would turn back** from their confrontation.[7]

□ **בֹּקֶר וְיֹדַע ה' אֶת אֲשֶׁר לוֹ – IN THE MORNING, HASHEM WILL MAKE KNOWN WHO IS HIS OWN לַעֲבוֹדַת לְוִיָּה – for the Levite service,**[8]

family (see *Mesiach Ilmim; Nachalas Yaakov; Sifsei Chachamim*).

1. He did not fall on his face because of distress over any loss of prestige he may have suffered as the result of Korah's charges (*Maharik; Be'er Mayim Chaim*).

2. *Exodus* 32:11.

3. Above 11:2.

4. Above 14:13.

5. *Tanchuma* 4. *Amos* 1:3 and *Job* 33:29 indicate that God is more tolerant of the first three sins committed than of the fourth (*Gur Aryeh;* see also *Rambam, Hilchos Teshuvah* 3:5).

6. They had eaten the main meal of the day, which was usually accompanied by wine. It is forbidden to perform the Temple service or to render halachic rulings after having drunk as little as a glass of wine (*Gur Aryeh*).

7. *Tanchuma* 5. This explains why Moses waited until morning (*Devek Tov*). Furthermore, this explains why Moses said "in the morning" rather than "tomorrow," as Aaron did when he wanted to delay the people at the time of the sin of the Golden Calf (see *Exodus* 32:5). He referred specifically to the morning for it is a time during which people do not drink wine (*Nachalas Yaakov*).

8. "His own" alludes to the Levites, of whom God said, "The Levites shall be Mine" (8:14 above). Korah claimed the service of the Levites for the firstborn, of whom it says "for every firstborn is *Mine*" (3:13 above), in order to win the firstborn to his cause (*Ramban*).

אֵלָ֑יו וְאֵ֛ת אֲשֶׁ֥ר יִבְחַר־בּ֖וֹ יַקְרִ֥יב
ו אֵלָֽיו׃ זֹ֖את עֲשׂ֑וּ קְחוּ־לָכֶ֣ם מַחְתּ֔וֹת
ז קֹ֖רַח וְכָל־עֲדָתֽוֹ׃ וּתְנ֣וּ־בָהֵ֣ן ׀ אֵ֗שׁ

to Him, and whom He will choose, He will bring close to Him. [6] Do this: Take for yourselves fire-pans — Korah and his entire assembly — [7] and put fire in them

אונקלוס

לָקֳדָמוֹהִי וְיָת דִּי יִתְרְעֵי בֵהּ יְקָרֵב לְשִׁמּוּשֵׁהּ: ו דָּא עִבִידוּ סָבוּ לְכוֹן מַחְתְּיָן קֹרַח וְכָל כְּנִשְׁתֵּהּ: ז וְהָבוּ בְהוֹן אֶשָּׁתָא

רש"י

ואת הקדוש. לכהונה: **והקריב** אותם **אליו.** והתרגום מוכיח כן, ויקרב לקדמוהי, יקרב לשימושיה. ומדרשו, בקר, אמר להם משה גבולות חלק הקב"ה בעולמו, יכולים אתם להפוך בוקר לערב, כן תוכלו לבטל את זו, שנאמר ויהי ערב ויהי בקר (בראשית א:ה) ויבדל (שם ד). כך ויבדל אהרן להקדישו וגו' (דברי הימים א כג:יג; תנחומא ה): (ו) **זאת עשו קחו לכם מחתות.** מה ראה לומר להם כך,

RASHI ELUCIDATED

□ **וְאֵת הַקָּדוֹשׁ – AND WHO IS HOLY** לִכְהֻנָּה **– for the priesthood,**[1]

□ **וְהִקְרִיב אוֹתָם**[2] **אֵלָיו – AND BRING them**[2] **CLOSE TO HIM.**[3] וְהַתַּרְגּוּם מוֹכִיחַ כֵּן **– And *Targum* Onkelos indicates this,** "וִיקָרֵב לָקֳדָמוֹהִי" – by rendering **וְהִקְרִיב אֵלָיו** as **"He will bring close before Him,"**[4] "יְקָרֵב לְשִׁמּוּשֵׁהּ" – while he renders **יַקְרִיב אֵלָיו** as **"He will bring close to His service."**[5]

וּמִדְרָשׁוֹ – [The verse's] exegetical interpretation is: בֹּקֶר – Moses used the term **"in the morning"** as a metaphor. **אָמַר לָהֶם מֹשֶׁה – Moses said to them,** גְּבוּלוֹת חִלֵּק הַקָּדוֹשׁ בָּרוּךְ הוּא בְּעוֹלָמוֹ **– "The Holy One, Blessed is He, divided His world with boundaries.** יְכוֹלִים אַתֶּם לַהֲפוֹךְ בֹּקֶר לָעֶרֶב **– Can you turn morning into evening?** כֵּן תּוּכְלוּ לְבַטֵּל אֶת זוֹ **– So will you be able to nullify this** priesthood, **שֶׁנֶּאֱמַר – as it says,** "וַיְהִי עֶרֶב וַיְהִי בֹקֶר"[6] **– 'And there was morning, and there was evening,'**[6] "וַיַּבְדֵּל" – which resulted from **'and** [God] **divided.'**[7] **כָּךְ – In the same way,** "וַיִּבָּדֵל אַהֲרֹן לְהַקְדִּישׁוֹ וְגוֹמֵר"[8,9] **– 'And Aaron was set apart to sanctify him, etc.' "**[8,9]

6. זֹאת עֲשׂוּ קְחוּ לָכֶם מַחְתּוֹת – DO THIS: TAKE FOR YOURSELVES FIRE-PANS. מָה רָאָה לוֹמַר לָהֶם כָּךְ **– What**

1. "Who is holy" alludes to the Kohanim, of whom it says, "Aaron was set apart to sanctify him; he and his sons are most holy" (*I Chronicles* 23:13; see *Ramban*).

2. By adding אוֹתָם, "them," to the phrase וְהִקְרִיב אֵלָיו, "and bring [them] close to Him," Rashi indicates that "He will bring close" refers to both "who is His own" and "who is holy" not only to "who is Holy" which immediately precedes it (*Sefer Zikaron; Be'er Yitzchak*). Furthermore, Rashi's "them" indicates that "who is His own" and "who is holy" do not both refer to the same group (*Da'as Yissachar*).

3. The subject of "and will bring close to Him" is God, and the implicit object is "them," those whom He will select in the morning. וְהִקְרִיב אֵלָיו might have been understood as "and he will bring offerings to Him," with the subject being the one whom God would select. But then the verse would have been redundant, for יַקְרִיב אֵלָיו of the end of the verse would then have meant the same thing. As Rashi explains it, וְהִקְרִיב אֵלָיו refers to God's bringing close the Kohanim and Levites, and יַקְרִיב אֵלָיו refers to their performing the sacrificial service after having been chosen, as he goes on to show from *Targum Onkelos* (see *Levush HaOrah; Da'as Yissachar; Be'er Yitzchak*).

4. *Targum Onkelos* does not render וְהִקְרִיב אֵלָיו as referring to the sacrificial service as he does יַקְרִיב אֵלָיו at the end of the verse. This supports Rashi's point that וְהִקְרִיב אֵלָיו refers to the Levites, as well as to the Kohanim. Since it includes the Levites, it cannot refer to the sacrificial service, which is limited to the Kohanim (*Da'as Yissachar*).

5. יַקְרִיב אֵלָיו refers only to "whom he will choose" – the Kohanim alone. *Targum Onkelos* therefore interprets it as referring to the sacrificial service (*Da'as Yissachar*).

6. *Genesis* 1:5.

7. *Genesis* 1:4.

8. *I Chronicles* 23:13.

9. *Tanchuma* 5. "In the morning" is usually expressed by בַּבֹּקֶר. Our verse, however, uses just בֹּקֶר, "morning," with the ב prefix which means "in" left implicit. According to the exegetical interpretation, the verse does this so that בֹּקֶר can be interpreted as "it is [like] morning" – Aaron is as different from others by virtue of his priesthood as morning is different from evening (*Leket Bahir*).

This citation from *Midrash Tanchuma* does not appear in some early printed editions of Rashi. The text of this Rashi, as it appears here and in most of the editions that include it, is a paraphrase of the *Tanchuma*. The version in the Rome edition of Rashi is closer to the wording found in contemporary *Tanchuma* editions. The Rome edition reads: אָמַר לָהֶן מֹשֶׁה – Moses said to them, גְּבוּלוֹת הִצִּיב הַקָּדוֹשׁ בָּרוּךְ הוּא בְּעוֹלָמוֹ – "The Holy One, Blessed is He, fixed boundaries in His world. יְכוֹלִים אַתֶּם לַהֲפוֹךְ בֹּקֶר לָעֶרֶב – Can you turn morning into evening? דִּכְתִיב – As it is written, וַיְהִי בֹקֶר יוֹם אֶחָד – 'And there was morning, one day.' כֵּן תּוּכְלוּ לְבַטֵּל אֶת זוֹ – So will you be able to nullify this (priesthood). וּכְשֵׁם שֶׁהִבְדִּיל הַקָּדוֹשׁ בָּרוּךְ הוּא בֵּין בּוֹקֶר לָעֶרֶב – And just as the Holy One, Blessed is He, separated between morning and evening, דִּכְתִיב – as it is written, וַיַּבְדֵּל אֱלֹהִים בֵּין הָאוֹר וּבֵין הַחֹשֶׁךְ – 'And God separated between the light and the darkness,' כָּךְ – so, וַיִּבָּדֵל אַהֲרֹן לְהַקְדִּישׁוֹ – 'And Aaron was set apart to sanctify him.' "

וְשִׂימוּ עֲלֵיהֶן ׀ קְטֹרֶת לִפְנֵי יהוה מָחָר וְהָיָה הָאִישׁ אֲשֶׁר־

and place incense upon them before HASHEM *tomorrow. Then the man whom*

אונקלוס

וְשַׁוּוּ עֲלֵיהוֹן קְטֹרֶת בּוּסְמִין קֳדָם יְיָ מְחַר וִיהֵי גַּבְרָא

רש"י

אמר להם, בדרכי הגוים יש נימוסים הרבה וכומרים הרבה ואין כולם [ס"א וכולם] מתקבצים בבית אחד. אנו אין לנו אלא ה' אחד, ארון אחד ותורה אחת ומזבח אחד וכהן גדול אחד, ואתם מאתים וחמשים איש מבקשים כהונה גדולה, אף אני רוצה בכך. הא לכם תשמיש חביב מכל, היא הקטורת החביבה מכל הקרבנות, וסם המות נתון בתוכו שבו נשרפו נדב ואביהוא, לפיכך התרה בהם, והיה האיש אשר יבחר ה' הוא הקדוש (פסוק ז) כבר הוא בקדושתו. וכי אין אנו יודעים שמי שיבחר הוא הקדוש, אלא אמר להם משה, הריני אומר לכם שלא תתחייבו, מי שיבחר בו יצא חי וכולכם אובדים (תנחומא שם): מחתות. כלים שחותין בהם גחלים ויש להם בית יד:

RASHI ELUCIDATED

is it that he saw which led him to say this to them?[1] **אָמַר לָהֶם – He said to them,** **בְּדַרְכֵי הַגּוֹיִם – Among the ways of the** other **nations** **יֵשׁ נִימוּסִים הַרְבֵּה – there are many rites,** **וְכוּמָרִים הַרְבֵּה – and many clergymen,** [2] **וְאֵין כֻּלָּם מִתְקַבְּצִים בְּבַיִת אֶחָד – and they do not all gather together in one house** of worship.[3] **אָנוּ אֵין לָנוּ אֶלָּא ה׳ אֶחָד – We have none but the One** God, **HASHEM,** **אָרוֹן אֶחָד – one Ark,** **וְתוֹרָה אַחַת – one Torah,** **וּמִזְבֵּחַ אֶחָד – one Altar,**[3a] **וְכֹהֵן גָּדוֹל אֶחָד – and one Kohen Gadol.** **וְאַתֶּם מָאתַיִם וַחֲמִשִּׁים אִישׁ מְבַקְשִׁים כְּהֻנָּה גְדוֹלָה – Yet you two hundred and fifty men seek the High Priesthood.** **אַף אֲנִי רוֹצֶה בְּכָךְ – I, too, want this.**[4] **הֵא לָכֶם – Here you have** **תַּשְׁמִישׁ חָבִיב מִכֹּל – the service which is dearest of all.** **הִיא הַקְּטֹרֶת – This is the incense,** **הַחֲבִיבָה מִכָּל הַקָּרְבָּנוֹת – which is the dearest of all the offerings.**[5] **וְסַם הַמָּוֶת נָתוּן בְּתוֹכוֹ – But there is a deadly drug put in it**[6] **שֶׁבּוֹ נִשְׂרְפוּ נָדָב וַאֲבִיהוּא – by which Nadab and Abihu were burned.**[7] **לְפִיכָךְ הִתְרָה בָהֶם – This is why he warned them,** **"וְהָיָה הָאִישׁ אֲשֶׁר יִבְחַר ה׳ – "Then the man whom HASHEM will choose,** **הוּא הַקָּדוֹשׁ"**[8] **– he *is* the holy one,"**[8] which implies, **כְּבָר הוּא בִּקְדֻשָּׁתוֹ – he is already in his state of holiness.**[9] **וְכִי אֵין אָנוּ יוֹדְעִים – Now, do we not know** **שֶׁמִּי שֶׁיִּבְחַר – that the one whom He shall choose,** **הוּא הַקָּדוֹשׁ – he is the holy one?**[10] **אֶלָּא אָמַר לָהֶם מֹשֶׁה – Rather, Moses said to them,** **הֲרֵינִי אוֹמֵר לָכֶם – "See, now, that I say to you,** **שֶׁלֹּא תִּתְחַיְּבוּ – so that you should not be liable to punishment,** **מִי שֶׁיִּבְחַר בּוֹ – that he whom [God] will choose** **יֵצֵא חַי – shall emerge** from the incense service **alive,** **וְכֻלְּכֶם אוֹבְדִים**[11] **– and all of you will die."**[11]

□ **מַחְתּוֹת – FIRE-PANS.** **כֵּלִים שֶׁחוֹתִין בָּהֶם גֶּחָלִים –** These are **implements with which they rake off coals;**[12] **וְיֵשׁ לָהֶם בֵּית יָד – they have a handle.**

1. That is, why did he choose the incense service of all priestly services, to prove the authenticity of Aaron's priesthood (*Be'er Yitzchak*).

2. כּוֹמֶר specifically denotes non-Jewish clergymen (e.g., *II Kings* 23:5).

3. This version of the text matches that in *Tanchuma*. Some versions of Rashi match the text of *Tanchuma Yashan*: "וְכֻלָּם מִתְקַבְּצִים בְּבַיִת אֶחָד – and they all gather in one house [of worship]." That is, they are tolerant of the religions of others; they are not fully committed to the truth of their own religion.

3a. We have only one Altar for animal offerings (*Pardes Shammai*); alternatively, for the offering of incense.

4. That is, I too want you to attempt to perform the priestly service of the incense, so that the people will see clearly who the authentic Kohen Gadol is (*Maharzav* to *Bamidbar Rabbah* 18:8).

5. According to *Tanchuma, Tetzaveh*, 15, this is because among all the communal offerings, the incense is brought purely out of joy, not for atonement of sin.

6. According to *Maasei Hashem*, this is the "salt of Sodom," one of the ingredients of the incense (see *Kereisos* 6a). According to *Nachalas Yaakov*, the reference is not to a specific ingredient. Rather, because of its great holiness, the incense would turn into a deadly drug to those who misused it.

7. See *Leviticus* 10:1-2.

8. Below v. 7.

9. The fact that Moses said "he *is* the holy one" rather than "he *will be* the holy one" indicates that he was not speaking to Korah as if the offering of incense was a genuine test to determine the authentic Kohen Gadol. This supports Rashi's claim that Moses was warning Korah (*Be'er Yitzchak*).

10. This is further support for Rashi's interpretation of "then the man whom HASHEM shall choose, he is the holy one" as a warning. There is no need to speak of holiness in a declaration, for God would certainly choose none but the holy (*Be'er Yitzchak*).

11. *Tanchuma* 5. "He is the holy one" implies "he is the one who is holy enough to survive the incense service" (*Be'er Yitzchak*).

12. Rashi to *Exodus* 27:3 and *Jeremiah* 52:19 says that they were used for raking the coals off the Altar.

יִבְחַר יהוה הוּא הַקָּדוֹשׁ רַב־לָכֶם
ח בְּנֵי לֵוִי: וַיֹּאמֶר מֹשֶׁה אֶל־קֹרַח
ט שִׁמְעוּ־נָא בְּנֵי לֵוִי: הַמְעַט מִכֶּם כִּי־

HASHEM will choose, he is the holy one. There is much to you, sons of Levi!" [8] Moses said to Korah, "Listen now, sons of Levi: [9] Is it not enough for you that

אונקלוס

דְיִתְרְעֵי יְיָ הוּא קַדִּישׁ סַגִּי לְכוֹן בְּנֵי לֵוִי: ח וַאֲמַר מֹשֶׁה לְקֹרַח שְׁמַעוּ כְעַן בְּנֵי לֵוִי: ט הַזְעֵר לְכוֹן אֲרֵי

רש"י

(ז) רב לכם בני לוי. דבר גדול אמרתי לכם. ולא טפשים היו, שבכך התרה בהם וקבלו עליהם לקרב, אלא הם חטאו על נפשותם, שנאמר את מחתות החטאים האלה בנפשותם. וקרח שפקח היה מה ראה לשטות זה, עינו הטעתו, ראה שלשלת גדולה יוצאה ממנו, שמואל ששקול כנגד משה ואהרן, אמר בשבילו אני נמלט, ועשרים וארבעה משמרות עומדות לבני בניו כולם מתנבאים ברוח הקודש, שנאמר כל אלה בנים להימן (דברי הימים א כה:ה) אמר, אפשר כל הגדולה הזאת עתידה לעמוד ממני ואני אדום, לכך נשתתף לבוא לאותה חזקה, ששמע מפי משה שכולם אובדים ואחד נמלט, אשר יבחר ה' הוא הקדוש, טעה ותלה בעצמו.

RASHI ELUCIDATED

7. רַב לָכֶם בְּנֵי לֵוִי – THERE IS MUCH TO YOU, SONS OF LEVI. **דָּבָר גָּדוֹל אָמַרְתִּי לָכֶם – I have told you a great**, i.e., serious, **matter.**[1] **וְלֹא טִפְּשִׁים הָיוּ – Were they not fools?** **שֶׁבְּכָךְ הִתְרָה בָּהֶם – For [Moses] warned them in this manner,**[2] **וְקִבְּלוּ עֲלֵיהֶם לְקָרֵב – yet they** still **undertook to offer** the incense. **אֶלָּא הֵם חָטְאוּ עַל נַפְשׁוֹתָם – But they sinned against their souls,** i.e., they were responsible for their own deaths because of their sin, **שֶׁנֶּאֱמַר – as it says,** ,,אֵת מַחְתּוֹת הַחַטָּאִים הָאֵלֶּה בְּנַפְשֹׁתָם"[3] – **"the fire-pans of these sinners against their souls."**[3] **וְקֹרַח שֶׁפִּקֵּחַ הָיָה – But Korah, who was a clever person,** **מָה רָאָה – what is it that he saw** which led him **לִשְׁטוּת זֶה – to this folly?** **עֵינוֹ הִטְעַתּוּ – His eye**[4] **led him to error.** **רָאָה שַׁלְשֶׁלֶת גְּדוֹלָה יוֹצְאָה מִמֶּנּוּ – He saw a great chain** of descendants **emerging from him:** **שְׁמוּאֵל –** First, he saw that the prophet **Samuel,** **שֶׁשָּׁקוּל כְּנֶגֶד מֹשֶׁה וְאַהֲרֹן – who is as important as Moses and Aaron** together,[5] would descend from him,[6] **אָמַר – so he said** to himself, **בִּשְׁבִילוֹ אֲנִי נִמְלָט – "Because of him, I shall escape";** **וְעֶשְׂרִים וְאַרְבָּעָה מִשְׁמָרוֹת עוֹמְדוֹת לִבְנֵי בָנָיו – and** then he saw that **there would be twenty-four watches**[7] **from among his descendants,** **כֻּלָּם מִתְנַבְּאִים בְּרוּחַ הַקֹּדֶשׁ – all of them prophesying with Divine inspiration,** **שֶׁנֶּאֱמַר – as it says,** ,,כָּל אֵלֶּה בָנִים לְהֵימָן"[8] – **"All of these were sons of Heiman** [seer of the king in words of God]."[8] **אָמַר – [Korah] said,** **אֶפְשָׁר – "Is it possible** **כָּל הַגְּדֻלָּה הַזֹּאת – that all this greatness** **עֲתִידָה לַעֲמוֹד מִמֶּנִּי – is destined to be established from me,** **וַאֲנִי אֶדּוֹם – even if I will remain silent?"** **לְכָךְ נִשְׁתַּתֵּף – This is why he joined with** the others as **partners**[9] **לָבֹא לְאוֹתָהּ חֲזָקָה – in order to come to** attain **that status** of the priesthood. **שֶׁשָּׁמַע מִפִּי מֹשֶׁה – For he had heard from the mouth of Moses** **שֶׁכֻּלָּם אוֹבְדִים – that all of them,** i.e., all of those who would offer the incense, **would perish,** **וְאֶחָד נִמְלָט – and one would escape** destruction. ,,אֲשֶׁר יִבְחַר ה' הוּא הַקָּדוֹשׁ" – As Moses had said, "[The man] **whom HASHEM will choose, he is the holy one."** **טָעָה – [Korah] erred** **וְתָלָה בְּעַצְמוֹ – and hung it upon himself,** i.e., assumed that he was the holy one to whom Moses

1. Moses could have patterned the test after the incident of Cain and Abel, where God accepted the offering of the one He chose, and rejected that of the other (see *Genesis* 4:3-5). Had that been Moses' test, they would not necessarily be fools, for all they could lose by failing the test would be their claim to greatness. Instead, Moses said that only the one whom God would choose would survive, and so they stood to lose their lives. That is "a great matter" (*Be'er BaSadeh*).

2. That is, he threatened them with death (*Be'er BaSadeh*).

3. Below 17:3.

4. That is, his wisdom and his power of prophetic vision (*Maharzav* to *Bamidbar Rabbah* 18:8).

5. The Talmud (*Taanis* 5b) derives from *Psalms* 99:6 that Samuel was in some sense equal to Moses and Aaron together.

6. Samuel was a sixteenth-generation direct patrilineal descendant of Korah (see *I Chronicles* 6:18-22).

7. The Levites were divided into twenty-four "watches," i.e., family groupings. Each watch officiated in the *Beis HaMikdash,* according to a regular rotation, for a one-week period.

8. *I Chronicles* 25:5. Heiman was a descendant of Korah, as indicated by *I Chronicles* 6:18-22.

Only fourteen watches from among the descendants of Korah are mentioned in *I Chronicles* ch. 25. *Rashash* (to *Bamidbar Rabbah* 18:8) suggests that the other ten watches to which the *Tanchuma* cited by Rashi refers are the ten groups of gate-keepers descended from Korah, mentioned in *I Chronicles* 26:1,14,17.

9. That is, this is why a clever man like Korah joined with the others, who were foolish.

הִבְדִּיל אֱלֹהֵי יִשְׂרָאֵל אֶתְכֶם מֵעֲדַת
יִשְׂרָאֵל לְהַקְרִיב אֶתְכֶם אֵלָיו לַעֲבֹד
אֶת־עֲבֹדַת מִשְׁכַּן יהוה וְלַעֲמֹד לִפְנֵי
י הָעֵדָה לְשָׁרְתָם: וַיַּקְרֵב אֹתְךָ וְאֶת־

the God of Israel has segregated you from the assembly of Israel to draw you near to Himself, to perform the service of the Tabernacle of HASHEM, *and to stand before the assembly to minister for them?* 10 *And He drew you near, and*

אונקלוס

אַפְרֵשׁ אֱלָהָא דְיִשְׂרָאֵל יָתְכוֹן מִכְּנִשְׁתָּא דְיִשְׂרָאֵל לְקָרָבָא יָתְכוֹן קֳדָמוֹהִי לְמִפְלַח יָת פָּלְחַן מַשְׁכְּנָא דַייָ וּלְמֵקָם קֳדָם כְּנִשְׁתָּא לְשַׁמָּשׁוּתְהוֹן: יוְקָרֵב יָתָךְ וְיָת

רש"י

ולא ראה יפה, לפי שבניו עשו תשובה, ומשה היה רואה. תנחומא (שם): **רב לכם.** דבר גדול נטלתם בעצמכם לחלוק על הקב"ה: (ח) **ויאמר משה אל קרח שמעו נא בני לוי.** התחיל לדבר עמו דברים רכים. כיון שראהו קשה עורף אמר עד שלא ישתתפו שאר השבט ויאבדו עמו אדבר גם אל כולם, התחיל לרצן בהם שמעו נא בני לוי (שם ו): (ט) **ולעמד לפני העדה.** לשיר על הדוכן: (י) **ויקרב אתך.** לאותו שירות שהרחיק ממנו שאר עדת ישראל:

RASHI ELUCIDATED

referred. וְלֹא רָאָה יָפֶה – **But he did not see well,** לְפִי שֶׁבָּנָיו עָשׂוּ תְשׁוּבָה – **for his sons repented** from their original complicity in the rebellion and lived, and it was their illustrious descendants whom Korah saw prophetically. וּמשֶׁה הָיָה רוֹאֶה – **But Moses did see** correctly, that Korah would perish. תַּנְחוּמָא[1] – This comment is found in *Midrash* ***Tanchuma*** .[1]

□ רַב לָכֶם – THERE IS MUCH TO YOU. דָּבָר גָּדוֹל נְטַלְתֶּם בְּעַצְמְכֶם – **You have taken a great,** i.e., serious, **matter upon yourselves** לַחֲלוֹק עַל הַקָּדוֹשׁ בָּרוּךְ הוּא – **by arguing against the Holy One, Blessed is He.**[2]

8. וַיֹּאמֶר משֶׁה אֶל קֹרַח שִׁמְעוּ נָא בְּנֵי לֵוִי – MOSES SAID TO KORAH, "LISTEN NOW, SONS OF LEVI." הִתְחִיל לְדַבֵּר עִמּוֹ – **[Moses] began to speak with [Korah]** דְּבָרִים רַכִּים – with **gentle language.**[3] כֵּיוָן שֶׁרָאָהוּ קְשֵׁה עוֹרֶף – **Once [Moses] saw him being obstinate,** אָמַר – **he said** to himself, עַד שֶׁלֹּא יִשְׁתַּתְּפוּ שְׁאָר הַשֵּׁבֶט – **before the rest of the tribe**[4] **will join** Korah וְיֹאבְדוּ עִמּוֹ – **and be destroyed with him,** אֲדַבֵּר גַּם אֶל כֻּלָּם – **I will speak to all of** the rest of **them, too.** הִתְחִיל לְרַצּוֹת בָּהֶם – **He began to exhort them,** "שִׁמְעוּ נָא בְּנֵי לֵוִי"[5] – **"Listen now, sons of Levi."**[5]

9. וְלַעֲמֹד לִפְנֵי הָעֵדָה – AND TO STAND BEFORE THE ASSEMBLY. לָשִׁיר עַל הַדּוּכָן – **To sing upon the platform.**[6]

10. וַיַּקְרֵב אֹתְךָ – AND HE DREW YOU NEAR לְאוֹתוֹ שֵׁרוּת – **to that service** שֶׁהִרְחִיק מִמֶּנּוּ – **from which He put at a distance** שְׁאָר עֲדַת יִשְׂרָאֵל – **the rest of the assembly of Israel.**[7]

1. *Tanchuma* 5.

2. When Korah used the same phrase in verse 3, Rashi explained it as "it is too much for you." But it cannot mean that here, for that would imply that arguing against God to a certain degree is acceptable, and Korah was condemned only for going beyond that point (*Gur Aryeh; Nachalas Yaakov*).

Earlier in his comments to this verse, Rashi explained "there is much to you" as implying "I have told you a serious matter." This is a continuation of his comments on the preceding verse, based on *Tanchuma*, which Rashi saw as implying a death threat to Korah and his colleagues. Here he reinterprets "it is much for you" according to its simple meaning (*Sefer Zikaron; Nachalas Yaakov*).

According to the first interpretation, the ל prefix, "to," of לָכֶם, "to you," indicates where "much" is directed – much, i.e., "a great matter," has been told *to* you. According to the second interpretation, it indicates possession – you have taken *to yourselves* a great matter.

3. The root אמר connotes speaking gently, e.g., *Exodus* 19:3 (*Mesiach Ilmim*).

4. The text follows most early printed editions. Some later editions read הַשְּׁבָטִים, "the tribes," but it is clear from context that Moses was addressing only the Tribe of Levi (see *Yosef Daas; Nachalas Yaakov*).

5. *Tanchuma* 6. This explains why the verse begins by saying that Moses spoke to Korah, but then goes on to have him address the "sons of Levi" (*Mesiach Ilmim; Nachalas Yaakov*).

6. See Rashi to verse 1 above and note 11 there.

"To perform the service of the Tabernacle" means carrying the parts of the Tabernacle and guarding it (*Be'er Yitzchak*). "To stand before the assembly" refers to the service of song, which had to be performed while standing (see *Pa'aneach Raza*).

7. This does not refer to some additional type of service not mentioned in the preceding verse. It means that through the services unique to the Levites mentioned earlier, God drew the Levites nearer to Him than He drew the rest of Israel (*Mesiach Ilmim*).

כָּל־אַחֶ֥יךָ בְנֵי־לֵוִ֖י אִתָּ֑ךְ וּבִקַּשְׁתֶּ֖ם
יא גַּם־כְּהֻנָּֽה׃ לָכֵ֗ן אַתָּה֙ וְכָל־
עֲדָ֣תְךָ֔ הַנֹּעָדִ֖ים עַל־יהוה וְאַהֲרֹ֣ן
°תלינו ק׳ יב מַה־ה֔וּא כִּ֥י °תלונו עָלָֽיו׃ וַיִּשְׁלַ֣ח
מֹשֶׁ֔ה לִקְרֹ֛א לְדָתָ֥ן וְלַאֲבִירָ֖ם בְּנֵ֣י
יג אֱלִיאָ֑ב וַיֹּאמְר֖וּ לֹ֥א נַעֲלֶֽה׃ הַמְעַ֗ט
כִּ֤י הֶֽעֱלִיתָ֙נוּ֙ מֵאֶ֨רֶץ זָבַ֤ת חָלָב֙
וּדְבַ֔שׁ לַהֲמִיתֵ֖נוּ בַּמִּדְבָּ֑ר כִּֽי־
תִשְׂתָּרֵ֥ר עָלֵ֖ינוּ גַּם־הִשְׂתָּרֵֽר׃
יד שני אַ֡ף לֹ֣א אֶל־אֶ֩רֶץ֩ זָבַ֨ת חָלָ֤ב

all your brethren, the offspring of Levi, with you — yet you seek priesthood, as well! 11 Therefore, you and your entire assembly who are joining together are against HASHEM! And as for Aaron — what is he that you cause protest against him?"

12 Moses sent forth to summon Dathan and Abiram, the sons of Eliab, but they said, "We shall not go up! 13 Is it not enough that you have brought us up from a land flowing with milk and honey to cause us to die in the wilderness, yet you seek to dominate us, even to dominate further? 14 Moreover, you did not bring us to a land flowing with milk

אונקלוס

כָּל אֲחָיךְ בְּנֵי לֵוִי עִמָּךְ וּבָעַן אַתּוּן אַף כְּהֻנְּתָא רַבְּתָא: יא בְּכֵן אַתְּ וְכָל כְּנִשְׁתָּךְ דְּאִזְדַּמְּנוּ עַל יְיָ וְאַהֲרֹן מָא הוּא אֲרֵי אִתְרַעַמְתּוּן עֲלוֹהִי: יב וּשְׁלַח מֹשֶׁה לְמִקְרֵי לְדָתָן וְלַאֲבִירָם בְּנֵי אֱלִיאָב וַאֲמַרוּ לָא נִסַּק: יג הַזְעֵר אֲרֵי אַסֶּקְתָּנָא מֵאַרְעָא עָבְדָא חֲלַב וּדְבַשׁ לְקַטָּלוּתָנָא בְּמַדְבְּרָא אֲרֵי אִתְרַבְרַבְתְּ עֲלָנָא אַף אִתְרַבְרָבָא: יד בְּרַם לָא לְאַרְעָא עָבְדָא חֲלַב

רש"י

(יא) לבן. בשביל כך אתה וכל עדתך הנועדים אתך על ה׳, כי בשליחותו עשיתי לתת כהונה לאהרן, ולא לנו הוא המחלוקת הזה (שם): (יב) וישלח משה וגו׳. מכאן שאין מחזיקין במחלוקת (שם י) שהיה משה מחזר אחריהם להשלימם בדברי שלום:

RASHI ELUCIDATED

11. **לָכֵן – THEREFORE.** This means **בִּשְׁבִיל כָּךְ – because of this,** i.e., because it is God Who chose you to perform the service of the Levites, and not that of the Kohanim,[1] **,,אַתָּה וְכָל עֲדָתְךָ הַנֹּעָדִים" – "you and your entire assembly who are joining together"** **אִתָּךְ – with you,**[2] **,,עַל ה׳" – "are against HASHEM."** **כִּי בִּשְׁלִיחוּתוֹ עָשִׂיתִי – For I acted by His delegation** **לָתֵת כְּהֻנָּה לְאַהֲרֹן – in giving the priesthood to Aaron,** **וְלֹא לָנוּ הוּא הַמַּחֲלוֹקֶת הַזֶּה[3] – and this dispute is not ours,** i.e., against us.[3]

12. **וַיִּשְׁלַח מֹשֶׁה וְגוֹמֵר – MOSES SENT FORTH, ETC.** **מִכָּאן – From here** we see **שֶׁאֵין מַחֲזִיקִין בְּמַחֲלוֹקֶת[4] – that we do not keep up a dispute.**[4] **שֶׁהָיָה מֹשֶׁה מְחַזֵּר אַחֲרֵיהֶם – For Moses went after them,** i.e., sought them out, **לְהַשְׁלִימָם – to restore harmony with them** **בְּדִבְרֵי שָׁלוֹם – with words of peace.**

1. לָכֵן can connote taking an oath, e.g., 20:12 below (see Rashi there). Rashi indicates that here it does not have that meaning (*Mesiach Ilmim*).

2. By adding "with you," Rashi indicates that there is a pause after "joining together," and that the verse is to be read "you and your entire assembly who are joining together *are* against HASHEM." The verse might have been understood as the beginning of a threat, "You and your entire assembly who are joining together against HASHEM . . .," as we find elsewhere that Scripture includes threats whose conclusions are unspoken (cf. *Genesis* 4:15 and Rashi there; see *Imrei Shefer*). But the conclusion of our verse indicates that Moses was pointing out to Korah that Aaron was not the proper target for his complaints. Moses would not, then, refer to Korah's assembly in the beginning of the verse as the "entire assembly who are joining together against HASHEM," as if that were something that could be taken for granted, for they did not view themselves as such. Rather, Moses was informing Korah and his followers that in reality they were rebelling against God.

Some early editions of Rashi continue this comment with the following passage from *Tanchuma* 6: כָּל הַדְּבָרִים הָאֵלּוּ פִּיֵּס מֹשֶׁה לְקֹרַח – [With] all these words Moses [tried] appeasing Korah, וְאִי אַתָּה מוֹצֵא שֶׁהֱשִׁיבוֹ דָּבָר – yet you do not find that [Korah] replied a word to [Moses]. שֶׁהָיָה פִּקֵּחַ וְאָמַר – For [Korah] was a clever person and he said, יוֹדֵעַ אֲנִי שֶׁהוּא חָכָם גָּדוֹל – "I know that [Moses] is a very wise man, אִם אֲנִי מְשִׁיבוֹ עַכְשָׁיו – if I respond to him now, יְקַפְּחֵנִי בִּדְבָרָיו – he would overpower me with his words וְעַל כָּרְחִי אֲנִי מִתְרַצֶּה לוֹ – and against my will I would give in to him." רָאָה מֹשֶׁה שֶׁאֵין תּוֹעֶלֶת בּוֹ – Moses saw that there was no purpose in [continuing to speak to] him, פֵּרַשׁ מִמֶּנּוּ – [so] he separated himself from [Korah] וְשָׁלַח לְדָתָן וְלַאֲבִירָם – and sent for Dathan and Abiram. וְאַף הֵם עָמְדוּ בְּרִשְׁעָם – But they also stood fast in their wickedness וְלֹא בָּאוּ – and did not come.

3. *Tanchuma* 6. This explains why Moses claims that Korah's dispute was against God, when it appears to have been against Moses and Aaron (*Mishmeres HaKodesh*).

4. *Tanchuma* 10.

and honey nor did you give us a heritage of field and vineyard! Even if you would put out the eyes of those men, we shall not go up!"	וּדְבַשׁ הֲבִיאֹתָנוּ וַתִּתֶּן־לָנוּ נַחֲלַת שָׂדֶה וָכָרֶם הַעֵינֵי הָאֲנָשִׁים הָהֵם תְּנַקֵּר לֹא נַעֲלֶה:

אונקלוס

וּדְבַשׁ אַעֵלְתָּנָא וִיהַבְתְּ לָנָא אַחֲסָנַת חַקְלִין וְכַרְמִין הַעֵינֵי גֻּבְרַיָּא הָאִנּוּן תְּשַׁלַּח לְעַוָּרָא לָא נִסַּק:

רש"י

לא נעלה. פיהם הכשילם שאין להם אלא ירידה (שם ו): **(יד) ותתן לנו.** הדבר מוסב על לא האמור למעלה, כלומר לא הביאותנו ולא נתת לנו נחלת שדה וכרם. אמרת לנו אעלה אתכם מעני מצרים (שמות ג:יז) אל ארץ טובה וגו' (שם ח) משם הוצאתנו, ולא אל ארץ זבת חלב ודבש הביאותנו, אלא גזרת עלינו להמיתנו במדבר, שאמרת לנו במדבר הזה יפלו פגריכם (לעיל יד:כט; תנחומא שם): **העיני האנשים ההם תנקר וגו'.** אפילו אתה שולח לנקר את עינינו אם לא נעלה אליך, לא נעלה: **האנשים ההם.** כאדם התולה קללתו בחבירו:

RASHI ELUCIDATED

□ לֹא נַעֲלֶה – WE SHALL NOT GO UP. פִּיהֶם הִכְשִׁילָם – **Their mouths led them to stumble,** by saying שֶׁאֵין לָהֶם אֶלָּא יְרִידָה[1] – **that they have nothing** in store **but downfall.**[1]

14. וַתִּתֶּן לָנוּ – NOR DID YOU GIVE US [literally, "and you gave us"]. הַדָּבָר מוּסָב עַל "לֹא" – **The matter refers back to** "you did **not**" הָאָמוּר לְמַעְלָה – **which is stated above,** כְּלוֹמַר – **as if to say,** לֹא הֲבִיאוֹתָנוּ – **you did not bring us** to a land flowing with milk and honey, וְלֹא נָתַתָּ לָנוּ – **and you did not give us** נַחֲלַת שָׂדֶה וָכֶרֶם – **a heritage of field and vineyard.**[2] אָמַרְתָּ לָנוּ – **You said to us,** "אַעֲלֶה אֶתְכֶם מֵעֳנִי מִצְרַיִם"[3] – **"I shall bring you up from the affliction of Egypt"**[3] "אֶל אֶרֶץ טוֹבָה וְגוֹמֵר"[4] – **"to a good** [and spacious] **land, etc."**[4] מִשָּׁם הוֹצֵאתָנוּ – **You took us out of there,** וְלֹא אֶל אֶרֶץ זָבַת חָלָב וּדְבַשׁ הֲבִיאֹתָנוּ – **but it is not to a land flowing with milk and honey that you brought us.** אֶלָּא – **Rather,** גָּזַרְתָּ עָלֵינוּ – **you decreed upon us** לַהֲמִיתֵנוּ בַּמִּדְבָּר – **to put us to death in the wilderness,** שֶׁאָמַרְתָּ לָנוּ – **for you said to us,** "בַּמִּדְבָּר הַזֶּה יִפְּלוּ פִגְרֵיכֶם"[5,6] – **"In this wilderness shall your carcasses drop."**[5,6]

□ הַעֵינֵי הָאֲנָשִׁים הָהֵם תְּנַקֵּר וְגוֹמֵר – EVEN IF YOU WOULD PUT OUT THE EYES OF THOSE MEN, ETC. אֲפִילוּ אַתָּה שׁוֹלֵחַ – **Even if**[7] **you send someone**[8] לְנַקֵּר אֶת עֵינֵינוּ – **to put out our eyes** אִם לֹא נַעֲלֶה אֵלֶיךָ – **if we do not go up to you,**[9] "לֹא נַעֲלֶה" – **"we still will not go up.'**[10]

□ הָאֲנָשִׁים הָהֵם – THOSE MEN. They spoke כְּאָדָם – **like a person** הַתּוֹלֶה קִלְלָתוֹ – **who hangs his curse** בַּחֲבֵרוֹ – **upon his fellow.**[11]

---

1. *Tanchuma* 6. This is implied by their use of "we shall not go up" rather than "we shall not come" (*Gur Aryeh*).

2. We see from context that the ו prefix of וַתִּתֶּן is understood as "nor," as it is linked to לֹא, "not," which appears earlier in the verse. It does not mean "and" as it usually does, for then Dathan and Abiram would be crediting Moses with giving them a heritage of field and vineyard, while it is clear from the context that it is part of a complaint (see *Gur Aryeh*). Rashi explains the ו prefix similarly in his comments to *Exodus* 30:9, s.v., וְעֹלָה וּמִנְחָה, *Psalms* 9:19, s.v., כִּי לֹא לָנֶצַח יִשָּׁכַח, and *Proverbs* 30:3, s.v., וְלֹא לָמַדְתִּי חָכְמָה.

3. *Exodus* 3:17.

4. *Exodus* 3:8. That verse continues: "to a land flowing with milk and honey. . ."

5. Above 14:29.

6. *Tanchuma* 6. Dathan and Abiram would not have complained that Moses did not take them to a land flowing with milk and honey had Moses not promised to do so. Rashi tells us where Moses said he would do this (see *Mizrachi; Sifsei Chachamim*).

7. The verse might have been read "would you put out the eyes of those men?" That would imply that Dathan and Abiram believed that Moses intended to put out their eyes. But it was clear that Moses intended no such thing. The ה prefix is not the interrogative ה (as in *Job* 10:4); הַעֵינֵי here implies not a question, but a condition, "even if" (*Gur Aryeh*).

8. Dathan and Abiram were not speaking of a situation in which Moses himself would gouge out their eyes for they conclude, "We will not go up [to you]"; this implies that they were speaking of a situation in which Moses was not present (*Mesiach Ilmim; Gur Aryeh*).

9. In his comments on the identical phrase when it appears in verse 12 above, Rashi did not add "to you," for it was clear from context that "we will not go up" meant "we will not go up to you." Here, however, there is room to interpret it as "we will not go up to a land flowing with milk and honey."

10. Dathan and Abiram were not saying that if Moses would actually have their eyes gouged out they would not go to him. That would be obvious. If they were blind, their movement would be limited. They meant that even if Moses *threatened* to have them blinded, they would not go (*Mizrachi; Sifsei Chachamim*).

11. According to Rashi, "those men" does not refer to the people as a whole, or to the elders who accompanied Moses, as *Ibn Ezra* and *Rashbam* explain. Rather, by

15 This distressed Moses greatly, and he said to HASHEM, "Do not turn to their gift-offering! I have not taken a donkey of any one of them, nor have I wronged

טו וַיִּחַר לְמֹשֶׁה מְאֹד וַיֹּאמֶר אֶל־יהוה אַל־תֵּפֶן אֶל־מִנְחָתָם לֹא חֲמוֹר אֶחָד מֵהֶם נָשָׂאתִי וְלֹא הֲרֵעֹתִי

אונקלוס

טו וּתְקֵיף לְמֹשֶׁה לַחֲדָא וַאֲמַר קֳדָם יְיָ לָא תְקַבֵּל בְּרַעֲוָא קוּרְבַּנְהוֹן לָא חֲמָרָא דְחַד מִנְּהוֹן שַׁחֲרִית וְלָא אַבְאֵשִׁית

רש"י

(טו) ויחר למשה מאד. נצטער עד למאד (שם): אל תפן אל מנחתם. לפי פשוטו, הקטורת שהם מקריבין לפניך מחר אל תפן אליה. ומדרשו, אמר יודע אני שיש להם חלק בתמידי צבור [אף] חלקם לא יקובל לפניך לרצון תניחנו האש ולא תאכלנו (שם ז): לא חמור אחד מהם נשאתי. לא חמורו של אחד מהם נטלתי. אפילו כשהלכתי ממדין למצרים והרכבתי את אשתי ואת בני על החמור, והיה לי ליטול אותו החמור משלהם,

RASHI ELUCIDATED

15. וַיִּחַר לְמֹשֶׁה מְאֹד – Literally, "Moses was greatly incensed." That is, נִצְטַעֵר עַד לִמְאֹד[1] – **it distressed him greatly.**[1]

□ אַל תֵּפֶן אֶל מִנְחָתָם – DO NOT TURN TO THEIR GIFT-OFFERING. לְפִי פְּשׁוּטוֹ – **According to its simple meaning,** this means הַקְּטֹרֶת – regarding **the incense** שֶׁהֵם מַקְרִיבִין לְפָנֶיךָ מָחָר – **which they offer before you tomorrow,** אַל תֵּפֶן אֵלֶיהָ – **do not turn to it.**[2]

וּמִדְרָשׁוֹ – **And its exegetical interpretation** is: אָמַר – **[Moses] said,** יוֹדֵעַ אֲנִי – **"I know** שֶׁיֵּשׁ לָהֶם חֵלֶק בִּתְמִידֵי צִבּוּר – **that they have a share in the continual-offerings of the public.**[3] {אַף} חֶלְקָם – **Their portion** of that offering, {**too**}, לֹא יְקֻבַּל לְפָנֶיךָ – **should not be accepted before you** לְרָצוֹן – **as a source of goodwill.** תַּנִּיחֶנּוּ הָאֵשׁ – **Let the fire** of the Altar **leave it over,** וְלֹא תֹאכְלֶנּוּ[4] – **and not consume it."**[4]

□ לֹא חֲמוֹר אֶחָד מֵהֶם נָשָׂאתִי – I HAVE NOT TAKEN A DONKEY OF ANY ONE OF THEM. This means לֹא חֲמוֹרוֹ שֶׁל אֶחָד מֵהֶם נָטַלְתִּי – **"I have not taken**[5] **a donkey of any one of them.**[6] אֲפִילוּ כְּשֶׁהָלַכְתִּי מִמִּדְיָן לְמִצְרַיִם – **Even when I went from Midian to Egypt,** וְהִרְכַּבְתִּי אֶת אִשְׁתִּי וְאֶת בָּנַי – **and I had my wife and sons ride** עַל הַחֲמוֹר – **on the donkey,**[7] וְהָיָה לִי – **and I had** the right[8] לִטּוֹל אוֹתוֹ הַחֲמוֹר מִשֶּׁלָּהֶם – **to take that donkey from that which was theirs,**[9]

"those men," Dathan and Abiram meant themselves, but one does not speak directly about something bad occurring to himself. Rashi makes a similar point in his comments to *Exodus* 1:10, s.v., וְעָלָה מִן הָאָרֶץ.

1. *Tanchuma* 6. The text of Rashi as it stands explains that וַיִּחַר here expresses distress rather than anger, as it does in other places. It is not clear, however, what he clarifies by using עַד לִמְאֹד instead of לִמְאֹד of the verse.

In most early printed editions of Rashi, however, these words do not appear. Rather, Rashi's comment consists of the *Midrash Tanchuma* to our verse: נִצְטַעֵר לַחֲדָא – He was greatly distressed. מָשָׁל – This can be compared לְאָדָם שֶׁדָּן עִם חֲבֵרוֹ – to a person who is arguing with his fellow וּמִתְוַכֵּחַ עִמּוֹ – and debating with him. אִם מְשִׁיבוֹ – If [the other one] responds to him, יֵשׁ שָׁם נַחַת רוּחַ – there is inner satisfaction; וְאִם אֵינוֹ מְשִׁיבוֹ – but if he does not respond to him, הֲרֵי צַעַר גָּדוֹל – see now, there is great distress. תַּנְחוּמָא – [I have found this explanation in *Midrash*] *Tanchuma.*

Thus, Moses was distressed because Dathan and Abiram did not respond directly to his proposal, but chose to introduce irrelevant arguments instead. *Amar N'kei* explains that Rashi cites that Midrash to explain why it was at this particular point that Moses became greatly distressed.

2. The basic meaning of the word מִנְחָה is "gift; something given out of reverence, honor or respect." Examples of that usage are in *Genesis* 32:14 and 43:11. In Scripture, the word is often used to refer to an Altar offering, most commonly the meal-offering (as in 5:15 and 15:4 above), but sometimes to other offerings (as in *Genesis* 4:3-5). Here, according to the simple meaning, it refers to the incense they were to offer the next day.

3. The continual-offerings were the first and last offerings of every day. They were brought on behalf of the entire nation, from public funds contributed for that purpose. See 28:1-8 below.

4. *Tanchuma* 7. According to the exegetical interpretation, מִנְחָתָם is understood as "their meal-offering" (see note 2 above). The verse refers to the meal-offering which accompanied the continual-offering (*Etz Yosef*).

5. By using נָטַלְתִּי for נָשָׂאתִי, Rashi clarifies that נָשָׂאתִי here means "I took," rather than its more common meaning, "I carried" (*Mizrachi; Sifsei Chachamim*).

6. It does not mean "I have not taken a single donkey of theirs." According to Rashi, that would be expressed by לֹא חֲמוֹר אֶחָד נָשָׂאתִי מֵהֶם (*Be'er Yitzchak*).

7. See *Exodus* 4:20.

8. Literally, "and it was to me."

9. That is, since Moses traveled from Midian on behalf of the Israelites, he had the right to be reimbursed by them for the cost of the donkey (*Maskil LeDavid*).

even one of them."

[16] *Moses said to Korah, "You and your entire assembly, be before* HASHEM *— you, and they, and Aaron — tomorrow.* [17] *Let each man take his fire-pan and you shall place incense on them and you shall bring near before* HASHEM *each man his fire-pan, two hundred and fifty fire-pans; and you and Aaron, each man with his fire-pan."*

[18] *So each man took his fire-pan, and they put fire on them and they placed incense on them; and they stood at the entrance of the Tent of Meeting, with Moses and Aaron.* [19] *Korah gathered the entire assembly against them at*

טז אֶת־אַחַד מֵהֶם: וַיֹּאמֶר מֹשֶׁה אֶל־
קֹרַח אַתָּה וְכָל־עֲדָתְךָ הֱיוּ לִפְנֵי
יהוה אַתָּה וָהֵם וְאַהֲרֹן מָחָר:
יז וּקְחוּ | אִישׁ מַחְתָּתוֹ וּנְתַתֶּם עֲלֵיהֶם
קְטֹרֶת וְהִקְרַבְתֶּם לִפְנֵי יהוה אִישׁ
מַחְתָּתוֹ חֲמִשִּׁים וּמָאתַיִם מַחְתֹּת
יח וְאַתָּה וְאַהֲרֹן אִישׁ מַחְתָּתוֹ: וַיִּקְחוּ
אִישׁ מַחְתָּתוֹ וַיִּתְּנוּ עֲלֵיהֶם אֵשׁ
וַיָּשִׂימוּ עֲלֵיהֶם קְטֹרֶת וַיַּעַמְדוּ פֶּתַח
יט אֹהֶל מוֹעֵד וּמֹשֶׁה וְאַהֲרֹן: וַיַּקְהֵל
עֲלֵיהֶם קֹרַח אֶת־כָּל־הָעֵדָה אֶל־

אונקלוס

יָת חַד מִנְּהוֹן: טז וַאֲמַר מֹשֶׁה לְקֹרַח אַתְּ וְכָל כְּנִשְׁתָּךְ הֱווֹ זְמִינִין לִקֳדָם יְיָ אַתְּ וְאִנּוּן וְאַהֲרֹן מְחָר: יז וְסַבוּ גְּבַר מַחְתִּיתֵהּ וְתִתְּנוּן עֲלֵיהוֹן קְטֹרֶת בּוּסְמִין וּתְקָרְבוּן קֳדָם יְיָ גְּבַר מַחְתִּיתֵהּ מָאתָן וְחַמְשִׁין מַחְתְּיָן וְאַתְּ וְאַהֲרֹן גְּבַר מַחְתִּיתֵהּ: יח וּנְסִיבוּ גְּבַר מַחְתִּיתֵהּ וִיהָבוּ עֲלֵיהוֹן אֶשָּׁתָא וְשַׁוִּיאוּ עֲלֵיהוֹן קְטֹרֶת בּוּסְמִין וְקָמוּ בִּתְרַע מַשְׁכַּן זִמְנָא וּמֹשֶׁה וְאַהֲרֹן: יט וְאַכְנֵשׁ עֲלֵיהוֹן קֹרַח יָת כָּל כְּנִשְׁתָּא

רש"י

לא נטלתי אלא משלי (שם). ותרגום אונקלוס שחרית, לשון ארמי כך נקראת אנגריא של מלך, שחוור: **(טז) והם.** עדתך: **(יז) והקרבתם איש מחתתו.** החמשים ומאתים איש שבכם: **(יט) ויקהל עליהם קרח.** בדברי ליצנות. כל הלילה ההוא הלך אצל השבטים ופתה אותם, כסבורין אתם שעלי לבדי אני מקפיד, איני מקפיד אלא בשביל כולכם. אלו באין ונוטלין כל הגדולות, לו המלכות, ולאחיו הכהונה, עד שנתפתו כולם (שם):

RASHI ELUCIDATED

לֹא נָטַלְתִּי אֶלָּא מִשֶּׁלִּי[1] – **I did not take but from that which was my own."**[1] וְתַרְגּוּם אוּנְקְלוֹס ,,שְׁחָרִית" – *Targum Onkelos* renders נְשָׂאתִי with the word שְׁחָרִית, **"pressed into service."** לְשׁוֹן אֲרַמִּי – In **the Aramaic language,** כָּךְ נִקְרֵאת אַנְגַּרְיָא שֶׁל מֶלֶךְ ,,שְׁחוּוֹר" – **this is what the levy of the king is called,** שְׁחוּוֹר.[2]

16. וָהֵם – **AND THEY.** עֲדָתְךָ – **Your assembly.**[3]

17. וְהִקְרַבְתֶּם . . . אִישׁ מַחְתָּתוֹ – **AND YOU SHALL BRING NEAR . . . EACH MAN HIS FIRE-PAN,** that is, הַחֲמִשִּׁים וּמָאתַיִם אִישׁ שֶׁבָּכֶם – each of **the two hundred and fifty men among you.**[4]

19. וַיַּקְהֵל עֲלֵיהֶם קֹרַח – **KORAH GATHERED [THE ENTIRE ASSEMBLY] AGAINST THEM** בְּדִבְרֵי לֵיצָנוּת – **with words of mockery.**[5] כָּל הַלַּיְלָה הַהוּא – **That entire night** הָלַךְ אֵצֶל הַשְּׁבָטִים – **he went to the** various **tribes,** וּפִתָּה אוֹתָם – **and convinced them.** He said, כִּסְבוּרִין אַתֶּם – **"Are you under the impression** שֶׁעָלַי לְבַדִּי אֲנִי מַקְפִּיד – **that it is only for myself that I care?** אֵינִי מַקְפִּיד אֶלָּא בִּשְׁבִיל כֻּלְּכֶם – **I care only for all of you!** אֵלּוּ בָּאִין וְנוֹטְלִין – **These,** Moses and Aaron, **come and take** כָּל הַגְּדֻלּוֹת – **all of the positions of greatness:** לוֹ הַמַּלְכוּת – **for himself, the kingship,** וּלְאָחִיו הַכְּהֻנָּה – **and for his brother, the priesthood."** He went on saying this עַד שֶׁנִּתְפַּתּוּ כֻּלָּם[6] – **until they were all convinced.**[6]

1. *Tanchuma* 7. With this, Rashi explains why Moses chose the specific example of a donkey (*Mesiach Ilmim*).

2. *Targum Onkelos'* שְׁחָרִית is a verb related to שַׁחְוָר, "a local ruler." The work done for the local ruler, or the collection of funds for the work, is called שְׁחוּוֹר (*Sefer Zikaron*).

3. This pronoun does not introduce some new group to us. Rather, even though Moses had referred to "your entire assembly" earlier in the verse, his "they" here refers to them a second time, just as he refers to Korah twice with the repeated אַתָּה, "you." Moses reiterates "you, and they, and Aaron, tomorrow" to indicate that all of them should be present at the same time (*Gur Aryeh*).

4. But not Aaron and Korah, for they are mentioned separately at the end of the verse (*Mesiach Ilmim; Gur Aryeh*).

5. Rashi explains how Korah was able to get the entire assembly to side with him against Moses (*Mizrachi; Sifsei Chachamim*).

6. *Tanchuma* 7.

פֶּ֚תַח אֹ֣הֶל מוֹעֵ֑ד וַיֵּרָ֥א כְבוֹד־יְהֹוָ֖ה
כ אֶל־כָּל־הָעֵדָֽה׃ שלישי וַיְדַבֵּ֣ר
יְהֹוָ֔ה אֶל־מֹשֶׁ֥ה וְאֶֽל־אַהֲרֹ֖ן לֵאמֹֽר׃
כא הִבָּ֣דְל֔וּ מִתּ֖וֹךְ הָעֵדָ֣ה הַזֹּ֑את וַאֲכַלֶּ֥ה
כב אֹתָ֖ם כְּרָֽגַע׃ וַיִּפְּל֤וּ עַל־פְּנֵיהֶם֙
וַיֹּ֣אמְר֔וּ אֵ֕ל אֱלֹהֵ֥י הָרוּחֹ֖ת לְכָל־
בָּשָׂ֑ר הָאִ֤ישׁ אֶחָד֙ יֶחֱטָ֔א וְעַ֥ל כָּל־
כג הָעֵדָ֖ה תִּקְצֹֽף׃ וַיְדַבֵּ֥ר

the entrance of the Tent of Meeting, and the glory of HASHEM appeared to the entire assembly.

20 HASHEM spoke to Moses and Aaron, saying, 21 "Separate yourselves from amid this assembly, and I shall destroy them in an instant!"

22 They fell on their faces and said, "O God, God of the spirits of all flesh: The one man shall sin, but You will be angry with the entire assembly!"

אונקלוס

לִתְרַע מַשְׁכַּן זִמְנָא וְאִתְגְּלִי יְקָרָא דַיְיָ לְכָל כְּנִשְׁתָּא: כ וּמַלִּיל יְיָ עִם מֹשֶׁה וְעִם אַהֲרֹן לְמֵימָר: כא אִתַּפְרָשׁוּ מִגּוֹ כְּנִשְׁתָּא הָדָא וַאֲשֵׁיצֵי יָתְהוֹן כְּשָׁעָה: כב וּנְפָלוּ עַל אַפֵּיהוֹן וַאֲמָרוּ אֵל אֱלָהּ רוּחַיָּא לְכָל בִּשְׂרָא גַּבְרָא חַד יְחוּב וְעַל כָּל כְּנִשְׁתָּא יְהֵי רֻגְזָא: כג וּמַלִּיל

רש"י

וירא כבוד ה'. בא בעמוד ענן: **(כב) אל אלהי הרוחת.** יודע מחשבות. אין מדתך כמדת בשר ודם, מלך בשר ודם שסרחה עליו מקצת מדינה אינו יודע מי החוטא, לפיכך כשהוא כועס נפרע מכולם, אבל אתה לפניך גלויות כל המחשבות ויודע אתה מי החוטא (שם): **האיש אחד.** הוא החוטא ואתה על כל העדה תקצף. אמר הקב"ה יפה אמרתם, אני יודע ומודיע מי חטא ומי לא חטא (שם):

RASHI ELUCIDATED

□ וַיֵּרָא כְּבוֹד ה' – **AND THE GLORY OF HASHEM APPEARED.** בָּא בְּעַמּוּד עָנָן – **It came in a pillar of cloud.**[1]

22. אֵל אֱלֹהֵי הָרוּחֹת – **O GOD, GOD OF THE SPIRITS,** that is, יוֹדֵעַ מַחֲשָׁבוֹת – **Knower of** peoples' **thoughts.**[2] אֵין מִדָּתְךָ כְּמִדַּת בָּשָׂר וָדָם – **Your attribute is unlike the attribute of flesh and blood.**[3] מֶלֶךְ בָּשָׂר וָדָם – **A king of flesh and blood** שֶׁסָּרְחָה עָלָיו מִקְצַת מְדִינָה – **against whom part of a state revolted** אֵינוֹ יוֹדֵעַ מִי הַחוֹטֵא – **does not know who is the sinner.** לְפִיכָךְ – **Therefore,** כְּשֶׁהוּא כּוֹעֵס – **when he is angry** נִפְרָע מִכֻּלָּם – **he takes his due from all of them.** אֲבָל אַתָּה – **But You,** לְפָנֶיךָ גְּלוּיוֹת כָּל הַמַּחֲשָׁבוֹת – **all thoughts are revealed before You,** וְיוֹדֵעַ אַתָּה מִי הַחוֹטֵא[4] – **and You know who the sinner is.**[4]

□ הָאִישׁ אֶחָד – **THE ONE MAN,** that is, Korah, הוּא הַחוֹטֵא – **is the sinner,**[5] וְאַתָּה – **but You** "עַל כָּל הָעֵדָה תִּקְצֹף" – **"will be angry at the entire assembly!"** אָמַר הַקָּדוֹשׁ בָּרוּךְ הוּא – **The Holy One, Blessed is He, said,** יָפֶה אֲמַרְתֶּם – **"You have spoken properly.** אֲנִי יוֹדֵעַ וּמוֹדִיעַ – **I know and will make known** מִי חָטָא – **who has sinned** וּמִי לֹא חָטָא[6] – **and who has not sinned."**[6]

1. We find four places in the Torah where "the glory of HASHEM" appears to the people after they complain: *Exodus* 16:10; 14:10 above; our verse; and 17:7 below. In *Exodus* and in 17:7, Scripture states explicitly that the appearance took place through a cloud. Rashi both here and on 14:10 extrapolates that the appearances there, which took place in response to similar circumstances, also took place through a cloud.

The pillar of cloud is an indication of God's anger, as Rashi explains in his comments to 12:5 above, s.v., בְּעַמּוּד עָנָן (*Imrei Shefer*).

2. רוחת can mean "souls." But the context here indicates that it is used in the sense of "thoughts," as in *Ezekiel* 20:32 (see *Mizrachi; Gur Aryeh; Sifsei Chachamim*).

3. The repetition of God's Name indicates that Moses refers to a quality by which God is contrasted to man, "You Who are manifest in the Godly quality of being God of the spirits of all flesh."

4. *Tanchuma* 7.

5. "The one man shall sin" could be understood to imply that Moses was referring to a sin that had not yet been committed. But he was speaking of the sin of Korah, which had already taken place. Therefore Rashi explains that the implication is "the one man is the sinner" (*Mizrachi; Gur Aryeh; Sifsei Chachamim*). The verse uses the future because actions of the present are at times expressed in the future (see Rashi to *Genesis* 24:45, s.v. טֶרֶם אֲכַלֶּה; *Imrei Shefer*).

6. *Tanchuma* 7. God had already warned Moses and Aaron (v. 21) to put a distance between themselves and those whom He was about to destroy. Rashi here indicates how the second warning (v. 23) is a response to, and an acceptance of, Moses' plea. For in the earlier verse He refers to the destruction of "the entire assembly," while in the later verse He speaks only of the area around Korah, Dathan, and Abiram, and tells Moses to warn "the assembly" to protect themselves (*Be'er Mayim Chaim*).

Although God had decreed that the entire assembly be destroyed (see v. 21), he mitigated the decree, for the prayers of the righteous have the power to transform God's Attribute of Strict Judgment to His Attribute of Mercy (*Be'er BaSadeh*).

[23] *HASHEM spoke to Moses saying,* [24] *"Speak to the assembly, saying, 'Get yourselves away from all around the abode of Korah, Dathan, and Abiram.' "*

[25] *So Moses stood up and went to Dathan and Abiram, and the elders of Israel went after him.* [26] *He spoke to the assembly, saying, "Turn away now from near the tents of these wicked men, and do not touch anything of theirs, lest you perish because of all their sins."* [27] *So they got themselves away from near the dwelling of Korah, Dathan, and Abiram, from all around. Dathan and Abiram went out erect at the entrance of their tents,*

כד יְהֹוָ֖ה אֶל־מֹשֶׁ֥ה לֵּאמֹֽר׃ דַּבֵּ֥ר אֶל־
הָעֵדָ֖ה לֵאמֹ֑ר הֵֽעָלוּ֙ מִסָּבִ֔יב לְמִשְׁכַּן־
כה קֹ֖רַח דָּתָ֣ן וַאֲבִירָ֑ם׃ וַיָּ֣קָם מֹשֶׁ֔ה וַיֵּ֖לֶךְ
אֶל־דָּתָ֣ן וַאֲבִירָ֑ם וַיֵּלְכ֥וּ אַחֲרָ֖יו זִקְנֵ֥י
כו יִשְׂרָאֵֽל׃ וַיְדַבֵּ֨ר אֶל־הָעֵדָ֜ה לֵאמֹ֗ר
ס֣וּרוּ נָ֡א מֵעַל֩ אׇהֳלֵ֨י הָאֲנָשִׁ֤ים
הָֽרְשָׁעִים֙ הָאֵ֔לֶּה וְאַֽל־תִּגְּע֖וּ בְּכׇל־
אֲשֶׁ֣ר לָהֶ֑ם פֶּן־תִּסָּפ֖וּ בְּכׇל־
כז חַטֹּאתָֽם׃ וַיֵּעָל֗וּ מֵעַ֧ל מִשְׁכַּן־קֹ֛רַח
דָּתָ֥ן וַאֲבִירָ֖ם מִסָּבִ֑יב וְדָתָ֨ן וַאֲבִירָ֜ם
יָצְא֣וּ נִצָּבִ֗ים פֶּ֚תַח אׇהֳלֵיהֶ֔ם

אונקלוס

יְיָ עִם מֹשֶׁה לְמֵימָר: כד מַלֵּל עִם כְּנִשְׁתָּא לְמֵימָר אִסְתַּלָּקוּ מִסְּחוֹר סְחוֹר לְמַשְׁכְּנָא דְקֹרַח דָּתָן וַאֲבִירָם: כה וְקָם מֹשֶׁה וַאֲזַל לְוַת דָּתָן וַאֲבִירָם וַאֲזָלוּ בַּתְרוֹהִי סָבֵי יִשְׂרָאֵל: כו וּמַלִּיל עִם כְּנִשְׁתָּא לְמֵימָר זוּרוּ כְעַן מֵעִלָּוֵי מַשְׁכְּנֵי גֻבְרַיָּא חַיָּבַיָּא הָאִלֵּין וְלָא תִקְרְבוּן בְּכָל דִּי לְהוֹן דִּלְמָא תִלְקוּן בְּכָל חוֹבֵיהוֹן: כז וְאִסְתַּלָּקוּ מֵעִלָּוֵי מַשְׁכְּנָא דְקֹרַח דָּתָן וַאֲבִירָם מִסְּחוֹר סְחוֹר וְדָתָן וַאֲבִירָם נְפַקוּ קַיְמִין בִּתְרַע מַשְׁכְּנֵיהוֹן

רש"י

(כד) **העלו וגו'.** כתרגומו, אסתלקו מסביבות משכן קרח: (כה) **ויקם משה.** כסבור שישאו לו פנים ולא עשו (שם ח): (כז) **יצאו נצבים.** בקומה זקופה לחרף ולגדף, כמו ויתיצב ארבעים יום דגלית (שמואל א יז:טז; תנחומא שם):

RASHI ELUCIDATED

24. הֵעָלוּ וְגוֹמֵר – This is to be understood **כְּתַרְגּוּמוֹ – as *Targum* Onkelos renders it, "אִסְתַּלָּקוּ" – 'Get yourselves away'"[1] מִסְּבִיבוֹת מִשְׁכַּן קֹרַח – from the vicinity[2] of the abode of Korah.**

25. וַיָּקָם מֹשֶׁה – SO MOSES STOOD UP. כְּסָבוּר – He was under the impression שֶׁיִּשְׂאוּ לוֹ פָּנִים – that they would treat him graciously, וְלֹא עָשׂוּ[3] – but they did not do so.[3]

27. יָצְאוּ נִצָּבִים – WENT OUT ERECT. בְּקוֹמָה זְקוּפָה – With erect bearing, i.e., defiantly, **לְחָרֵף וּלְגַדֵּף – to insult and vilify.[4] כְּמוֹ "וַיִּתְיַצֵּב אַרְבָּעִים יוֹם"[5] – It is like וַיִּתְיַצֵּב** in, **"And he stood erect for forty days,"[5] דְּגָלְיָת[6] –** which is said **of Goliath.[6]**

1. The root עלה usually denotes "rising," and its Aramaic equivalent is נסק (as in 13:30, 14:40 and 16:12 above). But where the context so indicates, as it does here, עלה denotes "removing," and its Aramaic equivalent is סלק (as in 9:17 and 10:11 above). See *Havanas HaMikra* to *Genesis* 49:9.

2. הֵעָלוּ מִסָּבִיב לְמִשְׁכַּן קֹרַח could have been understood as "get yourselves away from all around *into* the abode of Korah." By using מִסְּבִיבוֹת מִשְׁכַּן קֹרַח instead of the verse's מִסָּבִיב לְמִשְׁכַּן קֹרַח, Rashi indicates that the ל prefix of לְמִשְׁכַּן does not mean "into" but "belonging to," i.e., the area around the abode (see *Gur Aryeh; Sifsei Chachamim*).

3. *Tanchuma* 8. Our verse says that Moses went to Dathan and Abiram, but the following verse has him addressing the entire assembly. Rashi explains that Moses thought he could quell the dispute by going personally to Dathan and Abiram. He expected them to rise in his honor, and thereby show that they did respect him. Once Moses saw that Dathan and Abiram did not treat him respectfully, he had nothing to say to them, and addressed the rest of the assembly (*Mishmeres HaKodesh*).

4. The root נצב is usually used by Scripture as a verb which means "to stand upright." There are two instances in which it is used in an adverbial sense, here and in *I Samuel* 19:20. In the verse in *Samuel*, it is part of the phrase עֹמֵד נִצָּב. There, the meaning of the word is clear; עֹמֵד denotes standing, נִצָּב adds that the standing was erect. But here the word is problematic, for נִצָּבִים is used to modify יָצְאוּ, "they went out." "Going out" is an action, moving from place to place, but נצב describes the inactive state of being erect, or entering that inactive state. How, then, can a form of נצב be used to modify "going out"? Rashi explains that נצב here indicates that the "going out" had an air of erect bearing; it was done defiantly (see *Minchas Yehudah; Sifsei Chachamim*).

Dathan and Abiram vilified God (*Gur Aryeh; Be'er Mayim Chaim*). Alternatively, they vilified Moses and the Torah (*Maharzav* to *Bamidbar Rabbah* 18:12).

5. *I Samuel* 17:16. The context indicates that Goliath "stood erect" in a defiant and insulting manner; see *Radak* there.

6. *Tanchuma* 8.

כח וּנְשֵׁיהֶם וּבְנֵיהֶם וְטַפָּם: וַיֹּאמֶר
מֹשֶׁה בְּזֹאת תֵּדְעוּן כִּי־יְהוָה
שְׁלָחַנִי לַעֲשׂוֹת אֵת כָּל־הַמַּעֲשִׂים
כט הָאֵלֶּה כִּי־לֹא מִלִּבִּי: אִם־כְּמוֹת
כָּל־הָאָדָם יְמֻתוּן אֵלֶּה וּפְקֻדַּת
כָּל־הָאָדָם יִפָּקֵד עֲלֵיהֶם לֹא יְהוָה
ל שְׁלָחָנִי: וְאִם־בְּרִיאָה יִבְרָא יְהוָה

and their wives, and their children, and their infants.
28 Moses said, "Through this shall you know that HASHEM has sent me to perform all these acts, for it was not from my heart.
29 If these die like the death of all men, and the destiny of all men is visited upon them, [then] it is not HASHEM Who has sent me.
30 But if HASHEM will create a creation,

אונקלוס

וּנְשֵׁיהוֹן וּבְנֵיהוֹן וְטַפְלְהוֹן: כח וַאֲמַר מֹשֶׁה בְּדָא תִדְּעוּן אֲרֵי יְיָ שַׁלְחַנִי לְמֶעְבַּד יָת כָּל עוֹבָדַיָּא הָאִלֵּין אֲרֵי לָא מֵרְעוּתִי: כט אִם כְּמוֹתָא דְכָל אֱנָשָׁא יְמוּתוּן אִלֵּין וּסְעָרָא דְּכָל אֱנָשָׁא יִסְתְּעַר עֲלֵיהוֹן לָא יְיָ שַׁלְחַנִי: ל וְאִם בְּרִיאָה יִבְרֵי יְיָ

רש"י

ונשיהם ובניהם וטפם. בוא וראה כמה קשה המחלוקת שהרי בית דין של מטה אין עונשין אלא עד שיביא שתי שערות, ובית דין של מעלה עד עשרים שנה, וכאן אבדו אף יונקי שדים (תנחומא ג): (כח) **לעשות את כל המעשים האלה.** שעשיתי על פי הדבור לתת לאהרן כהונה גדולה ובניו סגני כהונה ואליצפן נשיא הקהתי: (כט) **לא ה' שלחני.** אלא אני עשיתי הכל מדעתי ובדין הוא חולק עלי (שם ח). [כיוצא בדבר, אם שוב תשוב בשלום, אף אני אומר, לא דבר ה' בי (מלכים א כב:כח)]: (ל) **ואם בריאה חדשה יברא ה'.** להמית אותם במיתה שלא מת בה אדם

RASHI ELUCIDATED

□ **וּנְשֵׁיהֶם וּבְנֵיהֶם וְטַפָּם – AND THEIR WIVES, AND THEIR CHILDREN, AND THEIR INFANTS.** בֹּא וּרְאֵה – **Come and see** כַּמָּה קָשָׁה הַמַּחֲלוֹקֶת – **how severe dispute is,** שֶׁהֲרֵי בֵּית דִּין שֶׁל מַטָּה – **for, see now, an earthly court**[1] אֵין עוֹנְשִׁין – **does not punish** אֶלָּא עַד שֶׁיָּבִיא שְׁתֵּי שְׂעָרוֹת – **unless [the one found guilty] had produced two** pubic **hairs**[2] at the time the sin was committed, וּבֵית דִּין שֶׁל מַעְלָה – **and the Heavenly Court**[3] does not punish עַד עֶשְׂרִים שָׁנָה – **until** one has reached the age of **twenty years.** וְכָאן – **But here,** אָבְדוּ אַף יוֹנְקֵי שָׁדַיִם[4] – **even those who suckled at the breast were destroyed.**[4]

28. לַעֲשׂוֹת אֵת כָּל הַמַּעֲשִׂים הָאֵלֶּה – **TO PERFORM ALL THESE ACTS** שֶׁעָשִׂיתִי עַל פִּי הַדִּיבּוּר – **which I have done**[5] **in accordance with the speech of God:** לָתֵת לְאַהֲרֹן כְּהֻנָּה גְדוֹלָה – **giving Aaron the High Priesthood,** וּבָנָיו סְגָנֵי כְהֻנָּה – **and** making **his sons deputy High Priests,**[6] וֶאֱלִיצָפָן נְשִׂיא הַקְּהָתִי – **and Elizaphan the prince of the Kohathite** family.

29. לֹא ה' שְׁלָחָנִי – **IT IS NOT HASHEM WHO HAS SENT ME.** אֶלָּא – **Rather,** אֲנִי עָשִׂיתִי הַכֹּל – **I did everything** מִדַּעְתִּי – **on my own,** וּבְדִין הוּא חוֹלֵק עָלַי – **and [Korah] disputes against me rightfully.**[7] {כַּיּוֹצֵא בַדָּבָר – **Similar to this matter,** we find, "אִם שׁוֹב תָּשׁוּב בְּשָׁלוֹם"[8] – **"If you will return in peace,**[8] אַף אֲנִי אוֹמֵר – **I, too, say,** "לֹא דִבֶּר ה' בִּי"[8] – **HASHEM did not speak through me."**[8]}[9]

30. וְאִם בְּרִיאָה חֲדָשָׁה יִבְרָא ה' – **BUT IF HASHEM WILL CREATE A** new[10] **CREATION** לְהָמִית אוֹתָם – **to put them to death** בְּמִיתָה – **through a death** שֶׁלֹּא מֵת בָּהּ אָדָם – **through which no person has died**

1. Literally, "court of below."

2. Halachah recognizes this physical characteristic and age (twelve for a girl, thirteen for a boy) as the determining factors in rendering a minor into an adult.

3. Literally, "court of above."

4. *Tanchuma* 3.

5. Moses did not speak of the miracles which were about to happen, for those were performed directly by God, without Moses' intercession (see *Be'er Yitzchak*).

6. The apparently superfluous "all" includes a position of greatness to which Korah did not refer, the priesthood of the sons of Aaron (*Mesiach Ilmim; Gur Aryeh*). Furthermore, *Derashos Ra'anach* (*Chayei Sarah* 24:66) adduces various passages from Rashi's commentary which indicate that according to Rashi, כָּל, "all," must refer to at least three things.

7. *Tanchuma* 8. The verse does not mean that if Korah and his assembly die a normal death it would indicate that God had never sent Moses as His messenger, even to take the Israelites out of Egypt (*Be'er Mayim Chaim*).

Alternatively, the verse does not mean to imply "it is not Hashem Who sent me, but rather someone else sent me" (*Maskil LeDavid*).

8. *I Kings* 22:28.

9. The words in braces appear in the Alkabetz and Rome editions, and in the Yemenite manuscript, but not in the other early printed editions.

10. בְּרִיאָה denotes the creation of a phenomenon which has no precedent (see *Ramban*).

וּפָצְתָה הָאֲדָמָה אֶת־פִּיהָ וּבָלְעָה
אֹתָם וְאֶת־כָּל־אֲשֶׁר לָהֶם וְיָרְדוּ חַיִּים
שְׁאֹלָה וִידַעְתֶּם כִּי נִאֲצוּ הָאֲנָשִׁים
לא הָאֵלֶּה אֶת־יהוה: וַיְהִי כְּכַלֹּתוֹ לְדַבֵּר
אֵת כָּל־הַדְּבָרִים הָאֵלֶּה וַתִּבָּקַע
לב הָאֲדָמָה אֲשֶׁר תַּחְתֵּיהֶם: וַתִּפְתַּח
הָאָרֶץ אֶת־פִּיהָ וַתִּבְלַע אֹתָם וְאֶת־
בָּתֵּיהֶם וְאֵת כָּל־הָאָדָם אֲשֶׁר לְקֹרַח
לג וְאֵת כָּל־הָרְכוּשׁ: וַיֵּרְדוּ הֵם וְכָל־
אֲשֶׁר לָהֶם חַיִּים שְׁאֹלָה וַתְּכַס
עֲלֵיהֶם הָאָרֶץ וַיֹּאבְדוּ מִתּוֹךְ הַקָּהָל:
לד וְכָל־יִשְׂרָאֵל אֲשֶׁר סְבִיבֹתֵיהֶם נָסוּ
לְקֹלָם כִּי אָמְרוּ פֶּן־תִּבְלָעֵנוּ הָאָרֶץ:

and the earth opens its mouth and swallows them and all that is theirs, and they will descend alive to the pit, then you shall know that these men have provoked HASHEM!"

[31] When he finished speaking all these words, the ground that was under them split open. [32] The earth opened its mouth and swallowed them and their households, and all the people who were with Korah, and all the possessions. [33] They and all that was theirs descended alive to the pit; the earth covered them over and they were lost from among the congregation. [34] All Israel that was around them fled at their sound, for they said, "Lest the earth swallow us!"

אונקלוס

וְתִפְתַּח אַרְעָא יָת פּוּמַהּ וְתִבְלַע יָתְהוֹן וְיָת כָּל דִּי לְהוֹן וְיֶחֱתוּן כַּד חַיִּין לִשְׁאוֹל וְתִדְּעוּן אֲרֵי אַרְגִּיזוּ גֻּבְרַיָּא הָאִלֵּין קֳדָם יְיָ: לא וַהֲוָה כַּד שֵׁצִי לְמַלָּלָא יָת כָּל פִּתְגָּמַיָּא הָאִלֵּין וְאִתְבְּזַעַת אַרְעָא דִּי תְחוֹתֵיהוֹן: לב וּפְתָחַת אַרְעָא יָת פּוּמַהּ וּבְלָעַת יָתְהוֹן וְיָת אֱנַשׁ בָּתֵּיהוֹן וְיָת כָּל אֱנָשָׁא דִּי לְקֹרַח וְיָת כָּל קִנְיָנָא: לג וּנְחָתוּ אִנּוּן וְכָל דִּי לְהוֹן כַּד חַיִּין לִשְׁאוֹל וַחֲפַת עֲלֵיהוֹן אַרְעָא וַאֲבָדוּ מִגּוֹ קְהָלָא: לד וְכָל יִשְׂרָאֵל דִּי בִּסְחֲרָנֵיהוֹן עֲרַקוּ לְקָלְהוֹן אֲרֵי אֲמָרוּ דִּלְמָא תִבְלְעִנָּנָא אַרְעָא:

רש"י

עד הנה, ומה היא הבריאה, ופצתה האדמה את פיה ותבלעם, אז וידעתם כי נאצו הם את ה' ואני מפי הגבורה אמרתי. ורבותינו פירשו, אם בריאה פה לארץ מששת ימי בראשית, מוטב, ואם לאו יברא ה' (שם יח): (לד) נסו לקולם. בשביל הקול היוצא

RASHI ELUCIDATED

עַד הֵנָּה – **up to this point.**[1] וּמַה הִיא הַבְּרִיאָה – **And what is the creation?** "וּפָצְתָה הָאֲדָמָה אֶת פִּיהָ" – **"And the earth opens its mouth"** וְתִבְלָעֵם – **and will swallow them,**[2] אָז – **then,**[3] "וִידַעְתֶּם כִּי נִאֲצוּ" הֵם "אֶת ה'" – **"You shall know that they**[4] **provoked HASHEM,"** וַאֲנִי מִפִּי הַגְּבוּרָה אָמַרְתִּי – **and I have spoken by the word of the Almighty.**[5]

וְרַבּוֹתֵינוּ פֵּרְשׁוּ – **Our Rabbis explained** our verse as follows: "אִם בְּרִיאָה" פֶּה לָאָרֶץ – **"If" the mouth of the earth is "a creation"** מִשֵּׁשֶׁת יְמֵי בְרֵאשִׁית – **from the Six Days of Creation,** מוּטָב – **then fine.** וְאִם לָאו – **But if not,** "יִבְרָא ה'" – **"may HASHEM create."**[6]

34. נָסוּ לְקֹלָם – FLED AT THEIR SOUND. בִּשְׁבִיל הַקּוֹל – **Because of the sound** הַיּוֹצֵא – **that emerged**

1. This is different from death by earthquake, for here the earth swallowed up the victims, and left no trace of death or upheaval (*Ramban*).

According to this interpretation, the "creation" is not the mouth of the earth, for that had already been in existence. It is the manner of death (see *Chizkuni*).

2. With his וְתִבְלָעֵם, "and will swallow them," Rashi notes that וּבָלְעָה of the verse is a term of the conditions, and not the result of the fulfillment of the conditions. The verse reads "if HASHEM will create a creation, and the earth opens its mouth and swallows them"; not "if HASHEM will create a creation and the earth opens its mouth, then it will swallow them."

3. With this Rashi indicates that the ו of וִידַעְתֶּם is understood as "then"; the clause beginning with וִידַעְתֶּם is not another one of the terms of the conditions set forth at the beginning of the verse. It is a statement of what will happen when the conditions are fulfilled.

Rashi makes similar points by using the word אָז in his comments to *Deuteronomy* 10:20, *Jeremiah* 4:1 and 4:2, *Ezekiel* 39:26, *Amos* 5:14, *Proverbs* 24:14, *Job* 9:31, and *Ecclesiastes* 8:16.

4. Many early editions have Rashi here quoting the verse in full, with הָאֲנָשִׁים הָאֵלֶּה, "these men," instead of הֵם, "they."

5. In verse 29, Moses says that if Korah and his assembly die a normal death, then he has not been sent by God. Although our verse does not say so explicitly, "then you shall know that these men have provoked HASHEM" implies the opposite message, that if they do not die a normal death, then Moses *is* speaking as God's messenger (*Mizrachi*).

6. *Tanchuma* 11. The interpretation of the Rabbis explains why the verse uses "if HASHEM will create a creation" instead of just "if HASHEM will create." It is broken up into two phrases: אִם בְּרִיאָה, "if there is a

לה וְאֵשׁ יָצְאָה מֵאֵת יהוָה וַתֹּאכַל אֵת
הַחֲמִשִּׁים וּמָאתַיִם אִישׁ מַקְרִיבֵי
יז א הַקְּטֹרֶת: וַיְדַבֵּר יהוָה אֶל מֹשֶׁה
ב לֵּאמֹר: אֱמֹר אֶל־אֶלְעָזָר בֶּן־אַהֲרֹן
הַכֹּהֵן וְיָרֵם אֶת־הַמַּחְתֹּת מִבֵּין
הַשְּׂרֵפָה וְאֶת־הָאֵשׁ זְרֵה־הָלְאָה כִּי
ג קָדֵשׁוּ: אֵת מַחְתּוֹת הַחַטָּאִים הָאֵלֶּה
בְּנַפְשֹׁתָם וְעָשׂוּ אֹתָם רִקֻּעֵי פַחִים

35 *A fire came forth from* HASHEM *and consumed the two hundred and fifty men who were offering the incense.*

17 1 *HASHEM spoke to Moses, saying,* 2 *"Say to Elazar son of Aaron the Kohen and let him pick up the fire-pans from amid the blaze — and he should move away the fire — for they have become holy.* 3 *As for the fire-pans of these sinners against their souls — they shall make them thinned-out sheets*

אונקלוס

לה וְאֶשָּׁתָא נְפָקַת מִן קֳדָם יְיָ וַאֲכָלַת יָת מָאתָן וְחַמְשִׁין גַּבְרָא מְקָרְבֵי קְטֹרֶת בּוּסְמַיָּא: א וּמַלִּיל יְיָ עִם מֹשֶׁה לְמֵימָר: ב אֱמַר לְאֶלְעָזָר בַּר אַהֲרֹן כַּהֲנָא וְיָרֵים (נ״א וְיַפְרֵשׁ) יָת מַחְתְּיָתָא מִבֵּין יְקִידַיָּא וְיָת אֶשָּׁתָא יַרְחִיק לְהַלָּא אֲרֵי אִתְקַדָּשׁוּ: ג יָת מַחְתְּיַת חַיָּבַיָּא הָאִלֵּין דְּאִתְחַיְּבוּ בְּנַפְשָׁתֵיהוֹן וְיַעְבְּדוּן יָתְהֵן טַסִּין רַדִּידִין

רש״י

על בליעתן: (ב) **ואת האש.** שבתוך המחתות זרה הלאה לארץ מעל המחתות: **כי קדשו.** המחתות, ואסורין בהנאה, שהרי עשאום כלי שרת: (ג) **החטאים האלה בנפשתם.** שנעשו פושעים בנפשותם, שנחלקו על הקדוש ברוך הוא: **רקעי.** רדודין: **פחים.** טסין מרודדין, טינבי״ש בלע״ז:

RASHI ELUCIDATED

עַל בְּלִיעָתָן – upon their being swallowed up.[1]

17.

2. וְאֶת הָאֵשׁ – AND THE FIRE שֶׁבְּתוֹךְ הַמַּחְתּוֹת – that is inside the fire-pans[2] **"זְרֵה הָלְאָה" – "he should move away" לָאָרֶץ – to the ground מֵעַל הַמַּחְתּוֹת – from on top of the fire-pans.**[3]

□ **כִּי קָדֵשׁוּ – FOR THEY HAVE BECOME HOLY.** That is, **הַמַּחְתּוֹת – the fire-pans** have become holy,[4] **וַאֲסוּרִין בַּהֲנָאָה – and they are forbidden regarding enjoyment,** i.e., it is forbidden to derive personal enjoyment from them, **שֶׁהֲרֵי עֲשָׂאוּם כְּלֵי שָׁרֵת – for, see now, they had made implements of** the Temple **service of them.**[5]

3. הַחַטָּאִים הָאֵלֶּה בְּנַפְשֹׁתָם – THESE SINNERS AGAINST THEIR SOULS. This means **שֶׁנַּעֲשׂוּ פוֹשְׁעִים בְּנַפְשׁוֹתָם – that they became transgressors against their souls,**[6] **שֶׁנֶּחְלְקוּ עַל הַקָּדוֹשׁ בָּרוּךְ הוּא – for they argued against the Holy One, Blessed is He.**

□ **רִקֻּעֵי** – This means **רְדוּדִין – thinning out.**

□ **פַּחִים** – This means **טַסִּים מְרֻדָּדִין – thinned-out sheets. טינבי״ש בְּלַעַז – In Old French, *tenves.***[7]

---

creation," יִבְרָא ה׳, "may HASHEM create" (*Gur Aryeh*).

1. The ל prefix of לְקֹלָם does not mean "to" here; they did not flee *toward* the sound, but rather, *because* of it (*Mesiach Ilmim*).

"The sound that emerged upon their being swallowed up" is either the sound of the rupturing of the earth (*Mizrachi*); or the sound of Korah's faction pleading to Moses to save them (*Zichron Moshe*); or the screams of terror of those who stood near the spot where Korah and his colleagues were being swallowed up (*Be'er BaSadeh*).

2. Not the fire of "the blaze" mentioned earlier in the verse. That blaze was the fire that consumed those offering the incense (*Gur Aryeh*).

3. "For they [the fire-pans] have become holy" indicates that "he should move away the fire" means that he should move it off the fire-pans, not that he should move it to some other location while still on the fire-pans (*Gur Aryeh*).

4. "For they have become holy" does not refer to the fires in the fire-pans, for that would not be reason to move the fire away. It would be reason to put the fire upon the Altar (*Be'er BaSadeh*).

5. Those who brought them dedicated them as fire-pans for the Tabernacle before they brought their forbidden incense (see *Divrei David; Or HaChaim*).

The Talmud (*Menachos* 99a) explains that the fire-pans which had been sanctified for use as implements of the Altar service were now elevated to the greater sanctity of the Altar itself.

6. "Against their souls" is an adverbial phrase in the Hebrew. But it does not appear to modify the verbs which immediately precede it, "let him pick up" and "he should move away" of the previous verse. Rashi explains that it is linked to "sinners" of our verse. Although "sinners" is a noun, it is a noun derived from a verb, and the adverbial "against their souls" can apply to it (see *Mizrachi*).

7. In Modern French, *ténu*, "thin." This is the root of the English word "tenuous" which means "flimsy" or

צִפּוּי לַמִּזְבֵּחַ כִּי־הִקְרִיבֻם לִפְנֵי־
יְהוָה וַיִּקְדָּשׁוּ וְיִהְיוּ לְאוֹת לִבְנֵי
ד יִשְׂרָאֵל: וַיִּקַּח אֶלְעָזָר הַכֹּהֵן אֵת
מַחְתּוֹת הַנְּחֹשֶׁת אֲשֶׁר הִקְרִיבוּ
הַשְּׂרֻפִים וַיְרַקְּעוּם צִפּוּי לַמִּזְבֵּחַ:
ה זִכָּרוֹן לִבְנֵי יִשְׂרָאֵל לְמַעַן אֲשֶׁר
לֹא־יִקְרַב אִישׁ זָר אֲשֶׁר לֹא מִזֶּרַע
אַהֲרֹן הוּא לְהַקְטִיר קְטֹרֶת לִפְנֵי
יְהוָה וְלֹא־יִהְיֶה כְקֹרַח וְכַעֲדָתוֹ
כַּאֲשֶׁר דִּבֶּר יְהוָה בְּיַד־מֹשֶׁה לוֹ:

as a covering for the Altar, for they offered them before HASHEM, so they became holy; they shall be for a sign to the Children of Israel." [4] *Elazar the Kohen took the copper fire-pans that the burned ones had offered and thinned them out as a coating for the Altar,* [5] *as a reminder to the Children of Israel, so that no alien person who is not of the offspring of Aaron shall draw near to bring up the smoke of incense before HASHEM, and he shall not be like Korah and his assembly, as HASHEM spoke about him through Moses.*

אונקלוס

חוּפָאָה לְמַדְבְּחָא אֲרֵי קָרֵבְנוּן קֳדָם יְיָ וְאִתְקַדָּשׁוּ וִיהֶוְיָן לְאָת לִבְנֵי יִשְׂרָאֵל: ד וּנְסִיב אֶלְעָזָר כַּהֲנָא יָת מַחְתְּיָתָא דִנְחָשָׁא דְּקָרִיבוּ יְקִידַיָּא וְרַדִּידְנּוּן חוּפָאָה לְמַדְבְּחָא: ה דָּכְרָנָא לִבְנֵי יִשְׂרָאֵל בְּדִיל דִּי לָא יִקְרַב גְּבַר חִלּוֹנַי דִּי לָא מִזַּרְעָא דְאַהֲרֹן הוּא לְאַסָּקָא קְטֹרֶת בּוּסְמִין קֳדָם יְיָ וְלָא יְהֵי כְקֹרַח וְכִכְנִשְׁתֵּיהּ כְּמָא דִי מַלִּיל יְיָ בִּידָא דְמֹשֶׁה לֵיהּ:

רש"י

צפוי למזבח. למזבח הנחשת: **ויהיו לאות.** לזכרון, שיאמרו אלו היו מאותן שנחלקו על הכהונה ונשרפו: **(ד) וירקעום.** אטינבירינ"ט [ס"א אישטינדר"א] בלע"ז: **(ה) ולא יהיה כקרח.** כדי שלא יהיה כקרח: **כאשר דבר ה׳ ביד משה לו.** כמו עליו. על אהרן דבר אל משה שיהיו הוא ובניו כהנים, לפיכך לא יקרב איש זר אשר לא מזרע אהרן וגו׳, וכן כל לי ולו ולהם הסמוכים אצל דבור

RASHI ELUCIDATED

□ צִפּוּי לַמִּזְבֵּחַ – A COVERING FOR THE ALTAR, לְמִזְבַּח הַנְּחֹשֶׁת – **for the Copper Altar.**[1]

□ וְיִהְיוּ לְאוֹת – THEY SHALL BE FOR A SIGN, that is, לְזִכָּרוֹן – **for a commemoration;** שֶׁיֹּאמְרוּ – **that [people] should say,** אֵלּוּ הָיוּ – **"These** fire-pans **were** מֵאוֹתָן שֶׁנֶּחְלְקוּ עַל הַכְּהֻנָּה וְנִשְׂרְפוּ – **from those who disputed over the priesthood and were burned."**[2]

4. וַיְרַקְּעוּם – AND THINNED THEM OUT. אטינבירינ״ט בְּלַעַ״ז – **In Old French,** ***atenvirent.***[3]

5. וְלֹא יִהְיֶה כְקֹרַח – AND HE SHALL NOT BE LIKE KORAH. This means כְּדֵי שֶׁלֹּא יִהְיֶה כְקֹרַח – **so that he shall not be like Korah.**[4]

□ כַּאֲשֶׁר דִּבֶּר ה׳ בְּיַד מֹשֶׁה לוֹ – AS HASHEM SPOKE ABOUT HIM THROUGH MOSES. לוֹ, usually "to him," or "for him," is used כְּמוֹ עָלָיו – **like** עָלָיו, **"about him";** עַל אַהֲרֹן דִּבֶּר אֶל מֹשֶׁה – **he spoke to Moses about Aaron,** שֶׁיִּהְיוּ הוּא וּבָנָיו כֹּהֲנִים – saying **that [Aaron] and his sons should be Kohanim.** לְפִיכָךְ – **Therefore,** "לֹא יִקְרַב אִישׁ זָר אֲשֶׁר לֹא מִזֶּרַע אַהֲרֹן וְגוֹמֵר" – **"No alien person who is not of the offspring of Aaron shall draw near, etc."** וְכֵן כָּל "לִי" וְ"לוֹ" וְ"לָהֶם" – **Similarly, any** pronominal forms with the ל prefix, such as לִי, usually **"to me", לוֹ, "to him", and לָהֶם "to them,"** הַסְּמוּכִים אֵצֶל דִּבּוּר

"slender." Rashi uses *tenves* for a thin sheet of metal (here); gaunt flesh (*Genesis* 41:3); and a thin layer of frost (*Exodus* 16:14, s.v., כַּכְּפֹר).

1. It stands to reason that the copper of these fire-pans was used to coat the Copper Altar rather than the Gold Altar (*Mizrachi; Sifsei Chachamim*). Furthermore, the copper of the fire-pans could be "a sign to the Children of Israel" only if they were on the Copper Altar, which stood out in the open, in the Courtyard of the Tabernacle. The Gold Altar was not visible to the public, for it was in the interior of the Tabernacle (*Devek Tov; Sifsei Chachamim*).

2. אוֹת does not refer to miracles alone (as it does in 14:22 above), but to anything that serves as a commemoration or reminder (*Be'er Mayim Chaim*).

3. In Modern French, *atténuer,* "attenuating, thinning out," thus, "making into a thin plate." The word is cognate with *tenves,* which Rashi uses above, s.v., פַּחִים. Some texts have the Old French word אישטינדר״א, *estendre,* in Modern French *étendre,* "to extend, to spread."

4. "And he shall not be like Korah" is not a distinct commandment. "And" links it to "no alien person . . . shall draw near," and provides a reason for that commandment (*Gur Aryeh*). The *Gemara* in *Sanhedrin* 110a does indeed use "and he shall not be like Korah" as an independent commandment, not to maintain a quarrel. But Rashi does not see that as the simple meaning of the verse. If that were all the verse meant to say it would have used לֹא יַעֲשֶׂה, "he shall not act," rather than לֹא יִהְיֶה, "he shall not be" (*Maskil LeDavid*).

ו וַיִּלֹּנוּ כָּל־עֲדַת בְּנֵי־יִשְׂרָאֵל
מִמָּחֳרָת עַל־מֹשֶׁה וְעַל־אַהֲרֹן
לֵאמֹר אַתֶּם הֲמִתֶּם אֶת־עַם יהוה:
ז וַיְהִי בְּהִקָּהֵל הָעֵדָה עַל־מֹשֶׁה
וְעַל־אַהֲרֹן וַיִּפְנוּ אֶל־אֹהֶל מוֹעֵד
וְהִנֵּה כִסָּהוּ הֶעָנָן וַיֵּרָא כְּבוֹד יהוה:
ח וַיָּבֹא מֹשֶׁה וְאַהֲרֹן אֶל־פְּנֵי אֹהֶל
ט מוֹעֵד: רביעי וַיְדַבֵּר
י יהוה אֶל־מֹשֶׁה לֵּאמֹר: הֵרֹמּוּ
מִתּוֹךְ הָעֵדָה הַזֹּאת וַאֲכַלֶּה
אֹתָם כְּרָגַע וַיִּפְּלוּ עַל־פְּנֵיהֶם:
יא וַיֹּאמֶר מֹשֶׁה אֶל־אַהֲרֹן קַח אֶת־
הַמַּחְתָּה וְתֶן־עָלֶיהָ אֵשׁ מֵעַל
הַמִּזְבֵּחַ וְשִׂים קְטֹרֶת וְהוֹלֵךְ מְהֵרָה

[6] *The entire assembly of the Children of Israel complained on the morrow against Moses and Aaron, saying, "You have killed the people of* HASHEM*!"* [7] *And it was when the assembly gathered against Moses and Aaron, they turned to the Tent of Meeting and behold! the cloud had covered it, and the glory of* HASHEM *appeared.* [8] *Moses and Aaron came before the Tent of Meeting.*

[9] HASHEM *spoke to Moses, saying,* [10] *"Separate yourselves from the midst of this assembly and I shall destroy them in an instant!" They fell on their faces.*

[11] *Moses said to Aaron, "Take the fire-pan and put on it fire from upon the Altar and place incense — and take [it] quickly*

אונקלוס

ו וְאִתְרַעֲמוּ כָּל כְּנִשְׁתָּא דִבְנֵי יִשְׂרָאֵל בְּיוֹמָא דְבַתְרוֹהִי עַל מֹשֶׁה וְעַל אַהֲרֹן לְמֵימַר אַתּוּן גְּרַמְתּוּן דְּמִית עַמָּא דַייָ: ז וַהֲוָה בְּאִתְכַּנָּשׁוּת כְּנִשְׁתָּא עַל מֹשֶׁה וְעַל אַהֲרֹן וְאִתְפְּנִיאוּ לְמַשְׁכַּן זִמְנָא וְהָא חֲפָהִי עֲנָנָא וְאִתְגְּלִי יְקָרָא דַייָ: ח וְעַל מֹשֶׁה וְאַהֲרֹן לָקֳדָם מַשְׁכַּן זִמְנָא: ט וּמַלִּיל יְיָ עִם מֹשֶׁה לְמֵימַר: י אִתַּפְרָשׁוּ מִגּוֹ כְּנִשְׁתָּא הָדָא וַאֲשֵׁיצֵי יָתְהוֹן כְּשָׁעָה וּנְפָלוּ עַל אַפֵּיהוֹן: יא וַאֲמַר מֹשֶׁה לְאַהֲרֹן סַב יָת מַחְתִּיתָא וְהַב עֲלַהּ אֶשָּׁתָא מֵעִלָּוֵי מַדְבְּחָא וְשַׁוִּי קְטֹרֶת בּוּסְמַיָּא וְאוֹבֵיל בִּפְרִיעַ

רש"י

פתרונם כמו על. ומדרשו על קרח. ומהו ביד משה ולא כתב אל משה, רמז לחולקים על הכהונה שלוקין בצרעת כמו שלקה משה בידו, שנאמר ויוציאה והנה ידו מצורעת כשלג (שמות ד:ו). ועל כן לקה עוזיה בצרעת (דברי הימים ב כו:טז-כ; תנחומא צו יא,יג):

RASHI ELUCIDATED

– **that are juxtaposed** with forms of the verb **דבר**, **"to speak,"** **פִּתְרוֹנָם כְּמוֹ עַל** – **mean the same as** **עַל**, **"about."**[1] **וּמִדְרָשׁוֹ עַל קֹרַח** – **[The verse's] midrashic interpretation is** that "about him" means **about Korah.** **וּמַהוּ ,,בְּיַד מֹשֶׁה"** – **And what is** the reason that the verse uses the phrase **בְּיַד מֹשֶׁה**, literally, ***"by the hand* of Moses,"** **וְלֹא כָתַב** – **and it did not write** **אֶל מֹשֶׁה** – "***to* Moses"?**[2] **רֶמֶז לַחוֹלְקִים עַל הַכְּהֻנָּה** – This is **a hint to those who dispute over the priesthood** as did Korah, **שֶׁלּוֹקִין בְּצָרַעַת** – **that they are stricken with *tzara'as*** [3] **כְּמוֹ שֶׁלָּקָה מֹשֶׁה בְּיָדוֹ** – **just as Moses was stricken on his *hand*,** **שֶׁנֶּאֱמַר** – **as it says,** **,,וַיּוֹצִאָהּ וְהִנֵּה יָדוֹ מְצֹרַעַת כַּשָּׁלֶג"**[4] – **"Then he withdrew it, and behold, his hand was stricken with *tzara'as*, like snow."**[4] **וְעַל כֵּן לָקָה עֻזִּיָּהוּ בְּצָרַעַת**[5,6] – **And for this same reason, Uzziah was stricken with *tzara'as*.**[5,6]

1. In such cases the word לִי means עָלַי, "about me"; לוֹ means עָלָיו, "about him"; and לָהֶם means עֲלֵיהֶם, "about them." Rashi makes similar points in his comments to *Genesis* 24:7, *Genesis* 28:15, *Exodus* 4:16, *I Kings* 2:19, *Ezekiel* 32:21, and *Job* 13:7.

2. "Through Moses" or "by the hand of Moses" implies that God told Moses to communicate something to others. This is appropriate if the verse speaks of Aaron, for God had Moses inform the people on many occasions that Aaron was chosen as High Priest during Aaron's inauguration ceremony. But it is not appropriate according to the midrashic interpretation, for God never commanded Moses to communicate anything to the people regarding Korah (*Nachalas Yaakov*).

3. An affliction on the skin; see *Leviticus* chapters 13 and 14.

4. *Exodus* 4:6.

5. Uzziah, king of Judah, arrogantly attempted to perform the Incense Altar service, a service forbidden to a non-Kohen. When he entered the Sanctuary in his bid to usurp the priesthood, he angrily resisted the Kohanim who tried to explain his error. At that point, *tzara'as* appeared on his forehead. (See *II Chronicles* 26:16-21; see also Rashi to v. 23 below and note 7 there.)

6. *Tanchuma, Tzav,* 11,13.

אֶל־הָעֵדָה וְכַפֵּר עֲלֵיהֶם כִּי־יָצָא
הַקֶּצֶף מִלִּפְנֵי יהוה הֵחֵל הַנָּגֶף:
יב וַיִּקַּח אַהֲרֹן כַּאֲשֶׁר ׀ דִּבֶּר מֹשֶׁה
וַיָּרָץ אֶל־תּוֹךְ הַקָּהָל וְהִנֵּה הֵחֵל
הַנֶּגֶף בָּעָם וַיִּתֵּן אֶת־הַקְּטֹרֶת וַיְכַפֵּר
יג עַל־הָעָם: וַיַּעֲמֹד בֵּין־הַמֵּתִים
וּבֵין הַחַיִּים וַתֵּעָצַר הַמַּגֵּפָה:

to the assembly and provide atonement for them, for the wrath has gone out from the presence of HASHEM; the plague has begun!"
12 Aaron took as Moses had spoken and ran to the midst of the congregation, and behold! the plague had begun among the people. He placed the incense and provided atonement for the people.
13 He stood between the dead and the living, and the plague was stopped.

אונקלוס

לִכְנִשְׁתָּא וְכַפַּר עֲלֵיהוֹן אֲרֵי נְפַק רָגְזָא מִן קֳדָם יְיָ שָׁרֵי מוֹתָנָא: יב וּנְסִיב אַהֲרֹן כְּמָא דִי מַלִּיל מֹשֶׁה וּרְהַט לְגוֹ קְהָלָא וְהָא שָׁרֵי מוֹתָנָא בְּעַמָּא וִיהַב יָת קְטֹרֶת בּוּסְמַיָּא וְכַפַּר עַל עַמָּא: יג וְקָם בֵּין מֵתַיָּא וּבֵין חַיַּיָּא וְאִתְכְּלִי מוֹתָנָא:

רש"י

(יא) וכפר עליהם. רז זה מסר לו מלאך המות כשעלה לרקיע, שהקטורת עוצר המגפה, כדאיתא במסכת שבת (פט.): (יג) ויעמוד בין המתים וגו'. אחז את המלאך והעמידו על כרחו. אמר לו המלאך הנח לי לעשות שליחותי. אמר לו, משה צוני לעכב על ידך. אמר לו, אני שלוחו של מקום ואתה שלוחו של משה. אמר לו אין משה אומר כלום מלבו אלא מפי הגבורה. אם אין אתה מאמין, הרי הקב"ה ומשה אל פתח אהל מועד, בוא עמי ושאל. וזהו שנא' וישב אהרן אל משה (פסוק טו; תנחומא תצוה טו). דבר אחר, למה בקטורת, לפי שהיו ישראל מליזים ומרננים אחר הקטורת

RASHI ELUCIDATED

11. וְכַפֵּר עֲלֵיהֶם – AND PROVIDE ATONEMENT FOR THEM. רָז זֶה מָסַר לוֹ מַלְאַךְ הַמָּוֶת – The Angel of Death transmitted this secret to [Moses] כְּשֶׁעָלָה לָרָקִיעַ – when [Moses] ascended to the heaven, שֶׁהַקְּטֹרֶת עוֹצֵר הַמַּגֵּפָה – that incense stops a plague, כִּדְאִיתָא בְּמַסֶּכֶת שַׁבָּת – **as stated in Tractate *Shabbos*.**[1]

13. וַיַּעֲמֹד בֵּין הַמֵּתִים וְגוֹמֵר – HE STOOD BETWEEN THE DEAD, ETC. אָחַז אֶת הַמַּלְאָךְ – He seized the Angel of Death **וְהֶעֱמִידוֹ עַל כָּרְחוֹ – and made him stand still against his will.**[2] **אָמַר לוֹ הַמַּלְאָךְ – The Angel said to him, הַנַּח לִי – "Let go of me לַעֲשׂוֹת שְׁלִיחוּתִי – to perform my mission,** i.e., so that I can perform my mission." **אָמַר לוֹ – [Aaron] said to him, מֹשֶׁה צִוַּנִי – "Moses commanded me לְעַכֵּב עַל יָדְךָ – to prevent you." אָמַר לוֹ – [The Angel] said to him, אֲנִי שְׁלוּחוֹ שֶׁל מָקוֹם – "I am the messenger of the Omnipresent, וְאַתָּה שְׁלוּחוֹ שֶׁל מֹשֶׁה – and you are** only **the messenger of Moses." אָמַר לוֹ – [Aaron] said to him, אֵין מֹשֶׁה אוֹמֵר כְּלוּם – "Moses does not say anything מִלִּבּוֹ – from his heart,** i.e., on his own. **אֶלָּא – But rather,** what he says is **מִפִּי הַגְּבוּרָה – from the mouth of the Almighty. אִם אֵין אַתָּה מַאֲמִין – If you do not believe me, הֲרֵי הַקָּדוֹשׁ בָּרוּךְ הוּא וּמֹשֶׁה ,,אֶל פֶּתַח אֹהֶל מוֹעֵד"**[3] **– see now, the Holy One, Blessed is He, and Moses are 'at the entrance of the Tent of Assembly.'**[3] **בֹּא עִמִּי – Come with me וּשְׁאַל – and ask." וְזֶהוּ שֶׁנֶּאֱמַר – This is** what is meant by **that which it says, ,,וַיָּשָׁב אַהֲרֹן אֶל מֹשֶׁה"**[3,4] **– "Aaron returned to Moses."**[3,4]
דָּבָר אַחֵר – Alternatively, לָמָּה בִּקְטֹרֶת – why did Moses have Aaron stop the plague **with incense? לְפִי שֶׁהָיוּ יִשְׂרָאֵל מְלִיזִים וּמְרַנְּנִים אַחַר הַקְּטֹרֶת – Because Israel was jeering and complaining about the**

1. *Shabbos* 89a. This explains how Moses knew that incense is effective against a plague (see *Shabbos* 89a and Rashi there). Furthermore, וְכַפֵּר עֲלֵיהֶם, "*and* provide atonement for them," as opposed to לְכַפֵּר עֲלֵיהֶם, "*to* provide atonement for them," implies that Moses was sure that the incense would atone for them. Rashi explains why he was certain (*Maskil LeDavid*).

2. "He stood between the dead and the living" indicates that the living and the dead were not intermingled. This was so because the Angel of Death inflicted the plague while moving through the camp (*Minchas Yehudah; Sifsei Chachamim*). Furthermore, we would have expected the Torah to say "between the living and the dead," for the Torah accentuates the positive (cf. *Deuteronomy* 30:15). "Between the dead and the living" implies that the verse is speaking of the Angel of Death, who was moving on from those he had already killed to those who were still alive.

3. Below v. 15. This interpretation is supported by the fact that "the plague had been stopped" is repeated at the end of verse 15, after having been stated at the end of verse 13. For although Aaron halted the Angel of Death temporarily in verse 13, it was only after "Aaron returned to Moses at the entrance of the Tent of Assembly" and confirmed to the Angel of Death that he was indeed to desist that "the plague had been stopped" absolutely (*Be'er Mayim Chaim; Nachalas Yaakov*).

4. *Midrash Tanchuma, Tetzaveh* 15.

[14] *Those who died in the plague were fourteen thousand, seven hundred, aside from those who died because of the affair of Korah.* [15] *Aaron returned to Moses at the entrance of the Tent of Assembly, and the plague had been stopped.*

[16] *HASHEM spoke to Moses, saying:* [17] *"Speak to the Children of Israel and take from them one staff for each father's house, from all their princes according to their fathers' house, twelve staffs; each man's name shall you inscribe on his staff.* [18] *And the name of Aaron shall you inscribe on the staff of Levi, for there shall be one staff for the head of their fathers' house.* [19] *You shall lay them in the Tent of Meeting before the Testimony, where I meet with you.* [20] *It shall be that the man whom I shall choose — his staff will blossom; and I shall cause to subside from upon Me the complaints of the Children of Israel, which they complain against you."*

[21] *Moses spoke to the Children of Israel,*

יד וַיִּהְיוּ הַמֵּתִים בַּמַּגֵּפָה אַרְבָּעָה
עָשָׂר אֶלֶף וּשְׁבַע מֵאוֹת מִלְּבַד
טו הַמֵּתִים עַל־דְּבַר־קֹרַח: וַיָּשָׁב
אַהֲרֹן אֶל־מֹשֶׁה אֶל־פֶּתַח אֹהֶל
מוֹעֵד וְהַמַּגֵּפָה נֶעֱצָרָה:
טז חמישי וַיְדַבֵּר יהוה אֶל־מֹשֶׁה לֵּאמֹר:
יז דַּבֵּר ׀ אֶל־בְּנֵי יִשְׂרָאֵל וְקַח מֵאִתָּם
מַטֶּה מַטֶּה לְבֵית אָב מֵאֵת כָּל־
נְשִׂיאֵהֶם לְבֵית אֲבֹתָם שְׁנֵים עָשָׂר
מַטּוֹת אִישׁ אֶת־שְׁמוֹ תִּכְתֹּב עַל־
יח מַטֵּהוּ: וְאֵת שֵׁם אַהֲרֹן תִּכְתֹּב עַל־
מַטֵּה לֵוִי כִּי מַטֶּה אֶחָד לְרֹאשׁ בֵּית
יט אֲבוֹתָם: וְהִנַּחְתָּם בְּאֹהֶל מוֹעֵד לִפְנֵי
*חצי הספר הָעֵדוּת אֲשֶׁר אִוָּעֵד לָכֶם שָׁמָּה: *
כ וְהָיָה הָאִישׁ אֲשֶׁר אֶבְחַר־בּוֹ מַטֵּהוּ
יִפְרָח וַהֲשִׁכֹּתִי מֵעָלַי אֶת־תְּלֻנּוֹת
בְּנֵי יִשְׂרָאֵל אֲשֶׁר הֵם מַלִּינִם
כא עֲלֵיכֶם: וַיְדַבֵּר מֹשֶׁה אֶל־בְּנֵי יִשְׂרָאֵל

אונקלוס

יד וַהֲווֹ דְּמִיתוּ בְּמוֹתָנָא אַרְבְּעַת עֲשַׂר אַלְפִין וּשְׁבַע מְאָה בַּר מִדְּמִיתוּ עַל פְּלֻגְתָּא דְקֹרַח: טו וְתָב אַהֲרֹן לְמֹשֶׁה לִתְרַע מַשְׁכַּן זִמְנָא וּמוֹתָנָא אִתְכְּלִי: טז וּמַלִּיל יְיָ עִם מֹשֶׁה לְמֵימַר: יז מַלֵּל עִם בְּנֵי יִשְׂרָאֵל וְסַב מִנְּהוֹן חֻטְרָא חֻטְרָא לְבֵית אַבָּא מִן כָּל רַבְרְבָנֵיהוֹן לְבֵית אֲבָהָתְהוֹן תְּרֵי עֲשַׂר חֻטְרִין גְּבַר יָת שְׁמֵהּ תִּכְתּוֹב עַל חוּטְרֵהּ: יח וְיָת שְׁמָא דְאַהֲרֹן תִּכְתּוֹב עַל חֻטְרָא דְלֵוִי אֲרֵי חֻטְרָא חַד לְרֵישׁ בֵּית אֲבָהָתְהוֹן: יט וְתַצְנְעִנּוּן בְּמַשְׁכַּן זִמְנָא קֳדָם סַהֲדוּתָא דִּי אֲזַמֵּן מֵימְרִי לְכוֹן תַּמָּן: כ וִיהֵי גֻּבְרָא דִּי אִתְרְעֵי בֵּהּ חֻטְרֵהּ יְנָעֵי וַאֲנִיחַ מִן קֳדָמַי יָת תּוּרְעֲמַת בְּנֵי יִשְׂרָאֵל דִּי אִנּוּן מִתְרַעֲמִין עֲלֵיכוֹן: כא וּמַלִּיל מֹשֶׁה עִם בְּנֵי יִשְׂרָאֵל

רש"י

לומר סם המות הוא, על ידו מתו נדב ואביהוא, על ידו נשרפו חמשים ומאתים איש. אמר הקב"ה, תראו שעוצר מגפה הוא (מכילתא ויסע פ"ו) והחטא הוא הממית (ברכות לג.): (יח) כי מטה אחד. אע"פ שחלקתים לשתי משפחות, משפחת כהונה לבד ולויה לבד, מכל מקום שבט אחד הוא: (כ) והשכתי. כמו וישכו המים (בראשית ח:א) וחמת המלך שככה (אסתר ז:י):

RASHI ELUCIDATED

incense, לוֹמַר – **saying,** סַם הַמָּוֶת הוּא – **"It is deadly poison:** עַל יָדוֹ מֵתוּ נָדָב וַאֲבִיהוּא – **Nadab and Abihu died through it;**[1] עַל יָדוֹ נִשְׂרְפוּ חֲמִשִּׁים וּמָאתַיִם אִישׁ – and **two hundred and fifty people died through it."**[2] אָמַר הַקָּדוֹשׁ בָּרוּךְ הוּא – **The Holy One, Blessed is He, said,** תִּרְאוּ שֶׁעוֹצֵר מַגֵּפָה הוּא[3] – **"You shall see that it is a plague stopper,**[3] וְהַחֵטְא הוּא הַמֵּמִית[4] – **and sin is what kills."**[4]

18. כִּי מַטֶּה אֶחָד – FOR THERE SHALL BE ONE STAFF. אַף עַל פִּי שֶׁחִלַּקְתִּים – **Although I divided them** לִשְׁתֵּי מִשְׁפָּחוֹת – **into two families,** מִשְׁפַּחַת כְּהֻנָּה לְבַד – **the family of the priesthood unto itself,** וּלְוִיָּה לְבַד – **and the Levite** family **unto itself,** מִכָּל מָקוֹם – **nonetheless,** שֵׁבֶט אֶחָד הוּא – **it is a single tribe.**

20. וַהֲשִׁכֹּתִי – AND I SHALL CAUSE TO SUBSIDE. כְּמוֹ "וַיָּשֹׁכּוּ הַמָּיִם"[5] – This is **like** וַיָּשֹׁכּוּ in, **"And the waters subsided,"**[5] "וַחֲמַת הַמֶּלֶךְ שָׁכָכָה"[6] – and like שָׁכָכָה in, **"And the king's rage abated."**[6]

1. See *Leviticus* 10:1-2.
2. See 16:35 above.
3. *Mechilta, Beshalach, Vayisa* 6.
4. *Berachos* 33a.
5. *Genesis* 8:1.
6. *Esther* 7:10.

וַיִּתְּנוּ אֵלָיו ׀ כָּל־נְשִׂיאֵיהֶם מַטֶּה
לְנָשִׂיא אֶחָד מַטֶּה לְנָשִׂיא אֶחָד
לְבֵית אֲבֹתָם שְׁנֵים עָשָׂר מַטּוֹת
כב וּמַטֵּה אַהֲרֹן בְּתוֹךְ מַטּוֹתָם: וַיַּנַּח
מֹשֶׁה אֶת־הַמַּטֹּת לִפְנֵי יהוה
כג בְּאֹהֶל הָעֵדֻת: וַיְהִי מִמָּחֳרָת וַיָּבֹא
מֹשֶׁה אֶל־אֹהֶל הָעֵדוּת וְהִנֵּה
פָּרַח מַטֵּה־אַהֲרֹן לְבֵית לֵוִי וַיֹּצֵא
פֶרַח וַיָּצֵץ צִיץ וַיִּגְמֹל שְׁקֵדִים:

and each of their princes gave him a staff for each prince, a staff for each prince, according to their fathers' house, twelve staffs; and Aaron's staff was in the middle of their staffs. [22] *Moses laid the staffs before* HASHEM *in the Tent of the Testimony.* [23] *It was the next day, Moses came to the Tent of the Testimony and behold! the staff of Aaron of the house of Levi had blossomed; it brought forth a blossom, sprouted a bud and developed almonds.*

אונקלוס

ויהבו לֵהּ כָּל רַבְרְבָנֵיהוֹן חֻטְרָא לְרַבָּא חַד חֻטְרָא לְרַבָּא חַד לְבֵית אֲבָהָתְהוֹן תְּרֵי עֲשַׂר חֻטְרִין וְחֻטְרָא דְאַהֲרֹן בְּגוֹ חֻטְרֵיהוֹן: כב וְאַצְנַע מֹשֶׁה יָת חֻטְרַיָּא קֳדָם יְיָ בְּמַשְׁכְּנָא דְסַהֲדוּתָא: כג וַהֲוָה בְיוֹמָא דְבַתְרוֹהִי וְעַל מֹשֶׁה לְמַשְׁכְּנָא דְסַהֲדוּתָא וְהָא נְעָא חֻטְרָא דְאַהֲרֹן לְבֵית לֵוִי וְאַפֵּק לַבְלְבִין וְאָנֵץ נֵץ וְכָפִית שִׁגְדִּין:

רש"י

(כא) בתוך מטותם. הניחו באמצע, שלא יאמרו מפני שהניחו בצד שכינה פרח (תנחומא אחרי ח): **(כג) ויצא פרח.** כמשמעו: **ציץ.** הוא חנטת הפרי כשהפרח נופל: **ויגמל שקדים.** כשהוכר הפרי הוכר שהן שקדים לשון ויגדל הילד ויגמל (בראשית כא:ח) ולשון זה מצוי בפרי האילן, כמו ובוסר גומל יהיה נצה (ישעיה יח:ה). ולמה שקדים, הוא הפרי הממהר להפריח מכל הפירות, אף המעורר על הכהונה פורענותו ממהרת לבא, כמו שמצינו בעוזיה והצרעת זרחה במצחו (דברי הימים ב כו:יט). תרגומו,

RASHI ELUCIDATED

21. בְּתוֹךְ מַטּוֹתָם – IN THE MIDDLE OF THEIR STAFFS. **הִנִּיחוֹ בָּאֶמְצַע – He placed it in the center,**[1] **שֶׁלֹּא יֹאמְרוּ – so that they should not** be able to **say,** **מִפְּנֵי שֶׁהִנִּיחוֹ – "Because he laid it** **בְּצַד שְׁכִינָה – on the side of,** i.e., facing, **the** ***Shechinah*** (immanent presence of God), **פָּרַח**[2] **– it blossomed."**[2]

23. וַיֹּצֵא פֶרַח – IT BROUGHT FORTH A BLOSSOM. This is to be understood **כְּמַשְׁמָעוֹ – as it sounds.**[3]

□ **צִיץ – A BUD.** **הוּא חֲנָטַת הַפְּרִי – This is the emergence of the** developing **fruit** **כְּשֶׁהַפֶּרַח נוֹפֵל – when the blossom falls.**

□ **וַיִּגְמֹל שְׁקֵדִים – AND DEVELOPED ALMONDS.** **כְּשֶׁהֻכַּר הַפְּרִי – When the fruit was identifiable,** **הֻכַּר שֶׁהֵן שְׁקֵדִים – it was perceived that they were almonds.** **לָשׁוֹן "וַיִּגְדַּל הַיֶּלֶד וַיִּגָּמַל"**[4] **–** The word **וַיִּגְמֹל** is **related to וַיִּגָּמַל** in, **"The child grew and was weaned,** i.e., reached an identifiable stage of development."[4] **וְלָשׁוֹן זֶה מָצוּי בְּפִרְי הָאִילָן – This wording is found with reference to fruit of the tree,** **כְּמוֹ – as in,** **"וּבֹסֶר גֹּמֵל יִהְיֶה נִצָּה"**[5] **– "A developing fruit its sprout shall be."**[5] **וְלָמָּה שְׁקֵדִים – And why** did Aaron's staff sprout **almonds?** **הוּא הַפְּרִי הַמְמַהֵר לְהַפְרִיחַ – It is the fruit which is quickest to blossom** **מִכָּל הַפֵּרוֹת – of all fruits.** **אַף הַמְעוֹרֵר עַל הַכְּהֻנָּה – So, too, one who raises objections regarding the priesthood,** **פּוּרְעָנוּתוֹ מְמַהֶרֶת לָבֹא – his punishment hastens to come.** **כְּמוֹ שֶׁמָּצִינוּ בְּעֻזִּיָּה – As we have found regarding Uzziah** king of Judah: **"וְהַצָּרַעַת זָרְחָה בְמִצְחוֹ"**[7] **– "And** [with his anger at the *Kohanim,*] **the** ***tzara'as***[6] **shone upon his forehead."**[7] **תַּרְגּוּמוֹ**

1. בְּתוֹךְ can mean "amidst, among." If it meant that here, however, the verse would have said בֵּינֵיהֶם, "among *them*," and it would have been clear that it meant "among the staffs." The lengthier בְּתוֹךְ מַטּוֹתָם, which can be understood as "in the middle of their staffs," implies that Aaron's staff was surrounded by the other staffs (see *Maskil LeDavid*). Rashi explains בְּתוֹךְ similarly in his comments to *Genesis* 1:6 and *Exodus* 28:3.

2. *Tanchuma, Acharei,* 8.

3. Our verse uses three phrases in succession to describe the blossoming of the staffs. Rashi shows how they describe three distinct stages – blossoming, budding, fruiting – and are not repetitive (see *Be'er Yitzchak; Leket Bahir*).

4. *Genesis* 21:8. The more common meanings of the root גמל are "to reciprocate" and "to attribute" (*Da'as Yissachar*).

5. *Isaiah* 18:5.

6. See note 3 on page 208 above.

7. *II Chronicles* 26:19; see note 5 on page 208 above. The verse implies that the *tzara'as* broke out immediately upon Uzziah's expressing anger toward the Kohanim (see *Metzudas David* there).

כד וַיֹּצֵא מֹשֶׁה אֶת־כָּל־הַמַּטֹּת מִלִּפְנֵי
יהוה אֶל־כָּל־בְּנֵי יִשְׂרָאֵל וַיִּרְאוּ
וַיִּקְחוּ אִישׁ מַטֵּהוּ:
כה ששי וַיֹּאמֶר יהוה אֶל־מֹשֶׁה הָשֵׁב אֶת־
מַטֵּה אַהֲרֹן לִפְנֵי הָעֵדוּת לְמִשְׁמֶרֶת
לְאוֹת לִבְנֵי־מֶרִי וּתְכַל תְּלוּנֹּתָם מֵעָלַי

[24] *Moses brought out all the staffs from before HASHEM to all the Children of Israel; they saw and they took, each man his staff.*
[25] *HASHEM said to Moses: "Return the staff of Aaron to [where it had been] before the Testimony as a safekeeping, as a sign for rebellious ones, and put an end to their complaining from Me*

אונקלוס

כד וְאַפֵּק מֹשֶׁה יָת כָּל חֻטְרַיָּא מִן קֳדָם יְיָ לְוָת כָּל בְּנֵי יִשְׂרָאֵל וְאִשְׁתְּמוֹדָעוּ וּנְסִיבוּ גְּבַר חֻטְרֵהּ: כה וַאֲמַר יְיָ לְמֹשֶׁה אֲתֵיב יָת חֻטְרָא דְאַהֲרֹן לָקֳדָם סַהֲדוּתָא לְמַטְּרָא לְאָת לְעַמָּא סַרְבָנָא וִיסוּפוּן תּוּרְעֲמָתְהוֹן מִן קֳדָמַי

רש"י

וכפית שגדין, כמין אשכול שקדים יחד כפותים זה על זה: (כה) למשמרת לאות. לזכרון שבחרתי באהרן לכהן, ולא ילונו עוד על הכהונה: ותכל תלונתם. כמו ותכלה תלונותם לשון זה שם מפעל יחיד לשון נקבה כמו תלונתם, מורמורדי"ץ בלע"ז

RASHI ELUCIDATED

– Targum *Onkelos* renders [וַיִּגְמֹל שְׁקֵדִים] "וְכָפִית שִׁגְדִּין" – literally, **"it bound almonds"**; that is, כְּמִין אֶשְׁכּוֹל שְׁקֵדִים יַחַד – there appeared **the shape of a cluster of almonds together,** כְּפוּתִים זֶה עַל זֶה – **bound up, one on top of the other.**

25. לְמִשְׁמֶרֶת לְאוֹת – AS A SAFEKEEPING, AS A SIGN. לְזִכָּרוֹן – **As a remembrance**[1] שֶׁבָּחַרְתִּי בְּאַהֲרֹן – **that I chose Aaron** לְכֹהֵן[2] – **as a Kohen,**[2] וְלֹא יַלּוֹנוּ עוֹד – **and they should no longer complain** עַל הַכְּהֻנָּה – **over the priesthood.**[3]

□ וּתְכַל תְּלוּנֹּתָם – This has the same meaning כְּמוֹ וּתְכַלֶּה תְּלוּנוֹתָם – **as "and put an end to their complaining."**[4] לָשׁוֹן זֶה – **This word,** תְּלוּנֹּתָם, שֵׁם מִפְעָל יָחִיד לָשׁוֹן נְקֵבָה – **is a singular noun in the feminine,**[5] כְּמוֹ תְּלוּנָּתָם – **as is** תְּלוּנָּתָם. מוּרמוּרדי"ץ בְּלַעַ"ז – **In Old French,** ***murmurdiz.***[6]

1. See note 2 to verse 3 above.

2. Some editions read שֶׁבָּחַרְתִּי בְּאַהֲרֹן הַכֹּהֵן, "that I chose Aaron the Kohen." The basic meaning however is the same.

3. "A sign for rebellious ones" is not meant to imply that there will of necessity be rebellious ones. It means a sign to squelch objection to Aaron's assumption of the priesthood, and thus prevent there being rebellious ones (*Mesiach Ilmim*).

4. *Mizrachi* and *Sifsei Chachamim* are of the opinion that Rashi here points out that וּתְכַל is an intransitive verb whose subject is תְּלוּנֹּתָם. They understand both the verse's וּתְכַל תְּלוּנֹּתָם, and Rashi's paraphrase, וּתְכַלֶּה תְּלוּנוֹתָם as meaning "let their complaints cease." They see Rashi holding that the ת at the beginning of וּתְכַל does not indicate the second person; it is not a transitive verb meaning "you shall stop [their complaints]."

Havanas HaMikra, whom the translation follows, disagrees with this. He points out that had the verse used an intransitive verb from the root כלה, it would have been vowelized וְתֵכֶל or וְתִכֶל. וּתְכַל is indeed a transitive verb in the second person. By stating that it is the equivalent of וּתְכַלֶּה, Rashi notes that וּתְכַל is from the root כלה, despite the absence of the ה of the root. *Havanas HaMikra* supports his position from Rashi to *Nehemiah* 3:37, s.v., וְאַל תְּכַס, where he points out that the verse's תְּכַס is the equivalent of תְּכַסֶּה. It is obvious from context that תְּכַס is transitive. Rashi's point there is clearly that תְּכַס is from the root כסה, despite the absence of the ה of the root.

5. *Da'as Yissachar*, following *Mizrachi* cited in the preceding note, says that Rashi's problem is that תְּלוּנֹּתָם appears to be a plural noun. If so, it cannot be the subject of וּתְכַל as Rashi has just said, because וּתְכַל is singular. Therefore Rashi points out that תְּלוּנֹּתָם is, in fact, singular.

According to *Havanas HaMikra*, this is not Rashi's point, for Rashi holds that תְּלוּנֹּתָם is the *object* of וּתְכַל, not its subject. Rather, Rashi is bothered by the hybrid nature of the word. Grammatically, the singular "their complaint" should be expressed by תְּלוּנָּתָם, and the plural "their complaints" by תְּלוּנוֹתֵיהֶם. The word תְּלוּנֹּתָם has in it elements of both. Rashi goes on to explain that it is singular, but differs from תְּלוּנָּתָם. תְּלוּנָּתָם refers to one specific complaint, while תְּלוּנֹּתָם refers to complaining in general, even over a number of different matters. (*Sefer Zikaron* to *Genesis* 26:35 compares nouns such as תְּלוּנֹּתָם to certain Arabic plurals, in which plural nouns take singular verbs. These plurals have a collective sense.)

6. The Old French *murmurdiz* is related to the Old French *murmure*, "to murmur," and has a collective sense, "murmurings" in general (see *Sefer Zikaron* cited in previous note; and A.M. Glanzer, in *Tzefunot*, vol. 5, p. 81). But unlike the Modern French *murmure* and its English counterpart "murmur," in Rashi's time the word *murmure* was also used for "debating" and "quarreling." And that is how Rashi uses it here.

כו וְלֹ֣א יָמֻ֑תוּ: וַיַּ֖עַשׂ מֹשֶׁ֑ה כַּאֲשֶׁ֨ר צִוָּ֧ה
יהוָ֛ה אֹת֖וֹ כֵּ֥ן עָשָֽׂה:
כז וַיֹּֽאמְרוּ֙ בְּנֵ֣י יִשְׂרָאֵ֔ל אֶל־מֹשֶׁ֖ה
לֵאמֹ֑ר הֵ֥ן גָּוַ֛עְנוּ אָבַ֖דְנוּ כֻּלָּ֥נוּ אָבָֽדְנוּ:
כח כֹּ֣ל הַקָּרֵ֧ב ׀ הַקָּרֵ֛ב אֶל־מִשְׁכַּ֥ן יהוָ֖ה
יָמ֑וּת הַאִ֥ם תַּ֖מְנוּ לִגְוֹֽעַ:
יח א וַיֹּ֣אמֶר יהוה֮ אֶל־אַהֲרֹן֒ אַתָּ֗ה וּבָנֶ֤יךָ
וּבֵית־אָבִ֙יךָ֙ אִתָּ֔ךְ תִּשְׂא֖וּ אֶת־עֲוֹ֣ן
הַמִּקְדָּ֑שׁ וְאַתָּה֙ וּבָנֶ֣יךָ אִתָּ֔ךְ תִּשְׂא֖וּ

so that they not die." [26] Moses did as HASHEM had commanded him, so he did.

[27] The Children of Israel said to Moses, saying, "Behold! we perish, we are lost, all of us are lost. [28] Everyone who approaches closer to the Tabernacle of HASHEM will die. Are we doomed to perish?"

18 [1] HASHEM said to Aaron, "You, your sons, and your father's house with you shall bear the iniquity of the Sanctuary; and you and your sons with you shall bear

אונקלוס

וְלָא יְמוּתוּן: כו וַעֲבַד מֹשֶׁה כְּמָא דִי פַקִּיד יְיָ יָתֵהּ כֵּן עֲבָד: כז וַאֲמָרוּ בְּנֵי יִשְׂרָאֵל לְמֹשֶׁה לְמֵימַר הָא מִנָּנָא קְטָלַת חַרְבָּא הָא מִנָּנָא בְּלַעַת אַרְעָא וְהָא מִנָּנָא דְּמִיתוּ בְּמוֹתָנָא: כח כֹּל דְּקָרֵב מִקְרַב לְמַשְׁכְּנָא דַיְיָ מָאִית הָא אֲנַחְנָא סַיְפִין לִמְמָת: א וַאֲמַר יְיָ לְאַהֲרֹן אַתְּ וּבְנָךְ וּבֵית אֲבוּךְ עִמָּךְ תְּסַלְּחוּן עַל חוֹבֵי מַקְדְּשָׁא וְאַתְּ וּבְנָךְ עִמָּךְ תְּסַלְּחוּן

רש"י

[ויש חילוק בין תלונותם לתלונתם. תלונתם תלונה אחת. תלונותם שם דבר בלשון יחיד ואפילו הם תלונות הרבה]: **(כח) כל הקרב הקרב וגו'**. אין אנו יכולין להיות זהירין בכך. כולנו רשאין להכנס לחצר אהל מועד, ואחד שיקריב עצמו יותר מחבריו ויכנס לתוך אהל מועד ימות: **האם תמנו לגוע**. שמא הופקרנו למיתה: **(א) ויאמר ה' אל אהרן**. למשה אמר שיאמר לאהרן (ספרי קיז) להזהירו על תקנת ישראל שלא יכנסו למקדש: **אתה ובניך ובית אביך**. הם בני קהת אבי עמרם:

RASHI ELUCIDATED

{וְיֵשׁ חִלּוּק בֵּין תְּלוּנוֹתָם לִתְלוּנָּתָם – **There is a difference between** תְּלוּנוֹתָם **and** תְּלוּנָּתָם. תְּלוּנָּתָם תְּלוּנָּה אַחַת – The form תְּלוּנָּתָם **means a single complaint.** תְּלוּנוֹתָם שֵׁם דָּבָר בִּלְשׁוֹן יָחִיד – but תְּלוּנוֹתָם **is a singular noun** וַאֲפִילּוּ הֵם תְּלוּנוֹת הַרְבֵּה – which applies **even if there are many complaints.**}[1]

28. כֹּל הַקָּרֵב הַקָּרֵב וְגוֹמֵר – EVERYONE WHO APPROACHES CLOSER [literally, "everyone who approaches, who approaches"], ETC. אֵין אָנוּ יְכוֹלִין לִהְיוֹת זְהִירִין בְּכָךְ – **We are unable to be careful** enough **about this.** כֻּלָּנוּ רַשָּׁאִין – **All of us are permitted** לְהִכָּנֵס לַחֲצַר אֹהֶל מוֹעֵד – **to enter the Courtyard of the Tent of Meeting,** וְאֶחָד שֶׁיַּקְרִיב עַצְמוֹ יוֹתֵר מֵחֲבֵרָיו – **and one who puts himself closer than his fellows,** וְיִכָּנֵס – **and enters** לְתוֹךְ אֹהֶל מוֹעֵד – **into the Tent of Meeting** יָמוּת – **will die.**[2]

□ הַאִם תַּמְנוּ לִגְוֹעַ – ARE WE DOOMED TO PERISH. This means שֶׁמָּא הֻפְקַרְנוּ לְמִיתָה – **perhaps we have been cast loose to death.**[3]

18.

1. וַיֹּאמֶר ה' אֶל אַהֲרֹן – HASHEM SAID TO AARON. לְמֹשֶׁה אָמַר – **He said to Moses** שֶׁיֹּאמַר לְאַהֲרֹן[4] – **that he should say to Aaron,**[4] לְהַזְהִירוֹ עַל תַּקָּנַת יִשְׂרָאֵל – **to enjoin him** to take precautions **regarding Israel's well-being** שֶׁלֹּא יִכָּנְסוּ לַמִּקְדָּשׁ – **so that they should not enter the Sanctuary.**

□ אַתָּה וּבָנֶיךָ וּבֵית אָבִיךָ – YOU, YOUR SONS, AND YOUR FATHER'S HOUSE. הֵם בְּנֵי קְהָת – **They are the sons of Kohath,** אֲבִי עַמְרָם – **father of Amram.**[5]

1. The passage in braces does not appear in the Reggio di Calabria edition of Rashi.

2. "Who approaches" is repeated because the verse refers to two stages of approaching. The people said that since they were allowed to approach the Tent of Meeting as close as the Courtyard, it was inevitable that some would approach even closer, and enter the Tent of Meeting itself (*Mizrachi; Sifsei Chachamim*).

3. הַאִם תַּמְנוּ לִגְוֹעַ could have been understood as, "Have we stopped dying." But the Israelites had just said that they were going to die; they would not ask immediately afterwards if they had stopped dying (see *Mizrachi; Sifsei Chachamim*). תַּמְנוּ is therefore understood as denoting a final verdict, "stopping" in the sense of ending deliberation (*Be'er BaSadeh*).

4. *Sifrei* 117. In the preceding verses, the Children of Israel expressed to Moses their fear that they were doomed to perish because of the holiness of the Tabernacle. Yet we do not find any response from Moses. It stands to reason, then, that our passage is Moses' response; God had him tell Aaron that he, his descendants and the Levites would be responsible for guarding the sanctity of the Tabernacle, and of the precautions they should take "regarding Israel's well-being" (*Gur Aryeh*).

5. The verse goes on to mention "bearing the iniquity of the Sanctuary," which Rashi interprets as the holiest

את־עֲוֹן כְּהֻנַּתְכֶם: ב וְגַם אֶת־
אַחֶיךָ מַטֵּה לֵוִי שֵׁבֶט אָבִיךָ
הַקְרֵב אִתָּךְ וְיִלָּווּ עָלֶיךָ וִישָׁרְתוּךָ

the iniquity of your priesthood. 2 *Also your brethren the tribe of Levi, the tribe of your father, shall you draw near with you, and they shall be joined to you and minister to you.*

אונקלוס

עַל חוֹבֵי כְהֻנַּתְכוֹן: ב וְאַף יָת אַחָיךְ שִׁבְטָא דְלֵוִי שִׁבְטָא דְאָבוּךְ קָרֵיב לְוָתָךְ וְיִתּוֹסְפוּן עֲלָךְ וִישַׁמְּשֻׁנָּךְ

רש"י

תשאו את עון המקדש. עליכם אני מטיל עונש הזרים שיחטאו בעסקי הדברים המקודשים המסורים לכם, הוא האהל והארון והשלחן וכלי הקדש. אתם תשבו ותזהירו את כל זר הבא ליגע: **ואתה ובניך.** הכהנים: **תשאו את עון כהנתכם.** שאינה מסורה ללוים, ותזהירו הלוים השוגגים שלא יגעו אליכם בעבודתכם: **(ב) וגם את אחיך.** בני גרשון ובני מררי: **וילוו.** ויתחברו אליכם להזהיר גם [הם] את הזרים מלקרב אליהם: **וישרתוך.** בשמירת השערים, ולמנות מהם גזברין ואמרכלין (ספרי קטז):

RASHI ELUCIDATED

□ תִּשְׂאוּ אֶת עֲוֹן הַמִּקְדָּשׁ – SHALL BEAR THE INIQUITY OF THE SANCTIFIED. עֲלֵיכֶם אֲנִי מַטִּיל עוֹנֶשׁ הַזָּרִים – **I place upon you the punishment of non-Kohanim** שֶׁיֶּחֶטְאוּ בְּעִסְקֵי הַדְּבָרִים הַמְקֻדָּשִׁים – **who will sin in matters concerning the sacred things** הַמְּסוּרִים לָכֶם – **which are given over to you to care for.** הוּא הָאֹהֶל – **They are the Tent,**[1] וְהָאָרוֹן – **the Ark,** וְהַשֻּׁלְחָן – **the Table,** וּכְלֵי הַקֹּדֶשׁ – **and the implements of the Holy.** אַתֶּם תֵּשְׁבוּ וְתַזְהִירוּ – Moses told the Kohanim and Kohathites, **"You sit and warn** אֶת כָּל זָר הַבָּא לִגַּע – **every alien,** i.e., non-Kohen or non-Kohathite, **who comes to touch** these articles."[2]

□ וְאַתָּה וּבָנֶיךָ – AND YOU AND YOUR SONS, הַכֹּהֲנִים – **the Kohanim,**

□ תִּשְׂאוּ אֶת עֲוֹן כְּהֻנַּתְכֶם – SHALL BEAR THE INIQUITY OF YOUR PRIESTHOOD, שֶׁאֵינָהּ מְסוּרָה לַלְוִיִּם – **for it is not given over to the Levites,** וְתַזְהִירוּ הַלְוִיִּם הַשּׁוֹגְגִים – **and you shall warn the careless Levites** שֶׁלֹּא יִגְּעוּ אֲלֵיכֶם – **that they should not touch you,** i.e., encroach upon you, בַּעֲבוֹדַתְכֶם – **in your service.**

2. וְגַם אֶת אַחֶיךָ – ALSO YOUR BRETHREN. בְּנֵי גֵרְשׁוֹן וּבְנֵי מְרָרִי – **The sons of Gershon and the sons of Merari.**[3]

□ וְיִלָּווּ – This means וְיִתְחַבְּרוּ עֲלֵיכֶם – **and they shall be joined to you**[4] לְהַזְהִיר גַּם {הֵם} אֶת הַזָּרִים – **{they,} also to warn the non-Kohanim** מִלִּקְרַב אֲלֵיהֶם – **against approaching them.**[5]

□ וִישָׁרְתוּךָ – AND [THEY SHALL] MINISTER TO YOU, בִּשְׁמִירַת הַשְּׁעָרִים – **by guarding the gates** of the Courtyard, וְלִמְנוֹת מֵהֶם – **and by appointing from among them** גִּזְבָּרִין – **clerks** וַאֲמַרְכְּלִין – **and managers** to conduct the affairs of the Temple.[6]

---

parts of the Tabernacle. It was the family of Kohath which carried these parts (see 4:5-14 above). It thus stands to reason that they are "your father's household" of the verse (*Minchas Yehudah; Sifsei Chachamim*). They are termed "your father's household" because Aaron's father, Amram, was a son of Kohath (see *Exodus* 6:18).

1. It is not clear what Rashi means by "the Tent," for the panels of the Tent (see note 1 on page 21 above) were the responsibility of the Gershonites, not of the Kohathites. *Mizrachi* apparently did not have the word הָאֹהֶל in his version of the text (see *Minchas Yehudah* [Krinsky]; *Shaarei Aharon*).

2. Each group mentioned in this passage was put in charge of that for which it was responsible. The Kohanim and Kohathites dealt jointly with the sacred articles mentioned here by Rashi. Thus, "the iniquity of the Sanctuary" mentioned with regard to them refers to those objects (*Nachalas Yaakov*).

3. Gershon and Merari were the other two sons of Levi, the brothers of Kohath (see 3:17 above).

4. We find the root לוה meaning "joining" where it appears in conjunction with the preposition אֶל, literally "unto," in *Genesis* 29:34. Rashi notes that here, too, where it appears in conjunction with the preposition עַל, literally, "onto," it has the same basic meaning. The difference between the two forms is indicated by *Targum Onkelos*. In *Genesis*, he uses a verb of the root חבר, "to join," for לוה, because לוה אֶל denotes a connection between equals. But here he uses יסף, "to add," for לוה, because לוה עַל denotes something secondary being connected to something primary. Some texts read אֲלֵיכֶם instead of עֲלֵיכֶם, but the basic meaning is the same.

5. In the preceding verse, the Kohanim were commanded to take care that non-Kohanim not encroach upon the service of the Kohanim. In this verse, the Levites are commanded to take care that non-Levites not encroach upon the service of the Levites (*Mizrachi; Sifsei Chachamim*).

6. *Sifrei* 116. The verse does not mean that the Levites will assist the Kohanim in the Temple service (*Mizrachi*), nor does it mean that they will tend to the personal needs of the Kohanim (*Gur Aryeh; Sifsei Chachamim*).

You and your sons with you shall be before the Tent of the Testimony. 3 They shall safeguard your charge and the charge of the entire tent — but to the holy vessels and to the Altar they shall not approach, that they not die — they as well as you. 4 They shall be joined to you and safeguard the charge of the Tent of Meeting for the entire service of the Tent, and an alien shall not approach you. 5 You shall safeguard the charge of the Holy and the charge of the Altar, and there shall be no more wrath against the Children of Israel. 6 And I — behold! I have taken your brethren the Levites from among the Children of Israel; to you they are given as a gift

וְאַתָּה֙ וּבָנֶ֣יךָ אִתָּ֔ךְ לִפְנֵ֖י אֹ֥הֶל הָעֵדֻֽת׃
ג וְשָֽׁמְרוּ֙ מִשְׁמַרְתְּךָ֔ וּמִשְׁמֶ֖רֶת כָּל־
הָאֹ֑הֶל אַ֠ךְ אֶל־כְּלֵ֨י הַקֹּ֤דֶשׁ וְאֶל־
הַמִּזְבֵּ֙חַ֙ לֹ֣א יִקְרָ֔בוּ וְלֹֽא־יָמֻ֥תוּ גַם־
ד הֵ֖ם גַּם־אַתֶּֽם׃ וְנִלְו֣וּ עָלֶ֔יךָ וְשָֽׁמְר֗וּ
אֶת־מִשְׁמֶ֙רֶת֙ אֹ֣הֶל מוֹעֵ֔ד לְכֹ֖ל
עֲבֹדַ֣ת הָאֹ֑הֶל וְזָ֖ר לֹא־יִקְרַ֥ב אֲלֵיכֶֽם׃
ה וּשְׁמַרְתֶּ֗ם אֵ֚ת מִשְׁמֶ֣רֶת הַקֹּ֔דֶשׁ וְאֵ֖ת
מִשְׁמֶ֣רֶת הַמִּזְבֵּ֑חַ וְלֹֽא־יִהְיֶ֥ה ע֛וֹד
ו קֶ֖צֶף עַל־בְּנֵ֥י יִשְׂרָאֵֽל׃ וַאֲנִ֗י הִנֵּ֤ה
לָקַ֙חְתִּי֙ אֶת־אֲחֵיכֶ֣ם הַלְוִיִּ֔ם מִתּ֖וֹךְ
בְּנֵ֣י יִשְׂרָאֵ֑ל לָכֶ֞ם מַתָּנָ֤ה נְתֻנִים֙

אונקלוס

וְאַתְּ וּבְנָיךְ עִמָּךְ קֳדָם מַשְׁכְּנָא דְסַהֲדוּתָא: ג וְיִטְּרוּן מַטְּרְתָּךְ וּמַטְּרַת כָּל מַשְׁכְּנָא בְּרַם לְמָנֵי קוּדְשָׁא וּלְמַדְבְּחָא לָא יִקְרְבוּן וְלָא יְמוּתוּן אַף אִנּוּן אַף אַתּוּן: ד וְיִתּוֹסְפוּן עֲלָךְ וְיִטְּרוּן יָת מַטְּרַת מַשְׁכַּן זִמְנָא לְכָל פָּלְחַן מַשְׁכְּנָא וְחִלּוֹנַי לָא יִקְרַב לְוָתְכוֹן: ה וְתִטְּרוּן יָת מַטְּרַת קוּדְשָׁא וְיָת מַטְּרַת מַדְבְּחָא וְלָא יְהֵי עוֹד רָגְזָא עַל בְּנֵי יִשְׂרָאֵל: ו וַאֲנָא הָא קָרֵבִית יָת אֲחֵיכוֹן לֵוָאֵי מִגּוֹ בְּנֵי יִשְׂרָאֵל לְכוֹן מַתְּנָא יְהִיבִין

רש"י

(ד) וזר לא יקרב אליכם. אתכם אני מזהיר על כך: **(ה) ולא יהיה עוד קצף.** כמו שהיה כבר, שנאמר כי יצא הקצף (לעיל יז:יא; ספרי שם): **(ו) לכם מתנה נתנים.** יכול לעבודתכם של הדיוט, ת"ל **לה'**, כמו שמפורש למעלה, לשמור משמרת גזברין ואמרכלין (ספרי שם): **(ז) עבדת מתנה.** במתנה נתתיה לכם:

RASHI ELUCIDATED

4. וְזָר לֹא יִקְרַב אֲלֵיכֶם – AND AN ALIEN SHALL NOT APPROACH YOU. **אֶתְכֶם אֲנִי מַזְהִיר עַל כָּךְ – It is you whom I warn about this.**[1]

5. וְלֹא יִהְיֶה עוֹד קֶצֶף – AND THERE SHALL BE NO MORE WRATH, **כְּמוֹ שֶׁהָיָה כְּבָר – as there had been in the past,**[2] **שֶׁנֶּאֱמַר – as it says,** **"כִּי יָצָא הַקֶּצֶף"**[3,4] – **"For the wrath has gone out."**[3,4]

6. לָכֶם מַתָּנָה נְתֻנִים – TO YOU THEY ARE GIVEN AS A GIFT. **יָכוֹל – One might be able** to think that they are presented as a gift **לַעֲבֹדַתְכֶם שֶׁל הֶדְיוֹט – for your work of the mundane,** i.e., to serve the Kohanim in a private capacity, when they are not engaged in the Temple service. **תַּלְמוּד לוֹמַר** – To teach us otherwise, **the Torah says,** **"לַה'"** – **"for Hashem,"** **כְּמוֹ שֶׁמְּפֹרָשׁ לְמַעְלָה – as stated above,**[5] **לִשְׁמֹר מִשְׁמֶרֶת גִּזְבָּרִין – to keep the charge of clerks** **וַאֲמַרְכָּלִין – and managers.**[6]

7. עֲבֹדַת מַתָּנָה – SERVICE THAT IS [literally, "service of"] A GIFT. This means **בְּמַתָּנָה נְתַתִּיהָ לָכֶם – I have given it to you as a gift.**[7]

---

1. Had the verse said only "and an alien shall not approach," it would have been understood as referring only to not approaching the Levites, who are the subject of the beginning of the verse. "Shall not approach *you*" indicates that the verse refers to the duties of the Kohanim; it is they whom the verse enjoins not to let an alien approach.

2. עוֹד, "more," implies that the verse compares the wrath which is threatened for violation of the holiness of the Sanctuary to wrath which had already been experienced (*Mizrachi; Sifsei Chachamim*).

3. Above 17:11. That verse speaks of the plague the Israelites suffered as the result of the attempted violation of the sanctity of the holy service by Korah and his cohorts. In 17:27, the Israelites expressed fear that they would again suffer such punishment. Our passage is God's response to that fear (see Rashi to v. 1, s.v., וַיֹּאמֶר ה' אֶל אַהֲרֹן and note 4 there): He says that if the Kohanim and Levites take proper care of the Sanctuary, the Israelites need not fear an unleashing of God's wrath.

4. *Sifrei* 116.

5. See Rashi to v. 2 above.

6. *Sifrei* 116.

7. The "service of a gift" is not to be taken as "service *for* a gift"; it means "service *that is* a gift" (*Mizrachi; Sifsei Chachamim*).

לַיהוָ֔ה לַעֲבֹ֕ד אֶת־עֲבֹדַ֖ת אֹ֥הֶל מוֹעֵֽד׃
ז וְאַתָּ֣ה וּבָנֶ֣יךָ אִ֠תְּךָ֠ תִּשְׁמְר֨וּ אֶת־
כְּהֻנַּתְכֶ֜ם לְכָל־דְּבַ֧ר הַמִּזְבֵּ֛חַ וּלְמִבֵּ֥ית
לַפָּרֹ֖כֶת וַעֲבַדְתֶּ֑ם עֲבֹדַ֣ת מַתָּנָ֗ה אֶתֵּן֙
אֶת־כְּהֻנַּתְכֶ֔ם וְהַזָּ֥ר הַקָּרֵ֖ב יוּמָֽת׃
ח וַיְדַבֵּ֣ר יְהוָה֮ אֶל־אַהֲרֹן֒ וַאֲנִ֗י הִנֵּ֤ה נָתַ֨תִּי
לְךָ֙ אֶת־מִשְׁמֶ֣רֶת תְּרוּמֹתָ֔י לְכָל־קָדְשֵׁ֣י

for HASHEM, to perform the service of the Tent of Meeting. [7] *You and your sons with you shall safeguard your priesthood regarding every matter of the Altar and within the Curtain, and you shall serve; I have presented your priesthood as a service that is a gift, and an alien who approaches shall die."*

[8] *HASHEM spoke to Aaron: And I — behold! I have given you the safeguard of My offerings, of all the sanctities of the*

אונקלוס

קֳדָם יְיָ לְמִפְלַח יָת פָּלְחַן מַשְׁכַּן זִמְנָא: ז וְאַתְּ וּבְנָיךְ עִמָּךְ תִּטְּרוּן יָת כְּהֻנַּתְכוֹן לְכָל פִּתְגַם מַדְבְּחָא וּלְמִגַּו לְפָרֻכְתָּא וְתִפְלְחוּן פָּלְחַן מַתְּנָא אֵיהַב יָת כְּהֻנַּתְכוֹן וְחִלּוֹנַי דְּיִקְרַב יִתְקְטָל: ח וּמַלִּיל יְיָ עִם אַהֲרֹן וַאֲנָא הָא יְהָבִית לָךְ יָת מַטְּרַת אַפְרָשׁוּתִי לְכָל קוּדְשַׁיָּא

רש"י

(ח) ואני הנה נתתי לך. בשמחה, לשון שמחה הוא זה, כמו הנה הוא יוצא לקראתך וראך ושמח בלבו (שמות ד:יד). משל למלך שנתן שדה לאוהבו ולא כתב ולא חתם ולא העלה בערכאין. בא אחד וערער על השדה, אמר לו המלך כל מי שירצה יבא ויערער לנגדך, הריני כותב וחותם לך ומעלה בערכאין. אף כאן לפי שבא קרח וערער כנגד אהרן על הכהונה בא הכתוב ונתן לו עשרים וארבע מתנות כהונה בברית מלח עולם, ולכך נסמכה פרשה זו לכאן (ספרי קיז): משמרת תרומתי. שאתה צריך לשמרן

RASHI ELUCIDATED

8. וַאֲנִי הִנֵּה נָתַתִּי לְךָ – **AND I — BEHOLD! I HAVE GIVEN YOU** בְּשִׂמְחָה – **with joy.** לְשׁוֹן שִׂמְחָה הוּא זֶה – This instance of the word הִנֵּה **is an expression of joy,** כְּמוֹ – **as in,** "{וְגַם}[1] הִנֵּה הוּא יֹצֵא לִקְרָאתֶךָ – "{**Moreover,**}[1] **behold, he is going out to meet you,** וְרָאֲךָ וְשָׂמַח בְּלִבּוֹ"[2] – **and he will see you, and he will rejoice in his heart."**[2] מָשָׁל לְמֶלֶךְ שֶׁנָּתַן שָׂדֶה לְאוֹהֲבוֹ – **This can be compared to a king who gave a field to his close friend,** וְלֹא כָתַב וְלֹא חָתַם – **and he neither wrote nor signed a document of transfer** וְלֹא הֶעֱלָה בְּעַרְכָּאִין – **nor** had the transaction **brought up in court.** בָּא אֶחָד – **One** person **came** וְעִרְעֵר עַל הַשָּׂדֶה[3] – **and protested about,** i.e., laid claim to, **the field.**[3] אָמַר לוֹ הַמֶּלֶךְ – **The king said to [his close friend],** כָּל מִי שֶׁיִּרְצֶה יָבֹא – **"Whoever wishes may come** וִיעַרְעֵר לְנֶגְדְּךָ – **and protest against you.** הֲרֵינִי כוֹתֵב וְחוֹתֵם לְךָ – **Behold, I write and sign** a document of transfer **for you** וּמַעֲלֶה בְּעַרְכָּאִין – **and bring it up in court."** אַף כָּאן – **Here, too,** לְפִי שֶׁבָּא קֹרַח – **since Korah came** וְעִרְעֵר כְּנֶגֶד אַהֲרֹן עַל הַכְּהֻנָּה – **and protested against Aaron over the priesthood,** בָּא הַכָּתוּב – **Scripture came** וְנָתַן לוֹ – **and gave him** עֶשְׂרִים וְאַרְבַּע מַתְּנוֹת כְּהֻנָּה – **the twenty-four gifts of the priesthood**[4] בִּבְרִית מֶלַח עוֹלָם – **with "an eternal covenant of salt."**[5] וּלְכָךְ נִסְמְכָה פָּרָשָׁה זוֹ לְכָאן[6] – **This is why this passage** which deals with the gifts of the priesthood **is juxtaposed here,** to the incident of Korah.[6]

□ מִשְׁמֶרֶת תְּרוּמֹתָי – **THE SAFEGUARD OF MY OFFERINGS.** The safeguard is שֶׁאַתָּה צָרִיךְ לְשָׁמְרָן

1. The word in braces appears in the Zamora edition of Rashi but is absent in other early printed editions. See following note.

2. *Exodus* 4:14. The word הִנֵּה most often appears at the beginning of a narrative sentence. Its purpose is to highlight that which follows, as if to say, "Listen well to the following." When the word appears elsewhere in the sentence, it is either an exclamation that indicates the speaker's emotion or an attempt to arouse the listener's emotion. In *Exodus,* God told Moses to return to Egypt as His emissary to lead the people out of slavery. Moses, apprehensive that his older brother Aaron would feel slighted, asked God to send Aaron rather than him (see Rashi to v. 13 there). God then told Moses that Aaron will not feel bad, "Moreover, behold, he is going out to meet you, and he will see you, and he will rejoice in his heart." Had God meant merely to inform Moses of Aaron's response to his appointment, He would not have said הִנֵּה, "behold." But He used הִנֵּה as a way of arousing Moses' own joy at his impending meeting with Aaron. In our verse, God says הִנֵּה to indicate the joy He has in assigning the priestly gifts to Aaron (*Be'er Yitzchak*).

3. The text follows most contemporary editions of Rashi. Some early editions read, וְעִרְעֵר עָלָיו אֶת הַשָּׂדֶה, "and protested about him regarding the field"; others read, וְעִרְעֵר עָלָיו וְעַל הַשָּׂדֶה, "and protested about him and about the field."

4. The twenty-four gifts of the priesthood are enumerated in *Bava Kamma* 110b and *Chullin* 137b.

5. See Rashi to v. 19 below.

6. *Sifrei* 117. We would have expected this passage to appear in the Book of *Leviticus*, in the context of laws regarding the priesthood.

בְּנֵי־יִשְׂרָאֵל לְךָ נְתַתִּים לְמָשְׁחָה
ט וּלְבָנֶיךָ לְחָק־עוֹלָם: זֶה יִהְיֶה לְךָ
מִקֹּדֶשׁ הַקֳּדָשִׁים מִן־הָאֵשׁ כָּל־
קָרְבָּנָם לְכָל־מִנְחָתָם וּלְכָל־
חַטָּאתָם וּלְכָל־אֲשָׁמָם אֲשֶׁר יָשִׁיבוּ
לִי קֹדֶשׁ קָדָשִׁים לְךָ הוּא וּלְבָנֶיךָ:
י בְּקֹדֶשׁ הַקֳּדָשִׁים תֹּאכְלֶנּוּ כָּל־
זָכָר יֹאכַל אֹתוֹ קֹדֶשׁ יִהְיֶה־לָּךְ:

Children of Israel; I have given them to you for distinction and to your sons as an eternal portion. 9 This shall be yours from the most holy, from the fire: their every offering, their every meal-offering, their every sin-offering, their every guilt-offering which they return to Me — as most holy it shall be yours and your sons.' 10 In the most holy shall you eat it, every male may eat it, it shall be holy for you.

אונקלוס

דִבְנֵי יִשְׂרָאֵל לָךְ יְהַבְתִּנּוּן לִרְבוּ וְלִבְנָיךְ לִקְיָם עֲלָם: ט דֵּין יְהֵי לָךְ מִקֹּדֶשׁ קוּדְשַׁיָּא מוֹתַר מִן אֶשָּׁתָא כָּל קֻרְבָּנְהוֹן לְכָל מִנְחַתְהוֹן וּלְכָל חַטָּאתְהוֹן וּלְכָל אֲשָׁמְהוֹן דִּי יְתִיבוּן קֳדָמַי קֹדֶשׁ קוּדְשִׁין דִּילָךְ הוּא וְלִבְנָיךְ (נ״א וְדִבְנָיךְ): י בְּקֹדֶשׁ קוּדְשִׁין תֵּיכְלִנֵּהּ כָּל דְּכוּרָא יֵיכוּל יָתֵהּ קוּדְשָׁא יְהֵי לָךְ:

רש״י

בטהרה (בכורות לד.): **למשחה.** לגדולה (ספרי שם; זבחים כח.): **(ט) מן האש.** לאחר הקטרת האשים: **כל קרבנם.** כגון זבחי שלמי צבור: **מנחתם חטאתם ואשמם.** כמשמען (ספרי שם): **אשר ישיבו לי.** זה גזל הגר (שם; זבחים מד:): **(י) בקדש הקדשים תאכלנו וגו'.** למד על קדשי קדשים שאין נאכלין אלא בעזרה ולזכרי כהונה (ספרי שם):

RASHI ELUCIDATED

בְּטָהֳרָה[1] – that you must guard them **in purity.**[1]

□ לְמָשְׁחָה – FOR DISTINCTION. This means לִגְדֻלָּה – **for greatness.**[2]

9. מִן הָאֵשׁ – FROM THE FIRE. לְאַחַר הַקְטָרַת הָאִשִּׁים – **After the fire-offerings are set smoking.**[3]

□ כָּל קָרְבָּנָם – THEIR EVERY OFFERING, כְּגוֹן זִבְחֵי שַׁלְמֵי צִבּוּר – **such as the sacrifices of peace-offerings of the community.** "מִנְחָתָם" – **"Their meal-offering,"** "חַטָּאתָם" – **"their sin-offering,"** "וַאֲשָׁמָם" – **and "their guilt-offering,"** these are to be understood כְּמַשְׁמָעָן[4] – **as they sound.**[4]

□ אֲשֶׁר יָשִׁיבוּ לִי – WHICH THEY RETURN TO ME. זֶה גֶּזֶל הַגֵּר[5] – **This is theft from a convert.**[5]

10. בְּקֹדֶשׁ הַקֳּדָשִׁים תֹּאכְלֶנּוּ וְגוֹמֵר – IN THE MOST HOLY SHALL YOU EAT IT, ETC. לִמֵּד עַל קָדְשֵׁי קָדָשִׁים – This **teaches** us **regarding those things which are holy of the highest degree** שֶׁאֵין נֶאֱכָלִין אֶלָּא בָּעֲזָרָה – **that they may be eaten only in the Courtyard** of the Tabernacle or *Beis HaMikdash*[6] וּלְזִכְרֵי כְהֻנָּה[7] – and only **by males of the priesthood.**[7]

1. *Bechoros* 34a. That is, you must see to it that they not become ritually impure.

2. *Sifrei* 117; *Zevachim* 28a. In other contexts, משח denotes "anointing," but it does not mean that here, because anointing is done only with oil, while *terumah*, the portion of the crop which is an offering for the Kohen, is given from other produce, as well (*Mizrachi; Sifsei Chachamim;* see also Rashi to *Exodus* 29:29, s.v., לְמָשְׁחָה).

3. *Sifrei* 117. The verse does not mean that the Kohanim take a portion of offerings which have been placed on the fire of the Altar, for those are to be completely consumed by the fire. It means that they may take their portion only after those parts of the offering which are to be burned have been set smoking (*Mizrachi; Sifsei Chachamim*).

4. *Sifrei* 117. Of offerings which are classified as "the most holy," Kohanim take a portion only of meal-offerings, sin-offering, guilt-offerings, and communal peace-offerings. Since the others are mentioned by the verse specifically, by process of elimination, "their every offering" refers to communal peace-offerings (*Mizrachi*).

5. *Sifrei* 117; *Zevachim* 44b. One who swears falsely to a claim of theft and subsequently confesses must return the principal of that which was stolen, plus an additional fifth of its value. If the victim of the theft was a convert who died without heirs, this sum is given to a Kohen (see 5:8 above and Rashi there). The phrase "which they return to Me" seems incongruous in the context of our verse, for it speaks of offerings which are sacrificed on the Altar; they are not being "returned." It is therefore interpreted as referring to an additional gift which goes to the Kohanim, that of returned theft. The money returned in this situation is also called אָשָׁם in 5:7-8 above (see *Be'er Yitzchak*).

6. *Exodus* 29:33 uses the term קֹדֶשׁ הַקֳּדָשִׁים for the "Holy of Holies," the holiest area of the Sanctuary, inside the *Paroches*. Here it cannot have that meaning, for entry into the Holy of Holies is forbidden to all but the Kohen Gadol on Yom Kippur. "Most holy" here refers to the Courtyard. It is "most holy" in that it is holier than the rest of the encampment in the wilderness, and the rest of the holy city of Jerusalem, in which offerings of lesser sanctity may be eaten (*Gur Aryeh*).

7. *Sifrei* 117.

[11] *And this shall be yours: what is set aside from their gift, from all the wavings of the Children of Israel. I have given them to you and to your sons and to your daughters with you as an eternal portion; all who are pure in your household may eat it.* [12] *All the best of your oil and the best of your wine and grain, their first, which they give to HASHEM, to you have I given them.* [13] *The first fruits of everything that is in their land, which they bring to HASHEM, shall be yours, every pure person in your household may eat it.* [14] *Every segregated property in Israel shall be yours.*

יא וְזֶה־לְּךָ֞ תְּרוּמַ֣ת מַתָּנָ֗ם לְכָל־
תְּנוּפֹת֮ בְּנֵ֣י יִשְׂרָאֵל֒ לְךָ֣ נְתַתִּ֗ים
וּלְבָנֶ֧יךָ וְלִבְנֹתֶ֛יךָ אִתְּךָ֖ לְחָק־
עוֹלָ֑ם כָּל־טָה֥וֹר בְּבֵיתְךָ֖ יֹאכַ֥ל אֹתֽוֹ׃
יב כֹּ֚ל חֵ֣לֶב יִצְהָ֔ר וְכָל־חֵ֖לֶב תִּיר֣וֹשׁ
וְדָגָ֑ן רֵאשִׁיתָ֛ם אֲשֶׁר־יִתְּנ֥וּ לַיהוָ֖ה
יג לְךָ֥ נְתַתִּֽים׃ בִּכּוּרֵ֞י כָּל־אֲשֶׁ֧ר
בְּאַרְצָ֛ם אֲשֶׁר־יָבִ֥יאוּ לַיהוָ֖ה לְךָ֣
יִהְיֶ֑ה כָּל־טָה֥וֹר בְּבֵיתְךָ֖ יֹאכְלֶֽנּוּ׃
יד כָּל־חֵ֥רֶם בְּיִשְׂרָאֵ֖ל לְךָ֥ יִהְיֶֽה׃

אונקלוס

יא וְדֵין לָךְ אַפְרָשׁוּת מַתְּנַתְהוֹן לְכָל אֲרָמוּת בְּנֵי יִשְׂרָאֵל לָךְ יְהַבְתִּנּוּן וְלִבְנָיךְ וְלִבְנָתָיךְ עִמָּךְ לִקְיָם עֲלָם כָּל
(דְּ)דְכֵי בְּבֵיתָךְ יֵיכוּל יָתֵהּ: יב כָּל טוּב מְשַׁח וְכָל טוּב חֲמַר וְעִבּוּר רֵאשִׁיתְהוֹן דִּי יִתְּנוּן קֳדָם יְיָ לָךְ יְהַבְתִּנּוּן:
יג בִּכּוּרֵי כָּל דִּי בְּאַרְעֲהוֹן דִּי יַיְתוּן קֳדָם יְיָ דִּילָךְ יְהֵי כָּל (דְּ)דְכֵי בְּבֵיתָךְ יֵיכְלִנֵּהּ: יד כָּל חֶרְמָא בְּיִשְׂרָאֵל דִּילָךְ יְהֵי:

רש״י

(יא) **תרומת מתנם.** המורם מן התודה ומהשלמים ומאיל נזיר (שם): **לכל תנופת.** שהרי אלו טעונין תנופה (שם): **כל טהור.** ולא טמאים. כל טהור לרבות אשתו (שם): (יב) **ראשיתם.** היא תרומה גדולה:

RASHI ELUCIDATED

11. תְּרוּמַת מַתָּנָם – WHAT IS SET ASIDE FROM THEIR GIFT. This refers to **הַמּוּרָם מִן הַתּוֹדָה – that which is set aside from the thanksgiving-offering,**[1] **וּמֵהַשְּׁלָמִים – and from the peace-offering,**[1] **וּמֵאֵיל נָזִיר**[3] **– and from the ram of the *nazir*.**[2,3]

□ **לְכָל תְּנוּפֹת** – FROM ALL THE WAVINGS. **שֶׁהֲרֵי אֵלּוּ טְעוּנִין תְּנוּפָה**[4] **– For, see now, these require waving.**[4]

□ **כָּל טָהוֹר** – ALL WHO ARE PURE, **וְלֹא טְמֵאִים – but not the impure.**[5] **,,כָּל טָהוֹר" לְרַבּוֹת אִשְׁתּוֹ**[6] **– "All who are pure"** serves **to include [the Kohen's] wife.**[6]

12. רֵאשִׁיתָם – THEIR FIRST, **הִיא תְּרוּמָה גְדוֹלָה – this is "great *terumah*."**[7]

1. These parts are described in *Leviticus* 7:30-34.

2. These parts are described in 6:19-20 above.

3. וְזֶה לְךָ תְּרוּמַת מַתָּנָם might have been understood as "this shall be for you that which is set aside from their gift." The verse would then be expected to go on to explain what it is which is set aside from their gift. But it does not. Therefore, וְזֶה לְךָ תְּרוּמַת מַתָּנָם is understood as "and this shall be yours: what is set aside from their gift." The verse thus does not imply that it will go on to define "what is set aside from their gift." Rashi provides the explanation (*Be'er Yitzchak*).

4. *Sifrei* 117. Rashi supports his assertion that "what is set aside from their gift" refers to that which is set aside from the offerings he mentions in the preceding comment, for the verse describes "what is set aside" as being "from all the wavings," and these offerings require waving (*Mizrachi; Be'er Yitzchak*). For sources that these offerings require waving, see *Leviticus* 7:14, 31-32 and above 6:20.

5. The verse means only to exclude the impure; it does not mean that there is an obligation upon all who are pure to partake of "what is set aside from their gift" (*Gur Aryeh*).

6. *Sifrei* 117. The term טָהוֹר, "who are pure," excludes the impure; the additional כָּל, "all," includes the Kohen's wife.

The text of Rashi follows the Reggio di Calabria edition. Many editions mistakenly have דָּבָר אַחֵר, "alternatively," following וְלֹא טְמֵאִים, which implies that the two implications derived by Rashi from the words כָּל טָהוֹר are mutually exclusive (see *Yosef Hallel*).

7. "Great *terumah*" is the portion of the yearly crop set aside by farmers for Kohanim. This is in contrast to "*terumah* of the tithe" (v. 26 below), which is the portion of the tithe which Levites set aside for the Kohanim.

Bikkurim, the first fruits, are separated from the crop before the great *terumah*. But the great *terumah* is called "first" because it is the first of the gifts which take the crop out of the state of *tevel*, food which may not be eaten because it has not been tithed. Crops which have not had *bikkurim* separated from them are not *tevel*. The great *terumah* is also referred to as "first" in *Deuteronomy* 18:4 (see Rashi there).

[15] *Every first issue of a womb of any flesh that they offer to HASHEM, whether of man or of animal, shall be yours; but you shall surely redeem the firstborn of man, and the firstborn of an impure animal shall you redeem.* [16] *And those that are to be redeemed — from one month shall you redeem according to the valuation, five silver shekalim by the sacred shekel; it is twenty geirah.* [17] *But the firstborn of an ox or the firstborn of a sheep or the firstborn of a goat you shall not redeem; they are holy; their blood shall you throw upon the Altar and their fat shall you cause to go up in smoke, a fire-offering, a pleasing fragrance to HASHEM.* [18] *Their flesh shall be yours; like the breast of the waving and like the right leg, it shall be yours.*

טו כָּל־פֶּטֶר רֶחֶם לְכָל־בָּשָׂר אֲשֶׁר־
יַקְרִיבוּ לַיהוָה בָּאָדָם וּבַבְּהֵמָה
יִהְיֶה־לָּךְ אַךְ ׀ פָּדֹה תִפְדֶּה אֵת
בְּכוֹר הָאָדָם וְאֵת בְּכוֹר־הַבְּהֵמָה
טז הַטְּמֵאָה תִּפְדֶּה׃ וּפְדוּיָו מִבֶּן־חֹדֶשׁ
תִּפְדֶּה בְּעֶרְכְּךָ כֶּסֶף חֲמֵשֶׁת
שְׁקָלִים בְּשֶׁקֶל הַקֹּדֶשׁ עֶשְׂרִים גֵּרָה
יז הוּא׃ אַךְ בְּכוֹר־שׁוֹר אוֹ בְכוֹר כֶּשֶׂב
אוֹ־בְכוֹר עֵז לֹא תִפְדֶּה קֹדֶשׁ הֵם
אֶת־דָּמָם תִּזְרֹק עַל־הַמִּזְבֵּחַ וְאֶת־
חֶלְבָּם תַּקְטִיר אִשֶּׁה לְרֵיחַ נִיחֹחַ
יח לַיהוָה׃ וּבְשָׂרָם יִהְיֶה־לָּךְ כַּחֲזֵה
הַתְּנוּפָה וּכְשׁוֹק הַיָּמִין לְךָ יִהְיֶה׃

אונקלוס

טו כָּל פָּתַח וַלְדָּא לְכָל בִּשְׂרָא דִּי יְקָרְבוּן קֳדָם יְיָ בֶּאֱנָשָׁא וּבִבְעִירָא יְהֵי לָךְ בְּרַם מִפְרַק תִּפְרוֹק יָת בּוּכְרָא דֶאֱנָשָׁא וְיָת בּוּכְרָא דִבְעִירָא מְסָאֲבָא תִּפְרוֹק׃ טז וּפֻרְקָנֵהּ מִבַּר יַרְחָא תִּפְרוֹק בְּפֻרְסָנֵהּ כְּסַף חֲמֵשׁ סִלְעִין בְּסִלְעֵי קוּדְשָׁא עַשְׂרִין מָעִין הוּא׃ יז בְּרַם בּוּכְרָא דְתוֹרָא אוֹ בּוּכְרָא דְאִמְּרָא אוֹ בּוּכְרָא דְעִזָּא לָא תִפְרוֹק קוּדְשָׁא אִנּוּן יָת דִּמְהוֹן תִּזְרוֹק עַל מַדְבְּחָא וְיָת תַּרְבְּהוֹן תַּסֵּק קֻרְבַּן לְאִתְקַבָּלָא בְרַעֲוָא קֳדָם יְיָ׃ יח וּבִשְׂרְהוֹן יְהֵי לָךְ כְּחַדְיָא דַאֲרָמוּתָא וּכְשׁוֹקָא דְיַמִּינָא (דִּי)לָךְ יְהֵי׃

רש"י

(יח) כחזה התנופה וכשוק הימין. של שלמים שנאכלים לכהנים לנשיהם ולבניהם ולעבדיהם לשני ימים ולילה אחד אף הבכור נאכל לשני ימים ולילה אחד (ספרי קיח; זבחים נז.): לך יהיה. בא רבי עקיבא ולמד, הוסיף לך הכתוב הוויה אחרת, שלא תאמר כחזה ושוק של תודה שאינו נאכל אלא ליום ולילה (שם ושם):

RASHI ELUCIDATED

18. כַּחֲזֵה הַתְּנוּפָה וּכְשׁוֹק הַיָּמִין — LIKE THE BREAST OF THE WAVING AND LIKE THE RIGHT LEG שֶׁל שְׁלָמִים **— of peace-offerings** שֶׁנֶּאֱכָלִים לַכֹּהֲנִים לִנְשֵׁיהֶם וְלִבְנֵיהֶם וּלְעַבְדֵיהֶם **— which may be eaten by the Kohanim, their wives, their children, and their slaves** לִשְׁנֵי יָמִים וְלַיְלָה אֶחָד **— for two days and one night,**[1] אַף הַבְּכוֹר **— so, too,** the meat of **the firstborn** נֶאֱכָל **— may be eaten** לִשְׁנֵי יָמִים וְלַיְלָה אֶחָד[2] **— for two days and one night.**[2]

□ לְךָ יִהְיֶה **— IT SHALL BE YOURS.** בָּא רַבִּי עֲקִיבָא וְלִמֵּד — The *Tanna* **R' Akiva came and taught:** הוֹסִיף לְךָ הַכָּתוּב **— The verse added for you** הֲוָיָה אַחֶרֶת **— another** verb of **being**[3] שֶׁלֹּא תֹאמַר **— so that you should not say** כְּחָזֶה וָשׁוֹק שֶׁל תּוֹדָה — that the firstborn is **like the breast and leg of a thanksgiving-offering,**[3a] שֶׁאֵינוֹ נֶאֱכָל אֶלָּא לְיוֹם וָלַיְלָה[4] **— which may be eaten only for a day and a night.**[4]

1. The "two days" are the daylight period during which it was slaughtered and the following daylight period. The "one night" is the intervening night.

2. *Sifrei* 118; *Zevachim* 57a. Although neither of these sources mentions "their wives, their children, and their slaves," nevertheless the *halachah* that permits these members of the Kohen's household to partake of the meat of the *bechor* is derived from our verse (see *Rambam, Hil. Ma'asei HaKorbanos* 10:5).

In the first half of his comparison, Rashi introduces two laws regarding the breast and leg of the peace-offering: who may eat them, "the Kohanim, their wives, their children, and their slaves"; and when they may be eaten, "for two days and one night.'" However, in the second half of the comparison regarding the meat of the *bechor,* Rashi delineates the time frame during which it may be eaten, but does not enumerate those who may eat it. Actually, Rashi could have ended his comment with the words אַף הַבְּכוֹר, "so, too, the firstborn," and both laws mentioned above would be implied as being applicable to the *bechor.* Nevertheless, he specifies "may be eaten for two days and one night," for that is the topic of his next comment (*Beiurim LePeirush Rashi Al HaTorah*).

3. The verse has already said "their flesh *shall be* yours"; "it *shall be* yours" seems redundant.

3a. See *Leviticus* 7:15.

4. *Sifrei* 118; *Zevachim* 57a. The verse repeats that the flesh shall belong to the Kohen to indicate that he

יט כֹּל ׀ תְּרוּמֹת הַקֳּדָשִׁים אֲשֶׁר יָרִימוּ בְנֵי־יִשְׂרָאֵל לַיהוָה נָתַתִּי לְךָ וּלְבָנֶיךָ וְלִבְנֹתֶיךָ אִתְּךָ לְחָק־עוֹלָם בְּרִית מֶלַח עוֹלָם הִוא לִפְנֵי יהוה לְךָ וּלְזַרְעֲךָ אִתָּךְ:
כ וַיֹּאמֶר יהוה אֶל־אַהֲרֹן בְּאַרְצָם לֹא תִנְחָל וְחֵלֶק לֹא־יִהְיֶה לְךָ בְּתוֹכָם אֲנִי חֶלְקְךָ וְנַחֲלָתְךָ בְּתוֹךְ

[19] *Everything that is set aside from the sanctities that the Children of Israel set aside to HASHEM have I given to you and to your sons and to your daughters with you as an eternal portion; it is an eternal covenant of salt before HASHEM, for you and for your offspring with you."*

[20] *HASHEM said to Aaron, "In their Land you shall not have a heritage, and you shall not have a share among them; I am your share and your heritage among*

אונקלוס

יט כָּל אַפְרָשׁוּת קוּדְשַׁיָּא דִי יַפְרְשׁוּן בְּנֵי יִשְׂרָאֵל קֳדָם יְיָ יְהָבִית לָךְ וְלִבְנָיךְ וְלִבְנָתָיךְ עִמָּךְ לִקְיָם עָלָם קְיָם מְלַח עָלָם הִיא (נ״א הוּא) קֳדָם יְיָ לָךְ וְלִבְנָיךְ עִמָּךְ: כ וַאֲמַר יְיָ לְאַהֲרֹן בְּאַרְעֲהוֹן לָא תַחְסִין וְחֻלָק לָא יְהֵי לָךְ בֵּינֵיהוֹן מַתְּנָן דִי יְהָבִית לָךְ אִנּוּן חֻלָקָךְ וְאַחֲסַנְתָּךְ בְּגוֹ

רש״י

(יט) כל תרומת הקדשים. מחיבתה של פרשה זו כללה בתחלה וכללה בסוף ופרט באמצע (ספרי שם): **ברית מלח עולם.** כרת ברית עם אהרן בדבר הבריא ומתקיים ומבריא את אחרים (שם). **ברית מלח.** כברית הכרותה למלח שאינו מסריח לעולם: **(כ) וחלק לא יהיה לך בתוכם.** אף בביזה (שם קיט):

RASHI ELUCIDATED

19. **כֹּל תְּרוּמֹת הַקֳּדָשִׁים** – EVERYTHING THAT IS SET ASIDE FROM THE SANCTITIES. **מֵחִבָּתָהּ שֶׁל פָּרָשָׁה זוֹ** – **Because of the preciousness of this passage,** **כְּלָלָהּ בַּתְּחִלָּה** – **[Scripture] makes a general statement of it at the beginning,**[1] **וּכְלָלָהּ בַּסּוֹף** – **and makes a general statement of it at the end,**[2] **וּפָרַט בָּאֶמְצַע**[3] – **and states the details in the middle.**[3]

□ **בְּרִית מֶלַח עוֹלָם** – AN ETERNAL COVENANT OF SALT. **כָּרַת בְּרִית עִם אַהֲרֹן** – **He cut,** i.e., entered into, **a covenant with Aaron** **בְּדָבָר הַבָּרִיא** – and called it **by** the name of **something which is healthy,** i.e., does not spoil, **וּמִתְקַיֵּם** – **and lasting,** **וּמַבְרִיא אֶת אֲחֵרִים**[4] – **and which makes others healthy,** i.e., preserves other things against spoilage.[4]

□ **בְּרִית מֶלַח** – COVENANT OF SALT, that is, **כִּבְרִית הַכְּרוּתָה לַמֶּלַח** – **like the covenant which was cut for salt,**[5] **שֶׁאֵינוֹ מַסְרִיחַ לְעוֹלָם** – **that it never spoils.**[6]

20. **וְחֵלֶק לֹא יִהְיֶה לְךָ בְּתוֹכָם** – AND YOU SHALL NOT HAVE A SHARE AMONG THEM (literally, "and a share shall you not have among them"), **אַף בַּבִּזָּה**[7] – **even in the spoils of war.**[7]

possesses it to more than the minimum extent. It thus stands to reason that the comparison to "the breast of the waving and the right leg" is to that of the peace-offering rather than to that of the thanksgiving-offering, for the Kohen has the right to eat the flesh of the peace-offering for a longer period (*Be'er Yitzchak*).

1. See v. 8.

2. Our verse.

3. *Sifrei* 118. Scriptural passages often have a general statement either before them or after them. The existence of general statements here both before and after puts the passage in a framework, so to speak, and indicates that it is especially precious to God, in that the gifts allow the Kohanim to devote themselves fully to His service (see *Be'er Yitzchak*).

4. *Sifrei* 118. The *Sifrei* describes salt as a דָּבָר הַבָּרִיא וּמַבְרִיא אֶת אֲחֵרִים, "something which is healthy and makes others healthy." Rashi's paraphrase הַבָּרִיא וּמִתְקַיֵּם, "which is healthy and lasting," does not add a new dimension to *Sifrei's* description of salt. Rather, it explains *Sifrei's* בָּרִיא as referring to salt's lasting quality. In this understanding of בָּרִיא, Rashi is in accord with *Rabbeinu Hillel's* commentary to *Sifrei*, which interprets בָּרִיא וּמַבְרִיא as referring to salt's qualities of not spoiling, and of preserving other things against spoilage.

5. The term בְּרִית עוֹלָם, "eternal covenant," appears in Scripture sixteen times. Our verse is the only instance of בְּרִית מֶלַח עוֹלָם. Rashi explains that the apparently superfluous מֶלַח implies that not only is the covenant everlasting, but it assures the Kohanim that they have the power to help preserve the lives of others.

6. "Covenant of salt" does not mean a covenant in which salt is used. It means a covenant like the covenant which was made between God and salt.

7. *Sifrei* 119. Although the verse has already said "in their Land you shall not have a heritage," the addition of "you shall not have a share among them" is not redundant. It teaches us that the Kohanim receive no share in the spoils of war.

Like the exclusion of the Kohanim from taking a

כא בְּנֵי יִשְׂרָאֵל: שביעי וְלִבְנֵי לֵוִי
הִנֵּה נָתַתִּי כָּל־מַעֲשֵׂר בְּיִשְׂרָאֵל
לְנַחֲלָה חֵלֶף עֲבֹדָתָם אֲשֶׁר־הֵם
עֹבְדִים אֶת־עֲבֹדַת אֹהֶל מוֹעֵד:
כב וְלֹא־יִקְרְבוּ עוֹד בְּנֵי יִשְׂרָאֵל אֶל־
אֹהֶל מוֹעֵד לָשֵׂאת חֵטְא לָמוּת:
כג וְעָבַד הַלֵּוִי הוּא אֶת־עֲבֹדַת אֹהֶל
מוֹעֵד וְהֵם יִשְׂאוּ עֲוֺנָם חֻקַּת עוֹלָם
לְדֹרֹתֵיכֶם וּבְתוֹךְ בְּנֵי יִשְׂרָאֵל לֹא
כד יִנְחֲלוּ נַחֲלָה: כִּי אֶת־מַעְשַׂר בְּנֵי־
יִשְׂרָאֵל אֲשֶׁר יָרִימוּ לַיהוה תְּרוּמָה
נָתַתִּי לַלְוִיִּם לְנַחֲלָה עַל־כֵּן
אָמַרְתִּי לָהֶם בְּתוֹךְ בְּנֵי יִשְׂרָאֵל לֹא
יִנְחֲלוּ נַחֲלָה:
כה־כו וַיְדַבֵּר יהוה אֶל־מֹשֶׁה לֵּאמֹר: וְאֶל־
הַלְוִיִּם תְּדַבֵּר וְאָמַרְתָּ אֲלֵהֶם כִּי־

the Children of Israel.

[21] *"To the sons of Levi, behold! I have given every tithe in Israel as a heritage in exchange for their service that they perform, the service of the Tent of Meeting —* [22] *so that the Children of Israel shall not again approach the Tent of Meeting to bear a sin to die.* [23] *The Levite himself shall perform the service of the Tent of Meeting, and they shall bear their iniquity, an eternal decree for your generations; and among the Children of Israel they shall not inherit a heritage.* [24] *For the tithe of the Children of Israel that they set aside as a portion to* HASHEM *have I given to the Levites as a heritage; therefore have I said to them: Among the Children of Israel they shall not inherit a heritage."*

[25] HASHEM *spoke to Moses, saying,* [26] *"To the Levites shall you speak and you shall say to them: When you*

אונקלוס

בְּנֵי יִשְׂרָאֵל: כא וְלִבְנֵי לֵוִי הָא יְהָבִית כָּל מַעַשְׂרָא בְּיִשְׂרָאֵל לְאַחֲסָנָא חֲלַף פָּלְחָנְהוֹן דִּי אִנּוּן פָּלְחִין יָת פָּלְחַן מַשְׁכַּן זִמְנָא: כב וְלָא יִקְרְבוּן עוֹד בְּנֵי יִשְׂרָאֵל לְמַשְׁכַּן זִמְנָא לְקַבָּלָא חוֹבָא לִמְמָת: כג וְיִפְלְחוּן לֵוָאֵי אִנּוּן יָת פָּלְחַן מַשְׁכַּן זִמְנָא וְאִנּוּן יְקַבְּלוּן חוֹבֵיהוֹן קְיָם עָלַם לְדָרֵיכוֹן וּבְגוֹ בְּנֵי יִשְׂרָאֵל לָא יַחְסְנוּן אַחֲסָנָא: כד אֲרֵי יָת מַעַשְׂרָא דִבְנֵי יִשְׂרָאֵל דִּי יַפְרְשׁוּן קֳדָם יְיָ אַפְרָשׁוּתָא יְהָבִית לְלֵוָאֵי לְאַחֲסָנָא עַל כֵּן אֲמָרִית לְהוֹן בְּגוֹ בְּנֵי יִשְׂרָאֵל לָא יַחְסְנוּן אַחֲסָנָא: כה וּמַלִּיל יְיָ עִם מֹשֶׁה לְמֵימָר: כו וּלְלֵוָאֵי תְּמַלֵּל וְתֵימַר לְהוֹן אֲרֵי

רש"י

(כג) **והם.** הלוים ישאו עונם של ישראל שעליהם להזהיר הזרים מגשת אליהם: (כד) **אשר ירימו לה' תרומה.** הכתוב קראו תרומה עד שיפריש ממנו תרומת מעשר (סס):

RASHI ELUCIDATED

23. **וְהֵם – AND THEY, הַלְוִיִּם – the Levites, ,,יִשְׂאוּ עֲוֺנָם'' שֶׁל יִשְׂרָאֵל – "shall bear the iniquity" of Israel, שֶׁעֲלֵיהֶם – for it is** incumbent **upon them לְהַזְהִיר הַזָּרִים – to warn the aliens מִגֶּשֶׁת אֲלֵיהֶם – against approaching them.**[1]

24. **אֲשֶׁר יָרִימוּ לַה' תְּרוּמָה – THAT THEY SET ASIDE AS A PORTION FOR HASHEM. ,,תְּרוּמָה'' הַכָּתוּב קְרָאוֹ – Scripture calls [the tithe] *"terumah"* עַד שֶׁיַּפְרִישׁ מִמֶּנּוּ – until he separates from it תְּרוּמַת מַעֲשֵׂר – the *terumah* of the tithe.**[2]

portion in the Land of Israel, their exclusion from taking a share in spoils of war also applies only once they enter the Land. For we see from 31:29 below that Elazar the Kohen took a share of the spoils captured in the war against Midian, which took place while the Israelites were still in the wilderness (*Mizrachi; Sifsei Chachamim*).

1. The subject of the beginning of the verse is the singular "the Levite." The antecedents of the plural pronouns of וְהֵם יִשְׂאוּ עֲוֺנָם are thus unclear. Rashi explains that it means "[the Levites] shall bear the iniquity of the [Israelites]." It does not mean "[the Levites or Israelites] shall bear their own iniquity," for in general, it is assumed that an individual bears responsibility for his own sin. The Torah does not state this in all situations where it applies. Rather, the verse points out an exceptional situation, in which the Levites bear responsibility for the sins of others (*Imrei Shefer*).

2. *Sifrei* 119. תְּרוּמָה, "portion," of our verse seems superfluous. Furthermore, it seems incongruous, for it connotes something which has sanctity, while the tithe of the Levite, which is the subject of our verse, has no special sanctity. The word תְּרוּמָה here teaches us that the tithe of the Levite is sacred in that he may not partake of it, until the "*terumah* of the tithe" (see v. 26 below) has been set aside from it (see *Mizrachi; Mesiach Ilmim; Sifsei Chachamim;* see also *Asvan De-Oraysa* 2).

תִּקְחוּ מֵאֵת בְּנֵי־יִשְׂרָאֵל אֶת־
הַמַּעֲשֵׂר אֲשֶׁר נָתַתִּי לָכֶם מֵאִתָּם
בְּנַחֲלַתְכֶם וַהֲרֵמֹתֶם מִמֶּנּוּ תְּרוּמַת
כז יהוה מַעֲשֵׂר מִן־הַמַּעֲשֵׂר: וְנֶחְשַׁב
לָכֶם תְּרוּמַתְכֶם כַּדָּגָן מִן־
כח הַגֹּרֶן וְכַמְלֵאָה מִן־הַיָּקֶב: כֵּן
תָּרִימוּ גַם־אַתֶּם תְּרוּמַת יהוה

take from the Children of Israel the tithe that I have given you from them as your heritage, you shall set aside from it a portion to HASHEM, *a tithe from the tithe.*
27 Your set-aside portion shall be reckoned for you like the grain from the threshing-floor and like the ripeness of the vat. 28 So shall you, too, set aside HASHEM'S *portion*

אונקלוס

תִסְבוּן מִן בְּנֵי יִשְׂרָאֵל יָת מַעַשְׂרָא דִּי יְהָבִית לְכוֹן מִנְּהוֹן בְּאַחֲסַנְתְּכוֹן וְתַפְרְשׁוּן מִנֵּהּ אַפְרָשׁוּתָא קֳדָם יְיָ מַעַשְׂרָא מִן מַעַשְׂרָא: כז וְתִתְחַשַּׁב לְכוֹן אַפְרָשׁוּתְכוֹן כְּעִבּוּרָא מִן אִדְּרָא וְכִמְלֵאָתָא מִן מַעְצַרְתָּא: כח כֵּן תַּפְרְשׁוּן אַף אַתּוּן אַפְרָשׁוּתָא קֳדָם יְיָ

רש"י

(כז) ונחשב לכם תרומתכם כדגן מן הגרן. תרומת מעשר שלכם אסורה לזרים ולטמאים וחייבין עליה מיתה וחומש כתרומה גדולה שנקראת ראשית דגן מן הגורן: **וכמלאה מן היקב.** כתרומת תירוש ויצהר הניטלת מן היקבים: **מלאה.** לשון בישול תבואה שנתמלאת: **יקב.** הוא הבור שלפני הגת שהיין יורד לתוכו, וכל לשון יקב חפירת קרקע הוא, וכן יקבי המלך (זכריה יד:י) הוא ים אוקיינוס, חפירה שחפר מלכו של עולם: **(כח) כן תרימו גם אתם.** כמו שישראל מרימים מגרנם ומיקביהם תרימו גם אתם

RASHI ELUCIDATED

27. וְנֶחְשַׁב לָכֶם תְּרוּמַתְכֶם כַּדָּגָן מִן הַגֹּרֶן – YOUR SET-ASIDE PORTION SHALL BE RECKONED FOR YOU LIKE THE GRAIN FROM THE THRESHING-FLOOR. תְּרוּמַת מַעֲשֵׂר שֶׁלָּכֶם – Your *terumah* of the tithe אֲסוּרָה לְזָרִים – is forbidden to non-Kohanim וְלִטְמֵאִים – and to those who are impure even if they are Kohanim, **וְחַיָּבִין עָלֶיהָ מִיתָה וְחוֹמֶשׁ – and they are liable to the death penalty**[1] **and** payment of **a fifth**[2] **for it כִּתְרוּמָה גְדוֹלָה – as** for **"great *terumah*,"**[3] **שֶׁנִּקְרֵאת רֵאשִׁית דָּגָן מִן הַגֹּרֶן – which is called "the first of grain," from the threshing floor.**[4]

□ **וְכַמְלֵאָה מִן הַיָּקֶב – AND LIKE THE RIPENESS OF THE VAT,** that is, **כִּתְרוּמַת תִּירוֹשׁ וְיִצְהָר – like the *terumah* of wine and oil**[5] **הַנִּטֶּלֶת מִן הַיְקָבִים – which is taken from the vats.**

□ **מְלֵאָה – RIPENESS** [literally, "fullness"]. **לְשׁוֹן בִּשּׁוּל – This means "ripeness," תְּבוּאָה שֶׁנִּתְמַלֵּאת – produce which has become fully grown.**

□ **יֶקֶב – VAT. הוּא הַבּוֹר – It is the pit שֶׁלִּפְנֵי הַגַּת – which is in front of the winepress**[6] **שֶׁהַיַּיִן יוֹרֵד לְתוֹכוֹ – into which the wine descends. וְכָל לְשׁוֹן יֶקֶב חֲפִירַת קַרְקַע הוּא – Any instance of the word יֶקֶב means ground which has been dug. וְכֵן "יִקְבֵי הַמֶּלֶךְ"**[7] **– Similarly,** when the prophet says **"excavations of the King,"**[7] **הוּא יָם אוֹקְיָנוֹס – it means the ocean, חֲפִירָה שֶׁחָפַר מַלְכּוֹ שֶׁל עוֹלָם – an excavation that the King of the World has dug.**

28. כֵּן תָּרִימוּ גַם אַתֶּם – SO SHALL YOU, TOO, SET ASIDE. כְּמוֹ שֶׁיִּשְׂרָאֵל מְרִימִים – Just as Israelites, i.e., those who are neither Kohanim nor Levites, **set aside *terumah* מִגָּרְנָם וּמִיִּקְבֵיהֶם – from their threshing-floors and from their vats, תָּרִימוּ גַם אַתֶּם – you, *too,* shall set aside**

1. A non-Kohen, or one who is impure, who intentionally eats *terumah* is subject to death by the Heavenly Court; see *Leviticus* 22:9 and Rashi there, *Sanhedrin* 83b and Rashi there, s.v., לימא.

2. A non-Kohen who unintentionally eats terumah must replace the fruits he has eaten, plus an additional fifth; see *Leviticus* 22:14 and Rashi there. The method for determining a "fifth" is explained in note 7 on page 42 above.

3. See note 7 to verse 12 above.

4. The great *terumah* is called "the best of your wine and grain, their first" (v. 12 above, see Rashi there). The phrase "like *the* grain from the threshing floor" implies that the verse makes a comparison between *terumah* of the tithe and some other grain which Scripture describes in terms of its status at the threshing-floor. This is great *terumah*, which is described as "first," because, unlike *terumah* of the tithe, it is separated from the crop while it is still at the threshing floor (*Be'er Mayim Chaim; Be'er BaSadeh*).

5. "Ripeness" here is seen as the equivalent of the wine and oil mentioned in verse 12 with regard to great *terumah*.

6. The word applies to the pit in front of an olive-press, as well, as can be seen from *Joel* 2:24.

7. *Zechariah* 14:10; see Rashi there, and to *Isaiah* 5:2, s.v., וְגַם יֶקֶב חָצֵב בּוֹ.

מִכֹּל מַעְשְׂרֹתֵיכֶם אֲשֶׁר תִּקְחוּ
מֵאֵת בְּנֵי יִשְׂרָאֵל וּנְתַתֶּם מִמֶּנּוּ
אֶת־תְּרוּמַת יהוה לְאַהֲרֹן הַכֹּהֵן:
כט מִכֹּל מַתְּנֹתֵיכֶם תָּרִימוּ אֵת כָּל־
תְּרוּמַת יהוה מִכָּל־חֶלְבּוֹ אֶת־
ל מִקְדְּשׁוֹ מִמֶּנּוּ: מפטיר וְאָמַרְתָּ אֲלֵהֶם
בַּהֲרִימְכֶם אֶת־חֶלְבּוֹ מִמֶּנּוּ וְנֶחְשַׁב
לַלְוִיִּם כִּתְבוּאַת גֹּרֶן וְכִתְבוּאַת
לא יָקֶב: וַאֲכַלְתֶּם אֹתוֹ בְּכָל־מָקוֹם
אַתֶּם וּבֵיתְכֶם כִּי־שָׂכָר הוּא לָכֶם
לב חֵלֶף עֲבֹדַתְכֶם בְּאֹהֶל מוֹעֵד: וְלֹא־

from all your tithes that you take from the Children of Israel, and from it you shall give the portion of HASHEM *to Aaron the Kohen.* [29] *From all your gifts you shall set aside all of* HASHEM'S *portion, from all its best part, its sacred part from it.*

[30] *"You shall say to them: 'Through your setting aside its best from it, it shall be considered for the Levites like the produce of the threshing-floor and the produce of the vat.* [31] *You may eat it everywhere, you and your household, for it is a wage for you in exchange for your service in the Tent of Meeting.* [32] *You shall not*

אונקלוס

מִכֹּל מַעַשְׂרָתֵיכוֹן דִּי תִסְּבוּן מִן בְּנֵי יִשְׂרָאֵל וְתִתְּנוּן מִנֵּהּ יָת אַפְרָשׁוּתָא קֳדָם יְיָ לְאַהֲרֹן כַּהֲנָא: כט מִכֹּל מַתְּנָתֵיכוֹן תַּפְרְשׁוּן יָת כָּל אַפְרָשׁוּתָא דַיְיָ מִכָּל שׁוּפְרֵהּ יָת מַקְדְּשֵׁהּ מִנֵּהּ: ל וְתֵימַר לְהוֹן בְּאַפְרָשׁוּתְכוֹן יָת שׁוּפְרֵהּ מִנֵּהּ וְיִתְחַשַּׁב לְלֵוָאֵי כַּעֲלַלַת אִדְּרָא וְכַעֲלָלַת מַעְצַרְתָּא: לא וְתֵיכְלוּן יָתֵהּ בְּכָל אֲתַר אַתּוּן וֶאֱנָשׁ בָּתֵּיכוֹן אֲרֵי אַגְרָא הוּא לְכוֹן חֲלַף פָּלְחַנְכוֹן בְּמַשְׁכַּן זִמְנָא: לב וְלָא

רש"י

ממעשר שלכם, כי הוא נחלתכם: **(כט) מכל מתנתיכם תרימו את כל תרומת ה'.** בתרומה גדולה הכתוב מדבר (ספרי קכא) שאם הקדים לוי את הכהן בכרי וקבל מעשרותיו קודם שיטול כהן תרומה גדולה מן הכרי, צריך להפריש הלוי מן המעשר תחלה אחד מחמשים לתרומה גדולה, ויחזור ויפריש תרומת מעשר (ברכות מז.־מז:): **(ל) בהרימכם את חלבו ממנו.** לאחר שתרימו תרומת מעשר ממנו, ונחשב המותר ללוים חולין גמורין, כתבואת גרן לישראל.

RASHI ELUCIDATED

מִמַּעֲשֵׂר שֶׁלָּכֶם – from your tithe, כִּי הוּא נַחֲלַתְכֶם – for it is your heritage.[1]

29. מִכֹּל מַתְּנֹתֵיכֶם תָּרִימוּ אֵת כָּל תְּרוּמַת ה׳ – FROM ALL YOUR GIFTS YOU SHALL SET ASIDE ALL OF HASHEM'S PORTION.[2] **בִּתְרוּמָה גְדוֹלָה הַכָּתוּב מְדַבֵּר – The verse speaks of "great *terumah*,"**[2] **שֶׁאִם הִקְדִּים לֵוִי אֶת הַכֹּהֵן בִּכְרִי – that if a Levite went ahead of the Kohen at the heap** of harvest grain, **וְקִבֵּל מַעְשְׂרוֹתָיו – and received his tithes קוֹדֶם שֶׁיִּטּוֹל כֹּהֵן תְּרוּמָה גְדוֹלָה – before the Kohen would take "great *terumah*" מִן הַכְּרִי – from the heap, צָרִיךְ לְהַפְרִישׁ הַלֵּוִי מִן הַמַּעֲשֵׂר תְּחִלָּה – the Levite must first separate from the tithe אֶחָד מֵחֲמִשִּׁים – one** part **in fifty לִתְרוּמָה גְדוֹלָה – for "great *terumah*,"**[3] **וְיַחֲזוֹר וְיַפְרִישׁ תְּרוּמַת מַעֲשֵׂר – and go back and separate "*terumah* of the tithe."**[4]

30. בַּהֲרִימְכֶם אֶת חֶלְבּוֹ מִמֶּנּוּ – THROUGH YOUR SETTING ASIDE ITS BEST FROM IT. לְאַחַר שֶׁתָּרִימוּ תְּרוּמַת מַעֲשֵׂר מִמֶּנּוּ – After[5] **you will have raised up "*terumah* of the tithe" from it, "וְנֶחְשַׁב" הַמּוֹתָר – the rest of it "shall be considered "לַלְוִיִּם" – for the Levites" חֻלִּין גְּמוּרִין – completely without sanctity "כִּתְבוּאַת גֹּרֶן" – "like the produce of the threshing floor"** is **לְיִשְׂרָאֵל – for Israelites.**

1. This is the point of comparison between the *terumah* of the Israelites and that of the Levites; just as the Israelites give of their heritage – the produce of the Land of Israel – so, too, the Levites give of their heritage, their tithe (*Gur Aryeh*).

2. *Sifrei* 121. See note 7 to verse 12 above.

3. See Rashi to *Deuteronomy* 18:4, s.v., רֵאשִׁית דְּגָנְךָ.

4. *Berachos* 47a-b. The phrase "all of HASHEM's portion" implies that the verse speaks of a *terumah* in addition to the *terumah* of the tithe spoken of above (Rashi to *Berachos* 47b, s.v., מכל מעשרותיכם).

Alternatively, the verse speaks of a *terumah* which is to be taken from that which has already been given as a Torah-ordained "gift." It cannot refer to "*terumah* of the tithe," for that has been dealt with in the preceding verse. It therefore speaks of a situation in which a Levite must take "great *terumah*" from his tithe. This situation arises when the Levite took his tithe before the Israelite from whom he took it set aside "great *terumah*" (*Mizrachi; Sifsei Chachamim*).

5. The ב prefix is not used here in the sense of "during"; the verse does not mean that *during* the process of raising up the "*terumah* of the tithe," the tithe has the same status as an Israelite's produce. Rather, the ב is used as "as a result of" or "because of"; the tithe becomes profane only after *terumah* has been separated

תִשְׂאוּ עָלָיו֙ חֵ֔טְא בַּהֲרִֽימְכֶ֥ם אֶת־חֶלְבּ֖וֹ מִמֶּ֑נּוּ וְאֶת־קָדְשֵׁ֧י בְנֵֽי־יִשְׂרָאֵ֛ל לֹ֥א תְחַלְּל֖וּ וְלֹ֥א תָמֽוּתוּ: פפפ

bear a sin because of it when you set aside its best from it; and the sanctities of the Children of Israel you shall not desecrate, and you shall not die.'"

THE HAFTARAH FOR KORACH APPEARS ON PAGE 442.
When Rosh Chodesh Tammuz coincides with Korach, the regular Maftir and Haftarah are replaced with the readings for Shabbas Rosh Chodesh, page 453.

אונקלוס

תְקַבְּלוּן עֲלוֹהִי חוֹבָא בְּאַפְרָשׁוּתְכוֹן יָת שׁוּפְרֵהּ מִנֵּהּ וְיָת קוּדְשַׁיָּא דִבְנֵי יִשְׂרָאֵל לָא תְחַלּוּן וְלָא תְמוּתוּן:

רש"י

שלא תאמר הואיל וקראו הכתוב תרומה, שנאמר כי את מעשר בני ישראל אשר ירימו לה' תרומה (לעיל פסוק כד) יכול יהא כולו אסור, ת"ל ונחשב ללוים כתבואת גרן, מה של ישראל חולין אף של לוי חולין (ספרי קכב): (לא) בכל מקום. אפילו בבית הקברות (שם; יבמות פו:): (לב) ולא תשאו עליו חטא וגו'. הא אם לא תרימו תשאו חטא: ולא תמותו. הא אם תחללו תמותו:

RASHI ELUCIDATED

שֶׁלֹּא תֹאמַר – This is stated by the verse **so that you should not say:** הוֹאִיל וּקְרָאוֹ הַכָּתוּב תְּרוּמָה – **Since Scripture has termed it *terumah*,** שֶׁנֶּאֱמַר – **as it says,** ,,כִּי אֶת מַעְשַׂר בְּנֵי יִשְׂרָאֵל אֲשֶׁר יָרִימוּ לַה' תְּרוּמָה" – **"For the tithe of the Children of Israel that they set aside as a portion (*terumah*) to Hashem,"**[1] יָכוֹל – **one might be able** to think יְהֵא כֻּלּוֹ אָסוּר – that **all of it should be forbidden,** just as a Levite may not eat *terumah*.[2] תַּלְמוּד לוֹמַר – To teach us otherwise, **the Torah says,** ,,וְנֶחְשַׁב לַלְוִיִּם כִּתְבוּאַת גֹּרֶן" – **"It shall be considered for the Levites like the produce of the threshing-floor,"** which implies, מַה שֶּׁל יִשְׂרָאֵל חֻלִּין – **just as that which belongs to an Israelite has no sanctity,** אַף שֶׁל לֵוִי חֻלִּין[3] – **so, too, that which belongs to a Levite has no sanctity.**[3]

31. בְּכָל מָקוֹם – EVERYWHERE, אֲפִילוּ בְּבֵית הַקְּבָרוֹת[4] – **even in a cemetery.**[4]

32. וְלֹא תִשְׂאוּ עָלָיו חֵטְא וְגוֹמֵר – YOU SHALL NOT BEAR A SIN BECAUSE OF IT, ETC. הָא אִם לֹא תָרִימוּ – **But if you shall not set aside the tithe,** תִּשְׂאוּ חֵטְא – **you shall bear sin.**[5]

□ וְלֹא תָמוּתוּ – AND YOU SHALL NOT DIE. This implies הָא אִם תְּחַלְּלוּ – **but if you do desecrate,**[6] תָּמוּתוּ – **you shall die.**[7]

from it. Another example of this usage is the word בַּחֲמִשָּׁה, "because of the five," in *Genesis* 18:28 (*Mizrachi*).

1. Above v. 24.

2. We would have thought that the Torah granted it to the Levites only so that they might sell it to the Kohanim and benefit from the proceeds (*Be'er Mayim Chaim*).

3. *Sifrei* 122.

4. *Sifrei* 122; *Yevamos* 86b. This is unlike *terumah*, which may be eaten only in purity.

5. It is obvious that if one carries out the commandment to set aside *terumah*, he shall not bear sin. It is equally obvious that if he does not fulfill the commandment, he is sinning. The verse is teaching us that if a Levite eats of his tithe without *terumah* of the tithe having been separated, he bears a sin, for which he will die (see *Mizrachi; Sifsei Chachamim; Sefer HaMitzvos* of the *Rambam*, negative commandments, no. 153).

The verse states the possibility of sin indirectly to express confidence that Israel will obey God's commandments, and no evil will befall them (*Be'er Mayim Chaim*).

6. That is, if you do eat the tithe without having set aside the *terumah*.

7. The verse states the death penalty indirectly to indicate that it speaks of מִיתָה בִּידֵי שָׁמַיִם, "death meted out by the Heavenly Tribunal," and not מִיתָה בִּידֵי אָדָם, "death meted out by the earthly court" (*Gur Aryeh*).

פרשת חקת
Parashas Chukas

19 [1] HASHEM spoke to Moses and to Aaron, saying: [2] This is the statute of the Torah, which HASHEM has commanded, saying: Speak to the Children of Israel, and they shall take to you a perfectly red cow, which has no blemish, upon which a yoke has not come. [3] You shall give it to Elazar the Kohen; he shall take it

יט א וַיְדַבֵּר יהוה אֶל־מֹשֶׁה וְאֶל־אַהֲרֹן
ב לֵאמֹר: זֹאת חֻקַּת הַתּוֹרָה אֲשֶׁר־
צִוָּה יהוה לֵאמֹר דַּבֵּר ׀ אֶל־בְּנֵי
יִשְׂרָאֵל וְיִקְחוּ אֵלֶיךָ פָרָה אֲדֻמָּה
תְּמִימָה אֲשֶׁר אֵין־בָּהּ מוּם אֲשֶׁר
ג לֹא־עָלָה עָלֶיהָ עֹל: וּנְתַתֶּם אֹתָהּ
אֶל־אֶלְעָזָר הַכֹּהֵן וְהוֹצִיא אֹתָהּ

אונקלוס

א וּמַלִּיל יְיָ עִם מֹשֶׁה וְעִם אַהֲרֹן לְמֵימַר: ב דָּא גְּזֵרַת אוֹרָיְתָא דִּי פַקִּיד יְיָ לְמֵימַר מַלֵּל עִם בְּנֵי יִשְׂרָאֵל וְיִסְּבוּן לָךְ תּוֹרְתָא סְמוֹקְתָא שַׁלְמְתָא דִּי לֵית בַּהּ מוּמָא דִּי לָא סְלֵיק עֲלַהּ נִירָא: ג וְתִתְּנוּן יָתַהּ לְאֶלְעָזָר כַּהֲנָא וְיַפֵּק יָתַהּ

רש"י

(ב) **זאת חקת התורה.** לפי שהשטן ואומות העולם מונין את ישראל לומר מה המצוה הזאת (תנחומא ז), ומה טעם יש בה, לפיכך כתב בה חקה, גזרה היא מלפני אין לך רשות להרהר אחריה (תנחומא ח): **ויקחו אליך.** לעולם היא נקראת על שמך פרה שעשה משה במדבר: **אדמה תמימה.** שתהא תמימה באדמימות (ספרי קכג) שאם היו בה שתי שערות שחורות פסולה (פרה ב:ה): (ג) **אלעזר.** מצותה בסגן (ספרי שם):

RASHI ELUCIDATED

19.

2. זֹאת חֻקַּת הַתּוֹרָה — THIS IS THE STATUTE OF THE TORAH. לְפִי שֶׁהַשָּׂטָן — **Because the Accuser** וְאֻמּוֹת הָעוֹלָם — **and the nations of the world** מוֹנִין אֶת יִשְׂרָאֵל — **aggrieve Israel** לוֹמַר — **by saying,** מַה הַמִּצְוָה הַזֹּאת[1] — **"What is this commandment?"**[1] וּמַה טַּעַם יֵשׁ בָּהּ — **and "What reason is there to it?"**[2] לְפִיכָךְ כָּתַב בָּהּ — **therefore [Scripture] wrote of it** חֻקָּה — **"statute,"** which implies, גְּזֵרָה הִיא מִלְּפָנַי — **"It is a decree from before Me,** i.e., which I have issued; אֵין לְךָ רְשׁוּת לְהַרְהֵר אַחֲרֶיהָ[3] — **you do not have the right to reflect upon it,** i.e., to question it."[3]

□ וְיִקְחוּ אֵלֶיךָ — AND THEY SHALL TAKE TO YOU. לְעוֹלָם הִיא נִקְרֵאת עַל שִׁמְךָ — **It shall eternally be called by your name,** i.e., be ascribed to you — פָּרָה שֶׁעָשָׂה מֹשֶׁה בַּמִּדְבָּר — **"the cow that Moses prepared in the wilderness."**[4]

□ אֲדֻמָּה תְּמִימָה — PERFECTLY RED. This means שֶׁתְּהֵא תְמִימָה בְּאַדְמִימוּת[5] — **that it should be perfect in redness,**[5] שֶׁאִם הָיוּ בָהּ שְׁתֵּי שְׂעָרוֹת שְׁחוֹרוֹת — **that if there were in it** as few as **two black hairs,** פְּסוּלָה[6] — **it is disqualified.**[6]

3. אֶלְעָזָר — ELAZAR. מִצְוָתָהּ בַּסְּגָן[7] — **Its commandment is** to be carried out **by the deputy** to the Kohen Gadol.[7]

---

1. *Tanchuma* 7. That is, they question the contradictory nature of the commandment: It purifies those who are impure through contact with the dead, yet it renders impure those who prepare its ashes (see vv. 7 and 10 below; *Imrei Shefer*).

2. That is, they question why it should have the effect of purifying at all (*Imrei Shefer*).

3. *Tanchuma* 8; see also *Yoma* 67b and Rashi there, s.v., חוק.

4. Verse 1 states that here God is addressing both Moses and Aaron. Accordingly, "you shall give" of verse 3 is expressed by the plural verb וּנְתַתֶּם. Yet here "to you" is expressed by the singular אֵלֶיךָ rather than the plural אֲלֵיכֶם. This teaches us that the cow is associated with Moses in particular (*Devek Tov*).

All future red cows were ascribed to Moses in that their ashes had some of the ashes of the cow that Moses prepared mixed with them (*Biurei Maharia*; see also Rashi to *Pesachim* 78a, s.v., מכל חטאות, and to *Yoma* 4a, s.v., מכל חטאות).

5. *Sifrei* 123.

6. *Parah* 2:5. According to this interpretation, the words אֲדֻמָּה and תְּמִימָה do not describe two distinct qualities, "red, perfect (blemish-free)," for the verse goes on to state explicitly "which has no blemish." Therefore, "perfect" must modify "red" (*Mizrachi; Sifsei Chachamim;* see note 11 on page 234 below).

7. *Sifrei* 123. The verse mentions Elazar, the deputy to the Kohen Gadol ("High Priest"), specifically, to exclude the Kohen Gadol or other Kohanim. It was only the procedure of this particular red cow which had to be carried out under the supervision of the deputy. There is a dispute in the Talmud (*Yoma* 42b) with regard to subsequent red cows. One opinion holds that they were under the supervision of the Kohen Gadol, while

to the outside of the camp and someone shall slaughter it in his presence. [4] Elazar the Kohen shall take some of its blood with his forefinger, and sprinkle some of its blood toward the front of the Tent of Meeting seven times. [5] Someone shall burn the cow before his eyes — its hide, and its flesh, and its blood, with its waste, shall he burn. [6] The Kohen shall take cedar wood, hyssop, and a crimson [tongue of] wool, and he shall throw them into the burning of the cow.

[7] The Kohen shall immerse his clothing

אֶל־מִחוּץ לַמַּחֲנֶה וְשָׁחַט אֹתָהּ
ד לְפָנָיו: וְלָקַח אֶלְעָזָר הַכֹּהֵן מִדָּמָהּ
בְּאֶצְבָּעוֹ וְהִזָּה אֶל־נֹכַח פְּנֵי אֹהֶל־
ה מוֹעֵד מִדָּמָהּ שֶׁבַע פְּעָמִים: וְשָׂרַף
אֶת־הַפָּרָה לְעֵינָיו אֶת־עֹרָהּ וְאֶת־
בְּשָׂרָהּ וְאֶת־דָּמָהּ עַל־פִּרְשָׁהּ
ו יִשְׂרֹף: וְלָקַח הַכֹּהֵן עֵץ אֶרֶז וְאֵזוֹב
וּשְׁנִי תוֹלָעַת וְהִשְׁלִיךְ אֶל־תּוֹךְ
ז שְׂרֵפַת הַפָּרָה: וְכִבֶּס בְּגָדָיו הַכֹּהֵן

אונקלוס

לְמִבָּרָא לְמַשְׁרִיתָא וְיִכּוֹס יָתַהּ קֳדָמוֹהִי: ד וְיִסַּב אֶלְעָזָר כַּהֲנָא מִדְּמַהּ בְּאֶצְבְּעֵהּ וְיַדֵּי לָקֳבֵל אַפֵּי מַשְׁכַּן זִמְנָא מִדְּמַהּ שְׁבַע זִמְנִין: ה וְיוֹקֵד יָת תּוֹרְתָא לְעֵינוֹהִי יָת מַשְׁכַּהּ וְיָת בִּשְׂרַהּ וְיָת דְּמַהּ עַל אֻכְלַהּ יוֹקֵד: ו וְיִסַּב כַּהֲנָא אָעָא דְאַרְזָא וְאֵזוֹבָא וּצְבַע זְהוֹרִי וְיִרְמֵי לְגוֹ יְקִידַת תּוֹרְתָא: ז וִיצַבַּע לְבוּשׁוֹהִי כַּהֲנָא

רש"י

אל מחוץ למחנה. חוץ לשלש מחנות (יומא סח.): **ושחט אתה לפניו.** זר שוחט ואלעזר רואה (ספרי שם; יומא מב.): **(ד) אל נכח פני אהל מועד.** עומד במזרחו של ירושלים ומתכוין ורואה פתחו של היכל בשעת הזאת הדם (שם):

RASHI ELUCIDATED

□ אֶל מִחוּץ לַמַּחֲנֶה – **TO THE OUTSIDE OF THE CAMP,** that is, חוּץ לְשָׁלֹשׁ מַחֲנוֹת[1] – **outside three camps.**[1]

□ וְשָׁחַט אֹתָהּ לְפָנָיו – **AND SOMEONE** [literally, "and he"] **SHALL SLAUGHTER IT IN HIS PRESENCE.** זָר שׁוֹחֵט – **A non-Kohen may slaughter,** וְאֶלְעָזָר רוֹאֶה[2] – **and Elazar watches.**[2]

4. אֶל נֹכַח פְּנֵי אֹהֶל מוֹעֵד – **TOWARD THE FRONT OF THE TENT OF MEETING.** עוֹמֵד בְּמִזְרָחוֹ שֶׁל יְרוּשָׁלַיִם – **He stands to the east of Jerusalem,**[3] וּמִתְכַּוֵּן – **aligns himself,** וְרוֹאֶה פִּתְחוֹ שֶׁל הֵיכָל – **and looks at the entrance of the Sanctuary** בִּשְׁעַת הַזָּאַת הַדָּם[4] – **during the sprinkling of the blood.**[4]

another holds that they could be supervised by any Kohen (*Gur Aryeh; Sifsei Chachamim*).

1. *Yoma* 68a. The Israelites had three camps in the wilderness. The grounds of the Tabernacle were the Camp of the *Shechinah*. The Camp of the Levites was located around the perimeter of the grounds of the Tabernacle. Around it was the Camp of Israel. After the *Beis HaMikdash* was built in Jerusalem, the area from *Ezras Yisrael* (the part of the Courtyard of the *Beis HaMikdash* in which Israelite men who were neither Kohanim nor Levites were allowed to enter) and inward, including the Sanctuary, constituted the Camp of the *Shechinah*. The Camp of the Levites comprised the rest of the Temple Mount. The rest of Jerusalem within the city walls was the Camp of Israel.

The term מִחוּץ לַמַּחֲנֶה also appears in *Leviticus* 16:27, where it is understood to mean outside all three camps. The Talmud (*Yoma* 68a) derives that our verse also means outside all three camps through a *gezeirah shavah* (one of the thirteen principles by which the Torah is expounded – the application of a law given in the context of one passage, to a different passage, by virtue of similar terminology in the two passages).

2. *Sifrei* 123; *Yoma* 42a. "In his presence" implies that Elazar watches the slaughter rather than performs it. Since the verse does not specify who shall slaughter, it implies that even a non-Kohen may do so (*Mizrachi; Sifsei Chachamim*). Furthermore, had Elazar been the subject of "he shall slaughter it," the next verse could have begun "*he* shall take some of its blood," without mentioning Elazar by name.

3. Although the verse speaks of Elazar supervising the burning of the first red cow in the wilderness, nevertheless, Rashi explains the verse in the terms appropriate to the red cows that are destined to be burnt during the Temple eras. This shifting from Tabernacle to Temple is very common in the Talmud and in Rashi's commentary. For other examples see 18:2 above where Rashi speaks of the Temple gates; v. 9 below where Rashi again describes the preparation of the red cow in Jerusalem; and *Leviticus* 16:18 where Rashi mentions the *Heichal* instead of the Tabernacle.

4. *Sifrei* 123. The verse does not mean that the Kohen must bring the blood from the place of slaughter to a place immediately in front of the entrance of the Sanctuary, and sprinkle from that spot. It means that he must be facing the entrance, although he stands at a distance (*Be'er BaSadeh*).

וְרָחַ֥ץ בְּשָׂר֖וֹ בַּמָּ֑יִם וְאַחַ֖ר יָבֹ֣א
אֶל־הַֽמַּחֲנֶ֑ה וְטָמֵ֥א הַכֹּהֵ֖ן עַד־
ח הָעָֽרֶב׃ וְהַשֹּׂרֵ֣ף אֹתָ֔הּ יְכַבֵּ֤ס בְּגָדָיו֙
בַּמַּ֔יִם וְרָחַ֥ץ בְּשָׂר֖וֹ בַּמָּ֑יִם וְטָמֵ֖א
ט עַד־הָעָֽרֶב׃ וְאָסַ֣ף ׀ אִ֣ישׁ טָה֗וֹר אֵ֚ת
אֵ֣פֶר הַפָּרָ֔ה וְהִנִּ֛יחַ מִח֥וּץ לַֽמַּחֲנֶ֖ה

and immerse his flesh in water, and afterwards he may enter into the camp; and the Kohen shall be impure until evening.
[8] The one who burns it shall immerse his clothing and immerse his flesh in water; and he shall be impure until evening.
[9] A pure man shall gather the ash of the cow and place it outside the camp

אונקלוס

וְיַסְחֵי בִשְׂרֵהּ בְּמַיָּא וּבָתַר כֵּן יֵיעוּל לְמַשְׁרִיתָא וִיהֵי מְסָאַב כַּהֲנָא עַד רַמְשָׁא: ח וּדְמוֹקֵד יָתַהּ יְצַבַּע לְבוּשׁוֹהִי בְּמַיָּא וְיַסְחֵי בִשְׂרֵהּ בְּמַיָּא וִיהֵי מְסָאַב עַד רַמְשָׁא: ט וְיִכְנוֹשׁ גְּבַר דְּכֵי יָת קִטְמָא דְתוֹרְתָא וְיַצְנַע מִבָּרָא לְמַשְׁרִיתָא

רש״י

(ז) אל המחנה. למחנה שכינה, שאין טמא משולח חוץ לשתי מחנות אלא זב ובעל קרי ומצורע (פסחים סז.): **וטמא הכהן עד הערב.** סרסהו ודרשהו, וטמא עד הערב ואחר יבא אל המחנה: **(ט) והניח מחוץ למחנה.** לשלשה חלקים מחלקה. אחד נתן בהר המשחה, ואחד מתחלק לכל המשמרות, ואחד נתן בחיל (ספרי קכד; פרה ג:יא). זה של משמרות היה [חוץ לעזרה] ליטול ממנו בני העיירות [ו]כל הצריכין להטהר. [וזה שבהר המשחה כהנים גדולים לפרות אחרות מקדשין הימנה].

RASHI ELUCIDATED

7. אֶל הַמַּחֲנֶה – INTO THE CAMP. לְמַחֲנֵה שְׁכִינָה – Into the Camp of the *Shechinah,* [1] **שֶׁאֵין טָמֵא מְשֻׁלָּח חוּץ לִשְׁתֵּי מַחֲנוֹת – for one who is impure is not sent out of two camps,** the Camp of the *Shechinah* and the Camp of the Levites, **אֶלָּא זָב – except a *zav,*** [2] **וּבַעַל קֶרִי – and a *ba'al keri,*** [3] **וּמְצוֹרָע**[4] **– and one who suffers *tzara'as.*** [4]

□ **וְטָמֵא הַכֹּהֵן עַד הָעָרֶב – AND THE KOHEN SHALL BE IMPURE UNTIL EVENING. סָרְסֵהוּ – Invert [the wording of the verse], וְדָרְשֵׁהוּ – and expound it** as follows: **וְטָמֵא עַד הָעֶרֶב – "And he will be impure until evening, וְאַחַר יָבֹא אֶל הַמַּחֲנֶה – and afterwards he may enter into the camp."**[5]

9. וְהִנִּיחַ מִחוּץ לַמַּחֲנֶה – AND PLACE IT OUTSIDE THE CAMP. לִשְׁלֹשָׁה חֲלָקִים מְחַלְּקָהּ – He would divide it into three parts: אֶחָד נָתַן בְּהַר הַמִּשְׁחָה – One part **he put on the Mount of Oil,** i.e., the Mount of Olives; **וְאֶחָד מִתְחַלֵּק לְכָל הַמִּשְׁמָרוֹת – and one** part **was divided among all of the watches;**[6] **וְאֶחָד נָתַן בַּחֵיל**[7] **– and one** part **he put in the *Chail.*** [7] **זֶה שֶׁל מִשְׁמָרוֹת – This** part, **of the watches, הָיָה {חוּץ לָעֲזָרָה} – was** kept **{outside the Courtyard,} לִטּוֹל מִמֶּנּוּ בְּנֵי הָעֲיָרוֹת {וְ}כָל הַצְּרִיכִין לְהִטָּהֵר – so that townspeople, {and} all who needed to be purified should take from it; {וְזֶה שֶׁבְּהַר הַמִּשְׁחָה – and this** part **that was on the Mount of Oil, כֹּהֲנִים גְּדוֹלִים לְפָרוֹת אֲחֵרוֹת מְקַדְּשִׁין הֵימֶנָּה – Kohanim Gedolim would sanctify themselves from it for** performing the procedure of burning **other red cows;}**[8]

1. In verse 3, "the camp" was used for the entire area in which the Israelites resided, even the Camp of Israel. But here it refers to the Camp of the *Shechinah* alone, for it was only into this camp that the Kohen who officiated in the burning of the cow was forbidden to enter while he was impure (*Be'er Mayim Chaim*).

2. One who is impure because of genital discharge; see *Leviticus* ch. 15.

3. One who is impure because of seminal emission; see *Leviticus* 15:16-18.

4. *Pesachim* 67a. *Tzara'as* is a disease whose sufferer becomes ritually impure; see *Leviticus* chs. 13 and 14.

The laws regarding which camps the various types of impure individuals may or may not enter are discussed by Rashi in his comments to 5:2 above. Only those whose impurity emanates from their physical state must leave the Camp of the Levites, as well as the Camp of the *Shechinah* (*Mesiach Ilmim; Maskil LeDavid*).

5. It was because of his impurity that the Kohen was forbidden to enter the Camp of the *Shechinah* in the first place. It is inconceivable that he would be allowed to re-enter while he is still considered impure (*Gur Aryeh; Kitzur Mizrachi*).

Rashi follows his earlier comment to our verse, that "the camp" here means the Camp of the Shechinah. Thus, the verse must be inverted, for one who is impure may never enter that camp. Had "the camp" included the Camp of Israel, as it does in verse 3, the verse need not have been inverted. It would have meant that the Kohen may enter the Camp of Israel after having immersed himself in a *mikveh*, even though he would remain impure until evening.

6. The Kohanim were divided into twenty-four family groupings called "watches." These watches officiated in the *Beis HaMikdash,* one watch per week according to a fixed rotation.

7. *Sifrei* 124; *Parah* 3:11. The *Chail* was the area immediately outside the wall of the Courtyard of the *Beis HaMikdash*.

8. The Kohen who officiated at the burning of a red cow would undergo a seven-day sanctification procedure beforehand. Part of the procedure entailed being

בְּמָקוֹם טָהוֹר וְהָיְתָה לַעֲדַת בְּנֵי־
יִשְׂרָאֵל לְמִשְׁמֶרֶת לְמֵי נִדָּה חַטָּאת
י הִוא: וְכִבֶּס הָאֹסֵף אֶת־אֵפֶר הַפָּרָה
אֶת־בְּגָדָיו וְטָמֵא עַד־הָעָרֶב וְהָיְתָה
לִבְנֵי יִשְׂרָאֵל וְלַגֵּר הַגָּר בְּתוֹכָם

in a pure place. It shall be for the assembly of Israel as a safekeeping, for water of sprinkling; it is a purifier. 10 *The one who gathers the ash of the cow shall immerse his clothing and be impure until evening. It shall be for the Children of Israel and for the convert who dwells among them*

אונקלוס

בַּאֲתַר דְּכֵי וּתְהֵי לִכְנִשְׁתָּא דִבְנֵי יִשְׂרָאֵל לְמַטְּרָא לְמֵי אַדָּיוּתָא חַטָּאתָא הִיא: י וִיצַבַּע דִּמְכְנִישׁ יָת קִטְמָא דְתוֹרְתָא יָת לְבוּשׁוֹהִי וִיהֵי מְסָאַב עַד רַמְשָׁא וּתְהֵי לִבְנֵי יִשְׂרָאֵל וּלְגִיּוֹרַיָּא דְיִתְגַּיְּרוּן בֵּינֵיהוֹן

רש"י

וזה שבחיל נתון למשמרת מגזרת הכתוב, שנאמר והיתה לעדת בני ישראל למשמרת (תוספתא פרה ג:ח): **למי נדה.** למי הזיה, כמו וידו אבן בי (איכה ג:נג). לידות את קרנות הגוים (זכריה ב:ד). לשון זריקה: **חטאת הוא.** לשון חטוי כפשוטו. ולפי הלכותיו, קראה הכתוב חטאת לומר שהיא כקדשים להאסר בהנאה (ספרי שם; מנחות נא:):

RASHI ELUCIDATED

וְזֶה שֶׁבַּחֵיל – **and this** part **that was in the** ***Chail*** נָתוּן לְמִשְׁמֶרֶת – **was put** there **as a safekeeping** מִגְּזֵרַת הַכָּתוּב – **by decree of Scripture,** שֶׁנֶּאֱמַר – **as it says,** "וְהָיְתָה לַעֲדַת בְּנֵי יִשְׂרָאֵל לְמִשְׁמֶרֶת"[1] – **"It shall be for the Assembly of Israel as a safekeeping."**[1]

□ לְמֵי נִדָּה – This means לְמֵי הַזָּיָה – **for water of sprinkling.**[2] כְּמוֹ "וַיַּדּוּ אֶבֶן בִּי"[3] – It is **like** וַיַּדּוּ in, **"They threw a stone at me,"**[3] "לְיַדּוֹת אֶת קַרְנוֹת הַגּוֹיִם"[4] – and לְיַדּוֹת in, **"to cast away the horns of the nations."**[4] לְשׁוֹן זְרִיקָה – **It means "throwing."**[5]

□ חַטָּאת הוּא – IT IS A PURIFIER. לְשׁוֹן חִטּוּי – The word חַטָּאת **connotes "purifying"** כִּפְשׁוּטוֹ – **according to its simple meaning.**[6] וּלְפִי הִלְכוֹתָיו – **But in accordance with its laws,** קְרָאָהּ הַכָּתוּב "חַטָּאת" – **Scripture calls it** by a word which also means **"a sin-offering"** לוֹמַר שֶׁהִיא כְּקָדָשִׁים – **to say that it is like that which is holy,** such as a sin-offering, לְהֵאָסֵר בַּהֲנָאָה[7] – **to be forbidden with regard to** deriving personal **benefit.**[7]

sprinkled with water containing the ashes of a red cow (*Parah* 3:1).

All the passages of this comment that are enclosed in braces appear in all the early printed editions except the Reggio di Calabria edition. See Yosef Hallel for a lengthy discussion regarding the authenticity of those passages.

The text as it stands has Rashi following the opinion that any red cows that were burned after the one in the wilderness were supervised by the Kohen Gadol (see note 7 to v. 3 above). *Amar N'kei* notes that there are texts which include the passage that appears here in braces, but omit the single word גְּדוֹלִים, "Gedolim" (High). Those texts follow the wording of extant editions of *Tosefta Parah* 3:8, which reads: זֶה שֶׁנִּתַּן בְּהַר הַמִּשְׁחָה הָיוּ כֹּהֲנִים מִקַּדְּשִׁין בּוֹ, "This (part) that was placed on the Mount of Oil, Kohanim would sanctify themselves with it." However, the *Tosefta* makes no mention of other red cows.

1. *Tosefta Parah* 3:8.

2. In medieval times, there were two schools of thought regarding the roots of Hebrew words. Most of the Hebrew grammarians living in France, including Rashi, allowed both two-letter (biliteral) and three-letter (triliteral) and sometimes even one-letter (uniliteral) verb roots. Most of those in Spain recognized only triliteral roots, with one or two letters sometimes being dropped in the various conjugations.

In other contexts נִדָּה refers to the impurity which results from menstruation, or to a woman in a state of such impurity, e.g., *Leviticus* 18:19, *Ezekiel* 18:6. In those cases, the word is derived from either the triliteral root נדד or the biliteral root נד, which mean "to move away." According to Rashi's point of view, the word נִדָּה in our verse and the related words in the verses Rashi goes on to cite, are from the uniliteral root that consists solely of the letter ד (see *Gur Aryeh*).

3. *Lamentations* 3:53.

4. *Zechariah* 2:4.

5. The basic meaning of the word is "throwing." When it refers to liquids, as in our verse, it means "sprinkling."

6. The more common meaning of חַטָּאת is "sin-offering." But that meaning does not apply here, for, according to the simple meaning of the passage, the red cow does not atone for a sin (*Kitzur Mizrachi; Sifsei Chachamim*).

7. *Sifrei* 124; *Menachos* 51b. Scripture could have expressed "purifier" with the more common מְטַהֵר (e.g., *Leviticus* 14:11). It uses the less familiar חַטָּאת to teach us a law which the red cow shares in common with a sin-offering, that one may not derive personal benefit from it. The purification process which is performed with the ashes of the red cow is the fulfillment of a commandment, and thus does not fall under the category of personal benefit (see *Maskil LeDavid*).

יא לְחֻקַּת עוֹלָם: הַנֹּגֵעַ בְּמֵת לְכָל־
נֶפֶשׁ אָדָם וְטָמֵא שִׁבְעַת יָמִים:
יב הוּא יִתְחַטָּא־בוֹ בַּיּוֹם הַשְּׁלִישִׁי
וּבַיּוֹם הַשְּׁבִיעִי יִטְהָר וְאִם־לֹא
יִתְחַטָּא בַּיּוֹם הַשְּׁלִישִׁי וּבַיּוֹם
יג הַשְּׁבִיעִי לֹא יִטְהָר: כָּל־הַנֹּגֵעַ בְּמֵת
בְּנֶפֶשׁ הָאָדָם אֲשֶׁר־יָמוּת וְלֹא
יִתְחַטָּא אֶת־מִשְׁכַּן יהוה טִמֵּא

as an eternal statute.
[11] Whoever touches the corpse of any human soul shall be impure for a seven-day period. [12] He shall purify himself with it on the third day and on the seventh day, he shall be pure; but if he will not purify himself on the third day and on the seventh day, he will not be pure. [13] Whoever touches a dead body, a human soul who will have died, and will not have purified himself — he has made the Tabernacle of HASHEM impure,

אונקלוס

לִקְיָם עָלָם: יא דְּיִקְרַב בְּמֵיתָא לְכָל נַפְשָׁא דַאֲנָשָׁא וִיהֵי מְסָאַב שִׁבְעָא יוֹמִין: יב הוּא יַדֵּי עֲלוֹהִי בְּיוֹמָא תְלִיתָאָה וּבְיוֹמָא שְׁבִיעָאָה יִדְכֵּי וְאִם לָא יַדֵּי עֲלוֹהִי בְּיוֹמָא תְלִיתָאָה וּבְיוֹמָא שְׁבִיעָאָה לָא יִדְכֵּי: יג כָּל דְּיִקְרַב בְּמֵיתָא בְּנַפְשָׁא דַאֲנָשָׁא דִי יְמוּת וְלָא יַדֵּי עֲלוֹהִי יָת מַשְׁכְּנָא דַיְיָ סָאִיב

רש"י

(יב) הוא יתחטא בו. באפר הפרה [ס"א הזה]: **(יג) במת בנפש.** ואיזה מת, של נפש האדם, להוציא נפש בהמה שאין טומאתה צריכה הזאה. דבר אחר, בנפש זו רביעית דם (חולין עב.): **את משכן ה' טמא.** אם נכנס לעזרה אפילו בטבילה בלא הזאת

RASHI ELUCIDATED

12. הוּא יִתְחַטָּא בוֹ – HE SHALL PURIFY HIMSELF WITH IT, that is, **בְּאֵפֶר הַפָּרָה – with the ash of the cow.**[1]

13. בְּמֵת בְּנֶפֶשׁ – A DEAD BODY, A [HUMAN] SOUL. וְאֵיזֶה מֵת – Which dead body? שֶׁל נֶפֶשׁ הָאָדָם – That of a human soul.[2] **לְהוֹצִיא נֶפֶשׁ בְּהֵמָה – To the exclusion of the soul of an animal,**[3] **שֶׁאֵין טֻמְאָתָהּ צְרִיכָה הַזָּאָה – whose impurity,** i.e., the impurity which is transmitted by it, **does not require sprinkling.**[4] **דָּבָר אַחֵר – Alternatively, "בְּנֶפֶשׁ" – "a [human] soul," זוֹ רְבִיעִית דָּם**[6] **– this is a *revi'is***[5] **of blood.**[6]

□ **אֶת מִשְׁכַּן ה' טִמֵּא – HE HAS MADE THE TABERNACLE OF HASHEM IMPURE אִם נִכְנַס לָעֲזָרָה – if he enters the Courtyard, אֲפִילוּ בִּטְבִילָה – even with** having undergone **immersion** in a mikveh **בְּלֹא הַזָּאַת**

1. The feminine word פָּרָה, "cow," cannot be the antecedent of the masculine pronominal term בּוֹ, literally "with him," but would require the feminine form בָּהּ, literally, "with her." Rashi teaches that the antecedent of בּוֹ is the masculine word אֵפֶר, "ash" (*Gur Aryeh; Sifsei Chachamim*).

Some texts of Rashi read בְּאֵפֶר הַזֶּה, "with this (masc.) ash," but the basic intention is the same.

2. The verse does not mean "a dead body *or* a human soul" (*Gur Aryeh*).

3. בְּנֶפֶשׁ אָדָם, "a human soul," seems superfluous. According to this explanation, it is written because בְּמֵת, "a dead body," might have been seen as including the carcass of an animal (*Minchas Yehudah; Sifsei Chachamim*).

4. The carcass of an animal that has not undergone *shechitah* (ritual slaughter) does transmit impurity (see *Leviticus* 11:24-26), but the purification process of such impurity requires neither a seven-day waiting period nor sprinkling (*Imrei Shefer*).

5. See chart, below, for the measures of volume.

A *revi'is,* which is one-fourth of a *log,* is thus a *beitzah* and a half.

Halachic authorities differ widely regarding the modern-day equivalents of these measures. Opinions regarding the basic *beitzah* range from 2 to 3.5 fluid ounces. Thus the volume of a *revi'is* is equivalent to approximately 3 – 5.3 fluid ounces.

EPHAH	SE'AH	KAV	LOG	BEITZAH
אֵיפָה 1	= סְאָה 3	= קַב 18	= לֹג 72	= בֵּיצָה 432
	סְאָה 1	= קַב 6	= לֹג 24	= בֵּיצָה 144
		קַב 1	= לֹג 4	= בֵּיצָה 24
			לֹג 1	= בֵּיצָה 6
אֵיפָה 1/432	= סְאָה 1/144	= קַב 1/24	= לֹג 1/6	= בֵּיצָה 1
אֵיפָה 1/72	= סְאָה 1/24	= קַב 1/4	= לֹג 1	
אֵיפָה 1/18	= סְאָה 1/6	= קַב 1		
אֵיפָה 1/3	= סְאָה 1			

6. *Chullin* 72a. According to this explanation, בְּנֶפֶשׁ אָדָם is written to teach us that the impurity which is the subject of this passage is transmitted not only by a corpse, but even by a *revi'is* of blood from a corpse.

A *revi'is* is the minimum quantity of blood necessary to sustain a life or "soul"; see Rashi to *Sotah* 5a, s.v., אדם שאין בו אלא רביעית אחת; *Rambam* to *Ohalos* 2:2. Furthermore, the word נֶפֶשׁ, "soul," is associated with blood, as in *Deuteronomy* 12:23, כִּי הַדָּם הוּא הַנָּפֶשׁ, "for the blood is the soul" (see *Sefer Zikaron* to *Leviticus* 21:11).

וְנִכְרְתָ֛ה הַנֶּ֥פֶשׁ הַהִ֖וא מִיִּשְׂרָאֵ֑ל כִּי֩
מֵ֨י נִדָּ֜ה לֹא־זֹרַ֤ק עָלָיו֙ טָמֵ֣א יִהְיֶ֔ה
יד עֹ֖וד טֻמְאָתֹ֥ו בֹֽו׃ זֹ֚את הַתֹּורָ֔ה אָדָ֖ם
כִּֽי־יָמ֣וּת בְּאֹ֑הֶל כָּל־הַבָּ֤א אֶל־
הָאֹ֙הֶל֙ וְכָל־אֲשֶׁ֣ר בָּאֹ֔הֶל יִטְמָ֖א
טו שִׁבְעַ֥ת יָמִֽים׃ וְכֹל֙ כְּלִ֣י פָת֔וּחַ אֲשֶׁ֛ר
אֵין־צָמִ֥יד פָּתִ֖יל עָלָ֑יו טָמֵ֖א הֽוּא׃
טז וְכֹ֨ל אֲשֶׁר־יִגַּ֜ע עַל־פְּנֵ֣י הַשָּׂדֶ֗ה

that person shall be cut off from Israel; because the water of sprinkling has not been thrown upon him, he shall be impure; his impurity is still upon him.

14 This is the teaching regarding a man if he will die in a tent: Anyone who enters the tent and anyone who is in the tent shall be impure for a seven-day period. 15 Any open vessel that has no cover fastened to it is impure. 16 Anyone who touches on the open field

אונקלוס

וְיִשְׁתֵּיצֵי אֱנָשָׁא הַהוּא מִיִּשְׂרָאֵל אֲרֵי מֵי אַדָּיוּתָא לָא אִזְדְּרִיקוּ עֲלוֹהִי מְסָאַב יְהֵי עוֹד סְאוֹבְתֵהּ בֵּהּ:
יד דָּא אוֹרַיְתָא אֱנָשׁ אֲרֵי יְמוּת בְּמַשְׁכְּנָא כָּל דְּעָלֵיל לְמַשְׁכְּנָא וְכָל דִּי בְמַשְׁכְּנָא יְהֵי מְסָאַב שַׁבְעָא יוֹמִין:
טו וְכָל מַן דַּחֲסַף פְּתִיחַ דְּלֵית מְגוּפַת שִׁיעַ מַקַּף עֲלוֹהִי מְסָאַב הוּא: טז וְכֹל דִּי יִקְרַב עַל אַפֵּי חַקְלָא

רש"י

שלישי ושביעי: **עוד טמאתו בו.** אע"פ שטבל: (יד) **כל הבא אל האהל.** בעוד שהמת בתוכו: (טו) **וכל כלי פתוח.** בכלי חרס הכתוב מדבר, שאין מקבל טומאה מגבו אלא מתוכו, לפיכך אם אין מגופת צמידתו פתולה עליו יפה בחבור טמא הוא, הא אם יש צמיד פתיל עליו טהור: **פתיל.** לשון מחובר בלשון ערבי, וכן נפתולי אלהים נפתלתי, (בראשית ל:ח) נתחברתי עם אחותי: (טז) **על פני השדה.** רבותינו דרשו לרבות גולל ודופק.

RASHI ELUCIDATED

שְׁלִישִׁי וּשְׁבִיעִי – but **without** having undergone **sprinkling on the third and seventh** days after he became impure.[1]

□ עוֹד טֻמְאָתוֹ בוֹ – HIS IMPURITY IS STILL UPON HIM, אַף עַל פִּי שֶׁטָּבַל – **even though he has immersed himself.**[2]

14. כָּל הַבָּא אֶל הָאֹהֶל – ANYONE WHO ENTERS THE TENT בְּעוֹד שֶׁהַמֵּת בְּתוֹכוֹ – **while the corpse is still inside it.**[3]

15. וְכֹל כְּלִי פָתוּחַ – ANY OPEN VESSEL. בִּכְלִי חֶרֶס הַכָּתוּב מְדַבֵּר – **The verse speaks of an earthenware vessel,** שֶׁאֵין מְקַבֵּל טֻמְאָה מִגַּבּוֹ – **which does not receive impurity through its outer surface,** אֶלָּא מִתּוֹכוֹ – **but rather, through its interior.**[4] לְפִיכָךְ – **Therefore,** אִם אֵין מְגוּפַת צְמִידָתוֹ פְּתוּלָה עָלָיו יָפֶה – **if the sealing of its cover is not fastened on to it well,** בְּחִבּוּר – **with a close fit,** טָמֵא הוּא – **it is impure.**[5] הָא אִם יֵשׁ צָמִיד פָּתִיל עָלָיו[6] – **But if there is a cover fastened to it,** טָהוֹר – **it is pure.**[6]

□ פָּתִיל – FASTENED. לְשׁוֹן מְחֻבָּר בִּלְשׁוֹן עַרְבִי[7] – **This means "attached" in the Arabic**[7] **language.** וְכֵן – **Similarly,** "נַפְתּוּלֵי אֱלֹהִים נִפְתַּלְתִּי"[8] – **"I have been joined in joinings of God,"**[8] which means in context, נִתְחַבַּרְתִּי עִם אֲחוֹתִי – **I have become attached to my sister.**

16. עַל פְּנֵי הַשָּׂדֶה – ON THE OPEN FIELD. רַבּוֹתֵינוּ דָרְשׁוּ – **Our Rabbis interpreted** this לְרַבּוֹת גּוֹלֵל וְדוֹפֵק

1. The verse appears to say that any person impure because of contact with a corpse, who does not purify himself, makes the Tabernacle impure by his mere status, even if he does not enter the sacred precincts. Rashi explains that this is true only of those who are impure who enter the Courtyard (*Mizrachi; Sifsei Chachamim*).

2. "His impurity is *still* upon him" implies that the verse speaks of one who has taken a step toward purification, in that he has immersed himself (*Mishmeres HaKodesh*).

3. The verse does not mean that the tent will always transmit impurity to its contents (*Mizrachi; Sifsei Chachamim*).

4. See *Leviticus* 11:33 and Rashi, s.v., אֶל תּוֹכוֹ, there.

5. If the cover of the earthenware vessel is not closed tightly, the space of the tent transmits impurity to it through its being contiguous with the space of the vessel's interior. Metal vessels receive impurity through their outer surface and therefore can become impure even if they have a sealed covering.

6. Because the cover prevents the space of the tent from being connected to the space of the vessel's interior.

7. Many contemporary editions read עִבְרִי, "Hebrew," in place of עַרְבִי, "Arabic." Although that reading is found in the early Soncino edition (1487) and in the Venice editions based upon it, all the other early printed editions read עַרְבִי (see *Yosef Hallel*).

8. *Genesis* 30:8. Rashi here follows the opinion of

בַּחֲלַל־חֶרֶב אוֹ בְמֵת אוֹ־בְעֶצֶם
אָדָם אוֹ בְקָבֶר יִטְמָא שִׁבְעַת יָמִים:
יז וְלָקְחוּ לַטָּמֵא מֵעֲפַר שְׂרֵפַת
הַחַטָּאת וְנָתַן עָלָיו מַיִם חַיִּים אֶל־
יח כֶּלִי: שני וְלָקַח אֵזוֹב וְטָבַל בַּמַּיִם
אִישׁ טָהוֹר וְהִזָּה עַל־הָאֹהֶל וְעַל־
כָּל־הַכֵּלִים וְעַל־הַנְּפָשׁוֹת אֲשֶׁר
הָיוּ־שָׁם וְעַל־הַנֹּגֵעַ בַּעֶצֶם אוֹ
יט בֶחָלָל אוֹ בַמֵּת אוֹ בַקָּבֶר: וְהִזָּה
הַטָּהֹר עַל־הַטָּמֵא בַּיּוֹם הַשְּׁלִישִׁי
וּבַיּוֹם הַשְּׁבִיעִי וְחִטְּאוֹ בַּיּוֹם
הַשְּׁבִיעִי וְכִבֶּס בְּגָדָיו וְרָחַץ בַּמַּיִם
כ וְטָהֵר בָּעָרֶב: וְאִישׁ אֲשֶׁר־יִטְמָא

one slain by the sword, or one that died, or a human bone, or a grave, shall be impure for a seven-day period. [17] *They shall take for the impure person some of the ashes of the burning of the purification [animal], and put upon it spring water in a vessel.* [18] *A pure man shall take hyssop and dip it in the water, and sprinkle upon the tent, upon all the vessels, upon the people who were there, and upon the one who touched the bone, or the slain one, or the one that died, or the grave.* [19] *The pure person shall sprinkle upon the impure person on the third day and on the seventh day, and he shall purify him on the seventh day; then he shall immerse his clothing and immerse his flesh in water and be pure in the evening.* [20] *And a man who shall be impure*

אונקלוס

בִּקְטֵל חַרְבָּא אוֹ בְמֵתָא אוֹ בְגַרְמָא דֶאֱנָשָׁא אוֹ בְקִבְרָא יְהֵי מְסָאַב שִׁבְעָא יוֹמִין: יז וְיִסְּבוּן לִדְמְסָאַב מֵעֲפַר יְקֵדַת חַטָּאתָא וְיִתֵּן עֲלוֹהִי מֵי מַבּוּעַ לְמָן: יח וְיִסַּב אֵזוֹבָא וְיִטְבּוֹל בְּמַיָּא גְּבַר דְּכֵי וְיַדֵּי עַל מַשְׁכְּנָא וְעַל כָּל מָנַיָּא וְעַל נַפְשָׁתָא דִּי הֲווֹ תַמָּן וְעַל דִּיקְרַב בְּגַרְמָא אוֹ בְקָטִילָא אוֹ בְמֵתָא אוֹ בְקִבְרָא: יט וְיַדֵּי דַכְיָא עַל מְסָאֲבָא בְּיוֹמָא תְלִיתָאָה וּבְיוֹמָא שְׁבִיעָאָה וִידַכֵּנֵּהּ בְּיוֹמָא שְׁבִיעָאָה וִיצַבַּע לְבוּשׁוֹהִי וְיִסְחֵי בְמַיָּא וְיִדְכֵּי בְרַמְשָׁא: כ וּגְבַר דִּי יִסְתָּאַב

רש"י

ופשוטו, על פני השדה, שאין שם אהל, מטמא המת שם בנגיעה: **(יט) וחטאו ביום השביעי.** הוא גמר טהרתו: **(כ) ואיש אשר יטמא וגו'.** אם נאמר מקדש למה נאמר משכן כו' כדאיתא בשבועות (טז):

RASHI ELUCIDATED

– to include a lid of a coffin and a side wall of a coffin.[1] וּפְשׁוּטוֹ **– And its simple implication is** עַל פְּנֵי הַשָּׂדֶה **– "on the open field"** שֶׁאֵין שָׁם אֹהֶל **– where there is no tent,** מְטַמֵּא הַמֵּת שָׁם בִּנְגִיעָה **– there the corpse transmits impurity through touching.**[2]

19. וְחִטְּאוֹ בַּיּוֹם הַשְּׁבִיעִי **– AND HE SHALL PURIFY HIM ON THE SEVENTH DAY,** הוּא גְּמַר טָהֳרָתוֹ **– It is the culmination of his purification.**[3]

20. וְאִישׁ אֲשֶׁר יִטְמָא וְגוֹמֵר **– AND A MAN WHO BECOMES IMPURE, ETC.** אִם נֶאֱמַר מִקְדָּשׁ **– If "Sanctuary" has been said,** לָמָּה נֶאֱמַר "מִשְׁכָּן" כּוּלְהוּ **– why has "Tabernacle" been said? etc.** כִּדְאִיתָא בִּשְׁבוּעוֹת[4] **– as stated in *Shevuos*.**[4]

Menachem ben Saruk, whom he cites in his comments to the verse in *Genesis*.

1. We would have expected the verse to first say "anyone who touches one slain by the sword . . . or a grave," and only then to add "on the open field." For in standard sentence structure, the predicate "touches" would be directly linked to that which is touched, "one slain by the sword . . ." The prepositional phrase "on the open field," which functions in an adverbial sense, would normally follow the object. By placing "on the open field" immediately after "touches," the Torah indicates that it, too, is to be interpreted as an object of the verb. The verse is viewed as saying, "Anyone who touches [that which is] on the open field" (*Be'er Yitzchak*).

"On the *open* field" alludes to a lid of a coffin and a side wall of a coffin, because they are items associated with the corpse which are in open view; it used to be the practice to leave part of the coffin exposed after burial (*Ramban* to *Chullin* 72a; *Sefer Zikaron*).

2. This is in contrast to the tent spoken of in the preceding verses, where the corpse transmits impurity to things within the same roofed enclosure, even if they do not touch it.

3. "He shall purify him" does not mean that he shall sprinkle him with the water which will make him pure, for that has already been stated explicitly by the verse. Rather, it means that after sprinkling the waters, he will have completed that part of the process of purification unique to those impure because of contact with a corpse (*Levush HaOrah*).

4. *Shevuos* 16b. Our verse says that one who enters the Sanctuary, i.e., the *Beis HaMikdash*, in a state of impurity shall be cut off, while verse 13 says that one who enters the Tabernacle in a state of impurity shall be cut

וְלֹא יִתְחַטָּא וְנִכְרְתָה הַנֶּפֶשׁ
הַהִוא מִתּוֹךְ הַקָּהָל כִּי אֶת־מִקְדַּשׁ
יהוה טִמֵּא מֵי נִדָּה לֹא־זֹרַק
כא עָלָיו טָמֵא הוּא: וְהָיְתָה לָהֶם
לְחֻקַּת עוֹלָם וּמַזֵּה מֵי־הַנִּדָּה
יְכַבֵּס בְּגָדָיו וְהַנֹּגֵעַ בְּמֵי הַנִּדָּה
כב יִטְמָא עַד־הָעָרֶב: וְכֹל אֲשֶׁר־

and does not purify himself, that person shall be cut off from the midst of the congregation, for he shall have made the Sanctuary of HASHEM *impure; because the water of sprinkling has not been thrown upon him, he is impure.*

[21] *This shall be for them an eternal statute. And the one who sprinkles the water of sprinkling shall immerse his clothing, and one who touches water of sprinkling shall be impure until evening.* [22] *Anyone whom*

אונקלוס

וְלָא יַדֵּי עֲלוֹהִי וְיִשְׁתֵּיצֵי אֲנָשָׁא הַהוּא מִגּוֹ קְהָלָא אֲרֵי יָת מַקְדְּשָׁא דַייָ סָאֵב מֵי אַדָּיוּתָא לָא אִזְדְּרִיקוּ עֲלוֹהִי מְסָאָב הוּא: כא וּתְהֵי לְהוֹן לִקְיָם עֲלָם וּדְיַדֵּי מֵי אַדָּיוּתָא יְצַבַּע לְבוּשׁוֹהִי וּדְיִקְרַב בְּמֵי אַדָּיוּתָא יְהֵי מְסָאַב עַד רַמְשָׁא: כב וְכָל דִּי

רש"י

(כא) **ומזה מי הנדה.** רבותינו אמרו שהמזה טהור, וזה בא ללמד שהנושא מי חטאת טמא טומאה חמורה לטמא בגדים שעליו, מה שאין כן בנוגע, וזה שהוציאו בלשון מזה לומר לך שאינן מטמאין עד שיהא בהן שיעור הזאה (נדה ט.): **והנגע וגו' יטמא.** ואין טעון כבוס בגדים: (כב) **וכל אשר יגע בו הטמא.** הזה שנטמא במת, יטמא:

RASHI ELUCIDATED

21. **וּמַזֵּה מֵי הַנִּדָּה — AND THE ONE WHO SPRINKLES THE WATER OF SPRINKLING.** **רַבּוֹתֵינוּ אָמְרוּ — Our Rabbis have said** **שֶׁהַמַּזֶּה טָהוֹר — that the one who** actually **sprinkles is pure,**[1] **וְזֶה בָּא לְלַמֵּד — and this** verse **comes to teach** us **שֶׁהַנּוֹשֵׂא מֵי חַטָּאת — that one who carries the waters of purification** **טָמֵא טֻמְאָה חֲמוּרָה — becomes impure with a severe impurity** **לְטַמֵּא בְגָדִים שֶׁעָלָיו — in that it makes impure** even **the clothes which are upon him,** **מַה שֶּׁאֵין כֵּן בַּנּוֹגֵעַ — which is not so regarding one who touches** the waters.[2] **וְזֶה שֶׁהוֹצִיאוֹ בִּלְשׁוֹן „מַזֶּה" — And the fact that [Scripture] expressed this through the word מַזֶּה, "one who sprinkles,"** **לוֹמַר לְךָ — is to tell you** **שֶׁאֵינָן מְטַמְּאִין — that [the waters] do not transmit impurity** to one who carries them **עַד שֶׁיְּהֵא בָהֶן שִׁיעוּר הַזָּאָה**[3] **— until they are of a quantity sufficient for sprinkling.**[3]

□ **וְהַנֹּגֵעַ וְגוֹמֵר יִטְמָא — AND ONE WHO TOUCHES [WATER OF SPRINKLING] SHALL BE IMPURE,** **וְאֵין טָעוּן כִּבּוּס בְּגָדִים — but he does not require immersion of clothing.**

22. **וְכֹל אֲשֶׁר יִגַּע בּוֹ הַטָּמֵא — ANYONE WHOM THE IMPURE ONE SHALL TOUCH.** That is, **הַזֶּה** — anyone touched by **this** impure one mentioned earlier **שֶׁנִּטְמָא בְּמֵת — who became impure through a corpse**[4] **יִטְמָא — shall be impure.**

off. The *Gemara* explains that both verses are necessary. Had the Torah said only that one who enters the Tabernacle while impure is cut off, we may have attributed this to the fact that the Tabernacle was anointed with the anointing oil. We would not have derived the law of the *Beis HaMikdash*, which is not thus anointed, from it. And had the Torah said only that one who enters the *Beis HaMikdash* while impure is cut off, we may have attributed this to the fact that the sanctity of the *Beis HaMikdash* is eternal (in that *bamos*, private altars, could no longer be used for offerings after it was built — see Rashi there). We would not have derived the law of the Tabernacle, whose sanctity is not eternal, from it.

1. Verse 19 says, "The pure person shall sprinkle upon the impure person." The verse seemingly could have said only "*He* shall sprinkle," for it is obvious that a pure person must do the sprinkling; all of the steps of this procedure must be carried out by a pure person (see vv. 9 and 18). "The pure person" is stated to teach us that even after the sprinkling, the one who sprinkled remains pure. Hence, our verse, which says that "the one who sprinkles the water of sprinkling" is impure, is not to be taken literally (see Rashi to *Yoma* 14a, s.v., למזה טהור).

2. For the verse says of one who touches the water only that "he shall be impure," without mentioning immersion of clothing, as it does regarding one who sprinkles the water.

3. *Niddah* 9a. That is, a quantity into which stalks can be dipped and become wet enough to sprinkle with (*Parah* 12:5).

4. The verse does not mean that anything that *any* impure person touches shall become impure (*Sefer Zikaron; Gur Aryeh*). Nor does it refer to those impure persons mentioned in the preceding verse, those who carry or touch the water of sprinkling (*Mizrachi; Sifsei Chachamim*).

יִגַּע־בּוֹ הַטָּמֵא יִטְמָא וְהַנֶּפֶשׁ הַנֹּגַעַת תִּטְמָא עַד־הָעָרֶב:

the impure one shall touch shall be impure and the person who touches shall be impure until evening.

אונקלוס

יִקְרַב בֵּהּ מְסָאֳבָא יְהֵי מְסָאַב וֶאֱנַשׁ דְּיִקְרַב בֵּהּ יְהֵי מְסָאַב עַד רַמְשָׁא:

רש"י

והנפש הנגעת. בו בטמא מת: **תטמא עד הערב.** כאן למדנו שהמת אבי אבות הטומאה והנוגע בו אב הטומאה ומטמא אדם (ספרי קל). זהו פירושה לפי משמעה והלכותיה: ומדרש אגדה העתקתי מיסודו של רבי משה הדרשן. וזהו. [(ב)] **ויקחו אליך.** משלהם. כשם שהם פרקו נזמי הזהב לעגל משלהם כך יביאו זו לכפרה משלהם: **פרה אדמה.** משל לבן שפחה שטינף פלטין של מלך, אמרו תבא אמו ותקנח הצואה, כך תבא פרה ותכפר על העגל (תנחומא ח): **אדומה.** על שם אם יאדימו כתולע (ישעיה א:יח) שהחטא קרוי אדום: **תמימה.** על שם ישראל שהיו תמימים ונעשו בו בעלי מומין,

RASHI ELUCIDATED

□ וְהַנֶּפֶשׁ הַנֹּגַעַת – AND THE PERSON WHO TOUCHES בּוֹ – **him,**[1] בְּטְמֵא מֵת – **the one impure because of a corpse,**[2]

□ תִּטְמָא עַד הָעָרֶב – SHALL BE IMPURE UNTIL EVENING. כָּאן לָמַדְנוּ – **Here we have learned** שֶׁהַמֵּת אֲבִי אֲבוֹת הַטֻּמְאָה – **that a corpse is the most intense primary source**[3] **of impurity,** וְהַנּוֹגֵעַ בּוֹ – **and the one who touches it** אַב הַטֻּמְאָה – **is a primary source of impurity** וּמְטַמֵּא אָדָם – **and transmits impurity to a person.**[4]

זֶהוּ פֵּרוּשָׁהּ – **This** that I have written above **is the explanation of [the passage of the red cow]** לְפִי מַשְׁמָעָהּ – **in accordance with the way it sounds** וְהִלְכוֹתֶיהָ – **and its laws.** וּמִדְרַשׁ אַגָּדָה הֶעְתַּקְתִּי – **I have transcribed a midrashic interpretation** מִיסוֹדוֹ שֶׁל רַבִּי מֹשֶׁה הַדַּרְשָׁן – **from the treatise of R' Moshe HaDarshan.**[5] וְזֶהוּ – **It is the following:**

{2.} וְיִקְחוּ אֵלֶיךָ – THEY SHALL TAKE TO YOU מִשֶּׁלָּהֶם – **from their own.** כְּשֵׁם שֶׁהֵם פָּרְקוּ נִזְמֵי הַזָּהָב – **Just as they removed golden rings**[6] לָעֵגֶל – **for the** Golden **Calf** מִשֶּׁלָּהֶם – **from their own,** כָּךְ יָבִיאוּ זוֹ – **so should they bring this** לְכַפָּרָה – **for atonement** מִשֶּׁלָּהֶם – **from their own.**[7]

□ פָּרָה אֲדֻמָּה – A RED COW. מָשָׁל לְבֶן שִׁפְחָה – **This can be compared to the son of a maidservant** שֶׁטִּנֵּף פַּלְטִין שֶׁל מֶלֶךְ – **who soiled the palace of a king.** אָמְרוּ – **They said,** תָּבֹא אִמּוֹ – **"Let his mother come** וּתְקַנֵּחַ הַצּוֹאָה – **and wipe away the excrement."** כָּךְ תָּבֹא פָרָה – **Similarly, let the cow come,** וּתְכַפֵּר עַל הָעֵגֶל[8] – **and atone for the Calf.**[8]

□ אֲדֻמָּה – RED. The cow must be red עַל שֵׁם "אִם יַאְדִּימוּ כַתּוֹלָע"[9] – **because of** the verse, **"if they** (your sins) **will be as red as scarlet dye,"**[9] which teaches us שֶׁהַחֵטְא קָרוּי אָדוֹם – **that sin is called red.**[10]

□ תְּמִימָה – PERFECT. The cow must be perfect עַל שֵׁם יִשְׂרָאֵל – **because** it is symbolic **of Israel,** שֶׁהָיוּ תְמִימִים – **who were perfect,** וְנַעֲשׂוּ בוֹ בַּעֲלֵי מוּמִין – **and became blemished through [the Golden Calf].**[11]

1. Rashi supplies the object of "touches."

2. It does not refer to one who touches a corpse, for Scripture has already stated (v. 11) that he is impure for seven days (*Sefer Zikaron*).

3. Literally, "father of fathers."

4. *Sifrei* 130. Normally, only a primary source of impurity transmits impurity to people. An object which received impurity directly from a primary source transmits it only to food and drink. But our verse says that a person who received impurity from a corpse transmits it to other people. Thus, the person who received the impurity from the corpse has the status of a primary source. The corpse itself is the most intense primary source (*Sefer Zikaron*). This can be derived only from "and the *person* who touches shall become impure" of the end of the verse, for "*anything* that the impure one may touch shall become impure" of the beginning of the verse could be understood as referring to food and drink alone (*Be'er Yitzchak*).

5. See note 5 on page 74.

6. See *Exodus* 32:3.

7. This explains why God insisted that the cow be contributed by the Children of Israel, and not come from Moses' property.

8. See *Tanchuma* 8.

9. *Isaiah* 1:18.

10. Sin stems from man's physical aspect. Since the life force of corporal man lies in his blood, sin is referred to as red, the color of blood (*Imrei Shefer*).

11. According to Rashi's simple interpretation above, the word תְּמִימָה is an adverb, "completely," that modifies the adjective אֲדֻמָּה, "red." But according to R' Moshe HaDarshan's midrashic interpretation, תְּמִימָה is an adjective, "perfect," that modifies the noun פָּרָה, "cow."

רש"י

תבא זו ותכפר עליהם ויחזרו לתמותם: **לא עלה עליה עול.** כשם שפרקו מעליהם עול שמים: [(ג)] **אל אלעזר הכהן.** כשם שנקהלו על אהרן, שהוא כהן, לעשות העגל. ולפי שאהרן עשה את העגל לא נתנה לו עבודה זו על ידו, שאין קטיגור נעשה סניגור (ר"ה כו.): [(ה)] **ושרף את הפרה.** כשם שנשרף העגל: [(ו)] **עץ ארז ואזוב ושני תולעת.** שלשה מינין הללו כנגד שלשת אלפי איש שנפלו בעגל. וארז הוא הגבוה מכל האילנות, ואזוב נמוך מכולם, סימן שהגבוה שנתגאה וחטא ישפיל את עצמו כאזוב ותולעת ויתכפר לו: [(ט)] **למשמרת.** כמו שפשע העגל שמור לדורות לפורענות, שאין לך פקודה שאין בה מפקודת העגל, שנאמר וביום פקדי ופקדתי וגו' (שמות לב: לד). וכשם שהעגל מטמא כל העוסקין בו, כך פרה מטמאה כל העוסקין בה. וכשם שנטהרו באפרו, שנאמר ויזר על פני המים וגו' (שמות לב:כ) כך ולקחו לטמא מעפר שרפת החטאת וגו':

RASHI ELUCIDATED

תָּבֹא זוֹ – Let this red cow[1] **come** **וּתְכַפֵּר עֲלֵיהֶם – and atone for them,** **וְיַחְזְרוּ לְתַמּוּתָם – and let them return to their perfection.**

□ **לֹא עָלָה עָלֶיהָ עֹל – UPON WHICH A YOKE HAS NOT COME,** **כְּשֵׁם שֶׁפָּרְקוּ מֵעֲלֵיהֶם – just as they removed from themselves** **עוֹל שָׁמַיִם – the yoke of Heaven.**

{3.} **אֶל אֶלְעָזָר הַכֹּהֵן – TO ELAZAR THE KOHEN,** **כְּשֵׁם שֶׁנִּקְהֲלוּ עַל אַהֲרֹן – just as they gathered around Aaron,**[2] **שֶׁהוּא כֹּהֵן – who was a Kohen,** **לַעֲשׂוֹת הָעֵגֶל – to make the Calf.** **וּלְפִי שֶׁאַהֲרֹן עָשָׂה אֶת הָעֵגֶל – And because Aaron made the Calf,**[3] **לֹא נִתְּנָה לוֹ עֲבוֹדָה זוֹ עַל יָדוֹ – this service was not given to him,** to be performed **by him,** **שֶׁאֵין קָטֵיגוֹר נַעֲשֶׂה סַנֵּיגוֹר**[4] **– for a prosecutor does not become a defense counselor.**[4]

{5.} **וְשָׂרַף אֶת הַפָּרָה – SOMEONE SHALL BURN THE COW,** **כְּשֵׁם שֶׁנִּשְׂרַף הָעֵגֶל – just as the Calf was burned.**[5]

{6.} **עֵץ אֶרֶז וְאֵזוֹב וּשְׁנִי תוֹלַעַת – CEDAR WOOD, HYSSOP, AND A CRIMSON [TONGUE OF] WOOL.** **שְׁלֹשָׁה מִינִין הַלָּלוּ – These three varieties** **כְּנֶגֶד שְׁלֹשֶׁת אַלְפֵי אִישׁ – correspond to the three thousand men** **שֶׁנָּפְלוּ בָעֵגֶל – who fell at** the sin of the Golden **Calf.**[6] **וְאֶרֶז הוּא הַגָּבוֹהַּ מִכָּל הָאִילָנוֹת – Cedar is the tallest of all trees,** **וְאֵזוֹב נָמוּךְ מִכֻּלָּם – and hyssop is the lowest of them all.**[7] **סִימָן –** Burning them together with the crimson wool is **a sign** **שֶׁהַגָּבוֹהַּ – that the haughty one** **שֶׁנִּתְגָּאָה וְחָטָא – who acted pridefully and sinned** **יַשְׁפִּיל אֶת עַצְמוֹ – should lower himself** **כְּאֵזוֹב – like a hyssop** **וְתוֹלַעַת – and a worm,**[8] **וְיִתְכַּפֵּר לוֹ – and it will atone for him.**

{9.} **לְמִשְׁמֶרֶת – AS A SAFEKEEPING,** **כְּמוֹ שֶׁפֶּשַׁע הָעֵגֶל – just as the transgression of the** Golden **Calf** **שָׁמוּר לְדוֹרוֹת – is kept for generations** **לְפוּרְעָנוּת – for punishment,** **שֶׁאֵין לְךָ פְּקוּדָה – for you have no settling of accounts** **שֶׁאֵין בָּהּ מִפְּקוּדַת הָעֵגֶל – which does not have** included **in it** something **of the account of the Calf,** **שֶׁנֶּאֱמַר – as it says,** **"וּבְיוֹם פָּקְדִי וּפָקַדְתִּי וְגוֹמֵר"**[9] **– "And on the day that I make an accounting, I shall bring** [their sin] **to account** [against them]."[9] **וּכְשֵׁם שֶׁהָעֵגֶל – And just as the** Golden **Calf** **מְטַמֵּא – renders impure** **כָּל הָעוֹסְקִין בּוֹ – all who deal with it,**[10] **כָּךְ פָּרָה מְטַמְּאָה – so does the cow render impure** **כָּל הָעוֹסְקִין בָּהּ – all who deal with it.** **וּכְשֵׁם שֶׁנִּטְהֲרוּ בְּאֶפְרוֹ – And just as [Israel] were purified through [the Golden Calf's] ashes,** **שֶׁנֶּאֱמַר – as it says,** **"וַיִּזֶר עַל פְּנֵי הַמַּיִם וְגוֹמֵר"**[11] **– "And he strewed it upon the water,"**[11] **כָּךְ – so,** **"וְלָקְחוּ לַטָּמֵא מֵעֲפַר שְׂרֵפַת הַחַטָּאת וְגוֹמֵר"**[12] **– "They shall take for the impure person some of the ashes of the burning of the purification [animal], etc."**[12]

---

1. The red cow is the Golden Calf's "mother," as noted above (s.v., פָּרָה אֲדֻמָּה).

2. See *Exodus* 32:1.

3. See *Exodus* 32:3-4.

4. See *Rosh Hashanah* 26a. That is, it would not be appropriate for Aaron, who was inadvertently yet deeply involved in causing Israel to commit that sin, to carry out the ceremony which atones for it.

5. See *Exodus* 32:20.

6. See *Exodus* 32:28.

7. As it says in *I Kings* 5:13, "from the cedar which is in Lebanon, to the hyssop which comes out of the wall" (*Imrei Shefer*).

8. The word the verse uses for crimson wool, תוֹלַעַת, also means "worm."

9. *Exodus* 32:34; see Rashi there.

10. Idols transmit impurity to those who touch them, as stated in *Shabbos* 9:1 (*Rabbeinu Bachye*).

11. *Exodus* 32:20; see Rashi there. That verse reads in its entirety: "He took the calf that they had made and burned it in the fire; he ground it until it was a fine powder and he strewed it upon the water; and he made the Children of Israel drink."

12. Above v. 17.

20 [1] *The Children of Israel, the entire assembly, arrived at the Wilderness of Zin in the first month and the people settled in Kadesh. Miriam died there*

כ א וַיָּבֹאוּ בְנֵי־יִשְׂרָאֵל כָּל־הָעֵדָה מִדְבַּר־צִן בַּחֹדֶשׁ הָרִאשׁוֹן וַיֵּשֶׁב הָעָם בְּקָדֵשׁ וַתָּמָת שָׁם מִרְיָם

אונקלוס

א וַאֲתוֹ בְנֵי יִשְׂרָאֵל כָּל כְּנִשְׁתָּא לְמַדְבְּרָא דְצִין בְּיַרְחָא קַדְמָאָה וִיתֵיב עַמָּא בִּרְקָם וּמִיתַת תַּמָּן מִרְיָם

רש"י

(א) כל העדה. עדה השלמה, שכבר מתו מתי מדבר ואלו פרשו לחיים (תנחומא יד): ותמת שם מרים. למה נסמכה מיתת מרים לפרשת פרה אדומה לומר לך מה קרבנות מכפרין [ס"א כמו שפרה אדומה מכפרת] אף מיתת צדיקים מכפרת (מו"ק כח.): ותמת שם מרים. אף היא בנשיקה מתה, ומפני מה לא נאמר בה על פי ה', שאינו דרך כבוד של מעלה (שם)

RASHI ELUCIDATED

20.

1. כָּל הָעֵדָה — THE ENTIRE ASSEMBLY. עֵדָה הַשְּׁלֵמָה — The whole assembly, שֶׁכְּבָר מֵתוּ מֵתֵי מִדְבָּר — for those who were to die in the wilderness[1] had already died, וְאֵלּוּ פֵּרְשׁוּ לַחַיִּים[2] — and these who composed the assembly **were set apart, for life.**[2]

□ **וַתָּמָת שָׁם מִרְיָם — MIRIAM DIED THERE. לָמָּה נִסְמְכָה מִיתַת מִרְיָם — Why is** the passage of **Miriam's death juxtaposed לְפָרָשַׁת פָּרָה אֲדֻמָּה — with the passage of the red cow?**[3] **לוֹמַר לָךְ — To tell you, מַה קָּרְבָּנוֹת מְכַפְּרִין[4] — just as offerings atone,**[4] **אַף מִיתַת צַדִּיקִים מְכַפֶּרֶת[5] — so, too, does the death of the righteous atone.**[5]

□ **וַתָּמָת שָׁם מִרְיָם — MIRIAM DIED THERE. אַף הִיא בִּנְשִׁיקָה מֵתָה — She, too, died through a kiss.**[6] **וּמִפְּנֵי מָה לֹא נֶאֱמַר בָּהּ "עַל פִּי ה'" — So why did it not say of her** "she died **by the mouth of HASHEM"?**[7] **שֶׁאֵינוֹ דֶּרֶךְ כָּבוֹד שֶׁל מַעְלָה[8] — For it is not a respectful manner** of speaking **with regard to** Him Who is **on High.**[8]

1. See 14:35 above.

2. *Tanchuma* 14. We would have expected the verse to say כָּל עֲדַת בְּנֵי יִשְׂרָאֵל, "the entire assembly of the Children of Israel," a phrase which appears in the Torah more than twenty times. The reversed word order, בְּנֵי יִשְׂרָאֵל כָּל הָעֵדָה, "the Children of Israel, the entire assembly," which appears only here and in verse 22 below indicates an assembly that was meant to be whole, for the decree of dying in the wilderness would not affect it (see *Mesiach Ilmim; Maasei Hashem*; see also Rashi to v. 22 and note 4 there).

3. The laws of the red cow were given to Israel during their second year in the wilderness, on the day that the Tabernacle was erected (*Gittin* 60a), while Miriam died during the fortieth year. That is why the question is raised: Why are the two passages, which reflect times that are so far apart, placed side by side? (*Mizrachi; Sifsei Chachamim*).

4. The text follows the majority of the early printed editions. The Zamora edition, however, reads: כְּמוֹ שֶׁפָּרָה אֲדֻמָּה מְכַפֶּרֶת, "just as the red cow atones." This alternative reading is in accordance with extant editions of *Moed Katan*, Rashi's apparent source.

5. *Moed Katan* 28a; *Yerushalmi Yoma* 1:1; *Vayikra Rabbah* 20:12.

6. מִיתַת נְשִׁיקָה, "death by a kiss of God," as it were, means death directly through God, without the intercession of the Angel of Death (see *Bava Basra* 17a; *Rabbeinu Bachye*). Alternatively, it means that the soul becomes united with the holiness of the *Shechinah* (immanent presence of God; see *Moreh Nevuchim* 3:51). The Talmud (*Berachos* 8a) describes this as the most desirable form of death, likening it to pulling a hair from milk; that is, the soul leaves the body without resistance. R' Tzadok HaKohen explains that to the extent that people sin in life and establish a bond between their souls and the pleasures of this world, it becomes increasingly more difficult for them to part from physical life. For those who become totally attached to physicality, the Sages liken death to pulling embedded thistles from sheep's wool. But for those of the stature of Moses, Aaron, and Miriam, whose souls remained pure throughout their earthly sojourn, there is no effort, no regret, and no pain when the soul is reunited with its source (*Resisei Laylah* 56).

The verse could have said וַתָּמָת מִרְיָם וַתִּקָּבֵר שָׁם, "Miriam died and was buried there." The apparently superfluous first שָׁם, "there," is written to direct us to another superfluous שָׁם. According to the version of the Talmud before the *Mesiach Ilmim, Sefer Zikaron,* and *Mizrachi*, that allusion is to the word שָׁם which appears in the context of the death of Aaron, in verse 28 below (see *Dikdukei Sofrim* to *Moed Katan* 28a and *Bava Basra* 17a). The two identical words teach us that there was similarity between the deaths of Aaron and Miriam; just as Aaron died through a kiss, so, too, did Miriam. According to the text of other editions of the Talmud, the comparison is to the death of Moses, in the context of which the word שָׁם also appears (see *Deuteronomy* 34:5).

7. This is the expression by which the Torah describes Moses' death in *Deuteronomy* 34:5.

8. *Moed Katan* 28a.

ב וַתִּקָּבֵר שָׁם: וְלֹא־הָיָה מַיִם לָעֵדָה
וַיִּקָּהֲלוּ עַל־מֹשֶׁה וְעַל־אַהֲרֹן:
ג וַיָּרֶב הָעָם עִם־מֹשֶׁה וַיֹּאמְרוּ לֵאמֹר
וְלוּ גָוַעְנוּ בִּגְוַע אַחֵינוּ לִפְנֵי יהוה:

and she was buried there. [2] *There was no water for the assembly, and they gathered together against Moses and against Aaron.* [3] *The people quarreled with Moses and spoke up, saying, "If only we had perished by the demise of our brothers before* HASHEM!

אונקלוס

וְאִתְקְבָרַת תַּמָּן: ב וְלָא הֲוָה מַיָּא לִכְנִשְׁתָּא וְאִתְכְּנָשׁוּ עַל מֹשֶׁה וְעַל אַהֲרֹן:
ג וּנְצָא עַמָּא עִם מֹשֶׁה וַאֲמָרוּ לְמֵימַר וּלְוַי דְמִתְנָא בְּמוֹתָא דְאַחָנָא קֳדָם יְיָ:

רש"י

ובאהרן נאמר על פי ה', באלה מסעי (להלן לג:לח): (ב) **ולא היה מים לעדה.** מכאן שכל ארבעים שנה היה להם הבאר בזכות מרים (תענית ט.): (ג) **ולו גוענו.** הלואי שגוענו: **בגוע אחינו.** במיתת אחינו בדבר [למד] שמיתת צמא מגונה ממנה: **בגוע.** שם דבר הוא, כמו במיתת אחינו, ולא יתכן לפרשו כשמתו אחינו, שאם כן היה לו להנקד בגוע (בחולם הוא"ו):

RASHI ELUCIDATED

בְּ,,אֵלֶּה מַסְעֵי״ — in the Torah portion which begins "*Eilah Masei*."[1] **וּבְאַהֲרֹן — And of Aaron** **נֶאֱמַר ,,עַל פִּי ה׳״ — "by the mouth of HASHEM" is stated**

2. וְלֹא הָיָה מַיִם לָעֵדָה — THERE WAS NO WATER FOR THE ASSEMBLY. מִכָּאן — From here we see **שֶׁכָּל אַרְבָּעִים שָׁנָה — that the entire forty years** that the Israelites spent in the wilderness **הָיָה לָהֶם הַבְּאֵר — they had the Well בִּזְכוּת מִרְיָם — through the merit of Miriam.**[2]

3. וְלוּ גָוַעְנוּ — IF ONLY WE HAD PERISHED. This means, **הַלְוַאי שֶׁגָּוַעְנוּ — would that we had perished.**[3]

□ **בִּגְוַע אַחֵינוּ — BY THE DEMISE OF OUR BROTHERS.** This means **בְּמִיתַת אַחֵינוּ — by the death of our brothers,**[4] **בַּדֶּבֶר — through plague.**[5] {**לָמֵד — This teaches** us} **שֶׁמִּיתַת צָמָא — that death by thirst מְגֻנָּה מִמֶּנָּה — is uglier than [death through plague].**

□ **בִּגְוַע — BY THE DEMISE. שֵׁם דָּבָר הוּא — It is a noun,** which has the same meaning **כְּמוֹ בְּמִיתַת אַחֵינוּ — as "by the death of our brothers."**[6] **וְלֹא יִתָּכֵן לְפָרְשׁוֹ — It is not possible to explain it** as a verb, **כְּשֶׁמֵּתוּ אַחֵינוּ** — meaning **"when our brothers died,"**[7] **שֶׁאִם כֵּן — for if so, הָיָה לוֹ לְנָקֵד בִּגְוֹעַ — it should have been vowelized בִּגְוֹעַ.**[8]

1. *Eilah Masei* is the last *sidra* in *Bamidbar.* The phrase "by the mouth of HASHEM" appears with regard to Aaron in 33:38 there.

According to some commentators, the fact that Miriam died through a kiss is derived from a comparison between her death and that of Aaron (see note 6 above). But the passage of the death of Aaron which appears later in this chapter does not state that he died "by the mouth of HASHEM." Rashi thus points out that this is mentioned in passing further on (*Sefer Zikaron*).

According to the version of the Talmudic text which says that we learn that Miriam died through a kiss because of a similarity of language in the descriptions of her death and that of Moses, Rashi explains why the *Gemara* which he cites asks the question, "Why did it not say explicitly of Miriam 'she died by the mouth of HASHEM'?" The question is puzzling, for much of what the Torah wishes to communicate is not stated explicitly, but rather is derived in ways similar to that by which the *gemara* derives the circumstances of the death of Miriam. Rashi answers that the *gemara* asks this question because Scripture *does* state explicitly that Aaron died "by the mouth of HASHEM," although in his case, too, this could have been derived from the word שָׁם (see *Yosef Hallel*).

2. *Taanis* 9a. This explains why the Israelites did not have water at this particular point, after having had it for forty years in the wilderness (*Minchas Yehudah; Sifsei Chachamim*).

3. It does not mean "we might have perished" (see *Mizrachi; Sifsei Chachamim*). On the different meanings of לוּ, see Rashi to *Genesis* 50:15, s.v., לוּ יִשְׂטְמֵנוּ.

4. Rashi here follows *Targum Onkelos* who sees בִּגְוַע as a noun. This is unlike *Ibn Ezra* who sees it as an infinitive; see note 8 below (*Havanas HaMikra*).

5. According to *Rabbeinu Bachye*, this refers to the death of the Generation of the Wilderness throughout the forty-year sojourn, rather than to a specific plague.

6. בִּגְוַע is the equivalent of the noun in construct form, בִּגְוִיעַת (*Mizrachi*).

7. Had גְוַע been a verb, the ב prefix would have meant "when" rather than "by, through," like the ב prefix of בִּנְסֹעַ (10:35 above; *Gur Aryeh*).

8. The infinitive form of a ל״ע verb root (a three-letter root whose third letter is an ע) is vowelized with a *cholam* on the second root letter, e.g., בִּנְסֹעַ (5:35 and 10:35 above), and וּנְגֹעַ (*Exodus* 19:12). Thus, had בִּגְוַע been a verb in the infinitive form, the second letter of the root would have been vowelized with a *cholam*, like לִגְוֹעַ in 17:28 above.

Ibn Ezra and *Radak,* however, see בִּגְוַע as a verb, and

4 *Why have you brought the congregation of* HASHEM *to this wilderness to die there, we and our animals?* 5 *And why did you bring us up from Egypt to bring us to this evil place? — not a place of seed, or fig tree, or grapevine, or pomegranate tree; and there is no water to drink!"*

6 *Moses and Aaron went from the presence of the congregation to the entrance of the Tent of Meeting and fell on their faces. The glory of* HASHEM *appeared to them.*

7 HASHEM *spoke to Moses, saying,* 8 *"Take the staff and gather together the assembly, you and Aaron your brother, and you shall speak to the rock before their eyes and it shall give its waters. You shall bring forth for them water from the rock and give drink to the assembly and their animals."*

9 *Moses took the staff from before* HASHEM, *as He had commanded him.* 10 *Moses and Aaron gathered the*

ד וְלָמָה הֲבֵאתֶם אֶת־קְהַל יְהוָה אֶל־
הַמִּדְבָּר הַזֶּה לָמוּת שָׁם אֲנַחְנוּ
ה וּבְעִירֵנוּ: וְלָמָה הֶעֱלִיתֻנוּ מִמִּצְרַיִם
לְהָבִיא אֹתָנוּ אֶל־הַמָּקוֹם הָרָע הַזֶּה
לֹא ׀ מְקוֹם זֶרַע וּתְאֵנָה וְגֶפֶן וְרִמּוֹן
ו וּמַיִם אַיִן לִשְׁתּוֹת: וַיָּבֹא מֹשֶׁה וְאַהֲרֹן
מִפְּנֵי הַקָּהָל אֶל־פֶּתַח אֹהֶל מוֹעֵד
וַיִּפְּלוּ עַל־פְּנֵיהֶם וַיֵּרָא כְבוֹד־יְהוָה
אֲלֵיהֶם:
ז שלישי [שני] וַיְדַבֵּר יְהוָה אֶל־מֹשֶׁה
ח לֵּאמֹר: קַח אֶת־הַמַּטֶּה וְהַקְהֵל אֶת־
הָעֵדָה אַתָּה וְאַהֲרֹן אָחִיךָ וְדִבַּרְתֶּם
אֶל־הַסֶּלַע לְעֵינֵיהֶם וְנָתַן מֵימָיו
וְהוֹצֵאתָ לָהֶם מַיִם מִן־הַסֶּלַע
וְהִשְׁקִיתָ אֶת־הָעֵדָה וְאֶת־בְּעִירָם:
ט וַיִּקַּח מֹשֶׁה אֶת־הַמַּטֶּה מִלִּפְנֵי יְהוָה
י כַּאֲשֶׁר צִוָּהוּ: וַיַּקְהִלוּ מֹשֶׁה וְאַהֲרֹן

אונקלוס

ד ולמא איתיתון (נ״א אעלתון) ית קהלא דיי למדברא הדין לממת תמן אנחנא ובעירנא: ה ולמא אסקתונא ממצרים לאיתאה (נ״א לאעלא) יתנא לאתרא בישא הדין לא אתר כשר לבית זרע ואף לא תינין וגופנין ורמונין ומיא לית למשתי: ו ועל משה ואהרן מן קדם קהלא לתרע משכן זמנא ונפלו על אפיהון ואתגלי יקרא דיי להון: ז ומליל יי עם משה למימר: ח סב ית חוטרא ואכנש ית כנשתא את ואהרן אחוך ותמללון עם כיפא לעיניהון ויתן מוהי ותפק להון מיא מן כיפא ותשקי ית כנשתא וית בעירהון: ט ונסיב משה ית חטרא מן קדם יי כמא די פקדה: י ואכנשו משה ואהרן

רש״י

(ח) ואת בעירם. מכאן שחס הקב״ה על ממונם של ישראל (תנחומא ט):

(י) ויקהלו וגו׳. זה אחד מן המקומות שהחזיק מועט את המרובה (ויק״ר י:ט):

RASHI ELUCIDATED

8. וְאֶת בְּעִירָם – AND THEIR ANIMALS. מִכָּאן – From here we see **שֶׁחָס הַקָּדוֹשׁ בָּרוּךְ הוּא – that the Holy One, Blessed is He, has pity עַל מָמוֹנָם שֶׁל יִשְׂרָאֵל[1] – on Israel's property.[1]**

10. וַיַּקְהִלוּ וְגוֹמֵר – [MOSES AND AARON] GATHERED [THE CONGREGATION BEFORE THE ROCK]. זֶה אֶחָד מִן הַמְּקוֹמוֹת – This is one of the places שֶׁהֶחֱזִיק מוּעָט אֶת הַמְרֻבֶּה[2] – where something small held that which was greater.[2]

cite כִּשְׁכַב in *I Kings* 1:21 as an example of an infinitive whose second letter is vowelized with a *patach*. Although Rashi would acknowledge that this rare infinitive form exists, he presumably rejects it as a possibility here, because we do not find it with roots whose final letter is a guttural. שְׁלַח of *Isaiah* 58:9 is inconclusive, for Rashi and *Targum Onkelos* might see it as a noun of the form of גֶּוַע of our verse, rather than an infinitive (*Havanas HaMikra*).

1. *Tanchuma* 9. Verse 11 below states that the animals drank of the water that came from the rock. Our verse, in which God commands Moses to give the animals to drink, seems unnecessary. It is stated to show us that God cared about the preservation of Israel's property (see *Maskil LeDavid*). Rashi mentions the principle that God cares about the preservation of Israel's property in his comments to *Leviticus* 14:36, s.v., וְלֹא יִטְמָא כָּל אֲשֶׁר בַּבַּיִת, and in several places in his commentary on the Talmud.

2. *Vayikra Rabbah* 10:9. The Midrash there lists other instances in which this phenomenon took place, such as: *Exodus* 9:8; *Leviticus* 8:3; and *Joshua* 3:9. See Rashi's commentary to each of those verses.

It could only have been through a miracle that a

אֶת־הַקָּהָל אֶל־פְּנֵי הַסָּלַע וַיֹּאמֶר
לָהֶם שִׁמְעוּ־נָא הַמֹּרִים הֲמִן־
יא הַסֶּלַע הַזֶּה נוֹצִיא לָכֶם מָיִם׃ וַיָּרֶם
מֹשֶׁה אֶת־יָדוֹ וַיַּךְ אֶת־הַסֶּלַע
בְּמַטֵּהוּ פַּעֲמָיִם וַיֵּצְאוּ מַיִם רַבִּים

congregation before the rock and he said to them, "Listen now, rebels, shall we bring forth water for you from this rock?" [11] *Then Moses raised his arm and struck the rock with his staff twice; abundant water came forth*

אונקלוס

יָת קְהָלָא לָקֳדָם כֵּיפָא וַאֲמַר לְהוֹן שְׁמָעוּ כְעַן סָרְבָנַיָּא הֲמִן כֵּיפָא הָדֵין נַפֵּק לְכוֹן מַיָּא: יא וַאֲרֵים מֹשֶׁה יָת יְדֵהּ וּמְחָא יָת כֵּיפָא בְּחֻטְרֵהּ תַּרְתֵּין זִמְנִין וּנְפַקוּ מַיָּא סַגִּיאֵי

רש"י

המן הסלע הזה נוציא. לפי שלא היו מכירין אותו, לפי שהלך הסלע וישב לו בין הסלעים כשנסתלק הבאר, והיו ישראל אומרים להם מה לכם מאיזה סלע תוציאו לנו מים, לכך אמר להם המורים, סרבנים, לשון יוני שוטים, מורים את מוריהם, המן הסלע הזה שלא נצטוינו עליו נוציא לכם מים (תנחומא שם): **(יא) פעמים.** לפי שבראשונה לא הוציא אלא טיפין, לפי שלא צוה המקום להכותו, אלא ודברתם אל הסלע, והמה דברו אל סלע אחר ולא הוציא, אמרו [שמא] צריך להכותו כבראשונה, שנאמר והכית בצור (שמות יז:ו) ונזדמן להם אותו סלע והכוהו (תנחומא שם):

RASHI ELUCIDATED

☐ הֲמִן הַסֶּלַע הַזֶּה נוֹצִיא — SHALL WE BRING FORTH [WATER FOR YOU] FROM THIS ROCK? לְפִי שֶׁלֹּא הָיוּ מַכִּירִין אוֹתוֹ — **Since [Moses and Aaron] could not identify it,** לְפִי שֶׁהָלַךְ הַסֶּלַע — **because the rock went** וְיָשַׁב לוֹ — **and settled itself** בֵּין הַסְּלָעִים — **among the** other **rocks** כְּשֶׁנִּסְתַּלֵּק הַבְּאֵר — **when the well departed,**[1] וְהָיוּ יִשְׂרָאֵל אוֹמְרִים לָהֶם — **and Israel were saying to them,** מַה לָּכֶם — **"What** difference does it make **to you** מֵאֵיזֶה סֶלַע — **from which rock** תּוֹצִיאוּ לָנוּ מַיִם — **you will bring forth water for us?"** לְכָךְ אָמַר לָהֶם "הַמֹּרִים" — **This is why Moses said to them "**הַמֹּרִים**",** which means, סָרְבָנִים — **wayward ones.**[2]

{דָּבָר אַחֵר — **Alternatively,**} לְשׁוֹן יְוָנִי שׁוֹטִים — the word הַמֹּרִים **in the Greek langauge** means **"fools."** {דָּבָר אַחֵר — **Alternatively,**}[3] מוֹרִים אֶת מוֹרֵיהֶם — it intimates that **they instruct their teachers.**[4] "הֲמִן הַסֶּלַע הַזֶּה" שֶׁלֹּא נִצְטַוִּינוּ עָלָיו "נוֹצִיא לָכֶם מָיִם"[6] — **"Shall**[5] **we bring forth water for you from this rock, about which we were not commanded?"**[6]

11. פַּעֲמָיִם — TWICE. לְפִי שֶׁבָּרִאשׁוֹנָה — **Because at the first** time Moses struck the rock, לֹא הוֹצִיא אֶלָּא טִפִּין — **it brought forth nothing but** a few **drops,**[7] לְפִי שֶׁלֹּא צִוָּה הַמָּקוֹם לְהַכּוֹתוֹ — **because the Omnipresent did not order** Moses **to strike it,** אֶלָּא — **but rather,** He said, "וְדִבַּרְתֶּם אֶל הַסֶּלַע"[8] — **"And you shall *speak* to the rock."**[8] וְהֵמָּה דִּבְּרוּ אֶל סֶלַע אַחֵר — **But they spoke to a different rock,** by mistake, וְלֹא הוֹצִיא — **and it did not bring forth** water. אָמְרוּ — **They said,** {שֶׁמָּא}[9] צָרִיךְ לְהַכּוֹתוֹ — **"{Maybe}**[9] **it is necessary to strike [the rock],** כְּבָרִאשׁוֹנָה — **as at the first** such incident, שֶׁנֶּאֱמַר — **as it says,** "וְהִכִּיתָ בַצּוּר"[10] — **'You shall strike into the rock.' "**[10] וְנִזְדַּמֵּן לָהֶם אוֹתוֹ סֶלַע — **They chanced upon that rock** to which Moses should have spoken,[11] וְהִכּוּהוּ — **and**

nation which included six hundred thousand adult men could have congregated in its entirety in front of a single rock (*Minchas Yehudah; Sifsei Chachamim*).

1. See Rashi to v. 2 above.

2. This is *Targum Onkelos'* understanding of the word. See also *Tanchuma* 9.

3. This phrase appears in the Roma and Alkabetz editions.

4. That is, they are arrogant; they do not have proper respect for their teachers. According to this interpretation, מֹרִים is understood as "those who teach."

5. The text follows the majority of early editions that present this last sentence as the conclusion of the comment that began above. The Rome and Alkabetz editions, however, present it as a new comment unto itself. In either case, after a parenthetical digression to explain the word הַמֹּרִים, Rashi returns to explaining the thrust of Moses' response.

6. *Tanchuma* 9. "Shall we bring forth water for you from this rock" seems incongruous, for God had just informed Moses that he and Aaron *would* bring forth water from a rock. It is stated as a response to the Israelites' demand that Moses and Aaron bring forth water from a rock other than the one about which God had commanded them (*Mizrachi; Sefer Zikaron*).

7. This explains why Moses struck the rock twice (*Mizrachi; Sifsei Chachamim*).

8. Above v. 8.

9. This word does not appear in the Zamora edition.

10. *Exodus* 17:6.

11. *Tanchuma* 9. Had it not been the rock about which God had commanded him, it would not have brought

יב וַתֵּשְׁתְּ הָעֵדָה וּבְעִירָם: וַיֹּאמֶר
יהוה אֶל־מֹשֶׁה וְאֶל־אַהֲרֹן יַעַן
לֹא־הֶאֱמַנְתֶּם בִּי לְהַקְדִּישֵׁנִי לְעֵינֵי
בְּנֵי יִשְׂרָאֵל לָכֵן לֹא תָבִיאוּ אֶת־

and the assembly and their animals drank.
12 HASHEM said to Moses and to Aaron,
"Because you did not believe in Me to sanctify Me in the eyes of the Children of Israel, therefore, you will not bring this

אונקלוס

וּשְׁתִיאַת כְּנִשְׁתָּא וּבְעִירְהוֹן: יב וַאֲמַר יְיָ לְמֹשֶׁה וּלְאַהֲרֹן חֲלַף דִּי לָא הֵמַנְתּוּן בְּמֵימְרִי לְקַדָּשׁוּתִי לְעֵינֵי בְּנֵי יִשְׂרָאֵל בְּכֵן לָא תַעֲלוּן יָת

רש"י

(יב) **יען לא האמנתם בי.** גלה הכתוב שאלולי חטא זה בלבד היו נכנסין לארץ, כדי שלא יאמרו עליהם כעון שאר דור המדבר שנגזר עליהם שלא יכנסו לארץ כך היה עון משה ואהרן (ספרי קלז; תנחומא י). והלא הצאן ובקר ישחט קשה מזו, אלא לפי שבסתר חסך עליו הכתוב, וכאן שבמעמד כל ישראל לא חסך עליו הכתוב מפני קדוש השם (תוספתא סוטה ו:ד; תנחומא שם): **להקדישני.** שאילו דברתם אל הסלע והוציא הייתי מקודש לעיני העדה, ואומרים מה סלע זה שאינו מדבר ואינו שומע ואינו צריך לפרנסה מקיים דבורו של מקום, ק"ו אנו: **לכן לא תביאו.** בשבועה, כמו

RASHI ELUCIDATED

they struck it.[1]

12. יַעַן לֹא הֶאֱמַנְתֶּם בִּי – BECAUSE YOU DID NOT BELIEVE IN ME. גִּלָּה הַכָּתוּב – **The verse reveals** שֶׁאִלּוּלֵי חֵטְא זֶה בִּלְבַד – **that were it not for this sin alone,** הָיוּ נִכְנָסִין לָאָרֶץ – **[Moses and Aaron] would have entered the Land** of Israel, כְּדֵי שֶׁלֹּא יֹאמְרוּ עֲלֵיהֶם – **so that [people] should not say about them,** כַּעֲוֹן שְׁאָר דּוֹר הַמִּדְבָּר – **"Like the sin of the rest of the Generation of the Wilderness,** שֶׁנִּגְזַר עֲלֵיהֶם – **upon whom it was decreed** שֶׁלֹּא יִכָּנְסוּ לָאָרֶץ – **that they should not enter the Land** of Israel, כָּךְ הָיָה עֲוֹן מֹשֶׁה וְאַהֲרֹן[2] – **so was the sin of Moses and Aaron."**[2] וַהֲלֹא "הַצֹּאן וּבָקָר יִשָּׁחֵט" קָשֶׁה מִזּוֹ – **But is not** the sin of **"can flock and cattle be slaughtered"**[3] **more grave** a sin **than this?**[4] אֶלָּא לְפִי שֶׁבַּסֵּתֶר – **But since [that sin] was** committed **in private,** חָסַךְ עָלָיו הַכָּתוּב – **Scripture spared him.** וְכָאן שֶׁבְּמַעֲמַד כָּל יִשְׂרָאֵל – **But here, where** the sin was committed **among the assemblage of all Israel,** לֹא חָסַךְ עָלָיו הַכָּתוּב – **Scripture did not spare him,** מִפְּנֵי קִדּוּשׁ הַשֵּׁם[5] – **because of sanctification of the Name** of God.[5]

□ לְהַקְדִּישֵׁנִי – **TO SANCTIFY ME.** שֶׁאִלּוּ דִּבַּרְתֶּם אֶל הַסֶּלַע – **For had you spoken to the rock** וְהוֹצִיא – **and it would have brought forth** water, הָיִיתִי מְקֻדָּשׁ לְעֵינֵי הָעֵדָה – **I would have been sanctified before the eyes of the assembly,** וְאוֹמְרִים – **and they would have said,** מָה סֶּלַע זֶה – **"Now, if this rock,** שֶׁאֵינוֹ מְדַבֵּר וְאֵינוֹ שׁוֹמֵעַ – **which neither speaks nor hears,** וְאֵינוֹ צָרִיךְ לְפַרְנָסָה – **and does not need subsistence,** מְקַיֵּם דִּבּוּרוֹ שֶׁל מָקוֹם – **fulfills the word of the Omnipresent,** קַל וָחוֹמֶר אָנוּ – **how much more so** should **we** fulfill His word."

□ לָכֵן לֹא תָבִיאוּ – **THEREFORE, YOU WILL NOT BRING.** בִּשְׁבוּעָה – This is stated here **by an oath.** כְּמוֹ –

forth water at all, just as the rock to which Moses had earlier spoken did not bring forth water (*Mizrachi; Sifsei Chachamim*).

The commentators note that Rashi to 31:21 below states that Moses erred here by striking the rock because he was angry, while Rashi here says he struck the rock because he had previously spoken to the wrong rock without result. *Kitzur Mizrachi* explains that Moses sinned because of a combination of the two factors. Had he not allowed himself to be angry, Moses would not have hit the rock, even though the rock he had spoken to did not yield water.

1. The reading וְהִכּוּהוּ, "and *they* struck it," follows the Rome and Reggio di Calabria editions. According to this version of the text, Aaron was also held responsible for striking the rock because he could have prevented Moses from striking it yet failed to do so (*Imrei Shefer*). *Ramban* in his comments to *Deuteronomy* 1:37 also includes Aaron in the sin of striking the rock. Other texts read וְהִכָּהוּ, "and *he* struck it."

2. *Sifrei* 137; *Tanchuma* 10. Scripture says, "Fortunate is he whose transgression is forgiven, whose sin is covered up" (*Psalms* 32:1). Nevertheless, here the sin is mentioned explicitly in order to spare the honor of Moses and Aaron, so that we should not think that they, too, to some degree were involved in the sin of the Generation of the Wilderness (*Maskil LeDavid*). Rashi makes a similar point in his comments to 27:13 below.

3. Above 11:22; see Rashi there.

4. There, Moses appears to question the power of God, yet no punishment is stated. Why does God punish him severely for what is apparently the lesser of the two sins?

5. *Tosefta Sotah* 6:4; *Tanchuma* 10. Moses and Aaron should have sanctified God's Name by speaking to the

הַקָּהָל הַזֶּה אֶל־הָאָרֶץ אֲשֶׁר־נָתַתִּי
יג לָהֶם: הֵמָּה מֵי מְרִיבָה אֲשֶׁר־
רָבוּ בְנֵי־יִשְׂרָאֵל אֶת־יהוה וַיִּקָּדֵשׁ
יד בָּם: רביעי וַיִּשְׁלַח מֹשֶׁה מַלְאָכִים
מִקָּדֵשׁ אֶל־מֶלֶךְ אֱדוֹם כֹּה אָמַר

congregation to the Land that I have given them." [13] *They are the waters of strife, where the Children of Israel contended with* HASHEM, *and He was sanctified through them.*

[14] *Moses sent emissaries from Kadesh to the king of Edom: "So said*

אונקלוס

קְהָלָא הָדֵין לְאַרְעָא דִּי יְהָבִית לְהוֹן: יג אִנּוּן מֵי מַצּוּתָא דִּי נְצוֹ בְנֵי יִשְׂרָאֵל קֳדָם יְיָ וְאִתְקַדַּשׁ בְּהוֹן: יד וּשְׁלַח מֹשֶׁה אִזְגַּדִּין מֵרְקָם לְוָת מַלְכָּא דֶאֱדוֹם כִּדְנַן אֲמַר

רש"י

ולכן נשבעתי לבית עלי (שמואל א ג:יד) נשבע בקפילה, שלא ירבו בתפלה על כך: (יג) **המה מי מריבה.** הם הנזכרים במקום אחר, את אלו ראו אצטגניני פרעה שמושיען של ישראל לוקה במים, לכך גזרו כל הבן הילוד היאורה תשליכוהו (שמות א:כב; סנהדרין קא:): **ויקדש בם.** שמתו משה ואהרן על ידם, שכשהקב"ה עושה דין במקודשיו הוא יראוי ומתקדש על הבריות, וכן הוא אומר נורא אלהים ממקדשיך (תהלים סח:לו) וכן הוא אומר בקרובי אקדש (ויקרא י:ג):

RASHI ELUCIDATED

The word לָכֵן, "therefore," denotes an oath, **as** in, "וְלָכֵן נִשְׁבַּעְתִּי לְבֵית עֵלִי"[1] – **"And therefore I have sworn to the House of Eli."**[1] נִשְׁבַּע בִּקְפִיצָה – **He took an oath quickly,**[2] שֶׁלֹּא יַרְבּוּ בִּתְפִלָּה עַל כָּךְ – **so that they should not entreat much through prayer over this.**[3]

13. הֵמָּה מֵי מְרִיבָה – THEY ARE THE WATERS OF STRIFE. הֵם הַנִּזְכָּרִים בְּמָקוֹם אַחֵר – **They are the ones mentioned elsewhere.**[4] אֶת אֵלּוּ רָאוּ אִצְטַגְנִינֵי פַרְעֹה – **It was these that the astrologers of Pharaoh saw** about which they said שֶׁמּוֹשִׁיעָן שֶׁל יִשְׂרָאֵל – **that the savior of Israel** לוֹקֶה בַּמַּיִם – **would be stricken through water.** לְכָךְ גָּזְרוּ – **This is why they decreed,** "כָּל הַבֵּן הַיִּלּוֹד – **"Every son that will be born,** הַיְאֹרָה תַּשְׁלִיכֻהוּ"[5,6] – **into the river shall you throw him."**[5,6]

□ וַיִּקָּדֵשׁ בָּם – **AND HE WAS SANCTIFIED THROUGH THEM,** שֶׁמֵּתוּ מֹשֶׁה וְאַהֲרֹן עַל יָדָם – **in that Moses and Aaron died through them.**[7] כְּשֶׁהַקָּדוֹשׁ בָּרוּךְ הוּא עוֹשֶׂה דִין – **When the Holy One, Blessed is He, carries out judgment** בִּמְקֻדָּשָׁיו – **against his holy ones,** הוּא יָרָאוּי וּמִתְקַדֵּשׁ עַל הַבְּרִיּוֹת – **He becomes feared and sanctified by people.** וְכֵן הוּא אוֹמֵר – **And thus does it say,** "נוֹרָא אֱלֹהִים מִמִּקְדָּשֶׁיךָ"[8] – **"God is awesome from Your Sanctuary."**[8] וְכֵן הוּא אוֹמֵר – **And thus does it say,** "בִּקְרֹבַי אֶקָּדֵשׁ"[9] – **"I will be sanctified through those who are close to Me."**[9]

---

rock, as Rashi explains in his next comment. Since they did not do so, His Name had to be sanctified through the decree that they die before Israel enters the Land of Canaan (see Rashi to v. 13, s.v., וַיִּקָּדֵשׁ בָּם; see also *Akeidas Yitzchak* 80).

1. *I Samuel* 3:14. Rashi makes the same point about the word לָכֵן in his comments to *Exodus* 6:6, *Isaiah* 10:24 (according to some versions of the text), *Jeremiah* 2:33, 16:14, 30:16, 49:26, 50: 30, and *Ezekiel* 16:8.

2. Literally, "He took an oath with a jump."

3. Our passage says that Moses was denied permission to enter the Land of Israel as punishment for the sin spoken of here, but Rashi to *Exodus* 6:1, s.v., עַתָּה תִרְאֶה, says that this was a punishment for Moses' questioning the justice of God's enslavement of the Israelites at the hands of the Egyptians. The answer lies in this Rashi. God originally made the decree when Moses questioned Him, as Rashi states in *Exodus*. But at that time, the decree was not made through an oath. It was still possible to change it through prayer. Here, God made the decree through an oath. It thus became immutable (*Imrei Shefer; Mishmeres HaKodesh*).

4. הֵמָּה, "they are," can be used to indicate that something mentioned in a story as having happened or existed in the past has lasted into the present of the narrative, or it can indicate that something being mentioned now had also been mentioned earlier. The "waters of strife" did not last past the time of the episode concerning them. Therefore, the הֵמָּה of our verse must refer to an earlier reference regarding those waters (*Be'er Yitzchak*).

5. *Exodus* 1:22; see Rashi there.

6. *Sanhedrin* 101b.

7. Rashi explains how God was sanctified by the waters, even though He said above (v. 12), "You did *not* believe in Me to sanctify Me" (*Mesiach Ilmim*).

8. *Psalms* 68:36. Rashi there cites *Zevachim* 115b which says that מִמִּקְדָּשֶׁיךָ, "Your Sanctuaries," is interpreted as מִמְּקֻדָּשֶׁיךָ, "Your sanctified ones," and means that God is rendered awesome when He carries out judgment against the holy. See also Rashi to *Exodus* 29:43, where he makes a similar point.

9. *Leviticus* 10:3; see Rashi there.

אָחִיךָ יִשְׂרָאֵל אַתָּה יָדַעְתָּ אֵת כָּל־
טו הַתְּלָאָה אֲשֶׁר מְצָאָתְנוּ: וַיֵּרְדוּ
אֲבֹתֵינוּ מִצְרַיְמָה וַנֵּשֶׁב בְּמִצְרַיִם
יָמִים רַבִּים וַיָּרֵעוּ לָנוּ מִצְרַיִם
טז וְלַאֲבֹתֵינוּ: וַנִּצְעַק אֶל־יהוה וַיִּשְׁמַע
קֹלֵנוּ וַיִּשְׁלַח מַלְאָךְ וַיֹּצִאֵנוּ מִמִּצְרָיִם

your brother Israel: You are aware of all the hardship that has befallen us. [15] *Our forefathers descended to Egypt and we dwelled in Egypt many years, and the Egyptians did evil* *to us and to our forefathers.* [16] *We cried out to* HASHEM *and He heard our voice; He sent an emissary and took us out of Egypt.*

אונקלוס

אָחוּךְ יִשְׂרָאֵל אַתְּ יְדַעַתְּ יָת כָּל עָקְתָא דִּי אַשְׁכַּחְתָּנָא: טו וּנְחַתוּ אֲבָהָתַנָא לְמִצְרַיִם וִיתֵבְנָא בְּמִצְרַיִם יוֹמִין סַגִּיאִין וְאַבְאִישׁוּ לָנָא מִצְרָאֵי וְלַאֲבָהָתַנָא: טז וְצַלֵּינָא קֳדָם יְיָ וְקַבִּיל צְלוֹתַנָא וּשְׁלַח מַלְאָכָא וְאַפְּקָנָא מִמִּצְרָיִם

רש"י

(יד) אחיך ישראל. מה ראה להזכיר כאן אחוה, אלא אמר לו אחים אנחנו בני אברהם שנאמר לו כי גר יהיה זרעך (בראשית טו:יג) ועל שנינו היה אותו החוב לפרעו: **אתה ידעת את כל התלאה.** לפיכך פירש אביכם מעל אבינו, שנא' וילך אל ארץ מפני יעקב אחיו (בראשית לו:ו) מפני השטר חוב המוטל עליהם והטילו על יעקב (ב"ר פב:יג): **(טו) וירעו לנו.** סבלנו צרות רבות: **ולאבתינו.** מכאן שהאבות מצטערים בקבר כשפורענות באה על ישראל (תנחומא יב): **(טז) וישמע קולנו.** בברכה שברכנו אבינו

RASHI ELUCIDATED

14. אָחִיךָ יִשְׂרָאֵל – YOUR BROTHER ISRAEL. מָה רָאָה לְהַזְכִּיר כַּאן אַחֲוָה – What did he see that led him **to mention brotherhood here? אֶלָּא אָמַר לוֹ – But [Moses] said to [Edom], אַחִים אֲנַחְנוּ – "We are brothers, בְּנֵי אַבְרָהָם – children of Abraham, שֶׁנֶּאֱמַר לוֹ – to whom it was said, "כִּי גֵר יִהְיֶה זַרְעֲךָ"[1] – 'That your offspring shall be sojourners.'[1] וְעַל שְׁנֵינוּ הָיָה אוֹתוֹ הַחוֹב לִפְרְעוֹ – It was** incumbent **upon both of us to pay that debt."**[2]

□ **אַתָּה יָדַעְתָּ אֵת כָּל הַתְּלָאָה – YOU ARE AWARE OF ALL THE HARDSHIP. לְפִיכָךְ פֵּרַשׁ אֲבִיכֶם מֵעַל אָבִינוּ – This is why your father parted from our father, שֶׁנֶּאֱמַר – as it says, "וַיֵּלֶךְ אֶל אֶרֶץ – "And he went to a land מִפְּנֵי יַעֲקֹב אָחִיו"[3] – because of his brother Jacob,"**[3] **מִפְּנֵי הַשְּׁטָר חוֹב** – which means, **because of the promissory note הַמֻּטָּל עֲלֵיהֶם – which was put upon them,** i.e., that both of them were obligated to pay, **וְהִטִּילוֹ עַל יַעֲקֹב[4] – and He[3a] put it upon Jacob.**[4]

15. וַיָּרֵעוּ לָנוּ – AND [THE EGYPTIANS] DID EVIL TO US. סָבַלְנוּ צָרוֹת רַבּוֹת – We suffered many travails.[5]

□ **וְלַאֲבֹתֵינוּ – AND TO OUR FOREFATHERS. מִכָּאן – From here** we see **שֶׁהָאָבוֹת מִצְטַעֲרִים בַּקֶּבֶר – that the Patriarchs feel pain in the grave כְּשֶׁפּוּרְעָנוּת בָּאָה עַל יִשְׂרָאֵל[6] – when punishment comes upon Israel.**[6]

16. וַיִּשְׁמַע קֹלֵנוּ – AND HE HEARD OUR VOICE, בַּבְּרָכָה – through the blessing שֶׁבֵּרְכָנוּ אָבִינוּ – which

1. *Genesis* 15:13.

2. It was incumbent upon both of us to pay that debt, yet only I did so. Therefore, you owe it to us to let us pass through your land.

Moses did not expect brotherly sentiment to play a role in Edom's decision as to whether to allow Israel to pass through their land, for Amalek, a descendant of Edom (Esau), had already shown that Esau's descendants maintained Esau's hatred of Jacob (see *Exodus* 17:8-15). Rather, he appealed to Edom's sense of justice (see *Be'er BaSadeh*).

3. *Genesis* 36:6; see Rashi there.

3a. This refers to God (*Sifsei Chachamim*). Alternatively, the translation should read "he" and the word refers to Esau (*Beis Yehudah*).

4. *Bereishis Rabbah* 82:13. אַתָּה יָדַעְתָּ, "You are *aware* of all the hardship," rather than אַתָּה שָׁמַעְתָּ, "you have *heard*," implies that Moses was referring to a hardship with which Edom had experience, as opposed to the travails of Israel in Egypt. This, too, was an appeal to Edom's sense of justice, rather than to his sympathy.

5. The emphasis of "the Egyptians did evil to us" could be seen as highlighting the wickedness of the Egyptians. Rashi indicates that this is not so. The point of "the Egyptians did evil to us" was to highlight the suffering of the Israelites, and thereby show Edom that Israel paid the debt that fell upon both Jacob and Esau (*Sefer Zikaron*).

6. *Tanchuma* 12. The verse reads וַיָּרֵעוּ לָנוּ מִצְרַיִם וְלַאֲבֹתֵינוּ, literally, "They did evil to us, the Egyptians [did], and to our forefathers." Had the verse meant that the Egyptians did evil to the Israelites of that time and to their forefathers in the previous generations, it would have said וַיָּרֵעוּ מִצְרַיִם לַאֲבוֹתֵינוּ וְלָנוּ, "and the Egyptians did evil to our fathers and to us," for the Egyptians did evil to the fathers before they did so to those present. The verse places "to our fathers" after "to us" and sets it apart from it by placing מִצְרַיִם, "the Egyptians," between the two phrases, to teach us that the evil referred to was suffered by the forefathers – the Patriarchs – rather than by the fathers, the more immediate ancestors; it is a result of the evil suffered by their descendants and is a suffering which is different in kind (*Mishmeres HaKodesh; Be'er BaSadeh;* see Rashi to *Deuteronomy* 4:37, s.v., וַיּוֹצִיאֲךָ).

וְהִנֵּה֙ אֲנַ֣חְנוּ בְקָדֵ֔שׁ עִ֖יר קְצֵ֥ה גְבוּלֶֽךָ׃
יז נַעְבְּרָה־נָּ֣א בְאַרְצֶ֗ךָ לֹ֤א נַעֲבֹר֙
בְּשָׂדֶ֣ה וּבְכֶ֔רֶם וְלֹ֥א נִשְׁתֶּ֖ה מֵ֣י בְאֵ֑ר

Now behold! we are in Kadesh, a city at the edge of your border. [17] *Let us pass through your land; we shall not pass through field or vineyard, and we shall not drink the water of a well;*

אונקלוס

וְהָא אֲנַחְנָא בִּרְקַם קַרְתָּא דִּבְסְטַר תְּחוּמָךְ: יז נִעְבַּר כְּעַן בְּאַרְעָךְ לָא נִעְבַּר בַּחֲקַל וּבִכְרָם וְלָא נִשְׁתֵּי מֵי גוּב

רש"י

הקול קול יעקב (בראשית כז:כב) שאנו צועקים ונענים (תנחומא בשלח ט): **מלאך.** זה משה, מכאן שהנביאים קרואים מלאכים, ואומר ויהיו מלעיבים במלאכי האלהים (דברי הימים ב לו:טז; תנחומא ויקרא א): **(יז) נעברה נא בארצך.** אין לך לעורר על הירושה של ארץ ישראל, כשם שלא פרעת החוב. עשה לנו עזר מעט לעבור דרך ארצך (תנחומא יב): **ולא נשתה מי באר.** מי בורות [ס"א בארות] היה צריך לומר. אלא כך אמר משה, אע"פ שיש בידינו מן לאכול ובאר לשתות לא נשתה ממנו אלא נקנה מכם אוכל ומים להנאתכם. מכאן לאכסנאי, שאע"פ שיש בידו לאכול יקנה מן החנוני כדי להנות את אושפיזו (שם):

RASHI ELUCIDATED

our forefather blessed us,[1] ,,הַקֹּל קוֹל יַעֲקֹב"[2] – **"The voice is Jacob's voice,"**[2] שֶׁאָנוּ צוֹעֲקִים – **that we cry out** וְנַעֲנִים – **and are answered.**[3]

☐ מַלְאָךְ – **AN EMISSARY.** זֶה מֹשֶׁה – **This is Moses.**[4] מִכָּאן – **From here** we see שֶׁהַנְּבִיאִים קְרוּאִים מַלְאָכִים – **that the prophets are called "angels."**[5] וְאוֹמֵר – **And it says** in the same vein, ,,וַיִּהְיוּ מַלְעִבִים בְּמַלְאֲכֵי הָאֱלֹהִים"[6,7] – **"They insulted the 'angels' of God,** [and disgraced His word, and mocked His prophets]."[6,7]

17. נַעְבְּרָה נָּא בְאַרְצֶךָ – **LET US PASS THROUGH YOUR LAND.** אֵין לְךָ – **You have no** cause לְעוֹרֵר – **to object** עַל הַיְרֻשָּׁה שֶׁל אֶרֶץ יִשְׂרָאֵל – **over the inheritance of the Land of Israel,** כְּשֵׁם שֶׁלֹּא פָּרַעְתָּ הַחוֹב – **inasmuch as you did not pay the debt.** עֲשֵׂה לָנוּ עֵזֶר מְעַט – **Give us a bit of assistance** לַעֲבוֹר – by allowing us **to pass through** דֶּרֶךְ אַרְצְךָ – **by way of your land.**[8]

☐ וְלֹא נִשְׁתֶּה מֵי בְאֵר – **AND WE SHALL NOT DRINK THE WATER OF A WELL.** מֵי בוֹרוֹת[9] הָיָה צָרִיךְ לוֹמַר – **It should have said "the water of cisterns."**[9,10] אֶלָּא כַּךְ אָמַר מֹשֶׁה – **But Moses said as follows:** אַף עַל פִּי שֶׁיֵּשׁ בְּיָדֵינוּ – **Although we possess** מָן לֶאֱכוֹל – **manna to eat** וּבְאֵר לִשְׁתּוֹת – **and a well for drinking,** לֹא נִשְׁתֶּה מִמֶּנּוּ – **we will not drink from it.**[11] אֶלָּא – **Rather,** נִקְנֶה מִכֶּם אוֹכֶל וּמַיִם – **we will buy food and water from you** לַהֲנָאַתְכֶם – **in order to benefit you.** מִכָּאן – **From here** we see לְאַכְסְנַאי – **regarding a lodger,** שֶׁאַף עַל פִּי שֶׁיֵּשׁ בְּיָדוֹ לֶאֱכוֹל – **that even though there is** food **in his possession to eat,** יִקְנֶה מִן הַחֶנְוָנִי – **he should buy** food **from the** local **storekeeper**[12] כְּדֵי לְהַנּוֹת אֶת אוּשְׁפִּיזוֹ[13] – **in order to benefit his host.**[13]

1. The Israelites alluded to their inheritance here in order to intimidate the Edomites (*Sefer Zikaron; Be'er BaSadeh*; see also Rashi to v. 18 below).

2. *Genesis* 27:22.

3. *Tanchuma, Beshalach* 9. The verse could have said only וַיִּשְׁמַע, "and He heard" (*Be'er BaSadeh*), or וַיִּשְׁמַע אֵלֵינוּ, "and He heard us" (*Devek Tov*). "And He heard *our voice*" is seen as an allusion to the special quality of Jacob's voice which ensures that prayers are heard.

4. The word מַלְאָךְ can mean "angel." But God did not carry out the Exodus through an angel, or through any emissary other than Moses (*Minchas Yehudah; Sifsei Chachamim*).

5. The phrase וַיִּשְׁלַח מַלְאָךְ, "He sent an emissary," seems unnecessary. Scripture states it to make a point of referring to a prophet by a term which can mean "angel."

6. *II Chronicles* 36:16, see Rashi there.

7. *Tanchuma, Vayikra* 1; *Shelach* 1.

8. See *Tanchuma* 12. This explains the connection between "let us pass through your land" and that which precedes it (*Minchas Yehudah; Sifsei Chachamim*).

9. The Reggio di Calabria edition reads מֵי בְּאֵרוֹת, "the water of wells" (see *Yosef Hallel*).

10. A בְּאֵר, "well," is a relatively unlimited natural source of water. It is generally used freely by the public. A בּוֹר, "cistern," is a limited container for water (see Rashi to *Proverbs* 5:15); such water is generally conserved for the dry season. We would have expected the Israelites to say that it was water of this sort which they would take care not to drink (*Nachalas Yaakov*).

According to the version in the Reggio di Calabria edition (see previous note), Rashi is explaining why the singular "well" is used, instead of the plural "wells" (*Yosef Hallel*).

11. When Moses said, "water of a well," he meant specifically the well that accompanied the Israelites.

12. The Reggio di Calabria edition reads מִן בַּעַל הַבַּיִת, "from the landlord, owner of the house," instead of מִן הַחֶנְוָנִי, "from the storekeeper." However, the *Tanchuma*, which is presumably Rashi's source, reads מִן הַחֶנְוָנִי.

13. *Tanchuma* 12. That is, to the locality hosting him (*Sefer Zikaron*).

דֶּרֶךְ הַמֶּלֶךְ נֵלֵךְ לֹא נִטֶּה יָמִין
וּשְׂמֹאול עַד אֲשֶׁר־נַעֲבֹר גְּבֻלֶךָ:
יח וַיֹּאמֶר אֵלָיו אֱדוֹם לֹא תַעֲבֹר
בִּי פֶּן־בַּחֶרֶב אֵצֵא לִקְרָאתֶךָ:
יט וַיֹּאמְרוּ אֵלָיו בְּנֵי־יִשְׂרָאֵל
בַּמְסִלָּה נַעֲלֶה וְאִם־מֵימֶיךָ
נִשְׁתֶּה אֲנִי וּמִקְנַי וְנָתַתִּי מִכְרָם
רַק אֵין־דָּבָר בְּרַגְלַי אֶעֱבֹרָה:
כ וַיֹּאמֶר לֹא תַעֲבֹר וַיֵּצֵא אֱדוֹם
לִקְרָאתוֹ בְּעַם כָּבֵד וּבְיָד חֲזָקָה:

we shall travel the king's road, we shall not veer right or left, until we pass through your border."

18 *Edom said to him, "You shall not pass through me, lest I go forth against you with the sword!"*

19 *The Children of Israel said to him, "We shall go up on the highway, and if we drink your waters — I or my flock — I shall pay their price. There is nothing at all; let me pass through on foot."*

20 *He said, "You shall not pass through!" Then Edom went out against him with a vast multitude and with a strong hand.*

אונקלוס

בְּאֹרַח מַלְכָּא נֵזֵל לָא נִסְטֵי לְיַמִּינָא וְלִשְׂמָאלָא עַד דְנִעְבַּר תְּחוּמָךְ: יח וַאֲמַר לֵיהּ אֱדוֹמָאָה לָא תְעִבַּר בִּתְחוּמִי דִּלְמָא בִּדְקָטְלִין בְּחַרְבָּא אֶפּוֹק לְקֳדָמוּתָךְ: יט וַאֲמָרוּ לֵיהּ בְּנֵי יִשְׂרָאֵל בְּאֹרַח כְּבִישָׁא נִסַּק וְאִם מַיָּיךְ נִשְׁתֵּי אֲנָא וּבְעִירַי וְאֶיהַב דְּמֵיהוֹן לְחוֹד לֵית פִּתְגָם דְּבִישׁ בְּרַגְלַי אֶעְבַּר: כ וַאֲמַר לָא תְעִבַּר וּנְפַק אֱדוֹמָאָה לְקֳדָמוּתֵהּ בְּחֵיל רַב וּבִידָא תַקִּיפָא:

רש"י

דרך המלך נלך וגו'. אנו חוסמים את בהמתנו ולא יטו לכאן ולכאן לאכול (שם): **(יח) פן בחרב אצא לקראתך.** אתם מתגאים בקול שהורישכם אביכם ואומרים ונצעק אל ה' וישמע קולנו (פסוק טז) ואני אצא עליכם במה שהורישני אבי ועל חרבך תחיה (בראשית כז:מ; תנחומא בשלח שם): **(יט) רק אין דבר.** אין שום דבר מזיקך: **(כ) וביד חזקה.** בהבטחת זקננו

RASHI ELUCIDATED

□ דֶּרֶךְ הַמֶּלֶךְ נֵלֵךְ וְגוֹמֵר – **WE SHALL TRAVEL THE KING'S ROAD [WE SHALL NOT VEER RIGHT OR LEFT].** אָנוּ חוֹסְמִים אֶת בְּהֶמְתֵּנוּ – **We muzzle our animals,** וְלֹא יִטּוּ – **so they shall not veer** לְכָאן וּלְכָאן – **to either side** לֶאֱכוֹל[1] – **to eat.**[1]

18. פֶּן בַּחֶרֶב אֵצֵא לִקְרָאתֶךָ – **LEST I GO FORTH AGAINST YOU WITH THE SWORD.** אַתֶּם מִתְגָּאִים – **You pride yourselves** בַּקּוֹל שֶׁהוֹרִישְׁכֶם אֲבִיכֶם – **with the voice which your forefather bequeathed you,** וְאוֹמְרִים – **and say,** "וַנִּצְעַק אֶל ה' וַיִּשְׁמַע קֹלֵנוּ"[2] – **"We cried out to Hashem and He heard our voice,"**[2] וַאֲנִי אֵצֵא עֲלֵיכֶם – **and I go forth against you** בְּמָה שֶׁהוֹרִישַׁנִי אָבִי – **with that which my forefather bequeathed me,** "וְעַל חַרְבְּךָ תִחְיֶה"[3,4] – **"By your sword you shall live."**[3,4]

19. רַק אֵין דָּבָר – **THERE IS NOTHING AT ALL.** אֵין שׁוּם דָּבָר מַזִּיקְךָ – **There is nothing at all which harms you.**[5]

20. וּבְיָד חֲזָקָה – **AND WITH A STRONG HAND.** בְּהַבְטָחַת זְקֵנֵנוּ – **With the promise of our grandfather,**

1. *Tanchuma* 12. The text, which includes וְגוֹמֵר, "etc.," in the title, follows virtually all contemporary editions. Consequently, most of the supercommentaries on Rashi understand his comment as an explanation of the phrase "we shall not veer right or left," which Rashi indicates with "etc." Had "we shall travel on the king's road, we shall not veer, etc." referred to the Israelites themselves, it should have appeared immediately after "we shall not pass through field or vineyard," before "and we shall not drink the water of a well." The interruption by "and we shall not drink the water of a well" indicates that "we shall travel the king's road, etc." refers to something other than "we shall not pass through field or vineyard." It refers to animals, while the earlier part of the verse refers to humans (*Be'er BaSadeh*).

However, *Midrash Tanchuma,* Rashi's apparent source for this comment, gives "we muzzle our animals" as the interpretation of "we shall travel the king's road," and gives a different interpretation (which Rashi does not cite) for the phrase "we shall not veer right or left." Moreover, the word וְגוֹמֵר, "etc.," does not appear in any of the early printed editions of Rashi. Accordingly, Rashi understands דֶּרֶךְ הַמֶּלֶךְ, "the king's road," in its alternative meaning, "the king's manner." It does not befit a king to allow his animals to forage as if he could not afford to feed them; rather, he purchases whatever food his herds need. Similarly, "we shall travel in the king's manner" by muzzling our animals to prevent them from foraging. We will only feed them what we buy from you (see *Mishmeres HaKodesh*).

2. Above v. 16; see Rashi there.

3. *Genesis* 27:40.

4. *Tanchuma Beshalach* 9. בַּחֶרֶב, "with *the* sword," rather than בְּחֶרֶב, "with *a* sword," implies a particular sword, namely, the sword with which Edom/Esau was blessed (*Sefer Zikaron*).

5. Rashi, following *Targum Onkelos*, tells us that

כא וַיְמָאֵן ׀ אֱדוֹם נְתֹן֙ אֶת־יִשְׂרָאֵ֔ל
עֲבֹ֖ר בִּגְבֻל֑וֹ וַיֵּ֥ט יִשְׂרָאֵ֖ל מֵעָלָֽיו׃
כב חמישי [שלישי] וַיִּסְע֖וּ מִקָּדֵ֑שׁ וַיָּבֹ֨אוּ בְנֵֽי־
יִשְׂרָאֵ֧ל כָּל־הָעֵדָ֛ה הֹ֥ר הָהָֽר׃ כג וַיֹּ֧אמֶר
יהוה אֶל־מֹשֶׁ֥ה וְאֶֽל־אַהֲרֹ֖ן בְּהֹ֣ר
הָהָ֑ר עַל־גְּב֥וּל אֶֽרֶץ־אֱד֖וֹם לֵאמֹֽר׃

[21] So Edom refused to permit Israel to pass through his border, and Israel turned away from near him.

[22] They journeyed from Kadesh and the Children of Israel arrived — the entire assembly — at Mount Hor. [23] HASHEM said to Moses and Aaron at Mount Hor on the border of the land of Edom, saying,

אונקלוס

כא וְסָרִיב אֱדוֹמָאָה לְמִשְׁבַּק יָת יִשְׂרָאֵל לְמֶעְבַּר בִּתְחוּמֵהּ וּסְטָא יִשְׂרָאֵל מִלְּוָתֵהּ: כב וּנְטַלוּ מֵרְקָם וַאֲתוֹ בְנֵי יִשְׂרָאֵל כָּל כְּנִשְׁתָּא לְהֹר טוּרָא: כג וַאֲמַר יְיָ לְמֹשֶׁה וּלְאַהֲרֹן בְּהוֹר טוּרָא עַל תְּחוּם אַרְעָא דֶאֱדוֹם לְמֵימָר:

רש"י

והידים ידי עשו (בראשית כז:כב): **(כב) כל העדה.** כלם שלמים ועומדים ליכנס לארץ, שלא היה בהן אחד מאותם שנגזרה גזירה עליהם, שכבר כלו מתי מדבר, ואלו מאותן שכתוב בהן חיים כלכם היום (דברים ד:ד; תנחומא יד): **הר ההר.** הר על גבי הר, כתפוח קטן על גבי תפוח גדול. ואע"פ שהענן הולך לפניהם ומשוה את ההרים, שלשה נשארו בהן. הר סיני לתורה, והר ההר לקבורת אהרן, והר נבו לקבורת משה (תנחומא שם): **(כג) על גבול ארץ אדום.** מגיד שמפני שנתחברו כאן להתקרב לעשו הרשע נפרצו מעשיהם וחסרו הצדיק הזה, וכן הנביא אומר ליהושפט

RASHI ELUCIDATED

Isaac, "וְהַיָּדַיִם יְדֵי עֵשָׂו"[1] – **"But the hands are Esau's hands."**[1]

22. כָּל הָעֵדָה – THE ENTIRE ASSEMBLY. כֻּלָּם שְׁלֵמִים – **All of them whole,** i.e., with no decree pending against them, וְעוֹמְדִים לִכָּנֵס לָאָרֶץ – **and ready to enter the Land** of Israel, שֶׁלֹּא הָיָה בָּהֶן אֶחָד – **for there was not a single one among them** מֵאוֹתָם שֶׁנִּגְזְרָה גְזֵרָה עֲלֵיהֶם – **from those upon whom the decree was ordained,**[2] שֶׁכְּבָר כָּלוּ מֵתֵי מִדְבָּר – **for those who were to die in the wilderness had already been annihilated,** וְאֵלּוּ – **and these** מֵאוֹתָן שֶׁכָּתוּב בָּהֶן – **were among those about whom it is written,** "חַיִּים כֻּלְּכֶם הַיּוֹם"[3,4] – **"You are all alive today."**[3,4]

□ הֹר הָהָר – MOUNT HOR [literally, "mountain of the mountain"]. הַר עַל גַּבֵּי הַר – **A mountain on top of a mountain,** כְּתַפּוּחַ קָטָן עַל גַּבֵּי תַפּוּחַ גָּדוֹל – **like a small mound on top of a large mound.**[5] וְאַף עַל פִּי שֶׁהֶעָנָן – **Although the Cloud** הוֹלֵךְ לִפְנֵיהֶם – **would go before [the Israelites]** וּמַשְׁוֶה אֶת הֶהָרִים – **and level the mountains,**[6] שְׁלֹשָׁה נִשְׁאֲרוּ בָּהֶן – **three** mountains **remained among them:** הַר סִינַי לַתּוֹרָה – **Mount Sinai, for** the giving of **the Torah,** וְהֹר הָהָר לִקְבוּרַת אַהֲרֹן – **Mount Hor, for the burial of Aaron,** "וְהַר נְבוֹ לִקְבוּרַת מֹשֶׁה"[8] – **and Mount Nebo**[7] **for the burial of Moses.**[8]

23. עַל גְּבוּל אֶרֶץ אֱדוֹם – ON THE BORDER OF THE LAND OF EDOM. מַגִּיד – **This tells** us שֶׁמִּפְּנֵי שֶׁנִּתְחַבְּרוּ כָּאן לְהִתְקָרֵב לְעֵשָׂו הָרָשָׁע – **that because they had some connection here with the wicked Esau, by coming close** to his descendants, Edom, נִפְרְצוּ מַעֲשֵׂיהֶם – **their undertakings were broken,** i.e., unsuccessful, וְחָסְרוּ הַצַּדִּיק הַזֶּה – **and they lost this righteous one,** Aaron.[9] וְכֵן הַנָּבִיא אוֹמֵר לִיהוֹשָׁפָט –

"nothing" of the verse means, "nothing which harms you" (cf. *I Samuel* 20:21 and *Radak* there). Furthermore, Rashi tells us that the combination רַק אֵין, literally, "only not," means "not at all."

1. *Genesis* 27:22. "With a strong hand" does not seem to add anything to "with a vast multitude." It teaches us that Edom went to confront Israel with confidence, because of their inheritance from Esau (*Gur Aryeh*).

2. The decree not to enter the Land of Israel; see 14:30 above.

3. *Deuteronomy* 4:4.

4. *Tanchuma* 14. Verse 1 above has (see note 2 there) already told us that those included in the decree had perished. Our verse adds that not only were there none among the Israelites upon whom the decree to perish in the wilderness had been ordained, but there were also none among them upon whom the decree not to enter the Land of Israel had been ordained (see *Maharik; Meleches HaKodesh*).

5. Literally, "like a small apple on top of a large apple." In Mishnaic Hebrew the word תַּפּוּחַ, "apple," is used to describe a rounded heap of grapes (*Avodah Zarah* 4:8 [55a]) and the mound of ashes atop the Altar (*Tamid* 2:2 [28b]).

6. See Rashi to 10:34.

7. See *Deuteronomy* 32:49.

8. *Tanchuma* 14. The text follows the Reggio di Calabria and Rome editions which list the mountains according to the chronological order of the events described, Aaron's burial preceding that of Moses. Other early editions of Rashi, as well as extant editions of the *Tanchuma,* mention Mount Nebo before Mount Hor.

9. Had "on the border of the land of Edom" been stated

כד יֵאָסֵף אַהֲרֹן֮ אֶל־עַמָּיו֒ כִּי לֹא יָבֹא֙
אֶל־הָאָ֔רֶץ אֲשֶׁ֥ר נָתַ֖תִּי לִבְנֵ֣י יִשְׂרָאֵ֑ל
עַ֛ל אֲשֶׁר־מְרִיתֶ֥ם אֶת־פִּ֖י לְמֵ֥י מְרִיבָֽה:
כה קַ֚ח אֶֽת־אַהֲרֹ֔ן וְאֶת־אֶלְעָזָ֖ר בְּנ֑וֹ
כו וְהַ֥עַל אֹתָ֖ם הֹ֥ר הָהָֽר: וְהַפְשֵׁ֨ט אֶֽת־
אַהֲרֹ֜ן אֶת־בְּגָדָ֗יו וְהִלְבַּשְׁתָּ֛ם אֶת־
אֶלְעָזָ֥ר בְּנ֖וֹ וְאַהֲרֹ֥ן יֵאָסֵ֖ף וּמֵ֥ת שָֽׁם:

24 *"Aaron shall be brought in to his people, for he shall not enter the Land that I have given to the Children of Israel, because you defied My word at the waters of strife.* 25 *Take Aaron and Elazar his son and bring them up to Mount Hor.* 26 *Divest Aaron of his garments and dress Elazar his son in them; Aaron shall be brought in and die there."*

אונקלוס

כד יִתְכְּנֵשׁ אַהֲרֹן לְעַמֵּהּ אֲרֵי לָא יֵעוֹל לְאַרְעָא דִּי יְהָבִית לִבְנֵי יִשְׂרָאֵל עַל דִּי סְרֶבְתּוּן עַל מֵימְרִי לְמֵי מַצּוּתָא: כה קָרֵב (נ״א דְּבַר) יָת אַהֲרֹן וְיָת אֶלְעָזָר בְּרֵהּ וְאַסֵּק יָתְהוֹן לְהֹר טוּרָא: כו וְאַשְׁלַח יָת אַהֲרֹן יָת לְבוּשׁוֹהִי וְתַלְבֵּשִׁנּוּן יָת אֶלְעָזָר בְּרֵהּ וְאַהֲרֹן יִתְכְּנֵשׁ וִימוּת תַּמָּן:

רש״י

בהתחברך עם אחזיהו פרץ ה' מעשיך (דברי הימים ב כ:לז; תנחומא שם): (כה) **קח את אהרן.** בדברי ניחומים, אמור לו אשריך שתראה כתרך נתון לבנך, מה שאין אני זכאי לכך (תנחומא יז): (כו) **את בגדיו.** [את בגדי כהונה גדולה [הלבישהו ו]הפשיטם מעליו לתתם על בנו בפניו. אמר לו הכנס למערה, ונכנס. ראה מטה מוצעת ונר דלוק, אמר לו עלה למטה, ועלה. פשוט ידיך, ופשט. קמוץ פיך, וקמץ. עצום עיניך, ועצם. מיד חמד משה לאותה מיתה. וזהו שנאמר לו כאשר מת אהרן אחיך (דברים לב:נ) מיתה שנתאוית לה (ספרי דברים שלט):

RASHI ELUCIDATED

And similarly does the Prophet say to Jehoshaphat,[1] ,,בְּהִתְחַבֶּרְךָ עִם אֲחַזְיָהוּ – **"Through your joining with Ahaziah,**[2] פָּרַץ ה' אֶת מַעֲשֶׂיךָ''[3,4] – **HASHEM broke your undertakings,** i.e., He made them unsuccessful."[3,4]

25. קַח אֶת אַהֲרֹן – TAKE AARON בְּדִבְרֵי נִיחוּמִים – **with words of consolation.**[5] אֱמוֹר לוֹ – **Say to him,** אַשְׁרֶיךָ – **"Blessed are you,** שֶׁתִּרְאֶה כִּתְרְךָ נָתוּן לִבְנְךָ – **for you will see your crown given to your son,** מַה שֶּׁאֵין אֲנִי זַכַּאי לְכָךְ[6] – **something of which I shall not be granted."**[6]

26. אֶת בְּגָדָיו – HIS GARMENTS, אֶת בִּגְדֵי כְהֻנָּה גְדוֹלָה – **the garments of the High Priesthood.**[7] {הִלְבִּישָׁהוּ – **He dressed him** with those garments,}[8] {וְ}הִפְשִׁיטָם מֵעָלָיו – {**and**} **removed them from upon him,** לְתִתָּם עַל בְּנוֹ – **to place them on his son** בְּפָנָיו – **in his presence.** אָמַר לוֹ – **[Moses] told [Aaron],** הִכָּנֵס לַמְּעָרָה – **"Enter the cave** on the mountain"; וְנִכְנַס – **and he entered.** רָאָה מִטָּה מֻצַּעַת – **[Aaron] saw a bed made up** וְנֵר דָּלוּק – **and a lit lamp.** אָמַר לוֹ – **[Moses] said to him,** עֲלֵה לַמִּטָּה – **"Go up onto the bed";** וְעָלָה – **and he went up.** פְּשׁוֹט יָדֶיךָ – **"Stretch out your hands";** וּפָשַׁט – **and he stretched** them. קְמוֹץ פִּיךָ – **"Close your mouth";** וְקָמַץ – **and he closed** it. עֲצוֹם עֵינֶיךָ – **"Shut your eyes";** וְעָצַם – **and he shut** them. מִיָּד – **Immediately thereupon,** חָמַד מֹשֶׁה לְאוֹתָהּ מִיתָה – **Moses desired that death.** וְזֶהוּ שֶׁנֶּאֱמַר לוֹ – **And this is** the meaning of **that which was said to him,** ,,כַּאֲשֶׁר מֵת אַהֲרֹן אָחִיךָ''[9] – **"**[And die] . . . **as Aaron your brother died,"**[9] מִיתָה שֶׁנִּתְאַוִּיתָ לָהּ[10] – **the death which you longed for.**[10]

merely to teach us the location of Mount Hor, it should have appeared in the preceding verse, where Mount Hor is first mentioned (*Be'er BaSadeh*).

1. A righteous king of Judah (see *II Chronicles* 17:3-6).

2. A wicked king of Israel (see *II Chronicles* 20:35).

3. *II Chronicles* 20:37.

4. *Tanchuma* 14.

5. When Scripture uses "taking" with reference to human beings, it is not meant in a concrete sense – taking bodily. See note 2 on page 91 above.

6. *Tanchuma* 17.

7. Since God goes on to command Moses to dress Elazar with these garments, it stands to reason that they were the garments of the High Priesthood (*Minchas Yehudah; Sifsei Chachamim*).

8. Although the verse does not mention that Moses was commanded to dress Aaron, he must have been commanded to do so, for otherwise Aaron would not have worn the garments while he was not performing the Temple service (*Mizrachi*).

Yosef Hallel notes that the words in braces do not appear in the Reggio di Calabria edition, but do appear in virtually all other early printed editions.

9. *Deuteronomy* 32:50; see Rashi there.

10. *Sifrei, Devarim* 339.

[27] *Moses did as* HASHEM *commanded, and they ascended Mount Hor before the eyes of the entire assembly.* [28] *Moses divested Aaron of his garments and dressed Elazar his son in them; then Aaron died there on top of the mountain, and Moses and Elazar descended from the mountain.* [29] *The entire assembly saw that Aaron had perished, and they wept for Aaron thirty days, the entire*

כז וַיַּעַשׂ מֹשֶׁה כַּאֲשֶׁר צִוָּה יְהוָה
וַיַּעֲלוּ אֶל־הֹר הָהָר לְעֵינֵי כָּל־
כח הָעֵדָה: וַיַּפְשֵׁט מֹשֶׁה אֶת־אַהֲרֹן
אֶת־בְּגָדָיו וַיַּלְבֵּשׁ אֹתָם אֶת־
אֶלְעָזָר בְּנוֹ וַיָּמָת אַהֲרֹן שָׁם בְּרֹאשׁ
הָהָר וַיֵּרֶד מֹשֶׁה וְאֶלְעָזָר מִן־הָהָר:
כט וַיִּרְאוּ כָּל־הָעֵדָה כִּי גָוַע אַהֲרֹן
וַיִּבְכּוּ אֶת־אַהֲרֹן שְׁלֹשִׁים יוֹם כֹּל

אונקלוס

כז וַעֲבַד מֹשֶׁה כְּמָא דִי פַּקִּיד יְיָ וּסְלִיקוּ לְהֹר טוּרָא לְעֵינֵי כָּל כְּנִשְׁתָּא: כח וְאַשְׁלַח מֹשֶׁה יָת אַהֲרֹן יָת לְבוּשׁוֹהִי וְאַלְבֵּשׁ יָתְהוֹן יָת אֶלְעָזָר בְּרֵהּ וּמִית אַהֲרֹן תַּמָּן בְּרֵישׁ טוּרָא וּנְחַת מֹשֶׁה וְאֶלְעָזָר מִן טוּרָא: כט וַחֲזוֹ (נ״א וְאִתְחֲזִיאוּ) כָּל כְּנִשְׁתָּא אֲרֵי (נ״א דְּהָא) מִית אַהֲרֹן וּבְכוֹ יָת אַהֲרֹן תְּלָתִין יוֹמִין כֹּל

רש״י

(כז) ויעש משה. אע"פ שהדבר קשה לו לא עכב (תנחומא יז): (כט) ויראו כל העדה. כשראו משה ואלעזר יורדים ואהרן לא ירד אמרו היכן הוא אהרן, אמר להם מת. אמרו, אפשר מי שעמד כנגד המלאך ועצר את המגפה (במדבר יז:יג) ישלוט בו מלאך המות. מיד בקש משה רחמים והראוהו מלאכי השרת להם מוטל במטה, ראו והאמינו (שם): כל בית ישראל. האנשים והנשים, לפי שהיה אהרן רודף שלום ומטיל אהבה בין בעלי מריבה ובין איש לאשתו (אבות א:יב; אבות דר' נתן יב:ג): כי גוע. אומר אני שהמתרגם דהא מית טועה הוא, אלא אם כן מתרגם ויראו ואתחזיאו, שלא אמרו רבותינו ז"ל כי זה משמש בלשון דהא אלא על מדרש

RASHI ELUCIDATED

27. וַיַּעַשׂ מֹשֶׁה — MOSES DID. אַף עַל פִּי שֶׁהַדָּבָר קָשֶׁה לוֹ — Even though the matter was difficult for him, לֹא עִכֵּב[1] — he did not hesitate.[1]

29. וַיִּרְאוּ כָּל הָעֵדָה — THE ENTIRE ASSEMBLY SAW. כְּשֶׁרָאוּ מֹשֶׁה וְאֶלְעָזָר יוֹרְדִים — When they saw Moses and Elazar descending, וְאַהֲרֹן לֹא יָרַד — and Aaron did not descend, אָמְרוּ — they said, הֵיכָן הוּא אַהֲרֹן — "Where is Aaron?" אָמַר לָהֶם — [Moses] said to them, מֵת — "He is dead." אָמְרוּ — They said, אֶפְשָׁר — "Is it possible מִי שֶׁעָמַד כְּנֶגֶד הַמַּלְאָךְ — that **he who stood opposite the Angel** of Death **וְעָצַר אֶת הַמַּגֵּפָה — and stopped the plague,**[2] **יִשְׁלוֹט בּוֹ מַלְאַךְ הַמָּוֶת — could fall under the domination of the Angel of Death?" מִיַּד בִּקֵּשׁ מֹשֶׁה רַחֲמִים — Moses immediately sought mercy,** i.e., prayed, **וְהֶרְאוּהוּ מַלְאֲכֵי הַשָּׁרֵת לָהֶם — and the ministering angels showed [Aaron] to them, מֻטָּל בְּמִטָּה — placed on the bed. רָאוּ וְהֶאֱמִינוּ[3] — They saw, and they believed.**[3]

□ **כָּל בֵּית יִשְׂרָאֵל — THE ENTIRE HOUSE OF ISRAEL. הָאֲנָשִׁים וְהַנָּשִׁים — The men and the women, לְפִי שֶׁהָיָה אַהֲרֹן רוֹדֵף שָׁלוֹם — for Aaron would pursue peace וּמַטִּיל אַהֲבָה — and instill love בֵּין בַּעֲלֵי מְרִיבָה — between parties to a quarrel וּבֵין אִישׁ לְאִשְׁתּוֹ[4] — and between a man and his wife.**[4]

□ **כִּי גָוַע — THAT [AARON] HAD PERISHED. אוֹמֵר אֲנִי — I say שֶׁהַמְתַרְגֵּם ,,דְּהָא מִית'' — whoever has *Targum Onkelos* rendering** this as **"*because* [Aaron] died" טוֹעֶה הוּא — is in error, אֶלָּא אִם כֵּן מְתַרְגֵּם וַיִּרְאוּ ,,וְאִתְחֲזִיאוּ'' — unless he has *Targum Onkelos* render the word וַיִּרְאוּ** as **וְאִתְחֲזִיאוּ, "they appeared,"** i.e., they became exposed. **שֶׁלֹּא אָמְרוּ רַבּוֹתֵינוּ זִכְרוֹנָם לִבְרָכָה — For our Rabbis of blessed memory did not say ,,כִּי'' זֶה מְשַׁמֵּשׁ בִּלְשׁוֹן ,,דְּהָא'' — that this instance of the word כִּי serves in the sense of דְּהָא, "because," אֶלָּא עַל מִדְרָשׁ — except with respect to the midrashic interpretation,** that

1. *Tanchuma* 17.

2. See 17:13 above and Rashi there.

3. *Tanchuma* 17. Had the verse meant that by seeing Moses and Elazar return from the mountain without Aaron, the assembly surmised that Aaron had died, it would have said "the assembly saw that Aaron had perished." "The *entire* assembly saw" implies seeing simultaneously; they all saw at the same time through a miraculous vision that Aaron had perished (Commentary of R' David Luria to *Pirkei deR' Eliezer* 17, note 7).

4. *Avos deR' Nosson* 12:3; see also *Avos* 1:12. This explains why our verse says "the *entire* House of Israel," while the comparable verse about Moses (*Deuteronomy* 34:8) says only "the Children of Israel" (*Mizrachi; Sifsei Chachamim*).

כא א בֵּית יִשְׂרָאֵל: וַיִּשְׁמַע הַכְּנַעֲנִי מֶלֶךְ־עֲרָד יֹשֵׁב הַנֶּגֶב כִּי

House of Israel.
1 [1]*The Canaanite, king of Arad, who dwelled in the south, heard that*

אונקלוס

בֵּית יִשְׂרָאֵל: א וּשְׁמַע כְּנַעֲנָאָה מַלְכָּא דַעֲרָד יָתֵב דְּרוֹמָא אֲרֵי

רש"י

שנסתלקו ענני כבוד וכדאמר רבי אבהו, אל תקרי וַיִּרְאוּ אלא וַיֵּרָאוּ (ר"ה ג.) ועל לשון זה נופל לשון דהא לפי שהוא נתינת טעם למה שלמעלה הימנו, למה ויראו, לפי שהרי מת אהרן. אבל על תרגום וחזו כל כנשתא אין לשון דהא נופל אלא לשון אשר, שהוא מגזרת שמוש אי שמצינו אם משמש בלשון אשר, כמו ואם מדוע לא תקצר רוחי (איוב כא:ד) והרבה מפורשים מזה הלשון, אם חרוצים ימיו (שם יד:ה): **(א) וישמע הכנעני.** שמע שמת אהרן ונסתלקו ענני כבוד כו' כדאיתא בראש השנה (שם) ועמלק מעולם רצועת מרדות לישראל,

RASHI ELUCIDATED

the verse means שֶׁנִּסְתַּלְּקוּ עַנְנֵי כָבוֹד – **that the Clouds of Glory departed** after Aaron's death, וּכְדְאָמַר רַבִּי אֲבָהוּ – **and as R' Abahu said,** אַל תִּקְרֵי "וַיִּרְאוּ" – **do not read** the verse as saying **"[the entire assembly] saw,"** אֶלָּא "וַיֵּרָאוּ"[1] – **but rather, "[the entire assembly] was seen,"**[1] i.e., exposed, rendered vulnerable.[2] וְעַל לְשׁוֹן זֶה – **To this vocalization** of ויראו, נוֹפֵל לְשׁוֹן "דְּהָא" – **the sense** of כִּי as דְּהָא, **"because,"** applies, לְפִי שֶׁהִיא נְתִינַת טַעַם – **for it gives a reason** לְמַה שֶּׁלְּמַעְלָה הֵימֶנּוּ – **for that which precedes it,** as follows: לָמָּה וַיֵּרָאוּ – **why "were they seen"?** לְפִי שֶׁהֲרֵי מֵת אַהֲרֹן – **Because, see now, Aaron died.** אֲבָל עַל תַּרְגּוּם "וַחֲזוֹ כָּל כְּנִשְׁתָּא" – **But regarding the** version of *Targum Onkelos* which renders our verse as **"the entire assembly** ***saw,"*** אֵין לְשׁוֹן "דְּהָא" נוֹפֵל – **the sense of** כִּי **as "because" does not apply,** אֶלָּא לְשׁוֹן "אֲשֶׁר" – **but rather the sense of the word** אֲשֶׁר, **"that,"** שֶׁהוּא מִגִּזְרַת שִׁמּוּשׁ "אִי" – **which is one of the forms in which** אִי **functions,**[3] שֶׁמָּצִינוּ "אִם" מְשַׁמֵּשׁ בִּלְשׁוֹן "אֲשֶׁר" – **for we find the word** אִם[4] **functioning in the sense of** אֲשֶׁר, **"that" or "which,"** כְּמוֹ "וְאִם מַדּוּעַ לֹא תִקְצַר רוּחִי"[5] – **as in, "And is there a reason that my spirit not feel constricted?"**[5] וְהַרְבֵּה מְפוֹרָשִׁים מִזֶּה הַלָּשׁוֹן – **And many** instances of אִם[4] **are explained as being of this sense,** for example, "אִם חֲרוּצִים יָמָיו"[6] – **"that [the number of] his days are fixed."**[6]

21.

1. וַיִּשְׁמַע הַכְּנַעֲנִי – THE CANAANITE . . . HEARD. שָׁמַע שֶׁמֵּת אַהֲרֹן – **He heard that Aaron died** וְנִסְתַּלְּקוּ עַנְנֵי כָבוֹד כּוּלְּהוּ – **and the Clouds of Glory departed, etc.,** כִּדְאִיתָא בְּרֹאשׁ הַשָּׁנָה – **as stated in tractate** ***Rosh Hashanah.***[7] וַעֲמָלֵק מֵעוֹלָם רְצוּעַת מַרְדּוּת לְיִשְׂרָאֵל – **And Amalek**[8] **has always been a**

1. As in *Psalms* 18:16.

2. *Rosh Hashanah* 3a.

3. The Talmud (*Taanis* 9a; see Rashi there) teaches that כִּי can be used as the Hebrew equivalent of four different Aramaic words: אִי, דִּלְמָא, אֶלָּא, and דְּהָא. Rashi says that in this verse, כִּי can be understood as דְּהָא, "because," only if וַיִּרְאוּ is interpreted as וַיֵּרָאוּ, "they were seen." According to the simple meaning, "they saw," כִּי is understood as אֲשֶׁר, "that" or "which," because that is one of the meanings of אִי.

4. אִם is the Hebrew equivalent of אִי (*Be'er Mayim Chaim*).

5. *Job* 21:4.

6. *Job* 14:5; see also Rashi to *Job* 17:13.

7. *Rosh Hashanah* 3a. The *Gemara* goes on to say that the Canaanite took the departure of the Clouds of Glory as a sign that permission had been granted to wage war with Israel.

"The Canaanite . . . heard . . . and he warred" implies that he waged war because of what he had heard. "That Israel had come by the route of the spies," which is the noun clause that is the object of "heard," could not be what they heard at this point that led them to attack Israel, because Israel's journey through the wilderness toward the Land of Canaan was a well-known fact by this time. "The Canaanite . . . heard" is therefore seen as alluding to the death of Aaron, which is the subject of the preceding passage (*Gur Aryeh*).

Alternatively, 33:39-40 below states: "Aaron was one hundred and twenty-three years old at his death on Mount Hor. The Canaanite, king of Arad, heard . . . when the Children of Israel approached." The verse does not go on to say what it was that the king of Arad heard. This implies that what he heard was the death of Aaron, mentioned in the earlier verse. Rashi to our verse informs us what it was that the king of Arad heard, but does not mean to imply that our verse is the source for this idea. The source is the verse in chapter 33. This is implied by the difference in wording between Rashi to our verse and Rashi to 33:40, s.v., וַיִּשְׁמַע הַכְּנַעֲנִי. Here, Rashi merely states that it was the death of Aaron which the Canaanite heard. But there Rashi says, "[This is stated] *to teach you* that the death of Aaron is what was heard," implying that that verse is the source for the idea (*Imrei Shefer; Amar N'kei*).

8. See Rashi's next comment.

Israel had come by the route of the spies, and he warred against Israel and captured a captive from it. [2] *Israel made a vow to* HASHEM *and said, "If You will deliver*

בָּא יִשְׂרָאֵל דֶּרֶךְ הָאֲתָרִים וַיִּלָּחֶם
ב בְּיִשְׂרָאֵל וַיִּשְׁבְּ ׀ מִמֶּנּוּ שֶׁבִי: וַיִּדַּר
יִשְׂרָאֵל נֶדֶר לַיהוָה וַיֹּאמַר אִם־נָתֹן

אונקלוס

אֲתָא יִשְׂרָאֵל אֹרַח מְאַלְלַיָּא וְאַגַּח קְרָבָא בְּיִשְׂרָאֵל וּשְׁבָא מִנֵּהּ שִׁבְיָא: ב וְקַיֵּם יִשְׂרָאֵל קְיָם קֳדָם יְיָ וַאֲמַר אִם מִמְסַר

רש"י

מזומן בכל עת לפורענות (תנחומא יח): **ישב הנגב.** זה עמלק שנאמר עמלק יושב בארץ הנגב (לעיל יג:כט). ושנה את לשונו לדבר בלשון כנען, כדי שיהיו ישראל מתפללים להקב"ה לתת כנענים בידם והם אינן כנענים. ראו ישראל לבושיהם כלבושי עמלקים ולשונם לשון כנען [ס"א וכשבאו ישראל וראו שכסותם ולשונם ככנענים והם אינם דומים לכנענים] אמרו נתפלל סתם, שנאמר אם נתון תתן את העם הזה בידי (פסוק ב): **דרך האתרים.** דרך הנגב שהלכו בה מרגלים, שנאמר ויעלו בנגב (לעיל יג:כב). דבר אחר, דרך האתרים, דרך התייר הגדול הנוסע לפניהם [שנאמר] דרך שלשת ימים לתור להם מנוחה (לעיל י:לג; תנחומא שם): **וישב ממנו שבי.** אינה אלא שפחה אחת:

RASHI ELUCIDATED

lash of chastisement for Israel, מְזֻמָּן בְּכָל עֵת לְפוּרְעָנוּת[1] – **ready at all times** cause **calamity.**[1]

□ יֹשֵׁב הַנֶּגֶב – WHO DWELLED IN THE SOUTH. זֶה עֲמָלֵק – **This is Amalek,** שֶׁנֶּאֱמַר – **as it says,** "עֲמָלֵק יוֹשֵׁב בְּאֶרֶץ הַנֶּגֶב"[2] – **"Amalek dwells in the area of the south."**[2] וְשִׁנָּה אֶת לְשׁוֹנוֹ – **[Amalek] changed his language** לְדַבֵּר בִּלְשׁוֹן כְּנַעַן – **to speak in the Canaanite tongue,** כְּדֵי שֶׁיִּהְיוּ יִשְׂרָאֵל מִתְפַּלְּלִים לְהַקָּדוֹשׁ בָּרוּךְ הוּא – **so that Israel should pray to the Holy One, Blessed is He,** לָתֵת כְּנַעֲנִים בְּיָדָם – **to give the Canaanites into their hands,**[3] וְהֵם אֵינָן כְּנַעֲנִים – **but they were not Canaanites.** רָאוּ יִשְׂרָאֵל לְבוּשֵׁיהֶם – **Israel saw** that **their clothes** כִּלְבוּשֵׁי עֲמָלֵקִים – were **like the clothes of Amalekites,** וּלְשׁוֹנָם – **but their language** לְשׁוֹן כְּנַעַן – was **the language of Canaan.**[4] אָמְרוּ – **They** therefore **said,** נִתְפַּלֵּל סְתָם – **"Let us pray without specifying** which nation we wish to defeat," שֶׁנֶּאֱמַר – **as it says** in the following verse, "אִם נָתֹן תִּתֵּן אֶת הָעָם הַזֶּה בְּיָדִי" – **"If You will deliver** ***this people*** **into my hand."**

□ דֶּרֶךְ הָאֲתָרִים – THE ROUTE OF THE SPIES. This refers to דֶּרֶךְ הַנֶּגֶב – **the route of the south,** שֶׁהָלְכוּ בָהּ מְרַגְּלִים – **by which the spies went,** שֶׁנֶּאֱמַר – **as it says,** "וַיַּעֲלוּ בַנֶּגֶב"[5] – **"They ascended in the south."**[5] דָּבָר אַחֵר "דֶּרֶךְ הָאֲתָרִים" – **Alternatively,** דֶּרֶךְ הָאֲתָרִים means, דֶּרֶךְ הַתַּיָּר הַגָּדוֹל – **by way of "the great scout"** הַ"נּוֹסֵעַ לִפְנֵיהֶם – **which "traveled before them**[6] דֶּרֶךְ שְׁלֹשֶׁת יָמִים – **a three-day distance** לָתוּר לָהֶם מְנוּחָה"[7,8] – **to search out for them a resting place."**[7,8]

□ וַיִּשְׁבְּ מִמֶּנּוּ שֶׁבִי – AND CAPTURED A CAPTIVE FROM IT. אֵינָהּ אֶלָּא שִׁפְחָה אַחַת[9] – **It was nothing but a single slavewoman.**[9]

1. *Tanchuma* 18. The fact that "the Canaanite" here attacked Israel without provocation supports Rashi's contention in his following comment that the verse refers to Amalek. For such behavior toward Israel is characteristic of Amalek (*Amar N'kei*).

2. Above 13:29. This explains why Scripture mentions where "the Canaanite" lived. It is to teach us that the verse speaks not of the Canaanites but of Amalek. The Canaanites did not live in the south, but along the Sea and the Jordan (13:29).

3. This explains why Scripture calls Amalek "the Canaanite."

4. The text of the Reggio di Calabria edition reads: וּכְשֶׁבָּאוּ יִשְׂרָאֵל וְרָאוּ שֶׁכְּסוּתָם וּלְשׁוֹנָם כִּכְנַעֲנִים וְהֵם אֵינָם דּוֹמִים לִכְנַעֲנִים . . . , "and when Israel came and saw that their clothing and their language was like the Canaanites, but they were not similar in their physical features to the Canaanites . . ." This version is in accord with *Yalkut Shimoni* 764; see *Yosef Hallel*.

5. Above 13:22. The א of the word אֲתָרִים here is what grammarians call an אוֹת נוֹסֶפֶת, "added letter," which serves as an articulative enhancement but has no specific grammatical function (see Rashi to *Isaiah* 59:10 see also *Be'er Mayim Chayim*). The verbal root of אֲתָרִים is תור, "to spy, tour."

6. The text follows virtually all the early printed editions of Rashi. Most contemporary editions, however, follow the Venice edition which has inexplicably inserted שֶׁנֶּאֱמַר, "as it says," at this point, in the middle of the quoted verse.

7. Above 10:33.

8. *Tanchuma* 18. When Amalek saw that the Clouds of Glory had departed with the death of Aaron, and that Israel was being led only by the Ark, "the great scout," they decided to attack (*Mizrachi; Sifsei Chachamim*). Alternatively, Amalek decided to attack Israel to show that they were not intimidated by "the great scout," just as they made a point of attacking when Israel was at the peak of its glory, shortly after the Exodus from Egypt (see Rashi to *Deuteronomy* 25:18, s.v., אֲשֶׁר קָרְךָ בַּדֶּרֶךְ; *Divrei David*).

9. The use of וַיִּשְׁבְּ מִמֶּנּוּ שֶׁבִי, "and captured a captive

תִּתֵּ֞ן אֶת־הָעָ֤ם הַזֶּה֙ בְּיָדִ֔י וְהַחֲרַמְתִּ֖י
ג אֶת־עָרֵיהֶֽם׃ וַיִּשְׁמַ֨ע יְהוָ֜ה בְּק֣וֹל
יִשְׂרָאֵ֗ל וַיִּתֵּן֙ אֶת־הַֽכְּנַעֲנִ֔י וַיַּחֲרֵ֥ם
אֶתְהֶ֖ם וְאֶת־עָרֵיהֶ֑ם וַיִּקְרָ֥א שֵֽׁם־
הַמָּק֖וֹם חָרְמָֽה׃
ד וַיִּסְע֞וּ מֵהֹ֤ר הָהָר֙ דֶּ֣רֶךְ יַם־ס֔וּף לִסְבֹ֖ב

this people into my hand, I will segregate
their cities." ³ *HASHEM heard the voice of*
Israel, and He delivered the Canaanite,
and it segregated them and their cities. It
named the place Hormah.
⁴ *They journeyed from Mount Hor by*
way of the Sea of Reeds to go around

אונקלוס

תִּמְסַר יָת עַמָּא הָדֵין בִּידִי וָאֲגַמַּר יָת קִרְוֵיהוֹן: ג וְקַבִּיל יְיָ צְלוֹתֵהּ דְּיִשְׂרָאֵל וּמְסַר יָת כְּנַעֲנָאָה וְגַמַּר יָתְהוֹן וְיָת קִרְוֵיהוֹן וּקְרָא שְׁמָא דְאַתְרָא חָרְמָה: ד וּנְטַלוּ מֵהֹר טוּרָא אֹרַח יַמָּא דְסוּף לְאַקָּפָא

רש"י

(ב) והחרמתי. אקדיש שללם לגבוה: (ג) ויחרם אתהם. בהריגה: ואת עריהם. חרמי גבוה: (ד) דרך ים סוף. כיון שמת אהרן ובאת עליהם מלחמה זו חזרו לאחוריהם דרך ים סוף, הוא הדרך שחזרו להם כשנגזרה עליהם גזירת מרגלים, שנאמר וסעו המדברה דרך ים סוף (דברים א:מ). וכאן חזרו לאחוריהם שבע מסעות, שנאמר ובני ישראל נסעו מבארות בני יעקן מוסרה שם מת אהרן (דברים י:ו) וכי במוסרה מת והלא בהר ההר מת, אלא שם חזרו והתאבלו עליו והספידוהו כאילו הוא בפניהם. צא ובדוק במסעות ותמצאם שבע מסעות מן מוסרה

RASHI ELUCIDATED

2. וְהַחֲרַמְתִּי – I WILL SEGREGATE. **אַקְדִּישׁ שְׁלָלָם לְגָבוֹהַּ** – **I will consecrate their plunder,** i.e., the plunder taken from them, **to** the One on **High.**[1]

3. וַיַּחֲרֵם אֶתְהֶם – AND IT SEGREGATED THEM **בַּהֲרִיגָה** – **through killing,**[2]

□ **וְאֶת עָרֵיהֶם** – AND THEIR CITIES **חֶרְמֵי גָבוֹהַּ** – through **segregation to** the One on **High.**[1]

4. דֶּרֶךְ יַם סוּף – BY WAY OF THE SEA OF REEDS. **כֵּיוָן שֶׁמֵּת אַהֲרֹן** – **Since Aaron had died** **וּבָאת עֲלֵיהֶם מִלְחָמָה זוֹ** – **and this war** with Amalek **had come upon them,** **חָזְרוּ לַאֲחוֹרֵיהֶם** – **they turned to their rear,** i.e., they went in the opposite direction, **"דֶּרֶךְ יַם סוּף"** – **"by way of the Sea of Reeds."** **הוּא הַדֶּרֶךְ שֶׁחָזְרוּ לָהֶם** – **That is the route by which they turned back** **כְּשֶׁנִּגְזְרָה עֲלֵיהֶם גְּזֵרַת מְרַגְּלִים** – **when the decree of** punishment for the sin of **the Spies was decreed upon them,** **שֶׁנֶּאֱמַר** – **as it says,** **"וּסְעוּ הַמִּדְבָּרָה דֶּרֶךְ יַם סוּף"**[3] – **"And journey to the wilderness by way of the Sea of Reeds."**[3] **וְכָאן חָזְרוּ לַאֲחוֹרֵיהֶם** – **And here they turned to their rear,** **שֶׁבַע מַסָּעוֹת** – **seven journeys,** i.e., to where they were seven encampments earlier, **שֶׁנֶּאֱמַר** – **as it says,** **"וּבְנֵי יִשְׂרָאֵל נָסְעוּ** – **"The Children of Israel journeyed** **מִבְּאֵרֹת בְּנֵי יַעֲקָן מוֹסֵרָה** – **from the wells of the children of Jaakan to Moserah;** **שָׁם מֵת אַהֲרֹן"**[4] – **there Aaron died."**[4] **וְכִי בְּמוֹסֵרָה מֵת** – **Did he die at Moserah?** **וַהֲלֹא בְּהֹר הָהָר מֵת** – **Did he not die at Mount Hor?**[5] **אֶלָּא שָׁם חָזְרוּ** – **But** the verse means that **[the Israelites] went back there,** to Moserah, **וְהִתְאַבְּלוּ עָלָיו** – **and mourned over [Aaron]** **וְהִסְפִּידוּהוּ** – **and eulogized him** **כְּאִלּוּ הוּא בִּפְנֵיהֶם** – **as if he were in their presence.**[6] **וְצֵא וּבְדוֹק בַּמַּסָּעוֹת** – **Go and check the journeys** **וְתִמְצָאֵם שֶׁבַע מַסָּעוֹת** – **and you will find them to be seven journeys** **מִן מוֹסֵרָה** – **from Moserah**

from it," rather than "and captured *people*" or "and captured *women and children*," implies that they took captive someone who had already been a captive, namely, a slavewoman. And since Israel did not suffer military defeat during Moses' time unless they had sinned beforehand, it stands to reason that they lost only a single captive, for we do not find that Israel sinned before this incident (*Ramban*).

It is reasonable to assume that the captive was a woman, for if it had been a man the Israelites would have killed him in accordance with *Deuteronomy* 20:13 (see *Be'er BaSadeh*). Furthermore, the word שְׁבִי, "captive," which appears in our verse, is used elsewhere by Scripture as the equivalent of שִׁפְחָה (see *Exodus* 11:5 and 12:29; *Ramban*).

1. חרם, "to segregate," can connote consecration, excommunication, or killing. In our verse, it is understood as consecration, for if it meant execution or killing, the Israelites would not have referred specifically to the cities, but to the people. Thus, their pledge to segregate, i.e., to consecrate, referred only to the property they would capture, but not to their human captives (*Maskil LeDavid*).

2. Here, חרם does not mean consecration, rather it denotes killing, for in their vow, the Israelites pledged to consecrate only the "cities," i.e., property, but not the enemies themselves (*Maskil LeDavid*).

3. *Deuteronomy* 1:40; see Rashi below, s.v., וַתִּקְצַר נֶפֶשׁ הָעָם בַּדָּרֶךְ.

4. *Deuteronomy* 10:6.

5. See 20:27-28 above.

6. In his comments to *Deuteronomy* 10:6-7, Rashi explains the reason for this delay.

אֶת־אֶרֶץ אֱדוֹם וַתִּקְצַר נֶפֶשׁ־הָעָם
ה בַּדָּרֶךְ: וַיְדַבֵּר הָעָם בֵּאלֹהִים וּבְמֹשֶׁה

the land of Edom, and the spirit of the people grew short with the road. 5 *The people spoke against God and Moses:*

אונקלוס

יָת אַרְעָא דֶאֱדוֹם וַעֲקַת נַפְשָׁא דְעַמָּא בְּאָרְחָא: ה וְאִתְרַעַם עַמָּא בְּמֵימְרָא דַייָ וְעִם מֹשֶׁה נְצוֹ

רש"י

עד הר ההר (תנחומא שם): **לסבב את ארץ אדום.** שלא נתנם לעבור בארצו: **ותקצר נפש העם בדרך.** בטורח הדרך שהוקשה להם, אמרו, עכשיו היינו קרובים ליכנס לארץ ואנו חוזרים לאחורינו, כך חזרו אבותינו ונשתהו שלשים ושמנה שנה עד היום, לפיכך קצרה נפשם בעינוי הדרך. ובלשון לע"ז אנקרו"ט לו"ר. ולא יתכן לומר ותקצר נפש העם בדרך בהיותם בדרך ולא פירש בו במה קצרה. שכל מקום שתמצא קצור נפש במקרא מפורש שם במה קצרה, כגון ותקצר נפשי בהם (זכריה יא:ח) וכגון ותקצר נפשו בעמל ישראל (שופטים י:טז). וכל דבר הקשה על אדם נופל בו לשון קצור נפש, כאדם שהטורח בא עליו ואין דעתו רחבה לקבל אותו הדבר, ואין לו מקום בתוך לבו לגור שם אותו הצער. ובדבר המטריח נופל לשון גודל, שגדול הוא וכבד על האדם, כגון וגם נפשם בחלה בי (זכריה שם) גדלה עלי.

RASHI ELUCIDATED

עַד הֹר הָהָר[1] **— to Mount Hor.**[1]

□ **לִסְבֹב אֶת אֶרֶץ אֱדוֹם — TO GO AROUND THE LAND OF EDOM** **שֶׁלֹּא נְתָנָם — for he did not allow them** **לַעֲבוֹר בְּאַרְצוֹ — to pass through his land.**[2]

□ **וַתִּקְצַר נֶפֶשׁ הָעָם בַּדָּרֶךְ — AND THE SPIRIT OF THE PEOPLE GREW SHORT WITH THE ROAD,** that is, **בְּטוֹרַח הַדֶּרֶךְ — with the hardship of the road,** **שֶׁהֻקְשָׁה לָהֶם — which became difficult for them.** **אָמְרוּ — They said,** **עַכְשָׁיו הָיִינוּ קְרוֹבִים לִכָּנֵס לָאָרֶץ — "We were now close to entering the Land,** **וַאֲנוּ חוֹזְרִים לַאֲחוֹרֵינוּ — but we turn to our rear,** i.e., in the opposite direction. **כָּךְ חָזְרוּ אֲבוֹתֵינוּ — In this manner did our ancestors turn around,** **וְנִשְׁתַּהוּ שְׁלֹשִׁים וּשְׁמֹנֶה שָׁנָה — and they languished** in the wilderness **thirty-eight years** **עַד הַיּוֹם — to this day."** **לְפִיכָךְ קָצְרָה נַפְשָׁם — This is why their spirit became short** **בְּעִנּוּי הַדֶּרֶךְ — with the affliction of the road.** **וּבִלְשׁוֹן לַעַ"ז אנקרו"ט לו"ר — In Old French,** ***encrot lor.***[3] **וְלֹא יִתָּכֵן לוֹמַר ,,וַתִּקְצַר נֶפֶשׁ הָעָם בַּדָּרֶךְ" — It is incorrect to say** that **וַתִּקְצַר נֶפֶשׁ הָעָם בַּדָּרֶךְ** means **בִּהְיוֹתָם בַּדֶּרֶךְ — "**[And the spirit of the people grew short] **while they were on the road,"** **וְלֹא פֵרַשׁ בּוֹ — and** accordingly, **[the verse] did not explain with regard to it** **בַּמֶּה קָצְרָה — with** regard to **what it grew short,** **שֶׁבְּכָל מָקוֹם שֶׁתִּמְצָא קִצּוּר נֶפֶשׁ בַּמִּקְרָא — for every place in which you find "shortening of spirit"** mentioned **in Scripture,** **מְפֹרָשׁ שָׁם בַּמֶּה קָצְרָה — it is stated clearly there with** regard to **what it grew short;**[4] **כְּגוֹן — for example,** **,,וַתִּקְצַר נַפְשִׁי בָּהֶם"**[5] **— "My spirit grew short with them";**[5] **וּכְגוֹן — and for example,** **,,וַתִּקְצַר נַפְשׁוֹ בַּעֲמַל יִשְׂרָאֵל"**[6] **— "And His soul grew short with the travail of Israel."**[6] **וְכָל דָּבָר הַקָּשֶׁה עַל אָדָם נוֹפֵל בּוֹ לְשׁוֹן קִצּוּר נֶפֶשׁ — The expression "shortening of spirit" applies to anything that is difficult to a person,** **כְּאָדָם שֶׁהַטּוֹרַח בָּא עָלָיו — like a person upon whom something disturbing falls,** **וְאֵין דַּעְתּוֹ רְחָבָה — and his state of mind is not broad enough** **לְקַבֵּל אוֹתוֹ הַדָּבָר — to accept that thing,**[7] **וְאֵין לוֹ מָקוֹם בְּתוֹךְ לִבּוֹ — and he does not have room within his heart** **לָגוּר שָׁם אוֹתוֹ הַצַּעַר — where that pain might abide.** **וּבְדָבָר הַמַּטְרִיחַ — And about a disturbing matter** **נוֹפֵל לְשׁוֹן גּוֹדֶל — an expression of largeness applies,** **שֶׁגָּדוֹל הוּא — for it is great,** **וְכָבֵד עַל הָאָדָם — and it weighs down on the person** who experiences it. **כְּגוֹן** — This phenomenon is mentioned in other verses, **for example,** **,,וְגַם נַפְשָׁם בָּחֲלָה בִּי"**[8] **— "And their spirit, too, bloated Me,"**[8] that is, **גָּדְלָה עָלַי — it grew too large for Me**; and,

1. *Tanchuma* 18. In his comment to *Deuteronomy* 10:6, Rashi says that there are eight encampments from Moserah to Mount Hor. There he includes Mount Hor among the number, but here, when he speaks of traveling from Mount Hor, he counts only the other seven (*Gur Aryeh* to *Deuteronomy* 10:6; *Devek Tov;* see note 7 on p. 328).

2. See 20:18-20 above.

3. "It was too much/large for them." Rashi uses the French to show that in that language, as in the language of our verse, disgust is expressed by a phrase which denotes inability to hold something because of its large size (see A.M. Glanzer in *Tzefunos* vol. 5, p. 81, and vol. 15, pp. 78-79).

4. "Shortening of the spirit" in itself is an incomplete idea. It has meaning only when contrasted to that which is "too large" for the spirit, that to which the spirit is "short" in comparison.

5. *Zechariah* 11:8; see Rashi there.

6. *Judges* 10:16; see Rashi there.

7. He does not possess sufficient composure to accept the situation. Alternatively, his perspective is not broad enough to see that his trouble is relatively small.

8. *Zechariah* 11:8; see Rashi there.

לָ֣מָה הֶֽעֱלִיתֻ֙נוּ֙ מִמִּצְרַ֔יִם לָמ֖וּת
בַּמִּדְבָּ֑ר כִּ֣י אֵ֥ין לֶ֙חֶם֙ וְאֵ֣ין מַ֔יִם וְנַפְשֵׁ֣נוּ
ו קָ֔צָה בַּלֶּ֖חֶם הַקְּלֹקֵֽל׃ וַיְשַׁלַּ֨ח יהוה
בָּעָ֗ם אֵ֚ת הַנְּחָשִׁ֣ים הַשְּׂרָפִ֔ים וַיְנַשְּׁכ֖וּ
אֶת־הָעָ֑ם וַיָּ֥מָת עַם־רָ֖ב מִיִּשְׂרָאֵֽל׃

"Why have you brought us up from Egypt to die in this wilderness? For there is no food and there is no water, and our soul is at its limit with the insubstantial food."

[6] *God sent the snakes, the burning ones, against the people and they bit the people; and a large multitude of Israel died.*

אונקלוס

לְמָא אַסֶּקְתּוּנָא מִמִּצְרַיִם לִמְמַת בְּמַדְבְּרָא אֲרֵי לֵית לַחְמָא וְלֵית מַיָּא וְנַפְשָׁנָא עָקַת בְּמַנָּא הָדֵין דְּמֵיכְלֵהּ קְלִיל: ו וְגָרֵי (נ״א וְשַׁלַּח) יְיָ בְּעַמָּא יָת חִוְיָן קָלָן וְנַכִיתוּ יָת עַמָּא וּמִית עַם סַגִּי מִיִּשְׂרָאֵל:

רש״י

ויגאה כשחל תצודני (איוב י:טז). כללו של פירוש, כל לשון קצור נפש בדבר לשון שאין יכול לסובלו הוא, שאין הדעת סובלתו: (ה) **באלהים ובמשה.** השוו עבד לקונו (תנחומא יט): **למה העליתנו.** שניהם שוים: **ונפשנו קצה.** אף זה לשון קצור נפש ומאוס: **בלחם הקלקל.** לפי שהמן נבלע באיברים קראוהו קלוקל, אמרו עתיד המן הזה שיתפח במעינו, כלום יש ילוד אשה שמכניס ואינו מוציא (ספרי פח; יומא עה:): (ו) **את הנחשים השרפים.** ששורפים את האדם בארס שיניהם (תנחומא שם): **וינשכו את העם.** יבא נחש שלקה על הוצאת דבה ויפרע ממוציאי דבה.

RASHI ELUCIDATED

,,וְיִגְאֶה כַּשַּׁחַל תְּצוּדֵנִי"[1] – "It grows immense; as a lion, You would ensnare me."[1] כְּלָלוֹ שֶׁל פֵּרוּשׁ – The rule regarding the explanation is, כׇּל לְשׁוֹן קִצּוּר נֶפֶשׁ בְּדָבָר – any expression of "shortening of spirit" over a matter לְשׁוֹן שֶׁאֵין יָכוֹל לְסָבְלוֹ הוּא – means that one cannot "bear" it, שֶׁאֵין הַדַּעַת סוֹבַלְתּוֹ – for one's state of mind cannot "bear" it.

5. בֵּאלֹהִים וּבְמֹשֶׁה – AGAINST GOD AND MOSES. **הִשְׁווּ עֶבֶד לְקוֹנוֹ[2] – They equated a slave with his Owner.[2]**

□ **לָמָה הֶעֱלִיתֻנוּ** – WHY HAVE YOU BROUGHT US UP? **שְׁנֵיהֶם שָׁוִים – Both of them are equal** in this statement.[3]

□ **וְנַפְשֵׁנוּ קָצָה** – AND OUR SOUL IS AT ITS LIMIT. **אַף זֶה לְשׁוֹן קִצּוּר נֶפֶשׁ – This, too, expresses "shortening of spirit" וּמָאוּס – and disgust.[4]**

□ **בַּלֶּחֶם הַקְּלֹקֵל** – WITH THE INSUBSTANTIAL FOOD. **לְפִי שֶׁהַמָּן נִבְלָע – Since the manna was absorbed בָּאֵיבָרִים – inside the parts of the body, קְרָאוּהוּ קְלוֹקֵל – they called it "insubstantial."[5] אָמְרוּ – They said, עָתִיד הַמָּן הַזֶּה שֶׁיִּתְפַּח בִּמְעֵינוּ – "This manna is destined to blow up in our innards! כְּלוּם יֵשׁ יְלוּד אִשָּׁה – Can there be one born of woman[6] שֶׁמַּכְנִיס – who ingests וְאֵינוֹ מוֹצִיא[7] – but does not excrete?"[7]**

6. אֶת הַנְּחָשִׁים הַשְּׂרָפִים – THE SNAKES, THE BURNING ONES. They are called "the burning ones" **שֶׁשּׂוֹרְפִים אֶת הָאָדָם – because they burn a person בְּאֶרֶס שִׁנֵּיהֶם[8] – with the venom of their fangs.[8]**

□ **וַיְנַשְּׁכוּ אֶת הָעָם** – AND THEY BIT THE PEOPLE. **יָבֹא נָחָשׁ שֶׁלָּקָה עַל הוֹצָאַת דִּבָּה – Let the snake, who was stricken over bringing forth** malicious **talk,[9] come וְיִפָּרַע מִמּוֹצִיאֵי דִבָּה – and take his due from**

1. *Job* 10:16.

2. *Tanchuma* 19. This was an example of (*Sanhedrin* 63a), "Whoever speaks of God as if He has a partner is eliminated from the world" (*Nachalas Yaakov*).

3. If their complaint was directed at Moses alone, they would have said, "לָמָה הֶעֱלִיתָנוּ, Why have you (singular) brought us up?" (see 16:13 above and *Exodus* 17:3). If it was only against God, they would have said, "לָמָה הֶעֱלָנוּ, Why has He brought us up?" (see *Exodus* 32:1). By saying "לָמָה הֶעֱלִיתֻנוּ, Why have you (plural) brought us up?" they implied that their complaint was against God and Moses. Thus, they "equated a slave with his Owner" as Rashi stated in his preceding comment.

4. See Rashi to v. 4 above, s.v., וַתִּקְצַר נֶפֶשׁ הָעָם בַּדָּרֶךְ.

5. קְלֹקֵל is seen as a form of קַל, "light, insubstantial" (see Rashi to *Avodah Zarah* 5b, s.v., בלחם הקלקל; see also *Radak* to *Jeremiah* 4:24).

6. Rashi uses "born of woman" to exclude a fetus, for, as Talmud (*Niddah* 30b) states, "A fetus . . . eats of what its mother eats and drinks of what its mother drinks, but does not discharge excrement." Additionally, Rashi's wording excludes a type of insect described in the Talmud (*Gittin* 56b) as, "A puny creature . . . And why did He call it a puny creature? Because it has an entrance [to receive food], but it does not have an outlet [to discharge excrement]" (*Be'er BaSadeh*).

7. *Sifrei* 88; *Yoma* 75b.

8. *Tanchuma* 19. This explains in what sense the snakes were "burning ones" (see *Gur Aryeh*).

9. See Rashi to *Genesis* 3:5 and *Exodus* 4:3.

ז וַיָּבֹא הָעָם אֶל־מֹשֶׁה וַיֹּאמְרוּ
חָטָאנוּ כִּי־דִבַּרְנוּ בַיהוה וָבָךְ
הִתְפַּלֵּל אֶל־יהוה וְיָסֵר מֵעָלֵינוּ אֶת־
הַנָּחָשׁ וַיִּתְפַּלֵּל מֹשֶׁה בְּעַד הָעָם:
ח וַיֹּאמֶר יהוה אֶל־מֹשֶׁה עֲשֵׂה לְךָ
שָׂרָף וְשִׂים אֹתוֹ עַל־נֵס וְהָיָה כָּל־
ט הַנָּשׁוּךְ וְרָאָה אֹתוֹ וָחָי: וַיַּעַשׂ מֹשֶׁה

[7] *The people came to Moses and said, "We have sinned, for we have spoken against HASHEM and against you! Pray to HASHEM that He remove from us the snakes." Moses prayed for the people.*

[8] *HASHEM said to Moses, "Make yourself a burning one and place it on a pole, and it will be that anyone who had been bitten will look at it and live."* [9] *Moses made*

אונקלוס

ז וַאֲתָא עַמָּא לְמֹשֶׁה וַאֲמָרוּ חַבְנָא אֲרֵי אִתְרַעַמְנָא קֳדָם יְיָ וְעִמָּךְ נְצִינָא צַלִּי קֳדָם יְיָ וְיַעְדֵּי מִנָּנָא יָת חִוְיָא וְצַלִּי מֹשֶׁה עַל עַמָּא: ח וַאֲמַר יְיָ לְמֹשֶׁה עֲבֵד לָךְ קָלְיָא וְשַׁוִּי יָתֵהּ עַל אָת וִיהֵי כָּל דְּיִתְנְכִית וְיֶחֱזֵי יָתֵהּ וְיִתְקַיָּם: ט וַעֲבַד מֹשֶׁה

רש"י

יבוא נחש שכל המינין נטעמין לו טעם אחד ויפרע מכפויי טובה שדבר אחד משתנה להם לכמה [מ]טעמים (שם): (ז) **ויתפלל משה.** מכאן למי שמבקשים ממנו מחילה שלא יהא אכזרי מלמחול (שם): (ח) **על נס.** על כלונס שקורין פירק"א בלע"ז, וכן וכנס על הגבעה (ישעיה ל:יז) ארים נסי (שם מט:כב) שאו נס (שם יג:ב) ולפי שהוא גבוה לאות ולראיה קוראו נס: (ח) **כל הנשוך.** אפילו כלב או חמור נושכו היה נזוק ומתנונה והולך, אלא שנשיכת הנחש ממהרת להמית, לכך נאמר כאן וראה אותו, ראיה בעלמא,

RASHI ELUCIDATED

those who bring forth malicious **talk.** יָבֹא נָחָשׁ שֶׁכָּל הַמִּינִין נִטְעָמִין לוֹ טַעַם אֶחָד – **Let the snake, to whom all varieties** of food **taste alike,**[1] **come** וְיִפָּרַע מִכְּפוּיֵי טוֹבָה – **and take his due from ingrates,** שֶׁדָּבָר אֶחָד מִשְׁתַּנֶּה לָהֶם – **for whom a single thing transforms itself** לְכַמָּה טְעָמִים[2] – **to** have **many flavors.**[2]

7. וַיִּתְפַּלֵּל מֹשֶׁה – MOSES PRAYED. מִכָּאן – **From here** we see לְמִי שֶׁמְּבַקְּשִׁים מִמֶּנּוּ מְחִילָה – **regarding one from whom people request forgiveness,** שֶׁלֹּא יְהֵא אַכְזָרִי מִלִּמְחוֹל[3] – **that he should not be too cruel to forgive.**[3]

8. עַל נֵס – This means עַל כְּלוֹנָס – **on a pole** שֶׁקּוֹרִין פירק״א בְּלַעַז – **which they call** *perche* **in Old French.**[4] וְכֵן ,,וְכַנֵּס עַל הַגִּבְעָה״[5] – **And similarly, "and like a pole upon a hill,"**[5] ,,אָרִים נִסִּי״[6] – **"I shall raise My pole,"**[6] and, ,,שְׂאוּ נֵס״[7] – **"Raise a pole."**[7] וּלְפִי שֶׁהוּא גָבוֹהַּ – **Because it is tall** לְאוֹת – so as to act **as a sign** וְלִרְאִיָּה – **and an indicator,** קוֹרְאוֹ ,,נֵס״ – **[Scripture] calls it** נֵס, which is also used for "miracle" or "sign."[8]

□ כָּל הַנָּשׁוּךְ – ANYONE WHO HAS BEEN BITTEN. אֲפִילוּ כֶּלֶב אוֹ חֲמוֹר נוֹשְׁכוֹ – In this plague, **even if a dog or a donkey would bite him,** הָיָה נִזּוֹק – **he would suffer harm** וּמִתְנַוְנֶה וְהוֹלֵךְ – **and gradually deteriorate** to the point of death,[9] אֶלָּא שֶׁנְּשִׁיכַת הַנָּחָשׁ – **but the bite of the snake** מְמַהֶרֶת לְהָמִית – **would cause death quickly.** לְכָךְ נֶאֱמַר כָּאן – **That is why it says here,** ,,וְרָאָה אֹתוֹ״ – "[Anyone who has been bitten] **will look at it,"** which implies רְאִיָּה בְּעָלְמָא – that **merely looking** would cure

1. A snake tastes only the flavor of dust in whatever it eats (*Yoma* 75a).

2. *Tanchuma* 19. See Rashi to 11:5 above, s.v. אֶת הַקִּשֻּׁאִים. Some texts read לְכַמָּה מַטְעַמִּים, "into many delicacies," but the basic meaning is unchanged.

In 14:37 above (see Rashi there), we find the Spies being killed in a different manner for the sin of malicious talk. Rashi explains that here death by snakebite was appropriate, for the people compounded their sin of malicious talk with ingratitude.

3. *Tanchuma* 19. God knew that the repentance of the Israelites was sincere, but he waited until they beseeched Moses to intercede for them, and until Moses heeded their request, so that we should pattern ourselves after Moses (*Leket Bahir*). Alternatively, Moses would have been justified in questioning the sincerity of the Israelites' apology, as it came under duress. But he acceded to their request, because one should forgive easily.

4. The same word is used for "pole" in Modern French. The English word "perch" is derived from this word, and originally meant "a pole provided for a bird to roost upon."

5. *Isaiah* 30:17; see Rashi there.

6. *Isaiah* 49:22; see Rashi there.

7. *Isaiah* 13:2.

8. The basic meaning of נֵס is "sign." It can be used for a pole which is meant to draw one's attention, or for a miracle, which is a sign of God's Providence (see *Imrei Shefer; Shaarei Aharon;* see Rashi to *Isaiah* 5:26).

9. This is implied by the verse's use of כָּל הַנָּשׁוּךְ, "*anyone* who was bitten," instead of הַנָּשׁוּךְ, "one who was bitten" (*Be'er BaSadeh*).

נְחַשׁ נְחֹשֶׁת וַיְשִׂמֵהוּ עַל־הַנֵּס וְהָיָה
אִם־נָשַׁךְ הַנָּחָשׁ אֶת־אִישׁ וְהִבִּיט
י אֶל־נְחַשׁ הַנְּחֹשֶׁת וָחָי: ששי וַיִּסְעוּ
יא בְּנֵי יִשְׂרָאֵל וַיַּחֲנוּ בְּאֹבֹת: וַיִּסְעוּ
מֵאֹבֹת וַיַּחֲנוּ בְּעִיֵּי הָעֲבָרִים
בַּמִּדְבָּר אֲשֶׁר עַל־פְּנֵי מוֹאָב

a snake of copper and placed it on the pole; so it was that if the snake bit a man, he would stare at the copper snake and live.

[10] The Children of Israel journeyed and encamped at Oboth. [11] They journeyed from Oboth and encamped at Ruins of the passes in the wilderness facing Moab,

אונקלוס

חִוְיָא דִנְחָשָׁא וְשַׁוְיֵהּ עַל אָת וַהֲוָה כַּד (נ״א אִם) נָכֵית חִוְיָא יָת גַּבְרָא וּמִסְתַּכַּל לְחִוְיָא דִנְחָשָׁא וּמִתְקַיָּם: י וּנְטַלוּ בְּנֵי יִשְׂרָאֵל וּשְׁרוֹ בְּאֹבֹת: יא וּנְטַלוּ מֵאֹבֹת וּשְׁרוֹ בִּמְגִיזַת עֲבָרָאֵי בְּמַדְבְּרָא דִּי עַל אַפֵּי מוֹאָב

רש״י

ובנשיכת הנחש נאמר והביט, והיה אם נשך הנחש את איש והביט וגו׳ (פסוק ט) שלא היה ממהר נשוך הנחש להתרפאות אלא אם כן מביט בו בכוונה (ירושלמי ר״ה ג:ט) ואמרו רבותינו, וכי נחש ממית או מחיה, אלא בזמן שהיו ישראל מסתכלין כלפי מעלה ומשעבדין את לבם לאביהם שבשמים היו מתרפאים, ואם לאו היו נמוקים (ר״ה כט.): (ט) נחש נחשת. לא נאמר לו לעשותו של נחשת אלא אמר משה הקב״ה קוראו נחש ואני אעשנו של נחושת, לשון נופל על לשון (ירושלמי שם; ב״ר לא:ח): (יא) בעיי העברים. לא ידעתי למה נקרא שמם עיים, ועי לשון חורבה הוא, דבר הטאוט במטאטא, והעי״ן בו יסוד לבדה

RASHI ELUCIDATED

the bite. **וּבִנְשִׁיכַת הַנָּחָשׁ – But about the bite of the snake נֶאֱמַר – it says, "וְהִבִּיט" – "he would stare": "וְהָיָה אִם נָשַׁךְ הַנָּחָשׁ אֶת אִישׁ וְהִבִּיט וְגוֹמֵר"[1] – "So it was that if the snake bit a man, he would stare, etc."[1] שֶׁלֹּא הָיָה מְמַהֵר נְשׁוּךְ הַנָּחָשׁ לְהִתְרַפְּאוֹת – For one bitten by the snake did not become cured quickly, אֶלָּא אִם כֵּן מַבִּיט בּוֹ – unless he stared at [the copper snake] בְּכַוָּנָה[2] – with intent.**[2] **וְאָמְרוּ רַבּוֹתֵינוּ – And our Rabbis said: וְכִי נָחָשׁ – Could a snake,** i.e., the copper snake made by Moses, **מֵמִית – cause death אוֹ מְחַיֶּה – or give life? אֶלָּא – Rather, בִּזְמַן שֶׁהָיוּ יִשְׂרָאֵל מִסְתַּכְּלִין כְּלַפֵּי מַעְלָה – at the time that Israel would look upward וּמְשַׁעְבְּדִין אֶת לִבָּם – and subject their heart לַאֲבִיהֶם שֶׁבַּשָּׁמַיִם – to their Father in Heaven, הָיוּ מִתְרַפְּאִים – they would be cured, וְאִם לָאו – but if not, הָיוּ נִמּוֹקִים[3] – they would waste away.**[3]

9. נְחַשׁ נְחֹשֶׁת – A SNAKE OF COPPER. לֹא נֶאֱמַר לוֹ – It had not been told to him לַעֲשׂוֹתוֹ שֶׁל נְחֹשֶׁת – to make it of copper, אֶלָּא אָמַר מֹשֶׁה – but Moses said, הַקָּדוֹשׁ בָּרוּךְ הוּא קוֹרְאוֹ נָחָשׁ – "The Holy One, Blessed is He, calls it נָחָשׁ, 'snake,'[4] **וַאֲנִי אֶעֱשֶׂנּוּ שֶׁל נְחֹשֶׁת – so I will make it of נְחֹשֶׁת, 'copper,' לָשׁוֹן נוֹפֵל עַל לָשׁוֹן – an expression falling upon an expression,"** i.e., the word נָחָשׁ is orthographically similar to the word נְחֹשֶׁת.[5]

11. בְּעִיֵּי הָעֲבָרִים – AT RUINS OF THE PASSES. לֹא יָדַעְתִּי לָמָּה נִקְרָא שְׁמָם "עִיִּים" – I do not know why they are referred to by the name עִיִּים,[6] **וְ"עִי" לְשׁוֹן חוּרְבָּה הוּא – for** the word **עִי means "a ruin,"**[7] **דָּבָר הַטָּאוּט בְּמַטְאֲטֵא – something that is swept away with a broom. וְהָעַיִ"ן בּוֹ יְסוֹד לְבַדָּהּ – The letter**

1. Below v. 9.

2. *Yerushalmi Rosh Hashanah* 3:9.

3. *Rosh Hashanah* 29a.

4. God used the word שָׂרָף, "burning one," for the snakes in His statement to Moses in the previous verse. But that name relates to the action which the snakes performed. Moses referred to the name of the species; the name by which it is called in general (*Be'er BaSadeh*).

5. *Bereishis Rabbah* 31:8; see also *Yerushalmi, Rosh Hashanah* 3:9. The material out of which Moses made the snake seems irrelevant. Scripture mentions it to teach us how Moses understood that it was proper to make the snake out of copper. Since the words for "snake" and "copper" are related, it indicates that there is an essential relationship between the two; a replica of a snake which would have the most snakelike qualities would be one of copper (see *Gur Aryeh; Be'er BaSadeh*). For other examples of this linguistic phenomenon, see Rashi to *Genesis* 2:23, s.v., לְזֹאת יִקָּרֵא, and 3:15, s.v., וְאַתָּה תְּשׁוּפֶנּוּ; *Isaiah* 5:7, s.v., וַיְקַו; and *Micah* 1:15, s.v., עַד.

6. The word עִי (plural, עִיִּים) is a noun meaning "a ruin, a destroyed place." Our verse, as well as 33:44 below, uses the plural in the construct form, עִיֵּי (הָעֲבָרִים), "the ruins of (the passes)"; in 33:45 below, the place is called עִיִּים.

Rashi does not mean that he does not know why the term עִיִּים means "ruins." Rather, he means that he does not know why the place is referred to by the name "Ruins" (see *Devek Tov; Yosef Hallel*). Rashi also discusses the meaning of עִיֵּי הָעֲבָרִים in his comments to 33:44 below.

7. For example, *Jeremiah* 26:18 and *Psalms* 79:1.

יב מִמִּזְרַח הַשָּׁמֶשׁ: מִשָּׁם נָסָעוּ וַיַּחֲנוּ
יג בְּנַחַל זָרֶד: מִשָּׁם נָסָעוּ וַיַּחֲנוּ
מֵעֵבֶר אַרְנוֹן אֲשֶׁר בַּמִּדְבָּר הַיֹּצֵא
מִגְּבֻל הָאֱמֹרִי כִּי אַרְנוֹן גְּבוּל
מוֹאָב בֵּין מוֹאָב וּבֵין הָאֱמֹרִי:

at the east. [12] *From there they journeyed and encamped in the Valley of Zered.* [13] *From there they journeyed and encamped on the other side of Arnon — which is in the wilderness — that goes out from the border of the Amorite; for Arnon is the border of Moab, between Moab and the Amorite.*

אונקלוס

מִמַּדְנַח שִׁמְשָׁא: יב מִתַּמָּן נְטַלוּ וּשְׁרוֹ בְּנַחֲלָא דְזָרֶד: יג מִתַּמָּן נְטַלוּ וּשְׁרוֹ מֵעִבְרָא דְאַרְנוֹן דִּי בְמַדְבְּרָא דְּנָפֵק מִתְּחוּם אֱמוֹרָאָה אֲרֵי אַרְנוֹן תְּחוּם מוֹאָב בֵּין מוֹאָב וּבֵין אֱמוֹרָאָה:

רש"י

והוא מלשון יעים (לעיל ד:יד) ויעה ברד (ישעיה כח:יז): **העברים.** דרך מעבר העוברים שם את הר נבו אל ארץ כנען שהוא מפסיק בין ארץ מואב לארץ אמורי: **על פני מואב ממזרח השמש.** במזרחה של ארץ מואב: (יג) **מגבל האמורי.** תחום סוף מצר שלהם, וכן גבול מואב לשון קצה וסוף: **מעבר ארנון.** הקיפו ארץ מואב כל דרומה ומזרחה, עד שבאו מעבר השני לארנון בתוך ארץ האמורי בצפונה של ארץ מואב: **היוצא מגבל האמורי.** רצועה יוצאה מגבול האמורי והיא של אמוריים, ונכנסת לגבול מואב עד ארנון

RASHI ELUCIDATED

ע is the only letter of the root in it.[1] וְהוּא מִלְּשׁוֹן „יָעִים" – **It is related to the word** יָעִים, **"shovels,"**[2] „וְיָעָה בָרָד" – and to the word וְיָעָה in, **"And hail shall sweep away."**[3]

□ הָעֲבָרִים – THE PASSES. דֶּרֶךְ מַעֲבַר הָעוֹבְרִים שָׁם אֶת הַר נְבוֹ – **The way of passage of those who pass Mount Nebo there** אֶל אֶרֶץ כְּנַעַן – on their way **to the Land of Canaan,** שֶׁהוּא מַפְסִיק – **for it**[3a] **interposes** בֵּין אֶרֶץ מוֹאָב – **between the land of Moab** לְאֶרֶץ אֱמוֹרִי – **and the land of the Amorite.**[4]

□ עַל פְּנֵי מוֹאָב מִמִּזְרַח הַשָּׁמֶשׁ – FACING MOAB, AT THE EAST [literally, "from the shining of the sun"], that is, בְּמִזְרָחָהּ שֶׁל אֶרֶץ מוֹאָב – **at the east of the land of Moab.**[5]

13. מִגְּבֻל הָאֱמֹרִי – FROM THE BORDER OF THE AMORITE. תְּחוּם סוֹף מֵצַר שֶׁלָּהֶם – **The limit of the end of their boundary,** i.e., the farthest point to which their boundary extends.[6] וְכֵן – **And similarly,** גְּבוּל in, „גְּבוּל מוֹאָב" – **"border of Moab"** in this verse לְשׁוֹן קָצֶה וָסוֹף – **denotes "extremity" and "end."**

□ מֵעֵבֶר אַרְנוֹן – ON THE OTHER SIDE OF ARNON. הִקִּיפוּ אֶרֶץ מוֹאָב – **They went around the land of Moab,** כָּל דְּרוֹמָהּ וּמִזְרָחָהּ – along **its entire southern and eastern sides,** עַד שֶׁבָּאוּ מֵעֵבֶר הַשֵּׁנִי – **until they came, at the other side,** i.e., the end opposite the end at which they began, the northern end of the land of Moab, לְאַרְנוֹן – **to Arnon,** בְּתוֹךְ אֶרֶץ הָאֱמוֹרִי – **inside the land of the Amorite,** בִּצְפוֹנָהּ שֶׁל אֶרֶץ מוֹאָב – **at the north of the land of Moab.**

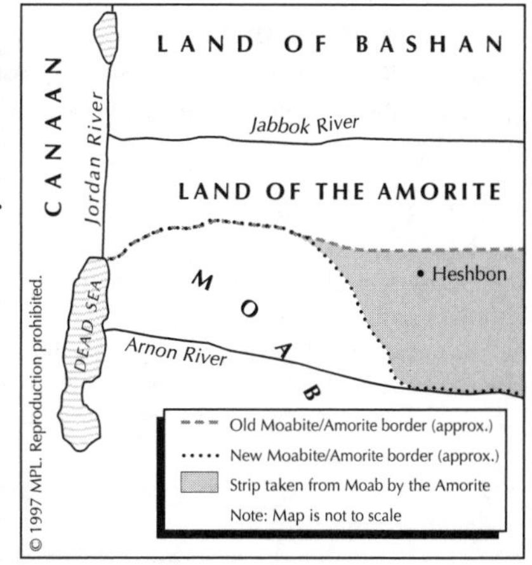

□ הַיֹּצֵא מִגְּבֻל הָאֱמֹרִי – THAT GOES OUT FROM THE BORDER OF THE AMORITE. רְצוּעָה יוֹצְאָה – **A strip goes out** מִגְּבוּל הָאֱמוֹרִי – **from the border of the Amorite,** וְהִיא שֶׁל אֱמוֹרִיִּים – **and it belongs to the Amorites,** וְנִכְנֶסֶת לִגְבוּל מוֹאָב – **and it enters the territory of Moab** עַד אַרְנוֹן – **up to Arnon,**

1. See *Gur Aryeh* cited in note 2 on page 229 above. According to those grammarians who insist on triliteral roots, the root is יעה, as it appears in the verse in *Isaiah* which Rashi goes on to quote. Rashi, however, follows the French school of grammarians who accept biliteral and uniliteral roots. Thus, since the י and ה of יעה fall out in conjugation, the root is uniliteral, containing only the letter ע.

2. Above 4:14; see Rashi there.

3. *Isaiah* 28:17; see Rashi there.

3a. This refers to "Ruins of the passes." Alternatively, to Mount Nebo.

4. See 33:44 and 47 below, and *Deuteronomy* 32:49.

5. The מ prefix of מִמִּזְרַח does not mean "from." The verse does not mean "they journeyed . . . and encamped . . . *from* the east," for the Israelites were traveling from west to east (*Gur Aryeh*).

6. גְּבוּל can also be used for the entire territory surrounded by borders, e.g., *Exodus* 13:7. Here it does not have that meaning (*Mizrachi; Gur Aryeh*).

14 *About this it will be said in the Story of the Wars of* HASHEM*:*
"That which was given at the [Sea of]

יד עַל־כֵּן יֵאָמַר בְּסֵפֶר מִלְחֲמֹת
יְהֹוָה אֶת־וָהֵב בְּסוּפָה

אונקלוס

יד עַל כֵּן יִתְאֲמַר בְּסִפְרָא קְרָבִין דַּעֲבַד יְיָ עַל יַמָּא דְסוּף

רש"י

שהוא גבול מואב, ושם חנו ישראל ולא באו לגבול מואב כי ארנון גבול מואב והם לא נתנו להם רשות לעבור בארצם, ואע"פ שלא פירשה משה פירשה יפתח, כמו שאמר יפתח וגם אל מלך מואב שלח ולא אבה (שופטים יא:יז) ומשה רמזה, כאשר עשו לי בני עשו היושבים בשעיר והמואבים היושבים בער (דברים ב:כט) מה אלו לא נתנום לעבור בתוך ארצם אלא הקיפום סביב, אף מואב כן: **(יד) על כן.** על חניה זו ונסים שנעשו בה יאמר בספר מלחמות ה', כשמספרים נסים שנעשו לאבותינו, יספרו את והב וגו': **את והב.** כמו את יהב, כמו שיאמר מן יעד ועד כן יאמר מן יהב והב, והוי"ו יסוד הוא, כלומר את אשר יהב להם

RASHI ELUCIDATED

שֶׁהוּא גְבוּל מוֹאָב – which is the border of Moab.[1] **וְשָׁם חָנוּ יִשְׂרָאֵל – There Israel encamped, וְלֹא בָאוּ לִגְבוּל מוֹאָב – but they did not enter the territory of Moab,** **"כִּי אַרְנוֹן גְּבוּל מוֹאָב" – "for Arnon is the border of Moab,"** **וְהֵם לֹא נָתְנוּ לָהֶם רְשׁוּת – and [Moab] did not grant them permission לַעֲבוֹר בְּאַרְצָם – to pass through their land.**[2] **וְאַף עַל פִּי שֶׁלֹּא פֵרְשָׁהּ מֹשֶׁה – Although Moses did not state this explicitly,**[3] **פֵּרְשָׁהּ יִפְתָּח – Jephtah did state it explicitly, כְּמוֹ שֶׁאָמַר יִפְתָּח – as Jephtah said, "וְגַם אֶל מֶלֶךְ מוֹאָב שָׁלַח – "He sent to the king of Moab, also, וְלֹא אָבָה"**[4] **– but he did not agree."**[4] **וּמֹשֶׁה רְמָזָהּ – But Moses alluded to it** in the verse: **"כַּאֲשֶׁר עָשׂוּ לִי בְּנֵי עֵשָׂו הַיֹּשְׁבִים בְּשֵׂעִיר – "As the children of Esau who dwell in Seir did for me, וְהַמּוֹאָבִים הַיֹּשְׁבִים בְּעָר"**[5] **– and the Moabites who dwell in Ar."**[5] The comparison between the children of Esau and the Moabites implies, **מָה אֵלּוּ – just as these** children of Esau **לֹא נְתָנוּם לַעֲבוֹר – did not allow [the Israelites] to pass בְּתוֹךְ אַרְצָם – through their land,**[6] **אֶלָּא הִקִּיפוּם סָבִיב – but rather, they went around them, אַף מוֹאָב כֵּן – so, too,** with **Moab.**

14. עַל כֵּן – ABOUT THIS. עַל חֲנִיָּה זוֹ – About this encampment[7] **וְנִסִּים שֶׁנַּעֲשׂוּ בָהּ – and the miracles that were done at it "יֵאָמַר בְּסֵפֶר מִלְחֲמֹת ה'" – "it will be said in the Story of the Wars of** HASHEM**,"** that is, **כְּשֶׁמְּסַפְּרִים נִסִּים – when they tell of miracles שֶׁנַּעֲשׂוּ לַאֲבוֹתֵינוּ – which were done for our forefathers, יְסַפְּרוּ – they will relate, "אֶת וָהֵב וְגוֹמֵר" – "the gift, etc."**[8]

☐ **אֶת וָהֵב – THAT WHICH WAS GIVEN. כְּמוֹ אֶת יָהֵב –** The words **אֶת וָהֵב** have the same meaning **as אֶת יָהֵב, "the gift." כְּמוֹ שֶׁיֵּאָמֵר מִן יָעַד וָעַד – Just as וָעַד is said,** i.e., spelled with a ו in place of the י, as a form **of** the word **יָעַד, "כֵּן יֵאָמֵר מִן יָהֵב "וָהֵב – so is וָהֵב said of,** i.e., is a form of, **יָהֵב, וְהַוָּי"ו יְסוֹד הוּא – and the letter ו is part of the root.**[9] **כְּלוֹמַר –** The verse uses a word for "giving," **as if to say, אֶת אֲשֶׁר יָהֵב לָהֶם**

1. Rashi explains in what sense Arnon "goes out of the border"; it is in a strip which juts out of the line which forms the rest of the border between the Land of the Amorite and Moab (*Be'er Mayim Chaim*).

2. The verse gives "for Arnon is the border of Moab" as the reason why Israel "encamped on the other side of Arnon." Rashi explains why Israel did not cross the border with Moab.

3. That Moab refused to allow them to travel through their land.

4. *Judges* 11:17. That verse begins, "Israel sent emissaries to the king of Edom saying, 'Let me pass through your land,' and the king of Edom did not listen," then continues, "he sent to the king of Moab, also, but he did not agree . . ."

5. *Deuteronomy* 2:29. Rashi's interpretation of that verse in his commentary there contradicts the way he interprets that verse here. There he cites the simple meaning of the verse; here he cites a midrashic interpretation of that verse which supports his interpretation of our verse here.

6. See 20:20 above.

7. עַל כֵּן, usually means "on account of this" or "therefore." It introduces something that resulted from something that was stated previously. But here it does not have that meaning, for the verses which follow speak of the miracles performed at the time of the encampment at Arnon. These miracles are not the direct result of the encampment; Scripture cannot be saying "they encamped on the other side of Arnon, . . . *therefore*, it will be said in the Story of the Wars of HASHEM [allusions to miracles]." Thus, עַל כֵּן is understood here as "about this" (*Be'er Mayim Chaim*).

8. סֵפֶר usually means "book." But if it were used in that sense here, the verse would have said יִכָּתֵב בְּסֵפֶר "will be *written* in the Book." "Will be said" implies that סֵפֶר here is used in the sense of "story" (see *Mizrachi; Sifsei Chachamim*; see also Rashi to *Genesis* 5:1, s.v., זֶה סֵפֶר תּוֹלְדֹת אָדָם).

9. Rashi, like the other early grammarians Menachem (see note 4 to 10:36 above) and *Ibn Ezra*, is of the opinion that there are no basic Hebrew words that begin with the letter ו with the exception of וָו, "hook" (see *Exodus* 27:10), which is called by that name

טו וְאֶת־הַנְּחָלִים אַרְנוֹן׃ וְאֶשֶׁד
הַנְּחָלִים אֲשֶׁר נָטָה לְשֶׁבֶת
עָר וְנִשְׁעַן לִגְבוּל מוֹאָב׃

Reeds and the valleys of Arnon;
15 *and the outpouring of the valleys when it veered to dwell at Ar, and leaned against the border of Moab.*

אונקלוס

וּגְבוּרָן דְּעַל נַחֲלֵי אַרְנוֹן׃ טו וְשָׁפוּךְ נַחֲלַיָּא דְּמִדַּבְּרִין לָקֳבֵל לְחַיָּת וּמִסְתְּמִיךְ לִתְחוּם מוֹאָב׃

רש"י

והרבה נסים בים סוף: **ואת הנחלים ארנון.** כשם שמספרים בנסי ים סוף כך יש לספר בנסי נחלי ארנון, שאף כאן נעשו נסים גדולים. ומה הם הנסים: **(טו) ואשד הנחלים.** תרגום של שפך אשד, שפך הנחלים, שנשפך שם דם אמוריים שהיו נחבאים שם. לפי שהיו ההרים גבוהים והנחל עמוק וקצר וההרים סמוכים זה לזה, אדם עומד על ההר מזה ומדבר עם חבירו בהר מזה, והדרך עובר בתוך הנחל. אמרו אמוריים, כשיכנסו ישראל לתוך הנחל לעבור נצא מן המערות שבהרים שלמעלה מהם ונהרגם בחצים ואבני בליסטראות. והיו אותן הנקעים בהר של צד מואב, ובהר של צד אמוריים היו כנגד אותן נקעים כמין קרנות ושדים בולטין לחוץ. כיון שבאו ישראל לעבור נזדעזע ההר של ארץ ישראל כשפחה היוצאת להקביל פני גברתה

RASHI ELUCIDATED

– that which He bestowed upon them וְהִרְבָּה נִסִּים **– and did many miracles**[1] בְּיַם סוּף **– at the Sea of Reeds.**[2]

□ וְאֶת הַנְּחָלִים אַרְנוֹן **– AND THE VALLEYS OF ARNON.** כְּשֵׁם שֶׁמְּסַפְּרִים בְּנִסֵּי יַם סוּף **– Just as they tell of the miracles of the Sea of Reeds,** כָּךְ יֵשׁ לְסַפֵּר **– so is there to tell** בְּנִסֵּי נַחֲלֵי אַרְנוֹן **– of the miracles of the valleys of Arnon,** שֶׁאַף כָּאן **– for here, too,** נַעֲשׂוּ נִסִּים גְּדוֹלִים **– great miracles were done.** וּמָה הֵם הַנִּסִּים **– And what are the miracles?**[3] They are:

15. וְאֶשֶׁד הַנְּחָלִים **– AND THE OUTPOURING OF THE VALLEYS.** תַּרְגּוּם שֶׁל שֶׁפֶךְ אֶשֶׁד **– The Aramaic translation of** שֶׁפֶךְ**, "outpouring, spillage," is** אֶשֶׁד.[4] The verse means שֶׁפֶךְ הַנְּחָלִים **– the outpouring of the valleys,** שֶׁנִּשְׁפַּךְ שָׁם דַּם אֱמוֹרִיִּים **– in that the blood of the Amorites was spilled there,** שֶׁהָיוּ נֶחְבָּאִים שָׁם **– for they were hiding there** לְפִי שֶׁהָיוּ הֶהָרִים גְּבוֹהִים **– because the mountains** there **were high** וְהַנַּחַל עָמוֹק וְקָצָר **– and the valley deep and narrow,** וְהֶהָרִים סְמוּכִים זֶה לָזֶה **– and the mountains near one another.** אָדָם עוֹמֵד עַל הָהָר מִזֶּה **– A person can stand on the mountain on one side** וּמְדַבֵּר עִם חֲבֵרוֹ **– and speak with his friend** בָּהָר מִזֶּה **– on the mountain on the other side.** וְהַדֶּרֶךְ עוֹבֵר בְּתוֹךְ הַנַּחַל **– The road** upon which the Israelites were to travel **passes through the valley.** אָמְרוּ אֱמוֹרִיִּים **– The Amorites said:** כְּשֶׁיִּכָּנְסוּ יִשְׂרָאֵל **– "When Israel will enter** לְתוֹךְ הַנַּחַל לַעֲבוֹר **– into the valley, in order to pass through,** נֵצֵא מִן הַמְּעָרוֹת **– we will come out of the caves** שֶׁבֶּהָרִים **–** שֶׁלְּמַעְלָה מֵהֶם **– that are in the mountains above them,** וְנַהַרְגֵם **– and we will kill them** בְּחִצִּים **– with arrows** וְאַבְנֵי בְּלִסְטְרָאוֹת **– and catapult stones."** וְהָיוּ אוֹתָן הַנְּקָעִים בָּהָר שֶׁל צַד מוֹאָב **– Those hollows,** i.e., the caves in which the Amorites hid, **were on the mountain on the Moabite side,** וּבָהָר שֶׁל צַד אֱמוֹרִיִּים **– and on the mountain on the side of the Amorites** הָיוּ **– there were,** כְּנֶגֶד אוֹתָן נְקָעִים **– opposite those hollows,** כְּמִין קַרְנוֹת וְשָׁדַיִם **– hornlike and breast-like projections** בּוֹלְטִין לְחוּץ **– protruding outwards.** כֵּיוָן שֶׁבָּאוּ יִשְׂרָאֵל לַעֲבוֹר **– Once Israel came to pass through** the valley, נִזְדַּעְזַע הָהָר שֶׁל אֶרֶץ יִשְׂרָאֵל **– the mountain of the Land of Israel,** i.e., of the land of the Amorites, which would be incorporated into the Land of Israel, **trembled,** כְּשִׁפְחָה **– like a slavewoman** הַיּוֹצֵאת לְהַקְבִּיל פְּנֵי גְבִרְתָּהּ **– who goes out to greet her mistress,**[5]

because the letter is shaped like a hook. *Ibn Ezra* solves the problem posed by וָהֵב of our verse by explaining that it is a proper name. But since Hebrew words do not begin with the letter ו, it must be a foreign name, in a foreign language, like וַשְׁתִּי of *Megillas Esther*. Rashi, on the other hand, solves the problem by saying that the ו of וָהֵב is a substitute for the letter י. He compares it to the word וָעֶד of *Exodus* 15:18 (see Rashi there), which he sees as an example of such substitution (see *Be'er Rechovos* to *Exodus* 15:18).

1. The Reggio di Calabria edition reads, יָהַב לָהֶם הַרְבֵּה נִסִּים, "He bestowed upon them many miracles."

2. By סוּפָה, the verse means יַם סוּף, "the Sea of Reeds" (*Mizrachi; Sifsei Chachamim*).

3. With this Rashi indicates that "and the outpouring of the valleys" which follows is not the third item in a series which begins "(1) the gift of Reeds, (2) and the valleys of Arnon." Rather, it stands in apposition to "the valleys of Arnon" (*Mizrachi*).

4. See, for example, *Targum Onkelos* to *Leviticus* 4:12.

5. The Amorite mountain, which was to become part of the Land of Israel, moved toward its eventual possessors like a maidservant greeting her mistress (*Maskil LeDavid*).

טז וּמִשָּׁם בְּאֵרָה הִוא הַבְּאֵר אֲשֶׁר אָמַר
יהוה לְמֹשֶׁה אֱסֹף אֶת־הָעָם וְאֶתְּנָה
יז לָהֶם מָיִם: אָז יָשִׁיר יִשְׂרָאֵל
אֶת־הַשִּׁירָה הַזֹּאת עֲלִי בְאֵר עֱנוּ־לָהּ:

16 *And from there to the well; it is the well of which HASHEM said to Moses, 'Assemble the people and I shall give them water.' "*
17 *Then Israel sang this song:*
"Come up, O well, call out to it!

אונקלוס

טז וּמִתַּמָּן אִתְיְהִיבַת לְהוֹן בֵּירָא הִיא בֵּירָא דִּי אֲמַר יְיָ לְמֹשֶׁה כְּנוֹשׁ יָת עַמָּא
וְאֶתֵּן לְהוֹן מַיָּא: יז בְּכֵן שַׁבַּח יִשְׂרָאֵל יָת תּוּשְׁבַּחְתָּא הָדָא סַקִּי בֵּירָא שַׁבָּחוּ לַהּ:

רש"י

ונתקרב לצד הר של מואב ונכנסו אותן השדים לתוך אותן נקעים והרגום. וזהו אשר נטה לשבת ער, שההר נטה ממקומו ונתקרב לצד מואב ונדבק בו, וזהו ונשען לגבול מואב. [ועברו ישראל על ההרים, ולא ידעו הנסים האלו אלא על ידי הבאר שנכנס לשם] (תנחומא כ): (טז) ומשם בארה. משם בא האשד אל הבאר. כיצד, אמר הקב"ה מי מודיע לבני הנסים הללו [המשל אומר נתת פת לתינוק הודע לאמו (שבת י:)], לאחר שעברו חזרו ההרים למקומם והבאר ירדה לתוך הנחל והעלתה משם דם ההרוגים וזרועות ואיברים ומוליכתן סביב המחנה, וישראל ראו ואמרו שירה (תנחומא שם): (יז) עלי באר. מתוך הנחל והעלי מה שאת מעלה. [ומנין שהבאר הודיעה להם, שנאמר

RASHI ELUCIDATED

וְנִתְקָרֵב – **and came close** לְצַד הַר שֶׁל מוֹאָב – **to the side of the mountain of Moab,** וְנִכְנְסוּ אוֹתָן הַשָּׁדַיִם – **and those breastlike projections entered** לְתוֹךְ אוֹתָן נְקָעִים – **into those hollows** וַהֲרָגוּם – **and killed [the Amorites].** וְזֶהוּ – **And this is** the meaning of "אֲשֶׁר נָטָה לְשֶׁבֶת עָר" – **"when it veered to dwell at Ar,"**[1] שֶׁהָהָר נָטָה מִמְּקוֹמוֹ – **that the mountain veered**[2] **from its location** וְנִתְקָרֵב לְצַד מוֹאָב – **and came close to the side of Moab** וְנִדְבַּק בּוֹ – **and joined itself to it.** וְזֶהוּ – **And this** is what is meant by "וְנִשְׁעַן לִגְבוּל מוֹאָב" – **"and leaned against the border of Moab."**[3] {וְעָבְרוּ יִשְׂרָאֵל עַל הֶהָרִים – **Israel passed by the mountains** וְלֹא יָדְעוּ הַנִּסִּים הָאֵלּוּ – **and were not aware of these miracles** אֶלָּא עַל יְדֵי הַבְּאֵר – **but through the well** שֶׁנִּכְנְסָה לְשָׁם[4] – **which entered [the scene of the miracles].**}[4]

16. וּמִשָּׁם בְּאֵרָה – AND FROM THERE TO THE WELL. מִשָּׁם בָּא הָאֶשֶׁד אֶל הַבְּאֵר – **From there the outpouring came to the well.**[5] כֵּיצַד – **How?** אָמַר הַקָּדוֹשׁ בָּרוּךְ הוּא – **The Holy One, Blessed is He, said,** מִי מוֹדִיעַ לְבָנַי הַנִּסִּים הַלָּלוּ – **"Who will let My children know of these miracles?"** {הַמָּשָׁל אוֹמֵר – **The proverb says,** "נָתַתָּ פַּת לְתִינוֹק – **"If you have given bread to a child,** הוֹדַע לְאִמּוֹ"[6] – **let his mother know."**[6]} לְאַחַר שֶׁעָבְרוּ – **After [Israel] passed through,** חָזְרוּ הֶהָרִים לִמְקוֹמָם – **the mountains went back to their places,** וְהַבְּאֵר יָרְדָה לְתוֹךְ הַנַּחַל – **and the well went down into the valley** וְהֶעֶלְתָה מִשָּׁם – **and brought up from there** דַּם הַהֲרוּגִים – **the blood of those who were killed** וּזְרוֹעוֹת – **and arms** וְאֵבָרִים – **and limbs,** וּמוֹלִיכָתָן סְבִיב הַמַּחֲנֶה – **and took them around the camp.** וְיִשְׂרָאֵל רָאוּ – **Israel saw** וְאָמְרוּ שִׁירָה[7] – **and said song,** i.e., gave praise in appreciation of the miracle.[7]

17. עֲלִי בְאֵר – COME UP, O WELL, מִתּוֹךְ הַנַּחַל – **from inside the valley,** וְהַעֲלִי – **and bring up** מַה שֶּׁאַתְּ מַעֲלָה – **whatever you bring up.**[8] {וּמִנַּיִן – **And from where** do we know שֶׁהַבְּאֵר הוֹדִיעָה לָהֶם – **that the well informed them** of the miracles? שֶׁנֶּאֱמַר – **For it says** in the preceding verse,

1. Ar is an area in Moab; see v. 28 below and Rashi there. This point is stated here explicitly in the Reggio di Calabria edition of Rashi, which contains the following sentence at this point: עָר הוּא שֵׁם הַמְּדִינָה שֶׁל מַלְכוּת מוֹאָב, "Ar is the name of the capital district of Moab."

2. Rashi explains that "it" of "it veered" refers to the mountain on the Amorite side (*Mizrachi; Sifsei Chachamim*).

3. It is from this part of the verse that we see that it was the mountain on the Amorite side which moved toward the Moabite side, and not the Moabite mountain which moved.

4. *Tanchuma* 20. The words in braces do not appear in many early editions. They show the connection between our verse and the following one, which speaks of the well.

5. "And from there to the well" is a fragment of a sentence. Rashi supplies the subject, "the outpouring," and the predicate, "came" (*Be'er Mayim Chaim*).

6. *Shabbos* 10b. That is, if you have done someone a favor, make sure they know of it. This will strengthen the friendly relationship. The passage that appears in braces is not in the Reggio di Calabria edition, but is in the other early printed editions.

7. *Tanchuma* 20.

8. In line with his comments to the preceding verses, Rashi explains "Come up, O well" as referring to the miracles which took place at Arnon.

יח בְּאֵ֞ר חֲפָר֣וּהָ שָׂרִ֗ים כָּר֙וּהָ֙
נְדִ֣יבֵי הָעָ֔ם בִּמְחֹקֵ֖ק בְּמִשְׁעֲנֹתָ֑ם
יט וּמִמִּדְבָּ֖ר מַתָּנָֽה׃ וּמִמַּתָּנָ֖ה נַחֲלִיאֵ֑ל

18 *The well that ministers dug; nobles of the people hewed it, through a lawgiver, with their walking sticks. And from the wilderness, a gift.*
19 *And from a gift, to the valley,*

אונקלוס

יח בֵּירָא דְחָפְרוּהָ רַבְרְבַיָּא כְּרוּהָ רֵישֵׁי עַמָּא סַפְרַיָּא בְּחוּטְרֵיהוֹן וּמִמַּדְבְּרָא אִתְיְהִיבַת לְהוֹן: יט וּמִדְאִתְיְהִיבַת לְהוֹן נָחֲתָא עִמְּהוֹן לְנַחֲלַיָּא

רש"י

ומשם בארה, וכי משם היתה, והלא מתחלת ארבעים שנה היתה עמהם, אלא שירדה לפרסם את הנסים. וכן אז ישיר ישראל השירה הזאת נאמרה בסוף ארבעים, והבאר נתנה להם מתחלת ארבעים, מה ראה להכתב כאן, אלא הענין הזה נדרש למעלה הימנו (שם)]: **(יח) באר חפרוה.** זאת היא הבאר אשר חפרוה שרים משה ואהרן: **במשענותם.** במטה: **וממדבר.** נתנה להם (שם כא): **(יט) וממתנה נחליאל.** כתרגומו:

RASHI ELUCIDATED

"וּמִשָּׁם בְּאֵרָה" – **"and from there to the well."** וְכִי מִשָּׁם הָיְתָה – **Now, was it from there?**[1] וַהֲלֹא מִתְּחִלַּת אַרְבָּעִים שָׁנָה הָיְתָה עִמָּהֶם – **But is it not true that from the beginning of** the **forty-year** journey through the wilderness **[the well] was with them?**[2] אֶלָּא – **Rather,** the verse means שֶׁיָּרְדָה – **that [the well] went down** into the valley לְפַרְסֵם אֶת הַנִּסִּים – **to publicize the miracles.**[3] וְכֵן – **And similarly,** we can derive that the well publicized these miracles from the phrase "אָז יָשִׁיר יִשְׂרָאֵל"[4] – **"then Israel sang":**[4] הַשִּׁירָה הַזֹּאת נֶאֶמְרָה – **This song was said** בְּסוֹף אַרְבָּעִים – **at the end of** the **forty**-year sojourn in the wilderness, וְהַבְּאֵר נִתְּנָה לָהֶם – **yet the well was given to them** מִתְּחִלַּת אַרְבָּעִים – **at the beginning of** the **forty** years. מָה רָאָה לְהִכָּתֵב כָּאן – **What did [Scripture] see to have it written here?**[5] אֶלָּא הָעִנְיָן הַזֶּה נִדְרָשׁ – **But the matter is interpreted** as referring לְמַעְלָה הֵימֶנּוּ[6] – **to that which is** immediately **above it.**[6]}[7]

18. בְּאֵר חֲפָרוּהָ וְגוֹמֵר – THE WELL THAT MINISTERS DUG. זֹאת הִיא הַבְּאֵר – **This is the well** אֲשֶׁר חֲפָרוּהָ שָׂרִים – **which "ministers" dug,**[8] that is, מֹשֶׁה וְאַהֲרֹן – **Moses and Aaron.**[9]

□ בְּמִשְׁעֲנֹתָם – WITH THEIR WALKING STICKS, that is, בַּמַּטֶּה – **with the staff.**[10]

□ וּמִמִּדְבָּר – AND FROM THE WILDERNESS, נִתְּנָה לָהֶם[11] – **it was presented to them.**[11]

19. וּמִמַּתָּנָה נַחֲלִיאֵל – AND FROM A GIFT, TO THE VALLEY. This is to be understood כְּתַרְגּוּמוֹ – **as**

1. That is, was it from Arnon that Israel first went to the well?

2. See Rashi to 20:2, s.v., וְלֹא הָיָה מַיִם לָעֵדָה.

3. "From there to the well" does not refer to Israel's coming to the well. Rather, it refers to the outpouring of the blood of the Amorites, which spilled into the well, which had gone down into the valley, as Rashi has stated in his comments to the preceding verse.

4. The Rome edition of Rashi, followed by many contemporary editions, includes the word אֶת, and the comment then reads: "אָז יָשִׁיר יִשְׂרָאֵל אֶת הַשִּׁירָה הַזֹּאת" נֶאֶמְרָה – "[The song introduced by] 'Then Israel sang this song,' was said. . ." The general meaning of the comment, however, remains unchanged.

5. That is, why would a song extolling the well appear forty years after the well was given?

6. *Tanchuma* 20. The well is spoken of here because, as Rashi has explained, it was the vehicle by which God made known the miracle at Arnon to Israel. Once Scripture refers to the well for this reason, it goes on to mention other aspects of it (*Be'er Mayim Chaim*).

7. The comment enclosed in braces does not appear in the Reggio di Calabria edition, but is found in all the other early printed editions.

8. בְּאֵר, "well," could have been seen as a term of address, in light of the fact that the preceding verse ended, "Come up, O well, call out to it." Our verse might have been read, "Well! ministers dug it." "It" would then have referred to something other than the well. Rashi explains that "well, ministers dug it" is the equivalent of "the well that ministers dug."

The Reggio di Calabria edition and the Yemenite manuscript read אַתְּ הִיא הַבְּאֵר אֲשֶׁר חֲפָרוּהָ שָׂרִים, "You are the well that ministers dug." According to this version of the text, Rashi is bothered by the fact that the verse speaks of the well in the third person, whereas the preceding verse was addressing it in the second person. He solves this problem by adding the implicit "you are" (*Yosef Hallel*).

9. See 20:10 above and Rashi there, s.v., הֲמִן הַסֶּלַע הַזֶּה, and Rashi to *Taanis* 9a, s.v., חזרה בזכות שניהן.

10. See *Exodus* 17:5-6 and Rashi there, and 20:7-11 above.

In the Reggio di Calabria edition of Rashi, this comment reads, בַּמַּטֶּה שֶׁהָיָה חָקוּק בּוֹ שֵׁם הַמְּפֹרָשׁ, "with the staff upon which was engraved the Explicit Name." (See note 6 on page 60.)

11. *Tanchuma* 21. Rashi explains that "and from the wilderness, a gift" also refers to the well.

כ וּמִנַּחֲלִיאֵל בָּמוֹת: וּמִבָּמוֹת הַגַּיְא
אֲשֶׁר בִּשְׂדֵה מוֹאָב רֹאשׁ הַפִּסְגָּה

and from the valley to the heights,
20 *and from the heights to the ravine that is in the field of Moab, at the top of the peak,*

אונקלוס

וּמִנַּחֲלַיָּא סָלְקָא עִמְּהוֹן לְרָמָתָא: כ וּמֵרָמָתָא לְחֵילַיָּא דִּי בְּחַקְלֵי מוֹאָב רֵישׁ רָמָתָא

רש"י

(כ) **ומבמות הגיא אשר בשדה מואב.** כי שם מת משה ושם בטלה הבאר. דבר אחר, [(יח)] **ברוה נדיבי העם.** כל נשיא ונשיא כשהיו חונים נוטל מקלו ומושך אצל דגלו ומחנהו, ומי הבאר נמשכין דרך אותו סימן ובאין לפני חניית כל שבט ושבט (שם): **במחקק.** על פי משה שנקרא מחוקק, שנאמר כי שם חלקת מחוקק ספון (דברים לג:כא). ולמה לא נזכר [שמו של משה] בשירה זו, לפי שלקה על ידי הבאר. וכיון שלא נזכר שמו של משה לא נזכר שמו של הקב"ה,

RASHI ELUCIDATED

***Targum** Onkelos* **renders it.**[1]

20. וּמִבָּמוֹת הַגַּיְא אֲשֶׁר בִּשְׂדֵה מוֹאָב – AND FROM THE HEIGHTS TO THE RAVINE THAT IS IN THE FIELD OF MOAB. כִּי שָׁם מֵת מֹשֶׁה **– For there Moses died,** וְשָׁם בָּטְלָה הַבְּאֵר **– and there the well ceased** to be with them.[2]

דָּבָר אַחֵר – Alternatively:[3]

{18.} כָּרוּהָ נְדִיבֵי הָעָם – NOBLES OF THE PEOPLE HEWED IT means כָּל נָשִׂיא וְנָשִׂיא **– each and every prince,** כְּשֶׁהָיוּ חוֹנִים **– when [the Israelites] would encamp,** נוֹטֵל מַקְלוֹ **– would take his stick** וּמוֹשֵׁךְ אֵצֶל דִּגְלוֹ וּמַחֲנֵהוּ **– and pull it toward his division and camp,** וּמֵי הַבְּאֵר **– and the waters of the well** נִמְשָׁכִין דֶּרֶךְ אוֹתוֹ סִימָן **– would run by way of that mark,** וּבָאִין לִפְנֵי חֲנִיַּת כָּל שֵׁבֶט וָשֵׁבֶט[4] **– and would come before the camping place of each tribe.**[4]

□ בִּמְחֹקֵק **– THROUGH A LAWGIVER.** עַל פִּי מֹשֶׁה **– By the word of**[5] **Moses,** שֶׁנִּקְרָא מְחוֹקֵק **– who is called "a lawgiver,"** שֶׁנֶּאֱמַר **– as it says,** "כִּי שָׁם חֶלְקַת מְחוֹקֵק סָפוּן"[6] **– "for that is where the lawgiver's plot is hidden."**[6] וְלָמָּה לֹא נִזְכַּר {שְׁמוֹ שֶׁל מֹשֶׁה} **– Why is {the name of Moses}**[7] **not mentioned** בְּשִׁירָה זוֹ **– in this song?** לְפִי שֶׁלָּקָה עַל יְדֵי הַבְּאֵר **– Because he was stricken through the well.**[8] וְכֵיוָן שֶׁלֹּא נִזְכַּר שְׁמוֹ שֶׁל מֹשֶׁה **– And since the name of Moses is not mentioned,** לֹא נִזְכַּר שְׁמוֹ שֶׁל הַקָּדוֹשׁ בָּרוּךְ הוּא

---

1. *Targum Onkelos'* paraphrase reads: וּמִדְּאִתְיְהִיבַת לְהוֹן, "And once it was given to them," נָחֲתָא עִמְּהוֹן לְנַחֲלַיָּא, "it went down with them to the valleys." *Targum Onkelos* sees נַחֲלִיאֵל as being derived from נַחַל, "valley," rather than נַחֲלָה, "inheritance, portion."

It is not uncommon in poetic prophetic verses for the message to be couched in terminology that seems to speak of geographical locations. That is how Rashi interprets the list of place names (some non-existent) in *Deuteronomy* 1:1; and that is how he understands our verse, which can also be read, "From Mattanah to Nahaliel, and from Nahaliel to Bamoth." This accounts for the אל suffix of נַחֲלִיאֵל, for that ending is often used to disguise the prophet's message as a place name, such as in יִזְרְעֶאל, "Jezreel," literally, "He will plant" (*Hosea* 2:24), and אַרְבֵּאל, "Arbel," literally, "ambush" (*Hosea* 10:14, see Rashi there).

2. Although Moses had not yet died, the passage recounts the entire history of the well. Since "the ravine that is in the fields of Moab" is the last place associated with the well, it stands to reason that it is the place where it ceased to exist (*Mizrachi; Sifsei Chachamim*).

The well stopped providing water with the death of Miriam (see Rashi to 20:2), but it was restored through the merit of Moses and Aaron (*Taanis* 9a; see *Imrei Shefer; Sifsei Chachamim*).

3. Rashi now gives an alternative interpretation of verse 18.

4. *Tanchuma* 21. According to Rashi's first explanation, שָׂרִים, "ministers," refers to Moses and Aaron; נְדִיבֵי הָעָם, "nobles of the people," presumably refers to them as well. According to this alternative explanation, "nobles" refers to the princes of the individual tribes. According to the first explanation, "their walking sticks" referred to the staff of Moses. According to this explanation, it refers to the staves of each individual prince of a tribe.

Rashi refers to the channels of water made by the princes in his comments to *Psalms* 78:16 (*Imrei Shefer*).

5. Rashi explains the ב prefix similarly in his comments to *Exodus* 21:22, s.v., בִּפְלִלִים. Scripture also uses it in this sense in 36:2 below, וַאדֹנִי צֻוָּה בַה' (*Imrei Shefer*).

6. *Deuteronomy* 33:21. The verse refers to the burial place of Moses; see Rashi there.

According to the first explanation (see note 10 on page 259 above), מְחֹקֵק means Moses' rod. It is called מְחֹקֵק, from חקק, "to engrave," because the Explicit Name of God was engraved upon it, as stated in many midrashic sources (e.g., *Pirkei d'R' Eliezer* 42, *Targum Yonasan* to *Exodus* 2:21).

7. The words in braces do not appear in all the early printed editions.

8. Moses suffered punishment for striking the rock, which was the source of the well, rather than speaking to it, as God had commanded him (see 20:7-13 above). It would thus be an embarrassment to him to be mentioned by name in the song extolling the well.

וְנִשְׁקָפָה עַל־פְּנֵי הַיְשִׁימֹן:
כא שביעי [רביעי] וַיִּשְׁלַח יִשְׂרָאֵל מַלְאָכִים
אֶל־סִיחֹן מֶלֶךְ־הָאֱמֹרִי לֵאמֹר:

and it is seen over the surface of the Jeshimon."
21 *Israel sent emissaries to Sihon, king of the Amorite, saying,*

אונקלוס

וּמִסְתַּכְיָא עַל אַפֵּי בֵּית יְשִׁימוֹן: כא וּשְׁלַח יִשְׂרָאֵל אִזְגַּדִּין לְוָת סִיחוֹן מַלְכָּא דֶאֱמוֹרָאָה לְמֵימָר:

רש"י

משל למלך שהיו מזמנין אותו לסעודה, אמר אם אוהבי שם אני שם ואם לאו איני הולך (תנחומא שם): [(כ)] ראש הפסגה. כתרגומו ריש רמתא: פסגה. לשון גובה, וכן פסגו ארמנותיה (תהלים מח:יד) הגביהו ארמנותיה: ונשקפה. אותה הפסגה על פני המקום ששמו ישימון, והוא לשון מדבר שהוא שמם. דבר אחר, ונשקפה הבאר על פני הישימון, שנגנזה בימה של טבריא והעומד על הישימון מביט ורואה כמין כברה בים והיא הבאר. כך דרש רבי תנחומא (שם): (כא) וישלח ישראל מלאכים. ובמקום אחר תולה השליחות במשה, שנאמר ואשלח מלאכים ממדבר קדמות (דברים ב:כו) וכן וישלח משה מלאכים מקדש אל מלך אדום (לעיל כ:יד). וביפתח הוא אומר וישלח ישראל מלאכים אל מלך אדום וגו' (שופטים יא:יז). הכתובים הללו צריכים זה לזה,

RASHI ELUCIDATED

— **the Name of the Holy One, Blessed is He, is** also **not mentioned.** מָשָׁל לְמֶלֶךְ — **This can be compared to a king** שֶׁהָיוּ מְזַמְּנִין אוֹתוֹ לִסְעוּדָה — **whom they invited to a banquet.** אָמַר — **He said,** אִם אוֹהֲבִי שָׁם — **"If my close friend is there,** אֲנִי שָׁם — **I am there,** וְאִם לָאו — **but if not,** אֵינִי הוֹלֵךְ[1] — **I am not going."**[1]

{**20.**} רֹאשׁ הַפִּסְגָּה[2] — THE TOP OF THE PEAK. This is to be understood כְּתַרְגּוּמוֹ — **as** ***Targum Onkelos*** **renders it,** "רֵישׁ רָמָתָא" — **"the top of the height."**

□ פִּסְגָּה — PEAK. לְשׁוֹן גּוֹבַהּ — **This denotes height,** וְכֵן "פַּסְּגוּ אַרְמְנוֹתֶיהָ"[3] — **and similarly,** פַּסְּגוּ in פַּסְּגוּ אַרְמְנוֹתֶיהָ, which means, הַגְבִּיהוּ אַרְמְנוֹתֶיהָ — **"Raise up its palaces."**

□ וְנִשְׁקָפָה — AND IT IS SEEN, that is, אוֹתָהּ הַפִּסְגָּה — **that peak** is seen[4] עַל פְּנֵי הַמָּקוֹם — **over "the surface of" the place** שֶׁשְּׁמוֹ יְשִׁימוֹן — **whose name is "Jeshimon."**[5] וְהוּא לְשׁוֹן מִדְבָּר — **It means a wilderness,** שֶׁהוּא שָׁמֵם — **for it is desolate.**[6] דָּבָר אַחֵר — **Alternatively,** "וְנִשְׁקָפָה" הַבְּאֵר "עַל פְּנֵי הַיְשִׁימוֹן" — **the well**[7] **"is seen from the surface of the Jeshimon,"** שֶׁנִּגְנְזָה — **for it was hidden away** בְּיַמָּהּ שֶׁל טִבֶרְיָא — **in the Sea of Tiberias,**[8] וְהָעוֹמֵד עַל הַיְשִׁימוֹן — **and one who stands on the Jeshimon** מַבִּיט וְרוֹאֶה — **can look out and see** כְּמִין כְּבָרָה — **a sieve-like shape**[9] בַּיָּם — **in the sea,** וְהִיא הַבְּאֵר — **and that is the well.** כָּךְ דָּרַשׁ רַבִּי תַּנְחוּמָא[10] — **Thus did R' Tanchuma interpret it.**[10]

21. וַיִּשְׁלַח יִשְׂרָאֵל מַלְאָכִים — ISRAEL SENT EMISSARIES. וּבְמָקוֹם אַחֵר — **But elsewhere** תּוֹלֶה הַשְּׁלִיחוּת בְּמֹשֶׁה — **[Scripture] hangs the delegation on Moses,** i.e., it attributes the sending of messengers to Moses, שֶׁנֶּאֱמַר — **as it says,** "וָאֶשְׁלַח מַלְאָכִים מִמִּדְבַּר קְדֵמוֹת"[11] — ***"I*** **sent messengers from the Wilderness of Kedemoth."**[11] וְכֵן — **And similarly,** we find another contradiction of this sort: One verse says, "וַיִּשְׁלַח מֹשֶׁה מַלְאָכִים מִקָּדֵשׁ אֶל מֶלֶךְ אֱדוֹם"[12] — ***"Moses*** **sent emissaries from Kadesh to the king of Edom."**[12] וּבְיִפְתָּח הוּא אוֹמֵר — **But** in a passage **about Jephtah, it says** about the same incident, "וַיִּשְׁלַח יִשְׂרָאֵל מַלְאָכִים אֶל מֶלֶךְ אֱדוֹם וְגוֹמֵר"[13] — ***"Israel*** **sent emissaries to the king of Edom, etc."**[13] הַכְּתוּבִים הַלָּלוּ — **These verses** צְרִיכִים זֶה לָזֶה — **need one another** to put each other into

1. *Tanchuma* 21.

2. Rashi now returns to his commentary on verse 20.

3. *Psalms* 48:14; see Rashi there.

4. According to this first interpretation, the feminine noun פִּסְגָּה is the subject of the feminine verb וְנִשְׁקָפָה (see note 7 below).

5. Rashi, following *Targum Onkelos,* sees הַיְשִׁימֹן, "Jeshimon," of our verse as identical with בֵּית הַיְשִׁמֹת, "Beth-jeshimoth," mentioned in 33:49 below (*HaKesav VeHaKabbalah*; see *Beiur HaGra* to *Joshua* 15:1).

6. The word יְשִׁימֹן is related to שָׁמֵם, "desolate."

7. According to this second interpretation, the feminine noun בְּאֵר is the subject of the feminine verb וְנִשְׁקָפָה (see note 4 above).

8. This is identical with יָם כִּנֶּרֶת, "Kinnereth Sea," mentioned in 34:11 below (*Megillah* 6a). It is called "Sea of Galilee" or "Lake Tiberias" in modern atlases.

9. That is, a round rock with holes in it like a sieve (Rashi to *Shabbos* 35a, s.v., כמין כברה).

10. See *Tanchuma* 21.

11. *Deuteronomy* 2:26.

12. Above 20:14.

13. *Judges* 11:17.

[22] *"Let me pass through your land; we shall not turn off to field or vineyard; we shall not drink the water of a well; on the king's road shall we travel, until we pass through your border."*

[23] *But Sihon did not permit Israel to pass through his border, and Sihon assembled his entire people and went out against Israel to the wilderness.*

כב אֶעְבְּרָה בְאַרְצֶךָ לֹא נִטֶּה בְּשָׂדֶה
וּבְכֶרֶם לֹא נִשְׁתֶּה מֵי בְאֵר בְּדֶרֶךְ
הַמֶּלֶךְ נֵלֵךְ עַד אֲשֶׁר־נַעֲבֹר גְּבֻלֶךָ׃
כג וְלֹא־נָתַן סִיחֹן אֶת־יִשְׂרָאֵל עֲבֹר
בִּגְבֻלוֹ וַיֶּאֱסֹף סִיחֹן אֶת־כָּל־עַמּוֹ
וַיֵּצֵא לִקְרַאת יִשְׂרָאֵל הַמִּדְבָּרָה

אונקלוס

כב אֲעִבַּר בְּאַרְעָךְ לָא נִסְטֵי בַּחֲקַל וּבִכְרַם לָא נִשְׁתֵּי מֵי גוֹב בְּאֹרַח מַלְכָּא נֵזֵל עַד דִּי נִעְבַּר תְּחוּמָךְ: כג וְלָא שְׁבַק סִיחוֹן יָת יִשְׂרָאֵל לְמֶעְבַּר בִּתְחוּמֵהּ וּכְנַשׁ סִיחוֹן יָת כָּל עַמֵּהּ וּנְפַק לִקְדָמוּת יִשְׂרָאֵל לְמַדְבְּרָא

רש"י

זה נועל וזה פותח, שמשה הוא ישראל וישראל הם משה, לומר לך שנשיא הדור הוא ככל הדור, כי הנשיא הוא הכל (תנחומא כג): (כב) **אעברה בארצך.** אע"פ שלא נצטוו לפתוח להם בשלום בקשו מהם שלום (שם כב): (כג) **ולא נתן סיחון וגו'.** לפי שכל מלכי כנען היו מעלין לו מס שהיה שומרם שלא יעברו עליהם גייסות. כיון שאמרו לו ישראל אעברה בארצך אמר להם, כל עצמי איני יושב כאן אלא לשמרם מפניכם, ואתם אומרים כך (שם כג): **ויצא לקראת ישראל.** אילו היתה חשבון מלאה יתושין אין כל בריה יכולה לכבשה, ואם היה סיחון בכפר חלש אין כל אדם יכול לכבשו, וכל שכן שהיה בחשבון.

RASHI ELUCIDATED

proper perspective: **זֶה נוֹעֵל וְזֶה פּוֹתֵחַ – One locks, and the other opens.**[1] They teach us **שֶׁמֹּשֶׁה הוּא יִשְׂרָאֵל – that Moses is Israel וְיִשְׂרָאֵל הֵם מֹשֶׁה – and Israel is Moses, לוֹמַר לְךָ – to tell you שֶׁנְּשִׂיא הַדּוֹר – that a generation's leader הוּא כְּכָל הַדּוֹר – is like the entire generation, כִּי הַנָּשִׂיא הוּא הַכֹּל – for the leader is everything.**[2]

22. אֶעְבְּרָה בְאַרְצֶךָ – LET ME PASS THROUGH YOUR LAND. **אַף עַל פִּי שֶׁלֹּא נִצְטַוּוּ – Although they were not commanded לִפְתּוֹחַ לָהֶם בְּשָׁלוֹם – to open toward them with peace,** i.e., to make overtures of peace toward them,[3] **בִּקְּשׁוּ מֵהֶם שָׁלוֹם – they sought peace from them.**[4]

23. וְלֹא נָתַן סִיחוֹן וְגוֹמֵר – BUT SIHON DID NOT PERMIT, ETC., **לְפִי שֶׁכָּל מַלְכֵי כְנַעַן – because all of the kings of Canaan הָיוּ מַעֲלִין לוֹ מַס – would pay tribute to him, שֶׁהָיָה שׁוֹמְרָם – for he would guard them שֶׁלֹּא יַעַבְרוּ עֲלֵיהֶם גְּיָסוֹת – so that invading armies should not pass through them,** i.e., their lands. **כֵּיוָן שֶׁאָמְרוּ לוֹ יִשְׂרָאֵל – Once Israel said to him, "אֶעְבְּרָה בְאַרְצֶךָ" – "Let me pass through your land," אָמַר לָהֶם – he said to them, כָּל עַצְמִי אֵינִי יוֹשֵׁב כָּאן – "There is no other reason for me to be dwelling here**[5] **אֶלָּא לְשָׁמְרָם מִפְּנֵיכֶם – but to guard them against you, וְאַתֶּם אוֹמְרִים כָּךְ – and you say this?"**[6]

□ **וַיֵּצֵא לִקְרַאת יִשְׂרָאֵל –** AND WENT OUT AGAINST ISRAEL. **אִלּוּ הָיְתָה חֶשְׁבּוֹן מְלֵאָה יַתּוּשִׁין – Had Heshbon been full of gnats, אֵין כָּל בְּרִיָּה יְכוֹלָה לְכָבְשָׁהּ – no creature would have been able to conquer it,** for it was so strongly fortified. **וְאִם הָיָה סִיחוֹן בִּכְפָר חַלָּשׁ – And if Sihon had been in a weak village, אֵין כָּל אָדָם יָכוֹל לְכָבְשׁוֹ – nobody would have been able to conquer him,** for he was a mighty warrior. **וְכָל שֶׁכֵּן שֶׁהָיָה בְּחֶשְׁבּוֹן – How much more so** would it be impossible to defeat him now **that he was in**

1. That is, one verse alone locks up the issue; it does not present the full picture. Only with the other is the complete idea opened to us.

2. *Tanchuma* 23. The Reggio di Calabria edition reads, שֶׁנְּשִׂיא הַדּוֹר הוּא כָּל הַדּוֹר שֶׁעַל פִּי הַנָּשִׂיא הוּא הַכֹּל, "That a generation's leader is the entire generation, for everything is [done] by the word of the leader."

Rashi's point also accounts for a discrepancy in the wording of the verses. According to 20:14 and 17 above, *Moses* sends emissaries with the message, "Let *us* pass." But in our verse and the next, *Israel* sends emissaries with the message, "Let *me* pass." These switches from singular to plural and plural to singular are in accordance with Rashi's point that the leader and the nation are interchangeable.

3. Indeed, God said to them concerning Sihon, "Into your hand have I delivered Sihon king of Heshbon, the Amorite, and his land; begin to take possession of it, and provoke war with him" (*Deuteronomy* 2:24; see *Nachalas Yaakov*).

4. *Tanchuma* 22. Rashi elaborates on this in his comments to *Deuteronomy* 2:26.

5. Literally, "my entire being does not dwell here."

6. *Tanchuma* 23. This explains why Sihon chose to go to war rather than accept Israel's reasonable offer (*Minchas Yehudah; Sifsei Chachamim*).

וַיָּבֹא יָהְצָה וַיִּלָּחֶם בְּיִשְׂרָאֵל: וַיַּכֵּהוּ
כד יִשְׂרָאֵל לְפִי־חָרֶב וַיִּירַשׁ אֶת־אַרְצוֹ
מֵאַרְנֹן עַד־יַבֹּק עַד־בְּנֵי עַמּוֹן כִּי עַז
גְּבוּל בְּנֵי עַמּוֹן: וַיִּקַּח יִשְׂרָאֵל אֵת כה
כָּל־הֶעָרִים הָאֵלֶּה וַיֵּשֶׁב יִשְׂרָאֵל
בְּכָל־עָרֵי הָאֱמֹרִי בְּחֶשְׁבּוֹן וּבְכָל־
בְּנֹתֶיהָ: כִּי חֶשְׁבּוֹן עִיר סִיחֹן מֶלֶךְ כו
הָאֱמֹרִי הִוא וְהוּא נִלְחַם בְּמֶלֶךְ
מוֹאָב הָרִאשׁוֹן וַיִּקַּח אֶת־כָּל־אַרְצוֹ

He arrived at Jahaz and waged war against Israel. [24] *Israel smote him with the edge of the sword and took possession of his land, from Arnon to Jabbok to the Children of Ammon — for the border of the Children of Ammon was strong.* [25] *Israel took all these cities, and Israel settled in all the Amorite cities, in Heshbon and all its suburbs.* [26] *For Heshbon — it is the city of Sihon, king of the Amorite; and he had warred against the first king of Moab and took all his land*

אונקלוס

וַאֲתָא לְיָהַץ וְאַגִּיחַ קְרָבָא בְּיִשְׂרָאֵל: כד וּמְחָהִי יִשְׂרָאֵל לְפִתְגַם דְּחָרֶב וִירֵת יָת אַרְעֵהּ מֵאַרְנוֹנָא עַד יוּבְקָא עַד בְּנֵי עַמּוֹן אֲרֵי תַקִּיף תְּחוּמָא דִּבְנֵי עַמּוֹן: כה וּכְבַשׁ יִשְׂרָאֵל יָת כָּל קִרְוַיָּא הָאִלֵּין וִיתֵיב יִשְׂרָאֵל בְּכָל קִרְוֵי אֱמוֹרָאָה בְּחֶשְׁבּוֹן וּבְכָל כַּפְרָנָהָא: כו אֲרֵי חֶשְׁבּוֹן קַרְתָּא דְסִיחוֹן מַלְכָּא דֶאֱמוֹרָאָה הִיא וְהוּא אַגַּח קְרָבָא בְּמַלְכָּא דְמוֹאָב קַדְמָאָה וּנְסֵיב יָת כָּל אַרְעֵיהּ

רש"י

אמר הקב"ה, מה אני מטריח על בני כל זאת לצור על כל עיר ועיר. נתן בלב כל אנשי המלחמה לצאת מן העיירות, ונתקבצו כולם למקום אחד, ושם נפלו. ומשם הלכו ישראל אל הערים ואין עומד לנגדם, כי אין שם אלא נשים וטף (שם): **(כד) כי עז.** ומהו חזקו, התראתו של הקב"ה שאמר להם אל תצרם וגו' (דברים ב:יט): **(כה) בנתיה.** כפרים הסמוכים לה: **(כו) והוא נלחם.** למה הוצרך להכתב, לפי שנא' אל תצר את מואב (שם ב:ט) וחשבון משל מואב היתה, כתב לנו שסיחון לקחה מהם ועל ידו

RASHI ELUCIDATED

Heshbon. אָמַר הַקָּדוֹשׁ בָּרוּךְ הוּא – **The Holy One, Blessed is He, said,** מָה אֲנִי מַטְרִיחַ עַל בָּנַי כָּל זֹאת – **"Why should I trouble My children so much** לָצוּר עַל כָּל עִיר וָעִיר – **to** make them **lay siege against each town?"** נָתַן בְּלֵב כָּל אַנְשֵׁי הַמִּלְחָמָה – **He put** the idea **in the heart of all of the men of war,** לָצֵאת מִן הָעֲיָרוֹת – **to go forth from their towns** to do battle with Israel in the open fields. וְנִתְקַבְּצוּ כֻּלָּם לְמָקוֹם אֶחָד – **They all gathered to one place,** וְשָׁם נָפְלוּ – **and there they fell.**[1] וּמִשָּׁם הָלְכוּ יִשְׂרָאֵל – **And from there Israel went** אֶל הֶעָרִים – **to the towns,** וְאֵין עוֹמֵד לְנֶגְדָּם – **and there was nobody standing against them,** כִּי אֵין שָׁם אֶלָּא נָשִׁים וָטַף[2] – **for there were none there but women and children.**[2]

24. כִּי עַז – FOR [THE BORDER OF THE CHILDREN OF AMMON] WAS STRONG. וּמַהוּ חָזְקוֹ – **And** in **what** lay **its strength?** הַתְרָאָתוֹ שֶׁל הַקָּדוֹשׁ בָּרוּךְ הוּא – In **the warning of the Holy One, Blessed is He,** שֶׁאָמַר לָהֶם – **Who said to [Israel],** "אַל תְּצֻרֵם וְגוֹמֵר"[3] – "[And you shall approach opposite the Children of Ammon;] **you shall not distress them, etc."**[3]

25. בְּנֹתֶיהָ – ITS SUBURBS [literally, "its daughters"], this means כְּפָרִים הַסְּמוּכִים לָהּ – the **villages which adjoin it.**[4]

26. וְהוּא נִלְחַם וְגוֹמֵר – AND HE HAD WARRED, ETC. לָמָּה הֻצְרַךְ לְהִכָּתֵב – **Why did this need to be written?** לְפִי שֶׁנֶּאֱמַר – **Because it says,** "אַל תָּצַר אֶת מוֹאָב"[5] – **"Do not distress Moab,"**[5] וְחֶשְׁבּוֹן מִשֶּׁל מוֹאָב הָיְתָה – **and Heshbon had belonged to Moab,** כָּתַב לָנוּ – therefore **[Scripture] writes for us** שֶׁסִּיחוֹן לְקָחָהּ מֵהֶם – **that Sihon took it from them,** וְעַל יָדוֹ – **and through him**

1. We would have expected Sihon to wait and see if Israel would heed his warning. "And [he] went out against Israel" implies that he initiated hostilities before Israel advanced toward him. Rashi explains that he did so through Divine inspiration, to spare Israel the trouble of laying many sieges.

2. *Tanchuma* 23. Although Rashi has said that Heshbon could be defended even by "gnats," this is true only if a defense were mounted. The women and children of Heshbon did not even bar the gates of the city, because they were confident that the men would be victorious in battle. As Rashi says, "there was nobody standing against them" (*Imrei Shefer*).

3. *Deuteronomy* 2:19.

4. Other verses that use בָּנוֹת, "daughters," for villages include *Joshua* 15:45 and *Isaiah* 32:9 (see Rashi there).

5. *Deuteronomy* 2:9.

כז מִיָּדוֹ עַד־אַרְנֹן: עַל־כֵּן יֹאמְרוּ
הַמֹּשְׁלִים בֹּאוּ חֶשְׁבּוֹן תִּבָּנֶה
כח וְתִכּוֹנֵן עִיר סִיחוֹן: כִּי־אֵשׁ יָצְאָה
מֵחֶשְׁבּוֹן לֶהָבָה מִקִּרְיַת סִיחֹן

from his control, until Arnon. [27] *About this the poets would say:*
"Come to Heshbon; let it be built and established — the town of Sihon.
[28] *For a fire has gone forth from Heshbon, a flame from the city of Sihon.*

אונקלוס

מִידֵהּ עַד אַרְנוֹן: כז עַל כֵּן יֵימְרוּן מְתַלַיָּא עוּלוּ לְחֶשְׁבּוֹן תִּתְבְּנֵי וְתִשְׁתַּכְלַל קַרְתָּא דְסִיחוֹן:
כח אֲרֵי קְדוֹם תַּקִּיף כְּאֶשָּׁא נְפַק מֵחֶשְׁבּוֹן עָבְדֵי קְרָבָא כְּשַׁלְהוֹבִיתָא מִקַּרְתָּא דְסִיחוֹן

רש"י

טהרה לישראל (תנחומא כג; חולין ס:): **מידו.** מרשותו (ב"מ נו:): **(כז) על כן.** על אותה מלחמה שנלחם סיחון במואב: **יאמרו המשלים.** בלעם, שנאמר בו וישא משלו (להלן כג:ז): **המשלים.** בלעם ובעור (תנחומא כד) והם אמרו באו חשבון. שלא היה סיחון יכול לכבשה והלך ושכר את בלעם לקללו (שם) וזהו שאמר לו בלק כי ידעתי את אשר תברך מבורך וגו' (להלן כב:ו; תנחומא בלק ד): **תבנה ותכונן.** חשבון בשם סיחון להיות עירו: **(כח) כי אש יצאה מחשבון.** משכבשה סיחון:

RASHI ELUCIDATED

טָהֲרָה לְיִשְׂרָאֵל[1] – **it became pure for Israel,** i.e., it became permissible for Israel to take possession of it.[1]

□ מִיָּדוֹ – FROM HIS CONTROL [literally, "hand"], this means מֵרְשׁוּתוֹ[2] – **from his domain.**[2]

27. עַל כֵּן – ABOUT THIS, that is, עַל אוֹתָהּ מִלְחָמָה – **about that war** שֶׁנִּלְחַם סִיחוֹן בְּמוֹאָב – **which Sihon waged against Moab.**[3]

□ יֹאמְרוּ הַמֹּשְׁלִים – THE POETS WOULD SAY. This refers to בִּלְעָם – **Balaam,** שֶׁנֶּאֱמַר בּוֹ – **of whom it says,** "וַיִּשָּׂא מְשָׁלוֹ" – **"He declaimed his parable."**[4]

□ הַמֹּשְׁלִים – THE POETS. בִּלְעָם וּבְעוֹר – **Balaam and** his father, **Beor.**[5] וְהֵם אָמְרוּ – **They said,**[6] בֹּאוּ חֶשְׁבּוֹן – **"Come to Heshbon,"** שֶׁלֹּא הָיָה סִיחוֹן יָכוֹל לְכָבְשָׁהּ – **for Sihon was unable to conquer it** from the Moabites, וְהָלַךְ וְשָׂכַר אֶת בִּלְעָם – **so he went and hired Balaam** לְקַלְּלוֹ[7] – **to curse it.**[7] וְזֶהוּ – **This is** what is meant by שֶׁאָמַר לוֹ בָּלָק – **what Balak said to [Balaam],** "כִּי יָדַעְתִּי אֵת אֲשֶׁר תְּבָרֵךְ מְבֹרָךְ וְגוֹמֵר"[8,9] – **"For I know that whomever you bless is blessed,** [and whomever you curse] **etc."**[8,9]

□ תִּבָּנֶה וְתִכּוֹנֵן – LET IT BE BUILT AND ESTABLISHED. That is, חֶשְׁבּוֹן – let **Heshbon** be built and established בְּשֵׁם סִיחוֹן – **in the name of Sihon** לִהְיוֹת עִירוֹ – **to be his city.**[10]

28. כִּי אֵשׁ יָצְאָה מֵחֶשְׁבּוֹן – FOR A FIRE HAS GONE FORTH FROM HESHBON מִשֶּׁכְּבָשָׁהּ סִיחוֹן – **once Sihon has conquered it.**

1. *Tanchuma* 23; *Chullin* 60b.

2. *Bava Metzia* 56b.

3. Here, עַל כֵּן means "about this," not "therefore" (see Rashi to v. 14 above, s.v., עַל כֵּן יֵאָמַר and note 7 there).

4. Below 23:7. The more common meaning of מוֹשְׁלִים is "rulers." In the context of our verse it means "poets, those who compose מְשָׁלִים, parables."

5. *Tanchuma* 24. The plural indicates that the verse speaks of at least two poets. The use of the word מֹשְׁלִים indicates that it speaks of Balaam, as Rashi has stated. The verse alludes to him specifically for he was a greater diviner than his father, Beor (see Rashi to 24:3 below; *Maskil LeDavid*).

The text of these two comments (s.v., יֹאמְרוּ הַמֹּשְׁלִים and הַמֹּשְׁלִים) is from the Zamora, Soncino and Venice editions, and appears in this version in most contemporary editions. It is not clear, however, why Rashi would first explain that מֹשְׁלִים refers to Balaam alone, and then add that the plural form includes his father. This problem is not present in the version that appears in the Rome and Alkabetz editions: יֹאמְרוּ הַמֹּשְׁלִים – THE POETS WOULD SAY. הֵם בִּלְעָם וּבְעוֹר אָבִיו – They are Balaam and his father Beor, שֶׁנֶּאֱמַר בּוֹ – of whom it says, "וַיִּשָּׂא מְשָׁלוֹ" – "He declaimed his parable." וְהֵם אָמְרוּ – They said, בֹּאוּ חֶשְׁבּוֹן – "Come to Heshbon" . . .

6. By using אָמְרוּ, Rashi indicates that although יֹאמְרוּ of the verse is in the form of the future, it refers to an event which had already occurred.

7. *Tanchuma* 24.

8. Below 22:6; see Rashi there.

9. See also *Tanchuma, Balak*, 4. The verse implies that Balak, king of Moab, knew from experience of the effectiveness of Balaam's blessings and curses.

10. תִּבָּנֶה וְתִכּוֹנֵן עִיר סִיחוֹן could have been read "let the town of Sihon be built and established," with עִיר סִיחוֹן as the subject of תִּבָּנֶה וְתִכּוֹנֵן. But the verse speaks of a time before Sihon's conquest of Heshbon. It would not refer to Heshbon as "the town of Sihon." Therefore, Rashi understands the implicit subject of תִּבָּנֶה וְתִכּוֹנֵן to be Heshbon, which was mentioned explicitly in the preceding clause (*Gur Aryeh*).

Heshbon did not need to be rebuilt in the physical sense, for it was not destroyed. When our verse says let it be built, it means let it start a new chapter in its

אָכְלָה֙ עָ֣ר מוֹאָ֔ב בַּעֲלֵ֖י בָּמ֥וֹת
כט אַרְנֹֽן׃ אוֹי־לְךָ֣ מוֹאָ֔ב אָבַ֖דְתָּ עַם־
כְּמ֑וֹשׁ נָתַ֨ן בָּנָ֤יו פְּלֵיטִם֙ וּבְנֹתָ֣יו
בַּשְּׁבִ֔ית לְמֶ֥לֶךְ אֱמֹרִ֖י סִיחֽוֹן׃

It has consumed Ar of Moab, the masters of Arnon's heights.

29 Woe to you, Moab, you are lost, people of Chemosh! He delivered his sons as fugitives and his daughters into captivity to the king of the Amorite, Sihon.

אונקלוס

קְטִילוּ עַמָּא דִשְׁרוֹ בִּלְחַיַּת מוֹאָב כּוּמְרַיָּא דְפָלְחִין בֵּית דַּחֲלָא רָמָתָא דְאַרְנוֹן: כט וַי לְכוֹן מוֹאֲבָאֵי אֲבַדְתּוּן עַמָּא דְפָלְחִין לִכְמוֹשׁ מְסַר בְּנוֹהִי צִירִין וּבְנָתֵיהּ בְּשִׁבְיָא לְמַלְכָּא דֶאֱמוֹרָאָה סִיחוֹן:

רש"י

אכלה ער מואב. שם אותה המדינה קרוי ער בלשון עברי ולחית בלשון ארמי: **ער מואב.** ער של מואב: (כט) **אוי לך מואב.** שקללו את מואב שימסרו בידו (תנחומא כד): **כמוש.** שם אלהי מואב (שופטים יא:כד): **נתן.** הנותן את בניו של מואב פליטים. נסים ופליטים מחרב, ואת בנותיו בשבית וגו':

RASHI ELUCIDATED

□ אָכְלָה עָר מוֹאָב – IT HAS CONSUMED AR OF MOAB. שֵׁם אוֹתָהּ הַמְּדִינָה קָרוּי ,,עָר" – **The name of that area is called "Ar"** בִּלְשׁוֹן עִבְרִי – **in the Hebrew language,**[1] וּ,,לְחַיַּת" בִּלְשׁוֹן אֲרַמִּי – **and "Lechayath" in the Aramaic language.**[2]

□ עָר מוֹאָב – This is in the construct form and means עָר שֶׁל מוֹאָב – **Ar of Moab.**[3]

29. אוֹי לְךָ מוֹאָב – WOE TO YOU, MOAB. שֶׁקִּלְּלוּ אֶת מוֹאָב – **For [Balaam and Be'or] cursed Moab** שֶׁיִּמָּסְרוּ בְיָדוֹ[4] – **that they should be given over into the hand of [Sihon].**[4]

□ כְּמוֹשׁ – CHEMOSH. שֵׁם אֱלֹהֵי מוֹאָב – This is **the name of the deity of Moab.**[5]

□ נָתַן – HE DELIVERED. That is, הַנּוֹתֵן אֶת בָּנָיו שֶׁל מוֹאָב פְּלֵיטִים – **He who delivers** delivered **the "sons" of Moab to be** פְּלֵיטִים, which means,[6] נָסִים וּפְלֵיטִים מֵחֶרֶב – **those who flee and seek refuge from the sword,**[7] ,,וְאֶת בְּנוֹתָיו בַּשְּׁבִית וְגוֹמֵר" – **"and his daughters into captivity etc."**

history by being established in the name of its new ruler, Sihon (*Maskil LeDavid*).

1. Since the plural word עָרִים means "towns," one might think that the singular עָר is an acceptable variant of עִיר and means "town." This would be similar to the noun forms דָּם and דָּמִים, "blood" and "bloods"; הַר and הָרִים, "mountain" and "mountains." Rashi tells us that this is not so; rather, עָר is a proper noun (see *Mizrachi*).

Alternatively: Rashi elsewhere renders עָרֶךָ as "your enemy" (*I Samuel* 28:16) and עָרִים as "enemies" (*Isaiah* 14:21). Here, however, the term עָר מוֹאָב does not mean "the Moabite enemy" (see *Targum Yonasan*).

2. Rashi cites the *Targum* of עָר to support the point that עָר is a proper name rather than a form of the word עִיר. Had Onkelos understood עָר as עִיר, he would have rendered קַרְתָּא (*Mizrachi*).

3. Names of cities do not usually appear in the construct form with their countries. We might therefore have thought that עָר מוֹאָב means "city of Moab." Rashi says that עָר מוֹאָב is, in fact, a case in which a name of a city is in the construct with its country (*Mizrachi*). Other examples of such a usage are בֵּית לֶחֶם יְהוּדָה, "Bethlehem of Judah" (*Judges* 19:2; *Ruth* 1:2; see *Ibn Ezra*) and קֶדֶשׁ נַפְתָּלִי, "Kedesh of Naphtali" (*Judges* 4:6).

4. *Tanchuma* 24. The interjection אוֹי generally expresses a lament, e.g., *Jeremiah* 13:27, or a threat of impending danger, e.g., *Jeremiah* 48:46. Here it means neither of the above. It is a curse: "May there be woe to you" (see *Mesiach Ilmim*).

5. We may have thought that Chemosh was the name of "the first king of Moab," mentioned in verse 26 above. Additionally, we may have interpreted כְּמוֹשׁ as an adjectival form of the Aramaic root כמש, "to wither." Thus, Rashi tells us that עַם כְּמוֹשׁ does not mean "withered nation," which is how *Targum Yonasan* understands it. It is clear from *Judges* 11:24, and *I Kings* 11:7 and 11:33, however, that it was the name of the Moabite deity.

6. "He delivered his sons as fugitives" sounds as if it refers to Chemosh, who was just mentioned: Chemosh made his own sons fugitives. This is the way *Ramban* interprets the verse. But according to Rashi, the Torah does not identify the subject of "he delivered," and "his" of "his sons" refers to Moab. This is in accordance with Rashi's principle: Such is the way of all abbreviated verses [regarding pronouns whose antecedents are not explicitly stated], they refer to the one for whom the action mentioned is fitting (see Rashi to *Genesis* 41:13).

7. The word פָּלִיט (pl., פְּלֵיטִים) can have a positive connotation, "one who escapes where others suffer disaster," e.g., *Genesis* 14:13. Here the connotation is negative, one who is in a situation from which he must escape (*Imrei Shefer*).

ל וְנִירָ֛ם אָבַ֥ד חֶשְׁבּ֖וֹן עַד־דִּיבֹ֑ן וַנַּשִּׁ֣ים עַד־נֹ֔פַח אֲשֶׁ֖ר עַד־מֵֽידְבָֽא׃
לא וַיֵּ֙שֶׁב֙ יִשְׂרָאֵ֔ל בְּאֶ֖רֶץ הָֽאֱמֹרִֽי׃

30 *Their sovereignty was lost from Heshbon, it was removed from Dibon, and we laid waste unto Nophah, which reaches up to Medeba."*
31 *Israel settled in the land of the Amorite.*

אונקלוס

ל וּמַלְכוּ פְּסֻקַת מֵחֶשְׁבּוֹן עֲדָא שׁוּלְטָן מִדִּיבוֹן וְצַדִּיאוּ עַד נֹפַח דִּסְמִיךְ עַד מֵידְבָא: לא וִיתֵב יִשְׂרָאֵל בַּאֲרַע אֱמוֹרָאָה:

רש"י

(ל) **ונירם אבד.** מלכות שלהם: **אבד חשבון עד דיבן.** מלכות ועול שהיה למואב בחשבון אבד משם, וכן עד דיבון, תרגום של סר עד, כלומר סר ניר מדיבון. ניר לשון מלכות ועול ממשלת איש, כמו למען היות ניר לדוד עבדי (מלכים א יא:לו) [ויש לפרשו כמו נירו לכם ניר (הושע י:יב)]: **ונשים.** שי"ן דגושה, לשון שממה. כך יאמרו המושלים ונשים אותם עד נפח, השימומים עד נפח:

RASHI ELUCIDATED

30. וַנִּירָם אָבַד – This means **מַלְכוּת שֶׁלָּהֶם** – **their sovereignty** [was lost].

□ **אָבַד חֶשְׁבּוֹן עַד דִּיבוֹן** – WAS LOST [FROM] HESHBON, WAS REMOVED [FROM] DIBON. **מַלְכוּת וְעוֹל** – **The sovereignty and yoke** **שֶׁהָיָה לְמוֹאָב בְּחֶשְׁבּוֹן** – **which Moab had in Heshbon** **אָבַד מִשָּׁם** – **was lost from there.**[1] **וְכֵן עַד דִּיבוֹן** – **And** we are to understand **עַד דִּיבוֹן** **similarly.** **תַּרְגּוּם שֶׁל "סָר" עַד** – ***Targum Onkelos'* rendition of סָר, "removed," is עַד.**[2] **כְּלוֹמַר** – **That is to say,** **סָר נִיר מִדִּיבוֹן** – **sovereignty** of Moab **was removed from Dibon.**[3] **נִיר לְשׁוֹן מַלְכוּת** – **The word נִיר denotes sovereignty** **וְעוֹל מֶמְשֶׁלֶת אִישׁ** – **and the yoke of man's rulership,**[4] **כְּמוֹ "לְמַעַן הֱיוֹת נִיר לְדָוִד עַבְדִּי"**[5] – **as in, "So that there should be sovereignty for My servant, David."**[5,6] {**וְיֵשׁ לְפָרְשׁוֹ כְּמוֹ "נִירוּ לָכֶם נִיר"**[6]} – **[The word וַנִּירָם] can be explained like** the word **נִיר** in, **"Plow yourselves a field."**[6]}[7]

□ **וַנַּשִּׁים** – AND WE LAID WASTE. **שִׁי"ן דְּגוּשָׁה** – **The letter ש is marked with a *dagesh*.** **לְשׁוֹן שְׁמָמָה** – **It denotes desolation.**[8] **כָּךְ יֹאמְרוּ הַמֹּשְׁלִים** – **Thus shall the poets say:**[9] **"וַנַּשִּׁים" אוֹתָם "עַד נֹפַח"** – which means, **הֶשְׁמוּנוּם עַד נֹפַח** – **"We laid waste" to them**[10] **"unto Nophah."**

---

1. Rashi, following *Targum Onkelos*, sees וַנִּירָם אָבַד חֶשְׁבּוֹן as if it were written וַנִּירָם אָבַד מֵחֶשְׁבּוֹן, "their sovereignty was lost *from* Heshbon."

The text of these two comments (s.v., וַנִּירָם אָבַד and אָבַד חֶשְׁבּוֹן עַד דִּיבוֹן) is found in most early and contemporary printed editions. In this version the first comment seems to be superfluous, for it is repeated and expanded upon in the second comment. The version that appears in the Rome and Zamora editions eliminates this redundancy:

וַנִּירָם אָבַד חֶשְׁבּוֹן – This means וּמַלְכוּת שֶׁלָּהֶם – their sovereignty אָבַד חֶשְׁבּוֹן עַד דִּיבוֹן – was lost [from] Heshbon, was removed [from] Dibon, i.e., מַלְכוּת וְעוֹל שֶׁהָיָה לְמוֹאָב בְּחֶשְׁבּוֹן – the sovereignty and yoke which Moab had in Heshbon אָבַד מִשָּׁם – was lost from there . . .

2. See 14:9 above.

3. Rashi, following *Targum Onkelos*, adds the implicit prefix מ, "from," to דִּיבוֹן.

The more common meaning of עַד is "until, unto." Our verse might have thus been understood as "their sovereignty was lost from Heshbon unto Dibon." But the verse goes on to give the extent of Moab's destruction as being "unto Nophah." Therefore עַד is understood as meaning "removed" (*Gur Aryeh*).

4. The basic meaning of the word is "yoke." In context it denotes "sovereignty" (see Rashi to *I Kings* 11:36).

5. *I Kings* 11:36.

6. *Hosea* 10:12. Accordingly, the verse means "Fields were lost from Heshbon as far as . . ." (see *Yosef Hallel*).

7. The words in braces appear in the Reggio di Calabria edition of Rashi.

8. וַנַּשִּׁים is from the root שמם. The *dagesh* in the ש indicates that one מ of the root is absent (*Be'er Mayim Chaim*). It is comparable to וַיַּסֵּב in *Exodus* 13:18, which is from the root סבב. In that word, the *dagesh* in the ס indicates that one ב of the root is absent (*Ibn Ezra;* see also *Havanas HaMikra*). We may have thought that וַנַּשִּׁים was from the root נשה and meant "we made them move away." The ם would then have indicated the direct object.

9. It seems unusual for the poets to say "we laid waste" with regard to Moab, for it was Sihon who laid waste to it. Nevertheless, although Sihon is the one who actually destroyed areas of Moab, it was only by means of the curse delivered by the "poets," Balaam and Beor (see *Mizrachi; Gur Aryeh*).

10. By adding אוֹתָם, Rashi indicates that the ם of וַנַּשִּׁים is part of the root, not a pronominal suffix meaning "them." He also indicates that וַנַּשִּׁים is a transitive verb.

[32] Moses sent to spy out Jazer and they conquered its suburbs; and he drove away the Amorite that was there. [33] They turned and ascended by way of Bashan; Og, king of Bashan, went out against them, he and his entire people, to do battle at Edrei. [34] HASHEM said to Moses, "Do not fear him, for into your hand have I given him, his entire people, and his land; you shall do to him as you did to Sihon, king of the Amorite, who dwells in Heshbon." [35] They smote him,

לב וַיִּשְׁלַח מֹשֶׁה לְרַגֵּל אֶת־יַעְזֵר
°וַיּוֹרֶשׁ ק׳ וַיִּלְכְּדוּ בְּנֹתֶיהָ °וייּרשׁ אֶת־הָאֱמֹרִי
לג אֲשֶׁר־שָׁם: וַיִּפְנוּ וַיַּעֲלוּ דֶּרֶךְ הַבָּשָׁן
וַיֵּצֵא עוֹג מֶלֶךְ־הַבָּשָׁן לִקְרָאתָם
הוּא וְכָל־עַמּוֹ לַמִּלְחָמָה אֶדְרֶעִי:
לד מפטיר וַיֹּאמֶר יהוה אֶל־מֹשֶׁה אַל־
תִּירָא אֹתוֹ כִּי בְיָדְךָ נָתַתִּי אֹתוֹ וְאֶת־
כָּל־עַמּוֹ וְאֶת־אַרְצוֹ וְעָשִׂיתָ לּוֹ
כַּאֲשֶׁר עָשִׂיתָ לְסִיחֹן מֶלֶךְ הָאֱמֹרִי
לה אֲשֶׁר יוֹשֵׁב בְּחֶשְׁבּוֹן: וַיַּכּוּ אֹתוֹ

אונקלוס

לב וּשְׁלַח מֹשֶׁה לְאַלָּלָא יָת יַעְזֵר וּכְבָשׁוּ כַּפְרָנָהָא וְתָרִיךְ יָת אֱמוֹרָאָה דִּי תַמָּן: לג וְאִתְפְּנִיאוּ וּסְלִיקוּ לְאֹרַח מַתְנָן וּנְפַק עוֹג מַלְכָּא דְמַתְנָן לְקֳדָמוּתְהוֹן הוּא וְכָל עַמֵּיהּ לְאַגָּחָא קְרָבָא לְאֶדְרֶעִי: לד וַאֲמַר יְיָ לְמֹשֶׁה לָא תִדְחַל מִנֵּיהּ אֲרֵי בִידָךְ מְסָרִית יָתֵהּ וְיָת כָּל עַמֵּהּ וְיָת אַרְעֵהּ וְתַעְבֵּד לֵיהּ כְּמָא דִי עֲבַדְתָּ לְסִיחוֹן מַלְכָּא דֶאֱמוֹרָאָה דִּי יָתֵב בְּחֶשְׁבּוֹן: לה וּמְחוֹ יָתֵהּ

רש״י

(לב) וישלח משה לרגל את יעזר וגו׳. המרגלים לכדוה. אמרו לא נעשה כראשונים, בטוחים אנו בכח תפלתו של משה להלחם (תנחומא שם): **(לד) אל תירא אתו.** שהיה משה ירא להלחם שמא תעמוד לו זכותו של אברהם, שנאמר ויבא הפליט (בראשית יד:יג) הוא עוג שפלט מן הרפאים שהכו כדרלעומר וחביריו בעשתרות קרנים, שנאמר רק עוג מלך הבשן נשאר מיתר הרפאים (דברים ג:יא; תנחומא כה): **(לה) ויכו אתו.** משה הרגו כדאיתא בברכות

RASHI ELUCIDATED

32. וַיִּשְׁלַח מֹשֶׁה לְרַגֵּל אֶת יַעְזֵר וְגוֹמֵר – MOSES SENT TO SPY OUT JAZER, ETC. הַמְרַגְּלִים לְכָדוּהָ – The spies captured it.[1] אָמְרוּ – They said, לֹא נַעֲשֶׂה כָּרִאשׁוֹנִים – We will not act like the first [spies]. בְּטוּחִים אָנוּ בְּכֹחַ תְּפִלָּתוֹ שֶׁל מֹשֶׁה – We are confident in the power of the prayer of Moses לְהִלָּחֵם[2] – to do battle.[2]

34. אַל תִּירָא אֹתוֹ – DO NOT FEAR HIM. שֶׁהָיָה מֹשֶׁה יָרֵא – For Moses was afraid לְהִלָּחֵם – to wage war שֶׁמָּא תַּעֲמוֹד לוֹ זְכוּתוֹ שֶׁל אַבְרָהָם – lest the merit of Abraham stand on [Og's] behalf,[3] שֶׁנֶּאֱמַר – as it says, "וַיָּבֹא הַפָּלִיט"[4] – "And the fugitive came";[4] הוּא עוֹג – this is Og, שֶׁפָּלַט מִן הָרְפָאִים – who escaped from the Rephaim שֶׁהִכּוּ כְּדָרְלָעֹמֶר וַחֲבֵירָיו – whom Chedarlaomer and his colleagues struck בְּעַשְׁתְּרוֹת קַרְנַיִם – at Ashteroth-karnaim,[5] שֶׁנֶּאֱמַר – as it says, "רַק עוֹג מֶלֶךְ הַבָּשָׁן נִשְׁאַר – "Only Og king of Bashan was left מִיֶּתֶר הָרְפָאִים"[6,7] – from the remaining Rephaim."[6,7]

35. וַיַּכּוּ אֹתוֹ – THEY SMOTE HIM. מֹשֶׁה הֲרָגוֹ – Moses smote him,[8] כִּדְאִיתָא בִּבְרָכוֹת – as stated in

1. Since the verse makes no mention of the spies returning to report to Moses, it implies that they themselves captured Jazer (*Mesiach Ilmim; Be'er Mayim Chaim; Be'er Yitzchak*).

Alternatively, the verse's use here of the plural verb וַיִּלְכְּדוּ, in contrast to the singular verbs וַיִּשְׁלַח and וַיּוֹרֶשׁ of the beginning and end of the verse, indicate that its subject is not Moses or Israel. It stands to reason that it refers to the spies Moses sent (*Be'er Yitzchak*).

2. *Tanchuma* 24.

3. This explains why Moses needed reassurance before doing battle with Og, but not before doing battle with Sihon (*Mizrachi; Sifsei Chachamim*). Rashi deals with a similar problem in his comments to *Genesis* 46:3.

4. *Genesis* 14:13; see Rashi there. Although it was for selfish reasons that Og informed Abraham that Chedarlaomer took his nephew Lot captive, nonetheless, the fact that good resulted from his act in that it led to Lot's rescue is considered a merit on his behalf (*Minchas Yehudah; Sifsei Chachamim*).

5. See *Genesis* 14:5.

6. *Deuteronomy* 3:11.

7. *Tanchuma* 25.

8. The verse could have said "They smote him until there was no survivor left of him," and it would have been clear that they killed "him, his sons, and all his people." By specifying "him, his sons, and all his people," Scripture indicates that there was something unique about the way Og died (*Divrei David*).

וְאֶת־בָּנָיו֙ וְאֶת־כָּל־עַמּ֔וֹ עַד־בִּלְתִּ֥י הִשְׁאִֽיר־ל֖וֹ שָׂרִ֑יד וַיִּֽירְשׁ֖וּ אֶת־אַרְצֽוֹ׃

his sons, and all his people, until there was no survivor left of him, and they took possession of his land.

כב א וַיִּסְע֖וּ בְּנֵ֣י יִשְׂרָאֵ֑ל וַֽיַּחֲנוּ֙ בְּעַרְב֣וֹת מוֹאָ֔ב מֵעֵ֖בֶר לְיַרְדֵּ֥ן יְרֵחֽוֹ׃ ססס

22 [1] The Children of Israel journeyed and encamped in the plains of Moab, opposite the Jordan, near Jericho.

THE HAFTARAH FOR CHUKAS APPEARS ON PAGE 444.
When *Chukas* and *Balak* are read together, the *Haftarah* for *Balak* is read.
When Rosh Chodesh Tammuz coincides with *Chukas*, the regular *Maftir* and *Haftarah* are replaced with the readings for Shabbas Rosh Chodesh, page 453.

אונקלוס

וְיָת בְּנוֹהִי וְיָת כָּל עַמֵּהּ עַד דְּלָא אִשְׁתָּאַר לֵהּ מְשֵׁיזֵיב וִירִיתוּ יָת אַרְעֵהּ:

א וּנְטַלוּ בְּנֵי יִשְׂרָאֵל וּשְׁרוֹ בְּמֵשְׁרַיָּא דְמוֹאָב מֵעִבְרָא לְיַרְדְּנָא דִירֵחוֹ:

רש"י

בהרואה (נד:) עקר טורא בר תלתא פרסי וכו':

RASHI ELUCIDATED

Tractate ***Berachos***, בְּהָרוֹאֶה[1] – Chapter ***HaRoeh***:[1] עֲקַר טוּרָא בַּר תְּלָתָא פַּרְסֵי וְכוּלְּהוּ – **[Og] uprooted a mountain three parasangs long** [the length of the Israelite camp], **etc.**[2]

1. *Berachos* 54b. *HaRoeh* is the ninth chapter of tractate *Berachos*.

2. The *Gemara* continues: He intended to drop it on the Israelites and kill them. He raised it over his head. The Holy One, Blessed is He, brought ants, who made a hole in the rock, and it rested upon [Og's] neck, [with his head through the hole] ... Moses was ten *amos* tall. He took an ax ten *amos* long, jumped ten *amos*, struck [Og] on the ankle, and killed him.

פרשת בלק

Parashas Balak

[2] **B**alak son of Zippor saw all that Israel had done to the Amorite. [3] Moab was very frightened of the people, because it was formidable; and Moab was disgusted in the face of the Children of Israel. [4] Moab said to the elders of Midian, "Now

ב וַיַּרְא בָּלָק בֶּן־צִפּוֹר אֵת כָּל־אֲשֶׁר־
ג עָשָׂה יִשְׂרָאֵל לָאֱמֹרִי: וַיָּגָר מוֹאָב
מִפְּנֵי הָעָם מְאֹד כִּי רַב־הוּא
וַיָּקָץ מוֹאָב מִפְּנֵי בְּנֵי יִשְׂרָאֵל:
ד וַיֹּאמֶר מוֹאָב אֶל־זִקְנֵי מִדְיָן עַתָּה

אונקלוס

ב וַחֲזָא בָּלָק בַּר צִפּוֹר יָת כָּל דִּי עֲבַד יִשְׂרָאֵל לֶאֱמוֹרָאֵי: ג וּדְחִיל מוֹאֲבָאָה מִן קֳדָם עַמָּא לַחֲדָא אֲרֵי סַגִּי הוּא וַעֲקַת לְמוֹאֲבָאֵי מִן קֳדָם בְּנֵי יִשְׂרָאֵל: ד וַאֲמַר מוֹאָב לְסָבֵי מִדְיָן כְּעַן

רש"י

(ב) וירא בלק בן צפור את כל אשר עשה ישראל לאמרי. אמר, אלו שני מלכים שהיינו בטוחים עליהם לא עמדו בפניהם, אנו על אחת כמה וכמה, לפיכך ויגר מואב (תנחומא ב): **(ג) ויגר.** לשון מורא (שם) כמו גורו לכם (איוב יט:כט): **ויקץ מואב.** קצו בחייהם כמו קצתי בחיי (בראשית כז:מו) והוא מקרא קצר: **(ד) אל זקני מדין.** והלא מעולם היו שונאים זה את זה, שנאמר המכה את מדין בשדה מואב (שם לו:לה) שבאו מדין על מואב למלחמה. אלא מיראתן של ישראל עשו שלום ביניהם. ומה ראה מואב ליטול עצה ממדין, כיון שראו את ישראל נוצחים שלא כמנהג העולם, אמרו מנהיגם של אלו במדין נתגדל,

RASHI ELUCIDATED

2. וַיַּרְא בָּלָק בֶּן צִפּוֹר אֵת כָּל אֲשֶׁר עָשָׂה יִשְׂרָאֵל לָאֱמֹרִי – BALAK SON OF ZIPPOR SAW ALL THAT ISRAEL HAD DONE TO THE AMORITE. אָמַר – **He said** to Moab, אֵלּוּ שְׁנֵי מְלָכִים – **"These two kings,** Sihon and Og, שֶׁהָיִינוּ בְּטוּחִים עֲלֵיהֶם – **in whom we had confidence**[1] לֹא עָמְדוּ בִּפְנֵיהֶם – **did not stand up before [the Israelites].** אָנוּ עַל אַחַת כַּמָּה וְכַמָּה – **How much more so that we,** who are weaker, cannot stand up before them." לְפִיכָךְ – **Therefore,** "וַיָּגָר מוֹאָב"[2] – **"Moab was** [very] **frightened."**[2]

3. וַיָּגָר – [MOAB] WAS [VERY] FRIGHTENED. לְשׁוֹן מוֹרָא[3] – The word וַיָּגָר is **an expression of fear,**[3] כְּמוֹ "גּוּרוּ לָכֶם"[4] – **like** גּוּרוּ in, **"Fear for yourselves."**[4]

□ וַיָּקָץ מוֹאָב – **AND MOAB WAS DISGUSTED.** קָצוּ בְחַיֵּיהֶם – **They were disgusted with their lives.**[5] כְּמוֹ – **It is like,** "קַצְתִּי בְחַיַּי"[6] – **"I am disgusted with my life."**[6] וְהוּא מִקְרָא קָצָר – **It is an abbreviated verse.**

4. אֶל זִקְנֵי מִדְיָן – TO THE ELDERS OF MIDIAN. וַהֲלֹא מֵעוֹלָם הָיוּ שׂוֹנְאִים זֶה אֶת זֶה – **But had they not always hated each other,** שֶׁנֶּאֱמַר – **as it says,** "הַמַּכֶּה אֶת מִדְיָן בִּשְׂדֵה מוֹאָב"[7] – **"who struck Midian in the field of Moab,"**[7] שֶׁבָּאוּ מִדְיָן עַל מוֹאָב לַמִּלְחָמָה – **for Midian had come against Moab for war?** אֶלָּא מִיִּרְאָתָן שֶׁל יִשְׂרָאֵל – **But out of their fear of Israel,** עָשׂוּ שָׁלוֹם בֵּינֵיהֶם – **they made peace between themselves.**[8]

וּמָה רָאָה מוֹאָב – **And what did Moab see** לִטּוֹל עֵצָה מִמִּדְיָן – that led them **to take advice from Midian?** כֵּיוָן שֶׁרָאוּ אֶת יִשְׂרָאֵל – **Since they saw Israel** נוֹצְחִים שֶׁלֹּא כְּמִנְהַג הָעוֹלָם – **emerging victorious unlike the usual manner of the world,** i.e., in an extraordinary manner, אָמְרוּ – **they said,** מַנְהִיגָם שֶׁל אֵלּוּ – **the leader of these** Israelites בְּמִדְיָן נִתְגַּדֵּל – **grew up in Midian.**[9]

1. Rashi to 21:23 above has stated that the kings of Canaan would pay Sihon to guard their lands. Presumably, Rashi is of the opinion that the Moabites had a similar arrangement with Sihon and Og (see *Mesiach Ilmim; Nachalas Yaakov*; see also Rashi to v. 5 below, s.v., הִנֵּה כִסָּה אֶת עֵין הָאָרֶץ).

2. *Tanchuma* 2. Our verse says that *Balak* saw, yet the next verse says that it was Moab, and not Balak alone, who was frightened. "Saw" therefore is understood to imply that Balak expressed his observation to those he ruled (*Maasei Hashem; see also Sefer Zikaron*).

Rashi understands כִּי רַב הוּא (of v. 3) not as "because it was numerous," but as "because it was formidable"; that is, Israel's defeat of Sihon and Og impressed upon Moab that it was a formidable foe (*Mishmeres HaKodesh*).

3. *Tanchuma* 2. Rashi follows the interpretation brought in *Tanchuma* which sees וַיָּגָר as being from the root גור, "to fear." He does not follow an alternative interpretation there which sees it as being from the root אגר, "to gather together" (*Malkah shel Torah*).

4. *Job* 19:29.

5. Rashi supplies the implicit object of the Moabites' disgust (*Mesiach Ilmim*).

6. *Genesis* 27:46; see Rashi there.

7. *Genesis* 36:35; see Rashi there.

8. The verse would not have mentioned the seemingly insignificant points that the Edomite king had struck Midian, and the location of that battle – in the field of Moab – if not to teach us that there existed historical enmity between Moab and Midian which they overcame in their common fear of Israel.

9. See *Exodus* 2:15 ff.

יְלַחֲכ֤וּ הַקָּהָל֙ אֶת־כָּל־סְבִיבֹתֵ֔ינוּ כִּלְחֹ֣ךְ הַשּׁ֔וֹר אֵ֖ת יֶ֣רֶק הַשָּׂדֶ֑ה וּבָלָ֧ק בֶּן־צִפּ֛וֹר מֶ֥לֶךְ לְמוֹאָ֖ב בָּעֵ֥ת הַהִֽוא׃
ה וַיִּשְׁלַ֨ח מַלְאָכִ֜ים אֶל־בִּלְעָ֣ם בֶּן־בְּעֹ֗ר פְּ֠תוֹרָה אֲשֶׁ֧ר עַל־הַנָּהָ֛ר אֶ֥רֶץ בְּנֵי־עַמּ֖וֹ

the congregation will chew up our entire surroundings, as an ox chews up the greenery of the field." Balak son of Zippor was king of Moab at that time.
5 He sent messengers to Balaam son of Beor to Pethor, which is by the river of the land of the members of his people,

אונקלוס

יְשֵׁיצוּן קְהָלָא יָת כָּל סַחֲרָנַנָא כְּמָא דְמַלַחִיךְ תּוֹרָא יָת יְרוֹקָא דְחַקְלָא וּבָלָק בַּר צִפּוֹר מַלְכָּא לְמוֹאָב בְּעִדָּנָא הַהוּא: ה וּשְׁלַח אִזְגַּדִּין לְוָת בִּלְעָם בַּר בְּעוֹר לִפְתוֹר אֲרָם דְּעַל פְּרָת אֲרַע בְּנֵי עַמֵּהּ

רש"י

נשאל מהם מה מדתו. אמרו להם אין כחו אלא בפיו. אמרו, אף אנו נבא עליהם באדם שכחו בפיו (תנחומא ג): **כלחך השור.** כל מה שהשור מלחך אין בו [סימן] ברכה (שם): **בעת ההוא.** לא היה ראוי למלכות, מנסיכי מדין היה, וכיון שמת סיחון מנוהו עליהם לצורך שעה (שם ד): (ה) **פתורה.** כשולחני הזה שהכל מריצין לו מעות כך כל המלכים מריצין לו אגרותיהם. ולפי פשוטו של מקרא כך שם המקום (שם): **ארץ בני עמו.** של בלק. משם היה, וזה היה מתנבא ואומר לו עתיד אתה למלוך (שם). ואם תאמר

RASHI ELUCIDATED

נִשְׁאַל מֵהֶם מַה מִּדָּתוֹ – **Let us ask them what his** unique **trait is.** אָמְרוּ לָהֶם – **[The Midianites] said to them,** אֵין כֹּחוֹ אֶלָּא בְּפִיו – **"His power is in nothing but his mouth."**[1] אָמְרוּ – **[The Moabites] said,** אַף אָנוּ נָבוֹא עֲלֵיהֶם – **"We, too, will come against [the Israelites]** בְּאָדָם שֶׁכֹּחוֹ בְּפִיו[2] – **with a person whose power is in his mouth."**[2]

□ כִּלְחֹךְ הַשּׁוֹר – AS AN OX CHEWS UP. כָּל מַה שֶּׁהַשּׁוֹר מְלַחֵךְ – **Whatever** area **an ox chews up** אֵין בּוֹ {סִימָן} בְּרָכָה[3] – **has no {sign of} blessing in it.**[3]

□ בָּעֵת הַהִוא – AT THAT TIME. לֹא הָיָה רָאוּי לְמַלְכוּת – **He was not fit for kingship**, i.e., he did not become king through the normal order of succession. מִנְּסִיכֵי מִדְיָן הָיָה – **He was of the princes of Midian,** וְכֵיוָן שֶׁמֵּת סִיחוֹן – **but since Sihon died,** מִנּוּהוּ עֲלֵיהֶם – **[the Moabites] appointed him over them** לְצוֹרֶךְ שָׁעָה[4] – **for the necessity of the hour**, i.e., as an emergency measure.[4]

5. פְּתוֹרָה – TO PETHOR. כַּשּׁוּלְחָנִי הַזֶּה – Balaam was **like this moneychanger**[5] שֶׁהַכֹּל מְרִיצִין לוֹ מָעוֹת – **to whom everyone rushes money.** כָּךְ כָּל הַמְּלָכִים מְרִיצִין לוֹ אִגְּרוֹתֵיהֶם – **So would all of the kings rush their letters to him.** וּלְפִי פְּשׁוּטוֹ שֶׁל מִקְרָא – **And according to the simple meaning of the verse,** כָּךְ שֵׁם הַמָּקוֹם[6] – **this was the name of the place.**[6]

□ אֶרֶץ בְּנֵי עַמּוֹ – THE LAND OF THE MEMBERS OF HIS PEOPLE, שֶׁל בָּלָק – the people **of Balak.**[7] מִשָּׁם הָיָה – **[Balak] was from there,** וְזֶה הָיָה מִתְנַבֵּא – **and this one,** Balaam, **used to prophesy,** וְאוֹמֵר לוֹ – **and say to him,** עָתִיד אַתָּה לִמְלוֹךְ[8] – **"You are destined to rule."**[8] וְאִם תֹּאמַר – **If you will say:**

1. See Rashi to 20:16 above, s.v., וַיִּשְׁמַע קֹלֵנוּ.

2. *Tanchuma* 3. There are commentators who are of the opinion that when Rashi articulates a question directly in his commentary to Scripture, the question articulated is not the primary textual problem with which he deals (see, for example, *HaNosen Imrei Shefer [D'rashos Mahara'anach]* to *Parashas Toldos*, and *Maskil LeDavid* to 12:8 above). Accordingly, Rashi's primary objective here is not to explain how enemies such as Moab and Midian could have collaborated. Rather, Rashi wishes to explain why it was specifically *the elders* of Midian to whom Moab turned. By raising the question of cooperation between the two nations, Rashi introduces the idea — not obvious from the verse — that Moab turned to Midian for advice. It was therefore the elders, the wise men, whom Moab addressed.

3. *Tanchuma* 3. Rashi explains the comparison to an ox. When an ox chews from the ground, it tears out what it eats by the roots. So, too, did Israel annihilate its enemies, not sparing even the young children (see *Da'as Zekeinim MiBaalei HaTosafos; Sifsei Chachamim; Be'er BaSadeh*).

4. *Tanchuma* 4. This explains the seemingly unnecessary "at that time"; Balak met the call of the hour (*Nachalas Yaakov*).

5. פְּתוֹרָה is seen as a form of the Aramaic פְּתוֹרָאָה, "moneychanger."

6. *Tanchuma* 4. Rashi cites the midrashic interpretation along with the simple meaning of the verse, because the name of the place in which Balaam lived seems irrelevant.

7. It does not mean "the land of the members of *Balaam's* people," for it is obvious that Balaam lived among his own people even without Scripture informing us (*Mizrachi*).

8. *Tanchuma* 4. This explains why Scripture makes a point of telling us that Balak originally lived where Balaam lived (*Nachalas Yaakov*).

לִקְרֹא־לוֹ לֵאמֹר הִנֵּה עַם יָצָא
מִמִּצְרַיִם הִנֵּה כִסָּה אֶת־עֵין הָאָרֶץ
ו וְהוּא יֹשֵׁב מִמֻּלִי: וְעַתָּה לְכָה־נָּא

to summon him, saying, "Behold! a people has come out of Egypt. Behold! it has covered the eye of the land and it rests opposite me. [6] So now — please come

אונקלוס

לְמִקְרֵי לֵהּ לְמֵימַר הָא עַמָּא נְפַק מִמִּצְרַיִם הָא חֲפָא יָת עֵין שִׁמְשָׁא דְאַרְעָא וְהוּא שָׁרֵי מִלְּקָבְלִי: ו וּכְעַן אִיתָא כְעַן

רש"י

מפני מה השרה הקב"ה שכינתו על גוי רשע, כדי שלא יהא פתחון פה לאומות לומר אילו היו לנו נביאים חזרנו למוטב. העמיד להם נביאים, והם פרצו גדר העולם, שבתחלה היו גדורים בעריות וזה נתן להם עצה להפקיר עצמן לזנות (שם א): **לקרא לו.** הקריאה היתה שלו ולהנאתו שהיה פוסק לו ממון הרבה: **עם יצא ממצרים.** וא"ת מה מזיקך (שם ד): **הנה כסה את עין הארץ.** סיחון ועוג שהיו שומרים אותנו עמדו עליהם והרגום (שם): **והוא יושב ממלי.** חסר כתיב, קרובים הם להכריתני,

RASHI ELUCIDATED

מִפְּנֵי מָה הִשְׁרָה הַקָּדוֹשׁ בָּרוּךְ הוּא שְׁכִינָתוֹ – Why did the Holy One, Blessed is He, rest His *Shechinah* (immanent presence) **עַל גּוֹי רָשָׁע – upon a wicked non-Jew? כְּדֵי שֶׁלֹּא יְהֵא פִּתְחוֹן פֶּה לָאֻמּוֹת – So that the** non-Jewish **nations should not have an excuse לוֹמַר – by saying, אִלּוּ הָיוּ לָנוּ נְבִיאִים – "Were we to have had prophets, חָזַרְנוּ לְמוּטָב – we would have repented," הֶעֱמִיד לָהֶם נְבִיאִים – [God] established prophets for them. וְהֵם פָּרְצוּ – Yet they breached גֶּדֶר הָעוֹלָם – "the fence of the world," שֶׁבַּתְּחִלָּה – for originally, הָיוּ גְדוּרִים בַּעֲרָיוֹת – they were restrained regarding sexual immorality,**[1] **וְזֶה – but this one,** Balaam, **נָתַן לָהֶם עֵצָה – advised them לְהַפְקִיר עַצְמָן לִזְנוּת**[2] **– to abandon themselves to licentiousness.**[2]

□ **לִקְרֹא לוֹ – TO SUMMON HIM. הַקְּרִיאָה הָיְתָה שֶׁלּוֹ – The summoning was his own וְלַהֲנָאָתוֹ – and for his benefit, שֶׁהָיָה פּוֹסֵק לוֹ – for [Balak] set for him מָמוֹן הַרְבֵּה – much money** as his payment.[3]

□ **עַם יָצָא מִמִּצְרַיִם – A PEOPLE HAS COME OUT OF EGYPT. וְאִם תֹּאמַר – And if you will say: מַה מַּזִּיקְךָ**[4] **– How does that harm you?**[4] I will reply . . .

□ **הִנֵּה כִסָּה אֶת עֵין הָאָרֶץ – BEHOLD! IT HAS COVERED THE EYE OF THE LAND.**[5] **סִיחוֹן וְעוֹג – Sihon and Og**[6] **שֶׁהָיוּ שׁוֹמְרִים אוֹתָנוּ – who used to guard us.**[7] **עָמְדוּ עֲלֵיהֶם – [Israel] stood against them וַהֲרָגוּם – and killed them.**[8]

□ **וְהוּא יֹשֵׁב מִמֻּלִי – AND IT LINGERS OPPOSITE ME. חָסֵר כְּתִיב – [The word מִמֻּלִי] is written lacking a letter.**[9] The spelling implies, **קְרוֹבִים הֵם לְהַכְרִיתֵנִי – they are about to cut me off.**

1. See Rashi to *Genesis* 34:7, s.v., וְכֵן לֹא יֵעָשֶׂה, and to *Ecclesiastes* 10:12, s.v., וְשִׂפְתוֹת כְּסִיל תְּבַלְּעֶנּוּ.

2. *Tanchuma* 1; see Rashi to 24:14.

3. "To summon him" seems superfluous, for it is clear from the text of the message which follows that Balak was asking Balaam to come to him. It is thus expounded as "to summon *for* him," for Balaam's benefit (*Minchas Yehudah; Sifsei Chachamim;* see also Rashi to 22:22 below, s.v., לְשָׂטָן לוֹ).

4. *Tanchuma* 4.

5. "Behold" which precedes "a people has come out of Egypt" serves as an introductory remark, as this word often does. But why does it appear again, before "it has covered the eye of the earth"? It is because the second "behold" functions as the beginning of a distinct statement, the answer to the implicit question, "Why does it matter to you that a people has come out of Egypt?" (*Mizrachi*).

6. Sihon and Og are called "the eye of the land" because they acted as lookouts, guarding the lands around them (Commentary of *Maharzav* to *Bamidbar Rabbah* 20:7).

7. In his comments to *Exodus* 10:5, Rashi interpreted "the eye of the land" as "the view of the land." Had our verse written הִנֵּה עַם יָצָא מִמִּצְרַיִם וְכִסָּה אֶת עֵין הָאָרֶץ, "Behold! a people has come out of Egypt and covered the eye of the land," it would have the same meaning as it had there, and would refer to Israel's large population. But the second "behold" of our verse indicates that "it has covered the eye of the land" is an independent statement which does not refer to the people coming out of Egypt (see previous note). It is thus not seen as referring to Israel's numbers, a feature that already characterized them at the time of the Exodus, but rather to an event that occurred afterward, namely, the defeat of Sihon and Og (*Da'as Yissachar*). Furthermore, if the verse would be speaking of Israel's numbers, it would say וּמְכַסֶּה אֶת עֵין הָאָרֶץ, "and covers the eye of the land," in the present tense, for Israel was numerous at the time in which the narrative speaks. By using "covered" in the past tense the verse indicates that it refers to an event which had taken place previously (*Mesiach Ilmim; Maharik*).

8. *Tanchuma* 4.

9. The full spelling is ממולי, consisting of: the preposition מול, "opposite, across"; the prefix -מ, "from"; and the pronominal suffix י-, "me."

אָרָה־לִּי אֶת־הָעָם הַזֶּה כִּי־
עָצוּם הוּא מִמֶּנִּי אוּלַי אוּכַל
נַכֶּה־בּוֹ וַאֲגָרְשֶׁנּוּ מִן־הָאָרֶץ כִּי
יָדַעְתִּי אֵת אֲשֶׁר־תְּבָרֵךְ מְבֹרָךְ
ז וַאֲשֶׁר תָּאֹר יוּאָר׃ וַיֵּלְכוּ זִקְנֵי
מוֹאָב וְזִקְנֵי מִדְיָן וּקְסָמִים בְּיָדָם

and invoke curse upon this people for me, for it is more powerful than me; perhaps I will succeed, we will strike at it and I will drive it away from the land. For I know that whomever you bless is blessed and whomever you invoke curse upon is accursed."

7 *The elders of Moab and the elders of Midian went with charms in their hand;*

אונקלוס

לוּט לִי יָת עַמָּא הָדֵין אֲרֵי תַקִּיף הוּא מִנִּי מָאִים אִכּוּל לַאֲגָחָא בֵהּ קְרָב וַאֲתָרְכִנֵּהּ מִן אַרְעָא אֲרֵי יְדַעִית (נ״א יְדַעְנָא) יָת דִּי תְבָרֵךְ מְבָרַךְ וְדִי תְלוּט לִיט: ז וַאֲזַלוּ סָבֵי מוֹאָב וְסָבֵי מִדְיָן וְקִסְמַיָּא בִּידֵיהוֹן

רש״י

כמו כי אמילם (תהלים קיח:י; תנחומא שם): (ו) נכה בו. אני ועמי נכה בהם. דבר אחר לשון משנה הוא, מנכה לו מן הדמים (חולין קלב.) לחסר מהם מעט (תנחומא שם): כי ידעתי וגו'. על ידי מלחמת סיחון שעזרתו להכות את מואב (שם): (ז) וקסמים בידם. כל מיני קסמים, שלא יאמר אין כלי תשמישי עמי. דבר אחר, קסם זה נטלו בידם זקני מדין, אמרו, אם יבא עמנו בפעם הזאת יש בו ממש, ואם ידחנו אין בו תועלת. לפיכך כשאמר להם לינו פה הלילה (פסוק ח) אמרו אין בו תקוה,

RASHI ELUCIDATED

כְּמוֹ ,,כִּי אֲמִילַם"[1,2] – The word מְמֶּלִּי spelled this way is seen as being **like** אֲמִילַם in the phrase, **"for I have cut them off."**[1,2]

6. נַכֶּה בּוֹ – WE WILL STRIKE AT IT. אֲנִי וְעַמִּי – **I and my people,** נַכֶּה בָּהֶם – **we will strike at them.**[3] דָּבָר אַחֵר – **Alternatively,** לְשׁוֹן מִשְׁנָה הוּא – **[the word נַכֶּה] is** not found elsewhere in Scripture, but is found in **the language of the Mishnah,** where it appears as מְנַכֶּה in the phrase, ,,מְנַכֶּה לוֹ מִן הַדָּמִים" – **"He deducts from the price for him."**[4] לְחַסֵּר מֵהֶם מְעַט[5] – It means, **to diminish them,** i.e., to diminish their number, **a little.**[5]

☐ כִּי יָדַעְתִּי וְגוֹמֵר – FOR I KNOW, ETC. עַל יְדֵי מִלְחֶמֶת סִיחוֹן – I know **through the war of Sihon,** שֶׁעֲזַרְתּוֹ – **because you assisted him** לְהַכּוֹת אֶת מוֹאָב[6] – **in striking Moab.**[6]

7. וּקְסָמִים בְּיָדָם – WITH CHARMS IN THEIR HAND. כָּל מִינֵי קְסָמִים – They brought along **all sorts of charms,** שֶׁלֹּא יֹאמַר – **so that [Balaam] should not say,** אֵין כְּלֵי תַשְׁמִישִׁי עִמִּי – **"The implements I use are not with me."** דָּבָר אַחֵר – **Alternatively,** קֶסֶם זֶה נָטְלוּ בְיָדָם זִקְנֵי מִדְיָן – **the elders of Midian took this "charm" in their hand:** אָמְרוּ – **They said,** אִם יָבֹא עִמָּנוּ בַּפַּעַם הַזֹּאת – **"If [Balaam] will come with us at this time,** יֵשׁ בּוֹ מַמָּשׁ – it is a sign that **there is substance to him;** וְאִם יִדְחֵנוּ – **but if he will push us off,** אֵין בּוֹ תוֹעֶלֶת – **there is nothing to be gained from him."** לְפִיכָךְ – **Therefore,** כְּשֶׁאָמַר לָהֶם – **when he said to them,** ,,לִינוּ פֹה הַלַּיְלָה"[7] – **"Spend the night here,"**[7] אָמְרוּ – **they said,** אֵין בּוֹ תִקְוָה – **"There is no hope in him,** i.e., he gives us no hope."

1. *Psalms* 118:10; see Rashi there.

2. *Tanchuma* 4. The deficient spelling of מְמֶּלִּי lends it to be interpreted as מְמַלִּי, "cutting me off," from the verb root מלל, "to cut off," in addition to its simple meaning. Rashi's קְרוֹבִים הֵם, "they are nearby, about to," represents the simple meaning, while his לְהַכְרִיתֵנִי, "to cut me off," is the additional meaning alluded to by the shortened spelling (*Sefer Zikaron; Be'er BaSadeh*).

3. In the causative *hiphil* conjugation, the verb root נכה means "to strike, to smite"; in the intensive active *piel* conjugation, it means "to diminish, to deduct." The form נַכֶּה can be *hiphil* or *piel*. In the *hiphil*, verbs of the פ״נ variety [i.e., the first root letter is a נ] drop the נ in all forms of the verb, regardless of number, gender or tense. In the future tense, the remaining root letters כה are prefixed with an א for "I will . . .," a ת for "you will . . .," a י for "he will . . .," and a נ for "we will . . ." Thus, נַכֶּה in the *hiphil* means "we will strike." If this is its meaning in our verse, the verse makes a sudden shift from the singular "I will succeed" to the plural "we will strike at it." Rashi explains that Balak meant, "perhaps I will succeed [in arranging through Balaam that] we will strike at it" (*Sefer Zikaron; Leshon Chaim*).

4. *Chullin* 132a.

5. *Tanchuma* 4. In the *piel* conjugation (see note 3 above), פ״נ verbs do not drop the נ in any form. Thus, the נ of נַכֶּה must be part of the root and the word must be an infinitive "to diminish." The phrase אוּלַי אוּכַל נַכֶּה בּוֹ then means, "Perhaps I will be able to diminish it." Another example of an infinitive without a ל prefix is בָּרֵךְ in 23:20 below (*Sefer Zikaron; Leshon Chaim*). Accordingly, this is the only place in Scripture that the root נכה appears in the *piel*, and so Rashi cites this usage from the *Mishnah*.

6. *Tanchuma* 4; see 21:26-27 above and Rashi there.

7. Below v. 8.

וַיָּבֹ֙אוּ֙ אֶל־בִּלְעָ֔ם וַיְדַבְּר֥וּ אֵלָ֖יו דִּבְרֵ֥י
ח בָלָֽק׃ וַיֹּ֣אמֶר אֲלֵיהֶ֗ם לִ֤ינוּ פֹה֙
הַלַּ֔יְלָה וַהֲשִׁבֹתִ֤י אֶתְכֶם֙ דָּבָ֔ר כַּאֲשֶׁ֛ר
יְדַבֵּ֥ר יְהוָ֖ה אֵלָ֑י וַיֵּשְׁב֥וּ שָׂרֵֽי־מוֹאָ֖ב

they came to Balaam and spoke to him the words of Balak. [8] He said to them, "Spend the night here and I shall give you a response, as HASHEM shall speak to me." So the officers of Moab stayed

אונקלוס

וַאֲתוֹ לְוָת בִּלְעָם וּמַלִּילוּ עִמֵּהּ פִּתְגָּמֵי בָלָק: ח וַאֲמַר לְהוֹן בִּיתוּ הָכָא בְּלֵילְיָא וְאָתֵיב יָתְכוֹן פִּתְגָּמָא כְּמָא דִימַלֵּל יְיָ עִמִּי וְאוֹרִיכוּ רַבְרְבֵי מוֹאָב

רש"י

הניחוהו והלכו להם, שנאמר וישבו שרי מואב עם בלעם (שם) אבל זקני מדין הלכו להם (תנחומא ה): (ח) **לינו פה הלילה.** אין רוח הקודש שורה עליו אלא בלילה, וכן לכל נביאי אומות העולם (שם ח) וכן ללבן בחלום הלילה, שנאמר ויבא אלהים אל לבן הארמי בחלום הלילה (בראשית לא:כד) כאדם ההולך אצל פלגשו בהחבא (ויק"ר א:יג): **כאשר ידבר ה' אלי.** אם ימליכני ללכת עם בני אדם כמותכם אלך עמכם, שמא אין כבודו [ס"א כבודי] לתתי להלוך אלא עם שרים גדולים מכם: **וישבו.** לשון עכבה:

RASHI ELUCIDATED

הִנִּיחוּהוּ וְהָלְכוּ לָהֶם – **They left him and went off,** שֶׁנֶּאֱמַר – **as it says,** "וַיֵּשְׁבוּ שָׂרֵי מוֹאָב עִם בִּלְעָם"[1] – **"So the officers of *Moab* stayed with Balaam,"**[1] אֲבָל זִקְנֵי מִדְיָן הָלְכוּ לָהֶם[2] – **but the elders of Midian went off.**[2]

8. לִינוּ פֹה הַלַּיְלָה – SPEND THE NIGHT HERE. אֵין רוּחַ הַקֹּדֶשׁ שׁוֹרָה עָלָיו אֶלָּא בַּלַּיְלָה – **The Holy Spirit would not rest upon him except at night,** וְכֵן – **and so** would it be לְכָל נְבִיאֵי אֻמּוֹת הָעוֹלָם[3] – **for all of the prophets of the** non-Jewish **nations of the world.**[3] וְכֵן לְלָבָן – **And so** was it with **Laban,** God appeared to him בַּחֲלוֹם הַלַּיְלָה – **in a dream by night,** שֶׁנֶּאֱמַר – **as it says,** "וַיָּבֹא אֱלֹהִים אֶל לָבָן הָאֲרַמִּי בַּחֲלֹם הַלָּיְלָה"[4] – **"And God had come to Laban the Aramean in a dream by night."**[4] כְּאָדָם הַהוֹלֵךְ אֵצֶל פִּילַגְשׁוֹ בְּהֶחְבֵּא[5] – **Like a man who goes to his concubine furtively.**[5]

□ כַּאֲשֶׁר יְדַבֵּר ה' אֵלָי – AS HASHEM SHALL SPEAK TO ME. אִם יַמְלִיכֵנִי לָלֶכֶת עִם בְּנֵי אָדָם כְּמוֹתְכֶם – **If He will advise me to go with people such as you,** אֵלֵךְ עִמָּכֶם – **I will go with you.** שֶׁמָּא אֵין כְּבוֹדוֹ – **Perhaps it is not** in keeping with **His honor**[6] לְתִתִּי לַהֲלוֹךְ – **to allow me to go** אֶלָּא עִם שָׂרִים גְּדוֹלִים מִכֶּם – **except with officers** who are **greater than you.**[7]

□ וַיֵּשְׁבוּ – SO [THE OFFICERS OF MOAB] STAYED. לְשׁוֹן עַכָּבָה – **This denotes lingering.**[8]

1. Below v. 8.

2. *Tanchuma* 5. According to the first explanation, "in their hand" refers to both the elders of Moab and the elders of Midian; all of them brought charms for Balaam to use. According to the second explanation, "in their hand" refers only to the elders of Midian. It was only they who took Balaam's delay as a sign of ineffectiveness. The Moabites had no such "charm" (*Mizrachi; Sefer Zikaron*).

3. *Tanchuma* 8.

4. *Genesis* 31:24.

5. *Vayikra Rabbah* 1:13. A man generally takes a concubine unwillingly, due to the pressure of his lust. He therefore maintains contact with her furtively. Similarly, God granted prophecy to Balaam only because of the "pressure" lest the non-Jewish nations accuse Him of being unfair, as Rashi has stated in his comments to verse 5 above, s.v., אֶרֶץ בְּנֵי עַמּוֹ.

6. The text follows the Alkabetz and Soncino editions. The Rome, Reggio di Calabria and Zamora editions read: שֶׁמָּא אֵין כְּבוֹדִי לְתִתִּי, "perhaps it is not [in keeping with] *my* honor to allow me . . ." Accordingly, Rashi explains why the verse says "as HASHEM shall speak *to me*" rather than just "as HASHEM shall speak."

7. In his comments to v. 13 below, Rashi infers from that verse that Balaam did not wish to reveal to Balak's emissaries that he could not go with them without God's permission. It thus stands to reason that here, too, when he said, "as HASHEM shall speak to me," he did not mean that he needed God's permission. Rather, he made it seem that he took for granted that he would go. He just wished to find out whether it was advisable to go with these emissaries, or to wait for others of greater stature (*Mizrachi; Sefer Zikaron*).

8. The basic meaning of ישב is "to sit." But it can mean being "at rest" in other ways. In some places, e.g., *Genesis* 37:1, it means "to reside." But neither sitting nor residing fits the context of our verse. Here וַיֵּשְׁבוּ denotes being at rest in the sense of lingering (*Be'er Yitzchak*). Rashi interprets ישב similarly in his comments to *Exodus* 2:15.

with Balaam.
9 God came to Balaam and said, "Who are these men with you?"
10 Balaam said to God, "Balak son of Zippor, king of Moab, sent to me: 11 'Behold! the people coming out of Egypt has covered the eye of the land. Now go and imprecate it for me; perhaps I will be able to make war against it and I will drive it away.' "

ט עִם־בִּלְעָֽם׃ וַיָּבֹא אֱלֹהִים אֶל־בִּלְעָם
וַיֹּאמֶר מִי הָאֲנָשִׁים הָאֵלֶּה עִמָּֽךְ׃
י וַיֹּאמֶר בִּלְעָם אֶל־הָאֱלֹהִים בָּלָק
יא בֶּן־צִפֹּר מֶלֶךְ מוֹאָב שָׁלַח אֵלָֽי׃ הִנֵּה
הָעָם הַיֹּצֵא מִמִּצְרַיִם וַיְכַס אֶת־
עֵין הָאָרֶץ עַתָּה לְכָה קָבָה־לִּי אֹתוֹ
אוּלַי אוּכַל לְהִלָּחֶם בּוֹ וְגֵרַשְׁתִּֽיו׃

אונקלוס

עִם בִּלְעָם: ט וַאֲתָא מֵימַר מִן קֳדָם יְיָ לְוָת בִּלְעָם וַאֲמַר מָן גּוּבְרַיָּא הָאִלֵּין דְעִמָּךְ: י וַאֲמַר בִּלְעָם קֳדָם יְיָ בָּלָק בַּר צִפּוֹר מַלְכָּא דְמוֹאָב שְׁלַח לְוָתִי: יא הָא עַמָּא דִי נְפַק מִמִּצְרַיִם וַחֲפָא יָת עֵין שִׁמְשָׁא דְאַרְעָא כְּעַן אִיתָא לוּט לִי יָתֵהּ מָאִים אִכּוּל לְאַגָּחָא בֵהּ קְרָב וַאֲתָרְכִנֵּהּ:

רש"י

(ט) **מי האנשים האלה עמך.** להטעותו בא. אמר, פעמים שאין הכל גלוי לפניו, אין דעתו שוה עליו, אף אני אראה עת שאוכל לקלל ולא יבין (תנחומא ה): (י) **בלק בן צפור מלך מואב.** אע"פ שאיני חשוב בעיניך חשוב אני בעיני המלכים (שם): (יא) **קבה לי.** זו קשה מארה לי, שהוא נוקב ומפרש (שם): **וגרשתיו.** מן העולם, ובלק לא אמר אלא ואגרשנו מן הארץ, איני מבקש אלא להסיעם מעלי, ובלעם היה שונאם יותר מבלק (שם):

RASHI ELUCIDATED

9. **מִי הָאֲנָשִׁים הָאֵלֶּה עִמָּךְ – WHO ARE THESE MEN WITH YOU?** **לְהַטְעוֹתוֹ בָּא – [God] came to give him room to err.** **אָמַר** – As a result of this question, **[Balaam] said,** **פְּעָמִים – "There are times** **שֶׁאֵין הַכֹּל גָּלוּי לְפָנָיו – when not everything is revealed before Him.** **אֵין דַּעְתּוֹ שָׁוָה עָלָיו – His mind is not equal upon Him**, i.e., He is not always equally aware of things. **אַף אֲנִי אֶרְאֶה עֵת – I, too, will see a time** **שֶׁאוּכַל לְקַלֵּל – in which I will be able to curse** Israel, **וְלֹא יָבִין[1] – and [God] will not understand** what it is that I am doing."[1]

10. **בָּלָק בֶּן צִפּוֹר מֶלֶךְ מוֹאָב – BALAK SON OF ZIPPOR, KING OF MOAB.** **אַף עַל פִּי שֶׁאֵינִי חָשׁוּב בְּעֵינֶיךָ – Although I am not esteemed in Your eyes,** **חָשׁוּב אֲנִי – I am esteemed** **בְּעֵינֵי הַמְּלָכִים[2] – in the eyes of the kings.**[2]

11. **קָבָה לִּי – IMPRECATE [IT] FOR ME.** **זוֹ קָשָׁה מֵ,,אָרָה לִי"[3] – This** phrase קָבָה לִי, "imprecate it for me," **is more severe** in its implications **than** is the phrase אָרָה לִי, **"invoke curse upon it for me,"**[3] **שֶׁהוּא נוֹקֵב וּמְפָרֵשׁ[4] – for it** implies that he **specifies and states** the curse **clearly.**[4]

□ **וְגֵרַשְׁתִּיו – AND I WILL DRIVE IT AWAY** **מִן הָעוֹלָם – from the world.**[5] **וּבָלָק לֹא אָמַר אֶלָּא ,,וַאֲגָרְשֶׁנּוּ מִן הָאָרֶץ"[6] – Balak said only "and I will drive it away *from the land*,"**[6] which implies, **אֵינִי מְבַקֵּשׁ אֶלָּא לְהַסִּיעָם מֵעָלַי – I seek only to have them travel away from me,** **וּבִלְעָם הָיָה שׂוֹנְאָם יוֹתֵר מִבָּלָק[7] – but Balaam hated [the Israelites] more than Balak** did.[7]

1. *Tanchuma* 5. God posed this question to Balaam in order to open conversation with him gently and not startle him, as Rashi states in his comments to *Genesis* 3:9. But He worded the question in an ambiguous way that could cause Balaam to err. Balaam could have understood "Who are these men?" as God's way of entering into conversation with him, and that is what God actually intended. Or he could have understood that God was not aware of all the details of the situation, and that some of them were unclear to Him (*Gur Aryeh*).

2. *Tanchuma* 5. This is what Balaam meant by the apparently superfluous "king of Moab" (*Mizrachi; Sifsei Chachamim*).

3. The words used by Balak earlier in verse 6.

4. *Tanchuma* 5. קָבָה is related to נקב, "to specify," as in 1:17 above (*Minchas Yehudah; Sifsei Chachamim*). Balaam referred to Balak's request, yet he expressed cursing with more intensity than Balak did. This is because his hatred for Israel was greater, as Rashi states in his next comment (*Mizrachi; Sifsei Chachamim*).

Although Balak also used the expression קָבָה לִי, "imprecate for me" (v. 17), that was after he had been informed that God told Balaam, לֹא תָאֹר אֶת הָעָם, "You shall not invoke curse upon the people," thus preventing Balaam from cursing with the term ארה (*Gur Aryeh*).

5. Balak said, "I will drive it away from the land" (v. 6), yet Balaam omitted "from the land." The implication of Balaam's omission is that he intended to drive them away absolutely, that is, to destroy them (*Mizrachi; Sifsei Chachamim*).

6. Above v. 6.

7. *Tanchuma* 5.

יב וַיֹּאמֶר אֱלֹהִים֙ אֶל־בִּלְעָ֔ם לֹ֥א
תֵלֵ֖ךְ עִמָּהֶ֑ם לֹ֤א תָאֹר֙ אֶת־הָעָ֔ם כִּ֥י
יג בָר֖וּךְ הֽוּא: שני [חמישי] וַיָּ֤קָם בִּלְעָם֙
בַּבֹּ֔קֶר וַיֹּ֙אמֶר֙ אֶל־שָׂרֵ֣י בָלָ֔ק לְכ֖וּ
אֶל־אַרְצְכֶ֑ם כִּ֚י מֵאֵ֣ן יהוה לְתִתִּ֔י
יד לַהֲלֹ֖ךְ עִמָּכֶֽם: וַיָּק֙וּמוּ֙ שָׂרֵ֣י מוֹאָ֔ב
וַיָּבֹ֖אוּ אֶל־בָּלָ֑ק וַיֹּ֣אמְר֔וּ מֵאֵ֥ן בִּלְעָ֖ם
טו הֲלֹ֥ךְ עִמָּֽנוּ: וַיֹּ֥סֶף ע֖וֹד בָּלָ֑ק שְׁלֹ֣חַ
שָׂרִ֔ים רַבִּ֥ים וְנִכְבָּדִ֖ים מֵאֵֽלֶּה:
טז וַיָּבֹ֖אוּ אֶל־בִּלְעָ֑ם וַיֹּ֣אמְרוּ ל֗וֹ

12 *God said to Balaam, "You shall not go with them! You shall not invoke curse upon the people, for it is blessed!"*
13 *Balaam arose in the morning and said to the officers of Balak, "Go to your land, for HASHEM refuses to allow me to go with you."*
14 *The officers of Moab arose and came to Balak and said, "Balaam refused to go with us."*
15 *Balak kept on sending officers — more, and higher ranking than these.*
16 *They came to Balaam and said to him,*

אונקלוס

יב וַאֲמַר יְיָ לְבִלְעָם לָא תֵיזֵל עִמְּהוֹן לָא תְלוּט יָת עַמָּא אֲרֵי בְרִיךְ הוּא: יג וְקָם בִּלְעָם בְּצַפְרָא וַאֲמַר לְרַבְרְבֵי בָלָק אֱזִילוּ לְאַרְעֲכוֹן אֲרֵי לֵית רַעֲוָא קֳדָם יְיָ לְמִשְׁבְּקִי לְמֵזַל עִמְּכוֹן: יד וְקָמוּ רַבְרְבֵי מוֹאָב וַאֲתוֹ לְוָת בָּלָק וַאֲמָרוּ סָרֵב בִּלְעָם לְמֵזַל עִמָּנָא: טו וְאוֹסִיף עוֹד בָּלָק שְׁלַח רַבְרְבִין סַגִּיאִין וְיַקִּירִין מֵאִלֵּין: טז וַאֲתוֹ לְוָת בִּלְעָם וַאֲמָרוּ לֵהּ

רש"י

(יב) **לא תלך עמהם.** אמר לו אם כן אקללם במקומי, אמר לו לא תאר את העם. אמר לו אם כן אברכם, אמר לו אינם צריכים לברכתך כי ברוך הוא. משל אומרים לצרעה [ס"א לדבורה] לא מדובשיך ולא מעוקציך (שם ו): (יג) **להלך עמכם.** אלא עם שרים גדולים מכם. למדנו שרוחו גבוהה, ולא רצה לגלות שהוא ברשותו של מקום אלא בלשון גסות, לפיכך ויוסף עוד בלק (פסוק טו; תנחומא שם):

RASHI ELUCIDATED

12. לֹא תֵלֵךְ עִמָּהֶם – **YOU SHALL NOT GO WITH THEM.** אָמַר לוֹ – **[Balaam] said to Him,** אִם כֵּן – **"If so,** אֲקַלְּלֵם בִּמְקוֹמִי – **I shall curse them where I am."**[1] אָמַר לוֹ – **[God] said to him,** "לֹא תָאֹר אֶת הָעָם" – **"'You shall not invoke curse upon the people'** at all."[2] אָמַר לוֹ – **[Balaam] said to Him,** אִם כֵּן – **"If so,** אֲבָרְכֵם – **I shall bless them."** אָמַר לוֹ – **[God] said to him,** אֵינָם צְרִיכִים לְבִרְכָתְךָ – **"They do not need your blessing** "כִּי בָרוּךְ הוּא" – **'for it is blessed.'"**[3] מָשָׁל – This is an illustration of the **proverb:** אוֹמְרִים לְצִרְעָה[4] – **They say to a wasp,**[4] לֹא מִדּוּבְשֵׁךְ – "We want **neither of your honey,** וְלֹא מֵעוּקְצֵךְ[5] – **nor of your sting."**[5]

13. לַהֲלֹךְ עִמָּכֶם – **TO GO WITH YOU,** אֶלָּא – **but rather** עִם שָׂרִים גְּדוֹלִים מִכֶּם – **with officers greater than you.**[6] לָמַדְנוּ – **We have learned** from here שֶׁרוּחוֹ גְּבוֹהָה – **that [Balaam's] spirit was high,** i.e., he was conceited,[7] וְלֹא רָצָה לְגַלּוֹת – **and he did not want to reveal** שֶׁהוּא בִּרְשׁוּתוֹ שֶׁל מָקוֹם – **that he was under the authority of the Omnipresent,** אֶלָּא בִּלְשׁוֹן גַּסּוּת – **except in pompous language.** לְפִיכָךְ – **Therefore,** "וַיֹּסֶף עוֹד בָּלָק..."[8,9] – **"Balak kept on** sending officers, more and higher ranking than these."[8,9]

1. Balaam thought that God might forbid him only to curse Israel jointly with Balak, because of the intensity of such a curse, but He might still allow a lesser curse, from the place where he was (see *Be'er BaSadeh*).

2. Rashi explains why God said "you shall not invoke curse upon the people" after already having said "you shall not go with them" (*Mizrachi; Sifsei Chachamim*).

3. "For it is blessed" seems unnecessary; God would not need to explain why He would not want Balaam to curse His beloved nation. The inclusion of this statement implies that Balaam offered to bless them (*Maharzav* to *Bamidbar Rabbah* 20:10).

4. Some texts read לִדְבוֹרָה, "to a bee."

5. *Tanchuma* 6. This explains why God rejected Balaam's offer to bless Israel. Just as gathering honey involves the risk of being stung, so, too, the blessings of the wicked are not unalloyed; there is some evil in them. Later on, however, God made Balaam bless Israel against his will. Those blessings were pure, for they were God's, not Balaam's (*Gur Aryeh*).

6. Balaam should have told the Moabites that God did not allow him to curse Israel. He said only that he was not allowed "to go *with you*" to imply that he could go with greater dignitaries (see *Gur Aryeh; Nachalas Yaakov*).

7. See *Avos* 5:19.

8. Below v. 15.

9. *Tanchuma* 6. Had Balaam made it clear that he could not curse Israel at all, Balak would not have sent another delegation to him. The fact that he sent a higher ranking delegation supports Rashi's point that Balaam implied that the first group of officers was not of sufficiently high standing for him.

כֹּה אָמַר֙ בָּלָ֣ק בֶּן־צִפּ֔וֹר אַל־נָ֥א
יז תִמָּנַ֖ע מֵהֲלֹ֥ךְ אֵלָֽי׃ כִּֽי־כַבֵּ֤ד אֲכַבֶּדְךָ֙
מְאֹ֔ד וְכֹ֛ל אֲשֶׁר־תֹּאמַ֥ר אֵלַ֖י אֶֽעֱשֶׂ֑ה
וּלְכָה־נָּא֙ קָֽבָה־לִּ֔י אֵ֖ת הָעָ֥ם הַזֶּֽה׃
יח וַיַּ֣עַן בִּלְעָ֗ם וַיֹּ֙אמֶר֙ אֶל־עַבְדֵ֣י בָלָ֔ק
אִם־יִתֶּן־לִ֥י בָלָ֛ק מְלֹ֥א בֵית֖וֹ
כֶּ֣סֶף וְזָהָ֑ב לֹ֣א אוּכַ֗ל לַעֲבֹר֙ אֶת־פִּי֙
יְהוָ֣ה אֱלֹהָ֔י לַעֲשׂ֥וֹת קְטַנָּ֖ה א֥וֹ
יט גְדוֹלָֽה׃ וְעַתָּ֗ה שְׁב֨וּ נָ֥א בָזֶ֛ה גַּם־אַתֶּ֖ם

"So said Balak son of Zippor, 'Do not refrain from going to me, [17] for I will honor you very much, and everything that you say to me I shall do; so go now and imprecate this people for me.' "

[18] Balaam answered and said to the servants of Balak, "If Balak were to give me his houseful of silver and gold, I am unable to transgress the word of HASHEM, *my God, to do anything small or great.*
[19] And now, you, too, please stay here

אונקלוס

כִּדְנַן אֲמַר בָּלָק בַּר צִפּוֹר לָא כְעַן תִּתְמְנַע מִלְּמֵתֵי לְוָתִי: יז אֲרֵי יַקָּרָא אֲיַקְּרִנָּךְ לַחֲדָא וְכֹל דִּי תֵימַר לִי אַעְבֵּד וְאִיתָא כְעַן לוּט לִי יָת עַמָּא הָדֵין: יח וַאֲתֵיב בִּלְעָם וַאֲמַר לְעַבְדֵי בָלָק אִם יִתֵּן לִי בָלָק מְלֵי בֵיתֵהּ כְּסַף וּדְהַב לֵית לִי רְשׁוּ לְמֶעְבַּר עַל גְּזֵירַת מֵימְרָא דַייָ אֱלָהִי לְמֶעְבַּד זְעֶרְתָּא אוֹ רַבְּתָא: יט וּכְעַן אוֹרִיכוּ כְעַן הָכָא אַף אַתּוּן

רש"י

(יז) כי כבד אכבדך מאד. יותר ממה שהיית נוטל לשעבר אני נותן לך (שם): **(יח) מלא ביתו כסף וזהב.** למדנו שנפשו רחבה ומחמד ממון אחרים. אמר, ראוי לו ליתן לי כל כסף וזהב שלו שהרי צריך לשכור חיילות רבות, ספק נוצח ספק אינו נוצח, ואני ודאי נוצח (שם): **לא אוכל לעבר.** על כרחו גלה שהוא ברשות אחרים, ונתנבא כאן שאינו יכול לבטל הברכות שנתברכו האבות מפי השכינה (שם): **(יט) גם אתם.** פיו הכשילו גם אתם סופכם לילך בפחי נפש כראשונים (שם):

RASHI ELUCIDATED

17. כִּי כַבֵּד אֲכַבֶּדְךָ מְאֹד — FOR I WILL HONOR YOU VERY MUCH. יוֹתֵר מִמַּה שֶׁהָיִיתָ נוֹטֵל לְשֶׁעָבַר — More than you used to take in the past, אֲנִי נוֹתֵן לְךָ[1] — I will give to you.[1]

18. מְלֹא בֵיתוֹ כֶּסֶף וְזָהָב — HIS HOUSEFUL OF SILVER AND GOLD. לָמַדְנוּ — We have learned from here **שֶׁנַּפְשׁוֹ רְחָבָה — that his soul was broad,** i.e., that he was greedy,[2] **וּמְחַמֵּד מָמוֹן אֲחֵרִים — and he coveted the property of others. אָמַר — He said, רָאוּי לוֹ — "It is appropriate for [Balak] לִתֵּן לִי — to give me כָּל כֶּסֶף וְזָהָב שֶׁלּוֹ — all of his silver and gold,**[3] **שֶׁהֲרֵי — for, see now, צָרִיךְ לִשְׂכּוֹר חֲיָלוֹת רַבּוֹת — he must hire many armies, סָפֵק נוֹצֵחַ סָפֵק אֵינוֹ נוֹצֵחַ —** and even then, **it is uncertain if he will be victorious or not be victorious, וַאֲנִי וַדַּאי נוֹצֵחַ[4] — but I will certainly be victorious."**[4]

□ **לֹא אוּכַל לַעֲבֹר — I AM UNABLE TO TRANSGRESS. עַל כָּרְחוֹ — Against his will, גִּלָּה — he disclosed שֶׁהוּא בִּרְשׁוּת אֲחֵרִים — that he is under the authority of others.**[5] **וְנִתְנַבֵּא כָּאן — He** unwittingly **prophesied here שֶׁאֵינוֹ יָכוֹל לְבַטֵּל הַבְּרָכוֹת — that he is unable to nullify the blessings שֶׁנִּתְבָּרְכוּ הָאָבוֹת — by which the Patriarchs were blessed מִפִּי הַשְּׁכִינָה[6] — from the mouth of the *Shechinah*** (immanent presence of God).[6]

19. גַּם אַתֶּם — YOU, TOO. פִּיו הִכְשִׁילוֹ — His mouth tripped him, i.e., he unwittingly predicted his failure. **"גַּם אַתֶּם" סוֹפְכֶם לֵילֵךְ — "You, too," are destined to go away בְּפַחֵי נֶפֶשׁ — with dejected spirit כָּרִאשׁוֹנִים[7] — like the first ones.**[7]

1. *Tanchuma* 6. "Very much" is a relative term. It has meaning only when used in comparison with a given amount. It stands to reason that Balak was describing his current offer relative to what Balaam had received in the past (see *Mishmeres HaKodesh*).

2. See *Avos* 5:19.

3. Had Balaam merely been using hyperbole to express the idea that no offer could make him transgress the word of God, he would have said "if Balak will give me *a* houseful of silver and gold"; "*his* houseful" indicates that Balaam seriously considered the prospect of Balak paying him such a sum (*Maskil LeDavid*).

4. *Tanchuma* 6.

5. Once Balak sent Balaam a high-ranking delegation, he had no choice but to admit that God would not allow him to curse Israel (*Kitzur Mizrachi*).

6. *Tanchuma* 6. Verses 18 and 19 seem to be out of order. Balaam should have first said, "And now, you, too, please stay here . . . and I will know what HASHEM will add in speaking to me." Then, if God would not allow Balaam to fulfill Balak's request, Balaam would have to admit, "I am unable to transgress the word of HASHEM . . ." By saying "I am unable . . ." first, Balaam prophesied that he would be unable to nullify the blessings (see *Be'er BaSadeh*).

7. *Tanchuma* 6. This explains the implication of the apparently superfluous "you, too" (*Mizrachi*).

הַלָּ֑יְלָה וְאֵ֣דְעָ֔ה מַה־יֹּסֵ֥ף יְהוָ֖ה דַּבֵּ֥ר
כ עִמִּֽי׃ וַיָּבֹ֨א אֱלֹהִ֥ים ׀ אֶל־בִּלְעָם֮
לַיְלָה֒ וַיֹּ֣אמֶר ל֗וֹ אִם־לִקְרֹ֤א לְךָ֙ בָּ֣אוּ
הָֽאֲנָשִׁ֔ים ק֖וּם לֵ֣ךְ אִתָּ֑ם וְאַ֗ךְ אֶֽת־
הַדָּבָ֛ר אֲשֶׁר־אֲדַבֵּ֥ר אֵלֶ֖יךָ אֹת֥וֹ
כא תַעֲשֶֽׂה׃ שלישי וַיָּ֤קָם בִּלְעָם֙ בַּבֹּ֔קֶר
וַֽיַּחֲבֹ֖שׁ אֶת־אֲתֹנ֑וֹ וַיֵּ֖לֶךְ עִם־

for the night, and I will know what HASHEM will add in speaking with me."

20 HASHEM came to Balaam at night and said to him, "If the men came to summon you, arise and go with them, but the thing that I shall speak to you, that is what you shall do."

21 Balaam arose in the morning and saddled his she-donkey and went with

אונקלוס

בְּלֵילְיָא וְאִדַּע מָא יוֹסֵף יְיָ לְמַלָּלָא עִמִּי: כ וַאֲתָא מֵימַר מִן קֳדָם יְיָ לְבִלְעָם בְּלֵילְיָא וַאֲמַר לֵהּ אִם לְמִקְרֵי לָךְ אֲתוֹ גֻּבְרַיָּא קוּם אִזֵּל עִמְּהוֹן וּבְרַם יָת פִּתְגָּמָא דִּי אֲמַלֵּל עִמָּךְ יָתֵהּ תַּעְבֵּד: כא וְקָם בִּלְעָם בְּצַפְרָא וְזָרֵז יַת אַתָּנֵהּ וַאֲזַל עִם

רש"י

מה יסף. לא ישנה דבריו מברכה לקללה, הלואי שלא יוסיף לברך. כאן נתנבא שעתיד להוסיף להם ברכות על ידו (שם): (כ) **אם לקרא לך.** אם הקריאה שלך וסבור אתה ליטול עליה שכר, קום לך אתם: **ואך.** על כרחך, את הדבר אשר אדבר אליך אותו תעשה. ואף על פי כן וילך בלעם, אמר שמא אפתנו ויתרצה: (כא) **ויחבש את אתנו.** מכאן שהשנאה מקלקלת את השורה, שחבש הוא בעצמו (סנהדרין קה:). אמר הקב"ה רשע כבר קדמך אברהם אביהם שנאמר וישכם

RASHI ELUCIDATED

□ מַה יֹּסֵף – **WHAT [HASHEM] WILL ADD.** לֹא יְשַׁנֶּה דְּבָרָיו – **He will not change His words** מִבְּרָכָה לִקְלָלָה – **from a blessing to a curse.** הַלְוַאי שֶׁלֹּא יוֹסִיף לְבָרֵךְ – **Would that He will not continue to bless!** כָּאן נִתְנַבֵּא – **Here he** unwittingly **prophesied** שֶׁעָתִיד לְהוֹסִיף לָהֶם בְּרָכוֹת – **that in the future [God] is going to add blessing for [the Israelites]** עַל יָדוֹ[1] – **through him.**[1]

20. אִם לִקְרֹא לְךָ – **IF [THE MEN CAME] TO SUMMON YOU.** אִם הַקְּרִיאָה שֶׁלְּךָ – **If the summoning is for you,** i.e., for your benefit, וְסָבוּר אַתָּה – **and you are under the impression** לִטּוֹל עָלֶיהָ שָׂכָר – that you are going **to take payment for it,** "קוּם לֵךְ אִתָּם" – **"arise and go with them."**[2]

□ וְאַךְ – **BUT.** עַל כָּרְחֲךָ – **Against your will,** "אֶת הַדָּבָר אֲשֶׁר אֲדַבֵּר אֵלֶיךָ – **"the thing that I shall speak to you,** אֹתוֹ תַעֲשֶׂה" – **that is what you shall do."**[3] וְאַף עַל פִּי כֵן – **And despite this,** "וַיֵּלֶךְ בִּלְעָם" – **"Balaam went."**[4] אָמַר – **He said,** שֶׁמָּא אֲפַתֶּנּוּ – **"Perhaps I will persuade Him** to allow me to curse Israel, וְיִתְרַצֶּה – **and He will consent."**

21. וַיַּחֲבֹשׁ אֶת אֲתֹנוֹ – **AND SADDLED HIS SHE-DONKEY.** מִכָּאן – **From here** we see שֶׁהַשִּׂנְאָה מְקַלְקֶלֶת אֶת הַשּׁוּרָה – **that hatred disrupts the correct order** of things, i.e., people deviate from their normal behavior when acting out of hatred, שֶׁחָבַשׁ הוּא בְּעַצְמוֹ[5] – **for he himself did the saddling.**[5] אָמַר הַקָּדוֹשׁ בָּרוּךְ הוּא – **The Holy One, Blessed is He, said,** רָשָׁע – **"Evil one!** כְּבָר קְדָמְךָ אַבְרָהָם אֲבִיהֶם – **Abraham, their forefather, has preceded you,** שֶׁנֶּאֱמַר – **as it says,** "וַיַּשְׁכֵּם

1. *Tanchuma* 6. "What HASHEM will add in speaking with me" instead of "what HASHEM will say to me" implies that Balaam considered the possibility that God might add to the blessing He had already given Israel (*Minchas Yehudah; Sifsei Chachamim*).

2. The verse does not mean to imply that God did not know whether the men came to summon Balaam. Rather, the word לְךָ is understood as "*for* you." God is saying to Balaam, "If you think that going will be to your benefit, you may go" (*Be'er BaSadeh*).

3. "But the thing that I shall speak to you, that is what you shall do" is not a command which leaves Balaam the alternatives of obeying or not obeying. It is the statement of a fact – Balaam will do what God tells him to whether he wants to or not (*Mesiach Ilmim*).

Furthermore, "but" introduces a phrase which limits that which has been stated previously. In the beginning of the verse, God granted Balaam the right to accompany Balak's messenger's if he thought it would be in his best interests. "But" introduces a second statement which limits the first: Although Balaam has the right to decide to go if he thinks it is to his benefit, he will not gain; he will be able to do only what God tells him to do.

4. This is Rashi's paraphrase of verse 21.

5. *Sanhedrin* 105b. Balaam's hatred of Israel was so great that he would not wait for his servants to saddle his donkey for him. Rather, in his enthusiasm, he saddled it by himself. Rashi makes similar observations in his comments to *Genesis* 22:3, s.v., וַיַּחֲבֹשׁ; *Genesis* 46:29, s.v., וַיֶּאְסֹר יוֹסֵף; and *Exodus* 14:6, s.v., וַיֶּאְסֹר.

the officers of Moab. [22] God's wrath flared because he was going, and an angel of HASHEM stood on the road as an impediment to him. He was riding on his she-donkey and his two young men were with him. [23] The she-donkey saw the

כב שָׂרֵ֥י מוֹאָֽב׃ וַיִּֽחַר־אַ֣ף אֱלֹהִים֮ כִּֽי־
הוֹלֵ֣ךְ הוּא֒ וַיִּתְיַצֵּ֞ב מַלְאַ֧ךְ יְהוָ֛ה
בַּדֶּ֖רֶךְ לְשָׂטָ֣ן ל֑וֹ וְהוּא֙ רֹכֵ֣ב עַל־אֲתֹנ֔וֹ
כג וּשְׁנֵ֥י נְעָרָ֖יו עִמּֽוֹ׃ וַתֵּ֣רֶא הָֽאָת֡וֹן אֶת־

אונקלוס

רַבְרְבֵי מוֹאָב: כב וּתְקֵיף רָגְזָא דַייָ אֲרֵי אָזֵל הוּא וְאִתְעַתַּד מַלְאָכָא דַייָ בְּאָרְחָא לְשָׂטָן לֵהּ וְהוּא רָכֵב עַל אֲתָנֵהּ וּתְרֵין עוּלֵימוֹהִי עִמֵּהּ: כג וַחֲזַת אֲתָנָא יָת

רש"י

אברהם בבקר ויחבוש את חמורו (בראשית כב:ג; תנחומא ח): עם שרי מואב. לבו כלבם שוה (שם): (כב) כי הולך הוא. ראה שהדבר רע בעיני המקום ונתאוה לילך: לשטן לו. מלאך של רחמים היה והיה רוצה למנעו מלחטוא שלא יחטא ויאבד (שם): ושני נעריו עמו. מכאן לאדם חשוב היוצא לדרך יוליך עמו שני אנשים לשמשו, וחוזרים ומשמשים זה את זה (שם): (כג) ותרא האתון. והוא לא ראה, שנתן הקב"ה רשות לבהמה לראות יותר מן האדם, שמתוך שיש בו דעת

RASHI ELUCIDATED

אַבְרָהָם בַּבֹּקֶר – **'So Abraham arose early in the morning** וַיַּחֲבֹשׁ אֶת חֲמֹרוֹ'' – **and he saddled his donkey.' ''**[1,2]

□ עִם שָׂרֵי מוֹאָב – WITH THE OFFICERS OF MOAB. לִבּוֹ כְּלִבָּם שָׁוֶה[3] – **His heart was like theirs, equally,** i.e., they all went with the same frame of mind.[3]

22. כִּי הוֹלֵךְ הוּא – BECAUSE HE WAS GOING. רָאָה – **[Balaam] saw** שֶׁהַדָּבָר רַע – **that the matter was evil** בְּעֵינֵי הַמָּקוֹם – **in the eyes of the Omnipresent,** וְנִתְאַוָּה לֵילֵךְ – **yet he longed to go.**[4]

□ לְשָׂטָן לוֹ – AS AN IMPEDIMENT TO HIM. מַלְאָךְ שֶׁל רַחֲמִים הָיָה – **He was an angel of mercy,** וְהָיָה רוֹצֶה לְמָנְעוֹ מִלַּחֲטוֹא – **and he wanted to prevent [Balaam] from sinning,** שֶׁלֹּא יֶחֱטָא וְיֹאבַד[5] – **so that he should not sin and perish.**[5]

□ וּשְׁנֵי נְעָרָיו עִמּוֹ – AND HIS TWO YOUNG MEN WERE WITH HIM. מִכָּאן – **From here** we see לְאָדָם חָשׁוּב – **regarding a man of importance** הַיּוֹצֵא לַדֶּרֶךְ – **who embarks on a journey** יוֹלִיךְ עִמּוֹ – that **he should bring with him** שְׁנֵי אֲנָשִׁים – **two men** לְשַׁמְּשׁוֹ – **to serve him,**[6] וְחוֹזְרִים וּמְשַׁמְּשִׁים זֶה אֶת זֶה[7] – **and they, in turn, serve each other.**[7]

23. וַתֵּרֶא הָאָתוֹן – THE SHE-DONKEY SAW. וְהוּא לֹא רָאָה – **But [Balaam] did not see,** שֶׁנָּתַן הַקָּדוֹשׁ בָּרוּךְ הוּא רְשׁוּת לַבְּהֵמָה – **for the Holy One, Blessed is He, granted permission to the animal** לִרְאוֹת יוֹתֵר מִן הָאָדָם – **to see more than the man** could see, שֶׁמִּתּוֹךְ שֶׁיֵּשׁ בּוֹ דַּעַת – **for as a result of [the**

1. *Genesis* 22:3; see Rashi there.

2. *Tanchuma* 8. Of Abraham, the verse says וַיַּשְׁכֵּם . . . בַּבֹּקֶר, "he arose early in the morning." Of Balaam it says only וַיָּקָם בַּבֹּקֶר, "he arose in the morning." Thus Abraham "preceded" Balaam, and showed that the fervor of his love was greater than the fervor driven by Balaam's hatred (*Gur Aryeh*).

3. It is obvious that Balaam went "with the officers of Moab." Scripture states this to indicate that he was with them in spirit as well as in action. He was just as eager to curse Israel as they were to have Israel cursed (*Mizrachi;* see also the following note).

4. The verse could have expressed "because he was going" with the pronoun "he" implicit in the verb הוֹלֵךְ, "was going." But that could have been understood to mean that he went only to satisfy Balak's emissaries. By adding the pronoun הוּא, "he," explicitly, the verse emphasizes Balaam's role and implies that he went to satisfy his personal interests (see *HaKesav VeHaKabbalah; Be'er BaSadeh*).

Although God had granted Balaam permission to go, He was angered because of Balaam's eagerness to go despite the fact that he knew that going to Balak would not please God (*Sefer Zikaron; Be'er Yitzchak*).

5. *Tanchuma* 8. The Tetragrammaton, here rendered "HASHEM," connotes God's quality of mercy (see Rashi to *Genesis* 1:1, s.v., בָּרָא אֱלֹהִים). Thus, the impeding done by the angel described as "an angel of HASHEM" is one which is to the benefit of the one impeded (*Minchas Yehudah; Sifsei Chachamim*).

Alternatively, the verse could have expressed "as an impediment to him" with לְשִׂטְנוֹ, cf. *Zechariah* 3:1. It uses לְשָׂטָן לוֹ because it can be interpreted as "as an impediment *for* him," i.e., for his benefit. For another example of לוֹ used in this sense see 23:5 above and Rashi there, s.v., לִקְרָא לוֹ.

6. This is why the Torah mentions the seemingly insignificant point that Balaam took his two young men with him (*Nachalas Yaakov*).

7. *Tanchuma* 8. Rashi makes a similar comment on *Genesis* 22:3, which says of Abraham that "he took his two young men with him," but there are a number of discrepancies between his remarks there and here: (a) In

angel of HASHEM standing on the road with his sword drawn in his hand, so the she-donkey turned away from the road and went into the field; then Balaam struck the she-donkey to turn her back onto the road. [24] The angel of HASHEM stood in the footpath of the vineyards,

מַלְאַ֤ךְ יהוה֙ נִצָּ֣ב בַּדֶּ֔רֶךְ וְחַרְבּ֤וֹ
שְׁלוּפָה֙ בְּיָד֔וֹ וַתֵּ֤ט הָאָתוֹן֙ מִן־
הַדֶּ֔רֶךְ וַתֵּ֖לֶךְ בַּשָּׂדֶ֑ה וַיַּ֤ךְ בִּלְעָם֙
כד אֶת־הָ֣אָת֔וֹן לְהַטֹּתָ֖הּ הַדָּֽרֶךְ׃ וַיַּֽעֲמֹד֙
מַלְאַ֣ךְ יהוה בְּמִשְׁע֖וֹל הַכְּרָמִ֑ים

אונקלוס

מַלְאָכָא דַיְיָ מְעַתַּד בְּאָרְחָא וְחַרְבֵּהּ שְׁלִיפָא בִּידֵהּ וּסְטַת אַתָּנָא מִן אָרְחָא וַאֲזָלַת בְּחַקְלָא וּמְחָא בִלְעָם יָת אַתָּנָא לְאַסְטָיוּתַהּ לְאָרְחָא: כד וְקָם מַלְאָכָא דַיְיָ בִּשְׁבִיל כַּרְמַיָּא

רש"י

תטרף דעתו כשיראה מזיקין: **וחרבו שלופה בידו.** אמר, רשע זה הניח כלי אומנותו, שכלי זיינן של אומות העולם בחרב, והוא בא עליהם בפיו שהוא אומנות שלהם, אף אני אתפוש את שלו ואבא עליו באומנותו. וכן היה סופו, ואת בלעם בן בעור הרגו בחרב (להלן לא:ח; תנחומא שם): **(כד) במשעול.** כתרגומו בשביל, וכן אם ישפוק עפר שומרון לשעלים (מלכים א כ:י), אם יספיק

RASHI ELUCIDATED

man] having greater **intelligence,** תִּטָּרֵף דַּעְתּוֹ **– he would go mad**[1] כְּשֶׁיִּרְאֶה מַזִּיקִין[2] **– when he would see harmful spirits.**[2]

□ וְחַרְבּוֹ שְׁלוּפָה בְּיָדוֹ – WITH HIS SWORD DRAWN IN HIS HAND. אָמַר **– [The angel] said,** רָשָׁע זֶה **– "This evil one** הִנִּיחַ כְּלֵי אֻמָּנוּתוֹ **– put aside the tools of his craft,** שֶׁכְּלֵי זֵינָן שֶׁל אֻמּוֹת הָעוֹלָם בַּחֶרֶב **– for the weapon of the** non-Jewish **nations of the world is the sword,**[3] וְהוּא בָא עֲלֵיהֶם **– and he comes against them** בְּפִיו **– with his mouth,** שֶׁהוּא אֻמָּנוּת שֶׁלָּהֶם **– which is the craft [of Israel].**[4] אַף אֲנִי אֶתְפּוֹשׂ אֶת שֶׁלּוֹ **– I, too, shall grab that which is his,** וְאָבֹא עָלָיו בְּאֻמָּנוּתוֹ **– and I shall come against him with his own craft."** וְכֵן הָיָה סוֹפוֹ **– And so,** with the sword, **was [Balaam's] end,** ,,וְאֵת בִּלְעָם בֶּן בְּעוֹר הָרְגוּ בֶּחָרֶב''[5,6] **– "And Balaam the son of Beor they slew with the sword."**[5,6]

24. בְּמִשְׁעוֹל – IN THE FOOTPATH. This is to be understood כְּתַרְגּוּמוֹ **– as** ***Targum Onkelos*** **renders it,** ,,בִּשְׁבִיל'' **– "in the path."** וְכֵן ,,אִם יִשְׂפֹּק עֲפַר שֹׁמְרוֹן לִשְׁעָלִים''[7] **– And similarly,** לִשְׁעָלִים in the phrase, **"if the soil of Samaria is sufficient for footsteps,"**[7] means אִם יַסְפִּיק

our verse Rashi begins with "from here," which indicates that he sees our verse as the source for the idea that a man of importance should travel with two companions, rather than the verse in *Genesis;* (b) here Rashi says that a man of importance *should* bring two companions with him, but in *Genesis* he uses stronger language, "A man of importance is *not permitted* to travel without two companions"; (c) here Rashi says that two companions are necessary so that they themselves can serve each other, whereas there he says that two companions are necessary so that the man of importance should not be alone in case one of his companions must leave him temporarily.

These discrepancies can be explained in light of the different circumstances under which Abraham and Balaam traveled. Abraham traveled with no companions other than his two young men and Isaac. Moreover, he expected to make the return journey without Isaac. Abraham thus had an added imperative to take companions with him, for he needed them not only to serve him, but for protection, as well. Thus, someone in Abraham's situation, where there is threat of danger, is *not permitted* to travel without two companions. Balaam, on the other hand, was escorted by the Moabite officers, who would protect him along the way. Thus, he only needed the attendants to serve him. Therefore Rashi says merely that he *should not* travel without them. When speaking of Abraham, Rashi mentions the possibility of his being left alone and unprotected as the reason for taking two companions, for the threat of danger was the overriding concern in that situation. Here, where no threat of danger existed, Rashi mentions the lesser reason that two should be brought, so that they might serve each other. Finally, the precedent of Balaam must be seen as the source for the general rule that a man of importance should travel with two companions, for it is only from Balaam that we see that this rule applies even where there is no threat of danger (see *Gur Aryeh*).

1. Literally, "his mind would become scrambled."

2. If man were capable of seeing into the world of the spirits, he would see both benevolent angels and harmful spirits. Since man's mind cannot withstand the sight of harmful spirits, he is not granted the ability to see any beings from spiritual realms, including benevolent angels. Animals, having less intelligence, are not as sensitive to the sight of harmful spirits, and are thus able to see benevolent angels, as well (see *Nachalas Yaakov*).

3. See *Genesis* 27:40; see also Rashi to 20:18 above.

4. Israel practices its craft with the mouth, through prayer (see Rashi to v. 4 above, s.v., אֶל זִקְנֵי מִדְיָן, and 20:16, s.v., וַיִּשְׁמַע קֹלֵנוּ).

5. Below 31:8; see Rashi there.

6. *Tanchuma* 8.

7. *I Kings* 20:10; see Rashi there. The word מִשְׁעוֹל, "footpath," is related to the word שַׁעַל, "footstep."

כה גָּדֵר מִזֶּה וְגָדֵר מִזֶּה: וַתֵּרֶא הָאָתוֹן
אֶת־מַלְאַךְ יהוה וַתִּלָּחֵץ אֶל־
הַקִּיר וַתִּלְחַץ אֶת־רֶגֶל בִּלְעָם אֶל־
כו הַקִּיר וַיֹּסֶף לְהַכֹּתָהּ: וַיּוֹסֶף מַלְאַךְ־
יהוה עֲבוֹר וַיַּעֲמֹד בְּמָקוֹם צָר

a fence on this side and a fence on that side. [25] *The she-donkey saw the angel of* HASHEM *and she pressed against the wall, and she pressed Balaam's leg against the wall; and he continued to strike her.* [26] *The angel of* HASHEM *continued to pass ahead and stood in a narrow place,*

אונקלוס

אַתְרָא דְגָדֵרָא מִכָּא וְגָדֵרָא מִכָּא: כה וַחֲזַת אַתָּנָא יָת מַלְאָכָא דַייָ וְאִדְּחִיקַת לְכָתְלָא וּדְחִיקַת יָת רִגְלָא דְבִלְעָם לְכָתְלָא וְאוֹסֵף לְמִמְחַהּ: כו וְאוֹסֵף מַלְאָכָא דַייָ לְמֶעְבַּר וְקָם בַּאֲתַר עָק

רש"י

כל עפר שומרון להיות נדבק בכפות הרגלים בהלוכן. וכן מי מדד בשעלו מים (ישעיה מ:יב), ברגליו ובהלוכו: **גדר מזה וגדר מזה.** סתם גדר של אבנים הוא [כמה שנא' וגדר אבניו נהרסה (משלי כד:לא)]: (כה) **וַתִּלָּחֵץ.** היא עצמה: **וַתִּלְחַץ.** את אחרים, את רגל בלעם: (כו) **ויוסף מלאך ה' עבור.** לעבור עוד לפניו להלן להיות לפניו במקום אחר, כמו והוא עבר לפניהם (בראשית לג:ג). ומדרש אגדה יש בתנחומא, מה ראה לעמוד בשלשה מקומות, סימני אבות הראהו (תנחומא שם):

RASHI ELUCIDATED

כָּל עֲפַר שֹׁמְרוֹן – **if all the soil of Samaria will be enough** לִהְיוֹת נִדְבָּק בְּכַפּוֹת הָרַגְלַיִם – **to stick to the soles of the feet** בְּהִלּוּכָן – **when they walk.** וְכֵן ,,מִי מָדַד בְּשָׁעֳלוֹ מַיִם''[1] – **And similarly,** בְּשָׁעֳלוֹ in the phrase, **"who measured water with his footstep,"**[1] means בְּרַגְלָיו – **with his feet,** וּבְהִלּוּכוֹ – **and through his walking.**

□ גָּדֵר מִזֶּה וְגָדֵר מִזֶּה – A FENCE ON THIS SIDE AND A FENCE ON THAT SIDE. סְתָם גָּדֵר – **A fence** when mentioned by Scripture **without further specification** שֶׁל אֲבָנִים הוּא – **is** made **of stones,**[2] {כְּמָה שֶׁנֶּאֱמַר – **as it says,** ,,וְגֶדֶר אֲבָנָיו נֶהֱרָסָה''[3] – **"And his stone fence was in ruins."**[3]}[4]

25. וַתִּלָּחֵץ – AND SHE PRESSED, that is, הִיא עַצְמָהּ – **she** pressed **herself** against the wall.

□ וַתִּלְחַץ – AND SHE PRESSED אֶת אֲחֵרִים – **something else,** ,,אֶת רֶגֶל בִּלְעָם'' – **"Balaam's leg."**[5]

26. וַיּוֹסֶף מַלְאַךְ ה' עֲבוֹר – THE ANGEL OF HASHEM CONTINUED TO PASS AHEAD. לַעֲבוֹר עוֹד לְפָנָיו לְהַלָּן – **To pass before him yet more, further on;** לִהְיוֹת לְפָנָיו – **to be in front of him** בְּמָקוֹם אַחֵר – **in another place.**[6] כְּמוֹ ,,וְהוּא עָבַר לִפְנֵיהֶם''[7] – It is **like** עָבַר in the phrase, **"He went on ahead of them."**[7] וּמִדְרַשׁ אַגָּדָה יֵשׁ בְּתַנְחוּמָא – **There is an aggadic midrash** on this verse **in** *Midrash Tanchuma:* מָה רָאָה לַעֲמוֹד בִּשְׁלֹשָׁה מְקוֹמוֹת – **What did [the angel] see** that led him **to stand in three places?** סִימָנֵי אָבוֹת הֶרְאָהוּ[8] – **He showed [Balaam] signs** that were representative **of the Patriarchs.**[8]

1. *Isaiah* 40:12; see Rashi there.

2. The following verse describes the fence as a קִיר, "wall." This term is appropriate only for a wall with a hard surface, not a flexible one such as a fence of thorns would have. Since fences mentioned by Scripture in general are of stones, we may assume that the wall here was of stones, rather than wood, or some other hard material (see *Mizrachi; Sifsei Chachamim*).

Rashi elsewhere mentions that a גָּדֵר with no further description is made of stone (see Rashi to *Isaiah* 5:5, *Ezekiel* 42:12, *Eruvin* 49b and 57b, *Sukkah* 24b, *Bava Kamma* 29b, and *Bava Metzia* 25b).

3. *Proverbs* 24:31. It is clear from context that the verse assumes that a fence around a field or vineyard is made of stones.

4. The words enclosed in braces are from the Reggio di Calabria edition, but do not appear in other early printed editions. See also Rashi to *Bava Kama* 29b, s.v., והגודר גדרו בקוצים.

5. Although וַתִּלָּחֵץ is in the *nifal* and is a passive verb, the *nifal* can also be used in a reflexive sense, and that is how it is used here: She pressed herself. וַתִּלְחַץ in the *kal* is an active, transitive verb. Its object is Balaam's leg (*Be'er Rechovos; Be'er Yitzchak*).

6. עבר, "to pass," can be used for overtaking something from behind. But that meaning does not fit our verse, for we do not find that the angel was ever behind Balaam. Here it means moving along in front of something, as in the verse Rashi goes on to cite (*Mesiach Ilmim; Gur Aryeh*).

7. *Genesis* 33:3.

8. *Tanchuma* 8. The Midrash says that the first time the angel appeared (v. 23), there was room for Balaam and his donkey to move on either side. This indicates that there were two "sides" on which a curse Balaam directed at Abraham might fall, on the side of Ishmael, or on the side of the sons of Keturah, but not upon Isaac. The second time the angel appeared (v. 24), it was on a path with a wall on either side, broad enough for two to pass through. With Balaam and his donkey there, there was room for only one more. This represents Isaac, who left room for curse to fall on only one "side," that of

אֲשֶׁר אֵין־דֶּרֶךְ לִנְטוֹת יָמִין
כז וּשְׂמֹאול: וַתֵּרֶא הָאָתוֹן אֶת־מַלְאַךְ
יהוה וַתִּרְבַּץ תַּחַת בִּלְעָם וַיִּחַר־אַף
בִּלְעָם וַיַּךְ אֶת־הָאָתוֹן בַּמַּקֵּל:
כח וַיִּפְתַּח יהוה אֶת־פִּי הָאָתוֹן וַתֹּאמֶר
לְבִלְעָם מֶה־עָשִׂיתִי לְךָ כִּי הִכִּיתַנִי
כט זֶה שָׁלֹשׁ רְגָלִים: וַיֹּאמֶר בִּלְעָם
לָאָתוֹן כִּי הִתְעַלַּלְתְּ בִּי לוּ יֶשׁ־חֶרֶב
ל בְּיָדִי כִּי עַתָּה הֲרַגְתִּיךְ: וַתֹּאמֶר
הָאָתוֹן אֶל־בִּלְעָם הֲלוֹא אָנֹכִי אֲתֹנְךָ
אֲשֶׁר־רָכַבְתָּ עָלַי מֵעוֹדְךָ עַד־הַיּוֹם
הַזֶּה הַהַסְכֵּן הִסְכַּנְתִּי לַעֲשׂוֹת לְךָ כֹּה

where there was no room to turn right or left.
27 *The she-donkey saw the angel of* HASHEM *and crouched beneath Balaam. Balaam's anger flared and he struck the she-donkey with the staff.*
28 HASHEM *opened the mouth of the she-donkey and she said to Balaam, "What have I done to you that you have struck me these three times?"*
29 *Balaam said to the she-donkey, "Because you have mocked me! If there were a sword in my hand I would now have killed you!"*
30 *The she-donkey said to Balaam, "Am I not your she-donkey that you have ridden from your inception until this day? Have I been accustomed to do such a thing to you?"*

אונקלוס

דִּי לֵית אֹרַח לְמִסְטֵי לְיַמִּינָא וְלִשְׂמָאלָא: כז וַחֲזַת אַתָּנָא יָת מַלְאֲכָא דַיְיָ וּרְבַעַת תְּחוֹת בִּלְעָם וּתְקֵף רָגְזָא דְבִלְעָם וּמְחָא יָת אַתָּנָא בְּחֻטְרָא: כח וּפְתַח יְיָ יָת פּוּמָא דְאַתָּנָא וַאֲמַרַת לְבִלְעָם מָא עֲבָדִית לָךְ אֲרֵי מְחֵיתַנִי דְּנַן תְּלָת זִמְנִין: כט וַאֲמַר בִּלְעָם לְאַתָּנָא אֲרֵי חַיֵּכְתְּ בִּי אִלּוּ פוֹן אִית חַרְבָּא בִּידִי אֲרֵי כְעַן קְטַלְתִּיךְ: ל וַאֲמַרַת אַתָּנָא לְבִלְעָם הֲלָא אֲנָא אַתָּנָךְ דִּי רְכִבְתְּ עֲלַי מִדְּאִיתָךְ עַד יוֹמָא הָדֵין הֲמֵילַף אֲלִיפְנָא לְמֶעְבַּד לָךְ כְּדֵין

רש"י

(כח) זה שלש רגלים. רמזה לו אתה מבקש לעקור אומה החוגגת שלש רגלים בשנה (שם ט): **(כט) התעללת.** כתרגומו, לשון גנאי ובזיון: **לו יש חרב בידי.** גנות גדולה היה לו דבר זה בעיני השרים. זה הולך להרוג אומה שלימה בפיו, ולאתון זו צריך לכלי זיין (שם): **(ל) ההסכן הסכנתי.** כתרגומו, וכן הלאל יסכן גבר (איוב כב:ב).

RASHI ELUCIDATED

28. זֶה שָׁלֹשׁ רְגָלִים – THESE [literally, "this"] **THREE TIMES.** **רָמְזָה לוֹ – She intimated to him,** **אַתָּה מְבַקֵּשׁ לַעֲקוֹר – "You seek to uproot** **אֻמָּה – a nation** **הַחוֹגֶגֶת שָׁלֹשׁ רְגָלִים בַּשָּׁנָה[1] – which celebrates three festivals a year."[1]**

29. הִתְעַלַּלְתְּ – This is to be understood **כְּתַרְגּוּמוֹ – as *Targum Onkelos* renders it,** חַיֵּכְתְּ, "you have mocked." **לְשׁוֹן גְּנַאי וּבִזָּיוֹן – It is an expression of shame and disgrace.[2]**

□ **לוּ יֶשׁ חֶרֶב בְּיָדִי – IF THERE WERE A SWORD IN MY HAND.** **גְּנוּת גְּדוֹלָה הָיָה לוֹ דָּבָר זֶה – This matter was a great embarrassment to him** **בְּעֵינֵי הַשָּׂרִים – in the eyes of the officers.** **זֶה הוֹלֵךְ לַהֲרוֹג אֻמָּה שְׁלֵמָה בְּפִיו – This one is going to kill an entire nation with his mouth,** **וְלָאָתוֹן זוֹ צָרִיךְ כְּלֵי זַיִן[3] – yet for this she-donkey, he needs a weapon![3]**

30. הַהַסְכֵּן הִסְכַּנְתִּי – This is to be understood **כְּתַרְגּוּמוֹ – as *Targum Onkelos* renders it,** הֲמֵילַף אֲלִיפְנָא, "Have I been accustomed?" **וְכֵן "הַלָאֵל יִסְכָּן גָּבֶר"[4] – Similarly, יִסְכָּן** in, **"Is it for God that a man learns?"[4]**

Esau. This final time, the angel appeared on a path so narrow that there was room for only one to pass, with no space on the sides. This represents Jacob, all of whose descendants were righteous, and who thus left no room for any curse to take effect.

1. *Tanchuma* 9. *Targum Onkelos* renders both פְּעָמִים (e.g. 14:22 and 19:4 above; 24:10 below) and רְגָלִים (here and *Exodus* 23:14, see Rashi there) as זִמְנִין, "times." Nevertheless, the term פְּעָמִים and its singular form פַּעַם are used in Scripture more than a hundred times, while רְגָלִים appears only four times, three times in our passage and once in *Exodus* where it refers to the "three festivals." Since the word's only other appearance is with reference to the three festivals, its appearance here is seen as an allusion to those festivals (*Gur Aryeh*). Furthermore, the singular זֶה, literally, "this," alludes to "this" nation whom you wish to curse, Israel.

2. The root עלל in the *piel* means "to do," but in the *hispael*, as it appears here, it means "to mock" or "to amuse oneself." Rashi elaborates on this in his comments to *Exodus* 10:2, s.v., הִתְעַלַּלְתִּי.

3. *Tanchuma* 9.

4. *Job* 22:2.

He said, "No."

[31] Then HASHEM uncovered Balaam's eyes and he saw the angel of HASHEM standing on the road with his sword drawn in his hand. He bowed his head and prostrated himself on his face.

[32] The angel of HASHEM said to him, "For what reason did you strike your she-donkey these three times? Behold! I went out as an impediment, for he hastened on the road, against me. [33] The she-donkey saw me

וַיֹּאמֶר לֹא: לא וַיְגַל יהוה אֶת־עֵינֵי
בִלְעָם וַיַּרְא אֶת־מַלְאַךְ יהוה נִצָּב
בַּדֶּרֶךְ וְחַרְבּוֹ שְׁלֻפָה בְּיָדוֹ וַיִּקֹּד
לב וַיִּשְׁתַּחוּ לְאַפָּיו: וַיֹּאמֶר אֵלָיו
מַלְאַךְ יהוה עַל־מָה הִכִּיתָ
אֶת־אֲתֹנְךָ זֶה שָׁלוֹשׁ רְגָלִים
הִנֵּה אָנֹכִי יָצָאתִי לְשָׂטָן כִּי־יָרַט
לג הַדֶּרֶךְ לְנֶגְדִּי: וַתִּרְאַנִי הָאָתוֹן

אונקלוס

וַאֲמַר לָא: לא וּגְלָא יְיָ יָת עֵינֵי בִלְעָם וַחֲזָא יָת מַלְאָכָא דַייָ מְעַתַּד בְּאָרְחָא וְחַרְבֵּהּ שְׁלִיפָא בִּידֵהּ וּכְרַע וּסְגִיד לְאַפּוֹהִי: לב וַאֲמַר לֵהּ מַלְאָכָא דַייָ עַל מָא מְחֶתָא יָת אֲתָנָךְ דְּנַן תְּלָת זִמְנִין הָא אֲנָא נְפָקִית לְמִסְטַן אֲרֵי גְלֵי קֳדָמַי דְּאַתְּ רָעֵי לְמֵזַל בְּאָרְחָא לְקָבְלִי: לג וַחֲזַתְנִי אֲתָנָא

רש"י

ורבותינו דרשו מקרא זה בתלמוד, אמרו ליה מאי טעמא לא רכבת אסוסיא, אמר להון ברטיבא שדאי ליה כו' כדאיתא במסכת עבודה זרה (ד:): (לב) כי ירט הדרך לנגדי. רבותינו חכמי המשנה דרשוהו נוטריקון, יראה ראתה נטתה (שבת קה.) בשביל שהדרך לנגדי, כלומר לקנאתי ולהקניטני. ולפי משמעו, כי חרד הדרך לנגדי לשון רטט, כי ראיתי בעל הדרך שחרד ומהר הדרך שהוא לכעסי ולהמראתי, ומקרא קצר הוא, כמו ותכל דוד (שמואל ב יג:לט) שרוצה לומר ותכל נפש דוד.

RASHI ELUCIDATED

וְרַבּוֹתֵינוּ דָּרְשׁוּ מִקְרָא זֶה בַּתַּלְמוּד — **Our Rabbis expounded this verse in the Talmud** as follows: אָמְרוּ לֵיהּ — **[The officers of Moab] said to him,** מַאי טַעְמָא לָא רְכִבַתְּ אַסּוּסְיָא — **"What is the reason that you did not ride on a horse?"** אָמַר לְהוֹן — **He said to them,** בִּרְטִיבָא שְׁדָאִי לֵיהּ כוּלְּהוּ — **"I sent it out to the meadow** to graze, **etc.,"** כִּדְאִיתָא בְּמַסֶּכֶת עֲבוֹדָה זָרָה[1] — **as stated in Tractate** ***Avodah Zarah.***[1]

32. כִּי יָרַט הַדֶּרֶךְ לְנֶגְדִּי — FOR HE HASTENED ON THE ROAD AGAINST ME. רַבּוֹתֵינוּ — **Our Rabbis,** חַכְמֵי הַמִּשְׁנָה — **the Sages of the Mishnah,** דְּרָשׁוּהוּ בִּלְשׁוֹן נוֹטָרִיקוֹן — **expounded [יָרַט] as shorthand.** יָרְאָה רָאֲתָה נָטְתָה[3] — It is an acronym formed from the words יָרְאָה, **"she feared,"** רָאֲתָה, **"she saw,"**[2] and נָטְתָה, **"she turned away,"**[3] בִּשְׁבִיל שֶׁהַדֶּרֶךְ לְנֶגְדִּי — **because the road,** i.e., the journey, **is "against me,"** כְּלוֹמַר — **that is to say,** לְקִנְאָתִי — **to incense me,** וּלְהַקְנִיטֵנִי — **and to spite me.**[4] וּלְפִי מַשְׁמָעוֹ — **But according to the way it sounds,** i.e., according to the simple explanation of the words, it means כִּי חָרַד הַדֶּרֶךְ לְנֶגְדִּי — **"for he was anxious on the road against me."** לְשׁוֹן רֶטֶט — The word יָרַט **is an expression that indicates anxiety.** The angel is saying, כִּי רָאִיתִי בַּעַל הַדֶּרֶךְ — **"For I saw the one on the journey,** i.e. Balaam, שֶׁחָרַד וּמִהֵר הַדֶּרֶךְ — **that he was anxious in hurrying the journey** שֶׁהוּא לְכַעְסִי — **which is a source of anger to me** וּלְהַמְרָאָתִי — **and rebellion against me."** וּמִקְרָא קָצָר הוּא — **It is an abbreviated verse,** which does not mention its subject specifically,[5] כְּמוֹ "וַתְּכַל דָּוִד"[6] — **like** the phrase, **"and David longed,"**[6] שֶׁרוֹצֶה לוֹמַר — **which means to say,** וַתְּכַל נֶפֶשׁ דָּוִד — **"and David's soul longed."**[7]

1. *Avodah Zarah* 4b. The Gemara there continues: Thereupon, the she-donkey said, . . ."Am I not your donkey?" He said to it, "[I use you as a donkey] only for carrying burdens." It then continued, "That you have ridden!" He said to it, "It was an isolated occurrence." She continued, "From your inception until this day! And furthermore, I would provide you with transportation by day, and serve as a woman at night." [We see this because] it is written here הַהַסְכֵּן הִסְכַּנְתִּי, "have I been accustomed," and it is written there (*I Kings* 1:2) וּתְהִי לוֹ סֹכֶנֶת, "she should be for him a source of warmth."

According to this *Gemara,* הַהַסְכֵּן and הִסְכַּנְתִּי are understood in the sense of providing intimate companionship.

2. "She feared" precedes "she saw" because the animal sensed the presence of the angel and feared it even before she saw it (*Gur Aryeh*).

3. *Shabbos* 105a. Thus, יראה ראתה נטתה.

4. According to this explanation, the verse is to be understood as if it were written יָרַט כִּי הַדֶּרֶךְ לְנֶגְדִּי, "[your she-donkey] feared, saw, and turned away, because the road is against me" (*Be'er BaSadeh*).

5. According to the first explanation it is not an abbreviated verse, for the context indicates that the subject of יָרַט is אֲתֹנְךָ, "your she-donkey," which appeared earlier in the verse.

6. *II Samuel* 13:39; see Rashi there.

7. וַתְּכַל is from the root כלה. It is the feminine form of the

וַתֵּט לְפָנַי זֶה שָׁלֹשׁ רְגָלִים אוּלַי
נָטְתָה מִפָּנַי כִּי עַתָּה גַּם־
אֹתְכָה הָרַגְתִּי וְאוֹתָהּ הֶחֱיֵיתִי׃
לד וַיֹּאמֶר בִּלְעָם אֶל־מַלְאַךְ יהוה

and turned away from me these three times. Had she not turned away from me, I would now even have killed you and let her live!"
34 *Balaam said to the angel of HASHEM,*

אונקלוס

וּסְטַת מִן קֳדָמַי דְּנַן תְּלָת זִמְנִין אִלּוּ פוֹן לָא סְטַת מִן קֳדָמַי אֲרֵי כְעַן אַף
יָתָךְ קַטֵּלִית (נ״א קְטָלִית) וְיָתַהּ קַיֵּמִית: לד וַאֲמַר בִּלְעָם לְמַלְאָכָא דַייָ

רש״י

לשון אחר, ירט לשון רצון, וכן ועל ידי רשעים ירטני (איוב טז:יא) מפייס ומנחם אותי ע״י רשעים, שאינן אלא מקניטים: (לג) **אולי נטתה.** כמו לולא, פעמים שאולי משמש בלשון לולא: **גם אתכה הרגתי.** הרי זה מקרא מסורס, והוא כמו גם הרגתי אותך. כלומר, לא העכבה בלבד קראתך על ידי, כי גם ההריגה:

ואותה החייתי. ועתה מפני שדיברה והוכיחתך ולא יכולת לעמוד בתוכחתה, כמו שכתוב ויאמר לא (לעיל פסוק ל), הרגתיה, שלא יאמרו זו היא שסלקה את בלעם בתוכחתה ולא יכול להשיב, שחס המקום על כבוד הבריות. וכן ואת הבהמה תהרגו (ויקרא כ:טו) וכן והרגת את האשה ואת הבהמה (שם טז; תנחומא שם):

RASHI ELUCIDATED

לָשׁוֹן אַחֵר – Another explanation is "יָרַט" לְשׁוֹן רָצוֹן – that יָרַט **denotes "appeasement,"** וְכֵן "וְעַל יְדֵי רְשָׁעִים יִרְטֵנִי"[1] – **and similarly,** יִרְטֵנִי in, **"And He mollifies me through the wicked,"**[1] מְפַיֵּס וּמְנַחֵם אוֹתִי – which means, **He appeases and consoles me** עַל יְדֵי רְשָׁעִים – **through the wicked,** שֶׁאֵינָן אֶלָּא מַקְנִיטִים – **who do nothing but spite.**[2]

33. אוּלַי נָטְתָה – HAD SHE NOT TURNED AWAY. כְּמוֹ לוּלֵא – The word אוּלַי in this instance has **the same meaning as** לוּלֵא, **"were it not, had it not."** פְּעָמִים שֶׁ"אוּלַי" מְשַׁמֵּשׁ בִּלְשׁוֹן "לוּלֵא" – **There are times that** אוּלַי **functions in the sense of** לוּלֵא.[3]

□ **גַּם אֹתְכָה הָרַגְתִּי – I WOULD [NOW] EVEN HAVE KILLED YOU** (literally, "even you I would have killed"). הֲרֵי זֶה מִקְרָא מְסֹרָס – **See now, that this is an inverted verse.**[4] וְהוּא כְּמוֹ – **It has the same meaning as,** גַּם הָרַגְתִּי אוֹתְךָ – **I would even have killed you;** כְּלוֹמַר – **that is to say,** לֹא הָעַכָּבָה בִּלְבַד קְרָאַתְךָ – **not only would delay have befallen you** עַל יָדִי – **because of me,** כִּי גַּם הַהֲרִיגָה – **but also killing,** i.e., being killed.

□ **וְאוֹתָהּ הֶחֱיֵיתִי – AND [I WOULD HAVE] LET HER LIVE.** וְעַתָּה – **But now,** מִפְּנֵי שֶׁדִּבְּרָה – **because she spoke** וְהוֹכִיחַתְךָ – **and rebuked you,** וְלֹא יָכֹלְתָּ לַעֲמוֹד בְּתוֹכַחְתָּהּ – **and you were unable to stand up to her rebuke,** כְּמוֹ שֶׁכָּתוּב – **as it is written,** "וַיֹּאמֶר לֹא"[5] – **"He said, 'No.'"**[5] הֲרַגְתִּיהָ – **I killed her,** שֶׁלֹּא יֹאמְרוּ – **so that they should not say,** זוֹ הִיא שֶׁסִּלְּקָה אֶת בִּלְעָם בְּתוֹכַחְתָּהּ – **"This is the one that dismissed Balaam with its rebuke,** וְלֹא יָכוֹל לְהָשִׁיב – **and he was not able to respond."** שֶׁחָס הַמָּקוֹם עַל כְּבוֹד הַבְּרִיּוֹת – **For the Omnipresent takes pity on people's dignity.**[6] וְכֵן – **Similarly,** "וְאֶת הַבְּהֵמָה תַּהֲרֹגוּ"[7] – **"And you shall kill the animal."**[7] וְכֵן – **And similarly,** "וְהָרַגְתָּ אֶת הָאִשָּׁה וְאֶת הַבְּהֵמָה"[8,9] – **"You shall kill the woman and the animal."**[8,9]

---

word, so "David" cannot be its subject. The subject must be the implicit feminine noun נֶפֶשׁ, "soul."

1. *Job* 16:11.

2. According to this explanation, too, the subject of the verse is left unspecified. The verse means, "for he (Balaam) was content with the road which is against me."

3. The usual meaning of אוּלַי is "perhaps," e.g., v. 6 above and 23:3 below. Rashi's understanding here is in accordance with the *Targumim*. *Ramban* notes that the word אוּלַי does not appear anywhere else in Scripture with the same meaning as לוּלֵא.

4. If the words are read in the order in which they appear, the verse would be saying, "I would have killed you, too," as if the angel would have actually killed someone else if the donkey had not turned away.

5. Above v. 30. That is, Balaam was forced to admit that he was wrong.

6. "I would . . . have . . . let her live" implies that the angel did not, in fact, let the she-donkey live. Rashi explains why he killed it (see *Mizrachi; Sifsei Chachamim*).

7. *Leviticus* 20:15; see Rashi there. That verse and the one that follows it speak of a person who has relations with an animal. The animal is killed along with the sinner so that the sinner will not become further disgraced by people pointing to the animal and speaking about its role in the sinner's downfall (see *Sanhedrin* 54a).

8. *Leviticus* 20:16. See previous note.

9. *Tanchuma* 9.

חָטָ֔אתִי כִּ֚י לֹ֣א יָדַ֔עְתִּי כִּ֥י אַתָּ֛ה
נִצָּ֥ב לִקְרָאתִ֖י בַּדָּ֑רֶךְ וְעַתָּ֛ה אִם־רַ֥ע
לה בְּעֵינֶ֖יךָ אָשׁ֥וּבָה לִּֽי׃ וַיֹּ֩אמֶר֩ מַלְאַ֨ךְ
יהוה אֶל־בִּלְעָ֗ם לֵ֚ךְ עִם־הָ֣אֲנָשִׁ֔ים
וְאֶ֗פֶס אֶת־הַדָּבָ֛ר אֲשֶׁר־אֲדַבֵּ֥ר
אֵלֶ֖יךָ אֹת֣וֹ תְדַבֵּ֑ר וַיֵּ֥לֶךְ בִּלְעָ֖ם עִם־

"I have sinned, for I did not know that you were standing opposite me on the road. And now, if it is evil in your eyes, I shall return."

35 The angel of HASHEM said to Balaam, "Go with the men, but only the word that I shall speak to you, that shall you speak." So Balaam went with the

אונקלוס

חָבִית אֲרֵי לָא יְדַעִית אֲרֵי אַתְּ מְעַתַּד לְקֳדָמוּתִי בְּאָרְחָא וּכְעַן אִם בִּישׁ בְּעֵינָךְ אֵתוּב לִי: לה וַאֲמַר מַלְאֲכָא דַייָ לְבִלְעָם אִזֵּל עִם גֻּבְרַיָּא וּלְחוֹד (נ״א וּבְרַם) יָת פִּתְגָמָא דִּי אֲמַלֵּל עִמָּךְ יָתֵהּ תְּמַלֵּל וַאֲזַל בִּלְעָם עִם

רש"י

(לד) כי לא ידעתי. גם זה גנותו ועל כרחו הודה, שהוא היה משתבח שיודע דעת עליון, ופיו העיד לא ידעתי (תנחומא י): **אם רע בעיניך אשובה לי.** להתריס כנגד המקום היא תשובה זו. אמר לו, הוא בעצמו צוני ללכת ואתה מלאך מבטל את דבריו, למוד הוא בכך שאומר דבר ומלאך מחזירו. אמר לאברהם, קח נא את בנך וגו' (בראשית כב:ב) וע"י מלאך בטל את דברו, אף אני אם רע בעיניך צריך אני לשוב (תנחומא שם): **(לה) לך עם האנשים.** בדרך שאדם רוצה לילך בה מוליכין אותו (שם ח; מכות י:): **לך עם האנשים.** כי חלקך עמהם וסופך ליאבד מן העולם (תנחומא י): **ואפס.** על כרחך, את הדבר אשר אדבר וגו':

RASHI ELUCIDATED

34. כִּי לֹא יָדַעְתִּי — FOR I DID NOT KNOW. גַּם זֶה גְּנוּתוֹ — **This, too, was an embarrassment for him,**[1] וְעַל כָּרְחוֹ הוֹדָה — **and he was forced to admit** to it, שֶׁהוּא הָיָה מִשְׁתַּבֵּחַ — **for he would boast** שֶׁ,,יּוֹדֵעַ דַּעַת עֶלְיוֹן״[2] — **that he "knows the mind of the Supreme One,"**[2] וּפִיו הֵעִיד — **yet his own mouth testified,** ,,לֹא יָדַעְתִּי״[3] — **"I did not know."**[3]

☐ אִם רַע בְּעֵינֶיךָ אָשׁוּבָה לִּי — IF IT IS EVIL IN YOUR EYES, I SHALL RETURN. לְהַתְרִיס נֶגֶד הַמָּקוֹם הִיא תְּשׁוּבָה זוֹ — **This response was** intended **to speak to the Omnipresent in a hostile manner.** אָמַר לוֹ — **[Balaam] said to [the angel],** הוּא בְּעַצְמוֹ צִוַּנִי לָלֶכֶת — **"He Himself commanded me to go,** וְאַתָּה מַלְאָךְ — **yet you, an angel,** מְבַטֵּל אֶת דְּבָרָיו — **nullify His words.**[4] לָמוּד הוּא בְּכָךְ — **He is accustomed to such** things, שֶׁאוֹמֵר דָּבָר — **that He says something** וּמַלְאָךְ מַחֲזִירוֹ — **and an angel rescinds it.** אָמַר לְאַבְרָהָם — **[God] said to Abraham,** ,,קַח נָא אֶת בִּנְךָ וְגוֹמֵר״[5] — **'Please take your son etc.** [and bring him up there as an offering],'[5] וְעַל יְדֵי מַלְאָךְ — **and through an angel** בִּטֵּל אֶת דְּבָרוֹ — **he nullified His word.**[6] אַף אֲנִי — **I, too,** ,,אִם רַע בְּעֵינֶיךָ״ — **'if it is evil in** ***your*** **eyes,'** צָרִיךְ אֲנִי לָשׁוּב[3] — **I must return."**[3]

35. לֵךְ עִם הָאֲנָשִׁים — GO WITH THE MEN. בְּדֶרֶךְ שֶׁאָדָם רוֹצֶה לֵילֵךְ — **Along the road on which a person wishes to go,** בָּהּ מוֹלִיכִין אוֹתוֹ[7] — **on it they take him.**[7]

☐ לֵךְ עִם הָאֲנָשִׁים — GO WITH THE MEN. כִּי חֶלְקְךָ עִמָּהֶם — **For your portion is with them,** וְסוֹפְךָ — **and your end** will be לֵאָבֵד מִן הָעוֹלָם[8] — **to perish from the world.**[8]

☐ וְאֶפֶס — BUT ONLY. This means, עַל כָּרְחֲךָ — **against your will,**[9] ,,אֶת הַדָּבָר אֲשֶׁר אֲדַבֵּר וְגוֹמֵר״ — **"the word that I shall speak, etc."**

1. By "this, too," Rashi means that this was an embarrassment in addition to the embarrassment Rashi mentions in his comments to verse 29.

2. Below 24:16.

3. *Tanchuma* 10.

4. "If it is evil in your eyes" seems superfluous; it was clear by now that the angel was displeased with Balaam. Balaam said this out of disrespect toward God (*Imrei Shefer; Divrei David*).

5. *Genesis* 22:2.

6. See *Genesis* 22:11.

7. *Tanchuma* 8; *Makkos* 10b. This explains why Balaam was granted permission to continue although he had readily agreed to return (*Mizrachi*).

8. *Tanchuma* 10. This is implied by the apparently superfluous "with the men" (*Nachalas Yaakov; Sifsei Chachamim*).

9. Had the angel been addressing a command to Balaam, he could have said, "Go with the men, *and* the word (וְאֶת הַדָּבָר) that I shall speak to you, that you shall speak." The phrase "but only" would have been superfluous. Its presence indicates that the angel was not giving a command, but rather, predicting a fact; Balaam would speak only that which he was allowed to, and nothing else (see *Gur Aryeh*).

officers of Balak.

36 Balak heard that Balaam had come, so he went out toward him to the city of Moab, which is on the border of Arnon, which is at the edge of the border. 37 Balak said to Balaam, "Did I not urgently send to you to summon you? Why did you not go to me? Am I indeed not capable of honoring you?"

38 Balaam said to Balak, "Behold! I have come to you now; will I be able to say anything? Whatever word God puts into my mouth, that shall I speak!"

39 Balaam went with Balak and they came to Kiriath-huzoth. 40 Balak slaughtered

לו שָׂרֵ֥י בָלָֽק׃ וַיִּשְׁמַ֥ע בָּלָ֖ק כִּ֣י־בָ֣א
בִלְעָ֑ם וַיֵּצֵ֤א לִקְרָאתוֹ֙ אֶל־עִ֣יר
מוֹאָ֔ב אֲשֶׁר֙ עַל־גְּב֣וּל אַרְנֹ֔ן אֲשֶׁ֖ר
לז בִּקְצֵ֥ה הַגְּבֽוּל׃ וַיֹּ֨אמֶר בָּלָ֜ק אֶל־
בִּלְעָ֗ם הֲלֹא֩ שָׁלֹ֨חַ שָׁלַ֤חְתִּי אֵלֶ֙יךָ֙
לִקְרֹא־לָ֔ךְ לָ֥מָּה לֹא־הָלַ֖כְתָּ אֵלָ֑י
לח הַאֻמְנָ֔ם לֹ֥א אוּכַ֖ל כַּבְּדֶֽךָ׃ וַיֹּ֨אמֶר
בִּלְעָ֜ם אֶל־בָּלָ֗ק הִֽנֵּה־בָ֙אתִי֙ אֵלֶ֔יךָ
עַתָּ֕ה הֲיָכֹ֥ל אוּכַ֖ל דַּבֵּ֣ר מְא֑וּמָה
הַדָּבָ֗ר אֲשֶׁ֨ר יָשִׂ֧ים אֱלֹהִ֛ים בְּפִ֖י אֹת֥וֹ
לט אֲדַבֵּֽר׃ רביעי [ששי] וַיֵּ֥לֶךְ בִּלְעָ֖ם עִם־
מ בָּלָ֑ק וַיָּבֹ֖אוּ קִרְיַ֥ת חֻצֽוֹת׃ וַיִּזְבַּ֥ח בָּלָ֖ק

אונקלוס

רַבְרְבֵי בָלָק: לו וּשְׁמַע בָּלָק אֲרֵי אֲתָא בִלְעָם וּנְפַק לָקֳדָמוּתֵהּ לְקַרְתָּא דְמוֹאָב דִּי עַל תְּחוּם אַרְנוֹן דִּי בִּסְטַר תְּחוּמָא: לז וַאֲמַר בָּלָק לְבִלְעָם הֲלָא מִשְׁלַח שְׁלָחִית לְוָתָךְ לְמִקְרֵי לָךְ לְמָא לָא אָתֵיתָא לְוָתִי הַבְקוּשְׁטָא הֲוֵיתָא אָמַר לֵית אֲנָא יָכִיל לְיַקָּרוּתָךְ: לח וַאֲמַר בִּלְעָם לְבָלָק הָא אֲתֵיתִי לְוָתָךְ כְּעַן הֲמֵיכַל יָכִלְנָא לְמַלָּלָא מִדָּעַם פִּתְגָּמָא דִּי יְשַׁוֵּי יְיָ בְּפוּמִי יָתֵהּ אֲמַלֵּל: לט וַאֲזַל בִּלְעָם עִם בָּלָק וַאֲתוֹ לְקִרְיַת מְחוֹזוֹהִי: מ וּנְכֵיס בָּלָק

רש"י

עם שרי בלק. שמח לקללם כמותם (שם י): **(לו) וישמע בלק.** שלח שלוחים לבשרו (שם): **אל עיר מואב.** אל מטרופולין שלו עיר החשובה שלו, לומר ראה מה אלו מבקשים לעקור (שם): **(לז) האמנם לא אוכל כבדך.** נתנבא שסופו לצאת מעמו בקלון (שם): **(לט) קרית חצות.** עיר מלאה שווקים אנשים ונשים וטף בחוצותיה, לומר ראה ורחם שלא יעקרו אלו (שם יא):

RASHI ELUCIDATED

□ **עִם שָׂרֵי בָלָק** – WITH THE OFFICERS OF BALAK. **שָׂמַח לְקַלְּלָם** – **He was** as **happy to curse [Israel]** **כְּמוֹתָם**[1] – **as they were.**[1]

36. וַיִּשְׁמַע בָּלָק – BALAK HEARD. **שָׁלַח שְׁלוּחִים לְבַשְּׂרוֹ** – **[Balaam] sent messengers to inform him.**[2]

□ **אֶל עִיר מוֹאָב** – TO THE CITY OF MOAB. This means, **אֶל מֶטְרוֹפּוֹלִין שֶׁלוֹ** – **to its metropolis,** **עִיר הַחֲשׁוּבָה שֶׁלוֹ** – **its main city,**[3] **לוֹמַר** – as if **to say** to Balaam, **רְאֵה מָה אֵלּוּ מְבַקְשִׁים לַעֲקוֹר**[4] – **"See what these** Israelites **wish to uproot!"**[4]

37. הַאֻמְנָם לֹא אוּכַל כַּבְּדֶךָ – AM I INDEED NOT CAPABLE OF HONORING YOU. **נִתְנַבֵּא** – **He** unwittingly **prophesied** **שֶׁסּוֹפוֹ** – **that [Balaam's] end** will be **לָצֵאת מֵעִמּוֹ** – **to depart from him** **בְּקָלוֹן**[5] – **in humiliation.**[5]

39. קִרְיַת חֻצוֹת – KIRIATH-HUZOTH. **עִיר מְלֵאָה שְׁוָקִים** – **A city full of marketplaces,** **אֲנָשִׁים וְנָשִׁים וָטַף בְּחוּצוֹתֶיהָ** – with **men, women and children in its plazas,**[6] **לוֹמַר** – as if **to say,** **רְאֵה** – **"See,** **וְרַחֵם** – **and have mercy,** **שֶׁלֹּא יֵעָקְרוּ אֵלּוּ**[7] – **so that these should not be uprooted."**[7]

1. *Tanchuma* 10. The verse could have said "with them" or "with the men." It says "with the officers of Balak" to indicate that Balaam was as eager to carry out Balak's wish to curse Israel as his officers were (*Maskil LeDavid*).

2. *Tanchuma* 10.

3. If the Torah says "the city of Moab" without further specification, we may assume that it is its most prominent city, for otherwise the term would be so vague as to be meaningless (*Maskil LeDavid*).

Alternatively, Rashi understands עִיר מוֹאָב, "the city of Moab, which is on the border of Arnon," as identical with עָר מוֹאָב, "Ar of Moab," which is on "the border of Moab" (*Radal* to *Bamidbar Rabbah* 20:16:47; see also Rashi to 21:15 above and note 1 (p. 258); Rashi to 21:28 above and note 2 there; and *Deuteronomy* 2:18).

4. *Tanchuma* 10. This explains why the Torah mentions where Balak went to greet Balaam (*Gur Aryeh*).

5. *Tanchuma* 10. Balak could have used the more direct הֲלֹא אוּכַל כַּבְּדֶךָ, "Am I not capable of honoring you." He used הַאֻמְנָם לֹא אוּכַל כַּבְּדֶךָ instead because it can be taken as, "the truth is, I am not capable of honoring you" (*Divrei David*).

6. "Kiriath-huzoth" means "city of plazas."

7. *Tanchuma* 11. This explains why Balak took Balaam to Kiriath-huzoth, and why the Torah mentions it.

בָּקָר וָצֹאן וַיְשַׁלַּח לְבִלְעָם וְלַשָּׂרִים
מא אֲשֶׁר אִתּוֹ: וַיְהִי בַבֹּקֶר וַיִּקַּח בָּלָק
אֶת־בִּלְעָם וַיַּעֲלֵהוּ בָּמוֹת בָּעַל וַיַּרְא
מִשָּׁם קְצֵה הָעָם:
כג א וַיֹּאמֶר בִּלְעָם אֶל־בָּלָק בְּנֵה־לִי בָזֶה
שִׁבְעָה מִזְבְּחֹת וְהָכֵן לִי בָּזֶה שִׁבְעָה
ב פָרִים וְשִׁבְעָה אֵילִים: וַיַּעַשׂ בָּלָק
כַּאֲשֶׁר דִּבֶּר בִּלְעָם וַיַּעַל בָּלָק
ג וּבִלְעָם פָּר וָאַיִל בַּמִּזְבֵּחַ: וַיֹּאמֶר
בִּלְעָם לְבָלָק הִתְיַצֵּב עַל־עֹלָתֶךָ
וְאֵלְכָה אוּלַי יִקָּרֶה יהוה לִקְרָאתִי
וּדְבַר מַה־יַּרְאֵנִי וְהִגַּדְתִּי לָךְ וַיֵּלֶךְ
ד שֶׁפִי: וַיִּקָּר אֱלֹהִים אֶל־בִּלְעָם וַיֹּאמֶר

cattle and sheep and sent to Balaam and to the officers who were with him. [41] *And it was in the morning: Balak took Balaam and brought him up to the heights of Baal, and from there he saw the edge of the people.*

23 [1] *Balaam said to Balak, "Build for me here seven altars and prepare for me here seven bulls and seven rams."* [2] *Balak did as Balaam had spoken, and Balak and Balaam brought up a bull and a ram on each altar.* [3] *Balaam said to Balak, "Stand by your burnt-offering and I shall go; perhaps* HASHEM *will happen upon me and show me something that I can tell you." He went alone.*

[4] *God happened upon Balaam and he said*

אונקלוס

תּוֹרִין וְעָן וְשַׁלַּח לְבִלְעָם וּלְרַבְרְבַיָּא דִּי עִמֵּהּ: מא וַהֲוָה בְצַפְרָא וּדְבַר בָּלָק יָת בִּלְעָם וְאַסְּקֵהּ לְרָמַת דַּחַלְתֵּהּ וַחֲזָא מִתַּמָּן קְצַת מִן עַמָּא: א וַאֲמַר בִּלְעָם לְבָלָק בְּנֵה לִי הָכָא שַׁבְעָא מַדְבְּחִין וְאַתְקֵן לִי הָכָא שַׁבְעָא תוֹרִין וְשַׁבְעָא דִכְרִין: ב וַעֲבַד בָּלָק כְּמָא דִּי מַלִּיל בִּלְעָם וְאַסֵּק בָּלָק וּבִלְעָם תּוֹר וּדְכַר עַל כָּל מַדְבְּחָא: ג וַאֲמַר בִּלְעָם לְבָלָק אִתְעַתַּד עַל עֲלָתָךְ וְאֵיהַךְ מָאִים יְעָרַע מֵימַר מִן קֳדָם יְיָ לְקֳדָמוּתִי וּפִתְגָמָא דְיַחֲזִנַּנִי וְאַחֲוֵי לָךְ וַאֲזַל יְחִידִי: ד וַעֲרַע מֵימַר מִן קֳדָם יְיָ לְוָת בִּלְעָם וַאֲמַר

רש"י

(מ) **בקר וצאן.** דבר מועט בקר אחד וצאן אחד בלבד (שם): (מא) **במות בעל.** כתרגומו, לרמת דחלתיה, שם עבודה זרה: (ג) **אולי יקרה ה' לקראתי.** אינו רגיל לדבר עמי ביום: **וילך שפי.** כתרגומו יחידי, לשון שופי ושקט שאין עמו אלא שתיקה: (ד) **ויקר.** לשון עראי לשון גנאי לשון טומאת קרי (ויק"ר א:יג)

RASHI ELUCIDATED

40. בָּקָר וָצֹאן – CATTLE AND SHEEP. דָּבָר מוּעָט **– A paltry matter,** בָּקָר אֶחָד וְצֹאן אֶחָד בִּלְבָד[1] **– only one** head of **cattle, and one sheep.**[1]

41. בָּמוֹת בָּעַל – THE HEIGHTS OF BAAL. This is to be understood **כְּתַרְגּוּמוֹ – as *Targum* Onkelos renders it,** "לְרָמַת דַּחַלְתֵּהּ" **– "to the high place of his deity."** שֵׁם עֲבוֹדָה זָרָה – Baal is **the name of the idol.**

23.

3. אוּלַי יִקָּרֶה ה' לִקְרָאתִי – PERHAPS HASHEM WILL HAPPEN UPON ME. אֵינוֹ רָגִיל לְדַבֵּר עִמִּי בַּיּוֹם **– He does not usually speak with me by day.**[2]

□ **וַיֵּלֶךְ שֶׁפִי** – This is to be understood **כְּתַרְגּוּמוֹ – as *Targum* Onkelos renders it,** "יְחִידִי" – "[He went] **alone."** "לָשׁוֹן "שׁוּפִי **– [The word שֶׁפִי] is an expression of** שׁוּפִי**, "stillness,"** וָשֶׁקֶט **– and quiet,** שֶׁאֵין עִמּוֹ אֶלָּא שְׁתִיקָה **– for there is nothing but silence with him.**[3]

4. וַיִּקָּר – [GOD] HAPPENED UPON. לְשׁוֹן עֲרַאי **–** This is **an expression of impermanence;** לְשׁוֹן גְּנַאי **– an expression of shame;** לְשׁוֹן טֻמְאַת קֶרִי[4] **– an expression of the impurity of seminal discharge,**[4]

1. *Tanchuma* 11. Had Balak slaughtered more than a single head of cattle and a single sheep, the verse would have said that Balak made "a great feast," as in *Genesis* 21:8, or that he slaughtered "*much* cattle and sheep," as in *I Kings* 1:19 (*Da'as Yissachar*).

Alternatively, Scripture generally uses the expression צאן ובקר, "sheep and cattle" (e.g., *Genesis* 13:5, *Exodus* 12:38 and 11:22 above), placing צאן before בָּקָר. The reversed wording here indicates that the verse is not speaking of flocks and herds, but of individual animals (*Anaf Yosef* to *Tanchuma* 11).

2. This explains why Balaam was uncertain here as to whether or not God would speak to him, while earlier (22:19) he was confident that He would. For in the earlier incident, Balaam expected God to speak to him at night (*Gur Aryeh; Sifsei Chachamim*).

3. Rashi explains how a word whose basic meaning is "stillness" can connote solitude.

4. *Vayikra Rabbah* 1:13. וַיִּקָּר is related to both מִקְרֶה, "chance, happenstance" which connotes impermanence,

אֵלָ֔יו אֶת־שִׁבְעַ֤ת הַמִּזְבְּחֹת֙
עָרַ֔כְתִּי וָאַ֛עַל פָּ֥ר וָאַ֖יִל בַּמִּזְבֵּֽחַ:
ה וַיָּ֧שֶׂם יְהֹוָ֛ה דָּבָ֖ר בְּפִ֣י בִלְעָ֑ם וַיֹּ֛אמֶר
ו שׁ֥וּב אֶל־בָּלָ֖ק וְכֹ֥ה תְדַבֵּֽר: וַיָּ֣שָׁב
אֵלָ֔יו וְהִנֵּ֥ה נִצָּ֖ב עַל־עֹלָת֑וֹ ה֖וּא
ז וְכָל־שָׂרֵ֥י מוֹאָֽב: וַיִּשָּׂ֥א מְשָׁל֖וֹ

to Him, "I have prepared the seven altars and brought up a bull and ram on each altar."
[5] HASHEM put an utterance in Balaam's mouth, and said, "Go back to Balak, and thus shall you speak."
[6] He returned to him and behold! he was standing by his burnt-offering, he and all the officers of Moab. [7] He declaimed his parable

אונקלוס

קֳדָמוֹהִי (נ״א לֵהּ) יָת שִׁבְעָא מַדְבְּחִין סַדָּרִית וְאַסֵּקִית תּוֹר וּדְכַר עַל כָּל מַדְבְּחָא: ה וְשַׁוִּי יְיָ פִּתְגָּמָא בְּפוּמָא דְבִלְעָם וַאֲמַר תּוּב לְוָת בָּלָק וּכְדֵין תְּמַלֵּל: ו וְתָב לְוָתֵהּ וְהָא מְעַתַּד עַל עֲלָתֵהּ הוּא וְכָל רַבְרְבֵי מוֹאָב: ז וּנְטַל מַתְלֵהּ

רש״י

כלומר בקושי ובבזיון, ולא היה נגלה עליו ביום אלא בשביל להראות חבתן של ישראל: **את שבעת המזבחת.** שבעה מזבחות ערכתי אין כתיב כאן אלא את שבעת המזבחות. אמר לפניו, אבותיהם של אלו בנו לפניך שבעה מזבחות ואני ערכתי כנגד כלן אברהם בנה ארבעה, ויבן שם מזבח לה' הנראה אליו (בראשית יב:ז), ויעתק משם ההרה וגו' (שם ח), ויאהל אברם וגו' (שם יג:יח), ואחד בהר המוריה (שם כב:ט). ויצחק בנה אחד, ויבן שם מזבח וגו' (שם כו:כה). ויעקב בנה שנים, אחד בשכם (שם לג:כ) ואחד בבית אל (שם לה:ז): **ואעל פר ואיל במזבח.** ואברהם לא העלה אלא איל אחד:

RASHI ELUCIDATED

כְּלוֹמַר – as if to say, בְּקֹשִׁי וּבְבִזָּיוֹן – God appeared to him **with hesitancy and with disdain,** וְלֹא הָיָה נִגְלָה עָלָיו – **and He would not have appeared to him** בַּיּוֹם – **by day,** but He did, in fact, appear to Balaam אֶלָּא בִּשְׁבִיל לְהַרְאוֹת – **only in order to show** חִבָּתָן שֶׁל יִשְׂרָאֵל – **the dearness of Israel.**

□ אֶת שִׁבְעַת הַמִּזְבְּחֹת – **THE SEVEN ALTARS.** "שִׁבְעָה מִזְבְּחוֹת עָרַכְתִּי" – **"I have arranged seven altars"** אֵין כְּתִיב כָּאן – **is not written here,** אֶלָּא – **but rather,** "אֶת שִׁבְעַת הַמִּזְבְּחֹת" – **"*the* seven altars."** אָמַר לְפָנָיו – **[Balaam] said before Him,** אֲבוֹתֵיהֶם שֶׁל אֵלּוּ – **"The forefathers of these** Israelites בָּנוּ לְפָנֶיךָ – **built before You** שִׁבְעָה מִזְבְּחוֹת – **seven altars,** וַאֲנִי עָרַכְתִּי – **and I prepared** altars כְּנֶגֶד כֻּלָּן – **corresponding to them all.** אַבְרָהָם בָּנָה אַרְבָּעָה – **Abraham built four,** as it is written: "וַיִּבֶן שָׁם מִזְבֵּחַ לַה' הַנִּרְאֶה אֵלָיו"[1] – **"So he built an altar there to HASHEM Who appeared to him";**[1] "וַיַּעְתֵּק מִשָּׁם הָהָרָה וְגוֹמֵר"[2] – **"From there he relocated to the mountain, etc."**[2] "וַיֶּאֱהַל אַבְרָם וְגוֹמֵר"[3] – **"And Abram pitched a tent, etc.";**[3] וְאֶחָד בְּהַר הַמּוֹרִיָּה[4] – **and one on Mount Moriah.**[4] וְיִצְחָק בָּנָה אֶחָד – **And Isaac built one** altar, as it is written: "וַיִּבֶן שָׁם מִזְבֵּחַ וְגוֹמֵר"[5] – **"He built there an altar, etc."**[5] וְיַעֲקֹב בָּנָה שְׁנַיִם – **And Jacob built two** altars, אֶחָד בִּשְׁכֶם[6] – **one in Shechem,**[6] וְאֶחָד בְּבֵית אֵל[7] – **and one in Beth-el.**[7]

□ וָאַעַל פָּר וָאַיִל בַּמִּזְבֵּחַ – **AND [I HAVE] BROUGHT UP A BULL AND A RAM ON EACH ALTAR.** וְאַבְרָהָם לֹא הֶעֱלָה אֶלָּא אַיִל אֶחָד – **And Abraham brought up only a single ram** on Mount Moriah at the time of the Binding of Isaac.[8]

---

and to קֶרִי, "the impurity of seminal discharge," which connotes shame (*Mizrachi*). Rashi explains why the verse says that God "happened upon" Balaam, rather than that He "appeared" to him. Rashi also discusses this word in his comments to *Leviticus* 1:1, s.v., וַיִּקְרָא אֶל מֹשֶׁה.

1. *Genesis* 12:7.

2. *Genesis* 12:8. The full verse reads: "From there he relocated to the mountain east of Beth-el and pitched his tent, with Beth-el on the west and Ai on the east; and he built there an altar to HASHEM and invoked HASHEM by Name."

3. *Genesis* 13:18. The full verse reads: "And Abram pitched tent and came and dwelled in the Plains of Mamre which are in Hebron; and he built there an altar to HASHEM."

4. See *Genesis* 22:9.

5. *Genesis* 26:25.

6. See *Genesis* 33:20.

7. See *Genesis* 35:7.

8. See *Genesis* 22:13. This is implied by the verse's use of "and brought up a bull and a ram," instead of "and brought up offerings" (*Mizrachi; Sifsei Chachamim*).

Alternatively, Balaam alluded to the fact that although the Patriarchs erected seven altars (see Rashi's previous comment), nevertheless, with regard to those altars, only one offering is mentioned – the ram that Abraham offered in place of Isaac.

וַיֹּאמַר מִן־אֲרָם יַנְחֵנִי בָלָק
מֶלֶךְ־מוֹאָב מֵהַרְרֵי־קֶדֶם לְכָה
אָרָה־לִּי יַעֲקֹב וּלְכָה זֹעֲמָה
ח יִשְׂרָאֵל: מָה אֶקֹּב לֹא קַבֹּה
אֵל וּמָה אֶזְעֹם לֹא זָעַם יהוה:

and said:
"From Aram, Balak, king of Moab, led me, from the mountains of the east, 'Come invoke curse upon Jacob for me, come bring anger upon Israel.'
8 *How can I imprecate? God has not imprecated. How can I anger, when HASHEM has not been angry?*

אונקלוס

וַאֲמַר מִן אֲרָם דַבְּרַנִי בָלָק מַלְכָּא דְמוֹאָב מִטּוּרֵי מַדִּינְחָא אִיתָא לוּט לִי יַעֲקֹב וְאִיתָא תָּרֵךְ לִי יִשְׂרָאֵל: ח מָא אֲלוּטֵהּ דְּלָא לַטְיֵהּ אֵל וּמָא אֲתָרְכֵהּ דְּלָא תָרְכֵהּ יְיָ:

רש"י

(ז) ארה לי יעקב ולכה זועמה ישראל. בשני שמותיהם א"ל לקללם שמא אחד מהם [אינו] מובהק: **(ח) מה אקב לא קבה אל.** כשהיו ראוים להתקלל לא נתקללו. כשהזכיר אביהם את עונם כי באפם הרגו איש (בראשית מט:ו) לא קלל אלא אפם, שנאמר ארור אפם (שם ז; ב"ר צח:ה). כשנכנס אביהם במרמה אצל אביו היה ראוי להתקלל, מה נאמר שם, גם ברוך יהיה (בראשית כז:לג). במברכים נאמר אלה יעמדו לברך את העם (דברים כז:יב), במקללים לא נאמר ואלה יעמדו לקלל את העם, אלא ואלה יעמדו על הקללה (שם יג). לא רצה להזכיר עליהם שם קללה (תנחומא יב): **לא זעם ה'.** אני אין כחי אלא שאני יודע לכוין השעה שהקב"ה כועס בה, והוא לא כעס

RASHI ELUCIDATED

7. אָרָה לִּי יַעֲקֹב וּלְכָה זֹעֲמָה יִשְׂרָאֵל – INVOKE CURSE UPON JACOB FOR ME, COME BRING ANGER UPON ISRAEL. בְּשְׁנֵי שְׁמוֹתֵיהֶם אָמַר לוֹ לְקַלְּלָם – **[Balak] told [Balaam] to curse them by both of their names,** שֶׁמָּא אֶחָד מֵהֶם[1] מוּבְהָק – **lest** only **one of them is**[1] **specifically designated,** i.e., lest only one is their authentic name.

8. מָה אֶקֹּב לֹא קַבֹּה אֵל – HOW CAN I IMPRECATE? GOD HAS NOT IMPRECATED. כְּשֶׁהָיוּ רְאוּיִים לְהִתְקַלֵּל – **When they were fit to be cursed** לֹא נִתְקַלְּלוּ – **they were not cursed:**[2] כְּשֶׁהִזְכִּיר אֲבִיהֶם אֶת עֲוֹנָם – **When their forefather mentioned their sin,** he said, "כִּי בְאַפָּם הָרְגוּ אִישׁ"[3] – **"For in their rage they killed a man,"**[3] לֹא קִלֵּל אֶלָּא אַפָּם – **he cursed nothing but their rage,** שֶׁנֶּאֱמַר – **as it says,** "אָרוּר אַפָּם"[4,5] – **"Accursed is their rage";**[4,5] כְּשֶׁנִּכְנַס אֲבִיהֶם בְּמִרְמָה – **when their forefather,** Jacob, **deceitfully entered** אֵצֶל אָבִיו – **to his father,** Isaac, הָיָה רָאוּי לְהִתְקַלֵּל – **he was fit to be cursed,** מַה נֶּאֱמַר שָׁם – but **what is stated there?** "גַּם בָּרוּךְ יִהְיֶה"[6] – **"He shall also be blessed";**[6] בַּמְבָרְכִים – **of those who** are to stand to **bless**[7] נֶאֱמַר – **it says,** "אֵלֶּה יַעַמְדוּ לְבָרֵךְ אֶת הָעָם"[8] – **"These shall stand to bless the people,"**[8] בַּמְקַלְּלִים – but **of those who** are to stand to **curse** לֹא נֶאֱמַר – **it does not say,** וְאֵלֶּה יַעַמְדוּ לְקַלֵּל אֶת הָעָם – **"These shall stand to curse the people,"** אֶלָּא – **but rather,** "וְאֵלֶּה יַעַמְדוּ עַל הַקְּלָלָה"[9] – **"And these shall stand for the curse,"**[9] לֹא רָצָה לְהַזְכִּיר עֲלֵיהֶם שֵׁם קְלָלָה[10] – all this because **He did not wish to mention the term "curse" over [Israel].**[10]

□ **לֹא זָעַם ה' – HASHEM HAS NOT BEEN ANGRY.** אֲנִי – As for **me,** אֵין כֹּחִי אֶלָּא שֶׁאֲנִי יוֹדֵעַ לְכַוֵּן – **my power is in nothing but** the fact **that I know how to determine precisely** הַשָּׁעָה שֶׁהַקָּדוֹשׁ בָּרוּךְ הוּא כּוֹעֵס בָּהּ – **the time in which the Holy One, Blessed is He, is angry,**[11] וְהוּא לֹא כָּעַס – **and He has not**

1. The word אֵינוֹ, "not," that appears in most contemporary editions is based on an emendation by *Yosef Da'as,* but does not appear in any of the early printed editions. With the word אֵינוֹ, the translation would read: "lest one of them is not specifically designated, i.e., lest one is not their authentic name."

2. "How can I imprecate? God has not imprecated" appears to refer to the present, "How can I curse this nation now, without God cursing it?" But with all curses, man's curse precedes God's; man's curse is intended to cause God to curse. Balaam would not say that he cannot curse now because God has not yet cursed. Therefore, the verse means, "How can I curse, when God has already shown that He does not want this nation to be cursed" (see *Be'er BaSadeh*).

3. *Genesis* 49:6.

4. *Genesis* 49:7.

5. *Bereishis Rabbah* 98:5. Although Simeon and Levi deserved to be cursed, God would not allow Jacob to curse them directly (see *Sefer Zikaron; Mishmeres HaKodesh*).

6. *Genesis* 27:33.

7. These are the tribes that the Levites will face while blessing the nation; see *Deuteronomy* 27:11-26 and Rashi to v. 12 there.

8. *Deuteronomy* 27:12.

9. *Deuteronomy* 27:13.

10. *Tanchuma* 12.

11. See 24:16 below and Rashi there.

ט כִּי־מֵרֹאשׁ צֻרִים֙ אֶרְאֶ֔נּוּ וּמִגְּבָע֖וֹת אֲשׁוּרֶ֑נּוּ הֶן־עָם֙ לְבָדָ֣ד יִשְׁכֹּ֔ן וּבַגּוֹיִ֖ם לֹ֥א יִתְחַשָּֽׁב׃

9 *For from its origin, I see it rock-like, and from hills do I view it. Behold! it is a nation that will dwell in solitude and not be reckoned among the nations.*

אונקלוס

ט אֲרֵי מֵרֵישׁ טוּרַיָּא חֲזֵיתֵהּ וּמֵרָמָתָא סְכֵיתֵהּ הָא עַמָּא בִּלְחוֹדֵיהוֹן עֲתִידִין דְּיַחְסְנוּן עָלְמָא וּבְעַמְמַיָּא לָא יִתְדָּנוּן גְּמִירָא:

רש"י

כל הימים הללו שבאתי אליך, וזהו שנאמר עמי זכר נא מה יעץ וגו' ומה ענה אותו בלעם וגו' למען דעת צדקות ה' (מיכה ו:ה; סנהדרין קה:): (ט) **כי מראש צרים אראנו.** אני מסתכל בראשיתם ובתחלת שרשיהם ואני רואה אותם מיוסדים וחזקים כצורים וגבעות הללו על ידי אבות ואמהות (תנחומא שם): **הן עם לבדד ישכן.** הוא אשר זכו לו אבותיו לשכון בדד, כתרגומו: **ובגוים לא יתחשב.** כתרגומו, לא יהיו נעשין כלה עם שאר האומות, שנא' כי אעשה כלה בכל הגוים וגו' (ירמיה ל:יא) אינן נמנין עם השאר.

RASHI ELUCIDATED

been angry כָּל הַיָּמִים הַלָּלוּ **– all these days** שֶׁבָּאתִי אֵלֶיךָ **– since I came to you.**[1] וְזֶהוּ שֶׁנֶּאֱמַר **– And this is** the meaning of **that which is said,** "עַמִּי **– "My people,** זְכָר נָא מַה יָּעַץ וְגוֹמֵר **– remember please what** [Balak] **advised, etc.,** וּמֶה עָנָה אֹתוֹ בִּלְעָם וְגוֹמֵר **– and what Balaam answered him, etc.,** לְמַעַן דַּעַת צִדְקוֹת ה'"[2,3] **– in order to know the generosities of HASHEM."**[2,3]

9. כִּי מֵרֹאשׁ צֻרִים אֶרְאֶנּוּ **– FOR FROM ITS ORIGIN, I SEE IT ROCK-LIKE.** אֲנִי מִסְתַּכֵּל בְּרֵאשִׁיתָם **– I look at their origin** וּבִתְחִלַּת שָׁרְשֵׁיהֶם **– and at the beginning of their roots,**[4] וַאֲנִי רוֹאֶה אוֹתָם מְיֻסָּדִים **– and I see them**[5] **entrenched** וַחֲזָקִים **– and strong** כַּצּוּרִים וּגְבָעוֹת הַלָּלוּ **– as these rocks and hills,** עַל יְדֵי אָבוֹת **– by means of the Patriarchs** וְאִמָּהוֹת[6] **– and the Matriarchs.**[6]

□ הֶן עָם לְבָדָד יִשְׁכֹּן **– BEHOLD! IT IS A NATION THAT WILL DWELL IN SOLITUDE.** הוּא אֲשֶׁר זָכוּ לוֹ אֲבוֹתָיו **– That is what its ancestors earned for it,** לִשְׁכּוֹן בָּדָד **– to dwell in solitude,**[7] which is to be understood כְּתַרְגּוּמוֹ **– as *Targum Onkelos* renders it.**[8]

□ וּבַגּוֹיִם לֹא יִתְחַשָּׁב **– AND NOT BE RECKONED AMONG THE NATIONS.** This is to be understood כְּתַרְגּוּמוֹ **– as *Targum Onkelos* renders it,** לֹא יִהְיוּ נַעֲשִׂין כָּלָה **– they will not be annihilated** עִם שְׁאָר הָאֻמּוֹת **– with the other nations,**[9] שֶׁנֶּאֱמַר **– as it says,** "כִּי אֶעֱשֶׂה כָלָה בְּכָל הַגּוֹיִם וְגוֹמֵר"[10] **– "For I will effect annihilation among all of the nations, etc."**[10] אֵינָן נִמְנִין עִם הַשְּׁאָר – Our verse alludes to the fact that at that time, **they are not counted**[11] **with the rest** of the nations.

1. Here, too, (see note 2 on p. 289) Balaam does not say that he cannot cause anger because God is not presently angry. That would be illogical; if God were already angry, there would be no need for His anger to be aroused. Rather, Balaam said that he could not cause anger because God had already shown that this was a time during which He could not be angered.

2. *Micah* 6:5; see Rashi there.

3. *Sanhedrin* 105b. The "generosities of HASHEM" associated by that verse with the dialogue between Balak and Balaam includes the fact that although God, as a rule, has a moment of anger every day, He displayed none at all during the time Balaam spent with Balak.

4. The verse could be read "I see them from the tops of rocks," as *Ramban* understands it. Rashi disagrees with this because it would be irrelevant for Balaam to mention his location at this point.

5. By using אֲנִי רוֹאֶה אוֹתָם instead of the verse's אֶרְאֶנּוּ, Rashi notes that אֶרְאֶנּוּ as used here means the present, although it is future in form. This is in line with his understanding of the verse as referring to Israel's origins.

6. *Tanchuma* 12. "Rocks" represent the Patriarchs (see Rashi to *Isaiah* 51:1), while "hills" represent the Matriarchs (see Rashi to 5:15 above, s.v., וְלֹא יִתֵּן עָלָיו לְבֹנָה). Balaam refers to them by these terms to allude to Israel's strength.

7. We would have expected the verse to say וְהוּא עָם לְבָדָד יִשְׁכֹּן, "it is a nation which will dwell in solitude," or to say עָם לְבָדָד יִשְׁכֹּן, without the introductory word הֶן, "behold." The added הֶן serves to link עָם לְבָדָד יִשְׁכֹּן with the beginning of the verse, to say, "See what its Patriarchal origins will result in! It is a nation which will dwell in solitude" (see *Minchas Yehudah; Sifsei Chachamim*).

8. *Targum Onkelos'* paraphrase reads: "This people alone is destined to take possession of the world."

9. Rashi does not adduce *Targum Onkelos'* interpretative rendering; rather, he explains *Onkelos'* Aramaic in a Hebrew paraphrase. God will make a final judgment in which He will annihilate the wicked of the other nations. Israel will not be subject to this judgment.

10. *Jeremiah* 30:11. The full passage reads: "For I will effect annihilation among all of the nations where I have dispersed you, but you I shall not annihilate."

11. Rashi uses נִמְנִין to make it clear that יִתְחַשָּׁב is used in the sense of being counted among their number.

י מִ֣י מָנָ֞ה עֲפַ֣ר יַֽעֲקֹ֗ב וּמִסְפָּ֖ר אֶת־רֹ֣בַע יִשְׂרָאֵ֑ל תָּמֹ֤ת נַפְשִׁי֙ מ֣וֹת יְשָׁרִ֔ים

10 *"Who has counted the dust of Jacob or numbered a quarter of Israel? May my soul die the death of the upright,*

אונקלוס

מָן יִכּוֹל לְמִמְנֵי דַּעְדְּקַיָּא דְבֵית יַעֲקֹב דַּאֲמִיר עֲלֵיהוֹן יִסְגּוֹן כְּעַפְרָא דְאַרְעָא אוֹ חֲדָא מֵאַרְבַּע מַשִּׁרְיָתָא דְיִשְׂרָאֵל תְּמוּת נַפְשִׁי מוֹתָא דְקַשִּׁיטוֹהִי

רש"י

דבר אחר, כשהן שמחין אין אומה שמחה עמהם, שנאמר ה' בדד ינחנו (דברים לב:יב) וכשהאומות בטובה הם אוכלין עם כל אחד ואחד ואין עולה להם מן החשבון, וזהו ובגוים לא יתחשב (תנחומא שם): (י) **מי מנה עפר יעקב וגו'.** כתרגומו, דעדקיא דבית יעקב כו' חדא מארבע משריתא, מארבעה דגלים. דבר אחר, עפר יעקב, אין חשבון במצות שהם מקיימין בעפר, לא תחרוש בשור ובחמור (דברים כב:י) לא תזרע כלאים (ויקרא יט:יט) אפר פרה (לעיל יט:ט) ועפר סוטה (לעיל ה:יז) וכיוצא בהם: **ומספר את רבע ישראל.** רביעותיהן, זרע היוצא מן התשמיש שלהם (תנחומא שם):

RASHI ELUCIDATED

דָּבָר אַחֵר – **Alternatively,** כְּשֶׁהֵן שְׂמֵחִין – **when they are rejoicing,** אֵין אֻמָּה שְׂמֵחָה עִמָּהֶם – **no nation rejoices with them,** שֶׁנֶּאֱמַר – **as it says,** "ה׳ בָּדָד יַנְחֶנּוּ"[1] – **"HASHEM will guide them in solitude."**[1] וּכְשֶׁהָאֻמּוֹת בְּטוֹבָה – **But when the nations are in a good state,** הֵם אוֹכְלִין עִם כָּל אֶחָד וְאֶחָד – **they** [Israel] **eat with each one** of them, וְאֵין עוֹלֶה לָהֶם מִן הַחֶשְׁבּוֹן – **and it is not entered in their account,** וְזֶהוּ "וּבַגּוֹיִם לֹא יִתְחַשָּׁב"[2] – **and this is** the meaning of **"and not be reckoned among the nations."**[2]

10. מִי מָנָה עֲפַר יַעֲקֹב וְגוֹמֵר – WHO HAS COUNTED THE DUST OF JACOB, ETC. This is to be understood כְּתַרְגּוּמוֹ – **as *Targum* Onkelos renders it,** "דַּעְדְּקַיָּא דְבֵית יַעֲקֹב כּוּלְּהוּ" – "[Who can count] **the tender young of the House of Jacob, etc.**[3] חֲדָא מֵאַרְבַּע מַשִּׁרְיָתָא" מֵאַרְבָּעָה דְגָלִים – **one of the** "אַרְבַּע מַשִּׁרְיָתָא," which means "one **of the four**[4] **divisions"** in which the Israelites encamped in the wilderness.[5] דָּבָר אַחֵר – **Alternatively,** "עֲפַר יַעֲקֹב" – **"the dust of Jacob"** implies, אֵין חֶשְׁבּוֹן – **there can be no calculation** בְּמִצְוֹת שֶׁהֵם מְקַיְּמִין – **of the commandments which they fulfill** בְּעָפָר – **with dust,** i.e., with the soil, for example, "לֹא תַחֲרֹשׁ בְּשׁוֹר וּבַחֲמוֹר"[6] – **"You shall not plow with an ox and donkey** [together],"[6] "לֹא תִזְרַע כִּלְאָיִם"[7] – **"You shall not plant with mixed seed,"**[7] אֵפֶר פָּרָה – **the ash of the cow,**[8] וַעֲפַר סוֹטָה – **and the dust of the *sotah*,**[9] וְכַיּוֹצֵא בָהֶם[10] – **and the like.**[10]

□ וּמִסְפָּר אֶת רֹבַע יִשְׂרָאֵל – OR NUMBERED THE MATING OF ISRAEL.[11] רְבִיעוֹתֵיהֶן – The word רֹבַע means **their matings,**[12] זֶרַע הַיּוֹצֵא מִן הַתַּשְׁמִישׁ שֶׁלָּהֶם – **the offspring that emerges from their relations.**[13]

This is in contrast to the alternative explanation which sees it as meaning being subject to a calculation of what the nation deserves, but not to the nation itself being counted.

1. *Deuteronomy* 32:12.

2. *Tanchuma* 12. According to this interpretation the verse means, "their goodness will not be reckoned and deducted from their account, when they enjoy the goodness bestowed upon the nations."

3. *Targum Onkelos* to the first part of this verse reads: "Who can count the tender young of the House of Jacob of whom it has been said, 'They shall be numerous as the dust of the earth' (see *Genesis* 13:16) or [who can count] one of the four divisions of Israel . . ." When paraphrasing prophetic passages, *Onkelos* often gives two meanings for a word (see Rashi to *Genesis* 49:11). Thus, he first renders the word עָפָר as דַּעְדְּקַיָּא, an Aramaic word that can refer to anything fine and delicate, and is thus used for "dust," "powders" or "tender young schoolchildren." Then he renders כְּעַפְרָא דְאַרְעָא, "as the dust of the earth."

4. According to *Onkelos,* the word רֹבַע here is a variant of רֶבַע (e.g., *Exodus* 29:40) and means "a quarter." It also has this meaning in *II Kings* 6:25.

5. See Chapter 2 above.

6. *Deuteronomy* 22:10.

7. *Leviticus* 19:19.

8. See 19:9 above.

9. See 5:17 above.

10. *Tanchuma* 12.

11. This comment is a continuation of Rashi's alternative interpretation of the first half of our verse, which he began in his previous comment.

12. Rashi first cited the explanation of *Targum Onkelos*, who sees our verse as speaking of Israel's numerousness. Accordingly, רֹבַע was understood as "a quarter," one of the divisions of Israel in the wilderness, as Rashi explained above. Here, he continues the line of *Tanchuma*'s explanation of our verse, which began with the interpretation of "dust of Jacob" as the commandments which Israel performs with soil or dust. According to the *Tanchuma*, רֹבַע means "mating."

13. According to *Tanchuma* 12, Balaam refers to the commandments which Israel performs with soil and dust, and to their sexual relations, to say that even in

יא וּתְהִ֥י אַחֲרִיתִ֖י כָּמֹֽהוּ׃ וַיֹּ֤אמֶר בָּלָק֙
אֶל־בִּלְעָ֔ם מֶ֥ה עָשִׂ֖יתָ לִ֑י לָקֹ֤ב
אֹֽיְבַי֙ לְקַחְתִּ֔יךָ וְהִנֵּ֖ה בֵּרַ֥כְתָּ בָרֵֽךְ׃
יב וַיַּ֖עַן וַיֹּאמַ֑ר הֲלֹ֗א אֵ֣ת אֲשֶׁ֤ר יָשִׂים֙
יהוה֙ בְּפִ֔י אֹת֥וֹ אֶשְׁמֹ֖ר לְדַבֵּֽר׃
יג חמישי וַיֹּ֨אמֶר אֵלָ֜יו בָּלָ֗ק לְךָ־נָּ֨א אִתִּ֜י
אֶל־מָק֤וֹם אַחֵר֙ אֲשֶׁ֣ר תִּרְאֶ֣נּוּ
מִשָּׁ֔ם אֶ֚פֶס קָצֵ֣הוּ תִרְאֶ֔ה וְכֻלּ֖וֹ לֹ֣א
יד תִרְאֶ֑ה וְקָבְנוֹ־לִ֖י מִשָּֽׁם׃ וַיִּקָּחֵ֙הוּ֙
שְׂדֵ֣ה צֹפִ֔ים אֶל־רֹ֖אשׁ הַפִּסְגָּ֑ה
וַיִּ֙בֶן֙ שִׁבְעָ֣ה מִזְבְּחֹ֔ת וַיַּ֛עַל פָּ֥ר
טו וָאַ֖יִל בַּמִּזְבֵּֽחַ׃ וַיֹּ֙אמֶר֙ אֶל־בָּלָ֔ק

and may my end be like his!"

[11] *Balak said to Balaam, "What have you done to me! To imprecate my enemy have I brought you; but behold! you have even blessed!"*

[12] *He spoke up and said, "Is it not so that whatever HASHEM puts in my mouth, that I must take heed to speak?"*

[13] *Balak said to him, "Go now with me to a different place from where you will see them; however, you will see its edge but all of it you will not see; and imprecate it for me from there."* [14] *He took him to the field of lookouts, to the top of the peak, and he built seven altars and brought up a bull and a ram on each altar.* [15] *He said to Balak,*

אונקלוס

וִיהֵי סוֹפִי כְּוָתְהוֹן: יא וַאֲמַר בָּלָק לְבִלְעָם מָא עֲבַדְתְּ לִי לְמֵילַט סַנְאַי דְּבַרְתִּיךְ וְהָא בָּרָכָא מְבָרְכַת לְהוֹן: יב וַאֲתֵיב וַאֲמַר הֲלָא יָת דִּי יְשַׁוֵּי יְיָ בְּפוּמִי יָתֵהּ אֶטַּר לְמַלָּלָא: יג וַאֲמַר לֵהּ בָּלָק אִיזֵל (נ״א אִיתָא) כְּעַן עִמִּי לַאֲתַר אָחֳרָן דְּתֶחֱזֵנֵּהּ מִתַּמָּן לְחוֹד קְצָתֵהּ תֶּחֱזֵי וְכוּלֵּהּ לָא תֶחֱזֵי וּתְלוּטֵהּ לִי מִתַּמָּן: יד וְדַבְּרֵהּ לַחֲקַל סְכוּתָא לְרֵישׁ רָמָתָא וּבְנָא שַׁבְעָא מַדְבְּחִין וְאַסֵּק תּוֹר וּדְכַר עַל כָּל מַדְבְּחָא: טו וַאֲמַר לְבָלָק

רש״י

תמת נפשי מות ישרים. שבהם: **(יג) וקבנו לי.** לשון צווי, קללהו לי: **(יד) שדה צפים.** מקום גבוה היה ששם הצופה עומד לשמור אם יבא חיל על העיר: **ראש הפסגה.** בלעם לא היה קוסם כבלק (שם ד) ראה בלק שעתידה פרצה להפרץ בישראל משם, ששם מת משה, כסבור ששם תחול עליהם הקללה וזו היא הפרצה שאני רואה (שם יג):

RASHI ELUCIDATED

□ **תָּמֹת נַפְשִׁי מוֹת יְשָׁרִים – MAY MY SOUL DIE THE DEATH OF THE UPRIGHT** שֶׁבָּהֶם – **among them.**[1]

13. וְקָבְנוֹ לִי – AND IMPRECATE IT FOR ME. לְשׁוֹן צִוּוּי – **This is an imperative.** It means, קַלְלֵהוּ לִי – **curse it for me.**[2]

14. שְׂדֵה צֹפִים – FIELD OF LOOKOUTS. מָקוֹם גָּבוֹהַּ הָיָה – **It was a high place** שֶׁשָּׁם הַצּוֹפֶה עוֹמֵד לִשְׁמוֹר – **where the lookout would stand to keep watch,** אִם יָבוֹא חַיִל עַל הָעִיר – to see **if an army would come against the city.**[3]

□ **רֹאשׁ הַפִּסְגָּה – THE TOP OF THE PEAK.** בִּלְעָם לֹא הָיָה קוֹסֵם כְּבָלָק[4] – **Balaam was not the sorcerer Balak was.**[4] רָאָה בָּלָק – **Balak saw** שֶׁעֲתִידָה פִּרְצָה לְהִפָּרֵץ בְּיִשְׂרָאֵל מִשָּׁם – **that a rupture would develop in Israel**'s strength **from there,** שֶׁשָּׁם מֵת מֹשֶׁה – **for it was there that Moses died.**[5] כְּסָבוּר – **He was under the impression** שֶׁשָּׁם תָּחוּל עֲלֵיהֶם הַקְּלָלָה – **that there the curse would take effect upon them,** וְזוֹ הִיא הַפִּרְצָה שֶׁאֲנִי רוֹאֶה[6] – **and** said to himself, **"This is the rupture that I see."**[6]

areas of life to which people relate as being lowly, Israel brings forth sanctity (see *Gur Aryeh*).

1. "The upright" refers to the upright of Israel, for otherwise, Balaam's wish to die the death of the upright would not belong in the context of his blessing to Israel (*Nachalas Yaakov*).

2. See Rashi to v. 27 below, s.v., וְקָבֹתוֹ לִי.

3. "Field" does not normally connote a high place. Rashi explains that in this case צפים indicates that "the field of lookouts" was a high place. It was called a field, because the land at its top was cultivated (*Be'er Mayim Chaim*).

4. *Tanchuma* 4.

5. See *Deuteronomy* 34:1, and Rashi to 21:20 above, s.v., וּמִבָּמוֹת הַגַּיְא. Balak did not actually see Moses' death. He saw only that some misfortune would befall Israel at "the top of the peak" and assumed it would be Balak's curse. See Rashi to v. 28 below, s.v., רֹאשׁ הַפְּעוֹר.

6. *Tanchuma* 13. This explains why Balak thought that changing Balaam's location would render his curse more effective (*Mesiach Ilmim*).

Although Balak's power to divine information was greater than that of Balaam, he nonetheless called for Balaam, for Balaam's power to curse was greater than his (see *Maskil LeDavid*).

הִתְיַצֵּב כֹּה עַל־עֹלָתֶךָ וְאָנֹכִי
טז אִקָּרֶה כֹּה: וַיִּקָּר יהוה אֶל־בִּלְעָם
וַיָּשֶׂם דָּבָר בְּפִיו וַיֹּאמֶר שׁוּב
יז אֶל־בָּלָק וְכֹה תְדַבֵּר: וַיָּבֹא אֵלָיו
וְהִנּוֹ נִצָּב עַל־עֹלָתוֹ וְשָׂרֵי מוֹאָב
אִתּוֹ וַיֹּאמֶר לוֹ בָּלָק מַה־
יח דִּבֶּר יהוה: וַיִּשָּׂא מְשָׁלוֹ וַיֹּאמַר

"Stand here by your burnt-offering, and I will be happened upon here."
[16] Hashem happened upon Balaam and put a matter into his mouth; and said, "Go back to Balak and so shall you say."
[17] He came to him and behold! he was standing by his burnt-offering and the officers of Moab were with him. Balak said to him, "What did Hashem speak?"
[18] He declaimed his parable and said:

אונקלוס

אִתְעַתַּד הָכָא עַל עֲלָתָךְ וַאֲנָא אִתְמְטֵי עַד כָּא: טז וַעֲרַע מֵימַר מִן קֳדָם יְיָ לְבִלְעָם
וְשַׁוִּי פִּתְגָמָא בְּפוּמֵהּ וַאֲמַר תּוּב לְוָת בָּלָק וּכְדֵין תְּמַלֵּל: יז וַאֲתָא לְוָתֵהּ וְהוּא מְעַתַּד
עַל עֲלָתֵהּ וְרַבְרְבֵי מוֹאָב עִמֵּהּ וַאֲמַר לֵהּ בָּלָק מָא מַלֵּל יְיָ: יח וּנְטַל מַתְלֵהּ וַאֲמַר

רש"י

(טו) אקרה כה. מאת הקב"ה. אקרה לשון אתפעל: **(טז) וישם דבר בפיו.** ומה היא השימה הזאת, ומה חסר המקרא באמרו שוב אל בלק וכה תדבר. אלא כשהיה שומע שאינו נרשה לקלל אמר מה אני חוזר אצל בלק לצערו, ונתן לו הקב"ה רסן וחכה בפיו כאדם הפוקס בהמה בחכה להוליכה אל אשר ירצה. אמר לו, על כרחך תשוב אל בלק (שם): **(יז) ושרי מואב אתו.** ולמעלה הוא אומר וכל שרי מואב (פסוק ו). כיון שראו שאין בו תקוה הלכו להם מקצתם, ולא נשארו אלא מקצתם (תנחומא שם): **מה דבר ה'.** לשון צחוק הוא זה כלומר אינך ברשותך (שם):

RASHI ELUCIDATED

15. אִקָּרֶה כֹּה — I WILL BE HAPPENED UPON HERE **מֵאֵת הַקָּדוֹשׁ בָּרוּךְ הוּא — by the Holy One, Blessed is He.** **״אִקָּרֶה״ לְשׁוֹן אֶתְפָּעֵל — The word אִקָּרֶה has the sense of אֶתְפָּעֵל**, i.e., it is a passive verb.[1]

16. וַיָּשֶׂם דָּבָר בְּפִיו — AND PUT A MATTER INTO HIS MOUTH. **וּמָה הִיא הַשִּׂימָה הַזֹּאת — And what is** the nature of **this putting? וּמֶה חָסֵר הַמִּקְרָא בְּאָמְרוֹ — And what would the verse have been lacking had it said, ״שׁוּב אֶל בָּלָק וְכֹה תְדַבֵּר״ — "Go back to Balak, and so shall you say,"** without mentioning that God put something in Balaam's mouth?[2] **אֶלָּא — But, כְּשֶׁהָיָה שׁוֹמֵעַ — when [Balaam] heard שֶׁאֵינוֹ נִרְשֶׁה לְקַלֵּל — that he is not permitted to curse, אָמַר — he said, מָה אֲנִי חוֹזֵר אֵצֶל בָּלָק לְצַעֲרוֹ — "Why should I return to Balak** just **to pain him?" וְנָתַן לוֹ הַקָּדוֹשׁ בָּרוּךְ הוּא — So the Holy One, Blessed is He, put for him רֶסֶן וְחַכָּה בְּפִיו — a bridle and a hook into his mouth כְּאָדָם הַפּוֹקֵס בְּהֵמָה בְּחַכָּה — like a person who pricks** the mouth of **an animal** with a hook **לְהוֹלִיכָהּ אֶל אֲשֶׁר יִרְצֶה —** in order **to take it wherever he wishes. אָמַר לוֹ — [God] told him, עַל כָּרְחֲךָ — "Against your will, תָּשׁוּב אֶל בָּלָק — you will go back to Balak."**[3]

17. וְשָׂרֵי מוֹאָב אִתּוֹ — AND THE OFFICERS OF MOAB WERE WITH HIM. וּלְמַעְלָה הוּא אוֹמֵר — But above it says, ״וְכָל שָׂרֵי מוֹאָב״ — "[He and] ***all* the officers of Moab."**[4] The discrepancy between the two verses can be explained as follows: **כֵּיוָן שֶׁרָאוּ שֶׁאֵין בּוֹ תִקְוָה — Since they saw that there is no hope in him**, i.e., once they saw that their hopes would not be realized through Balaam, **הָלְכוּ לָהֶם מִקְצָתָם — part of them went off, וְלֹא נִשְׁאֲרוּ אֶלָּא מִקְצָתָם — and only part of them remained.**[5]

☐ **מַה דִּבֶּר ה׳ — WHAT DID HASHEM SPEAK? לְשׁוֹן צְחוֹק הוּא זֶה — This is derisive language, כְּלוֹמַר — as if to say, אֵינְךָ בִּרְשׁוּתְךָ — you are not under your own authority.**[6]

1. The fact that the ק is marked with a *dagesh* and vocalized with a *kamatz* indicates that the verb is in the passive *nifal*. The verse does not mean "I will happen upon [God]" (see *Mizrachi* on Rashi to *Exodus* 3:18, s.v., נִקְרָה עָלֵינוּ).

2. Verse 5 also says, "Hashem put a matter in Balaam's mouth," but there it means that He instilled the spirit of prophecy in him. Our verse has already implied that with "Hashem happened upon Balaam." What, then, is meant by "and put a matter into his mouth?" (*Be'er BaSadeh*).

3. *Tanchuma* 13. וַיָּשֶׂם דָּבָר בְּפִיו is interpreted as "and put a *thing* in his mouth."

4. Above v. 6.

5. *Tanchuma* 13.

6. *Tanchuma* 13. When Balaam returned to Balak after having received his first prophecy (see vv. 6-7), Balak did not ask him anything. He assumed that Balaam would relate his prophecy to him, as he, in fact, did. Thus, Balak had no need to ask, "What did Hashem speak?" here in order to find out the information. He

"Arise, Balak, and hear; give ear to me, son of Zippor.
19 "God is not a man that He should be deceitful, nor a human being that He should relent. Would He say and not do, or speak and not confirm?
20 "Behold! to bless have I received —

קוּם בָּלָק֙ וּֽשֲׁמָ֔ע הַאֲזִ֥ינָה עָדַ֖י
יט בְּנ֥וֹ צִפֹּֽר׃ לֹ֣א אִ֥ישׁ אֵל֙ וִֽיכַזֵּ֔ב
וּבֶן־אָדָ֖ם וְיִתְנֶחָ֑ם הַה֤וּא אָמַר֙
וְלֹ֣א יַעֲשֶׂ֔ה וְדִבֶּ֖ר וְלֹ֥א
כ יְקִימֶֽנָּה׃ הִנֵּ֥ה בָרֵ֖ךְ לָקָ֑חְתִּי

אונקלוס

קוּם בָּלָק וּשְׁמַע אַצִּית לְמֵימְרִי בַּר צִפֹּר: יט לָא כְמִלֵּי בְּנֵי אֱנָשָׁא מֵימַר אֱלָהָא בְּנֵי אֱנָשָׁא אָמְרִין וּמְכַדְּבִין וְאַף לָא כְעוֹבָדֵי בְּנֵי בִשְׂרָא דְּאִנּוּן גָּזְרִין לְמֶעְבַּד וְתָיְבִין וּמִתְמַלְּכִין דְּהוּא אָמַר וְעָבֵד וְכָל מֵימְרֵהּ מִתְקַיָּם: כ הָא בִרְכַן קַבֵּלִית

רש"י

(יח) **קום בלק.** כיון שראהו מצחק בו נתכוון לצערו, עמוד על רגליך, אינך רשאי לישב ואני שלוח אליך בשליחותו של מקום (שם): **בנו צפור.** לשון מקרא הוא זה כמו חיתו יער (תהלים נ:י) וחיתו ארץ (בראשית א:כד) למעינו מים (תהלים קיד:ח): (יט) **לא איש וגו'.** כבר נשבע להם להביאם ולהורישם ארץ שבעה עממים (תנחומא מסעי ז) ואתה סבור להמיתם במדבר: **ההוא אמר וגו'.** בלשון תימה, ותרגומו ותיבין ומתמלכין, חוזרים ונמלכין לחזור בהם: (כ) **הנה ברך לקחתי.** אתה שואלני מה דבר ה' (פסוק יז), קבלתי ממנו לברך אותם.

RASHI ELUCIDATED

18. קוּם בָּלָק – ARISE, BALAK. כֵּיוָן שֶׁרָאָהוּ – Since [Balaam] saw [Balak] מְצַחֵק בּוֹ – mocking him, נִתְכַּוֵּן לְצַעֲרוֹ – he intended to cause [Balak] pain. He said to Balak, **עֲמוֹד עַל רַגְלֶיךָ – "Stand on your feet! אֵינְךָ רַשַּׁאי לֵישֵׁב – You are not permitted to sit וַאֲנִי שָׁלוּחַ אֵלֶיךָ – when I am sent to you בִּשְׁלִיחוּתוֹ שֶׁל מָקוֹם – on a mission of the Omnipresent."**[1]

□ **בְּנוֹ צִפֹּר – SON OF ZIPPOR. לְשׁוֹן מִקְרָא הוּא זֶה – This** superfluous ו suffix **is Scriptural language, כְּמוֹ – like חַיְתוֹ** in the expressions, **"חַיְתוֹ יָעַר" – "the beast of the forest,"**[2] and, **"וְחַיְתוֹ אֶרֶץ" – "and beast of the land,"**[3] **"לְמַעְיְנוֹ מָיִם"** – and like **לְמַעְיְנוֹ** in, **"into a fountain of water."**[4]

19. לֹא אִישׁ וְגוֹמֵר – [GOD IS] NOT A MAN [THAT HE SHOULD BE DECEITFUL] ETC. כְּבָר נִשְׁבַּע לָהֶם – He has already sworn to [Israel] לַהֲבִיאָם – to bring them וּלְהוֹרִישָׁם – and to bequeath to them אֶרֶץ שִׁבְעָה עֲמָמִים – the land of seven nations,[5] **וְאַתָּה סָבוּר – and you are under the impression לַהֲמִיתָם – to put them to death,** i.e., that you can put them to death, **בַּמִּדְבָּר – in the wilderness?**[6]

□ **הַהוּא אָמַר וְגוֹמֵר – WOULD HE SAY, ETC. בִּלְשׁוֹן תְּמֵהַּ** – This is inflected **as an expression of astonishment,** i.e., it is a rhetorical question.[7] **וְתַרְגּוּמוֹ – *Targum* Onkelos renders [וְיִתְנֶחָם]** as **"וְתָיְבִין וּמִתְמַלְּכִין"** – which means, **חוֹזְרִים וְנִמְלָכִין – they come back and reconsider לַחֲזוֹר בָּהֶם – whether to retract.**[8]

20. הִנֵּה בָרֵךְ לָקָחְתִּי – BEHOLD! TO BLESS HAVE I RECEIVED. אַתָּה שׁוֹאֲלֵנִי – You ask me, "מַה דִּבֶּר ה'" – "What did HASHEM speak?"[9] **קִבַּלְתִּי מִמֶּנּוּ – I received**[10] **from Him** a command **לְבָרֵךְ אוֹתָם – to**

asked the question to mock Balaam (*Divrei David; Be'er Yitzchak*).

1. *Tanchuma* 13. This explains why Balaam ordered Balak to rise here, but did not do so in verse 7 when he told him of his first prophecy (*Be'er Yitzchak*).

2. *Psalms* 50:10.

3. *Genesis* 1:24.

4. *Psalms* 114:8; see Rashi there. Rashi shows that nouns in the construct can take a ו suffix (*Sefer Zikaron*). Rashi makes a similar point in his comments to 24:3.

5. *Tanchuma, Masei* 7.

6. כזב denotes not keeping one's word (see Rashi to *Isaiah* 27:11 and *Psalms* 116:11). Here it refers to the oath God made to the Patriarchs to give Israel the Land of Canaan (see Rashi to *Exodus* 6:4, s.v., לָתֵת לָהֶם).

7. The phrase refers to God. Therefore, the initial ה of הַהוּא is seen as introducing a question. Rashi rejects the possibility that the phrase is a declarative statement which refers to man, "That one says and does not do, speaks and does not confirm," for there is no need for our verse to dwell at length on human weaknesses (*Nachalas Yaakov*).

8. וְתָיְבִין וּמִתְמַלְּכִין can be understood as "they recant and reconsider," but that would be incongruous; they would not have anything to reconsider once they have recanted. Rashi explains that it means "they come back [to reassess the situation], and then reconsider it, to decide whether or not to retract" (*Gur Aryeh*).

9. Above v. 17.

10. With קִבַּלְתִּי, Rashi indicates that לָקָחְתִּי here does not mean "I took." Balaam did not "take" something actively (*Mizrachi*).

He has blessed, and I shall not retract it.
21 "He perceived no iniquity in Jacob, and saw no perversity in Israel.

וּבֵרֵךְ וְלֹא אֲשִׁיבֶנָּה: כא לֹא־הִבִּיט אָוֶן בְּיַעֲקֹב וְלֹא־רָאָה עָמָל בְּיִשְׂרָאֵל

אונקלוס

וַאֲבָרְכִנֵּהּ לְיִשְׂרָאֵל וְלָא אָתֵיב בִּרְכְּתִי מִנְּהוֹן: כא אִסְתַּכָּלִית לֵית פָּלְחֵי גִלּוּלִין בִּדְבֵית יַעֲקֹב וְאַף לָא עָבְדֵי לֵאוּת שְׁקַר בְּיִשְׂרָאֵל

רש"י

[ברך כמו לברך]: **וברך ולא אשיבנה.** הוא ברך אותם, ואני לא אשיב את ברכתו: **וברך.** כמו ובירך וכן הוא גזרת רי"ש, כמו אויב חרף (תהלים עד:יח) כמו חירף, וכן ובוצע ברך וגו' (שם י:ג) המהלל ומברך את הגוזל ואומר לו אל תירא כי לא תענש, שלום יהיה לך, מרגיז הוא להקב"ה. ואין לומר ברך שם דבר, שאם כן היה נקוד בפתח קטן (ר"ל סגול) וטעמו למעלה, אבל לפי שהוא לשון פעל הוא נקוד קמץ קטן (ר"ל צירה) וטעמו למטה: **(כא) לא הביט און ביעקב וגו'.** כתרגומו. דבר אחר אחרי פשוטו הוא נדרש מדרש נאה. לא הביט הקב"ה און שביעקב.

RASHI ELUCIDATED

bless them.[1]

{בָּרֵךְ – The word בָּרֵךְ has the same meaning כְּמוֹ לְבָרֵךְ – as לְבָרֵךְ, "to bless."[2]}[3]

□ וּבֵרֵךְ וְלֹא אֲשִׁיבֶנָּה – **HE HAS BLESSED, AND I SHALL NOT RETRACT IT.** הוּא בֵּרֵךְ אוֹתָם – **He blessed them,**[4] וַאֲנִי לֹא אָשִׁיב אֶת בִּרְכָתוֹ – **and I will not retract His blessing.**[5]

□ וּבֵרֵךְ – **HE HAS BLESSED.** כְּמוֹ וּבִרֵךְ – This has **the same** meaning **as** וּבִרֵךְ would have.[6] וְכֵן הִיא גִזְרַת רֵי"שׁ – **Such is the rule for the letter** ר,[7] כְּמוֹ "אוֹיֵב חֵרֵף"[8] – **like** חֵרֵף in the phrase, **"an enemy blasphemed,"**[8] כְּמוֹ חִרֵף – which has **the same** meaning **as** חִרֵף would have. וְכֵן "וּבֹצֵעַ בֵּרֵךְ וְגוֹמֵר"[9] – **And similarly** בֵּרֵךְ of the phrase וּבֹצֵעַ בֵּרֵךְ, which means הַמְהַלֵּל וּמְבָרֵךְ – **one who praises and blesses** אֶת הַגּוֹזֵל – **the robber,** וְאוֹמֵר לוֹ – **and says to him,** אַל תִּירָא – **"Do not be afraid,** כִּי לֹא תֵעָנֵשׁ – **for you will not be punished** for your sin. שָׁלוֹם יִהְיֶה לָּךְ – **You will have peace,"** מַרְגִּיז הוּא לְהַקָּדוֹשׁ בָּרוּךְ הוּא – **angers the Holy One, Blessed is He.** וְאֵין לוֹמַר – **And it cannot be said** "בֵּרֵךְ" שֵׁם דָּבָר – that בֵּרֵךְ **is a noun,**[10] שֶׁאִם כֵּן – **for if so,** הָיָה נָקוּד בְּפַתָּח קָטָן – **it would be vowelized with a** ***patach katan*** (Rashi's term for *segol*) וְטַעְמוֹ לְמַעְלָה – **and its accent would be above,** i.e., on the first syllable.[11] אֲבָל לְפִי שֶׁהוּא לְשׁוֹן פֹּעַל – **But since it is** a verb **in the** ***piel*** **form,** הוּא נָקוּד קָמָץ קָטָן – **it is vowelized with a** ***kamatz katan*** (Rashi's term for *tzeirei*) וְטַעְמוֹ לְמַטָּה – **and its accent is below,** i.e., on the final syllable.

21. לֹא הִבִּיט אָוֶן בְּיַעֲקֹב וְגוֹמֵר – **HE PERCEIVED NO INIQUITY IN JACOB, ETC.** This is to be understood כְּתַרְגּוּמוֹ – **as** ***Targum*** **Onkelos renders it.**[12] דָּבָר אַחֵר – **Alternatively,** אַחֲרֵי פְשׁוּטוֹ הוּא נִדְרָשׁ מִדְרָשׁ נָאֶה – **the Midrash interprets it nicely following its simple meaning:** לֹא הִבִּיט הַקָּדוֹשׁ בָּרוּךְ הוּא אָוֶן שֶׁבְּיַעֲקֹב – **The**

1. "Behold" is not superfluous here if seen as introducing an answer to a question (*Gur Aryeh*).

2. As in 24:1 below. בָּרֵךְ, though it has no ל prefix, is an infinitive like לְבָרֵךְ. Rashi explains the difference between בָּרֵךְ and בֵּרֵךְ which follows it (*Imrei Shefer;* see also Rashi to 22:6 above and note 5 there).

3. Some early editions omit the passage and note 5 in braces.

4. Rashi indicates that וּבֵרֵךְ is an active verb, and supplies its implicit object (see *Mizrachi; Imrei Shefer; Da'as Yissachar*).

5. The נה ending of אֲשִׁיבֶנָּה indicates a feminine object. Rashi explains that it refers to the implicit feminine noun בִּרְכָתוֹ, "His blessing" (*Mizrachi; Da'as Yissachar*).

6. It is a verb in the masculine, singular, third person *piel*. The vowelization of בִּרֵךְ and חִרֵף that Rashi introduces here is hypothetical, but would be the proper vowelization if not for the middle root letter ר, as Rashi goes on to prove.

7. In the *piel*, the middle letter of the root generally takes a *dagesh*. But the letter ר does not take this *dagesh*. To avoid the need for a *dagesh*, the first letter of the root is vowelized with a *tzeirei* rather than a *chirik* (*Be'er Rechovos*). Rashi discusses this characteristic of the letter ר in his comments to *Psalms* 38:3.

8. *Psalms* 74:18.

9. *Psalms* 10:3.

10. The standard form of the verb is בֵּרַךְ, with the ר vocalized with a *patach*, e.g., *Genesis* 24:1. בֵּרֵךְ vowelized as it is here appears only twice in Scripture, in our verse, and in the verse in *Psalms* that Rashi cites. This led R' Moshe, cited by *Ibn Ezra* to *Psalms* 10:3, to view בֵּרֵךְ as a noun. Rashi rejects that opinion, and views בֵּרֵךְ as a verb.

11. It would be of the same form as nouns such as מֶלֶךְ, "king" (v. 21), and גֶּבֶר, "man" (24:4 below). If בֵּרֵךְ is a noun, the verse is understood "and [there will be] blessing, and I will not retract it."

12. "I have looked, and there are no idolaters among the House of Jacob, and also, no doers of dishonest labor in Israel."

יהוה אֱלֹהָיו עִמּוֹ וּתְרוּעַת מֶלֶךְ
כב בּוֹ: אֵל מוֹצִיאָם מִמִּצְרָיִם

HASHEM, his God, is with him, and the friendship of the King is in him.
22 *"It is God Who brought them out of Egypt*

אונקלוס

מֵימְרָא דַייָ אֱלָהָהוֹן בְּסַעְדְּהוֹן וּשְׁכִינַת מַלְכְּהוֹן בֵּינֵיהוֹן: כב אֱלָהָא דְאַפְּקִנּוּן מִמִּצְרָיִם

רש״י

שכשהן עוברין על דבריו אינו מדקדק אחריהם להתבונן באוניות שלהם ועמלן שהם עוברים על דתו (תנחומא יד): עמל. לשון עבירה, כמו הרה עמל (תהלים ז:טו) כי אתה עמל וכעס תביט (שם י:יד), לפי שהעבירה היא עמל לפני המקום: ה׳ אלהיו עמו. אפילו מכעיסין וממרים לפניו אינו זז מתוכן: ותרועת מלך בו. לשון חבה ורעות, כמו רעה דוד (שמואל ב טו:לז) אוהב דוד. ויתנה למרעהו (שופטים טו:ו). וכן תרגם אונקלוס, ושכינת מלכהון ביניהון: (כב) אל מוציאם ממצרים. אתה אמרת הנה עם יצא ממצרים, לא יצא מעצמו אלא האלהים הוציאם:

RASHI ELUCIDATED

Holy One, Blessed is He, did not perceive the "iniquity" that is "in Jacob"; שֶׁכְּשֶׁהֵן עוֹבְרִין עַל דְּבָרָיו **– for when they violate His words,** אֵינוֹ מְדַקְדֵּק אַחֲרֵיהֶם **– He is not meticulous with them** לְהִתְבּוֹנֵן בְּאוֹנִיּוֹת שֶׁלָּהֶם **– to meditate upon their falsity** וַעֲמָלָן **– and their perversity** שֶׁהֵם עוֹבְרִים עַל דָּתוֹ[1] **– in that they violate His law.**[1]

□ עָמָל – PERVERSITY. לְשׁוֹן עֲבֵרָה **– This denotes transgression,**[2] כְּמוֹ „הָרָה עָמָל"[3] **– as** in, **"He conceived perversity,"**[3] and in, „כִּי אַתָּה עָמָל וָכַעַס תַּבִּיט"[4] **– "You look at perversity and provocation to anger."**[4] לְפִי שֶׁהָעֲבֵרָה הִיא עָמָל לִפְנֵי הַמָּקוֹם – Scripture uses the word for "travail" to express "perversity" **because transgression is travail before the Omnipresent.**[5]

□ ה׳ אֱלֹהָיו עִמּוֹ – HASHEM, HIS GOD, IS WITH HIM. אֲפִילּוּ מַכְעִיסִין **– Even when they cause anger** וּמַמְרִים לְפָנָיו **– and they rebel before Him,** אֵינוֹ זָז מִתּוֹכָן **– He does not move from their midst.**[6]

□ וּתְרוּעַת מֶלֶךְ בּוֹ – AND THE FRIENDSHIP OF THE KING IS IN HIM. לְשׁוֹן חִבָּה וְרֵעוּת **– This expresses dearness and friendship.**[7] „רֵעֶה דָוִד"[8] אוֹהֵב דָּוִד – It is related to רֵעֶה דָוִד, which means, **"he who loves David,"**[8] „וַיִּתְּנָהּ לְמֵרֵעֵהוּ"[9] – and to מֵרֵעֵהוּ in, **"And he gave her to his friend."**[9] וְכֵן תִּרְגֵּם אוּנְקְלוֹס **– And so did *Onkelos* render it:** „וּשְׁכִינַת מַלְכְּהוֹן בֵּינֵיהוֹן"[10] **– "And the *Shechinah*** (immanent presence) **of their King is among them."**[10]

22. אֵל מוֹצִיאָם מִמִּצְרָיִם – IT IS GOD WHO BROUGHT THEM OUT OF EGYPT. אַתָּה אָמַרְתָּ **– You said,** „הִנֵּה עַם יָצָא מִמִּצְרַיִם"[11] **– "Behold! a people has come out of Egypt."**[11] לֹא יָצָא מֵעַצְמוֹ **– It did not go out on its own,** as you implied. אֶלָּא **– Rather,** הָאֱלֹהִים הוֹצִיאָם **– it is God who brought them out.**[12]

1. *Tanchuma* 14. According to *Targum Onkelos*, the subject of the verse is Balaam. The verse says that he does not perceive any practice of idolatry or robbery among Israel, for they do not commit these sins. According to the *Tanchuma*, the subject of the verse is God. The verse says that He does not make a point of perceiving Israel's iniquity and perversity. According to this explanation, the verse does not refer to idolatry or robbery, for God never overlooks these sins (see Rashi to *Exodus* 20:5, s.v., אֵל קַנָּא, and to *Genesis* 6:13, s.v., כִּי מָלְאָה הָאָרֶץ חָמָס).

This comment follows the Midrashic interpretation of the beginning of the verse given by Rashi. According to the interpretation of *Targum Onkelos*, the verse does not refer to Israel in a sinful state.

2. The basic meaning of the word is "travail."

3. *Psalms* 7:15. Rashi cites verses in which it is clear from context that עָמָל is used for "sin, perversity" rather than "travail."

4. *Psalms* 10:14.

5. When the Omnipresent brings into existence a situation in which man sins, it is, in a manner of speaking, meaningless drudgery to Him.

6. This explains the connection between this phrase and that which precedes it.

7. תְּרוּעָה can also mean "the blast of a trumpet or shofar," as *Ibn Ezra* and *Ramban* explain it. This is also the interpretation given by the *Gemara* in *Rosh Hashanah* 32b.

8. *II Samuel* 15:37.

9. *Judges* 15:6.

10. *Onkelos*, like Rashi, does not see וּתְרוּעַת as meaning a shofar blast. He agrees that the word means friendship. He uses "*Shechinah*" in his translation to explain how the friendship of the King is manifest.

11. Above 22:5.

12. Rashi sees אֵל מוֹצִיאָם מִמִּצְרָיִם as an independent clause. This is unlike *Targum Onkelos* who sees מוֹצִיאָם מִמִּצְרָיִם as a subordinate clause: "God, Who brought them out of Egypt, strength and loftiness are His."

according to the intensity of His loftiness, 23 "For there is no divination in Jacob and no sorcery in Israel. Like this time, it will be said to Jacob and Israel: 'What

כג כְּתוֹעֲפֹת רְאֵם לוֹ: כִּי לֹא־נַחַשׁ בְּיַעֲקֹב וְלֹא־קֶסֶם בְּיִשְׂרָאֵל כָּעֵת יֵאָמֵר לְיַעֲקֹב וּלְיִשְׂרָאֵל מַה־

אונקלוס

תָּקְפָּא וְרוּמָא דִּילֵהּ: כג אֲרֵי לָא נַחֲשַׁיָּא צָבָן דְּיֵיטַב לְדְבֵית יַעֲקֹב וְאַף לָא קָסָמַיָּא רָעַן בִּרְבוּת בֵּית יִשְׂרָאֵל כְּעִדָּן יִתְאֲמַר לְיַעֲקֹב וּלְיִשְׂרָאֵל מָא

רש"י

כתועפות ראם לו. כתוקף רום וגובה שלו (תרגום אונקלוס), וכן וכסף תועפות (איוב כב:כה) לשון מעוז המה. ואומר אני שהוא לשון ועוף יעופף (בראשית א:כ) המעופף ברום וגובה, ותוקף רב הוא זה. ותועפות ראם, עפיפת גובה. דבר אחר, תועפות ראם, תוקף ראמים. ואמרו רבותינו אלו השדים (גיטין סח:): **(כג) כי לא נחש ביעקב.** כי ראויים הם לברכה שאין בהם מנחשים וקוסמים: **כעת יאמר ליעקב וגו'.** עוד עתיד להיות עת כעת הזאת אשר תגלה חבתן

RASHI ELUCIDATED

□ כְּתוֹעֲפֹת רְאֵם לוֹ – **ACCORDING TO THE INTENSITY OF HIS LOFTINESS.** This means כְּתוֹקֶף רוּם וְגוֹבַהּ שֶׁלוֹ – **like the intensity of the loftiness and height that is His.**[1] וְכֵן ,,וְכֶסֶף תּוֹעָפוֹת"[2] – **Similarly,** תּוֹעָפוֹת in the phrase, **"And money is a bastion."**[2] לְשׁוֹן מָעוֹז הֵמָּה – **[These usages] mean stronghold.**[3]

וְאוֹמֵר אֲנִי – **And I say** שֶׁהוּא לְשׁוֹן ,,וְעוֹף יְעוֹפֵף"[4] – **that it is an expression related to** the phrase, **"and fowl that fly,"**[4] which in our verse means הַמְעוֹפֵף בְּרוּם וְגוֹבַהּ – **the one flying loftily and high,** וְתוֹקֶף רַב הוּא זֶה – **and this is** a demonstration of **great strength.**[5] וְ,,תוֹעֲפֹת רְאֵם" עֲפִיפַת גּוֹבַהּ – **And** תּוֹעֲפֹת רְאֵם means literally **"flight at a height."**

דָּבָר אַחֵר – **Alternatively,** ,,תּוֹעֲפֹת רְאֵם" – means תּוֹקֶף רְאֵמִים – **"the strength of *re'eimim*."**[6] וְאָמְרוּ רַבּוֹתֵינוּ – **And our Rabbis said,** אֵלוּ הַשֵּׁדִים – **these *re'eimim* are the demons.**[7]

23. כִּי לֹא נַחַשׁ בְּיַעֲקֹב – **FOR THERE IS NO DIVINATION IN JACOB.** כִּי רְאוּיִם הֵם לִבְרָכָה – **For they are deserving of blessing,** שֶׁאֵין בָּהֶם מְנַחֲשִׁים וְקוֹסְמִים – **because there are no diviners and sorcerers among them.**[8]

□ כָּעֵת יֵאָמֵר לְיַעֲקֹב וְגוֹמֵר – **LIKE THIS TIME, IT WILL BE SAID TO JACOB, ETC.** עוֹד עָתִיד לִהְיוֹת עֵת כָּעֵת הַזֹּאת – **There is destined to be yet another time like this time,**[9] אֲשֶׁר תְּגֻלֶּה חִבָּתָן – **in which [Israel's]**

1. *Targum Onkelos.* In this interpretation, Rashi sees רְאֵם as related to רוּם, "loftiness" (*Mizrachi; Sifsei Chachamim*). With his שֶׁלוֹ, Rashi notes that כְּתוֹעֲפֹת רְאֵם לוֹ is not a blessing to Israel — "May intense loftiness be his" — rather, לוֹ of the verse refers to God.

2. *Job* 22:25.

3. *Tanchuma* 14.

4. *Genesis* 1:20.

5. Rashi explains how Scripture can express "intensity" with a word whose basic meaning is "flying." Flying exhibits strength, for it requires exerting force to counter the force of gravity (*Mizrachi; Sifsei Chachamim*).

6. Many English translations have been offered for the word רְאֵם. Aurochs, buffalo, unicorn, and reindeer are among the most popular. One thing is clear from the verses that speak of the רְאֵם: Its horns are among its most precious assets (see *Deuteronomy* 33:17 and *Psalms* 92:11).

7. *Gittin* 68b. Demons live on earth, but ascend to the heavens. They are therefore represented by the רְאֵם, a tall animal (*Maharsha* to *Gittin* 68b). The Gemara in *Zevachim* 113b speaks of a רְאֵם of gigantic proportions.

According to *Sefer Zikaron*, when the Rabbis said "these are the demons," they meant that God's strength is manifest through His powerful messengers, such as demons. According to *Be'er Mayim Chaim*, the verse compares the strength of God Himself to that of demons. Although God's strength is infinite, Scripture speaks in metaphors to which people can relate; cf. Rashi to *Exodus* 19:18, s.v., הַכִּבְשָׁן.

Rashi mentions two interpretations of רְאֵם, "loftiness" and "a demon," which is represented in the verse by a *re'eim*. He does not explain the verse according to what seems to be its simplest sense, that רְאֵם means a mighty beast, with no ulterior meaning, because the verse would then be attributing to God the strength of a *re'eim*. But Scripture would not compare God's strength to that of a *re'eim*, for (as Rashi says in his comments to *Deuteronomy* 33:17, s.v., וְקַרְנֵי רְאֵם קַרְנָיו), the strength of an ox is greater than that of a *re'eim*, and would be a more appropriate metaphor (*Imrei Shefer*).

8. The verse does not mean that divination and sorcery have no effect on Israel, for if so, the word כִּי, "for," would be superfluous. כִּי indicates that the verse gives the reason why Israel is worthy of the blessing mentioned above in verse 20 (see *Be'er Mayim Chaim*).

9. Rashi notes that כָּעֵת, with the כ vowelized with a *kamatz*, denotes a specific time; "like *this* time," rather than "like *a* time" (*Leket Bahir*). Rashi makes similar points in his comments to *Genesis* 18:10, *Exodus* 9:18, and *II Kings* 4:17.

כד פָּעַל אֵל: הֶן־עָם֙ כְּלָבִ֣יא יָק֔וּם וְכַאֲרִ֖י יִתְנַשָּׂ֑א

has God wrought?'
24 *"Behold! A people who arises like an awesome lion and raises itself like a lion;*

אונקלוס

עֲבַד אֱלָהָא: כד הָא עַמָּא כְּלֵיתָא שָׁרֵי וּכְאַרְיָא יִתְנַטַּל

רש"י

לעין כל, שהן יושבין לפניו ולומדים תורה מפיו ומחיצתן לפנים ממלאכי השרת, והם ישאלו להם מה פעל אל, וזהו שנאמר והיו עיניך רואות את מוריך (ישעיה ל:כ). דבר אחר, יאמר ליעקב אינו לשון עתיד אלא לשון הוה. אינן צריכים למנחש וקוסם, כי בכל עת שצריך להאמר ליעקב ולישראל מה פעל הקב"ה ומהו גזרותיו במרום אינן מנחשים וקוסמים, אלא נאמר להם על פי נביאיהם מה היא גזרת המקום, או אורים ותומים מגידים להם (תנחומא שם). ואונקלוס לא תרגם כן: **(כד) הן עם כלביא יקום וגו'.** כשהן עומדין משנתם שחרית הן מתגברים כלביא וכארי לחטוף את המצות, ללבוש טלית לקרוא את שמע ולהניח תפילין (שם):

RASHI ELUCIDATED

dearness to God **will be revealed** לְעֵין כֹּל – **before the eyes of all,**[1] שֶׁהֵן יוֹשְׁבִין לְפָנָיו – **for [Israel] will be sitting before Him** וְלוֹמְדִים תּוֹרָה מִפִּיו – **and learning Torah from His mouth,** וּמְחִיצָתָן לִפְנִים מִמַּלְאֲכֵי הַשָּׁרֵת – **and their realm will be further in,** i.e., closer to God, **than the ministering angels,** וְהֵם יִשְׁאֲלוּ לָהֶם – **and [the angels] will ask [Israel],** "מַה פָּעַל אֵל" – **"What has God wrought?"** וְזֶהוּ שֶׁנֶּאֱמַר – **This is** the meaning of **that which it says,** "וְהָיוּ עֵינֶיךָ רֹאוֹת אֶת מוֹרֶיךָ"[2] – **"And your eyes shall see your Teacher."**[2]

דָּבָר אַחֵר – **Alternatively,** "יֵאָמֵר לְיַעֲקֹב" אֵינוֹ לְשׁוֹן עָתִיד – the phrase יֵאָמֵר לְיַעֲקֹב **does not denote the future,** אֶלָּא לְשׁוֹן הֹוֶה – **but rather, it denotes the present.**[3] The verse means: אֵינָן צְרִיכִים לִמְנַחֵשׁ וְקוֹסֵם – **[Israel] does not need a diviner or a sorcerer,**[4] כִּי בְּכָל עֵת – **for at every time**[5] שֶׁצָּרִיךְ לְהֵאָמֵר לְיַעֲקֹב וּלְיִשְׂרָאֵל – **that it needs to be said to Jacob and to Israel** מַה פָּעַל הַקָּדוֹשׁ בָּרוּךְ הוּא – **what the Holy One, Blessed is He, has wrought** וּמַהוּ גְּזֵרוֹתָיו בַּמָּרוֹם – **and what His decrees on high are,** אֵינָן מְנַחֲשִׁים וְקוֹסְמִים – **they do not divine or practice sorcery,** אֶלָּא – **but rather,** נֶאֱמַר לָהֶם – **it is said to them** עַל פִּי נְבִיאֵיהֶם – **by the word of their prophets** מַה הִיא גְּזֵרַת הַמָּקוֹם – **what the decree of the Omnipresent is,** אוֹ אוּרִים וְתֻמִּים מַגִּידִים לָהֶם[6] – **or the *Urim VeTumim* tells them.**[6] וְאוּנְקְלוֹס לֹא תִרְגֵּם כֵּן – **But *Onkelos* did not render the verse this way.**[7]

24. הֵן עָם כְּלָבִיא יָקוּם וְגוֹמֵר – BEHOLD! A PEOPLE WHO ARISES LIKE AN AWESOME LION, ETC. כְּשֶׁהֵן עוֹמְדִין מִשְּׁנָתָם – **When they get up from their sleep** שַׁחֲרִית – **in the morning,** הֵן מִתְגַּבְּרִים – **they exert themselves**[8] כְּלָבִיא וְכַאֲרִי – **like an awesome lion and like a lion**[9] לַחֲטוֹף אֶת הַמִּצְוֹת – **to grab commandments:** לִלְבּוֹשׁ טַלִּית – **to wear a *tallis*,** לִקְרוֹא אֶת שְׁמַע – **to read the *Shema*,** וּלְהָנִיחַ תְּפִלִּין[10] – **and to put on *tefillin*.**[10]

1. Israel's dearness to God is manifest here in Balaam's inability to curse them, and his being forced to bless them instead (*Nachalas Yaakov*).

2. *Isaiah* 30:20. The verse means that your eyes will see God, Who teaches you Torah.

3. The future tense is often used to denote the ongoing present, continual often-repeated actions. Rashi discusses this verb form at length in his comments to *Exodus* 15:1, s.v., אָז יָשִׁיר מֹשֶׁה.

4. Rashi here gives a new interpretation to the first part of the verse.

5. The phrase "like *this* time" refers to each time Israel needs to know the Divine will.

6. *Tanchuma* 14. See *Exodus* 28:30 and Rashi there.

According to Rashi's first interpretation, מַה פָּעַל אֵל is a quotation; it is a question put to Jacob and Israel. According to the second interpretation, it is the content of information imparted to Israel by the prophets and the *Urim VeTumim*.

7. *Targum Onkelos* renders the first half of the verse: "For diviners do not want Him to do good to the House of Jacob, nor do sorcerers wish for the greatness of the House of Israel . . ."

8. See note 3 above.

9. The words לָבִיא and אֲרִי are two of six names that Scripture uses for the lion. The commentators give some guidance in distinguishing between them. Rashi (to *Job* 4:10) ranks the אֲרִי (אַרְיֵה) as large (old), the שַׁחַל in the middle, and the כְּפִיר as small (young). *Radak* (to *Judges* 14:5) expands this list: "The כְּפִיר is larger (older) than the cub; the אַרְיֵה is larger than the כְּפִיר; the לָבִיא is larger than the אַרְיֵה; and the לַיִשׁ is larger than the לָבִיא. Moreover, as it ages, it grows stronger." The age level of the sixth term, שַׁחַץ, is not identified by the commentators. The translations "lion" and "awesome lion" are based on the above.

10. *Tanchuma* 14. The image of a lion is used by Scripture for physical or military strength. But that is expressed by the lying or crouching of the lion, e.g, *Genesis* 49:9, 24:9 below, *Ezekiel* 19:2. The *rising* of the lion of our verse is seen in a different manner.

לֹ֥א יִשְׁכַּב֙ עַד־יֹ֣אכַל טֶ֔רֶף וְדַם־חֲלָלִ֖ים
כה יִשְׁתֶּֽה׃ וַיֹּ֤אמֶר בָּלָק֙ אֶל־בִּלְעָ֔ם גַּם־
קֹ֖ב לֹ֣א תִקֳּבֶ֑נּוּ גַּם־בָּרֵ֖ךְ לֹ֥א תְבָרְכֶֽנּוּ׃

he does not lie down until he consumes prey, and drinks the blood of the slain."
25 *Balak said to Balaam, "Neither shall you curse them, nor shall you bless them!"*

אונקלוס

לָא יִשְׁרֵי בְּאַרְעֵהּ עַד דְּיִקְטוֹל קְטוֹל וְנִכְסֵי עַמְמַיָּא יֵירַת: כה וַאֲמַר בָּלָק לְבִלְעָם אַף מֵילַט לָא תְלוּטִנּוּן (נ״א תְלוּטִנֵּהּ) אַף בָּרָכָא לָא תְבָרֵכִנּוּן (נ״א תְבָרֵכִנֵּהּ):

רש"י

לא ישכב. בלילה על מטתו עד שהוא אוכל ומחבל כל מזיק הבא לטרפו. כיצד, קורא את שמע על מטתו ומפקיד רוחו ביד המקום. בא מחנה וגייס להזיקם, הקב"ה שומרם ונלחם מלחמותם ומפילם חללים (שם). דבר אחר, הן עם כלביא יקום וגו'. כתרגומו: **ודם חללים ישתה.** נתנבא שאין משה מת עד שיפיל מלכי מדין חללים ויהרג הוא עמהם, שנאמר ואת בלעם בן בעור הקוסם הרגו בני ישראל בחרב אל חלליהם (יהושע יג:כב; תנחומא שם): **(כה) גם קב לא תקבנו [גם ברך לא תברכנו].** גם ראשון מוסב על גם השני וגם שני על גם ראשון, וכן גם לי גם לך לא

RASHI ELUCIDATED

□ לֹא יִשְׁכַּב – HE DOES NOT LIE DOWN **בַּלַּיְלָה – at night עַל מִטָּתוֹ – on his bed עַד שֶׁהוּא אוֹכֵל וּמְחַבֵּל – until he eats and destroys[1] כָּל מַזִּיק – any harmful force הַבָּא לְטָרְפוֹ – which comes to damage him.[2] כֵּיצַד – How? קוֹרֵא אֶת שְׁמַע – He recites the *Shema* עַל מִטָּתוֹ – on his bed וּמַפְקִיד רוּחוֹ – and gives over his spirit for safekeeping בְּיַד הַמָּקוֹם – into the hand of the Omnipresent.[3] בָּא מַחֲנֶה וְגַיִס** – If a military **camp and a marauding army come לְהַזִּיקָם – to harm them, הַקָּדוֹשׁ בָּרוּךְ הוּא שׁוֹמְרָם – the Holy One, Blessed is He, guards them וְנִלְחָם מִלְחֲמוֹתָם – and fights their wars, וּמַפִּילָם חֲלָלִים[4] – and makes [the enemy] fall slain.[4]**

דָּבָר אַחֵר – Alternatively, „הֵן עָם כְּלָבִיא יָקוּם וְגוֹמֵר" – "Behold! a people who arises like an awesome lion, etc.," is to be understood **כְּתַרְגּוּמוֹ – as *Targum* Onkelos renders it.[5]**

□ וְדַם חֲלָלִים יִשְׁתֶּה – AND DRINKS THE BLOOD OF THE SLAIN. **נִתְנַבֵּא – He prophesied שֶׁאֵין מֹשֶׁה מֵת – that Moses would not die[6] עַד שֶׁיַּפִּיל מַלְכֵי מִדְיָן חֲלָלִים – until he would make the kings of Midian fall slain וְיֵהָרֵג הוּא עִמָּהֶם – and [Balaam] would be killed with them, שֶׁנֶּאֱמַר – as it says, „וְאֶת בִּלְעָם בֶּן בְּעוֹר הַקּוֹסֵם – "And Balaam the son of Beor the sorcerer הָרְגוּ בְנֵי יִשְׂרָאֵל בַּחֶרֶב – the Children of Israel killed by the sword אֶל חַלְלֵיהֶם"[7,8] – along with those they had slain."[7,8]**

25. {גַּם בָּרֵךְ לֹא תְבָרְכֶנּוּ} גַּם קֹב לֹא תִקֳּבֶנּוּ – NEITHER SHALL YOU CURSE THEM, {NOR SHALL YOU BLESS THEM}[9] (literally, "also you shall not curse them, {also you shall not bless them}"). **„גַּם" רִאשׁוֹן מוּסָב עַל „גַּם" הַשֵּׁנִי – This first "also" refers to the second "also," „וְגַם" שֵׁנִי עַל „גַּם" רִאשׁוֹן – and the second "also" to the first "also."[10] וְכֵן – And similarly, „גַּם לִי גַּם לָךְ לֹא**

1. With אוֹכֵל וּמְחַבֵּל, Rashi indicates that אוֹכֵל, "he eats," is not to be taken literally, nor does it mean to enjoy the benefit to be derived from something. It is used in the sense of destruction, as in *Exodus* 22:5 and *II Samuel* 18:8.

2. טֶרֶף usually means "prey, that which is mauled." According to Rashi's first interpretation, it is understood here as "that which preys, mauls."

3. Rashi alludes to the wording of *Psalms* 31:6.

4. *Tanchuma* 14. Here Rashi explains the end of the verse, "and drinks the blood of the slain" (*Mizrachi; Sifsei Chachamim*).

5. *Targum Onkelos* renders the verse: "Behold! a people who arises like an awesome lion and raises itself like a lion; it will not rest in its land until it kills prey, and inherits the property of the nations."

Unlike the first explanation given in Rashi, *Targum Onkelos* sees the future tense of יִשְׁכַּב as indicating that which will take place in the future, rather than the ongoing present.

6. In this interpretation, Rashi sees "lying down" here as "dying," as in *Genesis* 47:30 (*Mizrachi*).

7. *Joshua* 13:22.

8. *Tanchuma* 14. According to this interpretation, the singular טֶרֶף, "prey," refers to Balaam, while the plural חֲלָלִים, "slain," refers to the kings of Midian. This is supported by the verse from *Joshua* which says that Balaam was killed along with the slain, implying that the term "slain" does not include him (*Nachalas Yaakov*).

9. The phrase enclosed in braces appears in the title to this comment in the Alkabetz edition, but not in the other early editions.

10. The word גַּם, "also," usually indicates an addition to some previously mentioned item or group. However, when גַּם is used in successive phrases or clauses, as in our verse, the two items mentioned are not in addition to something else, but form an independent unit (*Devek Tov*). Rashi also speaks of the meaning of גַּם used twice in succession in his comments to *Isaiah* 66:3 and *Jeremiah* 51:12.

כו וַיַּ֣עַן בִּלְעָ֔ם וַיֹּ֖אמֶר אֶל־בָּלָ֑ק הֲלֹ֗א
דִּבַּ֤רְתִּי אֵלֶ֙יךָ֙ לֵאמֹ֔ר כֹּ֛ל אֲשֶׁר־יְדַבֵּ֥ר
כז יְהוָ֖ה אֹת֥וֹ אֶֽעֱשֶֽׂה׃ ששי [שביעי] וַיֹּ֤אמֶר
בָּלָק֙ אֶל־בִּלְעָ֔ם לְכָה־נָּא֙ אֶקָּ֣חֲךָ֔
אֶל־מָק֖וֹם אַחֵ֑ר אוּלַ֤י יִישַׁר֙ בְּעֵינֵ֣י
כח הָֽאֱלֹהִ֔ים וְקַבֹּ֥תוֹ לִ֖י מִשָּֽׁם׃ וַיִּקַּ֥ח בָּלָ֖ק
אֶת־בִּלְעָ֑ם רֹ֚אשׁ הַפְּע֔וֹר הַנִּשְׁקָ֖ף
כט עַל־פְּנֵ֥י הַיְשִׁימֹֽן׃ וַיֹּ֤אמֶר בִּלְעָם֙ אֶל־
בָּלָ֔ק בְּנֵה־לִ֥י בָזֶ֖ה שִׁבְעָ֣ה מִזְבְּחֹ֑ת
וְהָכֵ֥ן לִי֙ בָּזֶ֔ה שִׁבְעָ֥ה פָרִ֖ים וְשִׁבְעָ֥ה
ל אֵילִֽם׃ וַיַּ֣עַשׂ בָּלָ֔ק כַּאֲשֶׁ֖ר אָמַ֣ר
בִּלְעָ֑ם וַיַּ֛עַל פַּ֥ר וָאַ֖יִל בַּמִּזְבֵּֽחַ׃

26 Balaam answered and said to Balak, "Have I not spoken to you, saying, 'Whatever Hashem *shall speak, that I shall do'?"*

27 Balak said to Balaam, "Go, now, I shall take you to a different place, perhaps it will be proper in God's eyes, and you will imprecate it for me from there." 28 Balak took Balaam to the summit of the Peor that overlooks the face of the Jeshimon.

29 Balaam said to Balak, "Build for me here seven altars and prepare for me here seven bulls and seven rams." 30 Balak did as Balaam said, and he brought up a bull and a ram on each altar.

אונקלוס

כו וַאֲתֵיב בִּלְעָם וַאֲמַר לְבָלָק הֲלָא מַלֵּלִית עִמָּךְ לְמֵימַר כֹּל דִּימַלֵּל יְיָ יָתֵהּ אֶעְבֵּד: כז וַאֲמַר בָּלָק לְבִלְעָם אִיתָא כְעַן אֲדַבְּרִנָּךְ לַאֲתַר אָחֳרָן מָאִים יְהֵי רַעֲוָא מִן קֳדָם יְיָ וּתְלוּטֵהּ לִי מִתַּמָּן: כח וּדְבַר בָּלָק יָת בִּלְעָם רֵישׁ רָמָתָא דְּמִסְתַּכְיָא עַל אַפֵּי בֵית יְשִׁימוֹן: כט וַאֲמַר בִּלְעָם לְבָלָק בְּנֵה לִי הָכָא שַׁבְעָא מַדְבְּחִין וְאַתְקֵן לִי הָכָא שַׁבְעָא תוֹרִין וְשַׁבְעָא דִכְרִין: ל וַעֲבַד בָּלָק כְּמָא דִי אֲמַר בִּלְעָם וְאַסֵּק תּוֹר וּדְכַר עַל כָּל מַדְבְּחָא:

רש"י

יהיה (מלכים א ג:כו) וכן גם בחור גם בתולה (דברים לב:כה): **(כז) וקבתו לי.** אין זה לשון צווי כמו וקבנו (לעיל פסוק יג) אלא לשון עתיד, אולי יישר בעיניו ותקבנו לי משם. מלדיר"ש לו"י בלע"ז: **(כח) ראש הפעור.** קוסם [גדול] היה בלק וראה שהן עתידין ללקות על ידי פעור ולא היה יודע במה, אמר שמא הקללה תחול עליהם משם וכן כל החוזים בכוכבים רואים ואינם יודעים מה רואים (תנחומא ד, יא):

RASHI ELUCIDATED

יִהְיֶה"[1] – **"Also mine and also yours he shall not be."**[1] וְכֵן – **And similarly,** "גַּם בָּחוּר גַּם בְּתוּלָה"[2] – literally, **"also a young man, also a virgin."**[2]

27. וְקַבֹּתוֹ לִי – AND YOU WILL IMPRECATE IT FOR ME. אֵין זֶה לְשׁוֹן צִוּוּי – **This is not an imperative** כְּמוֹ "וְקָבְנוֹ"[3] – **like** וְקָבְנוֹ, **"and imprecate it,"**[3] אֶלָּא – **but rather,** לְשׁוֹן עָתִיד – **it expresses the future;** it means, אוּלַי יִישַׁר בְּעֵינָיו – **perhaps it will be proper in His eyes** וְתִקָּבֶנּוּ לִי מִשָּׁם – **that you imprecate it for me from there.**[4] מלדיר"ש לו"י בְּלַעַ"ז – **In Old French,** ***maldiras lui.***[5]

28. רֹאשׁ הַפְּעוֹר – TO THE SUMMIT OF THE PEOR. קוֹסֵם {גָּדוֹל} הָיָה בָלָק – **Balak was a {great} sorcerer,** וְרָאָה – **and he saw** שֶׁהֵן עֲתִידִין לִלְקוֹת – **that [Israel] is destined to be stricken** עַל יְדֵי פְּעוֹר – **through Peor,**[6] וְלֹא הָיָה יוֹדֵעַ בַּמֶּה – **but he did not know how** they would be stricken through it.[7] אָמַר – **[Balak] said,** שֶׁמָּא הַקְּלָלָה תָּחוּל עֲלֵיהֶם מִשָּׁם – **"Perhaps the curse will take effect upon them from there."** וְכֵן כָּל הַחוֹזִים בַּכּוֹכָבִים – **And so it is with all of those who gaze at the stars** to divine the future; רוֹאִים – **they see,** וְאֵינָם יוֹדְעִים מָה רוֹאִים[8] – **but they do not know what they see.**[8]

1. *I Kings* 3:26. That verse means: "He shall be neither mine nor yours."

2. *Deuteronomy* 32:25. That verse means: "The sword will slay . . . both young and virgin."

3. Above v. 13.

4. Once Balak has said "perhaps it will be proper in God's eyes," he cannot be ordering Balaam to curse Israel with surety (*Mizrachi; Sifsei Chachamim*).

5. In Modern French, *Tu le maudiras,* "You will curse him." The literal meaning of *maldire* is "to speak evil of," from *mal,* "evil," and *dire,* "to speak." The English word "malediction" is cognate with this French word. In his commentary to *Deuteronomy* 29:18, Rashi uses the antonym of this word: בנדיר"א *bendire,* "to bless," literally, "to speak well of, which is cognate with "benediction."

6. See 25:3 below.

7. Rashi explains why Balak took Balaam to this particular location (*Mizrachi; Gur Aryeh*).

8. *Tanchuma* 4, 11. Balaam saw that misfortune would befall Israel but he could not tell if it would be because of his curse or because of some other circumstance.

24 [1] Balaam saw that it was good in the eyes of God to bless Israel, so he did not go as every other time toward divinations, and he set his face toward the wilderness. [2] Balaam raised his eyes

כד א וַיַּרְא בִּלְעָם כִּי טוֹב בְּעֵינֵי יהוה
לְבָרֵךְ אֶת־יִשְׂרָאֵל וְלֹא־הָלַךְ כְּפַעַם־
בְּפַעַם לִקְרַאת נְחָשִׁים וַיָּשֶׁת אֶל־
ב הַמִּדְבָּר פָּנָיו: וַיִּשָּׂא בִלְעָם אֶת־עֵינָיו

אונקלוס

א וַחֲזָא בִלְעָם אֲרֵי תַקִּין קֳדָם יְיָ לְבָרְכָא יָת יִשְׂרָאֵל וְלָא הֲלַךְ כִּזְמַן בִּזְמַן אֶלָּהֵן לְקֳדָמוּת נְחָשַׁיָּא וְשַׁוִּי לָקֳבֵל עֶגְלָא דַעֲבָדוּ יִשְׂרָאֵל בְּמַדְבְּרָא (נ״א וְשַׁוִּי לְמַדְבְּרָא) אַפּוֹהִי: ב וּזְקַף בִּלְעָם יָת עֵינוֹהִי וַחֲזָא

רש״י

(א) וירא בלעם כי טוב וגו׳. אמר איני צריך לבדוק בהקב״ה, כי לא יחפוץ לקללם: ולא הלך כפעם בפעם. כאשר עשה שתי פעמים: לקראת נחשים. לנחש אולי יקרה ה׳ לקראתו כרצונו. אמר, רוצה ולא רוצה לקללם [ס״א אקללם], אזכיר עונותיהם והקללה על הזכרת עונותיהם תחול: וישת אל המדבר פניו. כתרגומו: (ב) וישא בלעם את עיניו. בקש להכניס בהם עין רעה.

RASHI ELUCIDATED

24.

1. וַיַּרְא בִּלְעָם כִּי טוֹב וְגוֹמֵר — BALAAM SAW THAT IT WAS GOOD, ETC. אָמַר — He said, אֵינִי צָרִיךְ — "I do not need לִבְדּוֹק בְּהַקָּדוֹשׁ בָּרוּךְ הוּא — to ask of the Holy One, Blessed is He, כִּי לֹא יַחְפּוֹץ — because I know that **He will not wish לְקַלְּלָם — to curse them."**[1]

□ **וְלֹא הָלַךְ כְּפַעַם בְּפַעַם — SO HE DID NOT GO AS EVERY OTHER TIME** (literally, "like time in time"). This means **כַּאֲשֶׁר עָשָׂה — as he had done שְׁתֵּי פְעָמִים — two** previous **times.**[2]

□ **לִקְרַאת נְחָשִׁים — TOWARD DIVINATIONS,** i.e., he did not go **לְנַחֵשׁ — to divine, אוּלַי יִקְרֶה ה׳ לִקְרָאתוֹ** — hoping that **perhaps HASHEM might happen upon him כִּרְצוֹנוֹ[3] — in accordance with his desire.**[3,4] **אָמַר — He said, רוֹצֶה וְלֹא רוֹצֶה לְקַלְּלָם — "He wants but He does not want to curse them,**[5] **אַזְכִּיר עֲוֹנוֹתֵיהֶם — I will mention their sins, וְהַקְּלָלָה עַל הַזְכָּרַת עֲוֹנוֹתֵיהֶם תָּחוּל — and the curse will take effect upon the mention of their sins."**

□ **וַיָּשֶׁת אֶל הַמִּדְבָּר פָּנָיו — AND HE SET HIS FACE TOWARD THE WILDERNESS.** This is to be interpreted **כְּתַרְגּוּמוֹ — as *Targum* Onkelos renders it.**[6]

2. וַיִּשָּׂא בִלְעָם אֶת עֵינָיו — BALAAM RAISED HIS EYES. בִּקֵּשׁ לְהַכְנִיס בָּהֶם עַיִן רָעָה — He sought to instill the

1. The verse might be seen as saying that Balaam was interested in carrying out God's wish to bless Israel. But if so, there would be no need for the verse to tell us what he did *not* do. "So he did not go as every other time toward divinations" indicates that Balaam would have cursed Israel through divinations had he been able, but he saw that God would not allow it. Therefore, "he set his face toward the wilderness," and hoped thereby to provoke God to curse them (see *Sefer Zikaron*).

2. The first time at "the heights of Baal" (22:41-23:10), and the second time at "the field of lookouts" (23:14-24). Rashi explains the implication of the repetition of פַּעַם, "time."

3. נְחָשִׁים is the plural of both נָחָשׁ, "snake" (see 21:6,9 above) and נַחַשׁ, "divination" (see 23:23 above; our verse and that one are the only places where this noun appears in Scripture). לִקְרַאת denotes moving toward something which moves toward you. Since נָחָשׁ is a far more common word in Scripture than נַחַשׁ, and since divination is an abstract concept about which one cannot be said to be moving "toward" in a concrete sense, we might have thought that לִקְרַאת נְחָשִׁים means "toward snakes (as it is rendered in the *Zohar* I:126a)." Rashi explains that it means "toward the object of divination"; toward God, whom Balaam hoped was moving toward him, as well, in acquiescence to his desire to curse Israel.

4. Some editions read: בִּרְצוֹנוֹ, "of His own volition."

5. The translation follows *Be'er Yitzchak*. Accordingly, Rashi means that although Balaam saw that God did not want to curse Israel, his evil intentions toward Israel led him to believe that this was a reluctant decision on God's part, which could be circumvented. According to *Minchas Yehudah* and *Sifsei Chachamim*, Rashi should be read, "[Whether] He wants or He does not want to curse them." The Reggio di Calabria edition, the Yemenite manuscript and the commentary *Mesiach Ilmim* read, רוֹצֶה וְאֵינוֹ רוֹצֶה אֲקַלְּלֵם, "[Whether] He wants or He does not want, I will curse them."

6. "And he set his face toward the Calf which Israel had made in the wilderness." This is in line with Rashi's preceding comment, in which he said that Balaam focused on Israel's sins.

וַיַּרְא אֶת־יִשְׂרָאֵל שֹׁכֵן לִשְׁבָטָיו
ג וַתְּהִי עָלָיו רוּחַ אֱלֹהִים: וַיִּשָּׂא
מְשָׁלוֹ וַיֹּאמַר נְאֻם בִּלְעָם בְּנוֹ בְעֹר

and saw Israel dwelling according to its tribes, and the spirit of God was upon him.
3 He declaimed his parable and said:
"The words of Balaam son of Beor,

אונקלוס

יָת יִשְׂרָאֵל שָׁרַן לְשִׁבְטוֹהִי וּשְׁרַת עֲלוֹהִי רוּחַ נְבוּאָה מִן קֳדָם יְיָ: ג וּנְטַל מַתְלֵהּ וַאֲמַר אֲמַר בִּלְעָם בְּרֵהּ בְּעוֹר

רש"י

והרי יש לך שלש מדותיו, עין רעה ורוח גבוהה ונפש רחבה האמורים למעלה: **שכן לשבטיו.** ראה כל שבט ושבט שוכן לעצמו ואינן מעורבין, ראה שאין פתחיהם מכוונין זה כנגד זה שלא יציץ לתוך אהל חבירו: **ותהי עליו רוח אלהים.** עלה בלבו שלא יקללם: (ג) **בנו בער.** כמו למעינו מים (תהלים קיד:ח). ומדרש אגדה, שניהם היו גדולים מאבותיהם. בלק בנו צפור, אביו בנו הוא במלכות, ובלעם גדול מאביו בנביאות, מנה בן פרס היה (תנחומא יג):

RASHI ELUCIDATED

evil eye[1] **in them.**[2] וַהֲרֵי יֵשׁ לְךָ – **Now, see that you have** שָׁלֹשׁ מִדּוֹתָיו – **[Balaam's] three traits:**[3] עַיִן רָעָה – **an evil eye,** וְרוּחַ גְּבוֹהָה – **and a high,** i.e., conceited, **spirit,**[4] וְנֶפֶשׁ רְחָבָה – **and a broad soul,** i.e., greed,[5] הָאֲמוּרִים לְמַעְלָה – **which have been spoken of above.**

□ שֹׁכֵן לִשְׁבָטָיו – DWELLING ACCORDING TO ITS TRIBES. רָאָה כָּל שֵׁבֶט וָשֵׁבֶט – **He saw each and every tribe** שׁוֹכֵן לְעַצְמוֹ – **dwelling unto itself** וְאֵינָן מְעֹרָבִין – **and they were not intermingled,** i.e., they maintained their individuality. רָאָה שֶׁאֵין פִּתְחֵיהֶם מְכֻוָּנִין זֶה כְּנֶגֶד זֶה[6] – **He saw that their entrances,** i.e., the entrances of their tents, **were not aligned opposite each other**[6] שֶׁלֹּא יָצִיץ – **so that one should not peer** לְתוֹךְ אֹהֶל חֲבֵירוֹ – **into the tent of his friend.**[7]

□ וַתְּהִי עָלָיו רוּחַ אֱלֹהִים – AND THE SPIRIT OF GOD WAS UPON HIM. עָלָה בְלִבּוֹ – **It entered his heart** שֶׁלֹּא יְקַלְּלֵם[8] – **that he would not curse them.**[8]

3. בְּנוֹ בְעֹר – SON OF BEOR. כְּמוֹ ,,לְמַעְיְנוֹ מָיִם''[9] – The word בְּנוֹ is **like** לְמַעְיְנוֹ in the phrase, **"into a fountain of water."**[9] וּמִדְרַשׁ אַגָּדָה – **And an aggadic midrash** interprets בְּנוֹ here and in 23:18 as follows: שְׁנֵיהֶם – **Both of them,** Balaam and Balak, הָיוּ גְּדוֹלִים מֵאֲבוֹתֵיהֶם – **were greater than their fathers** in some respect. בָּלָק ,,בְּנוֹ צִפּוֹר''[10] – which can be understood as, **Balak "whose son is Zippor"**[10] implies אָבִיו בְּנוֹ הוּא בְּמַלְכוּת – that **[Balak's] father is his son,** i.e., his inferior, **in kingship.**[11] וּבִלְעָם גָּדוֹל מֵאָבִיו בִּנְבִיאוּת – **And Balaam was greater than his father in prophecy;** מָנֶה בֶּן פְּרָס הָיָה[12] – **he was a full portion, the son of a half portion.**[12]

1. The human mind has the ability to trigger forces that can cause damage or destruction to physical objects.

Some suggest that the mechanism through which the "evil eye" operates is an ethical one. The blessings bestowed by God upon an individual should not serve as a source of anguish to others. If one allows his blessings (e.g., wealth, children, etc.) to cause pain to others less fortunate – and certainly if one flaunts them – one arouses a Divine judgment against himself and a reevaluation of his fitness for those blessings. This can lead to their eventual loss (*Michtav MeEliyahu,* vol. 3, p. 313, vol. 4 pp. 5,6).

2. This explains why Balaam raised his eyes here, but not on the previous occasions in which he sought to curse Israel (*Mizrachi; Sifsei Chachamim*).

3. The three traits ascribed to Balaam by the Mishnah in *Avos* 5:19; see Rashi there.

4. See Rashi to 22:13 above, s.v., לַהֲלֹךְ עִמָּכֶם.

5. See Rashi to 22:18 above, s.v., מְלֹא בֵיתוֹ כֶּסֶף וְזָהָב.

6. See note 1 to v. 5 below.

7. This is derived from the fact that Balaam praised Israel's tents in verse 5 below (see Rashi there; *Imrei Shefer*).

8. In general, when Scripture uses "and the spirit of God was upon him," it is followed by a prophetic communication from God, e.g., *I Samuel* 10:10. Here no such communication follows. Thus, "and the spirit of God was upon him" is seen as referring to a thought Balaam had, which was pleasing to God (*Mizrachi; HaKesav VeHaKabbalah*).

9. *Psalms* 114:8; see Rashi there. See also Rashi to 23:18 above, s.v., בְּנוֹ צִפֹּר.

10. Above 23:18.

11. According to the midrashic interpretation, בְּנוֹ of our verse and 23:18 is not seen as the equivalent of בֶּן, but rather, is taken in the sense of its more common meaning, "his son." Thus, 23:18 says "his son is Zippor," implying that in some sense, Zippor was Balak's "son," and our verse says, "Balak, his son is Beor."

Rashi cites the midrashic interpretation here rather than on the earlier verse, for it fits better with the simple meaning of our verse. Here, Balaam is boasting. Thus, it would be reasonable for him to state that he is greater even than his father. But in 23:18, Balaam was belittling Balak (see Rashi there, s.v., קוּם בָּלָק). It is less likely, then, that he would have mentioned that Balak is greater than his father (*Yosef Hallel*).

12. *Tanchuma* 13.

the words of the man with the pierced eye; [4] *"The words of the one who hears the sayings of God, who sees the vision of Shaddai, while fallen and with uncovered eyes:*

ד וּנְאֻם הַגֶּבֶר שְׁתֻם הָעָיִן: נְאֻם
שֹׁמֵעַ אִמְרֵי־אֵל אֲשֶׁר מַחֲזֵה
שַׁדַּי יֶחֱזֶה נֹפֵל וּגְלוּי עֵינָיִם:

אונקלוס

וְאֵמַר גַּבְרָא דְּשַׁפִּיר חָזֵי: ד אֲמַר דִּשְׁמַע מֵימַר מִן קֳדָם אֵל וְחֵזוּ מִן קֳדָם שַׁדַּי חָזֵי שְׁכִיב וּמִתְגְּלֵי לֵהּ:

רש"י

שתם העין. עינו נקובה [ס"א נקורה] ומוצאת לחוץ וחור שלה נראה פתוח. ולשון משנה הוא, כדי שישתום ויסתום ויגוב (ע"ז סט.). ורבותינו אמרו, לפי שאמר ומספר את רובע ישראל (לעיל כג:י) שהקב"ה יושב ומונה רביעותיהן של ישראל מתי תבא טפה שנולד הצדיק ממנה, אמר בלבו מי שהוא קדוש ומשרתיו קדושים יסתכל בדברים הללו, ועל דבר זה נסמת עינו של בלעם. ויש מפרשים שתום העין פתוח העין, כמו שתרגם אונקלוס. ועל שאמר שתום העין ולא אמר שתום העינים למדנו שסומא באחת מעיניו היה (סנהדרין קה.): (ד) **נפל וגלוי עינים.** פשוטו כתרגומו, שאין נראה עליו אלא בלילה כשהוא שוכב. ומדרשו, כשהיה נגלה עליו לא היה בו כח לעמוד על רגליו ונופל על פניו, לפי שהיה ערל ומאוס להיות נגלה עליו בקומה זקופה לפניו:

RASHI ELUCIDATED

□ שְׁתֻם הָעָיִן — **WITH THE PIERCED EYE.** This means עֵינוֹ נְקוּבָה[1] — **his eye is punctured,**[1] וּמוּצֵאת לַחוּץ — **and taken out,** וְחוֹר שֶׁלָּה — **and its socket** נִרְאֶה פָּתוּחַ — **looks open.** וּלְשׁוֹן מִשְׁנָה הוּא — **It is Mishnaic language:** "כְּדֵי שֶׁיִּשְׁתּוֹם וְיִסְתּוֹם וְיָגֹב"[2] — **"So that he can open, and seal, and dry."**[2] וְרַבּוֹתֵינוּ אָמְרוּ — **And our Rabbis said:** לְפִי שֶׁאָמַר — **Because [Balaam] said,** "וּמִסְפָּר אֶת רֹבַע יִשְׂרָאֵל"[3] — **"Or [Who] numbered the matings of Israel,"**[3] which implies שֶׁהַקָּדוֹשׁ בָּרוּךְ הוּא יוֹשֵׁב — **that the Holy One, Blessed is He, sits** וּמוֹנֶה רְבִיעוֹתֵיהֶן שֶׁל יִשְׂרָאֵל — **and counts the matings of Israel** מָתַי תָּבוֹא טִפָּה — to see **when will come the drop** שֶׁנּוֹלָד הַצַּדִּיק מִמֶּנָּה — **from which the righteous one will be born,** אָמַר בְּלִבּוֹ — **[Balaam] said in his heart,** מִי שֶׁהוּא קָדוֹשׁ — **"Should One Who is holy,** וּמְשָׁרְתָיו קְדוֹשִׁים — **and Whose servants are holy,** יִסְתַּכֵּל בִּדְבָרִים הַלָּלוּ — **look at these things?"** וְעַל דָּבָר זֶה — **And over this matter** נִסְמֵת עֵינוֹ שֶׁל בִּלְעָם — **Balaam's eye was blinded.**

וְיֵשׁ מְפָרְשִׁים "שְׁתֻם הָעָיִן" פְּתוּחַ הָעַיִן — **And there are those who explain** שְׁתֻם הָעָיִן **as "open-eyed,"** כְּמוֹ שֶׁתִּרְגֵּם אוּנְקְלוֹס — **as *Onkelos* rendered it.**[4] וְעַל שֶׁאָמַר "שְׁתֻם הָעָיִן" — **And it is because he said "with the open *eye,*"** וְלֹא אָמַר — **and he did not say** "שְׁתֻם הָעֵינַיִם" — **"with the open *eyes,*"** לָמַדְנוּ — **that we have learned** שֶׁסּוּמָא בְּאַחַת מֵעֵינָיו הָיָה[5] — **that he was blind in one of his eyes.**[5]

4. נֹפֵל וּגְלוּי עֵינָיִם — **FALLEN AND WITH UNCOVERED EYES.** פְּשׁוּטוֹ כְּתַרְגּוּמוֹ — **Its simple meaning is as *Targum* Onkelos renders it,**[6] שֶׁאֵין נִרְאֶה עָלָיו — **for He would not appear to him** אֶלָּא בַּלַּיְלָה — **except at night,** כְּשֶׁהוּא שׁוֹכֵב — **when he would be lying down.** וּמִדְרָשׁוֹ — **And its midrashic interpretation** is: כְּשֶׁהָיָה נִגְלֶה עָלָיו — **When He would reveal Himself to him,** לֹא הָיָה בּוֹ כֹּחַ — **he did not have the strength** לַעֲמוֹד עַל רַגְלָיו — **to stand on his feet,** וְנוֹפֵל עַל פָּנָיו — **and he would fall on his face,** לְפִי שֶׁהָיָה עָרֵל — **because he was uncircumcised,** וּמָאוּס לִהְיוֹת נִגְלֶה עָלָיו — **and it was disgusting for Him to be revealed to him** בְּקוֹמָה זְקוּפָה — **when he was in an upright posture** לְפָנָיו — **before Him.**[7]

---

1. The reading נְקוּבָה, "punctured," follows the Yemenite manuscript and *Sefer Zikaron,* and is consistent with Rashi to *Avodah Zarah* 69a, s.v., שיעורו בכדי שישתום, which sees the root שתם as related in meaning to נקב, "to puncture." Most editions read נְקוּרָה, "put out."

According to this explanation, had the verse referred to Balaam's powers of prophecy, it would have said פְּתוּחַ הָעַיִן, "with the open eye"; שְׁתֻם הָעָיִן means that the eye was open in the sense that there was a cavity there; it was pierced.

2. *Avodah Zarah* 69a; see Rashi there. That passage speaks of opening and sealing a barrel of wine.

3. Above 23:10; see Rashi there.

4. *Targum Onkelos* renders שְׁתֻם הָעָיִן as דְּשַׁפִּיר חָזֵי, "who sees well."

5. *Sanhedrin* 105a. According to Rashi's first explanation, that שְׁתֻם הָעָיִן means that Balaam was missing an eye, it is clear why the verse uses the singular "eye," for he was missing only one eye. But according to *Targum Onkelos,* the verse should have expressed Balaam's intense power of prophetic vision with the plural עֵינַיִם, "eyes." It uses the singular "eye" even according to *Onkelos'* explanation to teach us that he was blind in one eye (see *Be'er Yitzchak*).

6. *Targum Onkelos* interprets "fallen" as שְׁכִיב, "lying down."

7. Rashi makes a similar point in his comments to *Genesis* 17:3, s.v., וַיִּפֹּל אַבְרָם עַל פָּנָיו.

ה מַה־טֹּבוּ אֹהָלֶיךָ יַעֲקֹב מִשְׁכְּנֹתֶיךָ
ו יִשְׂרָאֵל׃ כִּנְחָלִים נִטָּיוּ כְּגַנֹּת

[5] "How goodly are your tents, O Jacob, your dwelling places, O Israel;
[6] "Like streams spread out, like gardens

אונקלוס

ה מָא טָבָא אַרְעָךְ (נ״א טָבִין מַשְׁכְּנָךְ) יַעֲקֹב בֵּית מֵישְׁרָךְ יִשְׂרָאֵל׃ ו כִּנְחָלִין דְּמִדַּבְּרִין כְּגִנַּת שַׁקְיָא

רש"י

(ה) **מה טבו אהליך.** על שראה פתחיהם שאינן מכוונין זה מול זה (ב"ב ס.): **משכנתיך.** חניותיך, כתרגומו. דבר אחר, מה טובו אהליך, מה טובו אהל שילה ובית עולמים בישובן, שמקריבין בהן קרבנות לכפר עליהם, משכנתיך, אף כשהן חרבין, לפי שהן משכון עליהן וחרבנן כפרה על הנפשות, שנאמר כלה ה' את חמתו (איכה ד:יא) ובמה כלה, ויצת אש בציון (שם; תנחומא פקודי ד; איכ"ר ד:יד): (ו) **כנחלים נטיו.** שנארכו ונמשכו לנטות למרחוק. אמרו רבותינו מברכותיו של אותו רשע אנו למדים מה היה בלבו לקללם כשאמר להשית אל המדבר פניו, וכשהפך המקום את פיו ברכם מעין אותם קללות שבקש לומר כו' כדאיתא בחלק (סנהדרין קה:):

RASHI ELUCIDATED

5. מַה טֹּבוּ אֹהָלֶיךָ – HOW GOODLY ARE YOUR TENTS. עַל שֶׁרָאָה פִּתְחֵיהֶם – He said this **because he saw their entrances,** i.e., the entrances of their tents, שֶׁאֵינָן מְכֻוָּנִין זֶה מוּל זֶה[1] – **that they were not aligned the one opposite the other.**[1]

□ **מִשְׁכְּנֹתֶיךָ – YOUR DWELLING PLACES.** This means חֲנִיּוֹתֶיךָ – **your encampments,** כְּתַרְגּוּמוֹ – **as** ***Targum Onkelos*** **renders it.**

דָּבָר אַחֵר – **Alternatively,** "מַה טֹּבוּ אֹהָלֶיךָ" – **"How goodly are your tents"** means, מַה טֹּבוּ אֹהֶל שִׁילֹה – **how goodly are the Tent of Shiloh**[2] וּבֵית עוֹלָמִים – **and the Eternal House,** i.e., the *Beis HaMikdash,* בְּיִשּׁוּבָן – **in their state of being built up,** i.e., before they were destroyed, שֶׁמַּקְרִיבִין בָּהֶן קָרְבָּנוֹת – **for they bring offerings in them** לְכַפֵּר עֲלֵיהֶם – **to atone for them.** "מִשְׁכְּנֹתֶיךָ" – **"Your dwelling places"** refers to the Tabernacle and the *Beis Hamikdash* אַף כְּשֶׁהֵן חֲרֵבִין – **even when they are in a state of destruction,** לְפִי שֶׁהֵן מַשְׁכּוֹן עֲלֵיהֶן – **because they are a security for Israel,**[3] וְחֻרְבָּנָן – **and their destruction** כַּפָּרָה עַל הַנְּפָשׁוֹת – **is an atonement for lives,** שֶׁנֶּאֱמַר – **as it says,** "כִּלָּה ה' אֶת חֲמָתוֹ"[4] – **"HASHEM expended His anger."**[4] וּבַמֶּה כִּלָּה – **And against what did He expend it?** "וַיַּצֶּת אֵשׁ בְּצִיּוֹן"[4,5] – **"And a fire went forth in Zion."**[4,5]

6. כִּנְחָלִים נִטָּיוּ – LIKE STREAMS SPREAD OUT, שֶׁנֶּאֶרְכוּ – Streams **that have been lengthened** וְנִמְשְׁכוּ – **and drawn out** לִנְטוֹת לְמֶרְחוֹק – **to spread out afar,** i.e., to make their presence felt afar. אָמְרוּ רַבּוֹתֵינוּ – **Our Rabbis have said:** מִבִּרְכוֹתָיו שֶׁל אוֹתוֹ רָשָׁע – **From the blessings of that evil one,** Balaam, אָנוּ לְמֵדִים מֶה הָיָה בְלִבּוֹ לְקַלְּלָם – **we learn what it was that was in his heart,** i.e., that he intended, **to curse them,** כְּשֶׁאָמַר – **when he said,** i.e., decided, "לְהָשִׁית אֶל הַמִּדְבָּר פָּנָיו"[6] – **to "set his face toward the wilderness."**[6] וּכְשֶׁהָפַךְ הַמָּקוֹם אֶת פִּיו – **And when the Omnipresent transformed** what he intended to say with **his mouth,** בֵּרְכָם – **[Balaam] blessed them** מֵעֵין אוֹתָם קְלָלוֹת – **with something resembling those curses** שֶׁבִּקֵּשׁ לוֹמַר כּוּלְהוּ – **that he sought to say, etc.** כִּדְאִיתָא בְחֵלֶק[7] – **as stated in** ***Chelek.***[7]

1. *Bava Basra* 60a. See Rashi to v. 2, s.v., שֹׁכֵן לִשְׁבָטָיו.

Rashi states that "*he saw* their entrances, that they were not aligned . . ." rather than simply "that their entrances were not aligned . . ." to explain why here Balaam refers to Israel for the first time in the second person. It implies that he refers to something he sees about them in the physical, rather than prophetic, sense.

2. The Tabernacle was situated in Shiloh for 369 years, until the death of Eli the High Priest in 2870 (*Zevachim* 118b).

3. According to this interpretation, מִשְׁכְּנֹתֶיךָ is seen as related to מַשְׁכּוֹן, "collateral, security." Rashi makes a similar point in his comments to *Exodus* 38:21, s.v., הַמִּשְׁכָּן מִשְׁכַּן.

4. *Lamentations* 4:11.

5. *Tanchuma Pekudei* 4; *Eichah Rabbasi* 4:14.

6. Above v. 1.

7. *Sanhedrin* 105b. *Chelek* is the eleventh and last chapter of *Sanhedrin.* The *Gemara* there says: From the blessings of that evil one, you can learn what was in his heart. He wished to say that they should not have synagogues and houses of study; [instead, he said,] "How goodly are your tents, O, Jacob." [He wished to say that] the Divine Presence should not rest upon them; [instead, he said,] "Your dwelling places, O, Israel." [He wished to say that] their kingdom should not last long; [instead he said,] "Like streams spread out." [He wished to say that] they should not have olive trees or vineyards; [instead he said,] "Like gardens by a river." [He wished to say that] their fragrance should not spread; [instead, he said,] "Like aloes which HASHEM planted." [He wished to say that] they should not have kings of stature; [instead, he said,] "Like

עֲלֵי נָהָר כַּאֲהָלִים נָטַע יהוה
ז כַּאֲרָזִים עֲלֵי־מָיִם: יִזַּל־מַיִם מִדָּלְיָו
וְזַרְעוֹ בְּמַיִם רַבִּים וְיָרֹם מֵאֲגַג מַלְכּוֹ

by a river, like aloes which HASHEM planted, like cedars by water.
7 "Water shall flow from his buckets, and his seed shall be by abundant waters. His king shall be exalted over Agag,

אונקלוס

דְּעַל פְּרָת כְּבוּסְמַיָּא דִּנְצִיב יְיָ כְּאַרְזִין דִּנְצִיבִין עַל מַיָּא: ז יִסְגֵּי מַלְכָּא דְּיִתְרַבָּא מִבְּנוֹהִי וְיִשְׁלוֹט בְּעַמְמִין סַגִּיאִין וְיִתְקוֹף מֵאֲגַג מַלְכֵּהּ

רש״י

באהלים. כתרגומו, לשון מור ואהלות: **נטע ה׳.** בגן עדן. לשון אחר כאהלים נטע ה׳, כשמים המתוחין כאהל, שנאמר וימתחם כאהל לשבת (ישעיה מ:כב) [ולשון זה אינו דאם כן היה לו לנקוד כאוהלים, הא׳ בחול״ם]: **נטע ה׳.** לשון נטיעה מצינו באוהלים, שנאמר ויטע אהלי אפדנו (דניאל יא:מה): **(ז) מדליו.** מבארותיו, ופירושו כתרגומו: **וזרעו במים רבים.** לשון הצלחה הוא זה, כזרע הזרוע על המים: **וירם מאגג מלכו.** מלך ראשון שלהם יכבוש את אגג מלך עמלק:

RASHI ELUCIDATED

□ **כַּאֲהָלִים** – This is to be understood **כְּתַרְגּוּמוֹ – as *Targum* Onkelos renders it.**[1] **לְשׁוֹן ,,מֹר וַאֲהָלוֹת״**[2] **– It is related to אֲהָלוֹת** in the phrase, **"myrrh and aloes."**[2]

□ **נָטַע ה׳** – WHICH HASHEM PLANTED **בְּגַן עֵדֶן – in the Garden of Eden.**

לְשׁוֹן אַחֵר ,,כַּאֲהָלִים נָטַע ה׳״ – An alternative explanation of כַּאֲהָלִים נָטַע ה׳ is, **כַּשָּׁמַיִם – like the heavens הַמְּתוּחִין כָּאֹהֶל – which are stretched out like a tent**[3] **שֶׁנֶּאֱמַר – as it says, ,,וַיִּמְתָּחֵם כָּאֹהֶל לָשָׁבֶת״**[4] **– "And he stretched them out like a tent, to dwell."**[4]

□ **נָטַע ה׳** – WHICH HASHEM PLANTED. **לְשׁוֹן נְטִיעָה מָצִינוּ בְּאֹהָלִים – We have found the expression נְטִיעָה,** "planting," used **with reference to tents, שֶׁנֶּאֱמַר – as it says, ,,וְיִטַּע אָהֳלֵי אַפַּדְנוֹ״**[5] **– "And he will plant,** i.e., pitch, **the tents of his palace."**[5]

7. מִדָּלְיָו – FROM HIS BUCKETS. This means **מִבְּאֵרוֹתָיו – from his wells,**[6] **וּפֵרוּשׁוֹ כְּתַרְגּוּמוֹ – and its explanation is as *Targum* Onkelos renders it.**[7]

□ **וְזַרְעוֹ בְּמַיִם רַבִּים** – AND HIS SEED SHALL BE BY ABUNDANT WATERS. **לְשׁוֹן הַצְלָחָה הוּא זֶה – This is an expression of success, כְּזֶרַע הַזָּרוּעַ עַל הַמָּיִם – like a seed that is planted near the water.**[8]

□ **וְיָרֹם מֵאֲגַג מַלְכּוֹ** – HIS KING SHALL BE EXALTED OVER AGAG. **מֶלֶךְ רִאשׁוֹן שֶׁלָּהֶם – Their first king**[9] **יִכְבּוֹשׁ אֶת אֲגַג – will conquer Agag, מֶלֶךְ עֲמָלֵק – king of Amalek.**[10]

cedars by water." [He wished to say that] they should not have a king who was son of a king; [instead, he said,] "Water shall flow from his wells." [He wished to say that] their kingdom should not rule over other nations; [instead, he said,] "And his seed shall be by abundant waters." [He wished to say that] their kingdom should not be bold; [instead, he said,] "His king shall be exalted over Agag." [He wished to say that] their kingdom should not be dreaded; [instead, he said,] "And his kingdom shall be upraised."

Our verse is composed of four comparisons. It is not clear how they would refer to the tents and encampments which are mentioned in the preceding verse. Rashi cites the *Gemara* to explain the objects of the comparisons. The streams are compared to Israel's kingdom. The gardens are compared to Israel's olive trees and vineyards. The aloes are compared to Israel's fragrance, i.e., good reputation. The cedars are compared to kings of stature.

1. "Like spices."

2. *Psalms* 45:9; *Song of Songs* 4:14. Although the word there is spelled in the (usually) feminine plural form אֲהָלוֹת, it refers to the same spice as the masculine form אֲהָלִים of our verse and *Proverbs* 7:17 (*Ibn Ezra* to *Song of Songs* 4:14).

3. According to this explanation, אֲהָלִים is seen as the plural of אֹהֶל (tent), rather than אָהָל (aloe).

4. *Isaiah* 40:22. Some editions of Rashi include here the following words: וְלָשׁוֹן זֶה אֵינוֹ דְּאִם כֵּן הָיָה לוֹ לִנְקוֹד אוֹהָלִים הָא׳ בְּחוֹלָם. "But this explanation is not [correct], for if so, it should have vocalized it אוֹהָלִים, with the letter א [vocalized] with a *cholam.*" These words were apparently interpolated by someone other than Rashi. See *Yosef Hallel.*

5. *Daniel* 11:45.

6. The word דְּלָיָו, "his buckets," is used here in the sense of "the place from which he fills his buckets" (*Sefer Zikaron*).

7. "A king will flourish, who will be appointed from among his sons, and will rule over many nations."

8. The text follows the Reggio di Calabria edition. Some editions read כְּזֶרַע הַזָּרוּעַ עַל פְּנֵי הַמָּיִם, "like a seed which is planted on the face of the waters."

9. "His king" without further specification implies Israel's first king, Saul (*Be'er Mayim Chaim*).

10. See *I Samuel* 15:8. Although Agag, king of Amalek, was not yet born at the time of Balaam's prophecy, there are instances in which Scripture refers to a person

and his kingdom shall be upraised.	וְתִנַּשֵּׂא מַלְכֻתוֹ:
8 "It is God Who brought him out of Egypt; according to the intensity of His loftiness He shall consume the nations, his enemies, and their bones he shall break; and his portion he shall take as his share.	ח אֵל מוֹצִיאוֹ מִמִּצְרַיִם כְּתוֹעֲפֹת רְאֵם לוֹ יֹאכַל גּוֹיִם צָרָיו וְעַצְמֹתֵיהֶם יְגָרֵם וְחִצָּיו יִמְחָץ:

אונקלוס

וְתִתְנְטַל מַלְכוּתֵהּ: ח אֱלָהָא דְּאַפֵּקְנוּן מִמִּצְרַיִם תָּקְפָּא וְרוּמָא דִּילֵהּ יֵיכְלוּן בְּנֵי יִשְׂרָאֵל (נ״א עַמָּא בֵית יִשְׂרָאֵל) נִכְסֵי עַמְמַיָּא סַנְאֵיהוֹן וּבְבִזַּת מַלְכֵיהוֹן יִתְפַּנְּקוּן וְאַרְעֲתְהוֹן יַחְסְנוּן:

רש״י

ותנשא מלכתו. של יעקב יותר ויותר, שיבא אחריו דוד ושלמה: **(ח) אל מוציאו ממצרים.** מי גורם להם הגדולה הזאת, אל המוציאם ממצרים בתוקף ורום שלו. יאכל את הגוים שהם צריו: **ועצמותיהם.** של צרים: **יגרם.** מנחם פתר בו לשון שבירה וכן לא גרמו לבקר (צפניה ג:ג) וכן ואת חרשיה תגרמי (יחזקאל כג:לד). ואני אומר לשון עצם הוא, שמגרר הבשר בשניו מסביב והמוח שבפנים, ומעמיד העצם על ערמימותו: **וחציו ימחץ.** אונקלוס תרגם חציו של צרים, חלוקה שלהם,

RASHI ELUCIDATED

□ **וְתִנַּשֵּׂא מַלְכֻתוֹ** – AND HIS KINGDOM SHALL BE UPRAISED, that is, **שֶׁל יַעֲקֹב** – the kingdom **of Jacob** shall be upraised,[1] **יוֹתֵר וְיוֹתֵר** – **more and more,** **שֶׁיָּבֹא אַחֲרָיו דָּוִד וּשְׁלֹמֹה** – **for David and Solomon shall come after [Saul].**

8. אֵל מוֹצִיאוֹ מִמִּצְרַיִם – IT IS GOD WHO BROUGHT HIM OUT OF EGYPT. **מִי גוֹרֵם לָהֶם** – **Who causes them** **הַגְּדֻלָּה הַזֹּאת** – **this greatness?**[2] **אֵל** – **God,** **הַמּוֹצִיאָם מִמִּצְרַיִם** – **Who brought them out of Egypt**[3] **בְּתוֹקֶף וְרוּם שֶׁלוֹ** – **with His strength and loftiness,**[4] **יֹאכַל אֶת הַגּוֹיִם** – **He shall consume the nations** **שֶׁהֵם צָרָיו** – **for they are his enemies.**[5]

□ **וְעַצְמֹתֵיהֶם** – AND THEIR BONES, that is, **שֶׁל צָרִים** – the bones **of the enemies . . .**[6]

□ **יְגָרֵם** – HE SHALL BREAK. **מְנַחֵם פָּתַר בּוֹ לְשׁוֹן שְׁבִירָה** – **Menachem**[7] **interpreted [the word יְגָרֵם] as an expression of "breaking."** **וְכֵן ,,לֹא גָרְמוּ לַבֹּקֶר"**[8] – **And similarly, גָּרְמוּ** in, **"They did not break bones by morning."**[8] **וְכֵן ,,וְאֶת חֲרָשֶׂיהָ תְּגָרֵמִי"**[9] – **And similarly, תְּגָרֵמִי** in, **"And you will break her pottery."**[9]

וַאֲנִי אוֹמֵר – **But I say** **לְשׁוֹן עֶצֶם הוּא** – **it is an expression that means "bone,"**[10] **שֶׁמְּגָרֵר הַבָּשָׂר** – **for one scrapes away the meat** **בְּשִׁנָּיו** – **with his teeth,** **מִסָּבִיב** – **all around,** **וְהַמּוֹחַ שֶׁבִּפְנִים** – **and also the marrow that is inside** the bone, **וּמַעֲמִיד הָעֶצֶם עַל עַרְמִימוּתוֹ** – **and puts the bone in its bare state.**

□ **וְחִצָּיו יִמְחָץ** – AND HIS PORTION HE SHALL TAKE AS HIS SHARE. **אוּנְקְלוֹס תִּרְגֵּם חִצָּיו שֶׁל צָרִים** – ***Onkelos* rendered** the possessive pronominal suffix of **חִצָּיו**, "his," as meaning **"of the enemies"** mentioned earlier in the verse.[11] **חִצָּיו**, according to *Onkelos* means, **חֲלוּקָה שֶׁלָּהֶם** – **"their portion."**

---

by name before his birth, e.g., *Genesis* 16:11. Furthermore, it is possible that "Agag" is not the name of a specific king, but rather the title of all Amalekite kings, in the manner that Pharaoh was the title of all Egyptian kings (*Ramban*).

1. The verse cannot be referring to the kingdom of Saul, for his dynasty did not last (*Be'er Mayim Chaim*).

2. Rashi explains the connection between this verse and the one which precedes it (*Mesiach Ilmim*).

3. By using הַמּוֹצִיאָם with the ה prefix, instead of the verse's מוֹצִיאוֹ, Rashi indicates that מוֹצִיאוֹ is a *description* of God, "Who took him," rather than a verb which indicates the *action* that God is presently doing, "God is taking him." Furthermore, by using the suffix ם- rather than ו of the verse, Rashi indicates that "him" does not refer to an individual, but rather to the nation of Israel (see 23:22 above).

4. See 23:22 and Rashi there, s.v., כְּתוֹעֲפֹת רְאֵם לוֹ.

5. By adding אֶת and שֶׁהֵם, Rashi indicates that גּוֹיִם, "nations," is the object of יֹאכַל, "He shall consume," and that צָרָיו, "His enemies," is in apposition to גּוֹיִם. Otherwise, we might have read the verse with גּוֹיִם as the subject, and צָרָיו as the object, "Nations will consume His enemies" (*Mizrachi; Sifsei Chachamim*).

6. *Genesis* 49:14 uses the word גָּרֶם for "strong-boned" (see Rashi there). We might therefore have thought that וְעַצְמֹתֵיהֶם יְגָרֵם is a blessing to Israel, "He shall make their bones strong."

7. Menachem ben Saruk (Spain, c. 920-980) compiled the *Machberes*, a dictionary of the Hebrew language often quoted by Rashi.

8. *Zephaniah* 3:3.

9. *Ezekiel* 23:34; see Rashi there.

10. See Rashi to *Genesis* 49:14, s.v., יִשָּׂשכָר חֲמֹר גָּרֶם.

11. *Onkelos* paraphrases, "They will inherit their land." Accordingly, the noun וְחִצָּיו is related to the verb root חצה, "to divide."

9 "He crouched and lay down like a lion, and, like an awesome lion — who can stand him up? Those who bless you are blessed and those who curse you are accursed."
10 Balak's anger flared against Balaam and he clapped his hands. Balak said to Balaam, "To curse my enemies did I summon you, and behold! you have continually blessed them these three times! 11 Now, flee to your place. I said I would honor you, but — behold! HASHEM has withheld you from honor."

ט כָּרַ֨ע שָׁכַ֧ב כַּאֲרִ֛י וּכְלָבִ֖יא מִ֣י יְקִימֶ֑נּוּ
מְבָרֲכֶ֣יךָ בָר֔וּךְ וְאֹרְרֶ֖יךָ אָרֽוּר:
י וַיִּֽחַר־אַ֤ף בָּלָק֙ אֶל־בִּלְעָ֔ם וַיִּסְפֹּ֖ק
אֶת־כַּפָּ֑יו וַיֹּ֨אמֶר בָּלָ֜ק אֶל־בִּלְעָ֗ם
לָקֹ֤ב אֹֽיְבַי֙ קְרָאתִ֔יךָ וְהִנֵּה֙ בֵּרַ֣כְתָּ
יא בָרֵ֔ךְ זֶ֖ה שָׁלֹ֥שׁ פְּעָמִֽים: וְעַתָּ֖ה בְּרַח־
לְךָ֣ אֶל־מְקוֹמֶ֑ךָ אָמַ֙רְתִּי֙ כַּבֵּ֣ד
אֲכַבֶּדְךָ֔ וְהִנֵּ֛ה מְנָעֲךָ֥ יְהוָ֖ה מִכָּבֽוֹד:

— אונקלוס —

ט יְנוּחַ יִשְׁרֵי בִתְקוֹף כְּאַרְיָא וּכְלֵיתָא לֵית דִּיקִימִנֵּהּ (נ״א מַלְכוּ דִתְזַעְזְעִנֵּהּ) בָּרִיכָךְ יְהוֹן בְּרִיכִין וְלִיטָךְ יְהוֹן לִיטִין: י וּתְקֵף רָגְזָא דְבָלָק בְּבִלְעָם וּשְׁקַפִנּוּן לִידוֹהִי וַאֲמַר בָּלָק לְבִלְעָם לְמֵילַט סַנְאַי קְרֵיתָךְ וְהָא בָּרָכָא מְבָרְכַת לְהוֹן דְּנַן תְּלָת זִמְנִין: יא וּכְעַן אֱזֵל לָךְ לְאַתְרָךְ אֲמָרִית יְקָרָא אֲיַקְּרִנָּךְ וְהָא מָנְעָךְ יְיָ מִן יְקָר:

— רש״י —

כמו בעלי חלים (בראשית מט:כג) מרי פלגותא. וכן ימחץ לשון ומחלה וחלפה רקתו (שופטים ה:כו) שיחלו את ארלם. ויש לפתור לשון חלים ממש, חליו של הקב״ה ימחץ בדמם של לרים, יטבול ויצטבע בדמם, כמו למען תמחץ רגלך בדם (תהלים סח:כד) ואינו זז מלשון מכה, כמו מחלתי (דברים לב:לט) שהלבוע בדם נראה כאלו מחוץ ונגוע: (ט) כרע שבב כארי. כתרגומו, יתישבו בארלם בכח וגבורה: (י) ויספק [את כפיו]. הכה זו על זו:

— RASHI ELUCIDATED —

כְּמוֹ ,,בַּעֲלֵי חִצִּים״[1] מָרֵי פַלְגוּתָא – **It is like** in meaning to חִצִּים in the phrase, בַּעֲלֵי חִצִּים,[1] which *Targum Onkelos* renders, **"parties to a division."** וְכֵן ,,יִמְחַץ״ לָשׁוֹן ,,וּמָחֲצָה וְחָלְפָה רַקָּתוֹ״[2] – **Similarly, יִמְחַץ is related to** וּמָחֲצָה in, **"She split, and pierced through his temple."**[2] According to *Onkelos*, וְחִצָּיו יִמְחָץ means שֶׁיֶּחֱצוּ אֶת אַרְצָם – **that [Israel] will divide up their land.**

וְיֵשׁ לִפְתּוֹר לְשׁוֹן חִצִּים מַמָּשׁ – **And it is possible to interpret** חִצָּיו **as meaning "arrows," literally.**[3] חִצָּיו שֶׁל הַקָּדוֹשׁ בָּרוּךְ הוּא – **The arrows of the Holy One, Blessed is He,** יִמְחַץ – **He will plunge** בְּדָמָם שֶׁל צָרִים – **into the blood of** His **enemies.** The word יִמְחַץ means, יִטְבּוֹל וְיִצְטַבַּע בְּדָמָם – **he will dip and drench with their blood.** כְּמוֹ ,,לְמַעַן תִּמְחַץ רַגְלְךָ בְּדָם״[4] – It is **like** תִּמְחַץ in, **"So that you will plunge your foot in blood."**[4] וְאֵינוֹ זָז מִלְּשׁוֹן מַכָּה – **But**, even when used in this sense, **it does not depart from the** basic **meaning of "a blow,"** כְּמוֹ ,,מָחַצְתִּי״[5] – **like "I struck down."**[5] שֶׁהַצָּבוּעַ בְּדָם – Plunging something in blood is expressed by a word for "striking" **because someone who is drenched with blood** נִרְאֶה כְּאִלּוּ מָחוּץ – **looks as if he has been struck** וְנָגוּעַ – **and injured.**

9. כָּרַע שָׁכַב כַּאֲרִי – HE CROUCHED AND LAY DOWN LIKE A LION. This is to be understood כְּתַרְגּוּמוֹ – **as *Targum Onkelos* renders it,** יִתְיַשְּׁבוּ בְּאַרְצָם – **they will settle in their land** בְּכֹחַ וּגְבוּרָה – **with strength and might.**[6]

10. וַיִּסְפֹּק {אֶת כַּפָּיו}[7] – AND HE CLAPPED {HIS HANDS}.[7] This means הִכָּה זוֹ עַל זוֹ – **he struck one against the other.**[8]

1. *Genesis* 49:23; see Rashi there.

2. *Judges* 5:26. Both יִמְחַץ and מָחֲצָה are from the root מחץ.

3. Unlike *Onkelos* who sees וְחִצָּיו as derived from the root חצה (see note 11 on p. 306), Rashi notes that it is possible to see וְחִצָּיו as meaning arrows, from the root חצץ (*Be'er Rechovos*).

4. *Psalms* 68:24.

5. *Deuteronomy* 32:39.

6. *Targum Onkelos* renders כָּרַע as יְנוּחַ, "he will rest," and שָׁכַב as יִשְׁרֵי, "he will dwell." When the *Targumim* refer to crouching and lying down in the literal sense, they use Aramaic roots that are the same as the Hebrew roots: כרע for כרע (e.g., *II Kings* 1:13) and שכב for שכב (e.g., *Genesis* 19:34). *Targum Onkelos'* use of יְנוּחַ thus indicates that he interprets כָּרַע and שָׁכַב of our verse as "settling."

7. These words appear in the title of this comment in the Reggio di Calabria edition, but not in the other early editions (see the following note).

8. The verb root ספק can mean "to clap hands" (e.g., *Lamentations* 2:15; *Job* 27:23; see also Rashi to *Shabbos* 148b, s.v., אין מספקין) or "to slap the thigh" (e.g.,

[12] Balaam said to Balak, "Did I not speak to your emissaries whom you sent to me, saying, [13] 'If Balak were to give me his houseful of silver and gold, I am not able to transgress the word of HASHEM to do good or bad on my own. Whatever HASHEM speaks, that shall I speak'? [14] And now, behold! I go to my people. Come, I shall advise you what this people will do to your people in the End of Days." [15] And he declaimed his parable and said:

יב וַיֹּאמֶר בִּלְעָם אֶל־בָּלָק הֲלֹא גַּם אֶל־
מַלְאָכֶיךָ אֲשֶׁר־שָׁלַחְתָּ אֵלַי דִּבַּרְתִּי
יג לֵאמֹר: אִם־יִתֶּן־לִי בָלָק מְלֹא בֵיתוֹ
כֶּסֶף וְזָהָב לֹא אוּכַל לַעֲבֹר אֶת־
פִּי יהוה לַעֲשׂוֹת טוֹבָה אוֹ רָעָה
מִלִּבִּי אֲשֶׁר־יְדַבֵּר יהוה אֹתוֹ אֲדַבֵּר:
יד שביעי וְעַתָּה הִנְנִי הוֹלֵךְ לְעַמִּי לְכָה
אִיעָצְךָ אֲשֶׁר יַעֲשֶׂה הָעָם הַזֶּה לְעַמְּךָ
טו בְּאַחֲרִית הַיָּמִים: וַיִּשָּׂא מְשָׁלוֹ וַיֹּאמַר

אונקלוס

יב וַאֲמַר בִּלְעָם לְבָלָק הֲלָא אַף לְאִזְגַּדָּיךְ דִּי שְׁלַחְתְּ לְוָתִי מַלֵּלִית לְמֵימָר: יג אִם יִתֵּן לִי בָלָק מְלֵי בֵיתֵהּ כְּסַף וּדְהַב לֵית לִי רְשׁוּ לְמֶעְבַּר עַל גְּזֵרַת מֵימְרָא דַייָ לְמֶעְבַּד טַבְתָּא אוֹ בִישְׁתָּא מֵרְעוּתִי דִּי יְמַלֵּל יְיָ יָתֵהּ אֲמַלֵּל: יד וּכְעַן הָא אֲנָא אָזֵל לְעַמִּי אִיתָא אֲמַלְכִנָּךְ מָא דְתַעְבֵּד וַאֲחַוֵּי לָךְ מָא דְיַעְבֵּד עַמָּא הָדֵין לְעַמָּךְ בְּסוֹף יוֹמַיָּא: טו וּנְטַל מַתְלֵהּ וַאֲמַר

רש"י

(יג) **לעבר את פי ה'.** כאן לא נאמר אלהי כמו שנאמר בראשונה, לפי שידע שנבאש בהקב"ה ונטרד (מדרש אגדה): (יד) **הולך לעמי.** מעתה הריני כשאר עמי, שנסתלק הקב"ה מעלי: **לכה איעצך.** מה לך לעשות. ומה היא העצה, אלהיהם של אלו שונא זמה הוא כו' כדאיתא בחלק (סנהדרין קו.). תדע שבלעם השיא עצה זו להכשילם בזמה, שהרי נאמר הן הנה היו לבני ישראל בדבר בלעם (להלן לא:טז; תנחומא יח): **אשר יעשה העם הזה לעמך.** מקרא קצר הוא זה. איעצך להכשילם, ואומר לך מה שהן עתידין

RASHI ELUCIDATED

13. **לַעֲבֹר אֶת פִּי ה׳ – TO TRANSGRESS THE WORD OF HASHEM.** **כָּאן לֹא נֶאֱמַר ,,אֱלֹהָי״ – Here "my God" was not stated,** **כְּמוֹ שֶׁנֶּאֱמַר בָּרִאשׁוֹנָה – as was stated the first time,**[1] **לְפִי שֶׁיָּדַע – because he knew** **שֶׁנִּבְאַשׁ בְּהַקָּדוֹשׁ בָּרוּךְ הוּא – that he had run afoul of the Holy One, Blessed is He,**[2] **וְנִטְרַד – and he had been rejected.**

14. **הוֹלֵךְ לְעַמִּי – [I] GO TO MY PEOPLE.** **מֵעַתָּה – "From now on,** **הֲרֵינִי כִּשְׁאָר עַמִּי – behold, I am like the rest of my people."** **שֶׁנִּסְתַּלֵּק הַקָּדוֹשׁ בָּרוּךְ הוּא מֵעָלָיו – For the Holy One, Blessed is He, departed from upon him.**[3]

□ **לְכָה אִיעָצְךָ – COME, I SHALL ADVISE YOU** **מַה לְּךָ לַעֲשׂוֹת – what you should do.** **וּמַה הִיא הָעֵצָה – And what is the advice?** **אֱלֹהֵיהֶם שֶׁל אֵלּוּ – "The God of these** Israelites **שׂוֹנֵא זִמָּה הוּא כוּלְהוּ – hates promiscuity, etc.,"** **כִּדְאִיתָא בְּחֵלֶק**[4] **– as stated in *Chelek*.**[4] **תֵּדַע שֶׁבִּלְעָם הִשִּׂיא עֵצָה זוֹ – You can know** with certainty **that Balaam gave them this advice,** **לְהַכְשִׁילָם בְּזִמָּה – to bring about their downfall through promiscuity,** **שֶׁהֲרֵי נֶאֱמַר – for, see now, it says** of the Midianite women, **,,הֵן הֵנָּה הָיוּ לִבְנֵי יִשְׂרָאֵל בִּדְבַר בִּלְעָם״**[5,6] **– "Behold! they caused the Children of Israel, by the word of Balaam,** [to commit a trespass against HASHEM]."[5,6]

□ **אֲשֶׁר יַעֲשֶׂה הָעָם הַזֶּה לְעַמְּךָ – WHAT THIS PEOPLE WILL DO TO YOUR PEOPLE.** **מִקְרָא קָצָר הוּא זֶה – This is an abbreviated verse.** It is to be understood as follows: **,,אִיעָצְךָ״ לְהַכְשִׁילָם – "I shall advise you"** as to how **to bring about their downfall,** **וְאוֹמַר לְךָ – and,** in addition, **I will tell you** **מַה שֶּׁהֵן עֲתִידִין**

Jeremiah 31:18; *Ezekiel* 21:17; see also Rashi to *Beitzah* 36b, s.v., (ואין מספקין). Here, the plural word כַּפָּיו, "his hands," indicates that וַיִּסְפֹּק means "he clapped" (*Yosef Hallel*).

1. In our verse, Balaam is quoting what he had said in 22:18 above, yet he omitted "my God."

2. For he attempted to curse Israel although he knew that it was against God's will (see Rashi to v. 1; *Lifshuto shel Rashi*).

3. Verse 25 below states, "and he returned to his *place*." Rashi explains why our verse says "I go to my *people*" rather than "I go to my *place*" (*Devek Tov; Sifsei Chachamim*).

Some editions read מֵעָלַי, "from upon me," in which case this last sentence is part of Balaam's statement.

4. *Sanhedrin* 106a. *Chelek* is the last chapter of *Sanhedrin*. The *Gemara* there tells how Balaam advised Balak to ensnare the Israelites into promiscuity and idolatry.

5. Below 31:16.

6. *Tanchuma* 18.

"The words of Balaam son of Beor, the words of the man with the pierced eye.
16 "The words of one who hears the sayings of God, and knows the mind of the Supreme One, who sees the vision of Shaddai, while fallen and with uncovered eyes.
17 "I see it, but not now; I view it, but it is not near. A star shot forth from Jacob

נְאֻ֥ם בִּלְעָם֙ בְּנ֣וֹ בְעֹ֔ר וּנְאֻ֥ם הַגֶּ֖בֶר
טז שְׁתֻ֥ם הָעָֽיִן׃ נְאֻ֗ם שֹׁמֵ֙עַ֙ אִמְרֵי־אֵ֔ל
וְיֹדֵ֖עַ דַּ֣עַת עֶלְי֑וֹן מַחֲזֵ֤ה שַׁדַּי֙ יֶֽחֱזֶ֔ה
יז נֹפֵ֖ל וּגְל֥וּי עֵינָֽיִם׃ אֶרְאֶ֙נּוּ֙ וְלֹ֣א עַתָּ֔ה
אֲשׁוּרֶ֖נּוּ וְלֹ֣א קָר֑וֹב דָּרַ֨ךְ כּוֹכָ֜ב מִֽיַּעֲקֹ֗ב

אונקלוס

אֲמַר בִּלְעָם בְּרֵהּ בְּעוֹר וַאֲמַר גַּבְרָא דִשְׁפִּיר חָזֵי: טז אֲמַר דִּשְׁמַע מֵימַר מִן קֳדָם אֵל וִידַע מַדַּע מִן קֳדָם עִלָּאָה חֱזוּ מִן קֳדָם שַׁדַּי חָזֵי שְׁכִיב וּמִתְגְּלֵי לֵהּ: יז חֲזֵיתֵהּ וְלָא כְעַן סְכִיתֵהּ וְלָא אִיתוֹהִי קָרִיב כַּד יְקוּם מַלְכָּא מִיַּעֲקֹב

רש"י

להרע למואב באחרית הימים [ומחץ פאתי מואב (פסוק יז) והתרגום מפרש קוצר העברי]: (טז) וידע דעת עליון. לכוין השעה שכועס בה (סנהדרין קה:): (יז) אראנו. רואה אני שבחו של יעקב וגדולתו, אך לא עתה הוא אלא לאחר זמן: דרך כוכב. כתרגומו, לשון דרך קשתו (איכה ב:ד), שהכוכב עובר כחץ. ובלע"ז דישטינ"ט, כלומר יקום מזל:

RASHI ELUCIDATED

לְהָרַע לְמוֹאָב – how they are destined to harm Moab „בְּאַחֲרִית הַיָּמִים" – "in the End of Days."[1] {„וּמָחַץ פַּאֲתֵי מוֹאָב"[2] – "And he shall strike down the extremities of Moab."[2] וְהַתַּרְגּוּם מְפָרֵשׁ קוֹצֶר הָעִבְרִי – *Targum Onkelos* explains the brevity of the Hebrew.[3]}

16. וְיֹדֵעַ דַּעַת עֶלְיוֹן – AND KNOWS THE MIND OF THE SUPREME ONE, that is, he knows how **לְכַוֵּן – to determine precisely הַשָּׁעָה – the time שֶׁכּוֹעֵס בָּהּ[4] – in which He is angry.**[4]

17. אֶרְאֶנּוּ – I SEE IT. רוֹאֶה אֲנִי שִׁבְחוֹ שֶׁל יַעֲקֹב – I see[5] Jacob's glory וּגְדֻלָּתוֹ – and his greatness, אַךְ לֹא עַתָּה הוּא – but "it is not now,"[6] אֶלָּא – but rather, לְאַחַר זְמַן – at a later time.

□ **דָּרַךְ כּוֹכָב – A STAR SHOT FORTH.** This is to be understood **כְּתַרְגּוּמוֹ – as *Targum Onkelos* renders it.**[7] **לְשׁוֹן – It is related in meaning to „דָּרַךְ קַשְׁתּוֹ"[8] – "He released his bow."[8] שֶׁהַכּוֹכָב עוֹבֵר כַּחֵץ – For a** shooting **star passes by like an arrow. וּבְלַעַ"ז דישטינ"ט – In Old French, *destent*.**[9] **כְּלוֹמַר – That is to say, יָקוּם מַזָּל – a favorable sign will arise**, i.e., Jacob's fortunes will rise.[10]

1. We would have expected the verse to say "I shall *tell* you what this people will do" rather than "I shall *advise* you what this people will do." The phrase is thus seen as containing two distinct ideas: "I shall advise you [what to do to them, and I shall tell you] what this people will do" (*Minchas Yehudah; Sifsei Chachamim*).

2. Below v. 17.

3. *Targum Onkelos* renders the verse: "And now, behold! I go to my people. Come, I shall advise you what you should do, and I shall tell you what this people shall do to your people in the End of Days." *Targum* states clearly that "I shall advise you" and "what this people will do to your people" are two distinct ideas, as Rashi has explained. This is not clear from the brevity of the text of the verse.

4. *Sanhedrin* 105b. It does not mean that he knows the workings of God's mind, so to speak, for that is unfathomable by man. It means only that he knows one particular aspect of God's relationship to the world. See Rashi to 23:8 above, s.v., לֹא זָעַם.

5. By using the present tense רוֹאֶה אֲנִי instead of אֶרְאֶנּוּ of the verse, Rashi indicates that אֶרְאֶנּוּ is present in its meaning although it is future in form (*Mizrachi*).

6. "I see it, but not now" does not refer to Israel itself, for Balaam was looking at the camp of Israel at the time he made the statement. Rather, it refers to Israel's glory (*Gur Aryeh*).

7. "When a king will arise from Jacob, and an anointed king will be appointed from Israel."

"A star shot forth" is in the prophetic past; the prophet uses the past tense for events that have yet to happen, for he has already seen them occurring, through his prophetic vision. This form is mentioned by Rashi in his comments to *Isaiah* 42:16. It is discussed by *Ibn Ezra* in his comments to *Jonah* 2:2, where he cites our verse as an example.

8. *Lamentations* 2:4 and 3:12; see Rashi there. The basic meaning of דרך is "to step." It can be used for drawing and releasing a bow, for one creates the tension necessary for firing by stepping on the bowstring. Accordingly, דרך takes on the additional meanings "to shoot forth" and "to release a bow" (see *Havanas HaMikra*; see also Rashi to *Jeremiah* 9:2 and *Psalms* 38:3).

9. The French word *tendre* means "to cause tension by stretching taut"; the Old French form *destent* means "to release the tension." When these verbs are applied to the archer's bow, *tendre* means "to bend the bow, i.e., to pull the bowstring taut," and *destent* (in Modern French, *détendre*) means "to unbend the bow, i.e., to release the bowstring," causing the arrow to shoot forth. The English word "detente," which means "an easing of tensions or animosity between nations," is derived from Rashi's Old French *destent*.

10. The "star" of the verse refers to a situation influenced

וְקָם שֵׁבֶט מִיִּשְׂרָאֵל וּמָחַץ פַּאֲתֵי
יח מוֹאָב וְקַרְקַר כָּל־בְּנֵי־שֵׁת: וְהָיָה
אֱדוֹם יְרֵשָׁה וְהָיָה יְרֵשָׁה שֵׂעִיר
יט אֹיְבָיו וְיִשְׂרָאֵל עֹשֶׂה חָיִל: וְיֵרְדְּ
מִיַּעֲקֹב וְהֶאֱבִיד שָׂרִיד מֵעִיר:

and a rod has risen from Israel, and he shall strike down the extremities of Moab and undermine all the children of Seth.

18 *"Edom shall be a conquest and Seir shall be a conquest [of] his enemies — and Israel will attain wealth.*

19 *"One from Jacob shall rule and destroy the remnant of a city."*

אונקלוס

וְיִתְרַבָּא מְשִׁיחָא מִיִּשְׂרָאֵל וְיִקְטוֹל רַבְרְבֵי מוֹאָב וְיִשְׁלוֹט בְּכָל בְּנֵי אֱנָשָׁא: יח וִיהֵי אֱדוֹם יְרֻתָּא וִיהֵי יְרֻתָּא שֵׂעִיר לְבַעֲלֵי דְבָבוֹהִי וְיִשְׂרָאֵל יַצְלַח בְּנִכְסִין: יט וְיֵחוּת חַד מִדְּבֵית יַעֲקֹב וְיוֹבֵד מְשֵׁזֵב מִקִּרְיַת עַמְמַיָּא:

רש"י

וקם שבט. מלך רודה ומושל: **ומחץ פאתי מואב.** זה דוד, שנאמר בו השכב אותם ארצה וימדד שני חבלים להמית וגו' (שמואל ב ח:ב): **וקרקר.** לשון כורה [ס"א קורה], כמו אני קרתי (מלכים ב יט:כד) מקבת בור נקרתם (ישעיה נא:א) יקרוה עורבי נחל (משלי ל:יז), פורי"ר בלע"ז: **כל בני שת.** כל האומות, שכלם יצאו מן שת בנו של אדם הראשון (אונקלוס): **(יח) והיה ירשה שעיר איביו.** לאויביו לישראל: **(יט) וירד מיעקב.** ועוד יהיה מושל אחר מיעקב: **והאביד שריד מעיר.** החשובה של אדום, היא רומי. ועל מלך המשיח אומר כן,

RASHI ELUCIDATED

□ וְקָם שֵׁבֶט – **AND A ROD HAS RISEN.** That is, מֶלֶךְ רוֹדֶה וּמוֹשֵׁל – **a king who dominates and rules.**[1]

□ וּמָחַץ פַּאֲתֵי מוֹאָב – **AND HE SHALL STRIKE DOWN THE EXTREMITIES OF MOAB.** זֶה דָּוִד – **This is** (refers to) **David,** שֶׁנֶּאֱמַר בּוֹ – **of whom it is said,** "הַשְׁכֵּב אוֹתָם אַרְצָה, – "[He struck Moab, and he measured them with a rope.] **He lay them on the ground,** וַיְמַדֵּד שְׁנֵי חֲבָלִים לְהָמִית וְגוֹמֵר"[2] – **and measured out two rope lengths to put to death, etc."**[2]

□ וְקַרְקַר – **AND UNDERMINE.** לְשׁוֹן כּוֹרֶה – **This means "digging,"**[3] כְּמוֹ – **like** קַרְתִּי in "אֲנִי קַרְתִּי"[4], **"I dug"**;[4] נִקַּרְתֶּם in "מַקֶּבֶת בּוֹר נֻקַּרְתֶּם"[6], **"the pick of the pit**[5] **with which you were hewn"**;[6] יִקְּרוּהָ in "יִקְּרוּהָ עֹרְבֵי נַחַל"[7], **"Ravens of the stream will poke it out."**[7] פוֹרִי"ר בְּלַעַ"ז – **In Old French,** ***forèr.***[8]

□ כָּל בְּנֵי שֵׁת – **ALL THE CHILDREN OF SETH.** This means כָּל הָאֻמּוֹת – **all of the nations,** שֶׁכֻּלָּם יָצְאוּ מִן שֵׁת – **for all of them descended from Seth,** בְּנוֹ שֶׁל אָדָם הָרִאשׁוֹן – **son of Adam, the first** man.[9]

18. וְהָיָה יְרֵשָׁה שֵׂעִיר – **AND SEIR SHALL BE A CONQUEST** לְאוֹיְבָיו – **for "his enemies,"** לְיִשְׂרָאֵל – **for Israel.**[10]

19. וְיֵרְדְּ מִיַּעֲקֹב – **ONE FROM JACOB SHALL RULE.** וְעוֹד יִהְיֶה מוֹשֵׁל אַחֵר – **There will be yet another**[11] **ruler**[12] מִיַּעֲקֹב – **from Jacob.**

□ וְהֶאֱבִיד שָׂרִיד מֵעִיר – **AND DESTROY THE REMNANT OF A CITY,** that is, הַחֲשׁוּבָה שֶׁל אֱדוֹם – of **the main** city **of Edom,**[13] הִיא רוֹמִי – **which is Rome.** וְעַל מֶלֶךְ הַמָּשִׁיחַ אוֹמֵר כֵּן – **He says this about the King**

by the stars. The context indicates that it is a situation in which a king will come forth. See Rashi's following comment.

1. The "rod" is the king's scepter. Rashi interprets "rod" similarly in his comments to *Genesis* 49:10.

2. *II Samuel* 8:2.

3. *Proverbs* 26:27. This is unlike *Ibn Ezra* who understands the word to mean "to break down a wall."

The text follows *Sefer Zikaron* and many early editions. Some editions read לְשׁוֹן קוֹרֶה, which has the same meaning (see *Be'er Mayim Chaim*).

4. *II Kings* 19:24; see Rashi there.

5. That is, the pick which was used to dig the pit.

6. *Isaiah* 51:1.

7. *Proverbs* 30:17.

8. In Modern French, *forer,* "to bore a hole."

9. See *Targum Onkelos*. Noah was a descendant of Seth; see *Genesis* 5:6-29.

10. "His" of "his enemies" might have been taken as meaning "Israel's." The verse could have been read, "Edom shall be a conquest and Seir shall be a conquest, [Israel's] enemies." But the verse would not have said Edom and Seir would be a conquest, without saying to whom they would be a conquest (*Mizrachi; Sifsei Chachamim*).

11. In addition to David, who was alluded to in v. 17; see Rashi there, s.v., וּמָחַץ פַּאֲתֵי מוֹאָב (*Mizrachi; Sifsei Chachamim*).

12. וְיֵרְדְּ is from the root רדה, "to dominate"; not from ירד, "to descend."

13. "A city" without further specification implies the most important city (*Be'er Mayim Chaim*).

[20] He saw Amalek and declaimed his parable and said: "Amalek is the first of nations, and its end is eternal destruction." [21] He saw the Kenite and declaimed

כ וַיַּרְא֙ אֶת־עֲמָלֵ֔ק וַיִּשָּׂ֥א מְשָׁל֖וֹ וַיֹּאמַ֑ר
רֵאשִׁ֤ית גּוֹיִם֙ עֲמָלֵ֔ק וְאַחֲרִית֖וֹ
עֲדֵ֥י אֹבֵֽד׃ כא וַיַּרְא֙ אֶת־הַקֵּינִ֔י וַיִּשָּׂ֥א

אונקלוס

כ וַחֲזָא יָת עֲמַלְקָאָה וּנְטַל מַתְלֵהּ וַאֲמַר רֵישׁ קְרָבַיָּא דְיִשְׂרָאֵל הֲוָה
עֲמַלְקָאָה וְסוֹפֵהּ לְעָלְמָא יֵיבָד: כא וַחֲזָא יָת שַׁלְמָאָה וּנְטַל

רש"י

שנאמר בו וירד מים עד ים (תהלים עב:ח) ולא יהיה שריד לבית עשו (עובדיה א:יח): **(כ) וירא את עמלק.** נסתכל בפורענותו של עמלק: **ראשית גוים עמלק.** הוא קדם את כלם להלחם בישראל, וכך תרגם אונקלוס, ואחריתו להאבד בידם, שנאמר תמחה את זכר עמלק (דברים כה:יט): **(כא) וירא את הקיני.** לפי שהיה קיני תקוע אצל עמלק, כענין שנאמר ויאמר שאול אל הקיני וגו' (שמואל א טו:ו) הזכירו אחר עמלק. נסתכל בגדולתם של בני יתרו שנא' בהם תרעתים שמעתים שוכתים (דברי הימים א ב:נה; סנהדרין קו.):

RASHI ELUCIDATED

Mashiach (the Messiah) **שֶׁנֶּאֱמַר בּוֹ – of whom it is said,** ,,וְיֵרְדְּ מִיָּם עַד יָם"[1] – **"He shall rule from sea to sea,"**[1] and ,,וְלֹא יִהְיֶה שָׂרִיד לְבֵית עֵשָׂו"[2] – **"And there shall be no remnant of the house of Esau."**[2]

20. וַיַּרְא אֶת עֲמָלֵק – HE SAW AMALEK. נִסְתַּכֵּל בְּפוּרְעָנוּתוֹ שֶׁל עֲמָלֵק – He looked at the punishment of Amalek.[3]

☐ **רֵאשִׁית גּוֹיִם עֲמָלֵק – AMALEK IS THE FIRST OF NATIONS. הוּא קָדַם אֶת כֻּלָּם – He preceded them all לְהִלָּחֵם בְּיִשְׂרָאֵל – to wage war against Israel.**[4] **וְכָךְ תִּרְגֵּם אוּנְקְלוֹס – And thus did** ***Onkelos*** **render it.**[5] **,,וְאַחֲרִיתוֹ" לְהֵאָבֵד בְּיָדָם – "And its end" is to be destroyed by [Israel's] hand,**[6] **שֶׁנֶּאֱמַר – as it says,** ,,תִּמְחֶה אֶת זֵכֶר עֲמָלֵק"[7] – **"You shall wipe out the memory of Amalek."**[7]

21. וַיַּרְא אֶת הַקֵּינִי – HE SAW THE KENITE. לְפִי שֶׁהָיָה קֵינִי תָּקוּעַ אֵצֶל עֲמָלֵק – Because the Kenite were firmly established next to Amalek, כְּעִנְיָן שֶׁנֶּאֱמַר – like the matter which is said, ,,וַיֹּאמֶר שָׁאוּל אֶל הַקֵּינִי וְגוֹמֵר" – **"Saul said to the Kenite,** ['Go, get away, and descend from among the Amalekites,']"[8] **הִזְכִּירוֹ – [Balaam] mentioned it אַחַר עֲמָלֵק – after Amalek. נִסְתַּכֵּל בִּגְדוּלָּתָם – He looked at the greatness שֶׁל בְּנֵי יִתְרוֹ – of the sons of Jethro,**[9] **שֶׁנֶּאֱמַר בָּהֶם – of whom it is said** that they were, ,,תִּרְעָתִים – **"Those who sat at the gate,**[10] **שִׁמְעָתִים – those who listened,**[11] **שׁוּכָתִים"[12,13] – hut-dwellers."**[12,13]

1. *Psalms* 72:8.

2. *Obadiah* 1:18; see Rashi there. Destroying the last remnant of Edom's (Esau's) most important city mentioned by our verse is the equivalent of destroying the last remnant of Esau, mentioned in the verse in *Obadiah,* for if Esau's foremost city is destroyed, this will certainly be true of lesser strongholds (see *Leket Bahir*).

3. It does not mean that he saw them in a physical sense, for Balaam was not located near Amalek at the time (*Mesiach Ilmim*).

4. It does not mean that Amalek was first in a chronological sense, for many nations were founded prior to it. Nor does "first" mean "most prominent," for Amalek was of lowly origin, descended from a concubine of Esau; see *Genesis* 36:12 (*Mizrachi; Sifsei Chachamim*).

5. "The first of the battles of Israel was the Amalekite [battle]."

6. Since the beginning of the verse speaks of Amalek's aggression against Israel, it stands to reason that its destruction, spoken of in the end of the verse, is of a reciprocal nature, at Israel's hand (*Gur Aryeh*).

7. *Deuteronomy* 25:19.

8. *I Samuel* 15:6; see Rashi there.

9. One of Jethro's seven names was קֵינִי, "Keni" (see Rashi to *Exodus* 18:1, s.v., יִתְרוֹ). Scripture identifies the Kenites as "the children of Keni the father-in-law of Moses" (*Judges* 1:16).

10. "They were elders who sat at the gates of Jerusalem" (Rashi to *Sotah* 11a, s.v., סוכתים); that is, they were judges. According to this interpretation, Rashi sees תִּרְעָתִים as related to the Aramaic תַּרְעָא, "gate."

11. This refers to the descendants of Jonadab son of Rechab, a descendant of Jethro, who listened to Jonadab's instructions (see *Jeremiah* ch. 35) that they lead ascetic lives (Rashi to *Sotah* 11a, s.v., שמעתים).

12. *I Chronicles* 2:55. "Hut-dwellers" refers to Jonadab's instructions that his descendants not live in permanent housing (Rashi to *Sotah* 11a, s.v., סוכתים).

13. *Sanhedrin* 106a.

מְשָׁלוֹ וַיֹּאמַר אֵיתָן מוֹשָׁבֶךָ וְשִׂים
כב בַּסֶּלַע קִנֶּךָ: כִּי אִם־יִהְיֶה לְבָעֵר קָיִן
כג עַד־מָה אַשּׁוּר תִּשְׁבֶּךָּ: וַיִּשָּׂא מְשָׁלוֹ
וַיֹּאמַר אוֹי מִי יִחְיֶה מִשֻּׂמוֹ אֵל:

his parable and said: "Strong is your dwelling, and set in a rock is your nest.
22 "For if the Kenite should be laid waste, till where can Assyria take you captive?"
23 He declaimed his parable and said: "Oh! Who will survive when He imposes these!

אונקלוס

מַתְלֵהּ וַאֲמַר תַּקִּיף בֵּית מוֹתְבָךְ וְשַׁוִּי בִכְרַךְ תַּקִּיף מְדוֹרָךְ: כב אֲרֵי אִם יְהֵי לְשֵׁיצָאָה שַׁלְמָאָה עַד מָא אֲתוּרָאָה יִשְׁבְּנָךְ: כג וּנְטַל מַתְלֵהּ וַאֲמַר וַי לְחַיָּבַיָּא דְּיֵחוּן כַּד יַעְבֵּד אֱלָהָא יָת אִלֵּין:

רש"י

איתן מושבך. תמה אני מהיכן זכית לכך, הלא אתה עמי היית בעצת הבה נתחכמה לו (שמות א:י) ועתה נתישבת באיתן ומעוז של ישראל (סנהדרין קו). **(כב) כי אם יהיה לבער קין וגו'.** אשריך שנתקעת לתוקף זה שאינך נטרד עוד מן העולם, כי אף אם אתה עתיד לגלות עם עשרת השבטים ותהיה לבער ממקום שנתישבת שם, מה בכך: **עד מה אשור תשבך.** עד היכן הוא מגלה אותך, שמא לחלח וחבור (מלכים ב יז:ו) אין זה טרוד מן העולם אלא טלטול ממקום למקום, ותשוב עם שאר הגליות: **(כג-כד) וישא משלו וגו'.** כיון שהזכיר את שביית אשור, אמר אוי מי יחיה משמו אל, מי יכול להחיות את עצמו

RASHI ELUCIDATED

☐ אֵיתָן מוֹשָׁבֶךָ – **STRONG IS YOUR DWELLING.** תָּמֵהַּ אֲנִי – **I wonder** מֵהֵיכָן זָכִיתָ לְכָךְ – **from where you became worthy of this.** הֲלֹא אַתָּה עִמִּי הָיִיתָ – **Were you not with me** בַּעֲצַת ,,הָבָה נִתְחַכְּמָה לוֹ"[1] – **at** the time we gave **the advice, "Come, let us act wisely to it"?**[1] וְעַתָּה – **Yet now** נִתְיַשַּׁבְתָּ – **you have settled** בְּאֵיתָן וּמָעוֹז שֶׁל יִשְׂרָאֵל[2] – **in the stronghold and citadel of Israel.**[2]

22. כִּי אִם יִהְיֶה לְבָעֵר קָיִן וְגוֹמֵר – **FOR IF THE KENITE SHOULD BE LAID WASTE, ETC.** אַשְׁרֶיךָ – **Fortunate are you** שֶׁנִּתְקַעְתָּ לְתוֹקֶף זֶה – **that you have become entrenched with this power,** שֶׁאֵינְךָ נִטְרָד עוֹד מִן הָעוֹלָם – **because you will never be driven out of the world.** ,,כִּי" אַף אִם אַתָּה עָתִיד לִגְלוֹת – **"For"**[3] **even if you are destined to go into exile** עִם עֲשֶׂרֶת הַשְּׁבָטִים – **with the Ten Tribes,** וְתִהְיֶה לְבָעֵר – **and you will be eliminated** מִמָּקוֹם שֶׁנִּתְיַשַּׁבְתָּ שָׁם – **from the place in which you settled,** מַה בְּכָךְ – **what of it?**

☐ עַד מָה אַשּׁוּר תִּשְׁבֶּךָּ – **TILL WHERE** (literally, "what") **CAN ASSYRIA TAKE YOU CAPTIVE?** עַד הֵיכָן הוּא מַגְלֶה אוֹתְךָ – **Till where**[4] **will he exile you?**[5] שֶׁמָּא לַחְלַח וְחָבוֹר – **Might it be to Halah and Habor?**[6] אֵין זֶה טֵרוּד מִן הָעוֹלָם – **That is not being driven out of the world,** אֶלָּא – **but rather,** טִלְטוּל – **being moved about** מִמָּקוֹם לְמָקוֹם – **from place to place,** וְתָשׁוּב – **and you will return** עִם שְׁאָר הַגָּלֻיּוֹת – **with the rest of the exiles.**

23-24. וַיִּשָּׂא מְשָׁלוֹ וְגוֹמֵר – **HE DECLAIMED HIS PARABLE, ETC.** כֵּיוָן שֶׁהִזְכִּיר אֶת שְׁבִיַּת אַשּׁוּר – **Since he mentioned the Assyrian captivity,** אָמַר – **he said,** ,,אוֹי מִי יִחְיֶה מִשֻּׂמוֹ אֵל" – **"Oh! Who will survive when He imposes these!"**; that is, מִי יָכוֹל לְהַחֲיוֹת אֶת עַצְמוֹ – **who can keep himself alive**

1. *Exodus* 1:10. That verse introduces the Egyptians' designs against Israel. Rashi here follows the Gemara (*Sotah* 11a; *Sanhedrin* 106a) which states that both Jethro and Balaam were among Pharaoh's advisors.

Unlike his remarks about Israel and Amalek, Balaam's comments about the Kenite are in the second person. This implies that he refers to a personal connection with Jethro, the time when they both advised Pharaoh. He marvels at Jethro's rise from an advisor to Israel's enemy to a position of prominence in Israel (see *Gur Aryeh*).

2. *Sanhedrin* 106a.

3. The word כִּי, "for, because," in our verse introduces the reason for that which is stated previous to it. The statement which precedes our verse says that the dwelling of the Kenite will be strong, set in rock. Our verse, although it begins with כִּי, does not appear to give a reason for the strength of the Kenites' dwelling. Rashi explains that כִּי is nonetheless appropriate, for our verse explains that which Balaam *implied* by noting the strength of the Kenites' dwelling, that the Kenites were fortunate to dwell among the Israelite nation.

4. "Till what" is understood as "till what place, till where." This is unlike *Ibn Ezra* who understands it as "till what time."

5. "Till what will Assyria take you captive" could be taken as referring to the intensity of the captivity: "How strong is Assyria's domination over you!" But the context indicates that Balaam is not bemoaning the fate of the Kenites, but rather noting their good fortune. Rashi therefore explains תִּשְׁבֶּךָּ as "will exile you." The phrase is understood as minimizing the extent of the exile.

6. See *II Kings* 17:6. These are places to which Assyria exiled the Ten Tribes.

24 *"Great ships from the realm of Kittim will afflict Assyria and afflict the other side — and it, too, will be forever destroyed."*

25 *Then Balaam rose and went and returned to his place, and Balak also went on his way.*

25 [1]*Israel settled in the Shittim and the people began to act promiscuously with the daughters of Moab.* [2] *They invited*

כד וְצִים֙ מִיַּ֣ד כִּתִּ֔ים וְעִנּ֥וּ אַשּׁ֖וּר וְעִנּוּ־
כה עֵ֑בֶר וְגַם־ה֖וּא עֲדֵ֥י אֹבֵֽד׃ וַיָּ֣קָם
בִּלְעָ֔ם וַיֵּ֖לֶךְ וַיָּ֣שָׁב לִמְקֹמ֑וֹ וְגַם־
בָּלָ֖ק הָלַ֥ךְ לְדַרְכּֽוֹ׃
כה א וַיֵּ֤שֶׁב יִשְׂרָאֵל֙ בַּשִּׁטִּ֔ים וַיָּ֣חֶל הָעָ֔ם
ב לִזְנ֖וֹת אֶל־בְּנ֥וֹת מוֹאָֽב׃ וַתִּקְרֶ֤אןָ

אונקלוס

כד וְסִיעַן יִצְטָרְחַן מֵרוֹמָאֵי וִיעַנּוּן לְאָתוּר וְיִשְׁתַּעְבְּדוּן לְעֵבַר פְּרָת וְאַף אִנּוּן לְעָלְמָא יֵיבְדוּן: כה וְקָם בִּלְעָם וַאֲזַל וְתָב לְאַתְרֵהּ וְאַף בָּלָק אֲזַל לְאָרְחֵהּ: א וִיתֵב יִשְׂרָאֵל בְּשִׁטִּין וּשְׁרִי עַמָּא לְמִטְעֵי בָּתַר בְּנַת מוֹאָב: ב וּקְרָא

רש"י

משומו את אלה, שלא ישים עליו הגוזר את אלה, שיעמוד סנחריב ויבלבל את כל האומות. ועוד יבואו צים מיד כתים, ויעברו כתיים, שהן רומיים, בבירניות גדולות על אשור: **ועני עבר.** ועני אותם שבעבר הנהר: **וגם הוא עדי אבד.** וכן פירש דניאל עד די קטילת חיותא והובד גשמה (ז:יא): **וצים.** ספינות גדולות, כדכתיב וצי אדיר (ישעיה לג:כא) תרגומו ובורני רבתא: (א) **בשטים.** כך שמה (סנהדרין שם): **לזנות אל בנות מואב.** ע"י עצת בלעם

RASHI ELUCIDATED

מִשּׁוּמוֹ אֵת אֵלֶּה – against His imposing these, שֶׁלֹּא יָשִׂים עָלָיו הַגּוֹזֵר אֶת אֵלֶּה – that He Who decrees[1] **should not impose these upon him,**[2] **שֶׁיַּעֲמוֹד סַנְחֵרִיב – for Sennacherib will arise וִיבַלְבֵּל אֶת כָּל הָאֻמּוֹת – and jumble all of the nations.**[3] **וְעוֹד יָבוֹאוּ – And furthermore there will come ,,צִים מִיַּד כִּתִּים" – "great ships from the realm of Kittim," וְיַעַבְרוּ כִּתִּיִּים – and there shall pass Kittites, שֶׁהֵן רוֹמִיִּים – who are Romans, בְּבִירָנִיּוֹת גְּדוֹלוֹת – in great sailing vessels,**[4] **עַל אַשּׁוּר – against Assyria.**

□ **וְעִנּוּ עֵבֶר – AND [THEY SHALL] AFFLICT THE OTHER SIDE. וְעִנּוּ אוֹתָם – They will afflict them שֶׁבְּעֵבֶר הַנָּהָר – who are on the other side of the river.**[5]

□ **וְגַם הוּא עֲדֵי אֹבֵד – "AND IT, TOO, WILL BE FOREVER DESTROYED. וְכֵן פֵּרַשׁ דָּנִיֵּאל – And so did Daniel state clearly, ,,עַד דִּי קְטִילַת חֵיוְתָא וְהוּבַד גִּשְׁמַהּ"**[6] **– "until the beast was killed, and its body destroyed."**[6]

□ **וְצִים** – This means **סְפִינוֹת גְּדוֹלוֹת – great ships, כְּדִכְתִיב – as it is written, ,,וְצִי אַדִּיר"**[7]**,** **תַּרְגּוּמוֹ – which is rendered by *Targum*** *Yonasan,* **,,וּבוּרְנִי רַבְּתָא" – "and a great sailing vessel."**[8]

25.

1. בַּשִּׁטִּים – IN THE SHITTIM. כָּךְ שְׁמָהּ – This is its name.[9]

□ **לִזְנוֹת אֶל בְּנוֹת מוֹאָב – TO ACT PROMISCUOUSLY WITH THE DAUGHTERS OF MOAB, עַל יְדֵי עֲצַת בִּלְעָם – by**

1. Rashi uses "He Who decrees" rather than "the Holy One, Blessed is He," to make it clear that אֵל of our verse does not mean "God." It is a shortened form of אֵלֶּה, "these," as in *Genesis* 19:8 (*Leket Bahir*).

2. "Who will survive when He imposes these" is not taken literally, for the Assyrian exile and the Roman onslaught to which the verse refers was not a matter of life and death to the exiles; it was merely a matter of relocation. "Who will survive?" is taken figuratively, "Who can keep himself alive?"; that is, "Who can escape God's decree of exile?" (see *Be'er Mayim Chaim*).

3. The Talmud states that Sennacherib conquered the world and moved entire populations from country to country so that no country remained with its native population (*Berachos* 28a).

4. In his comments to *Rosh Hashanah* 23a, s.v. זו בורני גדולה, Rashi describes this vessel as a *dromont,* Old French for a galley propelled by multiple banks of oarsmen.

5. That is, after having conquered what was the Assyrian Empire, the Romans will go on to subjugate those who live on the other side of the Euphrates from the Land of Israel.

6. *Daniel* 7:11. "The beast" is described as a mighty kingdom that will rule the world until the Jews defeat them at the End of Days. Rashi cites the verse from Daniel to support his assertion that Kittim is Rome.

7. *Isaiah* 33:21.

8. See note 4 above.

9. *Sanhedrin* 106a. The ב prefix of בַּשִּׁטִּים is vowelized with a *patach,* which indicates the definite article. Although it is not common for proper names to be preceded by the definite article, "Shittim" is nonetheless a proper name.

לָעָ֔ם לְזִבְחֵ֖י אֱלֹהֵיהֶ֑ן וַיֹּ֣אכַל הָעָ֔ם
ג וַיִּֽשְׁתַּחֲו֖וּ לֵאלֹהֵיהֶֽן: וַיִּצָּ֥מֶד יִשְׂרָאֵ֖ל
לְבַ֣עַל פְּע֑וֹר וַיִּֽחַר־אַ֥ף־יְהוָ֖ה
ד בְּיִשְׂרָאֵֽל: וַיֹּ֨אמֶר יְהוָ֜ה אֶל־מֹשֶׁ֗ה
קַ֚ח אֶת־כָּל־רָאשֵׁ֣י הָעָ֔ם וְהוֹקַ֥ע אוֹתָ֛ם

the people to the feasts of their gods; the people ate and bowed to their gods.
3 Israel became attached to Baal-peor, and the wrath of HASHEM *flared up against Israel.*
4 HASHEM *said to Moses, "Take all the leaders of the people, and hang them*

אונקלוס

לְעַמָּא לְדִבְחֵי טַעֲוָתְהוֹן וַאֲכַל עַמָּא וּסְגִידוּ לְטַעֲוָתְהוֹן: ג וְאִתְחַבַּר יִשְׂרָאֵל לְבַעֲלָא (נ״א לְפַלְחֵי בַעַל) פְּעוֹר וּתְקֵף רָגְזָא דַייָ בְּיִשְׂרָאֵל: ד וַאֲמַר יְיָ לְמֹשֶׁה דְּבַר יָת כָּל רֵישֵׁי עַמָּא וְדוּן וּקְטוֹל דְּחַיָּב קְטוֹל

רש״י

כדאיתא בחלק (שם): (ב) **וישתחוו לאלהיהן.** כשתקף יצרו עליו ואומר לה השמעי לי, והיא מוציאה לו דמות פעור מחיקה ואומרת לו השתחוה לזה (ספרי קלא; סנהדרין שם): (ג) **פעור.** על שם שפוערין לפניו פי הטבעת ומוציאין רעי וזו היא עבודתו (שם ושם): **ויחר אף ה' בישראל.** שלח בהם מגפה: (ד) **קח את כל ראשי העם.** לשפוט את העובדים לפעור (ספרי שם; תנחומא יט): **והוקע אותם.** את העובדים. **והוקע** היא תלייה, כמו שמצינו בבני

RASHI ELUCIDATED

means of the advice of Balaam,[1] כִּדְאִיתָא בְּחֵלֶק[2] **– as stated in *Chelek*.[2]**

2. וַיִּשְׁתַּחֲווּ לֵאלֹהֵיהֶן **–** AND BOWED TO THEIR GODS. כְּשֶׁתָּקַף יִצְרוֹ עָלָיו **– When [an Israelite's] urge was at its strongest,** וְאוֹמֵר לָהּ **– and he would say to [a Moabite woman],** הַשְׁמְעִי לִי **– "Consent to me,"** וְהִיא מוֹצִיאָה לוֹ **– she would bring forth for him** דְּמוּת פְּעוֹר **– an image of** the pagan deity **Peor** מֵחֵיקָהּ **– from the folds of her garment,** וְאוֹמֶרֶת לוֹ **– and say to him,** הִשְׁתַּחֲוֵה לָזֶה[3] **–** "First, **bow down to this."[3]**

3. פְּעוֹר **–** PEOR. It is called by this name עַל שֵׁם שֶׁפּוֹעֲרִין לְפָנָיו **– because they expose before it** פִּי הַטַּבַּעַת **– the anus,** וּמוֹצִיאִין רְעִי **– and expel excrement.** וְזוֹ הִיא עֲבוֹדָתוֹ[4] **– This is its manner of worship.[4]**

□ וַיִּחַר אַף ה' בְּיִשְׂרָאֵל – AND THE WRATH OF HASHEM FLARED UP AGAINST ISRAEL. שָׁלַח בָּהֶם מַגֵּפָה **– He sent a plague upon them.[5]**

4. קַח אֶת כָּל רָאשֵׁי הָעָם – TAKE ALL THE LEADERS OF THE PEOPLE לִשְׁפּוֹט אֶת הָעוֹבְדִים לִפְעוֹר[6] **– to judge those who worshiped Peor.[6]**

□ וְהוֹקַע אוֹתָם – AND HANG THEM, that is, אֶת הָעוֹבְדִים **– the worshipers.**

□ וְהוֹקַע – AND HANG. הִיא תְּלִיָּה **– This has the same meaning as** תְּלִיָּה, "hanging,"[7] כְּמוֹ שֶׁמָּצִינוּ בִּבְנֵי

1. Rashi explains how the Moabites could have ensnared the Israelites, who were characterized by chastity, into promiscuous conduct. It was only through strategies devised by Balaam (*Mizrachi; Sifsei Chachamim;* see also Rashi to 24:14 above, s.v., לְכָה אִיעָצְךָ).

2. *Sanhedrin* 106a. *Chelek* is the eleventh and last chapter of *Sanhedrin*. See Rashi to 24:14 above, s.v., לְכָה אִיעָצְךָ, and note 4 there.

3. *Sifrei* 131; *Sanhedrin* 106a. Rashi explains how the desire for sexual immorality led to committing idolatry (*Mizrachi; Sifsei Chachamim*).

4. *Sifrei* 131; *Sanhedrin* 106a. The preceding verse has already said that Israel "bowed to their gods"; the additional statement "Israel became attached to Baal-peor" thus seems redundant. Furthermore, the preceding verse did not mention the gods by name while ours does. It would seem more reasonable to first mention the specific name, and afterwards to use the vaguer word. Rashi explains that the verse uses the specific name to teach us what the Israelites did after they "bowed to their gods." They "became attached" to Baal-peor, by worshiping it by its particular form of worship.

5. Verse 8 states "the plague was halted," yet there is no explicit mention of the start of the plague. Rashi explains that the flaring of God's wrath mentioned here is the beginning of the plague (*Mizrachi; Sifsei Chachamim*).

6. *Sifrei* 131; *Tanchuma* 19. "Take all the leaders of the people and hang them" sounds as if Moses is being commanded to hang the leaders. But this would be unjust; it is the sinners who should be punished, not the leaders. Thus, "them" of "and hang them" is understood as referring not to the leaders, but to the idolaters. Moses is commanded to take the leaders so that they should sit in judgment of the idolaters, not so that the leaders should be hanged (*Mizrachi; Sifsei Chachamim*).

7. The basic meaning of וְהוֹקַע is "to impale, to embed." It can be used to denote hanging a body, for bodies are hanged from poles impaled in the ground. See Rashi to *Leviticus* 19:28, s.v., קַעֲקַע.

לַיהֹוָה נֶגֶד הַשָּׁמֶשׁ וְיָשֹׁב חֲרוֹן אַף־
ה יְהֹוָה מִיִּשְׂרָאֵל: וַיֹּאמֶר מֹשֶׁה אֶל־
שֹׁפְטֵי יִשְׂרָאֵל הִרְגוּ אִישׁ אֲנָשָׁיו
ו הַנִּצְמָדִים לְבַעַל פְּעוֹר: וְהִנֵּה
אִישׁ מִבְּנֵי יִשְׂרָאֵל בָּא וַיַּקְרֵב

before HASHEM *opposite the sun — and the flaring wrath of* HASHEM *will withdraw from Israel."*

[5] *Moses said to the judges of Israel, "Let each man kill his men who were attached to Baal-peor."*

[6] *And behold! A man of the Children of Israel came and brought the*

אונקלוס

קֳדָם יְיָ לָקֳבֵל שִׁמְשָׁא וִיתוּב תְּקוֹף רֻגְזָא דַיְיָ מִיִּשְׂרָאֵל: ה וַאֲמַר מֹשֶׁה לְדַיָּנֵי יִשְׂרָאֵל קְטוּלוּ גְּבַר גֻּבְרוֹהִי דְּאִתְחַבָּרוּ לְבַעֲלָא פְעוֹר: ו וְהָא גַּבְרָא מִבְּנֵי יִשְׂרָאֵל אֲתָא וְקָרֵב

רש"י

שאול והוקענום לה' (שמואל ב כא:ו) ושם תליה מפורשת (סנהדרין לד:-לה.), עבודה זרה בסקילה וכל הנסקלים נתלין: **נגד השמש.** לעין כל. ומדרש אגדה, השמש מודיע את החוטאים, הענן נקפל מכנגדו והחמה זורחת עליו (תנחומא יט): (ה) **הרגו איש אנשיו.** כל אחד ואחד מדייני ישראל היה הורג שנים (ירושלמי סנהדרין י:ב) ודייני ישראל שמונה [נ"ל שבעה] רבוא ושמונת אלפים כדאיתא בסנהדרין (יח): (ו) **והנה איש מבני ישראל בא.** נתקבצו שבטו של שמעון אצל זמרי שהיה נשיא שלהם ואמרו לו אנו נדונין במיתה ואתה יושב וכו' כדאיתא באלו הן הנשרפין (סנהדרין פב.):

RASHI ELUCIDATED

שָׁאוּל – as we find written **of the sons of Saul,** "וְהוֹקַעֲנוּם לַה׳"[1] – **"And we will hang them before** **HASHEM."**[1] וְשָׁם תְּלִיָּה מְפֹרֶשֶׁת[2] – **And there** תְּלִיָּה, **"hanging," is stated explicitly.**[2] עֲבוֹדָה זָרָה בִּסְקִילָה – **Idolatry is** punished by execution **through stoning** וְכָל הַנִּסְקָלִים – **and all those who are stoned** נִתְלִין – **are hung** after they have been put to death.[3]

□ נֶגֶד הַשָּׁמֶשׁ – OPPOSITE THE SUN. לְעֵין כֹּל – **In view of all.**[4] וּמִדְרַשׁ אַגָּדָה – **And an aggadic midrash** says that "opposite the sun" means that הַשֶּׁמֶשׁ מוֹדִיעַ אֶת הַחוֹטְאִים – **the sun would make the sinners known.** הֶעָנָן נִקְפָּל מִכְּנֶגְדּוֹ – **The Cloud**[5] **would roll away from opposite** (from above) **[a sinner],** וְהַחַמָּה זוֹרַחַת עָלָיו[6] – **and the sun would shine upon him.**[6]

5. הִרְגוּ אִישׁ אֲנָשָׁיו – LET EACH MAN KILL HIS MEN. כָּל אֶחָד וְאֶחָד – **Each and every one** מִדַּיָּנֵי יִשְׂרָאֵל – **of the judges of Israel** הָיָה הוֹרֵג שְׁנַיִם – **would kill two,**[7] וְדַיָּנֵי יִשְׂרָאֵל – **and the judges of Israel** שִׁבְעָה רִבּוֹא – **were seven myriads** (seventy thousand),[8] וּשְׁמוֹנַת אֲלָפִים – **and eight thousand,** כִּדְאִיתָא בְּסַנְהֶדְרִין – **as stated in** ***Sanhedrin.***[9]

6. וְהִנֵּה אִישׁ מִבְּנֵי יִשְׂרָאֵל בָּא – AND BEHOLD! A MAN OF THE CHILDREN OF ISRAEL CAME. נִתְקַבְּצוּ שִׁבְטוֹ שֶׁל שִׁמְעוֹן אֵצֶל זִמְרִי – **The tribe of Simeon gathered unto Zimri,** שֶׁהָיָה נָשִׂיא שֶׁלָּהֶם – **who was their prince,** וְאָמְרוּ לוֹ – **and they said to him,** אָנוּ נִדּוֹנִין בְּמִיתָה – **"We are being sentenced to death,**[10] וְאַתָּה יוֹשֵׁב וְכוּלְּהוּ – **yet you sit** silently!, **etc.,"** כִּדְאִיתָא בְּאֵלּוּ הֵן הַנִּשְׂרָפִין[11] – **as stated in *Eilu Hein HaNisrafin.***[11]

1. *II Samuel* 21:6.

2. *Sanhedrin* 34b-35a. It is clear from the context that the bodies about which וְהוֹקַעֲנוּם is used in *II Samuel* 21:6 were hanged. For it is said in v. 10 there that they needed protection against being eaten by animals. This implies that they were exposed out in the open (see Rashi to *Sanhedrin* 35a, s.v., ותקח רצפה בת איה וגו׳).

3. This explains why the verse mentions that the worshipers of Baal-peor were hanged, although idolatry is punished by stoning (*Minchas Yehudah; Sifsei Chachamim*).

4. "Opposite the sun" is not meant in its strictest sense; the term is appropriate even if it were a cloudy day, for it means only "in full view" (*Be'er Mayim Chaim*).

5. Although the Clouds of Glory departed with the death of Aaron (see Rashi to 21:1, s.v., וַיִּשְׁמַע הַכְּנַעֲנִי), the *Gemara* in *Taanis* 9a says that they subsequently returned through the merit of Moses (*Maskil LeDavid*).

6. *Tanchuma* 19.

7. *Yerushalmi Sanhedrin* 10:2. This is implied by the plural "men."

8. The text follows *Yerushalmi Sanhedrin* 10:2 and *Sanhedrin* 18a, and the version of Rashi quoted here by the *Ramban*. Other texts read שְׁמוֹנַת רִבּוֹא, "eight myriads."

9. *Sanhedrin* 18a.

10. "And behold" implies a link between the events of our verse and the judgment spoken of in the preceding verses (*Gur Aryeh; Be'er Yitzchak*).

11. *Sanhedrin* 82a. *Eilu Hein HaNisrafin* is the ninth chapter of *Sanhedrin*. The *Gemara* there continues: Zimri arose and gathered 24,000 men of Israel, and

אֶל־אֶחָיו אֶת־הַמִּדְיָנִית לְעֵינֵי מֹשֶׁה וּלְעֵינֵי כָּל־עֲדַת בְּנֵי־יִשְׂרָאֵל וְהֵמָּה בֹכִים פֶּתַח אֹהֶל מוֹעֵד:

Midianite woman near to his brothers before the eyes of Moses and before the eyes of the entire assembly of the Children of Israel; and they were weeping at the entrance of the Tent of Meeting.

אונקלוס

לְוָת אֲחוֹהִי יָת מִדְיָנֵתָא לְעֵינֵי מֹשֶׁה וּלְעֵינֵי כָּל כְּנִשְׁתָּא דִבְנֵי יִשְׂרָאֵל וְאִנּוּן בָּכַן לִתְרַע מַשְׁכַּן זִמְנָא:

רש"י

את המדינית. כזבי בת צור: **לעיני משה.** אמר לו, משה, זו אסורה או מותרת. אם תאמר אסורה, בת יתרו מי התירה לך כדאיתא התם: **והמה בכים.** נתעלמה ממנו הלכה, געו כולם בבכיה. בעגל עמד משה כנגד ששים רבוא, שנאמר ויטחן עד אשר דק וגו' (שמות לב:כ) וכאן רפו ידיו. אלא כדי שיבא פינחס ויטול את הראוי לו (תנחומא כ):

RASHI ELUCIDATED

□ אֶת הַמִּדְיָנִית – THE MIDIANITE WOMAN. כָּזְבִּי בַּת צוּר – **Cozbi daughter of Zur.**[1]

□ לְעֵינֵי מֹשֶׁה – BEFORE THE EYES OF MOSES. אָמַר לוֹ – **He said to him,** מֹשֶׁה – **"Moses,** זוֹ אֲסוּרָה – **is this [woman] forbidden** אוֹ מוּתֶּרֶת – **or permitted?** אִם תֹּאמַר – **If you will say** אֲסוּרָה – **she is forbidden,** בַּת יִתְרוֹ מִי הִתִּירָהּ לָךְ – **who permitted the daughter of Jethro to you?"**[2] כִּדְאִיתָא הָתָם[3] – **as stated there,** in *Eilu Hein HaNisrafin.*[3]

□ וְהֵמָּה בֹכִים – AND THEY WERE WEEPING. נִתְעַלְּמָה מִמֶּנּוּ הֲלָכָה – **The law** which applied to the situation **was concealed from [Moses],** so גָּעוּ כֻלָּם בִּבְכִיָּה – **they all cried out in weeping.** בָּעֵגֶל – **At** the incident of the Golden **Calf** עָמַד מֹשֶׁה כְּנֶגֶד שִׁשִּׁים רִבּוֹא – **Moses stood up against sixty myriads** (600,000), all the men of Israel, שֶׁנֶּאֱמַר – **as it says,** "וַיִּטְחַן עַד אֲשֶׁר דַּק וְגוֹמֵר"[4] – **"And he ground it until it was fine powder, etc.,"**[4] וְכָאן – **yet here,** רָפוּ יָדָיו – **his hands became weak,** i.e., he was at a loss. אֶלָּא – **But** God concealed the law from Moses כְּדֵי שֶׁיָּבֹא פִּינְחָס – **so that Phinehas would come** וְיִטּוֹל אֶת הָרָאוּי לוֹ[5] – **and take that which was fit for him,** i.e., the reward he deserved.[5]

went to Cozbi (the Midianite woman with whom he would sin; the names of the Jewish man and Midianite woman are given in 25:14-15 below). He said to her, "Consent to me!" She said to him, "I am the daughter of a king, and my father ordered me to consent to none but the most prominent of the Israelites." He said to her, "I, too, am the prince of a tribe, and furthermore, I am even more prominent than Moses, for I am of the second tribe, and he is of the third." He grabbed her by her hair and brought her to Moses.

The verse refers to Zimri as "a man of the Children of Israel" rather than by name, to indicate that he was representing a larger group (*Maharsha* to *Sanhedrin* 82a). The verse uses אִישׁ, "a man," rather than אֶחָד, "one," because אִישׁ connotes an esteemed personage (see Rashi to *Proverbs* 18:4, s.v., דִּבְרֵי פִי אִישׁ; *Divrei David*). The verse's use of the phrase "*came* and brought a Midianite woman near," instead of just "brought a Midianite woman near," implies that Zimri came from the encounter with the other members of his tribe which led to his sin (*Maharsha* to *Sanhedrin* 82a).

1. The verse uses "*the* Midianite woman" rather than "*a* Midianite woman," because it refers to a particularly distinguished woman, a princess (see *Maskil LeDavid*).

2. Moses was allowed to take Zipporah, who was herself a Midianite woman, as his wife, because he married her before the Torah was given. At the time of the giving of the Torah, the entire nation of Israel underwent a mass conversion (see *Exodus* 24:6 and Rashi there) in which she was included. She therefore had the status of a Jew, unlike Cozbi (Rashi to *Sanhedrin* 82a, s.v., בת יתרו מי התירה לך).

3. *Sanhedrin* 82a. "Before the eyes of Moses" seems superfluous, for the verse goes on to say "before the eyes of the entire assembly of the Children of Israel," which includes Moses. It is stated to imply that a dialogue took place between Zimri and Moses, in particular.

4. *Exodus* 32:20. That verse reads in its entirety: "He (Moses) took the calf that they had made and burned it in fire; he ground it until it was a fine powder and strewed it upon the water; and he made the Children of Israel drink."

5. *Tanchuma* 20. It was clear to the people that Moses' failure to act was not due to fear, for he was not afraid to stand against all the men of the nation at the time of the sin of the Golden Calf. His failure to act was due to his lack of knowledge of the law. This caused the people to cry. They thought that Moses' lack of knowledge indicated a decline of the nation as a whole, which could result in their not being allowed to enter the Land of Israel. But this was not so. God concealed the law from Moses to give Phinehas the opportunity to perform the act which would lead to his being awarded the priesthood (*Be'er BaSadeh*).

ז מפטיר וַיַּרְא פִּינְחָס בֶּן־אֶלְעָזָר בֶּן־
אַהֲרֹן הַכֹּהֵן וַיָּקָם מִתּוֹךְ הָעֵדָה
ח וַיִּקַּח רֹמַח בְּיָדוֹ: וַיָּבֹא אַחַר אִישׁ־
יִשְׂרָאֵל אֶל־הַקֻּבָּה וַיִּדְקֹר אֶת־
שְׁנֵיהֶם אֵת אִישׁ יִשְׂרָאֵל וְאֶת־
הָאִשָּׁה אֶל־קֳבָתָהּ וַתֵּעָצַר הַמַּגֵּפָה
ט מֵעַל בְּנֵי יִשְׂרָאֵל: וַיִּהְיוּ הַמֵּתִים
בַּמַּגֵּפָה אַרְבָּעָה וְעֶשְׂרִים אָלֶף: פפפ

[7] *Phinehas son of Elazar son of Aaron the Kohen saw, and he stood up from amid the assembly and he took a spear in his hand.* [8] *He followed the Israelite man into the tent and pierced them both, the Israelite man and the woman into her stomach — and the plague was halted from upon the Children of Israel.* [9] *Those who died in the plague were twenty-four thousand.*

THE HAFTARAH FOR BALAK APPEARS ON PAGE 446.

אונקלוס

ז וַחֲזָא פִּינְחָס בַּר אֶלְעָזָר בַּר אַהֲרֹן כַּהֲנָא וְקָם מִגּוֹ כְנִשְׁתָּא וּנְסֵיב רָמְחָא בִּידֵהּ: ח וְעַל בָּתַר גַּבְרָא בַּר יִשְׂרָאֵל לְקֻבְּתָא וּבְזַע יָת תַּרְוֵיהוֹן יָת גַּבְרָא בַּר יִשְׂרָאֵל וְיָת אִתְּתָא בִּמְעָהָא וְאִתְכְּלִי מוֹתָנָא מֵעַל בְּנֵי יִשְׂרָאֵל: ט וַהֲווֹ דְּמִיתוּ בְּמוֹתָנָא עַשְׂרִין וְאַרְבְּעָא אַלְפִין:

רש"י

(ז) **וירא פינחס.** ראה מעשה ונזכר הלכה. אמר לו למשה, מקובלני ממך, הבועל ארמית קנאין פוגעין בו. אמר לו, קריינא דאיגרתא איהו ליהוי פרוונקא. מיד, **ויקח רומח בידו וגו'** (שם; סנהדרין שם; ירושלמי ט:ז): (ח) **אל הקבה.** אל האהל (ב"ב כה:): **אל קבתה.** כמו והלחיים והקיבה (דברים יח:ג), כוון בתוך זכרות של זמרי ונקבות שלה, וראו כולם שלא לחנם הרגם. והרבה נסים נעשו לו וכו' כדאיתא התם (ספרי שם; תנחומא שם; סנהדרין פב:):

RASHI ELUCIDATED

7. וַיַּרְא פִּינְחָס – PHINEHAS [SON OF ELAZAR SON OF AARON THE KOHEN] SAW. רָאָה מַעֲשֶׂה – **He saw the incident**[1] וְנִזְכַּר הֲלָכָה – **and was reminded of the law** which applied. אָמַר לוֹ לְמֹשֶׁה – **He said to Moses,** מְקוּבְּלַנִי מִמְּךָ – **"I have received from you,** i.e., I have been taught by you, that הַבּוֹעֵל אֲרַמִּית – **one who has relations with a non-Jewish woman,** קַנָּאִין פּוֹגְעִין בּוֹ – **zealots may kill**[2] **him."**[3] אָמַר לוֹ – **[Moses] said to [Phinehas],** קַרְיָינָא דְּאִגַּרְתָּא – **"The one who reads,** i.e., proclaims in public, **the letter,** אִיהוּ לֶהֱוֵי פַּרְוַנְקָא – **let him be the messenger** to carry out its contents." מִיָּד – **Thereupon,** "וַיִּקַּח רֹמַח בְּיָדוֹ וְגוֹמֵר" – **"and he took a spear in his hand, etc."**[4]

8. אֶל הַקֻּבָּה – This means אֶל הָאֹהֶל – **into the tent.**[5]

☐ אֶל קֳבָתָהּ – INTO HER STOMACH. כְּמוֹ "וְהַלְּחָיַיִם וְהַקֵּבָה"[6] – The word קֳבָתָהּ **is similar to** קֵבָה in, **"and the jaw and the stomach."**[6] כִּוֵּן – **He struck directly** בְּתוֹךְ זַכְרוּת שֶׁל זִמְרִי – **into the male organ of Zimri** וְנַקְבוּת שֶׁלָּהּ – **and her female organ,**[7] וְרָאוּ כֻלָּם – **and they all saw** שֶׁלֹּא לְחִנָּם הֲרָגָם – **that he did not kill them without good cause.** וְהַרְבֵּה נִסִּים נַעֲשׂוּ לוֹ וְכוּלְּהוּ – **Many miracles were performed** then **on [Phinehas'] behalf, etc.,** כִּדְאִיתָא הָתָם – **as stated there,** in *Eilu Hein HaNisrafin.*[8]

1. This is implied by "Phinehas . . . saw, and he stood up," rather than merely "Phinehas . . . stood up" (*Minchas Yehudah; Sifsei Chachamim*).

2. The root פגע can denote death or killing, e.g., *I Samuel* 22:18; see Rashi to *Exodus* 5:3 and *Isaiah* 64:4.

3. This holds true only if the act is performed in the presence of ten or more Jews, as was the case with Zimri; only while the act itself is taking place; and only if the sinner is given warning that he will be killed unless he desists. Additionally, unlike one who has been sentenced to death by the court, the sinner here is permitted to defend himself, even if he has to kill the zealot to do so. See *Shulchan Aruch Choshen Mishpat* 425:4.

4. *Tanchuma* 20; *Sanhedrin* 82a; *Yerushalmi Sanhedrin* 9:7.

5. See Rashi to *Bava Basra* 25b, s.v., קובה.

6. *Deuteronomy* 18:3.

7. The seemingly irrelevant "into her stomach" is seen as euphemism and teaches us that Phinehas' spear penetrated Zimri's male organ, and Cozbi's female organ (see *Nachalas Yaakov*).

8. *Sanhedrin* 82b. Scripture mentions the exact point at which the spear entered to teach us that many miracles were performed on behalf of Phinehas. By noting where they were pierced, it became clear to the onlookers that Zimri and Cozbi had committed a capital sin and that Phinehas had not committed a wanton act of murder.

פרשת פינחס

Parashas Pinchas

[10] HASHEM spoke to Moses, saying: [11] "Phinehas son of Elazar son of Aaron the Kohen turned back My wrath from upon the Children of Israel, when he zealously avenged My vegeance among them, so I did not consume the Children of Israel in My vengeance. [12] Therefore, say: Behold! I give him My covenant of peace.

י-יא וַיְדַבֵּר יהוה אֶל־מֹשֶׁה לֵּאמֹר: פִּינְחָס
בֶּן־אֶלְעָזָר בֶּן־אַהֲרֹן הַכֹּהֵן הֵשִׁיב
אֶת־חֲמָתִי מֵעַל בְּנֵי־יִשְׂרָאֵל בְּקַנְאוֹ
אֶת־קִנְאָתִי בְּתוֹכָם וְלֹא־כִלִּיתִי
יב אֶת־בְּנֵי־יִשְׂרָאֵל בְּקִנְאָתִי: לָכֵן אֱמֹר
הִנְנִי נֹתֵן לוֹ אֶת־בְּרִיתִי שָׁלוֹם:

אונקלוס

י וּמַלִּיל יְיָ עִם מֹשֶׁה לְמֵימָר: יא פִּינְחָס בַּר אֶלְעָזָר בַּר אַהֲרֹן כַּהֲנָא אֲתֵיב יָת חֵימְתִי מֵעַל בְּנֵי יִשְׂרָאֵל בְּדְקַנֵּי יָת קִנְאָתִי בֵּינֵיהוֹן וְלָא שֵׁיצִית יָת בְּנֵי יִשְׂרָאֵל בְּקִנְאָתִי: יב בְּכֵן אֱמַר הָא אֲנָא גְּזַר לֵהּ יָת קְיָמִי שְׁלָם:

רש"י

(יא) **פינחס בן אלעזר בן אהרן הכהן.** לפי שהיו השבטים מבזים אותו, הראיתם בן פוטי זה שפיטם אבי אמו עגלים לעבודה זרה והרג נשיא [שבט] מישראל, לפיכך בא הכתוב ויחסו אחר אהרן (ספרי קלא; תנחומא א; סנהדרין פב:; סוטה מג.): **בקנאו את קנאתי.** בנקמו את נקמתי, בקצפו את הקצף שהיה לי לקצוף. כל לשון קנאה הוא המתחרה לנקום נקמת דבר, אנפרינמנ"ט בלע"ז. **(יב) את בריתי שלום.** שתהא לו לברית שלום. כאדם המחזיק טובה וחנות

RASHI ELUCIDATED

11. פִּינְחָס בֶּן אֶלְעָזָר בֶּן אַהֲרֹן הַכֹּהֵן – PHINEHAS SON OF ELAZAR SON OF AARON THE KOHEN. לְפִי שֶׁהָיוּ הַשְּׁבָטִים מְבַזִּים אוֹתוֹ – **Because the tribes were humiliating him,** saying, הַרְאִיתֶם בֶּן פּוּטִי זֶה – **"Did you see this son of Puti**[1] שֶׁפִּטֵּם אֲבִי אִמּוֹ עֲגָלִים לַעֲבוֹדָה זָרָה – **whose mother's father fattened calves for idolatry,**[2] וְהָרַג נְשִׂיא שֵׁבֶט מִיִּשְׂרָאֵל[3] – **yet he killed the prince of a tribe of Israel!"**[3] לְפִיכָךְ בָּא הַכָּתוּב – **This is why Scripture comes** וְיִחֲסוֹ אַחַר אַהֲרֹן[4] – **and traces his ancestry to Aaron.**[4]

□ בְּקַנְאוֹ אֶת קִנְאָתִי – **WHEN HE ZEALOUSLY AVENGED MY VENGEANCE.** This means בְּנָקְמוֹ אֶת נִקְמָתִי – **when he avenged that which had to be avenged for Me,**[5] בְּקָצְפּוֹ אֶת הַקֶּצֶף – **when he expressed the rage** שֶׁהָיָה לִי לִקְצוֹף – **with which I should have been enraged.**[6] כָּל לְשׁוֹן קִנְאָה – **Any form of the word** קִנְאָה in Scripture הוּא הַמִּתְחָרֶה – refers to **the one who settles a score** לִנְקוֹם נִקְמַת דָּבָר – **to avenge the vengeance of a matter.** אנפרינמנ"ט בְּלַעַ"ז – **In Old French,** ***enprenment.***[7]

12. אֶת בְּרִיתִי שָׁלוֹם – MY COVENANT OF PEACE. שֶׁתְּהֵא לוֹ לִבְרִית שָׁלוֹם – **That it should be for him as a covenant of peace,**[8] כְּאָדָם הַמַּחֲזִיק טוֹבָה וְחִנּוּת – **like a person who attributes goodness and**

1. Puti is a shortened form of Putiel, one of the names of Jethro, and it connotes "fattener." See Rashi to *Exodus* 6:25 and 18:1.

2. Members of the other tribes mocked Phinehas by pointing out that one of his grandfather Jethro's names referred to his idolatrous past (see Rashi to *Exodus* 6:25).

3. The text follows the wording in *Sanhedrin* 82b. Some editions follow the reading found in *Sotah* 43a: נְשִׂיא מִיִּשְׂרָאֵל, "a prince of Israel" (see *Yosef Hallel*).

4. *Tanchuma* 1; *Sanhedrin* 82b; *Sotah* 43a; see also *Sifrei* 131. Scripture has already identified Phinehas as a grandson of Aaron in 25:7 above. It does so again here to teach us that he killed Zimri in keeping with the values of his saintly grandfather (*Mizrachi; Sifsei Chachamim*).

5. קנא can mean merely feeling jealousy or righteous indignation. But the verse means more than that here, for it was not Phinehas alone who was outraged by the sinfulness of Zimri and his cohorts. בְּקַנְאוֹ אֶת קִנְאָתִי means that Phinehas expressed his outrage actively, by taking vengeance (*Be'er Yitzchak*).

6. The expression בְּקַנְאוֹ אֶת קִנְאָתִי, "when he zealously avenged My vengeance," seems to imply that Phinehas felt an emotion which was felt by God, in a manner of speaking. But one cannot feel another's feelings, much less those of God. Thus, the phrase must mean that he felt the emotions which one would think would have been appropriate to God under the circumstances (*Sefer Zikaron*).

7. "A zealous outburst that leads to action." Rashi uses this same Old French word in his commentary to 11:29 above and *Exodus* 20:5.

8. The verse might have been understood "Behold! I give him My covenant, peace," with "peace" in apposition to "My covenant." But if the verse had meant that "peace" was the content of the covenant, it would have said only הִנְנִי נֹתֵן לוֹ בְּרִית שָׁלוֹם, "Behold! I give him a covenant of peace" (cf. *Ezekiel* 34:25), or הִנְנִי נֹתֵן לוֹ בְּרִית שְׁלוֹמִי, "Behold! I give him My covenant of peace" (cf. *Isaiah* 54:10). This is because to change a phrase in the construct form from the common case to the possessive case, the second word of the phrase takes the suffix of possession, even if that word is an adjective, e.g., רֵיחַ נִיחֹחַ, "a satisfying aroma" (28:6 below), becomes רֵיחַ נִיחֹחִי, "*my* satisfying aroma" (28:1 below).

Furthermore, the covenant itself is manifest in the

13 And it shall be for him and his offspring after him a covenant of eternal priesthood, because he took vengeance for his God, and he atoned for the Children of Israel."
14 The name of the slain Israelite man

יג וְהָיְתָה לּוֹ וּלְזַרְעוֹ אַחֲרָיו בְּרִית כְּהֻנַּת עוֹלָם תַּחַת אֲשֶׁר קִנֵּא לֵאלֹהָיו וַיְכַפֵּר עַל־בְּנֵי
יד יִשְׂרָאֵל: וְשֵׁם אִישׁ יִשְׂרָאֵל

אונקלוס

יג וּתְהֵי לֵהּ וְלִבְנוֹהִי בַּתְרוֹהִי קְיָם כְּהֻנּוּת עָלַם חֲלַף דִּי קַנִּי קֳדָם אֱלָהֵהּ וְכַפַּר עַל בְּנֵי יִשְׂרָאֵל: יד וְשׁוּם גַּבְרָא בַּר יִשְׂרָאֵל

רש"י

למי שעושה עמו טובה, אף כאן פירש לו הקב"ה שלומותיו: (יג) והיתה לו. בריתי זאת: ברית כהנת עולם. שאע"פ שכבר נתנה כהונה לזרעו של אהרן, לא נתנה אלא לאהרן ולבניו שנמשחו עמו ולתולדותיהם שיולידו אחר המשחתן, אבל פינחס שנולד קודם לכן ולא נמשח לא בא לכלל כהונה עד כאן. וכן שנינו בזבחים לא נתכהן פינחס עד שהרגו לזמרי (זבחים קא:): לאלהיו. בשביל אלהיו, כמו המקנא אתה לי (לעיל יא:כט) [בשבילי], וקנאתי לציון (זכריה ח:ב) בשביל ציון: (יד) ושם איש ישראל וגו'. במקום שיחס את הצדיק לשבח יחס את הרשע לגנאי (תנחומא ב):

RASHI ELUCIDATED

graciousness, i.e., who feels thankful, **לְמִי שֶׁעוֹשֶׂה עִמּוֹ טוֹבָה – to one who does him a favor. אַף כָּאן – Here, too, פֵּרֵשׁ לוֹ הַקָּדוֹשׁ בָּרוּךְ הוּא – the Holy One, Blessed is He, declared to him שְׁלוֹמוֹתָיו – His feelings of friendship.**

13. וְהָיְתָה לוֹ – AND IT SHALL BE FOR HIM, that is, **בְּרִיתִי זֹאת – this covenant of Mine** shall be for him . . .[1]

□ **בְּרִית כְּהֻנַּת עוֹלָם** – A COVENANT OF ETERNAL PRIESTHOOD. **שֶׁאַף עַל פִּי – For even though שֶׁכְּבָר נִתְּנָה כְּהֻנָּה – priesthood had already been given לְזַרְעוֹ שֶׁל אַהֲרֹן – to the offspring of Aaron, לֹא נִתְּנָה אֶלָּא לְאַהֲרֹן – it had been given to none but Aaron וּלְבָנָיו שֶׁנִּמְשְׁחוּ עִמּוֹ – and to his sons who were anointed with him, וּלְתוֹלְדוֹתֵיהֶם שֶׁיּוֹלִידוּ – and to the progeny whom they would beget אַחַר הַמְשָׁחָתָן – after their anointing. אֲבָל פִּינְחָס – But Phinehas, שֶׁנּוֹלַד קוֹדֶם לָכֵן – who was born before then,** i.e., before the time they were anointed,[2] **וְלֹא נִמְשַׁח – but had not been anointed** himself, **לֹא בָא לִכְלַל כְּהֻנָּה – had not entered the class of the priesthood עַד כָּאן – up to this point. וְכֵן שָׁנִינוּ בִּזְבָחִים – And thus have we learned in *Zevachim:* לֹא נִתְכַּהֵן פִּינְחָס – Phinehas did not become a Kohen עַד שֶׁהָרַגוֹ לְזִמְרִי[3] – until he had killed Zimri.**[3]

□ **לֵאלֹהָיו** – This means **בִּשְׁבִיל אֱלֹהָיו – for his God,**[4] **כְּמוֹ ,,הַמְקַנֵּא אַתָּה לִי"[5] – like** the ל of **לִי** in the phrase, **"Are you being zealous for Me,"**[5] {**בִּשְׁבִילִי** – which means **for My sake**}, and like the **ל** prefix in, **,,וְקִנֵּאתִי לְצִיּוֹן"[6] – "I have been zealous for Zion,"**[6] which means **בִּשְׁבִיל צִיּוֹן – for the sake of Zion.**

14. וְשֵׁם אִישׁ יִשְׂרָאֵל וְגוֹמֵר – THE NAME OF THE [SLAIN] ISRAELITE MAN, ETC. **בְּמָקוֹם שֶׁיִּחֵס אֶת הַצַּדִּיק לְשֶׁבַח – In a place where [Scripture] traces the ancestry of a righteous one for praise, יִחֵס אֶת הָרָשָׁע לִגְנַאי[7] – it give the ancestry of the evil one for disparagement.**[7]

---

priesthood, as stated by the following verse. The priesthood has not been described as "peace." "Peace" thus cannot be the content of the covenant. Rashi therefore explains that despite the possessive י suffix of בְּרִיתִי, בְּרִיתִי and שָׁלוֹם are in construct form ("covenant *of* peace"), and that שָׁלוֹם is not the content of the covenant, but rather what the granting of the covenant is meant to express. The verse means, "Behold! I give him My covenant [of the priesthood] as an expression of goodwill" (see *Sefer Zikaron; Divrei David; Maskil LeDavid*).

1. וְהָיְתָה לוֹ could be understood as "*there* shall be for him . . . [a covenant of eternal priesthood]." But Scripture would express "there shall be for him" with the masculine וְהָיָה לוֹ. The feminine וְהָיְתָה indicates that its antecedent is the feminine בְּרִיתִי of the previous verse (*Minchas Yehudah; Sifsei Chachamim*).

2. See *Exodus* 6:25.

3. *Zevachim* 101b.

4. Rashi points out that the ל prefix of לֵאלֹהָיו is not meant to indicate that God is the object of the zeal or jealousy expressed by קִנֵּא; the verse does not mean "because he was jealous of his God."

Rashi interprets לִי similarly in his comments to *Isaiah* 47:20 and *Psalms* 40:16.

5. Above 11:29; see Rashi there.

6. *Zechariah* 8:2; see Rashi there.

7. *Tanchuma* 2. Scripture has not mentioned Zimri by name until this point. It mentions him here and speaks of his ancestry only by way of contrast to the mention made of Phinehas' ancestry in verse 11. The ancestry of Phinehas is mentioned to his credit, to stress that he had upheld the tradition of his grandfather Aaron (see

הַמֻּכֶּה אֲשֶׁר הֻכָּה אֶת־הַמִּדְיָנִית
זִמְרִי בֶּן־סָלוּא נְשִׂיא בֵית־אָב
טו לַשִּׁמְעֹנִי: וְשֵׁם הָאִשָּׁה הַמֻּכָּה
הַמִּדְיָנִית כָּזְבִּי בַת־צוּר רֹאשׁ
אֻמּוֹת בֵּית־אָב בְּמִדְיָן הוּא:

who was slain with the Midianite woman was Zimri son of Salu, prince of a father's house of the Simeonite. 15 *And the name of the slain Midianite woman was Cozbi daughter of Zur; he was a head of peoples, of a father's house in Midian.*

אונקלוס

קְטִילָא דִּי אִתְקְטֵל עִם מִדְיָנֵתָא זִמְרִי בַּר סָלוּא רַב בֵּית אַבָּא לְבֵית שִׁמְעוֹן:
טו וְשׁוּם אִתְּתָא קְטִילְתָּא מִדְיָנֵתָא כָּזְבִּי בַּת צוּר רֵישׁ אֻמֵּי בֵּית אַבָּא בְּמִדְיָן הוּא:

רש"י

נשיא בית אב לשמעני. לאחד מחמשת בתי אבות שהיו לשבט שמעון. דבר אחר, להודיע שבחו של פינחס, שאע"פ שזה היה נשיא לא מנע את עצמו מלקנא לחילול השם, לכך הודיעך הכתוב מי הוא המוכה: **(טו) ושם האשה המכה וגו'.** להודיעך שנאתן של מדינים שהפקירו בת מלך לזנות כדי להחטיא את ישראל (שם): **ראש אמות.** אחד מחמשת מלכי מדין את אוי ואת רקם ואת צור וגו' (להלן לא:ח) והוא היה חשוב מכולם, שנאמר ראש אמות, ולפי שנהג בזיון בעצמו להפקיר בתו מנאו שלישי (תנחומא שם): **בית אב.** חמשה בתי אבות היו למדין, עיפה ועפר וחנוך ואבידע ואלדעה (בראשית כה:ד) וזה היה מלך לאחד מהם:

RASHI ELUCIDATED

□ נְשִׂיא בֵית אָב לַשִּׁמְעֹנִי – **PRINCE OF A FATHER'S HOUSE OF THE SIMEONITE,** that is, לְאֶחָד מֵחֲמֵשֶׁת בָּתֵּי אָבוֹת – **for one of the five houses of fathers**[1] שֶׁהָיוּ לְשֵׁבֶט שִׁמְעוֹן – **that the tribe of Simeon had.**[2] דָּבָר אַחֵר – **Alternatively,** Zimri's ancestry is mentioned here, after the preceding verse has spoken of Phinehas having taken vengeance for God, לְהוֹדִיעַ שִׁבְחוֹ שֶׁל פִּינְחָס – **to inform you of the praiseworthiness of Phinehas,** שֶׁאַף עַל פִּי שֶׁזֶּה הָיָה נָשִׂיא – **that even though this one** whom he killed **was a prince,** לֹא מָנַע אֶת עַצְמוֹ – **[Phinehas] did not restrain himself** מִלְּקַנֵּא לְחִלּוּל הַשֵּׁם – **from avenging desecration of the Name** of God. לְכָךְ הוֹדִיעֲךָ הַכָּתוּב – **This is why the verse informs you** מִי הוּא הַמֻּכֶּה – **who is the one who was slain.**

15. וְשֵׁם הָאִשָּׁה הַמֻּכָּה וְגוֹמֵר – **AND THE NAME OF THE SLAIN [MIDIANITE] WOMAN, ETC.** לְהוֹדִיעֲךָ – This is stated **to inform you** שִׂנְאָתָן שֶׁל מִדְיָנִים – of the extent of **the hatred of the Midianites** toward Israel, שֶׁהִפְקִירוּ בַּת מֶלֶךְ לִזְנוּת – **that they cast loose the daughter of a king to harlotry** כְּדֵי לְהַחֲטִיא אֶת יִשְׂרָאֵל[3] – **in order to make Israel sin.**[3]

□ רֹאשׁ אֻמּוֹת וְגוֹמֵר – **A HEAD OF PEOPLES, ETC.** אֶחָד מֵחֲמֵשֶׁת מַלְכֵי מִדְיָן – He was **one of the five kings of Midian:**[4] "אֶת אֱוִי וְאֶת רֶקֶם וְאֶת צוּר וְגוֹמֵר"[5] – **"Evi, and Rekem, and Zur, etc.,"**[5] וְהוּא הָיָה חָשׁוּב מִכֻּלָּם – **and he was the most prominent of them all,** שֶׁנֶּאֱמַר – **as it says** of him, "רֹאשׁ אֻמּוֹת" – **"a head of peoples."**[6] וּלְפִי שֶׁנָּהַג בִּזָּיוֹן בְּעַצְמוֹ – **But since he treated himself debasedly** לְהַפְקִיר בִּתּוֹ – **by casting his daughter loose** to harlotry, מְנָאוֹ שְׁלִישִׁי – **[the aforementioned verse] lists him third.**[3]

□ בֵּית אָב – **A FATHER'S HOUSE.** חֲמִשָּׁה בָּתֵּי אָבוֹת הָיוּ לְמִדְיָן – **Midian had five fathers' houses,** "עֵיפָה וָעֵפֶר וַחֲנוֹךְ וַאֲבִידָע וְאֶלְדָּעָה"[7] – **"Ephah, and Epher, and Hanoch, and Abida, and Eldaah,"**[7] וְזֶה – **and this one,** Zur, הָיָה מֶלֶךְ לְאֶחָד מֵהֶם – **was king of one of them.**

Rashi to v. 11, s.v., (פִּינְחָס בֶּן אֶלְעָזָר בֶּן אַהֲרֹן הַכֹּהֵן). Zimri's ancestry is mentioned to his disparagement, as if to say, although he was a leader among his people, the prince of a tribe, he debased himself publicly (*Sefer Zikaron; Gur Aryeh*; see also *Mizrachi*).

1. The term "father's house" refers to an extended family; see Rashi to *Exodus* 12:3, s.v., שֶׂה לְבֵית אָבֹת.

2. "Prince of a father's house of the Simeonite" means that he was prince only of one family, not of the entire tribe (*Mesiach Ilmim*). The five Simeonite families are mentioned by name in 26:12-13 below.

3. *Tanchuma* 2.

4. "A head of peoples" does not mean that he ruled over nations other than Midian (*Be'er Mayim Chaim*).

5. Below 31:8.

6. "A head of peoples" implies that Zur was the leader of more than one of the Midianite tribes, while "of a father's house" implies that he was leader of only one tribe. Rashi explains that although Zur was formally the king of only one tribe, since he was the most prominent of the Midianite kings, he acted as leader of them all (*Devek Tov*).

7. *Genesis* 25:4.

טז־יז וַיְדַבֵּר יהוה אֶל־מֹשֶׁה לֵּאמֹר: צָרוֹר
יח אֶת־הַמִּדְיָנִים וְהִכִּיתֶם אוֹתָם: כִּי
צֹרְרִים הֵם לָכֶם בְּנִכְלֵיהֶם אֲשֶׁר־
נִכְּלוּ לָכֶם עַל־דְּבַר פְּעוֹר וְעַל־דְּבַר
כָּזְבִּי בַת־נְשִׂיא מִדְיָן אֲחֹתָם הַמֻּכָּה
כו א בְיוֹם־הַמַּגֵּפָה עַל־דְּבַר־פְּעוֹר: וַיְהִי
אַחֲרֵי הַמַּגֵּפָה פסקא באמצע פסוק

16 *HASHEM spoke to Moses, saying:*
17 *"Antagonize the Midianites and smite*
them; 18 *for they antagonized you through*
their conspiracy that they conspired against
you over the matter of Peor, and over the
matter of Cozbi, daughter of a prince of Mid-
ian, their sister, who was slain on the day of
the plague, over the matter of Peor."
26 1 *It was after the plague:*

אונקלוס

טז וּמַלִּיל יְיָ עִם מֹשֶׁה לְמֵימָר: יז אָעֵק יָת מִדְיָנָאֵי וְתִקְטֵל יָתְהוֹן: יח אֲרֵי מְעִיקִין אִנּוּן לְכוֹן בְּנִכְלֵיהוֹן דִּי נְכִילוּ לְכוֹן עַל עֵסַק פְּעוֹר וְעַל עֵסַק כָּזְבִּי בַּת רַבָּא דְמִדְיָן אֲחַתְהוֹן דְּאִתְקְטִילַת בְּיוֹמָא דְמוֹתָנָא עַל עֵסַק פְּעוֹר: א וַהֲוָה בָּתַר מוֹתָנָא

רש"י

(יז) צרור. כמו זכור, שמור, לשון הווה. עליכם לאייב אותם: (יח) כי צררים הם לכם וגו' על דבר פעור. שהפקירו בנותיהם לזנות כדי להטעותכם אחר פעור. ואת מואב לא צוה להשמיד מפני רות שהיתה עתידה לצאת מהם, כדאמרינן בבבא קמא (לח:): (א) ויהי אחרי המגפה וגו'. משל לרועה שנכנסו זאבים לתוך עדרו והרגו בהן, והוא מונה אותן לידע מנין הנותרות. דבר אחר, כשיצאו ממצרים ונמסרו למשה נמסרו לו במנין, עכשיו שקרב למות ולהחזיר צאנו מחזירם במנין (תנחומא ד):

RASHI ELUCIDATED

17. צָרוֹר – ANTAGONIZE. This word is of the same form כְּמוֹ "זָכוֹר" – as, **"Remember,"**[1] and "שָׁמוֹר" – **"Safeguard."**[2] לְשׁוֹן הֹוֶה – **It is an expression of** action continuing through **the present.**[3] The verse means: עֲלֵיכֶם – **It is** incumbent **upon you** לְאַיֵּב אוֹתָם – **to treat them as enemies.**[4]

18. כִּי צֹרְרִים הֵם לָכֶם וְגוֹמֵר עַל דְּבַר פְּעוֹר – FOR THEY ANTAGONIZED YOU, ETC., OVER THE MATTER OF PEOR. שֶׁהִפְקִירוּ בְּנוֹתֵיהֶם לִזְנוּת – **That they cast loose their daughters to harlotry** כְּדֵי לְהַטְעוֹתְכֶם אַחַר פְּעוֹר – **in order to lead you astray after Peor.**[5] וְאֶת מוֹאָב לֹא צִוָּה לְהַשְׁמִיד – **But [God] did not command** Israel **to destroy Moab**[6] מִפְּנֵי רוּת – **because of Ruth** שֶׁהָיְתָה עֲתִידָה לָצֵאת מֵהֶם – **who was destined to emerge from them,** כִּדְאָמְרִינַן בְּבָבָא קַמָּא[7] – **as we say in *Bava Kamma*.**[7]

26.

1. וַיְהִי אַחֲרֵי הַמַּגֵּפָה וְגוֹמֵר – IT WAS AFTER THE PLAGUE, ETC. מָשָׁל לְרוֹעֶה – **This can be compared to a shepherd** שֶׁנִּכְנְסוּ זְאֵבִים לְתוֹךְ עֶדְרוֹ – **among whose herd wolves entered** וְהָרְגוּ בָּהֶן – **and killed** some of the sheep **among them,** וְהוּא מוֹנֶה אוֹתָן – **and he counts them** לֵידַע – **to know** מִנְיַן הַנּוֹתָרוֹת – **the number of those remaining.**[8]

דָּבָר אַחֵר – **Alternatively,** כְּשֶׁיָּצְאוּ מִמִּצְרַיִם – **when they departed from Egypt** וְנִמְסְרוּ לְמֹשֶׁה – **and were given over to Moses,** נִמְסְרוּ לוֹ בְּמִנְיָן – **they were given over to him by number,** i.e., he was given the exact number of those of whom he was put in charge.[9] עַכְשָׁיו – **Now,** שֶׁקָּרַב לָמוּת – **that he was coming near to dying,** וּלְהַחֲזִיר צֹאנוֹ – **and to returning his flock,** מַחֲזִירָם בְּמִנְיָן[10] – **he gives them back by number.**[10]

1. See Rashi's second comment to *Exodus* 20:8.

2. *Deuteronomy* 5:12.

3. That is, it is a command expressed through an infinitive to indicate that the command is to be in an ongoing state, "be in opposition to the Midianites." Accordingly, זָכוֹר and שָׁמוֹר would more precisely be rendered "be remembering" and "be safeguarding" (see *Sefer Zikaron;* A.M. Glanzer in *Tzefunos* vol. 15, p. 76). Rashi makes similar points in his comments to *Exodus* 20:8; *Numbers* 6:23, 15:35; *Deuteronomy* 1:16, 31:26; *Isaiah* 37:19; *Nahum* 2:10.

4. It does not mean to perform an isolated act of hostility. That would be expressed by צְרוֹר, with a *sheva.*

5. When speaking of Israel's sin with Peor, Scripture mentions only Moab explicitly (see 25:1-3). Rashi mentions why our verse connects Midian with that sin.

6. We would have expected Scripture to treat Moab even more harshly than Midian, for it was Moab who initiated hostility against Israel (see 22:3-4; *Imrei Shefer*), and it was the daughters of Moab with whom the Israelites first sinned (see 25:1; *Mesiach Ilmim*).

7. *Bava Kamma* 38b.

8. See *Tanchuma* 4. "And it was after the plague" implies a connection between the plague and the command to take the census that follows. Rashi explains that God commanded Moses to take a census after the plague so that Moses would know firsthand the number of the survivors (see *Beiurim LePeirush Rashi Al HaTorah*).

9. See 1:2 above and *Exodus* 12:37.

10. *Tanchuma* 4. Those who died in this plague were the

וַיֹּאמֶר יהוה אֶל־מֹשֶׁה וְאֶל אֶלְעָזָר
ב בֶּן־אַהֲרֹן הַכֹּהֵן לֵאמֹר: שְׂאוּ
אֶת־רֹאשׁ ׀ כָּל־עֲדַת בְּנֵי־יִשְׂרָאֵל
מִבֶּן עֶשְׂרִים שָׁנָה וָמַעְלָה לְבֵית
אֲבֹתָם כָּל־יֹצֵא צָבָא בְּיִשְׂרָאֵל:
ג וַיְדַבֵּר מֹשֶׁה וְאֶלְעָזָר הַכֹּהֵן אֹתָם
בְּעַרְבֹת מוֹאָב עַל־יַרְדֵּן יְרֵחוֹ
ד לֵאמֹר: מִבֶּן עֶשְׂרִים שָׁנָה וָמָעְלָה
כַּאֲשֶׁר צִוָּה יהוה אֶת־מֹשֶׁה וּבְנֵי
יִשְׂרָאֵל הַיֹּצְאִים מֵאֶרֶץ מִצְרָיִם:

HASHEM said to Moses and to Elazar son of Aaron the Kohen, saying: 2 Take a census of the entire assembly of the Children of Israel, from twenty years of age and up, according to their fathers' house, all who go out to the army in Israel.

3 Moses and Elazar the Kohen spoke with them in the plains of Moab, by the Jordan near Jericho, saying: 4 "From twenty years of age and up, as HASHEM had commanded Moses and the Children of Israel, who were coming out of the land of Egypt."

אונקלוס

וַאֲמַר יְיָ לְמֹשֶׁה וּלְאֶלְעָזָר בַּר אַהֲרֹן כַּהֲנָא לְמֵימָר: ב קַבִּילוּ יָת חֻשְׁבַּן כָּל כְּנִשְׁתָּא דִבְנֵי יִשְׂרָאֵל מִבַּר עַשְׂרִין שְׁנִין וּלְעֵלָּא לְבֵית אֲבָהַתְהוֹן כָּל נָפֵק חֵילָא בְּיִשְׂרָאֵל: ג וּמַלִּיל מֹשֶׁה וְאֶלְעָזָר כַּהֲנָא אֲמָרוּ לְמִמְנֵי יָתְהוֹן בְּמֵישְׁרַיָּא דְמוֹאָב עַל יַרְדְּנָא דִירֵחוֹ לְמֵימָר: ד מִבַּר עַשְׂרִין שְׁנִין וּלְעֵלָּא כְּמָא דִי פַקִּיד יְיָ יָת מֹשֶׁה וּבְנֵי יִשְׂרָאֵל דִּנְפָקוּ מֵאַרְעָא דְמִצְרָיִם:

רש"י

(ב) **לבית אבתם.** על שבט האב יתיחסו ולא אחר האם: (ג-ד) **וידבר משה ואלעזר הכהן אתם.** דברו עמם על זאת שצוה המקום למנותם: **לאמר.** אמרו להם צריכים אתם להמנות מבן עשרים שנה ומעלה: **כאשר צוה וגו'.** שיהא מנינם מבן עשרים שנה ומעלה, שנאמר כל העובר על הפקודים וגו' (שמות ל:יד):

RASHI ELUCIDATED

2. לְבֵית אֲבֹתָם – ACCORDING TO THEIR FATHERS' HOUSE. עַל שֵׁבֶט הָאָב יִתְיַחֲסוּ – Their lineage is given by the father's tribe, וְלֹא אַחַר הָאֵם – and not by the mother's.[1]

3-4. וַיְדַבֵּר מֹשֶׁה וְאֶלְעָזָר הַכֹּהֵן אֹתָם – MOSES AND ELAZAR THE KOHEN SPOKE WITH THEM. דִּבְּרוּ עִמָּם – They spoke with them[2] **עַל זֹאת – about this** matter, **שֶׁצִּוָּה הַמָּקוֹם לִמְנוֹתָם – that the Omnipresent commanded to count them.**[3]

□ **לֵאמֹר – SAYING. אָמְרוּ לָהֶם – They said to them, צְרִיכִים אַתֶּם לְהִמָּנוֹת „מִבֶּן עֶשְׂרִים שָׁנָה וָמָעְלָה" – "You must be counted from twenty years of age and up."**[4]

□ **כַּאֲשֶׁר צִוָּה וְגוֹמֵר – AS [HASHEM] HAD COMMANDED, ETC., שֶׁיְּהֵא מִנְיָנָם – that their count should be** taken **„מִבֶּן עֶשְׂרִים שָׁנָה וָמָעְלָה" – from** those **twenty years of age and above, שֶׁנֶּאֱמַר – as it says, „כֹּל הָעֹבֵר עַל הַפְּקֻדִים וְגוֹמֵר"**[5] **– "Everyone who passes among the counted** [from the age of twenty years and up]."[5]

last of the Israelites to die before entering the Land of Canaan. Thus, according to this explanation, it was the appropriate time for Moses to take their number, and return, so to speak, that with which he was entrusted, for he knew that he would not lead them into the land (see *Nachalas Yaakov*).

1. The verse could have been taken as meaning that the census was to count only the fathers' house, not the people. However, the phrase "the entire assembly of the Children of Israel" of the beginning of the verse indicates that all individuals were to be counted. Thus, "according to their fathers' house" is seen as teaching us that the individuals were to be counted in terms of their fathers' tribes (*Gur Aryeh*).

2. Forms of the word אֶת usually denote that the word (or suffix) which follows is a direct object. But the Hebrew language does not treat one being addressed as the direct object of the verb used for speaking. אֹתָם here is therefore understood as a form of אֶת in its less common sense of "with," "with them" (*Mizrachi; Gur Aryeh*).

3. Had the verse meant that Moses and Elazar merely related the commandment, the verse would have used וַיְדַבֵּר . . . אֲלֵיהֶם, "spoke . . . *to* them." The phrase "spoke . . . *with* them" implies a discussion of issues concerning the commandment (*Gur Aryeh*).

4. The following verse, "From twenty years of age and above . . .," is a sentence fragment which is incoherent when viewed in isolation. Rashi explains that it is linked to "saying" of our verse, by the implicit phrase, "you must be counted" (*Sefer Zikaron*).

5. *Exodus* 30:14. "As HASHEM had commanded Moses and the Children of Israel who were coming out of the land of Egypt" is the content of what Moses and Elazar were to discuss with the Israelites about the current command to take their number (see Rashi above, s.v., וַיְדַבֵּר מֹשֶׁה וְאֶלְעָזָר הַכֹּהֵן אֹתָם). Moses and Elazar were to

5 *Reuben the firstborn of Israel — the sons of Reuben: Hanoch, the Hanochite family; to Pallu, the Palluite family;* 6 *to Hezron, the Hezronite family;*

ה שני רְאוּבֵ֖ן בְּכ֣וֹר יִשְׂרָאֵ֑ל בְּנֵ֣י רְאוּבֵ֗ן
חֲנוֹךְ֙ מִשְׁפַּ֣חַת הַֽחֲנֹכִ֔י לְפַלּ֕וּא מִשְׁפַּ֖חַת
ו הַפַּלֻּאִֽי׃ לְחֶצְרֹ֕ן מִשְׁפַּ֖חַת הַֽחֶצְרוֹנִ֑י

אונקלוס

ה רְאוּבֵן בּוּכְרָא דְיִשְׂרָאֵל בְּנֵי רְאוּבֵן חֲנוֹךְ זַרְעִית חֲנוֹךְ לְפַלּוּא זַרְעִית פַּלּוּא: ו לְחֶצְרוֹן זַרְעִית חֶצְרוֹן

רש"י

(ה) **משפחת החנכי.** לפי שהיו האומות מבזין אותם ואומרים מה אלו מתייחסין על שבטיהם, סבורים הם שלא שלטו המצריים באמותיהם, אם בגופם היו מושלים ק"ו בנשותיהם. לפיכך הטיל הקב"ה שמו עליהם, ה"א מצד זה ויו"ד מצד זה, לומר מעיד אני עליהם שהם בני אבותיהם (שיר השירים רבה ד:יב; פסדר"כ בשלח) וזה הוא שמפורש על ידי דוד, שבטי יה עדות לישראל (תהלים קכב:ד) השם הזה מעיד עליהם לשבטיהם, לפיכך בכולם כתב החנכי הפלואי, אבל בימנה (להלן פסוק מד) לא הוצרך לומר משפחת הימני לפי שהשם קבוע בו, יו"ד בראש וה"א בסוף (פסדר"כ שם):

RASHI ELUCIDATED

5. מִשְׁפַּחַת הַחֲנֹכִי – THE HANOCHITE FAMILY. לְפִי שֶׁהָיוּ הָאֻמּוֹת מְבַזִּין אוֹתָם – Since the nations would humiliate [the Israelites], וְאוֹמְרִים – and say, מָה אֵלּוּ מִתְיַחֲסִין עַל שִׁבְטֵיהֶם – "Why do these trace their ancestry by their tribes? סְבוּרִים הֵם – Are they under the impression שֶׁלֹּא שָׁלְטוּ הַמִּצְרִיִּים בְּאִמּוֹתֵיהֶם – that the Egyptians did not have their way with their mothers? אִם בְּגוּפָם הָיוּ מוֹשְׁלִים – If [the Egyptians] ruled over [the Israelites'] bodies, קַל וָחוֹמֶר בִּנְשׁוֹתֵיהֶם – how much more is it true that they ruled **over their wives!" לְפִיכָךְ – This is why הִטִּיל הַקָּדוֹשׁ בָּרוּךְ הוּא שְׁמוֹ עֲלֵיהֶם – the Holy One, Blessed is He, placed His Name upon them, הֵ"א מִצַּד זֶה –** with **the letter ה on one side** of the family name, **וְיוּ"ד מִצַּד זֶה – and the letter י on the other side, לוֹמַר – to say, מֵעִיד אֲנִי עֲלֵיהֶם – "I testify about them שֶׁהֵם בְּנֵי אֲבוֹתֵיהֶם[1] – that they are the children of their fathers."[1] וְזֶה הוּא שֶׁמְּפֹרָשׁ עַל יְדֵי דָוִד – And this is stated clearly by David: "שִׁבְטֵי יָהּ עֵדוּת לְיִשְׂרָאֵל"[2] – "Tribes of God (יָ־הּ), a testimony for Israel,"[2]** that is, **הַשֵּׁם הַזֶּה – this Name,** composed of the letters י and ה, **מֵעִיד עֲלֵיהֶם – testifies about them לְשִׁבְטֵיהֶם – regarding their tribes.[3] לְפִיכָךְ – This is why בְּכֻלָּם כָּתַב "הַחֲנֹכִי" "הַפַּלֻּאִי" – [Scripture] writes of all of them** words of the form of **הַחֲנֹכִי, "the Hanochite,"** and **הַפַּלֻּאִי, "the Palluite."[4] אֲבָל בְּ"יִמְנָה" – But of Imnah[5] לֹא הֻצְרַךְ לוֹמַר "מִשְׁפַּחַת הַיִּמְנִי" – it did not have to say מִשְׁפַּחַת הַיִּמְנִי,** "the Imnite family," with a **י** at the end of the word, **לְפִי שֶׁהַשֵּׁם קָבוּעַ בּוֹ – because the Name** of God **is** already **fixed in [the name יִמְנָה], יוּ"ד בָּרֹאשׁ – a י at the beginning, וְהֵ"א בַּסּוֹף – and a ה at the end.**[6]

tell them that this census was patterned after the earlier one in that only men twenty and older were to be counted. This would be the rule for any future census (*Mishmeres HaKodesh*).

1. *Shir HaShirim Rabbah* 4:12; *Pesikta d'Rav Kahana, Beshalach.* The verse could have written "The sons of Reuben: Hanoch, Pallu, etc." "Hanoch, the Hanochite family" seems unnecessary. It is written because Scripture wishes to make a point of writing phrases such as מִשְׁפַּחַת הַחֲנֹכִי, "the Hanochite family," in which the name appears between the letters of God's name (*Maskil LeDavid;* Glosses of R' Aharon Walden to *Devek Tov*).

2. *Psalms* 122:4; see Rashi there.

3. The Talmud states that the word for "man," אִישׁ, and the word for "woman," אִשָּׁה, contain the Divine Name יָהּ, the י in אִישׁ and the ה in אִשָּׁה. They also share the letters א and ש. As long as they are living in harmony, the Divine Presence (indicated by the Divine Name) dwells with them. But when disharmony and rifts separate them, the Divine Presence departs, leaving behind אֵשׁ and אֵשׁ, two destructive fires (*Sotah* 17a, see Rashi there). Thus, the Name of God spelled with the letters י and ה signifies marital unity, through the combination of the י of אִישׁ and the ה of אִשָּׁה (*Gur Aryeh; Maskil LeDavid*).

The reversal of the relative positions of י before ה in the Divine Name to ה before י in the family name is based on the talmudic dictum: Israel was redeemed from Egypt as a reward for the righteous women of that generation (*Sotah* 11b). Thus, the ה of אִשָּׁה is added before the י of אִישׁ to underscore that it is due to her virtue that the family lines remained untainted and each individual could be sure of his ancestry (*Maskil LeDavid*).

4. Scripture commonly identifies a family by adding the prefix הַ and suffix י to the name of the family's progenitor (e.g., הַכְּנַעֲנִי, "the Canaanite," of 21:1 above, is the nation of the children of כְּנַעַן, "Canaan," see *Genesis* 10:15, 18). Nevertheless, the redundant formula "to So-and-so the So-and-soite family" appears only in our passage. This implies that here the added letters have more than their usual meaning as indicators of family names (*Maskil LeDavid*).

5. See v. 44.

6. *Pesikta d'Rav Kahana, Beshalach*.

ז לְכַרְמִ֕י מִשְׁפַּ֖חַת הַכַּרְמִֽי׃ אֵ֖לֶּה
מִשְׁפְּחֹ֣ת הָרְאוּבֵנִ֑י וַיִּהְי֣וּ פְקֻדֵיהֶ֗ם
שְׁלֹשָׁ֤ה וְאַרְבָּעִים֙ אֶ֔לֶף וּשְׁבַ֥ע מֵא֖וֹת
ח־ט וּשְׁלֹשִֽׁים׃ וּבְנֵ֥י פַלּ֖וּא אֱלִיאָֽב׃ וּבְנֵ֣י
אֱלִיאָ֔ב נְמוּאֵ֖ל וְדָתָ֣ן וַאֲבִירָ֑ם הֽוּא־
°קְרִיאֵ֣י ק׳ דָתָ֨ן וַאֲבִירָ֜ם °קרואי הָעֵדָ֗ה אֲשֶׁ֨ר
הִצּ֜וּ עַל־מֹשֶׁ֤ה וְעַֽל־אַהֲרֹן֙ בַּעֲדַת־
י קֹ֔רַח בְּהַצֹּתָ֖ם עַל־יְהוָֽה׃ וַתִּפְתַּ֨ח
הָאָ֜רֶץ אֶת־פִּ֗יהָ וַתִּבְלַ֥ע אֹתָ֛ם וְאֶת־
קֹ֖רַח בְּמ֣וֹת הָעֵדָ֑ה בַּאֲכֹ֣ל הָאֵ֗שׁ אֵ֣ת
חֲמִשִּׁ֤ים וּמָאתַ֙יִם֙ אִ֔ישׁ וַיִּהְי֖וּ לְנֵֽס׃
יא־יב וּבְנֵי־קֹ֖רַח לֹא־מֵֽתוּ׃ בְּנֵ֣י

to Carmi, the Carmite family. [7] *These are the families of the Reubenite; their counted ones were forty-three thousand, seven hundred and thirty.* [8] *The sons of Pallu: Eliab.* [9] *And the sons of Eliab: Nemuel and Dathan and Abiram, the same Dathan and Abiram who were summoned by the assembly, who incited against Moses and Aaron among the assembly of Korah, when they incited against* HASHEM. [10] *Then the earth opened its mouth and swallowed them and Korah with the death of the assembly, when the fire consumed two hundred and fifty men — and they became a sign.* [11] *But the sons of Korah did not die.*

אונקלוס

לְכַרְמִי זַרְעִית כַּרְמִי: ז אִלֵּין זַרְעֲיַת רְאוּבֵן וַהֲווֹ מִנְיָנֵיהוֹן אַרְבְּעִין וּתְלָתָא אַלְפִין וּשְׁבַע מְאָה וּתְלָתִין: ח וּבְנֵי פַלּוּא אֱלִיאָב: ט וּבְנֵי אֱלִיאָב נְמוּאֵל וְדָתָן וַאֲבִירָם הוּא דָתָן וַאֲבִירָם מְעַרְעֵי כְנִשְׁתָּא דְאִתְכְּנָשׁוּ עַל מֹשֶׁה וְעַל אַהֲרֹן בִּכְנִשְׁתָּא דְקֹרַח בְּאִתְכַּנּוֹשֵׁיהוֹן עַל יְיָ: י וּפְתַחַת אַרְעָא יָת פּוּמַהּ וּבְלָעַת יָתְהוֹן וְיָת קֹרַח בְּמוֹתָא דִכְנִשְׁתָּא כַּד אֲכָלַת אֶשָּׁתָא יָת מָאתַן וְחַמְשִׁין גַּבְרָא וַהֲווֹ לְאָת: יא וּבְנֵי קֹרַח לָא מִיתוּ: יב בְּנֵי

רש"י

(ט) **אשר הצו.** את ישראל על משה: **בהצתם.** את העם על ה': **הצו.** השיאו את ישראל לריב על משה, לשון הפעילו: (י) **ויהיו לנס.** לאות ולזכרון למען אשר לא יקרב איש זר לחלוק עוד על הכהונה: (יא) **ובני קרח לא מתו.** הם היו בעצה תחלה, ובשעת המחלוקת הרהרו תשובה בלבם (מדרש שוחר טוב מה) לפיכך נתבצר להם מקום גבוה בגיהנם וישבו שם (מגלה יד.):

RASHI ELUCIDATED

9. אֲשֶׁר הִצּוּ – WHO INCITED אֶת יִשְׂרָאֵל – Israel[1] **,,עַל מֹשֶׁה" – "against Moses" . . .**
☐ **בְּהַצֹּתָם – WHEN THEY INCITED אֶת הָעָם – the people**[1,2] **,,עַל ה'" – "against HASHEM."**
☐ **הִצּוּ** – This means **הִשִּׂיאוּ אֶת יִשְׂרָאֵל – they led Israel לָרִיב עַל מֹשֶׁה – to fight against Moses. לְשׁוֹן הִפְעִילוּ – It means they caused others to act.**

10. וַיִּהְיוּ לְנֵס – AND THEY BECAME A SIGN. לְאוֹת וּלְזִכָּרוֹן – An indication and a reminder ,,לְמַעַן אֲשֶׁר לֹא יִקְרַב אִישׁ זָר"[3] **– "so that no alien person shall draw near"**[3] **לַחֲלוֹק עוֹד עַל הַכְּהֻנָּה – to contend ever again over the priesthood.**[4]

11. וּבְנֵי קֹרַח לֹא מֵתוּ – BUT THE SONS OF KORAH DID NOT DIE. הֵם הָיוּ בָּעֵצָה תְּחִלָּה – They were involved **in the plan at first, וּבִשְׁעַת הַמַּחֲלוֹקֶת – and at the time of the dispute הִרְהֲרוּ תְּשׁוּבָה בְּלִבָּם**[5] **– they had thoughts of repentance in their heart.**[5] **לְפִיכָךְ – Therefore, נִתְבַּצֵּר לָהֶם מָקוֹם גָּבוֹהַּ בְּגֵיהִנּוֹם – a high place was fortified for them in Gehinnom, וְיָשְׁבוּ שָׁם**[6] **– and they resided there.**[6]

1. הִצּוּ and בְּהַצֹּתָם are transitive verbs. Rashi supplies the implicit objects (*Mizrachi; Sifsei Chachamim*).

2. When Rashi speaks of the nation being incited against Moses, in his previous comment, he uses "Israel." But anger toward God is a more severe sin. The nation became more debased through it. Therefore when Rashi speaks of them being incited against God, he uses the less respectful title "the people" (*Ho'il Moshe*).

Alternatively, when speaking of the incitement by Dathan and Abiram, Rashi uses "Israel," for they accused Moses of not giving them their portion in the Land of Israel (see 16:14), which was to be allotted only to the nation of Israel proper. But when speaking of the incitement of "the assembly of Korah," Rashi uses הָעָם, "the people," for עַם connotes not only the nation of Israel proper, but also includes the עֵרֶב רַב, "the great mixture" of peoples of other nations who left Egypt with the Israelites (see *Exodus* 12:38; see also *Zohar*, 2, 45b). Korah incited the עֵרֶב רַב, too, for he claimed that all who were present at the Revelation on Mount Sinai, which includes the עֵרֶב רַב, were as holy as Moses (see Rashi to 16:3, s.v., כֻּלָּם קְדֹשִׁים).

3. Above 17:5.

4. It does not mean "and they became a miracle." Although a miracle was done to them, it cannot be said that they themselves became a miracle (*Gur Aryeh*). See also Rashi to 21:8 above, s.v., עַל נֵס.

5. *Midrash Shocher Tov* 45.

6. *Megillah* 14a; *Sanhedrin* 110a. It is not clear why

[12] *The sons of Simeon according to their families: to Nemuel, the Nemuelite family; to Jamin, the Jaminite family; to Jachin, the Jachinite family;* [13] *to Zerah,*

שִׁמְעוֹן֮ לְמִשְׁפְּחֹתָם֒ לִנְמוּאֵ֗ל
מִשְׁפַּ֙חַת֙ הַנְּמ֣וּאֵלִ֔י לְיָמִ֕ין מִשְׁפַּ֖חַת
יג הַיָּמִינִ֑י לְיָכִ֕ין מִשְׁפַּ֖חַת הַיָּכִינִֽי׃ לְזֶ֕רַח

אונקלוס

שִׁמְעוֹן לְזַרְעֲיָתְהוֹן לִנְמוּאֵל זַרְעִית נְמוּאֵל לְיָמִין זַרְעִית יָמִין לְיָכִין זַרְעִית יָכִין: יג לְזֶרַח

רש"י

(יג) **לזרח.** הוא צוחר (שמות ו:טו) לשון צוהר, אבל משפחת אוהד בטלה. וכן חמש משבט בנימין,

RASHI ELUCIDATED

13. לְזֶרַח — TO ZERAH. הוּא צֹחַר — He is Zohar,[1] לְשׁוֹן צֹהַר — which is related to the word צֹהַר, "light."[2] אֲבָל מִשְׁפַּחַת אֹהַד בָּטְלָה — But the family of Ohad[1] ceased to exist, וְכֵן חָמֵשׁ מִשֵּׁבֶט בִּנְיָמִין —

Scripture would state "but the sons of Korah did not die." If they did not participate in the sin of their father, it is obvious that they would not die because of it. And if they did participate in the sin, why should they not die? Rashi explains that they did sin, but had thoughts of repentance. Because of their thoughts of repentance, the earth beneath them became hard above the spot intended for them in Gehinnom, and they were thus spared (see *Be'er Mayim Chaim; Mesiach Ilmim; Mishmeres HaKodesh*).

Alternatively, the verse could have said "but the sons of Korah lived." The phrase "did not die" implies that they neither lived nor died, but rather, they existed in abeyance, in a high place in Gehinnom. This, because their repentance was not complete; they merely "had thoughts of repentance in their heart" (*Gur Aryeh*).

1. Zohar and Ohad are sons of Simeon mentioned in *Genesis* 46:10 and *Exodus* 6:15.

2. See Rashi to *Genesis* 6:16. ח and ה, both gutturals, are

THE TRIBAL FAMILIES

GENESIS CH. 46	V.	NUMBERS CH. 26	V.
REUBEN — רְאוּבֵן		**REUBEN — רְאוּבֵן**	
HANOCH — חֲנוֹךְ	9	HANOCH — חֲנוֹךְ	5
PALLU — פַּלּוּא	9	PALLU — פַּלּוּא	5
HEZRON — חֶצְרֹן	9	HEZRON — חֶצְרֹן	6
CARMI — כַּרְמִי	9	CARMI — כַּרְמִי	6
SIMEON — שִׁמְעוֹן		**SIMEON — שִׁמְעוֹן**	
JEMUEL[1] — יְמוּאֵל	10	NEMUEL[1] — נְמוּאֵל	12
JAMIN — יָמִין	10	JAMIN — יָמִין	12
OHAD[2] — אֹהַד	10		
JACHIN — יָכִין	10	JACHIN — יָכִין	12
ZOHAR[3] — צֹחַר	10	ZERAH[3] — זֶרַח	13
SHAUL — שָׁאוּל	10	SHAUL — שָׁאוּל	13
JUDAH — יְהוּדָה		**JUDAH — יְהוּדָה**	
SHELAH — שֵׁלָה	12	SHELAH — שֵׁלָה	20
PEREZ — פֶּרֶץ	12	PEREZ — פֶּרֶץ	20
ZERAH — זֶרַח	12	ZERAH — זֶרַח	20
HEZRON* — חֶצְרֹן	12	HEZRON* — חֶצְרֹן	21
HAMUL* — חָמוּל	12	HAMUL* — חָמוּל	21
ISSACHAR — יִשָּׂשכָר		**ISSACHAR — יִשָּׂשכָר**	
TOLA — תּוֹלָע	13	TOLA — תּוֹלָע	23
PUVAH — פֻוָּה	13	PUVAH — פֻּוָה	23
IOB[3] — יוֹב	13	JASHUB[3] — יָשׁוּב	24
SHIMRON — שִׁמְרֹן	13	SHIMRON — שִׁמְרֹן	24
ZEBULUN — זְבוּלֻן		**ZEBULUN — זְבוּלֻן**	
SERED — סֶרֶד	14	SERED — סֶרֶד	26
ELON — אֵלוֹן	14	ELON — אֵלוֹן	26
JAHLEEL — יַחְלְאֵל	14	JAHLEEL — יַחְלְאֵל	26
GAD — גָּד		**GAD — גָּד**	
ZIPHION[1] — צִפְיוֹן	16	ZEPHON[1] — צְפוֹן	15
HAGGI — חַגִּי	16	HAGGI — חַגִּי	15
SHUNI — שׁוּנִי	16	SHUNI — שׁוּנִי	15
EZBON[4] — אֶצְבֹּן	16	OZNI[4] — אָזְנִי	16
ERI — עֵרִי	16	ERI — עֵרִי	16
ARODI[1] — אֲרוֹדִי	16	AROD[1] — אֲרוֹד	17
ARELI — אַרְאֵלִי	16	ARELI — אַרְאֵלִי	17

GENESIS CH. 46	V.	NUMBERS CH. 26	V.
ASHER — אָשֵׁר		**ASHER — אָשֵׁר**	
IMNAH — יִמְנָה	17	IMNAH — יִמְנָה	44
ISHVAH[2] — יִשְׁוָה	17		
ISHVI — יִשְׁוִי	17	ISHVI — יִשְׁוִי	44
BERIAH — בְּרִיעָה	17	BERIAH — בְּרִיעָה	44
HEBER** — חֶבֶר	17	HEBER** — חֶבֶר	45
MALCHIEL** — מַלְכִּיאֵל	17	MALCHIEL** — מַלְכִּיאֵל	45
BENJAMIN — בִּנְיָמִין		**BENJAMIN — בִּנְיָמִין**	
BELA — בֶּלַע	21	BELA — בֶּלַע	38
BECHER[2] — בֶּכֶר	21		
ASHBEL — אַשְׁבֵּל	21	ASHBEL — אַשְׁבֵּל	38
GERA[2] — גֵּרָא	21		
NAAMAN[2] — נַעֲמָן	21		
EHI[5] — אֵחִי	21	AHIRAM[5] — אֲחִירָם	38
ROSH[2] — רֹאשׁ	21		
MUPPIM[6] — מֻפִּים	21	SHEPHUPHAM[6] — שְׁפוּפָם	39
HUPPIM[1] — חֻפִּים	21	HUPHAM[1] — חוּפָם	39
ARD[2] — אָרְדְּ	21		
		ARD*** — אַרְדְּ	40
		NAAMAN*** — נַעֲמָן	40
DAN — דָּן		**DAN — דָּן**	
HUSHIM[7] — חֻשִׁים	23	SHUHAM[7] — שׁוּחָם	42
NAPHTALI — נַפְתָּלִי		**NAPHTALI — נַפְתָּלִי**	
JAHZEEL — יַחְצְאֵל	24	JAHZEEL — יַחְצְאֵל	48
GUNI — גּוּנִי	24	GUNI — גּוּנִי	48
JEZER — יֵצֶר	24	JEZER — יֵצֶר	49
SHILLEM — שִׁלֵּם	24	SHILLEM — שִׁלֵּם	49

1. Rashi does not discuss this change.
2. See Rashi to v. 13. 3. See Rashi to v. 24.
4. See Rashi to vv. 13 and 15. 5. See Rashi to v. 38.
6. See Rashi to v. 39. 7. See Rashi to v. 42.

* Sons of Perez.

** Sons of Beriah.

*** Sons of Bela. According to Rashi (v.13) these are not the same people as their namesakes mentioned in *Genesis*.

רש"י

שהרי בעשרה בנים ירד למצרים (בראשית מו:כא) וכאן לא מנה אלא חמשה. וכן אצבון לגד [ס"א וכן ישוה לאשר] הרי שבע משפחות. ומצאתי בתלמוד ירושלמי (סוטה א:י) שכשמת אהרן נסתלקו ענני כבוד ובאו הכנענים להלחם בישראל, ונתנו לב לחזור למצרים וחזרו לאחוריהם שמונה מסעות מהר ההר למוסרה, שנאמר ובני ישראל נסעו מבארות בני יעקן מוסרה, שם מת אהרן (דברים י:ו). והלא בהר ההר מת, וממוסרה עד הר ההר שמנה מסעות יש למפרע. אלא שחזרו לאחוריהם, ורדפו בני לוי אחריהם להחזירם והרגו מהם שבע משפחות, ומבני לוי נפלו ארבע משפחות, משפחת שמעי ועזיאלי ומבני יצהר לא נמנו כאן אלא משפחת הקרחי, והרביעית לא ידעתי מה היא.

RASHI ELUCIDATED

and so also **five** families **of the tribe of Benjamin** ceased to exist, **שֶׁהֲרֵי – for, see now, בַּעֲשָׂרָה בָנִים יָרַד לְמִצְרַיִם – [Benjamin] went down to Egypt with ten sons,**[1] **וְכָאן לֹא מָנָה אֶלָּא חֲמִשָּׁה – but here [Scripture] counts only five. וְכֵן יִשְׁוָה לְאָשֵׁר – And so, too,** the family of **Ishvah of Asher.**[2] **הֲרֵי שֶׁבַע מִשְׁפָּחוֹת – See now,** that **seven families** from among those who went down to Egypt ceased to exist.[3] **וּמָצָאתִי בְּתַלְמוּד יְרוּשַׁלְמִי – And I found in the Jerusalem Talmud**[4] **שֶׁכְּשֶׁמֵּת אַהֲרֹן – that when Aaron died, נִסְתַּלְּקוּ עַנְנֵי כָבוֹד – the Clouds of Glory departed, וּבָאוּ הַכְּנַעֲנִים – and the Canaanites came לְהִלָּחֵם בְּיִשְׂרָאֵל – to do battle with Israel. וְנָתְנוּ לֵב לַחֲזוֹר לְמִצְרַיִם – [Israel] considered going back to Egypt, וְחָזְרוּ לַאֲחוֹרֵיהֶם שְׁמֹנָה מַסָּעוֹת – and they turned to their rear,** i.e, they went in the opposite direction, a journey of **eight marches, מֵהֹר הָהָר לְמוֹסֵרָה – from Mount Hor to Moserah, שֶׁנֶּאֱמַר – as it says, ,,וּבְנֵי יִשְׂרָאֵל נָסְעוּ – "The Children of Israel journeyed מִבְּאֵרֹת בְּנֵי יַעֲקָן מוֹסֵרָה – from the wells of the children of Jaakan to Moserah; שָׁם מֵת אַהֲרֹן"**[5] **– there Aaron died."**[5] **וַהֲלֹא בְּהֹר הָהָר מֵת – But is it not** true **that he died on Mount Hor?**[6] **וּמִמּוֹסֵרָה עַד הֹר הָהָר – And from Moserah to Mount Hor שְׁמֹנָה מַסָּעוֹת יֵשׁ לְמַפְרֵעַ – there are eight marches in the reverse direction!**[7] **אֶלָּא שֶׁחָזְרוּ לַאֲחוֹרֵיהֶם – But they turned to their rear, וְרָדְפוּ בְּנֵי לֵוִי אַחֲרֵיהֶם – and the children of Levi pursued them לְהַחֲזִירָם – to bring them back, וְהָרְגוּ מֵהֶם שֶׁבַע מִשְׁפָּחוֹת – and they killed seven families from among them.**[8] **וּמִבְּנֵי לֵוִי – And of the children of Levi נָפְלוּ אַרְבַּע מִשְׁפָּחוֹת – four families fell: מִשְׁפַּחַת שִׁמְעִי וְעֻזִּיאֵלִי – the families of the Shimeite**[9] **and the Uzzielite.**[10] **וּמִבְּנֵי יִצְהָר – And from among the sons of Yizhar,**[11] **לֹא נִמְנוּ כָּאן אֶלָּא מִשְׁפַּחַת הַקָּרְחִי – none are counted here but the Korahite family.**[12] **וְהָרְבִיעִית – And** as for **the fourth** Levite family which fell, **לֹא יָדַעְתִּי מַה הִיא – I do not know what it is.**[13]

sometimes viewed interchangeably, e.g., the word הַנְּקִי is understood as חֲנָקִי in 5:19 above (see Rashi note 9 there). Thus, צֹחַר can be seen as a form of צֹהַר, "light." This explains why צֹחַר's name appears here as זֶרַח. For זֶרַח means "shine," and is thus related in meaning to צֹהַר/צֹחַר.

1. See *Genesis* 46:21; see also Rashi to verse 24 below and note 7 there (p. 331).

2. See *Genesis* 46:17. The text follows *Sefer Zikaron*. Many editions read וְכֵן אֶצְבֹּן לְגָד, "and so, too, [the family of] Ezbon of Gad," a reading found also in *Midrash Tanchuma*. But Rashi to verse 16 below says that the family of Ezbon is indeed mentioned here, but by a different name. See also *Yosef Hallel*.

3. See *Tanchuma* 5 which makes a similar accounting but with some variations.

4. *Yerushalmi, Sotah* 1:10.

5. *Deuteronomy* 10:6.

6. See 20:22-28 above.

7. Rashi's comment here is in agreement with his comments to *Deuteronomy* 10:6, but in his comments to 21:4 above, s.v., דֶּרֶךְ יַם סוּף, he says that there were seven marches from Moserah to Mount Hor. *Be'er BaSadeh* suggests that there were seven marches when the Israelites originally journeyed from Moserah to Mount Hor, but when they turned around in the opposite direction, they made the same journey in eight marches. See note 1 to 21:4 (p. 251) for an alternative interpretation.

8. Rashi's edition of the *Yerushalmi* differs from extant editions which read שְׁמוֹנֶה, "eight." The seven enumerated by Rashi, plus a family of Ezbon (*Genesis* 46:16) of Gad (*Korban HaEidah*). Rashi, however, identifies Ezbon as Ozni of verse 16 below.

9. Shimei is mentioned as one of the sons of Gershon, son of Levi, in 3:18 above, but the Shimeite family does not appear among the Levite families in verse 58 below.

10. Uzziel is mentioned as one of the sons of Kohath, son of Levi, in 3:19 above, but the Uzzielite family does not appear among the Levite families in verse 58 below.

11. Another of the sons of Kohath mentioned in 3:19.

12. The families of Levites mentioned in verse 58 are named after grandsons of Levi. But Izhar, son of Kohath, son of Levi, does not have a family named after him. Instead, there is a family named for one of his three sons (see *Exodus* 6:21), Korah. This indicates that the rest of the Izharites were wiped out. The decimated Izharites are thus the third of the four missing Levite families (*Mizrachi; Sifsei Chachamim*).

13. Earlier, Scripture enumerated eight families of Levites: the Libnite and the Shimeite (3:21); the Amramite, the Izharite, the Hebronite and the Uzzielite (3:27); the Mahlite and the Mushite (3:33). Here (v. 58), we find four of those families enumerated: the Libnite, the Hebronite, the Mahlite and the Mushite. We also find the Korahite mentioned here, but since that is not one of the families listed earlier, we must consider it a remnant of the Izharite family which for all intents and purposes could no longer be called a "family" in the larger sense that it is used here (see previous note). If so, the four missing families can be identified as the Shimeite, the

מִשְׁפַּ֖חַת הַזַּרְחִ֑י לְשָׁא֕וּל מִשְׁפַּ֖חַת
יד הַשָּׁאוּלִֽי׃ אֵ֖לֶּה מִשְׁפְּחֹ֣ת הַשִּׁמְעֹנִ֑י
טו שְׁנַ֧יִם וְעֶשְׂרִ֛ים אֶ֖לֶף וּמָאתָֽיִם׃ בְּנֵ֣י
גָד֮ לְמִשְׁפְּחֹתָם֒ לִצְפ֕וֹן מִשְׁפַּ֙חַת֙
הַצְּפוֹנִ֔י לְחַגִּ֕י מִשְׁפַּ֖חַת הַֽחַגִּ֑י לְשׁוּנִ֕י
טז מִשְׁפַּ֖חַת הַשּׁוּנִֽי׃ לְאָזְנִ֕י מִשְׁפַּ֖חַת
יז הָאָזְנִ֑י לְעֵרִ֕י מִשְׁפַּ֖חַת הָעֵרִֽי׃ לַֽאֲר֕וֹד
מִשְׁפַּ֖חַת הָֽאֲרוֹדִ֑י לְאַ֨רְאֵלִ֔י מִשְׁפַּ֖חַת
יח הָאַרְאֵלִֽי׃ אֵ֛לֶּה מִשְׁפְּחֹ֥ת בְּנֵי־גָ֖ד
לִפְקֻדֵיהֶ֑ם אַרְבָּעִ֥ים אֶ֖לֶף וַחֲמֵ֥שׁ

the Zerahite family; to Shaul, the Shaulite family. [14] These are the families of the Simeonite: twenty-two thousand, two hundred.

[15] The sons of Gad according to their families: to Zephon, the Zephonite family; to Haggi, the Haggite family; to Shuni, the Shunite family; [16] to Ozni, the Oznite family; to Eri, the Erite family; [17] to Arod, the Arodite family; Areli, the Arelite family. [18] These are the families of the sons of Gad by those who were counted: forty thousand,

אונקלוס

זַרְעִית זֶרַח לְשָׁאוּל זַרְעִית שָׁאוּל: יד אִלֵּין זַרְעֲיַת שִׁמְעוֹן עַשְׂרִין וּתְרֵין אַלְפִין וּמָאתָן: טו בְּנֵי גָד לְזַרְעֲיַתְהוֹן לִצְפוֹן זַרְעִית צְפוֹן לְחַגִּי זַרְעִית חַגִּי לְשׁוּנִי זַרְעִית שׁוּנִי: טז לְאָזְנִי זַרְעִית אָזְנִי לְעֵרִי זַרְעִית עֵרִי: יז לַאֲרוֹד זַרְעִית אֲרוֹד לְאַרְאֵלִי זַרְעִית אַרְאֵלִי: יח אִלֵּין זַרְעֲיַת בְּנֵי גָד לְמִנְיָנֵיהוֹן אַרְבְּעִין אַלְפִין

רש"י

ורבי תנחומא דרש שמתו במגפה בדבר בלעם (מדרש תנחומא ה). אבל לפי החסרון שחסר משבט שמעון במנין זה ממנין הראשון שבמדבר סיני נראה שכל עשרים וארבעה אלף נפלו משבטו של שמעון: (טז) **לאזני.** אומר אני שזו משפחת אצבון, ואיני יודע למה לא נקראת משפחתו על שמו:

RASHI ELUCIDATED

וְרַבִּי תַּנְחוּמָא דָּרַשׁ – **R' Tanchuma expounded** שֶׁמֵּתוּ בַּמַּגֵּפָה – **that [the missing Israelite families] died in the plague** בִּדְבַר בִּלְעָם – **over the matter of Balaam.**[1] אֲבָל לְפִי הַחֶסְרוֹן – **But in light of the reduced number** שֶׁחָסַר מִשֵּׁבֶט שִׁמְעוֹן – by **which the tribe of Simeon is found lacking** בְּמִנְיָן זֶה – **in this census** מִמִּנְיָן הָרִאשׁוֹן שֶׁבְּמִדְבַּר סִינַי – **from** their total in **the first census, which was at the Wilderness of Sinai,** נִרְאֶה – **it appears** שֶׁכָּל עֶשְׂרִים וְאַרְבָּעָה אֶלֶף – **that all twenty-four thousand** who fell in that plague נָפְלוּ מִשִּׁבְטוֹ שֶׁל שִׁמְעוֹן – **fell from the tribe of Simeon.**[2]

16. לְאָזְנִי – TO OZNI. אוֹמֵר אֲנִי – **I say** שֶׁזּוֹ מִשְׁפַּחַת אֶצְבּוֹן – **that this is the family of Ezbon,**[3] וְאֵינִי יוֹדֵעַ – **and I do not know** לָמָּה לֹא נִקְרֵאת מִשְׁפַּחְתּוֹ עַל שְׁמוֹ – **why his family is not called by his name.**

THE TRIBAL CENSUS			
TRIBE	POPULATION *NUMBERS* ch. 1	POPULATION *NUMBERS* ch. 26	POPULATION CHANGE
Reuben	46,500	43,730	-2,770
Simeon	59,300	22,200	-37,100
Gad	45,650	40,500	-5,150
Judah	74,600	76,500	+1,900
Issachar	54,400	64,300	+9,900
Zebulun	57,400	60,500	+3,100
Ephraim*	40,500	32,500	-8,000
Manasseh*	32,200	52,700	+20,500
Benjamin	35,400	45,600	+10,200
Dan	62,700	64,400	+1,700
Asher	41,500	53,400	+11,900
Naphtali	53,400	45,400	-8,000
TOTALS	**603,550**	**601,730**	**-1,820**

* In chapter 26 Manasseh precedes Ephraim.

Amramite, the Izharite and the Uzzielite, for these names do not appear in our passage (v. 58). However, the Amramite family, which is not named here, cannot be said to have disappeared, for that family includes Moses and Aaron and their descendants. Thus, only three missing families can be accounted for, and so Rashi is at a loss to name the fourth family (*Chizkuni*).

1. See *Tanchuma* 5; see also *Tanchuma Vayechi* 10, which gives a different account.

2. The number of the tribe of Simeon at the first census in the wilderness was 59,300 (see 1:23 above). Their number here is 22,200, a decline in number of 37,100. It thus stands to reason that all 24,000 who died in the plague (see 25:9) were from the tribe of Simeon, especially since they instigated the sin which led to the plague (see Rashi to 25:6). Rashi therefore disagrees with the *Midrash Tanchuma* which says that the missing families died in the plague, and supports the interpretation of the Jerusalem Talmud, which says that they died in the fighting about returning to Egypt.

3. A son of Gad mentioned in *Genesis* 46:16 who is not mentioned here. Ozni is not mentioned in the verse in *Genesis*.

יט מֵאוֹת: בְּנֵי יְהוּדָה עֵר
וְאוֹנָן וַיָּמָת עֵר וְאוֹנָן בְּאֶרֶץ כְּנָעַן:
כ וַיִּהְיוּ בְנֵי־יְהוּדָה לְמִשְׁפְּחֹתָם לְשֵׁלָה
מִשְׁפַּחַת הַשֵּׁלָנִי לְפֶרֶץ מִשְׁפַּחַת
כא הַפַּרְצִי לְזֶרַח מִשְׁפַּחַת הַזַּרְחִי: וַיִּהְיוּ
בְנֵי־פֶרֶץ לְחֶצְרֹן מִשְׁפַּחַת הַחֶצְרֹנִי
כב לְחָמוּל מִשְׁפַּחַת הֶחָמוּלִי: אֵלֶּה
מִשְׁפְּחֹת יְהוּדָה לִפְקֻדֵיהֶם שִׁשָּׁה
כג וְשִׁבְעִים אֶלֶף וַחֲמֵשׁ מֵאוֹת: בְּנֵי
יִשָּׂשכָר לְמִשְׁפְּחֹתָם תּוֹלָע מִשְׁפַּחַת
הַתּוֹלָעִי לְפֻוָה מִשְׁפַּחַת הַפּוּנִי:
כד לְיָשׁוּב מִשְׁפַּחַת הַיָּשֻׁבִי לְשִׁמְרֹן

five hundred.

[19] The sons of Judah, Er and Onan; Er and Onan died in the land of Canaan. [20] The sons of Judah according to their families were: to Shelah, the Shelanite family; to Perez, the Perezite family; to Zerah, the Zerahite family. [21] The sons of Peretz were: to Hezron, the Hezronite family; to Hamul, the Hamulite family. [22] These are the families of Judah by those who were counted: seventy-six thousand, five hundred.

[23] The sons of Issachar according to their families were: Tola, the Tolaite family; to Puvah, the Punite family; [24] to Jashub, the Jashubite family; to Shimron,

אונקלוס

וַחֲמֵשׁ מְאָה: יט בְּנֵי יְהוּדָה עֵר וְאוֹנָן וּמִית עֵר וְאוֹנָן בְּאַרְעָא דִכְנָעַן: כ וַהֲווֹ בְנֵי יְהוּדָה לְזַרְעֲיַתְהוֹן לְשֵׁלָה זַרְעִית שֵׁלָה לְפֶרֶץ זַרְעִית פָּרֶץ לְזֶרַח זַרְעִית זָרַח: כא וַהֲווֹ בְנֵי פֶרֶץ לְחֶצְרוֹן זַרְעִית חֶצְרוֹן לְחָמוּל זַרְעִית חָמוּל: כב אִלֵּין זַרְעֲיַת יְהוּדָה לְמִנְיָנֵיהוֹן שַׁבְעִין וְשִׁתָּא אַלְפִין וַחֲמֵשׁ מְאָה: כג בְּנֵי יִשָּׂשכָר לְזַרְעֲיַתְהוֹן תּוֹלָע זַרְעִית תּוֹלָע לְפֻוָּה זַרְעִית פֻּוָּה: כד לְיָשׁוּב זַרְעִית יָשׁוּב לְשִׁמְרוֹן

רש״י

(כד) לישוב. הוא יוב האמור ביורדי מצרים, כי כל המשפחות נקראו ע״ש יורדי מצרים. והנולדין משם והלאה לא נקראו המשפחות על שמם, חוץ ממשפחות אפרים ומנשה שנולדו כלם במצרים וארד ונעמן בני בלע בן בנימין. ומצאתי ביסודו של רבי משה הדרשן שירדה אמן למצרים כשהיתה מעוברת מהם, לכך נחלקו למשפחות, כחצרון וחמול שהיו בני בנים ליהודה וחבר ומלכיאל

RASHI ELUCIDATED

24. לְיָשׁוּב – TO JASHUB. הוּא יוֹב – He is Iov הָאָמוּר – who is mentioned בְּיוֹרְדֵי מִצְרַיִם – among those who went down to Egypt.[1] **כִּי כָל הַמִּשְׁפָּחוֹת נִקְרְאוּ – For all of the families were called עַל שֵׁם יוֹרְדֵי מִצְרַיִם – by names of those who went down to Egypt, וְהַנּוֹלָדִין מִשָּׁם וָהָלְאָה –** but regarding **those who were born from then on לֹא נִקְרְאוּ הַמִּשְׁפָּחוֹת עַל שְׁמָם – the families were not called by their names, חוּץ מִמִּשְׁפְּחוֹת אֶפְרַיִם וּמְנַשֶּׁה – except for the families of Ephraim and Manasseh, שֶׁנּוֹלְדוּ כֻּלָּם בְּמִצְרַיִם – for they were all born in Egypt, וְאַרְדְּ וְנַעֲמָן – and Ard and Naaman, בְּנֵי בֶלַע – sons of Bela, בֶּן בִּנְיָמִין – son of Benjamin.**[2]

וּמָצָאתִי בִּיסוֹדוֹ שֶׁל רַבִּי מֹשֶׁה הַדַּרְשָׁן – And I found in the treatise of R' Moshe HaDarshan[3] **שֶׁיָּרְדָה אִמָּן לְמִצְרַיִם – that their mother went down to Egypt כְּשֶׁהָיְתָה מְעֻבֶּרֶת מֵהֶם – when she was pregnant with them; לְכָךְ – therefore, נֶחְלְקוּ לְמִשְׁפָּחוֹת – they were divided into** separate **families,** i.e., they were considered separate families, **כְּחֶצְרוֹן וְחָמוּל – like Hezron and Hamul**[4] **שֶׁהָיוּ בְּנֵי בָנִים לִיהוּדָה – who were grandsons of Judah,**[5] **וְחֶבֶר וּמַלְכִּיאֵל – and Heber and Mal-**

1. See *Genesis* 46:13.

2. Ard and Naaman mentioned here are grandsons of Benjamin who were born in Egypt. The verse does not refer to the sons of Benjamin by the same name who were among those who went down to Egypt (*Mesiach Ilmim*).

Genesis 46:21 lists ten sons of Benjamin, five of whom are absent from our passage here. However, two families named for grandsons of Benjamin are mentioned here in verse 40, and their names are identical with the names of two of the missing sons of Benjamin. This may lead to the conclusion that the verse in *Genesis* refers to Benjamin's grandsons Ard and Naaman as his sons (a common Scriptural practice) and that the Ard and Naaman mentioned in *Genesis* are the very sons of Bela mentioned here (indeed, this is how *Ramban* understands the verse). By stating that five families "ceased to exist," Rashi shows that Benjamin and his son Bela each had sons named Ard and Naaman and that the family of Bela had branched out into three families: (i) Ard's descendants; (ii) Naaman's descendants; and (iii) the descendants of Bela's other sons.

3. Narbonne, southern France, 11th cent. C.E. R' Nathan of Rome, the author of *Sefer HeAruch*, was among his students.

4. See v. 21.

5. They were among those who went down to Egypt; see *Genesis* 46:12.

כה מִשְׁפַּ֖חַת הַשִּׁמְרֹנִֽי׃ אֵ֛לֶּה מִשְׁפְּחֹ֥ת
יִשָּׂשכָ֖ר לִפְקֻדֵיהֶ֑ם אַרְבָּעָ֧ה וְשִׁשִּׁ֛ים
כו אֶ֖לֶף וּשְׁלֹ֥שׁ מֵאֽוֹת׃ בְּנֵ֤י
זְבוּלֻן֙ לְמִשְׁפְּחֹתָ֔ם לְסֶ֕רֶד מִשְׁפַּ֙חַת֙
הַסַּרְדִּ֔י לְאֵל֕וֹן מִשְׁפַּ֖חַת הָאֵֽלֹנִ֑י
כז לְיַ֨חְלְאֵ֔ל מִשְׁפַּ֖חַת הַיַּחְלְאֵלִֽי׃ אֵ֛לֶּה
מִשְׁפְּחֹ֥ת הַזְּבוּלֹנִ֖י לִפְקֻדֵיהֶ֑ם
כח שִׁשִּׁ֥ים אֶ֖לֶף וַחֲמֵ֥שׁ מֵאֽוֹת׃ בְּנֵ֥י
יוֹסֵ֖ף לְמִשְׁפְּחֹתָ֑ם מְנַשֶּׁ֖ה וְאֶפְרָֽיִם׃

the Shimronite family. 25 These are the families of Issachar by those who were counted: sixty-four thousand, three hundred.

26 The sons of Zebulun according to their families: to Sered, the Seredite family; to Elon, the Elonite family; to Jahleel, the Jahleelite family. 27 These are the families of the Zebulunite by those who were counted: sixty thousand, five hundred.

28 The sons of Joseph according to their families: Manasseh and Ephraim.

אונקלוס

זַרְעִית שִׁמְרוֹן: כה אִלֵּין זַרְעֲיַת יִשָּׂשכָר לְמִנְיָנֵיהוֹן שִׁתִּין וְאַרְבְּעָא אַלְפִין וּתְלַת מְאָה: כו בְּנֵי
זְבוּלֻן לְזַרְעֲיָתְהוֹן לְסֶרֶד זַרְעִית סֶרֶד לְאֵלוֹן זַרְעִית אֵלוֹן לְיַחְלְאֵל זַרְעִית יַחְלְאֵל: כז אִלֵּין
זַרְעֲיַת זְבוּלֻן לְמִנְיָנֵיהוֹן שִׁתִּין אַלְפִין וַחֲמֵשׁ מְאָה: כח בְּנֵי יוֹסֵף לְזַרְעֲיָתְהוֹן מְנַשֶּׁה וְאֶפְרָיִם:

רש"י

שהיו בני בנים של אשר. ואם אגדה היא הרי טוב, ואם לאו אומר אני שהיו לבלע בנים הרבה, ומשנים הללו ארד ונעמן יצאה מכל אחד משפחה רבה, ונקראו תולדות שאר הבנים על שם בלע, ותולדות השנים הללו נקראו על שמם. וכן אני אומר בבני מכיר שנחלקו לשתי משפחות, אחת נקראת על שמו ואחת נקראת על שם גלעד בנו. חמש משפחות חסרו מבניו של בנימין, כאן נתקיימה מקצת נבואת אמו שקראתו בן אוני (בראשית לה:יח), בן אניות, ובפלגש בגבעה נתקיימה כולה. זו מצאתי ביסודו של רבי משה הדרשן:

RASHI ELUCIDATED

chiel[1] **שֶׁהָיוּ בְּנֵי בָנִים שֶׁל אָשֵׁר – who were grandsons of Asher.**[2] **וְאִם אַגָּדָה הִיא – If this is an aggadah,**[3] **הֲרֵי טוֹב – then fine,**[4] **וְאִם לָאו – but if not, אוֹמֵר אֲנִי – I say שֶׁהָיוּ לְבֶלַע בָּנִים הַרְבֵּה – that Bela had many sons**[5] **וּמִשְּׁנַיִם הַלָּלוּ – and from these two, אַרְדְּ וְנַעֲמָן – Ard and Naaman, יָצְאָה מִכָּל אֶחָד מִשְׁפָּחָה רַבָּה – a large family emerged from each of them, וְנִקְרְאוּ תּוֹלְדוֹת שְׁאָר הַבָּנִים – and the** family of the **offspring of the other sons** of Bela **were called עַל שֵׁם בֶּלַע – by the name of Bela, וְתוֹלְדוֹת הַשְּׁנַיִם הַלָּלוּ – but the offspring of these two,** Ard and Naaman, **נִקְרְאוּ עַל שְׁמָם – were called by their** own **name. וְכֵן אֲנִי אוֹמֵר בִּבְנֵי מָכִיר – And thus do I say about the sons of Machir,**[6] **שֶׁנֶּחְלְקוּ לִשְׁתֵּי מִשְׁפָּחוֹת – that they were divided into two families; אַחַת נִקְרֵאת עַל שְׁמוֹ – one was called by [Machir's] name, וְאַחַת נִקְרֵאת עַל שֵׁם גִּלְעָד בְּנוֹ – and one was called by the name of Gilead, his son.**

חָמֵשׁ מִשְׁפָּחוֹת חָסְרוּ מִבָּנָיו שֶׁל בִּנְיָמִין – There are five families missing from the sons of Benjamin.[7] **כָּאן נִתְקַיְּמָה מִקְצַת נְבוּאַת אִמּוֹ – Here part of the prophecy of his mother,** Rachel, **was fulfilled, שֶׁקְּרָאַתּוּ ,,בֶּן אוֹנִי"**[8] **– for she called him "Ben Oni,"**[8] which means **בֶּן אֲנִינוּת – son of mourning.**[9] **וּבְפִילֶגֶשׁ בַּגִּבְעָה – And at** the incident of **"the concubine at Giv'ah,"**[10] **נִתְקַיְּמָה כֻּלָּהּ – it was fulfilled in its entirety. זוֹ מָצָאתִי – I found this בִּיסוֹדוֹ שֶׁל רַבִּי מֹשֶׁה הַדַּרְשָׁן – in the treatise of R' Moshe HaDarshan.**

1. See v. 45.

2. They were among those who went down to Egypt; see *Genesis* 46:17.

3. That is, if this interpretation is an accepted tradition rather than R' Moshe HaDarshan's novel interpretation.

4. That is, if it has a source in Tannaitic or Amoraic works, then it must be accepted as authoritative (*Maharik*).

5. According to *I Chronicles* 8:3-5 he had nine, two of them being אַדָּר (presumably a variant form of אַרְדְּ) and נַעֲמָן.

6. See v. 29.

7. Benjamin had ten sons (see *Genesis* 46:21), but only five had families named after them (see vv. 38-41). Another two Benjaminite families are listed, but they are named after grandsons of Benjamin. See note 2 on page 330.

8. *Genesis* 35:18.

9. In his comments to the verse in *Genesis*, Rashi interprets "Ben Oni" as "son of my pain," but there he was stating his own opinion, while here he presents that of R' Moshe HaDarshan.

10. See *Judges* chs. 19-20, which describes the almost total destruction of the tribe of Benjamin.

[29] *The sons of Manasseh: to Machir, the Machirite family, and Machir begot Gilead; to Gilead, the Gileadite family.* [30] *These are the sons of Gilead: Iezer, the Iezerite family; to Helek, the Helekite family;* [31] *and Asriel, the Asrielite family; and Shechem, the Shechemite family;* [32] *and Shemida, the Shemidaite family; and Hepher, the Hepherite family.* [33] *Zelophehad son of Hepher had no sons, only daughters; and the names of Zelophehad's daughters: Mahlah and Noah, Hoglah, Milcah, and Tirzah.* [34] *These are the families of Manasseh, and their counted ones: fifty-two thousand, seven hundred.*

[35] *These are the sons of Ephraim according to their families: to Shuthelah, the Shuthelahite family; to Becher, the Becherite family; to Tahan, the Tahanite family* [36] *And these are the sons of Shuthelah: to Eran, the Eranite family.* [37] *These are the families of the sons of Ephraim by those who were counted:*

כט בְּנֵ֣י מְנַשֶּׁ֗ה לְמָכִיר֙ מִשְׁפַּ֣חַת הַמָּֽכִירִ֔י
וּמָכִ֖יר הוֹלִ֣יד אֶת־גִּלְעָ֑ד לְגִלְעָ֕ד
ל מִשְׁפַּ֖חַת הַגִּלְעָדִֽי׃ אֵ֚לֶּה בְּנֵ֣י גִלְעָ֔ד
אִיעֶ֕זֶר מִשְׁפַּ֖חַת הָאִיעֶזְרִ֑י לְחֵ֕לֶק
לא מִשְׁפַּ֖חַת הַֽחֶלְקִֽי׃ וְאַ֨שְׂרִיאֵ֔ל מִשְׁפַּ֖חַת
הָֽאַשְׂרְאֵלִ֑י וְשֶׁ֕כֶם מִשְׁפַּ֖חַת הַשִּׁכְמִֽי׃
לב וּשְׁמִידָ֕ע מִשְׁפַּ֖חַת הַשְּׁמִידָעִ֑י וְחֵ֕פֶר
לג מִשְׁפַּ֖חַת הַֽחֶפְרִֽי׃ וּצְלָפְחָ֣ד בֶּן־חֵ֗פֶר
לֹא־הָ֥יוּ ל֛וֹ בָּנִ֖ים כִּ֣י אִם־בָּנ֑וֹת וְשֵׁ֗ם
בְּנ֣וֹת צְלָפְחָ֔ד מַחְלָ֣ה וְנֹעָ֔ה חָגְלָ֥ה
לד מִלְכָּ֖ה וְתִרְצָֽה׃ אֵ֖לֶּה מִשְׁפְּחֹ֣ת מְנַשֶּׁ֑ה
וּפְקֻ֣דֵיהֶ֔ם שְׁנַ֧יִם וַחֲמִשִּׁ֛ים אֶ֖לֶף וּשְׁבַ֥ע
לה מֵאֽוֹת׃ אֵ֣לֶּה בְנֵֽי־אֶפְרַ֘יִם֘
לְמִשְׁפְּחֹתָם֒ לְשׁוּתֶ֗לַח מִשְׁפַּ֙חַת֙
הַשֻּׁ֣תַלְחִ֔י לְבֶ֕כֶר מִשְׁפַּ֖חַת הַבַּכְרִ֑י
לו לְתַ֕חַן מִשְׁפַּ֖חַת הַתַּחֲנִֽי׃ וְאֵ֖לֶּה בְּנֵ֣י
לז שׁוּתָ֑לַח לְעֵרָ֕ן מִשְׁפַּ֖חַת הָעֵרָנִֽי׃ אֵ֣לֶּה
מִשְׁפְּחֹ֤ת בְּנֵֽי־אֶפְרַ֙יִם֙ לִפְקֻ֣דֵיהֶ֔ם

אונקלוס

כט בְּנֵי מְנַשֶּׁה לְמָכִיר זַרְעִית מָכִיר וּמָכִיר אוֹלִיד יָת גִּלְעָד לְגִלְעָד זַרְעִית גִּלְעָד: ל אִלֵּין בְּנֵי גִלְעָד אִיעֶזֶר זַרְעִית אִיעֶזֶר לְחֵלֶק זַרְעִית חֵלֶק: לא וְאַשְׂרִיאֵל זַרְעִית אַשְׂרִיאֵל וְשֶׁכֶם זַרְעִית שֶׁכֶם: לב וּשְׁמִידָע זַרְעִית שְׁמִידָע וְחֵפֶר זַרְעִית חֵפֶר: לג וּצְלָפְחָד בַּר חֵפֶר לָא הֲווֹ לֵהּ בְּנִין אֱלָהֵן בְּנָן וְשׁוּם בְּנַת צְלָפְחָד מַחְלָה וְנֹעָה חָגְלָה מִלְכָּה וְתִרְצָה: לד אִלֵּין זַרְעֲיַת מְנַשֶּׁה וּמִנְיָנֵיהוֹן חַמְשִׁין וּתְרֵין אַלְפִין וּשְׁבַע מְאָה: לה אִלֵּין בְּנֵי אֶפְרַיִם לְזַרְעֲיַתְהוֹן לְשׁוּתֶלַח זַרְעִית שׁוּתֶלַח לְבֶכֶר זַרְעִית בֶּכֶר לְתַחַן זַרְעִית תָּחַן: לו וְאִלֵּין בְּנֵי שׁוּתָלַח לְעֵרָן זַרְעִית עֵרָן: לז אִלֵּין זַרְעֲיַת בְּנֵי אֶפְרַיִם לְמִנְיָנֵיהוֹן

רש"י

(לו) ואלה בני שותלח וגו'. שאר בני שותלח נקראו תולדותיהם על שם שותלח, ומערן יצאה משפחה רבה ונקראת על שמו, ונחשבו בני שותלח לשתי משפחות. צא וחשוב ותמצא בפרשה זו חמשים ושבע משפחות ומבני לוי שמונה, הרי ששים וחמש וזהו שנאמר

RASHI ELUCIDATED

36. וְאֵלֶּה בְּנֵי שׁוּתֶלַח וְגוֹמֵר – AND THESE ARE THE SONS OF SHUTHELAH, ETC. שְׁאָר בְּנֵי שׁוּתֶלַח – As for **the other sons of Shuthelah, נִקְרְאוּ תּוֹלְדוֹתֵיהֶם עַל שֵׁם שׁוּתֶלַח – their offspring were called by the name of Shuthelah, וּמֵעֵרָן יָצְאָה מִשְׁפָּחָה רַבָּה – but from Eran there emerged a large family, וְנִקְרֵאת עַל שְׁמוֹ – so it was called by his name, וְנֶחְשְׁבוּ בְּנֵי שׁוּתֶלַח לִשְׁתֵּי מִשְׁפָּחוֹת – and the sons of Shuthelah are counted as two families,** one of Eran, and one of the rest of the sons of Shuthelah.[1] **צֵא וַחֲשׁוֹב – Go and calculate,** with this in mind, **וְתִמְצָא בְּפָרָשָׁה זוֹ – and you will find in this passage חֲמִשִּׁים וָשֶׁבַע מִשְׁפָּחוֹת – fifty-seven families. וּמִבְּנֵי לֵוִי שְׁמוֹנָה – And from the sons of Levi** there are another **eight.**[2] **הֲרֵי שִׁשִּׁים וְחָמֵשׁ – There you have** a total of **sixty-five. וְזֶהוּ שֶׁנֶּאֱמַר – And this is**

1. The preceding verse mentions a Shuthelahite family among the families of Ephraim, but our verse mentions only one son of Shuthelah, Eran, and ascribes to him a family called by his own name. It would thus appear that in actuality, there was no family called the "Shuthelahite." Rashi explains that there were two families of Shuthelahites: the family of Eran, the most proliferous of Shuthelah's sons, and the family composed of the offspring of the rest of his sons, which was called by the name of Shuthelah (*Mesiach Ilmim*).

2. In verses 57-58 below, the Levites are divided into three major families, after the three sons of Levi, and five sub-families, after grandsons of Levi — a total of eight (see *Riva* in *Baalei HaTosafos* to our verse, and *Ramban* to v. 58).

thirty-two thousand, five hundred. These are the sons of Joseph according to their families.

[38] *The sons of Benjamin according to their families: to Bela, the Belaite family; to Ashbel, the Ashbelite family; to Ahiram, the Ahiramite family;* [39] *to Shephupham, the Shephuphamite family; to Hupham, the Huphamite family.* [40] *And the sons of Bela were Ard and Naaman: the Ardite family; to Naaman, the Naamanite family.* [41] *These are the sons of Benjamin according to their families, and their counted ones: forty-five thousand, six hundred.*

[42] *These are the sons of Dan accord-*

שְׁנַ֛יִם וּשְׁלֹשִׁ֥ים אֶ֖לֶף וַחֲמֵ֣שׁ מֵא֑וֹת
לח אֵ֥לֶּה בְנֵי־יוֹסֵ֖ף לְמִשְׁפְּחֹתָֽם׃ בְּנֵ֤י
בִנְיָמִן֙ לְמִשְׁפְּחֹתָ֔ם לְבֶ֕לַע מִשְׁפַּ֙חַת֙
הַבַּלְעִ֔י לְאַשְׁבֵּ֕ל מִשְׁפַּ֖חַת הָֽאַשְׁבֵּלִ֑י
לַאֲחִירָ֕ם מִשְׁפַּ֖חַת הָאֲחִירָמִֽי׃
לט לִשְׁפוּפָ֕ם מִשְׁפַּ֖חַת הַשּׁוּפָמִ֑י לְחוּפָ֕ם
מ מִשְׁפַּ֖חַת הַחוּפָמִֽי׃ וַיִּהְי֥וּ בְנֵי־בֶ֖לַע
אַ֣רְדְּ וְנַעֲמָ֑ן מִשְׁפַּ֙חַת֙ הָֽאַרְדִּ֔י
מא לְנַֽעֲמָ֕ן מִשְׁפַּ֖חַת הַנַּעֲמִֽי׃ אֵ֥לֶּה בְנֵֽי־
בִנְיָמִ֖ן לְמִשְׁפְּחֹתָ֑ם וּפְקֻֽדֵיהֶ֗ם
חֲמִשָּׁ֧ה וְאַרְבָּעִ֛ים אֶ֖לֶף וְשֵׁ֥שׁ
מב מֵאֽוֹת׃ אֵ֣לֶּה בְנֵי־דָן֮

אונקלוס

תְּלָתִין וּתְרֵין אַלְפִין וַחֲמֵשׁ מְאָה אִלֵּין בְּנֵי יוֹסֵף לְזַרְעֲיָתְהוֹן: לח בְּנֵי בִנְיָמִין לְזַרְעֲיָתְהוֹן לְבֶלַע זַרְעִית בֶּלַע לְאַשְׁבֵּל זַרְעִית אַשְׁבֵּל לַאֲחִירָם זַרְעִית אֲחִירָם: לט לִשְׁפוּפָם זַרְעִית שְׁפוּפָם לְחוּפָם זַרְעִית חוּפָם: מ וַהֲווֹ בְנֵי בֶלַע אַרְדְּ וְנַעֲמָן זַרְעִית אַרְדְּ לְנַעֲמָן זַרְעִית נַעֲמָן: מא אִלֵּין בְּנֵי בִנְיָמִן לְזַרְעֲיָתְהוֹן וּמִנְיָנֵיהוֹן אַרְבְּעִין וְחַמְשָׁא אַלְפִין וְשִׁית מְאָה: מב אִלֵּין בְּנֵי דָן

רש"י

כי אתם המעט וגו' (דברים ז:ז) ה"א מעט, חמש אתם חסרים ממשפחות כל העמים שהן שבעים. אף זה הבנתי מיסודו של רבי משה הדרשן, אך הוצרכתי לפרש ולהוסיף בדבריו: **(לח) לאחירם.** הוא אחי שירד למצרים (בראשית מו:כא) ולפי שנקרא על שם יוסף שהיה אחיו ורם ממנו נקרא אחירם: **(לט) שפופם.** הוא מופים (בראשית שם) על שם שהיה יוסף שפוף בין האומות:

RASHI ELUCIDATED

הֵ״א – alluded to by **that which it says,** "כִּי אַתֶּם הַמְעַט וְגוֹמֵר"[1] – **"for you are the fewest etc."**[1] מְעַט – The word הַמְעַט of that phrase can be broken up into two parts, **the letter** ה, and the word מְעַט, **"few,"** which is seen as saying, חָמֵשׁ אַתֶּם חֲסֵרִים – **you are lacking five**[2] מִמִּשְׁפְּחוֹת כָּל הָעַמִּים – **from** the total of **the families of all of the nations** of the world, שֶׁהֵן שִׁבְעִים – **for they are seventy.**[3] אַף זֶה הֲבַנְתִּי – **This, too, I understood** מִיסוֹדוֹ שֶׁל רַבִּי מֹשֶׁה הַדַּרְשָׁן – **from the treatise of R' Moshe HaDarshan,** אַךְ הֻצְרַכְתִּי לְפָרֵשׁ[4] וּלְהוֹסִיף בִּדְבָרָיו – **but I needed to explain**[4] **and add to his words.**

38. לַאֲחִירָם – **TO AHIRAM** הוּא אֵחִי – **He is Ehi** שֶׁיָּרַד לְמִצְרַיִם – **who went down to Egypt.**[5] וּלְפִי שֶׁנִּקְרָא עַל שֵׁם יוֹסֵף – **And since he was named after Joseph,**[6] שֶׁהָיָה אָחִיו – **who was [Benjamin's] brother** וְרָם מִמֶּנּוּ – **and more exalted than he,** נִקְרָא אֲחִירָם – **he is called Ahiram,** which means **"my brother is exalted."**

39. לִשְׁפוּפָם – **TO SHEPHUPHAM.** הוּא מֻפִּים – **He is Muppim.**[7] עַל שֵׁם שֶׁהָיָה יוֹסֵף שָׁפוּף – He is called שְׁפוּפָם here **because Joseph was exiled**[8] בֵּין הָאֻמּוֹת – **among the nations.**

1. *Deuteronomy* 7:7. The full phrase reads, "for you are the fewest of all the peoples."

2. The numerical value of the letter ה is five.

3. This interpretation of the verse in *Deuteronomy* supports Rashi's point that the family of Shuthelah and the family of Eran were two separate families. It is only by counting them as two families that we can arrive at the total of sixty-five families.

4. The text follows the Reggio di Calabria and Alkabetz editions. Other early printed editions read לִפְחוֹת, "to subtract," but it is not clear why Rashi would consider it necessary to subtract from the words of R' Moshe HaDarshan (*Yosef Hallel*).

5. *Genesis* 46:21. Ehi is mentioned there as one of the sons of Benjamin who went down to Egypt.

6. Rashi to *Genesis* 43:30, s.v., כִּי נִכְמְרוּ רַחֲמָיו, explains how all of Benjamin's sons were named for Joseph.

7. Mentioned in *Genesis* 46:21.

8. שְׁפוּפָם is seen as being from the root שפף, an intense form of שף, "to be bent, dislocated." See Rashi to *Sotah* 10a, s.v., שפיפון, and *Sanhedrin* 105a, s.v., שפיפון. See also *Sefer Zikaron*.

לְמִשְׁפְּחֹתָם לְשׁוּחָם מִשְׁפַּחַת
הַשּׁוּחָמִי אֵלֶּה מִשְׁפְּחֹת דָּן
מג לְמִשְׁפְּחֹתָם: כָּל־מִשְׁפְּחֹת הַשּׁוּחָמִי
לִפְקֻדֵיהֶם אַרְבָּעָה וְשִׁשִּׁים אֶלֶף
מד וְאַרְבַּע מֵאוֹת: בְּנֵי אָשֵׁר
לְמִשְׁפְּחֹתָם לְיִמְנָה מִשְׁפַּחַת הַיִּמְנָה
לְיִשְׁוִי מִשְׁפַּחַת הַיִּשְׁוִי לִבְרִיעָה
מה מִשְׁפַּחַת הַבְּרִיעִי: לִבְנֵי בְרִיעָה
לְחֵבֶר מִשְׁפַּחַת הַחֶבְרִי לְמַלְכִּיאֵל
מו מִשְׁפַּחַת הַמַּלְכִּיאֵלִי: וְשֵׁם בַּת־
מז אָשֵׁר שָׂרַח: אֵלֶּה מִשְׁפְּחֹת בְּנֵי־
אָשֵׁר לִפְקֻדֵיהֶם שְׁלֹשָׁה וַחֲמִשִּׁים
מח אֶלֶף וְאַרְבַּע מֵאוֹת: בְּנֵי
נַפְתָּלִי לְמִשְׁפְּחֹתָם לְיַחְצְאֵל
מִשְׁפַּחַת הַיַּחְצְאֵלִי לְגוּנִי מִשְׁפַּחַת
מט הַגּוּנִי: לְיֵצֶר מִשְׁפַּחַת הַיִּצְרִי לְשִׁלֵּם
נ מִשְׁפַּחַת הַשִּׁלֵּמִי: אֵלֶּה מִשְׁפְּחֹת
נַפְתָּלִי לְמִשְׁפְּחֹתָם וּפְקֻדֵיהֶם
חֲמִשָּׁה וְאַרְבָּעִים אֶלֶף וְאַרְבַּע
נא מֵאוֹת: אֵלֶּה פְּקוּדֵי בְּנֵי יִשְׂרָאֵל
שֵׁשׁ־מֵאוֹת אֶלֶף וָאָלֶף שְׁבַע מֵאוֹת
וּשְׁלֹשִׁים:
נב שלישי וַיְדַבֵּר יהוה אֶל־מֹשֶׁה לֵּאמֹר:

ing to their families: to Shuham, the Shuhamite family. These are the families of Dan according to their families. 43 All the Shuhamite families by those who were counted: sixty-four thousand, four hundred.

44 The sons of Asher according to their families: to Imnah, the Imnah family; to Ishvi, the Ishvite family; to Beriah, the Beriite family; 45 of the sons of Beriah: to Heber, the Heberite family; to Malchiel, the Malchielite family. 46 The name of Asher's daughter: Serah. 47 These are the families of the sons of Asher by those who were counted: fifty-three thousand, four hundred.

48 The sons of Naphtali according to their families: to Jahzeel, the Jahzeelite family; to Guni, the Gunite family; 49 to Jezer, the Jezerite family; to Shillem, the Shillemite family. 50 These are the families of Naphtali according to their families, and their counted ones: forty-five thousand, four hundred.

51 These are the counted ones of the Children of Israel: six hundred and one thousand, seven hundred and thirty.

52 *HASHEM* spoke to Moses, saying:

אונקלוס

לְזַרְעֲיַתְהוֹן לְשׁוּחָם זַרְעִית שׁוּחָם אִלֵּין זַרְעֲיַת דָּן לְזַרְעֲיַתְהוֹן: מג כָּל זַרְעֲיַת שׁוּחָם לְמִנְיָנֵיהוֹן שִׁתִּין וְאַרְבַּע אַלְפִין וְאַרְבַּע מְאָה: מד בְּנֵי אָשֵׁר לְזַרְעֲיַתְהוֹן לְיִמְנָה זַרְעִית יִמְנָה לְיִשְׁוִי זַרְעִית יִשְׁוִי לִבְרִיעָה זַרְעִית בְּרִיעָה: מה לִבְנֵי בְרִיעָה לְחֵבֶר זַרְעִית חֵבֶר לְמַלְכִּיאֵל זַרְעִית מַלְכִּיאֵל: מו וְשׁוּם בַּת אָשֵׁר סָרַח: מז אִלֵּין זַרְעֲיַת בְּנֵי אָשֵׁר לְמִנְיָנֵיהוֹן חַמְשִׁין וּתְלָתָא אַלְפִין וְאַרְבַּע מְאָה: מח בְּנֵי נַפְתָּלִי לְזַרְעֲיַתְהוֹן לְיַחְצְאֵל זַרְעִית יַחְצְאֵל לְגוּנִי זַרְעִית גּוּנִי: מט לְיֵצֶר זַרְעִית יֵצֶר לְשִׁלֵּם זַרְעִית שִׁלֵּם: נ אִלֵּין זַרְעֲיַת נַפְתָּלִי לְזַרְעֲיַתְהוֹן וּמִנְיָנֵיהוֹן אַרְבְּעִין וְחַמְשָׁא אַלְפִין וְאַרְבַּע מְאָה: נא אִלֵּין מִנְיָנֵי בְּנֵי יִשְׂרָאֵל שִׁית מְאָה אַלְפִין וְאַלְפָא שְׁבַע מְאָה וּתְלָתִין: נב וּמַלִּיל יְיָ עִם מֹשֶׁה לְמֵימָר:

רש"י

(מב) **לשוחם.** הוא חושים (שם כג): (מו) **ושם בת אשר שרח.** לפי שהיתה קיימת בחיים (סדר עולם ט) מנאה כאן:

RASHI ELUCIDATED

42. **לְשׁוּחָם – TO SHUHAM.** **הוּא חֻשִׁים – He is Hushim.**[1]

46. **וְשֵׁם בַּת אָשֵׁר שָׂרַח – THE NAME OF ASHER'S DAUGHTER: SERAH.** **לְפִי שֶׁהָיְתָה קַיֶּמֶת בַּחַיִּים – Because she was** still **alive,** **מְנָאָהּ כָּאן – [Scripture] lists her here.**[2]

1. Mentioned in *Genesis* 46:23.

2. *Seder Olam* 9. Our passage lists those among whom the Land of Israel was to be divided (see v. 52). Serah did not take a portion in the land for she had brothers. Still, she is mentioned here because of her extraordinary longevity (*Sefer Zikaron*).

נג לָאֵלֶּה תֵּחָלֵק הָאָרֶץ בְּנַחֲלָה
נד בְּמִסְפַּר שֵׁמוֹת: לָרַב תַּרְבֶּה
נַחֲלָתוֹ וְלַמְעַט תַּמְעִיט נַחֲלָתוֹ
אִישׁ לְפִי פְקֻדָיו יֻתַּן נַחֲלָתוֹ:

53 *"To these shall the land be divided as an inheritance, according to the number of names.*
54 *To the [tribe of] many you shall increase its inheritance, and to the [tribe of] few you shall lessen its inheritance; each one according to his counted ones shall his inheritance be given.*

אונקלוס

נג לְאִלֵּין תִּתְפְּלֵיג אַרְעָא בְּאַחֲסָנָא בְּמִנְיַן שְׁמָהָן: נד לְסַגִּיאֵי תַּסְגּוֹן אַחֲסַנְתְּהוֹן וְלִזְעִירֵי תַּזְעֲרוּן אַחֲסַנְתְּהוֹן גְּבַר לְפוּם מִנְיָנוֹהִי תִּתְיְהֵב אַחֲסַנְתֵּהּ:

רש"י

(נג) **לאלה תחלק הארץ.** ולא לפחותים מבן עשרים אע"פ שבאו לכלל עשרים בטרם חלוק הארץ, שהרי שבע שנים כבשו ושבע חלקו, לא נטלו חלק בארץ אלא אלו שש מאות אלף ואלף וגו', ואם היו לאחד מהם ששה בנים לא נטלו אלא חלק אביהם לבדו: (נד) **לרב תרבה נחלתו.** לשבט שהיה מרובה באוכלוסין נתנו חלק רב. ואע"פ שלא היו החלקים שוים, שהרי הכל לפי רבוי השבט חלקו החלקים, לא עשו אלא על ידי גורל, והגורל היה על פי רוח הקודש, כמו שמפורש בבבא בתרא (קכב.). אלעזר הכהן היה מלובש באורים ותומים ואומר ברוח הקודש, אם שבט פלוני עולה תחום פלוני עולה עמו. והשבטים היו כתובים בשנים עשר פתקין, ושנים עשר גבולין בשנים עשר פתקין, ובללום בקלפי, והנשיא מכניס ידו לתוכו ונוטל שני פתקין. עולה בידו

RASHI ELUCIDATED

53. לָאֵלֶּה תֵּחָלֵק הָאָרֶץ – TO THESE SHALL THE LAND BE DIVIDED וְלֹא לִפְחוּתִים מִבֶּן עֶשְׂרִים **– but not to those under the age of twenty,** אַף עַל פִּי שֶׁבָּאוּ לִכְלַל עֶשְׂרִים **– even though they came into the category of** those **twenty** years old בְּטֶרֶם חִלּוּק הָאָרֶץ **– before the division of the land.** שֶׁהֲרֵי **– For see now,** שֶׁבַע שָׁנִים כָּבְשׁוּ – although **they conquered** the land **for seven years** after entering the land וְשֶׁבַע חָלְקוּ **– and divided** it **for seven** more **years,** לֹא נָטְלוּ חֵלֶק בָּאָרֶץ – nevertheless, **none took a portion in the land** אֶלָּא אֵלּוּ שֵׁשׁ מֵאוֹת אֶלֶף וָאֶלֶף וְגוֹמֵר **– but these "six hundred and one thousand,** [seven hundred and thirty],"[1] i.e., only those who were twenty at the time of this census when they were about to enter the land. וְאִם הָיוּ לְאֶחָד מֵהֶם שִׁשָּׁה בָנִים **– And if one of them had six sons,** לֹא נָטְלוּ אֶלָּא חֵלֶק אֲבִיהֶם לְבַדּוֹ **– they took nothing but their father's portion only.**[2]

54. לָרַב תַּרְבֶּה נַחֲלָתוֹ – TO THE [TRIBE OF] MANY YOU SHALL INCREASE ITS INHERITANCE. לְשֵׁבֶט שֶׁהָיָה מְרֻבֶּה בְּאוּכְלוּסִין **– To a tribe which was numerous in population**[3] נָתְנוּ חֵלֶק רַב **– they gave a large portion.**[4] וְאַף עַל פִּי שֶׁלֹּא הָיוּ הַחֲלָקִים שָׁוִים **– Even though the portions were not equal,** שֶׁהֲרֵי **– for see now,** הַכֹּל לְפִי רִבּוּי הַשֵּׁבֶט חִלְּקוּ הַחֲלָקִים **– it was entirely according to the numerousness of the** individual **tribe that they divided the portions,** לֹא עָשׂוּ אֶלָּא עַל יְדֵי גוֹרָל – nevertheless, **they did not act except by means of a lottery.** וְהַגּוֹרָל הָיָה עַל פִּי רוּחַ הַקֹּדֶשׁ **– And the lottery was** conducted **through the Holy Spirit,** i.e., Divine inspiration,[5] כְּמוֹ שֶׁמְּפֹרָשׁ בְּבָבָא בַּתְרָא[6] **– as stated clearly in *Bava Basra*:**[6] אֶלְעָזָר הַכֹּהֵן **– Elazar the Kohen** הָיָה מְלֻבָּשׁ בְּאוּרִים וְתֻמִּים **– would be wearing the *Urim VeTumim***[7] וְאוֹמֵר **– and would say** בְּרוּחַ הַקֹּדֶשׁ **– by the Holy Spirit,** אִם שֵׁבֶט פְּלוֹנִי עוֹלֶה **– "If such-and-such tribe comes up** in the lottery, תְּחוּם פְּלוֹנִי עוֹלֶה עִמּוֹ **– such-and-such a demarcated area shall come up with him."** וְהַשְּׁבָטִים הָיוּ כְתוּבִים – The names of **the tribes were written** בִּשְׁנֵים עָשָׂר פִּתְקִין **– on twelve tickets,** וּשְׁנֵים עָשָׂר גְּבוּלִין **– and twelve** areas described in terms of their **boundaries** בִּשְׁנֵים עָשָׂר פִּתְקִין – were written **on twelve tickets.** וּבְלָלוּם בְּקַלְפֵּי **– They mixed them up in a box,** וְהַנָּשִׂיא **– and the prince** of each tribe מַכְנִיס יָדוֹ לְתוֹכָהּ **– would put his hand into it** וְנוֹטֵל שְׁנֵי פִּתְקִין **– and take two tickets.** עוֹלֶה בְיָדוֹ **– There would come up in his**

1. Above v. 51.

2. "To these shall the land be divided" is not an assurance that those counted in the census would survive to take a portion in the land. It is a statement of the rule by which the apportioning of the land would be conducted (*Be'er Mayim Chaim; Devek Tov*).

3. Rashi understands "the many" as referring to a heavily populated tribe, not to a family within a tribe, as *Ramban* understands it.

4. "You shall increase its inheritance" does not mean you shall give them many portions; it means you shall give them one larger portion.

5. When land is parceled by lottery, the portions are generally of equal size. In this case, the portions were of different sizes. The Divine inspiration assured each tribe of receiving its appropriate portion (*Be'er Mayim Chaim*).

6. *Bava Basra* 122a.

7. See *Exodus* 28:30 and Rashi there.

נה אַךְ־בְּגוֹרָ֕ל יֵחָלֵ֖ק אֶת־הָאָ֑רֶץ
נו לִשְׁמ֥וֹת מַטּֽוֹת־אֲבֹתָ֖ם יִנְחָֽלוּ׃ עַל־פִּ֙י

[55] *Only by lot shall the land be divided, according to the names of their fathers' tribes shall they inherit.* [56] *According to*

אונקלוס

נה בְּרַם בְּעַדְבָא יִתְפְּלֵג יָת אַרְעָא לִשְׁמָהַת שִׁבְטֵי אֲבָהָתְהוֹן יַחְסְנוּן: נו עַל פּוּם

רש"י

פתק של שם שבטו ופתק של גבול המפורש לו, והגורל עצמו היה צווח ואומר אני הגורל עליתי לגבול פלוני לשבט פלוני, שנאמר על פי הגורל (תנחומא ו). ולא נתחלקה הארץ במדה, לפי שיש גבול משובח מחבירו, אלא בשומא, בית כור רע כנגד בית סאה טוב, הכל לפי הדמים (ספרי קלב; ב"ב שם): (נה) **לשמות מטות אבותם.** אלו יוצאי מצרים. שינה הכתוב נחלה זו מכל הנחלות שבתורה, שכל הנחלות החיים יורשים את המתים וכאן מתים יורשים את החיים. כיצד שני אחים מיוצאי מצרים שהיו להם בנים בבאי הארץ לזה אחד ולזה שלשה, האחד נטל חלק אחד והשלשה נטלו שלשה, שנאמר לאלה תחלק הארץ. חזרה נחלתן אצל אבי אביהן וחלקו הכל בשוה, וזהו שנא'

RASHI ELUCIDATED

hand פֶּתֶק שֶׁל שֵׁם שִׁבְטוֹ – **a ticket with the name of his tribe,** וּפֶתֶק שֶׁל גְּבוּל הַמְפֹרָשׁ לוֹ – **and a ticket with the boundary described for it.** וְהַגּוֹרָל עַצְמוֹ הָיָה צוֹוֵחַ וְאוֹמֵר – **The lot itself would shout and say,** אֲנִי הַגּוֹרָל עָלִיתִי – **"I, the lot, came up** לִגְבוּל פְּלוֹנִי – **for such-and-such boundary** לְשֵׁבֶט פְּלוֹנִי – **for such-and-such tribe,"** שֶׁנֶּאֱמַר – **for it says,** "עַל פִּי הַגּוֹרָל" – literally, **"by the mouth of the lot."**[1] וְלֹא נִתְחַלְּקָה הָאָרֶץ בְּמִדָּה – **The land was not divided by measure** of area, לְפִי שֶׁיֵּשׁ גְּבוּל מְשֻׁבָּח מֵחֲבֵרוֹ – **for there is an area superior to another,** and the distribution of the land would be inequitable. אֶלָּא – **Rather,** בְּשׁוּמָא – the land was divided **by assessment** of value, בֵּית כּוֹר רָע – with **a bad,** i.e, unproductive, ***beis kor***[2] כְּנֶגֶד בֵּית סְאָה טוֹב – set off **against a good,** i.e., productive, ***beis se'ah.***[3] הַכֹּל לְפִי הַדָּמִים[4] – **It is all according to the value.**[4]

55. לִשְׁמוֹת מַטּוֹת אֲבֹתָם – **ACCORDING TO THE NAMES OF THEIR FATHERS' TRIBES.** אֵלּוּ יוֹצְאֵי מִצְרַיִם – **These** "fathers" **are those who went out of Egypt.**[5] שִׁנָּה הַכָּתוּב נַחֲלָה זוֹ – **Scripture made this inheritance different** מִכָּל הַנְּחָלוֹת שֶׁבַּתּוֹרָה – **from all of the inheritances in the Torah,** i.e., from the standard procedure of inheritance, שֶׁבְּכָל הַנְּחָלוֹת – **for in all the** other **inheritances,** הַחַיִּים יוֹרְשִׁים אֶת הַמֵּתִים – **the living inherit from the dead,** וְכָאן – **but here,** מֵתִים יוֹרְשִׁים אֶת הַחַיִּים – **the dead inherit from the living.** כֵּיצַד – **How is this so?** שְׁנֵי אַחִים מִיּוֹצְאֵי מִצְרַיִם – There were **two brothers from among those who went out of Egypt** שֶׁהָיוּ לָהֶם בָּנִים – **who had sons** בְּבָאֵי הָאָרֶץ – **among those who entered the land;** לָזֶה אֶחָד – **this one had one** son, וְלָזֶה שְׁלֹשָׁה – **and that one had three** sons. הָאֶחָד נָטַל חֵלֶק אֶחָד – **The one** son **took one portion,** וְהַשְּׁלֹשָׁה נָטְלוּ שְׁלֹשָׁה – **and the three** sons **took three,** שֶׁנֶּאֱמַר – **as it says,** "לָאֵלֶּה תֵּחָלֵק הָאָרֶץ" – **"To these shall the land be divided."**[6] חָזְרָה נַחֲלָתָן אֵצֶל אֲבִי אֲבִיהֶן – **Their inheritance** then **reverted to their grandfather,** וְחָלְקוּ הַכֹּל בְּשָׁוֶה – **and they redivided it all equally.**[7] וְזֶהוּ שֶׁנֶּאֱמַר – **And this is** the meaning of **that**

1. *Tanchuma* 6. עַל פִּי הַגּוֹרָל, "according to the lottery," of verse 56 seems superfluous, for our verse has already said that the land is to be allotted by lottery. It is interpreted as "by the mouth of the lottery," and teaches us the lottery's miraculous nature (*Mizrachi; Sifsei Chachamim* to v. 56; Rashi also interprets עַל פִּי in its literal sense in 3:16 above).

2. A *beis kor* is the area which is sown with a *kor* of seed. A *kor* has the volume of 4,320 eggs. The area requiring this amount of seed is 75,000 square cubits. Opinions regarding modern equivalents range from 67 to 120 gallons for the *kor,* and from 170,000 to 300,000 square feet for the *beis kor*.

3. A *se'ah* is one-thirtieth of a *kor* (see previous note). A *beis se'ah* is the area which is sown with a *se'ah* of seed. See note 5 on page 230 above.

4. *Sifrei* 132; *Bava Basra* 122a.

5. "According to the names of their fathers' tribes" could be taken to imply, according to the names but not according to the numbers, i.e., that the land would be divided into twelve equal portions, one per tribe. But Rashi in his previous comment has shown that "to the [tribe of] many you shall increase its inheritance" precluded that interpretation, for it tells us that the more numerous the tribe, the larger its portion. Thus, "according to the names of their fathers' tribes" is seen as referring to those who went out of Egypt (*Be'er Yitzchak*).

Rashi goes on to explain how our verse, which says that the division is carried out according to those who left Egypt, relates to verse 53. For that verse states that the division involves those who had just been counted, as it says לָאֵלֶּה תֵּחָלֵק הָאָרֶץ, "to these shall the land be divided," rather than לָאֵלֶּה תִּתֵּן אֶת הָאָרֶץ, "to these you shall give the land."

6. Above v. 53.

7. That is, the one portion taken by the one son and the three portions taken by the three sons were combined and viewed as if it were their grandfather's estate. The grand-

הַגּוֹרָל תֵּחָלֵק נַחֲלָתוֹ בֵּין רַב
נז לִמְעָט: וְאֵלֶּה פְקוּדֵי
הַלֵּוִי לְמִשְׁפְּחֹתָם לְגֵרְשׁוֹן מִשְׁפַּחַת
הַגֵּרְשֻׁנִּי לִקְהָת מִשְׁפַּחַת הַקְּהָתִי
נח לִמְרָרִי מִשְׁפַּחַת הַמְּרָרִי: אֵלֶּה ׀

the lot shall one's inheritance be divided, between the many and the few.

[57] These are the counted ones of the Levite, according to their families: of Gershon, the Gershonite family; of Kohath, the Kohathite family; of Merari, the Merarite family. [58] These are

אונקלוס

עַדְבָא תִּתְפְּלַג אַחְסַנְתְּהוֹן בֵּין סַגִּיאֵי לִזְעִירֵי: נז וְאִלֵּין מִנְיָנֵי לֵוָאֵי לְזַרְעֲיָתְהוֹן לְגֵרְשׁוֹן זַרְעִית גֵּרְשׁוֹן לִקְהָת זַרְעִית קְהָת לִמְרָרִי זַרְעִית מְרָרִי: נח אִלֵּין

רש"י

לשמות מטות אבותם ינחלו, שאחר שנטלו הבנים חלקוה לפי האבות שיצאו ממצרים. ואילו מתחלה חלקוה למנין יוצאי מצרים לא היו נוטלין אלו הארבעה אלא שני חלקים, עכשיו נטלו ארבעה חלקים (ספרי שם; ב"ב קיז.): אך בגורל. יצאו יהושע וכלב, וכן הוא אומר ויתנו לכלב את חברון כאשר דבר משה (שופטים א:כ) ואומר על פי ה' נתנו לו את העיר אשר שאל (יהושע יט:נ; ספרי שם): מטות אבותם. יצאו גרים ועבדים (ספרי שם): (נו) על פי הגורל. הגורל היה מדבר כמו שפירשתי, מגיד שנתחלקה ברוח הקודש, [לכך נאמר על פי ה']:

RASHI ELUCIDATED

which it says, "לִשְׁמוֹת מַטּוֹת אֲבֹתָם יִנְחָלוּ" – **"According to the names of their fathers' tribes shall they inherit,"** שֶׁאַחַר שֶׁנָּטְלוּ הַבָּנִים – **that after the sons took** their portions, חִלְּקוּהָ לְפִי הָאָבוֹת – **they** redivided **it according to the fathers**[1] שֶׁיָּצְאוּ מִמִּצְרַיִם – **who went out of Egypt.** וְאִלּוּ מִתְּחִלָּה חִלְּקוּהָ – **And had they divided it at first** לְמִנְיַן יוֹצְאֵי מִצְרַיִם – **by the number of those who went out of Egypt,** לֹא הָיוּ נוֹטְלִין אֵלּוּ הָאַרְבָּעָה אֶלָּא שְׁנֵי חֲלָקִים – **these four** sons mentioned above **would have taken nothing but two portions,** one for each of their fathers. עַכְשָׁיו – **Now,** נָטְלוּ אַרְבָּעָה חֲלָקִים[2] – **they took four portions.**[2]

□ אַךְ בְּגוֹרָל – **ONLY BY LOT.** יָצְאוּ יְהוֹשֻׁעַ וְכָלֵב – **Joshua and Caleb have been excluded.**[3] וְכֵן הוּא אוֹמֵר – **And thus it says,** "וַיִּתְּנוּ לְכָלֵב אֶת חֶבְרוֹן כַּאֲשֶׁר דִּבֶּר מֹשֶׁה"[4] – **"And they gave Hebron to Caleb as Moses had said"**[4] וְאוֹמֵר – **And it says** in the same vein, "עַל פִּי ה' – **"By the word of HASHEM,** נָתְנוּ לוֹ – **they gave [Joshua]** אֶת הָעִיר אֲשֶׁר שָׁאָל"[5,6] – **the city he requested."**[5,6]

□ מַטּוֹת אֲבֹתָם – **THEIR FATHERS' TRIBES.** יָצְאוּ גֵּרִים וַעֲבָדִים[7] – **Converts and** freed **slaves have** thus **been excluded.**[7]

56. עַל פִּי הַגּוֹרָל – **ACCORDING TO THE LOT.** הַגּוֹרָל הָיָה מְדַבֵּר – **The lot would speak,** כְּמוֹ שֶׁפֵּרַשְׁתִּי – **as I have explained.**[8] מַגִּיד – **This tells** us שֶׁנִּתְחַלְּקָה – **that [the land] was divided** בְּרוּחַ הַקֹּדֶשׁ – **through the Holy Spirit.** {לְכָךְ נֶאֱמַר "עַל פִּי ה'" – **This is why it says, "by the word of HASHEM."**[9]}[10]

father's estate was then divided equally between his two sons, who were among those who left Egypt. Thus the portion of the one son was equal to the combined portions of the three sons.

1. This is what Rashi referred to above as "the dead inherit from the living."

2. *Sifrei* 132; *Bava Basra* 117a.

3. אַךְ, "only," seems superfluous. It is written because it is a word which can imply that the text is not as all inclusive as it appears. Here it implies that Joshua and Caleb were not included in the lottery.

For other examples of this property of the word אַךְ, see Rashi to *Genesis* 7:23, s.v., אַךְ נֹחַ and note 7 there; *Exodus* 31:13, s.v., אַךְ אֶת שַׁבְּתֹתַי תִּשְׁמֹרוּ; *Leviticus* 23:27, s.v., אַךְ; below 31:22, s.v., אַךְ אֶת הַזָּהָב; and *Deuteronomy* 12:22, s.v., אַךְ כַּאֲשֶׁר יֵאָכֵל אֶת הַצְּבִי. See also *I Samuel* 22:17, s.v., וְלֹא אָבוּ; and *Psalms* 107:17, s.v., אֱוִילִים מִדֶּרֶךְ פִּשְׁעָם.

4. *Judges* 1:20.

5. *Joshua* 19:50.

6. See *Sifrei* 132.

7. *Sifrei* 132. Converts and freed slaves have no tribal affiliation. Thus, our verse excludes them from the division of the land.

8. See Rashi to v. 54 and note 1 there.

9. It is not clear to which verse containing the phrase עַל פִּי ה' Rashi refers.

10. The text of this and the previous two comments (s.v., אַךְ בְּגוֹרָל, and מטות אבותם) follows that of virtually all contemporary editions, for, as *Levush HaOrah* and *Yosef Da'as* point out, the early printed editions are rife with copyist errors.

מִשְׁפְּחֹת לֵוִי מִשְׁפַּחַת הַלִּבְנִי מִשְׁפַּחַת
הַחֶבְרֹנִי מִשְׁפַּחַת הַמַּחְלִי מִשְׁפַּחַת
הַמּוּשִׁי מִשְׁפַּחַת הַקָּרְחִי וּקְהָת הוֹלִד
נט אֶת־עַמְרָם: וְשֵׁם | אֵשֶׁת עַמְרָם יוֹכֶבֶד
בַּת־לֵוִי אֲשֶׁר יָלְדָה אֹתָהּ לְלֵוִי
בְּמִצְרָיִם וַתֵּלֶד לְעַמְרָם אֶת־אַהֲרֹן
ס וְאֶת־מֹשֶׁה וְאֵת מִרְיָם אֲחֹתָם: וַיִּוָּלֵד
לְאַהֲרֹן אֶת־נָדָב וְאֶת־אֲבִיהוּא אֶת־
סא אֶלְעָזָר וְאֶת־אִיתָמָר: וַיָּמָת נָדָב
וַאֲבִיהוּא בְּהַקְרִיבָם אֵשׁ־זָרָה לִפְנֵי
סב יהוה: וַיִּהְיוּ פְקֻדֵיהֶם שְׁלֹשָׁה וְעֶשְׂרִים
אֶלֶף כָּל־זָכָר מִבֶּן־חֹדֶשׁ וָמָעְלָה כִּי |
לֹא הָתְפָּקְדוּ בְּתוֹךְ בְּנֵי יִשְׂרָאֵל כִּי

the Levite families: the Libnite family; the Hebronite family; the Mahlite family; the Mushite family; the Korahite family; and Kohath begat Amram.
59 The name of Amram's wife was Jochebed, daughter of Levi, whom she bore to Levi in Egypt; and she bore to Amram Aaron, Moses, and their sister Miriam.
60 To Aaron were born Nadab and Abihu, Elazar and Ithamar.
61 Nadab and Abihu died when they brought an alien fire before HASHEM.
62 Their counted ones were twenty-three thousand, every male from one month of age and up, for they were not counted among the Children of Israel, for

אונקלוס

זַרְעֲיַת לֵוִי זַרְעִית לִבְנִי זַרְעִית חֶבְרוֹן זַרְעִית מַחְלִי זַרְעִית מוּשִׁי זַרְעִית קֹרַח וּקְהָת אוֹלִיד יָת עַמְרָם: נט וְשׁוּם אִתַּת עַמְרָם יוֹכֶבֶד בַּת לֵוִי דִּי יְלִידַת יָתַהּ לְלֵוִי בְּמִצְרָיִם וִילִידַת לְעַמְרָם יָת אַהֲרֹן וְיָת מֹשֶׁה וְיָת מִרְיָם אֲחָתְהוֹן: ס וְאִתְיְלִיד לְאַהֲרֹן יָת נָדָב וְיָת אֲבִיהוּא יָת אֶלְעָזָר וְיָת אִיתָמָר: סא וּמִית נָדָב וַאֲבִיהוּא בְּקָרוֹבֵיהוֹן אֶשָּׁתָא נוּכְרֵתָא קֳדָם יְיָ: סב וַהֲווֹ מִנְיָנֵיהוֹן עַשְׂרִין וּתְלָתָא אַלְפִין כָּל דְּכוּרָא מִבַּר יַרְחָא וּלְעֵלָּא אֲרֵי לָא אִתְמְנִיו בְּגוֹ בְּנֵי יִשְׂרָאֵל אֲרֵי

רש"י

(נח) אלה משפחת לוי. חסר כאן משפחות השמעי והעזיאלי וקצת מן היצהרי: **(נט) אשר ילדה אתה ללוי במצרים.** [אשתו ילדתה במצרים.] לידתה במצרים ואין הורתה במצרים. כשנכנסו לתוך החומה ילדתה והיא השלימה מנין שבעים, שהרי בפרטן אי אתה מוצא אלא ששים ותשע (ב"ב קכג.-קכג:): **(סב) כי לא התפקדו בתוך בני ישראל.** להיות נמנין בני עשרים שנה, מה טעם,

RASHI ELUCIDATED

58. אֵלֶּה מִשְׁפְּחֹת לֵוִי – THESE ARE THE LEVITE FAMILIES. חָסֵר כָּאן – **There are missing here** מִשְׁפְּחוֹת הַשִּׁמְעִי – **the families of the Shimeite** וְהָעֻזִּיאֵלִי – **and the Uzzielite** וּקְצָת מִן הַיִּצְהָרִי – **and part of the Izharite.**[1]

59. אֲשֶׁר יָלְדָה אֹתָהּ לְלֵוִי בְּמִצְרָיִם – WHOM SHE BORE TO LEVI IN EGYPT. {אִשְׁתּוֹ יְלָדַתָּהּ – **His wife gave birth to her**[2] בְּמִצְרַיִם – **"in Egypt."**}[3] לֵידָתָהּ בְּמִצְרַיִם – **Her birth took place in Egypt,** וְאֵין הוֹרָתָהּ בְּמִצְרַיִם – **but her conception did not take place in Egypt.**[4] כְּשֶׁנִּכְנְסוּ לְתוֹךְ הַחוֹמָה – **As [Jacob's family] entered inside the wall** of the city, יְלָדַתָּהּ – **[Levi's wife] gave birth to her,** וְהִיא הִשְׁלִימָה מִנְיַן שִׁבְעִים – **and she completed the total of seventy.**[5] שֶׁהֲרֵי בְּפִרְטָן – **For, see now, when [the members of Jacob's family] are taken individually,** אִי אַתָּה מוֹצֵא אֶלָּא שִׁשִּׁים וָתֵשַׁע[6] – **you find only sixty-nine.**[6]

62. כִּי לֹא הָתְפָּקְדוּ בְּתוֹךְ בְּנֵי יִשְׂרָאֵל – FOR THEY WERE NOT COUNTED AMONG THE CHILDREN OF ISRAEL לִהְיוֹת נִמְנִין בְּנֵי עֶשְׂרִים שָׁנָה – **to be counted at the age of twenty years.**[7] מַה טַּעַם – **What is the reason**

1. Rashi to v. 13, s.v., לְזֶרַח, says that by the time of this census, these Levite families no longer existed.

2. This explains who "she" of "she bore" refers to (*Mizrachi; Sifsei Chachamim*). This is unlike *Da'as Zekeinim MiBaalei HaTosafos* who understands אֹתָהּ, not as a pronoun, but as the name of Levi's wife.

3. Although the words enclosed in braces are omitted in many contemporary editions, they appear in virtually all early printed editions.

4. Rashi explains what the apparently irrelevant "in Egypt" teaches us (*Mizrachi; Sifsei Chachamim*). Alternatively, "whom she bore to Levi" seems unnecessary, for the verse has already described Jochebed as Levi's daughter. It is stated to imply that it was only Jochebed's birth which took place in Egypt, as opposed to her conception (*Rashbam* to *Bava Basra* 120a, s.v., אשר ילדה).

5. *Genesis* 46:27 states that Jacob's family numbered seventy upon their arrival in Egypt.

6. *Bava Basra* 123a-b. Rashi also makes this point in his comments to *Genesis* 46:15, s.v., שְׁלֹשִׁים וְשָׁלֹשׁ.

7. The verse gives "for they were not counted among the

an inheritance was not given them among
the Children of Israel.
63 These are the ones counted by Moses
and Elazar the Kohen, who counted the
Children of Israel in the plains of Moab, by
the Jordan, near Jericho. 64 And of these,
there was no man of those counted by

לֹא־נִתַּן לָהֶם נַחֲלָה בְּתוֹךְ בְּנֵי
סג יִשְׂרָאֵל: אֵלֶּה פְּקוּדֵי מֹשֶׁה וְאֶלְעָזָר
הַכֹּהֵן אֲשֶׁר פָּקְדוּ אֶת־בְּנֵי יִשְׂרָאֵל
בְּעַרְבֹת מוֹאָב עַל יַרְדֵּן יְרֵחוֹ:
סד וּבְאֵלֶּה לֹא־הָיָה אִישׁ מִפְּקוּדֵי

אונקלוס

לָא אִתְיְהִיבַת לְהוֹן אַחֲסָנָא בְּגוֹ בְּנֵי יִשְׂרָאֵל: סג אִלֵּין מִנְיָנֵי מֹשֶׁה וְאֶלְעָזָר כַּהֲנָא דִּי מְנוֹ יָת בְּנֵי יִשְׂרָאֵל בְּמֵישְׁרַיָּא דְמוֹאָב עַל יַרְדְּנָא דִירֵחוֹ: סד וּבְאִלֵּין לָא הֲוָה גְּבַר מִמִּנְיָנֵי

רש"י

כי לא נתן להם נחלה, והנמנין מבן עשרים שנה היו בני נחלה, שנאמר איש לפי פקדיו יותן נחלתו (לעיל פסוק נד): (סד) **ובאלה לא היה איש וגו׳.** אבל על הנשים לא נגזרה גזרת המרגלים לפי שהן היו מחבבות את הארץ. האנשים אומרים נתנה ראש ונשובה מצרימה (לעיל יד:ד) והנשים אומרות תנה לנו אחוזה (להלן כז:ד) לכך נסמכה פרשת בנות צלפחד לכאן (תנחומא ז):

RASHI ELUCIDATED

that they were not counted from the age of twenty? **"כִּי לֹא נִתַּן לָהֶם נַחֲלָה" – "For an inheritance was not given them,"** **וְהַנִּמְנִין מִבֶּן עֶשְׂרִים שָׁנָה – and those who were counted from the age of twenty years** **הָיוּ בְּנֵי נַחֲלָה – were those who were fit for inheritance,** **שֶׁנֶּאֱמַר – as it says,** **"אִישׁ לְפִי פְקֻדָיו יֻתַּן נַחֲלָתוֹ"[1] – "Each one according to his counted ones shall his inheritance be given."[1]**

64. וּבְאֵלֶּה לֹא הָיָה אִישׁ וְגוֹמֵר – AND OF THESE, THERE WAS NO MAN, ETC., **אֲבָל עַל הַנָּשִׁים – but upon the women** **לֹא נִגְזְרָה גְּזֵרַת הַמְרַגְּלִים – the decree of the Spies[2] was not decreed,[3]** **לְפִי שֶׁהֵן הָיוּ מְחַבְּבוֹת אֶת הָאָרֶץ – for they held the land precious.** **הָאֲנָשִׁים אוֹמְרִים – The men said,** **"נִתְּנָה רֹאשׁ וְנָשׁוּבָה מִצְרָיְמָה"[4] – "Let us appoint a leader and let us return to Egypt,"[4]** **וְהַנָּשִׁים אוֹמְרוֹת – but the women said,** **"תְּנָה לָנוּ אֲחֻזָּה"[5] – "Give us a possession."[5]** **לְכָךְ נִסְמְכָה פָּרָשַׁת בְּנוֹת צְלָפְחָד לְכָאן[6] – This is why the passage dealing with the daughters of Zelophehad is put next to** a verse which says that those guilty of the sin of the Spies died **here.**[6]

Children of Israel" as the reason that their number was twenty-three thousand, but there seems to be no connection between their being counted separately and their number. Rashi explains that "for they were not counted among the Children of Israel" means that they were not counted by the same standard as the rest of the Israelites. They were counted from a younger age. Had they been counted from the age of twenty, their number would have been less (*Maskil LeDavid*).

1. Above v. 54. *Mizrachi* notes that Rashi to 1:49 gives different reasons why the Levites were excluded from the census taken in the second year of the Israelites' sojourn in the wilderness. There he says that as "the King's legion," they deserved to be counted apart from the people at large. Or, the decree of death in the wilderness affected only those counted from the age of twenty, and the Levites were not included in that decree because they were not involved in the sin of the Golden Calf. Therefore they were counted at a different age.

The different reasons given for the exclusion of the Levites appear to lie with the difference in the nature of the censuses themselves. Rashi in his comments to verse 1 here says that this census was taken either to determine the number of survivors of the plague which took place after Israel sinned with Baal Peor, or because Moses, to whom the people were given over by number, had to return them by number. Both of these reasons apply to the Levites just as they do to the rest of Israel. Scripture therefore must tell us why the Levites were excluded from the main census, namely, because there was an additional reason for that census; it was also used to determine those who would inherit the land.

But the census that was taken in the second year in the wilderness was an expression of how dear God held Israel, as Rashi says in his comments to 1:1. For this reason alone the Levites were counted separately, either because "the legion of the King" is dearer than the rest of the people, or because counting the Levites to include them in a death sentence they do not deserve would not be an expression of dearness.

2. The decree of death in the wilderness, which was punishment for the sin of being influenced by the Spies.

3. This is implied by the apparently superfluous אִישׁ, "man." The verse could have said וּבְאֵלֶּה לֹא הָיָה מִפְּקוּדֵי מֹשֶׁה וְאַהֲרֹן, "And of these there was none of those counted by Moses and Aaron" (*Devek Tov*).

4. Above 14:4. The verse begins, וַיֹּאמְרוּ אִישׁ אֶל אָחִיו, literally, "and they said, each *man* to *his brother.*"

5. Below 27:4.

6. *Tanchuma* 7. There appears to be no reason for Scripture to have mentioned at this point those who died in the wake of the sin of the Spies. It does so to imply that women held the Land of Israel dear and were not guilty of that sin, and to allow a juxtaposition of this point to the daughters of Zelophehad. This teaches us that the daughters' request for a possession in the land was motivated not by greed, but by love of the land.

מֹשֶׁה וְאַהֲרֹן הַכֹּהֵן אֲשֶׁר פָּקְדוּ
אֶת־בְּנֵי יִשְׂרָאֵל בְּמִדְבַּר סִינָי:
סה כִּי־אָמַר יהוה לָהֶם מוֹת יָמֻתוּ
בַּמִּדְבָּר וְלֹא־נוֹתַר מֵהֶם אִישׁ כִּי
אִם־כָּלֵב בֶּן־יְפֻנֶּה וִיהוֹשֻׁעַ בִּן־
כז א נוּן: וַתִּקְרַבְנָה
בְּנוֹת צְלָפְחָד בֶּן־חֵפֶר בֶּן־גִּלְעָד
בֶּן־מָכִיר בֶּן־מְנַשֶּׁה לְמִשְׁפְּחֹת
מְנַשֶּׁה בֶן־יוֹסֵף וְאֵלֶּה שְׁמוֹת בְּנֹתָיו

Moses and Aaron the Kohen, who counted the Children of Israel in the Wilderness of Sinai. [65] *For HASHEM had said of them, "They will surely die in the wilderness," and not a man was left of them, except for Caleb son of Jephunneh, and Joshua son of Nun.*

27 [1] *The daughters of Zelophehad, son of Hepher, son of Gilead, son of Machir, son of Manasseh, of the families of Manasseh son of Joseph drew near — and these are the names of his daughters:*

אונקלוס

מֹשֶׁה וְאַהֲרֹן כַּהֲנָא דִּי מְנוֹ יָת בְּנֵי יִשְׂרָאֵל בְּמַדְבְּרָא דְסִינָי: סה אֲרֵי אֲמַר יְיָ לְהוֹן מֵימַת יְמוּתוּן בְּמַדְבְּרָא וְלָא אִשְׁתְּאַר מִנְּהוֹן אֱנָשׁ אֱלָהֵן כָּלֵב בַּר יְפֻנֶּה וִיהוֹשֻׁעַ בַּר נוּן: א וְקָרִיבָא בְּנַת צְלָפְחָד בַּר חֵפֶר בַּר גִּלְעָד בַּר מָכִיר בַּר מְנַשֶּׁה לְזַרְעֲיַת מְנַשֶּׁה בַּר יוֹסֵף וְאִלֵּין שְׁמָהַת בְּנָתַהּ

רש"י

(א) **למשפחת מנשה בן יוסף.** למה נאמר, והלא כבר נאמר בן מנשה, אלא לומר לך יוסף חבב את הארץ, שנאמר והעליתם את עצמותי וגו' (בראשית נ:כה) ובנותיו חבבו את הארץ, שנאמר תנה לנו אחוזה (פסוק ד) וללמדך שהיו כלם צדיקים, שכל מי שמעשיו ומעשה אבותיו סתומים ופרט לך הכתוב באחד מהם ליחסו לשבח, הרי זה צדיק בן צדיק, ואם יחסו לגנאי, כגון בא ישמעאל בן נתניה בן אלישמע (מלכים ב כה:כה) בידוע שכל הנזכרים עמו רשעים היו (ספרי קלג):

RASHI ELUCIDATED

27.

1. לְמִשְׁפְּחֹת מְנַשֶּׁה בֶּן יוֹסֵף – **OF THE FAMILIES OF MANASSEH SON OF JOSEPH.** לָמָּה נֶאֱמַר – **Why is this stated?** וַהֲלֹא כְּבָר נֶאֱמַר – **Has it not already said** "בֶּן מְנַשֶּׁה" – **"son of Manasseh"?** אֶלָּא לוֹמַר לְךָ – **But** it is stated **to tell you** יוֹסֵף חִבֵּב אֶת הָאָרֶץ – that **Joseph held the land precious,** שֶׁנֶּאֱמַר – **as it says,** "וְהַעֲלִיתֶם אֶת עַצְמוֹתַי וְגוֹמֵר"[1] – **"And you shall bring up my bones, etc.,"**[1] וּבְנוֹתָיו חִבְּבוּ אֶת הָאָרֶץ – **and his daughters held the land precious,** שֶׁנֶּאֱמַר – **as it says,** "תְּנָה לָנוּ אֲחֻזָּה"[2] – **"Give us a possession."**[2] וּלְלַמֶּדְךָ – **And** it is stated **to teach you** שֶׁהָיוּ כֻלָּם צַדִּיקִים – **that they were all righteous,**[3] שֶׁכָּל מִי שֶׁמַּעֲשָׂיו וּמַעֲשֵׂה אֲבוֹתָיו סְתוּמִים – **for whosever actions and the actions of their ancestors are not given** by Scripture **in detail,**[4] וּפָרַט לְךָ הַכָּתוּב בְּאֶחָד מֵהֶם – **and Scripture gives you particulars about one of them** לְיַחֲסוֹ לְשֶׁבַח – **by tracing his ancestry to his credit,**[5] הֲרֵי זֶה צַדִּיק בֶּן צַדִּיק – **see now, this one,** i.e., each person of the lineage, **is a righteous one who is the child of a righteous one.** וְאִם יִחֲסוֹ לִגְנַאי – **But if Scripture traces one's ancestry for disparagement,** כְּגוֹן – **for example,** "בָּא יִשְׁמָעֵאל בֶּן נְתַנְיָה בֶּן אֱלִישָׁמָע"[6] – **"Ishmael son of Nethaniah son of Elishama came,"**[6] בְּיָדוּעַ – **it is** thereby **known** שֶׁכָּל הַנִּזְכָּרִים עִמּוֹ – **that all of those mentioned with him** רְשָׁעִים הָיוּ[7] – **were wicked.**[7]

1. *Genesis* 50:25; *Exodus* 13:19. Joseph adjured his brothers that when "God will indeed remember you [and bring you out of Egypt to the Land of Israel], you will bring my bones up out of here [i.e. Egypt] with you."

2. Below v. 4. See note 6 to 26:64 above. The comparison to Joseph teaches us that just as Joseph asked to be interred in the Land of Israel out of love for the land, so, too, the daughters of Zelophehad asked for a possession in the land out of love for the land, not out of greed.

3. That is, it teaches you that the daughters of Zelophehad and all of their ancestors back to Joseph were righteous. This includes Zelophehad himself, even though, as verse 3 says, "he died of his sin" (see *Be'er Mayim Chaim; Be'er BaSadeh*). This explains why Rashi uses the masculine form צַדִּיקִים instead of the feminine form צַדִּיקוֹת.

4. This describes the daughters of Zelophehad and all of their ancestors back to Manasseh. Scripture has told us little or nothing about their lives.

5. Referring to Manasseh as "son of Joseph" is to his credit, for it is known that Joseph was righteous.

6. *II Kings* 25:25. Ishmael was the killer of Gedaliah son of Ahikam, governor of Judea. Scripture mentions his father and grandfather to teach us that they, too, were wicked.

7. *Sifrei* 133.

מַחְלָה נֹעָה וְחָגְלָה וּמִלְכָּה וְתִרְצָה:
ב וַתַּעֲמֹדְנָה לִפְנֵי מֹשֶׁה וְלִפְנֵי אֶלְעָזָר
הַכֹּהֵן וְלִפְנֵי הַנְּשִׂיאִם וְכָל־הָעֵדָה
ג פֶּתַח אֹהֶל־מוֹעֵד לֵאמֹר: אָבִינוּ
מֵת בַּמִּדְבָּר וְהוּא לֹא־הָיָה

Mahlah, Noah, Hoglah, Milcah, and Tirzah — 2 and they stood before Moses, and before Elazar the Kohen, and before the leaders and the entire assembly at the entrance to the Tent of Meeting, saying: 3 "Our father died in the wilderness, but he was not

אונקלוס

מַחְלָה נוֹעָה וְחָגְלָה וּמִלְכָּה וְתִרְצָה: ב וְקָמָא קֳדָם מֹשֶׁה וְקֳדָם אֶלְעָזָר כַּהֲנָא וְקֳדָם רַבְרְבַיָּא וְכָל כְּנִשְׁתָּא בִּתְרַע מַשְׁכַּן זִמְנָא לְמֵימַר: ג אֲבוּנָא מִית בְּמַדְבְּרָא וְהוּא לָא הֲוָה

רש"י

מחלה נעה וגו׳. ולהלן (לו:יא) הוא אומר ותהיינה מחלה תרצה, מגיד שכולן שקולות זו כזו לפיכך שינה הכתוב את סדרן: (ב) **לפני משה ולפני אלעזר.** מגיד שלא עמדו לפניהם אלא בשנת הארבעים אחר שמת אהרן (שם): **לפני משה.** ואחר כך לפני אלעזר. אפשר אם משה לא ידע אלעזר יודע, אלא סרס המקרא ודרשהו, דברי רבי יאשיה. אבא חנן משום רבי אליעזר אומר, בבית המדרש היו יושבים, ועמדו לפני כולם (שם): (ג) **והוא לא היה וגו׳.** לפי שהיו באות לומר בחטאו מת, נזקקו לומר לא בחטא מתלוננים ולא בעדת קרח שהצו על הקב"ה, אלא בחטאו לבדו מת

RASHI ELUCIDATED

□ מַחְלָה נֹעָה וְגוֹמֵר – MAHLAH, NOAH, ETC. וּלְהַלָּן הוּא אוֹמֵר – **But further on it says,** ,,וַתִּהְיֶינָה מַחְלָה תִּרְצָה" – **"Mahlah, Tirzah,** [Hoglah, Milcah, and Noah] **became,"**[1] with their names listed in a different order. מַגִּיד – **This tells** us שֶׁכֻּלָּן שְׁקוּלוֹת זוֹ כְּזוֹ – **that all of them were of equal importance.** לְפִיכָךְ שִׁנָּה הַכָּתוּב אֶת סִדְרָן[2] – **This is why Scripture changed their order.**[2]

2. לִפְנֵי מֹשֶׁה וְלִפְנֵי אֶלְעָזָר – BEFORE MOSES, AND BEFORE ELAZAR. מַגִּיד – **This tells** us שֶׁלֹּא עָמְדוּ לִפְנֵיהֶם – **that [the daughters] did not stand before them** אֶלָּא בִּשְׁנַת הָאַרְבָּעִים – **but in the fortieth year** of the Israelites' sojourn in the wilderness, אַחַר שֶׁמֵּת אַהֲרֹן[3] – **after Aaron had died.**[3]

□ לִפְנֵי מֹשֶׁה – BEFORE MOSES. וְאַחַר כָּךְ ,,לִפְנֵי אֶלְעָזָר" – **And after that "before Elazar"?** אֶפְשָׁר אִם מֹשֶׁה לֹא יָדַע – **Is it possible that if Moses did not know,** אֶלְעָזָר יוֹדֵעַ – **that Elazar would know?** אֶלָּא סָרֵס הַמִּקְרָא – **But invert the verse** וְדָרְשֵׁהוּ – **and interpret it** accordingly.[4] דִּבְרֵי רַבִּי יֹאשִׁיָּה – These are **the words of** the *Tanna* **R' Yoshiyah.** אַבָּא חָנָן מִשּׁוּם רַבִּי אֱלִיעֶזֶר אוֹמֵר – The *Tanna* **Abba Chanan says in the name of R' Eliezer:** בְּבֵית הַמִּדְרָשׁ הָיוּ יוֹשְׁבִים – **They were** all **sitting in the house of study,** וְעָמְדוּ לִפְנֵי כֻּלָּם[5] – **and [the daughters of Zelophehad] stood before all of them** at once.[5]

3. וְהוּא לֹא הָיָה וְגוֹמֵר – BUT HE WAS NOT, ETC. לְפִי שֶׁהָיוּ בָּאוֹת לוֹמַר – **Since they were coming to say,** ,,בְּחֶטְאוֹ מֵת" – **"rather he died of his sin,"** נִזְקְקוּ לוֹמַר – **they had to say** לֹא בְחֵטְא מִתְלוֹנְנִים וְלֹא בַּעֲדַת קֹרַח שֶׁהִצּוּ עַל הַקָּדוֹשׁ בָּרוּךְ הוּא – that **[his death] was not through the sin of those who complained,**[6] **nor through the assembly of Korah, who incited** the people **against the Holy One, Blessed is He.**[7] אֶלָּא ,,בְּחֶטְאוֹ" לְבַדּוֹ ,,מֵת" – **Rather it was by "his sin" alone that "he died,"**

1. Below 36:11; see Rashi there.

2. *Sifrei* 133. Rashi makes a similar point in his comments to *Exodus* 6:26, s.v., הוא.

3. *Sifrei* 133. The daughters of Zelophehad waited for Moses to give a ruling regarding their situation all the years after their father's death. But the law was concealed from Moses (see Rashi to v. 5), and he did not deal with it. It was only at the end of the forty years of wandering, when they saw that their case had not been dealt with, that the daughters of Zelophehad approached Moses with their question.

4. View the verse as saying, "They stood before Moses, having already stood before Elazar and before the princes." The verse chooses this order because it wishes to mention the teacher, Moses, before his students (*Rashbam* to *Bava Basra* 119b, s.v., ודרשהו).

5. *Sifrei* 133; *Bava Basra* 119b.

6. According to *Rashbam* (*Bava Basra* 119b; see *Shitah Mekubetzes* there), "those who complained" are the ones who joined Korah, while "the assembly of Korah" is his household. According to *Ri Migash,* cited there, "those who complained" are those who said, "You have killed the people of HASHEM" (17:6 above), while "the assembly of Korah" comprises his household and his cohorts.

7. Rashi uses wording similar to 26:9 above.

Had the daughters of Zelophehad meant to exclude him only from the assembly of Korah, they would have said only, "But he was not among the assembly of Korah." The lengthier statement, "But he was not among the assembly that was gathering against HASHEM in the assembly of Korah," implies that they were excluding him from an additional sinful assembly, that of "those who complained" (see *Be'er Mayim Chaim*).

בְּתוֹךְ הָעֵדָה הַנּוֹעָדִים עַל־יהוה
בַּעֲדַת־קֹרַח כִּי־בְחֶטְאוֹ מֵת
ד וּבָנִים לֹא־הָיוּ לוֹ: לָמָּה יִגָּרַע שֵׁם־
אָבִינוּ מִתּוֹךְ מִשְׁפַּחְתּוֹ כִּי אֵין לוֹ
בֵּן תְּנָה־לָּנוּ אֲחֻזָּה בְּתוֹךְ אֲחֵי
ה אָבִינוּ: וַיַּקְרֵב מֹשֶׁה אֶת־מִשְׁפָּטָן

among the assembly that was gathering against HASHEM *in the assembly of Korah, rather he died of his sin; and he had no sons.* 4 *Why should the name of our father be omitted from among his family because he had no son? Give us a possession among our father's brothers."* 5 *And Moses brought their case*

אונקלוס

בְּגוֹ כְּנִשְׁתָּא דְּאִזְדַּמַּנוּ עַל יְיָ בִּכְנִשְׁתָּא דְקֹרַח אֲרֵי בְחוֹבֵהּ מִית וּבְנִין לָא הֲווֹ לֵהּ: ד לְמָא יִתְמְנַע שְׁמָא דַּאֲבוּנָא מִגּוֹ זַרְעִיתֵהּ אֲרֵי לֵית לֵיהּ בַּר הַב לָנָא אַחְסָנָא בְּגוֹ אֲחֵי אֲבוּנָא: ה וְקָרֵב מֹשֶׁה יָת דִּינְהֶן

רש"י

ולא החטיא את אחרים עמו (שם). רבי עקיבא אומר מקושש עצים היה, ורבי שמעון אומר מן המעפילים היה (שבת צו:-צז.): (ד) למה יגרע שם אבינו. [אם] אנו במקום בן עומדות [יתנו לנו ירושתנו], ואם אין הנקבות חשובות זרע תתיבם אמנו ליבם (תנחומא שם; ב"ב קיט:): כי אין לו בן. הא אם היה לו בן לא היו תובעות כלום. מגיד שחכמניות היו (ספרי שם): (ה) ויקרב משה את משפטן. נתעלמה הלכה ממנו. וכאן נפרע על שנטל עטרה לומר והדבר אשר יקשה מכם

RASHI ELUCIDATED

וְלֹא הֶחֱטִיא אֶת אֲחֵרִים עִמּוֹ[1] – **and he did not cause others to sin with him.**[1] רַבִּי עֲקִיבָא אוֹמֵר – The *Tanna* **R' Akiva says,** מְקוֹשֵׁשׁ עֵצִים הָיָה – **he was the one who was gathering wood.**[2] וְרַבִּי שִׁמְעוֹן אוֹמֵר – The *Tanna* **R' Shimon**[3] **says,** מִן הַמַּעְפִּילִים הָיָה[4] – **he was among "those who were intrasigent."**[4]

4. לָמָּה יִגָּרַע שֵׁם אָבִינוּ – WHY SHOULD THE NAME OF OUR FATHER BE OMITTED? {אִם} אָנוּ בִּמְקוֹם בֵּן עוֹמְדוֹת – **{If} we stand in place of a son,** {יִתְּנוּ לָנוּ יְרוּשָׁתֵנוּ – **let them give us our inheritance,**} וְאִם אֵין הַנְּקֵבוֹת חֲשׁוּבוֹת זֶרַע – **and if females are not considered offspring** regarding the laws of inheritance, תִּתְיַבֵּם אִמֵּנוּ לַיָּבָם[6] – **let our mother undergo *yibbum***[5] **to the brother-in-law.**[6]

כִּי אֵין לוֹ בֵּן – BECAUSE HE HAD NO SON. הָא אִם הָיָה לוֹ בֵּן – **But if [Zelophehad] had had a son,** לֹא הָיוּ תוֹבְעוֹת כְּלוּם – **they would not have claimed anything.** מַגִּיד – **This tells** us שֶׁחַכְמָנִיּוֹת הָיוּ – **that they were wise.**[7]

5. וַיַּקְרֵב מֹשֶׁה אֶת מִשְׁפָּטָן – AND MOSES BROUGHT THEIR CASE BEFORE HASHEM. נִתְעַלְּמָה הֲלָכָה מִמֶּנּוּ – **The law was concealed from him.**[8] וְכָאן נִפְרַע – **Here he was punished** עַל שֶׁנָּטַל עֲטָרָה – **for having taken a crown,** i.e., for assuming authority, לוֹמַר – **by saying,** "וְהַדָּבָר אֲשֶׁר יִקְשֶׁה מִכֶּם, –

1. *Sifrei* 133. The verse could not write only "he died of his sin," because that alone does not imply that he did not cause others to sin. It implies this only because it is presented in contrast to "but he was not among the assembly . . ." The daughters added "he died of his sin" to say that not only did Zelophehad not participate in the sins of "those who complained" and the assembly of Korah, he also was not guilty of any other sin which led others to sin. For those who caused others to sin did not take a portion in the Land of Israel (*Gur Aryeh*).

2. See 15:32 above. The appearance of the word בַּמִּדְבָּר, "in the wilderness," both in our verse and in 15:32 implies that the verses speak of the same person (*Sifrei* 133; *Bava Basra* 118a).

3. *Sifrei* 113; *Shabbos* 96b-97a. The reading "R' Shimon" follows most early printed editions; the Alkabetz and Zamora editions have "R' Yishmael." However, *Rashi's* apparent sources, the Talmud and the *Sifrei,* both read R' Yehudah ben Beseirah.

4. See 14:44 above.

5. If a man dies without surviving offspring, by Torah law one of his brothers should take his widow to be his wife. This process is called יִבּוּם, *"yibbum."* Should all his brothers refuse, one of them and the widow must follow the procedure called חֲלִיצָה, *"chalitzah,"* whose effects are comparable in certain ways to those of divorce; see *Deuteronomy* 25:5-10. A יָבָם, *"yavam,"* is a brother-in-law eligible to perform *yibbum.*

6. *Tanchuma* 7; *Bava Basra* 119b. *Yibbum* is not performed if the one who died left either a son or a daughter. The daughters of Zelophehad argued that if they are not considered offspring with regard to the laws of inheritance, they should not be considered offspring with regard to the laws of *yibbum* either.

If the daughters of Zelophehad were claiming a portion of the land in their own right, they should not have introduced the issue of their father's name, but should rather have claimed directly that they deserved a portion. "Why should the name of our father be omitted" is thus seen as an allusion to *yibbum,* which is intended to perpetuate the name of the deceased (see *Deuteronomy* 25:6; *Mesiach Ilmim; Mishmeres HaKodesh*).

7. *Sifrei* 133; see also *Bava Basra* 119b. They were wise in that they understood that daughters do not inherit from their father when he has left sons.

8. Regarding the *pesach-sheni* offering (9:6ff above), the

before HASHEM.
[6] HASHEM said to Moses, saying, [7] "The
daughters of Zelophehad speak properly.
You shall surely give them a possession
of inheritance among the brothers of

לִפְנֵ֥י יְהוָֽה׃
ו רביעי וַיֹּ֥אמֶר יְהוָ֖ה אֶל־מֹשֶׁ֥ה לֵּאמֹֽר׃
ז כֵּ֗ן בְּנ֣וֹת צְלָפְחָד֮ דֹּבְרֹת֒ נָתֹ֨ן תִּתֵּ֤ן
לָהֶם֙ אֲחֻזַּ֣ת נַחֲלָ֔ה בְּת֖וֹךְ אֲחֵ֣י

אונקלוס

קֳדָם יְיָ׃ ו וַאֲמַר יְיָ לְמֹשֶׁה לְמֵימָר׃ ז יָאוּת בְּנַת צְלָפְחָד מְמַלְּלָן מִתַּן תִּתֵּן לְהוֹן אֲחוּדַת אַחְסָנָא בְּגוֹ אֲחֵי

רש"י

תקריבון אלי (דברים א:יז; תנחומא ח; סנהדרין ח.). דבר אחר, ראויה היתה פרשה זו להכתב על ידי משה אלא שזכו בנות צלפחד ונכתבה על ידן (ספרי שם; סנהדרין שם): **(ז) כן בנות צלפחד דברת.** כתרגומו, יאות. [כלומר] כך כתובה פרשה זו לפני במרום (ספרי קלד) מגיד שראתה עינן מה שלא ראתה עינו של משה: **[כן בנות צלפחד דברת.]** יפה תבעו. אשרי אדם שהקב"ה מודה לדבריו (שם): **נתן תתן.** שני חלקים, חלק אביהן שהיה מיוצאי מצרים, וחלקו עם אחיו בנכסי חפר (ב"ב קיח:):

RASHI ELUCIDATED

"Any matter which is too difficult for you, תַּקְרִבוּן אֵלַי"[1,2] – you shall bring to me."[1,2] **דָּבָר אַחֵר – Alternatively, רְאוּיָה הָיְתָה פָּרָשָׁה זוֹ לְהִכָּתֵב – this passage was fit to be written עַל יְדֵי מֹשֶׁה – through Moses, אֶלָּא שֶׁזָּכוּ בְּנוֹת צְלָפְחָד – but the daughters of Zelophehad were deemed worthy, וְנִכְתְּבָה עַל יָדָן[3] – and it was written through them.[3]**

7. כֵּן בְּנוֹת צְלָפְחָד דֹּבְרֹת – THE DAUGHTERS OF ZELOPHEHAD SPEAK PROPERLY. The word כֵּן is to be understood **כְּתַרְגּוּמוֹ – as *Targum Onkelos* renders it, "יָאוּת" – "properly."[4]** {**כְּלוֹמַר – That is to say,**} **כָּךְ כְּתוּבָה פָּרָשָׁה זוֹ לְפָנַי בַּמָּרוֹם[5] – "Thus is this passage written before Me on High."[5] מַגִּיד – This tells** us **שֶׁרָאֲתָה עֵינָן – that their eye saw מַה שֶּׁלֹּא רָאֲתָה עֵינוֹ שֶׁל מֹשֶׁה – that which the eye of Moses did not see.[6]**

□ **{כֵּן בְּנוֹת צְלָפְחָד דֹּבְרֹת – THE DAUGHTERS OF ZELOPHEHAD SPEAK PROPERLY.} יָפֶה תָּבְעוּ – "They claimed correctly." אַשְׁרֵי אָדָם – Fortunate is the person שֶׁהַקָּדוֹשׁ בָּרוּךְ הוּא מוֹדֶה לִדְבָרָיו[7] – whose words the Holy One, Blessed is He, confirms.[7]**

□ **נָתֹן תִּתֵּן – YOU SHALL SURELY GIVE** (literally, "give, you shall give"). **שְׁנֵי חֲלָקִים** – You shall give **two portions:[8] חֵלֶק אֲבִיהֶן – the portion of their father, שֶׁהָיָה מִיּוֹצְאֵי מִצְרַיִם – who was among those who went out of Egypt,[9] וְחֶלְקוֹ עִם אֶחָיו – and his portion along with his brothers בְּנִכְסֵי חֵפֶר[10] – in the property of Hepher,** their father.[10]

wood-gatherer (15:32-36 above), and the curser (*Leviticus* 24:10-14), we find that Moses did not know the halachah until God told him what was to be done. Nevertheless, we do not find in any of those places that Moses actually asked God for a decision. As soon as Moses declared his ignorance of the matter, God spoke to him and taught him the halachah. Here, however, Moses had to "bring their case before HASHEM" before the halachah was revealed to him. That he had to do so here indicates that this law had purposely been concealed from him (*Gur Aryeh*).

1. *Deuteronomy* 1:17.

2. *Tanchuma* 8; *Sanhedrin* 8a.

3. *Sifrei* 133; *Sanhedrin* 8a. Rashi interprets similarly in his commentary to 9:7 above.

4. The word כֵּן usually relates to a previous matter and means "thus" or "so." Rashi explains the word כֵּן as he does in our verse in his comments to *Exodus* 10:29 and *Jeremiah* 8:6. He gives the word a similar, though not identical, interpretation in his comments to *Genesis* 42:11, *Isaiah* 16:6, *Jeremiah* 48:30, and *Proverbs* 11:19.

5. *Sifrei* 134.

6. That is, they understood an aspect of the laws of inheritance that Moses had not yet understood (*Sefer Zikaron*).

"The daughters of Zelophehad speak properly" seems superfluous. God could have begun with a direct statement of the law which applies, "You shall give them a possession . . ." It is stated to indicate the wisdom of the daughters of Zelophehad (*Gur Aryeh*).

7. *Sifrei* 134.

8. The double verb form which includes the infinitive implies that they took more than one portion.

9. The commentators note that this Rashi is problematic. Here he appears to follow the opinion in *Bava Basra* 117a which holds that the Land of Israel was allotted by portions assigned to those who left Egypt. In his comments to 26:55 above, s.v., לִשְׁמוֹת מַטּוֹת אֲבֹתָם, however, he appears to follow the other opinion there, which holds that the land was allotted by portions assigned to those who entered the land, which were redivided by assigning them to their ancestors who left Egypt. See *Mizrachi, Sifsei Chachamim* and the other commentators.

10. *Bava Basra* 118b.

אֲבִיהֶ֑ם וְהַֽעֲבַרְתָּ֛ אֶת־נַחֲלַ֥ת
ח אֲבִיהֶ֖ן לָהֶֽן׃ וְאֶל־בְּנֵ֥י יִשְׂרָאֵ֖ל
תְּדַבֵּ֣ר לֵאמֹ֑ר אִ֣ישׁ כִּֽי־יָמ֗וּת וּבֵן֙ אֵ֣ין
ל֔וֹ וְהַֽעֲבַרְתֶּ֥ם אֶת־נַחֲלָת֖וֹ לְבִתּֽוֹ׃
ט וְאִם־אֵ֥ין ל֖וֹ בַּ֑ת וּנְתַתֶּ֥ם אֶת־נַחֲלָת֖וֹ
י לְאֶחָֽיו׃ וְאִם־אֵ֥ין ל֖וֹ אַחִ֑ים וּנְתַתֶּ֥ם
יא אֶת־נַחֲלָת֖וֹ לַאֲחֵ֥י אָבִֽיו׃ וְאִם־אֵ֣ין
אַחִים֮ לְאָבִיו֒ וּנְתַתֶּ֣ם אֶת־נַחֲלָת֗וֹ
לִשְׁאֵר֞וֹ הַקָּרֹ֥ב אֵלָ֛יו מִמִּשְׁפַּחְתּ֖וֹ

their father, and you shall cause the inheritance of their father to pass over to them. [8] *And to the Children of Israel you shall speak, saying: If a man will die and he has no son, you shall cause his inheritance to pass over to his daughter.* [9] *If he has no daughter, you shall give his inheritance to his brothers.* [10] *If he has no brothers, you shall give his inheritance to the brothers of his father.* [11] *If there are no brothers of his father, you shall give his inheritance to his relative who is closest to him of his family,*

אונקלוס

אֲבוּהָן וְתַעֲבַר יָת אַחֲסָנַת אֲבוּהֶן לְהֵין: ח וְעִם בְּנֵי יִשְׂרָאֵל תְּמַלֵּל לְמֵימַר גְּבַר אֲרֵי יְמוּת וּבַר לֵית לֵהּ וְתַעְבְּרוּן יָת אַחֲסַנְתֵּהּ לִבְרַתֵּהּ: ט וְאִם לֵית לֵהּ בְּרַתָּא וְתִתְּנוּן יָת אַחֲסַנְתֵּהּ לַאֲחוֹהִי: י וְאִם לֵית לֵהּ אַחִין וְתִתְּנוּן יָת אַחֲסַנְתֵּהּ לַאֲחֵי אֲבוּהִי: יא וְאִם לֵית אַחִין לַאֲבוּהִי וְתִתְּנוּן יָת אַחֲסַנְתֵּהּ לְקָרִיבֵהּ דְּקָרִיב לֵהּ מִזַּרְעִיתֵהּ

רש"י

והעברת. לשון עברה הוא במי שאינו מניח בן ליורשו (ב"ב קטז.). דבר אחר על שם שהבת מעברת נחלה משבט לשבט שבנה ובעלה יורשין אותה. [שלא תסוב נחלה לא נצטוה אלא לאותו הדור בלבד (ב"ב קכ.).] וכן והעברתם את נחלתו לבתו (פסוק ח) בכולן הוא אומר ונתתם (פסוקים ט-יא) ובבת הוא אומר והעברתם (ספרי שם; תנחומא ט; ב"ב קמז.): (יא) **לשארו הקרב אליו ממשפחתו.** ואין משפחה קרויה אלא מצד האב (ספרי שם; ב"ב קט:):

RASHI ELUCIDATED

□ וְהַעֲבַרְתָּ – **AND YOU SHALL CAUSE [THE INHERITANCE OF THEIR FATHER] TO PASS OVER.** לְשׁוֹן עֶבְרָה הוּא – **It is related to the word** עֶבְרָה, **"wrath,"** בְּמִי שֶׁאֵינוֹ מַנִּיחַ בֵּן – for there is wrath **against one who does not leave a son** לְיָרְשׁוֹ[1] – **to inherit him.**[1]

דָּבָר אַחֵר – **Alternatively,** the word וְהַעֲבַרְתָּ is used עַל שֵׁם שֶׁהַבַּת מַעֲבֶרֶת נַחֲלָה – **because the daughter causes an inheritance to pass over** מִשֵּׁבֶט לְשֵׁבֶט – **from tribe to tribe,** שֶׁבְּנָהּ וּבַעְלָהּ – **for her son and husband,** who may be of another tribe, יוֹרְשִׁין אוֹתָהּ – **inherit from her.** {שֶׁ,,לֹא תִסֹּב נַחֲלָה" לֹא נִצְטַוָּה אֶלָּא לְאוֹתוֹ הַדּוֹר בִּלְבַד – **For** the verse **"An inheritance shall not be redirected** from tribe to tribe" **was commanded only to that generation,** i.e., the generation of the wilderness.}[2]

וְכֵן ,,וְהַעֲבַרְתֶּם אֶת נַחֲלָתוֹ לְבִתּוֹ"[3] – **And similarly** we explain וְהַעֲבַרְתֶּם of, **"You shall cause his inheritance to pass over to his daughter."**[3] בְּכֻלָּן הוּא אוֹמֵר ,,וּנְתַתֶּם"[4] – **In all of [the other verses which speak of inheritance]**[4] **it says "and you shall give,"** i.e., it uses verbs from the root נתן, "to give," וּבְבַת הוּא אוֹמֵר – **but of a daughter it says,** ,,וְהַעֲבַרְתֶּם"[5] – **"and you shall cause to pass over."**[5]

11. לִשְׁאֵרוֹ הַקָּרֹב אֵלָיו מִמִּשְׁפַּחְתּוֹ – **TO HIS RELATIVE WHO IS CLOSEST TO HIM OF HIS FAMILY.** וְאֵין מִשְׁפָּחָה קְרוּיָה אֶלָּא מִצַּד הָאָב[6] – **The term** מִשְׁפָּחָה (family) **applies only to the father's side.**[6]

1. *Bava Basra* 116a. God is wrathful toward one who has not made an effort to father a son (*Yad Ramah*).

This explains why the verse did not use וְנָתַתָּ, "and you shall give," here, with a verb from the root נתן, as it did at the beginning of the verse (*Be'er Yitzchak*).

2. *Bava Basra* 120a. In 36:8-9 below, women who stand to inherit land are commanded not to marry out of their tribe, so that their landholdings not be transferred to another tribe. Verbs from the root עבר, which connote transfer of the family portion to another tribe, would thus seem to be inappropriate, for such transferal is not meant to occur. Rashi explains that עבר is, in fact, appropriate, for it was only the generation of the wilderness to whom the prohibition against redirecting a portion from one tribe to another applied. For other generations, such "passing over" was legitimate (*Mizrachi; Sifsei Chachamim*).

3. Below v. 8.

4. Below vv. 9,11.

5. *Sifrei* 134; *Tanchuma* 9; *Bava Basra* 147a. This supports Rashi's point that "causing to pass over" is used for a daughter because of the possibility that the family inheritance might pass on to another tribe. Scripture does not use such wording regarding a son's inheritance, for in that case, the inheritance remains in the tribe.

6. *Sifrei* 134; *Bava Basra* 109b. If the verse speaks of "his relative who is closest to him," it is obvious that it speaks of someone "of his family." Scripture states "of his family" to teach us that the verse refers only to a paternal relative (*Maskil LeDavid*; see Rashi to 1:2 above, and note 10 there).

וְיָרַשׁ אֹתָהּ וְהָיְתָה לִבְנֵי יִשְׂרָאֵל
לְחֻקַּת מִשְׁפָּט כַּאֲשֶׁר צִוָּה יהוה
אֶת־מֹשֶׁה:
יב וַיֹּאמֶר יהוה אֶל־מֹשֶׁה עֲלֵה אֶל־
הַר הָעֲבָרִים הַזֶּה וּרְאֵה אֶת־הָאָרֶץ
יג אֲשֶׁר נָתַתִּי לִבְנֵי יִשְׂרָאֵל: וְרָאִיתָה
אֹתָהּ וְנֶאֱסַפְתָּ אֶל־עַמֶּיךָ גַּם־
אָתָּה כַּאֲשֶׁר נֶאֱסַף אַהֲרֹן אָחִיךָ:

and he shall inherit it. This shall be for the Children of Israel as a decree of justice, as HASHEM commanded Moses."

[12] HASHEM said to Moses, "Go up to this mountain of Abarim and see the land that I have given to the Children of Israel. [13] You shall see it and you shall be brought in to your people, you, too, as Aaron your brother was brought in;

אונקלוס

וְיֵרַת יָתַהּ וּתְהֵי לִבְנֵי יִשְׂרָאֵל לִגְזֵרַת דִּין כְּמָא דִי פַקִּיד יְיָ יָת מֹשֶׁה: יב וַאֲמַר יְיָ לְמֹשֶׁה סַק לְטוּרָא דַעֲבָרָאֵי הָדֵין וַחֲזֵי יָת אַרְעָא דִּי יְהָבִית לִבְנֵי יִשְׂרָאֵל: יג וְתֶחֱזֵי יָתַהּ וְתִתְכְּנֵשׁ לְעַמָּיךְ אַף אַתְּ כְּמָא דִי אִתְכְּנִישׁ אַהֲרֹן אָחוּךְ:

רש"י

(יב) עלה אל הר העברים. למה נסמכה לכאן, כיון שאמר הקב"ה נתן תתן להם (לעיל פסוק ז) אמר אותי צוה המקום להנחיל, שמא הותרה הגזרה ואכנס לארץ. אמר לו הקב"ה גזרתי במקומה עומדת (תנחומא שם). דבר אחר, כיון שנכנס משה לנחלת בני גד ובני ראובן שמח ואמר כמדומה לי שהותר נדרי. משל למלך שגזר על בנו שלא יכנס לפתח פלטין שלו. נכנס לשער, והוא אחריו. לחצר, והוא אחריו. לטרקלין, והוא אחריו. כיון שבא להכנס לקיטון אמר לו, בני, מכאן ואילך אתה אסור להכנס (ספרי שם): **(יג) כאשר נאסף אהרן אחיך.** מכאן שנתאוה משה למיתתו של אהרן (ספרי קלו). דבר אחר אין אתה טוב ממנו (תנחומא שם). על אשר לא

RASHI ELUCIDATED

12. **עֲלֵה אֶל הַר הָעֲבָרִים** – **GO UP TO [THIS] MOUNTAIN OF ABARIM.** **לָמָּה נִסְמְכָה לְכָאן** – **Why is this** passage **put next to** the passage about inheritance which appears **here?**[1] **כֵּיוָן שֶׁאָמַר הַקָּדוֹשׁ בָּרוּךְ הוּא** – **Since the Holy One, Blessed is He, said,** "**נָתֹן תִּתֵּן לָהֶם**"[2] – **"You shall surely give them** [a possession of inheritance],"[2] **אָמַר** – **[Moses] said** to himself, **אוֹתִי צִוָּה הַמָּקוֹם** – **"It is I whom the Omnipresent has commanded** **לְהַנְחִיל** – **to apportion the inheritance** of the land. **שֶׁמָּא הֻתְּרָה הַגְּזֵרָה** – **Perhaps the decree has been rescinded** **וְאֶכָּנֵס לָאָרֶץ** – **and I will enter the land."** **אָמַר לוֹ הַקָּדוֹשׁ בָּרוּךְ הוּא** – **The Holy One, Blessed is He, said,** **גְּזֵרָתִי בִּמְקוֹמָהּ עוֹמֶדֶת**[3] – **"My decree stands in its place."**[3]

דָּבָר אַחֵר – **Alternatively,** **כֵּיוָן שֶׁנִּכְנַס מֹשֶׁה** – **since Moses entered** **לְנַחֲלַת בְּנֵי גָד וּבְנֵי רְאוּבֵן** – the area which was to become **the portion of the children of Gad and the children of Reuben,** **שָׂמַח וְאָמַר** – **he rejoiced, and said,** **כִּמְדֻמֶּה לִי** – **"It seems to me** **שֶׁהֻתַּר נִדְרִי** – **that the vow about me,** i.e, the vow against my entry into the land,[4] **has been released."** **מָשָׁל לְמֶלֶךְ** – **This can be compared to a king** **שֶׁגָּזַר עַל בְּנוֹ** – **who decreed upon his son** **שֶׁלֹּא יִכָּנֵס** – **that he not enter** **לְפֶתַח פָּלָטִין שֶׁלּוֹ** – **the entrance of his palace.** **נִכְנַס לַשַּׁעַר** – **[The king] entered the gate,** **וְהוּא אַחֲרָיו** – **and [the son] followed him.** **לֶחָצֵר** – The king entered **the courtyard,** **וְהוּא אַחֲרָיו** – **and [the son] followed him.** **לִטְרַקְלִין** – He entered **the reception room,** **וְהוּא אַחֲרָיו** – **and [the son] followed him.** **כֵּיוָן שֶׁבָּא לְהִכָּנֵס לְקִיטוֹן** – **Once he was about to enter the bedroom,** **אָמַר לוֹ** – **[the king] said to him,** **בְּנִי** – **"My son,** **מִכָּאן וְאֵילָךְ** – **from here on,** **אַתָּה אָסוּר לְהִכָּנֵס**[5] – **you are forbidden to enter."**[5]

13. **כַּאֲשֶׁר נֶאֱסַף אַהֲרֹן אָחִיךָ** – **AS AARON YOUR BROTHER WAS BROUGHT IN.** **מִכָּאן** – **From here** we see **שֶׁנִּתְאַוָּה מֹשֶׁה** – **that Moses desired** **לְמִיתָתוֹ שֶׁל אַהֲרֹן**[6] – a death similar **to the death of Aaron.**[6] **דָּבָר אַחֵר** – **Alternatively,** **אֵין אַתָּה טוֹב מִמֶּנּוּ** – **you are not better than he.**[7] "**עַל אֲשֶׁר לֹא**

1. This passage deals with preparations for Moses' death. We would have expected it to appear with the other passages which speak of his death, at the end of *Deuteronomy* (*Gur Aryeh; Maskil LeDavid*).

2. Above v. 7.

3. *Tanchuma* 9. Our passage is God's statement to Moses that the decree against his entry into the land is still in force.

4. See Rashi to 20:12 above, s.v., לָכֵן לֹא תָבִיאוּ.

5. *Sifrei* 134. The preceding passage spoke of apportioning the land. Once Moses entered an area which was destined to be included in the apportioning of the land, although it was not part of the Land of Israel proper, he thought that he might be allowed to enter the land. God implied to him here that this was not so (see *Be'er Yitzchak*).

6. *Sifrei* 136. See Rashi to 20:26 above.

7. *Tanchuma* 9.

יד כַּאֲשֶׁר מְרִיתֶם פִּי בְּמִדְבַּר־צִן
בִּמְרִיבַת הָעֵדָה לְהַקְדִּישֵׁנִי בַמַּיִם
לְעֵינֵיהֶם הֵם מֵי־מְרִיבַת קָדֵשׁ
טו מִדְבַּר־צִן: וַיְדַבֵּר

[14] *because you rebelled against My word in the Wilderness of Zin, in the strife of the assembly, to sanctify Me at the water before their eyes. They are the waters of the strife of Kadesh, in the Wilderness of Zin."*

אונקלוס

יד כְּמָא דִי סָרֶבְתּוּן עַל מֵימְרִי בְּמַדְבְּרָא דְצִן בְּמַצּוּת כְּנִשְׁתָּא לְקַדָּשׁוּתִי בְמַיָּא לְעֵינֵיהוֹן אִנּוּן מֵי מַצּוּת רְקָם מַדְבְּרָא דְצִן: טו וּמַלִּיל

רש"י

קדשתם (דברים לב:נא) הא אם קדשתם אותי עדיין לא הגיע זמנכם להפטר מן העולם. בכל מקום שכתב מיתתם כתב סורחנם, לפי שנגזרה גזרה על דור המדבר למות במדבר בעון שלא האמינו, לכך בקש משה שיכתב סורחנו, שלא יאמרו אף הוא מן הממרים היה. משל לשתי נשים שלוקות בבית דין אחת קלקלה ואחת אכלה פגי שביעית וכו׳, אף כאן בכל מקום שהזכיר מיתתן הזכיר סורחנן, להודיע שלא היתה בהם אלא זו בלבד (ספרי קלז): (יד) **הם מי מריבת קדש.** הם לבדם. אין בהם עון אחר. דבר אחר הם שהמרו במרה הם היו שהמרו בים סוף.

RASHI ELUCIDATED

"קִדַּשְׁתֶּם"[1] – You both must die **"because you did not sanctify Me,"**[1] which implies, **הָא אִם קִדַּשְׁתֶּם אוֹתִי – but if you had sanctified Me, עֲדַיִן לֹא הִגִּיעַ זְמַנְּכֶם לְהִפָּטֵר מִן הָעוֹלָם – your time to depart from the world would not yet have arrived.**[2]

בְּכָל מָקוֹם – In all places שֶׁכָּתַב מִיתָתָם – in which [Scripture] writes of **the deaths of [Moses and Aaron], כָּתַב סָרְחָנָם – it writes** of **their misdeed, לְפִי שֶׁנִּגְזְרָה גְּזֵרָה – because a decree had been decreed עַל דּוֹר הַמִּדְבָּר – upon the generation of the wilderness לָמוּת בַּמִּדְבָּר – to die in the wilderness בְּעָוֹן שֶׁלֹּא הֶאֱמִינוּ – for the sin of not having believed.**[3] **לְכָךְ בִּקֵּשׁ מֹשֶׁה – This is why Moses requested שֶׁיִּכָּתֵב סָרְחוֹנוֹ – that his misdeed be written, שֶׁלֹּא יֹאמְרוּ – so that they should not say אַף הוּא –** that **he, too, מִן הַמַּמְרִים הָיָה – was of the rebellious ones. מָשָׁל לִשְׁתֵּי נָשִׁים – This can be compared to two women שֶׁלּוֹקוֹת בְּבֵית דִּין – who are flogged in court: אַחַת קִלְקְלָה – One had acted indecently, וְאַחַת אָכְלָה פַּגֵּי שְׁבִיעִית וְכוּלְּהוּ**[4] **– and one had eaten unripe fruits of the seventh year, etc.**[4] **אַף כָּאן – Here, too, בְּכָל מָקוֹם – in all places שֶׁהִזְכִּיר מִיתָתָן – in which it mentions their death, הִזְכִּיר סָרְחָנָן – it mentions their misdeed, לְהוֹדִיעַ – to make known שֶׁלֹּא הָיְתָה בָּהֶם – that there was no** sin **in them אֶלָּא זוֹ בִּלְבָד**[5] **– but this one alone.**[5]

14. הֵם מֵי מְרִיבַת קָדֵשׁ – THEY ARE THE WATERS OF THE STRIFE OF KADESH. הֵם לְבַדָּם – They alone; אֵין בָּהֶם עָוֹן אַחֵר – there is no other sin in them.[6] **דָּבָר אַחֵר – Alternatively, הֵם שֶׁהִמְרוּ בְּמָרָה – they are what led to rebellion at Marah;**[7] **הֵם הָיוּ שֶׁהִמְרוּ בְּיַם סוּף – they are what led to rebellion at**

1. *Deuteronomy* 32:51. Rashi cites the verse in *Deuteronomy,* rather than the following verse, which makes the same point, because the verse from *Deuteronomy* is less ambiguous. It uses עַל אֲשֶׁר, "because," which indicates clearly that the reason for the deaths of Moses and Aaron is their not having sanctified God's name. The verse following ours, however, uses כַּאֲשֶׁר for "because." כַּאֲשֶׁר can also mean "when." There is thus room to interpret that verse as telling the time of Aaron's death, rather than the reason for it (*Peirush Sifrei DeVei Rav;* see also *Maskil LeDavid*).

2. According to the first explanation, the comparison to Aaron lies in the manner of death. According to the second explanation, it lies in the reason for death.

3. That is, for not trusting God at the time of the sin of the Spies.

4. *Yoma* 86b. Only ripe fruits of the seventh year may be eaten. Eating fruit before they are ready to be eaten is considered destroying them, and fruits with the sanctity of the seventh year may not be destroyed.

The *Gemara* there continues: The one who ate fruits of the seventh year said, "I ask of you, publicize why I am being flogged, so that people should not say I received lashes for the same reason as the other woman." They brought unripe fruits of the seventh year, hung them from her neck, and announced, "She is being flogged for matters concerning the seventh year."

5. *Sifrei* 137. This explains why Scripture mentions the reason for the deaths of Moses and Aaron in more than one place (*Be'er Yitzchak*).

6. The name by which the waters are known and their location have already been stated (see 20:13 and 24 above). Moreover, there seems to be no need to mention their name and location in this context. They are stated here to imply that not only were Moses and Aaron not party to the sin of the Spies, as Rashi has mentioned in his preceding comment, but they had no sin held against them at all other than the sin of the waters of the strife of Kadesh.

7. See *Exodus* 15:23-24.

טו מֹשֶׁה אֶל־יְהוָה לֵאמֹר: יִפְקֹד יְהוָה
אֱלֹהֵי הָרוּחֹת לְכָל־בָּשָׂר אִישׁ עַל־

15 *Moses spoke to* HASHEM, *saying,*
16 *"May* HASHEM, *God of the spirits of all flesh, appoint a man over the*

אונקלוס

מֹשֶׁה קֳדָם יְיָ לְמֵימָר: טז יְמַנֵּי יְיָ אֱלָהּ רוּחַיָּא לְכָל בִּסְרָא גְּבַר עַל

רש"י

הם עלמם שהמרו במדבר לין: (טו) **וידבר משה אל ה' וגו'.** להודיע שבחן של לדיקים, כשנפטרים מן העולם מניחין לרכן ועוסקין בלרכי לבור (ספרי קלח): **לאמר.** אמר לו השיבני אם אתה ממנה להם פרנס אם לאו (שם): (טז) **יפקד ה'.** כיון ששמע משה שאמר לו המקום תן נחלת ללפחד לבנותיו, אמר הגיעה שעה שאתבע לרכי, שיירשו בני את גדולתי. אמר לו הקב"ה לא כך עלתה במחשבה לפני, כדאי הוא יהושע ליטול שכר שמושו

RASHI ELUCIDATED

the Sea of Reeds;[1] הֵם עַצְמָם שֶׁהִמְרוּ – **they are the very thing that led to rebellion** בְּמִדְבַּר צִן – **in the Wilderness of Zin.**[2]

15. וַיְדַבֵּר מֹשֶׁה אֶל ה׳ וְגוֹמֵר – **MOSES SPOKE TO HASHEM, SAYING, ETC.** This is stated here לְהוֹדִיעַ שִׁבְחָן שֶׁל צַדִּיקִים – **to inform** you **of the praiseworthiness of the righteous.** כְּשֶׁנִּפְטָרִים מִן הָעוֹלָם – **When they take their leave from the world,** מַנִּיחִין צָרְכָּן – **they put aside their own concerns,** וְעוֹסְקִין בְּצָרְכֵי צִבּוּר[3] – **and deal with the concerns of the public.**[3]

□ לֵאמֹר – **SAYING.** אָמַר לוֹ – **[Moses] said to Him,** הֲשִׁיבֵנִי – **"Answer me** אִם אַתָּה מְמַנֶּה לָהֶם פַּרְנָס – as to **whether You will appoint a leader for [Israel]** אִם לָאו[4] – **or not."**[4]

16. יִפְקֹד ה׳ – **MAY HASHEM, [GOD OF THE SPIRITS OF ALL FLESH,] APPOINT.** כֵּיוָן שֶׁשָּׁמַע מֹשֶׁה – **Once Moses heard** שֶׁאָמַר לוֹ הַמָּקוֹם – **that the Omnipresent said to him,** תֵּן נַחֲלַת צְלָפְחָד לִבְנוֹתָיו – **"Give Zelophehad's inheritance to his daughters,"**[5] אָמַר – **he said,** הִגִּיעָה שָׁעָה – **"The time has come** שֶׁאֶתְבַּע צְרָכַי – **that I should claim what I need,** i.e., that I should think of my family,[6] שֶׁיִּירְשׁוּ בָנַי אֶת גְּדֻלָּתִי – **that my sons should inherit my high position."**[7] אָמַר לוֹ הַקָּדוֹשׁ בָּרוּךְ הוּא – **The Holy One, Blessed is He, said to him,** לֹא כָךְ עָלְתָה בְּמַחֲשָׁבָה לְפָנַי – **"This is not what has entered My mind.**[8] כְּדַאי הוּא יְהוֹשֻׁעַ – **Joshua is worthy** לִטּוֹל שְׂכַר שִׁמּוּשׁוֹ – **of taking reward**

1. The Israelites sinned twice at the sea. The first sin took place when the Israelites showed a lack of trust in God by complaining, "Is it because there are not — there are not graves in Egypt — that you took us to die in the wilderness?" (*Exodus* 14:11). The second sin at the sea is alluded to in the verse "they rebelled at the sea, at the Sea of Reeds" (*Psalms* 106:7). After the Israelites crossed the sea, they demonstrated a lack of faith by saying, "Just as we are emerging from the sea on this side, the Egyptians are emerging on the other, and they will pursue us again" (Rashi to *Avos* 5:4, s.v., עשרה נסיונות נסו אבותינו את המקום במדבר).

2. According to the alternative interpretation, the repetition of "they are the waters of strife of Kadesh" implies that there had been a history of previous "waters of strife." The verse points this out to explain why Moses and Aaron died because of this sin. Because water had been a matter of controversy and complaint, there was all the more reason that Moses and Aaron should have taken care in sanctifying God's Name over water (*Maasei Hashem*).

3. *Sifrei* 138. Moses' first concern upon hearing that he would not enter the land was that someone should take his place. This shows his extreme selflessness (*Commentary of R' Hillel* to *Sifrei*).

4. *Sifrei* 138. לֵאמֹר, "saying" or "to say," implies that Moses asked God "to say" something to him in response. Rashi speaks at greater length about this implication of the word in his comments to 12:13 above, s.v., לֵאמֹר.

5. Rashi views Moses' request regarding his successor as a reaction to the award of a portion to the daughters of Zelophehad rather than as a response to the tidings regarding his death, for when Moses was previously informed that he would die before entering the land (20:12), he made no such request (*Nachalas Yaakov*). It was only now, when he saw God's concern with matters of inheritance, that Moses thought it appropriate to raise the subject.

6. פקד in the *kal* generally means "to remember, to take into account," while in the *hifil* it means "to appoint." We would thus have expected the verse to use יַפְקֵד in the *hifil*. Moses uses יִפְקֹד in the *kal* to convey a secondary meaning, "May God *remember* me in a positive light, and let my sons succeed me" (*Maskil LeDavid*).

7. This does not stand in contradiction to Rashi's preceding comment, that Moses was concerned with the welfare of the people. Had he not been worried about the people, he would not have raised the subject of his replacement. The implication with regard to his sons was secondary. We see this from the fact that Moses asked that his successor be qualified to concern himself with the needs of each individual (*Nachalas Yaakov*).

8. Literally, "Not so has it gone up in thought before Me."

יז הָעֵדָה: אֲשֶׁר־יֵצֵא לִפְנֵיהֶם וַאֲשֶׁר
יָבֹא לִפְנֵיהֶם וַאֲשֶׁר יוֹצִיאֵם
וַאֲשֶׁר יְבִיאֵם וְלֹא תִהְיֶה עֲדַת
יהוה כַּצֹּאן אֲשֶׁר אֵין־לָהֶם רֹעֶה:

assembly, [17] *who shall go out before them and come in before them, who shall take them out and who shall bring them in; and let the assembly of HASHEM not be like sheep that have no shepherd."*

אונקלוס

כְּנִשְׁתָּא: יז דִּי יִפּוֹק קֳדָמֵיהוֹן וְדִי יֵעוֹל קֳדָמֵיהוֹן וְדִי יַפֵּקִנּוּן
וְדִי יָעֵלִנּוּן וְלָא תְהֵי כְּנִשְׁתָּא דַייָ כְּעָנָא דִּי לֵית לְהֶן רָעֵי:

רש"י

שלא מש מתוך האהל. וזהו שאמר שלמה נוצר תאנה יאכל פריה (משלי כז:יח; תנחומא יא; ספרי קמ): **אלהי הרוחת.** למה נאמר, אמר לפניו, רבש"ע, גלוי לפניך דעתו של כל אחד ואחד ואינן דומין זה לזה, מנה עליהם מנהיג שיהא סובל כל אחד ואחד לפי דעתו (תנחומא י): **(יז) אשר יצא לפניהם.** לא כדרך מלכי האומות שיושבים בבתיהם ומשלחין את חיילותיהם למלחמה, אלא כמו שעשיתי אני שנלחמתי בסיחון ועוג, שנאמר אל תירא אותו (במדבר כא:לד) וכדרך שעשה יהושע, שנאמר וילך יהושע אליו ויאמר לו הלנו אתה וגו' (יהושע ה:יג). וכן בדוד הוא אומר כי הוא יוצא ובא לפניהם (שמואל א יח:טז) יוצא בראש ונכנס בראש (ספרי קלט): **ואשר יוציאם.** בזכיותיו (שם): **ואשר יביאם.** בזכיותיו (שם). דבר אחר, ואשר יביאם שלא תעשה לו

RASHI ELUCIDATED

for his service, שֶׁלֹּא מָשׁ מִתּוֹךְ הָאֹהֶל **– for 'he would not depart from within the tent.'"**[1] וְזֶהוּ שֶׁאָמַר שְׁלֹמֹה **– And this is what Solomon** referred to when he **said,** "נוֹצֵר תְּאֵנָה **– "He who guards the fig tree** יֹאכַל פִּרְיָהּ"[2,3] **– shall eat its fruit** [and he who keeps watch over his master shall be honored]."[2,3]

□ אֱלֹהֵי הָרוּחֹת **– GOD OF THE SPIRITS.** לָמָּה נֶאֱמַר **– Why is this stated?** אָמַר לְפָנָיו **– [Moses] said before Him,** רִבּוֹנוֹ שֶׁל עוֹלָם **– "Master of the World!** גָּלוּי לְפָנֶיךָ דַּעְתּוֹ שֶׁל כָּל אֶחָד וְאֶחָד **– The personality of each individual is revealed before You;** וְאֵינָן דּוֹמִין זֶה לָזֶה **– they do not resemble each other.** מַנֵּה עֲלֵיהֶם מַנְהִיג **– Appoint a leader** שֶׁיְּהֵא סוֹבֵל כָּל אֶחָד וְאֶחָד **– who can put up with each individual** לְפִי דַעְתּוֹ[4] **– according to his personality."**[4]

17. אֲשֶׁר יֵצֵא לִפְנֵיהֶם **– WHO SHALL GO OUT BEFORE THEM.** לֹא כְּדֶרֶךְ מַלְכֵי הָאֻמּוֹת **– Not in the manner of the kings of the** other **nations,** שֶׁיּוֹשְׁבִים בְּבָתֵּיהֶם **– who sit in their homes** וּמְשַׁלְּחִין אֶת חֵילוֹתֵיהֶם לַמִּלְחָמָה **– and send their armies off to war,** אֶלָּא כְּמוֹ שֶׁעָשִׂיתִי אֲנִי **– but like I did,** שֶׁנִּלְחַמְתִּי בְּסִיחוֹן וְעוֹג **– for *I* did battle against Sihon and Og,**[5] שֶׁנֶּאֱמַר **– as it says,** "אַל תִּירָא אֹתוֹ"[6] **– "Do not fear him."**[6] וּכְדֶרֶךְ שֶׁעָשָׂה יְהוֹשֻׁעַ **– And in the manner that Joshua acted,** שֶׁנֶּאֱמַר **– as it says,** "וַיֵּלֶךְ יְהוֹשֻׁעַ אֵלָיו **– "And Joshua went to him,** וַיֹּאמֶר לוֹ **– and said to him,** הֲלָנוּ אַתָּה וְגוֹמֵר"[7] **– 'Are you ours** [or are you of our enemies]?'"[7] וְכֵן בְּדָוִד הוּא אוֹמֵר **– And similarly, of David it says,** "כִּי הוּא יוֹצֵא וָבָא לִפְנֵיהֶם"[8] **– "For he would go out and come before them";**[8] יוֹצֵא בָּרֹאשׁ **– he would go out** to battle **in the lead** וְנִכְנָס בָּרֹאשׁ[9] **– and come back in the lead.**[9]

□ וַאֲשֶׁר יוֹצִיאֵם **– WHO SHALL TAKE THEM OUT** בִּזְכֻיּוֹתָיו[10] **– through his merits.**[10]

□ וַאֲשֶׁר יְבִיאֵם **– AND WHO SHALL BRING THEM IN** בִּזְכֻיּוֹתָיו[11] **– through his merits.**[11] דָּבָר אַחֵר **– Alternatively,** "וַאֲשֶׁר יְבִיאֵם" **– "and who shall bring them in"** means, שֶׁלֹּא תַעֲשֶׂה לוֹ **– that you**

1. Rashi paraphrases the wording of *Exodus* 33:11.

2. *Proverbs* 27:18.

3. *Tanchuma* 11; *Sifrei* 140.

4. *Tanchuma* 10. "God of the spirits of all flesh" implies, God, Who knows the importance of appreciating the uniqueness of the spirit of each individual.

5. This explains why Moses considered "going out before them" such an important quality. It means leading them in battle.

6. Above 21:34. The verse implies that Moses was in a position in which he could be expected to fear for his own safety.

7. *Joshua* 5:13. The verse indicates that Joshua was at the point of contact with the enemy.

8. *I Samuel* 18:16.

9. *Sifrei* 139.

10. *Sifrei* 139. Rashi explains how "who shall take them out" is not a repetition of "who shall go out before them" (*Mesiach Ilmim; Be'er Mayim Chaim*).

Merit is necessary in taking an army out to battle, for the worthiness of the king instills a spirit of confidence in his troops (*Be'er BaSadeh*).

11. *Sifrei* 139. The king's merits should serve to bring his troops back safely (*Mesiach Ilmim*).

[18] *HASHEM said to Moses, "Take to*
yourself Joshua son of Nun, a man in
whom there is spirit, and lean your hand
upon him. [19] *You shall stand him before*
Elazar the Kohen and before the entire

יח וַיֹּאמֶר יהוה אֶל־מֹשֶׁה קַח־לְךָ
אֶת־יְהוֹשֻׁעַ בִּן־נוּן אִישׁ אֲשֶׁר־רוּחַ
יט בּוֹ וְסָמַכְתָּ אֶת־יָדְךָ עָלָיו: וְהַעֲמַדְתָּ
אֹתוֹ לִפְנֵי אֶלְעָזָר הַכֹּהֵן וְלִפְנֵי כָּל־

אונקלוס

יח וַאֲמַר יְיָ לְמשֶׁה דְּבַר לָךְ יָת יְהוֹשֻׁעַ בַּר נוּן גְּבַר דִּי רוּחַ נְבוּאָה בֵּהּ וְתִסְמוֹךְ יָת יְדָךְ עֲלוֹהִי: יט וּתְקִים יָתֵהּ קֳדָם אֶלְעָזָר כַּהֲנָא וּקֳדָם כָּל

רש"י

כדרך שאתה עושה לי, שאיני מכניסן לארץ (תנחומא ואתחנן ה): **(יח) קח לך.** קחנו בדברים, אשריך שזכית להנהיג בניו של מקום (ספרי לב): **לך.** את שבדוק לך, את זה [ש]אתה מכיר (ספרי קמ): **אשר רוח בו.** כאשר שאלת, שיוכל להלוך כנגד רוחו של כל אחד ואחד (שם): **וסמכת את ידך עליו.** תן לו מתורגמן שידרוש בחייך, שלא יאמרו עליו לא היה לו להרים ראש בימי משה (שם):

RASHI ELUCIDATED

should not do to him כְּדֶרֶךְ שֶׁאַתָּה עוֹשֶׂה לִי **— as You do to me,** שֶׁאֵינִי מַכְנִיסָן לָאָרֶץ[1] **— that I may not bring them into the land.**[1]

18. קַח לְךָ **— TAKE TO YOURSELF.** קָחֶנּוּ בִדְבָרִים **— Take him with words.**[2] Say to him, אַשְׁרֶיךָ **— "You are fortunate** שֶׁזָּכִיתָ **— for you are privileged** לְהַנְהִיג בָּנָיו שֶׁל מָקוֹם[3] **— to lead the children of the Omnipresent."**[3]

□ לְךָ **— TO YOURSELF.** אֶת שֶׁבָּדוּק לְךָ **— The one who has been examined by you;** אֶת זֶה {שֶׁ}אַתָּה מַכִּיר[4] **— this one with whom you are familiar.**[4]

□ אֲשֶׁר רוּחַ בּוֹ **— IN WHOM THERE IS SPIRIT** כַּאֲשֶׁר שָׁאַלְתָּ **— as you requested,** שֶׁיּוּכַל לַהֲלוֹךְ כְּנֶגֶד רוּחוֹ **— that he be able to go opposite the spirit,** i.e., act in a manner befitting the personality, שֶׁל כָּל אֶחָד וְאֶחָד[5] **— of each individual.**[5]

□ וְסָמַכְתָּ אֶת יָדְךָ עָלָיו **— AND LEAN YOUR HAND UPON HIM.** תֵּן לוֹ מְתֻרְגְּמָן **— Give him a spokesman**[6] שֶׁיִּדְרוֹשׁ בְּחַיֶּיךָ **— so that [Joshua] shall lecture in public during your lifetime,**[7] שֶׁלֹּא יֹאמְרוּ עָלָיו **— so that they should not say about him,** לֹא הָיָה לוֹ לְהָרִים רֹאשׁ **— "He was unable to raise his head** בִּימֵי מֹשֶׁה[8] **— in the days of Moses."**[8]

1. *Tanchuma, Va'eschanan* 5. According to the alternative explanation, "and who shall bring them in" refers to bringing the people to the Land of Israel, not to bringing troops home from battle.

2. When Scripture refers to "taking" people, it does not mean taking in a concrete sense. See Rashi to 8:6 above and v. 22 below.

3. *Sifrei* 92.

4. *Sifrei* 140. When Scripture uses an apparently superfluous "לְךָ" it can be interpreted as "for your benefit" (e.g., *Genesis* 12:1, s.v., לֶךְ לְךָ; 22:20 above, s.v., אִם לִקְרֹא לְךָ). But here it cannot have that meaning, for the selection of Joshua was not to Moses' benefit; Moses wanted his sons to succeed him, as Rashi has said in his comments to verse 16. Therefore, here "to yourself" is seen as referring to Moses' familiarity with Joshua's fitness for the task (*Maharik; Maskil LeDavid*).

5. *Sifrei* 140. See Rashi to v. 16 above, s.v., אֱלֹהֵי הָרוּחֹת.

6. In earlier times, a Torah sage would deliver his lectures indirectly. He had a *meturgeman* (spokesman) to whom he would quietly and briefly tell his ideas in the presence of the audience. The *meturgeman* would then explain and elaborate on the sage's ideas to the public. Giving Joshua a *meturgeman* was thus a sign of handing over authority to him.

7. Had "and lean your hand upon him" been meant literally, it would have been a gesture by which Moses transmitted something of his greatness to Joshua. We would thus have expected "you shall place some of you majesty upon him" (v. 20) to follow immediately. Since "you shall stand him before Elazar the Kohen and before the entire assembly" is what immediately follows, "you shall lean your hand" upon him is viewed figuratively, as referring to the appointment of a *meturgeman,* to accompany Joshua when he stands before Elazar and the assembly (*Be'er Mayim Chaim*).

Alternatively, סְמִיכָה, "leaning of hands," signifies a granting of authority to issue rulings, e.g., rabbinical ordination (see *Sanhedrin* 14a). It is obvious that Moses would have "lain hands" upon Joshua in this sense; there would have been no need for Scripture to mention it. When the verse says "and lean your hand upon him," it thus implies that Moses was to grant Joshua a higher degree of authority, by assigning him a *meturgeman* (*Gur Aryeh*).

"Hand" is seen as a reference to a *meturgeman,* for, like a hand, the *meturgeman* is an extension of the speaker himself; the *meturgeman* presents only the ideas of the speaker, nothing of his own (*Be'er BaSadeh*).

8. *Sifrei* 140. People would have said that it was only after the death of Moses that Joshua was considered a leader.

assembly, and command him before their eyes. [20] You shall place of your splendor upon him, so that the entire assembly of the Children of Israel will pay heed. [21] Before Elazar the Kohen shall he stand,	הָעֵדָה וְצִוִּיתָה אֹתוֹ לְעֵינֵיהֶם: כ וְנָתַתָּה מֵהוֹדְךָ עָלָיו לְמַעַן יִשְׁמְעוּ כָּל־עֲדַת בְּנֵי יִשְׂרָאֵל: כא וְלִפְנֵי אֶלְעָזָר הַכֹּהֵן יַעֲמֹד

אונקלוס

כְּנִשְׁתָּא וּתְפַקֵּד יָתֵהּ לְעֵינֵיהוֹן: כ וְתִתֵּן מִזִּיוָךְ עֲלוֹהִי בְּדִיל דִּי יְקַבְּלוּן מִנֵּהּ כָּל כְּנִשְׁתָּא דִבְנֵי יִשְׂרָאֵל: כא וּקֳדָם אֶלְעָזָר כַּהֲנָא יְקוּם

רש"י

(יט) וצויתה אתו. על ישראל, דע שטרחנין הם, סרבנים הם, על מנת שתקבל עליך (ספרי קנ; שמות רבה ז:ג): (כ) ונתתה מהודך עליו. זה קירון עור פנים: מהודך. ולא כל הודך, נמצינו למדין פני משה כחמה פני יהושע כלבנה (ספרי קמ; ב"ב עה.): למען ישמעו כל עדת בני ישראל. שיהיו נוהגין בו כבוד ויראה כדרך שנוהגין בך: (כא) ולפני אלעזר הכהן יעמד. הרי שאלתך ששאלת שאין הכבוד הזה זז מבית אביך, שאף יהושע יהא צריך לאלעזר (תנחומא יא):

RASHI ELUCIDATED

19. וְצִוִּיתָה אֹתוֹ – AND COMMAND HIM עַל יִשְׂרָאֵל – **regarding Israel.**[1] Say to him, דַּע – **"You should know** שֶׁטַּרְחָנִין הֵם – **that they are troublesome,** סַרְבָנִים הֵם – **that they are uncooperative.** עַל מְנַת שֶׁתְּקַבֵּל עָלֶיךָ[2] – You are put in charge of them **with the understanding that you accept upon yourself** that they have a difficult nature."[2]

20. וְנָתַתָּה מֵהוֹדְךָ עָלָיו – YOU SHALL PLACE OF YOUR SPLENDOR UPON HIM. זֶה קֵרוּן עוֹר פָּנִים – **This is radiance of the skin of the face.**[3]

☐ מֵהוֹדְךָ – OF YOUR SPLENDOR. This implies, וְלֹא כָּל הוֹדְךָ – **but not all your splendor.** נִמְצֵינוּ לְמֵדִין – **We find that we have learned** from here פְּנֵי מֹשֶׁה כַּחַמָּה – that **Moses' face was like the sun,** פְּנֵי יְהוֹשֻׁעַ כַּלְּבָנָה[4] – and **Joshua's face was like the moon.**[4]

☐ לְמַעַן יִשְׁמְעוּ כָּל עֲדַת בְּנֵי יִשְׂרָאֵל – SO THAT THE ENTIRE ASSEMBLY OF THE CHILDREN OF ISRAEL WILL PAY HEED, שֶׁיִּהְיוּ נוֹהֲגִין בּוֹ כָּבוֹד וְיִרְאָה – **so that they should treat him with respect and fear,** כְּדֶרֶךְ שֶׁנּוֹהֲגִין בָּךְ – **in the manner that they treat you.**[5]

21. וְלִפְנֵי אֶלְעָזָר הַכֹּהֵן יַעֲמֹד – BEFORE ELAZAR THE KOHEN SHALL HE STAND. הֲרֵי שְׁאֵלָתְךָ – **Here you have** the granting of **your request** שֶׁשָּׁאַלְתָּ – **for which you asked,** שֶׁאֵין הַכָּבוֹד הַזֶּה זָז – **that this honor will not move away** מִבֵּית אָבִיךָ – **from the house of your father,** שֶׁאַף יְהוֹשֻׁעַ יְהֵא צָרִיךְ לְאֶלְעָזָר[6] – **for Joshua will also need Elazar.**[6]

Moses assigned Joshua a *meturgeman* during his lifetime, to show that Joshua was fit for leadership even then (*Divrei David*).

1. The passage does not give us the content of the command. It stands to reason that it relates to Moses' request to appoint someone to succeed him as leader of Israel (see *Be'er Yitzchak*). Rashi interprets a word from the root צוה similarly in his comments to *Exodus* 6:13, s.v., וַיְצַוֵּם עַל בְּנֵי יִשְׂרָאֵל.

2. *Sifrei* 92; *Shemos Rabbah* 7:3. See also Rashi to 11:17 above, s.v., וְנָשְׂאוּ אִתְּךָ.

3. Moses transmitted to Joshua some of his quality of radiance of the skin of the face (see *Exodus* 34:35). The rays which emanated from Moses' face are referred to as קַרְנֵי הוֹד, "rays of splendor," by the Sages of the Midrash, e.g., *Tanchuma, Ki Sisa* 37. Rashi uses the term in his comments to *Exodus* 34:29,30,33,34. See also *Zohar, Ki Seitzei* 280a.

4. *Sifrei* 140; *Bava Basra* 75a. The verse could have said וְנָתַתָּה הוֹדְךָ עָלָיו, "you shall place your splendor upon him." The term "*some* of your splendor" is used to teach us that Moses did not place all of his splendor upon Joshua, and to imply that Joshua was not on a level with Moses (*Be'er Yitzchak*).

The light of the moon is a reflection of the light of the sun. By the same token, the light of the Written Torah which shone from the face of Moses, the prophet who was the vehicle by which God communicated it, was caught by Joshua. It was "reflected" to the Israelite nation as it was comprehended by the intellect of Joshua, "the moon." This was the origin of the transmission of the light of the Oral Torah (*Ha'amek Davar* to *Deuteronomy* 31:14).

5. יִשְׁמְעוּ does not mean "they shall hear" in the physical sense, for the rays of splendor were visible, not audible. It means "they shall take heed, obey" (see *Gur Aryeh; Be'er BaSadeh*). Rashi discusses this sense of שמע in his comments to *Genesis* 37:27, s.v., וַיִּשְׁמְעוּ (*Da'as Yissachar*).

6. *Tanchuma* 11. Standing before Elazar to consult the *Urim* was not something Joshua had to do immediately, nor did it involve Moses. We would thus have expected God to command Joshua about it directly,

כב וְשָׁאַל לוֹ בְּמִשְׁפַּט הָאוּרִים לִפְנֵי
יהוה עַל־פִּיו יֵצְאוּ וְעַל־פִּיו יָבֹאוּ
הוּא וְכָל־בְּנֵי־יִשְׂרָאֵל אִתּוֹ וְכָל־
כב הָעֵדָה: וַיַּעַשׂ מֹשֶׁה כַּאֲשֶׁר צִוָּה יהוה
אֹתוֹ וַיִּקַּח אֶת־יְהוֹשֻׁעַ וַיַּעֲמִדֵהוּ
לִפְנֵי אֶלְעָזָר הַכֹּהֵן וְלִפְנֵי כָּל־
כג הָעֵדָה: וַיִּסְמֹךְ אֶת־יָדָיו עָלָיו וַיְצַוֵּהוּ

and he shall inquire of him of the judgment
of the Urim before HASHEM; by his word
shall they go out and by his word shall
they come in, he and all the Children of
Israel with him, and the entire assembly.
22 Moses did as HASHEM had com-
manded him. He took Joshua and stood
him before Elazar the Kohen and before
the entire assembly. 23 He leaned his
hands upon him and commanded him,

אונקלוס

וְיִשְׁאַל לֵהּ בְּדִין אוּרַיָּא קֳדָם יְיָ עַל מֵימְרֵהּ יְהוֹן נָפְקִין וְעַל מֵימְרֵהּ יְהוֹן עָלִין הוּא וְכָל בְּנֵי יִשְׂרָאֵל עִמֵּהּ וְכָל כְּנִשְׁתָּא: כב וַעֲבַד מֹשֶׁה כְּמָא דִי פַּקִּיד יְיָ יָתֵהּ וּדְבַר יָת יְהוֹשֻׁעַ וַאֲקִימֵהּ קֳדָם אֶלְעָזָר כַּהֲנָא וְקֳדָם כָּל כְּנִשְׁתָּא: כג וּסְמַךְ יָת יְדוֹהִי עֲלוֹהִי וּפַקְדֵהּ

רש"י

ושאל לו. כשיצטרך לצאת למלחמה (יומא עג:; סנהדרין טז:): **על פיו.** של אלעזר: **וכל העדה.** סנהדרין (יומא שם; סנהדרין טז.): **(כב) ויקח את יהושע.** לקחו בדברים והודיעו מתן שכר פרנסי ישראל לעולם הבא (ספרי קמא): **(כג) ויסמך את ידיו.** בעין יפה, יותר ויותר ממה שנצטוה. שהקב"ה אמר לו וסמכת את ידך (לעיל פסוק יח) והוא עשה בשתי ידיו, ועשאו ככלי מלא וגדוש ומלאו חכמתו בעין יפה (ספרי שם):

RASHI ELUCIDATED

□ וְשָׁאַל לוֹ – **AND HE SHALL INQUIRE OF HIM,** כְּשֶׁיִּצְטָרֵךְ לָצֵאת לַמִּלְחָמָה[1] – **when [Joshua] will need to go out to war.**[1]

□ עַל פִּיו – **BY HIS WORD,** that is, שֶׁל אֶלְעָזָר – by the word **of Elazar.**[2]

□ וְכָל הָעֵדָה – **AND THE ENTIRE ASSEMBLY.** This means סַנְהֶדְרִין[3] – **the Sanhedrin** (High Court).[3]

22. וַיִּקַּח אֶת יְהוֹשֻׁעַ – **HE TOOK JOSHUA.** לְקָחוֹ בִּדְבָרִים – **He took him with words,**[4] וְהוֹדִיעוֹ – **and let him know** מַתַּן שְׂכַר פַּרְנְסֵי יִשְׂרָאֵל – **the reward of leaders of Israel** לָעוֹלָם הַבָּא[5] – **in the World to Come.**[5]

23. וַיִּסְמֹךְ אֶת יָדָיו – **HE LEANED HIS HANDS.** בְּעַיִן יָפָה – **Generously,**[6] יוֹתֵר וְיוֹתֵר מִמַּה שֶּׁנִּצְטַוָּה – **much more than he had been commanded,** שֶׁהַקָּדוֹשׁ בָּרוּךְ הוּא אָמַר לוֹ – **for the Holy One, Blessed is He, said to him,** "וְסָמַכְתָּ אֶת יָדְךָ"[7] – **"And lean your hand,"**[7] using the singular "hand," וְהוּא עָשָׂה בִּשְׁתֵּי יָדָיו – **but he did** it **with both his hands,** וַעֲשָׂאוֹ – **and made [Joshua]** כִּכְלִי מָלֵא וְגָדוּשׁ – **like a vessel which is full and brimming over,** וּמִלְּאוֹ חָכְמָתוֹ – **and filled him with his wisdom** בְּעַיִן יָפָה[8] – **generously.**[8]

---

without telling of it to Moses at this point. God informed Moses here that Joshua would have to stand before Elazar in response to his request that his sons succeed him (see Rashi to v. 16, s.v., יִפְקֹד ד׳). God assured Moses that although Joshua would succeed him, Joshua himself would in some respects be subservient to a member of the family of Amram, the father of Moses (*Gur Aryeh; Sifsei Chachamim*).

1. *Yoma* 73b; *Sanhedrin* 16b. The verse goes on to say that the inquiry of the judgment is done with regard to "going out and coming in." It stands to reason that this refers to war, as it did in verse 17 above, as noted by Rashi in his comments there (*Be'er Mayim Chaim*).

2. We might have thought that "by his word" means "by the word of Joshua," for the passage speaks of Joshua's authority; or we might have thought that it refers to the word of God as expressed through the *Urim* (as *Or HaChaim* understands it). Rashi explains that "by his word" means by the word of Elazar, for the verse is intended to assure Moses that his nephew Elazar would be in a position of prominence (see *Mesiach Ilmim*).

3. *Yoma* 73b; *Sanhedrin* 16a. "The entire assembly" does not mean the people at large here, for the verse has already specified "all the Children of Israel" (*Mizrachi; Sifsei Chachamim;* see also Rashi to *Leviticus* 4:13).

4. "Taking" as applied to people by Scripture does not mean taking in a concrete sense. See Rashi above v. 18, and 8:6.

5. *Sifrei* 141. God told Moses only to persuade Joshua by telling him how fortunate he was to be the leader of God's nation (see Rashi to v. 18), but Moses went beyond that, and informed Joshua additionally of the reward he would receive in the World to Come (*Mizrachi; Sifsei Chachamim*).

6. Literally, "with a good eye."

7. Above v. 18.

8. *Sifrei* 141.

as HASHEM had spoken through Moses.

כַּאֲשֶׁר דִּבֶּר יהוה בְּיַד־מֹשֶׁה:

28 [1] HASHEM spoke to Moses, saying: [2] "Command the Children of Israel and say to them: My offering, My food

כח א חמישי וַיְדַבֵּר יהוה אֶל־מֹשֶׁה
ב לֵּאמֹר: צַו אֶת־בְּנֵי יִשְׂרָאֵל
וְאָמַרְתָּ אֲלֵהֶם אֶת־קָרְבָּנִי לַחְמִי

אונקלוס

כְּמָא דִי מַלִּיל יְיָ בִּידָא דְמֹשֶׁה: א וּמַלִּיל יְיָ עִם מֹשֶׁה לְמֵימָר: ב פַּקֵּד יָת בְּנֵי יִשְׂרָאֵל וְתֵימַר לְהוֹן יָת קֻרְבָּנִי לְחֵם

רש"י

כאשר דבר ה'. אף לענין ההוד נתן מהודו עליו: **(ב) צו את בני ישראל.** מה אמור למעלה (כז:טז) יפקוד ה'. אמר לו הקב"ה עד שאתה מצוני על בני צוה את בני עלי. משל לבת מלך שהיתה נפטרת מן העולם והיתה מפקדת לבעלה על בניה וכו' כדאיתא בספרי (קמב): **קרבני.** זה הדם (שם): **לחמי.** אלו אמורין, וכן הוא אומר והקטירם הכהן המזבחה לחם אשה (ויקרא ג:טז; ספרי שם):

RASHI ELUCIDATED

□ כַּאֲשֶׁר דִּבֶּר ה׳ – **AS HASHEM HAD SPOKEN.** אַף לְעִנְיַן הַהוֹד – **Also regarding the matter of the splendor;** נָתַן מֵהוֹדוֹ עָלָיו – **[Moses] placed of his splendor upon [Joshua].**[1]

28.

2. צַו אֶת בְּנֵי יִשְׂרָאֵל – **COMMAND THE CHILDREN OF ISRAEL.** מָה אָמוּר לְמַעְלָה – **What has been stated above?** "יִפְקֹד ה׳"[2] – **"May HASHEM,** [God of the spirits of all flesh,] **appoint."**[2] אָמַר לוֹ הַקָּדוֹשׁ בָּרוּךְ הוּא – **The Holy One, Blessed is He, said to him,** עַד שֶׁאַתָּה מְצַוֵּנִי עַל בָּנַי – **"Rather than you commanding Me about My children,**[3] צַוֵּה אֶת בָּנַי עָלַי – **command My children about Me."**[4] מָשָׁל לְבַת מֶלֶךְ – **This can be compared to the daughter of a king** שֶׁהָיְתָה נִפְטֶרֶת מִן הָעוֹלָם – **who was departing from the world,** i.e., who was dying, וְהָיְתָה מְפַקֶּדֶת לְבַעְלָהּ – **and giving instructions to her husband** עַל בָּנֶיהָ וְכוּלְּהוּ – **regarding her children, etc.,** כִּדְאִיתָא בְּסִפְרֵי[5] – **as stated in** ***Sifrei.***[5]

□ קָרְבָּנִי – **MY OFFERING,** זֶה הַדָּם[6] – **this is the blood...**[6]

□ לַחְמִי – **MY FOOD,** אֵלּוּ אֵמוּרִין – **these are the stated parts.**[7] וְכֵן הוּא אוֹמֵר – **And similarly it says,** "וְהִקְטִירָם הַכֹּהֵן הַמִּזְבֵּחָה – **"The Kohen shall cause them to go up in smoke on the Altar,** לֶחֶם אִשֶּׁה"[8,9] – **the food of the fire."**[8,9]

---

1. The preceding verse has already stated, "Moses did as HASHEM had commanded him." Our verse therefore is not making another general statement that Moses obeyed God. Rather, it refers to the one detail of God's command which Scripture has not yet specifically said that Moses carried out, placing of his splendor upon Joshua (*Be'er Mayim Chaim*).

2. Above 27:16.

3. We would have expected the verse to use the more common wording, דַּבֵּר אֶל בְּנֵי יִשְׂרָאֵל, "*Speak* to the Children of Israel." The word צַו, "command," implies a connection to the preceding passage (27:19) in which God told Moses to appoint Joshua as his successor, וְצִוִּיתָה, "and command him," concerning the nation, and (27:23) in which וַיְצַוֵּהוּ, "[Moses] commanded him" appears (*Maskil LeDavid*).

4. "Command My children about Me," by teaching them the laws of My Altar offerings.

5. *Sifrei* 142. The Midrash continues: She said to him, "I beseech you, please take care of my children." He said to her, "Rather than you commanding me about my children, command my children about me, that they not disobey me and treat me disrespectfully." So did the Holy One, Blessed is He, say to Moses, "Rather than you commanding Me about My children, command My children about Me, that they not treat Me disrespectfully, and that they not replace My Honor with foreign gods."

6. *Sifrei* 142. The word קָרְבָּן, translated "offering," denotes that which is offered upon an altar. The blood and specified body parts of animal sacrifices are offered on the Altar. In the following comment Rashi concludes on the basis of Scriptural support that לַחְמִי, "My food," which follows refers to the body parts that are offered. The word קָרְבָּנִי, then, refers to the blood (*Be'er Mayim Chaim*). See also Rashi to *Menachos* 20a, s.v., עצים, where he explains that since the essential part of every animal sacrifice is its blood, the word קָרְבָּן can refer to the blood alone.

7. That is, those parts of the animal's body that Scripture states must be offered upon the Altar. In the case of an *olah*-offering, as in our verse, this means the entire animal except for the skin (*Be'er Yitzchak*).

Although לֶחֶם usually means "bread," where the context so indicates, it means food in general. Here it cannot mean "bread," for it refers to parts of animals. Rashi interprets לֶחֶם as "food" or "meal" in his comments to *Genesis* 31:54, 49:20, *Leviticus* 3:11, 21:17, 21:21, and elsewhere in his comments to Scripture and the Talmud.

8. *Leviticus* 3:16. The verse speaks of body parts of an animal offering.

9. *Sifrei* 142.

for My fires, My satisfying aroma, you shall keep watch to offer to Me in its appointed time. [3] *And you shall say to them: This is the fire-offering that you are to offer to* HASHEM*: male lambs in their first year, unblemished, two per day, as a continual olah-offering.*

לְאִשַּׁי רֵיחַ נִיחֹחִי תִּשְׁמְרוּ לְהַקְרִיב
ג לִי בְּמוֹעֲדוֹ: וְאָמַרְתָּ לָהֶם זֶה הָאִשֶּׁה
אֲשֶׁר תַּקְרִיבוּ לַיהוָה כְּבָשִׂים בְּנֵי־
שָׁנָה תְמִימִם שְׁנַיִם לַיּוֹם עֹלָה תָמִיד:

אונקלוס

סְדוּר לְקֻרְבָּנַי לְאִתְקַבָּלָא בְרַעֲוָא תִּטְּרוּן לְקָרָבָא קֳדָמַי בְּזִמְנֵהּ: ג וְתֵימַר לְהוֹן דֵּין קֻרְבָּנָא דִּי תְקָרְבוּן קֳדָם יְיָ אִמְּרִין בְּנֵי שְׁנָא שַׁלְמִין תְּרֵין לְיוֹמָא עֲלָתָא תְדִירָא:

רש"י

לאשי. הנתנין לאשי מזבחי: **תשמרו.** שיהיו כהנים ולוים וישראל עומדין על גביו מכאן למדו ותקנו מעמדות (ספרי שם; תענית כז.): **במועדו.** בכל יום הוא מועד התמידים: (ג) **ואמרת להם.** אזהרה לבית דין (ספרי שם): **שנים ליום.** כפשוטו. ועיקרו בא ללמד שיהיו נשחטין כנגד היום, תמיד של שחר במערב ושל בין הערבים במזרחן של טבעות (שם; יומא סב:):

RASHI ELUCIDATED

□ לְאִשַּׁי – FOR MY FIRES, that is, הַנִּתָּנִין לְאִשֵּׁי מִזְבְּחִי – **which are given to the fires of My Altar.**[1]

□ תִּשְׁמְרוּ – YOU SHALL KEEP WATCH. This implies שֶׁיִּהְיוּ כֹּהֲנִים וּלְוִיִּם וְיִשְׂרָאֵל עוֹמְדִין עַל גַּבָּיו – **that the Kohanim, Levites, and Israelites should be standing over it.**[2] מִכָּאן לָמְדוּ – **From here they learned,** וְתִקְּנוּ מַעֲמָדוֹת[3] – **and instituted *ma'amados*.**[3]

□ בְּמוֹעֲדוֹ – IN ITS APPOINTED TIME. בְּכָל יוֹם – **On every day** הוּא מוֹעֵד הַתְּמִידִים – **it is the appointed time of the continual offering.**[4]

3. וְאָמַרְתָּ לָהֶם – AND YOU SHALL SAY TO THEM. אַזְהָרָה לְבֵית דִּין[5] – This is **a warning to the Court.**[5]

□ שְׁנַיִם לַיּוֹם – TWO PER DAY. This is to be understood כִּפְשׁוּטוֹ – **according to its simple meaning,** וְעִקָּרוֹ בָּא לְלַמֵּד – **but the very fact of it**s being written **comes to teach us**[6] שֶׁיִּהְיוּ נִשְׁחָטִין – **that [the continual offerings] should be slaughtered** כְּנֶגֶד הַיּוֹם – **opposite the sun;**[7] תָּמִיד שֶׁל שַׁחַר – **the continual offering of the morning** בַּמַּעֲרָב – **in the west,** where the rising sun's rays fall, וְשֶׁל בֵּין הָעַרְבַּיִם – **and** the continual offering **of the evening** בְּמִזְרָחָן שֶׁל טַבָּעוֹת[8] – **at the east of the rings.**[8]

1. לְאִשַּׁי does not mean "for My offerings which are burned on the fire." Rashi makes a similar point in his comments to *Leviticus* 4:35, s.v., עַל אִשֵּׁי ה'.

2. "You shall keep watch to offer to Me" rather than "you shall offer to Me" implies that the offering must be "watched" while it is offered (*Nachalas Yaakov*).

3. *Sifrei* 142; *Taanis* 27a. Literally, "standing groups." The verse commands all of Israel to keep watch over the offerings of the public, which are brought on behalf of the entire nation. The early prophets divided the Levites and Kohanim into twenty-four "watches" (מִשְׁמָרוֹת) which alternated in representing the rest of the tribe in officiating in the Temple service. They organized twenty-four *ma'amados* — groups of Kohanim, Levites and Israelites — to represent the rest of Israel. They would spend the time of their service on the grounds of the *Beis HaMikdash*, fasting and reciting portions of Scripture (see *Sefer Zikaron; Mizrachi; Sifsei Chachamim*).

4. מוֹעֵד, "appointed time," generally refers to something that happens yearly, e.g., the *pesach*-offering (see 9:3 above) and the festivals (see 10:10 above). Rashi explains that it is also appropriate for something that occurs daily on a regular basis (*Be'er Yitzchak*).

5. *Sifrei* 142. The previous verse has already said "and say to them." Our verse is a special commandment to the Court to see to it that the continual offerings are sacrificed (*Mizrachi; Sifsei Chachamim*).

6. The simple meaning of the verse is that two continual offerings are to be brought each day. But the next verse goes on to state this in greater detail, rendering our verse apparently redundant. Our verse is written to teach us the law that Rashi goes on to mention, which is derived from its exegetical interpretation (*Maskil LeDavid*).

7. The word יוֹם, which usually means "day," is understood here as "sun." Rashi explains the word similarly in his comments to *Genesis* 3:8, *Malachi* 3:19, and *Song of Songs* 4:6.

8. *Sifrei* 142; *Yoma* 62b. The Talmud (*Sotah* 48a) records that Yochanan Kohen Gadol instituted a series of "rings" or shackles which were fastened to the ground in the slaughtering area to the north of the Altar. These rings were used to hold the animal's head (*Rashi* to *Yoma* 62b) or feet (*Rambam* to *Tamid* 4:1) while it was being slaughtered. They were arranged in six rows of four rings each running from north to south, and each ring was assigned to one of the twenty-four *mishmaros* of Kohanim.

ד אֶת־הַכֶּבֶשׂ אֶחָד תַּעֲשֶׂה בַבֹּקֶר וְאֵת
הַכֶּבֶשׂ הַשֵּׁנִי תַּעֲשֶׂה בֵּין הָעַרְבָּיִם:
ה וַעֲשִׂירִית הָאֵיפָה סֹלֶת לְמִנְחָה
בְּלוּלָה בְּשֶׁמֶן כָּתִית רְבִיעִת הַהִין:
ו עֹלַת תָּמִיד הָעֲשֻׂיָה בְּהַר סִינַי לְרֵיחַ
ז נִיחֹחַ אִשֶּׁה לַיהוָה: וְנִסְכּוֹ רְבִיעִת

4 *The one lamb shall you make in the morning and the second lamb shall you make in the afternoon,* 5 *with a tenth-ephah of fine flour as a meal-offering, mixed with a quarter-hin of crushed oil.* 6 *It is the continual olah-offering that was performed at Mount Sinai, for a satisfying aroma, a fire-offering to* HASHEM. 7 *And its libation is a quarter-*

אונקלוס

ד יָת אִמְּרָא חַד תַּעְבֵּד בְּצַפְרָא וְיָת אִמְּרָא תִנְיָנָא תַּעְבֵּד בֵּין שִׁמְשַׁיָּא: ה וְחַד מִן עַשְׂרָא בִּתְלַת סְאִין סֻלְתָּא לְמִנְחָתָא דְּפִילָא בִּמְשַׁח כְּתִישָׁא רַבְעוּת הִינָא: ו עֲלַת תְּדִירָא דְּאִתְעֲבִידָא בְּטוּרָא דְסִינַי לְאִתְקַבָּלָא בְרַעֲוָא קֻרְבָּנָא קֳדָם יְיָ: ז וְנִסְכֵּהּ רַבְעוּת

רש"י

(ד) את הכבש אחד. אע"פ שכבר נאמר בפרשת ואתה תצוה וזה אשר תעשה וגו' (שמות כט:לח-לט) היא היתה אזהרה לימי המלואים, וכאן צוה לדורות: **(ה) סלת למנחה.** מנחת נסכים: **(ו) העשיה בהר סיני.** כאותן שנעשו בימי המלואים. דבר אחר, העשויה בהר סיני, מקיש עולת תמיד לעולת הר סיני, אותה שקרבה לפני מתן תורה, שכתוב בה וישם באגנות (שמות כד:ו) מלמד שטעונה כלי (ת"כ צו פרק יח:ז-ח): **(ז) ונסכו.** יין:

RASHI ELUCIDATED

4. אֶת הַכֶּבֶשׂ אֶחָד – THE ONE LAMB. אַף עַל פִּי שֶׁכְּבָר נֶאֱמַר – Although it has already been said בְּפָרָשַׁת וְאַתָּה תְּצַוֶּה – in *Parashas Ve'atah Tetzaveh,* "וְזֶה אֲשֶׁר תַּעֲשֶׂה וְגוֹמֵר"[1] – "This is what you shall offer etc.,[1] **הִיא הָיְתָה אַזְהָרָה – that was a commandment לִימֵי הַמִּלּוּאִים – for the days of the inauguration** of Aaron and his sons into the priesthood, **וְכָאן צִוָּה – and here He gave the commandment לְדוֹרוֹת – for** future **generations.**[2]

5. סֹלֶת לְמִנְחָה – FINE FLOUR AS A MEAL-OFFERING. מִנְחַת נְסָכִים – This is **a meal-offering of libations.**[3]

6. הָעֲשֻׂיָה בְּהַר סִינַי – THAT WAS PERFORMED AT MOUNT SINAI. כְּאוֹתָן שֶׁנַּעֲשׂוּ – Like those continual offerings **which were performed בִּימֵי הַמִּלּוּאִים – in the days of the inauguration.**[4]

דָּבָר אַחֵר – Alternatively, "הָעֲשֻׂיָה בְּהַר סִינַי" – "that was performed at Mount Sinai" מַקִּישׁ עוֹלַת תָּמִיד – compares the continual *olah*-offering לְעוֹלַת הַר סִינַי – to the *olah*-offering of Mount Sinai, אוֹתָהּ שֶׁקָּרְבָה לִפְנֵי מַתַּן תּוֹרָה – the one that was offered before the giving of the Torah, שֶׁכָּתוּב בָּהּ – of which it is written, "וַיָּשֶׂם בָּאַגָּנֹת"[5] – "[Moses took half the blood] **and placed it in basins."**[5] **מְלַמֵּד – [The comparison] teaches** us **שֶׁטְּעוּנָה כְּלִי[6] – that [the continual offering] requires a vessel** in which to catch the blood.[6]

7. וְנִסְכּוֹ – AND ITS LIBATION. יַיִן – Wine.[7]

---

1. *Exodus* 29:38-39. Those verses read in their entirety: "This is what you shall offer upon the Altar: sheep within their first year, two each day, continually. You shall offer the one sheep in the morning, and the second sheep shall you offer in the afternoon."

2. The essential commandment of the continual offering is the one written in our passage, for its laws are given in greater detail here than in *Exodus*. In *Exodus*, the commandment is mentioned only in passing, to teach us that the continual offering was brought as soon as the Tabernacle functioned, during the days of its inauguration (*Kitzur Mizrachi*).

3. *Olah*-offerings are accompanied by libations and meal-offerings (see 15:1-16 above). These accompanying meal-offerings are called "meal-offerings of libations." The meal-offering mentioned here is the meal-offering which accompanies the continual offering by virtue of its being an *olah*-offering; it is not an additional meal-offering (*Mizrachi; Sifsei Chachamim*).

4. Our passage is not speaking of an offering which had been brought in the past, but rather is stating the commandment to bring the offering in the future. The phrase "that was performed at Mount Sinai" is therefore understood as a comparison, as if it were written, "*like* that which was performed at Mount Sinai" (*Minchas Yehudah; Sifsei Chachamim*). The comparison tells us that despite the fact that bringing the continual offering is an ongoing routine, the offerings remain as dear to God as the first continual offerings brought at the time of the inauguration (*Be'er BaSadeh*).

5. *Exodus* 24:6.

6. *Toras Kohanim, Tzav, perek* 18:7-8.

7. נֶסֶךְ, "libation," can be used to refer to the oil of the meal-offerings which accompany animal offerings (see, for example, Rashi to *Leviticus* 23:13, s.v., וְנִסְכּוֹ יַיִן רְבִיעִית הַהִין and our note 4 there). We might thus have thought that the libation of a quarter of a *hin* mentioned here

hin for the one lamb, to be poured in the Holy, a libation of hard drink for HASHEM. [8] *The second lamb you shall make in the afternoon; like the meal-offering of the morning and like its libation shall you make, a fire-offering for a satisfying aroma to HASHEM.*

[9] *"And on the Sabbath day: two male lambs in their first year, unblemished, two tenth-ephahs of fine flour for a meal-offering, mixed with oil, and its libation.* [10] *The olah-offering of Sabbath on its Sabbath, in addition to the continual olah-offering and its libation.*

הַהִין לַכֶּבֶשׂ הָאֶחָד בַּקֹּדֶשׁ הַסֵּךְ
ח נֶסֶךְ שֵׁכָר לַיהוָה: וְאֵת הַכֶּבֶשׂ
הַשֵּׁנִי תַּעֲשֶׂה בֵּין הָעַרְבָּיִם כְּמִנְחַת
הַבֹּקֶר וּכְנִסְכּוֹ תַּעֲשֶׂה אִשֵּׁה רֵיחַ
נִיחֹחַ לַיהוָה:
ט וּבְיוֹם הַשַּׁבָּת שְׁנֵי־כְבָשִׂים בְּנֵי־
שָׁנָה תְּמִימִם וּשְׁנֵי עֶשְׂרֹנִים סֹלֶת
י מִנְחָה בְּלוּלָה בַשֶּׁמֶן וְנִסְכּוֹ: עֹלַת
שַׁבַּת בְּשַׁבַּתּוֹ עַל־עֹלַת הַתָּמִיד
וְנִסְכָּהּ:

אונקלוס

הִינָא לְאִמְּרָא חַד בְּקוּדְשָׁא יִתְנַסַּךְ נְסוּךְ דַּחֲמַר עַתִּיק קֳדָם יְיָ: ח וְיָת אִמְּרָא תִנְיָנָא תַּעְבֵּד בֵּין שִׁמְשַׁיָּא כְּמִנְחַת צַפְרָא וּכְנִסְכֵּהּ תַּעְבֵּד קֻרְבַּן דְּמִתְקַבַּל בְּרַעֲוָא קֳדָם יְיָ: ט וּבְיוֹמָא דְשַׁבְּתָא תְּרֵין אִמְּרִין בְּנֵי שְׁנָא שַׁלְמִין וּתְרֵין עֶשְׂרוֹנִין סֻלְתָּא דְמִנְחָתָא דְּפִילָא בִּמְשַׁח וְנִסְכֵּהּ: י עֲלַת שַׁבְּתָא דְּתִתְעֲבֵד בְּשַׁבַּתָּא עַל עֲלַת תְּדִירָא וְנִסְכַּהּ:

רש"י

בקדש הסך. על המזבח יתנסכו: **נסך שכר**. יין המשכר, פרט ליין מגתו (ב"ב צז.): (ח) **ריח ניחוח**. נחת רוח לפני שאמרתי ונעשה רצוני (ספרי קמג): (י) **עלת שבת בשבתו**. ולא עולת שבת בשבת אחרת. הרי שלא הקריב בשבת זו שומע אני יקריב שתים לשבת הבאה, ת"ל בשבתו, מגיד שאם עבר יומו בטל קרבנו (שם קמד): **על עלת התמיד**. אלו מוספין לבד אותן שני כבשים של עולת התמיד.

RASHI ELUCIDATED

□ בַּקֹּדֶשׁ הַסֵּךְ – **TO BE POURED IN THE HOLY.** עַל הַמִּזְבֵּחַ יִתְנַסְּכוּ – **They are to be poured**[1] **upon the Altar.**[2]

□ נֶסֶךְ שֵׁכָר – **A LIBATION OF HARD DRINK.** יַיִן הַמְשַׁכֵּר – **Wine which intoxicates,** פְּרָט לְיַיִן מִגִּתּוֹ[3] – **to the exclusion of wine** directly **from the winepress,** which has not yet fermented.[3]

8. רֵיחַ נִיחֹחַ – **A SATISFYING AROMA.** נַחַת רוּחַ לְפָנַי – A source of **contentment before Me,** שֶׁאָמַרְתִּי – **for I said** that the offering must be brought, וְנַעֲשָׂה רְצוֹנִי[4] – **and My will was done.**[4]

10. עֹלַת שַׁבַּת בְּשַׁבַּתּוֹ – **THE *OLAH*-OFFERING OF SABBATH ON ITS SABBATH.** The verse implies, וְלֹא עוֹלַת שַׁבָּת – **but not the *olah*-offering of** one **Sabbath** בְּשַׁבָּת אַחֶרֶת – **on another Sabbath**; this means, הֲרֵי שֶׁלֹּא הִקְרִיב – **if you have** a situation **in which he did not bring** the *olah*-offering בְּשַׁבָּת זוֹ – **on this Sabbath,** שׁוֹמֵעַ אֲנִי – **I might understand** יַקְרִיב שְׁתַּיִם – **that he should offer two** *olah*-offerings לַשַּׁבָּת הַבָּאָה – **on the following Sabbath.** תַּלְמוּד לוֹמַר ,,בְּשַׁבַּתּוֹ'' – To teach us otherwise, **the Torah says "on its Sabbath."** מַגִּיד – **This tells** us שֶׁאִם עָבַר יוֹמוֹ – **that if its day passed,** בָּטֵל קָרְבָּנוֹ[5] – **its offering is canceled.**[5]

□ עַל עֹלַת הַתָּמִיד – **IN ADDITION TO THE CONTINUAL *OLAH*-OFFERING.** אֵלּוּ מוּסָפִין – **These are added** לְבַד אוֹתָן שְׁנֵי כְבָשִׂים – **besides**[6] **those two sheep** שֶׁל עוֹלַת הַתָּמִיד – **of the continual *olah*-offering.**

refers to the quarter *hin* of oil mentioned in verse 5 (see *Nachalas Yaakov*).

1. הַסֵּךְ can be either infinitive or imperative. It is not the imperative here, for Moses, not being a Kohen, is not the one who pours libations upon the Altar (see *Sefer Zikaron*).

2. בַּקֹּדֶשׁ does not mean "in [a state of] holiness," that the wine must be pure, and dedicated for an offering. That would be obvious (*Gur Aryeh*). Alternatively, the verse does not specify where in the Holy area the libation is to be poured. Rashi tells us that it is poured upon the Altar (*Kitzur Mizrachi*).

3. *Bava Basra* 97a.

4. *Sifrei* 143. It is not the smell itself which is pleasing to God, but the fact that His will was done (*Mizrachi; Sifsei Chachamim* to *Exodus* 29:18). Rashi makes this same point in his comments to *Exodus* 29:25 and *Leviticus* 1:9. See also Rashi to 15:3 above.

5. *Sifrei* 144. The offering must be brought only upon the day specified by the Torah; there is no way of making up the missed offering at a later date. This explains the apparently superfluous "on its Sabbath" (*Gur Aryeh*).

6. עַל is understood as "in addition to," rather than as its more common meanings, "on" or "about." For other examples of עַל used this way, see Rashi to 6:20 above, s.v., עַל חֲזֵה הַתְּנוּפָה and note 6 there. See also Rashi to *Leviticus* 3:5, s.v., עַל הָעֹלָה.

יא וּבְרָאשֵׁי֙ חָדְשֵׁיכֶ֔ם תַּקְרִ֥יבוּ עֹלָ֖ה
לַיהוָ֑ה פָּרִ֨ים בְּנֵי־בָקָ֤ר שְׁנַ֙יִם֙ וְאַ֣יִל
אֶחָ֔ד כְּבָשִׂ֧ים בְּנֵי־שָׁנָ֛ה שִׁבְעָ֖ה
יב תְּמִימִֽם׃ וּשְׁלֹשָׁ֣ה עֶשְׂרֹנִ֗ים סֹ֤לֶת
מִנְחָה֙ בְּלוּלָ֣ה בַשֶּׁ֔מֶן לַפָּ֖ר הָאֶחָ֑ד
וּשְׁנֵ֣י עֶשְׂרֹנִ֗ים סֹ֤לֶת מִנְחָה֙ בְּלוּלָ֣ה
יג בַשֶּׁ֔מֶן לָאַ֖יִל הָאֶחָֽד׃ וְעִשָּׂרֹ֣ן עִשָּׂר֗וֹן
סֹ֤לֶת מִנְחָה֙ בְּלוּלָ֣ה בַשֶּׁ֔מֶן לַכֶּ֖בֶשׂ
הָאֶחָ֑ד עֹלָה֙ רֵ֣יחַ נִיחֹ֔חַ אִשֶּׁ֖ה לַיהוָֽה׃
יד וְנִסְכֵּיהֶ֗ם חֲצִ֣י הַהִין֩ יִהְיֶ֨ה לַפָּ֜ר
וּשְׁלִישִׁ֧ת הַהִ֣ין לָאַ֗יִל וּרְבִיעִ֥ת הַהִ֛ין
לַכֶּ֖בֶשׂ יָ֑יִן זֹ֣את עֹלַ֥ת חֹ֙דֶשׁ֙ בְּחָדְשׁ֔וֹ
טו לְחָדְשֵׁ֖י הַשָּׁנָֽה׃ וּשְׂעִ֨יר עִזִּ֥ים אֶחָ֛ד

11 "On the first of your months, you shall bring an olah-offering to HASHEM: two young bulls, one ram, seven male lambs in their first year, unblemished. 12 And three tenth-ephahs of fine flour for a meal-offering mixed with oil, for the one bull; and two tenth-ephahs of fine flour mixed with oil, for the one ram; 13 and a tenth-ephah of fine flour for a meal-offering, mixed with oil, for the one lamb — an olah-offering, a satisfying aroma, a fire-offering to HASHEM. 14 And their libations: a half-hin for the bull, a third-hin for the ram, a quarter-hin for the lamb — of wine. This is the olah-offering of a month in its month for the months of the year. 15 And one male of the goats

אונקלוס

יא וּבְרֵישֵׁי יַרְחֵיכוֹן תְּקָרְבוּן עֲלָתָא קֳדָם יְיָ תּוֹרִין בְּנֵי תוֹרֵי תְּרֵין וּדְכַר חַד אִמְּרִין בְּנֵי שְׁנָא שַׁבְעָא שַׁלְמִין: יב וּתְלָתָא עֶשְׂרוֹנִין סֻלְתָּא מִנְחָתָא דְּפִילָא בִמְשַׁח לְתוֹרָא חָד וּתְרֵין עֶשְׂרוֹנִין סֻלְתָּא מִנְחָתָא דְּפִילָא בִמְשַׁח לְדִכְרָא חָד: יג וְעֶשְׂרוֹנָא עֶשְׂרוֹנָא סֻלְתָּא מִנְחָתָא דְּפִילָא בִמְשַׁח לְאִמְּרָא חָד עֲלָתָא לְאִתְקַבָּלָא בְרַעֲוָא קֻרְבָּנָא קֳדָם יְיָ: יד וְנִסְכֵּיהוֹן פַּלְגוּת הִינָא יְהֵי לְתוֹרָא וְתַלְתּוּת הִינָא לְדִכְרָא וְרַבְעוּת הִינָא לְאִמְּרָא חַמְרָא דָּא עֲלַת רֵישׁ יַרְחָא בְּאִתְחַדָּתוּתֵהּ כֵּן לְכָל רֵישֵׁי יַרְחֵי שַׁתָּא: טו וּצְפִיר בַּר עִזִּין חַד

רש"י

ומגיד שאין קרבין אלא בין שני התמידין (שם). וכן בכל המוספין נאמר על עולת התמיד לתלמוד זה: **(יב) ושלשה עשרנים.** כמשפט נסכי פר, שכן הן קצובין בפרשת נסכים (לעיל טו:ח־י): **(יד) זאת עלת חדש בחדשו.** שאם עבר יומו בטל קרבנו ושוב אין לו תשלומין (ספרי קמה): **(טו) ושעיר עזים וגו'.** כל שעירי המוספין

RASHI ELUCIDATED

וּמַגִּיד – **It tells** you שֶׁאֵין קְרֵבִין אֶלָּא בֵּין שְׁנֵי הַתְּמִידִין[1] – **that they are offered only between the two continual-offerings,** that of the morning and that of the afternoon.[1] וְכֵן – **And similarly,** בְּכָל הַמּוּסָפִין – **regarding all of the** ***musaf*****-offerings,** נֶאֱמַר "עַל עוֹלַת הַתָּמִיד" – **it says "in addition to the continual** ***olah*****-offering"** לְתַלְמוּד זֶה – **for this lesson.**[2]

12. וּשְׁלֹשָׁה עֶשְׂרֹנִים – AND THREE TENTH-*EPHAHS,* כְּמִשְׁפַּט נִסְכֵּי פָּר – **in accordance with the law of libations of a bull** offering, שֶׁכֵּן הֵן קְצוּבִין – **for thus are [the quantities] fixed** בְּפָרָשַׁת נְסָכִים[3] – **in the passage of libations.**[3]

14. זֹאת עֹלַת חֹדֶשׁ בְּחָדְשׁוֹ – THIS IS THE *OLAH*-OFFERING OF A MONTH IN ITS MONTH. This teaches us שֶׁאִם עָבַר יוֹמוֹ – **that if its day has passed,** בָּטֵל קָרְבָּנוֹ – **its offering is canceled,** וְשׁוּב אֵין לוֹ תַּשְׁלוּמִין[4] – **and afterwards there is no compensation.**[4]

15. וּשְׂעִיר עִזִּים וְגוֹמֵר – AND ONE MALE OF THE GOATS, ETC. כָּל שְׂעִירֵי הַמּוּסָפִין – **All of the he-goats of**

1. *Sifrei* 144. The verse says "in addition to the [singular] continual-offering" rather than "in addition to the [plural] continual-offerings." This implies that it must follow only one of the continual-offerings, that of the morning. It must precede the afternoon offering (*Nachalas Yaakov; Malbim; Sifsei Chachamim*).

Alternatively, the verse uses עַל, "in addition to," rather than מִלְּבַד, "besides," because עַל implies that that which is being added is in some sense secondary to that which it is being added to. Here עַל implies that the *musaf*-offerings are supplementary to the continual offerings, and must follow the continual offering of the morning (*Be'er Yitzchak*).

2. See *Sifrei* 145, 147.

3. See 15:9. Although three tenth-*ephahs* is the standard measure for meal-offerings which accompany bulls, the fact that our verse specifies this quantity is not meant to imply that it is an exception to the rule. The verse means that the meal-offering is three tenth-*ephahs,* in accordance with the standard rule (*Gur Aryeh*).

4. *Sifrei* 145. See Rashi to v. 10, s.v., עֹלַת שַׁבַּת בְּשַׁבַּתּוֹ.

לְחַטָּאת לַיהוָה עַל־עֹלַת הַתָּמִיד
טו יֵעָשֶׂה וְנִסְכּוֹ: ששי וּבַחֹדֶשׁ

for a sin-offering to H*ASHEM. In addition to the continual olah-offering, shall it be made, and its libation.*

אונקלוס

לְחַטָּאתָא קֳדָם יְיָ עַל עֲלַת תְּדִירָא יִתְעֲבֵד וְנִסְכֵּהּ: טו וּבְיַרְחָא

רש"י

באין לכפר על טומאת מקדש וקדשיו, הכל כמו שמפורש במסכת שבועות (ב.). ונשתנה שעיר ראש חודש שנאמר בו לה', ללמדך שמכפר על שאין בו ידיעה לא בתחלה ולא בסוף שאין מכיר בחטא אלא הקב"ה בלבד, ושאר השעירין למדין ממנו. ומדרשו באגדה, אמר הקב"ה הביאו כפרה עלי על שמעטתי את הירח (בראשית רבה ו:ג; שבועות ט.): **על עלת התמיד יעשה.** כל הקרבן הזה: **ונסכו.** אין ונסכו מוסב על השעיר שאין נסכים לחטאת:

RASHI ELUCIDATED

the ***musaf*****-offerings** בָּאִין לְכַפֵּר – **come to atone** עַל טֻמְאַת מִקְדָּשׁ וְקָדָשָׁיו – **for impurity of the** ***Beis HaMikdash*** **and its sacred objects.**[1] הַכֹּל כְּמוֹ שֶׁמְּפֹרָשׁ בְּמַסֶּכֶת שְׁבוּעוֹת[2] – **It is all as it is explained in Tractate** ***Shevuos.***[2] וְנִשְׁתַּנָּה שְׂעִיר רֹאשׁ חֹדֶשׁ – **The he-goat of the first of the month**[3] **is treated differently** by Scripture from those of the festivals שֶׁנֶּאֱמַר בּוֹ "לַה'" – **in that it says of it "**[a sin-offering] **to** H**ASHEM"** לְלַמֶּדְךָ – **to teach you** שֶׁמְּכַפֵּר עַל שֶׁאֵין בּוֹ יְדִיעָה – **that it atones for one who does not have awareness** לֹא בַּתְּחִלָּה – **neither at the beginning** וְלֹא בַּסּוֹף – **nor at the end,**[4] שֶׁאֵין מַכִּיר בַּחֵטְא – **that there is none who recognizes the sin** אֶלָּא הַקָּדוֹשׁ בָּרוּךְ הוּא בִּלְבַד – **but the Holy One, Blessed is He, alone.** וּשְׁאָר הַשְּׂעִירִין לְמֵדִין מִמֶּנּוּ – **Other he-goats are derived from it.**[5] וּמִדְרָשׁוֹ בָּאַגָּדָה – **And its**[6] **midrashic interpretation in aggadah**[7] is: אָמַר הַקָּדוֹשׁ בָּרוּךְ הוּא – **The Holy One, Blessed is He, said,** הָבִיאוּ כַּפָּרָה עָלַי – **"Bring an atonement for Me** עַל שֶׁמִּעַטְתִּי אֶת הַיָּרֵחַ[8] – **for My having reduced** the size of **the moon."**[8]

□ עַל עֹלַת הַתָּמִיד יֵעָשֶׂה – **IN ADDITION TO THE CONTINUAL** ***OLAH*****-OFFERING SHALL IT BE MADE.** "It" refers to כָּל הַקָּרְבָּן הַזֶּה – **this entire offering.**[9]

□ וְנִסְכּוֹ – **AND ITS LIBATION.** אֵין "וְנִסְכּוֹ" מוּסָב עַל הַשָּׂעִיר – **"And its libation" does not refer to the he-goat,** שֶׁאֵין נְסָכִים לְחַטָּאת – **for a sin-offering has no libations.**[10]

1. That is, for entering the grounds of the *Mishkan* or the *Beis HaMikdash* in a state of impurity; for eating that which is holy while in a state of impurity; or for eating that which is holy and has become impure, even though the one who eats it is pure.

2. *Shevuos* 2a-b; see also *Shevuos* 9a.

3. See note 7 to 7:1 above.

4. That is, one who never was aware that he was impure, neither before he entered the grounds of the *Beis HaMikdash* (or ate that which is holy), nor after.

One who was aware that he was impure, but then forgot and entered the grounds of the *Beis HaMikdash,* and later realized his sin, brings a קָרְבָּן עוֹלֶה וְיוֹרֵד, "ascending and descending offering" (an offering, the value of which depends on the financial state of the one who brings it; see *Leviticus* 5:1-13). One who entered the grounds of the *Beis HaMikdash* while impure, but first became aware of his impurity after he had already left, receives atonement through Yom Kippur and the he-goat that is sent to Azazel on that day (see *Leviticus* 16:7-22 and Rashi to v. 11 there). One who was aware that he was impure, but then forgot and entered the grounds of the *Beis HaMikdash,* and never realizes that he had sinned, receives temporary atonement through Yom Kippur, and the he-goat whose blood is sprinkled inside the Sanctuary on that day. Our verse refers to someone who was not aware and never becomes aware of his impurity (*Shevuos* 2a, 9a).

5. The purpose of the he-goats brought as sin-offerings on the festivals is derived from the purpose of the he-goat of the first of the month.

6. The word לַה'.

7. The first interpretation brought by Rashi, that "to HASHEM" implies that the offering atones for a sin that only God is aware of, is also not the simple meaning of the verse. By "midrashic interpretation in aggadah" Rashi means that the interpretation which follows, as opposed to the first interpretation, is not of a halachic nature (*Mizrachi; Sifsei Chachamim*).

8. *Bereishis Rabbah* 6:3; *Shevuos* 9a. See Rashi to *Genesis* 1:16, s.v., הַמְּאֹרֹת הַגְּדֹלִים. According to this interpretation, לַה' is understood as "for HASHEM, on behalf of HASHEM." The idea represented by this aggadah is one of "the secrets of the Torah" which are the domain of kabbalists (*Maskil LeDavid; Masores HaShas* to *Shevuos* 9a).

9. It does not refer only to the he-goat mentioned in the beginning of the verse, for the bulls, rams and sheep that are part of the *musaf*- offering of the first of the month are also "in addition to the continual *olah*-offering" (*Gur Aryeh; Sifsei Chachamim*).

10. This supports Rashi's previous point that "in addition to the continual *olah*- offering shall it be made" does not refer to the he-goat alone, for "its libation" which follows immediately cannot refer to the he-goat at all (*Gur Aryeh; Sifsei Chachamim*).

הָרִאשׁוֹן בְּאַרְבָּעָה עָשָׂר יוֹם לַחֹדֶשׁ
יז פֶּסַח לַיהוָה: וּבַחֲמִשָּׁה עָשָׂר יוֹם
לַחֹדֶשׁ הַזֶּה חָג שִׁבְעַת יָמִים מַצּוֹת
יח יֵאָכֵל: בַּיּוֹם הָרִאשׁוֹן מִקְרָא־קֹדֶשׁ
כָּל־מְלֶאכֶת עֲבֹדָה לֹא תַעֲשׂוּ:
יט וְהִקְרַבְתֶּם אִשֶּׁה עֹלָה לַיהוָה פָּרִים
בְּנֵי־בָקָר שְׁנַיִם וְאַיִל אֶחָד וְשִׁבְעָה

[16] *"In the first month, on the fourteenth day of the month, shall be a pesach-offering to* HASHEM. [17] *And on the fifteenth day of this month is a festival; for a seven-day period matzos shall be eaten.* [18] *On the first day is a holy convocation; you shall not do any work of labor.* [19] *You shall offer a fire-offering, an olah-offering to* HASHEM: *two young bulls, one ram, seven*

אונקלוס

קַדְמָאָה בְּאַרְבְּעַת עַשְׂרָא יוֹמָא לְיַרְחָא פִּסְחָא קֳדָם יְיָ: יז וּבְחַמְשַׁת עַשְׂרָא יוֹמָא לְיַרְחָא הָדֵין חַגָּא שִׁבְעָא יוֹמִין פַּטִּיר יִתְאֲכֵל: יח בְּיוֹמָא קַדְמָאָה מְעָרַע קַדִּישׁ כָּל עֲבִידַת פָּלְחָן לָא תַעְבְּדוּן: יט וּתְקָרְבוּן קֻרְבָּנָא עֲלָתָא קֳדָם יְיָ תּוֹרִין בְּנֵי תוֹרֵי תְּרֵין וּדְכַר חַד וְשִׁבְעָא

רש"י

(יח) כל מלאכת עבודה. אפי' מלאכה הצריכה לכם, כגון דבר האבד המותר בחולו של מועד, אסורה ביום טוב (ת"כ אמור פרשתא יב:ח): **(יט) פרים.** כנגד אברהם, שנאמר ואל הבקר רץ אברהם (בראשית יח:ז). אילים, כנגד אילו של יצחק (שם כב:יג). כבשים, כנגד יעקב [שנאמר] והכשבים הפריד יעקב (שם ל:מ). ביסודו של רבי משה הדרשן ראיתי זאת:

RASHI ELUCIDATED

18. כָּל מְלֶאכֶת עֲבֹדָה וְגוֹמֵר – **ANY WORK OF LABOR [YOU SHALL NOT DO].** אֲפִילוּ מְלָאכָה הַצְּרִיכָה לָכֶם – **Even work which is necessary for you,** כְּגוֹן דָּבָר הָאָבֵד הַמֻּתָּר בְּחוּלּוֹ שֶׁל מוֹעֵד – **such as "a matter which is lost"**[1] **that is permitted** to be done **on *chol hamoed*** (the intermediate days of the festival), אֲסוּרָה בְּיוֹם טוֹב[2] – **is forbidden on** the major days of **the festival.**[2]

19. פָּרִים – **BULLS,** כְּנֶגֶד אַבְרָהָם – **corresponding to Abraham,** שֶׁנֶּאֱמַר – **as it says,** "וְאֶל הַבָּקָר רָץ אַבְרָהָם"[3] – **"Then Abraham ran to the cattle";**[3] אֵילִים – **rams,** כְּנֶגֶד אֵילוֹ שֶׁל יִצְחָק – **corresponding to the ram of Isaac;**[4] כְּבָשִׂים – **lambs,** כְּנֶגֶד יַעֲקֹב – **corresponding to Jacob,** {שֶׁנֶּאֱמַר – **as it says,**} "וְהַכְּשָׂבִים הִפְרִיד יַעֲקֹב"[5] – **"Jacob segregated the lambs."**[5] בִּיסוֹדוֹ שֶׁל רַבִּי מֹשֶׁה הַדַּרְשָׁן רָאִיתִי זֹאת – **I saw this in the treatise of R' Moshe HaDarshan.**[6]

---

1. A situation in which financial loss will occur if action is not taken immediately.

2. *Toras Kohanim, Emor, Parshasa* 12:8. "Work of labor" could have been understood as "hard work." The verse would then have been forbidding hard labor, but allowing easy work. Rashi explains that difficulty is not a factor. By "work of labor," the verse forbids work which is viewed as a necessity, work which will eventually lead to more labor if it is ignored. All the more so is other work forbidden (see *Mesiach Ilmim* here and to *Leviticus* 23:8).

3. *Genesis* 18:7.

4. This refers to the ram that was sacrificed instead of Isaac; see *Genesis* 22:13. Some early printed editions adduce part of that verse here.

5. *Genesis* 30:40.

6. For R' Moshe HaDarshan, see note 5 on page 74. In his comments to 7:21, Rashi cites a similar interpretation regarding the Patriarchs, also from R' Moshe's treatise.

Nachalas Yaakov notes that although the *musaf*-offering of Pesach is identical to that of Rosh Chodesh (see v. 11 above) — two bulls, one ram, seven lambs — Rashi nevertheless did not comment there that the three species represent the three Patriarchs. *Be'er BaSadeh* explains that Rashi waited until the verse which describes the first festival *musaf*-offering because, just as the three species which compose the festival *musaf*-offerings correspond to the Patriarchs, so do the three festivals correspond to the Patriarchs (*Be'er BaSadeh*).

The correspondence between the festivals and the Patriarchs is explained in *Tur, Orach Chaim* 417: Abraham corresponds to Pesach, for when he said, "Knead and make cakes" (*Genesis* 18:6), he referred to the Pesach matzos; Isaac corresponds to Shavuos, for the sound of the ram's horn when the Torah was given on Shavuos came from the horn of the ram which was offered in place of Isaac (see Rashi to *Exodus* 19:13, s.v., הַיֹּבֵל); Jacob corresponds to Succos, for it says of him, "And for his livestock he made shelters (סֻכֹּת)" (*Genesis* 33:17).

Alternatively, Abraham represents Pesach for he excelled in the trait of kindness, and the Exodus from Egypt was a unique demonstration of God's kindness. Jacob represents Shavuos for he was outstanding in the study of Torah. He is described as "abiding in tents" (*Genesis* 25:27; see Rashi there), which alludes to places of study. He is therefore associated with the day on which the Torah was given. Isaac, who was himself consecrated as an offering, corresponds to

כְּבָשִׂים בְּנֵי שָׁנָה תְּמִימִם יִהְיוּ לָכֶם:
כ וּמִנְחָתָם סֹלֶת בְּלוּלָה בַשָּׁמֶן שְׁלשָׁה
עֶשְׂרֹנִים לַפָּר וּשְׁנֵי עֶשְׂרֹנִים לָאַיִל
כא תַּעֲשׂוּ: עִשָּׂרוֹן עִשָּׂרוֹן תַּעֲשֶׂה לַכֶּבֶשׂ
כב הָאֶחָד לְשִׁבְעַת הַכְּבָשִׂים: וּשְׂעִיר
כג חַטָּאת אֶחָד לְכַפֵּר עֲלֵיכֶם: מִלְּבַד
עֹלַת הַבֹּקֶר אֲשֶׁר לְעֹלַת הַתָּמִיד
כד תַּעֲשׂוּ אֶת־אֵלֶּה: כָּאֵלֶּה תַּעֲשׂוּ לַיּוֹם
שִׁבְעַת יָמִים לֶחֶם אִשֵּׁה רֵיחַ־נִיחֹחַ
לַיהוָה עַל־עוֹלַת הַתָּמִיד יֵעָשֶׂה
כה וְנִסְכּוֹ: וּבַיּוֹם הַשְּׁבִיעִי מִקְרָא־קֹדֶשׁ
יִהְיֶה לָכֶם כָּל־מְלֶאכֶת עֲבֹדָה לֹא
כו תַעֲשׂוּ: וּבְיוֹם הַבִּכּוּרִים
בְּהַקְרִיבְכֶם מִנְחָה חֲדָשָׁה לַיהוָה
בְּשָׁבֻעֹתֵיכֶם מִקְרָא־קֹדֶשׁ יִהְיֶה לָכֶם
כָּל־מְלֶאכֶת עֲבֹדָה לֹא תַעֲשׂוּ:
כז וְהִקְרַבְתֶּם עוֹלָה לְרֵיחַ נִיחֹחַ לַיהוָה
פָּרִים בְּנֵי־בָקָר שְׁנַיִם אַיִל אֶחָד
כח שִׁבְעָה כְבָשִׂים בְּנֵי שָׁנָה: וּמִנְחָתָם

male lambs in their first year, unblemished shall they be for you. [20] *And their meal-offering: fine flour mixed with oil; you shall make three tenth-ephahs for the bull and two tenth-ephahs for the ram.* [21] *One tenth-ephah shall you make for the one lamb, for the seven lambs.* [22] *And one he-goat for a sin-offering, to atone for you.* [23] *Aside from the olah-offering of the morning that is for the continual olah-offering shall you make these.* [24] *Like these shall you make each day of the seven-day period: food, a fire-offering, a satisfying aroma to* HASHEM*; in addition to the continual olah-offering shall it be made, and its libation.* [25] *The seventh day shall be a holy convocation for you; you shall not do any work of labor.*

[26] *"On the day of the first-fruits, when you offer a new meal-offering to* HASHEM *on your [Festival of] Weeks, it shall be a holy convocation to you; you shall not do any work of labor.* [27] *You shall offer an olah-offering for a satisfying aroma to* HASHEM*: two young bulls, one ram, seven male lambs in their first year.* [28] *And their meal-offering:*

אונקלוס

אִמְּרִין בְּנֵי שְׁנָא שַׁלְמִין יְהוֹן לְכוֹן: כ וּמִנְחַתְהוֹן סֻלְתָּא דְּפִילָא בִּמְשַׁח תְּלָתָא עֶשְׂרוֹנִין לְתוֹרָא וּתְרֵין עֶשְׂרוֹנִין לְדִכְרָא תַּעְבְּדוּן: כא עִשְׂרוֹנָא עִשְׂרוֹנָא תַּעְבֵּד לְאִמְּרָא חַד כֵּן לְשַׁבְעָא אִמְּרִין: כב וּצְפִירָא דְחַטָּאתָא חַד לְכַפָּרָא עֲלֵיכוֹן: כג בַּר מֵעֲלַת צַפְרָא דְּהִיא עֲלַת תְּדִירָא תַּעְבְּדוּן יָת אִלֵּין: כד כְּאִלֵּין תַּעְבְּדוּן לְיוֹמָא שַׁבְעָא יוֹמִין לְחֵם קֻרְבַּן דְּמִתְקַבַּל בְּרַעֲוָא קֳדָם יְיָ עַל עֲלַת תְּדִירָא יִתְעֲבֵד וְנִסְכֵּהּ: כה וּבְיוֹמָא שְׁבִיעָאָה מְעָרַע קַדִּישׁ יְהֵי לְכוֹן כָּל עֲבִידַת פָּלְחַן לָא תַעְבְּדוּן: כו וּבְיוֹמָא דְבִכּוּרַיָּא בְּקָרוֹבֵיכוֹן מִנְחֲתָא חֲדַתָּא קֳדָם יְיָ בְּעַצְרָתֵיכוֹן מְעָרַע קַדִּישׁ יְהֵי לְכוֹן כָּל עֲבִידַת פָּלְחַן לָא תַעְבְּדוּן: כז וּתְקָרְבוּן עֲלָתָא לְאִתְקַבָּלָא בְרַעֲוָא קֳדָם יְיָ תּוֹרִין בְּנֵי תוֹרֵי תְּרֵין וּדְכַר חָד שַׁבְעָא אִמְּרִין בְּנֵי שְׁנָא: כח וּמִנְחַתְהוֹן

רש"י

(כד) כאלה תעשו ליום. שלא יהיו פוחתין והולכין כפרי החג (ספרי קמז): **(כו) וביום הבכורים.** חג השבועות קרוי בכורי קציר חטים (שמות לד:כב) על שם שתי הלחם שהם ראשונים למנחת חטים הבאים מן החדש (מנחות פד:):

RASHI ELUCIDATED

24. כָּאֵלֶּה תַּעֲשׂוּ לַיּוֹם – LIKE THESE SHALL YOU MAKE EACH DAY. שֶׁלֹּא יִהְיוּ פּוֹחֲתִין וְהוֹלְכִין – That they should not progressively decrease, כְּפָרֵי הֶחָג[2] – as do **the bulls of "the** Succos **Festival."**[1,2]

26. וּבְיוֹם הַבִּכּוּרִים – ON THE DAY OF THE FIRST-FRUITS. חַג הַשָּׁבוּעוֹת – The festival of Shavuos קָרוּי "בִּכּוּרֵי קְצִיר חִטִּים"[3] – is called "the first fruits of the wheat harvest"[3] **עַל שֵׁם שְׁתֵּי הַלֶּחֶם – because of the "Two Breads,"**[4] **שֶׁהֵם רִאשׁוֹנִים לְמִנְחַת חִטִּים – which are the first of the meal-offerings of wheat הַבָּאִים מִן הֶחָדָשׁ[5] – which come from the new** crop.[5]

Succos, the festival upon which the most offerings are brought (*Be'er BaSadeh* to 22:28 above).

1. The Talmud generally refers to the festival of Succos as simply "the Festival."

2. *Sifrei* 147. See 29:12-34 below.

3. *Exodus* 34:22.

4. The meal-offering brought on Shavuos; see *Leviticus* 2:12 and Rashi there, and *Leviticus* 23:16-17.

5. *Menachos* 84b.

fine flour mixed with oil — three tenth-ephahs for the one bull; two tenth-ephahs for the one ram; 29 *one tenth-ephah for the one lamb, for the seven lambs.* 30 *One male of the goats to atone for you.* 31 *Aside from the continual olah-offering and its meal-offering shall you perform [them]; unblemished shall they be for you, and their libations.*

29 1 "*In the seventh month, on the first day of the month, there shall be a holy convocation for you; you shall do no work of labor, it shall be a day of shofar-sounding for you.* 2 *You shall make an olah-offering for a satisfying aroma to* HASHEM: *one young bull, one ram, seven male lambs in their first year, unblemished.* 3 *And their meal-offering: fine flour mixed with oil — three tenth-ephahs for the bull; two tenth-ephahs for the ram;* 4 *and one tenth-ephah for the one lamb, for the seven lambs.* 5 *One male of the goats for a sin-offering to atone for you.* 6 *Aside from*

סֹלֶת בְּלוּלָה בַשָּׁמֶן שְׁלֹשָׁה
עֶשְׂרֹנִים לַפָּר הָאֶחָד שְׁנֵי עֶשְׂרֹנִים
כט לָאַיִל הָאֶחָד: עִשָּׂרוֹן עִשָּׂרוֹן לַכֶּבֶשׂ
ל הָאֶחָד לְשִׁבְעַת הַכְּבָשִׂים: שְׂעִיר
לא עִזִּים אֶחָד לְכַפֵּר עֲלֵיכֶם: מִלְּבַד
עֹלַת הַתָּמִיד וּמִנְחָתוֹ תַּעֲשׂוּ
תְּמִימִם יִהְיוּ־לָכֶם וְנִסְכֵּיהֶם:
כט א וּבַחֹדֶשׁ הַשְּׁבִיעִי בְּאֶחָד לַחֹדֶשׁ
מִקְרָא־קֹדֶשׁ יִהְיֶה לָכֶם כָּל־
מְלֶאכֶת עֲבֹדָה לֹא תַעֲשׂוּ יוֹם
ב תְּרוּעָה יִהְיֶה לָכֶם: וַעֲשִׂיתֶם עֹלָה
לְרֵיחַ נִיחֹחַ לַיהוָה פַּר בֶּן־בָּקָר
אֶחָד אַיִל אֶחָד כְּבָשִׂים בְּנֵי־שָׁנָה
ג שִׁבְעָה תְּמִימִם: וּמִנְחָתָם סֹלֶת
בְּלוּלָה בַשָּׁמֶן שְׁלֹשָׁה עֶשְׂרֹנִים
ד לַפָּר שְׁנֵי עֶשְׂרֹנִים לָאָיִל: וְעִשָּׂרוֹן
אֶחָד לַכֶּבֶשׂ הָאֶחָד לְשִׁבְעַת
ה הַכְּבָשִׂים: וּשְׂעִיר־עִזִּים אֶחָד
ו חַטָּאת לְכַפֵּר עֲלֵיכֶם: מִלְּבַד

אונקלוס

סֻלְתָּא דְּפִילָא בִמְשַׁח תְּלָתָא עִשְׂרוֹנִין לְתוֹרָא חַד תְּרֵין עִשְׂרוֹנִין לְדִכְרָא חָד: כט עִשְׂרוֹנָא עִשְׂרוֹנָא לְאִמְּרָא חַד לְשִׁבְעָא אִמְּרִין: ל צְפִיר בַּר עִזִּין חַד לְכַפָּרָא עֲלֵיכוֹן: לא בַּר מֵעֲלַת תְּדִירָא וּמִנְחָתֵהּ תַּעְבְּדוּן שַׁלְמִין יְהוֹן לְכוֹן וְנִסְכֵּיהוֹן: א וּבְיַרְחָא שְׁבִיעָאָה בְּחַד לְיַרְחָא מְעָרַע קַדִּישׁ יְהֵי לְכוֹן כָּל עֲבִידַת פָּלְחַן לָא תַעְבְּדוּן יוֹם יַבָּבָא יְהֵי לְכוֹן: ב וְתַעְבְּדוּן עֲלָתָא לְאִתְקַבָּלָא בְרַעֲוָא קֳדָם יְיָ תּוֹר בַּר תּוֹרֵי חַד דְּכַר חָד אִמְּרִין בְּנֵי שְׁנָא שִׁבְעָא שַׁלְמִין: ג וּמִנְחַתְהוֹן סֻלְתָּא דְּפִילָא בִמְשַׁח תְּלָתָא עִשְׂרוֹנִין לְתוֹרָא תְּרֵין עִשְׂרוֹנִין לְדִכְרָא: ד וְעִשְׂרוֹנָא חַד לְאִמְּרָא חָד לְשִׁבְעָא אִמְּרִין: ה וּצְפִיר בַּר עִזִּין חַד לְחַטָּאתָא לְכַפָּרָא עֲלֵיכוֹן: ו בַּר

רש"י

(לא) **תמימם יהיו לכם ונסכיהם.** אף הנסכים יהיו תמימים (ספרי קמט) למדו רבותינו מכאן שהיין שהעלה קמחין פסול לנסכים (מנחות פז.):

RASHI ELUCIDATED

31. תְּמִימִם יִהְיוּ לָכֶם וְנִסְכֵּיהֶם – UNBLEMISHED SHALL THEY BE FOR YOU, AND THEIR LIBATIONS. The verse implies אַף הַנְּסָכִים יִהְיוּ תְּמִימִים[1] – that **their libations shall also be "unblemished";**[1] לָמְדוּ רַבּוֹתֵינוּ מִכָּאן – **our Rabbis learned from here** שֶׁהַיַּיִן שֶׁהֶעֱלָה קְמָחִין – **that wine which has brought up flour,** i.e., which has developed a flour-like scum on its surface, פָּסוּל לִנְסָכִים[2] – **is disqualified for** use in **libations.**[2]

1. *Sifrei* 149.

2. *Menachos* 87a. The animal offerings mentioned in this passage are described as "unblemished" in the verses which first introduce them. We can see this pattern in verses 11 and 19 above, and in verses 2, 5, and 13 in the next chapter. We would thus have expected "unblemished shall they be for you," which describes the animal offerings, to appear in verse 27, which introduces the animal offerings of Shavuos. This would have allowed וְנִסְכֵּיהֶם, "and their libations," to follow immediately after תַּעֲשׂוּ, "shall you offer [them]," which refers to the libations, as well as to the offerings mentioned at the beginning of the verse. Scripture breaks the connection between תַּעֲשׂוּ and וְנִסְכֵּיהֶם to juxtapose "unblemished shall they be for you" with "and their libations," and thus teach us that the libations, too, must be "unblemished" (*Gur Aryeh; Sifsei Chachamim*).

עֹלַת הַחֹדֶשׁ וּמִנְחָתָהּ וְעֹלַת הַתָּמִיד
וּמִנְחָתָהּ וְנִסְכֵּיהֶם כְּמִשְׁפָּטָם לְרֵיחַ
ז נִיחֹחַ אִשֶּׁה לַיהוָה: וּבֶעָשׂוֹר
לַחֹדֶשׁ הַשְּׁבִיעִי הַזֶּה מִקְרָא־
קֹדֶשׁ יִהְיֶה לָכֶם וְעִנִּיתֶם אֶת־
נַפְשֹׁתֵיכֶם כָּל־מְלָאכָה לֹא תַעֲשׂוּ:
ח וְהִקְרַבְתֶּם עֹלָה לַיהוָה רֵיחַ נִיחֹחַ
פַּר בֶּן־בָּקָר אֶחָד אַיִל אֶחָד כְּבָשִׂים
בְּנֵי־שָׁנָה שִׁבְעָה תְּמִימִם יִהְיוּ
ט לָכֶם: וּמִנְחָתָם סֹלֶת בְּלוּלָה בַשָּׁמֶן
שְׁלֹשָׁה עֶשְׂרֹנִים לַפָּר שְׁנֵי עֶשְׂרֹנִים
י לָאַיִל הָאֶחָד: עִשָּׂרוֹן עִשָּׂרוֹן לַכֶּבֶשׂ
יא הָאֶחָד לְשִׁבְעַת הַכְּבָשִׂים: שְׂעִיר־
עִזִּים אֶחָד חַטָּאת מִלְּבַד חַטַּאת
הַכִּפֻּרִים וְעֹלַת הַתָּמִיד וּמִנְחָתָהּ

the olah-offering of the month and its meal-offering, the continual olah-offering and its meal-offering, and their libations according to their law — for a satisfying aroma, a fire-offering to HASHEM.

[7] "On the tenth day of this seventh month there shall be a holy convocation for you and you shall afflict yourselves; you shall not do any work. [8] You shall offer an olah-offering to HASHEM, a satisfying aroma: one young bull, one ram, seven male lambs in their first year; unblemished shall they be for you. [9] And their meal-offering: fine flour mixed with oil — three tenth-ephahs for the bull; two tenth-ephahs for the one ram; [10] and one tenth-ephah for the one lamb, for the seven lambs. [11] One male of the goats for a sin-offering, aside from the sin-offering of the atonement and the continual olah-offering, with its meal-offering,

אונקלוס

מֵעֲלַת יַרְחָא וּמִנְחָתַהּ וַעֲלַת תְּדִירָא וּמִנְחָתַהּ וְנִסְכֵּיהוֹן כִּדְחָזֵי לְהוֹן לְאִתְקַבָּלָא בְרַעֲוָא קֻרְבָּנָא קֳדָם יְיָ: ז וּבְעַשְׂרָא לְיַרְחָא שְׁבִיעָאָה הָדֵין מְעָרַע קַדִּישׁ יְהֵי לְכוֹן וּתְעַנּוּן יָת נַפְשָׁתֵיכוֹן כָּל עֲבִידְתָּא לָא תַעְבְּדוּן: ח וּתְקָרְבוּן עֲלָתָא קֳדָם יְיָ לְאִתְקַבָּלָא בְרַעֲוָא תּוֹר בַּר תּוֹרֵי חַד דְּכַר חָד אִמְּרִין בְּנֵי שְׁנָא שַׁבְעָא שַׁלְמִין יְהוֹן לְכוֹן: ט וּמִנְחַתְהוֹן סֻלְתָּא דְּפִילָא בִמְשַׁח תְּלָתָא עֶשְׂרוֹנִין לְתוֹרָא תְּרֵין עֶשְׂרוֹנִין לְדִכְרָא חָד: י עֶשְׂרוֹנָא עֶשְׂרוֹנָא לְאִמְּרָא חָד לְשַׁבְעָא אִמְּרִין: יא צְפִיר בַּר עִזִּין חַד חַטָּאתָא בַּר מֵחַטָּאתָא דְכִפּוּרַיָּא וַעֲלַת תְּדִירָא וּמִנְחָתַהּ

רש"י

(ו) מלבד עולת החדש. מוספי ראש חודש שהוא ביום ראש השנה: **(יא) מלבד חטאת הכפרים.** שעיר הנעשה בפנים האמור באחרי מות (ויקרא טז:ט, טו) שגם הוא חטאת: **ועלת התמיד.** ומלבד עולת התמיד תעשו עולות הללו:

RASHI ELUCIDATED

29.

6. מִלְּבַד עֹלַת הַחֹדֶשׁ – ASIDE FROM THE *OLAH*-OFFERING OF THE MONTH. מוּסְפֵי רֹאשׁ חֹדֶשׁ – **The *musaf*-offerings of the first of the month,** שֶׁהוּא בְּיוֹם רֹאשׁ הַשָּׁנָה – **which is on the day of Rosh Hashanah.**[1]

11. מִלְּבַד חַטַּאת הַכִּפֻּרִים – ASIDE FROM THE SIN-OFFERING OF THE ATONEMENT, that is, שָׂעִיר – **the he-goat,** הַנַּעֲשֶׂה בִּפְנִים – the sacrifice of **which is performed in the interior** of the Tabernacle i.e., in the Holy of Holies, הָאָמוּר בְּאַחֲרֵי מוֹת[2] – **which is mentioned in *Parashas Acharei Mos,*[2]** שֶׁגַּם הוּא חַטָּאת – **for it, too, is a sin-offering.**[3]

□ וְעֹלַת הַתָּמִיד – AND THE CONTINUAL *OLAH*-OFFERING. וּמִלְּבַד עוֹלַת הַתָּמִיד – **And aside from[4] the continual *olah*-offering** תַּעֲשׂוּ עוֹלוֹת הַלָּלוּ – **shall you perform[5] these *olah*-offerings,** i.e., those

1. The *musaf*-offerings of Rosh Hashanah do not replace the *musaf*-offerings of the first of the month; they supplement them.

2. See *Leviticus* 16:9,15. Our verse speaks of the sin-offering which was part of the *musaf*-offerings of Yom Kippur. Its blood was sprinkled on the outer Altar. It was brought "aside from the sin-offering of atonement," the other sin-offering, whose blood was sprinkled on the inner Altar (*Sefer Zikaron*).

3. מִלְּבַד, "aside from," is appropriate when distinguishing between items of the same kind. מִלְּבַד which precedes חַטַּאת הַכִּפֻּרִים thus contrasts the sin-offering of our verse with the sin-offering of atonement (*Mizrachi*).

4. By adding וּמִלְּבַד, "and aside from," Rashi indicates that the ו of וְעֹלַת links it with מִלְּבַד which appeared earlier in the verse. It does not link it with וְהִקְרַבְתֶּם, "you shall offer," of verse 8. If it did, our verse would be unnecessarily repeating the commandment to offer the continual *olah*-offering, which has already been stated in 28:3-8 above (*Gur Aryeh*; see also *Sifsei Chachamim*).

5. Rashi supplies the clause's implicit predicate, "shall you perform"; see also note 3 on page 362 below.

יב וְנִסְכֵּיהֶם: שביעי וּבַחֲמִשָּׁה עָשָׂר יוֹם
לַחֹדֶשׁ הַשְּׁבִיעִי מִקְרָא־קֹדֶשׁ יִהְיֶה
לָכֶם כָּל־מְלֶאכֶת עֲבֹדָה לֹא תַעֲשׂוּ

and their libations.
12 "On the fifteenth day of the seventh month, there shall be a holy convocation for you; you shall do no work of labor;

אונקלוס

וְנִסְכֵּיהוֹן: יב וּבְחַמְשַׁת עַשְׂרָא יוֹמָא לְיַרְחָא שְׁבִיעָאָה מְעָרַע קַדִּישׁ יְהֵי לְכוֹן כָּל עֲבִידַת פָּלְחַן לָא תַעְבְּדוּן

רש"י

ונסכיהם. מוסב על המוספין הכתובין, [ועל] תעשו, והוא לשון ליווי, מלבד עולת התמיד ומנחתה תעשו את אלה ונסכיהם. וכן כל נסכיהם האמורים בכל המועדות, חוץ משל קרבנות החג שכל ונסכה ונסכיהם ונסכיה שבהם מוסבים על התמיד ואינן לשון ליווי, שהרי נסכיהם של מוספין כתובין לעצמן בכל יום ויום, ומנחתם ונסכיהם לפרים (פסוק יח ואילך): [(יב-לד)] פרי החג שבעים הם, כנגד שבעים אומות. ומתמעטים והולכים, סימן כליה הוא להם. ובימי המקדש היו מגינין עליהם

RASHI ELUCIDATED

which appear in vv. 8-10.[1]

□ וְנִסְכֵּיהֶם – AND THEIR LIBATIONS. מוּסָב עַל הַמּוּסָפִין הַכְּתוּבִין – This refers to the *musaf*-offerings of Yom Kippur **written** earlier in the passage,[2] {וְעַל} ,,תַּעֲשׂוּ" – {and to} "shall you perform."[3] וְהוּא לְשׁוֹן צִוּוּי – **It connotes the imperative** as follows: ,,מִלְּבַד . . . עוֹלַת הַתָּמִיד וּמִנְחָתָהּ" – **"Aside from the continual *olah*-offering and its meal-offering,"** תַּעֲשׂוּ אֶת אֵלֶּה – **you shall perform these** *musaf*-offerings ,,וְנִסְכֵּיהֶם" – **"and their libations."** וְכֵן כָּל ,,נִסְכֵּיהֶם" הָאֲמוּרִים בְּכָל הַמּוֹעֲדוֹת – **And so, too, all of the words** נִסְכֵּיהֶם **that are mentioned regarding all the festivals,**[4] חוּץ מִשֶּׁל קָרְבְּנוֹת הֶחָג – **except for** those **of the offerings of the** Succos **Festival** שֶׁכָּל ,,וְנִסְכָּהּ" ,,וְנִסְכֵּיהֶם" ,,וּנְסָכֶיהָ" שֶׁבָּהֶם – **for all of the words** [5]וְנִסְכָּהּ, [6]וְנִסְכֵּיהֶם, and [7]וּנְסָכֶיהָ which are said **of them** מוּסָבִים עַל הַתָּמִיד – **refer to the continual offering,** וְאֵינָן לְשׁוֹן צִוּוּי – **and they do not express the imperative,** שֶׁהֲרֵי נִסְכֵּיהֶם שֶׁל מוּסָפִין – **for, see now, the libations of the *musaf*-offerings** of Succos כְּתוּבִין לְעַצְמָן – **are written individually** בְּכָל יוֹם וָיוֹם – **in** the passage which speaks of the offerings of **each and every day,** ,,וּמִנְחָתָם וְנִסְכֵּיהֶם לַפָּרִים"[8] – **"and their meal-offering and their libations for the bulls."**[8,9]

{12-34.} פָּרֵי הֶחָג שִׁבְעִים הֵם – **The bulls of the** Succos **Festival are seventy,**[10] כְּנֶגֶד שִׁבְעִים אֻמּוֹת – **corresponding to the seventy nations,** וּמִתְמַעֲטִים וְהוֹלְכִים – **and they progressively decrease** in number, i.e., each day fewer bulls are offered than the day before. סִימַן כְּלָיָה הוּא לָהֶם – **It is a sign of annihilation for [the nations].**[11] וּבִימֵי הַמִּקְדָּשׁ – **And in the days of the *Beis HaMikdash,*** הָיוּ מְגִנִּין עֲלֵיהֶם

1. מִלְּבַד which precedes חַטַּאת הַכִּפֻּרִים וְעֹלַת הַתָּמִיד does not serve to distinguish the continual *olah*-offering mentioned here from the sin-offering mentioned at the beginning of the verse. There is no need to do so, for they are offerings of different kinds which could not be confused with each other. Rather, it distinguishes the *olah*-offerings of the *musaf* (vv. 8-10) from the daily continual *olah*-offering (*Mizrachi*).

2. It does not refer to the continual *olah*-offering which precedes it in the verse, for then the verse would have used "and *its* libations," just as it used "and *its* meal-offering" (*Divrei David*).

3. The word תַּעֲשׂוּ does not appear in our passage. Rashi means that it is expressed implicitly here, in the same sense that it is stated explicitly in 28:31 above; it is as if the verse said, "You shall perform the libations [of the *musaf*-offerings]" (*Divrei David*). According to *Yosef Daas,* this comment is out of place. It belongs on 28:31, where the word תַּעֲשׂוּ appears.

4. That is, wherever an ambiguous נִסְכֵּיהֶם appears in the passages concerning the other festivals (28:31; 29:6), it refers to the libations of the *musaf*-offerings.

5. Below 29:16, 22, 25, 28, 34, 38.

6. Below 29:19.

7. Below 29:31.

8. Below vv. 18, 21, 24, 27, 30, 33, 37 (some with minor variations in spelling). Each of the passages of the *musaf*-offerings of the days of Succos mention libations twice, once in the second verse of each passage, and once in the third. The mention of the libations in the third verses of the passages is not a command to bring the libations of the *musaf*-offerings, for that command has already been stated in the second verse. Rather, it refers to the libations of the continual-offering; the verses say that the *musaf*-offerings are to be brought aside from the continual-offerings and the libations of the continual-offerings (*Mizrachi*).

9. The text here follows the Reggio di Calabria, Soncino and Zamora editions, which have the verse at the end of the previous comment. Many contemporary editions follow the Rome and Alkabetz editions, which cite this verse as the title of the next comment.

10. See chart on page 363. The general practice is to ascend or to increase in matters of sanctity. Rashi explains why the *musaf*-offerings of Succos decrease in number, in exception to this rule (*Gur Aryeh*).

11. The seventy bulls offered during Succos represent the nations of the world other than Israel, who are

וְחַגֹּתֶם חַג לַיהוָה שִׁבְעַת יָמִים:
יג וְהִקְרַבְתֶּם עֹלָה אִשֵּׁה רֵיחַ נִיחֹחַ
לַיהוָה פָּרִים בְּנֵי־בָקָר שְׁלֹשָׁה עָשָׂר
אֵילִם שְׁנָיִם כְּבָשִׂים בְּנֵי־שָׁנָה
אַרְבָּעָה עָשָׂר תְּמִימִם יִהְיוּ:
יד וּמִנְחָתָם סֹלֶת בְּלוּלָה בַשָּׁמֶן
שְׁלֹשָׁה עֶשְׂרֹנִים לַפָּר הָאֶחָד
לִשְׁלֹשָׁה עָשָׂר פָּרִים שְׁנֵי עֶשְׂרֹנִים
טו לָאַיִל הָאֶחָד לִשְׁנֵי הָאֵילִם: וְעִשָּׂרוֹן
עִשָּׂרוֹן לַכֶּבֶשׂ הָאֶחָד לְאַרְבָּעָה
טז עָשָׂר כְּבָשִׂים: וּשְׂעִיר־עִזִּים אֶחָד
חַטָּאת מִלְּבַד עֹלַת הַתָּמִיד מִנְחָתָהּ
יז וְנִסְכָּהּ: וּבַיּוֹם הַשֵּׁנִי

you shall celebrate a festival to HASHEM for a seven-day period. 13 You shall offer an olah-offering, a fire-offering, a satisfying aroma to HASHEM: thirteen young bulls, two rams, fourteen male lambs in their first year; they shall be unblemished. 14 And their meal-offering: fine flour mixed with oil — three tenth-ephahs for the one bull, for the thirteen bulls; two tenth-ephahs for the one ram, for the two rams; 15 and one tenth-ephah for the one lamb, for the fourteen lambs. 16 One male of the goats for a sin-offering, aside from the continual olah-offering with its meal-offering and its libation.

17 "And on the second day: twelve

אונקלוס

וּתְחַגּוּן חַגָּא קֳדָם יְיָ שִׁבְעָא יוֹמִין: יג וּתְקָרְבוּן עֲלָתָא קֻרְבַּן דְּמִתְקַבֵּל בְּרַעֲוָא קֳדָם יְיָ תּוֹרִין בְּנֵי תוֹרֵי תְּלַת עֲשַׂר דִּכְרִין תְּרֵין אִמְּרִין בְּנֵי שְׁנָא אַרְבְּעָא עֲשַׂר שַׁלְמִין יְהוֹן: יד וּמִנְחַתְהוֹן סֻלְתָּא דְּפִילָא בִמְשַׁח תְּלָתָא עִשְׂרוֹנִין לְתוֹרָא חַד לִתְלָתָא עֲשַׂר תּוֹרִין תְּרֵין עִשְׂרוֹנִין לְדִכְרָא חַד לִתְרֵין דִּכְרִין: טו וְעִשְׂרוֹנָא עִשְׂרוֹנָא לְאִמְּרָא חָד לְאַרְבְּעַת עֲשַׂר אִמְּרִין: טז וּצְפִיר בַּר עִזִּין חַד חַטָּאתָא בַּר מֵעֲלַת תְּדִירָא מִנְחָתֵהּ וְנִסְכַּהּ: יז וּבְיוֹמָא תִנְיָנָא

רש"י

מן היסורין (סוכה נה:). והכבשים כנגד ישראל שנקראו שה פזורה (ירמי' נ:יז), והם קבועים, ומניינם תשעים ושמונה לכלות מהם תשעים ושמונה קללות שבמשנה תורה. בשני נאמר ונסכיהם על שני תמידי היום, ולא שינה הלשון אלא לדרוש, כמו שאמרו

RASHI ELUCIDATED

— [the bulls] would protect [the nations] מִן הַיִּסּוּרִין[1] — from punishments.[1] וְהַכְּבָשִׂים כְּנֶגֶד יִשְׂרָאֵל — And the sheep correspond to Israel, שֶׁנִּקְרְאוּ — who are called "שֶׂה פְזוּרָה"[2] — "a scattered lamb."[2] וְהֵם קְבוּעִים — They are fixed, i.e., the number of sheep offered does not vary from day to day.[3] וּמִנְיָנָם תִּשְׁעִים וּשְׁמֹנָה — The total of [the sheep offered as *musaf*-offerings on Succos] is ninety-eight, לְכַלּוֹת מֵהֶם — to eradicate from [Israel] תִּשְׁעִים וּשְׁמֹנָה קְלָלוֹת — the ninety-eight curses שֶׁבְּמִשְׁנֵה תוֹרָה — which are in *Mishneh Torah.*[4]

□ בַּשֵּׁנִי נֶאֱמַר "וְנִסְכֵּיהֶם" — Of the second day, it says וְנִסְכֵּיהֶם, "and *their* libations,"[5] עַל שְׁנֵי תְּמִידֵי הַיּוֹם — regarding the two continual-offerings of the day.[6] וְלֹא שִׁנָּה הַלָּשׁוֹן אֶלָּא לִדְרוֹשׁ — [Scripture] changed the wording of the verse regarding the second day only to expound it, כְּמוֹ שֶׁאָמְרוּ

seventy in number; see Rashi to *Deuteronomy* 32:8, s.v. לְמִסְפַּר בְּנֵי יִשְׂרָאֵל. The seventy descendants of Noah enumerated in *Genesis* chapter 10 are the progenitors of these nations (see chart on page 113 there).

1. *Succah* 55b.

2. *Jeremiah* 50:17.

3. This indicates that Israel is eternal, and will never be annihilated.

4. Literally, "repetition of the Torah." *Devarim,* the last volume of the *Chumash,* is known by this alternative name because it contains many repetitions of commandments found elsewhere in the Torah (see *Metzudas David* to *Joshua* 8:32). This name is also the source of the term *Deuteronomy,* Greek for "second arrangement."

Rashi explains why ninety-eight sheep are offered if they represent the single nation of Israel. The ninety-eight sheep protect them against those ninety-eight curses. There are ninety-eight curses mentioned in *Deuteronomy* 28:15-68.

BULLS AND LAMBS OF SUCCOS MUSAF		
	BULLS	LAMBS
FIRST DAY	13	14
SECOND DAY	12	14
THIRD DAY	11	14
FOURTH DAY	10	14
FIFTH DAY	9	14
SIXTH DAY	8	14
SEVENTH DAY	7	14
TOTALS	70	98

5. In v. 19.

6. This is in contrast to the parallel verses (16, 22, 25, 28, 34) of all but this (v. 19) and that of the sixth day (v. 31) which have וְנִסְכָּהּ, "and *its* libation."

פָּרִ֥ים בְּנֵֽי־בָקָ֛ר שְׁנַ֥יִם עָשָׂ֖ר אֵילִ֣ם
שְׁנָ֑יִם כְּבָשִׂ֧ים בְּנֵֽי־שָׁנָ֛ה אַרְבָּעָ֥ה
יח עָשָׂ֖ר תְּמִימִֽם׃ וּמִנְחָתָ֣ם וְנִסְכֵּיהֶ֡ם
לַ֠פָּרִים לָֽאֵילִ֧ם וְלַכְּבָשִׂ֛ים בְּמִסְפָּרָ֖ם
יט כַּמִּשְׁפָּֽט׃ וּשְׂעִיר־עִזִּ֥ים אֶחָ֖ד חַטָּ֑את
מִלְּבַד֙ עֹלַ֣ת הַתָּמִ֔יד וּמִנְחָתָ֖הּ
כ וְנִסְכֵּיהֶֽם׃ וּבַיּ֧וֹם
הַשְּׁלִישִׁ֛י פָּרִ֥ים עַשְׁתֵּי־עָשָׂ֖ר אֵילִ֣ם
שְׁנָ֑יִם כְּבָשִׂ֧ים בְּנֵֽי־שָׁנָ֛ה אַרְבָּעָ֥ה
כא עָשָׂ֖ר תְּמִימִֽם׃ וּמִנְחָתָ֣ם וְנִסְכֵּיהֶ֡ם
לַ֠פָּרִים לָֽאֵילִ֧ם וְלַכְּבָשִׂ֛ים בְּמִסְפָּרָ֖ם
כב כַּמִּשְׁפָּֽט׃ וּשְׂעִ֥יר חַטָּ֖את אֶחָ֑ד
מִלְּבַד֙ עֹלַ֣ת הַתָּמִ֔יד וּמִנְחָתָ֖הּ
כג וְנִסְכָּֽהּ׃ וּבַיּ֧וֹם
הָֽרְבִיעִ֛י פָּרִ֥ים עֲשָׂרָ֖ה אֵילִ֣ם שְׁנָ֑יִם
כְּבָשִׂ֧ים בְּנֵֽי־שָׁנָ֛ה אַרְבָּעָ֥ה עָשָׂ֖ר
כד תְּמִימִֽם׃ מִנְחָתָ֣ם וְנִסְכֵּיהֶ֡ם לַ֠פָּרִים
לָֽאֵילִ֧ם וְלַכְּבָשִׂ֛ים בְּמִסְפָּרָ֖ם
כה כַּמִּשְׁפָּֽט׃ וּשְׂעִיר־עִזִּ֥ים אֶחָ֖ד
חַטָּ֑את מִלְּבַד֙ עֹלַ֣ת הַתָּמִ֔יד מִנְחָתָ֖הּ

young bulls, two rams, fourteen male lambs in their first year, unblemished. [18] *And their meal-offering and their libations for the bulls, for the rams, and for the lambs, in their proper numbers, according to the law.* [19] *One male of the goats for a sin-offering; aside from the continual olah-offering, its meal-offering and their libations.*

[20] *"And on the third day: eleven bulls, two rams, fourteen male lambs in their first year, unblemished.* [21] *And their meal-offering and their libations for the bulls, for the rams, and for the lambs, in their proper numbers, according to the law.* [22] *One he-goat for a sin-offering; aside from the continual olah-offering, its meal-offering and its libation.*

[23] *"And on the fourth day: ten bulls, two rams, fourteen male lambs in their first year, unblemished.* [24] *And their meal-offering and their libations for the bulls, for the rams, and for the lambs, in their proper numbers, according to the law.* [25] *One male of the goats for a sin-offering; aside from the continual olah-offering, its meal-offering*

אונקלוס

תּוֹרִין בְּנֵי תוֹרֵי תְּרֵי עֲשַׂר דִּכְרִין תְּרֵין אִמְּרִין בְּנֵי שְׁנָא אַרְבְּעָא עֲשַׂר שַׁלְמִין: יח וּמִנְחַתְהוֹן וְנִסְכֵּיהוֹן לְתוֹרִין לְדִכְרִין וּלְאִמְּרִין בְּמִנְיָנֵיהוֹן כִּדְחָזֵי: יט וּצְפִיר בַּר עִזִּין חַד חַטָּאתָא בַּר מֵעֲלַת תְּדִירָא וּמִנְחָתַהּ וְנִסְכֵּיהוֹן: כ וּבְיוֹמָא תְלִיתָאָה תּוֹרִין חַד עֲשַׂר דִּכְרִין תְּרֵין אִמְּרִין בְּנֵי שְׁנָא אַרְבְּעָא עֲשַׂר שַׁלְמִין: כא וּמִנְחַתְהוֹן וְנִסְכֵּיהוֹן לְתוֹרִין לְדִכְרִין וּלְאִמְּרִין בְּמִנְיָנֵיהוֹן כִּדְחָזֵי: כב וּצְפִירָא דְחַטָּאתָא חָד בַּר מֵעֲלַת תְּדִירָא וּמִנְחָתַהּ וְנִסְכַּהּ: כג וּבְיוֹמָא רְבִיעָאָה תּוֹרִין עַשְׂרָא דִּכְרִין תְּרֵין אִמְּרִין בְּנֵי שְׁנָא אַרְבְּעָא עֲשַׂר שַׁלְמִין: כד מִנְחַתְהוֹן וְנִסְכֵּיהוֹן לְתוֹרִין לְדִכְרִין וּלְאִמְּרִין בְּמִנְיָנֵיהוֹן כִּדְחָזֵי: כה וּצְפִיר בַּר עִזִּין חַד חַטָּאתָא בַּר מֵעֲלַת תְּדִירָא מִנְחָתַהּ

רש"י

רז"ל, בשני ונסכיהם (פסוק יט) בששי ונסכיה (פסוק לא) בשביעי כמשפטם (פסוק לג) מ"ם יו"ד מ"ם הרי כאן מים, רמז לנסוך המים מן התורה בחג (ספרי קנ; תענית ב:):

RASHI ELUCIDATED

רַבּוֹתֵינוּ זִכְרוֹנָם לִבְרָכָה – as our Sages of blessed memory said: בַּשֵּׁנִי ,,וְנִסְכֵּיהֶם"[1] **– Of the second** day, Scripture uses the word **וְנִסְכֵּיהֶם**;[1] בַּשִּׁשִּׁי ,,וּנְסָכֶיהָ"[2] **– of the sixth** day, Scripture uses the word **וּנְסָכֶיהָ, "and its libations"**;[2] בַּשְּׁבִיעִי ,,כְּמִשְׁפָּטָם"[3] **– of the seventh** day, Scripture uses the word **כְּמִשְׁפָּטָם, "according to *their* law."**[3] מֵ"ם יוּ"ד מֵ"ם – The exceptional letters of these three words are מ of **וְנִסְכֵּיהֶם,** י of **וּנְסָכֶיהָ,** and ם of **כְּמִשְׁפָּטָם.** הֲרֵי כָּאן מַיִם **– Here you have** the letters which spell the word **מַיִם, "water."** רֶמֶז לְנִסּוּךְ הַמַּיִם מִן הַתּוֹרָה בֶּחָג[5] – This is **an allusion from the Torah to the "pouring of the water"**[4] **on the** Succos **Festival.**[5]

1. In v. 19.

2. In v. 31.

3. In v. 33. The parallel verses for the other days (18, 21, 24, 27, 30) read כַּמִּשְׁפָּט, "according to *the* law."

4. On Succos, a water libation was poured on the Altar in the *Beis HaMikdash*. This is the only time water was offered. There is no explicit source for this offering in the Torah.

5. *Sifrei* 150; *Taanis* 2b.

and its libation.
26 "And on the fifth day: nine bulls, two rams, fourteen male lambs in their first year, unblemished. 27 And their meal-offering and their libations for the bulls, for the rams, and for the lambs, in their proper numbers, according to the law. 28 One he-goat for a sin-offering; aside from the continual olah-offering, its meal-offering and its libation.
29 "And on the sixth day: eight bulls, two rams, fourteen male lambs in their first year, unblemished. 30 And their meal-offering and their libations for the bulls, for the rams, and for the lambs, in their proper numbers, according to the law. 31 One he-goat for a sin-offering; aside from the continual olah-offering, its meal-offering and its libations.
32 "And on the seventh day: seven bulls, two rams, fourteen lambs in their first year, unblemished. 33 And their meal-offering and their libations for the bulls, for the rams, and for the lambs, in their proper numbers, according to their law. 34 One he-goat for a sin-offering; aside from the continual olah-offering, its meal-offering and its libation.
35 "On the eighth day, it shall be a restraining for you; you shall not do any work of labor.

כו וְנִסְכָּֽהּ׃ וּבַיּ֧וֹם הַחֲמִישִׁ֛י פָּרִ֥ים
תִּשְׁעָ֖ה אֵילִ֣ם שְׁנָ֑יִם כְּבָשִׂ֧ים בְּנֵי־שָׁנָ֛ה
כז אַרְבָּעָ֥ה עָשָׂ֖ר תְּמִימִֽם׃ וּמִנְחָתָ֣ם
וְנִסְכֵּיהֶ֡ם לַ֠פָּרִים לָאֵילִ֧ם וְלַכְּבָשִׂ֛ים
כח בְּמִסְפָּרָ֖ם כַּמִּשְׁפָּֽט׃ וּשְׂעִ֥יר חַטָּ֖את
אֶחָ֑ד מִלְּבַד֙ עֹלַ֣ת הַתָּמִ֔יד וּמִנְחָתָ֖הּ
כט וְנִסְכָּֽהּ׃ וּבַיּ֧וֹם הַשִּׁשִּׁ֛י פָּרִ֥ים
שְׁמֹנָ֖ה אֵילִ֣ם שְׁנָ֑יִם כְּבָשִׂ֧ים בְּנֵי־שָׁנָ֛ה
ל אַרְבָּעָ֥ה עָשָׂ֖ר תְּמִימִֽם׃ וּמִנְחָתָ֣ם
וְנִסְכֵּיהֶ֡ם לַ֠פָּרִים לָאֵילִ֧ם וְלַכְּבָשִׂ֛ים
לא בְּמִסְפָּרָ֖ם כַּמִּשְׁפָּֽט׃ וּשְׂעִ֥יר חַטָּ֖את
אֶחָ֑ד מִלְּבַד֙ עֹלַ֣ת הַתָּמִ֔יד מִנְחָתָ֖הּ
לב וּנְסָכֶֽיהָ׃ וּבַיּ֧וֹם הַשְּׁבִיעִ֛י פָּרִ֥ים
שִׁבְעָ֖ה אֵילִ֣ם שְׁנָ֑יִם כְּבָשִׂ֧ים בְּנֵי־שָׁנָ֛ה
לג אַרְבָּעָ֥ה עָשָׂ֖ר תְּמִימִֽם׃ וּמִנְחָתָ֣ם
וְנִסְכֵּהֶ֡ם לַ֠פָּרִים לָאֵילִ֧ם וְלַכְּבָשִׂ֛ים
לד בְּמִסְפָּרָ֖ם כְּמִשְׁפָּטָֽם׃ וּשְׂעִ֥יר חַטָּ֖את
אֶחָ֑ד מִלְּבַד֙ עֹלַ֣ת הַתָּמִ֔יד מִנְחָתָ֖הּ
לה וְנִסְכָּֽהּ׃ מפטיר בַּיּוֹם֙ הַשְּׁמִינִ֔י עֲצֶ֖רֶת
תִּהְיֶ֣ה לָכֶ֑ם כָּל־מְלֶ֥אכֶת עֲבֹדָ֖ה לֹ֥א

אונקלוס

וְנִסְכַּהּ: כו וּבְיוֹמָא חֲמִישָׁאָה תּוֹרִין תְּשַׁע דִּכְרִין תְּרֵין אִמְּרִין בְּנֵי שְׁנָא אַרְבְּעָא עֲשַׂר שַׁלְמִין: כז וּמִנְחַתְהוֹן וְנִסְכֵּיהוֹן לְתוֹרִין לְדִכְרִין וּלְאִמְּרִין בְּמִנְיָנֵיהוֹן כִּדְחָזֵי: כח וּצְפִירָא דְחַטָּאתָא חַד בַּר מֵעֲלַת תְּדִירָא וּמִנְחָתַהּ וְנִסְכַּהּ: כט וּבְיוֹמָא שְׁתִיתָאָה תּוֹרִין תְּמַנְיָא דִּכְרִין תְּרֵין אִמְּרִין בְּנֵי שְׁנָא אַרְבְּעָא עֲשַׂר שַׁלְמִין: ל וּמִנְחַתְהוֹן וְנִסְכֵּיהוֹן לְתוֹרִין לְדִכְרִין וּלְאִמְּרִין בְּמִנְיָנֵיהוֹן כִּדְחָזֵי: לא וּצְפִירָא דְחַטָּאתָא חַד בַּר מֵעֲלַת תְּדִירָא מִנְחָתַהּ וְנִסְכָּהָא: לב וּבְיוֹמָא שְׁבִיעָאָה תּוֹרִין שַׁבְעָא דִּכְרִין תְּרֵין אִמְּרִין בְּנֵי שְׁנָא אַרְבְּעָא עֲשַׂר שַׁלְמִין: לג וּמִנְחַתְהוֹן וְנִסְכֵּיהוֹן לְתוֹרִין לְדִכְרִין וּלְאִמְּרִין בְּמִנְיָנֵיהוֹן כִּדְחָזֵי לְהוֹן: לד וּצְפִירָא דְחַטָּאתָא חַד בַּר מֵעֲלַת תְּדִירָא מִנְחָתַהּ וְנִסְכַּהּ: לה בְּיוֹמָא תְּמִינָאָה כְּנֵשׁ תְּהֵי לְכוֹן כָּל עֲבִידַת פָּלְחַן לָא

רש"י

(לה) **עצרת תהיה לכם.** עצורים בעשיית מלאכה (חגיגה יח.). דבר אחר, עצרת, עצרו מלצאת, מלמד שטעון לינה (ספרי קנא). ומדרשו באגדה לפי שכל ימות הרגל הקריבו כנגד שבעים אומות, וכשבאין ללכת אמר להם המקום

RASHI ELUCIDATED

35. עֲצֶרֶת תִּהְיֶה לָכֶם – IT SHALL BE A RESTRAINING FOR YOU, that is, **עֲצוּרִים בַּעֲשִׂיַּת מְלָאכָה**[1] **–** you shall be **restrained with respect to doing work.**[1]

דָּבָר אַחֵר – Alternatively, "עֲצֶרֶת" עִצְרוּ מִלָּצֵאת – "restraining" implies, **restrain** yourselves **from departing. מְלַמֵּד – This teaches** us **שֶׁטָּעוּן לִינָה**[2] **– that [the eighth day] requires spending the night** in Jerusalem.[2]

וּמִדְרָשׁוֹ בְּאַגָּדָה – Its interpretation in aggadah is: **לְפִי שֶׁכָּל יְמוֹת הָרֶגֶל – Because on all of the days of the festival הִקְרִיבוּ כְּנֶגֶד שִׁבְעִים אֻמּוֹת – they brought offerings corresponding to the seventy nations, וּכְשֶׁבָּאִין לָלֶכֶת – and when they were about to leave, אָמַר לָהֶם הַמָּקוֹם – the Omnipresent**

1. *Chagigah* 18a.
2. *Sifrei* 151. That is, one may not leave Jerusalem immediately after the festival ends at night; the night after the festival must be spent in Jerusalem.

לו תַּעֲשׂוּ: וְהִקְרַבְתֶּם עֹלָה אִשֵּׁה רֵיחַ
נִיחֹחַ לַיהוָה פַּר אֶחָד אַיִל אֶחָד
כְּבָשִׂים בְּנֵי־שָׁנָה שִׁבְעָה תְּמִימִם:
לז מִנְחָתָם וְנִסְכֵּיהֶם לַפָּר לָאַיִל
לח וְלַכְּבָשִׂים בְּמִסְפָּרָם כַּמִּשְׁפָּט: וּשְׂעִיר
חַטָּאת אֶחָד מִלְּבַד עֹלַת הַתָּמִיד
לט וּמִנְחָתָהּ וְנִסְכָּהּ: אֵלֶּה תַּעֲשׂוּ לַיהוָה

36 *You shall offer an olah-offering, a fire-offering, a satisfying aroma to HASHEM; one bull, one ram, seven male lambs in their first year, unblemished.* 37 *Their meal-offering and their libations for the bull, for the ram, and for the lambs shall be in their proper numbers, according to the law.* 38 *One he-goat for a sin-offering; aside from the continual olah-offering, its meal-offering and its libation.*
39 *"These shall you make for HASHEM*

אונקלוס

תַּעְבְּדוּן: לו וּתְקָרְבוּן עֲלָתָא קֻרְבַּן דְּמִתְקַבַּל בְּרַעֲוָא קֳדָם יְיָ תּוֹר חַד דְּכַר חַד אִמְּרִין בְּנֵי שְׁנָא שַׁבְעָא שַׁלְמִין: לז מִנְחַתְהוֹן וְנִסְכֵּיהוֹן לְתוֹרָא לְדִכְרָא וּלְאִמְּרִין בְּמִנְיָנֵיהוֹן כִּדְחָזֵי: לח וּצְפִירָא דְחַטָּאתָא חַד בַּר מֵעֲלַת תְּדִירָא וּמִנְחָתַהּ וְנִסְכַּהּ: לט אִלֵּין תַּעְבְּדוּן קֳדָם יְיָ

רש"י

בבקשה מכם עשו לי סעודה קטנה כדי שאהנה מכם, פר אחד איל אחד, [כל] אלו כנגד ישראל [שהם אחד להקב"ה], התעכבו לי מעט עוד ולשון חבה הוא זה, כבנים הנפטרים מאביהם והוא אומר להם קשה עלי פרידתכם, עכבו עוד יום אחד. משל למלך שעשה סעודה וכו' כדאיתא במסכת סוכה (נה:). ובמדרש רבי תנחומא (יז) למדה תורה דרך ארץ, שמי שיש לו אכסנאי יום ראשון יאכילנו פטומות, למחר יאכילנו דגים, למחר יאכילנו בשר בהמה, למחר מאכילו קטניות, למחר מאכילו ירק. פוחת והולך כפרי החג: **(לט) אלה תעשו לה' במועדיכם.** דבר הקצוב לחובה:

RASHI ELUCIDATED

said to them, בְּבַקָּשָׁה מִכֶּם – **"I request of you,** עֲשׂוּ לִי סְעוּדָה קְטַנָּה – **make a small festive meal for Me** כְּדֵי שֶׁאֵהָנֶה מִכֶּם – **so that I might have pleasure from you,** "פַּר אֶחָד אַיִל אֶחָד"[1] – **'one bull, one ram.'** "[1] {כָּל} אֵלּוּ כְּנֶגֶד יִשְׂרָאֵל – **These {all} correspond to Israel,** {שֶׁהֵם אֶחָד לְהַקָּדוֹשׁ בָּרוּךְ הוּא – **who are unique to the Holy One, Blessed is He**}.[2] God continued, הִתְעַכְּבוּ לִי מְעַט עוֹד – **"Linger for Me a bit more."** וּלְשׁוֹן חִבָּה הוּא זֶה – **This an expression of endearment,** כְּבָנִים הַנִּפְטָרִים מֵאֲבִיהֶם – **like children who take leave from their father,** וְהוּא אוֹמֵר לָהֶם – **and he says to them,** קָשָׁה עָלַי פְּרֵדַתְכֶם – **"Your departure is hard for me.** עַכְּבוּ עוֹד יוֹם אֶחָד – **Linger one more day."**[3] מָשָׁל לְמֶלֶךְ שֶׁעָשָׂה סְעוּדָה וְכוּלְהוּ – **This can be compared to a king who made a festive meal, etc.,** כִּדְאִיתָא בְּמַסֶּכֶת סוּכָּה[4] – **as stated in Tractate** ***Succah.***[4]

וּבְמִדְרַשׁ רַבִּי תַנְחוּמָא[5] – **And in** ***Midrash R' Tanchuma***[5] it says: לִמְּדָה תוֹרָה דֶּרֶךְ אֶרֶץ – **The Torah has taught us proper conduct** here, שֶׁמִּי שֶׁיֵּשׁ לוֹ אַכְסְנַאי – **that one who has a lodger,** יוֹם רִאשׁוֹן יַאֲכִילֶנּוּ פְּטוּמוֹת – **on the first day** of the lodger's stay, **he should feed him fattened poultry.** לְמָחָר יַאֲכִילֶנּוּ דָּגִים – **The next day, he should feed him fish.** לְמָחָר יַאֲכִילֶנּוּ בְּשַׂר בְּהֵמָה – **The next day, meat of animals.**[5a] לְמָחָר מַאֲכִילוֹ קִטְנִיּוֹת – **The next day, he feeds him legumes.** לְמָחָר מַאֲכִילוֹ יָרָק – **The next day, he feeds him vegetables.** פּוֹחֵת וְהוֹלֵךְ – **He progressively decreases** the richness of the fare, כְּפָרֵי הֶחָג – **like the bulls of the** Succos **Festival.**[6]

39. אֵלֶּה תַּעֲשׂוּ לַה' בְּמוֹעֲדֵיכֶם – **THESE SHALL YOU MAKE FOR HASHEM ON YOUR APPOINTED FESTIVALS.** דָּבָר הַקָּצוּב לְחוֹבָה – "These" refers to **the matter which has been fixed as an obligation**

1. Below v. 36. Although many contemporary editions have this phrase as the title of a new comment and insert the verse number 36 before it, *Sefer Zikaron* proves from the Talmudic passage that is Rashi's source, that this is a continuation of the previous comment.

2. The words in braces appear in the Reggio di Calabria edition.

3. The order of the words in the text follows the Yemenite manuscript and many contemporary editions. Some editions have a different word order but the basic meaning is unchanged.

4. *Succah* 55b. The *Gemara* there says: This can be compared to a human king who told his servants, "Make a great banquet for me." On the last day, he said to his close friend, "Make a small festive meal for me, so that I might have pleasure from you."

5. *Tanchuma Yashan* 16; see also *Tanchuma* 17.

5a. In the land where the author of this Midrash lived, meat was less expensive than poultry and fish (see *Tosafos* to *Chullin* 84a, s.v., עשרה מונים).

6. One can give a lodger more modest fare the longer he stays, for the longer he stays, the more he feels like a member of the household, and does not expect special treatment (*Be'er BaSadeh*).

בְּמוֹעֲדֵיכֶם לְבַד מִנִּדְרֵיכֶם
וְנִדְבֹתֵיכֶם לְעֹלֹתֵיכֶם וּלְמִנְחֹתֵיכֶם
ל א וּלְנִסְכֵּיכֶם וּלְשַׁלְמֵיכֶם: וַיֹּאמֶר
מֹשֶׁה אֶל־בְּנֵי יִשְׂרָאֵל כְּכֹל אֲשֶׁר־
צִוָּה יהוה אֶת־מֹשֶׁה: פפפ

on your appointed festivals, aside from your vows and your free-will offerings, for your olah-offerings, for your meal-offerings, for your libations, and for your peace-offerings."

30 [1] *Moses said to the Children of Israel according to everything that HASHEM had commanded Moses.*

THE HAFTARAH FOR PINCHAS APPEARS ON PAGE 447.
This Haftarah is read only when Pinchas is read before the Seventeeth of Tammuz.
During most years, however, Pinchas is read after the Seventeenth of Tammuz;
the regular Haftarah is then replaced with the Haftarah of Mattos, page 448.

אונקלוס

בְּמוֹעֲדֵיכוֹן בַּר מִנִּדְרֵיכוֹן וְנִדְבָתֵיכוֹן לַעֲלָוָתְכוֹן וּלְמִנְחָתֵיכוֹן וּלְנִסְכֵּיכוֹן וּלְנִכְסַת קוּדְשֵׁיכוֹן: א וַאֲמַר מֹשֶׁה לִבְנֵי יִשְׂרָאֵל כְּכֹל דִּי פַקִּיד יְיָ יָת מֹשֶׁה:

רש"י

לבד מנדריכם. אם באתם לידור קרבנות ברגל מצוה היא בידכם, או נדרים או נדבות שנדרתם כל השנה תקריבום ברגל, שמא יקשה לו לחזור ולעלות לירושלים ולהקריב נדריו ונמצא עובר בבל תאחר (ספרי קנב): **(א) ויאמר משה אל בני ישראל.** להפסיק הענין, דברי רבי ישמעאל. לפי שעד כאן דבריו של מקום ופרשת נדרים מתחלת בדבורו של משה, הוצרך להפסיק תחלה ולומר שחזר משה ואמר פרשה זו לישראל, שאם לא כן יש במשמע שלא אמר להם זו, אלא בפרשת נדרים התחיל דבריו (שם):

RASHI ELUCIDATED

in the preceding verses.[1]

□ לְבַד מִנִּדְרֵיכֶם – ASIDE FROM YOUR VOWS. אִם בָּאתֶם לִדּוֹר קָרְבָּנוֹת – **If you come to pledge offerings** בָּרֶגֶל – **on the festival,** מִצְוָה הִיא בְּיֶדְכֶם – **it is a commandment in your hand,** i.e., you have fulfilled a commandment.[2] אוֹ נְדָרִים אוֹ נְדָבוֹת – **Or, vows or free-will offerings** שֶׁנְּדַרְתֶּם כָּל הַשָּׁנָה – **which you pledged** during **the entire year,** תַּקְרִיבוּם בָּרֶגֶל – **offer them on the festival.** The Torah states this, שֶׁמָּא יִקְשֶׁה לוֹ – **lest it be difficult for him** לַחֲזוֹר וְלַעֲלוֹת לִירוּשָׁלַיִם – **to ascend again to Jerusalem** וּלְהַקְרִיב נְדָרָיו – **and to offer** the sacrifices pledged for **his vows,** וְנִמְצָא – **and it will** thus **be found** עוֹבֵר בְּבַל תְּאַחֵר[3,4] – **that he is violating "you shall not be late."**[3,4]

30.

1. וַיֹּאמֶר מֹשֶׁה אֶל בְּנֵי יִשְׂרָאֵל – MOSES SAID TO THE CHILDREN OF ISRAEL. This is stated לְהַפְסִיק הָעִנְיָן – **to make a pause in the topic.** דִּבְרֵי רַבִּי יִשְׁמָעֵאל – These are **the words of** the *Tanna* **R' Yishmael.** לְפִי שֶׁעַד כָּאן – **Since** that which has been stated **up to this point** דְּבָרָיו שֶׁל מָקוֹם – has been **the words of the Omnipresent,** וּפָרָשַׁת נְדָרִים – **and the passage about vows** which follows מַתְחֶלֶת בְּדִבּוּרוֹ שֶׁל מֹשֶׁה – **begins with the speaking of Moses,**[5] הוּצְרַךְ לְהַפְסִיק תְּחִלָּה – **[Scripture] first had to make a pause,** וְלוֹמַר – **and to say** שֶׁחָזַר מֹשֶׁה וְאָמַר – **that Moses went back and told** פָּרָשָׁה זוֹ – **this passage** לְיִשְׂרָאֵל – **to Israel.** שֶׁאִם לֹא כֵן – **For if** Scripture had **not** done **so,** יֵשׁ בְּמַשְׁמָע – **it could be inferred** שֶׁלֹּא אָמַר לָהֶם זוֹ – **that [Moses] did not tell them this** passage of the festival offerings. אֶלָּא – **But rather,** בְּפָרָשַׁת נְדָרִים הִתְחִיל דְּבָרָיו[6] – **he began his words with the passage about vows.**[6]

1. As opposed to the offerings enumerated below, all of which are voluntary (*Mizrachi; Sifsei Chachamim*).

2. It is obvious that the offerings of the public which are obligatory on the festivals are "aside from your vows and your free-will offerings." The verse means to imply a commandment to pledge offerings on the festival, and to fulfill earlier pledges (*Sefer Zikaron*).

3. See *Deuteronomy* 23:22. This is the prohibition against delaying the fulfillment of a vow.

4. *Sifrei* 152.

5. That is, it begins, "Moses spoke."

6. *Sifrei* 152. When God communicates commandments of the Torah to Moses, it generally goes without saying that Moses relates them to Israel. Here the Torah makes a point of saying that he did so, for the following passage, which begins by stating explicitly that Moses related a commandment to Israel, might be taken as implying a contrast to this passage (*Gur Aryeh*).

⊰ פרשת מטות
Parashas Mattos

ב וַיְדַבֵּר מֹשֶׁה אֶל־רָאשֵׁי הַמַּטּוֹת [2] Moses spoke to the heads of the tribes

אונקלוס

ב וּמַלִּיל מֹשֶׁה עִם רֵישֵׁי שִׁבְטַיָּא

רש"י

(ב) **ראשי המטות.** חלק כבוד לנשיאים ללמדם תחלה ואח"כ לכל בני ישראל. ומנין שאף שאר הדברות כן, ת"ל וישובו אליו אהרן וכל הנשיאים בעדה וידבר משה אליהם ואחרי כן נגשו כל בני ישראל (שמות לד:לא-לב) ומה ראה לאומרה כאן, למד שהפרת נדרים ביחיד מומחה (ספרי קנג), ואם אין יחיד מומחה מפר בשלשה הדיוטות. או יכול שלא אמר משה פרשה זו אלא לנשיאים בלבד, נאמר כאן זה הדבר ונא' בשחוטי חוץ זה הדבר (ויקרא יז:ב). מה להלן נאמרה לאהרן ולבניו ולכל בני ישראל, שנאמר דבר אל אהרן וגו' (שם)

RASHI ELUCIDATED

2. רָאשֵׁי הַמַּטּוֹת – THE HEADS OF THE TRIBES. חָלַק כָּבוֹד לַנְּשִׂיאִים – **He accorded honor to the princes** לְלַמְּדָם תְּחִלָּה – **by teaching them first,**[1] וְאַחַר כָּךְ – **and** only **afterward** לְכָל בְּנֵי יִשְׂרָאֵל – did he teach **all** the rest of **the Children of Israel.**[2] וּמִנַּיִן – **And from where** do we know שֶׁאַף שְׁאָר הַדִּבְּרוֹת כֵּן – **that the other statements** of God were **also** taught **in this manner?** תַּלְמוּד לוֹמַר – **The Torah says,** "וַיָּשֻׁבוּ אֵלָיו אַהֲרֹן וְכָל הַנְּשִׂאִים בָּעֵדָה – "**And Aaron and all the princes of the assembly** returned to him, וַיְדַבֵּר מֹשֶׁה אֲלֵהֶם – **and Moses would speak to them;** וְאַחֲרֵי כֵן נִגְּשׁוּ כָּל בְּנֵי יִשְׂרָאֵל"[3] – **after that, all the Children of Israel would approach.**"[3] וּמָה רָאָה לְאָמְרָהּ כָּאן – **What did [Scripture] see to state it here?**[4] לִמֵּד – **This teaches** us שֶׁהֲפָרַת נְדָרִים – **that nullification of vows**[5] can be performed בְּיָחִיד מוּמְחֶה[6] – **by an individual who is an expert,**[6] וְאִם אֵין יָחִיד מוּמְחֶה – **and if there is no individual who is an expert** available, מֵפֵר – **one can nullify** his vows בִּשְׁלֹשָׁה הֶדְיוֹטוֹת – **with three common people.**[7] אוֹ יָכוֹל – **Or is it possible** שֶׁלֹּא אָמַר מֹשֶׁה פָּרָשָׁה זוֹ אֶלָּא לַנְּשִׂיאִים בִּלְבַד – **that Moses said this passage** about vows **to none but the princes only?**[8] We see that this is not so as follows: נֶאֱמַר כָּאן "זֶה הַדָּבָר" – **It says here** the phrase "**this is the matter,**" וְנֶאֱמַר בִּשְׁחוּטֵי חוּץ – **and regarding** offerings **slaughtered outside** the grounds of the *Beis HaMikdash* **it says** the same phrase, "זֶה הַדָּבָר"[9] – "**this is the matter.**"[9] This teaches us that מָה לְהַלָּן – **just as above,** regarding offerings slaughtered on the outside, נֶאֶמְרָה לְאַהֲרֹן – **[the commandment] was said to Aaron,** וּלְבָנָיו – **and to his sons,** וּלְכָל בְּנֵי יִשְׂרָאֵל – **and to all the Children of Israel,** שֶׁנֶּאֱמַר – **as it says** there, "דַּבֵּר אֶל אַהֲרֹן וְגוֹמֵר"[9] – "**Speak to Aaron** [and to his sons and to all the Children of Israel],"[9]

1. Rashi explains why the verse specifies "the heads of the tribes" when the commandment was to all of Israel. It is to teach us that Moses accorded them honor by teaching them first (*Mizrachi; Sifsei Chachamim*).

2. Rashi here relies on the *gezeirah shavah* (see note 1 on p. 371) which he cites at the end of this comment, on the basis of which we say that Moses taught the laws of vows to the entire nation, not just to the leaders of the tribes (*Sefer Zikaron; Levush HaOrah*).

3. *Exodus* 34:31-32.

4. That is, if Moses always taught the princes before the rest of the people, why does Scripture make a point of stating that point in the context of this particular commandment? (*Be'er BaSadeh*).

5. In his next comment, Rashi distinguishes between הַתָּרַת נְדָרִים, "permission (literally, "release") of vows," and הֲפָרַת נְדָרִים, "nullification of vows" (see note 7 there). He states there that the expert may only use an expression of הַתָּרָה, "permitting," to revoke a vow, but if he uses an expression of הֲפָרָה, "nullifying," the vow remains in effect. Nevertheless, Rashi here uses the term הֲפָרָה with regard to the expert's cancellation of the vow. In its simple meaning, the phrase הֲפָרַת נְדָרִים is a generic term for the revocation of vows, regardless of the particular halachic procedure by which the vows are revoked. And that is how Rashi uses the phrase in this comment. On a technical level, however, the word הֲפָרָה takes on a specialized meaning; and it is in that sense that Rashi uses it in his next comment (see *Beiurim LePeirush Rashi Al HaTorah*).

6. See *Sifrei* 153. It stands to reason that "the leaders of the tribes" includes those who are like the leaders, in that they are learned (*Imrei Shefer*). According to *Ramban*, an "expert" is a *musmach*, one who has been ordained through an unbroken chain of ordination that began with the first ordinations, conferred by Moses. According to *Rambam*, an "expert" is a recognized scholar who is expert in the laws of vows. See *Ran* to *Nedarim* 8b, s.v., ושמתא.

7. The fact that three common people can release vows is not derived from our verse. Rashi mentions it here so as not to leave the impression that it can be done only by those who are experts (*Sefer Zikaron*).

8. That is, perhaps the reason that our verse mentions only the heads of the tribes is not to teach us that an expert individual may nullify a vow. Rather, it is because our passage is exceptional in that Moses told it directly to none but the heads of the tribes (*Levush HaOrah*).

9. *Leviticus* 17:2.

לִבְנֵ֥י יִשְׂרָאֵ֖ל לֵאמֹ֑ר זֶ֣ה הַדָּבָ֔ר אֲשֶׁ֖ר
ג צִוָּ֥ה יהוֽה׃ אִישׁ֩ כִּֽי־יִדֹּ֨ר נֶ֜דֶר לַֽיהוָ֗ה
אֽוֹ־הִשָּׁ֤בַע שְׁבֻעָה֙ לֶאְסֹ֤ר אִסָּר֙

of the Children of Israel, saying, "This is the matter that HASHEM has commanded:
[3] If a man takes a vow to HASHEM or swears an oath to prohibit a prohibition

אונקלוס

לִבְנֵי יִשְׂרָאֵל לְמֵימַר דֵּין פִּתְגָּמָא דִּי פַּקִּיד יְיָ: ג גְּבַר אֲרֵי יִדַּר נְדַר קֳדָם יְיָ אוֹ יְקַיֵּם קְיָם לְמֵסַר אֱסָר

רש"י

אף זו נאמרה לכולן (נדרים עח.): **זה הדבר.** משה נתנבא בכה אמר ה׳ כחצות הלילה (שמות יא:ד) והנביאים נתנבאו בכה אמר ה׳, מוסף עליהם משה שנתנבא בלשון זה הדבר. דבר אחר, זה הדבר, מעוט הוא, לומר שהחכם בלשון התרה ובעל בלשון הפרה, כלשון הכתוב כאן, ואם חלפו אין מותר ואין מופר (ספרי שם; נדרים עז:-עח.): (ג) **נדר.** האומר הרי עלי קונם שלא אוכל או שלא אעשה

RASHI ELUCIDATED

אַף זוֹ – so, too, this commandment **נֶאֶמְרָה לְכֻלָּן – was said to all of them.**[1]

□ **זֶה הַדָּבָר – THIS IS THE MATTER.** **מֹשֶׁה נִתְנַבֵּא בְּ,,כֹּה אָמַר ה׳ – Moses prophesied by "*so* said HASHEM,** **כַּחֲצֹת הַלַּיְלָה"**[2] **– 'At midnight . . .,' "**[2] **וְהַנְּבִיאִים נִתְנַבְּאוּ בְּ,,כֹּה אָמַר ה׳ " – and the** other **prophets prophesied by "*so* said HASHEM."**[3] **מוּסָף עֲלֵיהֶם מֹשֶׁה – Moses was superior to them** **שֶׁנִּתְנַבֵּא בִּלְשׁוֹן ,,זֶה הַדָּבָר" – in that he prophesied with the wording "*this* is the matter."**[4]

דָּבָר אַחֵר – Alternatively, **,,זֶה הַדָּבָר" מִעוּט הוּא –** the phrase **"this is the matter" is a** phrase that implies **exclusion,** **לוֹמַר – to say** to us **שֶׁהֶחָכָם בִּלְשׁוֹן הַתָּרָה – that a sage**[5] revokes a vow **through wording of permitting,** i.e., by using forms of the verb לְהַתִּיר, "to permit," **וּבַעַל בִּלְשׁוֹן הֲפָרָה – but a husband**[6] revokes his wife's vow **through wording of nullification,** i.e, by using forms of the verb לְהָפֵר, "to nullify," **כִּלְשׁוֹן הַכָּתוּב כָּאן – like the language of the verse here.**[7] **וְאִם חִלְּפוּ – If [the sage and the husband] switched,** using the language designated by Scripture for the other, **אֵין מֻתָּר וְאֵין מוּפָר – [the vow] is neither permitted nor nullified.**[8]

3. נֶדֶר – A VOW. This refers to **הָאוֹמֵר – one who says,** **הֲרֵי עָלַי – "See now,** I take **upon myself** **קוֹנָם – a *konam*** [9] **שֶׁלֹּא אוֹכַל – that I will not eat** **אוֹ שֶׁלֹּא אֶעֱשֶׂה – or that I will not do**

1. *Nedarim* 78a. This is an example of a *gezeirah shavah* [literally, "identical cutting" (*Klalei HaGemara*)], one of the thirteen principles by which the Torah is expounded, through which information which is stated explicitly with regard to one context is applied to another context, as well, by virtue of similar words or phrases appearing in the two contexts.

2. *Exodus* 11:4.

3. For example, *Joshua* 24:2; *I Samuel* 10:18; *Isaiah* 7:7; *Jeremiah* 2:2; *Ezekiel* 2:4.

4. "So says HASHEM" implies that the prophet is relating what had earlier been communicated to him by God. "This is the matter" implies that God is presently in the process of communicating with those addressed, by speaking, as it were, through the medium of the prophet (*Malbim; Eimek HaNetziv*).

In his preceding comment, Rashi precluded the possibility that Moses told the laws of this passage to the princes alone. The statement "This is the matter that HASHEM has commanded" could be seen, however, as implying that this was indeed so. It could be taken to mean "this is what God is commanding to you princes alone, in contrast to the rest of the Torah, which is taught directly to all of Israel." Rashi therefore gives what he views as the correct interpretations of the phrase "This is the matter. . ."

5. This is another term for the "expert" mentioned in Rashi's preceding comment.

6. This same rule applies to a father nullifying his daughter's vows (*Yosef Daas*).

7. That a sage can revoke a vow is derived from "he shall not profane his word" of verse 3, which is seen as implying that *he*, the one who took the vow, shall not profane his word, but someone else, a sage, can "profane" the vower's word. "Profaning his word" implies an undoing of the effect of the vow; the prohibition imposed by the vow has taken effect, but the sage rescinds that prohibition. A husband (or father), on the other hand, nullifies a vow rather than rescinding it: The right he exercises by virtue of his relationship prevents the prohibition of the vow to extend beyond the point of his nullification. The prohibition is not rescinded; it is blocked (see *Keren David* to *Nazir* 21b). "*This* is the matter" implies that only in the manner set out by our passage can vows be nullified, with sages "permitting" and husbands (or fathers) "nullifying."

8. *Sifrei* 153; *Nedarim* 77b-78a.

9. *Konam* is a term which denotes a vow. According to one opinion in the *Gemara*, it is a substitute for the word *korban*, "offering." One of the standard ways to take a vow is to compare the object being forbidden by the vow to an offering: "This is forbidden to me as if it were an offering." The Sages coined the term *konam*, for the word *korban* (offering) often appears in Scripture

עַל־נַפְשׁ֑וֹ לֹ֥א יַחֵ֖ל דְּבָר֑וֹ כְּכָל־
ד הַיֹּצֵ֥א מִפִּ֖יו יַעֲשֶֽׂה׃ וְאִשָּׁ֕ה כִּֽי־
תִדֹּ֥ר נֶ֖דֶר לַיהוָ֑ה וְאָסְרָ֥ה אִסָּ֛ר
ה בְּבֵ֥ית אָבִ֖יהָ בִּנְעֻרֶֽיהָ׃ וְשָׁמַ֨ע
אָבִ֜יהָ אֶת־נִדְרָ֗הּ וֶֽאֱסָרָהּ֙ אֲשֶׁ֣ר

upon himself, he shall not profane his word; according to whatever comes from his mouth shall he do.
4 *"But if a woman will take a vow to* HASHEM *or prohibit a prohibition in her father's house in her youth;* 5 *and her father heard of her vow or the prohibition that*

אונקלוס

עַל נַפְשֵׁהּ לָא יְבַטֵּל פִּתְגָּמֵהּ כְּכָל דְּיִפּוֹק מִפּוּמֵהּ יַעְבֵּד: ד וְאִתְּתָא אֲרֵי תִדַּר נְדַר קֳדָם
יְיָ וְאֶסָרַת אֱסַר בְּבֵית אֲבוּהָא בְּרַבְיוּתְהָא: ה וְיִשְׁמַע אֲבוּהָא יָת נִדְרַהּ וְאֶסָרַהּ דִּי

רש"י

דבר פלוני. יכול אפילו נשבע שיאכל נבלות אני קורא עליו ככל היוצא מפיו יעשה, ת"ל לאסור אסר, לאסור את המותר ולא להתיר את האסור (ספרי שם): **לא יחל דברו.** כמו לא יחלל דברו, לא יעשה דבריו חולין (שם): (ד) **בבית אביה.** ברשות אביה, ואפילו אינה בביתו (שם): **בנעריה.** ולא קטנה ולא בוגרת, שהקטנה אין נדרה נדר והבוגרת אינה ברשותו של אביה

RASHI ELUCIDATED

דָּבָר פְּלוֹנִי – **such and such a thing."** יָכוֹל – **One might be able** to think אֲפִילוּ נִשְׁבַּע – that **even if he swears** שֶׁיֹּאכַל נְבֵלוֹת – **that he will eat** ***neveilah***[1] אֲנִי קוֹרֵא עָלָיו – that **I read about him,** i.e., I apply to him the verse, ,,כְּכָל הַיּוֹצֵא מִפִּיו יַעֲשֶׂה״ – **"according to whatever comes from his mouth shall he do."** תַּלְמוּד לוֹמַר – To teach us otherwise, **the Torah says,** ,,לֶאְסֹר אִסָּר״ – **"to prohibit a prohibition,"** which implies, לֶאְסוֹר אֶת הַמֻּתָּר – **to prohibit that which is allowed,** וְלֹא לְהַתִּיר אֶת הָאָסוּר[1a] – **but not to allow that which is prohibited.**[1a]

☐ לֹא יַחֵל דְּבָרוֹ – This has the same meaning כְּמוֹ לֹא יְחַלֵּל דְּבָרוֹ – **as "he shall not profane his word,"** that is,[2] לֹא יַעֲשֶׂה דְּבָרָיו חֻלִּין[3] – **he shall not make his words profane.**[3]

4. בְּבֵית אָבִיהָ – **IN HER FATHER'S HOUSE.** This means בִּרְשׁוּת אָבִיהָ – while she is **under her father's authority,** וַאֲפִילוּ אֵינָהּ בְּבֵיתוֹ[4] – **even if she is not in his house.**[4]

☐ בִּנְעֻרֶיהָ – **IN HER YOUTH.** וְלֹא קְטַנָּה – **But not a minor,** וְלֹא בוֹגֶרֶת – **nor one who is mature,**[5] שֶׁהַקְּטַנָּה אֵין נִדְרָהּ נֶדֶר – **for with regard to the minor, her vow is not a vow,** i.e., it is not binding, וְהַבּוֹגֶרֶת אֵינָהּ בִּרְשׁוּתוֹ שֶׁל אָבִיהָ – **and as for the one who is mature, she is not under the authority of**

adjacent to the Tetragrammaton. If one uses the word in the context of taking a vow, he may inadvertently make unnecessary mention of God's Name. According to another opinion in the *Gemara*, *konam* is a common mispronunciation of the word *korban* by non-Jews (*Nedarim* 10a).

1. Meat from the carcass of an animal that has not undergone *shechitah* (ritual slaughter). Such meat is forbidden to a Jew.

1a. *Sifrei* 153.

2. The word יַחֵל has two unrelated meanings, both of which are masculine, third person, singular, in the future tense. Either יַחֵל is the intensive *piel* form of the root יחל, "to wait" (as it is in *Psalms* 130:7 and 131:3), or it is the causative *hifil* form of the root חלל, which can mean "to profane" (as אַחֵל does in *Ezekiel* 39:7), but which in the *hifil* usually means "to begin" (e.g., 25:1 above; *Judges* 10:18). When used by Scripture in the sense of "to profane," the root חלל generally appears in the *piel*. Thus, if our verse meant "he shall not profane," we would expect it to use the *piel* יְחַלֵּל, as in *Leviticus* 21:12. We therefore might have thought that יַחֵל of our verse is of the root יחל in the *piel;* we would have then understood לֹא יַחֵל דְּבָרוֹ as "he shall not make his word wait," i.e., he shall not delay fulfillment of his vow, as *Rashbam*, in fact, interprets it. Rashi explains that despite the rarity of חלל in the *hifil* meaning "to profane," here, it is used in that sense (see *Havanas HaMikra*).

3. *Sifrei* 153. Although Rashi has already defined לֹא יַחֵל as "he shall not profane," he goes on to paraphrase לֹא יַחֵל דְּבָרוֹ as "he shall not make his words profane." For יְחַלֵּל/יַחֵל can also mean "profaning" in the sense of redemption, transferring the sanctity of a holy object to something else. לֹא יַחֵל דְּבָרוֹ thus might have been understood as "he shall not profane, i.e., redeem, that which has been imbued with sanctity through his word" (see *Be'er Mayim Chaim* by R' Yaakov ben Yitzchak HaKohen Shapira).

4. *Sifrei* 153.

5. A נַעֲרָה, "youth," a word cognate with בִּנְעֻרֶיהָ, is a girl who has developed signs of puberty and is at least twelve years old. A נַעֲרָה is an adult and is obligated to keep all commandments, but remains in her father's domain with regard to certain laws. Any girl under twelve — with one exception which Rashi goes on to state — or one over twelve who has not developed signs of puberty, is a minor (see *Niddah* 45b-46a). A girl becomes a בּוֹגֶרֶת, "one who is mature," half a year after becoming a נַעֲרָה. At that time she is considered a full adult and is no longer in her father's domain.

אָסְרָה עַל־נַפְשָׁהּ וְהֶחֱרִישׁ לָהּ
אָבִיהָ וְקָמוּ כָּל־נְדָרֶיהָ וְכָל־אִסָּר
ו אֲשֶׁר־אָסְרָה עַל־נַפְשָׁהּ יָקוּם: וְאִם־
הֵנִיא אָבִיהָ אֹתָהּ בְּיוֹם שָׁמְעוֹ כָּל־
נְדָרֶיהָ וֶאֱסָרֶיהָ אֲשֶׁר־אָסְרָה עַל־
נַפְשָׁהּ לֹא יָקוּם וַיהוָה יִסְלַח־לָהּ

she prohibited upon herself, and her father was silent about her, then all her vows shall stand, and any prohibition that she prohibited upon herself shall stand. [6] But if her father restrained her on the day of his hearing, all her vows or prohibitions that she prohibited upon herself shall not stand; and HASHEM will forgive her,

אונקלוס

אֲסָרַת עַל נַפְשַׁהּ וְיִשְׁתּוֹק לַהּ אֲבוּהָא וִיקוּמוּן כָּל נִדְרָהָא וְכָל אֱסָרֵי דִּי אֲסָרַת עַל נַפְשַׁהּ יְקוּמוּן: ו וְאִם אַעְדֵּי אֲבוּהָא יָתַהּ בְּיוֹמָא דִשְׁמַע כָּל נִדְרָהָא וֶאֱסָרָהָא דִּי אֲסָרַת עַל נַפְשַׁהּ לָא יְקוּמוּן וּמִן קֳדָם יְיָ יִשְׁתְּבֵק לַהּ

רש"י

להפר נדריה (שם). ואיזו היא קטנה, אמרו רבותינו בת י"א שנה ויום אחד נדריה נבדקין, אם ידעה לשם מי נדרה ולשם מי הקדישה נדרה נדר. בת י"ב שנה ויום אחד אינה צריכה ליבדק (נדה מה:): (ו) ואם הניא אביה אתה. אם מנע אותה מן הנדר כלומר שהפר לה. הנאה זו איני יודע מה היא, כשהוא אומר ואם ביום שמוע אישה יניא אותה והפר (פסוק ט) הוי אומר הנאה זו הפרה (ספרי שם). ופשוטו לשון מניעה והסרה, וכן ולמה תניאון (להלן לב:ז) וכן שמן ראש אל יני ראשי (תהלים קמא:ה). וכן וידעתם את תנואתי (לעיל יד:לד) את אשר סרתם מעלי: וה' יסלח לה. במה הכתוב מדבר,

RASHI ELUCIDATED

her father לְהָפֵר נְדָרֶיהָ[1] – for him **to nullify her vows.**[1] וְאֵיזוֹ הִיא קְטַנָּה – **And who is a minor** with respect to vows? אָמְרוּ רַבּוֹתֵינוּ – **Our Rabbis have said:** בַּת אַחַת עֶשְׂרֵה שָׁנָה וְיוֹם אֶחָד – **A girl who is** at least **eleven years and one day old,**[2] נְדָרֶיהָ נִבְדָּקִין – **her vows are examined.** אִם יָדְעָה – **If she realizes** לְשֵׁם מִי נָדְרָה – **for Whose sake she is vowing,** וּלְשֵׁם מִי הִקְדִּישָׁה – **or for Whose sake she is consecrating,** נִדְרָהּ נֶדֶר – **her vow is a** binding **vow.** בַּת שְׁתֵּים עֶשְׂרֵה שָׁנָה וְיוֹם אֶחָד – **A girl who is twelve years and one day old**[3] אֵינָהּ צְרִיכָה לִבָּדֵק[4] – **does not need to be examined.**[4]

6. וְאִם הֵנִיא אָבִיהָ אֹתָהּ – **BUT IF HER FATHER RESTRAINED HER.** אִם מָנַע אוֹתָהּ – **If he held her back** מִן הַנֶּדֶר – **from the vow,** כְּלוֹמַר – **that is to say,** שֶׁהֵפֵר לָהּ – **that he nullified** it **for her.** הֲנָאָה זוֹ – **This** instance of הֲנָאָה, i.e., a word from the root נוא, "removing, withholding," אֵינִי יוֹדֵעַ מַה הִיא – **I do not know what it is,** i.e., its meaning is not obvious.[5] כְּשֶׁהוּא אוֹמֵר – **When it says,** "וְאִם בְּיוֹם שְׁמוֹעַ אִישָׁהּ – **"But if on the day of her husband's hearing** יָנִיא אוֹתָהּ – **he shall restrain her** וְהֵפֵר"[6] – **and nullify,"**[6] הֱוֵי אוֹמֵר – **you should say** הֲנָאָה זוֹ הֲפָרָה[7] – **this** הֲנָאָה **is nullification.**[7] וּפְשׁוּטוֹ – **And [the word's] simple meaning** לְשׁוֹן מְנִיעָה וַהֲסָרָה – **is that it expresses withholding and removal.** וְכֵן – **And similarly,** תְּנִיאוּן in, "וְלָמָּה תְנִיאוּן"[8], literally, **"why do you remove."**[8] וְכֵן – **And similarly,** יָנִי in, "שֶׁמֶן רֹאשׁ אַל יָנִי רֹאשִׁי"[9], **"May oil of the head not restrain my head."**[9] וְכֵן – **And similarly,** תְּנוּאָתִי in, "וִידַעְתֶּם אֶת תְּנוּאָתִי"[10], **"And you shall know [what] parting from Me [is]"**[10] which means, אֵת אֲשֶׁר סַרְתֶּם מֵעָלָי – **your having turned away from Me.**[11]

וַה' יִסְלַח לָהּ □ – **AND HASHEM WILL FORGIVE HER.** בַּמָּה הַכָּתוּב מְדַבֵּר – **What does the verse speak of?**[12]

1. *Sifrei* 153.

2. That is, on the day commonly called her eleventh birthday; she has completed her eleventh year of life and is in the first day of her twelfth year.

3. That is, on the day commonly called her twelfth birthday.

4. *Niddah* 45b. After that time even if she says that she does not know for whose sake she is vowing, her vows are binding.

5. The basic meaning of the root נוא is "withholding" or "removing," as Rashi goes on to state. What our verse means by "removing" is not obvious. It might mean that the husband must order or force his wife to violate her vow (*Gur Aryeh; Maskil LeDavid*).

6. Below v. 9.

7. *Sifrei* 153. Verse 9 indicates that "restraining/removing" here means nullification of the vow.

8. Below 32:7.

9. *Psalms* 141:5.

10. Above 14:34.

11. תְּנוּאָתִי means literally "My parting." It could have been taken to mean that God parted from Israel. With אֵת אֲשֶׁר סַרְתֶּם מֵעָלָי, Rashi says that it refers to Israel's parting from God.

12. The verse speaks of a daughter whose father has nullified her vow. Why does she need forgiveness? (see Rashi to *Kiddushin* 81a, s.v., במה הכתוב מדבר).

ז כִּֽי־הֵנִ֥יא אָבִ֖יהָ אֹתָֽהּ׃ וְאִם־הָי֤וֹ תִֽהְיֶה֙ לְאִ֔ישׁ וּנְדָרֶ֖יהָ עָלֶ֑יהָ א֚וֹ מִבְטָ֣א שְׂפָתֶ֔יהָ אֲשֶׁ֥ר אָסְרָ֖ה

for her father had restrained her.
7 "If she shall be married to a man and her vows are upon her, or an utterance of her lips by which she had prohibited

אונקלוס

אֲרֵי אַעְדִּי אֲבוּהָא יָתַהּ: ז וְאִם מֶהֱוָה תֶהֱוֵי לִגְבַר וְנִדְרָהָא עֲלַהּ אוֹ פֵּרוּשׁ סִפְוָתָהָא דִּי אֲסָרַת

רש"י

באשה שנדרה בנזיר ושמע בעלה והפר לה והיא לא ידעה, ועוברת על נדרה ושותה יין ומטמאה למתים, זו היא שצריכה סליחה ואע"פ שהוא מופר. ואם המופרין צריכין סליחה, ק"ו לשאינן מופרין (ספרי שם; קדושין פא:): (ז) ואם היו תהיה לאיש. זו ארוסה. או אינו אלא נשואה, כשהוא אומר ואם בית אישה נדרה (פסוק יא) הרי נשואה אמור, וכאן בארוסה, ובא לחלוק בה שאביה ובעלה מפירין נדריה (ספרי שם) הפר האב ולא הפר הבעל או הפר הבעל ולא הפר האב הרי זה אינו מופר, ואין צריך לומר אם קיים אחד מהם (נדרים סז.): ונדריה עליה. שנדרה בבית אביה

RASHI ELUCIDATED

בְּאִשָּׁה שֶׁנָּדְרָה בְּנָזִיר – **Of a woman**[1] **who takes a vow of** ***nezirus***,[2] וְשָׁמַע בַּעְלָהּ – **and her husband heard** וְהֵפֵר לָהּ – **and nullified** it **for her,** וְהִיא לֹא יָדְעָה – **but she was not aware** that her husband revoked the vow, וְעוֹבֶרֶת עַל נִדְרָהּ – **and she violates her vow** וְשׁוֹתָה יַיִן – **and drinks wine,** וּמִטַּמְּאָה לְמֵתִים – **and becomes impure by the dead.** זוֹ הִיא שֶׁצְּרִיכָה סְלִיחָה – **This is the one** of whom our verse speaks **who needs forgiveness** וְאַף עַל פִּי שֶׁהוּא מוּפָר – **even though [her vow] is nullified.** וְאִם הַמּוּפָרִין – **And if those whose** vows **have been nullified** צְרִיכִין סְלִיחָה – **need forgiveness,** קַל וָחוֹמֶר – **how much more so** לְשֶׁאֵינָן מוּפָרִין[3] – **those whose** vows **have not been nullified.**[3]

7. וְאִם הָיוֹ תִהְיֶה לְאִישׁ – **IF SHE SHALL BE MARRIED TO** (literally, **"if she shall surely be unto"**) **A MAN.** זוֹ אֲרוּסָה – **This is** (refers to) **an** ***arusah.***[4] אוֹ אֵינוֹ אֶלָּא נְשׂוּאָה – **Or** perhaps the verse refers to **nothing but a** ***nesuah?***[5] כְּשֶׁהוּא אוֹמֵר – **When it says,** "וְאִם בֵּית אִישָׁהּ נָדָרָה"[6] – **"But if she vowed in her husband's house,"**[6] הֲרֵי נְשׂוּאָה אָמוּר – **see now, that a** ***nesuah*** **has been spoken of** in that verse,[7] וְכָאן בַּאֲרוּסָה – **so here** the verse speaks **of an** ***arusah.*** וּבָא לַחֲלוֹק בָּהּ – **[The verse] comes to make a distinction about [an** ***arusah*** **]** in comparison to other married women, שֶׁאָבִיהָ וּבַעְלָהּ – **in that her father and her husband** מְפִירִין נְדָרֶיהָ[8] – **nullify her vows** jointly.[8] הֵפֵר הָאָב – If **her father nullified** her vow וְלֹא הֵפֵר הַבַּעַל – **but her husband did not nullify** it, אוֹ הֵפֵר הַבַּעַל – **or** if **her husband nullified** her vow וְלֹא הֵפֵר הָאָב – **but her father did not nullify** it, הֲרֵי זֶה אֵינוֹ מוּפָר – **see now that this** vow **is not nullified.** וְאֵין צָרִיךְ לוֹמַר – **And there is no need to say,** i.e., it goes without saying, אִם קִיֵּם אֶחָד מֵהֶם[9] – that the vow is not nullified **if one of them upholds** the vow verbally, even if the other nullifies it.[9]

□ וּנְדָרֶיהָ עָלֶיהָ – **AND HER VOWS ARE UPON HER.** This means שֶׁנָּדְרָה בְּבֵית אָבִיהָ – **that she took vows in**

1. Rashi follows the wording of the *Gemara,* which makes this point on וַה׳ יִסְלַח לָהּ of verse 9 below, which speaks of a wife and husband, rather than on our verse, which speaks of daughter and a father. The *Gemara* speaks of that verse rather than of ours because it is more common for a married woman to take a vow than for a twelve-year-old girl (*Mesiach Ilmim*; see also *Be'er Mayim Chaim*).

2. A pledge of abstinence by which one is forbidden to drink wine, cut his hair, or become impure through contact with the dead; see ch. 6 above.

3. *Sifrei* 153; *Kiddushin* 81b. It is obvious that one who commits a sin requires forgiveness. Our verse teaches that one who commits a sin requires forgiveness not only for the act, but also for the intention. If one who merely thinks she is sinning needs forgiveness for the intention, all the more so one who actually sins (*Iyyun Yaakov* to *Kiddushin* 81b).

4. Verbs of being are used by the Torah to denote marriage, e.g., *Leviticus* 22:12 (*Sefer Zikaron*).

An *arusah* is a woman who has undergone *kiddushin* or *erusin,* the first stage of marriage, which is usually transacted by giving the bride a ring, or some other object of value. At this stage, she is a married woman insofar as being forbidden to other men, but remains in her father's house, and does not yet live with her husband. The second stage of marriage is *nisuin,* at which time she moves to her husband's home and is married in all respects. In contemporary practice, *nisuin* is performed immediately after *kiddushin.*

5. A woman who has undergone *nisuin* (see preceding note).

6. Below v. 11.

7. "In her husband's house" implies a *nesuah*, for it is only after *nisuin* that a woman moves from her father's house to her husband's.

8. *Sifrei* 153; see also *Nedarim* 67a. This applies as long as she is still a *naarah* (see note 5 to v. 4 above).

9. *Nedarim* 67a.

ח עַל־נַפְשָׁהּ: וְשָׁמַע אִישָׁהּ בְּיוֹם
שָׁמְעוֹ וְהֶחֱרִישׁ לָהּ וְקָמוּ נְדָרֶיהָ
וֶאֱסָרֶהָ אֲשֶׁר־אָסְרָה עַל־נַפְשָׁהּ
ט יָקֻמוּ: וְאִם בְּיוֹם שְׁמֹעַ אִישָׁהּ יָנִיא
אוֹתָהּ וְהֵפֵר אֶת־נִדְרָהּ אֲשֶׁר עָלֶיהָ
וְאֵת מִבְטָא שְׂפָתֶיהָ אֲשֶׁר אָסְרָה
עַל־נַפְשָׁהּ וַיהוָה יִסְלַח־לָהּ:
י וְנֵדֶר אַלְמָנָה וּגְרוּשָׁה כֹּל אֲשֶׁר־
אָסְרָה עַל־נַפְשָׁהּ יָקוּם עָלֶיהָ:

something upon herself, 8 *and her husband*
heard on the day of his hearing and he was
silent about her, then her vows shall stand
and her prohibition that she prohibited
upon herself shall stand. 9 *But if on the day*
of her husband's hearing he shall restrain
her and he shall nullify her vow that is upon
her or the utterance of her lips by which she
had prohibited something upon herself,
then HASHEM will forgive her.

10 *"The vow of a widow or a divorcee,*
anything she has prohibited upon herself
shall be upheld upon her.

אונקלוס

עַל נַפְשַׁהּ: ח וְיִשְׁמַע בַּעֲלַהּ בְּיוֹמָא דִשְׁמַע וְיִשְׁתּוֹק לַהּ וִיקוּמוּן נִדְרָהָא וֶאֱסָרָהָא דִּי אֲסָרַת עַל נַפְשַׁהּ יְקוּמוּן: ט וְאִם בְּיוֹמָא דִשְׁמַע בַּעֲלַהּ אַעְדִּי יָתַהּ וִיבַטֵּל יָת נִדְרָהָא דִּי עֲלַהּ וְיָת פֵּרוּשׁ סִפְוָתָהָא דִּי אֲסָרַת עַל נַפְשַׁהּ וּמִן קֳדָם יְיָ יִשְׁתְּבֵק לַהּ: י וּנְדַר אַרְמְלָא וּמְתָרְכָא כֹּל דִּי אֲסָרַת עַל נַפְשַׁהּ יְקוּם עֲלַהּ:

רש״י

ולא שמע בהן אביה, ולא הופרו ולא הוקמו (ספרי קנג): (ח) **ושמע אישה וגו׳.** הרי לך שאם קיים הבעל שהוא קיים: (ט) **והפר את נדרה.** יכול אפילו לא הפר האב, ת״ל בנעוריה בית אביה כל שבנעוריה ברשות אביה היא (כתובות מו:): (י) **כל אשר אסרה על נפשה יקום עליה.** לפי שאינה לא ברשות האב ולא ברשות הבעל, ובאלמנה מן הנשואין הכתוב מדבר (ספרי קנד) אבל אלמנה מן האירוסין מת הבעל נתרוקנה [וחזרה] רשות לאב (נדרים ע.):

RASHI ELUCIDATED

her father's house, i.e., while under her father's authority, **וְלֹא שָׁמַע בָּהֶן אָבִיהָ – and her father did not hear them, וְלֹא הוּפְרוּ – so they were neither nullified וְלֹא הוּקְמוּ[1] – nor upheld.**[1]

8. וְשָׁמַע אִישָׁהּ וְגוֹמֵר – AND HER HUSBAND HEARD, ETC. הֲרֵי לְךָ – Here you see שֶׁאִם קִיֵּם הַבַּעַל – that if her husband upheld her vow **שֶׁהוּא קַיָּם – that it is upheld,** no matter what the father does.[2]

9. וְהֵפֵר אֶת נִדְרָהּ – AND HE SHALL NULLIFY HER VOW. יָכוֹל – One might be able to think on the basis of this verse alone **אֲפִילוּ לֹא הֵפֵר הָאָב** – that the husband of an *arusah* can nullify the vow of his wife **even if the father did not nullify** it. **תַּלְמוּד לוֹמַר** – To teach us otherwise, **the Torah says, „בִּנְעֻרֶיהָ בֵּית אָבִיהָ"[3] – "in her youth, in her father's house,"**[3] which implies, **כֹּל שֶׁבִּנְעוּרֶיהָ – as long as she is in her youth, בִּרְשׁוּת אָבִיהָ הִיא[4] – she is under the authority of her father.**[4]

10. כֹּל אֲשֶׁר אָסְרָה עַל נַפְשָׁהּ יָקוּם עָלֶיהָ – ANYTHING SHE HAS PROHIBITED UPON HERSELF SHALL BE UPHELD UPON HER. לְפִי שֶׁאֵינָהּ לֹא בִּרְשׁוּת הָאָב – Because she is neither under the authority of the father, וְלֹא בִּרְשׁוּת הַבַּעַל – nor of the husband. וּבְאַלְמָנָה מִן הַנִּשּׂוּאִין הַכָּתוּב מְדַבֵּר[5] – The verse speaks of a widow from *nisuin*,[5] **אֲבָל אַלְמָנָה מִן הָאֵירוּסִין – but** in the case of **a widow from *erusin*,**[5] **מֵת הַבַּעַל** – if **the husband dies, נִתְרוֹקְנָה רְשׁוּת לָאָב[6] – authority** to nullify **has been "emptied out"** from the husband **to the father.**[6]

1. *Sifrei* 153. Had the father either nullified or upheld the vows made before *erusin*, his act would have been final, and the husband would be unable to change the status of those vows (*Mizrachi; Maskil LeDavid*).

2. Rashi adduces support from our verse for the point in his comments to the preceding verse that although the father and husband can nullify a vow only if they do so jointly, either can uphold it individually (*Maskil LeDavid*).

3. Below v. 17.

4. *Kesubos* 46b. Verse 4 has already stated that a father has the right to nullify his daughter's vows only while she is in her youth, and in her father's house. Verse 17 repeats this point to teach us that all the while that the daughter is under the father's authority, there can be no nullification without his participation. Even if she becomes an *arusah*, her husband cannot nullify alone (*Mizrachi; Sifsei Chachamim; Shitah Mekubetzes* to *Kesubos* 46b).

5. *Sifrei* 154. See note 3 on page 374 above.

6. *Nedarim* 70a. The text follows most early editions. The Vienna edition reads נִתְרוֹקְנָה וְחָזְרָה רְשׁוּת לָאָב, "authority has been emptied out [from the husband] and reverts to the father," the subject of "reverts" being the authority. Many contemporary editions follow the Zamora edition which reads נִתְרוֹקְנָה וְחָזְרָה לִרְשׁוּת אָבִיהָ, "she has been emptied out [of her husband's authority] and reverts

יא וְאִם־בֵּ֥ית אִישָׁ֖הּ נָדָ֑רָה אוֹ־אָסְרָ֥ה
יב אִסָּ֛ר עַל־נַפְשָׁ֖הּ בִּשְׁבֻעָֽה׃ וְשָׁמַ֤ע
אִישָׁהּ֙ וְהֶחֱרִ֣שׁ לָ֔הּ לֹ֖א הֵנִ֣יא אֹתָ֑הּ
וְקָ֙מוּ֙ כָּל־נְדָרֶ֔יהָ וְכָל־אִסָּ֛ר אֲשֶׁר־
יג אָסְרָ֥ה עַל־נַפְשָׁ֖הּ יָקֽוּם׃ וְאִם־הָפֵר֩
יָפֵ֨ר אֹתָ֥ם ׀ אִישָׁהּ֮ בְּי֣וֹם שָׁמְעוֹ֒ כָּל־
מוֹצָ֨א שְׂפָתֶ֧יהָ לִנְדָרֶ֛יהָ וּלְאִסַּ֥ר
נַפְשָׁ֖הּ לֹ֣א יָק֑וּם אִישָׁ֣הּ הֲפֵרָ֔ם
יד וַֽיהוָ֖ה יִֽסְלַֽח־לָֽהּ׃ כָּל־נֵ֛דֶר וְכָל־
שְׁבֻעַ֥ת אִסָּ֖ר לְעַנֹּ֣ת נָ֑פֶשׁ אִישָׁ֥הּ
טו יְקִימֶ֖נּוּ וְאִישָׁ֥הּ יְפֵרֶֽנּוּ׃ וְאִם־הַחֲרֵ֣שׁ
יַחֲרִישׁ֩ לָ֨הּ אִישָׁ֜הּ מִיּ֣וֹם אֶל־י֗וֹם

[11] *"But if she vowed in her husband's house, or she prohibited a prohibition upon herself through an oath,* [12] *and her husband heard about it and was silent about her — he did not restrain her — then all her vows shall stand and any prohibition she prohibited upon herself shall stand.* [13] *But if her husband shall nullify them on the day of his hearing, anything that came out of her mouth regarding her oaths or the prohibition upon herself shall not stand; her husband had nullified them and* HASHEM *will forgive her.* [14] *Any vow and any oath-prohibition to cause personal affliction, her husband may uphold it and her husband may nullify it.* [15] *If her husband shall be silent about her from day to day,*

אונקלוס

יא וְאִם בֵּית בַּעֲלַהּ נְדָרַת אוֹ אֲסָרַת אֱסָר עַל נַפְשַׁהּ בְּקִיוּם: יב וְיִשְׁמַע בַּעֲלַהּ וְיִשְׁתּוֹק לַהּ לָא אַעְדִּי יָתְהוֹן וִיקוּמוּן כָּל נִדְרָהָא וְכָל אֱסָר דִּי אֲסָרַת עַל נַפְשַׁהּ יְקוּמוּן: יג וְאִם בַּטָּלָא יְבַטֵּל יָתְהוֹן בַּעֲלַהּ בְּיוֹמָא דִשְׁמַע כָּל אַפָּקוּת סִפְוָתָהָא לְנִדְרָהָא וּלְאֱסַר נַפְשַׁהּ לָא יְקוּמוּן בַּעֲלַהּ בַּטֵּלִנּוּן וּמִן קֳדָם יְיָ יִשְׁתְּבֵק לַהּ: יד כָּל נְדַר וְכָל קִיּוּמַת אֱסָר לְסַגָּפָא נְפַשׁ בַּעֲלַהּ יְקַיְּמִנּוּן וּבַעֲלַהּ יְבַטְּלִנּוּן: טו וְאִם מִשְׁתַּק יִשְׁתּוֹק לַהּ בַּעֲלַהּ מִיּוֹם לְיוֹם

רש"י

(יא) **ואם בית אישה נדרה.** בנשואה הכתוב מדבר (ספרי שם): (יד) **כל נדר וכל שבעת אסר וגו'.** לפי שאמר שהבעל מפר, יכול כל נדרים במשמע, ת"ל לענות נפש, אינו מפר אלא נדרי ענוי נפש בלבד (ספרי קנה) והם מפורשים במסכת נדרים (עט. ואילך): (טו) **מיום אל יום.** שלא תאמר מעת לעת לכך נאמר מיום אל יום, ללמדך שאין מפר אלא עד שתחשך (שם עו:):

RASHI ELUCIDATED

11. **וְאִם בֵּית אִישָׁהּ נָדָרָה** – BUT IF SHE VOWED IN HER HUSBAND'S HOUSE. **בִּנְשׂוּאָה הַכָּתוּב מְדַבֵּר**[1] – **The verse speaks of a *nesuah*.**[1]

14. **כָּל נֶדֶר וְכָל שְׁבֻעַת אִסָּר וגו׳** – ANY VOW AND ANY OATH-PROHIBITION, ETC. **לְפִי שֶׁאָמַר** – **Since [Scripture] has said** **שֶׁהַבַּעַל מֵפֵר** – **that the husband nullifies** vows, **יָכוֹל** – **one might be able** to think **כָּל נְדָרִים בְּמַשְׁמָע** – **that all vows are implied.** **תַּלְמוּד לוֹמַר** – To teach us otherwise, **the Torah says,** **"לְעַנֹּת נָפֶשׁ"** – **"to cause personal affliction,"** which implies **אֵינוֹ מֵפֵר אֶלָּא נִדְרֵי עִנּוּי נֶפֶשׁ בִּלְבַד**[2] – that **he does not nullify anything but vows of personal affliction only.**[2] **וְהֵם מְפֹרָשִׁים בְּמַסֶּכֶת נְדָרִים**[3] – **They are explained in Tractate *Nedarim*.**[3]

15. **מִיּוֹם אֶל יוֹם** – FROM DAY TO DAY. **שֶׁלֹּא תֹאמַר** – **So that you should not say** **מֵעֵת לְעֵת** – that a husband can nullify his wife's vow **from** a particular **time** on one day **to** the same **time** twenty-four hours later. **לְכָךְ נֶאֱמַר** – **This is why it says** **"מִיּוֹם אֶל יוֹם"** – **"from day to day,"** **לְלַמֶּדְךָ** – **to teach you** **שֶׁאֵין מֵפֵר אֶלָּא עַד שֶׁתֶּחְשַׁךְ**[4] – **that he can nullify only until it becomes dark** on the day that he hears of his wife's vow.[4]

---

to her father's authority," the subject of "reverts" being the woman. But that reading is not consistent with the Mishnah in *Nedarim* which is Rashi's source. See *Yosef Hallel*.

1. *Sifrei* 154. See note 4 on page 374 above.

2. *Sifrei* 155.

3. *Nedarim* 79a ff. A husband may nullify vows which affect the personal relationship between himself and his wife, even if the wife does not suffer affliction because of them. Rashi does not mention these vows, however, because the husband's nullification of them is limited. He may nullify them only to the extent that they affect him. But with vows of personal affliction, the husband nullifies the vow entirely (*Sefer Zikaron*).

4. *Nedarim* 76b. Both our verse and verse 13 say that the husband nullifies "on the day of his hearing." The phrase "from day to day," which also implies that he may nullify for one day, therefore seems unnecessary. It is stated to teach us how we measure "the day of his hearing." It is not a twenty-four-hour period. Rather it is from the time that the husband hears of the vow until evening, the beginning of the next calendar day. "From day to day" implies "from [the] day [of his hearing] to [the next calendar] day" (*Mesiach Ilmim; Be'er Mayim Chaim;* but see *Keren Orah* to end of *Nedarim* 76b).

he will have upheld all her vows; or all the prohibitions that are upon her, he will have upheld them, for he was silent about her on the day of his hearing. [16] *But if he shall nullify them after his having heard, he shall bear her iniquity."*

[17] *These are the decrees that God commanded Moses, between a man and his wife, between a father and his daughter in her youth, in her father's house.*

31 [1] H*ASHEM spoke to Moses, saying,* [2] *"Take vengeance for the Children of Israel from the Midianites; afterward you will be brought in unto your people."*

וְהֵקִים֙ אֶת־כׇּל־נְדָרֶ֔יהָ א֥וֹ אֶת־כׇּל־
אֱסָרֶ֖יהָ אֲשֶׁ֣ר עָלֶ֑יהָ הֵקִ֣ים אֹתָ֔ם כִּֽי־
טז הֶחֱרִ֥שׁ לָ֖הּ בְּי֥וֹם שׇׁמְעֽוֹ: וְאִם־הָפֵ֥ר
יָפֵ֛ר אֹתָ֖ם אַחֲרֵ֣י שׇׁמְע֑וֹ וְנָשָׂ֖א אֶת־
יז עֲוֺנָֽהּ: אֵ֣לֶּה הַֽחֻקִּ֗ים אֲשֶׁ֨ר צִוָּ֤ה יהוה֙
אֶת־מֹשֶׁ֔ה בֵּ֥ין אִ֖ישׁ לְאִשְׁתּ֑וֹ בֵּֽין־
אָ֣ב לְבִתּ֔וֹ בִּנְעֻרֶ֖יהָ בֵּ֥ית אָבִֽיהָ:
לא א שני וַיְדַבֵּ֥ר יהוה אֶל־מֹשֶׁ֥ה לֵּאמֹֽר:
ב נְקֹ֗ם נִקְמַת֙ בְּנֵ֣י יִשְׂרָאֵ֔ל מֵאֵ֖ת
הַמִּדְיָנִ֑ים אַחַ֖ר תֵּאָסֵ֥ף אֶל־עַמֶּֽיךָ:

אונקלוס

וִיקַיֵּם יָת כָּל נִדְרָהָא אוֹ יָת כָּל אֱסָרָהָא דִּי עֲלַהּ קַיֵּם יָתְהוֹן אֲרֵי שְׁתִיק לַהּ בְּיוֹמָא דִשְׁמָע: טז וְאִם בַּטָּלָא יְבַטֵּל יָתְהוֹן בָּתַר דִּשְׁמָע וִיקַבֵּל יָת חוֹבַהּ: יז אִלֵּין קְיָמַיָּא דִּי פַּקִּיד יְיָ יָת מֹשֶׁה בֵּין גְּבַר לְאִתְּתֵהּ בֵּין אַבָּא לִבְרַתֵּהּ בְּרַבְיוּתָהָא בֵּית אֲבוּהָא: א וּמַלִּיל יְיָ עִם מֹשֶׁה לְמֵימָר: ב אִתְפְּרַע פֻּרְעָנוּת בְּנֵי יִשְׂרָאֵל מִן מִדְיָנָאֵי בָּתַר כֵּן תִּתְכְּנֵשׁ לְעַמָּךְ:

רש"י

(טז) **אחרי שמעו.** אחרי ששמע וקיים, שאמר אפשי בו, וחזר והפר לה אפילו בו ביום (ספרי קנו): **ונשא את עונה.** הוא נכנס תחתיה. למדנו מכאן שהגורם תקלה לחבירו הוא נכנס תחתיו לכל עונשין (שם): (ב) **מאת המדינים.** ולא מאת המואבים,

RASHI ELUCIDATED

16. אַחֲרֵי שָׁמְעוֹ – **AFTER HIS HAVING HEARD.** This means אַחֲרֵי שֶׁשָּׁמַע – **after he heard** וְקִיֵּם – **and upheld;** שֶׁאָמַר – **that he said,** אֶפְשִׁי בוֹ – **"I want [the vow],"** וְחָזַר – **and he went back** וְהֵפֵר לָהּ – **and nullified** the vow **for her,** אֲפִילוּ בוֹ בַּיּוֹם[1] – **even on that very day.**[1]

☐ וְנָשָׂא אֶת עֲוֺנָהּ – **HE SHALL BEAR HER INIQUITY,** that is, הוּא נִכְנָס תַּחְתֶּיהָ – **he enters in her stead.**[2] לָמַדְנוּ מִכָּאן – **We have learned from here** שֶׁהַגּוֹרֵם תַּקָּלָה לַחֲבֵרוֹ – **that one who causes an obstacle to his friend,** i.e., one who causes his friend to sin, הוּא נִכְנָס תַּחְתָּיו – **he enters in his stead** לְכָל עֳנָשִׁין[3] – **for all punishments** decreed by the Heavenly Court.[3]

31.

2. מֵאֵת הַמִּדְיָנִים – **FROM THE MIDIANITES.**[4] וְלֹא מֵאֵת הַמּוֹאָבִים – **But not from the Moabites,**[5]

1. *Sifrei* 156. The verse speaks of a case in which nullification is ineffective. "After his having heard" therefore cannot be taken in its narrowest sense, for the preceding verses have said that the husband may nullify his wife's vows for a day after having heard them. "After his having heard" is thus understood as "after his having heard and upheld" (*Mizrachi; Sifsei Chachamim*).

2. If the husband gives the wife the impression that he has nullified her vow, after having upheld it without her knowledge, and the wife transgresses the vow, thinking that it has been revoked, the sin of transgressing the vow is ascribed to the husband (see *Ramban*).

3. *Sifrei* 156. "He shall bear *her* iniquity" rather than "he shall bear *his* iniquity" implies that he is responsible not only for "putting a stumbling block in front of a blind person" (see *Leviticus* 19:14). He is considered to have committed the sin that he caused another to commit (*Devek Tov*).

4. Earlier, God commanded Moses: "Antagonize the Midianites and smite them; for they antagonized you through their conspiracy that they conspired against you . . . on the day of the plague . . ." (25:17-18). Scripture then digressed with an account of the census that was ordained as a result of the plague (ch. 26; see Rashi to 26:1). That account led to the discussion of the claim made by the daughters of Zelophahad (27:1-11; see Rashi to 26:64); which in turn led to the passage regarding Moses' successor (27:12-23; see Rashi to 27:12); and to the laws of the *musaf*-offerings (chs. 28-29; see Rashi to 28:2, s.v., צַו אֶת בְּנֵי יִשְׂרָאֵל). The end of that latter discussion mentioned vow-offerings which led to Moses' elaborating on the laws concerning vows (*Rashbam* to 30:2). Rashi tells us that our verse is not a new command regarding Midian; rather, Scripture now returns to the earlier command.

5. The Moabites and the Midianites jointly hired Balaam to curse Israel, and lead them astray, at the Moabites' initiative (see 22:4). We would have expected the Moabites to bear even more responsibility for the sin than the Midianites. Yet Moses is not commanded to take vengeance against them (*Minchas Yehudah; Sifsei Chachamim*). Furthermore, "*the* Midianites," rather than "Midian," as the name appears in the rest of the passage, implies exclusion – the Midianites but not others (*Maskil LeDavid*).

ג וַיְדַבֵּר מֹשֶׁה אֶל־הָעָם לֵאמֹר הֵחָלְצוּ מֵאִתְּכֶם אֲנָשִׁים לַצָּבָא וְיִהְיוּ עַל־מִדְיָן לָתֵת נִקְמַת־יהוה בְּמִדְיָן׃

3 *Moses spoke to the people, saying, "Arm men from among yourselves for the army that they may be against Midian to inflict HASHEM's vengeance against Midian.*

אונקלוס

ג וּמַלִּיל מֹשֶׁה עִם עַמָּא לְמֵימַר זְרִיזוּ מִנְּכוֹן גֻּבְרִין לְחֵילָא וִיהוֹן עַל מִדְיָן לְמִיתַן פֻּרְעֲנוּת דִּין עַמָּא דַיְיָ בְּמִדְיָן׃

רש"י

שהמואבים נכנסו לדבר מחמת יראה שהיו יראים מהם שיהיו שוללים אותם, שלא נאמר אלא ואל תתגר בם מלחמה (דברים ב:ט) אבל מדינים נתעברו על ריב לא להם. דבר אחר מפני שתי פרידות טובות שיש לי להוציא מהם, רות המואביה ונעמה העמונית (ב"ק לח:): (ג) **וידבר משה וגו'.** אע"פ ששמע שמיתתו תלויה בדבר עשה בשמחה ולא איחר (ספרי קנז; תנחומא ג): **החלצו.** כתרגומו, לשון חלוצי צבא מזויינים (ספרי שם): **אנשים.** צדיקים, וכן בחר לנו אנשים (שמות יז:ט; תנחומא שם) וכן אנשים חכמים ונבונים (דברים א:יג): **נקמת ה'.** שהעומד כנגד ישראל כאילו עומד כנגד הקב"ה (תנחומא שם; ספרי שם):

RASHI ELUCIDATED

שֶׁהַמּוֹאָבִים נִכְנְסוּ לַדָּבָר – for the Moabites entered the matter מֵחֲמַת יִרְאָה – because of fear, שֶׁהָיוּ יְרֵאִים מֵהֶם – for they were frightened of [Israel] שֶׁיִּהְיוּ שׁוֹלְלִים אוֹתָם – lest [Israel] despoil them. שֶׁלֹּא נֶאֱמַר אֶלָּא – For of Moab it says only, "וְאַל תִּתְגָּר בָּם מִלְחָמָה"[1] – **"And you shall not provoke war with them."**[1] אֲבָל מִדְיָנִים – **But the Midianites** נִתְעַבְּרוּ עַל רִיב לֹא לָהֶם – **became enraged over a quarrel which was not their own,**[2] i.e., they acted with hostility toward Israel, though Israel had no quarrel with them.

דָּבָר אַחֵר – **Alternatively,** do not take vengeance against Moab מִפְּנֵי שְׁתֵּי פְּרִידוֹת טוֹבוֹת – **because of two fine young doves**[3] שֶׁיֵּשׁ לִי לְהוֹצִיא מֵהֶם – **that I have** in store **to bring forth from them,** רוּת הַמּוֹאֲבִיָּה – **Ruth the Moabite,** וְנַעֲמָה הָעַמּוֹנִית[4] – **and Naamah the Ammonite.**[4]

3. וַיְדַבֵּר מֹשֶׁה וְגוֹמֵר – MOSES SPOKE, ETC. אַף עַל פִּי שֶׁשָּׁמַע – **Although he had heard** שֶׁמִּיתָתוֹ תְּלוּיָה בַּדָּבָר – **that his death depended upon the matter** of taking vengeance against the Midianites, as stated in the preceding verse, עָשָׂה בְּשִׂמְחָה – **he acted with joy,** וְלֹא אֵחַר[5] – **and did not delay.**[5]

□ הֵחָלְצוּ – ARM. This is to be understood כְּתַרְגּוּמוֹ – **as *Targum Onkelos* renders it.**[6] לְשׁוֹן "חֲלוּצֵי צָבָא"[7] – [הֵחָלְצוּ] is understood **in the sense of** חֲלוּצֵי in חֲלוּצֵי צָבָא,[7] which means מְזֻיָּנִים[8] – **"armed** [for the army]."[8]

□ אֲנָשִׁים – MEN. This implies צַדִּיקִים – **righteous ones.**[9] וְכֵן – **And similarly,** "men" in "בְּחַר לָנוּ אֲנָשִׁים"[10,11] – **"Choose men for us,"**[10] has the same connotation.[11] וְכֵן – **And similarly,** "אֲנָשִׁים חֲכָמִים וּנְבֹנִים"[12] – **"men who are wise and understanding."**[12]

□ נִקְמַת ה' – HASHEM'S VENGEANCE. שֶׁהָעוֹמֵד כְּנֶגֶד יִשְׂרָאֵל – **For one who stands against Israel** כְּאִלּוּ עוֹמֵד כְּנֶגֶד הַקָּדוֹשׁ בָּרוּךְ הוּא – **is as if he is standing against the Holy One, Blessed is He.**[13]

---

1. *Deuteronomy* 2:9. The verse implies that oppression of Moab short of war is permitted. Thus, Moab feared the approaching Israelites (*Sefer Zikaron*).

2. Rashi here paraphrases *Proverbs* 26:17.

3. This is a term of affection.

4. *Bava Kamma* 38b. The fact that Naamah the Ammonite, wife of Solomon (see *I Kings* 14:21), would issue from Ammon is the reason why God forbade Israel to provoke Ammon, not Moab. Ammon is mentioned here in passing because of Moab (*Tosafos* to *Bava Kamma* 38b, s.v., מואבים עצמן לא כל שכן).

5. *Sifrei* 157; *Tanchuma* 3. God did not order Moses to take vengeance against Midian immediately. He could have delayed, and prolonged his life. But nonetheless, out of joy in fulfilling God's command, he immediately ordered the Israelites to arm men to attack Midian (*Peirush Sifrei DeVei Rav*).

6. *Targum Onkelos* renders זְרִיזוּ, "supply with arms." See Rashi to *Genesis* 14:14, s.v., וַיָּרֶק, where he discusses a word rendered similarly by *Targum Onkelos*.

7. Below v. 5.

8. *Sifrei* 157.

9. The word אנשים has the general meaning "men" and the specific meaning "men of distinction." When the word cannot be left out of the verse (e.g., 13:2 above), it means "men," and Rashi does not comment on it; when it can be left out of the verse without changing the verse's meaning or losing information (e.g., 13:3), then Rashi notes that it means "men of distinction" (*Mizrachi; Sifsei Chachamim*).

10. *Exodus* 17:9; see Rashi there.

11. *Tanchuma* 3.

12. *Deuteronomy* 1:13; see Rashi there. Some texts read אֲנָשִׁים חֲכָמִים וִידֻעִים, "men who are wise and well known," a quote from *Deuteronomy* 1:15.

13. *Tanchuma* 3; see also *Sifrei* 157. In verse 2, God

[4] *A thousand from a tribe, a thousand from a tribe, for all the tribes of Israel shall you send to the army."*

[5] *So there were delivered from the thousands of the Children of Israel, a thousand from each tribe, twelve thousand armed for the army.* [6] *Moses sent them — a thousand from each tribe for the army — them and Phinehas son of Elazar the Kohen*

ד אֶלֶף לַמַּטֶּה אֶלֶף לַמַּטֶּה לְכֹל מַטּוֹת
ה יִשְׂרָאֵל תִּשְׁלְחוּ לַצָּבָא: וַיִּמָּסְרוּ
מֵאַלְפֵי יִשְׂרָאֵל אֶלֶף לַמַּטֶּה שְׁנֵים־
ו עָשָׂר אֶלֶף חֲלוּצֵי צָבָא: וַיִּשְׁלַח
אֹתָם מֹשֶׁה אֶלֶף לַמַּטֶּה לַצָּבָא
אֹתָם וְאֶת־פִּינְחָס בֶּן־אֶלְעָזָר הַכֹּהֵן

אונקלוס

ד אַלְפָא לְשִׁבְטָא אַלְפָא לְשִׁבְטָא לְכֹל שִׁבְטַיָּא דְיִשְׂרָאֵל תִּשְׁלְחוּן לְחֵילָא: ה וְאִתְבְּחַרוּ מֵאַלְפַיָּא דְיִשְׂרָאֵל אַלְפָא לְשִׁבְטָא תְּרֵי עֲשַׂר אַלְפִין מְזָרְזֵי חֵילָא: ו וּשְׁלַח יָתְהוֹן מֹשֶׁה אַלְפָא לְשִׁבְטָא לְחֵילָא יָתְהוֹן וְיָת פִּינְחָס בַּר אֶלְעָזָר כַּהֲנָא

רש"י

(ד) **לכל מטות ישראל.** לרבות שבט לוי (ספרי שם): (ה) **וימסרו.** להודיעך שבחן של רועי ישראל כמה הם חביבים על ישראל. עד שלא שמעו במיתתו מה הוא אומר, עוד מעט וסקלוני (שמות יז:ד) ומששמעו שמיתת משה תלויה בנקמת מדין לא רצו ללכת עד שנמסרו על כרחן (ספרי שם; תנחומא שם): (ו) **אתם ואת פינחס.** מגיד שהיה פינחס שקול כנגד כולם (ספרי שם). ומפני מה הלך פינחס ולא הלך אלעזר, אמר הקב"ה, מי שהתחיל במצוה, שהרג כזבי בת צור, יגמור (תנחומא שם). דבר אחר, שהלך לנקום נקמת יוסף אבי אמו, שנאמר והמדנים מכרו אותו (בראשית לז:לו; ספרי שם) ומנין

RASHI ELUCIDATED

4. לְכֹל מַטּוֹת יִשְׂרָאֵל — FOR ALL THE TRIBES OF ISRAEL. This is stated **לְרַבּוֹת שֵׁבֶט לֵוִי — to include the tribe of Levi.**[1]

5. וַיִּמָּסְרוּ — SO THERE WERE DELIVERED. לְהוֹדִיעֲךָ שִׁבְחָן — To inform you of the praiseworthiness שֶׁל רוֹעֵי יִשְׂרָאֵל — of the shepherds, i.e. leaders, **of Israel, כַּמָּה הֵם חֲבִיבִים עַל יִשְׂרָאֵל — how precious they are to Israel. עַד שֶׁלֹּא שָׁמְעוּ בְּמִיתָתוֹ — Before [Israel] heard of Moses'** impending **death, מַה הוּא אוֹמֵר — what does it say? "עוֹד מְעַט וּסְקָלֻנִי"[2] — "A bit more and they will stone me."[2] וּמִשֶּׁשָּׁמְעוּ — But once they heard שֶׁמִּיתַת מֹשֶׁה — that Moses' death תְּלוּיָה בְּנִקְמַת מִדְיָן — is dependent upon vengeance from Midian, לֹא רָצוּ לָלֶכֶת — they did not want to go** to war against Midian **עַד שֶׁנִּמְסְרוּ — until they had to be delivered, עַל כָּרְחָן[3] — against their will.**[3]

6. אֹתָם וְאֶת פִּינְחָס — THEM AND PHINEHAS. מַגִּיד — This tells us **שֶׁהָיָה פִּינְחָס שָׁקוּל כְּנֶגֶד כֻּלָּם[5] — that Phinehas was as important as**[4] **all of** the rest of **them.**[5] **וּמִפְּנֵי מָה הָלַךְ פִּינְחָס — Why did Phinehas go וְלֹא הָלַךְ אֶלְעָזָר — and Elazar,** the High Priest, **did not go? אָמַר הַקָּדוֹשׁ בָּרוּךְ הוּא — The Holy One, Blessed is He, said, מִי שֶׁהִתְחִיל בַּמִּצְוָה — "He who began** the fulfillment of **the commandment, שֶׁהָרַג כָּזְבִּי בַּת צוּר — in that he killed Cozbi daughter of Zur,**[6] **יִגְמוֹר[7] — let him finish** it."[7] **דָּבָר אַחֵר — Alternatively,** Phinehas accompanied the army rather than Elazar **שֶׁהָלַךְ לִנְקוֹם נִקְמַת יוֹסֵף — because he went to avenge the vengeance of Joseph, אֲבִי אִמּוֹ — the ancestor of his mother, שֶׁנֶּאֱמַר — as it says, "וְהַמְּדָנִים מָכְרוּ אֹתוֹ"[9,10] — "And the Medanites**[8] **sold him."**[9,10] **וּמִנַּיִן — And from**

commanded Moses to "take vengeance for the Children of Israel," but in our verse, Moses refers to "HASHEM's vengeance." This indicates that the two are identical (*Maskil LeDavid*). Rashi makes similar points in his comments to 10:35 above, s.v., מְשַׂנְאֶיךָ, and to *Exodus* 15:7, s.v., תַּהֲרֹס קָמֶיךָ.

1. *Sifrei* 157. The verse has already stated that there were to be a thousand from each tribe. The seemingly superfluous "for all the tribes of Israel" teaches us that Levi was included, even though they were not given a portion in the Land of Israel (*Mizrachi*). Even with Levi, there were a total of only 12,000 soldiers, as the following verse states, for whenever Levi is counted as a tribe, Ephraim and Manasseh are counted as the single tribe of Joseph, to maintain the number of twelve tribes (*Maskil LeDavid*).

2. *Exodus* 17:4.

3. *Sifrei* 157; see also *Tanchuma* 3. וַיִּמָּסְרוּ, "there were delivered," connotes passivity and reluctance on Israel's part (see *Mesiach Ilmim*).

4. Literally, "weighed as much as."

5. *Sifrei* 157. The verse has already said that "Moses sent *them*." "Them" is repeated here, next to the mention of Phinehas, to teach us that he was as important as all of the rest of them (*Mizrachi; Sifsei Chachamim*).

6. A Midianite princess who attempted to lead Israel astray; see 25:6-8, 15 above.

7. *Tanchuma* 3.

8. A variant spelling of מִדְיָנִים, "Midianites" (see *Targum Onkelos* to *Genesis* 37:36).

9. *Genesis* 37:36.

10. *Sifrei* 157.

לַצָּבָא וּכְלֵי הַקֹּדֶשׁ וַחֲצֹצְרוֹת
ז הַתְּרוּעָה בְּיָדוֹ: וַיִּצְבְּאוּ עַל־מִדְיָן

to the army, and the sacred vessels and the trumpets for sounding under his authority. 7 They massed against Midian,

אונקלוס

לְחֵילָא וּמָנֵי דְקוּדְשָׁא וַחֲצֹצְרָת יַבֶּבְתָּא בִּידֵהּ: ז וְאִתְחַיָּלוּ עַל מִדְיָן

רש״י

שהיתה אמו של פינחס משל יוסף, שנא׳ מבנות פוטיאל (שמות ו:כה) מזרע יתרו שפיטם עגלים לעבודה זרה ומזרע יוסף שפטפט ביצרו. דבר אחר, שהיה משוח מלחמה (סוטה מג.): **וכלי הקדש.** זה הארון (ספרי שם; תנחומא שם; סוטה שם) והציץ (תנחומא בלק יד). שהיה בלעם עמהם ומפריח מלכי מדין בכשפים והוא עצמו פורח עמהם. הראה להם את הציץ שהשם חקוק בו, והם נופלים, לכך נאמר על חלליהם (פסוק ח) במלכי מדין, שנופלים על החללים מן האויר, וכן בבלעם כתוב

RASHI ELUCIDATED

where do we know שֶׁהָיְתָה אִמּוֹ שֶׁל פִּינְחָס מִשֶּׁל יוֹסֵף – **that Phinehas' mother was** descended **from Joseph?** שֶׁנֶּאֱמַר – **as it says,** "מִבְּנוֹת פּוּטִיאֵל"[1] – "[Elazar son of Aaron took for himself] **from the daughters of Putiel** [as a wife, and she bore Phinehas]."[1] This implies that Phinehas was מִזֶּרַע יִתְרוֹ – **of the seed of Jethro,** שֶׁפִּטֵּם עֲגָלִים לַעֲבוֹדָה זָרָה – **who fattened calves for idolatry,**[2] וּמִזֶּרַע יוֹסֵף – **and of the seed of Joseph,** שֶׁפִּטְפֵּט בְּיִצְרוֹ – **who opposed his drive** to sin.[3]

דָּבָר אַחֵר – **Alternatively,** Phinehas was the one who accompanied the troops שֶׁהָיָה מְשׁוּחַ מִלְחָמָה[4] – **for he was the one anointed for battle.**[4]

□ וּכְלֵי הַקֹּדֶשׁ – AND THE SACRED VESSELS. זֶה הָאָרוֹן[5] – **This is the Ark,**[5] וְהַצִּיץ[6] – **and the *Tzitz*.**[6] שֶׁהָיָה בִלְעָם עִמָּהֶם – **For Balaam was with [the Midianites]** וּמַפְרִיחַ מַלְכֵי מִדְיָן – **and he would make the kings of Midian fly** בִּכְשָׁפִים – **through witchcraft,** וְהוּא עַצְמוֹ – **and he himself** פּוֹרֵחַ עִמָּהֶם – **would fly with them.** הֶרְאָה לָהֶם אֶת הַצִּיץ – **[Phinehas] displayed the *Tzitz* to them,**[7] שֶׁהַשֵּׁם חָקוּק בּוֹ – **upon which the Name** of God **was engraved,** וְהֵם נוֹפְלִים – **and [the Midianites and Balaam] would fall.**[8] לְכָךְ נֶאֱמַר – **This is why it says** "עַל חַלְלֵיהֶם"[9] – literally, **"upon their slain ones"**[9] בְּמַלְכֵי מִדְיָן – **about the kings of Midian,** שֶׁנּוֹפְלִים עַל הַחֲלָלִים – **for they would fall upon the slain ones** מִן הָאֲוִיר – **out of the air.** וְכֵן בְּבִלְעָם כָּתוּב – **And similarly, about Balaam it is**

1. *Exodus* 6:25; see Rashi there.

2. פּוּטִיאֵל is seen as a contraction of פִּטֵּם, "fattened," and לְאֵל, "to a god."

3. פּוּטִיאֵל here is interpreted as deriving from פִּטְפֵּט, "opposing" or "disparaging." It is seen as a contraction of פִּטְפֵּט בְּאֵל, "he opposed a god," for the drive to do evil is referred to as "a foreign god" (אֵל זָר) in *Shabbos* 105b.

Rashi interprets the name Putiel in two ways because the letter י in the middle of the word indicates the plural, i.e., that the letters פוט at the beginning of the word have multiple connotations (*Mizrachi; Gur Aryeh* based on Rashi, *Sotah* 43a).

4. *Sotah* 43a. A specially designated Kohen, who was anointed in the same way as the Kohen Gadol, whose task it was to speak to the army before battle and proclaim the commandment not to lose heart, but to trust in the salvation of the One for Whom they are about to fight; see *Deuteronomy* 20:1-4.

Additionally, this Kohen would wear the eight sacred garments of the Kohen Gadol. Thus, he would be prepared to make inquiry of the *Urim VeTumim* if the need would arise (*Yoma* 73a).

5. *Sifrei* 157; *Tanchuma* 3; *Sotah* 43a.

6. *Tanchuma, Balak* 14. The *Tzitz* is a gold plate with "holy to HASHEM" engraved upon it, which the Kohen Gadol wore on his forehead. It is described in *Exodus* 28:36-38.

The Ark and the *Tzitz* are the only two sacred vessels that were needed in battle: the Ark always accompanied the Israelite army into battle, and the *Tzitz* was needed for a special purpose in this particular battle, as Rashi goes on to explain (*Eimek HaNetziv*).

This interpretation of the "sacred vessels" as the Ark and the *Tzitz* is in accordance with Rashi's first two reasons for why Phinehas, and not Elazar, accompanied the army to battle (see Rashi's previous comment). According to Rashi's third explanation, the "sacred vessels" are the Ark and the *Luchos* (see *Sotah* 43a).

7. Rashi provides the reason why Phinehas took the *Tzitz* to war. He does not have to explain why the Ark was taken because the Ark would regularly be taken into battle (see Rashi to *Deuteronomy* 10:1; *Imrei Shefer*).

8. Rashi refers to the power of Names of God to neutralize witchcraft in his comments to *Shabbos* 81b, s.v., אמרי אינהו מילתא, and to *Chullin* 105b, s.v., אמרי אינהו מילתא.

9. Below v. 8. The verse expresses "along with their slain ones" with עַל חַלְלֵיהֶם rather than עִם חַלְלֵיהֶם because עַל חַלְלֵיהֶם can also be understood as "upon their slain ones" (*Havanas HaMikra*).

כַּאֲשֶׁר צִוָּה יהוה אֶת־מֹשֶׁה וַיַּהַרְגוּ
8 כָּל־זָכָר: וְאֶת־מַלְכֵי מִדְיָן הָרְגוּ עַל־
חַלְלֵיהֶם אֶת־אֱוִי וְאֶת־רֶקֶם וְאֶת־
צוּר וְאֶת־חוּר וְאֶת־רֶבַע חֲמֵשֶׁת
מַלְכֵי מִדְיָן וְאֵת בִּלְעָם בֶּן־בְּעוֹר הָרְגוּ

as HASHEM had commanded Moses, and they killed every male. 8 They killed the kings of Midian along with their slain ones: Evi, and Rekem, and Zur, and Hur, and Reba, the five kings of Midian; and Balaam son of Beor they killed

אונקלוס

כְּמָא דִי פַּקִּיד יְיָ יָת מֹשֶׁה וּקְטָלוּ כָּל דְּכוּרָא: ח וְיָת מַלְכֵי מִדְיָן קְטָלוּ עַל קְטִילֵיהוֹן יָת אֱוִי וְיָת רֶקֶם וְיָת צוּר וְיָת חוּר וְיָת רֶבַע חַמְשָׁא מַלְכֵי מִדְיָן וְיָת בִּלְעָם בַּר בְּעוֹר קְטָלוּ

רש"י

על [נ"ל אל] חלליהם בספר יהושע (יג:כב; תנחומא שם ושם): בידו. ברשותו וכן ויקח את כל ארצו מידו (לעיל כא:כו; ספרי שם): (ח) חמשת מלכי מדין. וכי איני רואה שחמשה מנה הכתוב, למה הוזקק לומר חמשת, אלא ללמדך ששוו כולם בעצה והושוו כלם בפורענות (ספרי שם). בלעם הלך שם ליטול שכר עשרים וארבעה אלף שהפיל מישראל בעצתו (תנחומא שם ובבלק יד) ויצא ממדין לקראת ישראל ומשיאן עצה רעה, אמר להם אם כשהייתם ששים רבוא לא יכולתם להם, עתה בשנים עשר אלף אתם באים להלחם.

RASHI ELUCIDATED

written „אֶל חַלְלֵיהֶם"[1,2] – **"upon their slain ones,"** בְּסֵפֶר יְהוֹשֻׁעַ[1,2] – **in The Book of *Joshua*.**[1]

□ בְּיָדוֹ – UNDER HIS AUTHORITY (literally, "in his hand)." This means בִּרְשׁוּתוֹ – **in his domain.**[3] וְכֵן – **And similarly,** מִיָּדוֹ in, „וַיִּקַּח אֶת כָּל אַרְצוֹ מִיָּדוֹ"[4,5] – **"And took all his land,** literally, **from his hand."**[4,5]

8. חֲמֵשֶׁת מַלְכֵי מִדְיָן – THE FIVE KINGS OF MIDIAN. וְכִי אֵינִי רוֹאֶה שֶׁחֲמִשָּׁה מָנָה הַכָּתוּב – **Do I not see that the verse has listed five?** לָמָּה הֻזְקַק לוֹמַר „חֲמֵשֶׁת" – **Why did it have to say "five"?** אֶלָּא – **But** it is stated לְלַמֶּדְךָ – **to teach you** שֶׁשָּׁווּ כֻּלָּם בְּעֵצָה – **that they were all equally** involved **in** implementing **the idea** to lead Israel astray, וְהֻשְׁווּ כֻּלָּם – **and they were all treated equally** בַּפּוּרְעָנוּת[6] – **in the punishment.**[6] בִּלְעָם הָלַךְ שָׁם – **Balaam went there,** to Midian, לִטּוֹל שְׂכַר עֶשְׂרִים וְאַרְבָּעָה אֶלֶף – **to take payment for the twenty-four thousand** שֶׁהִפִּיל מִיִּשְׂרָאֵל – **whom he had felled from Israel**[7] בַּעֲצָתוֹ[8] – **through his advice.**[8] וְיָצָא מִמִּדְיָן – **He departed from Midian** לִקְרַאת יִשְׂרָאֵל – **in the direction of Israel,**[9] וּמַשִּׂיאָן עֵצָה רָעָה – **and gave [Israel] bad advice.** אָמַר לָהֶם – **He said to them:** אִם כְּשֶׁהֱיִיתֶם שִׁשִּׁים רִבּוֹא – **If, when there were sixty myriads** (six hundred thousand) **of you,** לֹא יְכָלְתֶּם לָהֶם – **you could not overcome them,** עַתָּה[10] בִּשְׁנֵים עָשָׂר אֶלֶף אַתֶּם בָּאִים לְהִלָּחֵם – **do you come now to do battle with twelve thousand?**[11]

---

1. *Joshua* 13:22 expresses "along with their slain ones" with אֶל חַלְלֵיהֶם, literally, "to their slain ones," because that, like עַל חַלְלֵיהֶם of our verse, alludes to the fact that Balaam's body fell upon those who were already slain (*Havanas HaMikra*).

2. See *Tanchuma* 3 and 4, and *Tanchuma Balak* 4.

3. It would have been impossible for Phinehas to have held both the sacred vessels and the trumpets in his hand in the literal sense (*Minchas Yehudah; Sifsei Chachamim*).

4. Above 21:26. In that verse, too, "from his hand" cannot be taken literally. It means "from his control."

5. *Sifrei* 157.

6. *Sifrei* 157. This also explains the use of חֲמֵשֶׁת, "a set of five," rather than חֲמִשָּׁה, "five." The term חֲמֵשֶׁת indicates equality between the five. See also Rashi to *Exodus* 10:22, s.v., שְׁלֹשֶׁת יָמִים (see *Malbim;* see also A.M. Glanzer in *Tzfunos* 15 and 17).

7. See 25:9 above.

8. *Tanchuma* 3; *Tanchuma Balak* 14. Rashi explains what Balaam was doing in Midian, for 24:25 says that he had returned to his home, which was in Aram Naharaim, after having attempted to curse Israel (*Mizrachi; Sifsei Chachamim*). This is stated explicitly in the Reggio di Calabria edition which reads, וּבִלְעָם לָמָּה שָׁם אֶלָּא שֶׁהָלַךְ לִטּוֹל שְׂכַר, "Why was Balaam there? Only because he went to take payment. . ."

9. The verse repeats הָרְגוּ, "they killed," with reference to Balaam, when it could have included him in the first mention of the word. This indicates that Balaam was killed separately from the five kings (*Nachalas Yaakov*).

10. The text follows the Alkabetz and Zamora editions which read עַתָּה, "now." Most contemporary editions follow the other early printed editions which read וְעַכְשָׁיו, "and now"; but it is not clear how the conjunctive ו prefix follows the אִם, "if," at the beginning of Rashi's sentence.

11. Balaam argued as follows: There is solidarity in numbers. When Midian faced the entire Israelite camp, all six hundred thousand, the Israelites were still unable to overcome their enticements, and they yielded to sin. It stands to reason, then, that if Israel faced Midian with a legion of only twelve thousand, that they would surely fall prey to sin (*Peirush Sifrei DeVei Rav; Eimek HaNetziv*).

בְּחָרֶב: ט וַיִּשְׁבּוּ בְנֵי־יִשְׂרָאֵל אֶת־
נְשֵׁי מִדְיָן וְאֶת־טַפָּם וְאֵת כָּל־
בְּהֶמְתָּם וְאֶת־כָּל־מִקְנֵהֶם וְאֶת־
כָּל־חֵילָם בָּזָזוּ: י וְאֵת כָּל־עָרֵיהֶם
בְּמוֹשְׁבֹתָם וְאֵת כָּל־טִירֹתָם שָׂרְפוּ
בָּאֵשׁ: יא וַיִּקְחוּ אֶת־כָּל־הַשָּׁלָל וְאֵת
כָּל־הַמַּלְקוֹחַ בָּאָדָם וּבַבְּהֵמָה:

with the sword. [9] *The Children of Israel took captive the women of Midian and their young children; and all their animals and all their livestock and all their wealth they took as spoils.* [10] *All the cities of their habitations and all their edifices they burned in fire.* [11] *They took all the booty and all the plunder of the people and of the animals.*

אונקלוס

בְּחַרְבָּא: ט וּשְׁבוֹ בְנֵי יִשְׂרָאֵל יָת נְשֵׁי מִדְיָן וְיָת טַפְלְהוֹן וְיָת כָּל בְּעִירְהוֹן וְיָת כָּל גֵּיתֵיהוֹן וְיָת כָּל נִכְסֵיהוֹן בְּזוֹ: י וְיָת כָּל קִרְוֵיהוֹן בְּמוֹתְבָנֵיהוֹן וְיָת כָּל בֵּית סִגְדַּתְהוֹן אוֹקִידוּ בְּנוּרָא: יא וּנְסִבוּ יָת כָּל עֲדָאָה וְיָת כָּל דְּבַרְתָּא בֶּאֱנָשָׁא וּבִבְעִירָא:

רש"י

נתנו לו שכרו משלם ולא קפחוהו (ספרי סס): **בחרב.** הוא בא על ישראל והחליף אומנותו באומנותם, שאין נוצחים [נושעים] אלא בפיהם ע"י תפלה ובקשה, ובא הוא ותפש אומנתם לקללם בפיו, אף הם באו עליו והחליפו אומנותם באומנות האומות שבאין בחרב, שנאמר ועל חרבך תחיה (בראשית כז:מ; תנחומא בלק ח): **(י) טירתם.** מקום נוטרין [ס"א פלטרין] שלהם (ספרי סס), שהוא לשון מושב כומרים יודעי חוקיהם. דבר אחר, לשון מושב שריהם, כמו שמתורגם סרני פלשתים (שמואל א ו:ד) טורני פלשתאי: **(יא) ויקחו את כל השלל וגו'.** מגיד שהיו כשרים ולדיקים ולא נחשדו על הגזל לשלוח יד בבזה שלא ברשות,

RASHI ELUCIDATED

נָתְנוּ לוֹ שְׂכָרוֹ מְשֻׁלָּם – [The Israelites] gave him his payment in full, **וְלֹא קִפְּחוּהוּ**[1] **– and did not deprive him,** i.e., he got what he deserved.[1]

□ **בְּחָרֶב – WITH THE SWORD.** **הוּא בָא עַל יִשְׂרָאֵל – [Balaam] came against Israel** **וְהֶחֱלִיף אֻמָּנוּתוֹ – and exchanged his craft** **בְּאֻמָּנוּתָם – with [Israel's] craft,** **שֶׁאֵין נוֹצְחִים**[2] **אֶלָּא בְּפִיהֶם – for [the Israelites] triumph**[2] **only with their mouth,** **עַל יְדֵי תְּפִלָּה וּבַקָּשָׁה – through prayer and supplication,** **וּבָא הוּא – and [Balaam] came** **וְתָפַשׂ אֻמָּנוּתָם – and seized their craft** **לְקַלְּלָם בְּפִיו – by cursing them with his mouth.** **אַף הֵם בָּאוּ עָלָיו – They, too, came against him** **וְהֶחֱלִיפוּ אֻמָּנוּתָם – and exchanged their craft** **בְּאֻמָּנוּת הָאֻמּוֹת – for the craft of the** other **nations,** **שֶׁבָּאִין בַּחֶרֶב – who come with the sword,** **שֶׁנֶּאֱמַר – as it says,** **"וְעַל חַרְבְּךָ תִחְיֶה"**[3,4] **– "By your sword you shall live."**[3,4]

10. טִירֹתָם – THEIR EDIFICES. This refers to **מְקוֹם נוֹטָרִין שֶׁלָּהֶם – the place of their notaries,**[5] **שֶׁהוּא לְשׁוֹן מוֹשַׁב כְּמָרִים – which denotes the dwelling place of the clergymen,** **יוֹדְעֵי חֻקֵּיהֶם – who know their laws.**[6] **דָּבָר אַחֵר – Alternatively,** **לְשׁוֹן מוֹשַׁב שָׂרֵיהֶם – it means the dwelling place of their lords,** **כְּמוֹ שֶׁמְּתֻרְגָּם "סַרְנֵי פְלִשְׁתִּים"**[7] **"טוּרְנֵי פְלִשְׁתָּאֵי" – as "lords of the Philistines"**[7] **is rendered by** ***Targum*** *Yonasan* as **טוּרְנֵי פְלִשְׁתָּאֵי**.[8]

11. וַיִּקְחוּ אֶת כָּל הַשָּׁלָל וְגוֹמֵר – THEY TOOK ALL THE BOOTY, ETC. **מַגִּיד – This tells** us **שֶׁהָיוּ כְּשֵׁרִים וְצַדִּיקִים – that they were decent and righteous,** **וְלֹא נֶחְשְׁדוּ עַל הַגָּזֵל – and they were not suspect of theft** **לִשְׁלוֹחַ יָד בַּבִּזָּה – by laying a hand upon the spoils** **שֶׁלֹּא בִרְשׁוּת – without permission,**[9]

1. *Sifrei* 157.

2. The text follows most contemporary editions of Rashi. The early editions all read נוֹשָׁעִים, "are saved."

3. *Genesis* 27:40.

4. *Tanchuma Balak* 8. The way Balaam was killed seems irrelevant. Rashi explains that "with the sword" implies that they used a method uncharacteristic of the Jewish nation (*Mizrachi;* see also Rashi to 22:23 above, s.v., וְחַרְבּוֹ שְׁלוּפָה בְּיָדוֹ).

5. *Sifrei* 157. Some texts read מְקוֹם פַּלְטְרִין שֶׁלָּהֶם, "the place of their palaces."

6. טִירֹתָם is seen as related to נוֹטָרִין. *Nefesh HaGer* notes that this interpretation is based on *Targum Onkelos'* rendering of טִירוֹתָם as בֵּית סִגְדַּתְהוֹן, "their houses of worship." Elsewhere, both Rashi (*Song of Songs* 8:9) and *Onkelos* (Genesis 25:16) translate טִירָה as "fortified city" or "stronghold."

7. *I Samuel* 6:4.

8. The word indicates that in Aramaic the combination of ט and ר denotes an official.

9. Verse 53 below, which says that "each man looted for himself," refers to objects taken in the heat of battle. Our verse refers to the plunder taken on behalf of the nation after victory in battle (*Eimek HaNetziv*).

יב וַיָּבִאוּ אֶל־מֹשֶׁה וְאֶל־אֶלְעָזָר הַכֹּהֵן וְאֶל־עֲדַת בְּנֵי־יִשְׂרָאֵל אֶת־הַשְּׁבִי וְאֶת־הַמַּלְקוֹחַ וְאֶת־הַשָּׁלָל אֶל־הַמַּחֲנֶה אֶל־עַרְבֹת מוֹאָב אֲשֶׁר עַל־
יג יַרְדֵּן יְרֵחוֹ: שלישי [שני] וַיֵּצְאוּ מֹשֶׁה וְאֶלְעָזָר הַכֹּהֵן וְכָל־נְשִׂיאֵי הָעֵדָה
יד לִקְרָאתָם אֶל־מִחוּץ לַמַּחֲנֶה: וַיִּקְצֹף מֹשֶׁה עַל פְּקוּדֵי הֶחָיִל שָׂרֵי הָאֲלָפִים

[12] *They brought to Moses, to Elazar the Kohen, and to the assembly of the Children of Israel the captives, and the plunder, and the booty to the camp, at the plains of Moab, which was by the Jordan near Jericho.*

[13] *Moses, Elazar the Kohen, and all the leaders of the assembly went out to meet them outside the camp.* [14] *Moses was angry with the commanders of the legion, the officers of the thousands*

אונקלוס

יב וְאַיְתִיוּ לְוָת מֹשֶׁה וּלְוָת אֶלְעָזָר כַּהֲנָא וּלְוָת כְּנִשְׁתָּא דִבְנֵי יִשְׂרָאֵל יָת שִׁבְיָא וְיָת דִּבַרְתָּא וְיָת עֲדָאָה לְמַשְׁרִיתָא לְמֵישְׁרַיָּא דְמוֹאָב דִּי עַל יַרְדְּנָא דִירֵחוֹ: יג וּנְפָקוּ מֹשֶׁה וְאֶלְעָזָר כַּהֲנָא וְכָל רַבְרְבֵי כְנִשְׁתָּא לְקַדָּמוּתְהוֹן לְמִבְּרָא לְמַשְׁרִיתָא: יד וּרְגִיז מֹשֶׁה עַל דִּמְמַנַן עַל חֵילָא רַבָּנֵי אַלְפִין

רש"י

שנאמר את כל השלל וגו' (ספרי שם) ועליהם מפורש בקבלה שניך כעדר הרחלים וגו' (שיר השירים ו:ו) אף אנשי המלחמה שבך כלם צדיקים (שהש"ר שם, ד:ד). שלל, הן מטלטלין של מלבוש ותכשיטין. בז, הוא ביזת מטלטלין שאינם תכשיטין. מלקוח, אדם ובהמה, ובמקום שכתוב שבי אצל מלקוח, שבי באדם ומלקוח בבהמה: (יג) ויצאו משה ואלעזר הכהן. לפי שראו את נערי ישראל יוצאים לחטוף מן הבזה (ספרי שם): (יד) ויקצוף משה על פקודי החיל. ממונים על החיל, ללמדך

RASHI ELUCIDATED

וַעֲלֵיהֶם מְפֹרָשׁ בְּקַבָּלָה – **Of them it is stated in the Writings,**[2] שֶׁנֶּאֱמַר – **as it says,** אֶת כָּל הַשָּׁלָל וְגוֹמֵר – "***all* the booty, etc.**"[1] "שִׁנַּיִךְ כְּעֵדֶר הָרְחֵלִים וְגוֹמֵר"[3] – "**Your teeth are like the flock of ewes, etc.,**"[3] which implies, אַף אַנְשֵׁי הַמִּלְחָמָה שֶׁבָּךְ – **even the men of war among you** כֻּלָּם צַדִּיקִים[4] – **are all righteous.**[4]

שָׁלָל הֵן מִטַּלְטְלִין שֶׁל מַלְבּוּשׁ וְתַכְשִׁיטִין – The things described as "**booty**" **are inanimate movable articles** consisting **of clothing and ornaments;** בָּז הוּא בִּזַּת מִטַּלְטְלִין – that which is described as **spoils**[5] **is the spoils of inanimate movable articles** שֶׁאֵינָם תַּכְשִׁיטִין – **which are not** clothing or **ornaments;** מַלְקוֹחַ אָדָם וּבְהֵמָה – "**plunder,**" refers to **man and animals,** וּבְמָקוֹם שֶׁכָּתוּב "שְׁבִי" אֵצֶל "מַלְקוֹחַ" – **but in a place where "captives" is written next to "plunder,"**[6] "שְׁבִי" בְּאָדָם – "**captives**" refers to **man,** וּ"מַלְקוֹחַ" בִּבְהֵמָה – **and "plunder" to animals.**

13. וַיֵּצְאוּ מֹשֶׁה וְאֶלְעָזָר הַכֹּהֵן – **MOSES, ELAZAR THE KOHEN, [AND ALL THE LEADERS OF THE ASSEMBLY] WENT OUT,** לְפִי שֶׁרָאוּ אֶת נַעֲרֵי יִשְׂרָאֵל – **because they saw the young men of Israel** יוֹצְאִים – **going out** לַחֲטוֹף מִן הַבִּזָּה[7] – **to grab from the spoils.**[7]

14. וַיִּקְצֹף מֹשֶׁה עַל פְּקוּדֵי הֶחָיִל – **MOSES WAS ANGRY WITH THE COMMANDERS OF THE LEGION.** This means מְמֻנִּים עַל הֶחָיִל – **those who were appointed over the legion.**[8] לְלַמֶּדְךָ – This is stated **to teach you**

1. *Sifrei* 157.

2. The term קַבָּלָה is used here by Rashi in its Talmudic sense. It refers to those parts of Scripture not included in the Pentateuch, i.e., the Prophets and the Writings. See Rashi to *Bava Kamma* 2b, s.v., דברי קבלה.

3. *Song of Songs* 6:6. That verse reads in full: "Your teeth are like the flock of ewes come up from the washing, all of them unblemished with no miscarriage of action in them."

4. See *Shir HaShirim Rabbah* 4:4. Rashi (*Songs of Songs* 4:2 and 6:6) says that "teeth" represent warriors. These warriors are all righteous and perform *mitzvos* with every part of their being. For this reason they are compared to sheep, for every part of the sheep's body can be used for the fulfillment of commandments: Its wool for *techeiles* [used in the priestly garments]; its flesh for Altar offerings; its horns for *shofaros;* and its leg bones, intestines and skin for flutes, harps and drums [used by the Levite orchestra during the daily Altar offerings].

5. Although the noun בַּז does not appear until verse 32 below, and the noun שְׁבִי does not appear until verse 12, Rashi defines them here in order to compare the four terms for items captured in war: שָׁלָל, "booty"; בַּז, "spoils"; מַלְקוֹחַ, "plunder"; and שְׁבִי, "captives."

6. As in v. 12.

7. *Sifrei* 157. The preceding verse has already stated that the army brought the plunder to the camp. If Moses, Elazar, and the leaders went out of the camp to meet the soldiers afterward, it must have been because some youths subsequently went to plunder that which was outside the camp (*Maskil LeDavid*).

8. פקד can mean either "to appoint" or "to count." We

וְשָׂרֵ֥י הַמֵּא֖וֹת הַבָּאִ֥ים מִצְּבָ֥א
טו הַמִּלְחָמָֽה׃ וַיֹּ֥אמֶר אֲלֵיהֶ֖ם מֹשֶׁ֑ה
טז הַֽחִיִּיתֶ֖ם כָּל־נְקֵבָֽה׃ הֵ֣ן הֵ֜נָּה הָי֨וּ
לִבְנֵ֤י יִשְׂרָאֵל֙ בִּדְבַ֣ר בִּלְעָ֔ם לִמְסָר־
מַ֥עַל בַּֽיהוָ֖ה עַל־דְּבַר־פְּע֑וֹר וַתְּהִ֥י
יז הַמַּגֵּפָ֖ה בַּעֲדַ֥ת יהוָֽה׃ וְעַתָּ֕ה הִרְג֥וּ
כָל־זָכָ֖ר בַּטָּ֑ף וְכָל־אִשָּׁ֗ה יֹדַ֥עַת אִ֛ישׁ

and the officers of the hundreds, who came from the army of the battle.
[15] Moses said to them, "Did you let every female live? [16] See now, they were the ones who caused the Children of Israel, by the word of Balaam, to commit a trespass against HASHEM regarding the matter of Peor; and the plague occurred in the assembly of HASHEM. [17] So now, kill every male among the young children, and every woman who knows a man

אונקלוס

וְרַבָּנֵי מָאוָתָא דַּאֲתוֹ מֵחֵיל קְרָבָא: טו וַאֲמַר לְהוֹן מֹשֶׁה הֲקַיֶּמְתּוּן כָּל נֻקְבָּא: טז הָא אִנּוּן הֲוָאָה לִבְנֵי יִשְׂרָאֵל בַּעֲצַת בִּלְעָם לְשַׁקָּרָא שְׁקַר בְּמֵימְרָא דַיָי עַל עֵסַק פְּעוֹר וַהֲוַת מוֹתָנָא בִּכְנִשְׁתָּא דַיָי: יז וּכְעַן קְטוּלוּ כָל דְּכוּרָא בְּטַפְלָא וְכָל אִתְּתָא דִּידַעַת גְּבַר

רש"י

שכל סרחון הדור תלוי בגדולים (שם) שיש כח בידם למחות: (טז) **הן הנה.** מגיד שהיו מכירים אותן, זו היא שנכשל פלוני בה (ספרי זוטא): **בדבר בלעם.** אמר להם אפילו אתם מכניסים כל המונות שבעולם אין אתם יכולין להם. שמא מרובים אתם מן המצרים שהיו שש מאות רכב בחור (שמות יד:ז). בואו ואשיאכם עצה. אלהיהם של אלו שונא זמה הוא וכו' כדאיתא בחלק (סנהדרין קו.) וספרי (שם): (יז) **וכל אשה ידעת איש.** ראויה להבעל, אע"פ שלא נבעלה (ספרי שם; יבמות ס:). ולפני הציץ העבירום והראויה להבעל

RASHI ELUCIDATED

שֶׁכָּל סִרְחוֹן הַדּוֹר – that any foulness of the generation תָּלוּי בַּגְּדוֹלִים[1] – is attributed to the great ones, i.e., the leaders,[1] **שֶׁיֵּשׁ כֹּחַ בְּיָדָם לִמְחוֹת – for they have the power to protest.**[2]

16. הֵן הֵנָּה – THEY, THEY.[3] **מַגִּיד – This tells** us **שֶׁהָיוּ מַכִּירִין אוֹתָן – that [the Israelites] would recognize them.** They would say, **זוֹ הִיא – "This is the one שֶׁנִּכְשַׁל פְּלוֹנִי בָּהּ – with whom so-and-so faltered."**[4]

□ **בִּדְבַר בִּלְעָם – BY THE WORD OF BALAAM. אָמַר לָהֶם – [Balaam] said to [the Midianites], אֲפִילוּ אַתֶּם מַכְנִיסִים – "Even if you gather together כָּל הֲמוֹנוֹת שֶׁבָּעוֹלָם – all of the multitudes in the world, אֵין אַתֶּם יְכוֹלִים לָהֶם – you will not overcome [Israel]. שֶׁמָּא מְרֻבִּים אַתֶּם מִן הַמִּצְרִים – Perhaps you are more numerous than the Egyptians, שֶׁהָיוּ ,,שֵׁשׁ מֵאוֹת רֶכֶב בָּחוּר"[5] – of whom there were 'six hundred select chariots'?**[5] **בֹּאוּ וְאַשִּׂיאֲכֶם עֵצָה – Come, and I will give you advice. אֱלֹהֵיהֶם שֶׁל אֵלּוּ – The God of these** Israelites **שׂוֹנֵא זִמָּה הוּא וְכוּלְהוּ – is One Who hates promiscuity, etc.," כִּדְאִיתָא בְּחֵלֶק – as stated in *Chelek*[6] וּבְסִפְרֵי – and in *Sifrei*.**[7]

17. וְכָל אִשָּׁה יֹדַעַת אִישׁ – AND EVERY WOMAN WHO KNOWS A MAN, that is, **רְאוּיָה לְהִבָּעֵל – one who is fit to have relations, אַף עַל פִּי שֶׁלֹּא נִבְעֲלָה[8] – even though she has not had relations.**[8] **וְלִפְנֵי הַצִּיץ הֶעֱבִירוּם – They would have them pass in front of the *Tzitz*,**[9] **וְהָרְאוּיָה לְהִבָּעֵל – and one who was**

might have understood our verse as saying "those who were counted for the legion," the entire army. Rashi, following *Targum Onkelos*, understands it as "those who were appointed over the legion," for the rest of the verse goes on to enumerate the פְּקוּדֵי הֶחָיִל as being the officers (*Be'er Mayim Chaim* to v. 48).

1. *Sifrei* 157.

2. The verse could have said only, "Moses was angry with the officers of the thousands and the officers of the hundreds" (cf. vv. 52 and 54). "The commanders of the legion" seems superfluous. It is written to teach us that leaders are responsible for the wrongdoing of their subordinates.

3. The order of Rashi's comments to verse 16 is in accord with most contemporary editions, and follows the sequence of the verse. Most early editions, however, present the comments in the reverse order (see *Be'er BaSedeh*).

4. *Sifrei Zuta*. Whenever the word הֵן appears in Scripture, it introduces an indisputable fact and is translated "behold" (e.g., 17:27 above) or "but see" (e.g. *Genesis* 27:11); and that is how *Targum Onkelos* renders it here הָא אִנּוּן, "behold, they." But the word הֵן can also be understood in its Talmudic sense, as an abbreviated form of הֵנָּה, "they"; and that is how *Targum Yonasan* renders it here, הִנּוּן הִנּוּן, "they, they." The combination of the two words means "they are the very ones" (see *Be'er Yitzchak*).

5. *Exodus* 14:7.

6. The last chapter of Tractate *Sanhedrin,* 106a. See also Rashi to 24:14, s.v., לְכָה אִיעָצְךָ, with note 4 there, and Rashi to 25:1-2.

7. *Sifrei* 157.

8. *Sifrei* 157; *Yevamos* 60b. Had the verse meant women who had actually had relations, it would have said שֶׁיָּדְעָה אִישׁ, "who *had known* a man." The present tense "who *knows*" implies "who is fit to know" (*Be'er Mayim Chaim; Maskil LeDavid*).

9. See note 6 on page 380 above.

by lying with a male, kill. 18 *And all the young children among the women who have not known lying with a male, you may keep alive for yourselves.* 19 *And as for you, encamp outside the camp for a seven-day period; any [of you] who killed a person*

יח לְמִשְׁכַּב זָכָר הֲרֹגוּ: וְכֹל֙ הַטַּף
בַּנָּשִׁים אֲשֶׁר לֹא־יָדְעוּ מִשְׁכַּב זָכָר
יט הַחֲיוּ לָכֶם: וְאַתֶּם חֲנוּ מִחוּץ
לַמַּחֲנֶה שִׁבְעַת יָמִים כֹּל֩ הֹרֵג נֶפֶשׁ

אונקלוס

לְמִשְׁכַּב דְּכוּרָא קְטוּלוּ: יח וְכֹל טַפְלָא בִּנְשַׁיָּא דִּי לָא יְדַעוּ מִשְׁכַּב דְּכוּרָא
קַיִּימוּ לְכוֹן: יט וְאַתּוּן שְׁרוּ מִבָּרָא לְמַשְׁרִיתָא שַׁבְעָא יוֹמִין כֹּל דִּי קְטַל נַפְשָׁא

רש"י

פניה מוריקות (יבמות ס:): **הרגו.** למה חזר ואמר, להפסיק הענין, דברי רבי ישמעאל, שאם אני קורא הרגו כל זכר בטף וכל אשה יודעת איש וכל הטף בנשים וגו', איני יודע וכל אשה יודעת אם להרוג עם הזכרים או להחיות עם הטף, לכך נאמר הרגו (ספרי שם): **(יט) מחוץ למחנה.** שלא יכנסו לעזרה: **כל הרג נפש.** רבי מאיר אומר בהורג בדבר המקבל טומאה הכתוב מדבר. ולמדך הכתוב שהכלי מטמא אדם בחבורי המת כאילו נוגע במת עצמו. או יכול אפילו זרק בו חץ והרגו, ת"ל וכל נוגע בחלל, מקיש הורג לנוגע, מה נוגע ע"י חבורו

RASHI ELUCIDATED

fit to have relations, פָּנֶיהָ מוֹרִיקוֹת[1] – **her face would turn yellowish.**[1]

□ הֲרֹגוּ – KILL. לָמָּה חָזַר וְאָמַר – **Why did it repeat, and say** "kill" a second time? לְהַפְסִיק הָעִנְיָן – **To make a pause in the topic.** דִּבְרֵי רַבִּי יִשְׁמָעֵאל – These are **the words of R' Yishmael.** שֶׁאִם אֲנִי קוֹרֵא – **For if I were to read,** "הִרְגוּ כָל זָכָר בַּטָּף – **"Kill every male among the young children,** וְכָל אִשָּׁה יֹדַעַת אִישׁ – **and every woman who knows a man, . . .** וְכֹל הַטַּף בַּנָּשִׁים וְגוֹמֵר" – **and all the young children among the women** . . . [you may keep alive for yourselves]," אֵינִי יוֹדֵעַ – **I would not know** "וְכָל אִשָּׁה יוֹדַעַת" – about **"every woman who knows"** אִם לַהֲרוֹג עִם הַזְּכָרִים – **whether** Scripture meant **to kill** them **along with the males,** אוֹ לְהַחֲיוֹת עִם הַטַּף – **or to keep** them **alive with the young ones.** לְכָךְ נֶאֱמַר – **This is why it says** "הֲרֹגוּ"[2] – **"kill"** at the end of the verse.[2]

19. מִחוּץ לַמַּחֲנֶה – OUTSIDE THE CAMP. This means שֶׁלֹּא יִכָּנְסוּ לָעֲזָרָה – **that they should not enter the Courtyard** of the Tabernacle.[3]

□ כֹּל הֹרֵג נֶפֶשׁ – ANY [OF YOU] WHO KILLED A PERSON. רַבִּי מֵאִיר אוֹמֵר – The *Tanna* **R' Meir says:** בְּהוֹרֵג בְּדָבָר הַמְקַבֵּל טֻמְאָה הַכָּתוּב מְדַבֵּר – **The verse speaks of one who kills with something that can receive impurity,** וְלִמֶּדְךָ הַכָּתוּב – **and the verse teaches you** שֶׁהַכְּלִי מְטַמֵּא אָדָם – **that the implement** with which one kills **transmits impurity to a person** בְּחִבּוּרֵי הַמֵּת – **through connections with the corpse,** i.e., when it is in simultaneous direct contact with both the corpse and the killer, כְּאִלּוּ נוֹגֵעַ בַּמֵּת עַצְמוֹ – **as if [the one touching the implement] is touching the corpse itself.**[4] אוֹ יָכוֹל – **Or is it possible** אֲפִילוּ זָרַק בּוֹ חֵץ – that one would become impure **even if he shot an arrow into him** וַהֲרָגוֹ – **and killed him?** To teach us that this is not so תַּלְמוּד לוֹמַר – **the Torah says** "וְכֹל נֹגֵעַ בֶּחָלָל" – **"and any who touched a corpse."** מַקִּישׁ הוֹרֵג לַנּוֹגֵעַ – By putting "any who killed a person" next to "any who touched a corpse" **[Scripture] compares one who kills to one who touches,** to teach us, מַה נּוֹגֵעַ עַל יְדֵי חִבּוּרוֹ – **just as one who touches** receives impurity **through his**

1. *Yevamos* 60b. A girl less than three years of age is considered unfit to have relations. Rashi explains how they knew which of the Midianite girls had reached this age.

2. *Sifrei* 157.

3. The Israelites had three camps in the desert. The grounds of the Tabernacle were the Camp of the *Shechinah.* The Camp of the Levites was located around the perimeter of the grounds of the Tabernacle. Around it was the Camp of Israel.

One who is impure through contact with a corpse is allowed to enter the Levite and Israelite camps. When our verse says that those who came back from the war must encamp "outside the camp," it refers to the Camp of the *Shechinah*, the area of the Tabernacle (*Mizrachi; Sifsei Chachamim*).

Alternatively, Moses had the returning troops encamp outside the Israelite camp to ensure that none of the many soldiers would enter the Courtyard (*Be'er BaSadeh* to v. 24).

4. The fact that those who killed here required purification on the third and seventh days shows that they are treated as if they touched a corpse itself. Had they been treated as if they touched something which touched a corpse, they would have needed only to immerse themselves in a *mikveh* to become pure the following evening (*Mesiach Ilmim*).

וְכֹל ׀ נֹגֵעַ בֶּחָלָל תִּתְחַטְּאוּ בַּיּוֹם הַשְּׁלִישִׁי וּבַיּוֹם הַשְּׁבִיעִי אַתֶּם
כ וּשְׁבִיכֶם: וְכָל־בֶּגֶד וְכָל־כְּלִי־עוֹר

and any [of you] who touched a corpse shall purify yourselves on the third day and on the seventh day — you and your captives.
20 And every garment, every vessel of hide,

אונקלוס

וְכֹל דִּי קְרַב בְּקְטִילָא תַּדּוּן עֲלוֹהִי בְּיוֹמָא תְלִיתָאָה וּבְיוֹמָא שְׁבִיעָאָה אַתּוּן וּשְׁבִיכוֹן: כ וְכָל לְבוּשׁ וְכָל מַן דִּמְשַׁךְ

רש"י

אף הורג ע"י חבורו (ספרי חוקת קכז): **תתחטאו.** במי נדה כדין שאר טמאי מתים. שאף לדברי האומר[ים] קברי גויים אינן מטמאין באהל, [שנאמר ואתן צאני צאן מרעיתי אדם אתם (יחזקאל לד:לא) אתם קרוים אדם ואין גויים קרוים אדם,] מודה הוא שהגויים מטמאין במגע ובמשא, שלא נאמר אדם אלא אצל טומאת אהלים, שנאמר אדם כי ימות באהל (לעיל יט:יד; יבמות ס:-סא.): **אתם ושביכם.** לא שהגוים מקבלין טומאה וצריכין הזאה, אלא מה אתם בני ברית, אף שביכם כשיבואו לברית ויטמאו צריכין הזאה (ספרי קנז):

RASHI ELUCIDATED

connection with the corpse, אַף הוֹרֵג – **so, too, one who kills** receives impurity עַל יְדֵי חִבּוּרוֹ[1] – **through his connection** with the corpse via the weapon. One who shoots an arrow is not connected with his victim by the weapon.[1]

□ תִּתְחַטְּאוּ – **SHALL PURIFY YOURSELVES.** בְּמֵי נִדָּה – **With waters of sprinkling,**[2] כְּדִין שְׁאָר טְמֵאֵי מֵתִים – **according to the law regarding others who are impure due to contact with corpses.** שֶׁאַף לְדִבְרֵי הָאוֹמֵר – **For even according to the words of the one who says**[3] קִבְרֵי גוֹיִם – that **the graves of non-Jews** אֵינָן מְטַמְּאִים בְּאֹהֶל – **do not transmit impurity in a tent,** i.e. a roofed area,[4] שֶׁנֶּאֱמַר – **as it says,** ,,וְאַתֵּן צֹאנִי – **"And you My flock,** צֹאן מַרְעִיתִי – **flock of My pasture,** אָדָם אַתֶּם"[5] – **you are man,"**[5] which implies, אַתֶּם קְרוּיִם ,,אָדָם" – **you are called "man,"** וְאֵין גּוֹיִם קְרוּיִם ,,אָדָם" – **but** other **nations are not called "man,"**[6] מוֹדֶה הוּא – **he concedes** שֶׁהַגּוֹיִם מְטַמְּאִין – **that** the corpses of **non-Jews transmit impurity** בְּמַגָּע וּבְמַשָּׂא – **through touching and carrying,** שֶׁלֹּא נֶאֱמַר ,,אָדָם" אֶלָּא אֵצֶל טֻמְאַת אֹהָלִים – **for "man" was stated only next to,** i.e., in the context of, **the impurity of** corpses which is transmitted by **tents,** שֶׁנֶּאֱמַר – **as it says,** ,,אָדָם כִּי יָמוּת בְּאֹהֶל"[7,8] – **"a man if he will die in a tent."**[7,8]

□ אַתֶּם וּשְׁבִיכֶם – **YOU AND YOUR CAPTIVES.** לֹא שֶׁהַגּוֹיִם מְקַבְּלִין טֻמְאָה – **Not that the** members of non-Jewish **nations receive impurity** וּצְרִיכִין הַזָּאָה – **and require sprinkling,** אֶלָּא – **but rather,** the verse means to imply, מָה אַתֶּם בְּנֵי בְרִית – **just as you are members of the Covenant,**[9] אַף שְׁבִיכֶם – **so, too, your captives,** כְּשֶׁיָּבֹאוּ לַבְּרִית – **when they will enter the Covenant** וְיִטַּמְּאוּ – **and** subsequently **become impure,** צְרִיכִין הַזָּאָה[10] – **they require sprinkling** in order to become pure.[10]

1. *Sifrei Chukas* 127. See *Mizrachi* for a discussion of the various halachic opinions regarding transmission of impurity through connection with a corpse.

2. See 19:9 above and Rashi there.

3. Although most contemporary editions read הָאוֹמְרִים, "those who say," in the plural, all the early printed editions read הָאוֹמֵר, in the singular. This appears to be the correct version of the text, for the opinion cited is that of an individual, R' Shimon bar Yochai (see note 55 in the Chavel edition of Rashi). Furthermore, the singular הָאוֹמֵר agrees with the singular predicate, מוֹדֶה הוּא, "he concedes," which Rashi uses below.

4. This opinion holds that one does not become impure by being under the same roofed area as the corpse of a non-Jew, the way one would with the corpse of a Jew.

5. *Ezekiel* 34:31.

6. This excludes the corpses of non-Jews from transmitting impurity throughout a roofed area in which they are situated, for Scripture uses the term אָדָם with regard to that law, as Rashi goes on to state.

The word used by this verse for "man," אָדָם, is also the proper name "Adam." The exclusion of other nations by the phrase "you are called man (אָדָם)" means that at the time of the Resurrection, only Israel will reattain the level of purity of Adam before his sin. Other nations are referred to as בְּנֵי נֹחַ, "sons of Noah," because their model of perfection is the saintly Noah, rather than Adam (*Takanas HaShavin* 83a).

7. Above 19:14.

8. *Yevamos* 60b-61a.

9. The covenant of circumcision and the covenant to keep the commandments of the Torah (Rashi to *Gittin* 23b, s.v., לא מה אתם בני ברית).

10. *Sifrei* 157. But if a non-Jew who had been in a situation in which a Jew would have become impure subsequently converts, he does not need to purify himself (*Be'er BaSadeh; Eimek HaNetziv*).

וְכָל־מַעֲשֵׂה עִזִּים וְכָל־כְּלִי־עֵץ
כא תִּתְחַטָּאוּ: וַיֹּאמֶר אֶלְעָזָר
הַכֹּהֵן אֶל־אַנְשֵׁי הַצָּבָא הַבָּאִים
לַמִּלְחָמָה זֹאת חֻקַּת הַתּוֹרָה אֲשֶׁר־
כב צִוָּה יהוה אֶת־מֹשֶׁה: אַךְ אֶת־הַזָּהָב

everything made of that which comes from goats, and every vessel of wood, you shall purify."

[21] *Elazar the Kohen said to the men of the army who came to the battle, "This is the decree of the Torah, which HASHEM commanded Moses:* [22] *Only the gold and*

אונקלוס

וְכָל עוֹבַד מְעַזֵּי וְכָל מָן דְּעָא תַּדּוּן עֲלוֹהִי: כא וַאֲמַר אֶלְעָזָר כַּהֲנָא לְגֻבְרֵי חֵילָא דַּאֲתוֹ מֵחֵיל קְרָבָא דָּא גְּזֵרַת אוֹרָיְתָא דִּי פַקִּיד יְיָ יָת מֹשֶׁה: כב בְּרַם יָת דַּהֲבָא

רש"י

(כ) וכל מעשה עזים. להביא כלי הקרנים והטלפים והעצמות (חולין כה:): **(כא) ויאמר אלעזר הכהן וגו'.** לפי שבא משה לכלל כעס בא לכלל טעות, שנתעלמו ממנו הלכות גיעולי גוים. וכן אתה מוצא בשמיני למלואים, שנאמר ויקצוף על אלעזר ועל איתמר (ויקרא י:טז) בא לכלל כעס בא לכלל טעות. וכן בשמעו נא המורים ויך את הסלע (לעיל כ:יא) ע"י הכעס טעה (ספרי קנז): **אשר צוה ה' את משה.** תלה ההוראה ברבו: **(כב) אך את הזהב וגו'.** אע"פ שלא הזהיר לכם משה אלא על הלכות טומאה עוד יש להזהיר לכם על הלכות גיעול. ואך לשון מיעוט, כלומר ממועטין אתם מלהשתמש בכלים אפילו לאחר טהרתן מטומאת המת עד שיטהרו

RASHI ELUCIDATED

20. וְכָל מַעֲשֵׂה עִזִּים — **EVERYTHING MADE OF THAT WHICH COMES FROM GOATS.** The word וְכָל, literally, "all," is written here לְהָבִיא כְּלֵי הַקְּרָנַיִם — **to include vessels** made **of the horns,** וְהַטְּלָפַיִם — **and the hooves,** וְהָעֲצָמוֹת — **and the bones.**[1]

21. וַיֹּאמֶר אֶלְעָזָר הַכֹּהֵן וְגוֹמֵר — **ELAZAR THE KOHEN SAID, ETC.** לְפִי שֶׁבָּא מֹשֶׁה לִכְלַל כַּעַס — **Because Moses came into the category of anger,** בָּא לִכְלַל טָעוּת — **he came into the category of error,** שֶׁנִּתְעַלְּמוּ מִמֶּנּוּ הִלְכוֹת גִּעוּלֵי גוֹיִם — **for the laws of purgings of** vessels which have been used for cooking by **non-Jews were concealed from him.**[2] וְכֵן אַתָּה מוֹצֵא — **And similarly you find** that this happened בִּשְׁמִינִי לַמִּלּוּאִים — **on the eighth** day **of the inauguration** of Aaron and his sons into the priesthood, שֶׁנֶּאֱמַר — **as it says,** "וַיִּקְצֹף עַל אֶלְעָזָר וְעַל אִיתָמָר"[3] — **"And he was wrathful with Elazar and Ithamar."**[3] בָּא לִכְלַל כַּעַס — Once **he came into the category of anger** בָּא לִכְלַל טָעוּת — **he came into the category of error.**[4] וְכֵן — **And similarly,** בְּ,,שִׁמְעוּ נָא הַמֹּרִים"[5] — **in** the passage in which Moses said **"Listen now, rebels"**[5] in anger, and "וַיַּךְ אֶת הַסֶּלַע"[6] — **"[Moses] struck the rock"**[6] instead of speaking to it, as God had commanded him, עַל יְדֵי הַכַּעַס טָעָה[7] — **he erred because of anger.**[7]

□ אֲשֶׁר צִוָּה ה' אֶת מֹשֶׁה — **WHICH HASHEM COMMANDED MOSES.** תָּלָה הַהוֹרָאָה בְּרַבּוֹ — **He ascribed the ruling to his master,** Moses.[8]

22. אַךְ אֶת הַזָּהָב וְגוֹמֵר — **ONLY THE GOLD, ETC.** אַף עַל פִּי — **Although** שֶׁלֹּא הִזְהִיר לָכֶם מֹשֶׁה אֶלָּא עַל הִלְכוֹת טֻמְאָה — **Moses enjoined you only with regard to the laws of impurity,** עוֹד יֵשׁ לְהַזְהִיר לָכֶם — **there is** need **to enjoin you further** עַל הִלְכוֹת גִּעוּל — **with regard to the laws of purging.**[9] וְ,,אַךְ" לְשׁוֹן מִעוּט — **The word** אַךְ, **"only," is a term that expresses exclusion,** כְּלוֹמַר — **as if to say,** מְמֻעָטִין אַתֶּם — **you are excluded** מִלְּהִשְׁתַּמֵּשׁ בַּכֵּלִים — **from using the vessels** אֲפִילוּ לְאַחַר טָהֳרָתָן — **even after their purification** מִטֻּמְאַת הַמֵּת — **from impurity** due to contact **with a corpse** עַד שֶׁיִּטְהֲרוּ —

1. *Chullin* 25b. If the verse only meant "goats' hair," it would have stated וּמַעֲשֵׂה עִזִּים, "and what is made of that which comes from goats." The apparently superfluous וְכָל, "and everything," includes that which is made from horns, hooves, and bones (see *Emes LeYaakov;* see also Rashi to *Exodus* 25:4, s.v., וְעִזִּים).

2. This is indicated by the fact that Elazar, rather than Moses, taught these laws to Israel.

3. *Leviticus* 10:16.

4. Moses' anger led him to err with regard to the laws which apply to Kohanim in a state of mourning; see *Leviticus* 10:16-20 and Rashi there.

5. Above 20:10.

6. Above 20:11; see note 11 there.

7. *Sifrei* 157.

8. It seems unnecessary for Elazar to have said "which HASHEM commanded Moses," for God gave all of the laws of the Torah to Israel through Moses. Elazar mentioned this out of respect for his teacher (*Mizrachi; Sifsei Chachamim*).

9. That is, the laws of purging whatever may have been absorbed by vessels that had been used in the preparation of forbidden foods, as Rashi describes below.

וְאֶת־הַכָּסֶף אֶת־הַנְּחֹשֶׁת אֶת־
הַבַּרְזֶל אֶת־הַבְּדִיל וְאֶת־הָעֹפָרֶת:
כג כָּל־דָּבָר אֲשֶׁר־יָבֹא בָאֵשׁ תַּעֲבִירוּ
בָאֵשׁ וְטָהֵר אַךְ בְּמֵי נִדָּה יִתְחַטָּא

the silver, the copper, the iron, the tin, and the lead — 23 *everything that comes into fire — you shall pass through fire and it will be purified; but it must be purified with the waters of sprinkling;*

אונקלוס

וְיָת כַּסְפָּא יָת נְחָשָׁא יָת בַּרְזְלָא יָת אֲבָצָא וְיָת אֲבָרָא: כג כָּל מִדַּעַם דְּמִתַּעַל בְּנוּרָא תַּעַבְרִנֵּהּ בְּנוּרָא וְיִדְכֵּי בְּרַם בְּמֵי אַדָּיוּתָא יִתַּדֵּי

רש"י

מבליעת איסור נבילות. ורבותינו אמרו, אך את הזהב, לומר שצריך להעביר חלודה שלו קודם שיגעילנו, וזהו לשון אך, שלא יהא שם חלודה אך המתכת יהיה כמו שהוא: **(כג) כל דבר אשר יבא באש.** לבשל בו כלום: **תעבירו באש.** כדרך תשמישו הגעלתו. מה שתשמישו ע"י חמין יגעילנו בחמין, ומה שתשמישו ע"י צלי, כגון השפוד והאסכלה, ילבנו באור (ע"ז עה:): **אך במי נדה יתחטא.** לפי פשוטו חטוי זה לטהרו מטומאת מת, אמר להם צריכין הכלים גיעול לטהרם מן האיסור וחטוי לטהרן מן הטומאה. ורבותינו דרשו מכאן שאף להכשירן מן האיסור הטעין טבילה לכלי מתכות, ומי נדה הכתובין כאן דרשו מים הראויים לטבול בהם נדה,

RASHI ELUCIDATED

until they have also **been purified** מִבְּלִיעַת אִסּוּר נְבֵלוֹת – **from absorption of that which is prohibited** by virtue **of** its being from **neveilos** or any other forbidden food.[1] וְרַבּוֹתֵינוּ אָמְרוּ – **And our Rabbis said,** "אַךְ אֶת הַזָּהָב" – "***Only* the gold"** is stated לוֹמַר – **to say** שֶׁצָּרִיךְ לְהַעֲבִיר חֲלוּדָה שֶׁלּוֹ – **that one must remove [a vessel's] rust** קוֹדֶם שֶׁיַּגְעִילֶנּוּ – **before purging it.** וְזֶהוּ לְשׁוֹן "אַךְ" – **And this is** what is implied by **the** exclusionary **term** אַךְ, **"only,"** שֶׁלֹּא יְהֵא שָׁם חֲלוּדָה – **that there should not be rust there;** "אַךְ" הַמַּתֶּכֶת יִהְיֶה כְּמוֹ שֶׁהוּא – **the metal should be "only" as it is,** i.e., in its pure state.

23. כָּל דָּבָר אֲשֶׁר יָבֹא בָאֵשׁ – EVERYTHING THAT COMES INTO FIRE. לְבַשֵּׁל בּוֹ כְּלוּם – **To cook something with it.**[2]

□ תַּעֲבִירוּ בָאֵשׁ – YOU SHALL PASS THROUGH FIRE. כְּדֶרֶךְ תַּשְׁמִישׁוֹ הַגְעָלָתוֹ – **Its purging is** done **in the manner it is used.** מַה שֶּׁתַּשְׁמִישׁוֹ – **That which is used** עַל יְדֵי חַמִּין – for cooking **by hot water** יַגְעִילֶנּוּ בְחַמִּין – **he shall purge it with hot water,** וּמַה שֶּׁתַּשְׁמִישׁוֹ – **and that which is used** עַל יְדֵי צְלִי – for cooking **by roasting,** כְּגוֹן הַשַּׁפּוּד – **such as the spit** וְהָאַסְכָּלָה – **and the grill,** יְלַבְּנוּ בָאוּר[3] – **he shall make it white hot in fire.**[3]

□ אַךְ בְּמֵי נִדָּה יִתְחַטָּא – BUT IT MUST BE PURIFIED WITH THE WATERS OF SPRINKLING. לְפִי פְשׁוּטוֹ – **According to its simple meaning,** חִטּוּי זֶה – **this sprinkling** לְטַהֲרוֹ – is performed **to purify it** מִטּוּמְאַת מֵת – **from impurity** due to contact **with a corpse.** אָמַר לָהֶם – **[Elazar] said to them:** צְרִיכִין הַכֵּלִים גִּיעוּל – **"The vessels need purging** לְטַהֲרָם מִן הָאִסּוּר – **to purify them of that which is forbidden,** וְחִטּוּי – **and sprinkling** לְטַהֲרָן מִן הַטּוּמְאָה – **to purify them of impurity."** וְרַבּוֹתֵינוּ דָּרְשׁוּ מִכָּאן – **And our Rabbis expounded from here** שֶׁאַף לְהַכְשִׁירָן מִן הָאִסּוּר – **that also to render them fit,** i.e. fully cleansed, **from prohibition** הִטְעִין טְבִילָה – **[the Torah] made immersion a requirement** לִכְלֵי מַתָּכוֹת – **for metal vessels.**[4] וּ"מֵי נִדָּה" הַכְּתוּבִין כָּאן – **And,** accordingly, **"the waters of sprinkling" which are written here** דָּרְשׁוּ – **they interpreted** as מַיִם הָרְאוּיִים לִטְבּוֹל בָּהֶם נִדָּה – **waters which**

1. For *neveilos*, see note 1 on page 372.

"Only" seems incongruous here. At the beginning of a sentence, as it is here, it generally indicates a limitation of what has been stated previously. But here, it is the first word of the commandment; no command has been stated previously. Rashi explains the implications of the word in our context (*Be'er Yitzchak*).

2. אֲשֶׁר יָבֹא בָאֵשׁ, "that *comes* into fire," rather than אֲשֶׁר בָּא בָאֵשׁ, "that *has come* into fire," indicates that the verse refers to vessels which are used regularly in fire, cooking vessels, not to any vessels which may have gone through fire even a single time.

3. *Avodah Zarah* 75b. "Passing through fire" does not mean merely passing the vessel quickly through a flame. It means heating the vessel in the manner in which it was used with food (*Mesiach Ilmim*).

4. Vessels which are impure due to contact with a corpse or the like may be used in contact with food which is not an offering or a tithe. The purification spoken of here, according to the simple meaning of our verse, thus does not deal with removal of "prohibition," rather it deals with removal of impurity. But the Rabbis interpreted the verse as giving a requirement of purification without which the vessels may not be used.

וְכֹל אֲשֶׁר לֹא־יָבֹא בָּאֵשׁ תַּעֲבִירוּ
כד בַּמָּיִם: וְכִבַּסְתֶּם בִּגְדֵיכֶם בַּיּוֹם
הַשְּׁבִיעִי וּטְהַרְתֶּם וְאַחַר תָּבֹאוּ
כה אֶל־הַמַּחֲנֶה: רביעי וַיֹּאמֶר יהוה
כו אֶל־מֹשֶׁה לֵּאמֹר: שָׂא אֵת רֹאשׁ
מַלְקוֹחַ הַשְּׁבִי בָּאָדָם וּבַבְּהֵמָה
אַתָּה וְאֶלְעָזָר הַכֹּהֵן וְרָאשֵׁי אֲבוֹת
כז הָעֵדָה: וְחָצִיתָ אֶת־הַמַּלְקוֹחַ בֵּין
תֹּפְשֵׂי הַמִּלְחָמָה הַיֹּצְאִים לַצָּבָא

and everything that does not come into fire, you shall pass through waters. [24] *You shall immerse your garments on the seventh day and become purified; afterward you may come into the camp."*

[25] *HASHEM said to Moses, saying:* [26] *"Calculate the total of the plunder of the captives, of people and animals, you, and Elazar the Kohen, and the heads of the fathers of the assembly.* [27] *Divide the plunder in half, between those who undertook the battle, who go out to the army,*

אונקלוס

וְכֹל דִּי לָא יִתָּעַל בְּנוּרָא תַּעַבְרְנֵהּ בְּמַיָּא: כד וּתְחַוְּרוּן לְבוּשֵׁיכוֹן בְּיוֹמָא שְׁבִיעָאָה וְתִדְכּוּן וּבָתַר כֵּן תֵּיעֲלוּן לְמַשְׁרִיתָא: כה וַאֲמַר יְיָ לְמֹשֶׁה לְמֵימָר: כו קַבֵּל יָת חֻשְׁבַּן דַּבְרַת שִׁבְיָא בֶּאֱנָשָׁא וּבִבְעִירָא אַתְּ וְאֶלְעָזָר כַּהֲנָא וְרֵישֵׁי אֲבָהַת כְּנִשְׁתָּא: כז וּתְפַלֵּג יָת דְּבַרְתָּא בֵּין גֻּבְרֵי מְגִיחֵי קְרָבָא דִּנְפָקוּ לְחֵילָא

רש"י

וכמה הם ארבעים סאה (שם): **וכל אשר לא יבא באש.** כל דבר שאין תשמישו ע"י האור, כגון כוסות וצלוחיות שתשמישן בצונן ולא בלעו איסור, תעבירו במים, מטבילו ודיו. ודוקא כלי מתכות (שם): **(כד) אל המחנה.** למחנה שכינה. שאין טמא מת טעון שילוח ממחנה לויה וממחנה ישראל (פסחים סו): **(כו) שא את ראש.** קח את החשבון: **(כז) וחצית את המלקוח בין תפשי המלחמה וגו'.** חציו לאלו וחציו לאלו:

RASHI ELUCIDATED

are fit for a woman impure due to menstruation to immerse herself **in** for her purification.[1] וְכַמָּה הֵם – **And how much are they?** אַרְבָּעִים סְאָה[2] – **Forty** ***se'ah.***[2]

□ וְכֹל אֲשֶׁר לֹא יָבֹא בָּאֵשׁ – AND EVERYTHING THAT DOES NOT COME INTO FIRE. כָּל דָּבָר שֶׁאֵין תַּשְׁמִישׁוֹ – **Anything which is not used** עַל יְדֵי הָאוּר – for cooking **by fire,** כְּגוֹן כּוֹסוֹת – **such as cups** וּצְלוֹחִיּוֹת – **and jars,** שֶׁתַּשְׁמִישָׁן בְּצוֹנֵן – **which are used with cold water,** וְלֹא בָּלְעוּ אִסּוּר – **and** thus **have not absorbed forbidden matter,** "תַּעֲבִירוּ בַמָּיִם" – **"you shall pass through the waters."** מַטְבִּילוֹ – **He immerses it** in a *mikveh,* וְדַיּוֹ – **and that is enough** to render it fit for use.[3] וְדַוְקָא כְּלֵי מַתָּכוֹת – **This is only** true of **metal vessels.**[4]

24. אֶל הַמַּחֲנֶה – INTO THE CAMP. לְמַחֲנֵה שְׁכִינָה – **To the camp of the** ***Shechinah,*** שֶׁאֵין טָמֵא מֵת טָעוּן שִׁלּוּחַ מִמַּחֲנֵה לְוִיָּה – **for one who is impure** due to contact **with a corpse does not require being sent out of the camp of the Levites** וּמִמַּחֲנֵה יִשְׂרָאֵל[5] – **or the camp of the Israelites.**[5]

26. שָׂא אֶת רֹאשׁ – CALCULATE THE TOTAL (literally, "raise the head"). This means קַח אֶת הַחֶשְׁבּוֹן – **take the number.**[6]

27. וְחָצִיתָ אֶת הַמַּלְקוֹחַ בֵּין תֹּפְשֵׂי הַמִּלְחָמָה וְגוֹמֵר – DIVIDE THE PLUNDER IN HALF, BETWEEN THOSE WHO UNDERTOOK THE BATTLE, ETC., חֶצְיוֹ לָאֵלּוּ – **half of it to these,** וְחֶצְיוֹ לָאֵלּוּ – **and half of it to these.**[7]

1. נִדָּה means both "sprinkling" and "a woman impure due to menstruation" (see *Leviticus* 15:19-24).

2. *Avodah Zarah* 75b. Opinions regarding modern-day equivalents of the *se'ah* range between 2.25 and four gallons. See note 5 on page 230 above.

3. This is true of a new clean vessel. A vessel which is not clean must be scrubbed and rinsed to rid it of forbidden matter before it is immersed (see *Avodah Zarah* 75b).

4. *Avodah Zarah* 75b. The preceding verse mentioned only metals. If one buys an earthenware vessel from a non-Jew, immersion is not required. Immersion for vessels made of glass or of metals not specified in the verse is required by Rabbinic decree.

5. *Pesachim* 66b. See Rashi to v. 19 above, s.v., מִחוּץ לַמַּחֲנֶה and note 3 there.

6. See Rashi to 4:2 above, s.v., נָשֹׂא אֶת רֹאשׁ and note 5 there.

7. וְחָצִיתָ here means specifically "you shall divide in half," not "you shall divide into equal portions." The verse does not mean that Moses is to divide the plunder into equal individual portions among all those who went to war and all the rest of the assembly (*Sefer Zikaron*). Furthermore, "you shall divide . . . between those who undertook the battle . . . and the entire assembly" could have been taken to mean that the act

כח וּבֵין כָּל־הָעֵדָה: וַהֲרֵמֹתָ מֶכֶס לַיהוָה
מֵאֵת אַנְשֵׁי הַמִּלְחָמָה הַיֹּצְאִים
לַצָּבָא אֶחָד נֶפֶשׁ מֵחֲמֵשׁ הַמֵּאוֹת
מִן־הָאָדָם וּמִן־הַבָּקָר וּמִן־הַחֲמֹרִים
כט וּמִן־הַצֹּאן: מִמַּחֲצִיתָם תִּקָּחוּ וְנָתַתָּה
לְאֶלְעָזָר הַכֹּהֵן תְּרוּמַת יְהוָה:
ל וּמִמַּחֲצִת בְּנֵי־יִשְׂרָאֵל תִּקַּח | אֶחָד |
אָחֻז מִן־הַחֲמִשִּׁים מִן־הָאָדָם מִן־
הַבָּקָר מִן־הַחֲמֹרִים וּמִן־הַצֹּאן מִכָּל־
הַבְּהֵמָה וְנָתַתָּה אֹתָם לַלְוִיִּם שֹׁמְרֵי
לא מִשְׁמֶרֶת מִשְׁכַּן יְהוָה: וַיַּעַשׂ מֹשֶׁה
וְאֶלְעָזָר הַכֹּהֵן כַּאֲשֶׁר צִוָּה יְהוָה אֶת־
לב מֹשֶׁה: וַיְהִי הַמַּלְקוֹחַ יֶתֶר הַבָּז אֲשֶׁר
בָּזְזוּ עַם הַצָּבָא צֹאן שֵׁשׁ־מֵאוֹת אֶלֶף
וְשִׁבְעִים אֶלֶף וַחֲמֵשֶׁת אֲלָפִים:

and the entire assembly. [28] *You shall raise up a tribute to* HASHEM *from the men of war who go out to the army, one living being of five hundred, from the people, from the cattle, from the donkeys, and from the flock.* [29] *You shall take it from their half and give it to Elazar the Kohen, as a portion of* HASHEM. [30] *And from the half of the Children of Israel you shall take one drawn from fifty, from the people, from the cattle, from the donkeys, from the flock — from all the animals — and you shall give them to the Levites, the guardians of the charge of the Tabernacle of* HASHEM.

[31] *Moses and Elazar the Kohen did as* HASHEM *had commanded Moses.* [32] *The plunder, beyond the spoils that the people of the army took as spoils was: the flock, six hundred seventy-five thousand;*

אונקלוס

וּבֵין כָּל כְּנִשְׁתָּא: כח וְתַפְרֵשׁ נְסִיבָא קֳדָם יְיָ מִן גֻּבְרֵי מְגִיחֵי קְרָבָא דִּנְפָקוּ לְחֵילָא חַד נַפְשָׁא מֵחֲמֵשׁ מְאָה מִן אֱנָשָׁא וּמִן תּוֹרֵי וּמִן חֲמָרֵי וּמִן עָנָא: כט מִפַּלְגּוּתְהוֹן תִּסְּבוּן וְתִתֵּן לְאֶלְעָזָר כַּהֲנָא אַפְרָשׁוּתָא קֳדָם יְיָ: ל וּמִפַּלְגּוּת בְּנֵי יִשְׂרָאֵל תִּסַּב חַד דְּאִתַּחַד מִן חַמְשִׁין מִן אֱנָשָׁא מִן תּוֹרֵי מִן חֲמָרֵי וּמִן עָנָא מִכָּל בְּעִירָא וְתִתֵּן יָתְהוֹן לְלֵוָאֵי נָטְרֵי מַטְּרַת מַשְׁכְּנָא דַּייָ: לא וַעֲבַד מֹשֶׁה וְאֶלְעָזָר כַּהֲנָא כְּמָא דִּי פַקִּיד יְיָ יָת מֹשֶׁה: לב וַהֲוָה דִּבְרָתָא שְׁאָר בִּזָּא דִּי בְזוֹ עַמָּא דִּי נְפָקוּ לְחֵילָא עָנָא שִׁית מְאָה וְשַׁבְעִין וְחַמְשָׁא אַלְפִין:

רש"י

(לב) ויהי המלקוח יתר הבז. לפי שלא נצטוו להרים מכס מן המטלטלין אלא מן המלקוח כתב את הלשון הזה, ויהי המלקוח שבא לכלל חלוקה ולכלל מכס, שהיה עודף על בז המטלטלין אשר בזזו עם הצבא איש לו ולא בא לכלל חלוקה, מספר הצאן וגו':

RASHI ELUCIDATED

32. וַיְהִי הַמַּלְקוֹחַ יֶתֶר הַבָּז — THE PLUNDER BEYOND THE SPOILS . . . WAS. לְפִי שֶׁלֹּא נִצְטַוּוּ לְהָרִים מֶכֶס — Since they were not commanded to set aside a tribute מִן הַמִּטַּלְטְלִין — from the inanimate movable objects, אֶלָּא מִן הַמַּלְקוֹחַ — but only from the plunder, i.e., human captives and animals, **כָּתַב אֶת הַלָּשׁוֹן הַזֶּה — [Scripture] wrote this wording: "וַיְהִי הַמַּלְקוֹחַ", — "the plunder was";** that is, **שֶׁבָּא לִכְלַל חֲלֻקָּה — that which came into the framework of division וְלִכְלַל מֶכֶס — and into the framework of tribute, שֶׁהָיָה עוֹדֵף עַל בַּז הַמִּטַּלְטְלִין — which was over and above[1] the "spoils" of inanimate movable objects[2] "אֲשֶׁר בָּזְזוּ עַם הַצָּבָא", — "that the people of the army took as spoils" אִישׁ לוֹ — each man for himself,[3] וְלֹא בָא לִכְלַל חֲלֻקָּה — and did not come within the framework of division,[4] מִסְפַּר הַצֹּאן וְגוֹמֵר — the number of the flock, etc.[5]**

of division must take place in the presence of, and in between, two groups, "those who undertook the battle," and "the entire assembly." The verse, then, would not be speaking of the distribution of the plunder. Rashi explains that the verse speaks of distribution rather than the act of division (*Mizrachi; Sifsei Chachamim*).

1. By using עוֹדֵף עַל instead of the verse's יֶתֶר, Rashi indicates that יֶתֶר means "over and above," not "that which remained from."

2. On the meanings of מַלְקוֹחַ and בַּז, see Rashi to v. 11 above.

3. Rashi borrows this phrase from verse 53 below.

4. This refers to objects taken in the heat of battle. The soldiers did not take their shares from the plunder taken after victory on behalf of the nation until they were given them by Moses (see Rashi to v. 11 above, s.v., וַיִּקְחוּ אֶת כָּל הַשָּׁלָל; *Eimek HaNetziv*).

5. Rashi explains in what sense the take was "beyond" the spoils. It was subject to division and allotment, unlike the rest of the spoils (see *Gur Aryeh*).

By concluding with מִסְפַּר הַצֹּאן וְגוֹמֵר, Rashi indicates that עַם הַצָּבָא is not the end of a sentence. The verse is not read, "The take went beyond the spoils that the people of the army took as spoils."

לג־לד וּבָקָ֕ר שְׁנַ֥יִם וְשִׁבְעִ֖ים אָֽלֶף׃ וַחֲמֹרִ֕ים
לה אֶחָ֥ד וְשִׁשִּׁ֖ים אָֽלֶף׃ וְנֶ֣פֶשׁ אָדָ֗ם מִן־
הַנָּשִׁים֙ אֲשֶׁ֣ר לֹא־יָדְע֔וּ מִשְׁכַּ֖ב זָכָ֑ר
לו כָּל־נֶ֕פֶשׁ שְׁנַ֥יִם וּשְׁלֹשִׁ֖ים אָֽלֶף׃ וַתְּהִי֙
הַמֶּ֣חֱצָ֔ה חֵ֕לֶק הַיֹּצְאִ֖ים בַּצָּבָ֑א מִסְפַּ֣ר
הַצֹּ֗אן שְׁלֹשׁ־מֵא֥וֹת אֶ֙לֶף֙ וּשְׁלֹשִׁ֣ים
אֶ֔לֶף וְשִׁבְעַ֥ת אֲלָפִ֖ים וַחֲמֵ֥שׁ מֵאֽוֹת׃
לז וַיְהִ֛י הַמֶּ֥כֶס לַֽיהוָ֖ה מִן־הַצֹּ֑אן שֵׁ֥שׁ
לח מֵא֖וֹת חָמֵ֥שׁ וְשִׁבְעִֽים׃ וְהַ֨בָּקָ֔ר שִׁשָּׁ֥ה
וּשְׁלֹשִׁ֖ים אָ֑לֶף וּמִכְסָ֥ם לַֽיהוָ֖ה שְׁנַ֥יִם
לט וְשִׁבְעִֽים׃ וַחֲמֹרִ֕ים שְׁלֹשִׁ֥ים אֶ֖לֶף
וַחֲמֵ֣שׁ מֵא֑וֹת וּמִכְסָ֥ם לַֽיהוָ֖ה אֶחָ֥ד
מ וְשִׁשִּֽׁים׃ וְנֶ֣פֶשׁ אָדָ֔ם שִׁשָּׁ֥ה עָשָׂ֖ר
אָ֑לֶף וּמִכְסָם֙ לַֽיהוָ֔ה שְׁנַ֥יִם וּשְׁלֹשִׁ֖ים
מא נָֽפֶשׁ׃ וַיִּתֵּ֣ן מֹשֶׁ֗ה אֶת־מֶ֙כֶס֙ תְּרוּמַ֣ת
יְהוָ֔ה לְאֶלְעָזָ֖ר הַכֹּהֵ֑ן כַּאֲשֶׁ֛ר צִוָּ֥ה
מב יְהוָ֖ה אֶת־מֹשֶֽׁה׃ חמישי וּמִֽמַּחֲצִ֖ית
בְּנֵ֣י יִשְׂרָאֵ֑ל אֲשֶׁר֙ חָצָ֣ה מֹשֶׁ֔ה מִן־
מג הָאֲנָשִׁ֖ים הַצֹּבְאִֽים׃ וַתְּהִ֛י מֶחֱצַ֥ת
הָעֵדָ֖ה מִן־הַצֹּ֑אן שְׁלֹשׁ־מֵא֥וֹת

[33] *and cattle, seventy-two thousand;* [34] *and donkeys, sixty-one thousand;* [35] *and human beings, and of the women who had not known lying with a male, all the souls, thirty-two thousand.* [36] *The half which was the share of those who went out to the army, was: the count of the flock, three hundred and thirty-seven thousand, five hundred —* [37] *the tribute of* HASHEM *from the flock was six hundred and seventy-five;* [38] *and the cattle, thirty-six thousand — and their tribute to* HASHEM, *seventy-two;* [39] *and the donkeys, thirty thousand, five hundred — and their tribute to* HASHEM, *sixty-one;* [40] *and the human beings, sixteen thousand — and their tribute to* HASHEM, *thirty-two people.* [41] *Moses gave the tribute that was raised up for* HASHEM *to Elazar the Kohen, as* HASHEM *had commanded Moses.*

[42] *From the half of the Children of Israel that Moses had divided from the men who went to the army,* [43] *and the half of the assembly was: of the flock, three hundred*

אונקלוס

לג וְתוֹרֵי שַׁבְעִין וּתְרֵין אַלְפִין: לד וַחֲמָרֵי שִׁתִּין וְחַד אַלְפִין: לה וְנַפְשָׁא דֶאֱנָשָׁא מִן נְשַׁיָּא דִי לָא יְדָעוּ מִשְׁכַּב דְּכוּרָא כָּל נַפְשָׁתָא תְּלָתִין וּתְרֵין אַלְפִין: לו וַהֲוַת פַּלְגוּתָא חֳלַק גֻּבְרַיָּא דִי נְפָקוּ לְחֵילָא מִנְיַן עָנָא תְּלַת מְאָה וּתְלָתִין וְשַׁבְעָא אַלְפִין וַחֲמֵשׁ מְאָה: לז וַהֲוָה דְּנָסִיב קֳדָם יְיָ מִן עָנָא שִׁית מְאָה וְשַׁבְעִין וְחָמֵשׁ: לח וְתוֹרֵי תְּלָתִין וְשִׁתָּא אַלְפִין וּנְסִיבְהוֹן קֳדָם יְיָ שַׁבְעִין וּתְרֵין: לט וַחֲמָרֵי תְּלָתִין אַלְפִין וַחֲמֵשׁ מְאָה וּנְסִיבְהוֹן קֳדָם יְיָ שִׁתִּין וְחָד: מ וְנַפְשָׁא דֶאֱנָשָׁא שִׁתָּא עֲסַר אַלְפִין וּנְסִיבְהוֹן קֳדָם יְיָ תְּלָתִין וּתְרֵין נַפְשָׁא: מא וִיהַב מֹשֶׁה יָת נְסִיב אַפְרָשׁוּתָא דַייָ לְאֶלְעָזָר כַּהֲנָא כְּמָא דִי פַקִּיד יְיָ יָת מֹשֶׁה: מב וּמִפַּלְגוּת בְּנֵי יִשְׂרָאֵל דִּי פְלַג מֹשֶׁה מִן גֻּבְרַיָּא דִּי נְפָקוּ לְחֵילָא: מג וַהֲוַת פַּלְגוּת כְּנִשְׁתָּא מִן עָנָא תְּלַת מְאָה

רש"י

(מב־מז) וממחצית בני ישראל אשר חצה משה. לעדה, והוציאה להם מן האנשים הצובאים, ותהי מחצת העדה כך וכך, ויקח משה וגו'.

RASHI ELUCIDATED

42-47. וּמִמַּחֲצִית בְּנֵי יִשְׂרָאֵל אֲשֶׁר חָצָה מֹשֶׁה – FROM THE HALF OF THE CHILDREN OF ISRAEL THAT MOSES HAD DIVIDED לָעֵדָה – for the assembly, וְהוֹצִיאָהּ לָהֶם – and took it away for them „מִן הָאֲנָשִׁים הַצֹּבְאִים" – "from the men who went to the army";[1] „וַתְּהִי מֶחֱצַת הָעֵדָה" – "and the half of the assembly was" כָּךְ וְכָךְ – such and such; „וַיִּקַּח מֹשֶׁה וְגוֹמֵר" – "Moses took, etc."[2]

1. The verse might have been read, "From the half of the Children of Israel *whom* Moses had divided from the men who went to the army." This would have implied that Moses took a group comprising half of those who had fought the Midianites (see *Sefer Zikaron*).

2. Verse 42 begins with the prepositional phrase "from the half of the Children of Israel that Moses had divided . . ." Neither that verse nor those which immediately follow supply the verb which this phrase modifies. It is linked to "Moses took" of verse 47. Verses 43-46 are parenthetic, and describe "the half" from which "Moses took" (*Mizrachi*).

Although most contemporary editions separate this comment into three and insert verse numbers between the comments, most early editions read the three as one long comment.

אֶלֶף וּשְׁלֹשִׁים אֶלֶף שִׁבְעַת אֲלָפִים
מד וַחֲמֵשׁ מֵאוֹת: וּבָקָר שִׁשָּׁה וּשְׁלֹשִׁים
מה אָלֶף: וַחֲמֹרִים שְׁלֹשִׁים אֶלֶף וַחֲמֵשׁ
מו מֵאוֹת: וְנֶפֶשׁ אָדָם שִׁשָּׁה עָשָׂר אָלֶף:
מז וַיִּקַּח מֹשֶׁה מִמַּחֲצִת בְּנֵי־יִשְׂרָאֵל
אֶת־הָאָחֻז אֶחָד מִן־הַחֲמִשִּׁים מִן־
הָאָדָם וּמִן־הַבְּהֵמָה וַיִּתֵּן אֹתָם
לַלְוִיִּם שֹׁמְרֵי מִשְׁמֶרֶת מִשְׁכַּן יהוֹה
מח כַּאֲשֶׁר צִוָּה יהוֹה אֶת־מֹשֶׁה: וַיִּקְרְבוּ
אֶל־מֹשֶׁה הַפְּקֻדִים אֲשֶׁר לְאַלְפֵי
הַצָּבָא שָׂרֵי הָאֲלָפִים וְשָׂרֵי הַמֵּאוֹת:
מט וַיֹּאמְרוּ אֶל־מֹשֶׁה עֲבָדֶיךָ נָשְׂאוּ
אֶת־רֹאשׁ אַנְשֵׁי הַמִּלְחָמָה אֲשֶׁר
בְּיָדֵנוּ וְלֹא־נִפְקַד מִמֶּנּוּ אִישׁ:
נ וַנַּקְרֵב אֶת־קָרְבַּן יהוֹה אִישׁ אֲשֶׁר
מָצָא כְלִי־זָהָב אֶצְעָדָה וְצָמִיד

*and thirty-seven thousand, five hundred
— 44 and the cattle, thirty-six thousand;
45 and the donkeys, thirty thousand, five
hundred; 46 and the human beings, sixteen
thousand. 47 Moses took from the half of
the Children of Israel the one drawn from
the fifty, from the people and the animals,
and gave them to the Levites, the
guardians of the charge of HASHEM's
Tabernacle, as HASHEM had commanded
Moses.*

*48 The commanders of the thousands in
the army, the officers of the thousands and
the officers of the hundreds, approached
Moses. 49 They said to Moses, "Your
servants took a census of the men of
war under our command, and not a man
of us is missing. 50 So we have brought an
offering for HASHEM: what any man found
of gold vessels, anklet and bracelet,*

אונקלוס

וּתְלָתִין וְשַׁבְעָא אַלְפִין וַחֲמֵשׁ מְאָה: מד וְתוֹרֵי תְּלָתִין וְשִׁתָּא אַלְפִין: מה וַחֲמָרֵי תְּלָתִין אַלְפִין וַחֲמֵשׁ מְאָה: מו וְנַפְשָׁא דֶּאֱנָשָׁא שִׁתָּא עֲשַׂר אַלְפִין: מז וּנְסִיב מֹשֶׁה מִפַּלְגוּת בְּנֵי יִשְׂרָאֵל יָת דְּאִתְּחַד חַד מִן חַמְשִׁין מִן אֱנָשָׁא וּמִן בְּעִירָא וִיהַב יָתְהוֹן לְלֵוָאֵי נָטְרֵי מַטְּרַת מַשְׁכְּנָא דַּייָ כְּמָא דִי פַּקִּיד יְיָ יָת מֹשֶׁה: מח וְקָרִיבוּ לְוָת מֹשֶׁה דִּמְמַנַּן דִּי לְאַלְפֵי חֵילָא רַבָּנֵי אַלְפִין וְרַבָּנֵי מָאוָתָא: מט וַאֲמָרוּ לְמֹשֶׁה עַבְדָּיךְ קַבִּילוּ יָת חֻשְׁבַּן גֻּבְרֵי מְגִיחֵי קְרָבָא דִּבִידָנָא וְלָא שְׁגָא מִנָּנָא אֱנָשׁ: נ וְקָרֶבְנָא יָת קֻרְבָּנָא דַּייָ גְּבַר דְּאַשְׁכַּח מַן דִּדְהַב שֵׁרִין וְשִׁבְּכִין

רש"י

(מח) הפקדים. הממונים: (מט) ולא נפקד. לא נחסר. ותרגומו לא שגא אף הוא בלשון ארמי חסרון, כמו אנכי אחטנה (בראשית לא:לט) תרגומו דהות שגיא ממניינא, וכן כי יפקד מושבך (שמואל א כ:יח) יחסר מקום מושבך איש הרגיל לישב שם. וכן ויפקד מקום דוד (שם כז) נחסר מקומו ואין איש יושב שם: (נ) אצעדה. אלו צמידים של רגל: וצמיד. של יד:

RASHI ELUCIDATED

48. הַפְּקֻדִים – THE COMMANDERS. This means הַמְּמֻנִּים **– those who were appointed.**[1]

49. וְלֹא נִפְקַד – This means **לֹא נֶחְסַר – is not missing.** **וְתַרְגּוּמוֹ „לֹא שְׁגָא" – And** as for **the way *Targum Onkelos* renders it, לֹא שְׁגָא, אַף הוּא בִּלְשׁוֹן אֲרַמִּי חֶסְרוֹן – it, too, denotes "absence" in the Aramaic language, כְּמוֹ „אָנֹכִי אֲחַטֶּנָּה" – like "I would bear the loss,"**[2] **תַּרְגּוּמוֹ „דַּהֲוַת שָׁגְיָא מִמִּנְיָנָא"** – which ***Targum Onkelos* renders "that which was absent from the total,"** using a word related to **שְׁגָא** that he uses here. **וְכֵן „כִּי יִפָּקֵד מוֹשָׁבֶךָ"**[3] **– And similarly, כִּי יִפָּקֵד מוֹשָׁבֶךָ,** which means, **יֶחְסַר מְקוֹם מוֹשָׁבְךָ –** "[For] **the place where you sit will be missing something,"**[3] **אִישׁ הָרָגִיל לֵישֵׁב שָׁם** – namely, **the man who usually sits there. וְכֵן „וַיִּפָּקֵד מְקוֹם דָּוִד"**[4] **– And similarly, וַיִּפָּקֵד מְקוֹם דָּוִד,** which means, **נֶחְסַר מְקוֹמוֹ – "[David's] place was found lacking,"**[4] **וְאֵין אִישׁ יוֹשֵׁב שָׁם – and there was nobody sitting there.**[5]

50. אֶצְעָדָה – ANKLET, אֵלּוּ צְמִידִים שֶׁל רֶגֶל – these are bracelets of the foot;[6]

וְצָמִיד – AND BRACELET שֶׁל יָד – of the hand;[7] □

1. See Rashi to v. 14 above and v. 49 below.
2. *Genesis* 31:39; see Rashi there.
3. *I Samuel* 20:18; see Rashi there.
4. *I Samuel* 20:27.
5. Rashi also explains a word from the root פקד in this sense in his comments to *Isaiah* 34:16, s.v., לֹא פָקָדוּ.
6. The word אֶצְעָדָה appears twice in Scripture, here and in *II Samuel* 1:10 which reads: ". . . and the אֶצְעָדָה that is on his arm. . ." Nevertheless, since our verse mentions צָמִיד, "arm bracelets," the word אֶצְעָדָה here must refer to foot ornaments.
7. See *Genesis* 24:22 and *Ezekiel* 16:11.

טַבַּעַת עָגִיל וְכוּמָז לְכַפֵּר עַל־
נא נַפְשֹׁתֵינוּ לִפְנֵי יהוה: וַיִּקַּח מֹשֶׁה
וְאֶלְעָזָר הַכֹּהֵן אֶת־הַזָּהָב מֵאִתָּם כֹּל
נב כְּלִי מַעֲשֶׂה: וַיְהִי | כָּל־זְהַב הַתְּרוּמָה
אֲשֶׁר הֵרִימוּ לַיהוה שִׁשָּׁה עָשָׂר אֶלֶף
שְׁבַע־מֵאוֹת וַחֲמִשִּׁים שָׁקֶל מֵאֵת
שָׂרֵי הָאֲלָפִים וּמֵאֵת שָׂרֵי הַמֵּאוֹת:
נג־נד אַנְשֵׁי הַצָּבָא בָּזְזוּ אִישׁ לוֹ: וַיִּקַּח
מֹשֶׁה וְאֶלְעָזָר הַכֹּהֵן אֶת־הַזָּהָב
מֵאֵת שָׂרֵי הָאֲלָפִים וְהַמֵּאוֹת וַיָּבִאוּ
אֹתוֹ אֶל־אֹהֶל מוֹעֵד זִכָּרוֹן לִבְנֵי־
יִשְׂרָאֵל לִפְנֵי יהוה:

לב א ששי [שלישי] וּמִקְנֶה | רַב הָיָה לִבְנֵי
רְאוּבֵן וְלִבְנֵי־גָד עָצוּם מְאֹד וַיִּרְאוּ
אֶת־אֶרֶץ יַעְזֵר וְאֶת־אֶרֶץ גִּלְעָד
ב וְהִנֵּה הַמָּקוֹם מְקוֹם מִקְנֶה: וַיָּבֹאוּ
בְנֵי־גָד וּבְנֵי רְאוּבֵן וַיֹּאמְרוּ אֶל־
מֹשֶׁה וְאֶל־אֶלְעָזָר הַכֹּהֵן וְאֶל־
ג נְשִׂיאֵי הָעֵדָה לֵאמֹר: עֲטָרוֹת וְדִיבֹן

ring, earring, and kumaz, to atone for our souls before HASHEM." [51] *Moses and Elazar the Kohen took the gold from them, every fashioned vessel.* [52] *All the gold that was raised up, which they set apart for* HASHEM, *was sixteen thousand, seven hundred and fifty shekel, from the officers of the thousands and the officers of the hundreds.* [53] *The men of the legion took spoils, each man took spoils for himself.* [54] *Moses and Elazar the Kohen took the gold from the officers of the thousands and the hundreds and brought it to the Tent of Meeting, a remembrance for the Children of Israel before* HASHEM.

32 [1] *The children of Reuben and the children of Gad had abundant livestock — very great. They saw the land of Jazer and the land of Gilead, and behold! — the place was a place for livestock.* [2] *The children of Gad and the children of Reuben came and said to Moses, to Elazar the Kohen, and to the leaders of the assembly, saying,* [3] *"Ataroth, and Dibon,*

אונקלוס

עִזְקָן קַדָּשִׁין וּמָחוֹךְ לְכַפָּרָא עַל נַפְשָׁתָנָא קֳדָם יְיָ: נא וּנְסִיב מֹשֶׁה וְאֶלְעָזָר כַּהֲנָא יָת דַּהֲבָא מִנְּהוֹן כָּל מַן דְּעוֹבָדָא: נב וַהֲוָה כָּל דְּהַב אַפְרָשׁוּתָא דִּי אַפְרִישׁוּ קֳדָם יְיָ שִׁתָּא עֲשַׂר אַלְפִין שְׁבַע מְאָה וְחַמְשִׁין סִלְעִין מִן רַבָּנֵי אַלְפִין וּמִן רַבָּנֵי מָאוָתָא: נג גֻּבְרֵי דְּחֵילָא בָּזוּ גְּבַר לְנַפְשֵׁהּ: נד וּנְסִיב מֹשֶׁה וְאֶלְעָזָר כַּהֲנָא יָת דַּהֲבָא מִן רַבָּנֵי אַלְפִין וּמָאוָתָא וְאַיְתִיוּ יָתֵהּ לְמַשְׁכַּן זִמְנָא דָּכְרָנָא לִבְנֵי יִשְׂרָאֵל קֳדָם יְיָ: א וּבְעִיר סַגִּי הֲוָה לִבְנֵי רְאוּבֵן וְלִבְנֵי גָד תַּקִּיף לַחֲדָא וַחֲזוֹ יָת אֲרַע יַעְזֵר וְיָת אֲרַע גִּלְעָד וְהָא אַתְרָא אֲתַר כְּשַׁר לְבֵית בְּעִיר: ב וַאֲתוֹ בְנֵי גָד וּבְנֵי רְאוּבֵן וַאֲמָרוּ לְמֹשֶׁה וּלְאֶלְעָזָר כַּהֲנָא וּלְרַבְרְבֵי כְּנִשְׁתָּא לְמֵימָר: ג מַכְלֶלְתָּא וּמַלְבֶּשְׁתָּא

רש"י

עגיל. נזמי אוזן: **וכומז.** דפוס של בית הרחם: **לכפר.** על הרהור הלב של בנות מדין (שהש"ר ד:ד; שבת סד.): **(ג) עטרות ודיבן וגו'.** מארץ סיחון ועוג היו:

RASHI ELUCIDATED

□ **עָגִיל** – this means **נִזְמֵי אֹזֶן – earrings;**[1]

□ **וְכוּמָז** – **AND KUMAZ,** this means **דְּפוּס שֶׁל בֵּית הָרֶחֶם – a plate on the area of the womb;**[2]

□ **לְכַפֵּר** – **TO ATONE** **עַל הִרְהוּר הַלֵּב – for thoughts of the heart** **שֶׁל בְּנוֹת מִדְיָן**[3] **– about the daughters of Midian.**[3]

32.

3. עֲטָרוֹת וְדִיבֹן וְגוֹמֵר – ATAROTH, AND DIBON, ETC. **מֵאֶרֶץ סִיחוֹן וְעוֹג הָיוּ – They were of the land of Sihon and Og.**[4]

1. See *Ezekiel* 16:12.

2. See Rashi to *Exodus* 35:22.

3. *Shir HaShirim Rabbah* 4:4; *Shabbos* 64a. "To atone" refers to all of the items of jewelry mentioned here, not only to the *kumaz* (see Rashi to *Berachos* 24a, s.v., עם תכשיטין שבחוץ).

4. This is clear from verses 33-34 below. Rashi states this here so that we should not think that these places had belonged to Midian, which was vanquished by Israel in the war mentioned in the preceding passage (see *Mizrachi; Sifsei Chachamim*).

וְיַעְזֵר וְנִמְרָה וְחֶשְׁבּוֹן וְאֶלְעָלֵה
ד וּשְׂבָם וּנְבוֹ וּבְעֹן: הָאָרֶץ אֲשֶׁר
הִכָּה יהוה לִפְנֵי עֲדַת יִשְׂרָאֵל
אֶרֶץ מִקְנֶה הִוא וְלַעֲבָדֶיךָ
ה מִקְנֶה: וַיֹּאמְרוּ אִם־
מָצָאנוּ חֵן בְּעֵינֶיךָ יֻתַּן אֶת־הָאָרֶץ
הַזֹּאת לַעֲבָדֶיךָ לַאֲחֻזָּה אַל־
ו תַּעֲבִרֵנוּ אֶת־הַיַּרְדֵּן: וַיֹּאמֶר מֹשֶׁה
לִבְנֵי־גָד וְלִבְנֵי רְאוּבֵן הַאַחֵיכֶם
יָבֹאוּ לַמִּלְחָמָה וְאַתֶּם תֵּשְׁבוּ
ז פֹה: וְלָמָּה °תנואון אֶת־לֵב בְּנֵי °תְנִיאוּן ק׳
יִשְׂרָאֵל מֵעֲבֹר אֶל־הָאָרֶץ אֲשֶׁר־
ח נָתַן לָהֶם יהוה: כֹּה עָשׂוּ אֲבֹתֵיכֶם
בְּשָׁלְחִי אֹתָם מִקָּדֵשׁ בַּרְנֵעַ לִרְאוֹת
ט אֶת־הָאָרֶץ: וַיַּעֲלוּ עַד־נַחַל
אֶשְׁכּוֹל וַיִּרְאוּ אֶת־הָאָרֶץ וַיָּנִיאוּ
אֶת־לֵב בְּנֵי יִשְׂרָאֵל לְבִלְתִּי־בֹא
אֶל־הָאָרֶץ אֲשֶׁר־נָתַן לָהֶם יהוה:

and Jazer, and Nimrah, and Heshbon, and Elealeh, and Sebam, and Nebo, and Beon — 4 the land that HASHEM smote before the assembly of Israel — it is a land for livestock, and your servants have livestock."

5 They said, "If we have found favor in your eyes, let this land be given to your servants as a heritage; do not bring us across the Jordan."

6 Moses said to the children of Gad and the children of Reuben, "Shall your brothers go out to battle while you settle here? 7 Why do you dissuade the heart of the Children of Israel from crossing to the land that HASHEM has given them? 8 This is what your fathers did, when I sent them from Kadesh-barnea to see the land. 9 They went up to the Valley of Eshcol and saw the land and they dissuaded the heart of the Children of Israel, not to come to the land that HASHEM has given them.

אונקלוס

וְכוּמְרִין וּבֵית (נ״א דְּבֵית) נִמְרִין וּבֵית חֶשְׁבָּנָא וּבַעֲלֵי דְבָבָא וְסִימָא (נ״א וְסִיעַת) (ו)בֵית קְבֻרְתָּא דְמֹשֶׁה וּבְעוֹן: ד אַרְעָא דִּי מְחָא יְיָ יָת יָתְבָהָא קֳדָם כְּנִשְׁתָּא דְיִשְׂרָאֵל אֲרַע כָּשְׁרָא לְבֵית בְּעִיר הִיא וּלְעַבְדָּיךְ אִית בְּעִיר: ה וַאֲמַרוּ אִם אַשְׁכַּחְנָא רַחֲמִין בְּעֵינָיךְ יִתְיְהַב יָת אַרְעָא הָדָא לְעַבְדָּיךְ לְאַחֲסָנָא לָא תַּעְבְּרִנָּנָא יָת יַרְדְּנָא: ו וַאֲמַר מֹשֶׁה לִבְנֵי גָד וְלִבְנֵי רְאוּבֵן הַאֲחֵיכוֹן יֵיתוּן לִקְרָבָא (נ״א יֵעֲלוּן לְאַגָּחָא קְרָבָא) וְאַתּוּן תֵּיתְבוּן הָכָא: ז וּלְמָא תוֹנוּן יָת לִבָּא דִבְנֵי יִשְׂרָאֵל מִלְּמֶעְבַּר לְאַרְעָא דִּיהַב לְהוֹן יְיָ: ח כְּדֵין עֲבָדוּ אֲבָהָתְכוֹן כַּד שְׁלָחִית יָתְהוֹן מֵרְקַם גֵּיאָה לְמֶחֱזֵי יָת אַרְעָא: ט וּסְלִיקוּ עַד נַחֲלָא דְאַתְכָּלָא וַחֲזוֹ יָת אַרְעָא וְאוֹנִיאוּ יָת לִבָּא דִבְנֵי יִשְׂרָאֵל בְּדִיל דְּלָא לְמֵעַל לְאַרְעָא דִּיהַב לְהוֹן יְיָ:

רש״י

(ו) האחיכם. לשון תמיהה הוא: **(ז) ולמה תניאון.** תסירו ותמניעו לבם מעבור, שיהיו סבורים שאתם יראים לעבור מפני המלחמה וחוזק הערים והעם: **(ח) מקדש ברנע.** כך שמה, ושתי קדש היו:

RASHI ELUCIDATED

6. **הַאַחֵיכֶם** – SHALL YOUR BROTHERS. **לְשׁוֹן תְּמִיהָה הוּא** – **This expresses a question.**[1]

7. **וְלָמָּה תְנִיאוּן** – WHY DO YOU DISSUADE? This means, **תְּסִירוּ וְתַמְנִיעוּ לִבָּם** – why do **you remove and hold back their heart** **"מֵעֲבוֹר"** – **"from crossing"?** **שֶׁיִּהְיוּ סְבוּרִים** – **For they will be under the impression** **שֶׁאַתֶּם יְרֵאִים לַעֲבוֹר** – **that you are afraid to cross** **מִפְּנֵי הַמִּלְחָמָה** – **because of the war** **וְחוֹזֶק הֶעָרִים וְהָעָם** – **and the strength of the towns and the people.**

8. **מִקָּדֵשׁ בַּרְנֵעַ** – FROM KADESH-BARNEA. **כָּךְ שְׁמָהּ** – **This was its name,**[2] **וּשְׁתֵּי קָדֵשׁ הָיוּ** – **and there were two** places named **Kadesh.**[3]

1. The ה of הַאַחֵיכֶם is the ה הַשְּׁאֵלָה, the ה which introduces a question. This ה prefix is usually vowelized with a *chataf patach*, הֲ. Rashi notes that here the ה introduces a question although it is vowelized with a full *patach*. This is so because the guttural letters, א, ה, ח, and ע, are not preceded by a *chataf patach* (*Meira Dachya*).

2. Verse 13:26 above states that the Israelite camp was located at "Kadesh" at the time of the sin of the spies, while our verse puts the location at "Kadesh-barnea." Rashi explains that they were the same place.

3. Kadesh-barnea mentioned here is a location in the wilderness from which Moses sent out the spies to the Land of Israel. But 34:4 below speaks of a Kadesh-barnea which is inside the land. Rashi explains that there were two places by that name (*Mesiach Ilmim*).

י וַיִּֽחַר־אַ֥ף יְהוָ֖ה בַּיּ֣וֹם הַה֑וּא וַיִּשָּׁבַ֖ע
יא לֵאמֹֽר׃ אִם־יִרְא֨וּ הָאֲנָשִׁ֜ים הָעֹלִ֣ים
מִמִּצְרַ֗יִם מִבֶּ֨ן עֶשְׂרִ֤ים שָׁנָה֙ וָמַ֔עְלָה
אֵ֚ת הָאֲדָמָ֔ה אֲשֶׁ֥ר נִשְׁבַּ֛עְתִּי
לְאַבְרָהָ֥ם לְיִצְחָ֖ק וּֽלְיַעֲקֹ֑ב כִּ֥י לֹֽא־
יב מִלְא֖וּ אַחֲרָֽי׃ בִּלְתִּ֞י כָּלֵ֤ב בֶּן־יְפֻנֶּה֙
הַקְּנִזִּ֔י וִיהוֹשֻׁ֖עַ בִּן־נ֑וּן כִּ֥י מִלְא֖וּ אַחֲרֵ֥י
יג יְהוָֽה׃ וַיִּֽחַר־אַ֤ף יְהוָה֙ בְּיִשְׂרָאֵ֔ל
וַיְנִעֵם֙ בַּמִּדְבָּ֔ר אַרְבָּעִ֖ים שָׁנָ֑ה עַד־
תֹּם֙ כָּל־הַדּ֔וֹר הָעֹשֶׂ֥ה הָרַ֖ע בְּעֵינֵ֥י
יד יְהוָֽה׃ וְהִנֵּ֣ה קַמְתֶּ֗ם תַּ֚חַת אֲבֹ֣תֵיכֶ֔ם
תַּרְבּ֖וּת אֲנָשִׁ֣ים חַטָּאִ֑ים לִסְפּ֣וֹת
ע֗וֹד עַ֛ל חֲר֥וֹן אַף־יְהוָ֖ה אֶל־יִשְׂרָאֵֽל׃
טו כִּ֤י תְשׁוּבֻן֙ מֵאַ֣חֲרָ֔יו וְיָסַ֣ף ע֔וֹד
לְהַנִּיח֖וֹ בַּמִּדְבָּ֑ר וְשִֽׁחַתֶּ֖ם לְכָל־הָעָ֥ם
טז הַזֶּֽה׃ וַיִּגְּשׁ֤וּ אֵלָיו֙ וַיֹּ֣אמְר֔וּ
גִּדְרֹ֥ת צֹ֛אן נִבְנֶ֥ה לְמִקְנֵ֖נוּ פֹּ֑ה וְעָרִ֖ים

[10] *The wrath of* HASHEM *burned on that day, and He swore saying,* [11] *'If these men who came up from Egypt — from the age of twenty years and above — will see the ground that I swore to Abraham, to Isaac, and to Jacob. . . for they have not followed Me fully,* [12] *except for Caleb son of Jephunneh, the Kenizzite, and Joshua son of Nun, for they followed* HASHEM *fully.'* [13] *The wrath of* HASHEM *burned against Israel and He made them wander in the wilderness for forty years, until the entire generation that did evil in the eyes of* HASHEM *ceased to exist.* [14] *Behold! — you have risen up in place of your fathers, a society of sinful people, to add more to the burning wrath of* HASHEM *against Israel.* [15] *For if you will turn away from after Him, He will again let it rest in the wilderness, and you will destroy this entire people."*

[16] *They approached him and said, "Enclosures for the flock we shall build here for our livestock and cities for*

אונקלוס

י וּתְקֵף רָגְזָא דַייָ בְּיוֹמָא הַהוּא וְקַיֵּים לְמֵימָר: יא אִם יֶחֱזוּן גֻּבְרַיָּא דִסְלִיקוּ מִמִּצְרַיִם מִבַּר עַסְרִין שְׁנִין וּלְעֵלָּא יָת אַרְעָא דִּי קַיֵּמִית לְאַבְרָהָם לְיִצְחָק וּלְיַעֲקֹב אֲרֵי לָא אַשְׁלִימוּ בָּתַר דַּחַלְתִּי: יב אֱלָהֵן כָּלֵב בַּר יְפֻנֶּה קְנִזָּאָה וִיהוֹשֻׁעַ בַּר נוּן אֲרֵי אַשְׁלִימוּ בָּתַר דַּחַלְתָּא דַייָ: יג וּתְקֵף רָגְזָא דַייָ בְּיִשְׂרָאֵל וּטְרָדִנּוּן (נ״א וְאַחֲרִנּוּן) בְּמַדְבְּרָא אַרְבְּעִין שְׁנִין עַד (דְּ)סַף כָּל דָּרָא דַּעֲבִיד דְּבִישׁ קֳדָם יְיָ: יד וְהָא קַמְתּוּן חֲלַף (נ״א בָּתַר) אֲבָהָתְכוֹן תַּלְמִידֵי גֻּבְרַיָּא חַיָּבַיָּא לְאוֹסָפָא עוֹד עַל תְּקוֹף רָגְזָא דַייָ לְיִשְׂרָאֵל: טו אֲרֵי תְתוּבוּן מִבָּתַר דַּחַלְתֵּהּ וְיוֹסֵף עוֹד לְאַחֲרוּתְהוֹן בְּמַדְבְּרָא וּתְחַבְּלוּן לְכָל עַמָּא הָדֵין: טז וּקְרִיבוּ לְוָתֵהּ וַאֲמָרוּ חַטְרִין דְּעָן נִבְנֵי לִבְעִירָנָא הָכָא וְקִרְוִין

רש״י

(יב) הקנזי. חורגו של קנז היה וילדה לו אמו של כלב את עתניאל (סוטה יא:): **(יג) וינעם.** ויטלטלם, מן נע ונד (בראשית ד:יב): **(יד) לספות.** כמו ספו שנה על שנה (ישעיה כט:א) עולותיכם ספו וגו' (ירמיה ז:כא), לשון תוספת: **(טז) נבנה למקננו פה.** חסים היו על ממונם

RASHI ELUCIDATED

12. הַקְּנִזִּי — THE KENIZZITE. Caleb was called this because **חוֹרְגוֹ שֶׁל קְנַז הָיָה — he was the stepson of Kenaz, וְיָלְדָה לוֹ אִמּוֹ שֶׁל כָּלֵב — and Caleb's mother bore to [Kenaz] אֶת עָתְנִיאֵל[1] — Othniel.**[1]

13. וַיְנִעֵם — AND HE MADE THEM WANDER. This means **וַיְטַלְטְלֵם — He moved them about.**[2] **מִן "נָע וָנָד"[3] —** It is **from** the same root as **נָע** in, **"a wanderer and an exile."**[3]

14. לִסְפּוֹת — TO ADD. כְּמוֹ "סְפוּ שָׁנָה עַל שָׁנָה"[4] — This is **like סְפוּ** in, **"Add year onto year,"**[4] and in **"עֹלוֹתֵיכֶם סְפוּ וְגוֹמֵר"[5] — "add your** ***olah*****-offerings, etc." לְשׁוֹן תּוֹסֶפֶת — It denotes adding.**[6]

16. נִבְנֶה לְמִקְנֵנוּ פֹּה — WE SHALL BUILD HERE FOR OUR LIVESTOCK. חָסִים הָיוּ עַל מָמוֹנָם — They were

1. *Sotah* 11b. Othniel son of Kenaz is called Caleb's brother in *Judges* 3:9. They were maternal half-brothers, for after Caleb's father Jephunneh died, his widow married Kenaz and bore him Othniel. Since Caleb was raised in the household of Kenaz he was called "the Kenizzite."

2. The root נוע means "to move." In other contexts it can mean "to stagger like a drunk" (see *Psalms* 107:27 and *Isaiah* 24:20) or "to tremble" (see *Exodus* 20:15 and Rashi there, s.v., וַיָּנֻעוּ). Neither of these meanings apply here.

3. *Genesis* 4:12.

4. *Isaiah* 29:1.

5. *Jeremiah* 7:21.

6. The root of לִסְפּוֹת is ספה, "to add," not סוף, "to put an end to." See Rashi to *Deuteronomy* 29:18, s.v., לְמַעַן סְפוֹת הָרָוָה and 32:23, s.v., אַסְפֶּה עָלֵימוֹ רָעוֹת.

יז לְטַפֵּ֑נוּ׃ וַאֲנַ֙חְנוּ֙ נֵחָלֵ֣ץ חֻשִׁ֔ים
לִפְנֵי֙ בְּנֵ֣י יִשְׂרָאֵ֔ל עַ֛ד אֲשֶׁ֥ר אִם־
הֲבִיאֹנֻ֖ם אֶל־מְקוֹמָ֑ם וְיָשַׁ֤ב טַפֵּ֙נוּ֙

our children. [17] We shall arm ourselves swiftly before the Children of Israel, until we will have brought them to their place, and our children will dwell

אונקלוס

לְטַפְלָנָא: יז וַאֲנַחְנָא נִזְדָּרֵז מַבְעִין קֳדָם בְּנֵי יִשְׂרָאֵל עַד דִּי נָעֲלִנּוּן לְאַתְרְהוֹן וְיִתֵּב טַפְלָנָא

רש"י

יותר מבניהם ובנותיהם, שהקדימו מקניהם לטפם. אמר להם משה לא כן, עשו העיקר עיקר והטפל טפל. בנו לכם תחלה ערים לטפכם ואחר כן גדרות לצאנכם (תנחומא ז): (יז) ואנחנו נחלץ חשים. נזדיין [ס"א נזדרז] מהירים, כמו מהר שלל חש בז (ישעיה ח:ג) ימהר יחישה (שם ה:יט): לפני בני ישראל. בראשי גייסות, מתוך שגבורים היו. שכן נאמר בגד, וטרף זרוע אף קדקד (דברים לג:כ). ואף משה חזר ופירש להם באלה הדברים ואצו אתכם בעת ההיא וגו' חלוצים תעברו לפני אחיכם בני ישראל כל בני חיל (דברים ג:יח), ובירחו כתיב והחלוץ הולך לפניהם (יהושע ו:יג) זה ראובן וגד שקיימו תנאם: וישב טפנו. בעודנו אצל אחינו, בערי המבצר שנבנה עכשיו:

RASHI ELUCIDATED

concerned for their property יוֹתֵר מִבְּנֵיהֶם וּבְנוֹתֵיהֶם – **more than** they were **for their sons and daughters,**[1] שֶׁהִקְדִּימוּ מִקְנֵיהֶם לְטַפָּם – **for they put** mention of **their livestock ahead of their children.** אָמַר לָהֶם מֹשֶׁה – **Moses said to them:** לֹא כֵן – **This is not right.** עֲשׂוּ הָעִקָּר עִקָּר – **Make that which is essential essential,** וְהַטָּפֵל טָפֵל – **and that which is secondary secondary.** בְּנוּ לָכֶם תְּחִלָּה עָרִים לְטַפְּכֶם – **First build cities for your children,** וְאַחַר כֵּן – **and afterward,** גְּדֵרוֹת לְצֹנַאֲכֶם – **enclosures for your penning.**[2]

17. וַאֲנַחְנוּ נֵחָלֵץ חֻשִׁים – This means נִזְדַּיֵּן מְהִירִים – **we shall arm ourselves**[3] **swiftly.** כְּמוֹ ,,מַהֵר שָׁלָל חָשׁ בַּז"[4] – The word חֻשִׁים **is like** חָשׁ in, **"Quick to pillage, swift to loot,"**[4] and like יָחִישָׁה in, ,,יְמַהֵר יָחִישָׁה"[5] – **"Let Him hurry, let Him hasten."**[5]

□ לִפְנֵי בְּנֵי יִשְׂרָאֵל – BEFORE THE CHILDREN OF ISRAEL, בְּרָאשֵׁי גְיָסוֹת – **at the head of the invading armies.**[6] מִתּוֹךְ שֶׁגִּבּוֹרִים הָיוּ – They made this offer **because they were mighty,**[7] שֶׁכֵּן נֶאֱמַר בְּגָד – **for indeed, it says of Gad,** ,,וְטָרַף זְרוֹעַ אַף קָדְקֹד"[8] – **"He will tear off arm, as well as head."**[8] וְאַף מֹשֶׁה חָזַר וּפֵרַשׁ לָהֶם – **And Moses also reiterated and stated** this **to them explicitly** בְּאֵלֶּה הַדְּבָרִים – **in** the *sidra Eileh HaDevarim:* ,,וָאֲצַו אֶתְכֶם בָּעֵת הַהִוא וְגוֹמֵר – **"I commanded you at that time, saying, etc.,** חֲלוּצִים תַּעַבְרוּ – **'Armed you shall cross** לִפְנֵי אֲחֵיכֶם בְּנֵי יִשְׂרָאֵל – **before your brothers, the Children of Israel,** כָּל בְּנֵי חָיִל"[9] – **all the men of the legion.' "**[9] וּבִירִיחוֹ כְּתִיב – **And at the** conquest of **Jericho it is written,** ,,וְהֶחָלוּץ הֹלֵךְ לִפְנֵיהֶם"[10] – **"And the armed battalion went before them."**[10] זֶה רְאוּבֵן וְגָד – **This** battalion **is** made up of the tribes of **Reuben and Gad,** שֶׁקִּיְּמוּ תְּנָאָם – **who kept their condition,** i.e., the condition of the agreement which they undertook.

□ וְיָשַׁב טַפֵּנוּ – AND OUR CHILDREN WILL DWELL, בְּעוֹדֵנוּ אֵצֶל אַחֵינוּ – **while we are at** the location of **our brothers,** ,,בְּעָרֵי הַמִּבְצָר" – **"in the fortified cities"** שֶׁנִּבְנֶה עַכְשָׁיו – **that we will build now.**[11]

1. Rashi here paraphrases verse 24 below. By doing so, he explains why Moses mentioned the children ahead of the animals in that verse, reversing the order used by the children of Gad and Reuben (see *Minchas Yehudah; Sifsei Chachamim*).

2. *Tanchuma* 7.

3. Some texts read נִזְדָּרֵז, quoting *Targum Onkelos*. The meaning is the same. Rashi discusses a related Aramaic word in his comments to *Genesis* 14:14, s.v., וַיָּרֶק.

4. *Isaiah* 8:3.

5. *Isaiah* 5:19.

6. The children of Gad and Reuben have just said that they will "arm themselves swiftly." We thus may have thought that "before the Children of Israel" is to be taken in a temporal sense, "earlier than the Children of Israel." Rashi explains that "before" here refers to location, "in front of."

7. This explains why the children of Gad and Reuben offered to go *before* their brothers, and not just *with* their brothers.

8. *Deuteronomy* 33:20.

9. *Deuteronomy* 3:18.

10. *Joshua* 6:13; see Rashi to v. 9 there.

11. The children of Gad and Reuben have just referred to the time in the future when they will have brought the rest of the Children of Israel to their place. We might therefore have thought that "and our children will dwell" also refers to that time. Rashi tells us that it refers to the period during which they conquered the Land (*Gur Aryeh*).

בְּעָרֵי הַמִּבְצָר מִפְּנֵי יֹשְׁבֵי הָאָרֶץ:
יח לֹא נָשׁוּב אֶל־בָּתֵּינוּ עַד הִתְנַחֵל
יט בְּנֵי יִשְׂרָאֵל אִישׁ נַחֲלָתוֹ: כִּי לֹא
נִנְחַל אִתָּם מֵעֵבֶר לַיַּרְדֵּן וָהָלְאָה כִּי
בָאָה נַחֲלָתֵנוּ אֵלֵינוּ מֵעֵבֶר הַיַּרְדֵּן
מִזְרָחָה:
כ שביעי [רביעי] וַיֹּאמֶר אֲלֵיהֶם מֹשֶׁה אִם־
תַּעֲשׂוּן אֶת־הַדָּבָר הַזֶּה אִם־תֵּחָלְצוּ
כא לִפְנֵי יהוה לַמִּלְחָמָה: וְעָבַר לָכֶם
כָּל־חָלוּץ אֶת־הַיַּרְדֵּן לִפְנֵי יהוה עַד
כב הוֹרִישׁוֹ אֶת־אֹיְבָיו מִפָּנָיו: וְנִכְבְּשָׁה
הָאָרֶץ לִפְנֵי יהוה וְאַחַר תָּשֻׁבוּ
וִהְיִיתֶם נְקִיִּם מֵיהוה וּמִיִּשְׂרָאֵל
וְהָיְתָה הָאָרֶץ הַזֹּאת לָכֶם לַאֲחֻזָּה
כג לִפְנֵי יהוה: וְאִם־לֹא תַעֲשׂוּן כֵּן הִנֵּה
חֲטָאתֶם לַיהוה וּדְעוּ חַטַּאתְכֶם
כד אֲשֶׁר תִּמְצָא אֶתְכֶם: בְּנוּ־לָכֶם
עָרִים לְטַפְּכֶם וּגְדֵרֹת לְצֹנַאֲכֶם

in the fortified cities in face of the inhabitants of the land. [18] *We shall not return to our homes until the Children of Israel will have inherited, every man his inheritance;* [19] *for we shall not inherit with them across the Jordan and beyond, for our inheritance will have come to us on the east side of the Jordan."*

[20] *Moses said to them, "If you do this thing, if you arm yourselves before* HASHEM *for the battle,* [21] *and every armed man among you shall cross the Jordan before* HASHEM, *until He drives out His enemies before Him,* [22] *and the Land shall be conquered before* HASHEM, *and then you shall return. Then you shall be vindicated from* HASHEM *and from Israel, and this land shall be a heritage for you before* HASHEM. [23] *But if you do not do so, behold! — you will have sinned to* HASHEM; *know your sin that will encounter you.* [24] *Build for yourselves cities for your children and enclosures for your penning,*

אונקלוס

בְּקִרְוִין כְּרִיכָן מִן קֳדָם יָתְבֵי אַרְעָא: יח לָא נְתוּב לְבֵיתָנָא עַד דְּיַחְסְנוּן בְּנֵי יִשְׂרָאֵל גְּבַר אַחְסַנְתֵּהּ: יט אֲרֵי לָא נַחְסִין עִמְּהוֹן מֵעִבְרָא לְיַרְדְּנָא וּלְהָלָא אֲרֵי קַבֵּלְנָא אַחְסַנְתָּנָא לָנָא מֵעִבְרָא לְיַרְדְּנָא מַדִּינְחָא: כ וַאֲמַר לְהוֹן מֹשֶׁה אִם תַּעְבְּדוּן יָת פִּתְגָמָא הָדֵין אִם תִּזְדָּרְזוּן קֳדָם עַמָּא דַייָ לִקְרָבָא: כא וְיִעְבַּר לְכוֹן כָּל דִּמְזָרַז יָת יַרְדְּנָא קֳדָם עַמָּא דַייָ עַד דִּיתָרֵךְ יָת בַּעֲלֵי דְבָבוֹהִי מִן קֳדָמוֹהִי: כב וְתִתְכְּבֵשׁ אַרְעָא קֳדָם עַמָּא דַייָ וּבָתַר כֵּן תְּתוּבוּן וּתְהוֹן זַכָּאִין מִן קֳדָם יְיָ וּמִיִּשְׂרָאֵל וּתְהֵי אַרְעָא הָדָא לְכוֹן לְאַחֲסָנָא קֳדָם יְיָ: כג וְאִם לָא תַעְבְּדוּן כֵּן הָא חַבְתּוּן קֳדָם יְיָ וּדְעוּ חוֹבַתְכוֹן דִּי תַשְׁכַּח יָתְכוֹן: כד בְּנוּ לְכוֹן קִרְוִין לְטַפְלְכוֹן וְחַטְרִין לְעָנְכוֹן

רש"י

(יט) מעבר לירדן והלאה. בעבר המערבי: כי באה נחלתנו. כבר קבלנוה בעבר המזרחי: (כד) לצנאכם. תיבה זו מגזרת צנה ואלפים כלם (תהלים ח:ח) שאין בו אל"ף מפסיק בין נו"ן לצד"י, ואל"ף שבא כאן אחר הנו"ן במקום ה"א של צנה הוא. מיסודו של רבי משה

RASHI ELUCIDATED

19. מֵעֵבֶר לַיַּרְדֵּן וָהָלְאָה – ACROSS (literally, "from the side of") **THE JORDAN AND BEYOND,** that is, **בָּעֵבֶר הַמַּעֲרָבִי – on the western side.**

□ **כִּי בָאָה נַחֲלָתֵנוּ – FOR OUR INHERITANCE WILL HAVE COME. כְּבָר קִבַּלְנוּהָ – We will have already received it בָּעֵבֶר הַמִּזְרָחִי – on the eastern side.**[1]

24. לְצֹנַאֲכֶם – FOR YOUR PENNING. תֵּיבָה זוֹ – This word מִגִּזְרַת ,,צֹנֶּה וַאֲלָפִים כֻּלָּם"[2] – is related to צֹנֶּה in, "They are all penning and cattle,"[2] שֶׁאֵין בּוֹ אָלֶ"ף מַפְסִיק בֵּין נוּ"ן לַצַּדִּ"י – for it has no א interposing between the נ and the צ.[3] וְאָלֶ"ף שֶׁבָּא כָּאן אַחַר הַנּוּ"ן – The א, which here follows the נ, בִּמְקוֹם הֵ"א שֶׁל צֹנֶּה הוּא – is in place of the ה of צֹנֶּה.[4] מִיסוֹדוֹ שֶׁל רַבִּי מֹשֶׁה

1. When the word בָּאָה is accented on the first syllable, as it is here, it is in the past tense. When it is accented on the second syllable, בָּאָה, it is in the present. Rashi also makes this point in his comments to *Genesis* 15:17, 29:6, 42:21, 46:26; and *Ezekiel* 7:5 and 7:7. He makes similar points in his comments to *Genesis* 18:20, *Isaiah* 26:11, *Ruth* 1:15, and *Nehemiah* 9:7 (*Imrei Shefer*).

2. *Psalms* 8:8; see Rashi there.

3. Elsewhere in Scripture, "flock" is expressed by צֹאן, with the letter א preceding the ן. Had our word meant "for your flock" it would have been spelled צֹאנְכֶם (as in *Exodus* 10:24).

4. According to Rashi, צֹנַאֲכֶם is not a form of צֹאן, "flock," with the א and נ inverted. It is a form of צֹנֶּה, "making pens" or "penning" (*Havanas HaMikra*).

כה וְהַיֹּצֵ֥א מִפִּיכֶ֖ם תַּעֲשֽׂוּ׃ וַיֹּ֤אמֶר
בְּנֵי־גָד֙ וּבְנֵ֣י רְאוּבֵ֔ן אֶל־מֹשֶׁ֖ה
לֵאמֹ֑ר עֲבָדֶ֣יךָ יַעֲשׂ֔וּ כַּאֲשֶׁ֥ר אֲדֹנִ֖י
כו מְצַוֶּֽה׃ טַפֵּ֣נוּ נָשֵׁ֔ינוּ מִקְנֵ֖נוּ וְכָל־
בְּהֶמְתֵּ֑נוּ יִֽהְיוּ־שָׁ֖ם בְּעָרֵ֥י הַגִּלְעָֽד׃
כז וַעֲבָדֶ֨יךָ יַעַבְר֜וּ כָּל־חֲל֥וּץ צָבָ֛א
לִפְנֵ֥י יְהוָ֖ה לַמִּלְחָמָ֑ה כַּאֲשֶׁ֥ר אֲדֹנִ֖י
כח דֹּבֵֽר׃ וַיְצַ֤ו לָהֶם֙ מֹשֶׁ֔ה אֵ֚ת אֶלְעָזָ֣ר

and what has come from your mouth shall you do."
25 The children of Gad and the children of Reuben said to Moses, saying, "Your servants shall do as my lord commands. 26 Our children, our wives, our livestock, and all our animals will be there in the cities of the Gilead. 27 And your servants shall cross over — every armed person of the army — before HASHEM, *to do battle, as my lord speaks."*
28 Moses put in charge over them Elazar

אונקלוס

וּדְיִפּוֹק מִפּוּמְכוֹן תַּעְבְּדוּן: כה וַאֲמָרוּ בְּנֵי גָד וּבְנֵי רְאוּבֵן לְמֹשֶׁה לְמֵימַר עַבְדָּיךְ יַעְבְּדוּן כְּמָא דִי רִבּוֹנִי מְפַקֵּד: כו טַפְלָנָא נְשָׁנָא גֵּיתָנָא וְכָל בְּעִירָנָא יְהוֹן תַּמָּן בְּקִרְוֵי גִלְעָד: כז וְעַבְדָּיךְ יַעְבְּרוּן כָּל מְזָרַז חֵילָא קֳדָם עַמָּא דַייָ לִקְרָבָא כְּמָא דִי רִבּוֹנִי מְמַלֵּל: כח וּפַקִּיד לְהוֹן מֹשֶׁה יָת אֶלְעָזָר

רש"י

הדרשן למדתי כן: **והיוצא מפיכם [תעשו].** לגבוה, שקבלתם עליכם לעבור למלחמה עד כבוש וחלוק. שמשה לא בקש מהם אלא ונכבשה ואחר תשובו, והם קבלו עליהם עד התנחל, הרי הוסיפו להתעכב שבע שחלקו, וכן עשו: **(כה) ויאמר בני גד.** כלם כאיש אחד: **(כח) ויצו להם.** כמו עליהם, [שעליהם] ועל תנאם

RASHI ELUCIDATED

הַדַּרְשָׁן לָמַדְתִּי כֵּן – **I have learned thus from the treatise of R' Moshe HaDarshan.**[1]

□ וְהַיֹּצֵא מִפִּיכֶם {תַּעֲשׂוּ} – **AND WHAT HAS COME FROM YOUR MOUTH {SHALL YOU DO}** לַגָּבוֹהַּ – **for** Him Who is on **High,**[2] שֶׁקִּבַּלְתֶּם עֲלֵיכֶם – **because you took upon yourselves** לַעֲבוֹר – **to cross** the Jordan לַמִּלְחָמָה – **for war** עַד כִּבּוּשׁ – **until the** completion of the **conquest** of the land וְחִלּוּק – **and** its **division** among the Tribes. שֶׁמֹּשֶׁה לֹא בִקֵּשׁ מֵהֶם אֶלָּא – **For Moses asked of them only** "וְנִכְבְּשָׁה . . . וְאַחַר תָּשֻׁבוּ"[3] – **"and** [the Land] **shall be conquered . . . and then you shall return,"**[3] וְהֵם קִבְּלוּ עֲלֵיהֶם – **but they took upon themselves** "עַד הִתְנַחֵל"[4] – **"until** [the Children of Israel] **will have inherited."**[4] הֲרֵי הוֹסִיפוּ – **See now, that they added** to the terms of the agreement לְהִתְעַכֵּב – by taking upon themselves **to delay** and not return to their homes שֶׁבַע – during the **seven** years שֶׁחִלְּקוּ – **that [the Israelites] divided** the land. וְכֵן עָשׂוּ – **And so did they do,** i.e., they kept their word.[5]

25. וַיֹּאמֶר בְּנֵי גָד – **THE CHILDREN OF GAD [AND THE CHILDREN OF REUBEN] SAID,** כֻּלָּם כְּאִישׁ אֶחָד – **all of them as one man.**[6]

28. וַיְצַו לָהֶם – **[MOSES] PUT IN CHARGE OVER THEM.** כְּמוֹ עֲלֵיהֶם – The word לָהֶם here has the same meaning **as** עֲלֵיהֶם, **"over them."**[7] The verse means {שֶׁעֲלֵיהֶם}[8] וְעַל תְּנָאָם – **{that over them}**[8] **and over**

1. See page 74, note 5, above.

2. "And what has come from your mouth shall you do" seems superfluous. It implies that in addition to what the children of Gad and Reuben must do because of their obligations to the rest of the nation, they also have an obligation of a non-contractual nature, which they must keep only because of their duty to God to fulfill that which "has come out from their mouths." This is their commitment to stay on until the land has been allocated, even though Moses demanded only that they stay until it was conquered (see *Be'er Mayim Chaim*).

וְהַיֹּצֵא מִפִּיכֶם תַּעֲשׂוּ "and what has come from your mouth shall you do," is seen as an allusion to 30:3 above, כְּכָל הַיֹּצֵא מִפִּיו יַעֲשֶׂה, "according to whatever comes from his mouth shall he do," the commandment to keep vows (see *Mizrachi; Sifsei Chachamim*).

3. Above v. 22.

4. Above v. 18.

5. Since Moses did not make explicit mention in the preceding verses of the commitment of the tribes of Gad and Reuben to stay until the land had been allotted, we might have thought that "what has come from your mouth shall you do" referred to the essential part of their commitment, to be in the vanguard of the conquering army. Rashi alludes to chapter 22 of the Book of *Joshua,* which states explicitly that these tribes stayed until the land had been allocated. This indicates that it was this element of their commitment to which Moses referred here (see *Mizrachi; Sifsei Chachamim*).

6. This explains why the verse uses the singular וַיֹּאמֶר, literally, "he said," rather than the plural וַיֹּאמְרוּ, "they said" (*Minchas Yehudah; Sifsei Chachamim*).

7. The word usually means "to them."

8. The words in braces appear in the Alkabetz and Zamora editions.

the Kohen, and Joshua son of Nun, and the heads of the fathers of the tribes of Israel. [29] *Moses said to them, "If the children of Gad and children of Reuben will cross the Jordan with you — everyone armed for battle before* HASHEM *— and the land is conquered before you, you shall give them the land of Gilead as a heritage.* [30] *But if they do not cross over, armed, with you, then they will take [their] heritage among you in the land of Canaan."*

[31] *The children of Gad and the children of Reuben spoke up, saying, "As* HASHEM *has spoken to your servants, so shall we do.* [32] *We shall cross over, armed, before* HASHEM *to the land of Canaan, and ours shall be the heritage of our inheritance across the Jordan."*

[33] *So Moses gave to them — to the children of Gad, and to the children of Reuben, and to half the tribe of Manasseh son of Joseph — the kingdom of Sihon king of the Amorite, and the kingdom of Og king of the Bashan; the land with its cities in the boundaries, and the cities of the surrounding land.*

הַכֹּהֵן וְאֵת יְהוֹשֻׁעַ בִּן־נוּן וְאֶת־
רָאשֵׁי אֲבוֹת הַמַּטּוֹת לִבְנֵי יִשְׂרָאֵל:
כט וַיֹּאמֶר מֹשֶׁה אֲלֵהֶם אִם־יַעַבְרוּ בְנֵי־
גָד וּבְנֵי־רְאוּבֵן ׀ אִתְּכֶם אֶת־הַיַּרְדֵּן
כָּל־חָלוּץ לַמִּלְחָמָה לִפְנֵי יהוה
וְנִכְבְּשָׁה הָאָרֶץ לִפְנֵיכֶם וּנְתַתֶּם
לָהֶם אֶת־אֶרֶץ הַגִּלְעָד לַאֲחֻזָּה:
ל וְאִם־לֹא יַעַבְרוּ חֲלוּצִים אִתְּכֶם
לא וְנֹאחֲזוּ בְתֹכְכֶם בְּאֶרֶץ כְּנָעַן: וַיַּעֲנוּ
בְנֵי־גָד וּבְנֵי רְאוּבֵן לֵאמֹר אֵת
אֲשֶׁר דִּבֶּר יהוה אֶל־עֲבָדֶיךָ כֵּן
לב נַעֲשֶׂה: נַחְנוּ נַעֲבֹר חֲלוּצִים לִפְנֵי
יהוה אֶרֶץ כְּנָעַן וְאִתָּנוּ אֲחֻזַּת
לג נַחֲלָתֵנוּ מֵעֵבֶר לַיַּרְדֵּן: וַיִּתֵּן לָהֶם ׀
מֹשֶׁה לִבְנֵי־גָד וְלִבְנֵי רְאוּבֵן
וְלַחֲצִי ׀ שֵׁבֶט ׀ מְנַשֶּׁה בֶן־יוֹסֵף אֶת־
מַמְלֶכֶת סִיחֹן מֶלֶךְ הָאֱמֹרִי וְאֶת־
מַמְלֶכֶת עוֹג מֶלֶךְ הַבָּשָׁן הָאָרֶץ
לְעָרֶיהָ בִּגְבֻלֹת עָרֵי הָאָרֶץ סָבִיב:

אונקלוס

כַּהֲנָא וְיָת יְהוֹשֻׁעַ בַּר נוּן וְיָת רֵישֵׁי אֲבָהַת שִׁבְטַיָּא לִבְנֵי יִשְׂרָאֵל: כט וַאֲמַר מֹשֶׁה לְהוֹן אִם יַעְבְּרוּן בְּנֵי גָד וּבְנֵי רְאוּבֵן עִמְּכוֹן יָת יַרְדְּנָא כָּל דִּמְזָרַז לִקְרָבָא קֳדָם עַמָּא דַייָ וְתִתְכְּבֵשׁ אַרְעָא קֳדָמֵיכוֹן וְתִתְּנוּן לְהוֹן יָת אַרְעָא דְגִלְעָד לְאַחֲסָנָא: ל וְאִם לָא יַעְבְּרוּן מְזָרְזִין עִמְּכוֹן וְיַחְסְנוּן בֵּינֵיכוֹן בְּאַרְעָא דִכְנָעַן: לא וַאֲתִיבוּ בְנֵי גָד וּבְנֵי רְאוּבֵן לְמֵימַר יָת דִּי מַלִּיל יְיָ לְעַבְדָּיךְ כֵּן נַעְבֵּד: לב נַחְנָא נִעְבַּר מְזָרְזִין קֳדָם עַמָּא דַייָ לְאַרְעָא דִכְנָעַן וְעִמָּנָא אֲחוּדַת אַחֲסַנְתָּנָא מֵעִבְרָא לְיַרְדְּנָא: לג וִיהַב לְהוֹן מֹשֶׁה לִבְנֵי גָד וְלִבְנֵי רְאוּבֵן וּלְפַלְגוּת שִׁבְטָא דִמְנַשֶּׁה בַּר יוֹסֵף יָת מַלְכוּתָא דְסִיחוֹן מַלְכָּא דֶאֱמוֹרָאָה וְיָת מַלְכוּתָא דְעוֹג מַלְכָּא דְמַתְנָן אַרְעָא לְקִרְוָהָא בִּתְחוּמִין קִרְוֵי אַרְעָא סְחוֹר סְחוֹר:

רש"י

מנה [את] אלעזר ויהושע, כמו ה' ילחם לכם (שמות יד:יד): **(לב) ואתנו אחזת נחלתנו.** כלומר בידינו וברשותנו תהי אחזת נחלתנו מעבר הזה:

RASHI ELUCIDATED

their stipulation, i.e., the obligations they undertook, מִנָּה {אֶת} אֶלְעָזָר וִיהוֹשֻׁעַ – **he appointed Elazar and Joshua.** כְּמוֹ „ה' יִלָּחֵם לָכֶם"[1] – The **ל** of the word **לָהֶם** here functions **like** the **ל** of **לָכֶם** in, **"HASHEM will do battle on your behalf."**[1]

32. וְאִתָּנוּ אֲחֻזַּת נַחֲלָתֵנוּ – **AND OURS SHALL BE** (literally, "and with us") **THE HERITAGE OF OUR INHERITANCE.** כְּלוֹמַר – **That is to say,** בְּיָדֵינוּ – **in our hand** וּבִרְשׁוּתֵנוּ – **and under our control** תְּהִי אֲחֻזַּת נַחֲלָתֵנוּ – **shall be**[2] **the heritage of our inheritance** מֵעֵבֶר הַזֶּה – **on this side** of the Jordan.[3]

1. *Exodus* 14:14; see Rashi there. There, too, the ל prefix of לָכֶם does not mean "to" as it usually does.

2. Rashi adds the verb in the future, for the children of Gad and Reuben did not mean that they had *already* taken possession of their inheritance (see *Mizrachi; Sifsei Chachamim*).

3. "And with us the heritage . . ." does not mean that the heritage would accompany them to battle (*Mizrachi; Sifsei Chachamim*).

[34] The children of Gad built Dibon, and Ataroth, and Aroer; [35] and Atroth-shophan, and Jazer, and Jogbehah; [36] and Beth-nimrah, and Beth-haran — fortified cities and enclosures for the flock. [37] The children of Reuben built Heshbon, and Elealeh, and Kiriathaim; [38] and Nebo and Baal-meon with altered names, and Sibmah; and they called [them] by [other] names [instead of] the names of the cities that they built. [39] The children of Machir son of Manasseh went to Gilead and occupied it, and drove out

לד וַיִּבְנוּ בְנֵי־גָד אֶת־דִּיבֹן וְאֶת־עֲטָרֹת
לה וְאֵת עֲרֹעֵר: וְאֶת־עַטְרֹת שׁוֹפָן וְאֶת־
לו יַעְזֵר וְיָגְבְּהָה: וְאֶת־בֵּית נִמְרָה וְאֶת־
בֵּית הָרָן עָרֵי מִבְצָר וְגִדְרֹת צֹאן:
לז וּבְנֵי רְאוּבֵן בָּנוּ אֶת־חֶשְׁבּוֹן וְאֶת־
לח אֶלְעָלֵא וְאֵת קִרְיָתָיִם: וְאֶת־נְבוֹ
וְאֶת־בַּעַל מְעוֹן מוּסַבֹּת שֵׁם וְאֶת־
שִׂבְמָה וַיִּקְרְאוּ בְשֵׁמֹת אֶת־שְׁמוֹת
לט הֶעָרִים אֲשֶׁר בָּנוּ: וַיֵּלְכוּ בְּנֵי מָכִיר
בֶּן־מְנַשֶּׁה גִּלְעָדָה וַיִּלְכְּדֻהָ וַיּוֹרֶשׁ

אונקלוס

לד וּבְנוֹ בְנֵי גָד יָת דִּיבוֹן וְיָת עֲטָרוֹת וְיָת עֲרֹעֵר: לה וְיָת עַטְרוֹת שׁוֹפָן וְיָת יַעְזֵר וְיָגְבְּהָה (נ״א וְרָמָתָא): לו וְיָת בֵּית נִמְרָה וְיָת בֵּית הָרָן קִרְוִין כְּרִיכָן וְחַטְרִין דְּעָן: לז וּבְנֵי רְאוּבֵן בְּנוֹ יָת חֶשְׁבּוֹן וְיָת אֶלְעָלֵא וְיָת קִרְיָתָיִם: לח וְיָת נְבוֹ וְיָת בַּעַל מְעוֹן מַקְּפָן שְׁמָהָן וְיָת שִׂבְמָה וּקְרוֹ בִשְׁמָהָן יָת שְׁמָהַת קִרְוַיָּא דִּי בְנוֹ: לט וַאֲזַלוּ בְּנֵי מָכִיר בַּר מְנַשֶּׁה לְגִלְעָד וְכַבְשׁוּהָ וְתָרֵיךְ

רש״י

(לו) ערי מבצר וגדרת צאן. זה סוף הפסוק מוסב על תחלת המלה, ויבנו בני גד את הערים הללו להיות ערי מבצר וגדרות לאן: **(לח) ואת נבו ואת בעל מעון מוסבת שם.** נבו ובעל מעון שמות עבודה זרה הם, והיו האמוריים קורים עריהם על שם ע״ז שלהם, ובני ראובן הסבו את שמם לשמות אחרים. וזהו מוסבות שם, נבו ובעל מעון [בנו] מוסבות לשם אחר: **ואת שבמה.** בנו שבמה [ס״א בשמה], והיא שבם האמורה למעלה: **(לט) ויורש.** כתרגומו, ותריך. שתיבת רש משמשת שתי מחלקות,

RASHI ELUCIDATED

36. עָרֵי מִבְצָר וְגִדְרֹת צֹאן – FORTIFIED CITIES AND ENCLOSURES FOR THE FLOCK. זֶה סוֹף הַפָּסוּק – **This end of the verse** מוּסָב עַל תְּחִלַּת הַמִּלָּה – **refers to the beginning of the statement** as follows: ,,וַיִּבְנוּ בְּנֵי גָד''[1] – **"The children of Gad built"**[1] אֶת הֶעָרִים הַלָּלוּ – **these cities**[2] לִהְיוֹת ,,עָרֵי מִבְצָר וְגִדְרוֹת צֹאן'' – **to be "fortified cities and enclosures for flock."**[3]

38. וְאֶת נְבוֹ וְאֶת בַּעַל מְעוֹן מוּסַבֹּת שֵׁם – AND NEBO AND BAAL-MEON WITH ALTERED NAMES. נְבוֹ וּבַעַל מְעוֹן שְׁמוֹת עֲבוֹדָה זָרָה הֵם – **"Nebo" and "Baal-meon" are names of pagan deities,** וְהָיוּ הָאֱמוֹרִיִּים קוֹרִים עָרֵיהֶם – **and the Amorites would call their cities** עַל שֵׁם עֲבוֹדָה זָרָה שֶׁלָּהֶם – **by the name of their pagan deity.** וּבְנֵי רְאוּבֵן הֵסַבּוּ אֶת שְׁמָם – **The sons of Reuben altered their name** לִשְׁמוֹת אֲחֵרִים – **to other names.** ,,וְזֶהוּ מוּסַבֹּת שֵׁם'' – **And this is** the meaning of **"with altered names":** נְבוֹ וּבַעַל מְעוֹן {בָּנוּ} מוּסַבּוֹת – **"Nebo" and "Baal-meon" {they built} altered** לְשֵׁם אַחֵר – **to another name.** □ וְאֶת שִׂבְמָה – AND SIBMAH. בָּנוּ שִׂבְמָה – **They built Sibmah.**[4] וְהִיא שְׂבָם הָאֲמוּרָה לְמַעְלָה – **It is Sebam which is mentioned above.**[5]

39. וַיּוֹרֶשׁ – This is to be understood כְּתַרְגּוּמוֹ – **as** ***Targum*** **Onkelos renders it:** ,,וְתָרֵיךְ'' – **"and drove out."** שֶׁתֵּיבַת רֵשׁ – **For the word** רֵשׁ מְשַׁמֶּשֶׁת שְׁתֵּי מַחְלָקוֹת – **functions in two distinct**

1. Above v. 34.

2. That is, the eight cities named in verses 34-36.

3. "Fortified cities and enclosures for the flock" does not refer only to Beth-nimrah and Beth-haran of the same verse. It refers to the entire list of cities built by the children of Gad; all of them were meant to be "fortified cities and enclosures for the flock" (*Sefer Zikaron*).

Alternatively, the passage could be read as stating that the children of Gad built these cities, which already were "fortified cities and enclosures for the flock" at the time of the building. But if so, it would seem that no further construction would be necessary. Thus, "fortified cities and enclosures for the flock" is seen as directly linked to "the children of Gad built" of verse 34 — "the children of Gad built [these cities] *to be* fortified cities and enclosures for the flock" (*Mizrachi; Sifsei Chachamim*).

4. "Sibmah" is linked only to בָּנוּ, "they built," of verse 37, not to מוּסַבּוֹת שֵׁם ("with altered names") which precedes it (*Minchas Yehudah; Sifsei Chachamim*). The name of "Sibmah" was not changed.

This is stated more directly in the version of the text found in the Reggio di Calabria and Zamora editions and preferred by *Yosef Daas*: בָּנוּ בִשְׁמָהּ, "they built with its name," in place of בָּנוּ שִׂבְמָה, "they built Sibmah" (*Yosef Hallel;* see also *Yosef Daas*).

5. In v. 3.

מ אֶת־הָאֱמֹרִי אֲשֶׁר־בָּהּ: מפטיר וַיִּתֵּן
מֹשֶׁה אֶת־הַגִּלְעָד לְמָכִיר בֶּן־מְנַשֶּׁה
מא וַיֵּשֶׁב בָּהּ: וְיָאִיר בֶּן־מְנַשֶּׁה הָלַךְ
וַיִּלְכֹּד אֶת־חַוֹּתֵיהֶם וַיִּקְרָא אֶתְהֶן
מב חַוֺּת יָאִיר: וְנֹבַח הָלַךְ וַיִּלְכֹּד אֶת־קְנָת
וְאֶת־בְּנֹתֶיהָ וַיִּקְרָא לָה נֹבַח בִּשְׁמוֹ:

the Amorite who were in it. [40] Moses gave the Gilead to Machir son of Manasseh and he settled in it. [41] Jair son of Manasseh went and occupied their villages, and called them "the villages of Jair." [42] Nobah went and occupied Kenath and her suburbs, and called it Nobah, after his name.

THE HAFTARAH FOR MATTOS APPEARS ON PAGE 448.

The Haftarah is read for Mattos only when Mattos and Masei are not read together. However, during most years Mattos and Masei are read together and the Haftarah of Masei, page 449, is then read.

אונקלוס

יָת אֱמוֹרָאָה דִי בַהּ: מ וִיהַב מֹשֶׁה יָת גִּלְעָד לְמָכִיר בַּר מְנַשֶּׁה וִיתֵב בַּהּ: מא וְיָאִיר בַּר מְנַשֶּׁה אֲזַל וּכְבַשׁ
יָת כַּפְרָנֵיהוֹן וּקְרָא יָתְהוֹן כַּפְרָנֵי יָאִיר: מב וְנֹבַח אֲזַל וּכְבַשׁ יָת קְנָת וְיָת כַּפְרָנָהָא וּקְרָא לַהּ נֹבַח בִּשְׁמֵהּ:

רש"י

לשון ירושה ולשון הורשה, שהוא טירוד ותירוך: (מא) חותיהם. כפרניהון: ויקרא אתהן חות יאיר. לפי שלא היו לו בנים קראם בשמו לזכרון: (מב) ויקרא לה נבח. לה אינו מפיק ה"א. וראיתי ביסודו של רבי משה הדרשן לפי שלא נתקיים לה שם זה לפיכך הוא רפה, שמשמע מדרשו כמו לא. ותמהני מה ידרוש בשתי תיבות הדומות לה, ויאמר לה בועז (רות ב:יד) לבנות לה בית (זכריה ה:יא):

RASHI ELUCIDATED

ways, לְשׁוֹן יְרוּשָׁה – as **an expression of inheriting,** וּלְשׁוֹן הוֹרָשָׁה – **and** as **an expression of expelling,** שֶׁהוּא טֵרוּד וְתֵרוּךְ – **which is harassment and driving out.**[1]

41. חַוֹּתֵיהֶם – This is to be understood as *Targum Onkelos* renders it, "כַּפְרָנֵיהוֹן" – **their villages.**

□ וַיִּקְרָא אֶתְהֶן חַוֹּת יָאִיר – AND CALLED THEM "THE VILLAGES OF JAIR." לְפִי שֶׁלֹּא הָיוּ לוֹ בָּנִים – **Because he did not have children,** קְרָאָם בִּשְׁמוֹ – **he called them by his name,** לְזִכָּרוֹן – **as a memorial.**[2]

42. וַיִּקְרָא לָה נֹבַח – AND CALLED IT NOBAH. "לָה" אֵינוֹ מַפִּיק הֵ"א – The letter ה of **the word** לָה (the direct object "it") **is not marked with a *dagesh*.**[3] וְרָאִיתִי בִּיסוֹדוֹ שֶׁל רַבִּי מֹשֶׁה הַדַּרְשָׁן – **I have seen in the treatise of R' Moshe HaDarshan**[4] that this is so לְפִי שֶׁלֹּא נִתְקַיֵּם לָהּ שֵׁם זֶה – **because this name did not last for it.** לְפִיכָךְ הוּא רָפֶה – **This is why it is weak,**[5] שֶׁמַּשְׁמַע מִדְרָשׁוֹ כְּמוֹ "לָא" – **for the implication of the way it is expounded is** that it is **like** the Aramaic word לָא, **"no."**[6] וּתְמֵהַנִי – **But I am puzzled.** מַה יִּדְרוֹשׁ – **What will [R' Moshe HaDarshan] expound** בִּשְׁתֵּי תֵיבוֹת – **regarding the two words** in Scripture הַדּוֹמוֹת לָה – **which are similar to [**לָה of our verse], namely, the words לָה in, "וַיֹּאמֶר לָה בֹעַז"[7] – **"And Boaz said to her,"**[7] and in, "לִבְנוֹת לָה בַיִת"[8] – **"to build her a house"?**[8]

1. See Rashi to 14:12 above, s.v., וְאוֹרִשֶׁנּוּ, and to 14:24 above, s.v., יוֹרִשֶׁנָּה.

2. Rashi is explaining why Jair did not call his villages by his son's name as Cain had done in *Genesis* 4:17.

3. מַפִּיק is Aramaic for מוֹצִיא, "brings forth." A מַפִּיק הֵא is a ה marked with a *dagesh*. Such a ה is "brought forth," i.e., pronounced as a full consonant, with the same sound as the English letter H, even though it is at the end of a word. When the suffix ה is used for "her" or "it," the ה usually takes a *dagesh*.

4. See note 5 to p. 74, above.

5. A ה at the end of a word which is not marked with a *dagesh* is "weak," i.e., silent.

6. That is, the ה at the end of the word is silent like an א, so that we may interpret the word לָה as if it were spelled לָא, "no" (*Tosafos* to *Kiddushin* 49b, s.v., לבנות לה בית). The spelling לָה for לָא is found in *Daniel* 4:32, where the word כְּלָה means, "as nothing," as if it were spelled כְּלָא.

7. *Ruth* 2:14.

8. *Zechariah* 5:11. Our verse and the two adduced by Rashi are the only three places where Scripture spells לָה without a מַפִּיק ה.

In his commentary to *Kiddushin* 49b, Rashi also interprets the verse in *Zechariah* as if it were written לִבְנוֹת לָא בַיִת, "to build *not* a house," for although his intentions were "to build *her* a house," he never actually built one (see Rashi's second interpretation there, s.v., דיקא נמי דכתיב לבנות לה בית, and *Tosafos,* s.v., לבנות לה בית).

פרשת מסעי
Parashas Masei

לג א אֵלֶּה מַסְעֵי בְנֵי־יִשְׂרָאֵל אֲשֶׁר
יָצְאוּ מֵאֶרֶץ מִצְרַיִם לְצִבְאֹתָם
ב בְּיַד־מֹשֶׁה וְאַהֲרֹן: וַיִּכְתֹּב מֹשֶׁה

33 [1] *These are the journeys of the Children of Israel, who went forth from the land of Egypt according to their legions, under the hand of Moses and Aaron.* [2] *Moses wrote*

אונקלוס

א אִלֵּין מַטְלָנֵי בְנֵי יִשְׂרָאֵל דִּי נְפָקוּ מֵאַרְעָא דְמִצְרַיִם לְחֵילֵיהוֹן בִּידָא דְמֹשֶׁה וְאַהֲרֹן: ב וּכְתַב מֹשֶׁה

רש"י

(א) **אלה מסעי.** למה נכתבו המסעות הללו, להודיע חסדיו של מקום. שאע"פ שגזר עליהם לטלטלם ולהניעם במדבר, לא תאמר שהיו נעים ומטולטלים ממסע למסע כל ארבעים שנה ולא היתה להם מנוחה, שהרי אין כאן אלא ארבעים ושתים מסעות, צא מהם י"ד שכלם היו בשנה ראשונה קודם גזרה, משנסעו מרעמסס עד שבאו לרתמה, שמשם נשתלחו מרגלים, שנאמר ואחר נסעו העם מחצרות וגו' (לעיל יב:טז) שלח לך אנשים וגו' (שם יג:ב) וכאן הוא אומר ויסעו מחצרות ויחנו ברתמה (פסוק יח), למדת שהיא במדבר פארן. ועוד הוצא משם ח' מסעות שהיו לאחר מיתת אהרן, מהר ההר עד ערבות מואב בשנת הארבעים, נמצא שכל שמנה ושלשים שנה לא נסעו אלא עשרים מסעות. זה מיסודו של ר' משה הדרשן. ורבי תנחומא דרש בו דרשה אחרת, משל למלך שהיה בנו חולה והוליכו למקום רחוק לרפאותו. כיון שהיו חוזרין התחיל אביו מונה כל המסעות.

RASHI ELUCIDATED

33.

1. אֵלֶּה מַסְעֵי – THESE ARE THE JOURNEYS. **לָמָּה נִכְתְּבוּ הַמַּסָּעוֹת הַלָּלוּ – Why were these journeys written? לְהוֹדִיעַ חֲסָדָיו שֶׁל מָקוֹם – To make known the acts of kindness of the Omnipresent. שֶׁאַף עַל פִּי שֶׁגָּזַר עֲלֵיהֶם – For although He decreed upon [Israel] לְטַלְטְלָם וּלְהָנִיעָם בַּמִּדְבָּר – to move them about and to make them wander in the wilderness,**[1] **לֹא תֹאמַר – you should not say שֶׁהָיוּ נָעִים וּמְטֻלְטָלִים – that they were wandering and moving about מִמַּסָּע לְמַסָּע – from journey to journey כָּל אַרְבָּעִים שָׁנָה – the entire forty years וְלֹא הָיְתָה לָהֶם מְנוּחָה – and they had no rest, שֶׁהֲרֵי אֵין כָּאן אֶלָּא אַרְבָּעִים וּשְׁתַּיִם מַסָּעוֹת – for here you have only forty-two journeys:**[2] **צֵא מֵהֶם אַרְבַּע עֶשְׂרֵה – Deduct from them fourteen, שֶׁכֻּלָּם הָיוּ בְּשָׁנָה רִאשׁוֹנָה – for all of [those fourteen] were in the first year** after the Exodus, **קוֹדֶם גְּזֵרָה – before the decree** to wander in the wilderness, **מִשֶּׁנָּסְעוּ מֵרַעְמְסֵס – from the time they journeyed from Rameses עַד שֶׁבָּאוּ לְרִתְמָה – until they came to Rithmah.**[3] **שֶׁמִּשָּׁם נִשְׁתַּלְּחוּ מְרַגְּלִים – For it was from there that the spies were sent, שֶׁנֶּאֱמַר – as it says, "וְאַחַר נָסְעוּ הָעָם מֵחֲצֵרוֹת וְגוֹמֵר – "And afterwards the people journeyed from Hazeroth, etc., שְׁלַח לְךָ אֲנָשִׁים וְגוֹמֵר"**[4] **– Send forth for yourself men, etc.,"**[4] **וְכָאן הוּא אוֹמֵר – and here it says, "וַיִּסְעוּ מֵחֲצֵרוֹת וַיַּחֲנוּ בְּרִתְמָה"**[5] **– "They journeyed from Hazeroth and encamped in Rithmah."**[5] **לָמַדְתָּ – You have** thus **learned שֶׁהִיא בְּמִדְבַּר פָּארָן – that [Rithmah] is in the Wilderness of Paran. וְעוֹד הוֹצֵא מִשָּׁם – And, in addition, deduct from there,** i.e., from the total of forty-two, **שְׁמוֹנָה מַסָּעוֹת – eight journeys שֶׁהָיוּ לְאַחַר מִיתַת אַהֲרֹן – which were after the death of Aaron, מֵהֹר הָהָר עַד עַרְבוֹת מוֹאָב – from Mount Hor**[6] **unto the plains of Moab,**[7] **בִּשְׁנַת הָאַרְבָּעִים – in the fortieth year** in the wilderness. **נִמְצָא – It is** thus **found שֶׁבְּכָל שְׁמוֹנֶה וּשְׁלֹשִׁים שָׁנָה – that** during **the entire thirty-eight years** between the first year in the wilderness and the last, **לֹא נָסְעוּ אֶלָּא עֶשְׂרִים מַסָּעוֹת – they did not journey but twenty journeys. זֶה מִיסוֹדוֹ שֶׁל רַבִּי מֹשֶׁה הַדַּרְשָׁן – This is from the treatise of R' Moshe HaDarshan.**[8]

וְרַבִּי תַּנְחוּמָא דָּרַשׁ בּוֹ דְּרָשָׁה אַחֶרֶת – But R' Tanchuma expounded it in a different manner: מָשָׁל לְמֶלֶךְ – This can be compared to a king שֶׁהָיָה בְּנוֹ חוֹלֶה – whose son was ill וְהוֹלִיכוֹ לְמָקוֹם רָחוֹק – and he took him to a distant place לְרַפְּאוֹתוֹ – to cure him. כֵּיוָן שֶׁהָיוּ חוֹזְרִין – Once they started back, הִתְחִיל אָבִיו מוֹנֶה – his father began to count כָּל הַמַּסָּעוֹת – all of the journeys.

1. This refers to 14:33 above, "Your children will roam in the wilderness for forty years" (*Amar N'kei*).

2. The "journeys" are the points at which the Israelites encamped along their route, including their starting point, Rameses; see Rashi to *Exodus* 40:38, s.v., לְעֵינֵי כָל בֵּית יִשְׂרָאֵל (*Divrei David; Maskil LeDavid*).

3. The total of fourteen includes Rameses, but does not include Rithmah (*Maskil LeDavid*).

4. Above 12:16-13:2. That passage reads: "And afterwards the people journeyed from Hazeroth and they encamped in the Wilderness of Paran. HASHEM spoke to Moses, saying, 'Send forth for yourself men, and let them spy out the Land of Canaan . . .' "

5. Below v. 18.

6. See v. 37 ff. below.

7. See v. 48 below. The total of eight does not include Mount Hor itself.

8. See above, page 74, note 5.

אֶת־מוֹצָאֵיהֶם לְמַסְעֵיהֶם עַל־פִּי
יְהוָה וְאֵלֶּה מַסְעֵיהֶם לְמוֹצָאֵיהֶם:
ג וַיִּסְעוּ מֵרַעְמְסֵס בַּחֹדֶשׁ הָרִאשׁוֹן
בַּחֲמִשָּׁה עָשָׂר יוֹם לַחֹדֶשׁ
הָרִאשׁוֹן מִמָּחֳרַת הַפֶּסַח יָצְאוּ
בְנֵי־יִשְׂרָאֵל בְּיָד רָמָה לְעֵינֵי כָּל־
ד מִצְרָיִם: וּמִצְרַיִם מְקַבְּרִים אֵת
אֲשֶׁר הִכָּה יְהוָה בָּהֶם כָּל־בְּכוֹר
וּבֵאלֹהֵיהֶם עָשָׂה יְהוָה שְׁפָטִים:
ה וַיִּסְעוּ בְנֵי־יִשְׂרָאֵל מֵרַעְמְסֵס וַיַּחֲנוּ
ו בְּסֻכֹּת: וַיִּסְעוּ מִסֻּכֹּת וַיַּחֲנוּ בְאֵתָם
ז אֲשֶׁר בִּקְצֵה הַמִּדְבָּר: וַיִּסְעוּ
מֵאֵתָם וַיָּשָׁב עַל־פִּי הַחִירֹת אֲשֶׁר
עַל־פְּנֵי בַּעַל צְפוֹן וַיַּחֲנוּ לִפְנֵי
ח מִגְדֹּל: וַיִּסְעוּ מִפְּנֵי הַחִירֹת וַיַּעַבְרוּ
בְתוֹךְ־הַיָּם הַמִּדְבָּרָה וַיֵּלְכוּ דֶּרֶךְ
שְׁלֹשֶׁת יָמִים בְּמִדְבַּר אֵתָם וַיַּחֲנוּ
ט בְּמָרָה: וַיִּסְעוּ מִמָּרָה וַיָּבֹאוּ אֵילִמָה
וּבְאֵילִם שְׁתֵּים עֶשְׂרֵה עֵינֹת
מַיִם וְשִׁבְעִים תְּמָרִים וַיַּחֲנוּ־שָׁם:
י וַיִּסְעוּ מֵאֵילִם וַיַּחֲנוּ עַל־יַם־סוּף:

*their goings forth according to their jour-
neys at the bidding of HASHEM, and these
were their journeys according to their go-
ings forth:* 3 *They journeyed from Rameses
in the first month: On the fifteenth day of
the first month, on the day after the pesach-
offering, the Children of Israel went forth
with an upraised hand, before the eyes of
all the Egyptians.* 4 *And the Egyptians were
burying those among them whom HASHEM
had struck, every firstborn; and on their
gods HASHEM had inflicted punishments.*
5 *The Children of Israel journeyed from
Rameses and encamped in Succoth.* 6 *They
journeyed from Succoth and encamped in
Etham, which is on the edge of the
wilderness.* 7 *They journeyed from Etham
and it turned back to Pi-hahiroth, which is
before Baal-zephon, and they encamped
before Migdol.* 8 *They journeyed from be-
fore Hahiroth and passed through the midst
of the sea toward the wilderness; they went
on a three-day trip in the Wilderness of
Etham, and they encamped in Marah.*
9 *They journeyed from Marah and arrived at
Elim; in Elim were twelve springs of water
and seventy date palms, and they en-
camped there.* 10 *They journeyed from
Elim and encamped by the Sea of Reeds.*

אונקלוס

יָת מַפְּקָנֵיהוֹן לְמַטְלָנֵיהוֹן עַל מֵימְרָא דַייָ וְאִלֵּין מַטְלָנֵיהוֹן לְמַפְּקָנֵיהוֹן: ג וּנְטַלוּ מֵרַעְמְסֵס בְּיַרְחָא קַדְמָאָה בְּחַמְשָׁא עַשְׂרָא יוֹמָא לְיַרְחָא קַדְמָאָה מִבָּתַר פִּסְחָא נְפָקוּ בְנֵי יִשְׂרָאֵל בְּרֵישׁ גְּלֵי לְעֵינֵי כָּל מִצְרָאֵי: ד וּמִצְרָאֵי מְקַבְּרִין יָת דִּי קְטַל יְיָ בְּהוֹן כָּל בּוּכְרָא וּבְטַעֲוַתְהוֹן עֲבַד יְיָ דִּינִין: ה וּנְטַלוּ בְנֵי יִשְׂרָאֵל מֵרַעְמְסֵס וּשְׁרוֹ בְּסֻכֹּת: ו וּנְטַלוּ מִסֻּכֹּת וּשְׁרוֹ בְאֵתָם דִּי בִּסְטַר מַדְבְּרָא: ז וּנְטַלוּ מֵאֵתָם וְתָב עַל פּוּם חִירָתָא דִּי קֳדָם בְּעֵל צְפוֹן וּשְׁרוֹ קֳדָם מִגְדֹּל: ח וּנְטַלוּ מִן פּוּם (נ״א קֳדָם) חִירָתָא וַעֲבָרוּ בְּגוֹ יַמָּא לְמַדְבְּרָא וַאֲזַלוּ מַהֲלַךְ תְּלָתָא יוֹמִין בְּמַדְבְּרָא דְאֵתָם וּשְׁרוֹ בְּמָרָה: ט וּנְטַלוּ מִמָּרָה וַאֲתוֹ לְאֵילִם וּבְאֵילִם תַּרְתֵּי עַשְׂרֵי מַבּוּעִין דְּמַיִן וְשַׁבְעִין דִּקְלִין וּשְׁרוֹ תַמָּן: י וּנְטַלוּ מֵאֵילִם וּשְׁרוֹ עַל יַמָּא דְסוּף:

רש״י

אמר לו, כאן ישננו, כאן הוקרנו, כאן חששת את ראשך וכו' (תנחומא ג): [(ד) **ומצרים מקברים**. טרודים באבלם]:

RASHI ELUCIDATED

אָמַר לוֹ – He said to [his son], כָּאן יָשַׁנְנוּ – "Here we slept. כָּאן הוּקַרְנוּ – Here we felt cold. כָּאן חָשַׁשְׁתָּ אֶת רֹאשְׁךָ וְכוּלְּהוּ – Here you had a headache, etc."[1]

{**4. וּמִצְרַיִם מְקַבְּרִים – AND THE EGYPTIANS WERE BURYING. טְרוּדִים בְּאֶבְלָם** – They were **preoccupied with their mourning.**}[2]

1. *Tanchuma* 3. At the end of the painful journey, the king recapitulated for his son all that he had gone through on the son's account, to remind the son of how much he loves him. Here, too, God recapitulates for Israel the events of the forty-year sojourn in the wilderness, to remind them of His love for them, and inspire them to reciprocate. "We slept" represents the times Israel was at peace. "We felt cold" represents the times Israel felt they were lacking something. "You had a headache" represents the times Israel was in danger (*Gur Aryeh*).

2. This comment does not appear in many early editions and manuscripts. See *Yosef Hallel*.

יא שני וַיִּסְעוּ מִיַּם־סוּף וַיַּחֲנוּ בְּמִדְבַּר־
יב סִין: וַיִּסְעוּ מִמִּדְבַּר־סִין וַיַּחֲנוּ
יג בְּדָפְקָה: וַיִּסְעוּ מִדָּפְקָה וַיַּחֲנוּ
יד בְּאָלוּשׁ: וַיִּסְעוּ מֵאָלוּשׁ וַיַּחֲנוּ
בִּרְפִידִם וְלֹא־הָיָה שָׁם מַיִם לָעָם
טו לִשְׁתּוֹת: וַיִּסְעוּ מֵרְפִידִם וַיַּחֲנוּ
טז בְּמִדְבַּר סִינָי: וַיִּסְעוּ מִמִּדְבַּר סִינָי
יז וַיַּחֲנוּ בְּקִבְרֹת הַתַּאֲוָה: וַיִּסְעוּ
מִקִּבְרֹת הַתַּאֲוָה וַיַּחֲנוּ בַּחֲצֵרֹת:
יח וַיִּסְעוּ מֵחֲצֵרֹת וַיַּחֲנוּ בְּרִתְמָה:
יט וַיִּסְעוּ מֵרִתְמָה וַיַּחֲנוּ בְּרִמֹּן פָּרֶץ:
כ וַיִּסְעוּ מֵרִמֹּן פָּרֶץ וַיַּחֲנוּ בְּלִבְנָה:
כא־כב וַיִּסְעוּ מִלִּבְנָה וַיַּחֲנוּ בְּרִסָּה: וַיִּסְעוּ
כג מֵרִסָּה וַיַּחֲנוּ בִּקְהֵלָתָה: וַיִּסְעוּ
כד מִקְּהֵלָתָה וַיַּחֲנוּ בְּהַר־שָׁפֶר: וַיִּסְעוּ
כה מֵהַר־שָׁפֶר וַיַּחֲנוּ בַּחֲרָדָה: וַיִּסְעוּ
כו מֵחֲרָדָה וַיַּחֲנוּ בְּמַקְהֵלֹת: וַיִּסְעוּ
כז מִמַּקְהֵלֹת וַיַּחֲנוּ בְּתָחַת: וַיִּסְעוּ
כח מִתָּחַת וַיַּחֲנוּ בְּתָרַח: וַיִּסְעוּ מִתָּרַח

[11] They journeyed from the Sea of Reeds and encamped in the Wilderness of Sin. [12] They journeyed from the Wilderness of Sin and encamped in Dophkah. [13] They journeyed from Dophkah and encamped in Alush. [14] They journeyed from Alush and encamped in Rephidim, and there was no water there for the people to drink. [15] They journeyed from Rephidim and encamped in the Wilderness of Sinai. [16] They journeyed from the Wilderness of Sinai and encamped in Kibroth-hattaavah. [17] They journeyed from Kibroth-hattaavah and encamped in Hazeroth. [18] They journeyed from Hazeroth and encamped in Rithmah. [19] They journeyed from Rithmah and encamped in Rimmon-perez. [20] They journeyed from Rimmon-perez and encamped in Libnah. [21] They journeyed from Libnah and encamped in Rissah. [22] They journeyed from Rissah and encamped in Kehelathah. [23] They journeyed from Kehelathah and encamped in Mount Shepher. [24] They journeyed from Mount Shepher and encamped in Haradah. [25] They journeyed from Haradah and encamped in Makheloth. [26] They journeyed from Makheloth and encamped in Tahath. [27] They journeyed from Tahath and encamped in Terah. [28] They journeyed from Terah

אונקלוס

יא וּנְטַלוּ מִיַּמָּא דְסוּף וּשְׁרוֹ בְּמַדְבְּרָא דְסִין: יב וּנְטַלוּ מִמַּדְבְּרָא דְסִין וּשְׁרוֹ בְּדָפְקָה: יג וּנְטַלוּ מִדָּפְקָה וּשְׁרוֹ בְּאָלוּשׁ: יד וּנְטַלוּ מֵאָלוּשׁ וּשְׁרוֹ בִּרְפִידִם וְלָא הֲוָה תַמָּן מַיָּא לְעַמָּא לְמִשְׁתֵּי: טו וּנְטַלוּ מֵרְפִידִם וּשְׁרוֹ בְּמַדְבְּרָא דְסִינָי: טז וּנְטַלוּ מִמַּדְבְּרָא דְסִינָי וּשְׁרוֹ בְּקִבְרֵי דִמְשַׁאֲלֵי: יז וּנְטַלוּ מִקִּבְרֵי דִמְשַׁאֲלֵי וּשְׁרוֹ בַּחֲצֵרֹת: יח וּנְטַלוּ מֵחֲצֵרֹת וּשְׁרוֹ בְּרִתְמָה: יט וּנְטַלוּ מֵרִתְמָה וּשְׁרוֹ בְּרִמֹּן פָּרֶץ: כ וּנְטַלוּ מֵרִמֹּן פָּרֶץ וּשְׁרוֹ בְּלִבְנָה: כא וּנְטַלוּ מִלִּבְנָה וּשְׁרוֹ בְּרִסָּה: כב וּנְטַלוּ מֵרִסָּה וּשְׁרוֹ בִּקְהֵלָתָה: כג וּנְטַלוּ מִקְּהֵלָתָה וּשְׁרוֹ בְּטוּרָא דְשָׁפֶר: כד וּנְטַלוּ מִטּוּרָא דְשָׁפֶר וּשְׁרוֹ בַּחֲרָדָה: כה וּנְטַלוּ מֵחֲרָדָה וּשְׁרוֹ בְּמַקְהֵלֹת: כו וּנְטַלוּ מִמַּקְהֵלֹת וּשְׁרוֹ בְּתָחַת: כז וּנְטַלוּ מִתָּחַת וּשְׁרוֹ בְּתָרַח: כח וּנְטַלוּ מִתָּרַח

רש"י

(יח) ויחנו ברתמה. על שם לשון הרע של מרגלים, שנאמר מה יתן לך ומה יוסיף לך לשון רמיה חצי גבור שנונים עם גחלי רתמים (תהלים קכ:ג-ד):

RASHI ELUCIDATED

18. וַיַּחֲנוּ בְּרִתְמָה – AND ENCAMPED IN RITHMAH. It is called by this name עַל שֵׁם לְשׁוֹן הָרָע – **because of the malicious talk** שֶׁל מְרַגְּלִים – **of the Spies,** שֶׁנֶּאֱמַר – **as it says,** "מַה יִּתֵּן לְךָ וּמַה יֹּסִיף לְךָ לָשׁוֹן רְמִיָּה – **"What will a treacherous tongue give to you, or gain for you,** חִצֵּי גִבּוֹר שְׁנוּנִים – **the sharp arrows of a warrior,** עִם גַּחֲלֵי רְתָמִים"[1] – **with coals of juniper?"**[1]

1. *Psalms* 120:3-4. רִתְמָה is seen as related to רֹתֶם, "the juniper plant" (see Rashi to *I Kings* 19:4). Malicious talk is compared to coals of the juniper plant, for unlike other coals, they remain burning on the inside, even after their exterior has cooled. So, too, with someone who has believed malicious talk about another. Later on, people may come to him to clear the reputation of the subject of the malicious talk. The one who believed it might say that he accepts the clarification. But this will only be external. On the inside, he still believes the derogatory things he heard (see *Bereishis Rabbah* 98:19).

The location from which the Spies left was called "the Wilderness of Paran" in 13:3 above. Rashi explains why it is called by a different name here. It received a new name after the Spies sinned (*Devek Tov*).

and encamped in Mithkah. [29] They journeyed from Mithkah and encamped in Hashmonah. [30] They journeyed from Hashmonah and encamped in Moseroth. [31] They journeyed from Moseroth and encamped in Bene-jaakan. [32] They journeyed from Bene-jaakan and encamped in Hor-haggidgad. [33] They journeyed from Hor-haggidgad and encamped in Jotbathah. [34] They journeyed from Jotbathah and encamped in Abronah. [35] They journeyed from Abronah and encamped in Ezion-geber. [36] They journeyed from Ezion-geber and encamped in the Wilderness of Zin, which is Kadesh. [37] They journeyed from Kadesh and encamped in Mount Hor, at the edge of the land of Edom. [38] Then Aaron the Kohen went up to Mount Hor by the mouth of HASHEM *and died there, in the fortieth year after the Children of Israel went forth from the land of Egypt, in the fifth month on the first of the month. [39] Aaron was one hundred and twenty-three years old at his death on Mount Hor.*

[40] The Canaanite, king of Arad, heard — he was dwelling in the south of the land of

כט וַיַּחֲנ֖וּ בְּמִתְקָֽה׃ וַיִּסְע֖וּ מִמִּתְקָ֑ה
ל וַיַּחֲנ֖וּ בְּחַשְׁמֹנָֽה׃ וַיִּסְע֖וּ מֵחַשְׁמֹנָ֑ה
לא וַיַּחֲנ֖וּ בְּמֹסֵרֽוֹת׃ וַיִּסְע֖וּ מִמֹּסֵר֑וֹת
לב וַיַּחֲנ֖וּ בִּבְנֵ֥י יַעֲקָֽן׃ וַיִּסְע֖וּ מִבְּנֵ֣י יַעֲקָ֑ן
לג וַיַּחֲנ֖וּ בְּחֹ֥ר הַגִּדְגָּֽד׃ וַיִּסְע֖וּ מֵחֹ֣ר
לד הַגִּדְגָּ֑ד וַֽיַּחֲנ֖וּ בְּיָטְבָֽתָה׃ וַיִּסְע֖וּ
לה מִיָּטְבָ֑תָה וַֽיַּחֲנ֖וּ בְּעַבְרֹנָֽה׃ וַיִּסְע֖וּ
לו מֵעַבְרֹנָ֑ה וַֽיַּחֲנ֖וּ בְּעֶצְיֹ֥ן גָּֽבֶר׃ וַיִּסְע֖וּ
מֵעֶצְיֹ֣ן גָּ֑בֶר וַיַּחֲנ֥וּ בְמִדְבַּר־צִ֖ן הִ֥וא
לז קָדֵֽשׁ׃ וַיִּסְע֖וּ מִקָּדֵ֑שׁ וַֽיַּחֲנוּ֙ בְּהֹ֣ר הָהָ֔ר
לח בִּקְצֵ֖ה אֶ֥רֶץ אֱדֽוֹם׃ וַיַּעַל֩ אַהֲרֹ֨ן
הַכֹּהֵ֜ן אֶל־הֹ֥ר הָהָ֛ר עַל־פִּ֥י יְהוָ֖ה
וַיָּ֣מָת שָׁ֑ם בִּשְׁנַ֣ת הָֽאַרְבָּעִ֗ים לְצֵ֤את
בְּנֵֽי־יִשְׂרָאֵל֙ מֵאֶ֣רֶץ מִצְרַ֔יִם בַּחֹ֥דֶשׁ
לט הַחֲמִישִׁ֖י בְּאֶחָ֥ד לַחֹֽדֶשׁ׃ וְאַהֲרֹ֔ן בֶּן־
שָׁלֹ֧שׁ וְעֶשְׂרִ֛ים וּמְאַ֖ת שָׁנָ֑ה בְּמֹת֖וֹ
מ בְּהֹ֥ר הָהָֽר׃ וַיִּשְׁמַ֗ע הַֽכְּנַעֲנִי֙
מֶ֣לֶךְ עֲרָ֔ד וְהֽוּא־יֹשֵׁ֥ב בַּנֶּ֖גֶב בְּאֶ֣רֶץ

— אונקלוס —

וּשְׁרוֹ בְּמִתְקָה: כט וּנְטַלוּ מִמִּתְקָה וּשְׁרוֹ בְּחַשְׁמֹנָה: ל וּנְטַלוּ מֵחַשְׁמֹנָה וּשְׁרוֹ בְּמֹסֵרוֹת: לא וּנְטַלוּ מִמֹּסֵרוֹת וּשְׁרוֹ בִּבְנֵי יַעֲקָן: לב וּנְטַלוּ מִבְּנֵי יַעֲקָן וּשְׁרוֹ בְּחֹר הַגִּדְגָּד: לג וּנְטַלוּ מֵחֹר הַגִּדְגָּד וּשְׁרוֹ בְּיָטְבָתָה: לד וּנְטַלוּ מִיָּטְבָתָה וּשְׁרוֹ בְּעַבְרֹנָה: לה וּנְטַלוּ מֵעַבְרֹנָה וּשְׁרוֹ בְּעֶצְיוֹן גָּבֶר: לו וּנְטַלוּ מֵעֶצְיוֹן גָּבֶר וּשְׁרוֹ בְּמַדְבְּרָא דְצִן הִיא רְקָם: לז וּנְטַלוּ מֵרְקָם וּשְׁרוֹ בְּהֹר טוּרָא בִּסְיָפֵי אַרְעָא דֶאֱדוֹם: לח וּסְלֵק אַהֲרֹן כַּהֲנָא לְהֹר טוּרָא עַל מֵימְרָא דַייָ וּמִית תַּמָּן בִּשְׁנַת אַרְבְּעִין לְמִפַּק בְּנֵי יִשְׂרָאֵל מֵאַרְעָא דְמִצְרַיִם בְּיַרְחָא חֲמִשָּׁאָה בְּחַד לְיַרְחָא: לט וְאַהֲרֹן בַּר מְאָה וְעַשְׂרִין וּתְלַת שְׁנִין כַּד מִית בְּהֹר טוּרָא: מ וּשְׁמַע כְּנַעֲנָאָה מַלְכָּא דַעֲרָד וְהוּא יָתֵב בִּדְרוֹמָא בְּאַרְעָא

— רש"י —

(לח) על פי ה'. מלמד שמת בנשיקה: (מ) וישמע הכנעני. ללמדך שמיתת אהרן היא השמועה, שנסתלקו ענני כבוד, וכסבור שנתנה רשות להלחם בישראל, לפיכך חזר וכתבה (ר"ה ג.):

— RASHI ELUCIDATED —

38. **עַל פִּי ה'** – **BY THE MOUTH OF HASHEM.** **מְלַמֵּד** – **This teaches** us **שֶׁמֵּת בִּנְשִׁיקָה** – **that he died through a kiss.**[1]

40. **וַיִּשְׁמַע הַכְּנַעֲנִי** – **THE CANAANITE, [KING OF ARAD,] HEARD.** This is stated **לְלַמֶּדְךָ** – **to teach you** **שֶׁמִּיתַת אַהֲרֹן הִיא הַשְּׁמוּעָה** – **that the death of Aaron is that which was heard,** **שֶׁנִּסְתַּלְּקוּ עַנְנֵי כָבוֹד** – **for the Clouds of Glory departed** with Aaron's death, **וּכְסָבוּר** – **and [the king of Arad] was under the impression** **שֶׁנִּתְּנָה רְשׁוּת** – **that permission had been granted** **לְהִלָּחֵם בְּיִשְׂרָאֵל** – **to do battle with Israel.** **לְפִיכָךְ חָזַר וּכְתָבָהּ**[2] – **This is why [Scripture] wrote it again.**[2]

1. On the meaning of "death through a kiss," see Rashi to 20:1 above, s.v., וַתָּמָת שָׁם מִרְיָם, and note 6 there.

"By the mouth of HASHEM" seems superfluous, for it is clear from the passage which deals with Aaron's death (20:22-29 above) that Aaron ascended Mount Hor and readied himself for death at God's command. Furthermore, the verse could have used כַּאֲשֶׁר צִוָּה ה', "as HASHEM commanded," as 20:27 did with reference to Moses' role in Aaron's death. עַל פִּי ה' is stated to teach us the manner of death; it was "by the mouth of HASHEM" (*Maskil LeDavid*).

2. *Rosh Hashanah* 3a. That the king of Arad attacked Israel upon hearing of Israel's approach has already been mentioned in 21:1 above; see Rashi and note 7 there.

מא כְּנַעַן בְּבֹא בְּנֵי יִשְׂרָאֵל: וַיִּסְעוּ מֵהֹר
מב הָהָר וַיַּחֲנוּ בְּצַלְמֹנָה: וַיִּסְעוּ
מג מִצַּלְמֹנָה וַיַּחֲנוּ בְּפוּנֹן: וַיִּסְעוּ מִפּוּנֹן
מד וַיַּחֲנוּ בְּאֹבֹת: וַיִּסְעוּ מֵאֹבֹת וַיַּחֲנוּ
מה בְּעִיֵּי הָעֲבָרִים בִּגְבוּל מוֹאָב: וַיִּסְעוּ
מו מֵעִיִּים וַיַּחֲנוּ בְּדִיבֹן גָּד: וַיִּסְעוּ
מִדִּיבֹן גָּד וַיַּחֲנוּ בְּעַלְמֹן
מז דִּבְלָתָיְמָה: וַיִּסְעוּ מֵעַלְמֹן
דִּבְלָתָיְמָה וַיַּחֲנוּ בְּהָרֵי הָעֲבָרִים
מח לִפְנֵי נְבוֹ: וַיִּסְעוּ מֵהָרֵי הָעֲבָרִים
וַיַּחֲנוּ בְּעַרְבֹת מוֹאָב עַל יַרְדֵּן
מט יְרֵחוֹ: וַיַּחֲנוּ עַל־הַיַּרְדֵּן מִבֵּית
הַיְשִׁמֹת עַד אָבֵל הַשִּׁטִּים בְּעַרְבֹת
נ מוֹאָב: שלישי [חמישי] וַיְדַבֵּר
יהוה אֶל־מֹשֶׁה בְּעַרְבֹת מוֹאָב עַל־
נא יַרְדֵּן יְרֵחוֹ לֵאמֹר: דַּבֵּר אֶל־בְּנֵי
יִשְׂרָאֵל וְאָמַרְתָּ אֲלֵהֶם כִּי אַתֶּם

Canaan — when the Children of Israel approached. [41] *They journeyed from Mount Hor and encamped in Zalmonah.* [42] *They journeyed from Zalmonah and encamped in Punon.* [43] *They journeyed from Punon and encamped in Oboth.* [44] *They journeyed from Oboth and encamped at Ruins of the passes, at the border of Moab.* [45] *They journeyed from the Ruins and encamped in Dibon-gad.* [46] *They journeyed from Dibon-gad and encamped in Almon-diblathaimah.* [47] *They journeyed from Almon-diblathaimah and encamped in the mountains of the passes before Nebo.* [48] *They journeyed from the mountains of the passes and encamped in the plains of Moab by the Jordan, at Jericho.* [49] *They encamped by the Jordan, from Beth-jeshimoth until Avel of Shittim, in the plains of Moab.*

[50] *HASHEM spoke to Moses in the plains of Moab, by the Jordan, at Jericho, saying:* [51] *Speak to the Children of Israel and say to them: When you*

אונקלוס

דִּכְנַעַן בְּמֵיתֵי בְּנֵי יִשְׂרָאֵל: מא וּנְטַלוּ מֵהֹר טוּרָא וּשְׁרוֹ בְּצַלְמֹנָה: מב וּנְטַלוּ מִצַּלְמֹנָה וּשְׁרוֹ בְּפוּנֹן: מג וּנְטַלוּ מִפּוּנֹן וּשְׁרוֹ בְּאֹבֹת: מד וּנְטַלוּ מֵאֹבֹת וּשְׁרוֹ בִּמְגִזַּת עֲבָרָאֵי בִּתְחוּם מוֹאָב: מה וּנְטַלוּ מִמְּגִזָּתָא וּשְׁרוֹ בְּדִיבֹן גָּד: מו וּנְטַלוּ מִדִּיבֹן גָּד וּשְׁרוֹ בְּעַלְמֹן דִּבְלָתָיְמָה: מז וּנְטַלוּ מֵעַלְמֹן דִּבְלָתָיְמָה וּשְׁרוֹ בְּטוּרֵי דַעֲבָרָאֵי דִּקֳדָם נְבוֹ: מח וּנְטַלוּ מִטּוּרֵי דַעֲבָרָאֵי וּשְׁרוֹ בְּמֵישְׁרַיָּא דְמוֹאָב עַל יַרְדְּנָא דִירֵחוֹ: מט וּשְׁרוֹ עַל יַרְדְּנָא מִבֵּית יְשִׁימוֹת עַד מֵישַׁר שִׁטִּין בְּמֵישְׁרַיָּא דְמוֹאָב: נ וּמַלִּיל יְיָ עִם מֹשֶׁה בְּמֵישְׁרַיָּא דְמוֹאָב עַל יַרְדְּנָא דִירֵחוֹ לְמֵימָר: נא מַלֵּל עִם בְּנֵי יִשְׂרָאֵל וְתֵימַר לְהוֹן אֲרֵי אַתּוּן

רש"י

(מד) בעיי העברים. לשון חרבות וגלים, כמו לעי השדה (מיכה א:ו) שמו את ירושלים לעיים (תהלים עט:א): **(מט) מבית הישמת עד אבל השטים.** כאן למדך שיעור מחנה ישראל י"ב מיל, דאמר רבה בר בר חנה לדידי חזי לי ההוא אתרא וכו' (עירובין נה:): **אבל השטים.** מישור של שטים אבל שמו:

RASHI ELUCIDATED

44. בְּעִיֵּי הָעֲבָרִים – AT RUINS OF THE PASSES. לְשׁוֹן חֳרָבוֹת וְגַלִּים – The word עִיֵּי **is an expression of "ruins," and "mounds."** כְּמוֹ "לְעִי הַשָּׂדֶה"[1] – It is **like** לְעִי in, **"into a mound of the field,"**[1] and like לְעִיִּים in, "שָׂמוּ אֶת יְרוּשָׁלַיִם לְעִיִּים"[2] – **"They made Jerusalem into mounds."**[2]

49. מִבֵּית הַיְשִׁמֹת עַד אָבֵל הַשִּׁטִּים – FROM BETH-JESHIMOTH UNTIL AVEL OF SHITTIM. כָּאן לִמֶּדְךָ – **Here [Scripture] has taught you** שִׁיעוּר מַחֲנֵה יִשְׂרָאֵל – that **the measure of the Israelite camp** שְׁנֵים עָשָׂר מִיל – was **twelve** *mils*,[3] דְּאָמַר רַבָּה בַּר בַּר חָנָה – **for the** *Amora* **Rabbah the son of bar Chanah said,** לְדִידִי חָזֵי לִי הַהוּא אַתְרָא וְגוֹמֵר[4] – **"I saw that place, etc."**[4]

□ אָבֵל הַשִּׁטִּים – AVEL OF SHITTIM. מִישׁוֹר שֶׁל שִׁטִּים אָבֵל שְׁמוֹ – **The name of the plain of Shittim is "Avel."**[5]

1. *Micah* 1:6; see Rashi there.

2. *Psalms* 79:1; see Rashi there. Rashi also deals with the meaning of this name in his comments to 21:11 above.

3. A *mil* is two thousand *amos*. Opinions regarding the modern-day equivalent of a *mil* range between 1,028 and 1,269 yards.

4. *Eruvin* 55b. The complete statement is, "I saw that place, and it is three parasangs by three parasangs." A parasang is four *mils*.

5. Rashi makes a similar point in his comments to *Genesis* 14:6.

עֹבְרִים אֶת־הַיַּרְדֵּן אֶל־אֶרֶץ כְּנָעַן:
נב וְהוֹרַשְׁתֶּם אֶת־כָּל־יֹשְׁבֵי הָאָרֶץ
מִפְּנֵיכֶם וְאִבַּדְתֶּם אֵת כָּל־מַשְׂכִּיֹּתָם
וְאֵת כָּל־צַלְמֵי מַסֵּכֹתָם תְּאַבֵּדוּ וְאֵת
נג כָּל־בָּמוֹתָם תַּשְׁמִידוּ: וְהוֹרַשְׁתֶּם
אֶת־הָאָרֶץ וִישַׁבְתֶּם־בָּהּ כִּי לָכֶם

cross the Jordan to the Land of Canaan,
52 you shall drive out all the inhabitants of
the land before you; and you shall destroy
all their temples; all their molten images
shall you destroy; and all their high places
shall you demolish. 53 You shall rid the
land and you shall settle in it, for to you

אונקלוס

עָבְרִין יָת יַרְדְּנָא לְאַרְעָא דִכְנָעַן: נב וּתְתָרְכוּן יָת כָּל יָתְבֵי אַרְעָא מִן קֳדָמֵיכוֹן וּתְוֹבְדוּן יָת כָּל בֵּית סִגְדַּתְהוֹן וְיָת כָּל צַלְמֵי מַתְּכַתְהוֹן תּוֹבְדוּן וְיָת כָּל בָּמָתְהוֹן תְּשֵׁצוּן: נג וּתְתָרְכוּן יָת יָתְבֵי (נ״א וְתֵירְתוּן יָת) אַרְעָא וְתֵיתְבוּן בַּהּ אֲרֵי לְכוֹן

רש״י

(נא־נב) כי אתם עברים את הירדן וגו׳ והורשתם וגו׳. והלא כמה פעמים הוזהרו על כך, אלא כך אמר להם משה, כשאתם עוברים בירדן ביבשה על מנת כן תעברו, ואם לאו מים באין ושוטפין אתכם וכן מצינו שאמר להם יהושע בעודם בירדן (יהושע ד:י; סוטה לד.): **והורשתם.** וגרשתם: **משכיתם.** כתרגומו, בית סגדתהון, על שם שהיו מסככין את הקרקע ברצפת אבנים של שיש להשתחוות עליהם בפישוט ידים ורגלים, כדכתיב ואבן משכית לא תתנו בארצכם להשתחוות עליה (ויקרא כו:א): **מסכתם.** כתרגומו, מתכתהון: **(נג) והורשתם את הארץ.** והורשתם אותה מיושביה,

RASHI ELUCIDATED

51-52. כִּי אַתֶּם עֹבְרִים אֶת הַיַּרְדֵּן וְגוֹמֵר וְהוֹרַשְׁתֶּם וְגוֹמֵר — WHEN YOU CROSS THE JORDAN, ETC., YOU SHALL DRIVE OUT, ETC. וַהֲלֹא כַּמָּה פְּעָמִים הֻזְהֲרוּ עַל כָּךְ — **Had they not** already **been given orders regarding this many times?**[1] אֶלָּא כָּךְ אָמַר לָהֶם מֹשֶׁה — **But Moses told them as follows:** כְּשֶׁאַתֶּם עוֹבְרִים בַּיַּרְדֵּן — **When you go across the Jordan** בַּיַּבָּשָׁה — **on dry land,** i.e., when the waters of the Jordan will miraculously part to allow you to cross,[2] עַל מְנַת כֵּן תַּעַבְרוּ — **cross with this understanding,** that you will drive out the inhabitants of the land, וְאִם לָאו — **but if not,** מַיִם בָּאִין וְשׁוֹטְפִין אֶתְכֶם — **water will come and wash you away.**[3] וְכֵן מָצִינוּ — **And thus we have found** שֶׁאָמַר לָהֶם יְהוֹשֻׁעַ — **that Joshua told them** בְּעוֹדָם בַּיַּרְדֵּן[4,5] — **while they were in the Jordan.**[4,5]

□ וְהוֹרַשְׁתֶּם — This means וְגֵרַשְׁתֶּם — **you shall drive out.**[6]

□ מַשְׂכִּיֹּתָם — THEIR TEMPLES. This is to be understood כְּתַרְגּוּמוֹ — **as** ***Targum Onkelos*** **renders it,** "בֵּית סִגְדַּתְהוֹן" — literally, **"their houses of bowing,"** i.e., their temples. They are called by this name עַל שֵׁם שֶׁהָיוּ מְסַכְּכִין אֶת הַקַּרְקַע — **because they would cover the ground** בְּרִצְפַּת אֲבָנִים שֶׁל שַׁיִשׁ — **with a floor of marble stones,** לְהִשְׁתַּחֲווֹת עֲלֵיהֶם — so as **to prostrate themselves upon them** בְּפִשּׁוּט יָדַיִם וְרַגְלַיִם — **with outstretched arms and legs,** כִּדְכְתִיב — **as that which is written,** "וְאֶבֶן מַשְׂכִּית לֹא תִתְּנוּ בְּאַרְצְכֶם לְהִשְׁתַּחֲווֹת עָלֶיהָ"[7] — **"And in your land you shall not emplace a flooring stone upon which to prostrate oneself."**[7]

□ מַסֵּכֹתָם — THEIR MOLTEN [IMAGES]. This is to be understood כְּתַרְגּוּמוֹ — **as** ***Targum Onkelos*** **renders it,** "מַתְּכַתְהוֹן" — **"their metal."**[8]

53. וְהוֹרַשְׁתֶּם אֶת הָאָרֶץ — YOU SHALL RID THE LAND. וְהוֹרַשְׁתֶּם[9] אוֹתָהּ מִיּוֹשְׁבֶיהָ — **You shall rid**[9] **it of its**

1. See *Exodus* 23:24 and 34:14.

2. See *Joshua* 3:9-17.

3. We would have expected "when you cross" to be expressed by a verb in the future tense, כִּי תַעַבְרוּ, "when you will cross." The verse uses a verb in the present tense to indicate that it refers to the time when the Israelites are in the actual process of crossing (*Maskil LeDavid*).

4. See *Joshua* 4:10 and Rashi there.

5. *Sotah* 34a.

6. See 32:39 above and Rashi there.

7. *Leviticus* 26:1; see Rashi there, s.v., וְאֶבֶן מַשְׂכִּית.

8. The word for metal, מַתֶּכֶת, is related to הַתּוּךְ, "pouring molten metal." It is thus conceptually related to מַסֵּכָה, "something molten," from the root נסך, "to pour" (*Be'er Yitzchak* to *Exodus* 32:4).

9. The root ירש means "to drive out, rid" when it is in the *hifil,* and "to take possession" when it is in the *kal.* וְהוֹרַשְׁתֶּם of our verse is in the *hifil.* But "you shall rid the land" seems problematic, for it is not the land itself which will be driven out, but rather, those who live in it. Furthermore, "driving out" in association with the land here would be redundant, for the preceding verse has already said וְהוֹרַשְׁתֶּם אֶת כָּל יֹשְׁבֵי הָאָרֶץ, "You shall drive out all the inhabitants of the land." Accordingly, *Ramban* is of the opinion that וְהוֹרַשְׁתֶּם of our verse is to be taken as the equivalent of וִירִשְׁתֶּם in the *kal,* and

have I given the land to possess it. [54] You shall give the land as an inheritance by lot to your families; to the many you shall increase its inheritance and to the few shall you decrease its inheritance; wherever the lot shall fall for him, his shall it be, according to the tribes of your fathers shall you inherit. [55] But if you do not drive out the inhabitants of the land before you, those of them whom you leave shall be as pins in your eyes

נָתַ֥תִּי אֶת־הָאָ֖רֶץ לָרֶ֥שֶׁת אֹתָֽהּ׃
נד וְהִתְנַחַלְתֶּם֩ אֶת־הָאָ֨רֶץ בְּגוֹרָ֜ל
לְמִשְׁפְּחֹתֵיכֶ֗ם לָרַ֞ב תַּרְבּ֤וּ אֶת־
נַחֲלָתוֹ֙ וְלַמְעַט֙ תַּמְעִ֣יט אֶת־
נַחֲלָת֔וֹ אֶל֩ אֲשֶׁר־יֵ֨צֵא ל֥וֹ שָׁ֛מָּה
הַגּוֹרָ֖ל ל֣וֹ יִהְיֶ֑ה לְמַטּ֥וֹת אֲבֹתֵיכֶ֖ם
נה תִּתְנֶחָֽלוּ׃ וְאִם־לֹ֨א תוֹרִ֜ישׁוּ אֶת־
יֹשְׁבֵ֣י הָאָרֶץ֮ מִפְּנֵיכֶם֒ וְהָיָ֗ה אֲשֶׁ֤ר
תּוֹתִ֙ירוּ֙ מֵהֶ֔ם לְשִׂכִּים֙ בְּעֵ֣ינֵיכֶ֔ם

אונקלוס

יְהָבִית יָת אַרְעָא לְמֵירַת יָתַהּ: נד וְתַחְסְנוּן יָת אַרְעָא בְּעַדְבָא לְזַרְעֲיָתְכוֹן לְסַגִּיאֵי תַּסְגּוּן יָת אַחֲסַנְתְּהוֹן וְלִזְעִירֵי תַּזְעִירוּן יָת אַחֲסַנְתְּהוֹן לִדְיִפּוֹק לֵהּ תַּמָּן עַדְבָא דִּי לֵהּ יְהֵי לְשִׁבְטֵי אֲבָהָתְכוֹן תַּחְסְנוּן: נה וְאִם לָא תְתָרְכוּן יָת יָתְבֵי אַרְעָא מִן קֳדָמֵיכוֹן וִיהֵי דִּי תַשְׁאֲרוּן מִנְּהוֹן לְסִיעַן נָטְלָן זֵין לְקָבְלֵיכוֹן

רש"י

ואז ויׁשבתם בה, תוכלו להתקיים בה, ואם לאו לא תוכלו להתקיים בה: **(נד) אל אשר יצא לו שמה.** מקרא קצר הוא זה. אל מקום אשר יצא לו שמה הגורל לו יהיה: **למטות אבתיכם.** לפי חשבון יוצאי מצרים (ב"ב קיז.). דבר אחר, בשנים עשר גבולין כמנין השבטים: **(נה) והיה אשר תותירו מהם.** יהיו לכם לרעה: **לשכים בעיניכם.** ליתדות המנקרות עיניכם. תרגום של יתדות סיכיא:

RASHI ELUCIDATED

inhabitants, וְאָז **– and then,**[1] "וִישַׁבְתֶּם בָּהּ" **– "and you shall settle in it";** that is, תּוּכְלוּ לְהִתְקַיֵּם בָּהּ **– you shall be able to last in it.** וְאִם לָאו **– But if not,** לֹא תוּכְלוּ לְהִתְקַיֵּם בָּהּ **– you shall not be able to last in it.**[2]

54. אֶל אֲשֶׁר יֵצֵא לוֹ שָׁמָּה **– WHEREVER [THE LOT] SHALL FALL FOR HIM** (literally, "to that which shall fall for him there [the lot]"). מִקְרָא קָצָר הוּא זֶה **– This is an abbreviated verse.** It means, אֶל מְקוֹם אֲשֶׁר יֵצֵא לוֹ שָׁמָּה הַגּוֹרָל **– to the place where the lot will fall for him,** לוֹ יִהְיֶה **– to him shall it be.**

□ לְמַטּוֹת אֲבֹתֵיכֶם **– ACCORDING TO THE TRIBES OF YOUR FATHERS.** לְפִי חֶשְׁבּוֹן **– According to the number** יוֹצְאֵי מִצְרַיִם[3] **– of those who went out of Egypt.**[3] דָּבָר אַחֵר **– Alternatively,** בִּשְׁנֵים עָשָׂר גְּבוּלִין **– in twelve demarcated areas,** כְּמִנְיַן הַשְּׁבָטִים **– like the number of the tribes.**

55. וְהָיָה אֲשֶׁר תּוֹתִירוּ מֵהֶם **– THOSE OF THEM WHOM YOU LEAVE SHALL BE . . .** יִהְיוּ לָכֶם לְרָעָה **– They shall be a cause of harm for you.**[4]

□ לְשִׂכִּים בְּעֵינֵיכֶם **– AS PINS IN YOUR EYES.** This means לִיתֵדוֹת הַמְּנַקְּרוֹת עֵינֵיכֶם **– as pins which pierce your eyes.** תַּרְגּוּם שֶׁל יְתֵדוֹת סִכַּיָּא **– The Aramaic for** יְתֵדוֹת, "pegs," **is** סִכַּיָּא.[5]

means "you shall take possession." Rashi and *Onkelos*, however, see וְהוֹרַשְׁתֶּם here in this verse, as well as in the one that precedes it, as meaning "you shall rid, drive out." He adds an implicit prepositional phrase to clarify the meaning of "you shall rid the land" – "you shall rid the land *of its inhabitants.*" He does not see redundancy as a problem, for the preceding verse states a command to drive out all the inhabitants of the land, while our verse says that successful settling of the land is contingent upon fulfilling the commandment to drive out its previous inhabitants (see *Devek Tov*).

1. With "and then," Rashi indicates that with "you shall rid the land" and "and you shall settle in it" the verse does not state a simple sequence of events which will follow in order. Rather, there is a conditional relationship between them: *If* "you shall rid the land," *then* "you shall settle in it" (*Imrei Shefer*).

2. This is an example of the logical principle: From the implication of the positive we infer the negative. Rashi mentions this principle and its converse in his comments to *Exodus* 20:12, 28:35, 30:20; *Numbers* 5:19; and *Deuteronomy* 11:19, 17:20.

3. *Bava Basra* 117a; see Rashi to 26:55 above.

4. The ל prefix can connote intent, e.g., *Exodus* 25:6, שֶׁמֶן לַמָּאֹר, "oil for the light." We might therefore have understood the ל prefixes of לְשִׂכִּים and לִצְנִינִם in this manner. The verse would have meant "those of them whom you leave *to be* pins in your eyes and thorns in your sides." Rashi explains that this is not the meaning of the verse (*Mizrachi; Sifsei Chachamim*).

5. See, for example, *Targum Onkelos* to *Exodus* 38:20.

וְלִצְנִינִם בְּצִדֵּיכֶם וְצָרְרוּ אֶתְכֶם
עַל־הָאָרֶץ אֲשֶׁר אַתֶּם יֹשְׁבִים בָּהּ:
נו וְהָיָה כַּאֲשֶׁר דִּמִּיתִי לַעֲשׂוֹת לָהֶם
אֶעֱשֶׂה לָכֶם:
לד א וַיְדַבֵּר יהוה אֶל־מֹשֶׁה לֵּאמֹר:
ב צַו אֶת־בְּנֵי יִשְׂרָאֵל וְאָמַרְתָּ אֲלֵהֶם
כִּי־אַתֶּם בָּאִים אֶל־הָאָרֶץ כְּנָעַן
זֹאת הָאָרֶץ אֲשֶׁר תִּפֹּל לָכֶם
בְּנַחֲלָה אֶרֶץ כְּנַעַן לִגְבֻלֹתֶיהָ:

and as thorn-hedges at your sides, and they will harass you upon the land in which you dwell. [56] *And it shall be that what I had meant to do to them, I shall do to you.*

34 [1] *H*ASHEM *spoke to Moses, saying:* [2] *"Command the Children of Israel and say to them: When you come to the land of Canaan, this is the land that shall fall to you as an inheritance, the land of Canaan according to its borders.*

אונקלוס

וּלְמַשְׁרְיָן מַקְפְּנְכוֹן וִיעִיקוּן לְכוֹן (נ״א יְתִכוֹן) עַל אַרְעָא דִּי אַתּוּן יָתְבִין בַּהּ: נו וִיהֵי כְּמָא דִּי חֲשֵׁבִית לְמֶעְבַּד לְהוֹן אֶעְבֵּד לְכוֹן: א וּמַלִּיל יְיָ עִם מֹשֶׁה לְמֵימָר: ב פַּקֵּד יָת בְּנֵי יִשְׂרָאֵל וְתֵימַר לְהוֹן אֲרֵי אַתּוּן עָלִין לְאַרְעָא דִכְנָעַן דָּא אַרְעָא דִּי תִתְפְּלֵג לְכוֹן בְּאַחֲסָנָא אַרְעָא דִכְנַעַן לִתְחוּמָהָא:

רש״י

ולצנינים. פותרים בו הפותרים לשון מסוכת קוצים הסוככת אתכם לסגור ולכלוא אתכם מאין יוצא ובא: **וצררו אתכם.** כתרגומו: (ב) **זאת הארץ אשר תפל לכם וגו׳.** לפי שהרבה מצות נוהגות בארץ ואין נוהגות בחוץ לארץ הוצרך לכתוב מצרני גבולי רוחותיה סביב, לומר לך מן הגבולים הללו ולפנים המצות נוהגות: **תפל לכם.** על שם שנחלקה בגורל נקראת חלוקה לשון נפילה. ומדרש אגדה אומר על ידי שהפיל הקב״ה שריהם של שבעה אומות מן השמים וכפתן לפני משה.

RASHI ELUCIDATED

□ וְלִצְנִינִם – AND AS THORN-HEDGES. פּוֹתְרִים בּוֹ הַפּוֹתְרִים – **The interpreters**[1] **interpret it** לְשׁוֹן מְסוּכַת קוֹצִים – **as meaning an enclosure of thorns**[1a] הַסּוֹכֶכֶת אֶתְכֶם – **which covers you** לִסְגּוֹר וְלִכְלוֹא אֶתְכֶם – **to close off and confine you** מֵאֵין יוֹצֵא וָבָא – **without any who can go out or come in.**

□ וְצָרְרוּ אֶתְכֶם – This is to be understood כְּתַרְגּוּמוֹ – **as** ***Targum*** *Onkelos* **renders it, "and they will harass you."**[2]

34.

2. זֹאת הָאָרֶץ אֲשֶׁר תִּפֹּל לָכֶם וְגוֹמֵר – THIS IS THE LAND THAT SHALL FALL TO YOU, ETC. לְפִי שֶׁהַרְבֵּה מִצְוֹת נוֹהֲגוֹת בָּאָרֶץ – **Because many commandments apply in the Land** of Israel וְאֵין נוֹהֲגוֹת בְּחוּץ לָאָרֶץ – **and do not apply outside the land,**[3] הֻצְרַךְ לִכְתּוֹב – **[Scripture] had to write** מִצְרָנֵי גְּבוּלֵי רוּחוֹתֶיהָ – **the limits of the borders of its sides,** סָבִיב – **all around,** i.e., on all sides, לוֹמַר לְךָ – **to tell you,** מִן הַגְּבוּלִים הַלָּלוּ – **from these borders** וְלִפְנִים – **and inward,** הַמִּצְוֹת נוֹהֲגוֹת – **the commandments** related to the Land of Israel **apply.**

□ תִּפֹּל לָכֶם – SHALL FALL TO YOU. עַל שֵׁם שֶׁנֶּחְלְקָה בְּגוֹרָל – **Because it was divided by lottery,** נִקְרֵאת חֲלוּקָהּ – **its division is expressed** לְשׁוֹן נְפִילָה – **in terms of falling.**[4] וּמִדְרַשׁ אַגָּדָה אוֹמֵר – **And an aggadic midrash says** that "fall" is used עַל יְדֵי שֶׁהִפִּיל הַקָּדוֹשׁ בָּרוּךְ הוּא שָׂרֵיהֶם שֶׁל שִׁבְעָה אֻמּוֹת – **because the Holy One, Blessed is He, caused the ministering angels of the seven nations** who then inhabited the Land of Canaan[5] **to fall** מִן הַשָּׁמַיִם – **from the heavens** וּכְפָתָן לִפְנֵי מֹשֶׁה – **and bound**

1. "The interpreters" were teachers of *Chumash.* The notebooks they kept provided a source for the definitions of words and the meanings of verses. See A.M. Lifshitz in *Sefer Rashi, Mossad HaRav Kook,* Jerusalem, 5716.

1a. See Rashi to *Joshua* 23:13 and *Proverbs* 22:5.

2. The root צרר can mean "to antagonize, to feel enmity," as in 25:17 above (see Rashi there). But that meaning does not fit our verse which concludes "upon the land in which you dwell"; feeling hatred does not relate to the land. Here, צרר is used in the sense of "to harass" (*Sefer Zikaron*).

3. For example: the mitzvah of *shemittah* (not working one's field during the final year of each seven-year cycle) of which the Torah states, "When you come *into the land that I give you,* the land shall observe a Sabbath rest for HASHEM" (*Leviticus* 25:2); and the mitzvah of *bikkurim* (first fruits) of which the verse states, "The earliest of the first fruits of *your land* . . ." (*Exodus* 23:19).

4. The root נפל denotes "falling" in the literal sense. That meaning obviously cannot apply to our verse. Rashi, following *Targum Onkelos*, understands it here as meaning "dividing," and explains how dividing can be expressed by the word for falling.

5. " . . . And many nations will He cast away from before you — the Hittite, the Girgashite, the Amorite, the

ג וְהָיָה לָכֶם פְּאַת־נֶגֶב מִמִּדְבַּר־צִן
עַל־יְדֵי אֱדוֹם וְהָיָה לָכֶם גְּבוּל
נֶגֶב מִקְצֵה יָם־הַמֶּלַח קֵדְמָה׃

3 *The southern side shall be for you from the Wilderness of Zin at the side of Edom, and the southern border shall be for you from the end of the Salt Sea to the east.*

אונקלוס

ג וִיהֵי לְכוֹן רוּחַ דָּרוֹמָא מִמַּדְבְּרָא דְצִן עַל תְּחוּמֵי אֱדוֹם וִיהֵי לְכוֹן תְּחוּם דָּרוֹמָא מִסְּיָפֵי יַמָּא דְמִלְחָא קִדּוּמָא׃

רש"י

אמר לו, ראה, אין בהם עוד כח (תנחומא ד): (ג) **והיה לכם פאת נגב.** רוח דרומית אשר מן המזרח למערב: **ממדבר צן** אשר אצל אדום. מתחיל מקצוע דרומית מזרחית של ארץ תשעת המטות. כיצד, שלש ארצות יושבות בדרומה של ארץ ישראל זו אצל זו. קצת ארץ מצרים, וארץ אדום כולה, וארץ מואב כולה. ארץ מצרים במקצוע דרומית מערבית, שנאמר בפרשה זו מעצמון נחלה מצרים והיו תוצאותיו הימה (פסוק ה) ונחל מצרים היה מהלך על פני כל ארץ מצרים, שנאמר מן השיחור אשר על פני מצרים (יהושע יג:ג) ומפסיק בין ארץ מצרים לארץ ישראל. וארץ אדום אצלה לצד המזרח, וארץ מואב אצל ארץ אדום

RASHI ELUCIDATED

them up before Moses. אָמַר לוֹ – [God] said to [Moses], רְאֵה – "Look. אֵין בָּהֶם עוֹד כֹּחַ[1] – They no longer have strength."[1]

3. וְהָיָה לָכֶם פְּאַת נֶגֶב – THE SOUTHERN SIDE SHALL BE FOR YOU. רוּחַ דְּרוֹמִית – This is **the southern side, אֲשֶׁר מִן הַמִּזְרָח לַמַּעֲרָב – which runs from east to west.**[2]

□ **מִמִּדְבַּר צִן – FROM THE WILDERNESS OF ZIN אֲשֶׁר אֵצֶל – which is next to**[3] **אֱדוֹם – Edom, מַתְחִיל מִקְצוֹעַ דְּרוֹמִית מִזְרָחִית – begins the southeastern corner שֶׁל אֶרֶץ תִּשְׁעַת הַמַּטּוֹת – of the land of the nine** and a half **tribes.**[4] **כֵּיצַד – How** is this so? **שָׁלֹשׁ אֲרָצוֹת יוֹשְׁבוֹת – Three lands are situated בִּדְרוֹמָהּ שֶׁל אֶרֶץ יִשְׂרָאֵל – on the south of the Land of Israel, זוֹ אֵצֶל זוֹ – one next to the other: קְצַת אֶרֶץ מִצְרַיִם – part of the land of Egypt, וְאֶרֶץ אֱדוֹם כֻּלָּהּ – and the land of Edom in its entirety, וְאֶרֶץ מוֹאָב כֻּלָּהּ – and the land of Moab in its entirety.**[5] **אֶרֶץ מִצְרַיִם בְּמִקְצוֹעַ דְּרוֹמִית מַעֲרָבִית – The land of Egypt is at the southwest corner,**[6] **שֶׁנֶּאֱמַר בְּפָרָשָׁה זוֹ – as it says in this passage, ,,מֵעַצְמוֹן נַחְלָה מִצְרַיִם – "from Azmon to the stream of Egypt, וְהָיוּ תוֹצְאוֹתָיו הַיָּמָּה" – and its edges shall be toward the sea."**[7] **וְנַחַל מִצְרַיִם – And the stream of Egypt הָיָה מְהַלֵּךְ עַל פְּנֵי כָּל אֶרֶץ מִצְרַיִם – traversed the face of the entire land of Egypt,** i.e., it extended across the entire length of its eastern side,[8] **שֶׁנֶּאֱמַר – as it says, ,,מִן הַשִּׁיחוֹר אֲשֶׁר עַל פְּנֵי מִצְרַיִם"**[9] **– "from the Shihor, which is along the face of Egypt,"**[9] **וּמַפְסִיק בֵּין אֶרֶץ מִצְרַיִם לְאֶרֶץ יִשְׂרָאֵל – and it interposes between the land of Egypt and the Land of Israel. וְאֶרֶץ אֱדוֹם אֶצְלָהּ – The land of Edom is next to [Egypt] לְצַד הַמִּזְרָח – on the eastern side, וְאֶרֶץ מוֹאָב אֵצֶל אֶרֶץ אֱדוֹם – and the land of Moab is next to the land of Edom**

Canaanite, the Perizzite, the Hivvite, and the Jebusite – seven nations . . ." (*Deuteronomy* 7:1).

1. *Tanchuma* 4. According to the midrashic interpretation, תִּפֹּל here denotes "falling" in the literal sense.

2. In other contexts פֵּאָה means "corner," e.g., *Leviticus* 19:9. Here it means an entire side. Rashi makes similar points in his comments to *Exodus* 26:18, s.v., לִפְאַת נֶגְבָּה תֵימָנָה, *Exodus* 27:9, s.v., לַפֵּאָה הָאֶחָת, *Joshua* 18:14, s.v., וזאת פְּאַת יָם, *Ezekiel* 47:15, s.v., לִפְאַת צָפוֹנָה, and *Ezekiel* 47:20, s.v., וּפְאַת יָם (*Imrei Shefer*).

3. עַל יְדֵי, literally, "on the hands of," is generally used by Scripture in its literal sense (e.g., *Genesis* 24:30), or to mean "by means of" (e.g., *Jeremiah* 18:21).When used with reference to geographical locations, it means "next to, at the side of." Rashi makes a similar point in his comments to *Judges* 11:26 (*Imrei Shefer*).

4. The borders spoken of in our passage do not include the borders of the tribes of Reuben and Gad, and half the tribe of Manasseh, who received as their portion the land of Sihon and Og on the eastern side of the Jordan.

5. When Rashi says that Moab was situated south of the Land of Israel in its entirety, he does not mean that it was situated directly south of "the land of the nine tribes" which is the subject of this passage. Moab's northern border lay to the east of the "land of the nine tribes." It was situated directly south of the land of Sihon and Og.

6. Egypt did not lay entirely to the south of the Land of Israel. Only its easternmost part lay there.

7. Below v. 5.

8. "The face" of something means its eastern side, as Rashi says in his comments to *Exodus* 27:13, s.v., לִפְאַת קֵדְמָה מִזְרָחָה (see also Rashi to v. 15 below, s.v., קֵדְמָה מִזְרָחָה). The stream of Egypt, which according to Rashi is the Nile (see Rashi to *Joshua* 13:3), extends along the eastern side of Egypt, flowing northward and slightly westward to the Mediterranean Sea. Verse 5 describes the southern border of Israel meeting it and following it to the sea. Thus, the easternmost part of Egypt lay south of the westernmost part of the Land of Israel (see *Leket Bahir*). See map on page 414.

9. *Joshua* 13:3. Rashi there says that the Shihor is the Stream of Egypt, the Nile (see also *Jeremiah* 2:18 and Rashi there).

רש"י

בסוף הדרום למזרח. וכשיצאו ישראל ממצרים, אם רצה המקום לקרב את כניסתם לארץ היה מעבירם את הנילוס לצד צפון ובאין לארץ ישראל, ולא עשה כן, וזהו שנאמר ולא נחם אלהים דרך ארץ פלשתים (שמות יג:יז) שהם יושבים על הים במערבה של ארץ כנען, כענין שנאמר בפלשתים יושבי חבל הים גוי כרתים (צפניה ב:ה). ולא נחם אותו הדרך, אלא הסיבן והוציאם דרך דרומה אל המדבר, והוא שקראו יחזקאל מדבר העמים (יחזקאל כ:לה) לפי שהיו כמה אומות יושבים בצדו, והולכין אצל דרומה מן המערב כלפי מזרח תמיד עד שבאו לדרומה של ארץ אדום, ובקשו ממלך אדום שיניחם לעבור דרך ארצו ולהכנס לארץ דרך רחבה ולא רצה, והוצרכו לסבוב את כל דרומה של אדום עד בואם לדרומה של ארץ מואב, שנאמר וגם אל מלך מואב שלח ולא אבה (שופטים יא:יז). והלכו כל דרומה של מואב עד סופה ומשם הפכו פניהם לצפון עד שסבבו כל מצר מזרחי שלה לרחבה, וכשכלו את מזרחה מצאו את ארץ סיחון ועוג שהיו יושבין במזרחה של ארץ כנען והירדן מפסיק ביניהם, וזהו שנאמר ביפתח

RASHI ELUCIDATED

בְּסוֹף הַדָּרוֹם — at the end of the southern border of the "land of the nine tribes," **לַמִּזְרָח — to the east** of Edom. **וּכְשֶׁיָּצְאוּ יִשְׂרָאֵל מִמִּצְרַיִם — When Israel departed from Egypt, אִם רָצָה הַמָּקוֹם — if the Omnipresent had wanted לְקָרֵב אֶת כְּנִיסָתָם לָאָרֶץ — to bring close,** i.e., to hasten, **their entry into the Land** of Israel, **הָיָה מַעֲבִירָם אֶת הַנִּילוּס — He would have had them cross the Nile לְצַד צָפוֹן — towards the northern side,** i.e., near its northern end, **וּבָאִין לְאֶרֶץ יִשְׂרָאֵל — and they would have then come to the Land of Israel** without traversing the wilderness or approaching the lands of Edom and Moab. **וְלֹא עָשָׂה כֵן — But He did not do so. וְזֶהוּ שֶׁנֶּאֱמַר — This is** the meaning of **that which it says, "וְלֹא נָחָם אֱלֹהִים דֶּרֶךְ אֶרֶץ פְּלִשְׁתִּים"[1] — "God did not lead them by way of the land of the Philistines,"[1] שֶׁהֵם יוֹשְׁבִים עַל הַיָּם — for the Philistines live by the sea, בְּמַעֲרָבָהּ שֶׁל אֶרֶץ כְּנַעַן — in the west of the Land of Canaan, כְּעִנְיָן שֶׁנֶּאֱמַר בַּפְּלִשְׁתִּים — like the matter which has been said of the Philistines, "יֹשְׁבֵי חֶבֶל הַיָּם גּוֹי כְּרֵתִים"[2] — "the inhabitants of the strip by the sea, the nation of Cherethites."[2] וְלֹא נָחָם — [God] did not lead them אוֹתוֹ הַדֶּרֶךְ** — by that way, **אֶלָּא הֱסִבָּן — but rather, He had them detour, וְהוֹצִיאָם — and He brought them out דֶּרֶךְ דְּרוֹמָהּ — by way of [Egypt's] south[3] אֶל הַמִּדְבָּר — to the wilderness. וְהוּא שֶׁקְּרָאוֹ יְחֶזְקֵאל — And this is why Ezekiel called it "מִדְבַּר הָעַמִּים"[4] — "the wilderness of the nations,"[4] לְפִי שֶׁהָיוּ כַּמָּה אֻמּוֹת — for there were many nations[5] יוֹשְׁבִים בְּצִדּוֹ — living next to it. וְהוֹלְכִין — [The Israelites] would go** on their journey through the wilderness **אֵצֶל דְּרוֹמָהּ — along the south of [Egypt],[6] מִן הַמַּעֲרָב כְּלַפֵּי מִזְרָח — from the west toward the east, תָּמִיד — steadily, עַד שֶׁבָּאוּ לִדְרוֹמָהּ שֶׁל אֶרֶץ אֱדוֹם — until they reached the south of the land of Edom, וּבִקְּשׁוּ מִמֶּלֶךְ אֱדוֹם — and they requested of the king of Edom שֶׁיַּנִּיחֵם — that he allow them לַעֲבוֹר דֶּרֶךְ אַרְצוֹ — to cross by way of his land,** northward, **וּלְהִכָּנֵס לָאָרֶץ — and to enter the Land** of Israel **דֶּרֶךְ רָחְבָּהּ — by way of [Edom's] width. וְלֹא רָצָה — But [the king of Edom] did not wish** to allow the Israelites to cross, **וְהֻצְרְכוּ לִסְבּוֹב אֶת כָּל דְּרוֹמָהּ שֶׁל אֱדוֹם — so they had to go around the entire south of Edom עַד בּוֹאָם לִדְרוֹמָהּ שֶׁל אֶרֶץ מוֹאָב — until they reached the south of the land of Moab, שֶׁנֶּאֱמַר — as it says, "וְגַם אֶל מֶלֶךְ מוֹאָב שָׁלַח וְלֹא אָבָה"[7] — "And he** [Israel] **also sent to the king of Moab, but he did not consent."[7] וְהָלְכוּ כָּל דְּרוֹמָהּ שֶׁל מוֹאָב — So they went** along **the entire south of Moab עַד סוֹפָהּ — to its end, וּמִשָּׁם הָפְכוּ פְּנֵיהֶם — and from there they turned their faces לַצָּפוֹן — to the north עַד שֶׁסָּבְבוּ** — and traveled northward **until they went around כָּל מֵצַר מִזְרָחִי שֶׁלָּהּ — [Moab's] entire eastern border לְרָחְבָּהּ — by its width. וּכְשֶׁכִּלּוּ אֶת מִזְרָחָהּ — And when they finished its east,** i.e., when they had gone the entire length of Moab's eastern border from south to north, **מָצְאוּ אֶת אֶרֶץ סִיחוֹן וְעוֹג — they found the land of Sihon and Og** before them, **שֶׁהָיוּ יוֹשְׁבִין — for they lived בְּמִזְרָחָהּ שֶׁל אֶרֶץ כְּנַעַן — to the east of the Land of Canaan, וְהַיַּרְדֵּן מַפְסִיק בֵּינֵיהֶם — and the Jordan interposes between [the Land of Canaan and the land of Sihon and Og]. וְזֶהוּ שֶׁנֶּאֱמַר — This is** the meaning of **that which is said בְּיִפְתָּח** — in a

1. *Exodus* 13:17.

2. *Zephaniah* 2:5. That verse reads, "Woe unto the inhabitants of the strip by the sea, the nation of Cherethites, the word of HASHEM is against you, [the section of] Canaan [that is] the land of the Philistines . . ." The two phrases "the nation of Cherethites" and "the land of the Philistines" are used as synonyms in that verse.

3. That is, by way of the southern part of the section of Egypt east of the Nile, that extends into the Sinai Peninsula.

4. *Ezekiel* 20:35.

5. The three mentioned above.

6. That is, south of the easternmost part of Egypt, to which Rashi referred above (see note 6 on page 412).

7. *Judges* 11:17.

ד וְנָסַב לָכֶם הַגְּבוּל מִנֶּגֶב לְמַעֲלֵה עַקְרַבִּים וְעָבַר צִנָה °והיה תּוֹצְאֹתָיו מִנֶּגֶב לְקָדֵשׁ בַּרְנֵעַ וְיָצָא
°וְהָיוּ ק׳

4 The border shall go around for you south of Maaleh-akrabbim, and shall pass toward Zin; and its edges shall be south of Kadesh-barnea; then it shall go out

אונקלוס

ד וְיַסְחַר לְכוֹן תְּחוּמָא מִדָּרוֹמָא לְמַסְקָנָא דְעַקְרַבִּים וְיִעְבַּר לְצִן וִיהוֹן מַפְּקָנוֹהִי מִדָּרוֹמָא לִרְקַם גֵּיאָה וְיִפּוֹק

רש״י

וילך במדבר ויסב את ארץ אדום ואת ארץ מואב ויבא ממזרח שמש לארץ מואב (שם יח). וכבשו את ארץ סיחון ועוג שהיתה בצפונה של ארץ מואב, וקרבו עד הירדן, והוא כנגד מקצוע צפונית מערבית של ארץ מואב. נמצא שארץ כנען שבעבר הירדן למערב היה מקצוע דרומית מזרחית שלה אצל אדום:

(ד) ונסב לכם הגבול מנגב למעלה עקרבים. כל מקום שנאמר ונסב או ויצא מלמד שלא היה המצר שוה אלא הולך ויוצא לחוץ. יוצא המצר ועוקם לצד צפונו של עולם באלכסון למערב, ועובר המצר בדרומה של מעלה עקרבים, נמצא מעלה עקרבים לפנים מן המצר: ועבר צנה. אל צין,

RASHI ELUCIDATED

passage **about Jephtah,** ,,וַיֵּלֶךְ בַּמִּדְבָּר – **"And he** [Israel] **went in the wilderness,** וַיָּסָב אֶת אֶרֶץ אֱדוֹם וְאֶת אֶרֶץ מוֹאָב – **and he went around the land of Edom and the land of Moab,** וַיָּבֹא מִמִּזְרַח שֶׁמֶשׁ לְאֶרֶץ מוֹאָב״[1] – **and he came to the east of the land of Moab."**[1] וְכָבְשׁוּ אֶת אֶרֶץ סִיחוֹן וְעוֹג – **They conquered the land of Sihon and Og** שֶׁהָיְתָה בִּצְפוֹנָהּ שֶׁל אֶרֶץ מוֹאָב – **which was to the north of the land of Moab,** וְקָרְבוּ עַד הַיַּרְדֵּן – **and approached up to the Jordan.** וְהוּא כְּנֶגֶד מִקְצוֹעַ צְפוֹנִית מַעֲרָבִית – **[The Jordan] is opposite the northwest corner** שֶׁל אֶרֶץ מוֹאָב – **of the land of Moab.** נִמְצָא – **It is** thus **found** שֶׁאֶרֶץ כְּנַעַן – **that the Land of Canaan** שֶׁבְּעֵבֶר הַיַּרְדֵּן לַמַּעֲרָב – **which is on the side of the Jordan on the west,** הָיָה מִקְצוֹעַ דְּרוֹמִית מִזְרָחִית שֶׁלָּהּ אֵצֶל אֱדוֹם – **its southeastern corner was next to Edom.**[2]

4. וְנָסַב לָכֶם הַגְּבוּל מִנֶּגֶב לְמַעֲלֵה עַקְרַבִּים – THE BORDER SHALL GO AROUND FOR YOU SOUTH OF MAALEH-AKRABBIM.[3] כָּל מָקוֹם שֶׁנֶּאֱמַר – **Wherever it says** with reference to borders ,,וְנָסַב״ – **"and it shall go around"** אוֹ ,,וְיָצָא״ – **or "and it shall go forth,"** מְלַמֵּד – **it teaches** us שֶׁלֹּא הָיָה הַמֵּצַר שָׁוֶה – **that the border was not even,** i.e., a straight line, אֶלָּא – **but rather,** הוֹלֵךְ וְיוֹצֵא לַחוּץ – **it would gradually project outward.**[4] יוֹצֵא הַמֵּצַר – In the situation of our verse, **the border goes forth** וְעוֹקֵם – **and curves** לְצַד צְפוֹנוֹ שֶׁל עוֹלָם – **to the side of the north of the world,**[5] בַּאֲלַכְסוֹן – **diagonally,** לַמַּעֲרָב – **toward the west.** וְעוֹבֵר הַמֵּצַר – **The border passes** בִּדְרוֹמָהּ שֶׁל מַעֲלֵה עַקְרַבִּים – **to the south of Maaleh-akrabbim.** נִמְצָא – **It is** thus **found** מַעֲלֵה עַקְרַבִּים לִפְנִים מִן הַמֵּצַר – that **Maaleh-akrabbim is inside the border.**[6,7]

□ וְעָבַר צִנָה – AND SHALL PASS TOWARD ZIN. אֶל צִן – The word צִנָה has the same meaning as **אֶל צִן,**

1. *Judges* 11:18.
2. See note 4 on page 412 above.
3. The translation and interpretation (notes 4-6) of this comment follows *Divrei David.*

An alternative interpretation is presented in note 7 below. A map illustrating both views appears below.

4. Rashi makes a similar point in his comments to *Joshua* 15:3, s.v., וְיָצָא אֶל מִנֶּגֶב.
5. That is, the border curves toward the south, into the northern part of "the world" which borders the Land of Israel to the south (*Divrei David*).
6. Maaleh-akrabbim is inside the bulge in the border, where it veers from its initial point in the east (*Divrei David*).
7. We have explained Rashi according to *Divrei David*, who interprets צְפוֹנוֹ שֶׁל עוֹלָם, "the north of the world," as the northern part of the land that lies south of the Land of Israel. This requires us to understand וְנָסַב לְצַד הַדָּרוֹם "and turned in the direction of the south" (Rashi elucidated, p. 416, line 3), to mean that the border turned northward into the southern part of the Land of Israel, although Rashi does not say explicitly

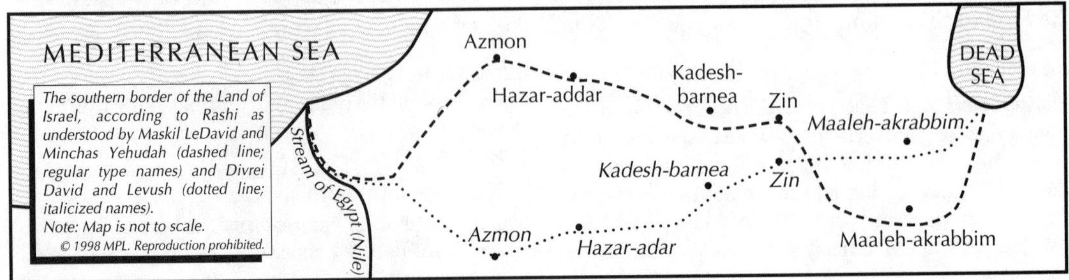

The southern border of the Land of Israel, according to Rashi as understood by Maskil LeDavid and Minchas Yehudah (dashed line; regular type names) and Divrei David and Levush (dotted line; italicized names).
Note: Map is not to scale.

Hazar-addar and pass to Azmon. חֲצַר־אַדָּר וְעָבַר עַצְמֹנָה:

אונקלוס

לַחֲצַר אַדָּר וִיעִבַּר לְעַצְמוֹן:

רש"י

כמו מלרימה: והיו תוצאתיו. קלותיו, בדרומה של קדש ברנע: ויצא חצר אדר. מתפשט המלר ומרחיב ללד לפון של עולם, ונמשך עוד באלכסון למערב ובא לו לחלר אדר, ומשם לעלמון ומשם לנחל מלרים. ולשון ונסב האמור כאן לפי שכתב ויצא חלר אדר, שהתחיל להרחיב משעבר את קדש ברנע ורוחב אותה רלועה שבלטה ללד לפון

RASHI ELUCIDATED

"to Zin."[1] **כְּמוֹ ,,מִצְרַיְמָה״** – It is **like** in form to the word **מִצְרַיְמָה, "to Egypt."**[2]

□ **וְהָיוּ תֹּצְאֹתָיו** – **AND ITS EDGES SHALL BE.** This means **קְצוֹתָיו – its ends,**[3] **בִּדְרוֹמָהּ שֶׁל קָדֵשׁ בַּרְנֵעַ – to the south of Kadesh-barnea.**[4]

□ **וְיָצָא חֲצַר אַדָּר** – **THEN IT SHALL GO OUT TO HAZAR-ADDAR. מִתְפַּשֵּׁט הַמֵּצַר – The border expands**[5] **וּמַרְחִיב – and broadens לְצַד צָפוֹן שֶׁל עוֹלָם – in the direction of the north of the world,**[6] **וְנִמְשָׁךְ עוֹד – and it extends further בְּאֲלַכְסוֹן לַמַּעֲרָב – slanting toward the west, וּבָא לוֹ לַחֲצַר אַדָּר – and comes to Hazar-addar, וּמִשָּׁם לְעַצְמוֹן – and from there to Azmon, וּמִשָּׁם לְנַחַל מִצְרַיִם – and from there to the stream of Egypt.**[7] **וּלְשׁוֹן ,,וְנָסַב״ – And the term וְנָסַב, "and [the border] shall go around," הָאָמוּר כָּאן – which is stated here לְפִי שֶׁכָּתַב** – is used **because [Scripture] wrote ,,וְיָצָא חֲצַר אַדָּר״ – "then it shall go out to Hazar-addar," שֶׁהִתְחִיל לְהַרְחִיב** – which implies **that [the border] began to broaden,** i.e., include more territory within it,[8] **מִשֶּׁעָבַר אֶת קָדֵשׁ בַּרְנֵעַ – once it passed Kadesh-barnea, וְרוֹחַב אוֹתָהּ רְצוּעָה שֶׁבָּלְטָה לְצַד צָפוֹן – and the width of that strip which**

---

that he refers to the southern part of the Land of Israel. However, Rashi's comment lends itself to another explanation (see *Sifsei Chachamim; Maskil LeDavid; Leket Bahir*) which allows for understanding Rashi's references to directions in a more straightforward manner, as follows:

וְנָסַב לָכֶם הַגְּבוּל מִנֶּגֶב לְמַעֲלֵה עַקְרַבִּים – The border shall go around for you south of Maaleh-akrabbim. כָּל מָקוֹם שֶׁנֶּאֱמַר – Wherever it says with reference to borders ,,וְנָסַב״ – "and it shall go around" אוֹ ,,וְיָצָא״ – or "and it shall go forth," מְלַמֵּד – it teaches us שֶׁלֹּא הָיָה הַמֵּצַר שָׁוֶה – that the border was not even, i.e., a straight line, אֶלָּא – but rather, הוֹלֵךְ וְיוֹצֵא לַחוּץ – it would gradually project outward. יוֹצֵא הַמֵּצַר – In the situation of our verse, the border goes forth וְעוֹקֵם – and curves לְצַד צְפוֹנוֹ שֶׁל עוֹלָם – to the side of the north of the world, that is, in a northerly direction, בַּאֲלַכְסוֹן – diagonally, לַמַּעֲרָב – toward the west. וְעוֹבֵר הַמֵּצַר – The border passes בִּדְרוֹמָהּ שֶׁל מַעֲלֵה עַקְרַבִּים – to the south of Maaleh-akrabbim. נִמְצָא – It is thus found מַעֲלֵה עַקְרַבִּים לִפְנִים מִן הַמֵּצַר – that Maaleh-akrabbim is inside the border.

According to this interpretation, when Rashi says that the border curves to the side of the north of the world, he means that the border goes southwest from the Salt Sea (the Scriptural name for the Dead Sea) to the south of Maaleh-akrabbim, and then curves northward. He uses "to the north of the world" to express the idea that the movement north is in a diagonal direction; it is "to the north of the world" as opposed to the immediate north of the point from which that segment of the border begins. Maaleh-Akrabbim is thus within the bulge in the border.

1. See *Targum Onkelos.*

2. For example, in *Genesis* 12:10. A ה suffix is the equivalent of a ל prefix; both mean "to" (*Yevamos* 13b; Rashi mentions this rule in his comments to *Genesis* 14:10, 28:2, 32:4, 46:1; *Exodus* 15:23; and *Deuteronomy* 33:27).

3. That is, the extremity which juts out to the south of the general direction in which the borderline is moving.

4. We might have thought that the verse is read: "Its edges from the south shall be up to Kadesh-barnea."

5. וְיָצָא חֲצַר אַדָּר could have been understood as "and Hazar-addar shall go out." But that would be meaningless in the context of the verse. Rashi therefore views the verse as if it were וְיָצָא לַחֲצַר אַדָּר or וְיָצָא אֶל חֲצַר אַדָּר, "then it shall go out *to* Hazar-addar," with the preposition "to" implicit, and with the subject "it" referring to "the border" (*Leket Bahir*).

6. A border is a line with no thickness. It cannot broaden in the literal sense. Rashi means that the border moves southward, into the northernmost area of the land bordering the south of the Land of Israel (*Divrei David*). This explanation is in accordance with *Divrei David's* earlier comment to this verse, that "north of the world" means the northern part of the land that lies south of Israel.

According to the alternative interpretation that appears in note 7 on page 414 above, when Rashi says that the border "expands and broadens," he views the "bottom" of the border as a horizontal line running east-west through its beginning point — in this case, the southern end of the Salt (Dead) Sea. That part of the actual borderline which lies north of this line is the "top" of the border. Thus, when the borderline moves northward, the area included between the "top" of the border and its "bottom" expands (*Leket Bahir.*)

7. By using לְעַצְמוֹן and לְנַחַל מִצְרַיִם, Rashi indicates that the suffixes of the letter ה preceded by a *kamatz*, of עַצְמֹנָה and נַחְלָה מִצְרַיִם, are the equivalent of the ל prefix, and mean "to." See note 2 above, and Rashi to *Ezekiel* 47:19, s.v., נַחֲלָה.

8. According to *Divrei David.*

According to the alternative interpretation (note 7 on page 414 above), this means that the area between the

ה וְנָסַ֨ב הַגְּב֧וּל מֵֽעַצְמ֛וֹן נַ֖חְלָה
מִצְרָ֑יִם וְהָי֥וּ תוֹצְאֹתָ֖יו הַיָּֽמָּה׃
ו וּגְב֣וּל יָ֔ם וְהָיָ֥ה לָכֶ֛ם הַיָּ֥ם הַגָּד֖וֹל
וּגְב֑וּל זֶה־יִהְיֶ֥ה לָכֶ֖ם גְּב֥וּל יָֽם׃

[5] The border shall go around from Azmon to the of Egypt, and its edges shall be to the west. [6] And the western border: It shall be for you the Great Sea and the bounded area; this shall be for you the western border.

אונקלוס

ה וְיַסְחַר תְּחוּמָא מֵעַצְמוֹן לְנַחֲלָא דְמִצְרָיִם וִיהוֹן מַפְּקָנוֹהִי לְיַמָּא: ו וּתְחוּם מַעַרְבָא וִיהֵי לְכוֹן יַמָּא רַבָּא וּתְחוּמֵהּ (נ״א וּתְחוּמָא) דֵּין יְהֵי לְכוֹן תְּחוּם מַעַרְבָא:

רש"י

היתה מקדש ברנע עד עצמון, ומשם והלאה נתקצר המצר ונסב לצד הדרום ובא לו לנחל מצרים, ומשם לצד המערב אל הים הגדול שהוא מצר מערבה של כל ארץ ישראל. נמצא שנחל מצרים במקצוע מערבית דרומית. **(ה) והיו תוצאתיו הימה.** אל מצר המערב, שאין עוד גבול נגב מאריך לצד המערב משם והלאה: **(ו) וגבול ים.** ומצר מערבי מהו: **והיה לכם הים הגדול.** למצר: **וגבול.** הנסין שבתוך הים אף הם מן הגבול (גיטין ח.), והם איים שקורין אישלי"ש:

RASHI ELUCIDATED

protruded into the northern side, i.e., into the north of the area bordering the south of the Land of Israel,[1] **הָיְתָה מִקָּדֵשׁ בַּרְנֵעַ עַד עַצְמוֹן – was from Kadesh-barnea up to Azmon, וּמִשָּׁם וָהָלְאָה – and from there onward, נִתְקַצֵּר הַמֵּצַר – the border narrowed,** i.e., it encompassed a narrower area, **וְנָסַב לְצַד הַדָּרוֹם – and turned in the direction of the south,[2] וּבָא לוֹ לְנַחַל מִצְרַיִם – and came to the stream of Egypt. וּמִשָּׁם לְצַד הַמַּעֲרָב – And from there** it went **in the direction of the west, אֶל הַיָּם הַגָּדוֹל – to the Great Sea, שֶׁהוּא מֵצַר מַעֲרָבָהּ שֶׁל כָּל אֶרֶץ יִשְׂרָאֵל – which is the western border of the entire Land of Israel. נִמְצָא – It is** thus **found שֶׁנַּחַל מִצְרַיִם – that the stream of Egypt בְּמִקְצוֹעַ מַעֲרָבִית דְּרוֹמִית – is at the southwest corner** of the Land of Israel.

5. וְהָיוּ תוֹצְאֹתָיו הַיָּמָּה – AND ITS EDGES SHALL BE TO THE WEST. אֶל מֵצַר הַמַּעֲרָב – To the western border,[3] שֶׁאֵין עוֹד גְּבוּל נֶגֶב מַאֲרִיךְ – for the southern boundary does not extend further לְצַד הַמַּעֲרָב – in the direction of the west, מִשָּׁם וָהָלְאָה – from that point on, i.e., beyond the juncture of the previous stretch of border with the stream of Egypt.

6. וּגְבוּל יָם – AND THE WESTERN BORDER. וּמֵצַר מַעֲרָבִי מַהוּ – And what is the western boundary?[4]

□ **וְהָיָה לָכֶם הַיָּם הַגָּדוֹל – IT SHALL BE FOR YOU THE GREAT SEA לְמֵצַר – as a boundary.**

□ **וּגְבוּל – AND THE BOUNDED AREA. הַנִּסִּין שֶׁבְּתוֹךְ הַיָּם – The islands that are in the sea, אַף הֵם מִן הַגְּבוּל[5] – they, too, are of the bounded area.[5] וְהֵם אִיִּים – [The נִסִּין] are islands שֶׁקּוֹרִין אישלי״ש –**

southern-most point that the border has reached, and the point toward which it moves begins to broaden as the border moves northward.

1. According to *Divrei David*.

According to the alternative interpretation (note 7 on page 414 above), this means "the width of that strip which protruded northward" and refers to the strip of land outside the Land of Israel, which lay between the east-west line through the beginning point of the border, and the points the borderline reaches as it moves northward (*Leket Bahir*).

2. According to *Divrei David,* it turned northward, into the southern part of the Land of Israel.

According to the alternative interpretation, "the border narrowed" means that the width of the land between the east-west line through the beginning point of the borderline, and the borderline itself, which was located farther north, became narrower, and turned southward, " and came to the stream of Egypt."

3. הַיָּמָּה can mean either "to the sea" or "to the west." It means "to the west" here, for "the Great Sea" is not mentioned specifically until the following verse. Scripture would not refer to it by the more vague "the sea" before having identified which sea.

In the preceding verse, and in verses 8, 9, and 12, the "edges" are described in detail. Our verse would not describe them as being merely "to the west," i.e., in a westward direction, for that would be too vague. Rashi therefore sees "to the west" as referring to a clearly defined location in the west, the western border. Furthermore, Scripture uses יָמָּה for "in a westward direction" in *Genesis* 28:14. Thus, הַיָּמָּה, with the ה prefix denoting the definite article, implies a specific place in the west.

4. The ו prefix of וגבול does not link it to the preceding verse. We do not read the verses, "And its edges shall be to the west and the western border" (*Sefer Zikaron*). Furthermore, גְּבוּל here is used in the sense of "border," not in the sense of "bounded area" as it is used later in the verse.

5. *Gittin* 8a. וּגְבוּל seems superfluous. It is stated to teach us that there is an area beyond the seashore that is included within the boundaries of the Land of Israel, the islands in the sea opposite it (see Rashi to *Gittin* 8a, s.v., ר׳ יהודה אומר).

ז וְזֶה־יִהְיֶה לָכֶם גְּבוּל צָפוֹן מִן־
הַיָּם הַגָּדֹל תְּתָאוּ לָכֶם הֹר
ח הָהָר: מֵהֹר הָהָר תְּתָאוּ לְבֹא
חֲמָת וְהָיוּ תּוֹצְאֹת הַגְּבֻל צְדָדָה:

[7] *"This shall be for you the northern border: from the Great Sea you shall draw a slanting line for yourselves to Mount Hor.* [8] *From Mount Hor you shall draw a slanting line to the approach to Hamath, and the edges of the border shall be toward Zedad.*

אונקלוס

ז וְדֵין יְהֵי לְכוֹן תְּחוּם צִפּוּנָא מִן יַמָּא רַבָּא תְּכַוְּנוּן לְכוֹן לְהֹר טוּרָא:
ח מֵהֹר טוּרָא תְּכַוְּנוּן לְמֵטֵי חֲמָת וִיהוֹן מַפְּקָנוּת תְּחוּמָא לִצְדָד:

רש״י

(ז) גבול צפון. מצר צפון: **מן הים הגדול תתאו לכם הר ההר.** שהוא במקצוע צפונית מערבית. וראשו משפיע ונכנס לתוך הים ויש מרוחב הים לפנים הימנו וחוצה הימנו: **תתאו.** תשפעו לכם לנטות ממערב לצפון אל הר ההר: **תתאו.** לשון סיבה, כמו אל תא הרצים (דברי הימים ב יב:יא) ותאי השער (יחזקאל מ:י) היציע (ב״ב סא.) שקורין אפנדי״ץ, שהוא מוסב ומשופע: **(ח) מהר ההר.** תסבו ותלכו אל מצר הצפון לצד המזרח ותפגעו בלבוא חמת, זו אנטוכיא: **תוצאת הגבל.** סופי הגבול. כל מקום שנאמר תוצאות הגבול, או המצר כלה שם לגמרי ואינו עובר להלן כלל,

RASHI ELUCIDATED

that they call *isles* in Old French.[1]

7. גְּבוּל צָפוֹן – This means **מֵצַר צָפוֹן – the northern border.**[2]

□ **מִן הַיָּם הַגָּדֹל תְּתָאוּ לָכֶם הֹר הָהָר – FROM THE GREAT SEA YOU SHALL DRAW A SLANTING LINE FOR YOURSELVES TO MOUNT HOR,** **שֶׁהוּא בְּמִקְצוֹעַ צְפוֹנִית מַעֲרָבִית – for it is at the northwestern corner** of the Land of Israel, **וְרֹאשׁוֹ מַשְׁפִּיעַ – and its summit slopes** downward, **וְנִכְנָס לְתוֹךְ הַיָּם – and enters into the sea** at its base. **וְיֵשׁ מֵרוֹחַב הַיָּם לִפְנִים הֵימֶנּוּ – There is some of the width of the sea inward of it** **וְחוּצָה הֵימֶנּוּ – and outward from it.**[3]

□ **תְּתָאוּ – YOU SHALL DRAW A SLANTING LINE.** This means, **תַּשְׁפְּעוּ לָכֶם – you shall move on a slant** **לִנְטוֹת מִמַּעֲרָב לְצָפוֹן – to veer from west to north** **אֶל הֹר הָהָר – to Mount Hor.**

□ **תְּתָאוּ – YOU SHALL DRAW A SLANTING LINE.** **לְשׁוֹן סִבָּה – This connotes "incline,"** **כְּמוֹ "אֶל תָּא הָרָצִים"**[4] **– like תָּא** and **וְתָאֵי** in, **"to the booth of the runners,"**[4] and **"וְתָאֵי הַשַּׁעַר"**[5] **– "and the booths of the gate."**[5] **הַיָּצִיעַ**[6] – The word **תָּא** refers to **the penthouse**[6] **שֶׁקּוֹרִין אפנדי״ץ – which they call *apendiz*** in Old French,[7] **שֶׁהוּא מוּסָב וּמְשֻׁפָּע – which is inclined and sloping,** i.e., which has a slanting roof.

8. מֵהֹר הָהָר – FROM MOUNT HOR **תָּסֹבּוּ – you shall turn** **וְתֵלְכוּ אֶל מֵצַר צָפוֹן – and go along the northern boundary** **לְצַד הַמִּזְרָח – in the direction of the east,**[8] **וְתִפְגְּעוּ בִּלְבֹא חֲמָת – and you will encounter**[9] **the approach to Hamath,** **זוֹ אַנְטוֹכְיָא – which is Antioch.**

□ **תּוֹצְאֹת הַגְּבֻל – THE EDGES OF THE BORDER SHALL BE.** **סוֹפֵי הַגְּבוּל** – This refers to **the ends of the border.** **כָּל מָקוֹם שֶׁנֶּאֱמַר "תּוֹצְאוֹת הַגְּבוּל" – Wherever it says "edges of the border,"** **אוֹ הַמֵּצַר כָּלֶה שָׁם לְגַמְרֵי – either the boundary comes to its ultimate end there** **וְאֵינוֹ עוֹבֵר לְהַלָּן כְּלָל – and does**

1. In Modern French, *îles*.

2. Here, too, גְּבוּל is used in the sense of "border," not in the sense of "bounded area" as in the second גְּבוּל of the preceding verse (*Lifshuto shel Rashi*).

3. That is, the base of the mountain protrudes into the sea. To the south of the mountain, and possibly to the north of it, the coastline is further to the east than it is at the base of the mountain. At the point of the protrusion, the sea is "outward" from the mountain, to its west.

The Mount Hor mentioned here should not be confused with the mountain of the same name upon which Aaron died (see 20:22-29 and 33:38-39 above). That Mount Hor is situated to the southeast of the Land of Israel; the one in our verse is in the northwestern corner.

4. *II Chronicles* 12:11.

5. *Ezekiel* 40:10.

6. תָּא is defined as יָצִיעַ in *Bava Basra* 61a.

7. In Modern French, *appentis*, "lean-to" or "shed," especially one attached to a larger building.

8. The verse says that the border turns to the approach to Hamath, but does not state which direction this turn takes. Since the verse is describing the northern border, from its western point. Rashi concludes that the turn is to the east.

9. With "and you will encounter," Rashi indicates that when the verse says "you shall turn *to* the approach to Hamath," it does not mean merely that the border will turn in that direction. It means that the border will extend all the way to the approach to Hamath and beyond it, as far as Zedad.

ט וְיָצָא הַגְּבֻל זִפְרֹנָה וְהָיוּ תוֹצְאֹתָיו
חֲצַר עֵינָן זֶה־יִהְיֶה לָכֶם גְּבוּל
י צָפוֹן: וְהִתְאַוִּיתֶם לָכֶם לִגְבוּל
יא קֵדְמָה מֵחֲצַר עֵינָן שְׁפָמָה: וְיָרַד
הַגְּבֻל מִשְּׁפָם הָרִבְלָה מִקֶּדֶם לָעָיִן

9 The border shall go forth toward Zifron and its edges shall be Hazar-enan; this shall be for you the northern border.
10 You shall draw a slanting line for yourselves as the eastern border from Hazar-enan to Shefam. 11 The border shall descend from Shefam to Riblah, east of Ain;

אונקלוס

ט וְיִפּוֹק תְּחוּמָא לְזִפְרוֹן וִיהוֹן מַפְּקָנוֹהִי לַחֲצַר עֵינָן דֵּין יְהֵי לְכוֹן תְּחוּם צִפּוּנָא: י וּתְכַוְּנוּן לְכוֹן לִתְחוּם קִדּוּמָא (נ״א מַדִּנְחָא) מֵחֲצַר עֵינָן לִשְׁפָם: יא וְיֵחוֹת תְּחוּמָא מִשְּׁפָם לְרִבְלָה מִמַּדְנַח לְעָיִן

רש"י

או משם מתפשט ומרחיב ויוצא לאחוריו להמשך להלן באלכסון יותר מן הרוחב הראשון. ולענין רוחב המדה הראשון קראו תוצאות ששם כלתה אותה מדה: **(ט) והיו תוצאתיו חצר עינן.** הוא היה סוף המצר הצפוני, ונמצא חצר עינן במקצוע צפונית מזרחית, ומשם והתאויתם לכם אל מצר המזרחי: **(י) והתאויתם.** לשון הסבה ונטיה, כמו תתאו: **שפמה.** במצר המזרחי, ומשם הרבלה: **(יא) מקדם לעין.** שם מקום, והמצר הולך במזרחו. נמצא העין לפנים מן המצר,

RASHI ELUCIDATED

not extend further at all,[1] אוֹ מִשָּׁם מִתְפַּשֵּׁט וּמַרְחִיב **– or from there it spreads out and broadens** וְיוֹצֵא לַאֲחוֹרָיו **– and goes forth to that which lays behind it,**[2] לְהִמָּשֵׁךְ לְהַלָּן בַּאֲלַכְסוֹן **– by extending forward diagonally**[3] יוֹתֵר מִן הָרוֹחַב הָרִאשׁוֹן **– more than the original width.**[4] וּלְעִנְיַן רוֹחַב הַמִּדָּה הָרִאשׁוֹן **– And with respect to the width of the original measure,**[5] קְרָאוֹ ,,תּוֹצָאוֹת'' **– [Scripture] calls it "edges,"** שֶׁשָּׁם כָּלְתָה אוֹתָהּ מִדָּה **– for it is there that that measure** of width **ends.**[6]

9. וְהָיוּ תוֹצְאֹתָיו חֲצַר עֵינָן **– AND ITS EDGES SHALL BE HAZAR-ENAN.** הוּא הָיָה סוֹף הַמֵּצַר הַצְּפוֹנִי **– It was the end of the northern boundary.**[7] וְנִמְצָא חֲצַר עֵינָן בְּמִקְצוֹעַ צְפוֹנִית מִזְרָחִית **– Hazar-enan is** thus **found to be at the northeastern corner** of the boundary. וּמִשָּׁם **– And from there,** וְהִתְאַוִּיתֶם לָכֶם אֶל מֵצַר הַמִּזְרָחִי **– "You shall draw yourselves as the eastern border ..."**

10. וְהִתְאַוִּיתֶם **– YOU SHALL DRAW A SLANTING LINE.** לְשׁוֹן הֲסִבָּה וּנְטִיָּה **– This expresses turning and veering.** כְּמוֹ ,,תְּתָאוּ'' **– like the word** תְּתָאוּ which appeared in verses 7 and 8.

שְׁפָמָה **– TO SHEFAM** בַּמֵּצַר הַמִּזְרָחִי **– on the eastern boundary,** וּמִשָּׁם ,,הָרִבְלָה'' **– and from there "to Riblah."**[8]

11. מִקֶּדֶם לָעָיִן **– EAST OF AIN.** שֵׁם מָקוֹם **– This is the name of a place.**[9] וְהַמֵּצַר הוֹלֵךְ בְּמִזְרָחוֹ **– The border goes east of it.** נִמְצָא הָעַיִן לִפְנִים מִן הַמֵּצַר **– It is** thus **found that the Ain is inside the border,**

1. For example, *Joshua* 15:4, 15:11, and 19:22.

2. According to *Divrei David* in note 7 on page 414 above, this means that the border goes into the territory which lay outside the beginning of the border. According to the alternative interpretation mentioned there this means that the border goes into the territory that lay inside the beginning of the border.

3. As in our verse.
Rashi explains that "edges" or "ends" of a border need not be taken as its ultimate end points.

4. According to *Divrei David*, this means that the border moves diagonally, so as to include within it a broader expanse of land than it would have if it had continued in a straight line. According to the alternative interpretation this does not mean that the area included within the border becomes broader. Rather, the border itself becomes broader, pushing into territory which would have lay within it had it not turned diagonally.

5. According to *Divrei David*, this means the width of the land inside the border where it started as a straight line. According to the alternative interpretation, it means the width of the strip of land from between its extremities, e.g., between the southernmost and northernmost points along the southern border.

6. According to *Divrei David*, this means that a broader width of land begins to be encompassed by the border. According to the alternative interpretation, this means that a narrower width of land begins to be encompassed by the border.

7. This continues with Rashi's previous comment that the phrase תֹּצְאֹת הַגְּבֻל, "edges of the border," in verse 8 does not necessarily mean its end points. For in the previous verse the phrase was used with reference "toward Zedad," while here it is used for Hazar-enan. The northern border cannot have two western end points. Thus, תֹּצְאֹת הַגְּבֻל of the preceding verse must have a meaning other than end points, while in our verse it refers to the end points.

8. See next verse.

9. עַיִן can mean a spring. Rashi, following *Targum Onkelos*, views it here as a proper name (where the

וְיָרַ֣ד הַגְּבֻ֗ל וּמָחָ֛ה עַל־כֶּ֥תֶף יָם־
יב כִּנֶּ֖רֶת קֵֽדְמָה: וְיָרַ֤ד הַגְּבוּל֙ הַיַּרְדֵּ֔נָה
וְהָי֥וּ תֽוֹצְאֹתָ֖יו יָ֣ם הַמֶּ֑לַח זֹאת֩
תִּהְיֶ֨ה לָכֶ֥ם הָאָ֛רֶץ לִגְבֻלֹתֶ֖יהָ
יג סָבִֽיב: וַיְצַ֣ו מֹשֶׁ֔ה אֶת־בְּנֵ֥י יִשְׂרָאֵ֖ל
לֵאמֹ֑ר זֹ֣את הָאָ֗רֶץ אֲשֶׁ֨ר תִּתְנַחֲל֤וּ
אֹתָהּ֙ בְּגוֹרָ֔ל אֲשֶׁר֙ צִוָּ֣ה יהוה לָתֵ֛ת
לְתִשְׁעַ֥ת הַמַּטּ֖וֹת וַחֲצִ֥י הַמַּטֶּֽה:
יד כִּ֣י לָֽקְח֞וּ מַטֵּ֨ה בְנֵ֤י הָרֽאוּבֵנִי֙
לְבֵ֣ית אֲבֹתָ֔ם וּמַטֵּ֥ה בְנֵֽי־הַגָּדִ֖י

the border shall descend and reach the bank of the Kinnereth Sea to the east.
[12] The border shall descend to the Jordan, and its edges shall be the Salt Sea; this shall be the Land for you, according to its borders all around."
[13] Moses commanded the Children of Israel, saying: This is the land that you shall divide as an inheritance by lot, which HASHEM has commanded to give to the nine and a half tribes. [14] For the tribe of the children of Reuben have taken according to their fathers' house, and the tribe of the children of Gad

אונקלוס

וְיֵחוֹת תְּחוּמָא וְיִמְטֵי עַל כֵּיף יַם גְּנֵסַר קִדּוּמָא: יב וְיֵחוֹת תְּחוּמָא לְיַרְדְּנָא וִיהוֹן מַפְּקָנוֹהִי לְיַמָּא דְמִלְחָא דָּא תְהֵי לְכוֹן אַרְעָא לִתְחוּמַהָא סְחוֹר סְחוֹר: יג וּפַקֵּיד מֹשֶׁה יָת בְּנֵי יִשְׂרָאֵל לְמֵימַר דָּא אַרְעָא דִּי תַחְסְנוּן יָתַהּ בְּעַדְבָא דִּי פַקִּיד יְיָ לְמִתַּן לְתִשְׁעַת שִׁבְטִין וּפַלְגוּת שִׁבְטָא: יד אֲרֵי קַבִּילוּ שִׁבְטָא דִבְנֵי רְאוּבֵן לְבֵית אֲבָהָתְהוֹן וְשִׁבְטָא דִבְנֵי גָד

רש"י

ומארץ ישראל הוא: וירד הגבול. כל שהגבול הולך מלפון לדרום הוא יורד והולך: ומחה על כתף. [על עבר] ים כנרת קדמה. שיהא ים כנרת תוך לגבול במערב, והגבול במזרח ים כנרת, ומשם ירד אל הירדן, והירדן מושך ובא מן הלפון לדרום באלכסון נוטה ללד מזרח ומתקרב ללד ארץ כנען כנגד ים כנרת, ומושך ללד מזרחה של ארץ ישראל כנגד [ים] כנרת עד שנופל בים המלח, ומשם כלה הגבול בתולאותיו אל ים המלח, שממנו התחלת מלר מקלוע דרומית מזרחית. הרי סובבת אותה לארבע רוחותיה:

RASHI ELUCIDATED

וּמֵאֶרֶץ יִשְׂרָאֵל הוּא – **and it is** part **of the Land of Israel.**

□ וְיָרַד הַגְּבוּל – THE BORDER SHALL DESCEND. כָּל שֶׁהַגְּבוּל הוֹלֵךְ מִצָּפוֹן לְדָרוֹם – **Wherever the border goes from north to south,** הוּא יוֹרֵד וְהוֹלֵךְ – **it is steadily descending.**[1]

□ וּמָחָה עַל כֶּתֶף – AND REACH THE BANK (literally, "shoulder"). This means {עַל עֵבֶר – **to the side.**}[2] "יָם כִּנֶּרֶת קֵדְמָה" – **"of the Kinnereth Sea to the east."** שֶׁיְּהֵא יָם כִּנֶּרֶת – So **that the Kinnereth Sea should be** תּוֹךְ לַגְּבוּל – **inside the border,** בַּמַּעֲרָב – **on the west**, i.e., to the west of the border, וְהַגְּבוּל בְּמִזְרַח יָם כִּנֶּרֶת – **and the border is on the east of the Kinnereth Sea.** וּמִשָּׁם יֵרֵד אֶל הַיַּרְדֵּן – **From there [the border] descends to the Jordan,** וְהַיַּרְדֵּן מוֹשֵׁךְ וּבָא – **and the Jordan flows steadily** מִן הַצָּפוֹן לַדָּרוֹם – **from the north to the south** בַּאֲלַכְסוֹן – **diagonally,** נוֹטֶה לְצַד מִזְרָח – **veering eastward,** וּמִתְקָרֵב לְצַד אֶרֶץ כְּנַעַן – **and approaching the direction of the Land of Canaan** כְּנֶגֶד יָם כִּנֶּרֶת – **opposite the Kinnereth Sea.**[3] וּמוֹשֵׁךְ לְצַד מִזְרָחָהּ שֶׁל אֶרֶץ יִשְׂרָאֵל – **It flows along the eastern side of the Land of Israel** כְּנֶגֶד {יָם} כִּנֶּרֶת – **opposite {the} Kinnereth {Sea},**[4] עַד שֶׁנּוֹפֵל בְּיָם הַמֶּלַח – **until it empties into the Salt Sea.** וּמִשָּׁם כָּלָה הַגְּבוּל בְּתוֹצְאוֹתָיו – **From there, the border ends, with its edges,** אֶל יָם הַמֶּלַח – **at the Salt Sea,** שֶׁמִּמֶּנּוּ הַתְחָלַת מֶצֶר – **for from it is the beginning of the boundary** מִקְצוֹעַ דְּרוֹמִית מִזְרָחִית – from **the southeastern corner.** הֲרֵי – **See now,** סוֹבַבְתָּ אוֹתָהּ – **you have encircled [the Land of Israel]**[5] לְאַרְבַּע רוּחוֹתֶיהָ – **on** all **of its four sides.**

word means spring, *Onkelos* renders it as עֵינָא, e.g., *Genesis* 16:7), for "east of the spring" would be too vague a description of the border to be meaningful (see *Lifshuto shel Rashi*).

1. Rashi makes a related point in his comments to *Deuteronomy* 3:1, s.v. וַנֵּפֶן וַנַּעַל (*Imrei Shefer*).

2. The text follows that of the Rome, Alkabetz and Zamora editions. Among the other editions, some omit the words עַל עֵבֶר; some include them as the entire comment, then have the next three words, יָם כִּנֶּרֶת קֵדְמָה, as the title of a new comment.

3. Rashi appears to say that the headwaters of the Jordan lie northwest of the Kinnereth Sea. *Yad David* to *Bechoros* 55a notes that this runs contrary to contemporary geographic reality; see also *Bava Basra* 74b.

4. The word יָם does not appear in the Rome, Alkabetz, Zamora, Soncino, or Venice editions. Accordingly, Rashi probably refers to the city named כִּנֶּרֶת mentioned in *Deuteronomy* 3:17 and *Joshua* 19:35.

5. *Yosef Daas* cites a text which reads הֲרֵי סוֹבֵב אוֹתָהּ, "See now, [Scripture] has encircled it."

לְבֵית אֲבֹתָם וַחֲצִי מַטֵּה מְנַשֶּׁה לָקְחוּ
טו נַחֲלָתָם: שְׁנֵי הַמַּטּוֹת וַחֲצִי הַמַּטֶּה
לָקְחוּ נַחֲלָתָם מֵעֵבֶר לְיַרְדֵּן יְרֵחוֹ
קֵדְמָה מִזְרָחָה:
טז רביעי [ששי] וַיְדַבֵּר יהוה אֶל־מֹשֶׁה
יז לֵּאמֹר: אֵלֶּה שְׁמוֹת הָאֲנָשִׁים אֲשֶׁר־
יִנְחֲלוּ לָכֶם אֶת־הָאָרֶץ אֶלְעָזָר הַכֹּהֵן
יח וִיהוֹשֻׁעַ בִּן־נוּן: וְנָשִׂיא אֶחָד נָשִׂיא
אֶחָד מִמַּטֶּה תִּקְחוּ לִנְחֹל אֶת־הָאָרֶץ:

according to their fathers' house, and half the tribe of Manasseh have taken their inheritance. [15] *Two and a half tribes have taken their inheritance on the side of the Jordan by Jericho, to the front, eastward.*

[16] *HASHEM spoke to Moses, saying,* [17] *"These are names of the men who will take possession of the land for you: Elazar the Kohen and Joshua son of Nun,* [18] *and one prince, one prince from each tribe shall you take to take possession of the land.*

אונקלוס

לְבֵית אֲבָהָתְהוֹן וּפַלְגוּת שִׁבְטָא דִמְנַשֶּׁה קַבִּילוּ אַחֲסַנְתְּהוֹן: טו תְּרֵין שִׁבְטִין וּפַלְגוּת שִׁבְטָא קַבִּילוּ אַחֲסַנְתְּהוֹן מֵעִבְרָא לְיַרְדְּנָא דִירֵחוֹ קִדּוּמָא מַדִּינְחָא: טז וּמַלִּיל יְיָ עִם מֹשֶׁה לְמֵימָר: יז אִלֵּין שְׁמָהַת גֻּבְרַיָּא דִּי יַחְסְנוּן לְכוֹן יָת אַרְעָא אֶלְעָזָר כַּהֲנָא וִיהוֹשֻׁעַ בַּר נוּן: יח וְרַבָּא חַד רַבָּא חַד מִשִּׁבְטָא תְּדַבְּרוּן לְאַחֲסָנָא יָת אַרְעָא:

רש"י

(טו) **קדמה מזרחה.** אל פני העולם שהם במזרח, שרוח מזרחית קרויה פנים ומערבית קרויה אחור (ישעיה ט:יא) לפיכך דרום לימין וצפון לשמאל (תהלים פט:יג): (יז) **אשר ינחלו לכם.** בשבילכם, כל נשיא ונשיא אפוטרופוס לשבטו ומחלק נחלת השבט למשפחות ולגברים, ובורר לכל אחד ואחד חלק הגון, ומה שהם עושים יהיה עשוי כאילו עשאום שלוחים. ולא יתכן לפרש לכם זה ככל לכם שבמקרא, שאם כן היה לו לכתוב ינחילו לכם. ינחלו משמע שהם נוחלים לכם, בשבילכם ובמקומכם, כמו ה' ילחם לכם (שמות יד:יד): (יח) **לנחל את הארץ.** שיהא נוחל

RASHI ELUCIDATED

15. קֵדְמָה מִזְרָחָה – TO THE FRONT, EASTWARD. This means **אֶל פְּנֵי הָעוֹלָם – to the front of the world, שֶׁהֵם בַּמִּזְרָח – which is in the east,**[1] **שֶׁרוּחַ מִזְרָחִית קְרוּיָה פָּנִים – for the eastern direction is called "face"** **וּמַעֲרָבִית קְרוּיָה אָחוֹר** – and **the western** direction **is called "back."**[2] **לְפִיכָךְ דָּרוֹם לַיָּמִין – This is why the south is to the right, וְצָפוֹן לַשְּׂמֹאל – and the north is to the left.**[3]

17. אֲשֶׁר יִנְחֲלוּ לָכֶם – WHO WILL TAKE POSSESSION [OF THE LAND] FOR YOU. בִּשְׁבִילְכֶם – The word **לָכֶם** here means **on your behalf.**[4] **כָּל נָשִׂיא וְנָשִׂיא אַפּוֹטְרוֹפּוֹס לְשִׁבְטוֹ – Each and every prince was a trustee for his tribe, וּמְחַלֵּק נַחֲלַת הַשֵּׁבֶט – and would divide the portion of his tribe לַמִּשְׁפָּחוֹת – to families וְלַגְּבָרִים –** and to individual **men, וּבוֹרֵר לְכָל אֶחָד וְאֶחָד – and would select for each and every one חֵלֶק הָגוּן – an appropriate portion. וּמַה שֶּׁהֵם עוֹשִׂים – What [the princes] will do** regarding allotment of portions **יִהְיֶה עָשׂוּי – shall be done**, i.e., shall be binding, **כְּאִלּוּ עֲשָׂאוּם שְׁלוּחִים – as if [the members of their tribes] had made them** their **representatives. וְלֹא יִתָּכֵן לְפָרֵשׁ "לָכֶם" זֶה – It is impossible to explain this** instance of the word **לָכֶם, כְּכָל "לָכֶם" שֶׁבַּמִּקְרָא – like all** other instances of **לָכֶם in Scripture,**[4] **שֶׁאִם כֵּן – for if so, הָיָה לוֹ לִכְתּוֹב יַנְחִילוּ לָכֶם – it should have written "יַנְחִילוּ לָכֶם," "they will apportion to you,"** using a form of the verb **נחל** in the *hifil*. **"יִנְחֲלוּ" מַשְׁמַע –** The form **יִנְחֲלוּ** in the *kal* **means שֶׁהֵם נוֹחֲלִים לָכֶם – that they take possession "for you"**; that is, **בִּשְׁבִילְכֶם – on your behalf וּבִמְקוֹמְכֶם – and in your place. כְּמוֹ –** The word **לָכֶם** is used here **as** in, **"ה' יִלָּחֵם לָכֶם"**[5] **– "HASHEM will do battle on your behalf."**[5]

18. לִנְחֹל אֶת הָאָרֶץ – TO TAKE POSSESSION OF THE LAND. שֶׁיְּהֵא נוֹחֵל – That he should take

1. The word קֶדֶם is used for "east," e.g., in 23:7 above. But if that were its meaning here, the verse would be redundant, "to the east, to the east." Rashi explains that here the word is to be taken in its more basic sense, "front." The word for "front" is also used to express "east," for the east it considered the "face" or "front" of the world (*Gur Aryeh; Be'er Mayim Chaim*).

2. See, for example, *Isaiah* 9:11.

3. See, for example, *Psalms* 89:13. When one faces east, his right is to the south, his left is to the north, and his back is to the west.

Rashi makes similar points in his comments to *Exodus* 26:13; *Numbers* 2:3; *Ezekiel* 10:3; and *Job* 23:9. See also Rashi to *Exodus* 27:13.

4. The more common meaning of לָכֶם is "to you."

5. *Exodus* 14:14; see Rashi there. See also Rashi to vv. 18 and 29 below.

יט וְאֵ֫לֶּה שְׁמ֖וֹת הָֽאֲנָשִׁ֑ים לְמַטֵּ֣ה יְהוּדָ֔ה
כ כָּלֵ֖ב בֶּן־יְפֻנֶּֽה׃ וּלְמַטֵּה֙ בְּנֵ֣י שִׁמְע֔וֹן
כא שְׁמוּאֵ֖ל בֶּן־עַמִּיהֽוּד׃ לְמַטֵּ֣ה בִנְיָמִ֔ן
כב אֱלִידָ֖ד בֶּן־כִּסְלֽוֹן׃ וּלְמַטֵּ֥ה בְנֵי־דָ֖ן
כג נָשִׂ֑יא בֻּקִּ֖י בֶּן־יָגְלִֽי׃ לִבְנֵ֣י יוֹסֵ֔ף
לְמַטֵּ֥ה בְנֵֽי־מְנַשֶּׁ֖ה נָשִׂ֑יא חַנִּיאֵ֖ל בֶּן־
כד אֵפֹֽד׃ וּלְמַטֵּ֥ה בְנֵֽי־אֶפְרַ֖יִם נָשִׂ֑יא
כה קְמוּאֵ֖ל בֶּן־שִׁפְטָֽן׃ וּלְמַטֵּ֥ה בְנֵֽי־
זְבוּלֻ֖ן נָשִׂ֑יא אֱלִיצָפָ֖ן בֶּן־פַּרְנָֽךְ׃
כו וּלְמַטֵּ֥ה בְנֵֽי־יִשָּׂשכָ֖ר נָשִׂ֑יא פַּלְטִיאֵ֖ל
כז בֶּן־עַזָּֽן׃ וּלְמַטֵּ֥ה בְנֵֽי־אָשֵׁ֖ר נָשִׂ֑יא
כח אֲחִיה֖וּד בֶּן־שְׁלֹמִֽי׃ וּלְמַטֵּ֥ה בְנֵֽי־
נַפְתָּלִ֖י נָשִׂ֑יא פְּדַהְאֵ֖ל בֶּן־עַמִּיהֽוּד׃
כט אֵ֕לֶּה אֲשֶׁ֖ר צִוָּ֣ה יְהוָ֑ה לְנַחֵ֥ל אֶת־
בְּנֵֽי־יִשְׂרָאֵ֖ל בְּאֶ֥רֶץ כְּנָֽעַן׃
לה א חמישי וַיְדַבֵּ֥ר יְהוָ֛ה אֶל־מֹשֶׁ֖ה
בְּעַֽרְבֹ֣ת מוֹאָ֑ב עַל־יַרְדֵּ֥ן יְרֵחֽוֹ
ב לֵאמֹֽר׃ צַו֮ אֶת־בְּנֵ֣י יִשְׂרָאֵל֒ וְנָתְנ֣וּ
לַלְוִיִּ֗ם מִנַּחֲלַ֛ת אֲחֻזָּתָ֖ם עָרִ֣ים
לָשָׁ֑בֶת וּמִגְרָ֗שׁ לֶֽעָרִים֙ סְבִיבֹ֣תֵיהֶ֔ם

[19] *These are the names of the men: for the tribe of Judah, Caleb son of Jephunneh;* [20] *and for the tribe of the children of Simeon, Shemuel son of Ammihud;* [21] *for the tribe of Benjamin, Elidad son of Chislon;* [22] *and for the tribe of the children of Dan, as prince, Bukki son of Jogli;* [23] *for the children of Joseph, for the tribe of the children of Manasseh, as prince, Hanniel son of Ephod;* [24] *and for the tribe of the children of Ephraim, as prince, Kemuel son of Shiftan;* [25] *and for the tribe of the children of Zebulun, as prince, Elizaphan son of Parnach;* [26] *and for the tribe of the children of Issachar, as prince, Paltiel son of Azzan;* [27] *and for the tribe of the children of Asher, as prince, Ahihud son of Shelomi;* [28] *and for the tribe of the children of Naphtali, as prince, Pedahel son of Ammihud."* [29] *These are the ones whom HASHEM commanded to apportion to the Children of Israel in the Land of Canaan.*

35 [1] *HASHEM spoke to Moses in the plains of Moab, by the Jordan, at Jericho, saying:* [2] *"Command the Children of Israel that they shall give to the Levites, from the heritage of their possession, cities for dwelling, and open space for the cities all around*

אונקלוס

יט וְאִלֵּין שְׁמָהַת גֻּבְרַיָּא לְשִׁבְטָא דִיהוּדָה כָּלֵב בַּר יְפֻנֶּה: כ וּלְשִׁבְטָא דִּבְנֵי שִׁמְעוֹן שְׁמוּאֵל בַּר עַמִּיהוּד: כא לְשִׁבְטָא דְבִנְיָמִן אֱלִידָד בַּר כִּסְלוֹן: כב וּלְשִׁבְטָא דִבְנֵי דָן רַבָּא בֻּקִּי בַּר יָגְלִי: כג לִבְנֵי יוֹסֵף לְשִׁבְטָא דִבְנֵי מְנַשֶּׁה רַבָּא חַנִּיאֵל בַּר אֵפֹד: כד וּלְשִׁבְטָא דִבְנֵי אֶפְרַיִם רַבָּא קְמוּאֵל בַּר שִׁפְטָן: כה וּלְשִׁבְטָא דִבְנֵי זְבוּלֻן רַבָּא אֱלִיצָפָן בַּר פַּרְנָךְ: כו וּלְשִׁבְטָא דִבְנֵי יִשָּׂשכָר רַבָּא פַּלְטִיאֵל בַּר עַזָּן: כז וּלְשִׁבְטָא דִבְנֵי אָשֵׁר רַבָּא אֲחִיהוּד בַּר שְׁלֹמִי: כח וּלְשִׁבְטָא דִבְנֵי נַפְתָּלִי רַבָּא פְּדַהְאֵל בַּר עַמִּיהוּד: כט אִלֵּין דִּי פַקִּיד יְיָ לְאַחְסָנָא יָת בְּנֵי יִשְׂרָאֵל בְּאַרְעָא דִכְנָעַן: א וּמַלִּיל יְיָ עִם מֹשֶׁה בְּמֵישְׁרַיָּא דְמוֹאָב עַל יַרְדְּנָא דִירֵחוֹ לְמֵימָר: ב פַּקֵּד יָת בְּנֵי יִשְׂרָאֵל וְיִתְּנוּן לְלֵוָאֵי מֵאַחֲסָנַת אֲחוּדַתְהוֹן קִרְוִין לְמִתַּב וְרֵוַח לְקִרְוַיָּא סַחֲרָנֵיהוֹן

רש"י

וחולק אותה במקומכם: (כט) **לנחל את בני ישראל.** שהם ינחילו אותה לכם למחלקותיה: (ב) **ומגרש.** ריוח מקום חלק חוץ לעיר סביב להיות לנוי לעיר.

RASHI ELUCIDATED

possession of it וְחוֹלֵק אוֹתָהּ – **and divide it** בִּמְקוֹמְכֶם – **in your place.**[1]

29. לְנַחֵל אֶת בְּנֵי יִשְׂרָאֵל – TO APPORTION TO THE CHILDREN OF ISRAEL. שֶׁהֵם יַנְחִילוּ אוֹתָהּ לָכֶם – **That they should apportion it to you** לְמַחְלְקוֹתֶיהָ – **by its sections.**[2]

35.

2. וּמִגְרָשׁ – AND OPEN SPACE. This means רֶוַח – **a space,** מָקוֹם חָלָק – **a vacant area** חוּץ לָעִיר – **outside the city,** סָבִיב – **around** it, לִהְיוֹת לְנוֹי לָעִיר – **to be an aesthetic enhancement of the city.**

1. לִנְחֹל is an infinitive in the *kal*. It means "to take possession," not "to apportion."

2. לְנַחֵל is an infinitive in the *piel*. Like the *hifil* form of the verb (לְהַנְחִיל), it means "to apportion," not "to take possession."

ג תִּתְּנוּ לַלְוִיִּם: וְהָיוּ הֶעָרִים לָהֶם
לָשָׁבֶת וּמִגְרְשֵׁיהֶם יִהְיוּ לִבְהֶמְתָּם
ד וְלִרְכֻשָׁם וּלְכֹל חַיָּתָם: וּמִגְרְשֵׁי
הֶעָרִים אֲשֶׁר תִּתְּנוּ לַלְוִיִּם מִקִּיר
הָעִיר וָחוּצָה אֶלֶף אַמָּה סָבִיב:
ה וּמַדֹּתֶם מִחוּץ לָעִיר אֶת־פְּאַת־
קֵדְמָה אַלְפַּיִם בָּאַמָּה וְאֶת־פְּאַת־
נֶגֶב אַלְפַּיִם בָּאַמָּה וְאֶת־פְּאַת־יָם ׀
אַלְפַּיִם בָּאַמָּה וְאֵת פְּאַת צָפוֹן
אַלְפַּיִם בָּאַמָּה וְהָעִיר בַּתָּוֶךְ זֶה
ו יִהְיֶה לָהֶם מִגְרְשֵׁי הֶעָרִים: וְאֵת
הֶעָרִים אֲשֶׁר תִּתְּנוּ לַלְוִיִּם אֵת
שֵׁשׁ־עָרֵי הַמִּקְלָט אֲשֶׁר תִּתְּנוּ לָנֻס
שָׁמָּה הָרֹצֵחַ וַעֲלֵיהֶם תִּתְּנוּ
ז אַרְבָּעִים וּשְׁתַּיִם עִיר: כָּל־הֶעָרִים
אֲשֶׁר תִּתְּנוּ לַלְוִיִּם אַרְבָּעִים וּשְׁמֹנֶה

them shall you give to the Levites. [3] *The cities shall be theirs for dwelling, and their open space shall be for their animals, for their wealth, and for all aspects of their life.* [4] *The open spaces of the cities that you shall give to the Levites, from the wall of the city outward: a thousand amos all around.* [5] *You shall measure from outside the city on the eastern side two thousand amos; on the southern side two thousand amos; on the western side two thousand amos; and on the northern side two thousand amos, with the city in the middle; this shall be for them the open spaces of the cities.* [6] *The cities that you shall give to the Levites: the six cities of refuge that you shall provide for a killer to flee there, and in addition to them you shall give forty-two cities.* [7] *All the cities that you shall give to the Levites: forty-eight*

אונקלוס

תִּתְּנוּן לְלֵוָאֵי: ג וִיהוֹן קִרְוַיָּא לְהוֹן לְמִתַּב וְרַוְחֵיהוֹן יְהוֹן לִבְעִירְהוֹן וּלְקִנְיָנֵיהוֹן וּלְכָל חֵיוַתְהוֹן: ד וְרַוְחֵי קִרְוַיָּא דִּי תִתְּנוּן לְלֵוָאֵי מִכֹּתַל קַרְתָּא וּלְבָרָא אֲלַף אַמִּין סְחוֹר סְחוֹר: ה וְתִמְשְׁחוּן מִבָּרָא לְקַרְתָּא יָת רוּחַ קִדּוּמָא תְּרֵין אַלְפִין אַמִּין וְיָת רוּחַ דָּרוֹמָא תְּרֵין אַלְפִין אַמִּין וְיָת רוּחַ מַעַרְבָא תְּרֵין אַלְפִין אַמִּין וְיָת רוּחַ צִפּוּנָא תְּרֵין אַלְפִין אַמִּין וְקַרְתָּא בִּמְצִיעָא דֵּין יְהֵי לְהוֹן רַוְחֵי קִרְוַיָּא: ו וְיָת קִרְוַיָּא דִּי תִתְּנוּן לְלֵוָאֵי יָת שִׁית קִרְוֵי שֵׁזָבוּתָא דִּי תִתְּנוּן לְמֵעֲרוֹק תַּמָּן קָטוֹלָא וַעֲלֵיהוֹן תִּתְּנוּן אַרְבְּעִין וְתַרְתֵּין קִרְוִין (נ״א קַרְתָּא): ז כָּל קִרְוַיָּא דִּי תִתְּנוּן לְלֵוָאֵי אַרְבְּעִין וְתַמְנֵי

רש״י

ואין רשאין לבנות שם בית ולא לנטוע כרם ולא לזרוע זריעה (ערכין לג:): (ג) ולכל חיתם. [לכל חיותם] לכל צרכיהם (נדרים פא.): (ד) אלף אמה סביב. ואחריו הוא אומר אלפים [אמה], הא כילד, אלפים הוא נותן להם סביב, ומהם אלף הפנימים למגרש

RASHI ELUCIDATED

וְאֵין רַשָּׁאִין – They are not permitted **לִבְנוֹת שָׁם בַּיִת – to build a house there,** **וְלֹא לִנְטוֹעַ כֶּרֶם – nor to plant a vineyard,** **וְלֹא לִזְרוֹעַ זְרִיעָה[1] – nor to sow** any **sowing.**[1]

3. וּלְכֹל חַיָּתָם – AND FOR ALL ASPECTS OF THEIR LIFE. This means **{לְכָל חִיּוּתָם – for all their living,}**[2] **לְכָל צָרְכֵיהֶם[3] – for all their needs.**[3]

4. אֶלֶף אַמָּה סָבִיב – A THOUSAND *AMOS* ALL AROUND. **וְאַחֲרָיו הוּא אוֹמֵר – But afterwards,** in the following verse, **it says,** **"אַלְפַּיִם {אַמָּה}" – "two thousand {*amos*}."** **הָא כֵּיצַד – How is this** apparent contradiction reconciled? **אַלְפַּיִם הוּא נוֹתֵן לָהֶם סָבִיב – He gives them two thousand all around,** **וּמֵהֶם – and out of them,** **אֶלֶף הַפְּנִימִים לְמִגְרָשׁ – the inner thousand are for an open**

1. *Arachin* 33b.

2. The words in braces appear in the Rome, Alkabetz and Zamora editions, but not in the other early printed editions.

3. *Nedarim* 81a; *Targum Yonasan*. חַיָּתָם can also mean "their wild beasts." But this would be unnecessary, for all animals the Levites might own have already been included in לִבְהֶמְתָּם, "for their animals" (*Nedarim* 81a). Furthermore, if חַיָּתָם meant "their wild beasts," there would be no reason for it to be preceded by לְכֹל, "for all," just as בְּהֶמְתָּם, "their animals," and רְכֻשָׁם, "their wealth," which appear ahead of it are not preceded by לְכֹל. If, however, חַיָּתָם means the more general "aspects of their life," the verse must clarify that it refers to *all* aspects of life. This is not necessary, however, with respect to animals and wealth, for it is obvious that the verse refers to all animals, and all wealth (see *Sefer Zikaron*). This also sheds light on Rashi's reason for titling this comment וּלְכֹל חַיָּתָם and then repeating the word לְכֹל, rather than limiting himself to explaining the single word חַיָּתָם.

עִ֔יר אֶתְהֶ֖ן וְאֶת־מִגְרְשֵׁיהֶֽן׃
ח וְהֶעָרִ֗ים אֲשֶׁ֤ר תִּתְּנוּ֙ מֵאֲחֻזַּ֣ת בְּנֵֽי־
יִשְׂרָאֵ֔ל מֵאֵ֤ת הָרַב֙ תַּרְבּ֔וּ וּמֵאֵ֥ת
הַמְעַ֖ט תַּמְעִ֑יטוּ אִ֗ישׁ כְּפִ֤י נַחֲלָתוֹ֙
אֲשֶׁ֣ר יִנְחָ֔לוּ יִתֵּ֥ן מֵעָרָ֖יו לַלְוִיִּֽם׃
ט ששי [שביעי] וַיְדַבֵּ֥ר יְהוָ֖ה אֶל־מֹשֶׁ֥ה
י לֵּאמֹֽר׃ דַּבֵּר֙ אֶל־בְּנֵ֣י יִשְׂרָאֵ֔ל
וְאָמַרְתָּ֖ אֲלֵהֶ֑ם כִּ֥י אַתֶּ֛ם עֹבְרִ֥ים
יא אֶת־הַיַּרְדֵּ֖ן אַ֥רְצָה כְּנָֽעַן׃ וְהִקְרִיתֶ֤ם
לָכֶם֙ עָרִ֔ים עָרֵ֥י מִקְלָ֖ט תִּהְיֶ֣ינָה
לָכֶ֑ם וְנָ֥ס שָׁ֙מָּה֙ רֹצֵ֔חַ מַכֵּה־
יב נֶ֖פֶשׁ בִּשְׁגָגָֽה׃ וְהָי֨וּ לָכֶ֤ם הֶעָרִים֙
לְמִקְלָ֖ט מִגֹּאֵ֑ל וְלֹ֤א יָמוּת֙
הָרֹצֵ֔חַ עַד־עָמְד֛וֹ לִפְנֵ֥י הָעֵדָ֖ה
יג לַמִּשְׁפָּֽט׃ וְהֶעָרִ֖ים אֲשֶׁ֣ר תִּתֵּ֑נוּ
שֵׁשׁ־עָרֵ֥י מִקְלָ֖ט תִּהְיֶ֥ינָה לָכֶֽם׃

cities, them and their open spaces. [8] *The cities that you shall give from the possession of the Children of Israel, from the many you shall increase and from the few you shall decrease, each according to his inheritance that they shall inherit shall he give of his cities to the Levites."*

[9] *HASHEM spoke to Moses, saying:* [10] *"Speak to the Children of Israel and say to them: When you cross the Jordan to the Land of Canaan,* [11] *you shall arrange cities for yourselves, cities of refuge shall they be for you, and a killer shall flee there — one who takes a life unintentionally.* [12] *The cities shall be for you a refuge from a redeemer, so that the killer will not die until he stands before the assembly for judgment.* [13] *As to the cities that you shall designate, there shall be six cities of refuge for you.*

אונקלוס

קִרְוִין (נ״א קַרְתָּא) יָתְהֶן וְיָת רְוָחֵיהֶן: ח וְקִרְוַיָּא דִּי תִתְּנוּן מֵאַחוּדַת בְּנֵי יִשְׂרָאֵל מִן סַגִּיאֵי תַּסְגּוּן וּמִן זְעִירֵי תַּזְעִירוּן גְּבַר כְּפוּם אַחְסַנְתֵּהּ דִּי יַחְסְנוּן יִתֵּן מִקִּרְווֹהִי לְלֵוָאֵי: ט וּמַלִּיל יְיָ עִם מֹשֶׁה לְמֵימָר: י מַלֵּל עִם בְּנֵי יִשְׂרָאֵל וְתֵימַר לְהוֹן אֲרֵי אַתּוּן עָבְרִין יָת יַרְדְּנָא לְאַרְעָא דִכְנָעַן: יא וּתְזַמְּנוּן לְכוֹן קִרְוִין קִרְוֵי שֵׁזָבוּתָא יְהֶוְיָן לְכוֹן וְיֵעֲרוֹק לְתַמָּן קָטוֹלָא דְּיִקְטוֹל נַפְשָׁא בְּשָׁלוּ: יב וִיהוֹן לְכוֹן קִרְוַיָּא לְשֵׁיזָבָא מִגָּאֵל דְּמָא וְלָא יְמוּת קָטוֹלָא עַד דִּיקוּם קֳדָם כְּנִשְׁתָּא לְדִינָא: יג וְקִרְוַיָּא דִּי תִתְּנוּן שִׁית קִרְוֵי שֵׁזָבוּתָא יְהֶוְיָן לְכוֹן:

רש״י

והחיצונים לשדות וכרמים (סוטה כז:): **(יא) והקריתם.** אין הקרייה אלא לשון הזמנה (ספרי קנט) וכן הוא אומר כי הקרה ה׳ אלהיך לפני (בראשית כז:כ): **(יב) מגאל.** מפני גואל הדם שהוא קרוב לנרצח: **(יג) שש ערי מקלט.** מגיד שאע״פ שהבדיל משה

RASHI ELUCIDATED

space, וְהַחִיצוֹנִים **– and the outer [thousand],** לְשָׂדוֹת[1] וּכְרָמִים **– for fields and vineyards.**[1]

11. וְהִקְרִיתֶם **– YOU SHALL ARRANGE.** אֵין הַקְּרָיָה אֶלָּא לְשׁוֹן הַזְמָנָה **– The term** הַקְּרָיָה **means nothing but "preparing."**[2] וְכֵן הוּא אוֹמֵר **– And similarly, it says,** "כִּי הִקְרָה ה׳ אֱלֹהֶיךָ לְפָנָי"[3] **– "Because HASHEM your God arranged it for me."**[3]

12. מִגֹּאֵל **– FROM A REDEEMER.** That is, מִפְּנֵי גוֹאֵל הַדָּם **– in face of**[4] **a "redeemer of blood,"**[5] שֶׁהוּא קָרוֹב לַנִּרְצָח **– who is a relative of the one murdered.**

13. שֵׁשׁ עָרֵי מִקְלָט **– SIX CITIES OF REFUGE.** מַגִּיד **– This tells** us שֶׁאַף עַל פִּי שֶׁהִבְדִּיל מֹשֶׁה **– that**

1. *Sotah* 27b; see Rashi there, s.v., שדות וכרמים. Unlike Rashi, *Rambam* (*Shemittah VeYovel* 13:2) understands that *Gemara* to mean that outside the thousand *amos* of open area lies another two-thousand-*amos*-wide area of fields and vineyards.

2. *Sifrei* 159. It is not a verbal form of the noun קִרְיָה, "city."

3. *Genesis* 27:20.

4. The מ prefix of מִגֹּאֵל, "from," is not meant to imply that the cities provide some sort of refuge once the killer has already fallen into the hands of the redeemer of blood. It provides refuge only of a pre-emptive nature. The מ prefix means "in face of, against."

5. Had the מ prefix of מִגֹּאֵל meant "from," the redeemer spoken of here could mean a close relative of the killer, who is commanded to redeem one's property if circumstances force him to sell it (see *Leviticus* 25:29-30). The verse might be saying that this redeemer, the relative of the killer, should provide refuge for the killer. By stating that the redeemer of the verse is the redeemer of blood, Rashi indicates that it refers to a relative of the victim, not of the killer (see *Mizrachi; Sifsei Chachamim*).

יד אֶת ׀ שְׁלֹ֣שׁ הֶעָרִ֗ים תִּתְּנוּ֙ מֵעֵ֣בֶר
לַיַּרְדֵּ֔ן וְאֵת֙ שְׁלֹ֣שׁ הֶעָרִ֔ים תִּתְּנ֖וּ
בְּאֶ֣רֶץ כְּנָ֑עַן עָרֵ֥י מִקְלָ֖ט תִּהְיֶֽינָה׃
טו לִבְנֵ֨י יִשְׂרָאֵ֜ל וְלַגֵּ֤ר וְלַתּוֹשָׁב֙ בְּתוֹכָ֔ם
תִּהְיֶ֛ינָה שֵׁשׁ־הֶעָרִ֥ים הָאֵ֖לֶּה
לְמִקְלָ֑ט לָנ֣וּס שָׁ֔מָּה כָּל־מַ֥כֵּה־נֶ֖פֶשׁ
טז בִּשְׁגָגָֽה׃ וְאִם־בִּכְלִ֨י בַרְזֶ֧ל ׀ הִכָּ֛הוּ

[14] The three cities shall you designate on the [other] side of the Jordan, and three cities shall you designate in the Land of Canaan; they shall be cities of refuge. [15] For the Children of Israel and the convert and resident among them shall these six cities be a refuge, for anyone who kills a person unintentionally to flee there.
[16] If he struck him with an iron im-

אונקלוס

יד יָת תְּלָת קִרְוַיָּא תִּתְּנוּן מֵעִבְרָא לְיַרְדְּנָא וְיָת תְּלָת קִרְוַיָּא תִּתְּנוּן בְּאַרְעָא דִכְנַעַן קִרְוֵי שֵׁזָבוּתָא יְהֶוְיָן: טו לִבְנֵי יִשְׂרָאֵל וּלְגִיּוֹרָא וּלְתוֹתָבָא (נ״א וּלְגִיּוֹרַיָּא וּלְתוֹתָבַיָּא) (ד)בֵינֵיהוֹן יְהֶוְיָן שִׁית קִרְוַיָּא הָאִלֵּין לְשֵׁזָבָא לְמֵעֲרוֹק לְתַמָּן כָּל דִּיקְטוֹל נַפְשָׁא בְּשָׁלוּ: טז וְאִם בְּמָן דְּפַרְזְלָא מְחָהִי

רש״י

בחייו שלש ערים בעבר הירדן, לא היו קולטות עד שנבחרו שלש שנתן יהושע בארץ כנען (ספרי קס; מכות ט:): **(יד) את שלש הערים וגו׳.** אע״פ שבארץ כנען תשעה שבטים וכאן אינן אלא שנים וחצי, השוה מנין ערי מקלט שלהם, משום דבגלעד נפישי רוצחים (שם ושם) דכתיב גלעד קרית פועלי און עקובה מדם (הושע ו:ח; מכות י.): **(טז) ואם בכלי ברזל הכהו.** אין זה מדבר בהורג בשוגג הסמוך לו, אלא בהורג במזיד. ובא ללמד שההורג בכל דבר צריך שיהא בו שיעור כדי להמית, שנאמר בכולם

RASHI ELUCIDATED

although Moses set aside בְּחַיָּיו – **in his lifetime** שָׁלֹשׁ עָרִים – **three cities** of refuge בְּעֵבֶר הַיַּרְדֵּן – **on the** other **side of the Jordan,**[1] לֹא הָיוּ קוֹלְטוֹת – **they did not provide refuge** עַד שֶׁנִּבְחֲרוּ שָׁלֹשׁ שֶׁנָּתַן יְהוֹשֻׁעַ בְּאֶרֶץ כְּנַעַן – **until the three** cities **that Joshua designated** as cities of refuge **in the Land of Canaan had been selected.**[2]

14. אֶת שְׁלֹשׁ הֶעָרִים וְגוֹמֵר – THE THREE CITIES, ETC. אַף עַל פִּי שֶׁבְּאֶרֶץ כְּנַעַן תִּשְׁעָה שְׁבָטִים – **Although there were nine tribes in the Land of Canaan** וְכָאן אֵינָן אֶלָּא שְׁנַיִם וָחֵצִי – **and here,** on the other side of the Jordan, **there were only two and a half,** הִשְׁוָה – **[Scripture] made equal** מִנְיַן עָרֵי מִקְלָט שֶׁלָּהֶם – **the number of their cities of refuge,** מִשּׁוּם דְּבְגִלְעָד – **because in Gilead**[3] נְפִישֵׁי רוֹצְחִים[4] – **there are many killers,**[4] דִּכְתִיב – **as it is written,** "גִּלְעָד קִרְיַת פֹּעֲלֵי אָוֶן עֲקֻבָּה מִדָּם"[5,6] – **"Gilead is a city of doers of wickedness, made treacherous with blood."**[5,6]

16. וְאִם בִּכְלִי בַרְזֶל הִכָּהוּ – IF HE STRUCK HIM WITH AN IRON IMPLEMENT. אֵין זֶה מְדַבֵּר בְּהוֹרֵג בְּשׁוֹגֵג – **This does not speak of one who kills unintentionally,** הַסָּמוּךְ לוֹ – **which is** the subject of the preceding verse **adjacent to it,** אֶלָּא – **but rather,** בְּהוֹרֵג בְּמֵזִיד – it speaks **of one who kills intentionally,** וּבָא לְלַמֵּד – **and it comes to teach** us שֶׁהַהוֹרֵג בְּכָל דָּבָר – **that one who kills with anything,** צָרִיךְ שֶׁיְּהֵא בוֹ שִׁעוּר – in order for the killer to be considered guilty of murder, **it has to have a quantity** of mass, כְּדֵי לְהָמִית – **sufficient to cause death,** שֶׁנֶּאֱמַר בְּכֻלָּם – **for it says of all of [the implements**

1. That is, in the land that had been conquered from Sihon and Og, land that was not originally part of the Land of Israel, but became the portion of the tribes of Reuben and Gad, and half the tribe of Manasseh. See *Deuteronomy* 4:41-43.

2. *Sifrei* 160; *Makkos* 9b. The following verse states specifically that there should be three cities of refuge in the Land of Canaan, and three on the other side of the Jordan. Our verse, which states only that there should be a total of six cities, without further specification, seems unnecessary. It is written to teach us that the cities do not provide refuge until all six have been designated (*Gur Aryeh*).

3. Part of the land captured from Sihon and Og; see 32:1 above.

4. *Sifrei* 160; *Makkos* 9b.

5. *Hosea* 6:8.

6. *Makkos* 10a. Even though the cities of refuge were specifically for unintentional killers, so that the high incidence of premeditated murder should not have had a bearing on how many cities were needed, it stands to reason that many murderers would try to make their crimes appear to be inadvertent, thus making them appear eligible for refuge (*Ramban*). Alternatively, the fact that there were many intentional murderers in Gilead indicates that human life was not sufficiently valued there. It stands to reason, then, that even those who were not murderers tended to be negligent. There were thus many unintentional killings there, as well (*Gur Aryeh*).

וַיָּמֹת רֹצֵחַ הוּא מוֹת יוּמַת
יז הָרֹצֵחַ: וְאִם בְּאֶבֶן יָד אֲשֶׁר־
יָמוּת בָּהּ הִכָּהוּ וַיָּמֹת רֹצֵחַ הוּא

plement and he died, he is a killer; the killer shall surely be put to death. [17] *Or if with a hand-sized stone by which one could die did he strike him, and he died, he is a killer;*

אונקלוס

וְקַטְלֵהּ קָטוֹלָא הוּא אִתְקְטָלָא יִתְקְטֵל קָטוֹלָא: יז וְאִם בְּאַבְנָא דְמִתְנַסְּבָא בִידָא דְּהִיא כְּמִסַּת דִּי יְמוּת בַּהּ מְחָהִי וְקַטְלֵהּ קָטוֹלָא הוּא

רש"י

אשר ימות בו, דמתרגמינן דהיא כמסת דימות בה, חוץ מן הברזל. שגלוי וידוע לפני הקב"ה שהברזל ממית בכל שהוא, אפילו מחט, לפיכך לא נתנה בו תורה שיעור לכתוב בו אשר ימות בו (ספרי שם). ואם תאמר בהורג בשוגג הכתוב מדבר, הרי הוא אומר למטה או בכל אבן אשר ימות בה בלא ראות וגו' (פסוק כג) למד על האמורים למעלה שבהורג במזיד הכתוב מדבר: (יז) **באבן יד.** שיש בה מלא יד (ספרי שם): **אשר ימות בה.** שיש בה שיעור להמית, כתרגומו. לפי שנא' והכה איש את רעהו באבן (שמות כא:יח)

RASHI ELUCIDATED

used for killing mentioned in this passage], "אֲשֶׁר יָמוּת בּוֹ"[1] – **"by which one could die,"**[1] דְּמְתַרְגְּמִינַן – **which *Targum Onkelos* renders,** "דְּהִיא כְּמִסַּת דִּי יְמוּת בַּהּ" – **"which is of quantity by which one could die,"** חוּץ מִן הַבַּרְזֶל – **except for iron,** where "by which one could die" does not appear, שֶׁגָּלוּי וְיָדוּעַ – **for it is revealed and known** לִפְנֵי הַקָּדוֹשׁ בָּרוּךְ הוּא – **before the Holy One, Blessed is He,** שֶׁהַבַּרְזֶל מֵמִית בְּכָל שֶׁהוּא – **that iron can cause death through the smallest amount,** אֲפִילוּ מַחַט – **even a needle.**[2] לְפִיכָךְ לֹא נָתְנָה בּוֹ תּוֹרָה שִׁעוּר – **This is why the Torah did not designate a quantity for it** לִכְתּוֹב בּוֹ – **by writing of it,** "אֲשֶׁר יָמוּת בּוֹ"[3] – **"by which one could die."**[3] וְאִם תֹּאמַר – **And if you were to say** by way of argument בְּהוֹרֵג בְּשׁוֹגֵג הַכָּתוּב מְדַבֵּר – that **the verse speaks of one who kills unintentionally,**[4] הֲרֵי הוּא אוֹמֵר לְמַטָּה – **see now, that it says below,** "אוֹ בְּכָל אֶבֶן אֲשֶׁר יָמוּת בָּהּ – **"Or with any stone by which one could die** בְּלֹא רְאוֹת וְגוֹמֵר"[5] – **without seeing etc."**[5] לָמַד עַל הָאֲמוּרִים לְמַעְלָה – **This has taught** us **about those** cases **stated above,** i.e., previous to that verse, שֶׁבְּהוֹרֵג בְּמֵזִיד הַכָּתוּב מְדַבֵּר – **that Scripture speaks of one who kills intentionally,** i.e., all of the cases mentioned from our verse until verse 23 speak of one who kills intentionally.

17. בְּאֶבֶן יָד – **WITH A HAND-SIZED STONE** (literally, "with a stone of hand"). This means שֶׁיֵּשׁ בָּהּ – **that it has in it** מְלֹא יָד[6] – a size **that fills the hand,** i.e., a handful.[6]

□ אֲשֶׁר יָמוּת בָּהּ – **BY WHICH ONE COULD DIE.** This means שֶׁיֵּשׁ בָּהּ שִׁעוּר – **that there is in it** sufficient **size** לְהָמִית – **to cause death,**[7] כְּתַרְגּוּמוֹ – **as *Targum Onkelos* renders it.**[8] לְפִי שֶׁנֶּאֱמַר – **Because it says,** "וְהִכָּה אִישׁ אֶת רֵעֵהוּ בְּאֶבֶן"[9] – **"And one will strike his fellow with a stone,"**[9]

1. Below vv. 17,18.

2. Cf. Rashi to *Exodus* 20:22, s.v., וַתְּחַלְלֶהָ.

If a person was struck by an object made of something other than iron and died, the court must determine if the object is one which could cause death, and if it is, then it is assumed that death was the result of the blow. But if a person is struck by any object made of iron, even one as small as a needle, and dies, it is assumed that death was a result of the blow, because even the smallest iron instrument can cause death (*She'eilos U'Teshuvos Rivash*, 338).

3. *Sifrei* 160.

4. We might have said that one who kills unintentionally goes into exile only if he killed with an object without sufficient mass to cause death, but if he killed with an object of sufficient mass to cause death, he is put to death even if he killed unintentionally (*Gur Aryeh*).

Had the verse spoken of one who kills unintentionally, the death penalty here would not have been that carried out by the court. It would have been death carried out by the Heavenly Court (מִיתָה בִידֵי שָׁמַיִם), possibly with an exemption if the killer pays ransom (כֹּפֶר), as in the case of one whose ox kills a person (see *Exodus* 21:28-31; *Maharik*).

5. Below v. 23. That verse speaks of one who kills unintentionally and is exiled to the cities of refuge. It, too, includes the phrase "by which one could die." Thus, we see that one who kills unintentionally with an object of sufficient mass to cause death is not put to death, but rather, is exiled (*Gur Aryeh*).

6. *Sifrei* 160.

7. יָמוּת must have the sense of possibility; it is not a simple future which would make it a definite statement, "with which he *will* die" (*Leket Bahir*).

8. *Targum Onkelos* renders the phrase, דְּהִיא כְּמִסַּת דִּי יְמוּת בַּהּ, "which is of quantity by which one could die."

9. *Exodus* 21:18. Verse 19 there says that if the victim recovers, the one who struck him will be absolved. The passage thus implies that if the victim does not recover, the one who struck him is guilty of murder.

יח מ֥וֹת יוּמַ֖ת הָרֹצֵֽחַ׃ א֩וֹ בִּכְלִ֨י עֵץ־יָ֜ד
אֲשֶׁר־יָמ֥וּת בּ֛וֹ הִכָּ֖הוּ וַיָּמֹ֑ת רֹצֵ֣חַ
יט ה֔וּא מ֥וֹת יוּמַ֖ת הָרֹצֵֽחַ׃ גֹּאֵ֣ל הַדָּ֔ם
ה֥וּא יָמִ֖ית אֶת־הָרֹצֵ֑חַ בְּפִגְעוֹ־
כ ב֖וֹ ה֥וּא יְמִתֶֽנּוּ׃ וְאִם־בְּשִׂנְאָ֖ה
יֶהְדֳּפֶ֑נּוּ אוֹ־הִשְׁלִ֥יךְ עָלָ֛יו בִּצְדִיָּ֖ה
כא וַיָּמֹֽת׃ א֣וֹ בְאֵיבָ֞ה הִכָּ֤הוּ בְיָדוֹ֙
וַיָּמֹ֔ת מֽוֹת־יוּמַ֥ת הַמַּכֶּ֖ה רֹצֵ֣חַ
ה֑וּא גֹּאֵ֣ל הַדָּ֗ם יָמִ֛ית אֶת־הָרֹצֵ֖חַ
כב בְּפִגְעוֹ־בֽוֹ׃ וְאִם־בְּפֶ֥תַע בְּלֹֽא־

the killer shall surely be put to death. [18] *Or if he struck him with a hand-sized wood implement by which one could die, and he died, he is a killer; the killer shall surely be put to death.* [19] *The avenger of the blood, he shall kill the killer; when he encounters him, he shall kill him.* [20] *If he pushed him out of hatred or hurled upon him by ambush, and he died;* [21] *or in enmity he struck him with his hand and he died, the assailant shall surely be put to death, he is a killer; the avenger of the blood shall kill the killer when he encounters him.*

[22] *But if with suddenness, without*

אונקלוס

אִתְקְטָלָא יִתְקְטֵל קָטוֹלָא: יח אוֹ בְּמָן דְּאָע דְּמִתְנְסֵב בִּידָא דְּהִיא כְמִסַּת דִּי יְמוּת בַּהּ מְחָהִי וְקַטְלֵהּ קָטוֹלָא הוּא אִתְקְטָלָא יִתְקְטֵל קָטוֹלָא: יט גָּאֵל דְּמָא הוּא יִקְטוֹל יָת קָטוֹלָא כַּד אִתְחַיַּב לֵהּ מִן דִּינָא הוּא יִקְטְלִנֵּהּ: כ וְאִם בְּסַנְאָה דְּחָהִי אוֹ רְמָא עֲלוֹהִי בִּכְמְנָא וְקַטְלֵהּ: כא אוֹ בִדְבָבוּ מְחָהִי בִידֵהּ וְקַטְלֵהּ אִתְקְטָלָא יִתְקְטֵל מַחֲיָא קָטוֹלָא הוּא גָּאֵל דְּמָא יִקְטוֹל יָת קָטוֹלָא כַּד אִתְחַיַּב לֵהּ מִן דִּינָא: כב וְאִם בִּתְכֵף בְּלָא

רש"י

ולא נתן בה שיעור. יכול כל שהוא, לכך נאמר אשר ימות בה (ספרי שם): **(יח) או בכלי עץ יד** [וגו']. לפי שנאמר וכי יכה איש את עבדו או את אמתו בשבט (שמות שם כ) יכול כל שהוא, לכך נאמר בעץ אשר ימות בו, שיהא בו כדי להמית (ספרי שם): **(יט) בפגעו בו.** אפי' בתוך ערי מקלט: **(כ) בצדיה.** כתרגומו, בכמנא, במארב: **(כב) בפתע.** באונס. ותרגומו בתכיף, שהיה סמוך לו ולא היה לו שהות להזהר עליו:

RASHI ELUCIDATED

וְלֹא נָתַן בָּהּ שִׁעוּר – and it did not give a size for [the stone], **יָכוֹל – one might** thus **be able** to think that the verse speaks even of a stone of **כָּל שֶׁהוּא – the smallest size.** **לְכָךְ נֶאֱמַר – This is why it says** here, **"אֲשֶׁר יָמוּת בָּהּ"**[1] **– "by which one could die."**[1]

18. אוֹ בִּכְלִי עֵץ יָד {וְגוֹמֵר} – OR [IF HE STRUCK HIM] WITH A HAND-SIZED WOOD IMPLEMENT {ETC.}. **לְפִי שֶׁנֶּאֱמַר – Since it says,** **"וְכִי יַכֶּה אִישׁ אֶת עַבְדּוֹ" – "When a man will strike his slave** **אוֹ אֶת אֲמָתוֹ – or his slavewoman** **בַּשֵּׁבֶט"**[2] **– with the rod,"**[2] **יָכוֹל – one might be able** to think that that verse refers to a rod even **כָּל שֶׁהוּא – of the smallest size.** **לְכָךְ נֶאֱמַר בְּעֵץ – This is why it says of wood,** too, **"אֲשֶׁר יָמוּת בּוֹ" – "by which one could die,"** which implies **שֶׁיְּהֵא בוֹ כְּדֵי לְהָמִית**[3] **– that there must be in it sufficient** mass **to cause death.**[3]

19. בְּפִגְעוֹ בוֹ – WHEN HE ENCOUNTERS HIM, **אֲפִילוּ בְּתוֹךְ עָרֵי מִקְלָט – even inside the cities of refuge.**[4]

20. בִּצְדִיָּה – This is to be understood **כְּתַרְגּוּמוֹ "בִּכְמְנָא" – as *Targum* Onkelos renders it, בִּכְמְנָא,** which means **בְּמַאֲרָב – by ambush.**[5]

22. בְּפֶתַע – WITH SUDDENNESS. This means **בְּאוֹנֶס – by accident.** **וְתַרְגּוּמוֹ – And *Targum* Onkelos renders it, "בִּתְכֵיף" – "with suddenness,"** **שֶׁהָיָה סָמוּךְ לוֹ – that [the victim] was close to [the killer],** **וְלֹא הָיָה לוֹ שָׁהוּת – and [the killer] did not have time** **לְהִזָּהֵר עָלָיו – to take precautions**

1. *Sifrei* 160.

2. *Exodus* 21:20. The verse does not specify the material of which the rod is made. It thus includes even a rod of wood. *Ezekiel* 21:15 implies that wood (עֵץ) is a material from which a rod (שֵׁבֶט) is made.

3. *Sifrei* 160.

4. It is obvious that the redeemer of the blood can kill the killer only if they are at the same location, i.e., encountering each other. Furthermore, "when he encounters him he shall kill him" seems to be no more than a repetition of the beginning of the verse. It is written to teach us that the redeemer of the blood may kill one who killed intentionally *wherever* he may find him, even inside the cities of refuge (*Mizrachi; Be'er Yitzchak; Sifsei Chachamim*).

5. בִּצְדִיָּה is from the root צדה, "to ambush." It is not from the root צוד, "to hunt." See Rashi to *Exodus* 21:13, s.v., צָדָה.

enmity, did he push him, or he hurled any implement upon him without ambush; 23 *or with any stone by which one could die, without seeing, and caused [it] to fall upon him and he died, and he was not his enemy and did not seek his harm,* 24 *then the assembly shall judge between the assailant and the avenger of the blood, according to these laws.* 25 *The assembly shall rescue the killer from the hand of the avenger of the blood, and the assembly shall return him to his city of refuge where he had fled; he shall dwell in it until the death of the Kohen Gadol,*

אֵיבָה הֲדָפוֹ אוֹ־הִשְׁלִיךְ עָלָיו כָּל־
כג כְּלִי בְּלֹא צְדִיָּה׃ אוֹ בְכָל־אֶבֶן אֲשֶׁר־
יָמוּת בָּהּ בְּלֹא רְאוֹת וַיַּפֵּל עָלָיו
וַיָּמֹת וְהוּא לֹא־אוֹיֵב לוֹ וְלֹא מְבַקֵּשׁ
כד רָעָתוֹ׃ וְשָׁפְטוּ הָעֵדָה בֵּין הַמַּכֶּה
וּבֵין גֹּאֵל הַדָּם עַל הַמִּשְׁפָּטִים
כה הָאֵלֶּה׃ וְהִצִּילוּ הָעֵדָה אֶת־הָרֹצֵחַ
מִיַּד גֹּאֵל הַדָּם וְהֵשִׁיבוּ אֹתוֹ הָעֵדָה
אֶל־עִיר מִקְלָטוֹ אֲשֶׁר־נָס שָׁמָּה
וְיָשַׁב בָּהּ עַד־מוֹת הַכֹּהֵן הַגָּדֹל

אונקלוס

דְּבָבוּ דְּחָהִי אוֹ רְמָא עֲלוֹהִי כָּל מָן בְּלָא כְמַן לֵהּ׃ כג אוֹ בְּכָל אַבְנָא דְּהִיא כְמִסַּת דִּי יְמוּת בַּהּ בְּלָא חָזֵי (נ״א בִּדְלָא חֲזוֹ) וּרְמָא עֲלוֹהִי וּמִית (נ״א וְקַטְלֵהּ) וְהוּא לָא סָנֵי לֵהּ וְלָא תָבַע בִּישְׁתֵהּ׃ כד וִידוּנוּן כְּנִשְׁתָּא בֵּין מַחֲיָא וּבֵין גָּאֵל דְּמָא עַל דִּינַיָּא הָאִלֵּין׃ כה וִישֵׁזְבוּן כְּנִשְׁתָּא יָת קָטוֹלָא מִיַּד גָּאֵל דְּמָא וִיתִיבוּן יָתֵהּ כְּנִשְׁתָּא לְקִרְיַת שֵׁזָבוּתֵהּ דִּי עֲרַק לְתַמָּן וִיתֵב בַּהּ עַד דִּימוּת כַּהֲנָא רַבָּא

רש״י

(כג) או בכל אבן אשר ימות בה. הכהו: **בלא ראות.** שלא ראהו: **ויפל עליו.** מכאן אמרו ההורג דרך ירידה גולה, דרך עלייה אינו גולה (מכות ז:): **(כה) עד מות הכהן הגדל.** שהוא בא להשרות שכינה בישראל, ולהאריך ימיהם, והרוצח בא לסלק את

RASHI ELUCIDATED

regarding [the victim].[1]

23. אוֹ בְּכָל אֶבֶן אֲשֶׁר יָמוּת בָּהּ — OR WITH ANY STONE BY WHICH ONE COULD DIE הִכָּהוּ — **he struck him.**[2]

□ **בְּלֹא רְאוֹת — WITHOUT SEEING.** This means שֶׁלֹּא רָאָהוּ — **that he did not see him.**[3]

□ **וַיַּפֵּל עָלָיו — AND CAUSED [IT] TO FALL UPON HIM.** מִכָּאן אָמְרוּ — **From here**, i.e., on the basis of this verse, **[the Sages] said,** הַהוֹרֵג דֶּרֶךְ יְרִידָה — **one who kills by way of descending** גּוֹלֶה — **goes into exile,** דֶּרֶךְ עֲלִיָּה אֵינוֹ גּוֹלֶה[4] — but one who kills **by way of ascending does not go into exile.**[4]

25. עַד מוֹת הַכֹּהֵן הַגָּדֹל — UNTIL THE DEATH OF THE KOHEN GADOL. שֶׁהוּא בָּא — **For [the Kohen Gadol] comes** לְהַשְׁרוֹת שְׁכִינָה בְּיִשְׂרָאֵל — **to make the Divine Presence rest upon Israel** וּלְהַאֲרִיךְ יְמֵיהֶם — **and to extend their days** (their lives), וְהָרוֹצֵחַ בָּא — **and the murderer comes** לְסַלֵּק אֶת

1. Rashi to *Makkos* 7b explains that בְּפֶתַע, which means "suddenly," connotes immediate proximity. It refers to a case in which the killer and the victim are walking along two sides of a building that are perpendicular to each other, and thus do not see each other. The killer is carrying a sharp object in front of him. The two collide "suddenly" at the corner of the building, and the victim is fatally stabbed. This is an accident which contains an element of negligence because the killer should not have carried the object in a manner which could be hazardous to others. However, if one kills purely by accident, for instance, if he throws a stone over a wall into an area to which people tend never to go, and someone happens to be there and is killed by the stone, he is not liable to exile to the cities of refuge or to any other punishment (see *Be'er BaSadeh*).

The Alkabetz edition has the word פִּתְאוֹם, "suddenly," where our text reads בְּאוֹנֶס, "by accident." According to that version of the text, Rashi does not say that a killer goes into exile if he kills by accident (see *Yosef Hallel*).

2. Rashi supplies the implicit predicate of the clause which begins "Or with any stone..." (*Mizrachi; Sifsei Chachamim*).

3. The verse means that the killer struck the victim without having seen him. "Without seeing" is not linked directly to "by which one could die" which precedes it. It does not describe the death of the victim; it does not mean that the victim died when the killer did not see him (*Mizrachi; Sifsei Chachamim*).

4. *Makkos* 7b. The apparently superfluous "and he caused to fall upon him" teaches us that one who kills unintentionally must go into exile only if he kills through a downward motion. For example: He was lowering a barrel from the roof, when it slipped, fell on a person and killed him; he was climbing down a ladder, when he fell on a person and killed him. However, if he was raising the barrel or going up the ladder, he would not go into exile (*Makkos* 7a-b).

אֲשֶׁר־מָשַׁח אֹתוֹ בְּשֶׁמֶן הַקֹּדֶשׁ:
כו וְאִם־יָצֹא יֵצֵא הָרֹצֵחַ אֶת־גְּבוּל
עִיר מִקְלָטוֹ אֲשֶׁר יָנוּס שָׁמָּה:
כז וּמָצָא אֹתוֹ גֹּאֵל הַדָּם מִחוּץ לִגְבוּל

whom he had anointed with the oil of the holy. 26 *But if the killer will ever leave the border of his city of refuge to which he had fled,* 27 *and the avenger of the blood shall find him outside of the border*

אונקלוס

דִּי רַבִּי יָתֵהּ בִּמְשַׁח קוּדְשָׁא: כו וְאִם מִפַּק יִפּוֹק קָטוֹלָא יָת תְּחוּם קִרְיַת שֵׁזָבוּתֵהּ דִּי עֲרַק לְתַמָּן: כז וְיִשְׁכַּח יָתֵהּ גָּאֵל דְּמָא מִבָּרָא לִתְחוּם

רש"י

השכינה מישראל, ומקצר את ימי החיים, אינו כדאי שיהא לפני כהן גדול (ספרי שם). דבר אחר, לפי שהיה לו לכהן גדול להתפלל שלא תארע תקלה זו לישראל בחייו (מכות יא.): אשר משח אתו בשמן הקדש. [לפי פשוטו מן המקראות הקצרים הוא, שלא פירש מי משחו אלא כמו אשר משחו המושח אותו בשמן הקדש.] ורבותינו דרשוהו במסכת מכות (יא:) [לראיית דבר. ללמד] שאם עד שלא נגמר דינו מת כהן גדול ומנו אחר תחתיו ולאחר מכאן נגמר דינו, חוזר במיתתו של שני, שנאמר אשר משח אותו, וכי הוא מושחו לכהן או הכהן משח אותו, אלא להביא את הנמשח בימיו

RASHI ELUCIDATED

הַשְּׁכִינָה מִיִּשְׂרָאֵל – **to remove the Divine Presence from Israel,**[1] וּמְקַצֵּר אֶת יְמֵי הַחַיִּים – **and shortens the days of** their **lives.** אֵינוֹ כְּדַאי – **He is not worthy** שֶׁיְּהֵא לִפְנֵי כֹּהֵן גָּדוֹל[2] – **that he should be before the Kohen Gadol.**[2]

דָּבָר אַחֵר – **Alternatively,** לְפִי שֶׁהָיָה לוֹ לְכֹהֵן גָּדוֹל לְהִתְפַּלֵּל – **because the Kohen Gadol should have prayed** שֶׁלֹּא תֶאֱרַע תַּקָּלָה זוֹ לְיִשְׂרָאֵל – **that this misfortune should not have occurred to Israel** בְּחַיָּיו[3] – **during his lifetime.**[3]

□ אֲשֶׁר מָשַׁח אֹתוֹ בְּשֶׁמֶן הַקֹּדֶשׁ – WHOM HE HAD ANOINTED WITH THE OIL OF THE HOLY. {לְפִי פְּשׁוּטוֹ – **According to its simple meaning,** מִן הַמִּקְרָאוֹת הַקְּצָרִים הוּא – **it is of the abbreviated verses** which do not specify their subject, שֶׁלֹּא פֵרֵשׁ מִי מְשָׁחוֹ – **for it does not explain who anointed him,** אֶלָּא כְּמוֹ – **but** it is to be interpreted **as** if it were written, אֲשֶׁר מְשָׁחוֹ הַמּוֹשֵׁחַ אוֹתוֹ בְּשֶׁמֶן הַקֹּדֶשׁ – **"whom the anointer anointed with the oil of the holy."**}[4]

וְרַבּוֹתֵינוּ דְּרָשׁוּהוּ בְּמַסֶּכֶת מַכּוֹת[5] – **Our Rabbis interpreted it in Tractate *Makkos***[5] {לִרְאָיַת דָּבָר – **as proof for a matter** לְלַמֵּד – **to teach** us}[6] שֶׁאִם עַד שֶׁלֹּא נִגְמַר דִּינוֹ – **that if before [the murderer's] sentence had been passed,** מֵת כֹּהֵן גָּדוֹל – **the Kohen Gadol died,** וּמִנּוּ אַחֵר תַּחְתָּיו – **and they appointed another** Kohen Gadol **in his stead,** וּלְאַחַר מִכָּאן – **and after that** נִגְמַר דִּינוֹ – **his sentence was passed,** חוֹזֵר בְּמִיתָתוֹ שֶׁל שֵׁנִי – **he returns home** from exile **upon the death of the second [Kohen Gadol],**[7] שֶׁנֶּאֱמַר – **as it says,** "אֲשֶׁר מָשַׁח אֹתוֹ" – **"whom he had anointed."** וְכִי הוּא מוֹשְׁחוֹ לַכֹּהֵן – **Now, did *he* anoint the Kohen?**[8] אוֹ הַכֹּהֵן מָשַׁח אוֹתוֹ – **Or did the Kohen anoint him?**[9] אֶלָּא – **But** "whom he had anointed" is written לְהָבִיא אֶת הַנִּמְשָׁח בְּיָמָיו – **to include the one anointed**

1. See v. 34 below.

2. *Sifrei* 160. Rashi explains why the length of the killer's term of exile should depend upon the death of the Kohen Gadol. The Kohen Gadol and the killer are antithetical. The Kohen Gadol brings the Divine Presence and lengthens life, while the killer shortens life and causes the Divine Presence to depart. The killer therefore cannot live in the same area as the Kohen Gadol, and must be confined to his city of refuge. Once the Kohen Gadol dies, the killer gains atonement, and may reenter the mainstream of life (see *Be'er BaSadeh*).

3. *Makkos* 11a. According to this explanation, the murderer's term of exile depends upon the death of the Kohen Gadol because the Kohen Gadol, too, bears some responsibility for the murder.

4. The passage in braces does not appear in the Reggio di Calabria edition.

5. *Makkos* 11b.

6. The words in braces appear in almost all early editions, but do not appear in the Reggio di Calabria edition. *Sefer Zikaron* questions their authenticity.

7. The term of exile ends with the death of the Kohen Gadol who was in office at the time the sentence was passed, even though he was not Kohen Gadol at the time of the murder.

8. The subject of וְיָשַׁב בָּהּ, "he shall dwell in it," is the murderer. The subject of אֲשֶׁר מָשַׁח אֹתוֹ, "whom he had anointed," which follows it, also appears to be the murderer.

9. אֲשֶׁר מָשַׁח אֹתוֹ can also be understood as "who anointed him." If we take it this way, the verse would describe the Kohen as having anointed the murderer.

of his city of refuge, and the avenger of the blood will kill the killer — there is no blood for him. [28] *For he must dwell in his city of refuge until the death of the Kohen Gadol, and after the death of the Kohen Gadol the killer shall return to the land of his possession.*

[29] *These shall be for you a decree of justice for your generations, in all your dwelling places.* [30] *Whoever smites a person, by the word of witnesses shall one kill the killer, but a single witness shall not testify against a person regarding death.*

עִ֣יר מִקְלָט֔וֹ וְרָצַ֞ח גֹּאֵ֤ל הַדָּם֙ אֶת־
כח הָרֹצֵ֔חַ אֵ֥ין ל֖וֹ דָּֽם׃ כִּ֣י בְעִ֤יר מִקְלָטוֹ֙
יֵשֵׁ֔ב עַד־מ֖וֹת הַכֹּהֵ֣ן הַגָּדֹ֑ל וְאַחֲרֵ֣י
מוֹת֙ הַכֹּהֵ֣ן הַגָּדֹ֔ל יָשׁוּב֙ הָרֹצֵ֔חַ
כט אֶל־אֶ֖רֶץ אֲחֻזָּתֽוֹ׃ וְהָי֨וּ אֵ֧לֶּה לָכֶ֛ם
לְחֻקַּ֥ת מִשְׁפָּ֖ט לְדֹרֹתֵיכֶ֑ם בְּכֹ֖ל
ל מוֹשְׁבֹתֵיכֶֽם׃ כָּל־מַכֵּה־נֶ֕פֶשׁ לְפִ֣י
עֵדִ֔ים יִרְצַ֖ח אֶת־הָֽרֹצֵ֑חַ וְעֵ֥ד
אֶחָ֖ד לֹא־יַעֲנֶ֥ה בְנֶ֖פֶשׁ לָמֽוּת׃

אונקלוס

קִרְיַת שֵׁזָבוּתֵהּ וְיִקְטוֹל גָּאֵל דְּמָא יָת קָטוֹלָא לֵית לֵהּ דְּמָא: כח אֲרֵי בְקִרְיַת שֵׁזָבוּתֵהּ יְתֵב עַד דִּימוּת כַּהֲנָא רַבָּא וּבָתַר דִּימוּת כַּהֲנָא רַבָּא יְתוּב קָטוֹלָא לַאֲרַע אַחְסַנְתֵּהּ: כט וִיהוֹן אִלֵּין לְכוֹן לִגְזֵרַת דִּין לְדָרֵיכוֹן בְּכֹל מוֹתְבָנֵיכוֹן: ל כָּל דְּיִקְטוֹל נַפְשָׁא לְפוּם סַהֲדִין יִקְטוֹל יָת קָטוֹלָא וְסָהִיד חַד לָא יַסְהֵד בֶּאֱנָשׁ לְמִקְטָל:

רש"י

שמחזירו במיתתו: **(כז) אין לו דם.** הרי הוא כהורג את המת שאין לו דם: **(כט) בכל מושבתיכם.** למד שתהא סנהדרין [קטנה] נוהגת בחוצה לארץ (מכות ז.) כל זמן שנוהגת בארץ ישראל: **(ל) כל מכה נפש וגו'.** הבא להרגו על שהכה את הנפש: **לפי עדים ירצח.** שיעידו שבמזיד ובהתראה הרגו:

RASHI ELUCIDATED

in [the murderer's] days,[1] to teach us שֶׁמַּחֲזִירוֹ – **that he sends [the murderer] back** from the city of refuge בְּמִיתָתוֹ – **upon his death.**

27. אֵין לוֹ דָּם – THERE IS NO BLOOD FOR HIM. הֲרֵי הוּא כְּהוֹרֵג אֶת הַמֵּת – **See now, he is like one who kills a corpse,** שֶׁאֵין לוֹ דָּם – **who has no blood.**[2]

29. בְּכֹל מוֹשְׁבֹתֵיכֶם – IN ALL YOUR DWELLING PLACES. לָמֵד – **This teaches** us שֶׁתְּהֵא סַנְהֶדְרִין {קְטַנָּה}[3] נוֹהֶגֶת – **that** the law of **the {lesser} Sanhedrin**[4] **applies** בְּחוּצָה לָאָרֶץ[5] – **in** the area **outside the Land** of Israel[5] כָּל זְמַן שֶׁנּוֹהֶגֶת בְּאֶרֶץ יִשְׂרָאֵל – **all the while that it applies in the Land of Israel.**[6]

30. כָּל מַכֵּה נֶפֶשׁ וְגוֹמֵר – WHOEVER SMITES A PERSON, ETC. הַבָּא לְהָרְגוֹ – **One who comes to kill him** עַל שֶׁהִכָּה אֶת הַנֶּפֶשׁ – **for having smitten a person,**[7]

□ **לְפִי עֵדִים יִרְצַח – BY THE WORD OF WITNESSES SHALL ONE KILL.** שֶׁיָּעִידוּ שֶׁבְּמֵזִיד וּבְהַתְרָאָה הֲרָגוֹ – **That they should testify that he killed him intentionally and with warning.**[8]

---

1. That is, in the days after he became a murderer (Rashi to *Makkos* 11b, s.v., שנמשח בימיו).

2. He is like one who has neither blood nor soul, and it is permissible to kill him (Rashi to *Sanhedrin* 72a).

3. This word does not appear in any of the early printed editions, or in the manuscript Rashi cited by *Ramban*. However, *Yosef Daas* states that it appears in an ancient manuscript Rashi and testifies to its authenticity. In any case, it is obvious from context in the *Gemara* that this refers to the lesser Sanhedrin.

4. A "lesser Sanhedrin" is a court composed of twenty-three judges. It has the authority to deal with capital cases.

5. *Makkos* 7a.

6. The text follows *Ramban* and most early printed editions. This last phrase does not appear in the Reggio di Calabria edition.

"In all your dwelling places" seems superfluous, for there is no reason to assume that lesser Sanhedrins should not function outside the Land of Israel. It is written to teach us that the lesser Sanhedrin functions only while Israel is in *all* of its dwelling places; that is, when Israel is in its land, not when it is in exile (*Be'er Mayim Chaim*).

7. That is, if an avenger of blood comes to kill the one who has killed his relative.

8. Verse 12 states, "the killer will not die until he stands before the assembly for judgment." We may have then thought that once the killer has stood before the court and it has concluded on the basis of the evidence that he did commit murder, the avenger of the blood might have the right to kill him even though there were no witnesses or warning, just as an avenger of blood may kill an unintentional killer without formal trial if he leaves the city of refuge. Our verse teaches us that this is not so. Intentional murder always falls under the formal jurisdiction of the court.

לא וְלֹא־תִקְחוּ כֹפֶר לְנֶפֶשׁ רֹצֵחַ
אֲשֶׁר־הוּא רָשָׁע לָמוּת כִּי־מוֹת
לב יוּמָת: וְלֹא־תִקְחוּ כֹפֶר לָנוּס אֶל־
עִיר מִקְלָטוֹ לָשׁוּב לָשֶׁבֶת בָּאָרֶץ

31 You shall not take atonement money for the life of a killer who is wicked, worthy of death, for he shall surely be put to death. 32 You shall not take atonement money for one who fled to his city of refuge to return to dwell in the land,

אונקלוס

לא וְלָא תְקַבְּלוּן מָמוֹן עַל אֱנָשׁ קָטוֹל דִּי הוּא חַיָּב לְמִקְטַל אֲרֵי אִתְקְטָלָא יִתְקְטֵל: לב וְלָא תְקַבְּלוּן מָמוֹן לְמֵעְרוֹק לְקִרְיַת שֵׁזָבוּתֵהּ לְמִתַּב לְמִתַּב בְּאַרְעָא

רש"י

(לא) ולא תקחו כפר. לא יפטר בממון (ספרי קסא): (לב) ולא תקחו כפר לנוס אל עיר מקלטו. למי שנס אל עיר מקלטו, שהרג בשוגג, אינו נפטר מגלות בממון ליתן כופר לשוב לשבת בארץ בטרם ימות הכהן: לנוס. כמו לנס (בשו"א וקמ"ץ) כמו שובי מלחמה (מיכה ב:ח) שׁשבו מן המלחמה, וכן נוגי ממועד (צפניה ג:יח) וכן כי מולים היו (יהושע ה:ה) כאשר תאמר שוב על מי ששב כבר, ומול על שמל כבר, כן תאמר לנוס על מי שנס כבר, וקורהו נוס, כלומר מוברח. ואם תאמר לנוס לברוח, ותפרשהו לא תקחו כופר

RASHI ELUCIDATED

31. וְלֹא תִקְחוּ כֹפֶר – YOU SHALL NOT TAKE ATONEMENT MONEY. לֹא יִפָּטֵר בְּמָמוֹן[1] – **He shall not be exempt** from the death penalty **through** payment of **money.**[1]

32. וְלֹא תִקְחוּ כֹפֶר לָנוּס אֶל עִיר מִקְלָטוֹ – YOU SHALL NOT TAKE ATONEMENT MONEY FOR ONE WHO FLED TO HIS CITY OF REFUGE, לְמִי שֶׁנָּס אֶל עִיר מִקְלָטוֹ – That is, you shall not accept atonement money **on behalf of one who fled to his city of refuge**[2] שֶׁהָרַג בְּשׁוֹגֵג – **for having killed unintentionally.**[3] אֵינוֹ נִפְטָר מִגָּלוּת בְּמָמוֹן לִתֵּן כּוֹפֶר – **He does not become exempt from exile through money, by giving atonement money,**[4] "לָשׁוּב לָשֶׁבֶת בָּאָרֶץ" – **"to return to dwell in the land"** בְּטֶרֶם יָמוּת הַכֹּהֵן – **when the Kohen has not yet died.**[5]

□ לָנוּס – **FOR ONE WHO FLED.** This has the same meaning כְּמוֹ לָנָס – **as** the word לָנָס[6] **"for an escapee."** כְּמוֹ "שׁוּבֵי מִלְחָמָה"[7] – It is of the same form **as** שׁוּבֵי in, **"returnees of war"**;[7] that is, שֶׁשָּׁבוּ מִן הַמִּלְחָמָה – **those who have returned from war.** וְכֵן "נוּגֵי מִמּוֹעֵד"[8] – **And similarly,** נוּגֵי in, **"and those removed from appointed times."**[8] וְכֵן "כִּי מֻלִים הָיוּ"[9] – **And similarly,** מֻלִים in, **"For they were circumcised ones."**[9] כַּאֲשֶׁר תֹּאמַר "שׁוּב" עַל מִי שֶׁשָּׁב כְּבָר – **Just as you say** שׁוּב **regarding one who has already returned,** וּ"מוּל" עַל שֶׁמָּל כְּבָר – **and regarding** מוּל **one who has already been circumcised,**[10] כֵּן תֹּאמַר לָנוּס עַל מִי שֶׁנָּס כְּבָר – **so do you say** לָנוּס **regarding one who has already fled.** וְקוֹרֵהוּ "נוּס" – **And [Scripture] calls him** נוּס, כְּלוֹמַר מֻבְרָח – **that is to say, "one who has been caused to run away."**[11] וְאִם תֹּאמַר לָנוּס לִבְרוֹחַ – **And if you were to say** that לָנוּס means **"to run away,"**[12] וּתְפָרְשֵׁהוּ – **and you would explain [the verse]** as saying, "לֹא תִקְחוּ כוֹפֶר" – **"Do not take**

Execution of an intentional murderer always requires the witnesses and warning necessary in all capital cases (*Mizrachi; Be'er BaSadeh*).

1. *Sifrei* 161. The verse does not mean that a killer should not be required to pay atonement money *in addition to* suffering the death penalty, for we know from other sources that one does not receive two punishments for the same sin (*Sefer Zikaron*).

2. Rashi indicates that לָנוּס is not used here as an infinitive, "to flee." He elaborates on this further on.

3. Rashi rejects the interpretation of the *Sifrei*, which understands the verse as speaking of one who killed intentionally: "You shall not take atonement money [instead of the death penalty, to allow the murderer] to flee to his city of refuge, to return [from among the condemned] to dwell in the land until the death of the Kohen" (see *Be'er BaSadeh*).

4. With "by giving atonement money," Rashi indicates that "*for* one who fled" of the verse refers to taking money *from* the one who fled *for* his benefit. It does not refer to taking money from others for him.

5. In line with note 3 above, Rashi notes that עַד is used here in the sense of "not yet," not in the sense of "until," as the *Sifrei* sees it.

6. The word לָנוּס can be an infinitive, "to flee," or it can mean "for one who has fled." Here it cannot mean the former, for that would imply that he has not yet fled, and the phrase "to return to dwell" would be meaningless (*Leshon Chaim*).

7. *Micah* 2:8.

8. *Zephaniah* 3:18.

9. *Joshua* 5:5.

10. As in the examples above.

11. Although לָנוּס is in the present tense, it does not denote one who is actively fleeing. It denotes one who is still in the aftermath of his flight. Rashi cites examples of other verbs with similar meanings.

12. Rashi has explained לָנוּס as a פָּעוּל, a verb form which denotes a condition that exists after an action has been

before the death of the Kohen.

33 You shall not bring guilt upon the land in which you are, for the blood will bring guilt upon the land; the land will not have atonement for the blood that was spilled in it, except through the blood of the one who spilled it. 34 You shall not make impure the land in which you dwell, in whose midst I rest; for I, HASHEM, rest among the Children of Israel.

36 1 The heads of the fathers of the family of the children of Gilead, son of Machir son of Manasseh, of the families of the children of Joseph, approached and spoke before Moses and before the princes, the heads of the fathers of the Children of Israel. 2 They said, "HASHEM has commanded my master to give the land

לג עַד־מ֖וֹת הַכֹּהֵֽן׃ וְלֹא־תַחֲנִ֣יפוּ אֶת־
הָאָ֗רֶץ אֲשֶׁ֤ר אַתֶּם֙ בָּ֔הּ כִּ֣י הַדָּ֔ם ה֥וּא
יַחֲנִ֖יף אֶת־הָאָ֑רֶץ וְלָאָ֣רֶץ לֹֽא־
יְכֻפַּ֗ר לַדָּם֙ אֲשֶׁ֣ר שֻׁפַּךְ־בָּ֔הּ כִּי־אִ֖ם
לד בְּדַ֥ם שֹׁפְכֽוֹ׃ וְלֹ֧א תְטַמֵּ֣א אֶת־
הָאָ֗רֶץ אֲשֶׁ֤ר אַתֶּם֙ יֹשְׁבִ֣ים בָּ֔הּ
אֲשֶׁ֥ר אֲנִ֖י שֹׁכֵ֣ן בְּתוֹכָ֑הּ כִּ֚י אֲנִ֣י יהוה
שֹׁכֵ֔ן בְּת֖וֹךְ בְּנֵ֥י יִשְׂרָאֵֽל׃
לו א שביעי וַֽיִּקְרְב֞וּ רָאשֵׁ֣י הָֽאָב֗וֹת
לְמִשְׁפַּ֤חַת בְּנֵֽי־גִלְעָד֙ בֶּן־מָכִ֣יר בֶּן־
מְנַשֶּׁ֔ה מִֽמִּשְׁפְּחֹ֖ת בְּנֵ֣י יוֹסֵ֑ף וַיְדַבְּר֞וּ
לִפְנֵ֤י מֹשֶׁה֙ וְלִפְנֵ֣י הַנְּשִׂאִ֔ים רָאשֵׁ֥י
ב אָב֖וֹת לִבְנֵ֥י יִשְׂרָאֵֽל׃ וַיֹּֽאמְר֗וּ אֶת־
אֲדֹנִי֙ צִוָּ֣ה יהוה לָתֵ֨ת אֶת־הָאָ֧רֶץ

אונקלוס

עַד דִימוּת כַּהֲנָא: לג וְלָא תְחַיְּבוּן יָת אַרְעָא דִי אַתּוּן בַּהּ אֲרֵי דְמָא הוּא מְחַיֵּב יָת אַרְעָא וּלְאַרְעָא לָא מִתְכַּפַּר עַל דַּם זַכַּי דִי אִתְּשַׁד בַּהּ אֱלָהֵן בִּדַם אַשְׁדֵהּ: לד וְלָא תְסָאֲבוּן (נ״א תְסָאֵב) יָת אַרְעָא דִי אַתּוּן יָתְבִין בַּהּ דִי שְׁכִנְתִּי שַׁרְיָא בְגַוַּהּ אֲרֵי אֲנָא יְיָ דִשְׁכִנְתִּי שָׁרְיָא בְּגוֹ בְּנֵי יִשְׂרָאֵל: א וְקָרִיבוּ רֵישֵׁי אֲבָהָתָא לְזַרְעִית בְּנֵי גִלְעָד בַּר מָכִיר בַּר מְנַשֶּׁה מִזַּרְעֲיַת בְּנֵי יוֹסֵף וּמַלִּילוּ קֳדָם מֹשֶׁה וְקֳדָם רַבְרְבַיָּא רֵישֵׁי אֲבָהָן לִבְנֵי יִשְׂרָאֵל: ב וַאֲמָרוּ יָת רִבּוֹנִי פַּקִּיד יְיָ לְמִתַּן יָת אַרְעָא

רש״י

למי שיש לו לברוח לפטרו מן הגלות, לא ידעתי היאך יאמר לשוב לשבת בארץ, הרי עדיין לא נס ומהיכן ישוב: (לג) **ולא תחניפו.** ולא תרשיעו. כתרגומו, ולא תחייבון: (לד) **אשר אני שכן בתוכה.** שלא תשכינו אותי בטומאתה: **כי אני ה׳ שכן בתוך בני ישראל.** אף בזמן שהם טמאים שכינה ביניהם (ספרי שם; יומא נז.):

RASHI ELUCIDATED

atonement money לְמִי שֶׁיֵּשׁ לוֹ לִבְרוֹחַ **– for one who needs to run away** לְפָטְרוֹ מִן הַגָּלוּת **– to exempt him from exile,"** לֹא יָדַעְתִּי **– I do not know** הֵיאַךְ יֹאמַר **– how [the verse] could say** לָשׁוּב לָשֶׁבֶת בָּאָרֶץ **– "to return to dwell in the land."** הֲרֵי **– See, now,** עֲדַיִן לֹא נָס **– he has not yet fled,** וּמֵהֵיכָן יָשׁוּב **– so from where is he to return?**

33. וְלֹא תַחֲנִיפוּ **– YOU SHALL NOT BRING GUILT.** This means וְלֹא תַרְשִׁיעוּ **– you shall not make evil,** כְּתַרְגּוּמוֹ **– as *Targum Onkelos* renders it,** "וְלָא תְחַיְּבוּן" **– "you shall not bring into bad repute."**[1]

34. אֲשֶׁר אֲנִי שֹׁכֵן בְּתוֹכָהּ **– IN WHOSE MIDST I REST.** שֶׁלֹּא תַשְׁכִּינוּ אוֹתִי בְּטֻמְאָתָהּ **– So that you should not make Me rest in its impurity.**[2]

☐ כִּי אֲנִי ה׳ שֹׁכֵן בְּתוֹךְ בְּנֵי יִשְׂרָאֵל **– FOR I, HASHEM, REST AMONG THE CHILDREN OF ISRAEL.** אַף בִּזְמַן שֶׁהֵם טְמֵאִים **– Even at a time when they are impure** שְׁכִינָה בֵּינֵיהֶם[3] **– the Divine Presence is among them.**[3]

done, e.g., כָּתוּב, "written." Now he explains why it cannot be understood as an infinitive, "to flee," as the similar לָנֻס is in verse 6 above (*Havanas HaMikra*).

1. The root חנף usually denotes insincere flattery, but this meaning does not fit the context of our verse, for blood cannot be said to flatter (*Mizrachi; Sifsei Chachamim*). Rashi also interprets words from this root as "making evil, bringing guilt" in his comments to *Micah* 4:11, *Job* 27:8 and 36:13.

2. The land spoken of has already been identified by the verse as "in which you dwell." The further description, "in whose midst I rest," seems unnecessary. Rashi explains that it is not a mere description. With this phrase, the verse gives the reason for "you shall not make the land impure."

3. *Sifrei* 161; *Yoma* 57a. Rashi makes a similar point in his comments to *Leviticus* 16:16, s.v., הַשֹּׁכֵן אִתָּם בְּתוֹךְ טֻמְאֹתָם.

בְּנַחֲלָה בְּגוֹרָל לִבְנֵי יִשְׂרָאֵל
וַאדֹנִי צֻוָּה בַיהוה לָתֵת אֶת־
נַחֲלַת צְלָפְחָד אָחִינוּ לִבְנֹתָיו:
ג וְהָיוּ לְאֶחָד מִבְּנֵי שִׁבְטֵי בְנֵי־
יִשְׂרָאֵל לְנָשִׁים וְנִגְרְעָה נַחֲלָתָן
מִנַּחֲלַת אֲבֹתֵינוּ וְנוֹסַף עַל נַחֲלַת
הַמַּטֶּה אֲשֶׁר תִּהְיֶינָה לָהֶם וּמִגֹּרַל
ד נַחֲלָתֵנוּ יִגָּרֵעַ: וְאִם־יִהְיֶה הַיֹּבֵל

as an inheritance by lot to the Children of Israel, and My master has been commanded by HASHEM to give the inheritance of Zelophehad our brother to his daughters. 3 *If they become wives of one of the sons of the tribes of the Children of Israel, then their inheritance will be subtracted from the inheritance of our fathers and be added to the inheritance of the tribe into which they will marry, and it will be subtracted from the lot of our inheritance.* 4 *And if there will be the Jubilee [year]*

אונקלוס

בְּאַחֲסָנָא בְּעַדְבָא לִבְנֵי יִשְׂרָאֵל וְרִבּוֹנִי אִתְפַּקַּד בְּמֵימְרָא דַייָ לְמִתַּן יָת אַחֲסָנַת צְלָפְחָד אָחוּנָא לִבְנָתֵהּ: ג וִיהֶוְיָן לְחַד מִבְּנֵי שִׁבְטַיָּא דִבְנֵי יִשְׂרָאֵל לְנָשִׁין וְתִתְמְנַע אַחֲסַנְתְּהֶן מֵאַחֲסָנַת אֲבָהָתָנָא וְתִתּוֹסַף עַל אַחֲסָנַת שִׁבְטַיָּא דִי יְהֶוְיָן לְהוֹן וּמֵעֲדַב אַחֲסַנְתָּנָא יִתְמְנָע: ד וְאִם יְהֵי יוֹבְלָא

רש"י

(ג) ונוסף על נחלת המטה. שהרי בנה יורשה והבן מתיחס על שבט אביו: (ד) ואם יהיה היובל. מכאן היה רבי יהודה אומר עתיד היובל שיפסוק (ת"כ ויקרא נדבה פרשתא יג:א): ואם יהיה היובל. כלומר אין זו מכירה שחוזרת ביובל, שהירושה אינה חוזרת, ואפילו אם יהיה היובל לא תחזור הנחלה לשבטו, ונמצא שנוספה על נחלת המטה אשר תהיינה להם:

RASHI ELUCIDATED

36.

3. וְנוֹסַף עַל נַחֲלַת הַמַּטֶּה – AND BE ADDED TO THE INHERITANCE OF THE TRIBE. שֶׁהֲרֵי בְּנָהּ יוֹרְשָׁהּ – **For her son would inherit her**, i.e., her estate, וְהַבֵּן מִתְיַחֵס – **and the son traces his ancestry** עַל שֵׁבֶט אָבִיו – **by his father's tribe.**[1]

4. וְאִם יִהְיֶה הַיֹּבֵל – AND IF THERE WILL BE THE JUBILEE [YEAR]. מִכָּאן הָיָה רַבִּי יְהוּדָה אוֹמֵר – **From here,** i.e., on the basis of this verse, the *Tanna* **R' Yehudah would say,** עָתִיד הַיּוֹבֵל שֶׁיִּפְסוֹק[3] – **the law of the Jubilee**[2] **is destined to cease.**[3]

□ וְאִם יִהְיֶה הַיֹּבֵל – AND IF THERE WILL BE THE JUBILEE [YEAR]. כְּלוֹמַר – **That is to say,** אֵין זוֹ מְכִירָה שֶׁחוֹזֶרֶת בַּיּוֹבֵל – **this is not a sale which returns** to its original owner **at the Jubilee year,**[4] שֶׁהַיְרוּשָּׁה אֵינָהּ חוֹזֶרֶת – **for inheritance does not return,** וַאֲפִילוּ אִם יִהְיֶה הַיּוֹבֵל – **so even if there will be the Jubilee year,** לֹא תַחֲזוֹר הַנַּחֲלָה לְשִׁבְטוֹ – **the inheritance will not return to its** original **tribe.** וְנִמְצָא – **It is** thus **found** שֶׁנּוֹסְפָה – **that it will have been added** "עַל נַחֲלַת הַמַּטֶּה אֲשֶׁר תִּהְיֶינָה לָהֶם" – **"to the inheritance of the tribe into which they will marry."**[5]

---

1. This discussion in this passage is based on the laws of inheritance in 27:1-11 above.

2. See *Exodus* 21:6 and Rashi there, s.v., וַעֲבָדוֹ לְעוֹלָם, *Leviticus* ch. 25 and ch. 27.

3. *Toras Kohanim, Vayikra, Nedavah parshasa* 13:1. We would have expected the verse to say וְכִי יִהְיֶה הַיּוֹבֵל, "and *when* there will be the Jubilee year. "If" implies that the arrival of the Jubilee year is not a certainty (*Minchas Yehudah; Sifsei Chachamim*).

R' Yehudah did not mean that the verse tells us that the Jubilee would cease at the time of the destruction of the *Beis HaMikdash*. That is true of many commandments which are linked to the *Beis HaMikdash* and to the Land of Israel. The Torah would not make this point specifically about the Jubilee. But the Jubilee is unique in that it does not apply unless the majority of the Jewish people are living in the Land of Israel. Practice of this commandment thus ceased before the destruction of the *Beis HaMikdash*, at the time of the exile of the Ten Tribes. This is the cessation of the Jubilee to which R' Yehudah refers (*Maskil LeDavid*).

4. See *Leviticus* 25:13 ff.

5. The verse seems to say that the Jubilee year will cause the inheritance of the daughters of Zelophehad to be transferred to the tribes of their husbands. But we do not find any such transfer among the laws of the Jubilee year. Rather, the verse means that the Jubilee year will not stop the land from remaining in the hands of the tribes of their husbands, to whom it has already been transferred by virtue of the sons; it will not cause the land to revert to the daughters of Zelophehad and their tribe as it would had they sold it (*Be'er Mayim Chaim; Be'er Yitzchak*).

לִבְנֵי יִשְׂרָאֵל וְנוֹסְפָה נַחֲלָתָן
עַל נַחֲלַת הַמַּטֶּה אֲשֶׁר תִּהְיֶינָה
לָהֶם וּמִנַּחֲלַת מַטֵּה אֲבֹתֵינוּ
ה יִגָּרַע נַחֲלָתָן: וַיְצַו מֹשֶׁה אֶת־
בְּנֵי יִשְׂרָאֵל עַל־פִּי יהוה לֵאמֹר
ו כֵּן מַטֵּה בְנֵי־יוֹסֵף דֹּבְרִים: זֶה
הַדָּבָר אֲשֶׁר־צִוָּה יהוה לִבְנוֹת
צְלָפְחָד לֵאמֹר לַטּוֹב בְּעֵינֵיהֶם
תִּהְיֶינָה לְנָשִׁים אַךְ לְמִשְׁפַּחַת
מַטֵּה אֲבִיהֶם תִּהְיֶינָה לְנָשִׁים:
ז וְלֹא־תִסֹּב נַחֲלָה לִבְנֵי יִשְׂרָאֵל
מִמַּטֶּה אֶל־מַטֶּה כִּי אִישׁ בְּנַחֲלַת
מַטֵּה אֲבֹתָיו יִדְבְּקוּ בְּנֵי יִשְׂרָאֵל:
ח וְכָל־בַּת יֹרֶשֶׁת נַחֲלָה מִמַּטּוֹת
בְּנֵי יִשְׂרָאֵל לְאֶחָד מִמִּשְׁפַּחַת
מַטֵּה אָבִיהָ תִּהְיֶה לְאִשָּׁה
לְמַעַן יִירְשׁוּ בְּנֵי יִשְׂרָאֵל אִישׁ
ט נַחֲלַת אֲבֹתָיו: וְלֹא־תִסֹּב נַחֲלָה
מִמַּטֶּה לְמַטֶּה אַחֵר כִּי־אִישׁ
בְּנַחֲלָתוֹ יִדְבְּקוּ מַטּוֹת בְּנֵי
י יִשְׂרָאֵל: כַּאֲשֶׁר צִוָּה יהוה
אֶת־מֹשֶׁה כֵּן עָשׂוּ בְּנוֹת צְלָפְחָד:

for the Children of Israel, their inheritance
will be added to the inheritance of the tribe
into which they will marry; and from the
inheritance of the tribe of our fathers will
their inheritance be subtracted."
5 *Moses commanded the Children of Is-*
rael according to the word of HASHEM, say-
ing, "The tribe of the children of Joseph
speaks properly. 6 *This is the word that*
HASHEM has commanded regarding the
daughters of Zelophehad, saying: Let
them be wives to whomever is good in
their eyes, but only to the family of their
father's tribe shall they become wives.
7 *An inheritance of the Children of Israel*
shall not be redirected from tribe to tribe;
rather the Children of Israel shall cleave
every man to the inheritance of the tribe of
his fathers. 8 *Every daughter who inherits*
an inheritance from the tribes of the Chil-
dren of Israel shall become the wife of
someone from a family of her father's
tribe, so that everyone of the Children of
Israel will inherit the inheritance of his fa-
thers. 9 *An inheritance shall not be redi-*
rected from a tribe to another tribe, for the
tribes of the Children of Israel shall cleave
every man to his own inheritance.
10 *As HASHEM commanded Moses, so*
did the daughters of Zelophehad do.

אונקלוס

לִבְנֵי יִשְׂרָאֵל וְתִתּוֹסַף אַחֲסַנְתְּהֶן עַל אַחֲסָנַת שִׁבְטָא דִּי יְהֶוְיָן לְהוֹן וּמֵאַחֲסָנַת שִׁבְטָא דַּאֲבָהָתָנָא תִּתְמְנַע אַחֲסַנְתְּהֶן: ה וּפַקִּיד מֹשֶׁה יָת בְּנֵי יִשְׂרָאֵל עַל מֵימְרָא דַייָ לְמֵימַר יָאוּת שִׁבְטָא דִבְנֵי יוֹסֵף מְמַלְּלִין: ו דֵּין פִּתְגָּמָא דִּי פַקִּיד יְיָ לִבְנַת צְלָפְחָד לְמֵימַר לִדְתַקִּין בְּעֵינֵיהוֹן יְהֶוְיָן לִנְשִׁין בְּרַם לְזַרְעִית שִׁבְטָא דַאֲבוּהֶן יְהֶוְיָן לִנְשִׁין: ז וְלָא תַסְחַר אַחֲסָנָא לִבְנֵי יִשְׂרָאֵל מִשִּׁבְטָא לְשִׁבְטָא אֲרֵי גְּבַר בְּאַחֲסָנַת שִׁבְטָא דַאֲבָהָתוֹהִי יִדְבְּקוּן בְּנֵי יִשְׂרָאֵל: ח וְכָל בְּרַתָּא יָרְתַת אַחֲסָנָא מִשִּׁבְטַיָּא דִבְנֵי יִשְׂרָאֵל לְחַד מִזַּרְעִית שִׁבְטָא דַאֲבוּהָא תְּהֵי לְאִנְתּוּ בְּדִיל דְּיֵירְתוּן בְּנֵי יִשְׂרָאֵל גְּבַר אַחֲסָנַת אֲבָהָתוֹהִי: ט וְלָא תַסְחַר אַחֲסָנָא מִשִּׁבְטָא לְשִׁבְטָא אָחֳרָנָא אֲרֵי גְּבַר בְּאַחֲסַנְתֵּהּ יִדְבְּקוּן שִׁבְטַיָּא דִבְנֵי יִשְׂרָאֵל: י כְּמָא דִי פַקִּיד יְיָ יָת מֹשֶׁה כֵּן עֲבָדוּ בְּנַת צְלָפְחָד:

רש"י

(ח) וכל בת ירשת נחלה. שלא היה בן לאביה:

RASHI ELUCIDATED

8. וְכָל בַּת יֹרֶשֶׁת נַחֲלָה – EVERY DAUGHTER WHO INHERITS AN INHERITANCE, שֶׁלֹּא הָיָה בֵן לְאָבִיהָ **– for her father had no son.**[1]

1. וְכָל בַּת יֹרֶשֶׁת נַחֲלָה מִמַּטּוֹת בְּנֵי יִשְׂרָאֵל might have been read as a complete sentence, "Every daughter from among the tribes of Israel shall inherit an inheritance." The verse would have been making a general statement about all daughters. Rashi explains that the phrase is not a complete sentence. It is the subject of the sentence whose predicate is "shall become the wife." It is understood "every daughter *who* inherits an inheritance," and refers only to daughters whose fathers had no sons.

יא מפטיר וַתִּהְיֶ֜ינָה מַחְלָ֣ה תִרְצָ֗ה
וְחָגְלָ֧ה וּמִלְכָּ֛ה וְנֹעָ֖ה בְּנ֣וֹת צְלָפְחָ֑ד
יב לִבְנֵ֥י דֹדֵיהֶ֖ן לְנָשִֽׁים׃ מִמִּשְׁפְּחֹ֛ת
בְּנֵֽי־מְנַשֶּׁ֥ה בֶן־יוֹסֵ֖ף הָי֣וּ לְנָשִׁ֑ים
וַתְּהִי֙ נַחֲלָתָ֔ן עַל־מַטֵּ֖ה מִשְׁפַּ֥חַת
יג אֲבִיהֶֽן׃ אֵ֣לֶּה הַמִּצְוֺ֞ת וְהַמִּשְׁפָּטִ֗ים
אֲשֶׁ֨ר צִוָּ֧ה יהוה בְּיַד־מֹשֶׁ֖ה אֶל־בְּנֵ֣י
יִשְׂרָאֵ֑ל בְּעַֽרְבֹ֣ת מוֹאָ֔ב עַ֖ל יַרְדֵּ֥ן
יְרֵחֽוֹ׃

[11] *Mahlah, Tirzah, Hoglah, Milcah, and Noah, the daughters of Zelophehad, became wives to sons of their uncles.* [12] *[To cousins] from the families of the children of Manasseh son of Joseph did they become wives, and their inheritance remained with the tribe of the family of their father.*

[13] *These are the commandments and the ordinances that HASHEM commanded through Moses to the Children of Israel in the Plains of Moab, at the Jordan, by Jericho.*

At the conclusion of each of the five books of of the Torah, it is customary for the congregation followed by the reader to proclaim:

חֲזַק! חֲזַק! וְנִתְחַזֵּק!

"Chazak! Chazak! Venischazeik! (Be strong! Be strong! And may we be strengthened!)"

THE HAFTARAH FOR MASEI APPEARS ON PAGE 449.

אונקלוס

יא וַהֲוָאָה מַחְלָה תִרְצָה וְחָגְלָה וּמִלְכָּה וְנֹעָה בְּנַת צְלָפְחָד לִבְנֵי אֲחֵי אֲבוּהֶן לְנְשִׁין: יב מִזַּרְעִית בְּנֵי מְנַשֶּׁה בַר יוֹסֵף הֲוָאָה לִנְשִׁין וַהֲוַת אַחֲסַנְתְּהֶן עַל שִׁבְטָא זַרְעִית אֲבוּהֶן: יג אִלֵּין פִּקּוֹדַיָּא וְדִינַיָּא דִּי פַקִּיד יְיָ בִּידָא דְמֹשֶׁה לְוָת בְּנֵי יִשְׂרָאֵל בְּמֵישְׁרַיָּא דְמוֹאָב עַל יַרְדְּנָא דִירֵחוֹ:

רש"י

(יא) מחלה תרצה וגו'. כאן מנאן לפי גדולתן זו מזו בשנים, ונשאו כסדר תולדותן, ובכל המקרא מנאן לפי חכמתן (ב"ב קכ.) ומגיד ששקולות זו כזו (ספרי קלג).

RASHI ELUCIDATED

11. מַחְלָה תִרְצָה וְגוֹמֵר – **MAHLAH, TIRZAH, ETC.** כָּאן מְנָאָן – **Here it lists them** לְפִי גְדֻלָּתָן זוֹ מִזּוֹ בְּשָׁנִים – **according to their seniority with respect to each other in** terms of **years,** וְנִשְּׂאוּ – **because they got married** כְּסֵדֶר תּוֹלְדוֹתָן – **in the order of their births.** וּבְכָל הַמִּקְרָא – **But in all** the rest of **Scripture,**[1] מְנָאָן לְפִי חָכְמָתָן[2] – **it lists them according to their wisdom.**[2] וּמַגִּיד – **And** by listing them in different order, **it tells** us שֶׁשְּׁקוּלוֹת זוֹ כָזוֹ[3] – **that they were all of equal weight,** i.e., significance.[3]

1. See 26:33 and 27:1 above, and *Joshua* 17:3.

2. *Bava Basra* 120a. Our verse, which speaks of the marriage of the daughters of Zelophehad, lists them in order of their age, which is also the order of their marriage. The other verses, which speak of them pleading their case before Moses, or before Elazar and Joshua, list them in terms of the wisdom which was evident from their words at the time (*Maskil LeDavid*).

3. *Sifrei* 133. Rashi here presents an alternative explanation for why the daughters of Zelophehad are listed in different orders. It does not have to do with their age or wisdom. It is to teach us that they were all of equal significance (*Sefer Zikaron; Imrei Shefer; Mishmeres HaKodesh*; see also Rashi to *Exodus* 6:26).

Alternatively, "they were all of equal weight" is a continuation of what precedes it and refers to the honor and respect that each showed for the others: The younger ones would show respect for their older sisters' age, while the older ones would show respect for their younger sisters' wisdom. In other words, they all treated each other as equals (*Mizrachi*).

ההפטרות
The Haftaros

BLESSINGS OF THE HAFTARAH / ברכות ההפטרה

After the Torah Scroll has been tied and covered, the *Maftir* recites the *Haftarah* blessings.

בָּרוּךְ אַתָּה יהוה אֱלֹהֵינוּ מֶלֶךְ הָעוֹלָם, אֲשֶׁר בָּחַר בִּנְבִיאִים טוֹבִים, וְרָצָה בְדִבְרֵיהֶם הַנֶּאֱמָרִים בֶּאֱמֶת, בָּרוּךְ אַתָּה יהוה, הַבּוֹחֵר בַּתּוֹרָה וּבְמֹשֶׁה עַבְדּוֹ, וּבְיִשְׂרָאֵל עַמּוֹ, וּבִנְבִיאֵי הָאֱמֶת וָצֶדֶק. (קהל – אָמֵן)

Blessed are You, Hashem, our God, King of the universe, Who has chosen good prophets and was pleased with their words that were uttered with truth. Blessed are You, Hashem, Who chooses the Torah; Moses, His servant; Israel, His nation; and the prophets of truth and righteousness. (Cong. – *Amen.*)

The *Haftarah* is read, after which the *Maftir* recites the following blessings.

בָּרוּךְ אַתָּה יהוה אֱלֹהֵינוּ מֶלֶךְ הָעוֹלָם, צוּר כָּל הָעוֹלָמִים, צַדִּיק בְּכָל הַדּוֹרוֹת, הָאֵל הַנֶּאֱמָן הָאוֹמֵר וְעֹשֶׂה, הַמְדַבֵּר וּמְקַיֵּם, שֶׁכָּל דְּבָרָיו אֱמֶת וָצֶדֶק. נֶאֱמָן אַתָּה הוּא יהוה אֱלֹהֵינוּ, וְנֶאֱמָנִים דְּבָרֶיךָ, וְדָבָר אֶחָד מִדְּבָרֶיךָ אָחוֹר לֹא יָשׁוּב רֵיקָם, כִּי אֵל מֶלֶךְ נֶאֱמָן (וְרַחֲמָן) אָתָּה. בָּרוּךְ אַתָּה יהוה, הָאֵל הַנֶּאֱמָן בְּכָל דְּבָרָיו. (קהל – אָמֵן)

Blessed are You, Hashem, our God, King of the universe, Rock of all eternities, Righteous in all generations, the trustworthy God, Who says and does, Who speaks and fulfills, all of Whose words are true and righteous. Trustworthy are You, Hashem, our God, and trustworthy are Your words, not one of Your words is turned back to its origin unfulfilled, for You are God, trustworthy (and compassionate) King. Blessed are You, Hashem, the God Who is trustworthy in all His words. (Cong. – *Amen.*)

רַחֵם עַל צִיּוֹן כִּי הִיא בֵּית חַיֵּינוּ, וְלַעֲלוּבַת נֶפֶשׁ תּוֹשִׁיעַ בִּמְהֵרָה בְיָמֵינוּ. בָּרוּךְ אַתָּה יהוה, מְשַׂמֵּחַ צִיּוֹן בְּבָנֶיהָ. (קהל – אָמֵן)

Have mercy on Zion for it is the source of our life; to the one who is deeply humiliated bring salvation speedily, in our days. Blessed are You, Hashem, Who gladdens Zion through her children. (Cong. – *Amen.*)

שַׂמְּחֵנוּ יהוה אֱלֹהֵינוּ בְּאֵלִיָּהוּ הַנָּבִיא עַבְדֶּךָ, וּבְמַלְכוּת בֵּית דָּוִד מְשִׁיחֶךָ, בִּמְהֵרָה יָבֹא וְיָגֵל לִבֵּנוּ, עַל כִּסְאוֹ לֹא יֵשֶׁב זָר וְלֹא יִנְחֲלוּ עוֹד אֲחֵרִים אֶת כְּבוֹדוֹ, כִּי בְשֵׁם קָדְשְׁךָ נִשְׁבַּעְתָּ לּוֹ, שֶׁלֹּא יִכְבֶּה נֵרוֹ לְעוֹלָם וָעֶד. בָּרוּךְ אַתָּה יהוה, מָגֵן דָּוִד. (קהל – אָמֵן)

Gladden us, Hashem, our God, with Elijah the prophet Your servant, and with the kingdom of the House of David, Your anointed, may he come speedily and cause our heart to exult. On his throne let no stranger sit nor let others continue to inherit his honor, for by Your holy Name You swore to him that his lamp will not be extinguished forever and ever. Blessed are You, Hashem, Shield of David. (Cong. – *Amen.*)

עַל הַתּוֹרָה, וְעַל הָעֲבוֹדָה, וְעַל הַנְּבִיאִים, וְעַל יוֹם הַשַּׁבָּת הַזֶּה, שֶׁנָּתַתָּ לָּנוּ יהוה אֱלֹהֵינוּ, לִקְדֻשָּׁה וְלִמְנוּחָה, לְכָבוֹד וּלְתִפְאָרֶת. עַל הַכֹּל יהוה אֱלֹהֵינוּ, אֲנַחְנוּ מוֹדִים לָךְ, וּמְבָרְכִים אוֹתָךְ, יִתְבָּרַךְ שִׁמְךָ בְּפִי כָּל חַי תָּמִיד לְעוֹלָם וָעֶד. בָּרוּךְ אַתָּה יהוה, מְקַדֵּשׁ הַשַּׁבָּת. (קהל – אָמֵן)

For the Torah reading, for the prayer service, for the reading from the Prophets and for this Sabbath day that You, Hashem, our God, have given us for holiness and contentment, for glory and splendor — for all this, Hashem, our God, we gratefully thank You and bless You. May Your Name be blessed by the mouth of all the living always, for all eternity. Blessed are You, Hashem, Who sanctifies the Sabbath. (Cong. – *Amen.*)

HAFTARAS BAMIDBAR / הפטרת במדבר
Hosea 2:1-22 / הושע ב:א-כב

2 **1** The number of the Children of Israel shall be like the sand of the sea, which can neither be measured nor counted; and it shall be that instead of it being said about them, "You are not My people," it shall be said of them, "the children of the living God." **2** The Children of Judah and the Children of Israel shall be assembled together, and they shall appoint for themselves a single leader and ascend from the land — great is the day of Jezreel. **3** Say to your brothers, "My People!" and to your sisters, "Object of Mercy!"

4 Bear a grievance against your mother, bear a grievance, for she is not my wife and I am not her husband; let her remove her harlotry from before her face and her adulteries from between her breasts. **5** Lest I strip her bare and stand her up as on the day she was born; and I shall set her like a wilderness and place her like a parched land, and I will kill her with thirst. **6** I shall not have mercy on her children, for they are children of harlotry. **7** For their mother has been promiscuous; she who conceived them has shamed herself, for she said, "I shall go after my lovers, those who provide my bread and my water, my wool and my flax, my oil and my drink."

8 Therefore, behold! — I shall hedge your way with thorns and build up its fence, so that she will not find her paths. **9** She will pursue her lovers, but she shall not reach them; she will seek them, but she shall not find them; then she will say, "I shall go and return to my first Husband, for it was better for me then than now." **10** She did not realize that it was I Who gave her the grain, and the wine, and the oil, and that I lavished silver upon her, and gold; but they used it for the Baal. **11** Therefore I shall return and take My grain in its time and My wine in its season, and I shall remove My wool and flax for covering her nakedness. **12** Now I shall reveal her degradation before the eyes of her lovers, and no man shall save her from My hand. **13** I shall make an end of her rejoicing, her celebration, her New Moon, and her Sabbath, and her every Festival. **14** I shall lay waste her vine and her fig tree, of which she said, "They are my fee that my lovers gave me"; I shall make them a forest, and the beast of the field shall devour them. **15** I shall visit upon her the day of the Baal-idols when she burned incense to them, and when she adorned herself with her earrings and her jewelry and went after her lovers; and she forgot Me — the words of HASHEM.

16 Therefore, behold! — I shall seduce her and lead her to the wilderness, and speak to her heart. **17** I shall give her vineyards from there and the desolate valley will be a portal of hope; and she will call out there as in the days of her youth and as on the day of her ascent from the land of Egypt.

18 It shall be on that day — the words of HASHEM —

ב **א** וְהָיָ֞ה מִסְפַּ֤ר בְּנֵֽי־יִשְׂרָאֵל֙ כְּח֣וֹל הַיָּ֔ם אֲשֶׁ֥ר לֹֽא־יִמַּ֖ד וְלֹ֣א יִסָּפֵ֑ר וְֽהָיָ֞ה בִּמְק֣וֹם אֲשֶׁר־יֵֽאָמֵ֤ר לָהֶם֙ לֹֽא־עַמִּ֣י אַתֶּ֔ם יֵֽאָמֵ֥ר לָהֶ֖ם בְּנֵ֥י אֵֽל־חָֽי: **ב** וְ֠נִקְבְּצ֞וּ בְּנֵֽי־יְהוּדָ֤ה וּבְנֵֽי־יִשְׂרָאֵל֙ יַחְדָּ֔ו וְשָׂמ֥וּ לָהֶ֛ם רֹ֥אשׁ אֶחָ֖ד וְעָל֣וּ מִן־הָאָ֑רֶץ כִּ֥י גָד֖וֹל י֥וֹם יִזְרְעֶֽאל: **ג** אִמְר֥וּ לַֽאֲחֵיכֶ֖ם עַמִּ֑י וְלַֽאֲחֽוֹתֵיכֶ֖ם רֻחָֽמָה: **ד** רִ֤יבוּ בְאִמְּכֶם֙ רִ֔יבוּ כִּֽי־הִיא֙ לֹ֣א אִשְׁתִּ֔י וְאָֽנֹכִ֖י לֹ֣א אִישָׁ֑הּ וְתָסֵ֤ר זְנוּנֶ֨יהָ֙ מִפָּנֶ֔יהָ וְנַֽאֲפוּפֶ֖יהָ מִבֵּ֥ין שָׁדֶֽיהָ: **ה** פֶּן־אַפְשִׁיטֶ֣נָּה עֲרֻמָּ֔ה וְהִצַּגְתִּ֖יהָ כְּי֣וֹם הִוָּֽלְדָ֑הּ וְשַׂמְתִּ֣יהָ כַמִּדְבָּ֗ר וְשַׁתִּ֨הָ֙ כְּאֶ֣רֶץ צִיָּ֔ה וַֽהֲמִתִּ֖יהָ בַּצָּמָֽא: **ו** וְאֶת־בָּנֶ֖יהָ לֹ֣א אֲרַחֵ֑ם כִּֽי־בְנֵ֥י זְנוּנִ֖ים הֵֽמָּה: **ז** כִּ֤י זָֽנְתָה֙ אִמָּ֔ם הֹבִ֖ישָׁה הֽוֹרָתָ֑ם כִּ֣י אָֽמְרָ֗ה אֵֽלְכָ֞ה אַֽחֲרֵ֤י מְאַֽהֲבַי֙ נֹֽתְנֵ֤י לַחְמִי֙ וּמֵימַ֔י צַמְרִ֣י וּפִשְׁתִּ֔י שַׁמְנִ֖י וְשִׁקּוּיָֽי: **ח** לָכֵ֛ן הִֽנְנִי־שָׂ֥ךְ אֶת־דַּרְכֵּ֖ךְ בַּסִּירִ֑ים וְגָֽדַרְתִּי֙ אֶת־גְּדֵרָ֔הּ וּנְתִֽיבוֹתֶ֖יהָ לֹ֥א תִמְצָֽא: **ט** וְרִדְּפָ֤ה אֶת־מְאַֽהֲבֶ֨יהָ֙ וְלֹֽא־תַשִּׂ֣יג אֹתָ֔ם וּבִקְשָׁ֖תַם וְלֹ֣א תִמְצָ֑א וְאָֽמְרָ֗ה אֵֽלְכָ֤ה וְאָשׁ֨וּבָה֙ אֶל־אִישִׁ֣י הָֽרִאשׁ֔וֹן כִּ֣י ט֥וֹב לִ֛י אָ֖ז מֵֽעָֽתָּה: **י** וְהִיא֙ לֹ֣א יָֽדְעָ֔ה כִּ֤י אָֽנֹכִי֙ נָתַ֣תִּי לָ֔הּ הַדָּגָ֖ן וְהַתִּיר֣וֹשׁ וְהַיִּצְהָ֑ר וְכֶ֨סֶף֙ הִרְבֵּ֣יתִי לָ֔הּ וְזָהָ֖ב עָשׂ֥וּ לַבָּֽעַל: **יא** לָכֵ֣ן אָשׁ֗וּב וְלָֽקַחְתִּ֤י דְגָנִי֙ בְּעִתּ֔וֹ וְתִֽירוֹשִׁ֖י בְּמֽוֹעֲד֑וֹ וְהִצַּלְתִּי֙ צַמְרִ֣י וּפִשְׁתִּ֔י לְכַסּ֖וֹת אֶת־עֶרְוָתָֽהּ: **יב** וְעַתָּ֛ה אֲגַלֶּ֥ה אֶת־נַבְלֻתָ֖הּ לְעֵינֵ֣י מְאַֽהֲבֶ֑יהָ וְאִ֖ישׁ לֹֽא־יַצִּילֶ֥נָּה מִיָּדִֽי: **יג** וְהִשְׁבַּתִּי֙ כָּל־מְשׂוֹשָׂ֔הּ חַגָּ֖הּ חָדְשָׁ֣הּ וְשַׁבַּתָּ֑הּ וְכֹ֖ל מֽוֹעֲדָֽהּ: **יד** וַֽהֲשִׁמֹּתִ֗י גַּפְנָהּ֙ וּתְאֵ֣נָתָ֔הּ אֲשֶׁ֣ר אָֽמְרָ֗ה אֶתְנָ֥ה הֵ֨מָּה֙ לִ֔י אֲשֶׁ֥ר נָֽתְנוּ־לִ֖י מְאַֽהֲבָ֑י וְשַׂמְתִּ֣ים לְיַ֔עַר וַֽאֲכָלָ֖תַם חַיַּ֥ת הַשָּׂדֶֽה: **טו** וּפָֽקַדְתִּ֣י עָלֶ֗יהָ אֶת־יְמֵ֤י הַבְּעָלִים֙ אֲשֶׁ֣ר תַּקְטִ֣יר לָהֶ֔ם וַתַּ֤עַד נִזְמָהּ֙ וְחֶלְיָתָ֔הּ וַתֵּ֖לֶךְ אַֽחֲרֵ֣י מְאַֽהֲבֶ֑יהָ וְאֹתִ֥י שָֽׁכְחָ֖ה נְאֻם־יְהוָֽה: **טז** לָכֵ֗ן הִנֵּ֤ה אָֽנֹכִי֙ מְפַתֶּ֔יהָ וְהֹֽלַכְתִּ֖יהָ הַמִּדְבָּ֑ר וְדִבַּרְתִּ֖י עַל־לִבָּֽהּ: **יז** וְנָתַ֨תִּי לָ֤הּ אֶת־כְּרָמֶ֨יהָ֙ מִשָּׁ֔ם וְאֶת־עֵ֥מֶק עָכ֖וֹר לְפֶ֣תַח תִּקְוָ֑ה וְעָ֤נְתָה שָּׁ֨מָּה֙ כִּימֵ֣י נְעוּרֶ֔יהָ וּכְי֖וֹם עֲלֹתָ֥הּ מֵאֶֽרֶץ־מִצְרָֽיִם: **יח** וְהָיָ֤ה בַיּֽוֹם־הַהוּא֙ נְאֻם־יְהוָֹ֔ה

תִּקְרְאִ֣י אִישִׁ֔י וְלֹֽא־תִקְרְאִי־לִ֥י ע֖וֹד בַּעְלִֽי׃
יט וַהֲסִרֹתִ֛י אֶת־שְׁמ֥וֹת הַבְּעָלִ֖ים מִפִּ֑יהָ וְלֹֽא־
יִזָּכְר֥וּ ע֖וֹד בִּשְׁמָֽם׃ כ וְכָרַתִּ֨י לָהֶ֤ם בְּרִית֙ בַּיּ֣וֹם
הַה֔וּא עִם־חַיַּ֤ת הַשָּׂדֶה֙ וְעִם־ע֣וֹף הַשָּׁמַ֔יִם
וְרֶ֖מֶשׂ הָאֲדָמָ֑ה וְקֶ֨שֶׁת וְחֶ֤רֶב וּמִלְחָמָה֙
אֶשְׁבּ֣וֹר מִן־הָאָ֔רֶץ וְהִשְׁכַּבְתִּ֖ים לָבֶֽטַח׃
כא וְאֵרַשְׂתִּ֥יךְ לִ֖י לְעוֹלָ֑ם וְאֵרַשְׂתִּ֥יךְ לִי֙ בְּצֶ֣דֶק
וּבְמִשְׁפָּ֔ט וּבְחֶ֖סֶד וּֽבְרַחֲמִֽים׃ כב וְאֵרַשְׂתִּ֥יךְ לִ֖י
בֶּאֱמוּנָ֑ה וְיָדַ֖עַתְּ אֶת־יְהֹוָֽה׃

you will call [Me] "my Husband," and you will no longer call Me "my Master." [19] *I shall remove the names of the Baal-idols from her mouth, and they shall no longer be mentioned by their name.* [20] *I shall seal for them a covenant on that day with the beast of the field, and with the bird of the sky and the creeping creature of the earth; bow, and sword, and war shall I destroy from the land, and I shall let them lie securely.*

[21] *I shall marry you to Me forever; I shall marry you to Me with righteousness, and with justice, and with kindness, and with mercy.* [22] *I shall marry you to Me with fidelity; and you shall know* HASHEM.

HAFTARAS NASSO / הפטרת נשא

Judges 13:2-25 / שופטים יג:ב־כה

יג ב וַיְהִ֨י אִ֥ישׁ אֶחָ֛ד מִצָּרְעָ֛ה מִמִּשְׁפַּ֥חַת הַדָּנִ֖י
וּשְׁמ֣וֹ מָנ֑וֹחַ וְאִשְׁתּ֥וֹ עֲקָרָ֖ה וְלֹ֥א יָלָֽדָה׃ ג וַיֵּרָ֥א
מַלְאַךְ־יְהֹוָ֖ה אֶל־הָאִשָּׁ֑ה וַיֹּ֣אמֶר אֵלֶ֗יהָ הִנֵּה־
נָ֤א אַתְּ־עֲקָרָה֙ וְלֹ֣א יָלַ֔דְתְּ וְהָרִ֖ית וְיָלַ֥דְתְּ בֵּֽן׃
ד וְעַתָּה֙ הִשָּׁמְרִ֣י נָ֔א וְאַל־תִּשְׁתִּ֖י יַ֣יִן וְשֵׁכָ֑ר
וְאַל־תֹּאכְלִ֖י כָּל־טָמֵֽא׃ ה כִּי֩ הִנָּ֨ךְ הָרָ֜ה וְיֹלַ֣דְתְּ
בֵּ֗ן וּמוֹרָה֙ לֹא־יַעֲלֶ֣ה עַל־רֹאשׁ֔וֹ כִּֽי־נְזִ֧יר
אֱלֹהִ֛ים יִהְיֶ֥ה הַנַּ֖עַר מִן־הַבָּ֑טֶן וְה֗וּא יָחֵ֛ל
לְהוֹשִׁ֥יעַ אֶת־יִשְׂרָאֵ֖ל מִיַּ֥ד פְּלִשְׁתִּֽים׃ ו וַתָּבֹ֣א
הָאִשָּׁ֗ה וַתֹּ֣אמֶר לְאִישָׁהּ֮ לֵאמֹר֒ אִ֤ישׁ הָאֱלֹהִים֙
בָּ֣א אֵלַ֔י וּמַרְאֵ֕הוּ כְּמַרְאֵ֛ה מַלְאַ֥ךְ הָאֱלֹהִ֖ים
נוֹרָ֣א מְאֹ֑ד וְלֹ֤א שְׁאִלְתִּ֙יהוּ֙ אֵי־מִזֶּ֣ה ה֔וּא
וְאֶת־שְׁמ֖וֹ לֹא־הִגִּ֥יד לִֽי׃ ז וַיֹּ֣אמֶר לִ֔י הִנָּ֥ךְ הָרָ֖ה
וְיֹלַ֣דְתְּ בֵּ֑ן וְעַתָּ֞ה אַל־תִּשְׁתִּ֣י ׀ יַ֣יִן וְשֵׁכָ֗ר וְאַל־
תֹּֽאכְלִי֙ כָּל־טֻמְאָ֔ה כִּֽי־נְזִ֤יר אֱלֹהִים֙ יִהְיֶ֣ה
הַנַּ֔עַר מִן־הַבֶּ֖טֶן עַד־י֥וֹם מוֹתֽוֹ׃ ח וַיֶּעְתַּ֥ר מָנ֛וֹחַ
אֶל־יְהֹוָ֖ה וַיֹּאמַ֑ר בִּ֣י אֲדוֹנָ֔י אִ֣ישׁ הָאֱלֹהִ֞ים
אֲשֶׁ֣ר שָׁלַ֗חְתָּ יָֽבוֹא־נָ֥א עוֹד֙ אֵלֵ֔ינוּ וְיוֹרֵ֕נוּ מַֽה־
נַּעֲשֶׂ֖ה לַנַּ֥עַר הַיּוּלָּֽד׃ ט וַיִּשְׁמַ֥ע הָאֱלֹהִ֖ים בְּק֣וֹל
מָנ֑וֹחַ וַיָּבֹ֨א מַלְאַ֤ךְ הָאֱלֹהִים֙ ע֣וֹד אֶל־הָֽאִשָּׁ֔ה
וְהִיא֙ יוֹשֶׁ֣בֶת בַּשָּׂדֶ֔ה וּמָנ֥וֹחַ אִישָׁ֖הּ אֵ֥ין עִמָּֽהּ׃
י וַתְּמַהֵר֙ הָֽאִשָּׁ֔ה וַתָּ֖רָץ וַתַּגֵּ֣ד לְאִישָׁ֑הּ וַתֹּ֣אמֶר
אֵלָ֗יו הִנֵּ֨ה נִרְאָ֤ה אֵלַי֙ הָאִ֔ישׁ אֲשֶׁר־בָּ֥א בַיּ֖וֹם
אֵלָֽי׃ יא וַיָּ֛קָם וַיֵּ֥לֶךְ מָנ֖וֹחַ אַחֲרֵ֣י אִשְׁתּ֑וֹ וַיָּבֹא֙
אֶל־הָאִ֔ישׁ וַיֹּ֣אמֶר ל֗וֹ הַאַתָּ֥ה הָאִ֛ישׁ אֲשֶׁר־
דִּבַּ֥רְתָּ אֶל־הָאִשָּׁ֖ה וַיֹּ֥אמֶר אָֽנִי׃ יב וַיֹּ֣אמֶר מָנ֔וֹחַ
עַתָּ֖ה יָבֹ֣א דְבָרֶ֑יךָ מַה־יִּהְיֶ֥ה מִשְׁפַּט־הַנַּ֖עַר
וּמַעֲשֵֽׂהוּ׃ יג וַיֹּ֛אמֶר מַלְאַ֥ךְ יְהֹוָ֖ה אֶל־מָנ֑וֹחַ
מִכֹּ֛ל אֲשֶׁר־אָמַ֥רְתִּי אֶל־הָאִשָּׁ֖ה תִּשָּׁמֵֽר׃

13 [2] *There was a certain man of Zorah, of the Danite family, whose name was Manoah; his wife was barren and had not given birth.* [3] *An angel of God appeared to the woman and said to her, "Behold now! — you are barren and have not given birth, but you shall conceive and give birth to a son.* [4] *And now, be careful not to drink wine or intoxicant, and not to eat anything prohibited [to a nazirite].* [5] *For you shall conceive and give birth to a son; a razor shall not come upon his head for the lad shall be a nazirite of God from the womb, and he will begin to save Israel from the hand of the Philistines."*

[6] *The woman came and told her husband, saying: "A man of God came to me, and his appearance was like the appearance of an angel of God — very awesome! I did not ask him where he was from and he did not tell me his name.* [7] *He said to me, 'Behold! you shall conceive and give birth to a son; and now, do not drink wine or intoxicant, and do not eat anything prohibited [to a nazirite], for the lad shall be a nazirite of God from the womb until the day of his death.' "*

[8] *Manoah prayed to* HASHEM *and said, "Please, my Lord, may the man of God whom You sent come now again to us and teach us what we should do to the lad who will be born."*

[9] *God heeded the call of Manoah and the angel of God came again to the woman when she was sitting in the field, but Manoah her husband was not with her.* [10] *The woman hastened and ran and told her husband; she said to him, "Behold! — the man who came to me that day appeared to me."*

[11] *Manoah stood up and went after his wife; he came to the man and said to him, "Are you the man who spoke to the woman?"*

He said, "I am."

[12] *Manoah said, "Now — your words shall come true; what should be the conduct of the lad and his behavior?"*

[13] *The angel of God said to Manoah, "Of everything that I spoke to the woman let her beware.*

[14] *Of anything that comes from the grapevine she shall not eat; wine or intoxicant she shall not drink; and anything prohibited [to a nazirite] she shall not eat — everything that I commanded her she shall observe."*

[15] *Manoah said to the angel of* HASHEM, *"Please let us detain you, and we shall prepare for you a kid of the goats."*

[16] *The angel of* HASHEM *said to Manoah, "If you detain me, I shall not eat from your food, but if you would bring up an elevation-offering, bring it up to* HASHEM,*" — for Manoah did not know that he was an angel of* HASHEM.

[17] *Manoah said to the angel of* HASHEM, *"What is your name, so that when your words come about we may honor you?"*

[18] *The angel of* HASHEM *said to him, "Why is it that you ask for my name? It is hidden."*

[19] *Manoah took the kid of the goats and the meal-offering and brought them up on the rock to* HASHEM; *and he [the angel] performed a miracle as Manoah and his wife watched.* [20] *It happened that as the flame rose up from atop the altar toward the heavens, the angel of* HASHEM *went up in the flame of the altar; Manoah and his wife were watching and they fell upon their faces to the ground.*

[21] *The angel of* HASHEM *did not continue anymore to appear to Manoah and his wife; then Manoah realized that he was an angel of* HASHEM. [22] *So Manoah said to his wife, "We shall surely die, for we have seen a Godly angel!"*

[23] *His wife said to him, "Had* HASHEM *wanted to put us to death He would not have accepted from our hand an elevation-offering and a meal-offering, nor would He have shown us all this, nor would He let us hear such news at this time."*

[24] *The woman gave birth to a son, and she called his name Samson; the lad grew and* HASHEM *blessed him.* [25] *The spirit of* HASHEM *began to resound in the camp of Dan, between Zorah and Eshtaol.*

יד מִכֹּל אֲשֶׁר־יֵצֵא מִגֶּפֶן הַיַּיִן לֹא תֹאכַל
וְיַיִן וְשֵׁכָר אַל־תֵּשְׁתְּ וְכָל־טֻמְאָה אַל־תֹּאכַל
כֹּל אֲשֶׁר־צִוִּיתִיהָ תִּשְׁמֹר׃ טו וַיֹּאמֶר מָנוֹחַ
אֶל־מַלְאַךְ יְהוָה נַעְצְרָה־נָּא אוֹתָךְ וְנַעֲשֶׂה
לְפָנֶיךָ גְּדִי עִזִּים׃ טז וַיֹּאמֶר מַלְאַךְ יְהוָה אֶל־
מָנוֹחַ אִם־תַּעְצְרֵנִי לֹא־אֹכַל בְּלַחְמֶךָ וְאִם־
תַּעֲשֶׂה עֹלָה לַיהוָה תַּעֲלֶנָּה כִּי לֹא־יָדַע
מָנוֹחַ כִּי־מַלְאַךְ יְהוָה הוּא׃ יז וַיֹּאמֶר מָנוֹחַ
אֶל־מַלְאַךְ יְהוָה מִי שְׁמֶךָ כִּי־יָבֹא דְבָרְךָ
[דבריך כ׳] וְכִבַּדְנוּךָ׃ יח וַיֹּאמֶר לוֹ מַלְאַךְ יְהוָה
לָמָּה זֶּה תִּשְׁאַל לִשְׁמִי וְהוּא־פֶלִאי׃ יט וַיִּקַּח
מָנוֹחַ אֶת־גְּדִי הָעִזִּים וְאֶת־הַמִּנְחָה וַיַּעַל
עַל־הַצּוּר לַיהוָה וּמַפְלִא לַעֲשׂוֹת וּמָנוֹחַ
וְאִשְׁתּוֹ רֹאִים׃ כ וַיְהִי בַעֲלוֹת הַלַּהַב מֵעַל
הַמִּזְבֵּחַ הַשָּׁמַיְמָה וַיַּעַל מַלְאַךְ־יְהוָה בְּלַהַב
הַמִּזְבֵּחַ וּמָנוֹחַ וְאִשְׁתּוֹ רֹאִים וַיִּפְּלוּ עַל־
פְּנֵיהֶם אָרְצָה׃ כא וְלֹא־יָסַף עוֹד מַלְאַךְ יְהוָה
לְהֵרָאֹה אֶל־מָנוֹחַ וְאֶל־אִשְׁתּוֹ אָז יָדַע מָנוֹחַ
כִּי־מַלְאַךְ יְהוָה הוּא׃ כב וַיֹּאמֶר מָנוֹחַ אֶל־
אִשְׁתּוֹ מוֹת נָמוּת כִּי אֱלֹהִים רָאִינוּ׃
כג וַתֹּאמֶר לוֹ אִשְׁתּוֹ לוּ חָפֵץ יְהוָה לַהֲמִיתֵנוּ
לֹא־לָקַח מִיָּדֵנוּ עֹלָה וּמִנְחָה וְלֹא הֶרְאָנוּ
אֶת־כָּל־אֵלֶּה וְכָעֵת לֹא הִשְׁמִיעָנוּ כָּזֹאת׃
כד וַתֵּלֶד הָאִשָּׁה בֵּן וַתִּקְרָא אֶת־שְׁמוֹ שִׁמְשׁוֹן
וַיִּגְדַּל הַנַּעַר וַיְבָרְכֵהוּ יְהוָה׃ כה וַתָּחֶל רוּחַ
יְהוָה לְפַעֲמוֹ בְּמַחֲנֵה־דָן בֵּין צָרְעָה וּבֵין
אֶשְׁתָּאֹל׃

HAFTARAS BEHA'ALOSCHA / הפטרת בהעלותך

Zechariah 2:14 — 4:7 / זכריה ב:יד — ד:ז

2 [14] **S***ing and be glad, O daughter of Zion, for behold! — I come and I will dwell among you — the words of* HASHEM. [15] *Many nations will attach themselves to* HASHEM *on that day, and they shall become a people unto Me, but I will dwell among you — then you will realize that* HASHEM, *Master of Legions, has sent me to you.* [16] HASHEM *shall take Judah as a heritage to Himself for His portion upon the Holy Land, and He shall choose Jerusalem again.* [17] *Be silent, all flesh, before* HASHEM, *for He is aroused from His holy habitation!*

3 [1] **H***e showed me Joshua the Kohen Gadol standing before an angel of* HASHEM, *and the Satan standing at his right to accuse him.* [2] *And* HASHEM *said to the Satan, "*HASHEM *shall denounce you, O Satan,*

ב יד רָנִּי וְשִׂמְחִי בַּת־צִיּוֹן כִּי הִנְנִי־בָא
וְשָׁכַנְתִּי בְתוֹכֵךְ נְאֻם־יְהוָה׃ טו וְנִלְווּ גוֹיִם
רַבִּים אֶל־יְהוָה בַּיּוֹם הַהוּא וְהָיוּ לִי לְעָם
וְשָׁכַנְתִּי בְתוֹכֵךְ וְיָדַעַתְּ כִּי־יְהוָה צְבָאוֹת
שְׁלָחַנִי אֵלָיִךְ׃ טז וְנָחַל יְהוָה אֶת־יְהוּדָה
חֶלְקוֹ עַל אַדְמַת הַקֹּדֶשׁ וּבָחַר עוֹד
בִּירוּשָׁלָםִ׃ יז הַס כָּל־בָּשָׂר מִפְּנֵי יְהוָה כִּי
נֵעוֹר מִמְּעוֹן קָדְשׁוֹ׃ ג א וַיַּרְאֵנִי אֶת־
יְהוֹשֻׁעַ הַכֹּהֵן הַגָּדוֹל עֹמֵד לִפְנֵי מַלְאַךְ
יְהוָה וְהַשָּׂטָן עֹמֵד עַל־יְמִינוֹ לְשִׂטְנוֹ׃ ב וַיֹּאמֶר
יְהוָה אֶל־הַשָּׂטָן יִגְעַר יְהוָה בְּךָ הַשָּׂטָן

וְיִגְעַר יְהוָה בְּךָ הַבֹּחֵר בִּירוּשָׁלָ͏ִם הֲלוֹא זֶה
אוּד מֻצָּל מֵאֵשׁ: ג וִיהוֹשֻׁעַ הָיָה לָבֻשׁ בְּגָדִים
צוֹאִים וְעֹמֵד לִפְנֵי הַמַּלְאָךְ: ד וַיַּעַן וַיֹּאמֶר אֶל־
הָעֹמְדִים לְפָנָיו לֵאמֹר הָסִירוּ הַבְּגָדִים הַצֹּאִים
מֵעָלָיו וַיֹּאמֶר אֵלָיו רְאֵה הֶעֱבַרְתִּי מֵעָלֶיךָ
עֲוֺנֶךָ וְהַלְבֵּשׁ אֹתְךָ מַחֲלָצוֹת: ה וָאֹמַר יָשִׂימוּ
צָנִיף טָהוֹר עַל־רֹאשׁוֹ וַיָּשִׂימוּ הַצָּנִיף הַטָּהוֹר
עַל־רֹאשׁוֹ וַיַּלְבִּשֻׁהוּ בְּגָדִים וּמַלְאַךְ יְהוָה עֹמֵד:
ו וַיָּעַד מַלְאַךְ יְהוָה בִּיהוֹשֻׁעַ לֵאמֹר: ז כֹּה־
אָמַר יְהוָה צְבָאוֹת אִם־בִּדְרָכַי תֵּלֵךְ וְאִם אֶת־
מִשְׁמַרְתִּי תִשְׁמֹר וְגַם־אַתָּה תָּדִין אֶת־בֵּיתִי
וְגַם תִּשְׁמֹר אֶת־חֲצֵרָי וְנָתַתִּי לְךָ מַהְלְכִים בֵּין
הָעֹמְדִים הָאֵלֶּה: ח שְׁמַע־נָא יְהוֹשֻׁעַ ׀ הַכֹּהֵן
הַגָּדוֹל אַתָּה וְרֵעֶיךָ הַיֹּשְׁבִים לְפָנֶיךָ כִּי־אַנְשֵׁי
מוֹפֵת הֵמָּה כִּי־הִנְנִי מֵבִיא אֶת־עַבְדִּי צֶמַח:
ט כִּי ׀ הִנֵּה הָאֶבֶן אֲשֶׁר נָתַתִּי לִפְנֵי יְהוֹשֻׁעַ עַל־
אֶבֶן אַחַת שִׁבְעָה עֵינָיִם הִנְנִי מְפַתֵּחַ פִּתֻּחָהּ
נְאֻם יְהוָה צְבָאוֹת וּמַשְׁתִּי אֶת־עֲוֺן הָאָרֶץ־
הַהִיא בְּיוֹם אֶחָד: י בַּיּוֹם הַהוּא נְאֻם יְהוָה
צְבָאוֹת תִּקְרְאוּ אִישׁ לְרֵעֵהוּ אֶל־תַּחַת גֶּפֶן
וְאֶל־תַּחַת תְּאֵנָה: ד א וַיָּשָׁב הַמַּלְאָךְ הַדֹּבֵר
בִּי וַיְעִירֵנִי כְּאִישׁ אֲשֶׁר־יֵעוֹר מִשְּׁנָתוֹ: ב וַיֹּאמֶר
אֵלַי מָה אַתָּה רֹאֶה וָאֹמַר [ויאמר כ׳] רָאִיתִי
וְהִנֵּה מְנוֹרַת זָהָב כֻּלָּהּ וְגֻלָּהּ עַל־רֹאשָׁהּ
וְשִׁבְעָה נֵרֹתֶיהָ עָלֶיהָ שִׁבְעָה וְשִׁבְעָה מוּצָקוֹת
לַנֵּרוֹת אֲשֶׁר עַל־רֹאשָׁהּ: ג וּשְׁנַיִם זֵיתִים עָלֶיהָ
אֶחָד מִימִין הַגֻּלָּה וְאֶחָד עַל־שְׂמֹאלָהּ: ד וָאַעַן
וָאֹמַר אֶל־הַמַּלְאָךְ הַדֹּבֵר בִּי לֵאמֹר מָה אֵלֶּה
אֲדֹנִי: ה וַיַּעַן הַמַּלְאָךְ הַדֹּבֵר בִּי וַיֹּאמֶר אֵלַי
הֲלוֹא יָדַעְתָּ מָה־הֵמָּה אֵלֶּה וָאֹמַר לֹא אֲדֹנִי:
ו וַיַּעַן וַיֹּאמֶר אֵלַי לֵאמֹר זֶה דְּבַר־יְהוָה אֶל־
זְרֻבָּבֶל לֵאמֹר לֹא בְחַיִל וְלֹא בְכֹחַ כִּי אִם־
בְּרוּחִי אָמַר יְהוָה צְבָאוֹת: ז מִי־אַתָּה הַר־
הַגָּדוֹל לִפְנֵי זְרֻבָּבֶל לְמִישֹׁר וְהוֹצִיא אֶת־
הָאֶבֶן הָרֹאשָׁה תְּשֻׁאוֹת חֵן ׀ חֵן לָהּ:

and HASHEM Who chooses Jerusalem shall denounce you again; this is indeed a firebrand rescued from the flames."
3 Joshua was dressed in soiled garments as he stood before the angel.
4 [The angel] spoke up and said to those standing before him, saying, "Remove the soiled garments from upon him." Then he said to him, "See, I have removed your iniquity from upon you and had you clothed in fresh garments."
5 Then I said, "Let them place a pure turban on his head"; and they placed the pure turban on his head and they dressed him in garments; and the angel of HASHEM remained standing.
6 Then the angel of HASHEM warned Joshua, saying,
7 "So said HASHEM, Master of Legions: If you walk in My ways and safeguard My charge, then you shall administer My Temple and safeguard My courtyards, and I shall permit you movement among these immobile [angels].
8 Listen now, O Joshua the Kohen Gadol — you and your fellows sitting before you, for they are miracle workers — for behold I bring My servant, the flourishing one.
9 For behold! — the stone that I have placed before Joshua, seven eyes toward one stone; behold I am engraving its adornment, the words of HASHEM, Master of Legions, and I have removed the sin of that land in one day.
10 On that day, the words of HASHEM, Master of Legions, each man will invite his fellow beneath the vine and beneath the fig tree."

4 1 *The angel who spoke with me returned and woke me, as a man is awakened from his sleep.*
2 He said to me, "What do you see?"
I said, "I see, and behold! — there is a Menorah made entirely of gold with its bowl on its top, and its seven lamps are upon it and there are seven tubes to each of the lamps that are on its top.
3 And two olive trees are near it, one to the right of the bowl and one to its left."
4 And I spoke up and said to the angel that was speaking to me, saying, "What are these, my lord?"
5 The angel who was speaking to me spoke up and said to me, "Do you not know what they are?"
I said, "No, my lord."
6 He spoke up and said to me, saying, "This is the word of HASHEM to Zerubbabel, saying, 'Not through armies and not through might, but through My spirit,' says HASHEM, Master of Legions.
7 Who are you, O great mountain — before Zerubbabel [you shall become] a plain! He shall bring forth the main stone to shouts of, 'Beauty, beauty to it!' "

HAFTARAS SHELACH / הפטרת שלח

Joshua 2:1-24 / יהושע ב:א-כד

ב א וַיִּשְׁלַח יְהוֹשֻׁעַ בִּן־נוּן מִן־הַשִּׁטִּים
שְׁנַיִם אֲנָשִׁים מְרַגְּלִים חֶרֶשׁ לֵאמֹר לְכוּ
רְאוּ אֶת־הָאָרֶץ וְאֶת־יְרִיחוֹ וַיֵּלְכוּ וַיָּבֹאוּ
בֵּית אִשָּׁה זוֹנָה וּשְׁמָהּ רָחָב וַיִּשְׁכְּבוּ־שָׁמָּה:

2 1 *Joshua son of Nun dispatched from Shittim two men, spies, secretly saying, "Go observe the Land and Jericho." So they traveled and came to the house of a woman innkeeper whose name was Rahab, and they slept there.*

2 *It was told to the king of Jericho saying, "Behold! — men have come here tonight from the Children of Israel to search out the Land."*

3 *The king of Jericho then sent to Rahab, saying, "Bring out the men who have come to you, who have entered your house, for they have come to search out the entire Land."*

4 *The woman had taken the two men and had hidden them; so she said, "True, the men did come to me, but I did not know from where they were.* 5 *When the [city] gate was to close at dark, the men left; I do not know where the men went; chase after them quickly for you can overtake them."* 6 *But she had brought them up to the roof and had hidden them in the stalks of flax that she had arranged on the roof.* 7 *So the men chased after them in the direction of the Jordan to the fords; they closed the gate soon after the pursuers had gone out after them.*

8 *They had not yet gone to sleep when she came up to them on the roof.* 9 *And she said to the men, "I know that* HASHEM *has given you the Land, and that your terror has fallen upon us, and that all the inhabitants of the Land have melted because of you.* 10 *For we have heard how* HASHEM *dried up the water of the Sea of Reeds before you when you came out of Egypt, and what you did to the two Amorite kings across the Jordan — to Sihon and to Og — whom you utterly destroyed.* 11 *When we heard, our hearts melted — no spirit is left in man because of you, for* HASHEM*, your God, He is God in the heavens above and on the earth below.* 12 *And now, please swear to me by* HASHEM *— since I have done kindness with you — that you too will do kindness with my father's house and give me an authentic countersign.* 13 *Keep alive my father, and my mother, and my brothers, and my sisters, and all that they have, and rescue our souls from death."*

14 *The men said to her, "Our soul is in your place to die, if you do not reveal this discussion of ours; then it will be when* HASHEM *gives us the Land, we will deal with you in kindness and truth."*

15 *And she lowered them by the rope through the window, for her house was in a wall of the fortification and in the fortification she lived.* 16 *She said to them, "Go to the mountain lest your pursuers meet you; hide there for a three-day period until the pursuers return; then you may go on your way."*

17 *The men said to her, "We shall be clean from this oath of yours which you made us swear.* 18 *Behold! — when we come into the Land this scarlet cord shall you bind in the window from which you lowered us;*

ב וַיֵּאָמַר לְמֶלֶךְ יְרִיחוֹ לֵאמֹר הִנֵּה אֲנָשִׁים בָּאוּ
הֵנָּה הַלַּיְלָה מִבְּנֵי יִשְׂרָאֵל לַחְפֹּר אֶת־הָאָרֶץ׃
ג וַיִּשְׁלַח מֶלֶךְ יְרִיחוֹ אֶל־רָחָב לֵאמֹר הוֹצִיאִי
הָאֲנָשִׁים הַבָּאִים אֵלַיִךְ אֲשֶׁר־בָּאוּ לְבֵיתֵךְ כִּי
לַחְפֹּר אֶת־כָּל־הָאָרֶץ בָּאוּ׃ ד וַתִּקַּח הָאִשָּׁה
אֶת־שְׁנֵי הָאֲנָשִׁים וַתִּצְפְּנוֹ וַתֹּאמֶר כֵּן בָּאוּ
אֵלַי הָאֲנָשִׁים וְלֹא יָדַעְתִּי מֵאַיִן הֵמָּה׃ ה וַיְהִי
הַשַּׁעַר לִסְגּוֹר בַּחֹשֶׁךְ וְהָאֲנָשִׁים יָצָאוּ לֹא
יָדַעְתִּי אָנָה הָלְכוּ הָאֲנָשִׁים רִדְפוּ מַהֵר
אַחֲרֵיהֶם כִּי תַשִּׂיגוּם׃ ו וְהִיא הֶעֱלָתַם הַגָּגָה
וַתִּטְמְנֵם בְּפִשְׁתֵּי הָעֵץ הָעֲרֻכוֹת לָהּ עַל־הַגָּג׃
ז וְהָאֲנָשִׁים רָדְפוּ אַחֲרֵיהֶם דֶּרֶךְ הַיַּרְדֵּן עַל
הַמַּעְבְּרוֹת וְהַשַּׁעַר סָגָרוּ אַחֲרֵי כַּאֲשֶׁר יָצְאוּ
הָרֹדְפִים אַחֲרֵיהֶם׃ ח וְהֵמָּה טֶרֶם יִשְׁכָּבוּן
וְהִיא עָלְתָה עֲלֵיהֶם עַל־הַגָּג׃ ט וַתֹּאמֶר אֶל־
הָאֲנָשִׁים יָדַעְתִּי כִּי־נָתַן יהוה לָכֶם אֶת־
הָאָרֶץ וְכִי־נָפְלָה אֵימַתְכֶם עָלֵינוּ וְכִי נָמֹגוּ
כָּל־יֹשְׁבֵי הָאָרֶץ מִפְּנֵיכֶם׃ י כִּי שָׁמַעְנוּ אֵת
אֲשֶׁר־הוֹבִישׁ יהוה אֶת־מֵי יַם־סוּף מִפְּנֵיכֶם
בְּצֵאתְכֶם מִמִּצְרָיִם וַאֲשֶׁר עֲשִׂיתֶם לִשְׁנֵי
מַלְכֵי הָאֱמֹרִי אֲשֶׁר בְּעֵבֶר הַיַּרְדֵּן לְסִיחֹן וּלְעוֹג
אֲשֶׁר הֶחֱרַמְתֶּם אוֹתָם׃ יא וַנִּשְׁמַע וַיִּמַּס לְבָבֵנוּ
וְלֹא־קָמָה עוֹד רוּחַ בְּאִישׁ מִפְּנֵיכֶם כִּי יהוה
אֱלֹהֵיכֶם הוּא אֱלֹהִים בַּשָּׁמַיִם מִמַּעַל וְעַל־
הָאָרֶץ מִתָּחַת׃ יב וְעַתָּה הִשָּׁבְעוּ־נָא לִי בַּיהוה
כִּי־עָשִׂיתִי עִמָּכֶם חָסֶד וַעֲשִׂיתֶם גַּם־אַתֶּם
עִם־בֵּית אָבִי חֶסֶד וּנְתַתֶּם לִי אוֹת אֱמֶת׃
יג וְהַחֲיִתֶם אֶת־אָבִי וְאֶת־אִמִּי וְאֶת־אַחַי
וְאֶת־אַחְיוֹתַי [ואת־אחותי כ׳] וְאֵת כָּל־אֲשֶׁר
לָהֶם וְהִצַּלְתֶּם אֶת־נַפְשֹׁתֵינוּ מִמָּוֶת׃ יד וַיֹּאמְרוּ
לָהּ הָאֲנָשִׁים נַפְשֵׁנוּ תַחְתֵּיכֶם לָמוּת אִם לֹא
תַגִּידוּ אֶת־דְּבָרֵנוּ זֶה וְהָיָה בְּתֵת־יהוה לָנוּ
אֶת־הָאָרֶץ וְעָשִׂינוּ עִמָּךְ חֶסֶד וֶאֱמֶת׃
טו וַתּוֹרִדֵם בַּחֶבֶל בְּעַד הַחַלּוֹן כִּי בֵיתָהּ בְּקִיר
הַחוֹמָה וּבַחוֹמָה הִיא יוֹשָׁבֶת׃ טז וַתֹּאמֶר לָהֶם
הָהָרָה לֵּכוּ פֶּן־יִפְגְּעוּ בָכֶם הָרֹדְפִים וְנַחְבֵּתֶם
שָׁמָּה שְׁלֹשֶׁת יָמִים עַד שׁוֹב הָרֹדְפִים וְאַחַר
תֵּלְכוּ לְדַרְכְּכֶם׃ יז וַיֹּאמְרוּ אֵלֶיהָ הָאֲנָשִׁים
נְקִיִּם אֲנַחְנוּ מִשְּׁבֻעָתֵךְ הַזֶּה אֲשֶׁר הִשְׁבַּעְתָּנוּ׃
יח הִנֵּה אֲנַחְנוּ בָאִים בָּאָרֶץ אֶת־תִּקְוַת חוּט
הַשָּׁנִי הַזֶּה תִּקְשְׁרִי בַּחַלּוֹן אֲשֶׁר הוֹרַדְתֵּנוּ בוֹ

וְאֶת־אָבִיךְ וְאֶת־אִמֵּךְ וְאֶת־אַחַיִךְ וְאֵת כָּל־
בֵּית אָבִיךְ תַּאַסְפִי אֵלַיִךְ הַבָּיְתָה׃ יט וְהָיָה כֹּל
אֲשֶׁר־יֵצֵא מִדַּלְתֵי בֵיתֵךְ ׀ הַחוּצָה דָּמוֹ
בְרֹאשׁוֹ וַאֲנַחְנוּ נְקִיִּם וְכֹל אֲשֶׁר יִהְיֶה אִתָּךְ
בַּבַּיִת דָּמוֹ בְרֹאשֵׁנוּ אִם־יָד תִּהְיֶה־בּוֹ׃ כ וְאִם־
תַּגִּידִי אֶת־דְּבָרֵנוּ זֶה וְהָיִינוּ נְקִיִּם מִשְּׁבֻעָתֵךְ
אֲשֶׁר הִשְׁבַּעְתָּנוּ׃ כא וַתֹּאמֶר כְּדִבְרֵיכֶם כֶּן־
הוּא וַתְּשַׁלְּחֵם וַיֵּלֵכוּ וַתִּקְשֹׁר אֶת־תִּקְוַת הַשָּׁנִי
בַּחַלּוֹן׃ כב וַיֵּלְכוּ וַיָּבֹאוּ הָהָרָה וַיֵּשְׁבוּ שָׁם
שְׁלֹשֶׁת יָמִים עַד־שָׁבוּ הָרֹדְפִים וַיְבַקְשׁוּ
הָרֹדְפִים בְּכָל־הַדֶּרֶךְ וְלֹא מָצָאוּ׃ כג וַיָּשֻׁבוּ
שְׁנֵי הָאֲנָשִׁים וַיֵּרְדוּ מֵהָהָר וַיַּעַבְרוּ וַיָּבֹאוּ אֶל־
יְהוֹשֻׁעַ בִּן־נוּן וַיְסַפְּרוּ־לוֹ אֵת כָּל־הַמֹּצְאוֹת
אוֹתָם׃ כד וַיֹּאמְרוּ אֶל־יְהוֹשֻׁעַ כִּי־נָתַן יהוה
בְּיָדֵנוּ אֶת־כָּל־הָאָרֶץ וְגַם־נָמֹגוּ כָּל־יֹשְׁבֵי
הָאָרֶץ מִפָּנֵינוּ׃

and your father, and your mother, and your brothers,
and all your father's household shall you gather to you
in the house. 19 *Then it will be that anyone who leaves*
the doors of your house for the outside, his blood guilt
shall be upon his own head; we will be clean; but
anyone who will be with you inside the house, his
blood guilt shall be on our head, if a hand is upon him.
20 *And if you will tell of this discussion of ours, we will*
be clean from your oath that you have made us
swear."
21 *She said, "Like your words, so it is," and she sent*
them away, and they went; and she tied the scarlet
cord to the window.
22 *And they went, and they came to the mountain*
and stayed there for a three-day period, until the
pursuers returned; the pursuers sought along the
entire way but they did not find.
23 *The two men returned and descended from the*
mountain; they crossed over [the Jordan] and came to
Joshua son of Nun and told him all that happened to
them. 24 *They said to Joshua, "For HASHEM has given*
all the Land into our hands; also, all the inhabitants of
the Land have melted before us."

HAFTARAS KORACH / הפטרת קרח

I Samuel 11:14 — 12:22 / שמואל א יא:יד — יב:כב

יא יד וַיֹּאמֶר שְׁמוּאֵל אֶל־הָעָם לְכוּ וְנֵלְכָה
הַגִּלְגָּל וּנְחַדֵּשׁ שָׁם הַמְּלוּכָה׃ טו וַיֵּלְכוּ כָל־
הָעָם הַגִּלְגָּל וַיַּמְלִכוּ שָׁם אֶת־שָׁאוּל לִפְנֵי
יהוה בַּגִּלְגָּל וַיִּזְבְּחוּ־שָׁם זְבָחִים שְׁלָמִים
לִפְנֵי יהוה וַיִּשְׂמַח שָׁם שָׁאוּל וְכָל־אַנְשֵׁי
יִשְׂרָאֵל עַד־מְאֹד׃ יב א וַיֹּאמֶר שְׁמוּאֵל אֶל־
כָּל־יִשְׂרָאֵל הִנֵּה שָׁמַעְתִּי בְקֹלְכֶם לְכֹל אֲשֶׁר־
אֲמַרְתֶּם לִי וָאַמְלִיךְ עֲלֵיכֶם מֶלֶךְ׃ ב וְעַתָּה
הִנֵּה הַמֶּלֶךְ ׀ מִתְהַלֵּךְ לִפְנֵיכֶם וַאֲנִי זָקַנְתִּי
וָשַׂבְתִּי וּבָנַי הִנָּם אִתְּכֶם וַאֲנִי הִתְהַלַּכְתִּי
לִפְנֵיכֶם מִנְּעֻרַי עַד־הַיּוֹם הַזֶּה׃ ג הִנְנִי עֲנוּ בִי
נֶגֶד יהוה וְנֶגֶד מְשִׁיחוֹ אֶת־שׁוֹר ׀ מִי לָקַחְתִּי
וַחֲמוֹר מִי לָקַחְתִּי וְאֶת־מִי עָשַׁקְתִּי אֶת־מִי
רַצּוֹתִי וּמִיַּד־מִי לָקַחְתִּי כֹפֶר וְאַעְלִים עֵינַי
בּוֹ וְאָשִׁיב לָכֶם׃ ד וַיֹּאמְרוּ לֹא עֲשַׁקְתָּנוּ וְלֹא
רַצּוֹתָנוּ וְלֹא־לָקַחְתָּ מִיַּד־אִישׁ מְאוּמָה׃
ה וַיֹּאמֶר אֲלֵיהֶם עֵד יהוה בָּכֶם וְעֵד מְשִׁיחוֹ
הַיּוֹם הַזֶּה כִּי לֹא מְצָאתֶם בְּיָדִי מְאוּמָה
וַיֹּאמֶר עֵד׃ ו וַיֹּאמֶר שְׁמוּאֵל אֶל־הָעָם יהוה
אֲשֶׁר עָשָׂה אֶת־מֹשֶׁה וְאֶת־אַהֲרֹן וַאֲשֶׁר
הֶעֱלָה אֶת־אֲבֹתֵיכֶם מֵאֶרֶץ מִצְרָיִם׃ ז וְעַתָּה

11 14 *Then Samuel said to the people, "Come and*
let us go to the Gilgal, and let us renew the
kingdom there."
15 *So all the people went to the Gilgal: There they*
made Saul king before HASHEM in the Gilgal; and there
they slaughtered feast peace-offerings before HASHEM;
and there Saul, as well as all the men of Israel, rejoiced
exceedingly.
12 1 *Then Samuel said to all of Israel, "Behold! I*
have hearkened to your voice, to everything
that you have said to me, and I have crowned a king
over you. 2 *And now, behold! — the king walks before*
you, but I have aged and become gray; and, my sons,
here they are with you; and as for me, I have walked
before you from my youth until this day. 3 *Here I am;*
testify about me in the presence of HASHEM and in the
presence of His anointed: Whose ox have I taken? —
or whose donkey have I taken? — or whom have I
robbed? — whom have I coerced? — or from whose
hand have I taken redemption-money that I close my
eyes to him? — and I shall return [it] to you."
4 *And they said, "You have not robbed us, and you*
have not coerced us, nor have you taken anything
from anyone's hand."
5 *So he said to them, "HASHEM is a witness about*
you, and His anointed is a witness this day, that you
have not found anything in my hand. . . "
And He said, "[I am] a witness!"
6 *And Samuel said to the people, ". . . HASHEM Who*
worked through Moses and Aaron, and Who brought
your forefathers up from the land of Egypt. 7 *And now,*

stand yourselves erect, and I shall be judged with you before HASHEM with regard to all the righteous deeds that He has done with you and with your forefathers. 8 When Jacob had come to Egypt and your forefathers cried out to HASHEM, HASHEM sent Moses and Aaron, and they brought your forefathers out of Egypt, and settled them in this place. 9 But they forgot HASHEM, their God, Who [in turn] gave them over into the hand of Sisera, general of the army of Hazor, and into the hand of the Philistines, and into the hand of the king of Moab, and they did battle with them. 10 Then they cried out to HASHEM, and said, 'We have sinned! For we have forsaken HASHEM and we have worshiped the Baal idols and the Ashtaroth idols; but now, rescue us from the hand of our enemy, and we will worship You.' 11 So HASHEM sent Jerubbaal (Gideon) and Bedan (Samson) and Jephthah and Samuel, and He rescued you from the hand of your enemies from all around, so that you dwelt in safety. 12 And when you saw that Nahash, king of the children of Ammon, came upon you, you said to me, 'No! For a king shall reign over us!' but HASHEM, your God, is your King.

13 "And now, behold! — the king whom you have chosen, whom you have requested; and, behold! — HASHEM has set a king over you. 14 If you will fear HASHEM, and worship Him, and hearken to His voice, and you will not rebel against the word of HASHEM, but you and the king who reigns over you will follow after HASHEM, your God . . . 15 But if you will not hearken to the voice of HASHEM, and you will rebel against the word of HASHEM, then HASHEM's hand will be against you and against your fathers. 16 Even now, stand yourselves erect and see this great thing that HASHEM will do before your eyes. 17 Is not the harvest of the wheat today? — yet I shall call to HASHEM and He will set forth thunder and rain, then you shall recognize and see that great is your wickedness that you have perpetrated before the eyes of HASHEM, to request for yourselves a king."

18 Then Samuel called to HASHEM, and HASHEM set forth thunder and rain on that day; and all the people greatly feared HASHEM and Samuel. 19 All the people said to Samuel, "Pray on behalf of your servants to HASHEM, your God, that we not die; for we have added wickedness upon all of our sins, to request for ourselves a king."

20 So Samuel said to the people, "Fear not; [though] you have done all this wickedness, nevertheless, do not turn away from following after HASHEM, but serve HASHEM with all your heart. 21 And you shall not turn away to follow after the futility which cannot avail and cannot rescue, for they are futile. 22 For HASHEM shall not cast off his people for the sake of His great Name; for HASHEM has sworn to make you for a people unto Him."

הִתְיַצְּבוּ וְאִשָּׁפְטָה אִתְּכֶם לִפְנֵי יהוה אֵת כָּל־
צִדְקוֹת יהוה אֲשֶׁר־עָשָׂה אִתְּכֶם וְאֶת־
אֲבֹתֵיכֶם: ח כַּאֲשֶׁר־בָּא יַעֲקֹב מִצְרָיִם וַיִּזְעֲקוּ
אֲבֹתֵיכֶם אֶל־יהוה וַיִּשְׁלַח יהוה אֶת־מֹשֶׁה
וְאֶת־אַהֲרֹן וַיּוֹצִיאוּ אֶת־אֲבֹתֵיכֶם מִמִּצְרַיִם
וַיֹּשִׁבוּם בַּמָּקוֹם הַזֶּה: ט וַיִּשְׁכְּחוּ אֶת־יהוה
אֱלֹהֵיהֶם וַיִּמְכֹּר אֹתָם בְּיַד סִיסְרָא שַׂר־צְבָא
חָצוֹר וּבְיַד־פְּלִשְׁתִּים וּבְיַד מֶלֶךְ מוֹאָב וַיִּלָּחֲמוּ
בָּם: י וַיִּזְעֲקוּ אֶל־יהוה וַיֹּאמְרוּ [ויאמר כ׳]
חָטָאנוּ כִּי עָזַבְנוּ אֶת־יהוה וַנַּעֲבֹד אֶת־
הַבְּעָלִים וְאֶת־הָעַשְׁתָּרוֹת וְעַתָּה הַצִּילֵנוּ מִיַּד
אֹיְבֵינוּ וְנַעַבְדֶךָּ: יא וַיִּשְׁלַח יהוה אֶת־יְרֻבַּעַל
וְאֶת־בְּדָן וְאֶת־יִפְתָּח וְאֶת־שְׁמוּאֵל וַיַּצֵּל
אֶתְכֶם מִיַּד אֹיְבֵיכֶם מִסָּבִיב וַתֵּשְׁבוּ בֶּטַח:
יב וַתִּרְאוּ כִּי נָחָשׁ מֶלֶךְ בְּנֵי־עַמּוֹן בָּא עֲלֵיכֶם
וַתֹּאמְרוּ לִי לֹא כִּי־מֶלֶךְ יִמְלֹךְ עָלֵינוּ וַיהוָה
אֱלֹהֵיכֶם מַלְכְּכֶם: יג וְעַתָּה הִנֵּה הַמֶּלֶךְ אֲשֶׁר
בְּחַרְתֶּם אֲשֶׁר שְׁאֶלְתֶּם וְהִנֵּה נָתַן יהוה
עֲלֵיכֶם מֶלֶךְ: יד אִם־תִּירְאוּ אֶת־יהוה וַעֲבַדְתֶּם
אֹתוֹ וּשְׁמַעְתֶּם בְּקֹלוֹ וְלֹא תַמְרוּ אֶת־פִּי יהוה
וִהְיִתֶם גַּם־אַתֶּם וְגַם־הַמֶּלֶךְ אֲשֶׁר־מָלַךְ עֲלֵיכֶם
אַחַר יהוה אֱלֹהֵיכֶם: טו וְאִם־לֹא תִשְׁמְעוּ
בְּקוֹל יהוה וּמְרִיתֶם אֶת־פִּי יהוה וְהָיְתָה יַד־
יהוה בָּכֶם וּבַאֲבֹתֵיכֶם: טז גַּם־עַתָּה הִתְיַצְּבוּ
וּרְאוּ אֶת־הַדָּבָר הַגָּדוֹל הַזֶּה אֲשֶׁר יהוה עֹשֶׂה
לְעֵינֵיכֶם: יז הֲלוֹא קְצִיר־חִטִּים הַיּוֹם אֶקְרָא
אֶל־יהוה וְיִתֵּן קֹלוֹת וּמָטָר וּדְעוּ וּרְאוּ כִּי־
רָעַתְכֶם רַבָּה אֲשֶׁר עֲשִׂיתֶם בְּעֵינֵי יהוה
לִשְׁאוֹל לָכֶם מֶלֶךְ: יח וַיִּקְרָא שְׁמוּאֵל אֶל־יהוה
וַיִּתֵּן יהוה קֹלֹת וּמָטָר בַּיּוֹם הַהוּא וַיִּירָא כָל־
הָעָם מְאֹד אֶת־יהוה וְאֶת־שְׁמוּאֵל: יט וַיֹּאמְרוּ
כָל־הָעָם אֶל־שְׁמוּאֵל הִתְפַּלֵּל בְּעַד־עֲבָדֶיךָ
אֶל־יהוה אֱלֹהֶיךָ וְאַל־נָמוּת כִּי־יָסַפְנוּ עַל־
כָּל־חַטֹּאתֵינוּ רָעָה לִשְׁאֹל לָנוּ מֶלֶךְ: כ וַיֹּאמֶר
שְׁמוּאֵל אֶל־הָעָם אַל־תִּירָאוּ אַתֶּם עֲשִׂיתֶם
אֵת כָּל־הָרָעָה הַזֹּאת אַךְ אַל־תָּסוּרוּ מֵאַחֲרֵי
יהוה וַעֲבַדְתֶּם אֶת־יהוה בְּכָל־לְבַבְכֶם:
כא וְלֹא תָּסוּרוּ כִּי ׀ אַחֲרֵי הַתֹּהוּ אֲשֶׁר לֹא־
יוֹעִילוּ וְלֹא יַצִּילוּ כִּי־תֹהוּ הֵמָּה: כב כִּי לֹא־
יִטֹּשׁ יהוה אֶת־עַמּוֹ בַּעֲבוּר שְׁמוֹ הַגָּדוֹל כִּי
הוֹאִיל יהוה לַעֲשׂוֹת אֶתְכֶם לוֹ לְעָם:

HAFTARAS CHUKAS / הפטרת חקת

When the *Sidros* of *Chukas* and *Balak* are read on the same Sabbath,
this *Haftarah* is omitted, and the *Haftarah* of *Balak* is read.

Judges 11:1-33 / שופטים יא:א-לג

11 1 *Jephthah the Gileadite was a mighty man of
valor, and he was the son of a concubine, and
Gilead begot Jephthah.* 2 *And Gilead's wife bore him
sons, and when the wife's sons grew up they drove
Jephthah away and said to him, "You shall not inherit
in our father's house, for you are the son of another
woman."*
3 *So Jephthah fled because of his brothers and set-
tled in the land of Tob; empty-handed men gathered
themselves about Jephthah and ventured forth with
him.*
4 *After a period of time, the children of Ammon
made war with Israel.* 5 *And it happened when the
children of Ammon made war with Israel that the
Gileadite elders went to fetch Jephthah from the land
of Tob.* 6 *They said to Jephthah, "Go forth and be-
come our chief and we will do battle with the children
of Ammon."*
7 *But Jephthah said to the Gileadite elders, "Was it
not you who hated me and who drove me away from
my father's house? — so why have you come to me
now when you are in distress?"*
8 *The Gileadite elders said to Jephthah, "For this
have we now returned to you, that you go with us and
we will do battle with the children of Ammon, and that
you shall become a leader unto us, unto all the inhab-
itants of Gilead."*
9 *So Jephthah said to the Gileadite elders, "If you
return me to do battle with the children of Ammon and
HASHEM delivers them before me, I will become your
leader."*
10 *The Gileadite leaders said to Jephthah, "*HASHEM*
shall be witness between us if it is not according to
your word that we do."* 11 *So Jephthah went with the
Gileadite elders, and the people set him as a leader and
a chief over them; then Jephthah spoke all his words
before *HASHEM* in Mizpah.*
12 *Jephthah sent emissaries to the king of the chil-
dren of Ammon saying, "What is unto you and unto
me that you have come to me to make war in my
land?"*
13 *The king of the children of Ammon said to Jeph-
thah's emissaries, "Because Israel took my land when
it ascended from Egypt, from Arnon until the Jabbok
until the Jordan, so now return them in peace."*
14 *And Jephthah once again sent emissaries to the
king of the children of Ammon.*
15 *He said to him, "Thus said Jephthah: Israel did
not take the land of Moab and the land of the children
of Ammon.* 16 *For when Israel ascended from Egypt,
Israel went in the wilderness until the Sea of Reeds and
they arrived at Kadesh.* 17 *Israel sent emissaries to the
king of Edom saying, 'Let me please pass through*

יא א וְיִפְתָּח הַגִּלְעָדִי הָיָה גִּבּוֹר חַיִל וְהוּא בֶּן־
אִשָּׁה זוֹנָה וַיּוֹלֶד גִּלְעָד אֶת־יִפְתָּח: ב וַתֵּלֶד
אֵשֶׁת־גִּלְעָד לוֹ בָּנִים וַיִּגְדְּלוּ בְנֵי־הָאִשָּׁה
וַיְגָרְשׁוּ אֶת־יִפְתָּח וַיֹּאמְרוּ לוֹ לֹא־תִנְחַל
בְּבֵית־אָבִינוּ כִּי בֶּן־אִשָּׁה אַחֶרֶת אָתָּה:
ג וַיִּבְרַח יִפְתָּח מִפְּנֵי אֶחָיו וַיֵּשֶׁב בְּאֶרֶץ טוֹב
וַיִּתְלַקְּטוּ אֶל־יִפְתָּח אֲנָשִׁים רֵיקִים וַיֵּצְאוּ
עִמּוֹ: ד וַיְהִי מִיָּמִים וַיִּלָּחֲמוּ בְנֵי־עַמּוֹן עִם־
יִשְׂרָאֵל: ה וַיְהִי כַּאֲשֶׁר־נִלְחֲמוּ בְנֵי־עַמּוֹן עִם־
יִשְׂרָאֵל וַיֵּלְכוּ זִקְנֵי גִלְעָד לָקַחַת אֶת־יִפְתָּח
מֵאֶרֶץ טוֹב: ו וַיֹּאמְרוּ לְיִפְתָּח לְכָה וְהָיִיתָה לָּנוּ
לְקָצִין וְנִלָּחֲמָה בִּבְנֵי עַמּוֹן: ז וַיֹּאמֶר יִפְתָּח
לְזִקְנֵי גִלְעָד הֲלֹא אַתֶּם שְׂנֵאתֶם אוֹתִי
וַתְּגָרְשׁוּנִי מִבֵּית אָבִי וּמַדּוּעַ בָּאתֶם אֵלַי עַתָּה
כַּאֲשֶׁר צַר לָכֶם: ח וַיֹּאמְרוּ זִקְנֵי גִלְעָד אֶל־
יִפְתָּח לָכֵן עַתָּה שַׁבְנוּ אֵלֶיךָ וְהָלַכְתָּ עִמָּנוּ
וְנִלְחַמְתָּ בִּבְנֵי עַמּוֹן וְהָיִיתָ לָּנוּ לְרֹאשׁ לְכֹל
יֹשְׁבֵי גִלְעָד: ט וַיֹּאמֶר יִפְתָּח אֶל־זִקְנֵי גִלְעָד
אִם־מְשִׁיבִים אַתֶּם אוֹתִי לְהִלָּחֵם בִּבְנֵי עַמּוֹן
וְנָתַן יהוה אוֹתָם לְפָנָי אָנֹכִי אֶהְיֶה לָכֶם
לְרֹאשׁ: י וַיֹּאמְרוּ זִקְנֵי־גִלְעָד אֶל־יִפְתָּח יהוה
יִהְיֶה שֹׁמֵעַ בֵּינוֹתֵינוּ אִם־לֹא כִדְבָרְךָ כֵּן
נַעֲשֶׂה: יא וַיֵּלֶךְ יִפְתָּח עִם־זִקְנֵי גִלְעָד וַיָּשִׂימוּ
הָעָם אוֹתוֹ עֲלֵיהֶם לְרֹאשׁ וּלְקָצִין וַיְדַבֵּר
יִפְתָּח אֶת־כָּל־דְּבָרָיו לִפְנֵי יהוה בַּמִּצְפָּה:
יב וַיִּשְׁלַח יִפְתָּח מַלְאָכִים אֶל־מֶלֶךְ בְּנֵי־עַמּוֹן
לֵאמֹר מַה־לִּי וָלָךְ כִּי־בָאתָ אֵלַי לְהִלָּחֵם
בְּאַרְצִי: יג וַיֹּאמֶר מֶלֶךְ בְּנֵי־עַמּוֹן אֶל־מַלְאֲכֵי
יִפְתָּח כִּי־לָקַח יִשְׂרָאֵל אֶת־אַרְצִי בַּעֲלוֹתוֹ
מִמִּצְרַיִם מֵאַרְנוֹן וְעַד־הַיַּבֹּק וְעַד־הַיַּרְדֵּן
וְעַתָּה הָשִׁיבָה אֶתְהֶן בְּשָׁלוֹם: יד וַיּוֹסֶף עוֹד
יִפְתָּח וַיִּשְׁלַח מַלְאָכִים אֶל־מֶלֶךְ בְּנֵי עַמּוֹן:
טו וַיֹּאמֶר לוֹ כֹּה אָמַר יִפְתָּח לֹא־לָקַח יִשְׂרָאֵל
אֶת־אֶרֶץ מוֹאָב וְאֶת־אֶרֶץ בְּנֵי עַמּוֹן: טז כִּי
בַּעֲלוֹתָם מִמִּצְרָיִם וַיֵּלֶךְ יִשְׂרָאֵל בַּמִּדְבָּר עַד־
יַם־סוּף וַיָּבֹא קָדֵשָׁה: יז וַיִּשְׁלַח יִשְׂרָאֵל
מַלְאָכִים | אֶל־מֶלֶךְ אֱדוֹם | לֵאמֹר אֶעְבְּרָה

your land,' but the king of Edom did not listen; and also to the king of Moab did [Israel] send, but he was [also] not willing; so Israel sojourned in Kadesh. [18] It went through the wilderness, and went around the land of Edom and the land of Moab and came to the eastern side of the land of Moab where they encamped across the Arnon; but they did not enter the border of Moab, for Arnon is the border of Moab. [19] Then Israel sent emissaries to Sihon king of the Amorite, king of Heshbon, and Israel said to him, 'Let us please pass through your land until my place.' [20] But Sihon did not trust Israel to pass through his border, rather Sihon assembled all his people and they encamped in Jahaz; and he made war against Israel. [21] Then HASHEM, God of Israel, delivered Sihon and all his people into the hand of Israel, and He struck them; and Israel took possession of the entire land of the Amorite, the inhabitant of that land.

[22] They took possession of the entire border of the Amorite, from Arnon to the Jabbok, and from the wilderness to the Jordan. [23] And now HASHEM, God of Israel, has driven out the Amorite from before His people Israel, and you would possess it? [24] Do you not take into your possession that which your god Chemosh bequeaths to you? — that may you possess; but all that HASHEM our God drives out from before us, we shall take possession of it. [25] And now, are you much better than Balak son of Zippor, king of Moab? — did he ever strive against Israel? — Did he ever do battle with them? [26] When Israel dwelled in Heshbon and its villages and in Aroer and its villages and in all the cities that are alongside Arnon for three hundred years, why did you not recover them during that time? [27] I have not sinned against you; but you do me wrong to make war against me; may HASHEM the Judge judge today between the Children of Israel and the Children of Ammon."

[28] But the king of the children of Ammon did not listen to the words of Jephthah that he had sent to him.

[29] A spirit of HASHEM was upon Jephthah: He passed through Gilead and through Manasseh, and he passed through Mizpeh of Gilead, and from Mizpeh of Gilead he passed through [to] the children of Ammon. [30] Then Jephthah declared a vow unto HASHEM, and he said, "If You will indeed deliver the children of Ammon into my hand, [31] then it will be that whatever emerges, what will emerge from the doors of my house to greet me when I return in peace from the children of Ammon, it shall be unto HASHEM, and I will offer it up as an elevation-offering."

[32] Then Jephthah passed through to the children of Ammon to do battle against them, and HASHEM delivered them into his hand. [33] And he struck them from Aroer until you come to Minnith, twenty cities, until the Plain of Cheramim, a very great slaughter; and the children of Ammon were subdued before the Children of Israel.

נָא בְאַרְצֶ֔ךָ וְלֹ֤א שָׁמַע֙ מֶ֣לֶךְ אֱד֔וֹם וְגַ֣ם אֶל־
מֶ֤לֶךְ מוֹאָב֙ שָׁלַ֔ח וְלֹ֖א אָבָ֑ה וַיֵּ֥שֶׁב יִשְׂרָאֵ֖ל
בְּקָדֵֽשׁ: יח וַיֵּ֣לֶךְ בַּמִּדְבָּ֗ר וַיָּ֜סָב אֶת־אֶ֤רֶץ אֱדוֹם֙
וְאֶת־אֶ֣רֶץ מוֹאָ֔ב וַיָּבֹ֤א מִמִּזְרַח־שֶׁ֙מֶשׁ֙ לְאֶ֣רֶץ
מוֹאָ֔ב וַֽיַּחֲנ֖וּן בְּעֵ֣בֶר אַרְנ֑וֹן וְלֹא־בָ֙אוּ֙ בִּגְב֣וּל
מוֹאָ֔ב כִּ֥י אַרְנ֖וֹן גְּב֥וּל מוֹאָֽב: יט וַיִּשְׁלַ֤ח יִשְׂרָאֵל֙
מַלְאָכִ֗ים אֶל־סִיח֤וֹן מֶֽלֶךְ־הָֽאֱמֹרִי֙ מֶ֣לֶךְ חֶשְׁבּ֔וֹן
וַיֹּ֤אמֶר לוֹ֙ יִשְׂרָאֵ֔ל נַעְבְּרָה־נָּ֥א בְאַרְצְךָ֖ עַד־
מְקוֹמִֽי: כ וְלֹא־הֶֽאֱמִ֤ין סִיחוֹן֙ אֶת־יִשְׂרָאֵ֔ל
עֲבֹ֖ר בִּגְבֻל֑וֹ וַיֶּֽאֱסֹ֤ף סִיחוֹן֙ אֶת־כָּל־עַמּ֔וֹ וַֽיַּחֲנ֖וּ
בְּיָ֑הְצָה וַיִּלָּ֖חֶם עִם־יִשְׂרָאֵֽל: כא וַיִּתֵּ֡ן יְהֹוָה֩
אֱלֹהֵֽי־יִשְׂרָאֵ֨ל אֶת־סִיח֤וֹן וְאֶת־כָּל־עַמּוֹ֙ בְּיַ֣ד
יִשְׂרָאֵ֖ל וַיַּכּ֑וּם וַיִּירַשׁ֙ יִשְׂרָאֵ֔ל אֵ֚ת כָּל־אֶ֣רֶץ
הָ֣אֱמֹרִ֔י יוֹשֵׁ֖ב הָאָ֥רֶץ הַהִֽיא: כב וַיִּ֣ירְשׁ֔וּ אֵ֚ת
כָּל־גְּב֣וּל הָֽאֱמֹרִ֔י מֵֽאַרְנוֹן֙ וְעַד־הַיַּבֹּ֔ק וּמִן־
הַמִּדְבָּ֖ר וְעַד־הַיַּרְדֵּֽן: כג וְעַתָּ֞ה יְהֹוָ֣ה ׀ אֱלֹהֵ֣י
יִשְׂרָאֵ֗ל הוֹרִישׁ֙ אֶת־הָ֣אֱמֹרִ֔י מִפְּנֵ֖י עַמּ֣וֹ
יִשְׂרָאֵ֑ל וְאַתָּ֖ה תִּֽירָשֶֽׁנּוּ: כד הֲלֹ֞א אֵ֣ת אֲשֶׁ֧ר
יֽוֹרִֽישְׁךָ֛ כְּמ֥וֹשׁ אֱלֹהֶ֖יךָ אוֹת֣וֹ תִירָ֑שׁ וְאֵת֩ כָּל־
אֲשֶׁ֨ר הוֹרִ֜ישׁ יְהֹוָ֧ה אֱלֹהֵ֛ינוּ מִפָּנֵ֖ינוּ אוֹת֥וֹ
נִירָֽשׁ: כה וְעַתָּ֗ה הֲט֥וֹב טוֹב֙ אַתָּ֔ה מִבָּלָ֖ק בֶּן־
צִפּ֑וֹר מֶ֣לֶךְ מוֹאָ֑ב הֲרֹ֥ב רָב֙ עִם־יִשְׂרָאֵ֔ל אִם־
נִלְחֹ֥ם נִלְחַ֖ם בָּֽם: כו בְּשֶׁ֣בֶת יִ֠שְׂרָאֵ֠ל בְּחֶשְׁבּ֨וֹן
וּבִבְנוֹתֶ֜יהָ וּבְעַרְע֣וֹר וּבִבְנוֹתֶ֗יהָ וּבְכָל־הֶֽעָרִים֙
אֲשֶׁר֙ עַל־יְדֵ֣י אַרְנ֔וֹן שְׁלֹ֥שׁ מֵא֖וֹת שָׁנָ֑ה וּמַדּ֛וּעַ
לֹֽא־הִצַּלְתֶּ֖ם בָּעֵ֥ת הַהִֽיא: כז וְאָֽנֹכִי֙ לֹֽא־
חָטָ֣אתִי לָ֔ךְ וְאַתָּ֞ה עֹשֶׂ֥ה אִתִּ֛י רָעָ֖ה לְהִלָּ֣חֶם בִּ֑י
יִשְׁפֹּ֨ט יְהֹוָ֤ה הַשֹּׁפֵט֙ הַיּ֔וֹם בֵּ֚ין בְּנֵ֣י יִשְׂרָאֵ֔ל וּבֵ֖ין
בְּנֵ֥י עַמּֽוֹן: כח וְלֹ֣א שָׁמַ֔ע מֶ֖לֶךְ בְּנֵ֣י עַמּ֑וֹן אֶל־
דִּבְרֵ֣י יִפְתָּ֔ח אֲשֶׁ֖ר שָׁלַ֥ח אֵלָֽיו: כט וַתְּהִ֤י עַל־
יִפְתָּח֙ ר֣וּחַ יְהֹוָ֔ה וַיַּֽעֲבֹ֥ר אֶת־הַגִּלְעָ֖ד וְאֶת־
מְנַשֶּׁ֑ה וַֽיַּעֲבֹר֙ אֶת־מִצְפֵּ֣ה גִלְעָ֔ד וּמִמִּצְפֵּ֣ה
גִלְעָ֔ד עָבַ֖ר בְּנֵ֥י עַמּֽוֹן: ל וַיִּדַּ֨ר יִפְתָּ֥ח נֶ֛דֶר
לַֽיהֹוָ֖ה וַיֹּאמַ֑ר אִם־נָת֥וֹן תִּתֵּ֛ן אֶת־בְּנֵ֥י עַמּ֖וֹן
בְּיָדִֽי: לא וְהָיָ֣ה הַיּוֹצֵ֗א אֲשֶׁ֨ר יֵצֵ֜א מִדַּלְתֵ֤י בֵיתִי֙
לִקְרָאתִ֔י בְּשׁוּבִ֥י בְשָׁל֖וֹם מִבְּנֵ֣י עַמּ֑וֹן וְהָיָה֙
לַֽיהֹוָ֔ה וְהַֽעֲלִיתִ֖הוּ עוֹלָֽה: לב וַיַּֽעֲבֹ֥ר יִפְתָּ֛ח
אֶל־בְּנֵ֥י עַמּ֖וֹן לְהִלָּ֣חֶם בָּ֑ם וַיִּתְּנֵ֥ם יְהֹוָ֖ה בְּיָדֽוֹ:
לג וַיַּכֵּ֡ם מֵֽעֲרוֹעֵר֩ וְעַד־בּֽוֹאֲךָ֙ מִנִּית֙ עֶשְׂרִ֣ים
עִ֔יר וְעַד֙ אָבֵ֣ל כְּרָמִ֔ים מַכָּ֖ה גְּדוֹלָ֣ה מְאֹ֑ד
וַיִּכָּֽנְעוּ֙ בְּנֵ֣י עַמּ֔וֹן מִפְּנֵ֖י בְּנֵ֥י יִשְׂרָאֵֽל:

HAFTARAS BALAK / הפטרת בלק
Micah 5:6 — 6:8 / מיכה ה:ו — ו:ח

5 ⁶ **A**nd the remnant of Jacob shall be in the midst of many peoples — like dew from HASHEM, like raindrops upon grass, that hopes not for a man and anticipates not the soul of a man. ⁷ And the remnant of Jacob shall be among the nations, in the midst of many peoples — like a lion among the forest animals, like a lion cub among the flocks of sheep, which, if it passes through, tramples and sunders, and there is no rescuer. ⁸ Your hand shall be raised over your adversaries, and all your enemies shall be cut down.

⁹ And it shall be on that day — the word of HASHEM — I will cut down your horses from your midst, and I will cause your chariots to be lost; ¹⁰ and I will cut down the cities of your land; and I will raze all your strongholds; ¹¹ and I will cut out wizardry from your hand; and soothsayers there will not be for you; ¹² and I will cut down your graven idols and your pillars from your midst; and you shall never again prostrate yourself to your handiwork; ¹³ and I will uproot your idol-trees from your midst; and I will destroy your cities; ¹⁴ in anger and fury will I inflict vengeance upon the nations that do not listen.

6 ¹ **L**isten now to what HASHEM says: "Arise! Contend with the mountains, and let the hills hear your voice. ² Listen, O mountains, to HASHEM's argument, and the mighty ones, the foundations of the earth; for HASHEM has an argument against His people, and He shall contend with Israel. ³ O My people, what have I done to you? How have I wearied you? Testify against Me. ⁴ When I brought you up from the land of Egypt and redeemed you from the house of slavery, I sent before you Moses, Aaron, and Miriam. ⁵ O My people, remember now what Balak king of Moab plotted and what Balaam son of Beor answered him; [despite the sin of the spies dispatched] from the Shittim, [I nevertheless split the Jordan for you when I brought you] to the Gilgal; that you may know the righteous acts of HASHEM."

⁶ With what shall I approach HASHEM, shall I humble myself before God of the heavens? — shall I approach Him with burnt-offerings, with calves in their first year? ⁷ Will HASHEM find favor in thousands of rams, in tens of thousands of streams of oil? — shall I give over my firstborn [to atone for] my transgression, the fruit of my womb [for] the sin of my soul? ⁸ He has told you, O man, what is good, and what HASHEM seeks from you: only the performance of justice, the love of kindness, and walking humbly with your God.

ה וְהָיָ֣ה ׀ שְׁאֵרִ֣ית יַעֲקֹ֗ב בְּקֶ֙רֶב֙ עַמִּ֣ים רַבִּ֔ים כְּטַל֙ מֵאֵ֣ת יהו֔ה כִּרְבִיבִ֖ים עֲלֵי־עֵ֑שֶׂב אֲשֶׁ֤ר לֹֽא־יְקַוֶּה֙ לְאִ֔ישׁ וְלֹ֥א יְיַחֵ֖ל לִבְנֵ֥י אָדָֽם: ז וְהָיָה֩ שְׁאֵרִ֨ית יַעֲקֹ֜ב בַּגּוֹיִ֗ם בְּקֶ֙רֶב֙ עַמִּ֣ים רַבִּ֔ים כְּאַרְיֵה֙ בְּבַהֲמ֣וֹת יַ֔עַר כִּכְפִ֖יר בְּעֶדְרֵי־צֹ֑אן אֲשֶׁ֧ר אִם־עָבַ֛ר וְרָמַ֥ס וְטָרַ֖ף וְאֵ֥ין מַצִּֽיל: ח תָּרֹ֥ם יָדְךָ֖ עַל־צָרֶ֑יךָ וְכָל־אֹיְבֶ֖יךָ יִכָּרֵֽתוּ: ט וְהָיָ֤ה בַיּֽוֹם־הַהוּא֙ נְאֻם־יהו֔ה וְהִכְרַתִּ֥י סוּסֶ֖יךָ מִקִּרְבֶּ֑ךָ וְהַאֲבַדְתִּ֖י מַרְכְּבֹתֶֽיךָ: י וְהִכְרַתִּ֖י עָרֵ֣י אַרְצֶ֑ךָ וְהָרַסְתִּ֖י כָּל־מִבְצָרֶֽיךָ: יא וְהִכְרַתִּ֥י כְשָׁפִ֖ים מִיָּדֶ֑ךָ וּמְע֣וֹנְנִ֔ים לֹ֥א יִהְיוּ־לָֽךְ: יב וְהִכְרַתִּ֧י פְסִילֶ֛יךָ וּמַצֵּבוֹתֶ֖יךָ מִקִּרְבֶּ֑ךָ וְלֹֽא־תִשְׁתַּחֲוֶ֥ה ע֖וֹד לְמַעֲשֵׂ֥ה יָדֶֽיךָ: יג וְנָתַשְׁתִּ֥י אֲשֵׁירֶ֖יךָ מִקִּרְבֶּ֑ךָ וְהִשְׁמַדְתִּ֖י עָרֶֽיךָ: יד וְעָשִׂ֨יתִי בְּאַ֧ף וּבְחֵמָ֛ה נָקָ֖ם אֶת־הַגּוֹיִ֑ם אֲשֶׁ֖ר לֹ֥א שָׁמֵֽעוּ:

ו א שִׁמְעוּ־נָ֕א אֵ֥ת אֲשֶׁר־יהו֖ה אֹמֵ֑ר ק֚וּם רִ֣יב אֶת־הֶֽהָרִ֔ים וְתִשְׁמַ֖עְנָה הַגְּבָע֥וֹת קוֹלֶֽךָ: ב שִׁמְע֤וּ הָרִים֙ אֶת־רִ֣יב יהו֔ה וְהָאֵֽתָנִ֖ים מ֣וֹסְדֵי אָ֑רֶץ כִּ֣י רִ֤יב לַֽיהוָה֙ עִם־עַמּ֔וֹ וְעִם־יִשְׂרָאֵ֖ל יִתְוַכָּֽח: ג עַמִּ֛י מֶה־עָשִׂ֥יתִי לְךָ֖ וּמָ֣ה הֶלְאֵתִ֑יךָ עֲנֵ֥ה בִֽי: ד כִּ֤י הֶעֱלִתִ֙יךָ֙ מֵאֶ֣רֶץ מִצְרַ֔יִם וּמִבֵּ֥ית עֲבָדִ֖ים פְּדִיתִ֑יךָ וָאֶשְׁלַ֣ח לְפָנֶ֔יךָ אֶת־מֹשֶׁ֖ה אַהֲרֹ֥ן וּמִרְיָֽם: ה עַמִּ֗י זְכָר־נָא֙ מַה־יָּעַ֗ץ בָּלָק֙ מֶ֣לֶךְ מוֹאָ֔ב וּמֶה־עָנָ֥ה אֹת֖וֹ בִּלְעָ֣ם בֶּן־בְּע֑וֹר מִן־הַשִּׁטִּים֙ עַד־הַגִּלְגָּ֔ל לְמַ֥עַן דַּ֖עַת צִדְק֥וֹת יהוָֽה: ו בַּמָּה֙ אֲקַדֵּ֣ם יהו֔ה אִכַּ֖ף לֵֽאלֹהֵ֣י מָר֑וֹם הַאֲקַדְּמֶ֣נּוּ בְעוֹל֔וֹת בַּעֲגָלִ֖ים בְּנֵ֥י שָׁנָֽה: ז הֲיִרְצֶ֤ה יהוָה֙ בְּאַלְפֵ֣י אֵילִ֔ים בְּרִֽבְב֖וֹת נַֽחֲלֵי־שָׁ֑מֶן הַאֶתֵּ֤ן בְּכוֹרִי֙ פִּשְׁעִ֔י פְּרִ֥י בִטְנִ֖י חַטַּ֥את נַפְשִֽׁי: ח הִגִּ֥יד לְךָ֛ אָדָ֖ם מַה־טּ֑וֹב וּמָֽה־יהו֞ה דּוֹרֵ֣שׁ מִמְּךָ֗ כִּ֣י אִם־עֲשׂ֤וֹת מִשְׁפָּט֙ וְאַ֣הֲבַת חֶ֔סֶד וְהַצְנֵ֥עַ לֶ֖כֶת עִם־אֱלֹהֶֽיךָ:

HAFTARAS PINCHAS / הפטרת פינחס

During most years, *Parashas Pinchas* is read after the Seventeenth of Tammuz. In those years, the two *Parashiyos Mattos* and *Masei* are read on the Sabbath after *Parashas Pinchas*. The *Haftarah* of *Parashas Pinchas* is then omitted, and the *Haftarah* of *Parashas Mattos* (p. 448) is read in its place. In those years when *Parashas Pinchas* is read before the Seventeenth of Tammuz, the following *Haftarah* is read.

I Kings 18:46 — 19:21 / מלכים א יח:מו – יט:כא

18 46 *And the hand of HASHEM was upon Elijah, so
he girded his loins and ran before Ahab until
the approach to Jezreel.*

19 1 *Then Ahab told Jezebel all that Elijah had done
and all that he had slain — all the [false]
prophets — with the sword.*

2 *Jezebel sent an emissary to Elijah saying, "Thus
may the gods do [to me] and thus may they increase
[upon me], unless at this time tomorrow I shall set
your soul as the soul of one of them."*

3 *When he saw [the danger], he arose and went for
his life; he came to Beer-sheba, which belongs to
Judah, and left his servant there.* 4 *But as for himself,
he went a day's journey into the wilderness; he came
[there], sat under a rosem-bush, and requested for his
soul to die; and he said, "It is enough! — now,
HASHEM, take my soul, for I am not better than my
forefathers."*

5 *Then he lay down and slept under a rosem-bush,
and, behold this! — an angel touched him and said to
him, "Arise! Eat!"*

6 *So he looked, and, behold! — near his head, a
coal-baked cake and a container of water; he ate and
drank, then he went back and lay down.*

7 *The angel of HASHEM returned to him a second
time, touched him and said, "Arise! Eat! for the road
will be long for you."*

8 *So he arose, and ate and drank; then he went, on
the strength of that meal, forty days and forty nights,
until the Mountain of God, [until] Horeb.* 9 *He came
there to the cave and spent the night there; and,
behold! — the word of HASHEM came to him and said
to him, "Why are you here, Elijah?"*

10 *And he said, "I have been exceedingly zealous for
HASHEM, God of Legions, for the Children of Israel
have abandoned Your covenant; they have razed
Your Altars; they have killed Your prophets with the
sword, so that I alone have remained, and they seek
my soul to take it."*

11 *And He said, "Go forth and stand on the
mountain before HASHEM; and, behold! — HASHEM is
passing, and a great, powerful wind is smashing
mountains and breaking rocks before HASHEM — but
not in the wind is HASHEM; and after the wind an
earthquake — but not in the earthquake is HASHEM;*
12 *and after the earthquake a fire — but not in the fire
is HASHEM; and after the fire a still, thin sound."*

13 *And it happened when Elijah heard, he bound his
face in his mantle, went out, and stood by the cave's
entrance; and, behold! — a voice came unto him and
it said, "Why are you here, Elijah?"*

יח מו וְיַד־יהוה הָיְתָה אֶל־אֵלִיָּהוּ וַיְשַׁנֵּס
מָתְנָיו וַיָּרָץ לִפְנֵי אַחְאָב עַד־בֹּאֲכָה
יִזְרְעֶאלָה: יט א וַיַּגֵּד אַחְאָב לְאִיזֶבֶל אֵת כָּל־
אֲשֶׁר עָשָׂה אֵלִיָּהוּ וְאֵת כָּל־אֲשֶׁר הָרַג אֶת־
כָּל־הַנְּבִיאִים בֶּחָרֶב: ב וַתִּשְׁלַח אִיזֶבֶל
מַלְאָךְ אֶל־אֵלִיָּהוּ לֵאמֹר כֹּה־יַעֲשׂוּן אֱלֹהִים
וְכֹה יוֹסִפוּן כִּי־כָעֵת מָחָר אָשִׂים אֶת־נַפְשְׁךָ
כְּנֶפֶשׁ אַחַד מֵהֶם: ג וַיַּרְא וַיָּקָם וַיֵּלֶךְ אֶל־
נַפְשׁוֹ וַיָּבֹא בְּאֵר שֶׁבַע אֲשֶׁר לִיהוּדָה וַיַּנַּח
אֶת־נַעֲרוֹ שָׁם: ד וְהוּא־הָלַךְ בַּמִּדְבָּר דֶּרֶךְ יוֹם
וַיָּבֹא וַיֵּשֶׁב תַּחַת רֹתֶם אֶחָד [אחת כ׳] וַיִּשְׁאַל
אֶת־נַפְשׁוֹ לָמוּת וַיֹּאמֶר | רַב עַתָּה יהוה קַח
נַפְשִׁי כִּי לֹא־טוֹב אָנֹכִי מֵאֲבֹתָי: ה וַיִּשְׁכַּב
וַיִּישַׁן תַּחַת רֹתֶם אֶחָד וְהִנֵּה־זֶה מַלְאָךְ נֹגֵעַ
בּוֹ וַיֹּאמֶר לוֹ קוּם אֱכוֹל: ו וַיַּבֵּט וְהִנֵּה
מְרַאֲשֹׁתָיו עֻגַת רְצָפִים וְצַפַּחַת מָיִם וַיֹּאכַל
וַיֵּשְׁתְּ וַיָּשָׁב וַיִּשְׁכָּב: ז וַיָּשָׁב מַלְאַךְ יהוה |
שֵׁנִית וַיִּגַּע־בּוֹ וַיֹּאמֶר קוּם אֱכֹל כִּי רַב מִמְּךָ
הַדָּרֶךְ: ח וַיָּקָם וַיֹּאכַל וַיִּשְׁתֶּה וַיֵּלֶךְ בְּכֹחַ |
הָאֲכִילָה הַהִיא אַרְבָּעִים יוֹם וְאַרְבָּעִים לַיְלָה
עַד הַר הָאֱלֹהִים חֹרֵב: ט וַיָּבֹא־שָׁם אֶל־
הַמְּעָרָה וַיָּלֶן שָׁם וְהִנֵּה דְבַר־יהוה אֵלָיו
וַיֹּאמֶר לוֹ מַה־לְּךָ פֹה אֵלִיָּהוּ: י וַיֹּאמֶר קַנֹּא
קִנֵּאתִי לַיהוה | אֱלֹהֵי צְבָאוֹת כִּי־עָזְבוּ
בְרִיתְךָ בְּנֵי יִשְׂרָאֵל אֶת־מִזְבְּחֹתֶיךָ הָרָסוּ
וְאֶת־נְבִיאֶיךָ הָרְגוּ בֶחָרֶב וָאִוָּתֵר אֲנִי לְבַדִּי
וַיְבַקְשׁוּ אֶת־נַפְשִׁי לְקַחְתָּהּ: יא וַיֹּאמֶר צֵא
וְעָמַדְתָּ בָהָר לִפְנֵי יהוה וְהִנֵּה יהוה עֹבֵר
וְרוּחַ גְּדוֹלָה וְחָזָק מְפָרֵק הָרִים וּמְשַׁבֵּר
סְלָעִים לִפְנֵי יהוה לֹא בָרוּחַ יהוה וְאַחַר
הָרוּחַ רַעַשׁ לֹא בָרַעַשׁ יהוה: יב וְאַחַר הָרַעַשׁ
אֵשׁ לֹא בָאֵשׁ יהוה וְאַחַר הָאֵשׁ קוֹל דְּמָמָה
דַקָּה: יג וַיְהִי | כִּשְׁמֹעַ אֵלִיָּהוּ וַיָּלֶט פָּנָיו
בְּאַדַּרְתּוֹ וַיֵּצֵא וַיַּעֲמֹד פֶּתַח הַמְּעָרָה וְהִנֵּה
אֵלָיו קוֹל וַיֹּאמֶר מַה־לְּךָ פֹּה אֵלִיָּהוּ:

יד וַיֹּאמֶר קַנֹּא קִנֵּאתִי לַיהוה | אֱלֹהֵי צְבָאוֹת
כִּי־עָזְבוּ בְרִיתְךָ בְּנֵי יִשְׂרָאֵל אֶת־מִזְבְּחֹתֶיךָ
הָרָסוּ וְאֶת־נְבִיאֶיךָ הָרְגוּ בֶחָרֶב וָאִוָּתֵר אֲנִי
לְבַדִּי וַיְבַקְשׁוּ אֶת־נַפְשִׁי לְקַחְתָּהּ: טו וַיֹּאמֶר
יהוה אֵלָיו לֵךְ שׁוּב לְדַרְכְּךָ מִדְבַּרָה דַמָּשֶׂק
וּבָאתָ וּמָשַׁחְתָּ אֶת־חֲזָאֵל לְמֶלֶךְ עַל־אֲרָם:
טז וְאֵת יֵהוּא בֶן־נִמְשִׁי תִּמְשַׁח לְמֶלֶךְ עַל־
יִשְׂרָאֵל וְאֶת־אֱלִישָׁע בֶּן־שָׁפָט מֵאָבֵל
מְחוֹלָה תִּמְשַׁח לְנָבִיא תַּחְתֶּיךָ: יז וְהָיָה
הַנִּמְלָט מֵחֶרֶב חֲזָאֵל יָמִית יֵהוּא וְהַנִּמְלָט
מֵחֶרֶב יֵהוּא יָמִית אֱלִישָׁע: יח וְהִשְׁאַרְתִּי
בְיִשְׂרָאֵל שִׁבְעַת אֲלָפִים כָּל־הַבִּרְכַּיִם אֲשֶׁר
לֹא־כָרְעוּ לַבַּעַל וְכָל־הַפֶּה אֲשֶׁר לֹא־נָשַׁק
לוֹ: יט וַיֵּלֶךְ מִשָּׁם וַיִּמְצָא אֶת־אֱלִישָׁע בֶּן־
שָׁפָט וְהוּא חֹרֵשׁ שְׁנֵים־עָשָׂר צְמָדִים לְפָנָיו
וְהוּא בִּשְׁנֵים הֶעָשָׂר וַיַּעֲבֹר אֵלִיָּהוּ אֵלָיו
וַיַּשְׁלֵךְ אַדַּרְתּוֹ אֵלָיו: כ וַיַּעֲזֹב אֶת־הַבָּקָר
וַיָּרָץ אַחֲרֵי אֵלִיָּהוּ וַיֹּאמֶר אֶשְּׁקָה־נָּא לְאָבִי
וּלְאִמִּי וְאֵלְכָה אַחֲרֶיךָ וַיֹּאמֶר לוֹ לֵךְ שׁוּב כִּי
מֶה־עָשִׂיתִי לָךְ: כא וַיָּשָׁב מֵאַחֲרָיו וַיִּקַּח אֶת־
צֶמֶד הַבָּקָר וַיִּזְבָּחֵהוּ וּבִכְלִי הַבָּקָר בִּשְּׁלָם
הַבָּשָׂר וַיִּתֵּן לָעָם וַיֹּאכֵלוּ וַיָּקָם וַיֵּלֶךְ אַחֲרֵי
אֵלִיָּהוּ וַיְשָׁרְתֵהוּ:

14 *And he said, "I have been exceedingly zealous for HASHEM, God of Legions, for the Children of Israel have abandoned Your covenant; they have razed Your Altars; they have killed Your prophets with the sword, so that I alone have remained, and they seek my soul, to take it."*

15 *Then HASHEM said to him, "Go, return to your way, to the Wilderness of Damascus; and when you arrive, you shall anoint Hazael as king over Aram.*

16 *"And Jehu son of Nimshi shall you anoint as king over Israel; and Elisha son of Shaphat from the Plain of Meholah shall you anoint as prophet in your stead.*
17 *And it shall happen that whoever escapes the sword of Hazael, Jehu will kill; and whoever escapes the sword of Jehu, Elisha will kill.* 18 *But I will allow to remain in Israel seven thousand, all the knees that did not kneel to the Baal-idol and every mouth that did not kiss it."*

19 *Then he went from there and found Elisha son of Shaphat while he was plowing, twelve span [of oxen] before him and he with the twelfth; so Elijah passed across to him and cast his mantle upon him.*

20 *And he left the oxen and ran after Elijah and said, "Let me kiss, please, my father and my mother, then I shall go after you."*

But he said to him, "Go, return, for what have I done to you?"

21 *So he turned back from following him; and he took the span of oxen and slaughtered it; with the implements of the oxen he cooked the meat and gave it to the people, and they ate; then he rose and went after Elijah and ministered unto him.*

HAFTARAS MATTOS / הפטרת מטות

During most years, *Parashiyos Mattos* and *Masei* are read together. In those years, the *Haftarah* of *Parashas Pinchas* is omitted and the following *Haftarah* is read in its place. When *Mattos* and *Masei* are read on different *Shabbosos,* the following *Haftarah* is read after *Parashas Mattos.*

Jeremiah 1:1 — 2:3 / ירמיה א:א — ב:ג

א א דִּבְרֵי יִרְמְיָהוּ בֶּן־חִלְקִיָּהוּ מִן־הַכֹּהֲנִים
אֲשֶׁר בַּעֲנָתוֹת בְּאֶרֶץ בִּנְיָמִן: ב אֲשֶׁר הָיָה
דְבַר־יהוה אֵלָיו בִּימֵי יֹאשִׁיָּהוּ בֶן־אָמוֹן
מֶלֶךְ יְהוּדָה בִּשְׁלֹשׁ־עֶשְׂרֵה שָׁנָה לְמָלְכוֹ:
ג וַיְהִי בִּימֵי יְהוֹיָקִים בֶּן־יֹאשִׁיָּהוּ מֶלֶךְ
יְהוּדָה עַד־תֹּם עַשְׁתֵּי־עֶשְׂרֵה שָׁנָה לְצִדְקִיָּהוּ
בֶן־יֹאשִׁיָּהוּ מֶלֶךְ יְהוּדָה עַד־גְּלוֹת יְרוּשָׁלַםִ
בַּחֹדֶשׁ הַחֲמִישִׁי: ד וַיְהִי דְבַר־יהוה אֵלַי
לֵאמֹר: ה בְּטֶרֶם אֶצָּרְךָ [אצורך כ׳] בַבֶּטֶן
יְדַעְתִּיךָ וּבְטֶרֶם תֵּצֵא מֵרֶחֶם הִקְדַּשְׁתִּיךָ
נָבִיא לַגּוֹיִם נְתַתִּיךָ: ו וָאֹמַר אֲהָהּ אֲדֹנָי
יֱהוִה הִנֵּה לֹא־יָדַעְתִּי דַּבֵּר כִּי־נַעַר אָנֹכִי:
ז וַיֹּאמֶר יהוה אֵלַי אַל־תֹּאמַר נַעַר אָנֹכִי

1 1 *The words of Jeremiah son of Hilkiah, of the Kohanim who were in Anathoth in the land of Benjamin.* 2 *With whom the word of HASHEM was during the days of Josiah son of Amon king of Judah, in the thirteenth year of his reign.* 3 *And he was [prophet] in the days of Jehoiakim son of Josiah king of Judah, until the eleventh year of Zedekiah son of Josiah king of Judah, until the exile of Jerusalem in the fifth month.*

4 *And the word of HASHEM was upon me, saying,* 5 *"When I had not yet formed you in the belly, I [already] recognized you; and when you had not yet come forth from the womb, I sanctified you; a prophet to the nations have I made you."*

6 *And I said, "Aha! My Lord HASHEM/ELOHIM, behold! — I know not how to speak, for I am [but] a lad."*

7 *Then HASHEM said to me, "Do not say, 'I am [but]*

a lad,' rather to wherever I send you shall you go, and whatever I command you shall you speak. 8 *Fear not before them, for I am with you, to rescue you — the word of* HASHEM."

9 *And* HASHEM *sent forth His hand and made it touch my mouth; and* HASHEM *said to me, "Behold! I have placed My words in your mouth.* 10 *See, I have appointed you this day over the nations and over the kingdoms, to uproot and to smash and to destroy and to raze; to build and to plant."*

11 *And the word of* HASHEM *was upon me, saying, "What do you see, Jeremiah?"*

And I said, "An almond-wood staff do I see."

12 *And* HASHEM *said to me, "You have seen well, for I shall hasten regarding My word, to fulfill it."*

13 *Then the word of* HASHEM *was upon me a second time, saying, "What do you see?"*

And I said, "A boiling pot do I see; and its bubbling is from the northern side."

14 *And* HASHEM *said to me, "From the north shall the evil loose itself upon all the inhabitants of the Land.* 15 *For, behold! — I will call all the families of the kingdoms of the North — the word of* HASHEM *— and they shall come and each of them shall place his throne at the entranceway of the gates of Jerusalem, and against all its walls, and against all the cities of Judah.* 16 *Then I will speak My judgments against them for all their evil; for they have forsaken Me, and they have censed to the gods of others, and they have prostrated themselves to their handiwork.* 17 *But as for you, you shall gird your loins and arise and speak to them all that I shall command you; do not tremble before them lest I cause you dismay before them.* 18 *And as for Me, behold! — I have set you today as a fortified city and as an iron pillar and as copper walls over the entire land; against the kings of Judah, against her princes, against her Kohanim, and against the people of the Land.* 19 *And they will do battle against you, but they shall not prevail over you, for with you am I — the word of* HASHEM *— to rescue you."*

2 1 *And the word of* HASHEM *was upon me, saying,* 2 *"Go and proclaim in the ears of Jerusalem, saying, 'Thus said* HASHEM*: I remember for your sake the kindness of your youth, the love of your bridal days, your following after Me in the wilderness, in a land not sown.'* 3 *Israel is sacred unto* HASHEM*, the first of His grain; all who devour him shall bear guilt, evil shall come upon them — the word of* HASHEM."

כִּ֠י עַל־כָּל־אֲשֶׁ֤ר אֶֽשְׁלָחֲךָ֙ תֵּלֵ֔ךְ וְאֵ֛ת כָּל־
אֲשֶׁ֥ר אֲצַוְּךָ֖ תְּדַבֵּֽר׃ ח אַל־תִּירָ֖א מִפְּנֵיהֶ֑ם כִּֽי־
אִתְּךָ֥ אֲנִ֛י לְהַצִּלֶ֖ךָ נְאֻם־יהוה׃ ט וַיִּשְׁלַ֤ח יהוה֙
אֶת־יָד֔וֹ וַיַּגַּ֖ע עַל־פִּ֑י וַיֹּ֤אמֶר יהוה֙ אֵלַ֔י הִנֵּ֛ה
נָתַ֥תִּי דְבָרַ֖י בְּפִֽיךָ׃ י רְאֵ֞ה הִפְקַדְתִּ֣יךָ ׀ הַיּ֣וֹם
הַזֶּ֗ה עַל־הַגּוֹיִם֙ וְעַל־הַמַּמְלָכ֔וֹת לִנְת֥וֹשׁ
וְלִנְת֖וֹץ וּלְהַאֲבִ֣יד וְלַהֲר֑וֹס לִבְנ֖וֹת וְלִנְטֽוֹעַ׃
יא וַיְהִ֤י דְבַר־יהוה֙ אֵלַ֣י לֵאמֹ֔ר מָֽה־אַתָּ֥ה רֹאֶ֖ה
יִרְמְיָ֑הוּ וָאֹמַ֕ר מַקֵּ֥ל שָׁקֵ֖ד אֲנִ֥י רֹאֶֽה׃ יב וַיֹּ֧אמֶר
יהוה֛ אֵלַ֖י הֵיטַ֣בְתָּ לִרְא֑וֹת כִּֽי־שֹׁקֵ֥ד אֲנִ֛י עַל־
דְּבָרִ֖י לַעֲשֹׂתֽוֹ׃ יג וַיְהִ֨י דְבַר־יהוה֤ ׀ אֵלַי֙ שֵׁנִ֣ית
לֵאמֹ֔ר מָ֖ה אַתָּ֣ה רֹאֶ֑ה וָאֹמַ֗ר סִ֤יר נָפ֙וּחַ֙ אֲנִ֣י
רֹאֶ֔ה וּפָנָ֖יו מִפְּנֵ֥י צָפֽוֹנָה׃ יד וַיֹּ֥אמֶר יהוה֖ אֵלָ֑י
מִצָּפוֹן֙ תִּפָּתַ֣ח הָֽרָעָ֔ה עַ֥ל כָּל־יֹשְׁבֵ֖י הָאָֽרֶץ׃
טו כִּ֣י ׀ הִנְנִ֣י קֹרֵ֗א לְכָל־מִשְׁפְּח֛וֹת מַמְלְכ֥וֹת
צָפ֖וֹנָה נְאֻם־יהוה֑ וּבָ֡אוּ וְֽנָתְנוּ֩ אִ֨ישׁ כִּסְא֜וֹ
פֶּ֣תַח ׀ שַׁעֲרֵ֣י יְרוּשָׁלִַ֗ם וְעַ֤ל כָּל־חוֹמֹתֶ֙יהָ֙
סָבִ֔יב וְעַ֖ל כָּל־עָרֵ֥י יְהוּדָֽה׃ טז וְדִבַּרְתִּ֤י מִשְׁפָּטַי֙
אוֹתָ֔ם עַ֖ל כָּל־רָעָתָ֑ם אֲשֶׁ֣ר עֲזָב֗וּנִי וַֽיְקַטְּרוּ֙
לֵאלֹהִ֣ים אֲחֵרִ֔ים וַיִּֽשְׁתַּחֲו֖וּ לְמַעֲשֵׂ֥י יְדֵיהֶֽם׃
יז וְאַתָּה֙ תֶּאְזֹ֣ר מָתְנֶ֔יךָ וְקַמְתָּ֙ וְדִבַּרְתָּ֣ אֲלֵיהֶ֔ם
אֵ֛ת כָּל־אֲשֶׁ֥ר אָנֹכִ֖י אֲצַוֶּ֑ךָּ אַל־תֵּחַת֙ מִפְּנֵיהֶ֔ם
פֶּן־אֲחִתְּךָ֖ לִפְנֵיהֶֽם׃ יח וַאֲנִ֞י הִנֵּ֧ה נְתַתִּ֣יךָ הַיּ֗וֹם
לְעִ֨יר מִבְצָ֜ר וּלְעַמּ֥וּד בַּרְזֶ֛ל וּלְחֹמ֥וֹת נְחֹ֖שֶׁת
עַל־כָּל־הָאָ֑רֶץ לְמַלְכֵ֤י יְהוּדָה֙ לְשָׂרֶ֔יהָ
לְכֹהֲנֶ֖יהָ וּלְעַ֥ם הָאָֽרֶץ׃ יט וְנִלְחֲמ֥וּ אֵלֶ֖יךָ וְלֹא־
י֣וּכְלוּ לָ֑ךְ כִּֽי־אִתְּךָ֥ אֲנִ֛י נְאֻם־יהוה֖ לְהַצִּילֶֽךָ׃
ב א וַיְהִ֥י דְבַר־יהוה֖ אֵלַ֥י לֵאמֹֽר׃ ב הָלֹ֡ךְ
וְקָֽרָאתָ֩ בְאָזְנֵ֨י יְרוּשָׁלִַ֜ם לֵאמֹ֗ר כֹּ֚ה אָמַ֣ר יהוה֔
זָכַ֤רְתִּי לָךְ֙ חֶ֣סֶד נְעוּרַ֔יִךְ אַהֲבַ֖ת כְּלוּלֹתָ֑יִךְ
לֶכְתֵּ֤ךְ אַחֲרַי֙ בַּמִּדְבָּ֔ר בְּאֶ֖רֶץ לֹ֥א זְרוּעָֽה׃
ג קֹ֤דֶשׁ יִשְׂרָאֵל֙ לַֽיהוה֔ רֵאשִׁ֖ית תְּבוּאָתֹ֑ה כָּל־
אֹכְלָיו֙ יֶאְשָׁ֔מוּ רָעָ֛ה תָּבֹ֥א אֲלֵיהֶ֖ם נְאֻם־יהוה׃

HAFTARAS MASEI / הפטרת מסעי

Jeremiah 2:4-28; 3:4; 4:1-2 / ירמיה ב:ד־כח; ג:ד; ד:א־ב

2 4 *Hear the word of* HASHEM*, O House of Jacob and all families of the House of Israel.* 5 *Thus said* HASHEM*, "What did your forefathers find in Me that is a wrong, that they distanced themselves from me and went after nothingness, and have turned into nothingness?* 6 *But they did not say, 'Where is* HASHEM*, Who brought us up from the land of Egypt,*

ב ד שִׁמְע֥וּ דְבַר־יהוה֖ בֵּ֣ית יַעֲקֹ֑ב וְכָל־
מִשְׁפְּח֖וֹת בֵּ֥ית יִשְׂרָאֵֽל׃ ה כֹּ֣ה ׀ אָמַ֣ר יהוה֗
מַה־מָּצְא֨וּ אֲבוֹתֵיכֶ֥ם בִּי֙ עָ֔וֶל כִּ֥י רָחֲק֖וּ מֵעָלָ֑י
וַיֵּֽלְכ֛וּ אַחֲרֵ֥י הַהֶ֖בֶל וַיֶּהְבָּֽלוּ׃ ו וְלֹ֣א אָמְר֔וּ
אַיֵּ֣ה יהוה֔ הַמַּעֲלֶ֥ה אֹתָ֖נוּ מֵאֶ֣רֶץ מִצְרָ֑יִם

Who led us in the Wilderness, in a land of plain and pit, in a land of waste and the shadow of death, in a land through which no man has passed and where no man has settled.'

7 *"Yet I brought you to a fruitful Land, to eat its fruit and its goodness; but when you came, you contaminated My Land, and made My heritage into an abomination.* 8 *The Kohanim did not say, 'Where is* HASHEM*?'; — even those charged with teaching the Torah did not know Me; the shepherd-kings rebelled against Me; and the prophets prophesied in the name of the Baal-idols; and they went after that which cannot avail.*

9 *"Therefore I will again contend with you — the word of* HASHEM *— and with your children's children will I contend.* 10 *Traverse the isles of the Kittites and see, send forth unto Kedar and consider deeply, and see whether there has occurred such as this.* 11 *Has a nation exchanged its gods — though they be not gods; yet My people has exchanged its Glory for that which cannot avail.* 12 *Mourn, O heavens, over this; rage forth in storm, send forth great devastation — the word of* HASHEM. 13 *For My people has perpetrated two evils: Me have they forsaken, the Source of living waters; to dig for themselves cisterns, broken cisterns that cannot hold water.*

14 *"Is Israel a slave? Is he born to a housemaid? Why has he become prey?* 15 *Young lions have roared at him, they have given out their voice; they have laid his land a waste, devastated his cities, without inhabitant.* 16 *Even the people of Noph and Tahpanhes smash your skull.* 17 *Is this not what you do to yourself; by forsaking* HASHEM*, your God, when He leads you on the way?*

18 *"And now, what is there for you on the road to Egypt — to drink the water of Shihor? And what is there for you on the road to Assyria — to drink the water of the [Euphrates] River?* 19 *Your evil shall castigate you; your waywardness shall chasten you; know and see that evil and bitter is your forsaking of* HASHEM*, your God, and that awe of Me was not upon you — the word of my Lord,* HASHEM/ELOHIM*, Master of Legions.*

20 *"For from of old have I broken your yoke, I have removed your reins, and you said, 'I will not transgress!' — yet upon every lofty hill, and under every vigorous tree, you wander like a harlot.* 21 *I had planted you a noble vine, full of true seed; how, then, have you transformed yourself before Me into a degenerate alien vine?* 22 *Even were you to wash yourself with natron, and use much soap upon yourself, your iniquity is as the mark of a stain before Me — the word of my Lord,* HASHEM/ELOHIM.

23 *"How can you say, 'I have not become contaminated; after the Baal-idols have I not gone?' See your way in the Valley [of Peor]; know what you have done [to this day], like a fleet dromedary bound in her ways.* 24 *Like a wild-donkey well acquainted*

הַמּוֹלִיךְ אֹתָנוּ בַּמִּדְבָּר בְּאֶרֶץ עֲרָבָה וְשׁוּחָה
בְּאֶרֶץ צִיָּה וְצַלְמָוֶת בְּאֶרֶץ לֹא־עָבַר בָּהּ
אִישׁ וְלֹא־יָשַׁב אָדָם שָׁם: ז וָאָבִיא אֶתְכֶם
אֶל־אֶרֶץ הַכַּרְמֶל לֶאֱכֹל פִּרְיָהּ וְטוּבָהּ וַתָּבֹאוּ
וַתְּטַמְּאוּ אֶת־אַרְצִי וְנַחֲלָתִי שַׂמְתֶּם
לְתוֹעֵבָה: ח הַכֹּהֲנִים לֹא אָמְרוּ אַיֵּה יהוה
וְתֹפְשֵׂי הַתּוֹרָה לֹא יְדָעוּנִי וְהָרֹעִים פָּשְׁעוּ בִי
וְהַנְּבִיאִים נִבְּאוּ בַבַּעַל וְאַחֲרֵי לֹא־יוֹעִלוּ
הָלָכוּ: ט לָכֵן עֹד אָרִיב אִתְּכֶם נְאֻם־יהוה
וְאֶת־בְּנֵי בְנֵיכֶם אָרִיב: י כִּי עִבְרוּ אִיֵּי כִתִּיִּים
וּרְאוּ וְקֵדָר שִׁלְחוּ וְהִתְבּוֹנְנוּ מְאֹד וּרְאוּ הֵן
הָיְתָה כָּזֹאת: יא הַהֵימִיר גּוֹי אֱלֹהִים וְהֵמָּה
לֹא אֱלֹהִים וְעַמִּי הֵמִיר כְּבוֹדוֹ בְּלוֹא יוֹעִיל:
יב שֹׁמּוּ שָׁמַיִם עַל־זֹאת וְשַׂעֲרוּ חָרְבוּ מְאֹד
נְאֻם־יהוה: יג כִּי־שְׁתַּיִם רָעוֹת עָשָׂה עַמִּי
אֹתִי עָזְבוּ מְקוֹר ׀ מַיִם חַיִּים לַחְצֹב לָהֶם
בֹּארוֹת בֹּארֹת נִשְׁבָּרִים אֲשֶׁר לֹא־יָכִלוּ
הַמָּיִם: יד הַעֶבֶד יִשְׂרָאֵל אִם־יְלִיד בַּיִת הוּא
מַדּוּעַ הָיָה לָבַז: טו עָלָיו יִשְׁאֲגוּ כְפִרִים נָתְנוּ
קוֹלָם וַיָּשִׁיתוּ אַרְצוֹ לְשַׁמָּה עָרָיו נִצְּתוּ
[נצתה כ׳] מִבְּלִי יֹשֵׁב: טז גַּם־בְּנֵי־נֹף
וְתַחְפַּנְחֵס [ותחפנס כ׳] יִרְעוּךְ קָדְקֹד:
יז הֲלוֹא־זֹאת תַּעֲשֶׂה־לָּךְ עָזְבֵךְ אֶת־יהוה
אֱלֹהַיִךְ בְּעֵת מוֹלִכֵךְ בַּדָּרֶךְ: יח וְעַתָּה מַה־לָּךְ
לְדֶרֶךְ מִצְרַיִם לִשְׁתּוֹת מֵי שִׁחוֹר וּמַה־לָּךְ
לְדֶרֶךְ אַשּׁוּר לִשְׁתּוֹת מֵי נָהָר: יט תְּיַסְּרֵךְ
רָעָתֵךְ וּמְשֻׁבוֹתַיִךְ תּוֹכִחֻךְ וּדְעִי וּרְאִי כִּי־רַע
וָמָר עָזְבֵךְ אֶת־יהוה אֱלֹהָיִךְ וְלֹא פַחְדָּתִי
אֵלַיִךְ נְאֻם־אֲדֹנָי יֱהוִה צְבָאוֹת: כ כִּי מֵעוֹלָם
שָׁבַרְתִּי עֻלֵּךְ נִתַּקְתִּי מוֹסְרוֹתַיִךְ וַתֹּאמְרִי לֹא
אֶעֱבוֹר [אעבוד כ׳] כִּי עַל־כָּל־גִּבְעָה גְּבֹהָה
וְתַחַת כָּל־עֵץ רַעֲנָן אַתְּ צֹעָה זֹנָה:
כא וְאָנֹכִי נְטַעְתִּיךְ שֹׂרֵק כֻּלֹּה זֶרַע אֱמֶת
וְאֵיךְ נֶהְפַּכְתְּ לִי סוּרֵי הַגֶּפֶן נָכְרִיָּה: כב כִּי
אִם־תְּכַבְּסִי בַּנֶּתֶר וְתַרְבִּי־לָךְ בֹּרִית נִכְתָּם
עֲוֹנֵךְ לְפָנַי נְאֻם אֲדֹנָי יֱהוִה: כג אֵיךְ
תֹּאמְרִי לֹא נִטְמֵאתִי אַחֲרֵי הַבְּעָלִים לֹא
הָלַכְתִּי רְאִי דַרְכֵּךְ בַּגַּיְא דְּעִי מֶה עָשִׂית
בִּכְרָה קַלָּה מְשָׂרֶכֶת דְּרָכֶיהָ: כד פֶּרֶה ׀ לִמֻּד

with the wilderness, that in the passion of her soul inhales the wind; [when] her lust [overwhelms her], who can reform her? Those who seek her should not weary themselves for in her [final] month [of pregnancy] they will find her. 25 *[The prophets told you that by remaining faithful you would] withhold your foot from barefooted [exile], and your throat from thirst; but you said, 'I do not care! No! For I have loved strangers and after them will I go.'* 26 *As the shame of a thief when he is discovered, so has the House of Israel been shamed — they, their kings, their princes, and their [idolatrous] priests and their [false] prophets.* 27 *They say to the wood, 'You are my father,' and to the stone, 'You gave birth to us'; for they have turned unto Me their back and not their face; yet in the time of their distress, they will say, 'Arise and save us!'* 28 *So where are your gods that you made for yourself? Let them arise, if they can save you in the time of your distress; for as the number of your cities was [the number of] your gods, O Judah."*

מִדְבָּר בְּאַוַּת נַפְשָׁהּ [נפשו כ׳] שָׁאֲפָה רוּחַ
תַּאֲנָתָהּ מִי יְשִׁיבֶנָּה כָּל־מְבַקְשֶׁיהָ לֹא יִיעָפוּ
בְּחָדְשָׁהּ יִמְצָאוּנְהָ: כה מִנְעִי רַגְלֵךְ מִיָּחֵף
וּגְרוֹנֵךְ [וגורנך כ׳] מִצִּמְאָה וַתֹּאמְרִי נוֹאָשׁ
לוֹא כִּי־אָהַבְתִּי זָרִים וְאַחֲרֵיהֶם אֵלֵךְ:
כו כְּבֹשֶׁת גַּנָּב כִּי יִמָּצֵא כֵּן הֹבִישׁוּ בֵּית
יִשְׂרָאֵל הֵמָּה מַלְכֵיהֶם שָׂרֵיהֶם וְכֹהֲנֵיהֶם
וּנְבִיאֵיהֶם: כז אֹמְרִים לָעֵץ אָבִי אַתָּה וְלָאֶבֶן
אַתְּ יְלִדְתָּנוּ [ילדתני כ׳] כִּי־פָנוּ אֵלַי עֹרֶף וְלֹא
פָנִים וּבְעֵת רָעָתָם יֹאמְרוּ קוּמָה וְהוֹשִׁיעֵנוּ:
כח וְאַיֵּה אֱלֹהֶיךָ אֲשֶׁר עָשִׂיתָ לָּךְ יָקוּמוּ אִם־
יוֹשִׁיעוּךָ בְּעֵת רָעָתֶךָ כִּי מִסְפַּר עָרֶיךָ הָיוּ
אֱלֹהֶיךָ יְהוּדָה:

Some congregations conclude the *Haftarah* here. *Ashkenazim* recite one more verse (3:4):

3 4*Will you not from this time call to Me, "My Father! Master of my youth are You?"*

ג ד הֲלוֹא מֵעַתָּה קָרָאת [קראתי כ׳] לִי אָבִי
אַלּוּף נְעֻרַי אָתָּה:

Sephardim recite two more verses (4:1-2):

4 1 *If you will return, O Israel — the word of* HASHEM *— to Me shall you return; and if you will remove your abominations from before Me and you will not stray;* 2 *but you will swear, "As* HASHEM *lives!" in truth, in justice, and in righteousness, then shall the nations bless themselves in Him, and in Him shall they praise themselves.*

ד א אִם־תָּשׁוּב יִשְׂרָאֵל | נְאֻם־יְהֹוָה אֵלַי
תָּשׁוּב וְאִם־תָּסִיר שִׁקּוּצֶיךָ מִפָּנַי וְלֹא
תָנוּד: ב וְנִשְׁבַּעְתָּ חַי־יְהֹוָה בֶּאֱמֶת
בְּמִשְׁפָּט וּבִצְדָקָה וְהִתְבָּרְכוּ בוֹ גּוֹיִם וּבוֹ
יִתְהַלָּלוּ:

When Rosh Chodesh Av falls on *Shabbos*, some congregations add the first and last verses of the *Haftarah* for *Shabbas* Rosh Chodesh (*Isaiah* 66:1;23):

So said HASHEM*: The heaven is My throne and the earth is My footstool; what House could you build for Me, and what could be My resting place? And it shall be that, from New Moon to New Moon, and from Sabbath to Sabbath, all flesh shall come to prostrate themselves before Me, said* HASHEM.

כֹּה אָמַר יְהֹוָה הַשָּׁמַיִם כִּסְאִי וְהָאָרֶץ הֲדֹם רַגְלָי
אֵי־זֶה בַיִת אֲשֶׁר תִּבְנוּ־לִי וְאֵי־זֶה מָקוֹם מְנוּחָתִי:
וְהָיָה מִדֵּי־חֹדֶשׁ בְּחָדְשׁוֹ וּמִדֵּי שַׁבָּת בְּשַׁבַּתּוֹ יָבוֹא
כָל־בָּשָׂר לְהִשְׁתַּחֲוֹת לְפָנַי אָמַר יְהֹוָה:

HAFTARAS SHABBAS EREV ROSH CHODESH / הפטרת שבת ערב ראש חודש

I Samuel 20:18-42 / שמואל א כ:יח־מב

20 18 Jonathan said to [David], "Tomorrow is the New Moon, and you will be missed because your seat will be empty. 19 For three days you are to go far down and come to the place where you hid on the day of the deed, and remain near the marker stone. 20 I will shoot three arrows in that direction as if I were shooting at a target. 21 Behold! — I will then send the lad, 'Go, find the arrows.' If I call out to the lad, 'Behold! — the arrows are on this side of you!' then you should take them and return, for it is well with you and there is no concern, as HASHEM lives. 22 But if I say this to the boy, 'Behold! — the arrows are beyond you!' then go, for HASHEM will have sent you away.

כ יח וַיֹּאמֶר־לוֹ יְהוֹנָתָן מָחָר חֹדֶשׁ וְנִפְקַדְתָּ כִּי
יִפָּקֵד מוֹשָׁבֶךָ: יט וְשִׁלַּשְׁתָּ תֵּרֵד מְאֹד וּבָאתָ
אֶל־הַמָּקוֹם אֲשֶׁר־נִסְתַּרְתָּ שָּׁם בְּיוֹם הַמַּעֲשֶׂה
וְיָשַׁבְתָּ אֵצֶל הָאֶבֶן הָאָזֶל: כ וַאֲנִי שְׁלֹשֶׁת
הַחִצִּים צִדָּה אוֹרֶה לְשַׁלַּח־לִי לְמַטָּרָה:
כא וְהִנֵּה אֶשְׁלַח אֶת־הַנַּעַר לֵךְ מְצָא אֶת־
הַחִצִּים אִם־אָמֹר אֹמַר לַנַּעַר הִנֵּה הַחִצִּים |
מִמְּךָ וָהֵנָּה קָחֶנּוּ וָבֹאָה כִּי־שָׁלוֹם לְךָ וְאֵין
דָּבָר חַי־יְהֹוָה: כב וְאִם־כֹּה אֹמַר לָעֶלֶם הִנֵּה
הַחִצִּים מִמְּךָ וָהָלְאָה לֵךְ כִּי שִׁלַּחֲךָ יְהֹוָה:

כג וְהַדָּבָר אֲשֶׁר דִּבַּרְנוּ אֲנִי וָאָתָּה הִנֵּה יְהוָה
בֵּינִי וּבֵינְךָ עַד־עוֹלָם: כד וַיִּסָּתֵר דָּוִד בַּשָּׂדֶה
וַיְהִי הַחֹדֶשׁ וַיֵּשֶׁב הַמֶּלֶךְ אֶל־ [על־ כ׳] הַלֶּחֶם
לֶאֱכוֹל: כה וַיֵּשֶׁב הַמֶּלֶךְ עַל־מוֹשָׁבוֹ כְּפַעַם ׀
בְּפַעַם אֶל־מוֹשַׁב הַקִּיר וַיָּקָם יְהוֹנָתָן וַיֵּשֶׁב
אַבְנֵר מִצַּד שָׁאוּל וַיִּפָּקֵד מְקוֹם דָּוִד: כו וְלֹא־
דִבֶּר שָׁאוּל מְאוּמָה בַּיּוֹם הַהוּא כִּי אָמַר מִקְרֶה
הוּא בִּלְתִּי טָהוֹר הוּא כִּי־לֹא טָהוֹר: כז וַיְהִי
מִמָּחֳרַת הַחֹדֶשׁ הַשֵּׁנִי וַיִּפָּקֵד מְקוֹם דָּוִד
וַיֹּאמֶר שָׁאוּל אֶל־יְהוֹנָתָן בְּנוֹ מַדּוּעַ לֹא־בָא
בֶן־יִשַׁי גַּם־תְּמוֹל גַּם־הַיּוֹם אֶל־הַלָּחֶם:
כח וַיַּעַן יְהוֹנָתָן אֶת־שָׁאוּל נִשְׁאֹל נִשְׁאַל דָּוִד
מֵעִמָּדִי עַד־בֵּית לָחֶם: כט וַיֹּאמֶר שַׁלְּחֵנִי נָא
כִּי זֶבַח מִשְׁפָּחָה לָנוּ בָּעִיר וְהוּא צִוָּה־לִי אָחִי
וְעַתָּה אִם־מָצָאתִי חֵן בְּעֵינֶיךָ אִמָּלְטָה נָּא
וְאֶרְאֶה אֶת־אֶחָי עַל־כֵּן לֹא־בָא אֶל־שֻׁלְחַן
הַמֶּלֶךְ: ל וַיִּחַר־אַף שָׁאוּל בִּיהוֹנָתָן וַיֹּאמֶר לוֹ
בֶּן־נַעֲוַת הַמַּרְדּוּת הֲלוֹא יָדַעְתִּי כִּי־בֹחֵר
אַתָּה לְבֶן־יִשַׁי לְבָשְׁתְּךָ וּלְבֹשֶׁת עֶרְוַת אִמֶּךָ:
לא כִּי כָל־הַיָּמִים אֲשֶׁר בֶּן־יִשַׁי חַי עַל־
הָאֲדָמָה לֹא תִכּוֹן אַתָּה וּמַלְכוּתֶךָ וְעַתָּה
שְׁלַח וְקַח אֹתוֹ אֵלַי כִּי בֶן־מָוֶת הוּא: לב וַיַּעַן
יְהוֹנָתָן אֶת־שָׁאוּל אָבִיו וַיֹּאמֶר אֵלָיו לָמָּה
יוּמַת מֶה עָשָׂה: לג וַיָּטֶל שָׁאוּל אֶת־הַחֲנִית
עָלָיו לְהַכֹּתוֹ וַיֵּדַע יְהוֹנָתָן כִּי־כָלָה הִיא מֵעִם
אָבִיו לְהָמִית אֶת־דָּוִד: לד וַיָּקָם יְהוֹנָתָן מֵעִם
הַשֻּׁלְחָן בָּחֳרִי־אָף וְלֹא־אָכַל בְּיוֹם־הַחֹדֶשׁ
הַשֵּׁנִי לֶחֶם כִּי נֶעְצַב אֶל־דָּוִד כִּי הִכְלִמוֹ אָבִיו:
לה וַיְהִי בַבֹּקֶר וַיֵּצֵא יְהוֹנָתָן הַשָּׂדֶה לְמוֹעֵד דָּוִד
וְנַעַר קָטֹן עִמּוֹ: לו וַיֹּאמֶר לְנַעֲרוֹ רֻץ מְצָא־נָא
אֶת־הַחִצִּים אֲשֶׁר אָנֹכִי מוֹרֶה הַנַּעַר רָץ
וְהוּא־יָרָה הַחֵצִי לְהַעֲבִרוֹ: לז וַיָּבֹא הַנַּעַר עַד־
מְקוֹם הַחֵצִי אֲשֶׁר יָרָה יְהוֹנָתָן וַיִּקְרָא יְהוֹנָתָן
אַחֲרֵי הַנַּעַר וַיֹּאמֶר הֲלוֹא הַחֵצִי מִמְּךָ
וָהָלְאָה: לח וַיִּקְרָא יְהוֹנָתָן אַחֲרֵי הַנַּעַר מְהֵרָה
חוּשָׁה אַל־תַּעֲמֹד וַיְלַקֵּט נַעַר יְהוֹנָתָן אֶת־
הַחִצִּים [החצי כ׳] וַיָּבֹא אֶל־אֲדֹנָיו: לט וְהַנַּעַר
לֹא־יָדַע מְאוּמָה אַךְ יְהוֹנָתָן וְדָוִד יָדְעוּ אֶת־
הַדָּבָר: מ וַיִּתֵּן יְהוֹנָתָן אֶת־כֵּלָיו אֶל־הַנַּעַר
אֲשֶׁר־לוֹ וַיֹּאמֶר לוֹ לֵךְ הָבֵיא הָעִיר: מא הַנַּעַר
בָּא וְדָוִד קָם מֵאֵצֶל הַנֶּגֶב וַיִּפֹּל לְאַפָּיו

23 *This matter of which we have spoken, I and you, behold! — HASHEM remains [witness] between me and you forever."*

24 *David concealed himself in the field. It was the New Moon and the king sat at the feast to eat.* 25 *The king sat on his seat as usual, on the seat by the wall; and Jonathan stood up so that Abner could sit at Saul's side, and David's seat was empty.* 26 *Saul said nothing on that day, for he thought, "It is a coincidence, he must be impure, for he has not been cleansed."*

27 *It was the day after the New Moon, the second day, and David's place was empty; Saul said to Jonathan, his son, "Why did the son of Jesse not come to the feast yesterday or today?"*

28 *Jonathan answered Saul, "David asked me for permission to go Bethlehem.* 29 *He said, 'Please send me away, for we have a family feast in the city, and he, my brother, ordered me [to come]; so now, if I have found favor in your eyes, excuse me, please, and let me see my brothers.' Therefore, he has not come to the king's table."*

30 *Saul's anger flared up at Jonathan, and he said to him, "Son of a pervertedly rebellious woman, do I not know that you prefer the son of Jesse, for your own shame and the shame of your mother's nakedness!* 31 *For all the days that the son of Jesse is alive on the earth, you and your kingdom will not be secure! And now send and bring him to me, for he is deserving of death."*

32 *Jonathan answered his father Saul and he said to him, "Why should he die; what has he done?"*

33 *Saul hurled his spear at him to strike him; so Jonathan realized that it was decided by his father to kill David.* 34 *Jonathan arose from the table in a burning anger; he did not partake of food on that second day of the month, for he was saddened over David because his father had humiliated him.*

35 *It happened in the morning that Jonathan went out to the field for the meeting with David, and a young lad was with him.* 36 *He said to his lad, "Run — please find the arrows that I shoot." The lad ran, and he shot the arrow to make it go further.* 37 *The lad arrived at the place of the arrow that Jonathan had shot, and Jonathan called out after the lad, and he said, "Is not the arrow beyond you?"*

38 *And Jonathan called out after the lad, "Quickly, hurry, do not stand still!" The lad gathered the arrows and came to his master.* 39 *The lad knew nothing, only Jonathan and David understood the matter.* 40 *Jonathan gave his equipment to his lad and said to him, "Go bring it to the city."*

41 *The lad went and David stood up from near the south [side of the stone], and he fell on his face*

to the ground and prostrated himself three times. They kissed one another and they wept with one another, until David [wept] greatly.

⁴² Jonathan said to David, "Go to peace. What the two of us have sworn in the Name of HASHEM — saying, 'HASHEM shall be between me and you, and between my children and your children' — shall be forever!"

אַ֫רְצָה וַיִּֽשְׁתַּ֫חוּ שָׁלֹ֣שׁ פְּעָמִים וַיִּשְּׁק֣וּ ׀ אִ֣ישׁ אֶת־רֵעֵ֗הוּ וַיִּבְכּוּ֙ אִ֣ישׁ אֶת־רֵעֵ֔הוּ עַד־דָּוִ֖ד הִגְדִּֽיל: מב וַיֹּ֧אמֶר יְהֽוֹנָתָ֛ן לְדָוִ֖ד לֵ֣ךְ לְשָׁל֑וֹם אֲשֶׁר֩ נִשְׁבַּ֨עְנוּ שְׁנֵ֜ינוּ אֲנַ֗חְנוּ בְּשֵׁ֤ם יהו֙ה לֵאמֹ֔ר יהו֞ה יִהְיֶ֣ה ׀ בֵּינִ֣י וּבֵינֶ֗ךָ וּבֵ֣ין זַרְעִ֤י וּבֵ֣ין זַרְעֲךָ֖ עַד־עוֹלָֽם:

MAFTIR SHABBAS ROSH CHODESH / מפטיר לשבת ראש חודש

Numbers 28:9-15 / במדבר כח:ט-טו

28 ⁹ And on the Sabbath day: two male lambs in their first year, unblemished, two tenth-ephah of fine flour for a meal-offering, mixed with oil, and its libation. ¹⁰ The olah-offering of each Sabbath on its own Sabbath, in addition to the continual olah-offering and its libation.

¹¹ On your New Moons, you shall bring an olah-offering to HASHEM: two young bulls, one ram, seven male lambs in their first year, unblemished. ¹² And three tenth-ephah of fine flour for a meal-offering mixed with oil, for each bull; and two tenth-ephah of fine flour mixed with oil, for each ram; ¹³ and a tenth-ephah of fine flour for a meal-offering, mixed with oil, for each lamb — an olah-offering, a satisfying aroma, a fire-offering to HASHEM. ¹⁴ And their libations: a half-hin for a bull, a third-hin for a ram, a quarter-hin for a lamb — 'of wine. This is the olah-offering of each month in its own month for the months of the year. ¹⁵ And one male of the goats for a sin-offering to HASHEM. In addition to the continual olah-offering, shall it be made, and its libation.

כח ט וּבְיוֹם֙ הַשַּׁבָּ֔ת שְׁנֵֽי־כְבָשִׂ֥ים בְּנֵֽי־שָׁנָ֖ה תְּמִימִ֑ם וּשְׁנֵ֣י עֶשְׂרֹנִ֗ים סֹ֧לֶת מִנְחָ֛ה בְּלוּלָ֥ה בַשֶּׁ֖מֶן וְנִסְכּֽוֹ: י עֹלַ֥ת שַׁבַּ֖ת בְּשַׁבַּתּ֑וֹ עַל־עֹלַ֥ת הַתָּמִ֖יד וְנִסְכָּֽהּ: יא וּבְרָאשֵׁי֙ חָדְשֵׁיכֶ֔ם תַּקְרִ֥יבוּ עֹלָ֖ה לַֽיהו֑ה פָּרִ֨ים בְּנֵֽי־בָקָ֤ר שְׁנַ֨יִם֙ וְאַ֣יִל אֶחָ֔ד כְּבָשִׂ֧ים בְּנֵֽי־שָׁנָ֛ה שִׁבְעָ֖ה תְּמִימִֽם: יב וּשְׁלֹשָׁ֣ה עֶשְׂרֹנִ֗ים סֹ֣לֶת מִנְחָה֙ בְּלוּלָ֣ה בַשֶּׁ֔מֶן לַפָּ֖ר הָֽאֶחָ֑ד וּשְׁנֵ֣י עֶשְׂרֹנִ֗ים סֹ֤לֶת מִנְחָה֙ בְּלוּלָ֣ה בַשֶּׁ֔מֶן לָאַ֖יִל הָֽאֶחָֽד: יג וְעִשָּׂרֹ֣ן עִשָּׂר֗וֹן סֹ֤לֶת מִנְחָה֙ בְּלוּלָ֣ה בַשֶּׁ֔מֶן לַכֶּ֖בֶשׂ הָֽאֶחָ֑ד עֹלָה֙ רֵ֣יחַ נִיחֹ֔חַ אִשֶּׁ֖ה לַֽיהֹוָֽה: יד וְנִסְכֵּיהֶ֗ם חֲצִ֣י הַהִ֣ין יִהְיֶ֣ה לַפָּ֡ר וּשְׁלִישִׁ֣ת הַהִין֩ לָאַ֨יִל וּרְבִיעִ֥ת הַהִ֛ין לַכֶּ֖בֶשׂ יָ֑יִן זֹ֣את עֹלַ֥ת חֹ֨דֶשׁ֙ בְּחָדְשׁ֔וֹ לְחָדְשֵׁ֖י הַשָּׁנָֽה: טו וּשְׂעִ֨יר עִזִּ֥ים אֶחָ֛ד לְחַטָּ֖את לַֽיהֹוָ֑ה עַל־עֹלַ֧ת הַתָּמִ֛יד יֵֽעָשֶׂ֖ה וְנִסְכּֽוֹ:

HAFTARAS SHABBAS ROSH CHODESH / הפטרת שבת ראש חודש

Isaiah 66:1-24 / ישעיה סו:א-כד

66 ¹ So said HASHEM: The heaven is My throne and the earth is My footstool; what House could you build for Me, and what could be My resting place? ² My hand made all these and thus they came into being, the words of HASHEM — but it is to this that I look: to the poor and broken-spirited person who is zealous regarding My Word.

³ He who slaughters an ox is as if he slays a man; he who offers a sheep is as if he breaks a dog's neck; he who brings up a meal-offering is as if he offers a swine's blood; one who brings a frankincense remembrance is as if he brings a gift of extortion; they have even chosen their ways, and their souls have desired their abominations.

⁴ I, too, will choose to mock them and what they dread I will bring upon them — because I have called, but no one responded; I have spoken, but they did not hear; they did what is evil in My eyes and what I did not desire they chose.

⁵ Listen to the Word of HASHEM, those who are zealous regarding His Word; your brethren who hate you

סו א כֹּ֚ה אָמַ֣ר יהֹוָ֔ה הַשָּׁמַ֣יִם כִּסְאִ֔י וְהָאָ֖רֶץ הֲדֹ֣ם רַגְלָ֑י אֵי־זֶ֥ה בַ֨יִת֙ אֲשֶׁ֣ר תִּבְנוּ־לִ֔י וְאֵי־זֶ֥ה מָק֖וֹם מְנֽוּחָתִֽי: ב וְאֶת־כָּל־אֵ֨לֶּה֙ יָדִ֣י עָשָׂ֔תָה וַיִּֽהְי֥וּ כָל־אֵ֖לֶּה נְאֻם־יהֹוָ֑ה וְאֶל־זֶ֣ה אַבִּ֔יט אֶל־עָנִי֙ וּנְכֵה־ר֔וּחַ וְחָרֵ֖ד עַל־דְּבָרִֽי: ג שׁוֹחֵ֨ט הַשּׁ֜וֹר מַכֵּה־אִ֗ישׁ זוֹבֵ֤חַ הַשֶּׂה֙ עֹ֣רֵֽף כֶּ֔לֶב מַֽעֲלֵ֤ה מִנְחָה֙ דַּם־חֲזִ֔יר מַזְכִּ֥יר לְבֹנָ֖ה מְבָ֣רֵֽךְ אָ֑וֶן גַּם־הֵ֗מָּה בָּֽחֲרוּ֙ בְּדַרְכֵיהֶ֔ם וּבְשִׁקּֽוּצֵיהֶ֖ם נַפְשָׁ֥ם חָפֵֽצָה: ד גַּם־אֲנִ֞י אֶבְחַ֣ר בְּתַֽעֲלֻֽלֵיהֶ֗ם וּמְגֽוּרֹתָם֙ אָבִ֣יא לָהֶ֔ם יַ֤עַן קָרָ֨אתִי֙ וְאֵ֣ין עוֹנֶ֔ה דִּבַּ֖רְתִּי וְלֹ֣א שָׁמֵ֑עוּ וַיַּֽעֲשׂ֤וּ הָרַע֙ בְּעֵינַ֔י וּבַֽאֲשֶׁ֥ר לֹֽא־חָפַ֖צְתִּי בָּחָֽרוּ: ה שִׁמְעוּ֙ דְּבַר־יהֹוָ֔ה הַֽחֲרֵדִ֖ים אֶל־דְּבָר֑וֹ אָֽמְרוּ֩ אֲחֵיכֶ֨ם שֹֽׂנְאֵיכֶ֜ם

מְנַדֵּיכֶם לְמַעַן שְׁמִי֙ יִכְבַּד יְהֹוָה וְנִרְאֶה
בְשִׂמְחַתְכֶם וְהֵם יֵבֹשׁוּ׃ ו קוֹל שָׁאוֹן֙ מֵעִיר קוֹל
מֵהֵיכָל קוֹל יְהֹוָה מְשַׁלֵּם גְּמוּל לְאֹיְבָיו׃
ז בְּטֶרֶם תָּחִיל יָלָדָה בְּטֶרֶם יָבוֹא חֵבֶל לָהּ
וְהִמְלִיטָה זָכָר׃ ח מִי־שָׁמַע כָּזֹאת מִי רָאָה֙
כָּאֵלֶּה הֲיוּחַל אֶרֶץ֙ בְּיוֹם אֶחָד אִם־יִוָּלֵד גּוֹי
פַּעַם אֶחָת כִּי־חָלָה גַּם־יָלְדָה צִיּוֹן אֶת־בָּנֶיהָ׃
ט הַאֲנִי אַשְׁבִּיר וְלֹא אוֹלִיד יֹאמַר יְהֹוָה אִם־
אֲנִי הַמּוֹלִיד וְעָצַרְתִּי אָמַר אֱלֹהָיִךְ׃ י שִׂמְחוּ
אֶת־יְרוּשָׁלַםִ וְגִילוּ בָהּ כָּל־אֹהֲבֶיהָ שִׂישׂוּ
אִתָּהּ֙ מָשׂוֹשׂ כָּל־הַמִּתְאַבְּלִים עָלֶיהָ׃ יא לְמַעַן
תִּינְקוּ֙ וּשְׂבַעְתֶּם מִשֹּׁד תַּנְחֻמֶיהָ לְמַעַן תָּמֹצּוּ
וְהִתְעַנַּגְתֶּם מִזִּיז כְּבוֹדָהּ׃ יב כִּי־כֹה ׀ אָמַר
יְהֹוָה הִנְנִי נֹטֶה־אֵלֶיהָ כְּנָהָר שָׁלוֹם וּכְנַחַל
שׁוֹטֵף כְּבוֹד גּוֹיִם וִינַקְתֶּם עַל־צַד֙ תִּנָּשֵׂאוּ
וְעַל־בִּרְכַּיִם תְּשָׁעֳשָׁעוּ׃ יג כְּאִישׁ אֲשֶׁר אִמּוֹ
תְּנַחֲמֶנּוּ כֵּן אָנֹכִי֙ אֲנַחֶמְכֶם וּבִירוּשָׁלַםִ
תְּנֻחָמוּ׃ יד וּרְאִיתֶם֙ וְשָׂשׂ לִבְּכֶם וְעַצְמוֹתֵיכֶם
כַּדֶּשֶׁא תִפְרַחְנָה וְנוֹדְעָה יַד־יְהֹוָה֙ אֶת־עֲבָדָיו
וְזָעַם אֶת־אֹיְבָיו׃ טו כִּי־הִנֵּה יְהֹוָה בָּאֵשׁ יָבוֹא
וְכַסּוּפָה מַרְכְּבֹתָיו לְהָשִׁיב בְּחֵמָה֙ אַפּוֹ
וְגַעֲרָתוֹ בְּלַהֲבֵי־אֵשׁ׃ טז כִּי בָאֵשׁ֙ יְהֹוָה נִשְׁפָּט
וּבְחַרְבּוֹ אֶת־כָּל־בָּשָׂר וְרַבּוּ חַלְלֵי יְהֹוָה׃
יז הַמִּתְקַדְּשִׁים וְהַמִּטַּהֲרִים אֶל־הַגַּנּוֹת אַחַר
אַחַת֙ [אחד כ׳] בַּתָּוֶךְ אֹכְלֵי֙ בְּשַׂר הַחֲזִיר
וְהַשֶּׁקֶץ וְהָעַכְבָּר יַחְדָּו יָסֻפוּ נְאֻם־יְהֹוָה׃
יח וְאָנֹכִי מַעֲשֵׂיהֶם֙ וּמַחְשְׁבֹתֵיהֶם בָּאָה לְקַבֵּץ
אֶת־כָּל־הַגּוֹיִם וְהַלְּשֹׁנוֹת וּבָאוּ וְרָאוּ אֶת־
כְּבוֹדִי׃ יט וְשַׂמְתִּי בָהֶם אוֹת וְשִׁלַּחְתִּי מֵהֶם ׀
פְּלֵיטִים אֶל־הַגּוֹיִם תַּרְשִׁישׁ פּוּל וְלוּד מֹשְׁכֵי
קֶשֶׁת תּוּבַל וְיָוָן הָאִיִּים הָרְחֹקִים אֲשֶׁר לֹא־
שָׁמְעוּ אֶת־שִׁמְעִי֙ וְלֹא־רָאוּ אֶת־כְּבוֹדִי
וְהִגִּידוּ אֶת־כְּבוֹדִי בַּגּוֹיִם׃ כ וְהֵבִיאוּ אֶת־כָּל־
אֲחֵיכֶם מִכָּל־הַגּוֹיִם ׀ מִנְחָה ׀ לַיהֹוָה בַּסּוּסִים
וּבָרֶכֶב וּבַצַּבִּים וּבַפְּרָדִים וּבַכִּרְכָּרוֹת עַל הַר
קָדְשִׁי יְרוּשָׁלַםִ אָמַר יְהֹוָה כַּאֲשֶׁר יָבִיאוּ בְנֵי
יִשְׂרָאֵל אֶת־הַמִּנְחָה בִּכְלִי טָהוֹר בֵּית יְהֹוָה׃
כא וְגַם־מֵהֶם אֶקַּח לַכֹּהֲנִים לַלְוִיִּם אָמַר יְהֹוָה׃
כב כִּי כַאֲשֶׁר הַשָּׁמַיִם הַחֲדָשִׁים וְהָאָרֶץ
הַחֲדָשָׁה אֲשֶׁר אֲנִי עֹשֶׂה עֹמְדִים לְפָנַי נְאֻם־

and distance themselves from you say, "HASHEM is glorified because of my reputation" — but we shall see your gladness and they will be shamed. 6 A tumultuous sound comes from the city, a sound from the Sanctuary, the sound of HASHEM dealing retribution to His enemies. 7 When she has not yet felt her labor, she will have given birth! When the pain has not yet come to her, she will have delivered a son! 8 Who has heard such a thing? Who has seen its like? Has a land gone through its labor in one day? Has a nation been born at one time, as Zion went through labor and gave birth to her children? 9 Shall I bring [a woman] to the birthstool and not have her give birth? says HASHEM. Shall I, Who causes birth, hold it back? says your God.

10 Be glad with Jerusalem and rejoice in her, all who love her; exult with her exultation, all who mourned for her; 11 so that you may nurse and be sated from the breast of her consolations; so that you may suck and delight from the glow of her glory. 12 For so said HASHEM, Behold! — I shall direct peace to her like a river, and the honor of nations like a surging stream and you shall suckle; you will be carried on a shoulder and dandled on knees. 13 Like a man whose mother consoled him, so will I console you, and in Jerusalem will you be consoled. 14 You shall see and your heart will exult, and your bones will flourish like grass; the hand of HASHEM will be known to His servants, and He will be angry with His enemies. 15 For behold! — HASHEM will arrive in fire and His chariots like the whirlwind, to requite His anger with wrath, and His rebuke with flaming fire. 16 For with fire HASHEM will judge, and with His sword against all flesh; many will be those slain by HASHEM.

17 Those who prepare and purify themselves [to storm] the gardens go one after another to the midst [of the fray]; together will be consumed those who eat the flesh of swine, of abominable creatures and rodents — the words of HASHEM. 18 I [am aware of] their deeds and their thoughts; [the time] has come to gather in all the nations and tongues; they shall come and see My glory.

19 I shall put a sign upon them and send some as survivors to the nations: Tarshish, Pul and, Lud, the bow-drawers, Tubal, and Yavan; the distant islands, who have not heard of My fame and not seen My glory, and they will declare My glory among the nations. 20 They will bring all your brethren from all the nations as an offering to HASHEM, on horses, on chariot, on covered wagons, on mules, and with joyful dances upon My holy mountain, Jerusalem, said HASHEM; just as the Children of Israel bring their offering in a pure vessel to the House of HASHEM. 21 From them, too, will I take to be Kohanim and Levites, said HASHEM.

22 For just as the new heavens and the new earth that I will make will endure before Me — the words of

יהוָה כֵּן יַעֲמֹד זַרְעֲכֶם וְשִׁמְכֶם: כג וְהָיָה מִדֵּי־
חֹדֶשׁ בְּחָדְשׁוֹ וּמִדֵּי שַׁבָּת בְּשַׁבַּתּוֹ יָבוֹא כָל־
בָּשָׂר לְהִשְׁתַּחֲוֹת לְפָנַי אָמַר יהוָה: כד וְיָצְאוּ
וְרָאוּ בְּפִגְרֵי הָאֲנָשִׁים הַפֹּשְׁעִים בִּי כִּי
תוֹלַעְתָּם לֹא תָמוּת וְאִשָּׁם לֹא תִכְבֶּה וְהָיוּ
דֵרָאוֹן לְכָל־בָּשָׂר:
וְהָיָה מִדֵּי־חֹדֶשׁ בְּחָדְשׁוֹ וּמִדֵּי שַׁבָּת בְּשַׁבַּתּוֹ
יָבוֹא כָל־בָּשָׂר לְהִשְׁתַּחֲוֹת לְפָנַי אָמַר יהוָה:

Hashem — so will your offspring and your name endure.
23 And it shall be that, from New Moon to New Moon, and from Sabbath to Sabbath, all flesh shall come to prostrate themselves before Me, said Hashem.
24 They shall go out and see the corpses of those who rebel against Me, for their worms will not die and their fire will not go out, and they shall be a disgrace for all flesh.

And it shall be that, from New Moon to New Moon, and from Sabbath to Sabbath, all flesh shall come to prostrate themselves before Me, said Hashem.

When the second day Rosh Chodesh falls on Sunday, some congregations add the first and last verses of the *Haftarah* for *Shabbas* Erev Rosh Chodesh (*I Samuel* 20-18;42):

וַיֹּאמֶר־לוֹ יְהוֹנָתָן מָחָר חֹדֶשׁ וְנִפְקַדְתָּ כִּי
יִפָּקֵד מוֹשָׁבֶךָ: וַיֹּאמֶר יְהוֹנָתָן לְדָוִד לֵךְ לְשָׁלוֹם
אֲשֶׁר נִשְׁבַּעְנוּ שְׁנֵינוּ אֲנַחְנוּ בְּשֵׁם יהוה לֵאמֹר
יהוה יִהְיֶה ׀ בֵּינִי וּבֵינֶךָ וּבֵין זַרְעִי וּבֵין זַרְעֲךָ
עַד־עוֹלָם:

Jonathan said to [David], "Tomorrow is the New Moon, and you will be missed because your seat will be empty." Jonathan said to David, "Go to peace. What the two of us have sworn in the Name of Hashem — saying, 'Hashem shall be between me and you, and between my children and your children' — shall be forever!"

RASHI